张 庚 日 记

（一）

1951—1962

张 庚 著

中国戏剧出版社

图书在版编目（CIP）数据

张庚日记：全3册/张庚著. —北京：中国戏剧出版社，2017.7
ISBN 978-7-104-04532-8

Ⅰ.①张… Ⅱ.①张… Ⅲ.①张庚（1911-2003）—日记
Ⅳ.①K825.78

中国版本图书馆CIP数据核字（2017）第129997号

张庚日记

策　　划：	樊国宾
责任编辑：	樊国宾　邢俊华
责任印制：	冯志强
出版发行：	中国戏剧出版社
出 版 人：	樊国宾
社　　址：	北京市西城区天宁寺前街2号国家音乐产业基地L座
社　　址：	www.theatrebook.cn
电　　话：	010-63381560（发行部）　63385980（总编室）
传　　真：	010-63387810（发行部）
读者服务：	010-63387810
邮购地址：	北京市西城区天宁寺前街2号国家音乐产业基地L座（100055）
印　　刷：	三河市兴国印务有限公司
开　　本：	787mm×1092mm　1/32
印　　张：	47.125
字　　数：	700千
版　　次：	2017年9月北京第1版第一次印刷
书　　号：	ISBN 978-7-104-04532-8
定　　价：	188.00元（全三册）

版权专有，违者必究；如有质量问题，请与出版社联系调换。

1949年，国立戏剧学院副院长张庚在作报告
（中央戏剧学院提供）

1954年，张庚（前排右一）和梅兰芳（前排左二）
会见陕西赴京戏曲演出团

1955年，中国戏曲研究院四位副院长合影：（左起）罗合如、程砚秋、周信芳、张庚

1955年9月，张庚（左一）和程砚秋在柏林

1955年10月,张庚在戏曲编剧讲习班开学典礼上

1958年6月,"戏曲表现现代生活"座谈会上,张庚致开幕辞

1958年9月,张庚在中国戏曲学院开学典礼上

1962年,张庚(右一)与老舍(中排左二)、徐平羽(中排中)、阳翰笙(中排左七)、吕复(中排左八)等在汕头观看潮剧《闹开封》

总 目 录

（一）1951-1962

一九五一年 ·· 1
一九五五年 ·· 77
一九五六年 ·· 119
一九五八年 ·· 137
一九六一年 ·· 155
一九六二年 ·· 323

（二）1963-1967

一九六三年 ·· 1
一九六四年 ·· 161
一九六五年 ·· 277
一九六六年 ·· 359
一九六七年 ·· 439

（三）1988-1998

一九八八年 ·· 1
一九八九年 ·· 43
一九九〇年 ·· 97

一九九一年	157
一九九二年	225
一九九三年	285
一九九四年	343
一九九五年	403
一九九六年	461
一九九七年	509
一九九八年	561
编后记	573

凡 例

本书是著名戏剧理论家、戏剧教育家、戏曲史家张庚先生从1951年到1998年之间（1968—1987年无记录）的日记集合。

编辑过程中，我们在保持日记原貌这一主要原则的基础上，也兼顾到当代语言的标准和规范，做法如下：

1. 对确系作者笔误的地方予以改正。
2. 对部分标点的使用进行了调整。
3. 对以一个字或两个字出现的人名简称，在确有需要的地方，以脚注形式标出。
4. 对日记中的外文部分，除非是拼写错误，其余均保持不变。
5. 原稿乃手写稿，有作者用特殊符号表示的情况，予以保留；另有作者空缺的、字迹模糊或纸页残缺的情况，以脚注形式标明。
6. 由于成书的需要，编者隐去的内容（如人名等）均用"××"表示。
7. 日记内文虽有与当今新要求冲突之处，但为了保留手写稿的原貌，基本未予更改。

编辑工作中不当之处，请读者批评指正。

中国戏剧出版社编辑部
2017年7月

目 录

一九五一年…………1

一九五五年…………77

一九五六年…………119

一九五八年…………137

一九六一年…………155

一九六二年…………323

1951

一九五一年

八月

一日 昨晚十一点（Mow① 时间）从 otpov 出发，走上了社会主义的国家。

同在一个荒野的自然环境，满洲里和 otpov 有明显的不同，一面是脏尘沙冷，一面却是干净，有白杨树荫，有音乐。这不只是一个物质条件的问题，显然还存在着一个文化水平的问题。

苏联人像招待贵宾似的招待我们，还有从莫斯科飞来接我们的人。

来人说：我们的学习是小组活动多、参观多，学习马列及马列宣传，这些都是联共中央规定的。

西伯利亚是繁荣的，新的居民点，沿路森林很多，人们衣装很好，院子里种着花，西伯利亚不是想象的那样荒凉。

二日 上午过贝加尔湖，中午到伊尔库斯克。

妇女参加劳动为普通现象。

三日 巴克拉斯诺亚尔斯克。

人民特别是苏联红军对朝鲜战事关心。

四日 过新西伯利亚，在鄂毕河旁是西伯利亚首府，为一大工业

---

① 莫斯科，下同——编者注

区域。

七日 到达莫斯科（10：35），晚给清①写信。

八日 下午往游列宁博物馆，该馆陈列列宁生平事迹，有遗物、著作、手稿及初版书等名贵物品，有指导员为我们解释。指导员是一个很好的宣传员，她懂得党的历史、理论，向我们解释时，能联系我们中国的以及当前世界形势的实际。这个博物馆的作用，令人感到不只是消极的纪念，而富于宣传、鼓动、教育人们参加积极的斗争。

最近中国到捷克去办展览，又听说不久王冶秋要带一大批东西来莫斯科展览，当然都是些古物之类。外国人对于中国的生活很不了解，最了解我们的苏联人也只是从政治方面了解得多，文化和生活方面的，隔膜还是很多。比方我们食堂的副经理就问：你们什么时候剪了辫子的？据说《红罂粟花》舞剧描写中国生活也很不对劲。外国人民对于中国的印象还只是旧的，他们不知道一百年来中国生活有了惊人的变化。但是我们不宣传这种变化，老是古物、梅兰芳，弄得外国人不知道中国有现代的工业、话剧等，这是我们自己要负责的。今后的国际宣传，除了政治方面的以外，应着重宣传我们的现代生活、思想、文化、艺术。

斯大林在语言学问题上的理论，认为语言的进化不是大量革去旧的，而是大量创造新的以代替旧的，这种思想，在他谈

---

① 指陈锦清，下同——编者注

到戏剧上演节目的内容时，已经明确提出来了。这对于我们中国的戏改工作是很重要的指南。我们现在的戏改工作是在大量毁灭宝贵的遗产，从内容（故事）一直到技术。我认为戏改应有如下的方针：

1. 应保存所有优秀的遗产，从内容到技术，并且发扬之。
2. 要把这旧遗产和新生活、新文艺即五四精神的文艺联系起来。
3. 要把这种工作变成一种群众运动。

因此，就要有如下的方案：

1. 新歌剧应当大量地、基本地从旧剧技术出发；并改编优秀的旧作品，在音乐和美学原则上吸收西洋，加以充实。这是我们历代戏剧史的演变上的老规律。当然，我们也创作新的反映现代化生活的歌剧。
2. 群众性地改造旧剧，主要是从宽地修改剧本，音乐和技术上的提高是逐渐来的。但前者的新歌剧应当是和这些群众性的东西连接起来的，它们是逐渐向新歌剧这个目标来提高的。

九日 上午，听梭波列夫的时事报告。梭氏是苏共中央讲师团的副团长。讲师团是党的一种宣传组织，担任工作都是义务性的，是党员的一种义务。讲演的内容很充实，材料多。听了后的印象是苏联对于国际事务的认识比我们深刻、真切。我想这有两个原因，一是他们的政治水平比我们高，二是苏联位居欧洲，对欧洲的事情看得比较真切，而今日国际关系上最重要的一环还是在欧洲。

下午，参观斯大林礼物博物馆。这里都是各国在他七十寿诞的时候送的，有四十多个国家。这里表现了全世界各民族的人民对于真理、正义、和平以及它的象征——苏联和斯大林的热爱。礼物中间特别有意义的，有一件罗马尼亚的一个双手都没有的女人织的一块花毯和写的一封信，她说，在从前像她这样的残疾早就不能生存了，而今天，她生活得很好，这是斯大林给予她的。有西班牙共产党员在狱中撕下自己的衣服写来的祝语。有墨西哥送来的许多礼物，都是隐名的，因为否则就会有坐牢的危险。有比利时、法国抗德游击队的旗子。有比利时矿工用的灯，这些灯都有它反经济侵略的斗争意义，其中有一个灯和一顶帽子，是一个矿工在矿中工作五天五夜为抵抗破坏矿山的纪念品。有法国和好些国家爱国者的遗像、遗物，有法国烈士们牺牲地点的土块。

名贵的礼物有：奥国劳动者送的全套家具，一张会议桌带自动记录器的，家具的样式也十分新颖美观。有伊斯兰民主同盟（工农青妇）送的地毯。印尼送的皮影人。西德送的恩格斯的亲笔信；马克思学俄文的书，有他自己的亲笔批注。法国送的列宁带过的帽子，马克思用的茶具等。

各民主国家多半送上他们工业建设的许多模型，表现农民幸福生活的许多物件。

中国的礼物还是古董、手工艺品多，表现战斗性、政治意义的全没有。这看出来是事先没有准备，不像别国专为这件礼物而花费许多心血。其原因，我想是由于政府新成立，人民对于斯大林和苏联的认识和感情还不深的缘故。

晚，去联共中央听宣布学习计划，联络部格里哥里扬部长亲自出席。由阿洛夫同志报告。分三部分。一，专题报告23个；二，参观；三，去乔治亚①。其中的精神着重一般的宣传工作，对于文艺专业部门的不多。我以后的学习计划应当改变。原则是：一，学习联共宣传工作；二，抓紧解决歌剧、民族文艺两个问题；三，看戏。

十分疲劳，十一点睡觉。

十日 上午十时，出发游览全市，有青年的导游人为我们解说：莫斯科八百年前为一小村，最先只有一克里姆小花园，后逐渐发展成今天的样子。1947年，八百年纪念得列宁勋章和斯大林的贺信，说：莫斯科是其他民主国家的榜样和旗帜。

在斯维尔德洛夫广场有大戏院（125年）。小戏院由于列宁第一个去看她的戏，叶尔莫洛娃荣获第一人民演员的称号，去年是126年。有儿童戏院、立体电影院。莫斯科共有28个剧院，8个音乐厅，50多个影院。

莫斯科大学（现名国立罗曼洛索夫大学），现有学生万人，包括43个民族的学生。莫斯科的学生比英、法两国的总数多，现有135 000，英国只50 000。

莫大将来要迁到列宁山。列宁山可俯览全市。莫大新舍占地160公顷，住房6000间，数千个科学研究室。

全市建筑以克宫、红场、莫斯科河附近为中心。在附近各区建一高楼（如中心区的劳动宫），这些高楼结合起来即形成新莫斯科的风貌。新莫斯科的改建是大规模的旧房子搬家、拆

---

① 现译格鲁吉亚，下同——编者注

除，新的区整个地建立起来，现在占地三万三千公顷，将来要扩大成六万公顷，人口估计有五十万。将来建成的劳动宫就是最高苏维埃，从这里要修一条大道直通莫大。

从整个建设计划看来，是合乎斯大林的精神，使莫斯科成为新民主国家的榜样。建设的计划眼光远大，比方建广大住房，以准备实现共产主义时代各尽所能，各取所需的要求。

这是一个新时代的世界文化中心，至少是中心之一。新时代的雅典、罗马、君士坦丁、长安。而这个文化中心是有计划、有目地从事建设的，不是自流的。

新时代的文化内容，是人类文化发展的最高峰。莫斯科的大专学校是很专门的，除莫大将来数千研究室而外，现在就看见有钢铁冶炼学院、有色金属及金子学院，等等。

下午参观高尔基文化休息公园。园建于1928年，坐落在工人区，革命前原来是一片堆垃圾的荒地，遵高尔基的意思，由莫斯科市苏维埃提议建立的。建立时完全是市民的义务劳动，而园的目的完全是为了群众的文化提高、休息和娱乐。因此，可以说是一个人民的公园，至今以来，游人已有约两亿，每天平均有六七千。门票收一卢布，在苏联是很低廉的。政府对园的津贴每年约三四百万。

园并不是一个普通的公园，实际是一个群众性文化活动场所。活动范围有文教、体育、文艺、儿童等，活动的方式有各种专题报告、文艺晚会、政治时事报告等。在报告中间，有一种所谓"口头杂志"的，是定期的各方面的一批报告，有：政治栏、研究栏、文艺栏等，还有劳动英雄自己来报告经验。音乐方面也有一种所谓音乐演讲会，由国立交响乐团定期演出，一次中，有古典至现代的各种作品。还有一种作家、专家、艺术家、英雄和群众见面的集会，使社会名人群众化。

公园还有一种"一天休养员"制度，这是或由于奖励，或由于自己需要，以一定代价取得一张门票，来园休养一天。在很好的环境下散步，看书，玩，以及吃一顿好饭。还有"晚间休养员"。

这个公园似乎是各种人都各得其所。小孩有自己的范围，有一间房好些小孩在塑泥人，有一个十二岁的孩子塑一个相当大的像，他说是要塑成一个大小孩帮助小小孩，塑得很好，很有才能。有青年人运动的地方，有器械的智力的游戏，有展览会。有老年人坐在长椅上休息，各个地方人都是满满的。

苏联一面大力创造最多的人类文化，一方面又大力从事文化的普及，两者并行。文化是在广大的基础上才能够有高峰。正如苏维埃宫一样，在广大的地基面积上才能矗立八十层的高楼。

十一日 上午参观高级党校（另有记录）有两个重要的收获：1.研究室的工作十分便利于教授学生的研究学习；各专题课教员均有研究小组，一个课有一研究室，这个学习组织是值得效法的。2.党工作除了主要保证学习而外，还动员同学参加社会活动、政治活动以及指导普及的活动，以保证不脱离生活和实际。

下午参观莫斯科历史与重建博物馆。他们让我题字，我题了。

十二日 上午参观地下电车。车站十分漂亮。可以看出来，苏联不仅仅是要把首都的生活建设得美好舒适，而且是有心给一个新时代文化中心建立纪念碑性的东西。

一点钟去访问马恩列学院。该院是一个专门出版马、恩、列、斯及其战友如加里宁的作品的机关。院长 Bookielov 是史学博士，科学院院士，联共中委。他们收集各种版本、各种文字的马恩列斯作品，及他们的手迹的片纸只字，以从事校订整理研究的工作。

该院的工作人员绝大多数是女同志，男同志少，而且有好些是残疾。这证明苏联卫国战争的残酷。

他们除出版工作外，对于马恩列通俗化的工作不直接从事，但给予帮助，如解答问题等。从这里可以看出提高和普及如何分工而又联系起来。这种精神从好些问题上已经看出来，我相信以后还会有这种实例。

他们接待我们很热烈。看见我们送他们那么多马列的书籍，十分惊奇。我们参观了他们的斯大林著作展览会以后，发现其中的中文书籍很少，过去我们对外的文化交流太少了。

他们全体同志在礼堂为我们开了一个欢迎会。院长的讲话很热情，说中国的炮声还没有停止，在书籍出版上已经有了这么多。下面的同志们要求他念书目，当他念到《资本论》《反杜林论》这些书的时候，下面不断有啧啧赞叹的声音。我们给他们的院长、副院长和党委书记赠送了毛主席和和平纪念章。老院长大为兴奋，很激动地、不停止地说了很多话，使得翻译无法翻了。我们都被他激动了，虽然不懂他说的是什么，都很兴奋了，狂热地鼓掌起来。周扬同志兴奋地喊出了口号，大家一直鼓掌送我们出门。

他们对我们的热情是真正兄弟的感情。党委副书记讲话时说：在战争时期，他们每天关心我们的每一个胜利，而新国家建立后，他们关心我们每一个建设工作的胜利。在思想战线上，我们已经译出了这么多马列主义的书籍，对他们是兴奋的事，特别他们以为这许多书都是短短一年多中间译出来的，当然更加惊奇感动。

这种感情是一种具有高度思想基础的感情，正是苏联文学中间所最长于表现出来的感情。

十三日 星期日 上午，在家休息。一时，在雨中谒列宁墓。

我们住在红场附近，每天从窗子望出去，无论天晴下雨，站排谒墓的总有半里路长。我们去这天也是雨天，人也是这样多。有的有雨衣，有的没有雨衣也这样在那里淋着。我们还想象不出来，这些人都是外地来的呢还是也有莫斯科人。

红场是一个不大的长方形。东西（不正）长，南北短。西边是历史博物馆的红房子；东边是一所有名的古迹，一个古教堂叫作华西列·不拉任勒堂（音），是400年前的古建筑，九座塔，下面是立在一个基础上，据说这是当时的作风，现在这个教堂是历史博物馆的分馆。北面的一排楼房是一些政府机关，据说是商业贸易机关。西南就是克里姆林宫墙，宫墙不高，红色；墙西的钟楼下面就是克里姆林宫正门，这就是有名的依凡钟楼——高72m，上面的红宝石五角星高3.75m，是1937年安上去的。

列宁墓位置在依凡钟楼西边宫墙下面，位当红场东西的正中点。墓的外表不算高大，暗红和黑色的大理石建成。从印象上说和许多皇帝的陵墓以及南京的中山陵完全不同，不是那种故作崇高尊严的大，而是朴素的、可亲的，但无疑的是庄重结实的，象征着列宁的作风。进门后，左转又右转，下石级，然后再右转进一个铜门，就到了列宁的陵寝了。内部光线柔和，列宁的玻璃棺材停放在较高处。我们再右转上一二石级，在左手边和视线相平的地方，透过玻璃便清清楚楚可以看见列宁的遗容了。初看的时候，只见一个透着红光的列宁的头脸，一双手平直而安稳地搁在身上，仿佛是握着的手。好像红的灯光是从头和手的里面发出来的光，仔细看时，才知道是红灯照在脸上、手上的反光。身上是黑色的衣裤，所以身上没有光。这样就认识出来，列宁似乎是安稳地睡着了。

我们一边走，一边目不转睛地望着列宁，希望让他的印象深深地留在我们的脑子里，可惜时间是那么短，我们已经走过了他的遗体，下了台阶，出了另一个铜门，并且走出墓门了。

沿着雨的走道，我转到西边的宫墙下。靠左手，一个长形的大理石沿边的草坛，这就是兄弟陵，是十月革命时 500 个革命者牺牲在此的墓地。列宁曾在此讲演过。右边，在宫墙上和视线平行嵌着一列黑大理石小方碑，这也是许多革命先烈骨灰的藏放处。这是墓西墙上的一列，墓东也有一列，高尔基的骨灰就在其中。墓后正中的宫墙上有一座严肩的铁门，门和墓之间有五个墓，从西到东是：日丹诺夫、伏龙芝、斯维尔德罗夫、杰尔任斯基和加里宁，都是大理石的，颜色是青灰，稍有深浅不同，都立有胸像。过去是东边的兄弟陵和烈士骨灰。然后转到墓前。

我们这样完成了谒墓的巡礼。

晚七时半，去大戏院分院看爱沙尼亚国立歌舞剧团舞剧《卡列夫的儿子》。

爱沙尼亚国立歌舞剧团是革命后（1941）成立的，到现在已经有十年历史了。开始演过苏联剧，在卫国战争时期创作了《复仇之火》，是描写卫国战争中的英雄故事。又创作了一些用过去故事表现当前的斗争和胜利信心的作品。第一个舞剧是由 Kapp 作曲的，是一个民间故事为题材的作品。过去资产阶级也写过，但歪曲了内容，因为他们是颓废主义和形式主义的。Kapp 还写了爱沙尼亚人反抗德国狗骑士的故事。这个《卡列夫的儿子》也是 Kapp 作曲的，得过两次斯大林奖，胜利后，新作了现代题材的歌剧《自由歌手》，写德国占领塔林后的地下党活动，爱沙尼亚的诗人某某的事迹，以红军回塔林作结。

《卡列夫的儿子》的故事，是从爱沙尼亚一首民间叙事无韵诗改作成的。卡列夫是爱沙尼亚的一个英雄人物，他死后妻子林达拒绝了月神、风神、太阳神的求婚，恶魔 Soly 却纠缠不已。后来林达因绝不嫁恶魔，终于变成一个石头人。卡列夫的儿子决心为父母报仇，追逐 Soly 到一岛上。遇见少女，同她恋爱，但少女被 Soly 推入海中。卡子以剑刺 Soly，剑在石头上断成两段。于是去找铁匠，铁匠送他一把好剑。他在比武会上得胜，做了爱沙尼亚的王，S[①] 又来侵扰，并掳去三个少女和国王权力象征的金剑、金盾，卡子乃下地狱去寻找，经过重重困难并杀死了 S 才胜利归来。

这个戏共分三幕七场。第一场是林达的家。开始女人们在

[①] 在 1951 年这部分日记中，"S" 均代指 Soly——编者注

纺线，林达进来，望着丈夫留下的剑和盾而伤心。在这里，以及后面几个地方，都感到没有唱，感情的渲染不浓。接着是月、风、太阳来求婚。这三个场面处理得很好。因为事情雷同，特别让第一个以优美的舞出现；第二个风的舞很好，披轻披风，侍从也是，狂舞一通；第三个太阳基本上不舞，以很短、很庄严的步子出入，时间很短（这是为了避免繁琐）；这些人都带有侍从。最后 Sol y 单独来，身穿黑衣、披风，头上有角，和林达有一个二人舞（纺妇已退场）。最后儿子和一群伙伴打猎回来，赶走了 S。这里有纺妇舞、猎人舞、狗熊（猎物）舞、最后有男女合舞。这里的舞，风、月、双人舞都是 Ballet，而纺妇、狗熊、猎人及合舞都是土风的。

第二场院子里（卡家）儿子露天睡着，母亲给他盖衣。儿子醒来招伙伴去田中工作。这一段的动作是比较散文的，但仍和音乐相结合。S 又上来，以暴力压迫林达，这一段舞是 Ballet。最后林达求上天，于是雷电交作（音乐、灯光、没有普通效果）将 S 打在地上，而林达变成石头人。雷电稍稍过去，纺妇们进来，S 夺门出去。这时儿子回来发誓报仇。这段舞蹈性不强，是一种歌剧式的大动作。

第二幕第三场，海岛上。一群仙人裹着和披着湖水色的轻纱舞着（芭蕾）。S 来赶走她们，卡子追来，S 躲进石头洞中。卡子睡觉，一个少女上来舞，后来是卡子和少女双人舞（两人相爱。B[①]）。S 出来捣乱，将少女投入海中，卡子以剑刺之，S 又躲进石缝，卡子剑击在石头上折成两段。卡子为复仇去找铁

[①] 在1951年这部分日记中，"B"代指芭蕾，下同——编者注

匠。(整场B)

第四场,铁匠店,打铁舞。(民舞加创作。铁匠和四个徒弟。)卡子上来,试各种剑,都断了、弯了(大动作)。最后得宝剑,一段舞(可能是芭蕾,又像大动作)。许多男女上来祝贺(民舞,有男舞、女舞、男女合舞)。最后是铁匠的赠剑式(大动作)。

第三幕第五场,比武封王。三队人——蓝、橘黄、淡香色的武士,都有一个首领,和卡子比武,被他打败,于是卡子做了王。比武的场面很稚拙,没有提高到很精的舞的高度。下面就是三男(打败的武士)和三女的舞,是求婚的意思,其中第一个女子表现羞涩很好。S和他的兵来袭击,以及下面掳去三女的场面,没有特别印象,凡在这类场面,比之中国同类的舞似乎差了。

第六场,地狱。这是最精采的一场,我以为。第一景,卡子从高坡上下来。第二景,过大水。第三景,打退几个鬼。第四景,在朦胧中有一群如烟雾的魅影(披轻纱的舞者)和他纠缠,他终于逃脱。第六景,他找到三女,并从石壁中找出金剑、金盾。第七景,(回至第一景的地方)杀死小魔鬼,将S锁在石头上。

第七场,人民迎接他回来,拿花纷纷投到他身上。

整个来说,有如下几个印象或意见:

1. 音乐从头至尾不断,演员动作绝大部分都和音乐结合起来,在节奏上,特别在情绪进展上是如此。长短掐得很准。

2. 音乐是有多样的,大体恰当的表现力。

3. 有的地方感觉到没有唱是遗憾。

4. 舞大致分三种，芭蕾、民舞、大动作。前者洗练而有戏剧性；中者有规律，有地方色彩而缺戏剧性，宜于群众场合；后者虽是戏剧的，但不洗练。三者在舞剧中似乎都有必要，但觉得结合不很有机，民舞纯成穿插，脱离故事。大动作是不美的，应当力求其舞蹈化。

5. 舞台美术很不错，特别地狱一场。整个七个景，除了第一景稍稍感到亮一些之外，其余都很好。多数都是朦胧的青灰色，有但丁地狱的感觉。铁匠店，海岛两景也很好。

6. 卡子的形象是个农民，但强调了粗钝这一方面，而又未能充分提高到舞的洗练上去。看来形象不美，这是一个大些的缺点。

7. 装置是立体的，但尽量使门之类退居舞台后部。海岛、石头等，尽量使之便于舞。场上一般没有桌椅，第一场的纺车搬出搬进，不让它固定在一个地位。

十四日 整天参观巴黎公社皮鞋厂。（另有记录）

现在工厂中正在进行一种社会主义竞赛运动，拿他们的竞赛和我们的比，就可以看出他们的是科学的、合理的。而我们的刚刚相反，我们是工人积极分子成天成宿不睡觉，勉强做出来，结果质量不好还不说，这一次所达到的数字，下次是不保证的，因为人拖病了。他们是从提高技术着手。一个工人创造了新的工作技术方法，便称为先进工人，就要把他的方法广为传播，这就叫作 stakhanov 学校网。一种新的技术和方法出来，就提高了一定程度的生产量，就超额完成了工作任务，也就是普遍提高了一步技术水平和生产组织法，下一次的计划就按照新的生产力来订,(更高)又在这基础上要求超过(该工厂的工人,没有不超过自己生产任务的),这样就只有进没有退。这是一点一滴地提高了生产力,而这是一个群众运动,那就足以想象生产力提高的速度是可惊的,这就是物质上保证了稳步而加速地向共产主义社会前进。

十五日 看列宁图书馆。

十六日 休息一日,上午上立波[①]处。听说莫斯科的戏剧季节中,有一个整个的节目单,已托人去找。回来后,戈宝权来,答应帮助我们开出一个应看的戏的名单。并说,罗马尼亚的演出很好,只有三天。我们已经请求看,不知能看到否?

下午去逛书店。

十七日 上午继续听阿马林的报告。

下午参观全苏政治及科学知识普及协会。

十八日 整日参观钟表工厂。

十九日 上午听新民主国家向社会主义发展的报告的上半段。

晚上,再去看《卡列夫的儿子》。这次比较明确地看出了其中的优缺点。

优点:装置(灯光)是好的,特别是海边,铁匠店,地狱

---

① 指周立波——编者注

中间风吹、鬼抓两景。上次记的有些错误，七个景〔1. 地狱口，2. 水，3. 风，4. 鬼抓，5. 女人缠，6. 大门（后来是藏三女的地方），7. 地狱口。〕地位的变化、排列，许多场面人的姿态是好的。比方卡妻化石人后，儿子回来的场面，每个人的姿态都不错。卡子舞剑一段（铁匠店）是现代舞，也很好。许多舞的穿插，冷热动静调剂得很好。比方三个求婚者及其仆从的舞（地方），三个武士选妻的舞；比方第一场和铁匠店一场群众舞的动静相间。特别是这些地方和音乐节奏色彩的结合很紧。不知道是根据音乐排舞呢，还是根据舞写音乐？我疑心大的轮廓是先根据故事分场和一场中间哪里是单人舞，哪里是双人舞，哪里是群舞。至于每一乐段、乐节，则是音乐家发挥后，再去排舞的。

缺点：这个戏在故事线索上不是一贯到底的。第一、二场是魔鬼向母亲求婚；第六场恋爱，马上爱人死去，以后是救三个女孩子。悲剧的主角不断变换，还没有在观众的感情上扎下根，又变了别的人和事了。因此，母亲变石人，爱人被投入海都不感动人。最后救出三个女孩，也不令人特别兴奋。当然，民间故事是散漫的，改编成剧很不容易，但究竟是很大的缺点。

穿插过多的舞，冲淡了主题，使它仅仅成为单纯表现舞技的东西，这就和中国旧戏中间全武行差不多了。

这是一个两次得斯大林奖的作品。从这里可以看出，斯奖的精神是鼓励创作。我们搞一个文艺奖金慎重又慎重，一直不发表，但社会上只要求新作品，这对于鼓励一点是太差的。如果在苏联，《白毛女》《血泪仇》这些作品，老早就得奖的了，哪里等到今天。

一定要督促把文艺奖金赶快成立起来，多奖一点，是没有害处的。

二十日　上午看历史博物馆。馆的陈列是按苏联社会历史发展各阶段地域分室陈列的，从史前至现代。我们因时间关系，只看了一半。但也已经看出这是一部活的科学的历史，有系统，有批判分析（指导员的解释也好）。从这里，想到我们的故宫博物院，就觉得应当好好加以整理改造，使得它能起革命的思想教育的巨大作用才成。我们的故宫，只是供人单纯游览（大摆设）和少数专家的研究而已，和革命、教育群众是无关的。

　　晚，看一个"名角大会串"（concert），有歌，有舞，有马戏的表演和滑稽舞。其中有两个男高音唱得不错。女声均不甚高明。可以看出，苏联观众非常欢迎滑稽戏的演员，这和他们的生活相当密切，打成一片。他们也还有我国"相声"之类的表演，两个人一对一答，都是用歌。随时宣传政治的内容，比方反美帝就是题材之一。

二十一日　上午继续听梭波列夫关于新民主国家的报告，十分精采。梭是讲师团的副团长，很有权威的。

　　下午拟了对作家协会访问题目。

　　晚看一个东德的五彩歌舞片，名字叫《多瑙河的孩子们》。是由《理想姑娘》的那一个主角演的，据说她是希特勒的情妇。舞艺十分好，其中有一段模仿木偶的舞，尤其出色，可惜看得很不仔细。

二十二日　访问对外文化协会。

协会的房子是一个旧俄时代资本家的房子。据说这个资本家就是高尔基和丹青珂所提起过的莫洛左夫。莫洛左夫是一个有进步思想并且跟文化界接近的资本家。丹青珂曾记一段他的故事：沙皇听说他家的房子很漂亮，就让人示意他，说想去看他的家。他等沙皇来的日子，自己却出去了。人家问他为什么，他说沙皇想看的不过是我的房子，并不是我的本人。这个房子当然很漂亮，但不是那么惊人，如人所说比皇宫还华贵。一个精美的客厅，墙上镶着红绫子，据说壁是菩提树木做的，所以叫菩提厅。一间很好的书斋，有阳台通到一个小园子。我疑心这是他的别墅，也许所谓漂亮的还有他另外的宅第。（访问另有记录）

晚，到莫斯科制片厂看《胜利的中国》五彩片，不很令人满意，主题太分散，东西太多，因此表现得不够。色彩、音乐都有不能令人满意的地方。

二十三日　上午，听杜布洛维娜关于苏联教育的报告，两点钟听西蒙诺夫关于世界主义的报告。两个报告都很精采。

杜布洛维娜是个六十多的老太太了，但很活泼热情。因为到过中国，学会了几句中国话。讲话也很幽默，是个和蔼可亲的老太太。

她因为到过中国，而且收集了很多人向她提的问题，所以她的讲话内容很切合中国情况。对于我国学校中一种左的情绪，她引用了苏联革命初期的情形来加以说明，劝我们不要重走错误的路。对于我国教育界，也提出扫清英美资产阶级残余影响的注意。

两点钟，西蒙诺夫报告，到四点钟才完。听报告时，有一个苏联年轻女同志来听讲，据说她是凡西蒙诺夫的讲话都去听的，是一个西蒙诺夫的爱好者。这种事情如果发生在中国，大概是要议论纷纷的了。

七时去访问作家协会。

协会的房子也是很有历史意义的，是一个贵族叫 Rostov 的家。这个人和他的房子是托尔斯泰在《战争与和平》中描写过的。我们开会的屋子就是书上描写的那个大厅。房子也不是特别漂亮，而且面临闹市，吵闹得很。

到会有好些作家，法捷涅夫、西蒙诺夫都没有来。由 Sovronov（《莫斯科性格》的作者）主席。从谈话和答复问题中我了解到，苏联作家的创作情况大致如下：

他们一般是多少担任一些创作以外的工作的，有的是拿薪水，有的是尽义务。因此，也不是一天到晚从事创作或收集材料。他们找题材，是自己去找的，但也可以由作协予以调整。比方有几个人都想去乌克兰一个乡村，那么就设法只让一人去就行了。其余的人可以去写别的。作家生活一个时期，做出作品的提纲来，也常在协会领导下进行一些集体的讨论，大家给提些意见。有时未完的手稿也在会上宣读，大家提意见。

从这里可以看出，他们的创作进行情形大致和我们现在也差不多。只是他们是以全国的协会力量在从事，而我们只以分散的小机关来进行罢了。再则，他们的大作家的作品也一样被讨论，而我们则只限于青年作家。

其次，对于青年作家的培养他们是很注意的，平常作家们给青年看稿，又定期开青年作家的会，今年十二月在莫斯科就要召集二百多个青年作家开会（由共青中央和作协共同举持）。

他们平常开作家大会，等等，是以批评讨论具体作品为主。

作协还帮助作家们解决无法出去收材料和准备作家之家给他们安静写东西的问题。总之，作协的工作是一切为了创作。

二十四日 为了去邮局取包裹，花了几乎一天的工夫。先是等大使馆的车子，其次，在邮局花了一个多钟头。

写了一个信给清。想请立波带回去。立波是下月五号走。

晚看《秘密使命》电影。

二十五日 上午参观谢尔巴可夫丝绸厂。是一个很大的绸厂。专出绸、丝、绒以及派力斯之类的东西。多半是花的，女人所用的。

今天的收获是关于发明以及合理化建设的制度。可以更详细地说明苏联是如何在一点一滴地积累技术，提高生产力，以走向共产主义。这是真正彻底的唯物主义者的态度、作风和工作方法。而这种作风和态度是用一套工作制度固定下来，并且贯彻至每一个角落的。而宣传鼓舞工作又都一刻也不放松地向群众解释、说服、鼓舞，使他们努力完成任务。在苏联可以说，伟大的空前的历史任务是以日常生活的面貌出现，而群众以貌似平凡，实则惊人的精神来完成的。

晚上看《快要死亡的人们的阴谋》，这是反映捷克党和资产阶级斗争的影片，五彩的。故事、色彩、光、镜头、表演、导演无一不佳。有东德风。据说这是得国际和平奖的。

二十六日　上午听关于铁托的报告,讲者平平,材料嫌少。

下午自由活动,戈宝权领我们出去逛街。

我这是第二次逛街了。第一次在高尔基街上逛了两个书店,没有留下什么印象。今天算是看到了莫斯科人生活的一部分。我们去了几个商店,大百货店、小的商店(有如东安市场)、专门的吃食店。无不人挤人,排着队买东西,这似乎不是普通的买东西,而是在十分廉价地卖似的,情形比我们的公家百货公司还挤。东西可也并不便宜,虽然如此,买的人还是踊跃的。在一个衣服店去问衣服,周扬想买秋大衣,结果没有合适的,因为"现在只有这一种,别的卖完了"。他们的东西是一批一批的,一出就卖完。所以常常很多好东西是买不到的。有人买一个照相机,排了一个星期的队才买到。

看见一个瓷器商店,瓷器很好,他们把新的事物,如莫斯科胜利的夜景通通描绘在瓷瓶上了。还有烧的人,如普希金,还有动物等,但价钱都很不便宜。莫斯科有一种漆器,好多人都带回国去,这种漆器据说是仿我国的福建漆,但现在却有它特别的价值,因为它都是临摹名画,十分工细,这一点为建漆所无。

苏联也有很多小摆设、小玩意,如乌拉尔石头做的各种小动物、小文具、烟具等,又有许多妇人们用的别针之类,但都不及北京的做得好,都很粗。

二十七日　星期日　今天整日放假,自由外出,我和艾青、陈琳、马琴四个人一道又上百货商店去逛了一转。大家计划着拿这发下来的钱买些什么。

1951年

今天商店里的人更挤得了不得，比买平价米的更甚，不是一家店，处处如此，不是一种买卖，凡我们所进去的店，都看到此种情况。陈琳想买头巾，走了很多家，明明看见橱窗中有，进去挤了半天，好不容易挤到柜台前面一问，是卖完了。我想买一个带电唱的收音机，也遭到同样的命运。苏联购买力之高是非常明显的，有供不应求之势。有人想买胜利牌的表，说还要等几天。我们在参观表厂时，知道胜利表是每天出两千个的，这就是说，每个月出六万个，当然，也还有别的表，这就是一个月要出十来万个表的，而且钟表厂也不止一个，那么一个月出几十万个表，还是供不应求。这就是为什么钟表厂要制订计划，努力求其增加生产的原因。共产主义社会，是应当有物质基础的。此外，所有工厂都求其数量以外还要提高质量。比方衣料，口号是要花样多；表是要准确、美丽；这是证明生活的要求更舒适。这不是少数人，而是普遍的。商店的挤，而挤的又是各色人等，而非某一阶级的少数人，就足以证明今天苏联的物质享受是群众性的，要求享受得更好也是群众性的。

晚上去红军戏院看《美国之音》剧。这是老作家拉甫列涅夫作的。这个戏的编剧和演出，从苏联艺术的水平来说，不算好戏，剧本缺乏生活，比较概念地把故事结构起来，演出也平庸，演员演不出美国味道，还是苏联人的样子，或者反派方面有些地方过火，戏的导演也太平。我们在国内的时候想不到苏联舞台上会有这样水平的创作，其实，这是不实际的。这个剧之上演，主要是为了配合政策，而在这点上舞台效果还是很不错的。

所有好的艺术品，都是长期磨出来的。有名的《三姊妹》

《安娜》《天鹅湖》《奥涅根》之类都是再三琢磨出来的。也正如我们的旧戏中许多戏码，人家看了几十年还是看不厌，这都是经过时间洗净了的艺术。此外，新生的，反映当前现实的东西，是不可能在短时间内，把生活洗涤得么干净成为纯粹的艺术的。即以艺术戏院而论，虽然我从没有看过他们的戏，但是他们排出多少新剧本，而成为名节目的，仍是老戏，就可见艺术之不易。艺术不是一个孤立作品的成功，而是文化的积累，前人一点一滴的创造的积累。

红军戏院是一个现代化的剧场。据说在莫斯科，这是一个最好的戏院。很大，场子里的座位很宽松，射灯从三楼顶上的一排窗口射到台上，三楼两厢上也有射灯，场子的隔音装备很好。很笼音，坐在最后的人也说听得很清楚。

不知道有没有机会再去看一次。

二十八日　星期一　上午去访问共青中央。他们谈到最近开的第四次代表大会，批评领导上太不注意群众文化工作了。对于文化工作中的思想性和质量注意不够，表演狐步舞，说些庸俗的内容的谈话。可见在开展广泛的群众文艺工作中，思想的领导是十分重要的。

开展群众文艺工作，要能领导得好，在苏联这个具体条件下，就要求文学、艺术家创造出好的作品来。现在苏联具有这样的条件：即书报的发行数是可惊的。比方《真理报》每日发行 2 725 000 份，《文学报》500 000 份，群众对文化是普遍的要求，而群众对于苏维埃的文学和艺术是爱好的，表现在他们对于作家和艺术家的尊重上。这样文化工作者如果不能给予有营养的食粮，而给予有毒素的，对于群众的危害性是很大的。当然，群众既然是大量普遍存在的人物，就不能像思想家那么思考得深刻。从战后群众教育程度来看，中等教育程度的还不是最多的。拿谢巴可夫织绸厂工人的教育程度为例：

4—6 年级 20%　　　　　6—7 年级 60%
7—10 年级 17%　　　　高等教育程度 2.5%

就是说达到 7 年级的占 80%，这是工人文化程度的数字。农村过去强迫教育是 4 年，可能比城市的工人还低。这就是说，需要给群众的文化食粮，通俗而有思想性。

在文艺工作上，表现出来是注意到这个工作了，而且做了很多，很有成绩。比方群众歌曲的发达，电影的普遍。但在这中间，也不免出来一些庸俗的东西，Jazz、狐步舞之类。同时也不免产生一种现象，为了迫切的教育群众的愿望，产生了一些除有思想性却缺乏艺术性的东西，如我们所见的《美国之音》之类的东西。另一方面在剧场里，在作家、批评家的圈子里，也就很可能对这类除有政治性却缺乏或较少艺术性的作品，予以拒绝或冷淡。而上演一些西欧庸俗的剧目，或在作风上模仿或崇拜那些西欧专卖弄技巧的东西。因此，联共中央才提出提高文学上的思想性和艺术性来。

我们所看到的苏联文学作品和电影，有好些是政治性艺术性都很高的。比方《前线》《青年近卫军》《普通一兵》《一个真实人的奇迹》《西伯利亚交响乐》《攻克柏林》等都是。但是，从量上说，可能多数的作品还是或者思想性太低，或者艺术性太低的。如何普遍提高文艺作品的思想性和艺术性，同时又为广泛群众所欢迎，这大概是当前苏联文化界的主要任务了。

在我国，今天的情况和问题都跟苏联有不同的地方。广大文盲的存在，使得今天的文学作品基本上还只停留在知识分子的圈子里。而今天中国群众政治水平也低得多，在戏剧电影上，就不能接受思想性较高的作品，这就使得文艺必须有为群众和为干部的适当的分开，而不像苏联文艺本身就是群众性的，这是一。

其次，中国文艺，戏剧、电影有它的注重思想内容的传统，不仅是作者和批评者，而且读者和中坚的观众是如此。因此今天所要注意的是，不要太左、太狭隘地政治的。但在市民群众中，"黄色文化"还是占相当大的潜力。在我们开展群众文艺工作的时候必须注意这点。

二十九日　星期二　上午听关于出版问题的报告。一个苏联老头子做翻译，他的中国话讲得很好，可是翻译还是不行。中国文字对于欧洲人来说，的确是难懂的。

下午突然身体不舒服，在家躺了半天，并且早早地睡了。

三十日　星期三　上午访问青年反法西斯委员会。

今天起团部宣布早饭以前，晚饭前后可以出去散步。

我们通过 Lostorost 买了些戏票，后来团部答应给我们出钱。

戏票是：

5 日　　MXAT　《造谣学校》

6 日　　歌剧分院　《茶花女》

8 日　　歌剧分院　《蝴蝶夫人》

另 3 日　MXAT　《青鸟》

2日　大剧院　《天鹅湖》

三十一日　星期四　上午和艾青同去参观特列甲可夫画廊。我们算是本领大的，地方找到了，但仍多花了几个钱。

画和雕塑很多，从古代直到现代。有几间是专门为列宁斯大林的。

看得很潦草，大致说来，现代的画功力还差。前代的有些作家的确是杰出的，特别是列宾，他的画几乎每张都是好的，他的画是感情浓厚、性格强烈的，是很现实主义的。

苏理可夫也有两间房子，他的画虽然很[①]

九月

一日　星期五　上午听格拉西莫夫讲苏联电影。

下午出去买戏票。

关于买戏票是很有可记之处的。没有来莫斯科之前，以及来莫斯科后，一直听人说，在苏联看戏是如何的不容易，买票如何的难。的确，如果不懂内情，那就只有十二点钟的时候到戏院门口去排班，甚至有时还买不到票。或者请 Lnlorest 去买，每张票要多花两个半卢布的佣金。上次我们买了十张票，就花了 25 个卢布。其次，莫斯科有个总票房，今天我们出去买票的时候，那边告诉我们，这里总是没有好票的。他们介绍了我们到普希金街一个地方（28 号）去买票。我们到那里，一个女

---

① 原文到此——编者注

人坐在一间正在粉刷的屋子的一角小房中，对于我们之去大为奇怪，说，你们怎么知道这个地方呢？我们这才知道这个地方是专为特殊客人留票的地方。我们很容易地从那边买了很好的座位。明天就可以看《天鹅湖》。

我不太了解，一个戏园子的票为什么要分得这样散，而很多人却老买不到票。我在进戏院时，常常有人问我：你有多的票吗？可见有很多人是买不到票的。

二日　星期六　上午访问全苏纺织工会中央群众文化部。他们的群众文艺工作很发达。原因是物质基础（设备多）特别是文化基础（群众水平及干部水平，有人指导）好。他们可以演高尔基的戏，在这点上，我们一时还无法赶上。

下午开支部大会，宣布九月上半月的学习计划。文艺方面的活动很多。我们很紧张，要很好地计划一下。

晚上看《天鹅湖》。

先说大戏院。这是一个金色和红色的古式戏院，有五层包厢，金栏杆，红围幔。正中的包厢特别大，大概是从前皇帝坐的，池座是红天鹅绒的椅子。天花板上是画的 Apollo 和九个文艺女神。大幕是红地织金的，上面绣"1871—1905"字样大概是戏院的年代。

《天鹅湖》分四幕。第一幕树林黄昏，开始有人跳舞，王子进来，很忧愁，天暗了，舞的人都走了，天鹅飞过，王子拿了箭追天鹅下。第二幕，夜，天鹅湖的旁边（深林中）开始，魔鬼引一群天鹅舞上。最后白天鹅上来舞，王子上来找、发现，对舞半天，恶魔来赶散他们，恶魔走后，王子和白天鹅又舞，最后终于被赶散。第三幕，皇宫中舞会。有俄国民间舞，西班牙舞。王子对于两个年轻姑娘不满意。最后恶魔化装带他的女儿黑天鹅上来，黑天鹅的样子和白天鹅完全相像，王子误认她就是白天鹅，同她跳舞，向她表示爱，但这时远远的湖上出现了白天鹅，王子立刻追出去。第四幕，深夜在天鹅湖，天鹅们在跳舞，恶魔来，对白天鹅加以虐待是一段双人舞，将她打在地上而去。这时王子来，将她扶起，两人舞得很热情。恶魔发了脾气，闪电、打雷、下雨，湖中大鼓波浪，地也陷下去了。虽然如此，王子还是和恶魔斗争，将它的翅膀扯下一只，恶魔在疯狂的愤怒中死去。雨止云散，朝霞满天，王子高举白天鹅幕落。

这个戏是久已闻名的，也的确名不虚传。看了第一幕的时候还不感觉得怎样，到第二幕，那种优美，音乐、舞、舞台气氛，的确是很少见的。第四幕，恶魔和王子和天鹅之间感情气氛都很绝。整个说来，所有的地方都很精致，舞台效果掌握得很准确，尺寸恰当，不多不少。这是多少年琢磨出来的艺术。

在舞技方面，天鹅的群舞、独舞和双人舞，在电影和舞台上也曾零碎看过一些。但 Plisetskaya 手膀的挥动真是有如水波，这是从未见过的。此外，Shvachkin 的舞（奴隶 Shut 的一种滑稽风的舞）也是见所未见，令人仿佛想到 Nichinsky。此外，西班牙舞等的群舞也有其独到的特色。

《天鹅湖》是古典的舞剧，其中还带着一些哑剧的成分，这是后来的 Ballet 抛弃了的。同时，从《天鹅湖》知道舞剧大体的格式，其中有些关节之处，如演员上场和表现某些剧情的穿关过节之处，也用比较洗练的动作而不用舞。舞剧中，舞就是中心，故事退居第三四位，所以有的地方是尽量展示舞蹈的艺术。在中国人的我看来，似乎 Ballet 中间，舞和戏剧性的结合问题是没有得到很好解决的。虽然如恶魔之死，如恶魔折磨白天鹅的双人舞也提供了解决的范例，但并未往这方面发展。性格化的舞蹈也有，如 Shut 的舞即是，但也未得普遍运用于各种人物身上。由于这两点未能解决，《天鹅湖》虽然优美，而感人不深，多的是抒情色彩，未能达到纯粹的剧诗之境。

看得很粗。对于这样的俄罗斯的国宝，看一次是不够的，还得至少再看一次，才能仔细体味一些东西。

三日　星期日　因为昨晚太疲倦，今天九点钟才起来，十点吃过早饭，整理整理，就出发到 MXAT 去看《青鸟》。

MXAT 的气派完全和大戏院不同，是非常朴素的。白墙、栗壳色的座椅和舞台边，楼座栏杆，没有包厢。楼有两层，连池子共三层，第三层楼就是当年革命知识分子狂热拍手捧场的地方。天花板上一圈四方形的小灯。

《青鸟》共四幕六场。故事不详述。整个戏的幻想意味极重，不合常理的事物，人装动物，虽然如此，演得极其真实。装两个小孩的演员都是大人，年纪还很大了，但演得十分像。尤其以演 mitil 的好。其余足以表现 MXAT 特色的，如演狗和猫的，十分真实有感情。尤其以最后一幕两个孩子从醒来到末尾，一直灌注着饱满的感情，那是十分动人的。

这个戏的舞台灯光的效果很多。第一幕的幻景，第三场利用纱幕在上面打幻灯成为一个景，幻灯去掉，纱幕后边亮起来又是另一景，这样的设计是很巧妙的。如果没有灯光的效果，这个戏就演不成了。

这还不是 MXAT 的代表作品。

补记九月四日买《安娜》票的情形。

当天知道有《安娜》的演出,艾青说要去买票,我们全没有信心。但他和流沙、陈琳说去试一试。我和波儿①在家里等。一个钟头以后,流沙气喘喘地跑来说,买了三个票,要我们快去,还可以买到票,下楼后,一个 Taxi 在下面等,艾青、陈琳全在那里,我们坐车赶去,不在正常买票的地方,而在一个旁边的门进去。在一个小窗前已经挤了好些人,多半是军官。请求的请求,申辩的申辩,人们说都是远来的军人。我们挤了半天,请求了半天,窗子里的女卖票员很恼怒,说已经卖给三张票了,决不再卖给。结果两个女孩子没有看成戏。后来我们研究,这个地方一定是天天挤、天天闹的,所以女卖票员的脾气也变得非常不好了。

四日 星期一 上午听关于苏联民族问题的报告。

晚上去看《安娜》。因为不懂话,所以有许多地方看不懂。现在记其分幕分场如下:

第一幕

第一场:车站,夜,安娜靠在车门前说话,华伦斯基来,说他不能不看见她。这场很短,舞台的左角有月台灯的微光。

第二场:安娜家的客厅。客人很多,一会儿安娜上来,华伦斯基也上来。钢琴开始演奏,灯光转暗,只有舞台的右角有

---

① 指陈波儿——编者注

光，安娜和华伦斯基在那里谈话。卡里宁上来，全台灯亮，一会儿客人走掉，安娜和华伦斯基在场，谈话，然后走出。

第三场：深夜卡里宁一个人，安娜上来，是自晚会归来。两人谈话，安娜不耐烦。景就是两个大红绒沙发。（灯光柔和）

第四场：安娜与华伦斯基亲吻，是委身后的次日晨，说一切都交给他了。景，一个沙发。灯光较强是白天。

第二幕

第一场：夏天，安娜穿白服，阳光充足的房子，一个斜角，窗子在左边。右边和屋顶都是红白条子布。安娜看窗子，华伦斯基上来，亲吻。大约是告诉她请她看赛马。

第二场：马场小屋。管屋人，华伦斯基，奥布龙斯基。是一个没有漆的板房，一角。一个板门，板壁上挂些马具。华伦斯基看信。

第三场：看台，安娜失态。

第四场：第三场明转过来，花园一角。篱笆上有些藤。下面是两个藤椅、一个藤茶几。安娜向丈夫说，我爱他。

第三幕

第一场：安娜到办公室去看卡里宁。（没有看懂）

第二场：安娜内室。华伦斯基来，大概安娜和他说到卡里宁的事情。华走后，卡回来，大生气，拿走存折，说要到莫斯科去。安娜求他将儿子给她，他坚决不答应。

第三场：卡里宁去事务所。（第二次看没有这场）

第四场：卡里宁去奥布龙斯基家。奥妻劝他什么事情（回彼得堡？），他坚决不答应。后得安娜生病的电报，他要回去看她。

第五场：安娜生病，向卡里宁忏悔，答应和华伦斯基断绝关系，要他和华和好。

第四幕

第一场：安娜病后和丈夫生活的无聊。奥布龙斯基来看她。

第二场：（暗转后）和华伦斯基的再约会。

第三场：皇宫中礼拜堂。皇后和卡里宁谈话。

第四场：安娜从意大利回来后，在包厢看戏受辱。

第五场：戏院走廊口，华伦斯基和安娜。（紧接前场）

第六场：卡里宁家门口，安娜来看孩子。仆人们中有老头同情安娜，让她进去。其余的慌张了。

第七场：育儿室。安娜和孩子见面大哭。女仆来说，卡里宁不让安娜看孩子。后卡进来，安即不得已出去。

第八场：奥布龙斯基劝卡里宁收容安娜或与之离婚。卡均不答应。

第九场：安娜和华伦斯基吵架。

第十场：安娜自杀。

整个装置设计十分好。全部用兰丝绒做成背景，加上代表性的道具，或部分建筑，单纯、美观而不失其华贵。如皇宫礼拜堂的门，如包厢。色彩也十分好，家具是精美的，在它的色彩上是用过工夫的。服装灯光也如此，如第一幕三场卧室中红丝绒沙发及帷幕，灯光很暗，显出深夜的气氛。第二幕一场的阳台，夏天空气、阳光，安娜和华伦斯基的白衣服，安娜鲜艳的面容都是。第三幕四场奥布龙斯基家，一个橙黄漆的圆桌，及同色漆米色布心的沙发；灯光强，配上奥妻的水绿衣服，及卡的黑衣服，颜色美极了。还有第四幕的一、二场是同一景，第一场表现生活的暗淡，灯光弱，安娜灰色衣服，面无血色。上来的贵妇是黑白相间的衣服，卡里宁是赭色衣服，背景上虽有白窗帘、花，但都在暗的灯光下不显。但暗转后，突然明亮，显得阳光满室。窗帘雪白，花是粉红的。安娜面色鲜艳，穿着湖水色的衣服，华伦斯基穿的是深绿制服，配起来，整个成了愉快的，特别是衬托出安娜的兴奋快乐的心情。

五日　星期二　上午听关于广播的报告，下午访问戏剧协会，获益很多。而且送了很多书。关于这次访问，我有整理出来的详细记录。

晚上本是看《造谣学校》的，但看的还是《安娜》。

六日　星期三　上午听关于群众鼓动工作的报告。

晚，看《茶花女》歌剧。这戏是在大戏院分院演的。看剧目，分院专演外国歌剧。

几个演员唱得很好。尤其是演茶花女的费尔索娃和演阿芒的苏联人民演员列蔑雪夫。但两人都太不漂亮了，太胖；她们在表演上也不很注意，有的场合，如茶花女死的时候，站着唱了半天，忽然倒地；病中的茶花女，面色红润，等等：使戏大为减色。

观众多半是年青女学生，捧角甚狂。有一个伸手给她的朋友看，意思是拍红了、痛了。一幕完了，人都往前挤，查票员死把着不让过去。

青年对于艺术的如此狂热，我这是在苏联初次见到。这就是为什么共青中央特别注意文艺工作的缘故，这也是为什么联共中央和《真理报》《文学报》等一再发表决议、社论、论文,来谈提高作品的思想性之故。我们中国的青年,现在不会对《茶花女》这样热烈了。我想其所以如此,首先是由于文艺传统不同。五四以来,文艺强调思想性、进步性,整风后,更发扬了这种精神。虽然在我们文艺思想中,也有唯艺术的一支,但总是不占上风的,特别在文艺青年中,势力不大。对青年最有影响的作家如巴金、丁玲以及旧俄时代的大作家托尔斯泰、屠格涅夫,以及从思想上去接受的苏联作品,这是一。其次,我们党在农村中二十多年,文艺是适应于农民群众的,农民对艺术的要求是实际有用,而这"用"是很现实的。这种观点也反映到我们许多农村出身的干部身上,也形成了一定的舆论力量。第三,我党的斗争是十分艰苦的,因此,对于文艺的武器性不能不要求得非常切实,"配合具体任务",也就是首先作为鼓动的工具,而不是宣传的工具。

这中间,强调思想性,强调内容,那是我们文艺的优越性的表现。我们是走在许多新民主国家之前的,在文艺作家的思想中,也可能比他们明确。但直到今天,我们过去所提问题的方法是应当有所改变。苏联今天提的是思想性而不是我们所提的政治性,而在这之外,他们还同时提提高艺术性,而我们则提得不够。这一点如果不重新提出,就要发生若干危害性。这种危害性在对于旧戏改革的鲁莽态度中已经出现了。我们在戏改中所强调的"结合现实"是要歪曲历史来实现的,这是一。其次,对于我们戏剧的艺术传统,采取了完全抹杀的态度,随便改,随便乱加,这简直是毁灭文化。必须重新提出口号,纠正偏向才行。

七日 星期四 上午参观莫斯科市一个区的宣传鼓动部，我没有去，据说有关于剧场党领导的问题。我要找记录来看。

下午去买了特列甲珂夫画廊的画集。晚上看了一遍，印的是很不错的。心中高兴。

八日 星期五 上午访问广播委员会。招待很热情。

他们的乐队和合唱队给我们表演了几个节目，还唱了张棣昌的一个什么歌。其中有一个捷克作家写的歌曲，叫《河边》，用人声伴唱，不用乐队，很有开阔的河畔的感觉，很好。

下午访问莫斯科电影制片厂，看到关于特种人物（如斯大林等）化装的新办法。程序是：先给演员的脸做一个石膏模型，然后雕塑家在模型上对着特定人物的照片给他补起来，使成为完全像的面型，现在就有了两个面型，一个本人的，一个人物的。然后分部（鼻子、嘴、下巴，等等）做成翻砂式的模型，本人的是阳模，人物的是阴模，再在这个模型中浇进一种名叫****[1]的胶体物质（这东西平时是固体或粉状物，用时在一个机器中加热化开，成水），冷却后打开模型，取出橡皮海绵般的鼻型嘴型来，用一种特制的胶水黏到人脸上去，再化装。有时还可以做成整个的面具（我看见丘吉尔的）。这种东西比鼻油灰好：第一，它是软的，能活动的；第二，它上面有许多小孔可以通气不至于出汗。

晚到大戏院分院看《蝴蝶夫人》。唱和装置都不好。演的比茶花女强，演员漂亮些。

---

[1] 原文如此——编者注

剧本音乐是很好的。分三幕：第一幕克特和蝴蝶夫人订婚（买卖的？），但有人（人民？）出来反对，夫人很矛盾，但终于同居了。景是室外海边山畔的小庭院。第二幕几年以后，克特已经走了三年了，夫人等他回来。有一个外国人来报信说明天就到。她就整晚地等。第三幕是次日早晨，她还在原来的地方站着等，女仆醒来劝她去睡了，这时克特来，带来了新的妻子，蝴蝶夫人完全明白了，自杀。

第一幕特点较少；第二幕音乐描写蝴蝶夫人的等候，及报信者来后的高兴，倚门终夜，全场在极幽静的乐声中闭幕时效果都极好；第三幕自杀前明白后极其失望悲痛，又对孩子不忍离去的一段唱也极动人。整个说来，运用经过选择的少数日本旋律，而使之与强烈的戏剧感情相结合，以不觉其不统一，这是难能的。

此剧情绪细腻，大的动作性很少；成为歌剧中别出一格的戏，的确不凡。

九日　星期六　上午访问莫斯科纪录片厂。招待很热情。参观了何士德同志正在进行的《上海》一片录音工作。此处的录音室和昨日参观的广播电台录音室，墙上都装了好些空心钢皮大圆柱，一面有许多小孔，一面没有。如果要声音大，转到无孔的一面；要小，转到有孔的一面，回音即从小孔中溜走了。

晚上看《尤琴·奥涅庚》歌剧。这是柴可夫斯基的名作。分三幕七景。

第一幕，（一）答及亚娜的庄园前，树林。开始母亲和奶妈在树下做针线。一群农女来送上一束收割的麦子，舞着民舞

（这可能是一种风俗），答及亚娜和妹妹娥尔加出来看热闹。妹妹的性格是活泼的，姐姐是沉静的。接着诗人连斯基领他的朋友来拜访。连斯基和妹妹是爱人，就把姐姐介绍给奥涅庚。他们在树林中散步到夜深。（二）答及亚娜在自己的房子里，终夜给奥涅庚写信，直到天明，早晨叫奶妈秘密送去。（三）答及亚娜和奥涅庚在深林中约会。答先来，不安地等候，奥来后，她羞涩得很，一句话也没有说，头也没有抬起来，只有奥涅庚唱了一长段。

第二幕：（一）答及亚娜家一个节日的晚会上。有跳舞，有朗诵诗。这时奥涅庚约娥尔加跳舞，连斯基不高兴，责备了娥尔加，她一生气，率性和奥涅庚挽手走了。这时诗人就要和奥涅庚决斗，奥涅庚也答应了。全场的人们都很震惊。这地方的表现十分好。（二）雪地上的决斗场。连斯基独唱了一段他已失去生活的勇气，音乐的感情极饱满，是柴可夫斯基所特有的。决斗的结果，诗人死了。奥涅庚很难过。这一景表现俄罗斯的冬天，从下半夜到黎明，好极了。

第三幕：（一）几年以后，奥涅庚在一个华贵的舞会上，又遇见答及亚娜了。这时她已经是一个贵族夫人。他和她的丈夫，一个中年以上的将军谈话，将军告诉他，他们生活幸福，他自己是狂热地爱答及亚娜的，他认为爱是没有年龄限制的。说完，挽着答及亚娜的手回家。奥涅庚很失望。（二）奥涅庚到答及亚娜家去会见她，向她求爱，她拒绝了。说，你从前为什么不爱我呢？是不是因为现在我已经是上流社会的人了，所以又来爱我呢？

整个戏的音乐感情深厚，答及亚娜恋爱时的感情十分强烈。连斯基的诗人气质,奥涅庚的虚无寂寞、无聊的花花公子的感情,都表现得深刻之极。而旋律和弦本身也是很美的。拿这和蝴蝶夫人相比,两个民族的艺术作风之不同便很显然了,拉丁民族的细腻和俄国人的深厚是谁也代替不了谁的。但我要说,奥涅庚是更高的艺术,因为它是更深刻地表现了一个时代的感情。

同时戏中间的俄国特色很浓。舞,风俗以至于合唱,这也是一个特点。

演员的表演也还好。连斯基的唱很好,我不大喜欢答及亚娜和奥涅庚的俄国唱法。

十日 星期日 上午十一时半,再和集体去参观特列地亚可克夫画廊。今天是有人解释的。因为楼下正筹备中国美术展览,所以只看了楼上的旧俄部分。

我还是最喜欢列宾,他是一个特殊的天才。历史、肖像、风俗各种画无一不佳。我只把《伊凡杀子》细看了一下,人类感情表现之深刻是很少见的。据说,他为了画这张画,曾经布置了一间房,并请了好几个人(四人)来做模特儿。他画了好些模特儿的像,又画了一张小的草图。可见他的态度是极严肃的。

俄罗斯的画家有好些人都留下一张大幅的毕生力作。集若干年的时间来画它。并且先作部分的草图,然后才构成大画。画中人物多半有模特儿,由画家加以变形而成,如苏里科夫即是如此。

还想再去看一次。

下午小组开会讨论了下阶段的参观及看戏计划。

晚上上小戏院看 Vishneusky 的《难忘的一九一九年》。V氏是作家协会副主席。

小戏院有126年历史了。进口的门及街道不堂皇，但内部很整洁崭新，大概是去年纪念时粉刷过的。外厅天蓝色，剧场是白色，紫红丝绒座椅，大幕和栏杆扶手。白色的凭栏及支柱上都镶着金花，比起其余的几个戏院来，又于富丽中别具明朗的美。包厢之层座位近千。

V氏的戏是写1919年斯大林保卫彼得堡，打退白党进攻的事迹。有列宁、斯大林出场，去斯大林的演员特别成功。小剧院的确名不虚传，演员的阵容十分强，角色几乎无一不硬。

戏分四幕十场：

第一幕：1.列宁在克里姆林宫中的办公室。列、斯会见。斯被派到彼得堡去以澄清那边军委会的混乱，进行反攻。2.彼得堡特务家中。女特务的表演很好。喝酒、抽烟、嗓子发哑，老三、老四的样子。整个说来，反革命分子的形象，英国特务、邱吉尔代表以及不在这场的许多反革命军官，都演得恰如其分。是否定人物，但又不过火。3.斯大林火车上的办公室。几个党员来时没有信心，经斯氏鼓励起来，这点的表演也很好。

第二幕：1.白军司令部。司令官的趾高气扬，表演得很好，有身份，有俄国人气质。2.斯大林召集的会。群众场面（小），每个人的表演真实。特别克隆大达炮台司令，反革命分子的表演好。

第三幕：1.到特务家去搜查。契卡的负责人的表演是好极了的。剧本上这个人也是一个新正面人物形象的创造，镇定、机警、仔细、幽默。这场戏写得很好。2. 海军司令部的搜查。英国特务以老练的狡猾从契卡手中逃走,演得好极。契卡负责人的表演也是很好的,两两相称。

第四幕:1. 彼得堡郊外松林,斯大林向海军士兵讲话。派契卡负责人去红山。2. 敌军司令部的狼狈,司令员的表演很好。3. 红山堡垒中契卡人员捉住英国特务。4. 进攻红山,斯大林坐铁甲车出场。

这个戏比起红军戏院演的《美国之音》来,无论剧本、表演都是高出多多的。

十一日 星期一 今天整天没有事。上午补记了三天的日记,开了关于向各处要材料的目录。

下午去大使馆看戈宝权夫妇。他们带我们上文化公园去看保加利亚的展览会。会中有农业品、工业品、保国党史,还有保国历代的油画。可惜时间太短,画的部分完全没有看,以后如有可能,很想专门去一看。

十二日 星期二 一天没有事情。

晚上看《伊凡·苏山宁》。这是格林卡的歌剧。这是一个较早期的歌剧,Overture 很长,有十分钟的样子,完了之后,才开幕。

戏是四幕五场。

第一幕,苏山宁家屋前草地。老百姓们在和民兵谈话,有的为他们裹伤。苏山宁的女儿盼她的未婚夫回来。似乎是苏劝她不要想得太利害。一会儿一群民兵,其中也有女儿的未婚夫来了,谈起前线的战况很好。还要出发去。女儿和他依恋一番。

第二幕,波兰王宫中的庆祝胜利。全幕很多的 Ballet,几乎整幕都是。只有骑兵来报信说,米宁的民兵起来收复莫斯科时,才有皇帝的一些唱,但后面的场面很好,皇帝立刻派将军出征,出征式很有气氛。

第三幕,苏山宁的家,女儿、女婿的订婚还是结婚式正在热闹的时候,波兰军队进来要苏山宁带路去莫斯科,苏山宁拒绝。威胁利诱之后,苏山宁心生一计,一面叫小儿子去报告米宁,自己决心领他们上错误的道路上去。这场戏博得掌声不少。

第四幕第一场,儿子去报信,景是深林中的古庙或古堡。第二场,密林中,大风雪。苏山宁领波兰军到了这里,又冷又饿,又迷了路。苏山宁有几段唱,博得不少掌声。最后波兰军发现了中计,杀死了苏山宁,这时曙光透露。

这一幕的布景很好。密林画得很像,前面几棵树干是画好了剪出来的,后面则是画在一大幅布上,树叶子是缝在一种纱网上的。树叶上的雪,顶上是画的,下面是用棉花一类东西贴上去的。雪是用的纸屑,很多,用灯光交叉照上,所以很像,再加上用一个电扇从下面一吹,就显得风雪很大了。这幕灯光很暗,所以特别看起来像。

还有一个尾声,是在红场上庆祝胜利。是很短的一场,从头到尾是一个合唱。但气氛很好。灯光很强,开始军队出来,接着又是俘虏,缴获的旗帜,最后是皇帝骑马从宫门出来。显得很庄严,有情绪。

这个戏和苏联人民今天的感情结合得很密切,所以观众十分热烈。演苏山宁的是一个人民艺术家,唱得的确很好。

十三日　星期三　上午文艺组自己去参观高尔基博物馆。下午去莫斯科电影片管理局访问。

电影片管理局将我们招待在一个电影院里。电影院,在莫斯科,也许全苏联,并非一个简单的电影院而已,它实在是一个区的公会堂。区的公共活动、文化娱乐都是在这里的,除电影之外,还有一个厅供休息、演奏,还有小食堂、阅览室,还举办小型的展览会。我们去的时候,正有一个关于中国的展览。电影院里还有一个名叫教员的人。她的职务是专为小孩的,比方到各学校去联络,如何配合课程放映电影;比方给小孩们事先说明电影内容;还有,那些很小的小孩,母亲看电影时,就都由她照管,带着他们玩。

苏联的干部为什么不苦闷?为什么没前途问题?从这个例子可以了解一部分:全莫斯科的放映师,有一个管理局下附属的电影方法研究室,帮助他们提高技术,比方,室的专家们为他们讲解新的放映机,新的技术发明,还组织他们互相交换技术经验。另外一个例子,全市影院中的教员也有一个研究组,我看见一张照片,上面是管理局的局长亲自给这个研究组讲话。

列宁斯大林对于高尔基的关心是很周到的。高尔基在1904年以前曾经在思想上同情造神派,在意大利时,列宁两次去看他。革命初期最艰苦的年月,列宁劝他去意大利休养,直至1924年才回国。他儿子死的时候,斯大林陪着他好几个钟头。

艺术家的感情是强烈的,有时未免不很冷静。这是一种职业的特性,也可以得出不好的结果,也可以起很好的影响。领袖们的帮助、领导，使得高尔基变得更加伟大，在世界文化史上的光芒更大，这正反映了领袖伟大。

由于斯大林陪他几个钟头，使得高尔基感到，对于儿子的死没有老是悲哀下去的权利，如是就能从狭小的感情中解放出来，而为反法西斯贡献了最后的两年。

作家的影响之大，作家本人也许不是自觉到那么真切（高尔基也许例外），而党的领袖是看得很清楚的。高尔基的影响，在群众中间转化成为一种物质的力量。卓娅，还有好些苏联的英雄们，都是受了高尔基的影响的。

十四日　星期四　上午听全苏艺术事务委员会副主席报告苏联艺术。讲稿很长，内容很好，可惜讲得太快，不能很好记录下来，等将来译出后还要仔细看一遍。

下午访问文学报。

《文学报》不是一个专谈文艺的报纸，而是"作家学习管理国家的学校"。它国际、国内、工厂、农村无所不包。有广泛的读者来信，有通讯记者，和社会各方面的联系很多，因此，他们常在报上发表关于国家建设各方面的意见。同时他们也常派作家做记者出去采访，又常召集作家来编辑部开会，报告各地社会情况。

作家通过自己的报纸和广大社会联系这是好的方法，有了报纸即使你不想联系，也有读者来督促你，这是很好的办法。

晚上去大戏院分院看《浮士德》。这戏分四幕八场。

第一幕一场，浮士德书斋，他将灵魂卖给魔鬼。二场，酒店前，他和马格丽特见面。第二幕三场，他和马格丽特幽会。

四场，马格丽特去教堂忏悔。第三幕五场，马格丽特哥哥出征回来。六场，浮士德和马格丽特的哥哥决斗，杀死他。第四幕七场，马格丽特堕胎。八场，天堂和地狱（肉欲世界）。

幽会一场是最细腻的，把少女恋爱的心情完全表现出来了。音乐可以说完全掌握了感情。

天堂地狱一场舞（Ballet）也很好。描写肉欲世界而不低级，反而觉其可怖，这是很艺术的。

整个说来，音乐、装置、灯光都很好。每一景都是一个名画的画面，从服装一直到整个装置都如此。舞姿、舞情、舞律都掌握了名雕塑、名画以及壁画的动律精神，都表现出一致的，虽然是许多人，都统一地在表现着一种精神和情绪来。

十五日 星期五 上午访问莫斯科州委宣传鼓动部。

晚上到小戏院分院看《钦差大臣》。

我们以为戏是在小戏院演的，一直到开演前十分钟才发现是在分院，路很远，坐 Taxi 赶去，戏已经开始了。

分院是一个很简陋的戏院。白色的墙没有装饰。池子很长，楼座是方镜框的三条边。后面高起来，有如我们的长安戏院。由于这一切，我猜是一个什么礼堂改造成功的。除剧场外，附属的房子，入口外观都还堂皇，但总像个普通房子，不像戏院。

戏演得很好，很夸张，但夸张得有情理。赫力斯塔可夫的演法很深刻，是演成一个什么事也不懂的花花公子的，有些傻，有些不知道天高地厚，所以也不知道严重性，不知道怕，到了觉得严重的时候，毫无办法，居然会哭起来。这比我们在上海、在延安演成的流氓相是深刻得多的，而且也与仆人的老于世故、狡猾而沉着成了一个鲜明的对比。

女儿开初见到假钦差时的又羡慕又有点怕羞，后来被亲之后哭起来，订婚后的高兴和骄傲都表现了一个小城市没有见过世面的少女的样子。

整个戏第四幕排得最紧凑。中国排的一个个人上来送钱、告状，都是散的、孤立的，而他们是用了相互对比（法院院长的大胆和学校校长的胆小）和戏剧手法（对造私酒的女人的恐怖还没有完，又在门后发现了木匠妻子），使得整个戏有起伏变化。

可惜不是每句话的意思都懂，而且俄语的趣味也不了解，因此对于念台词上的艺术不能很好欣赏，但只听出它的抑扬顿挫、音色和表情的丰富来。

十六日 星期六 上午无事，因为昨天发现了带电唱的收音机，所以今天赶着去买。

十点半去"东安市场"还没有开门，等到十一点，进去一问，说没有了，失望之极。女店员说，昨天还有好几个。她又介绍我们去基洛夫街8号。那边说，等一等也许有，结果也晚了。说，前三天还有的。最后介绍到同街24号总算有了，可是那种好的已经没有了，只有乌拉尔牌的，没有法子，也只好买一个。

买东西是难事。今天我固然觉得疲于奔命，但看见那些从大商店门口一直排号站到少年先锋商店门口去为了买一件什么东西的人来，也就觉得我并不是特别吃亏了。今天"东安市场"的一家表店门口排了一长队人，大概是买一种什么表，苏联是没有法子的,购买力强,并不是柴米油盐,抢购的是表、是戏票,这对于中国人来说是不可以想象的。

十七日 星期日 中午十二点,去小戏院看 Ostrovsky 的《雪姑娘》(*Sniguluchka*) 这是一个从民间传说改编的诗剧。故事是这样的:春天(女)和严寒(男)结婚,生了一个女儿叫雪姑娘。母亲愿意她到人间去,过快乐的日子,而父亲不愿意,女儿的意思是很愿意去。天气渐渐暖了,父亲要到北方去,害怕女儿走了,就叫人把她看起来。但她终于到了人间,寄养在一个老俩口的家里。老俩口很穷,总想她能嫁给一个有钱人,可是女儿却爱上了牛倌。牛倌虽然觉得她很美貌,但嫌她太冷,不爱她。邻家的女孩的爱人,一个很有钱的商人自从见了她之后,却把他的爱转到她身上来了,可是她不爱他。邻家的女孩因为失去了爱人,就到国王那里去告状。国王正因为自从出了雪姑娘后,国中的男女也都不热情,所以连太阳都不热了,心中正在没有办法。这时候,就把全城的人召集到他的宫中来,审判这个无情的男人。这时雪姑娘也来了。国王见了她是这样一个可爱的女孩,就说,你们这些年轻的男人们为什么没有一个来爱她呢?许多人都回答说,向她求过爱了,可是她无动于衷。国王说,你们连雪姑娘的心也暖不起来。并且问皇后,你是一个女人,你知道谁能打动雪姑娘的心吗?皇后就指出牛倌来。牛倌答应明天试试看。皇帝就决定明天在树林中开大会,要男女青年们热烈相爱。可是第二天,一切的男女都相爱了,而牛倌却没有爱雪姑娘,却亲了邻家女儿的嘴。雪姑娘很难过,就去找母亲,要她给自己一颗能够爱的热烈的心。母亲劝她不要这样，因为如果她爱了，她就会毁灭的。她回答母亲说，宁愿毁灭也要爱。母亲就给她一个花冠戴上，说这样，她只要见到第一个男人，就会燃烧起爱情来，可是千万不要走到太阳下面去，否则就会被溶化了。她所遇见的第一个男人，就是始终追求她的那个商人，这样他们就热烈地爱上了。可是很不幸，她终于没有听母亲的话，在太阳底下溶化了，而商人也跳水自杀了。从此以后，太阳却和暖起来。

一共分五幕。第一幕，冬天的树林，春天和她的丈夫争论关于女儿的事情，以及老头子来带雪姑娘到人间去。第二幕，雪姑娘在老俩口家里，她爱牛倌，商人爱她。第三幕，邻女到皇帝面前去告状。第四幕，树林中的会，和雪姑娘找母亲，并爱上商人。第五幕，雪姑娘化掉。

看完这个戏之后，很多人议论纷纷，觉得不懂它的内容，陈波儿特别不喜欢这个戏。当然，想要从一百年以前的作家思想中，找出马列主义这么明确的社会观，和整风后所要求于文艺的教育意义来，那是不可能的。雪姑娘为什么终于爱上商人呢？这是不可解的。但社会的分析得这样清楚是不必要的。这个传说一定有它悠久的历史，经过长期的，即几个社会阶级的人民的加工，自然神话又加上了社会的色彩，而最后，又由作者重新创造，大量加入了作者的思想。如果加以简单的分析，想从中得出谜底来，那是决定要闹笑话的。欣赏文艺作品，主要还是要看人物。这个戏中的老农民、牛倌、商人、国王都是人物的典型，而雪姑娘的爱情，实在是一个典型的少女的爱情：纯洁、清淡、天真。但当她一旦戴上花冠，在年龄上成熟之后，爱情就变成热烈的、燃烧的，甚至把自己都溶化了。

这个戏的演出形式是话剧，但有柴可夫斯基配的音乐，还有许多歌舞，极富民族色彩。演员除了老农民很好之外，大部分演少女的都是三十开外的人，可是都能演出那种青年热情来，的确是不容易的。

晚饭后，看保加利亚和苏联两职工会的联合歌舞演出。保加利亚的舞有其特殊的民族色彩，但都是群众性的。中国的秧歌，应当将提高的技巧，普及到群众中间去。

苏联部分，职工的合唱团、芭蕾及独唱，虽不是惊人的，但应当认识这是在工厂中工作的工人们的演出，从这点来说，那就很不平凡了。

十八日 星期一 上午听工人中马列主义宣传的报告。

下午去列宁逝世前的故居。地在莫斯科南 ****[①] 公里，约一小时的汽车行程。地名果里基村，这就是小山岗的意思。天气是难得的好，十分温暖、晴和。故居在一个种满了菩提、枞树以及别的许多树的大园林中。园子原来是属于沙皇的警察总监的，革命后收归国有。园林的历史有二百年了，是一个富于自然趣味而又很有计划地布置起来的园林，占地 24 公顷。大的林荫路、小路、沿小河种满各种树的斜坡。有小岗子，小岗子上有小亭子可以远眺附近的村庄和远处的小城。开阔和幽静兼而有之。枫树很多，叶子都黄了，一部分树顶上的都变成鲜红色了。在小丘中间临着小河，那淡黄色的带希腊圆柱的房子，就是列宁居住的地方。楼分两层，上面是起居的地方，下面有

---

① 原文如此——编者注

图书室，冬天花房以及现在陈列着列宁活动资料的房子，这也可能是小客室了。列宁喜欢打猎，现在还保存着他打猎时穿的服装。自从列宁被刺后，身体不好，但还是不断地工作，主持了党和苏维埃的重要会议，写了重要的文章如《无产阶级革命与叛徒考茨基》《论粮食税》等。但究竟伤了身体，时常生病。到1922年的10次全俄苏维埃代表大会及1923年12次党代表大会都是由斯大林主持的。在这会上他已经不能参加了，他提议选斯大林为党的总书记。这个职务，斯大林同志一直担任到今天。

病中他喜欢看的书是高尔基《我的大学》《革命诗集》（可能是巴黎公社时代的），并且最喜欢其中的两句：

巴黎公社者，

永远不会成为奴隶。

还有杰克·伦敦的《生命的呼喊》。最后一本是在他死的前一天读的。

1924年1月21日下午六点钟，这个革命圣人终于逝世了。因为他的死，苏联很多工人入了党。

楼上列宁的餐室、工作室、卧室都是十分朴素的。列宁总选择那从窗子里可以远眺的房子，作为自己的卧室。他生涯的最后的日子，是坐在面临着前面展开一片广阔视野的窗子，从那里，可以望见远处的乡村和城市。当他望着窗外的时候，从他的脑子里该是浮起多么深刻的思想和浓厚的感情来，该是如何远大地预见着祖国的未来！从这里，他的思想变成了计划、行动和现实。当我们今天来凭吊他的故居的时候，他脑子中所浮起来的思想，已经成为全苏联人民的日常生活了。

当我们回城的时候，已是傍晚。夕阳透过松树和枞树林子，照在枫树的顶上，使我忽然想起唐诗中的两句：

停车坐爱枫林晚，

霜叶红于二月花。

我们的确留恋着这个地方，美景和对于伟人的怀念。好像他今天是亲切地和我们同在一个下午，我们是多么真切地受到了他的感召，多么和他亲近啊！

十九日 星期二 上午预定的节目，访问和平委员会，又被"消灭"了。我们——艾青、华君武和我去参观马雅可夫斯基图书博物馆。

我们不知道路，结果坐了一个多钟头的无轨电车才到塔干斯卡亚。走进一条在莫斯科算是相当不漂亮也不整洁的街，从这里再转向一条横街，街口上的二层小楼房就是马雅可夫斯基博物馆了。房子很矮小，但也和苏联所有的房子一样，是整洁的。诗人的房子在楼上，两小间，有如我们在上海住的亭子间。外面一间餐室和客室，一个方桌，四个硬椅子，一个碗橱中放了十个人以上用的餐具，可是他连太太也没有的。但他的地方，青年们成群地来，当时称为司令部，所以喝茶的人特别多，餐具也就需要多，茶壶也特别大。

马雅可夫斯基是个活动家，是173家报纸的记者，特别是共青团真理报的记者。他和青年特别接近。

他的诗是密切结合任务的，赞美集体农民，讽刺官僚主义。他还为前线的战士画小幅的"字画"，自己印，自己散发。他创造各种形式进行宣传，他还参加演电影。在他，艺术创作和宣传鼓动就是一回事，没有任何矛盾，而在这种工作中，他创造了艺术，写了流传至今的诗，斯大林同志在人们毁谤马雅可夫斯基时，说，他过去是，现在还是苏维埃最有才能的诗人，对他的冷淡是一种罪过。

为什么在马雅可夫斯基身上体现了政治与艺术最正确的结合呢？因为他对于革命事业是真正热情的；他对于革命事业的各种事情都感到很大的兴趣，这是因为他觉得这些事情都是革命事业中的一部分，完成革命事业必要的一部分。而革命事业乃是他自己的事业。他对革命是灌注着深厚感情的，因此他反映每一件事情，宣传每一种政策，对某一不良现象的批评，那所有的思想和观点都不光是从一种理智的责任感出发，而且还是从感情的冲动出发的。因此，尽管是宣传鼓动，有时还是口号，但在灌注了感情，并且将这些感情适当地传达出来之后，无疑地也就是很好的，有时甚至是不朽的艺术。

晚上，看《黑桃皇后》。全剧三幕七景。

第一幕

一景，夏花园。格尔曼向朋友表示爱丽沙，而她又是叶列兹基未婚妻，格尔曼没有钱，说，只要有了钱，丽沙就会嫁她。

二景，丽沙家的外室。夜，格尔曼来向她表示了爱，她没有拒绝。

第二幕

三景，大舞会的大厅。叶列兹基问丽沙为什么不愉快，丽沙没有告诉他，却将钥匙交给格尔曼，让他开门去她的房子，两人谈决定命运的问题。这景中穿插了一段带歌舞的戏，一个女人拒绝了一个阔阿拉伯或土耳其王子（？）的求婚而和一个少年订婚。

四景，格纳菲尼亚（丽沙母？）的内室。格尔曼来问她，牌的秘密。她不说，被他用手枪吓死了。丽沙来，说，你原来是需要这个，不是需要我。

第三幕

五景，格尔曼家。大雪深夜，他梦见格纳菲尼亚告诉了他牌的秘密。

六景，雪夜，涅瓦河边街头。丽沙和格尔曼会面。他告她，老太婆是他吓死的，并且决计去赌钱。他走后，丽沙失望地（？）投水死了。

七景，赌场。格尔曼大胜，最后却输给叶列兹基而自杀了。

整个戏，恐怖的悲剧色彩极浓，尤其以格尔曼做梦、老太婆死、街头三场为最。诗人是同情丽沙的。她的命运很可怜，想跳出金钱的爱情，结果，所理想的格尔曼还是看重钱，她终于不得不自杀了。

二十日　星期三　上午访问全苏艺术事务委员会，下午参观铁路员工中央儿童宫。两个都另有记录。

二十一日　星期四　上午的批评与自我批评的报告，报告人没有来，稿子由周扬朗诵，内容很精采。

二十二日　星期五　上午十二点，去电影学院参观。一组学生正在排《静静的顿河》（念辞）；一组唱歌；一组跳舞（Ballet）；一组是学导演的，正在听课；小摄影场里，毕业生正在拍片子，一个年青导演和一群年青摄影师，但作为演员，其中却有老的名演员在其中。

他们说剧作家是最难培养的，剧作系的功课，第一年完全体验生活，第二年改编文学作品为剧本，第三年出去找材料，第四年写毕业作品，如一年不够，再加半年，同时他们还要学导演。毕业生优秀的留在学校的 Studio 中工作，指定有人做顾问，有时集体帮助他。

晚上去 MXAT 分院去看《夜店》。

分院的风格几乎完全和本院是一样的，海鸥的大幕，台前露出一排小 Sport 排灯。咖啡色和白色的房子。如果说，小戏院分院比较潦草的话，则 MXAT 分院反而比本院考究些、大些。

《夜店》是 MXAT 的名节目，无论从装置、服装、灯光，各方面来说，都是写实的精神。没有任何美的装饰。四幕两景，而我们又是不懂话的，所以看起来沉闷非凡。但可以看出，演员在性格化方面是很深刻的，演技一如生活。所谓 MXAT 特有的著名的"沉默"也见识过了，的确是鸦雀无声，可见很吸引人。有很多地方哄堂大笑。有些地方赢得热烈的掌声，这当然是作者思想被观众深刻接受了的证据。有些时候，我们虽然不懂得话的意思，但舞台上的感情气氛却流露得非常强烈。可惜，不懂得俄文不能欣赏，只能说是见识了这个戏。

二十三日　星期六　上午看人民艺术博物馆。楼下陈列的是现代的漆盒子，很精美。还有一些现代的木头用具，漆的，也很好。楼上什么也有，石雕、木雕、象牙雕、花边、漆盒、陶器等，还有玩具。一般说，这些手工艺品都不及我国的。但他们很重视它，提倡它，改良它，现代的比古代的好。我们应当大大提倡，艺术家应当去从事这些工作才行。

下午去斯大林汽车厂文化宫参观。

这是一个很大的、很有名的文化宫，有四层楼。里边有图书馆、儿童部分以及一个庞大的业余文艺组织。

工人们给我们表演了乌克兰舞和俄罗斯舞。技术是熟练的，还有从前是厂里的工人，现在已成为职业歌唱家和口技家也来表演。

二十四日 星期日 三时去吉那莫看两个足球队的比赛，一个是MOW的，据说是Stalin汽车厂的，全国第四的球队；一个是顿巴斯Stalino的矿工，全国第八。结果5∶0汽车厂胜了。球一面倒，不好看。华君武说，现在足球是苏联第一，他已经多次打败英国了。

晚上，看大戏院的《巴乞沙莱的喷泉》①。故事是鞑靼国王袭击波兰王宫，抢走了公主，想和她结婚，公主不从。而原来的王妃却因妒忌将公主杀死，国王大怒，将王妃推下城墙跌死。新欢旧宠都没有了。

戏分四幕。

第一幕前有一个引子，国王在两人都死后的空虚。

第一幕：正式开场，波兰王宫的舞会，公主和她的爱人。忽然鞑靼来袭，驸马抵抗而死，鞑靼王举刀要杀公主，被她的美所迷惑，俘虏她回家。

---

① 现译《泪泉》——编者注

第二幕：鞑靼王宫，群宫女等国王的凯旋（第一场）。国王带公主回家（二道幕前）。第三场，王妃等来迎国王，国王无兴趣，这时公主过场，王妃一切明白。求王的重欢，而不可得。

第三幕：王妃去公主的禁所去求她不要夺去她的宠幸，公主很烦，要她出去。正在这时，国王又来，王妃乃疯狂地将公主刺死。

第四幕：城上，囚徒们正在跳舞，国王押着王妃上来，从城上推下去（一场）。国王在深宫中，思念公主，幻想着她的出现，但终于是幻影而已（二场）。

这个 Ballet 好些人觉得比《天鹅湖》好，我也如此感觉。它比较细腻地传达了感情，如：王妃在国王前想挽回他的心，一段舞；失望，一段舞；（二幕）国王向公主求爱被拒绝，一段双人舞；国王愤而欲杀王妃，王妃挺身受刃，而国王终不能下手的一段舞；均是比较细腻传达了感情的舞。这个戏有些人因为它热闹场面少，而不特别喜欢它，其实，单人的、二人的、三人的舞是比较有戏剧性的。

群舞的俘虏舞和执鞭人舞也别具风格，特别是执鞭人舞是很野性的，表现得很有色彩。

总之，这个舞剧和《天鹅湖》很不同，戏剧性比较强，为舞而舞的地方比较少。其次，前引子，后尾声，充满诗的情绪。再次，若干地方是动作的，不是舞的，如二幕过场，及二幕公主从王妃前走过等，这是服从戏剧要求的。

二十五日 星期一 上午听斯列波夫，干部选择、培养、配备的报告。斯氏是联共中央宣鼓部副部长。他的两次报告,批评和自我批评和这次,都是十分精采的。

晚上,上斯坦尼—丹青科音乐剧院看《Keto И Kotэ》,这是一种被称为喜歌剧的形式。其特点是喜剧内容,有唱有说,唱时又可同时舞,其中有许多故意的滑稽动作和行为,情节也不尽合理,是一种普及的戏剧形式。

戏分三幕四景。

第一幕,在KOTэ母亲家的园子里。公爵(他的叔叔)宣布要和KETO(一个商人的美丽的姑娘)结婚。这时,KOTэ从彼得堡回来,知道了这事心中很难过。因为他已经和她在彼得堡爱上了。

第二幕,在商人的家里,准备女儿的婚事,女儿不愿,并由KOTэ的奶妈帮助,一对青年男女会了面。又由小商人CAKO和CИKO帮助定计,让奶妈装上新娘,结果,公爵看了太丑,走掉了,婚没有结成。

第三幕第一景,在市场里,KETO随奶妈去树林和KOTэ见面,缺少勇气,听见人唱情歌被鼓舞起来,终于去了。这时商人因为女儿不能嫁公爵正在懊丧,这时奶妈拿婚书来做媒,骗他说仍是嫁给公爵,商人高兴签了字。

第三幕四景:前面一个准备喜宴和贺客的过场(二道幕前),下面是树林中的婚礼。

整个剧穿插了民族舞、滑稽舞以及焦赞孟良式的滑稽趣味。上次在夏花园看见的那一班人大部分都是这里的。

莫斯科是有各种各样的戏的,上自MXAT大戏院,下至马戏杂耍,观众全很踊跃,而昨天的演员中也有很多俄罗斯的人民演员和功勋演员。足见只要是有群众的艺术，党和政府是同样提倡的。因为形式虽有通俗与精雅之别，内容虽也有深浅之别，但只要内容是不反动，可能的话还有教育意义时是都可提倡的。像《KETOИKOTэ》就有反封建、反包办婚姻的意义，特别这是一个乔治亚的民族故事，这种事在那边也可能曾是一个社会问题，故剧的教育意义就更大了。

二十六日　星期二　上午往联共中央宣传鼓动部听副部长波波夫关于该部机构与任务的报告，及宣传处的报告。

下午听出版处及体育运动处报告。

二十七日　星期三　上午听文教处及文艺书籍处报告。

下午听科学处、高等教育处、学校处报告，十点多才回来。

二十八日　星期四　上午听电影处报告，及宣传处的回答问题。

下午休息。

二十九日　星期五　上午听艺术处报告。

晚上去艺术工作者中央馆参观并参加他们庆祝新中国政府成立周年的晚会。

这个机关是属于艺术工作者职工会的，可以说就是他们的文化宫。进行大规模的政治宣传教育工作，莫斯科市的马列主义夜间大学在这里有一个专为艺术工作者的分校。

晚会到了培则敏斯基、莫拉德里等人，他们在会上朗诵了诗，讲了话。周扬在会上也讲了话。休息以后是游艺节目，有唱和钢琴，还有一个竖琴独奏。

三十日 星期六 上午，访问丹青科戏剧学院。院长介绍一般情况之后，带我们参观上课。一个是三星期前刚来的学生，学习关于注意力集中和筋肉松弛的课：

第一练习：全身紧张——松弛。（坐）

第二练习：低头、弯腰、还原，由慢而快，从教员数十六个数到四个数。（坐）

第三练习：一人一递的拍手，由慢渐快，保持匀等的渐进节奏，乱了重来。这是练注意力集中于听的。

（中间教员让学生将椅子移靠墙壁，准备做另一练习，学生有的站起时太紧张，教员让他们重来，并且说，我是让你们用脚站起来，不是用****①。那意思是只要脚用力，别部分都要松弛。）

第四练习：一个背对着大家口数一二三，别人从他身后向他走去。喊到三，他回头看，大家也停止，谁是紧张的，他就叫谁退回去。这个练习一面训练筋肉松弛，一面又训练回头看的人的注意力。

另一个课是三年级排《铁甲列车》。（另有记录）

下午访问高尔基世界文学研究院。

晚上去瓦赫坦歌戏院看《密苏里州的华尔兹舞》。是包哥庭作的，得了斯大林奖，但是剧本并不很好，主要是没有美国生活。排演方面是用十分夸大的闹剧手法，成了单纯的讽刺，

---

① 原文如此——编者注

快观众一时之意，而教育意义反而不深。演得特别不像、不合身份的是进步分子，主角 Foster。

故事写的是美国大选时，民主党收买选票的情形。四幕七景。

戏院建筑比较新式而堂皇，两层楼座，有宽阔的休息厅。

十月至十一月

一日　星期日　今日是国庆。

午饭时，联共方面组织我们学习的谢巴可夫讲了话，喝了很多酒。

晚上我们招待莫斯科的留学生。酒会，周扬讲了话。有跳舞，十二点多才散。

二日　星期一　晚上大使馆招待我们鸡尾酒会。

三日　星期二

四日　星期三

五日至八日　从莫斯科动身到乔治亚。路上。六日，经过图拉、哈尔可夫。七日，罗斯托夫，沿黑海东南行。八日，转入高加索山地，山沟狭小，有如陕北。转入乔治亚大川，行近梯比里斯后，山形水势，宛如延安。乔治亚气候温暖，十月以后，莫斯科绿叶尽凋，此则满山青碧，恍若初秋。地中庄稼未收。温云拥峦,温雨润地。十二时许到达城市。住梯比里斯旅馆,房间舒适,开窗对公园。

晚,上国立歌舞剧院看舞剧《戈尔达》。

四幕十景。是一个乔治亚英雄故事,戈尔达,一个雕刻家,爱了乔王的公主伊列玛,但是另一个公主莎瓦娜爱他,而另一王子又爱伊公主的故事。全剧热情流露,灌注了一种爱国主义与勇敢的精神。

从编剧来说,戈尔达从阿拉伯浮海生还的一场戏,是很好的,强调了爱国的热情而又完全不是空洞的,经过艰苦,九死一生,居然活着回到祖国土地上,将人物处理在这种情景里,是十分聪明的。又如,在要将戈尔达和公主的孩子去填古堡之前,先写了一场夫妻、父子之间的家庭之乐,这样,后面一场填古堡的悲剧空气就突然加强了。这场本身的处理也比较好,有舞队和歌队,舞队扮作哀求释放孩子的群众,俯仰进退,很有感情。加上歌队的歌,气氛相当浓。同时在高处石工们正在以迟重的动作运石头要填塞古堡最后的缺口,孩子就是从这里关进去的。

舞的方面,虽然总不能脱出 Ballet 的范围,但在阿拉伯王宫中的几段舞,色彩强烈:1. 白女草裙舞,2. 印度佛像舞,3. 黑人舞。虽不一定很精,但特点明确。

主要的缺点在于全剧中舞蹈方面的乔治亚民族色彩不够丰富。但 Ballet 的技巧很不错。据剧院的主持者说,乔治亚 Ballet 的历史有 120 年了,分三个阶段:起初是私人提倡,后来是公家兴办,再后是革命后的发扬民族艺术,创作了乔治亚自己的舞剧。革命前也有本族人写舞剧的,但无机会上演。但现在写的、谱的,人已经很不少。现在已有 10 个歌剧,3 个舞剧,还有 9 个订货没有演出。

这个戏的音乐也很不坏,这样大一个戏,从头到尾的管弦乐,是由一个年青的作曲家记拉德节作的。他完全能驾驭这一个大东西,形式弄得相当完整,在好些地方还很有感情,这是不容易的。

在装置灯光方面,比起莫斯科来是粗多了,舞台画家比较差,灯光师的技术很次。常常把射灯照到画景上去。在海水一场,前面的纱幕上,从乐池方面来了灯光,弄得很显眼,破坏幻觉不少。

这个戏院还相当堂皇,装饰图案都是民族风的,不过场子里的色调太阴沉,基调是暗绿色的,大幕是灰色的天鹅绒,看起来显得旧,包厢三层,容观众近千。附属的走廊大厅等不够大,观众休息时显得拥挤。

九日 星期一 上午游览梯比里斯市。这是一个精致美丽的小城市,四十多万人口。在一个比延安宽得不多的山沟里,两面依山而下,夹沟建屋,街路起伏很大,据说有如重庆。河名古洼里,看起来比延河还小。河上有数道大桥,凭观亦颇有壮意。这个城市现在正在扩建中。从前这是一个小而古老的城,贝利亚做乔共中央书记时,修路建屋,方有今日的样子。现在市区扩大,在北山背后,大建高等学校、房屋、花园、运动场。荒凉寂寞之地,顿感美丽。现在许多街道,夹路种法国梧桐,沿街花坛,鲜花媚眼。尤其以一种亮红色的为最夺目。走进每一所房子,窗外总是葱绿一片,梧桐、枞树最多。许多房子依坡筑成，临窗而望，常可见半城屋顶。建筑样式有意仿其民族旧传统，则回教教堂式也。凭窗俯视，恍若攀临古堡，有古代中亚之观。

市委市府六时请我们在大卫山上吃饭。这是城中最高处了，坐电车登山约十分钟。山顶为一小花园，夏季热时，市人多来乘凉。有一两层大厦。内有弹子等游戏。还有小孩子游戏室及卧床，备母亲寄存婴孩。

乔治亚人好酒。宴会从六点吃到十一时才散，酒后呜呜群唱民歌、舞民舞。热情滂沛，乔人民族性令人深爱。宴毕临露台，俯览城市，万灯闪灿，宛若繁星。刹那间竟有身在天堂，群星居下之想。同行群相慨然，此社会主义之梯比里斯，亦为我中国将来影像。

十日 星期二　访问乔共中央宣鼓部。

乔治亚在革命后，曾经一个时期为孟什维克所掌握，直到1921年才为布尔什维克掌握过来。但也没有很好地建设，直到贝利亚担任乔共书记时，才大大建设起来。今天如此美丽的梯比里斯，都是在他的领导之下建设起来的。所以现在乔治亚人非常纪念他，到处把他的像和斯大林的挂在一起。

乔治亚是一个文化古国，很早就知道中国，瓷、丝、印刷、指南针他们很早就知道了。他们称中国叫"秦涅特"，比起俄罗斯称契丹来是古得多的。他们的文化可能是波斯系的。

乔治亚过去一直被外族所统治，没有过过好日子，直到和俄国合并后才算安定下来，虽然政治上仍是被统治的。革命后才算真正翻了身。

开初，乔治亚和亚美尼亚、亚塞尔拜疆[①]合起来称为外高加索联邦共和国，后来才分成三个加盟共和国。现在在乔治亚内部还有两个自治共和国，和一个自治州。

晚上看《КеТоИКоТэ》我没有去。

这个剧本是乔治亚的著名作曲家帕里亚什维利作曲的。

十一日　星期三　上午，访问市委宣传部及市委研究室。

下午，看足球。足球是梯比里斯对莫斯科。三比一，梯比里斯胜。除了场地生疏等原因之外，很明显地看出胜利者的球艺是高超的。从球上看来，很表现出乔治亚人的聪明灵活，而俄罗斯人的朴素勇莽之处。

乔治亚人对于他们的胜利表现出非常的高兴，但裁判员最后罚梯比利斯队一个十二码，很显然看出其中有给莫斯科队以照顾之时，观众都很心平气和，这些地方很看出民族的友谊。

晚上，上话剧院看一个戏，名字叫《沉石》。故事大致是这样：

乔治亚有一部分土地和人民在第一次大战后割给土耳其了。土耳其人企图使这些人忘记他们是乔治亚人，所以想用种种方法消灭他们的古迹。但又怕人民的反对，就找了一个乔治亚人去做副总督。副总督是一个简单的好人，很想为人民做些事，提议兴修道路。土耳其人用了一个美国工程师的计策，说要修道路就必须拆毁一所路上的古教堂，至于教堂里的古碑，则可以送到土耳其的博物馆去保存。但实际上土耳其人却把这

[①]　现译阿塞拜疆，下同——编者注

些碑石沉到海里去了。

要拆教堂和沉了碑石的消息传到老百姓的耳朵里，引起他们很大的不满。有一个爱国者就领头起来反抗。土耳其总督就派人把他暗杀了，而将这个罪状加在副总督妹妹的爱人——一个水手的身上，并且将他关起来。为什么要坐罪于他呢？因为这个女人很美，总督很爱她，向她求了婚。她的母亲虽因糊涂而答应了，可是她本人很不愿意，计划和水手逃走。水手被缚后，妹妹去求总督，说，咱们明天就要结婚了，按乔治亚的习惯，这天男人完全要听女人的话，并且不能做不好的事情。总督答应之后，妹妹正放了心出去。这时，警察总监进来说，明天就要杀水手。总督为了难。警察总监就献计说，明天他们将牢门打开，等水手逃走，然后他们开枪打他。并且准备扬言总督结婚，请全体的乔治亚人，等人到齐了，就捉到一条船上通通载到别的地方去。

但是这全部都被妹妹偷听到了，她当时昏过去，正好哥哥来救醒她，她就将全部都告诉了哥哥。哥哥听出石碑被沉，知道自己受骗，本来很生气，又听说总督杀人坐罪，于是完全明白。第二天，他就将水手放走，并且走到古教堂前，人民集合的地方当场开枪打死了总督，他自己也被人打死了。

这个戏写得不好。松散，没有情绪。演得也平平。看来，乔治亚的话剧水平似乎不很高。

十二日　星期四　上午访问合作总社，下午看赛马。

乔治亚人很爱骑马，马也骑得不错，他们从 1937 年起，每年比赛。今年有 2000 骑手，150 赛马团体，其中有 12 个是入选的。今天就是这12个的比赛。这是全国性的,这以前是各区的比赛。赛期是3天,我们看的是第一天。节目有赛跑、马球、掷标(两队两人一递、一掷、一逃,中人二分,中马一分。每队五人,分多的胜)、跑马劈杀(道旁置树枝等,劈断多而时间快者胜)等。

此等表演具有乔治亚民族风味。为农民所喜,故很有群众性。中国农民中此种运动很多,如拳棒等,如加以提倡,运动一定很群众化。

晚上,看话剧《星星之火》。这是一个写斯大林在外高加索早期革命活动的历史剧。因为是写现代伟人的历史,戏是很难编的。编成这样,已经算不坏的了。

在斯大林来巴统之前,这里的工人运动是自发的,并且有宗派主义,斯来了,击溃了孟什维克的经济斗争理论,号召工人作了政治性的示威游行。工人团结了,政治上进步了。最后,以列斯二人在芬兰的见面作结。

题材很枯燥,作者穿插了几个人物,工人、工人妻子、流浪人(后来成为布的)、女教师(布)、马车夫(走狗,没落贵族)、孟什维克,以及工人妻在他家里佣工的海关监督、监督的小儿子(革命知识分子)等,戏变得还活泼,比《沉石》好得多。

乔治亚的戏,装置和灯光一般都不很好,比莫斯科差得多。这个戏算是较好的。乔治亚舞台条件不好,不能电动,要人工搬景,因此幕间往往太长。这个戏创造了用半个台演戏,另半个拉上幔子,幔外也还有表演的余地,有时放一二简单道具,整个台面也还过得去,这样,换景就快了,这点很可启发我们。

十三日 星期五 上午访问马恩列学院乔治亚分院,及所属列宁博物馆。斯大林的秘密印刷所。

十四日 星期六 晨微雨,八时半乘汽车出发果里,访斯大林故居。十二时半到达。果里是一个区的中心,是个小镇,地方小,大约是比较偏僻的。下车后即看故居。房屋狭小,一共两间还是两家住。斯大林和他的父母一同睡在一个狭小的床上。这可见他小时出身的穷苦。他原姓朱加施维里,小名苏苏,父亲是皮鞋匠。斯氏幼年是在一间神学念书,成绩很好,毕业后被保送到梯比里斯的神学院。那时他写了许多诗,《早晨》一诗一直到现在还是教科书的教材。

现在在这矮小的故居外面建了一座大理石的亭子四面包围着它,以防风雨的侵蚀。并在亭子四周布置了一个小小的花园。里面还有一个小规模的博物馆,陈列着斯氏早期生活及在外高加索的革命活动的史迹。

果里的区委书记和经济文化方面的负责人,为我们作了一些报告,一直到夜十时多才在雨中乘车到火车站,在两节卧车中住宿。这两节车是从莫斯科载我们来的,它们一直在这里等候载我们回莫斯科。

十五日 星期日 车行一夜,动荡不能安眠;但这样却节省白天走路的时间,到早晨十点,我们到达马哈剌则巴(Mahalatgi)。这个区是乔治亚的模范区,也是比较富庶的区域。我们在此参观了集体农庄名叫奥尔忠尼启则的。

这是一个山窝,不能大片种粮食,以茶、桐、由加里、柑橘等亚热带水果的种植为主。气候渐温，遍山红土、桐茶，还有竹林，这种风景，使人回忆到幼年时家乡的风景。农民建板屋，而楼居，空其下，防潮。农业集体化以后，农民生活富裕，有好些人有小汽车，楼下的空地就成了天然的汽车库。

早饭是在一家农民家里吃的，区苏维埃请客。有乳猪、烤鸡（？）、烤羊肉、大块（二斤？）的炖牛肉、苞米茬子饭，酒有哥尼亚克纯葡萄酒。风味极佳，菜味恍如中国。酒菜丰盛，主人殷勤，集体农庄的业余艺术活动小组又来奏乐唱歌，主客屡屡举杯祝领袖健康并互祝，酩酊中宴饮竟达三小时。

下午听农庄主席报告后，即乘车参观制茶工厂。一路山行崎岖，到时天已近黑，参观后即赴厂的宴会。酒菜略同农庄。干杯十余次，有厂工人和区的演员表演，有歌有舞。

十六日 星期一 晚宿车中，因车停站内，故较安稳。早十时许，参观茶叶水果研究院。在此早餐，丰盛一如前数餐。有该院自植并自制茶，色浓味苦，亦有香气。较之一般茶，胜多多矣。然比之中国红茶则望尘不及。苏联制茶，不取其叶之嫩老为粗细之分，而一磨研之使碎，愈碎则愈为上品。又焙时大加香料，致失茶之本香，斯苏茶虽云发达，而饮者仍以中国茶为上品也。

饭后乘车往 Kobultgi 区，Ckakwa 村（劳动村）参观国营列宁农场。车行约三小时，细雨中依山路之迂曲，车行甚颠簸。但近则满目青翠，远瞩云笼山头，红土碧茶，极有家乡风致。不久，窗外山下海水在目，海上湿云聚拥，自山边树丛望之，恍若身在画中。车达海边一市，多人持花立待，则已达 K[①] 区

---

① 代指 Kobultgi——编者注

境矣。此区属 agia 自治共和国，原车当返，乃易车前行。沿海依山，风景绝美，惜乎由加里树全部枯死，云去年奇寒所致。

农场有中国技师姓高，天津人，是第一次大战时来此。当时，年仅十六，今则五十余矣，已娶乔人，生一女，女亦二十七岁。高已将中国话全部忘去，然见祖国之人，其父若女仍感极而流泪也。

晚农场集宴。菜虽不如前之丰盛，但主人情意特盛，掌声不绝，我亦起而与数工友干杯，并抱吻。一保加利亚人，盖亦劳动英雄，颐须如猬，抱吻之下，大受刺激。不竟叹我"毛泽东刷子"不如"季米特洛夫刷子"之硬也。

当夜乘车返城。

十七日 星期二 今日在旅馆休息。在温泉洗澡。天已放晴。

晚看歌剧《黄昏》，共三幕。

少女马罗有爱人马尔哈兹，因远出未归，由母命和吉亚左订婚，女很不乐。这时马尔哈兹归来，因造成三人间的纠纷。适值土耳其寇边，吉亚左领兵要出征，但他以为必须先当众向马尔哈兹复仇，以恢复光荣，才能出征。因和马决斗，将他杀死。结果，他被判罪，而由老将军去出征。

这是一个富有爱国主义情绪的歌剧。作者巴里施维利[①]，是乔治亚歌剧的创始者。1933年即死去，死时年仅五十三岁。他二十五岁时，即作第一个歌剧《АбесаюМиэтли》，《黄昏》（《даиси》）是其第二个作品，45岁时写了第三部歌剧《латавра》

---

① 现译为帕里亚什维利——编者注

（女人名），还作了喜剧《КеТоиКотэ》。梯比利斯的歌剧院即是以巴里施维利命名的。

《黄昏》的剧辞作者是古里亚，不详生平。从编剧来说，松散缺戏剧性，但巴氏的音乐是好的，充分的民族风，而感情浓厚。当马尔哈兹被杀时，群众的合唱，马临终时的独唱，都是很好的。可以说，第三幕的音乐相当掌握了感情。马罗劝二人不要决斗，两人和马罗三者的唱，都很有情绪。从这个剧来看，巴氏是一个大作家。

十八日　星期三　上午访问乔治亚农业学院，及乔治亚作家协会。

十九日　星期四　请假在家补日记。

二十日　星期五　访问音乐学校及少先宫。

关于唱法问题，从乔治亚民歌等的民间表演看来，也和中国民间一样，并无一定看法，只是因为语言的情味而有其独特的表现而已。音乐学院学生的声乐，完全是按一般公认的科学方法学的，但他们没有俄罗斯那种连音阶都模糊了的发抖，他们也唱民歌，也有人唱的很有民间风。这个问题，主要还在于自己去体验民歌中的情感，而不在于发声法。咬字，完全是教与学的人是否注意的问题、装饰问题，完全是唱者的艺术问题。我们只要不死学西洋，奉之为神圣不可侵犯，而充分注意和生活的结合，则无所谓洋嗓子了。

夜，听教育部副部长讲乔文化发展及目前情况。

二十一日　星期六　乘汽车行一百七十公里，向梯比里斯东北。早七时动身，一点半钟到达东乔治亚古都特拉维（Telave）。十八世纪时，是东乔皇帝伊拉克里第二的都城，有他的皇宫在此，现在成了一个小博物馆。伊拉克里是首倡和俄罗斯合并的，他即位是1781年。

即在镇上午餐。这个都城在波斯人来攻时，被烧毁过，这之后，帝京即移梯比里斯。镇容古老，无复 malahadgi 的繁华和现代化。餐馆也不很清洁，似乎尚不及 Otpor。没有吃饱。

乘车回行约15分钟，到一国营农庄名叫 Tselendali。这地方原是乔治亚十八世纪的大诗人 alexandre Chavchavadgi 的庄园。他是乔治亚的大贵族，浪漫派的创始人。他的妻子是伊拉克里的女儿，他生了四个女儿，长女 nila 和格利波也多夫结婚。此地普希金也曾来往过，莱蒙托夫也常来。

园林的确很美，比起列宁果里基故居来，美丽得多，有柏树荫路，有300多种亚热带植物。树林中的地上，遍生爬山虎，沿树干而上，一片茸茸绿色，头上树木参天，颇具幽趣。庄屋在林园之中，阳台宽绰。室内森幽，有洞天之想。

农庄酿酒厂亦在园内，出一种 Tselendali47 号葡萄酒，驰名世界。此酒从240万公升葡萄汁中酿出100万公升酒来。其余只能作红葡萄酒及酒精。凡酒至少藏三年才能饮用。

夜在农庄吃饭，出9年的酒饮客，其味醇美，无酒精味、无涩味、无糖味，清香而微带甜酸。庄诸主人以民歌佐酒，一个起唱，群和呜呜，高低不齐，音色不一，音虽不和，调亦略如老僧念经，然别有极浓之乔治亚民间风。

今日早晨天晴，到达后，一直阴雨，到晚滂沱，淋漓中乘车返火车上过夜。

二十二日　星期日　雨　乘车到阿古拉集体农庄参观,并在农家早餐。主人家引客参观其酒窖,并取数杯,遍尝诸客。农家酒藏,为其财富之一,示人以窖,夸其富也。主人楼居,室陈钢琴、手风琴。其子一中学生,奏钢琴佐客人酒。主妇起舞,并殷勤劝客人饮。乔人热情好客,一饭必数小时。我们本是路过,并不打算在此吃饭,竟被主人留下,无法脱身,直到十二点半。

车行至古嘉尼区维里斯杰黑村,参观列宁农场。又在一农民家吃饭。这是一个劳动英雄,有三子、二媳、三个孙及孙女,夫妻均劳英。主人亦取锄刨窖,出酒饮客,主妇亦劝酒殷殷,并有邻人来歌,主人起舞。主人有小孙女,名 Malina,六岁,聪明美丽,以娇稚之嗓音朗诵诗歌,内容完全不懂,但惹人喜爱,群相递抱,小孩子也很大方,我不禁数亲其颊。

自三点饮至夜七时半,始回火车。原拟参观之拖拉机站及另一农庄,均作罢。原空汽车当日回城,现只能乘夜班火车。

二十三日　星期一　乘七时;起床下车返旅舍,稍事休息整理,九时早餐后,即出发参观乔治亚博物馆。

先参观史前时代。乔治亚旧新石器时代遗物及陶器,甚多。其同于我们仰韶时代之陶及车轮等,均与我极相似。有一器上有凸形之卐字纹,尤可注意。从乔治亚古物中可看出古代文化似乎有共同根源。

次参观 11—13 世纪封建繁荣时代。这是 Roslaveli 的时代,Tamana 的时代,文物鼎盛。农作品种甚多,灌溉规模巨大，商业交通亦盛，城市发展，玻璃器物已出现。陶瓷虽不如我，但力仿宋瓷，而多似唐三彩；铜镜亦如我汉镜。建筑、诗歌、文艺等亦盛极一时。

乔文字很古，但存者最早在五世纪，有碑有书，书为羊皮纸的。五一十二世纪，才从波斯得纸，抄书。

所奉为希腊正教。

二十四日 星期二 参观出版总署。

继参观戏剧学院。师生极为热情，为我们特别表演，十分卖力，盛意可感。他们也向我们问了几个问题，如梅兰芳在创造新戏中的作用，中国戏剧史的书介绍一点给他们之类。

继并参观戏剧博物馆，所陈为乔治亚戏剧的历史图片。最后，他们拿出两张义和团时代的北京茶园的戏报来，这大概是乔治亚人参加俄军进入北京所得。

二十五日 星期三 晨九时乘汽车行三小时，到达一新城名罗斯达维。这是一个大冶金工厂所在地。此地原为荒山，现在建立了工厂，并围绕工厂建立了城市，将来计划人口六万。我们参观了城市，也参观了工厂。它们都还在建设中，可是在没有建完的工厂里已经在生产。而城市也已经活跃起来，学校、托儿所、幼稚园统统办起来了。

下午和乔共中央告别。他们很热情地送了毛主席一座斯大林故居模型，朱总司令一把短剑，周总理一幅乔治亚地形地图；送了许多书给代表团；每个代表一本乔治亚历史，一个牛角酒杯，一张乔治亚唱片。

会后，宴会。有歌剧院的人民艺人为我们唱歌；歌剧院的青年艺术家，参加布拉格比赛得奖的，民族舞跳得最好的两位为我们跳舞（男）。热情可感。

宴毕，十时半登车。许多同志送到车站，直等到开车，抬手依依。车离月台，窗外梯比利斯的灯光，惹人离绪。短短的半个月，这个民族的热情好客、聪明、美丽的明确印象，将永远留在记忆中不能忘记。

二十六日　星期四　车行一夜之后，起眺窗外，满目荒凉平野，人烟稀少，已入亚塞尔拜疆境。

亚人是回教民族，虽和乔治亚为邻，但过去文化很不发达。我们从车窗望去，棉花堆成大堆，村子的土房完全像中国，人的样子也如此。

四点多钟至巴库。住苏联旅行社旅馆，临海湾。整个城市印象有如上海，比梯比利斯大（100万人口）而无其美。这是一个石油工业区兼港湾的地方。

饭后参观斯大林博物馆。两小时余，倦极。

二十七日　星期五　上午参观城市，及到电影厂看《社会主义亚塞尔拜疆》电影；国立工业学院，受学生热烈欢迎。

晚去歌舞剧院看歌剧《瞎子的儿子》。叙述一农民之子领导暴动，向地主报父仇的故事。情节与中国戏近似，特别小穿插的地方，如定计令人上钩，如偷听计策、通风报信等。尤其相似的，如地主集议筹商之时，一个谋士大笑，而说出他高妙的计策，等等。

在形式上，近似之处也很多，比方小丑说练子嘴，乐器中使用唢呐，等等。

这个戏是新编的，为他们革命后最杰出的创作。

从这个戏的唱看来，民族的唱法和外来的唱法有很大距离，但又同台演着。这在乔治亚农民的唱和音乐学校的唱法完全不同一点，也可看出来。音乐学校唱民歌，尽量保持民间唱的风格而用西洋发声，唱得不好的，也有咬字不清的毛病。

乔治亚民间唱者中，特别是男的，声音好的有如洪钟，音色与西唱亦无多分别。只是女的不唱假嗓，这是经过提高的形式。中国戏亦是如此（虽然中国是用男人唱），无非是要使音域更广。

中国唱洋嗓子之被人诟病，主要是没有唱好。教员搬洋先生的教条，学生也教条地学。主要一点，是不以表现中国人民的感情为其学唱之目的，又加上轻视中国唱，不懂得其表情的意义和感人之所在，这样，一学唱就只能唱洋歌，而与中国人的感情毫无联系之处了。

二十八日　星期六　参观 Schmidr 机器制造厂，海上油田，直至天黑才回城；又赶着看了安得烈夫炼油厂和一个区的文化宫。

这个文化宫非常漂亮，不亚于斯大林汽车厂的文化宫。走廊、剧场装饰华丽。这是专为练油工人的。我们去时，正值电影开场之前，许多女人穿得漂漂亮亮，女孩子们也很美，一切有如资本家或贵族社会似的。

完了还去音乐厅参观歌舞晚会。晚会一共两个大节目：

1. 亚塞尔拜疆婚礼表演

2. 一个花园里的花朵（表演苏联各民族的歌舞）

总的印象是音乐和中国很近似，乐器有胡胡、唢呐、琵琶（曼多林）、鼓。舞的上肢动作多，手指的也有，略如朝鲜和我们旧戏中的。又有蹲下的、软腰的动作，略如《贵妃醉酒》。

娶媳妇时，新娘顶盖头，前面有人吹唢呐，也很像中国的。

二十九日　星期日　上午参观 Nigami 博物馆，Nigami 是十二世纪时亚塞尔拜疆的民族诗人。作品很多富于民主思想，对劳动者很重视。作品多暴露帝王贵族。

但博物馆并非专门为 Nigami，而是一个亚塞尔拜疆民族的历史博物馆。其中陈列品不甚丰富，但亦能表现亚人的反抗精神。

下午亚共中央书记讲话告别，并赠送唱片 Nigami 诗集等物作纪念。

十月三十至十一月一日　星期一至星期三

二十九日下午四时半乘车返莫斯科。一日下午一点四十分到达。天气很好，不冷，预期的受冻完全没有。

车快到达莫斯科时，闻任弼时同志逝世噩耗，不能相信。到旅馆晚餐时，通知七时半赴大使馆追悼会，始知已于十月十七日因脑溢血逝世。追悼式朴素严肃，无音乐，仅遗像、花圈。

青年代表团一行五十余人已于三十日抵此，住在旅馆的四楼。之华[①] 等也来了。

---

① 李之华——编者注

1955

一九五五年

八月至九月

八月三十一日　星期三　动身。

一日　星期四　在伊尔库斯克

昨日晨九时半起飞,夏部长[①]、马局长[②] 来送。

此次出国是往柏林祝贺其国家大剧院开幕。同行者尚有程砚秋院长。祝贺毕,将在德参观两星期。

这是我第一次坐飞机。天气很好,飞行平稳,下视能见度很高。万寿山,昆明湖有如陈列的模型。田畴纵横,河川如地图。过西山后,逐渐荒凉。入蒙古境一片大漠,寂无人烟,在乌兰巴托下机略息,此地天气有如深秋。随即上机续行。白云浮空,渐积渐厚,机行云中,有如行深山中,山峦起伏,其形奇瑰,恍若忽临深壑,忽登高陵。入西伯利亚,云渐开,忽现一片开阔境。川流横溢,映日光下如金龙耀鳞;河岸铁道如线;火车、村庄、房舍如玩具。有顷,渐登大山,森林数百里在一览之间。林间草地若斑斓之花布,山涧蜿蜒如蚓,显隐闪烁于日光中。俄而白云笼树数百里,望之如雪,延续至一大水边,水乃贝加尔湖,望之波㶑㶑然,渺无船只。机临其上,以为高不过数十尺,而感此水恰如昆明湖,但稍空阔而已。过湖后,山势渐夷,森林渐稀,渐现大片开垦地,俄而庄园鳞比,状若布棋(疑是城市近郊集体农庄住宅),飞机乃降至依尔库茨克。时北京时间下午四时半。

---

① 指夏衍——编者注
② 指马彦祥——编者注

二日　星期五　在莫斯科

昨宿伊尔库斯克，因天气不好，九时始起飞，沿途机行雾中，颠簸很厉害，在新西伯利亚午饭、斯维德洛夫斯克晚饭。莫斯科与北京时间相差五小时，从东至西，一时间特长，等于一天多过至少四小时，因之疲倦特甚，在机上睡了两回。夜十二时到莫，往国际旅馆。

二、三两日无飞机，要四日才能走。

三日　星期六　整日不能走，心中不安。

晚看《卡门》歌剧，这可能是大戏院新排节目。我觉得演员在表演上是大有进步的。过去他们不注重表演，现在如卡门、米卡伊拉等的性格都表现得很鲜明，但斗牛士的表演还是一般化的，Xoзe 的表演也不突出。

明日一早有飞机，心中高兴。

四日（柏林）星期日　在柏林时间下午三时到达柏林。德文化部音乐司长毕契勤及波茨坦剧院院长文涛来接，使馆徐明参赞也来。稍稍进餐后，即赴国家歌剧院看开幕演出《纽伦堡的名歌手》。此剧院在 1945 年为英美炸坏，现按原样重修，富丽堂皇。据说花了八百万还是八千万马克。这件事是民主德国的重要文化政策之一，因为这个戏院是欧洲重要戏院之一，开幕消息伦敦报纸都登，并转播演出。这个剧院的恢复乃是欧洲文化生活中一件被注意的事情。它以表现着民主德国对于传统文化的重视，可以争取更多的文化界人士参加民主统一的工作。

《纽伦堡的名歌手》是瓦格纳的名作。民主德国对它的重新评价,认为是他最有人文主义精神的作品,亦即我们所称最富人民性的作品。

演出方面,有许多显著的成功。舞台设计服装朴素美丽,并且富有德国民族风格;导演方面的处理也有许多地方很好,很能发扬音乐,有诗意,特别是第二幕很精采。但整个戏很长,连休息一起五个半小时(休息合计一小时),也许是由于我们不懂德语,感觉其中拖拉之处不少。演员的唱是很好的,但表演很不讲究。

今天连坐飞机带看戏,连续22小时,疲倦之极,戏散后参加宴会,皮克总统、乌布利希都参加了。回旅馆时已一时半。

五日 星期一 今天上午谈完了一星期的日程如下:

6(2)上,参观苏军烈士墓,少先队共和国,ZOO

下,参观国家歌剧院250年历史展

晚,看歌剧《Siphigenie in aulis》

7(3)上,国家历史博物馆

下,音协招待会

晚,看德意志剧院《阴谋与爱情》

8(4)参观音乐、戏剧、芭蕾等高等学校

9(5)上,听新音乐作品录音

下,参观人民舞台

晚,看话剧《高加索的粉笔圈》[1]

10(6)整日参观波茨坦

---

① 又译《高加索灰阑记》,下同——编者注

晚，看波茨坦戏院演《强盗》

11（日）上，参观画廊

下，游柏林近郊小湖

晚，听第九交响乐

十时半去歌剧院送锦旗，院长非常高兴。

下午去大使馆，谈此次任务，他们谈注意事项。取来一些纪念章。

晚，随德国对外交协派来的翻译韩义波游柏林，逛斯大林大街。

十时就寝。

六日　星期二　国家歌剧院 250 年展。弗烈德第二建设柏林（1740—1780）剧院，建设者 Knobelsdorff，建立后名皇家歌剧院。第一任指挥 Graun（1704—1759），其时演员皆意大利人。Schmeling 是第一个独唱者。弗烈德死后，资产阶级兴起（1786—1805）。1805—1842 普鲁士反拿破仑失败，资运文兴，浪漫主义的文艺兴起。演员 Iffland 最有名，第一个浪漫主义歌剧卡尔·马利亚·冯·韦伯的《Cifland》①演出，1815 首演《Fidelio》。1816 演《魔笛》。有人提 Weber 作总指挥，威廉第四不同意。1843—1870，1848 资产阶级革命失败，工人团体出现，俾斯麦执政，瓦格纳一剧上演。1871—1918 普法战后，德国统一成强国，与英争，工运受压迫，自然主义兴起。演出瓦的戏：Strauss 任指挥。1918—1945，1926 剧院重建，现代化。

---

① 原文如此。《Cifland》正是韦伯的作品，韦伯首演歌剧应为《自由射手》——编者注

希特勒时，曾被战争破坏，又重建（这是下午看的）。

上午参观红军烈士墓。在 Treptower 公园中，入口有一母亲像，作低头状，而后是大理石墙立两面作旗状，上书"光荣归于勇敢地牺牲自己生命以解放全人类于法西斯统治下的红军士兵万岁"。草地上置铁制花圈三个，两旁石刻红军英勇故事，若干碑，最后拾级而上，高立一红军战士以剑碎卍于脚下。下有一室，内藏牺牲战士名录，墙上以五色小石镶成苏各族人民哀悼之象。整个形象庄严悲痛，深刻反映了当时苏联人民的感情，及以后长远追念之意。

继参现台尔曼少先队共和国。为一公园，义务劳动建成。有体育、儿童旅舍等各种设备。其中之技术室反映了德国工艺的传统，儿童制作均甚精巧。

下午又去参观了新建立动物园，老园在西柏林，故东边乃再建一个，动物尚不多。

德国公园之美，在森林草地多，他们不求天然之趣，弄得整齐划一，别成风格。

晚，仍赴国家歌剧院看 Gluck 的《Iphigenie in aulis》。故事大致是亚格曼侬王出征前祷于女神，女神命其牺牲其女伊非琴尼，将保其获胜，亚不舍，但祭师及人民均要求，伊本人亦愿自我牺牲，后女神怜之，舍此要求，保亚获胜。剧三幕，基本一景。简单古朴，亦有明快之趣。演员一演 Iphigenie 的 Clana elevo 歌唱极好，嗓音甜亮。此剧音乐古朴，有 Bach 风，演出至十一时即毕。

七日　星期三　国家博物馆：1850—1859 年，德尚不统一，诸侯不愿统一，但资本主义已开始。工业革命、克虏伯、航线至美、铁路网，格林兄弟编字典，工会已组织，但反动压迫亦重。现在的问题是统一：有两条路，从上，从下，即帝国或民主国。结果是前者——俾斯麦。文艺界都支持统一，歌德、席勒均如此。

工运有两派，社会民主党（Beble），拉撒尔党。前者主由下统一，后者主工人不问此事。这是工运上的苦恼。

俾斯麦，大贵族代表，也代表资产阶级，先统一北德，后南德，1870年与法开战，开始是卫国战，拿破仑失败战争成为侵略的了。俾胜后，统一了德。

1871 巴黎公社。

经济也飞快发展，menzel党、工人党。

当时军国主义化很厉害，法国每年赔款建设柏林。

1875 工人两党在哥达合并，倍倍尔等是右的，马克思写了《哥达纲领批判》。

工业迅速集中，海外殖民地遍世界。

1878 俾下社会主义者令，即不脱党，即逐出国，社会党转入地下。马克思死于1883伦敦。1890年，国会主席写信给俾，取消禁令（国社党大发展），影响全欧，成立社民党。

但第二国际是机会主义的，（马—列）时恩格斯出了《资本论》二、三卷，《自然辨正法》等。

艺术上出现了批判现实主义。霍勃特曼写了《织工》，作者受压迫。珂勒惠支的版画，重视反映工人群体。

时德已帝国主义化，殖民化，军国主义化。与英矛盾，德制新武器。工人生活贫困化，工人参加党即被开除。（1900—）

社党机会主义更利害，要修正马克思。革命中心转至俄，1910工运更趋于低潮，1914社民党同意战争。而李卜克内西、卢森堡（社左派）反战。

战后文艺界 mann 兄弟等，认识德国迷途。时工运虽大，领导不强，被法西斯夺取了政权。

十一时半赴国家歌剧院的招待会，是大家随便交谈的形式。下午三点，又赴音协招待会。会上许多音乐家关心中国戏剧及音乐的事情。我谈到中国戏曲研究院的性质，亦犹如格林兄弟之收集整理德国童话，乃是中国戏曲剧本、音乐、表演等各方面的收集整理者。

晚赴德意志剧院看《阴谋与爱情》的演出。这个戏院曾是莱因哈德工作的地方。戏演得出乎意外的精采，不下于苏联小戏院的水平。每个演员的表演都是真实动人的。反派特别好，绝无公式、脸谱化的地方（父亲、谋臣）。导演也很高明，装置力求其简单，凡在场的道具，力求予以运用。地位的调度不落俗套。

席勒在德国舞台上是占着显著地位的，他的人道主义、强烈的正义感，的确是德国人民的优秀遗产。

八日　星期日　上午访问高等音乐学校。因为刚开学，没有什么可参观的，只和负责人谈了一下。他们也有音乐中学和中等程度的工农音乐学校，但声音人才不是从音乐中学升学的，因为他们18岁才被训练。高校是五年毕业，他们在唱的方面有声乐、歌剧两系，但联系密切。他们在训练独唱人才上，也主张要唱独唱。他们还设有歌剧导演系，有七个学生，现在还是新创。

下午参观人民剧院。这个剧院是重新建设的，后台的设备都是最现代化的。是一个转台，中心有五个升降台，都是电动的。舞台灯光控制也是最新式的。在一个地方可以管理全场灯光，渐强渐弱的控制也极灵活方便。

晚上看一个欧洲人所称的Variété，在中国也可称为游艺会，有流行歌、草裙舞、相声，等等。这是一个国立的剧场，但节目内容，并未经过严格选择。存在的原因是有观众，如果我们不设，他们就到西柏林去看了，内容还会更坏些，同时国家想要争取这批人。

九日 星期五 新日程，在对外文协讨论的。

12（1） 赴魏玛，路上参观古迹

13—16 在魏玛，参观歌德、席勒、集中营歌剧排演

17—19 德累斯顿

18夜 《唐何塞》

访问音乐高校歌剧系，画廊，看演出

20—23 莱比锡

看戏，乐器博物馆，戏剧学院，民艺中央宫巴赫展，季米特洛夫馆。

24—25 哈勒

25 夜歌剧开幕，威尔第、亨德尔故居，与Siegmand Schulz教授谈话，与指挥Horst-Tanu Margraf谈话，内容亨德尔遗产的普及问题，参观一个文化宫。

26—27 德叟（Dessau）

研究剧场设备

28　回柏林，看《费德利奥》

29　艺术舞蹈学校

30　自由活动，小招待会

10.1　国庆：新闻记者招待会。

这是大致的日程。

十时半赴大使馆，拿了些礼品、茶叶等回来，大使馆答应邀程①的儿子来过国庆节，程很高兴。

一点半赴对外文协的宴会。他们对中国的代表团是很尊敬的，请上座，首先提到中国的名字。主人讲话后，我第一个起来敬酒，大意是我们除了要发扬自己的文化之外，毛主席还教导我们学习以苏联为首的兄弟国家的文化工作的经验。祝各国文化交流的更大开展。

下午去音协。听新作品，一个朗诵伴奏曲，是歌颂一位在法西斯统治下牺牲的烈士的。一段交响乐，几首群众歌曲。感情健康有力，是很好的作品。

晚在柏林剧团（Belin Ensemble），有一位叫 Brecht 的作家（布莱希特是诗人，1945 年斯大林和平奖金获得者，一贯同情共产党）的新作《高加索粉笔圈》。是采取了《灰阑记》的一点情节发展的。无论剧本与演出，都应当说是形式主义的作品。作者不想用感情来打动人，而想用理智来说服，因此用了说明人。演出不用写实布景，用中国式的画景。利用转台人在上面走着演戏。有的演员（反派）用的 Mask。人物的掌握好些是夸张外形，对正面人物的形象也是歪曲的。这中间的主要演员

---

① 指程砚秋，下同——编者注

是一个共产党员，在西班牙当过国际纵队，希特勒时曾作政治流亡者，但他的艺术观却是这样的。在这一点上，也证明我很不了解德国的情况。

十日　星期六　波茨坦　上午九时半出发，从柏林到波茨坦有70公里（如果经西柏林只有四十公里）。沿路村庄络绎，树林田野与之相间。在感觉上，城市乡村没有明显的界线。农村居民衣着入时。据翻译说，城乡生活水平相差不大。

抵波茨坦，首先参观 Hans otto 剧院。这个剧院的院长就是负责招待我们的那位女同志。这个剧院的得名是纪念一位第一个死于法西斯迫害下的演员。这个剧院是一个中等城市的剧院，它有五个剧团，两个固定的，三个活动的，其中一个是歌剧团。这个剧场虽小，然而设备是很齐全的，设计、制景、服装、电工都有自己的工场。舞台是转台，有很好的排演室、芭蕾练习室等。每年国家津贴他们250万马克。他们的流动剧团一共有18个男演员，15个女演员，23个人的乐队，分三队演出。演出有固定的戏路，每年自订演出计划，自行赴各地演出，无需与各地联系。关于剧目的选定，一是根据农村观众的口味，二是考虑技术条件。各地观众也组织有观众委员会与剧院联系，反映观众意思。最忙的演员一年演160次，剧团七月休假，排新戏，每月休五天。在民主德国，这样的剧团有两个，HOT是走农村的，另一叫"德累斯顿撒克逊乡村剧场"是专走工业区的。

一点，在女院长家里午餐。这位院长是一个单身，非党的革命活动家，原在汉堡做演员。1952还是1953年来的东德，现在是人民议员。她是个热心的活动分子，曾因领导波茨坦的援助朝鲜运动，为朝鲜募资建立一所中学，得到朝鲜国旗勋章。她的家是个很漂亮的两层楼房子，环境优美清静。有一个女佣人为她做饭，生活条件是很舒适的。午饭中，我们又谈到布莱希特，她说，他是个天才的诗人，而且在政治上是坚决站在民主德国方面的，而且一直同情共产党；但他不是好的戏剧家、导演，他的戏不能由他自己排。过去德国的戏受他的影响，现在这种危险已经不存在了。德国文化界对他的意见不一致，但由于现在政治上是分裂的，不能公开讨论。

下午参观波茨坦会议的会场（原德太子妃莎趣丽安的府第）及德皇宫莫愁宫。皇宫金碧辉煌，有几间全是大理石做成，墙上满是各种名画、雕刻，还有希腊雕刻。有一室是弗禄特尔曾经住过的。木雕刻墙壁，作各种鸟兽状。另有一大花园，惜遇雨，未能畅游。

夜看 Hot 演的《强盗》，地方剧院能演得这样，也算很不坏。在戏的休息中及完毕后都招待喝酒，最后女院长从外面赶回来，盛意可感。十一时半回柏林，至旅馆时已一点近半矣。

十一日　星期日　柏林　上午十时多去参观国家画廊，这地方是十九世纪中叶费烈德第四所建。现在是破坏了之后正在修复中，许多画都不在。只看了近代一部分，印象主义的 Liebermann 是很了不起的画家。此外还陈列了一部分形式主义的画，楼上有一个 Menzel 展览，此人是古典主义的画家，陈列的都是他的各种手稿速写。他收集材料真是丰富，可见从前的艺术家也是十分注意深入生活的。

下午去游离柏林35公里的一个wannsee湖，德国人喜欢郊游，星期日举家出动，做些野外运动。湖没有什么风景，可供游船、游泳而已。四点回来路过我们的翻译韩义波（Eberhand Heyn）的住屋，他是一个孤儿，家乡在现在的波兰，十三岁就在外流浪，当过美军的翻译，人很聪明，喜欢玩些无线电、电影，等等，钱都花在这上面。

晚参加Staatsoper的表演《贝多芬第九》，合唱队二百余人，乐队百余人，可谓盛大。德国人对于艺术有一种宗教的感情，崇奉之极，今夜也有如此的感觉。早看画廊时也是如此感觉。廊之建筑作希腊神庙式，外墙浮雕德国各文艺大师（包括当代的），可谓崇敬之至。

晚请韩翻译吃饭，大家都醉了。

十二日 星期一 柏林—魏玛 早十时半出发坐小汽车赴魏玛。约半小时后，汽车转入快速公路。此为一全国性的公路网，是希特勒时所建。路分上下行两条。每条又分两线，超车时走左线，因此路很宽。路面全系水泥做成，可走坦克。此路不经任何村庄，也不与任何道路交叉，遇交叉路，即为之造一桥，或自己通过一桥，以求快速。其与其他公路联结之法，是自本路转入一岔道，然后迂回到其他公路上去。它也不随地势而弯曲，是改造地势，直线通过。路旁在一定距离处有较宽处所，为车辆休息处，以免停车追上，防他们行车。此路本是希特勒为了迅速调动全国军队之用，但现在却也便利了人民。车行其上，阻碍极少，我们的小车以每小时80—90公里的速度前进，四小时半走了350公里。

车转入小公路后经 Jena 城，地为 Zeiss 工厂所在地。在此订了一副眼镜。此城在小谷中，森林密盛，阴凉多雾。有好些中国学生在此地大学学天文、物理和在 Zeiss 厂实习。

五点半抵魏玛（Weimar），住国际饭店，房子很漂亮。

十三日　星期二　魏玛　上午参观国立魏玛剧院。这是一个有悠久历史的剧院，歌德曾在此当院长。但这只是这个屋子的所在地历史久，他们的剧团却不是一直延续下来的。这和苏联的大戏院、小戏院等不同。他们的演员有了名就会被聘到更大的戏院去，老了、衰退了，也会被送到更小的戏院去，他们认为是很自然的。这样每个戏院就不容易建立起自己的艺术传统。

这是一个设备相当好的剧院。舞台上应用的各种物品的作坊，如木、铁、成衣、鞋等，均在后台。布景尤其便利，在台左有两大台囊，天幕后也等于一个台囊，另外在台上还有两个电梯，一大一小都通到楼上作坊及地下室，运送储存布景十分便利。小电梯是两旁从地下室到屋顶，有储藏软画景的架子，取用十分便利。

下午五点，和该院行政副院长谈话。他们的组织，大致是一个负总责的总院长，是艺术家；下有副总院长（即行政副院长），另有音乐、歌剧、话剧等副院长（该院是歌、话剧综合的）；这些人加党、工合组一院委会或院务会议，讨论全院工作计划及其执行。有秘书室（艺术室）管每日的执行。

这是一个小城市的剧院，人口不过六万，他们的演出兼管耶拿①，是很难维持经常满座的，但他们有了很好的组织观众的办法。在希特勒上台以前，党和工会为了促剧院上演进步戏剧，曾有所谓"自由人民剧场"的观众组织，经常为剧院组织观众，但也代观众提出剧目上的要求。第二次世战结束后，此组织仍旧恢复。但 W.T. 认为在今天的人民德国，剧院与观众之间应有新的关系，乃与观众直接订立合同。办法是他们先下厂下乡宣传，应当看戏，并进一步介绍剧目，后即与一单位的若干自愿看戏的订立合同，每年看 12—18 次戏，并规定四种不同票价（座位）中各享有几次，而付钱则可少 40—50%（现在百分比已逐年减少，因为逐渐已是观众买不到票了）。每单位中又指定一积极分子为秘书，管算账等，院给予参观后台，与演员见面等权益，并预先向之解释剧情内容，由其回去传达。又在秘书中选最积极者 15 人，组成观众委员会，剧院将每年上演计划交他们讨论。组织观众最多者给奖，现每日平均卖座 997（1083 座）。过去新剧目只能演 7 次，现在最少演 28 次，质量也高了，排新戏的时间也可以长些了。当然，他们达到现在的样子是做了艰苦工作的，组织演员下厂下乡与观众见面，即不是容易的事。

夜看 Weimar 剧院演的柴可夫斯基的歌剧《迷人精》②。这是不常见的戏。写一饭店女人艳名很大，大公要捉她，但他去一看之后就迷上了，公夫人大怒，命儿子去报仇，儿子也迷上了，并打算与她逃走，后来夫人去药死了那女人。戏演得不特别好。

---

① 魏玛附近的另一个小城——编者注
② 又译《女妖》——编者注

十四日　星期三　魏玛—耶拿　上午参观歌德、席勒故居。（Weimar）

下午参观蔡斯展览馆和假天馆（Jena）。德国人的科学研究工作从蔡斯厂的光学研究上看来，是值得我们学习的。在一片玻璃上反复做各种研究，创造出各种东西，照相、眼镜、望远、显微，各种医疗科学仪器的制造，就凭着对一件东西的深入研究，给人们的生活增加了许多幸福。我们有的同志嫌某些事小不高兴做，这种人是什么事也做不出来的。俗话说，只要功夫深，铁棍磨成绣花针。现在世界上的文化已达到了要上别的星球去的程度，中国的文化界，真应当埋头苦干，努力赶上去。假天馆也是蔡斯厂办的，对于普及天文常识是很好的。

晚上看 Weimar 戏院的话剧《魔鬼圈》。这是写季米特洛夫在纳粹法庭上控诉纳粹的故事。这是我第一次看德国舞台上表现现代生活的戏，演出水平很高，演员都很不错，我觉得这戏院的话剧比歌剧好。德国话剧有自己的手法，表演上边有自己的风格。干脆明快，导演手法机智聪明，这和苏联的朴素深厚各有各的好处，中国在这些方面还得大大努力。

十五日　星期四　魏玛—Erfurt—Gotha（哥达）—Eisenach（埃森）

今天早九时半出发，天阴雨。西南行七十公里到埃森，参观 Wartburg（等待堡），这是一个德国古堡典型。当时一诸侯到另一诸侯领地的山头，即此堡所在山头，见而羡之，说，等待一个时候，我一定在此建一堡。后即在一夜之间命兵士将己领土上的泥土运到此山，于上建成一堡。另诸侯诉之法庭，法官问为何在他人土地上建堡？被告之诸侯曰，我是在自己土地上建堡。因此法官无法制其罪。堡中有马丁路德工作室,又有一大厅,已经改建成音乐厅。另一室全部用德国特有之五彩细石镶成壁画,从1902到1906四年中,由六个工匠做成。这是德国特有的手工艺术。

在堡旁饭店午餐后,返至埃森参观巴赫故居。巴赫时代之生活还是很简陋的,房屋十分粗陋,用具也如中国农民。楼下是乐器博,说明人为我们弹奏了各种古钢琴、风琴,并说明其性质。乐博必须演奏与参观者听,这是很好的办法。

埃森已达民主德国西南边界,越界即西德地方了。回时路经哥达,即马克思写《哥达纲领批评》之哥达也,是一小城。在埃森东北30公里。哥达东北25公里为Erfurt城,有十万人口,有一汽车制造厂,并为德国的鲜花产地,全国鲜花及花种均自此供给,并运销欧洲,这时正开一花展,因大雨未下车参观。市内景象较Weimar热闹。

五时返Weimar。夜无活动。

十六日 星期五 上午参观Buchenwald[①]集中营,这是台尔曼同志牺牲的所在。1944年8月18日深夜,用小汽车将他运到集中营的杀人场,乘其不备,从后面用枪射死。此集中营很大,各国人都有。其中并有军火工厂。有各种残酷刑罚,等于一杀人工厂。有一希特勒党卫军的女司令管着,此女十分残酷,以人皮做灯罩,现在她还在西德和一个美国军官结了婚。此集中营中的囚人是自己解放的。法西斯统治虽严,但营中有秘密电台,

---

① 布痕瓦尔德——编者注

并藏有手枪、榴弹等武器。1945年盟军快来时,法西斯本想以飞机炸平此地,没有来得及,囚人乃起义,将党卫军赶跑了。

我们在台尔曼同志逝世的地方献了花圈。

从Buchenwald回来,在歌德、席勒墓地也献了花圈。二人原来分葬两处,后由魏玛诸侯将他们迁来此处。这是一位居城中的老公墓,诸侯棺木亦在二人棺旁。

晚上看一个奥地利的科学电影,记述一批人在红海海底进行的研究工作。并未作科学的解说,噱头很多,海底摄影技术很高。

八时,与魏玛剧院副院长谈及中国和德国的戏剧情况。共三小时,可记者如下:

1. 他本是一工人家庭出身,父亲是手工业者,他也学了泥瓦匠,后又当兵。解放后,在魏玛剧院当建筑工,后又入党,并转到教育部当小职员。后又在Erfurt专区管剧院工作(政府管理部门)。后因魏玛剧院院长不称职(偷公家钱),乃被任命为副院长。工余努力学习,此人十分精干,也非常热情。

2. 他谈及现在德国艺术家的情形,资本主义思想很浓厚。因为好演员少,各处争聘,弄得薪金有些很不合理的情况。从他的谈话中看出在分裂的德国情况下,许多问题处理起来困难多,艺术家的思想改造工作也不易进行。现在有些艺术家还是相当落后的(柏林国家歌剧院有一总指挥即因名誉地位,及思想上受一些反共分子影响去了西柏林)。国家为了争取这批人,是有一种照顾落后的政策的。

3. 德国剧院演员的流动性较大,不像苏联MXAT和小戏院各有自己的演员,风格各不相同。因此现在他们也感到每个剧院应当有自己的面貌，不能全和柏林一样。

4.德国也曾犯过我们反历史主义一类的错误，首先是剧目许多不能上演，如席勒的《奥莲女郎》，其次是将古典剧目歪曲演出，使至"现代化"人物有如马列主义者等。现在这点已克服。

结束时已十二点。

十七日 星期六 魏玛—德累斯登 上午九时一刻自魏玛起身经耶那、gera至德累斯登，沿路过大小城镇很多。工业发达，有镭矿、纺织、工业用瓷器等工厂。到德累斯登时已三点，市内破坏甚利害，中心区已无完整房屋，我们住郊区一小旅馆中（因两所大的人已住满）。此市人口约三十万左右，但地方面积很大。

十八日 星期日 Dresden-Piunitz-Bastei（小瑞士） 上午，去Piunitz一个诸侯的故宫，参观历代绘画的陈列，其地离德城东十余公里。宫仿中国建筑，而实则不中不西也。内陈十六世纪至现代的绘画，而不限于德国。如十七世纪荷兰画派，十八世纪意大利宫廷画家作品皆有，甚饱眼福，惜时间匆促，未能细看，且有两处未看，但既是如此，也有很多印象。一，十八世纪宫廷女画家（意人）所作肖像，妩媚艳丽，看了才知道所谓洛可可艺术的精神。二，看到了荷兰画派的原作。三，德国画家中除亚伯曼外，天才横溢者似不多见，有一后期印象派画家很有才能，但他的画风对他有很大的限制。四，现代画家形式主义十分严重。

午至三十公里外的德捷边境所谓小瑞士者去游览。地为小瑞士之一处名Bastei，有一旅舍饭馆，窗临悬岩，俯视易北河，河中游艇很多，悬岩之上有人作爬山运动，屋后依山。游客来此就餐者极多，多不得座，我们因是外国人才被优待，此种情形仿佛星期日之颐和园。饭后登岩眺望，山中小湖游船很多，又有露天剧场。沿天桥历各崖顶，草草临览，都未及细看。

四时返城。参观被破坏之歌剧院，部分修复之另一皇宫。略进茶点。

六时看《唐何塞》。此剧似较《纽伦堡的名歌手》容易接受，也较感人。伊丽莎白对唐何塞的爱情，以及剧中所渲染的疆土爱（爱国主义）是很动人的。第二幕歌手比赛尤其好。演员都很好。我尤其喜欢女高音的伊丽莎白，这种抒情的歌剧演员，是在德国才见到，而在苏联未曾见过的。男低音（公爵）也很不错。

歌剧院现在尚未修复，是暂时与新修复的话剧院共用一剧场，此话剧场亦很朴素美丽。

十九日 星期一 音乐高等学院副院长介绍。音乐高院培养Soloist指挥；另一音乐高校则培养合唱、合奏人才及合唱指挥。本校有144学生，有139受助学金。校舍是资本家别墅，是临时的。教员80人，30多是专任，器乐由德国家乐队队员教授。课程中有社会科学、俄文、德文学史等，政治课有马列基础、德苏工运及党史、政经学、马列哲学、美学，力求与业务联系。

小歌剧系：小歌剧来自民间歌舞。学生要学各国民歌民舞，并学法国Chanson及各种现代生活中的舞蹈。为我们表演的学生是五年级。教员教他们如何表现人物。

歌剧系：我们参观了系主任教一学生唱；另外，又看了学生和一助教的练习，学生将教员指定的课唱熟，助教帮助他，为他弹琴，然后他上教员那儿去，教员教他如何理解并表现。

又参观了斯坦尼斯拉夫斯基课程，这是三年级学生的课。该校从三年级办起，先在别校学习声乐二年，然后来此校学表演、歌剧，故三年级学生是开始学表演。我们参观的第二课，教员先讲十五分钟史氏理论后，学生朗诵诗，先生纠正其表现与理解，下面还有一段表演，我们没有看就回来了。送了该校一幅画。

晚看话剧《仲夏夜之梦》。剧分三幕，首尾是宫殿前，中幕是林中。第三幕利用台前阶梯为伯爵等之观剧座，后幕用纱幕从后打灯光出花神等，也很经济。导演将剧删成两小时多，演出甚紧凑。唯第三幕手工业者表演时，有时故意弄噱头，如演员故意不严肃，亦是瑕疵处。如演者以极严肃处之，而悲剧终演成喜剧则尤佳矣。装置极美，此德国舞台常具之优点也。

沙翁此剧格调极高，于人生认识极深，而以幽默出之，如非高手断难很好表现也。

二十日　星期二　莱比锡　上午九时从德累斯登动身，西行沿易北河经买森（买森为瓷业中心，又产葡萄），到莱比锡，时十一点。住国际饭店。下午参观城市，从外面看了看国际博览会的会场。又参观了欧洲联军击败拿破仑的纪念碑，此碑为德国在第一次世界大战前一年所建成，全部石头筑成，高达一百公尺，内外均雕巨像，有四座像高及五六公尺（估计），这是当时德国军国主义者吓唬人的东西。

晚看小歌剧《卢森堡大公》(莱比锡小歌剧院)。此剧作曲者 Franz Lehar，作于 1909 年。其中有好几个曲子如华尔兹曲流传全世界。但此剧内容是很无聊的，写一贵族想与平民结婚，格于旧法（对方不是贵族）而不敢。乃出钱买动卢森堡大公，令其与该女假婚，婚后再离，则此女已有贵族身份了。但此女竟爱了卢。这种小歌剧多半描写（二十世纪以来）贵族的无聊生活。现在贵族已完全没落，但这种歌剧却仍为观众所爱好，且亦缺少新的作品来代替它。所以也仍不得不常上演。此剧演员表演十分熟练，唱得也不错。

第一幕中有人扮成大辫子的中国人，大概是知道台下有中国代表团在看戏，再出场时就取消了。

二十一日 星期三 上午访问高等戏剧学校。适该校学生下乡帮助农民收割去了。故未能看活动，只与校长及戏剧科学系主任谈了一谈。

高校是教史氏体系的，但德国剧院还不都是用体系的方法排戏，因此毕业的学生将来剧院工作还要作一些斗争，本校即是要教育学生如何进行这个斗争。因此，必须将体系具体德国化，不能硬搬。该校有表演及戏剧科学二系。前者训练演员（导演），后者训练工作干部，均四年毕业。表演系学习三年，实习一年，再举行毕业考，论文要写在校及实习的经验。戏剧科学系在德有二处，柏林大学是侧重从文学研究戏剧的，而此处则以为，应从各方面即音乐、舞台、文学、表演等来研究，因此，它是一种社会科学。课程第一年先学马列基础，第二年再学戏剧科学,第三年再分专业。他们的精神是理论与实际联系,故常给业余戏剧排戏,又学表演,其中有天才的多实习导演。

在招生上他们设法多吸收工农分子,通过宣传、联系及全国各戏院的关系,吸收工农。今年有200人报考,取了11人。他们觉得200人太少,必须从更多人中发现天才。工农分子戏剧科学系多些。

下午访问群众艺术中央宫。此处是一个组织群众业余艺术活动也收集群众创作的地方,谈得不多,无特别可记之事。

晚在青年世界剧院看席勒的《奥莲少女》。此剧根据原作有些删节,但原作是一爱国主义的作品,并有很大人民性,这是很显然的。但演出将少女演得概念化了,有如我们演刘胡兰一样,只是板起面孔,令人看了不理解这个人物。其实席勒是把她写得很人情的,她爱国,不恋爱、不结婚,但在战争接近胜利的时候,她爱上了敌人的一个军官,但她又克制自己,而且深自忏悔,并且在被俘之后拒绝了军官援助,这都是很可爱很人情的。但演出中一点也没有传达出这些来,其余的演员也平平。

二十二日 星期四 上午参观季米特洛夫纪念(博物)馆,馆在莱比锡高等法院旧址,即纳粹为国会纵火案污审季米特洛夫同志处。季米特洛夫同志在狱中学习德文、德国法律,准备在法庭上进行斗争的坚强革命意志,实值得我们好好学习。

下午访问马雅教授于莱比锡大学(马克思大学),请他谈从新的观点认识席勒的问题,特别是如何演出席勒的问题。他说,过去演席勒有两种偏向:一是像演契诃夫似的演,即将他戏中的人物社会的行动都演成个人私事,如西柏林演《威廉·退尔》,即将退尔的民族解放斗争行为演成私事,去掉群众行动的场面。另一倾向是光注意朗诵,注意形式上的声调铿锵,而不注意其内容。现在这两种倾向在民主德国已不存在了。继谈席勒《奥莲女郎》中鬼魂出现的事,我们问:这对于女郎的英雄形象是否有消极的因素?他说,要知道席勒之描写鬼魂,并常在人物口中提到上帝等,这是为了当时观众爱好这些。我们可将鬼魂理解为少女思想上的矛盾,她没有说出,假鬼魂之口来说的。这个理解很深刻。

四时,参观乐器博物馆。这是大学附设的,比埃森纳的规模大、乐器多,我们只看了楼下的四间房子,楼上的没有时间去看。

晚上与程院长去遛街,看看橱窗,德国人是很喜爱看橱窗的。尤其爱看照相机。德国除了机器、仪器、电器用品外,东西全比中国贵得多,尤其纺织品如此。

买了一个 Exa 照相机,399 马克。

在民主德国有许多赌博性的东西——彩票,还有一种 Loto 是猜运动比赛中谁胜谁负的,猜中了就可以中彩。此外,有人拿各种抽彩盒到各处兜揽,抽中了即时付钱。以上各种彩头,都是 50 个芬尼一次。

在街头及公共场所募钱的人也不少,有各种名义:如宗教、慈善、帮助老人等,有的就是变相的乞讨。

二十三日 星期五 上午参观动物园,这是民主德国最大的动物园。养育方法很好,也都是适应其自然条件,也便于观览。

下午参观 Bach Archiv(巴赫研究出版的机构)。他们已出了一个 Bach 的新版,是联合东西德及全世界巴赫研究专家组织一委员会来编审出版的。我们在那里听了巴赫音乐的演奏与演唱,他们有一个唱巴赫的合唱队,高音部是童声所组成。

晚看霍布特曼的《獭皮》,是莱比锡话剧院演的。霍氏这个戏是讽刺俾斯麦时代的官僚主义的。写一城市贫民妇女偷了獭皮,但此皮是一个自由党(或自由思想者)的,镇长就不问獭皮的事,而专问这人的思想了。戏是自然主义的,主题是讽刺官僚主义,但将城市贫民的生活也写得很细致,因此显得不统一。但贫民生活一部分是写得很好的,Wolf 太太这个人物是很典型的。演出的形式也不太统一,第一幕 Wolf 家是很自然主义的,真炒菜、真吃饭、真洗盘子等,人物的表演也很烦琐,但演员是很有天才的。第二幕镇长办公室,演员表演等就近乎漫画化了。然而镇长,仍是演得不错的。全剧中,Wolf 先生、警察等都演得不坏。

二十四日 星期六 Leipzig Halle Bitterfeld Wolfen Halle 上午在莱比锡逛了市场、商店等,买了一点礼物。午后一点半出发至 Halle,住在招待所,H[①] 是一个区的首府,比魏玛大。休息至五点,出发赴阿革发(agfa)工厂参观文化宫,途经 Bitterfeld 在此晚饭,此地是化学工业中心,沿途工厂烟筒林立,B[②] 市为煤烟熏染,一切均呈黑色,树木街道,颜色皆似雨后未干

---

① 在 1955 年的这部分日记中,"H" 均代指 Halle,下同——编者注
② 此处代指 Bifferfeld——编者注

之象。饭后车行一刻钟至 Wolfen，乃以 agfa 厂为中心之小城。入市各种化学药品气味扑鼻而来，亦有奇臭不堪者。

工人俱乐部是为 6000 之人用的。剧场可容 800 人，有厅、有食堂很是漂亮。平日每晚有剧团来演戏。工人亦自组话剧、合唱、舞蹈等各业余小组，由俱乐部聘请专家演员为指导，敬送薪金，也表演过六次，均歌舞童话剧。亦自编过反对出事故的戏。

今晚是法国南部 Etorki（西班牙边境）歌舞团演出。一共三十人（演出者 25 人）又歌又舞，演出两个钟头，十分活泼。歌舞均富有地方色彩，所唱者亦非法语。

今日感冒很重。十一时回 Halle 就寝。

二十五日 星期日 Halle 上午看 Handel 故居，这是他出生的房子，他在 H[①]，只生活至十八岁即去汉堡了。所以遗物、遗迹不多，说明人为我们放了录音的亨氏作品。

下午亨德尔纪念委员会，三人作曲家、指挥及市参议员来谈，如下：

亨德尔 1685 生于 Halle，除在意国外，在英国住四十多年。因亨是进步的，故要找一进步国家——如英者创作，创作朴素，关心人民。他作品有四十多部歌剧、大合唱及器乐。歌词皆意文，是宫廷的形式，故其歌剧难演易忘。死后 200 年又上舞台，必须经详细加工，如译成德文。亨剧与莫扎特歌剧相似，同用意文，但前者无合唱。现代演出因音乐动人，故仍有大感动，

---

① 代指 Halle——编者注

其大合唱代表上层市民,描写其命运,题材自旧约,合唱为主。其O[①]被忘掉很快,但大歌剧被欢迎(《弥赛亚》最有名),大部用英文写,现在德国演得很多。器乐曲(大曲)是优秀的节目音乐,德常用之。尚有其他作品。

现在问题是普及它。1952年始,H每年举行亨的纪念周,德并通过亨与英文化交流,现有亨协主席MS,协会中也有英国人,并出亨年鉴,集各国研究亨文章(他们愿通过亨与我国交流),现要出新的全集,亨周每年六月举行。

演亨剧时克服的困难。过去是用历史主义的方法即把亨作为巴洛克艺术来演奏,不表演。现在,乐队中加当时乐器。过去仅将独唱唱出,而不合唱、朗诵,而朗诵是重要的,现恢复了。表演也不同,过去是以唱为主,只有几个固定动作,现在则以史氏体系方法演出之。过去常用巴洛克服装,不问其内容为希[②]、为罗[③],现在则用当时服装。

19世纪时,把亨作为宗教清唱剧音乐家,作品全部以O演出,而实则不然,必须看到他与人民的联系。他是德音乐家中最进步的,有意识的代表新兴资产阶级。

民主德国歌剧院的剧目,意大利者最多,他们有意发扬亨,以丰富德国剧目。

工人听亨没有什么距离,相反的常看歌剧的则不习惯(他们爱瓦格纳)。因亨的音乐是很民间的。当然,需要好的表演、演奏者,因亨的音乐很难。

---

① Ode,颂歌,下同——编者注
② 希腊——编者注
③ 罗马——编者注

晚看一英国滑稽五彩电影。

二十六日 星期一 Halle-Dessau 上午八时半动身,天阴,在中途村庄访问一农业生产合作社,该社社长谈话如下:

德国有5400—6000个农业合作社,占全农民人口18%。

该社成立于1952年,开始有24人,184公顷土地。现有一千多顷,一个果园,实验种果。牲口:牛365,每头年产奶3000公斤;猪1200—1300;羊250;鸡1100,年产蛋80—100(每只)。社员也增至255人,还有部分学徒,有的是社员子弟,有的是招来。现在分四个农业生产队,一个建筑队,一个种果队。农业队每队管250—280公顷,每队又分二组,一在田间,一在磨坊、马厩。有72户个体农民加入,他们的土地40%是国家从去西德的农民及破产中农(将土地交政府)那里拨来的。他们种土豆一公顷产15—22吨,大豆、大小麦2—4吨,比单干户生产好,大麦多20%,糖萝卜12%。耕作92%机械化,因附近有机器站,社里有两个combine,而个农的机械化,只有50%不到。

土地原是私人带来的属私人,土地分红20%,地又分上下两等报酬不同。社员收入比个农好,举两个例子:1.某农在入社前某年只4000mk①收入,而1953入社后是7000mk。2.某雇农过去年入1800mk,自种地一公分;入社后,收入6000mk,自种地二公分,而每年食物收入不在内。对困难社员有一定经济上照顾,例:一家妻子盲了,夫又病了半年,社里在半年内

---

① 指德国钱币单位"马克",下同——编者注

支给一个平均工资,并贴牛料。社员福利方面:附近有国家托儿所,合作社供应奶品和食物,托儿所收合作社的儿童;合作社有文化厅、洗衣房,本村有影院。

个体农民在民主德国平均每人有7—8公顷地。社员与个农关系不密切,但工作中有合作,如种大麦供个农种子,并代其向国家偿债。过去社员以为不必要靠近个农,结果富中农影响他们。国家对社的帮助是很多的,地方社纳税比个农每公顷少4mk。

社长的历史:现年42岁,父亲是建筑工人,母是农业工人。自己读过小学,他父亲有三个儿子,家庭是进步的,父只让儿子读《阶级斗争报》(共党报纸)。他从小即在此乡,并参加了红色运动团,1939—1945年当了兵,不是积极的,1945—1949做筑路工人,1949在一小农庄(只有二猪、二鸡)做雇工。妻子是农民,其父母有3公顷地,父又兼矿工。他是1945年入党的,1933年曾入青年团。党号召成立社时,他即努力活动成立了此社。自己一直努力学习,但工夫不多。有二子,大的入柏林计划经济学院二年级。

下午参观火车制造厂。该厂是专门制造特种火车车厢的,有6000工人,是德国大厂。现正为我国制冷藏列车。参观时大雨,身上均湿。

二十七日　星期二　今天有时间,利用这早晨的机会总结一下这近一月来的观感,当然,这还不是全面的观感,因为柏林还有一个星期的参观访问,而且是重要的参观访问。

德国的东西分裂状态,对于他们生活的各方面影响很深,在文化方面也是如此。现在人民,特别是知识分子中的一部分人是摇摆在两个政府之间的。有点什么事,就过去了,当然过来的人更多,几年来有几万人,特别新政策以后。

因此政府在文化上是争取知识分子的政策,比方名演员、名教授、名音乐指挥等,以高薪聘任,予以优良的工作条件等。德国(民主)的文化机关、艺术机关的工作条件是很好的,一方面是物质条件本来好,一方面也是政府重视,柏林国家歌剧院的建立即是为此。当然,在争取知识分子的这方面,也产生一些流弊,如同拿演员来说,哪里薪金高就往哪里去,各剧院虽在同一政府领导之下,也互相挖角。挖角的情形据说现已停止,但薪金不平衡状态至今仍是一问题。(以上 Weimar 戏院副院长谈。)再则养成知识分子的一种骄傲,合则留,不合则去;我有技术谁都得尊重我。这种态度的养成,也许有较长的历史原因,比方他们中间有国际声誉的人多(他们的专家一则的确有学问;二则大家都在欧洲,各国文化共同性大,一人有成绩,大家都容易认识,不像东方,中国与印度就因文化人的隔膜,不能互通声气),但德国目前的政治状态更促进了这点。

党和政府文化政策主要的还是积极的一面。他们十分强调德国文化传统的发扬,这一面是反对世界主义的具体表现,另一面也是要清除文化传统中资产阶级深刻的、不良的,甚至很坏的影响。他们努力重新估价古典作家和作曲家如席勒、瓦格纳、亨德尔等,他们十分推崇贝多芬,他们努力发扬他们的人道主义精神(也就是我们所说的进步性、人民性、革命性,或积极因素)。并且努力把它们向工农群众中去普及,如 Halle 的亨德尔纪念委员会,Leipizg 的巴赫全集出版委员会等。这些机构不仅仅是研究整理古典作品，而且推动专家学习用新的观点去认识古典作家，并与工农人民接近。同时又借以联系国际专家，促进国际文化交流。我想这是今天民主德国改造知识分子的有效方法之一。

古典戏剧作品也经过新的解释重新上演了，如席勒。这方面也出现了指导的理论家如莱比锡大学的 Mayer 教授即是。

但在知识分子中，文艺思想不纯的现象是存在着的，具体表现在形式主义一方面。如布莱希特的《高加索粉笔圈》，但这个戏戏剧界不是都赞成。美术方面，国家画廊里也还陈列着大量形式主义的作品。

但观众中资产阶级艺术趣味的影响还很普遍，如草裙舞等，看的人多，演员的薪金也不比一个国家歌剧院的人少。（韩一波谈）

他们对于文艺中资产阶级思想的清除也受了分裂状态的一定障碍。如草裙舞等，不能大刀阔斧地去掉，因为你去了，人们可以往西柏林去看那里的还坏些。如对于莱因哈德的评价，现在还不能有肯定的说法。因为戏剧界认识不一致，而莱氏是有功有过的。如对于布莱希特不能公开批评，因为他在政治上是靠近党的。

总之他们的工作步骤是慎重又慎重的。

他们学习苏联的热情是很高的。戏剧学院、音乐学院的歌剧系都在学习，但也同时宣称不能硬搬，必须结合德国的情况。

一般说，他们的知识分子、专家工作是热情的，有创造性的。现在看得出来，已经存在着一些新的机构（戏剧学院、亨德尔纪念委等），个人在努力于一种新的文化事业，社会主义的、人民群众的文化事业。他们的工作是有成绩的。

上午往Dresden戏院参观。它的院长是我们在柏林见过的,亲自领着我们参观。这个戏院是德国最大的(舞台),也许是欧洲最大的。观众席也有1250座。但Dresden居民不及十万,且破坏甚大。我们很奇怪,原因是从前这里是容克飞机厂所在地,工人很多,此院原为希特勒时所建。现城市及厂均遭破坏,戏院的观众要靠组织莱比锡、玛哥德堡及农村居民。

此院技术设备等于柏林国家歌剧院。后台有左右两旁台,及一后台,三台均车台,后台在车中又有转台,面积16米。旁台各分前后二车,后车有升降设备。中台深25m,加上后台可用至46m。台宽连旁台60m,顶上有吊杆60根。一切皆由电操纵。灯光设备在前天桥旁,观众席前方,后方均有。天桥有六层。

制作均在剧场内,楼顶为木工场,有大电梯(容一卡车)通大街,经后台直到楼顶,一切木料可直运入工场,制好之景又可直运后台。木工场旁为画景场。裁缝、皮鞋作均在此层。地下室层则为铁活作。

此院有三个剧团:歌、小歌、话。歌及小歌(Soloist)26人,话27人,合唱团定人数52人,可增至75—80人。舞蹈18人,乐队75人。艺术领导者(指挥、导演等)36人,组织工作、技术工作人员140人。

(补记Weimar戏院工作制度:每星期一次院务会。讨论各"车间"工作日程,决定后由各方分途执行。但院长秘书又召集各处组织人员决定每日详细日程。这样,各车间的工作才不至于乱了。Dessau想亦如此,因也见到院长处有同样一本日程册。）

剧目方面：他们的方针是首先德国的，其次是兄弟国家。歌剧、小歌剧的节目是保留制。他们有九个瓦格纳歌剧，明年再排一个，就只一个没排了。他们每年举行一个瓦格纳的纪念周，全德的人都来观剧。小歌剧的保留节目有演了三年，演出 80 次以上者。但话剧不是保留的，每年演十来个新戏，演了就扔掉。古典现代各半。现代剧有困难，少，也演兄弟国家的节目。

德国的剧院几乎没有演过中国戏。这方面，我们的对外宣传工作很不够。

下午休息。

晚看 Verdi 的歌剧《命运的力量》。故事是父亲阻止一对爱人相爱，女儿正打算与爱人逃走。父亲来命人逮捕她的爱人，爱人的手枪走火打死了父亲。女儿入了修道院，爱人也避祸在外。女儿的哥哥立意报仇。在一次战争中爱人救了她哥哥，并且重伤，但不死。哥哥知道他即是仇人仍不放他。爱人不愿仇杀遁入空门。哥哥追到，两人斗剑，兄死。女儿知道了，也与爱人见了面，但悲伤而死。此剧宣传一种人无心作恶，但被命运玩弄，造成悲惨结局，并且大为宣传宗教的思想，是很反动的。当然技巧很不错。民主德国的舞台上，也常出现一些这样的作品，他们在思想工作上的步骤慎重，这也是一个证明。

二十八日　星期三　Dessau-Berlin　上午九时动身，一时到达柏林，仍住 Adria。

下午去大使馆，简单汇报情况，并请代订车票。约定三十日下午去汇报。

晚看贝多芬的《Fidelio》于 Staatsoper。故事大致是：一警厅长将其仇人置于狱，要杀害他。囚人妻化装男人改名 Fidelio 入狱为卒，以救夫。狱吏某之女爱之。后部长要视察狱囚，警长乃命狱吏谋死其仇，狱吏不允，只答应去挖坑埋尸，乃偕 Fidelio 去。夫妻见面。时警长来下手，F[①] 以身蔽其夫，并出手枪对警长，这时，部长来视察，乃将警长置狱，而放此无辜者。

看了 B[②] 氏此剧，才真正认识其革命性。他作此剧时，正感于法国人民攻破巴士底狱，打倒王权。剧中音乐充满反抗暴虐，追求自由幸福的感情，而且感情丰富雄壮。此次演员也是第一流的，表演得十分有力。过去我们对 B 氏很不了解，所知道的都是经过资产阶级歪曲的一些东西，看了真正深刻的表演之后，才算了解了一点。中国的音乐家真应当多看一点。

二十九日　星期四　上午在对外文协谈新计划，尚未最后定妥。

十一时毕契勒教授谈瓦格纳。

在古典传统中，瓦的问题最复杂，有不同意见，但现渐统一。法西斯利用他，以致 1945 年后很不容易地演出他。细研后，知法利用瓦不是真正的瓦，是利用了瓦及其妻的某些话。

要谈瓦必谈德十九世纪的历史政治。瓦格纳（1813—1883），1830 年法国 7 月革命、1848 年德国革命及俾斯麦改革，他均体验了。故从其作品文章中看出其思想上的不同倾向，此

---

① 代指 Fidelio——编者注
② 代指贝多芬，下同——编者注

倾向与其实际创作又有不同，他的创作中看是人道主义者及社会主义（科学前的）者及社会批判家。其创作中有很多现实主义，《歌手》中显明，《Siegfried》中则不显。瓦年轻时，从B音乐即F剧，及其他管乐，受深影响。他青年时，写一管乐。后随着德国资产阶级一同进步，直到1845。他拥新德意志文学派（海涅等），1830同情法七月革命。在波兰革命时，写歌、献波国旗。其时德进步音乐家均如此，至1830年新德派是进步的，后渐有小资倾向。1840年德资上升，新德派不再革命，新黑格尔派代之。中心在柏林，马克思也参加（博士会）。马又与胡格合作，而胡又影响了瓦。新黑派仍是唯心派，后费尔巴哈派主唯物，但费之唯物不是辩证的，不解决社会科学的问题。马、恩利用新黑及费两派之积极因素创辩证唯物论。瓦爱费，但无批判。瓦在其影响下写了许多文章，如《将来的艺术品》（费有文回《将来的哲学》）。马、恩所批费的地方，也正是瓦应批之处。费不将人视为社会动物，而视为抽象的人，如瓦S剧，即抽象写英雄，在音乐上也表现这点。直到1848—1949的瓦且发展如此。

另一面，瓦反封、反分裂、拥资斗争。视法为自由国家，1830年后去巴黎，去后成为标准之例，即艺术家在资本主义社会中的地位。他找艺术家自由，结果知不自由，即使有钱，他知道在资本主义国家中，艺术家无祖国、无自由，而这是他一生关怀的。故1848回德时，在费之外，又受空想社会主义影响，即是法国的蒲鲁东、德外德里，但时马、恩已克服此两人的倾向了，此倾向缺点在不知群众的作用，而相信个人力量，故瓦作品中常描写个人英雄。1848革命，瓦是左代表，此不是科学的，故1949年即流亡瑞士。Dresden的起义是德最后的，瓦的友人指挥某入狱15年，瓦逃。

两点：1.他在瑞士写了最重要的剧作。2.其所有歌剧1848年前或瑞士时期写出。M①剧1847，《尼伯龙根指环》1854，此年是其创作的转折点。瓦不如马、恩对1848有明确的看法。马认此后一时期将无革命，而瓦有幻想，以为不久将有革命，由巴黎及于全欧。后拿破仑政变后，瓦及许多小资艺人都幻灭了。列宁论Hegel说明了"资社革中的失败，因他不了解社会"。这样瓦转向反动的叔本华，叔是悲观主义，否认理智的力量，并认死亡及虚无在世界上是实在的。但他虽赞成叔，在作品中不是一直表现出来，而仍是人道主义，他不是叔的代表，他除受叔的反动影响外，仍不忘于社改造。他在瑞士物质情况很坏，很苦，想自杀。巴伐利亚皇请他，他开始同意了当时的社会制度。1870—1871德国成立，他赞成，而不认识其帝国主义性，欢迎皇帝来巴看其演出。后认识了，一面他赞成统一，一面又批判现在。死前他说了蒲鲁东的话"财产是偷窃"。

其作品：

年青时所写《禁止爱情》是反映了当时的进步思想。其第一名剧是《黎恩济》，是进步的，但已有个人英雄。二，《漂泊的荷兰人》继承民间童话，这是进步的（法西斯以反动解之），他的作品是较社会化、人化的，中写无祖国艺术家为普通女人所救。三，《唐何塞》也是象征的，是写一人的解放。Venus象征当时社会，Wartburg又是一个社会，而伊丽莎白二者均不赞

---

① 纽伦堡的名歌手——编者注

成，故最后救之。四，《罗恩格林》批判社会理想，艺术家救社会，社会不认识他，反对他，此为瓦剧中最悲观的。五，至1848后，瓦的《特利斯坦与伊索德》（他爱朋友女人失败）写爱人们因社会制度不能相爱而自杀。但现在对此剧也有新的看法，因人虽自杀，但音乐最后是人道主义的，人道主义克服了悲观。六，《纽伦堡的名歌手》虽在思想混乱时写，但出现群众、赞成人民。七，《尼伯龙根指环》是最反资的作品，描其与费的关系。一面描写了统治者，又在中写S改造社会的英雄，其结尾有二：1.统死，2.二人死。最后八，《巴西华》①最反动，有宗教迷信。

音乐：瓦是德的好音乐家，丰富了德的音乐，特别是在曲调器乐演奏上丰富了，创作了用音乐描摹自然以及人的思想。其缺点：表达思想不是唱，而是乐器，故曲调不丰富而器乐丰富。主题不是瓦发明，但他充分运用。不但描摹人情绪，且描摹物、描摹思想，故成了抽象的东西。主题不同于B，B是发展到底的，而瓦是动的，忽然出现的。瓦剧无合唱，（因不重群众）也不重唱，只重音乐，这点不能继承。

晚看讽刺杂耍（Die Distel）。这是一种与我国相声有同等功能的东西，但出之以表演、歌唱及舞蹈，并带简单漫画式的布景。

三十日　星期五　大使馆王雨田（曾是代办，现为首席参赞）谈德国文化情况。两点：1.历史情况，有大的文化成就，自成系

---

① 现译为《帕西法尔》——编者注

统。后来资及希特勒的影响很深。又，现在的分裂情况，故现在对艺术要改造，但慢些，要求低。只要你拥护和平，即是好的。这些情形可向领导上会报，不宜向一般人谈，要谈其成绩。1952年对社会主义现实主义，发扬遗产培养演员，管理剧院都有很大成绩。

我们来，未参加开幕是缺点。希望向文化部提出。

宋秘书谈：德的大知识分子思想复杂，学生工人思想纯洁；大知识分子中，党员思想也不一定纯洁，因是两党合并的。

徐明同志讲：德国剧院的作用与中国不同，成为工人的文化娱乐的中心，通过剧院进行教育，通过剧院团结知识分子。

曾大使说：同意上述同志的话。主要要宣传它艺术上的成绩。

晚在大使馆参加内部庆祝宴会，吃中国饭，喝醉了。十时半回旅馆。

十月

一日　星期六　整日休息，晚七时半参加大使馆的招待宴会。在德国政府大厦举行。皮克总统以下的政府首长均参加，南斯拉夫驻波恩的使团也来了。宴会后有舞会，一直到次晨五时才散，我们在两点钟走的。

二日　星期日　上午十一时半往访七十多岁的老演员温特史坦（Winterstein）谈来因哈德，他本人是来因哈德的学生。他家住在郊外，因他原来在城里的房子被炸了。他的儿子也在座，是一个电影导演兼电影剧本作家。这家人可能是犹太人。希特勒时，儿子避难到苏联，老人停止了演员活动，直到解放后才继续演戏，现在还有时上台。我们去时他们很热烈地欢迎。儿子出来迎接我们（我们在波茨坦见过一面的）。老人用法国的陈酒来招待我们。他们在谈话中表示对于中国艺术文化的推崇，对于毛主席的尊敬。我们告辞出来，儿子还为我们拍了一段电影。

他们谈到来因哈德的地方综合如下：

一，他在德国戏剧界的地位表现在他培养了许多人，有演员，有导演。其中有许多是很有名的，现在直接、间接受他影响的人很多。他不仅仅对话剧演出，即对歌剧演出也有一定影响。他虽没有写书，但工作的影响是留下来了的。

二，他是一个在舞台艺术上倡导反自然主义的。其时 Otto Brahm 是自然主义的大师，虽是进步的，但超不出自然主义。来氏倡导了反对这种倾向，他的具体表现就是用新的方法演出了莎士比亚。过去只有宫廷老一套的方法。B 氏虽反对它，但无法演它。

三，他训练演员的方法是好的。用一句话来说，他从不强迫演员，只是启发他们。因此演员的创造性很大。

我的印象：现在民主德国对于来因哈德并没有进行系统的研究，故无一致的看法。他们还是强调学习史氏体系的。这种倾向是艺术界自愿自觉的倾向。

晚在小歌院（Metropol）看 J. Strauss 的《Wiener Blut》。故事很无聊，但音乐实在是好的。可以说音乐的价值实在比剧的内容高得多，因为音乐所表现的，实在不止于剧的那点内容。

它如果不是与一百年前一直到现在，绝大多数人的生活有联系，对于他们有意义的话，它是不会存在下去，并且广泛传播开的。

三日　星期一　访问柏林大学戏剧科学系。

柏林大学戏剧科学系，培养批评、文化组织干部。一年学德文学，第二年专门学习，年有六星期假去剧院助理导演、从事批评，以后助导。二年起学戏剧科学，各种技术知识。

毕业生：今年有22人，10人去电视、广播及德发公司，5人去各剧院做戏剧文学工作，其余做政府文化干部。去剧院者除编剧目外，也参加领导及负一定剧目上政治责任。此处与莱院①的学习大体相同。前者多培养文化干部，这里多一般戏科干部。此外尚有一党与总工会也培养文化干部。

所谓戏剧科学的具体内容为：1.剧作法，2.戏剧史（三年），3.表演，4.舞台技术，5.舞台装置，6.服装。后三者是剧院专家来教。学生业余时常在剧院工作。4、5及6服装课是要紧密相连。二年级除俄文，又有法文（中学已学英文）；又有艺术科学课，教学生演员在舞台上应如何以动作与装置适应（室内、室外、各有什么动作）。三年级学木偶戏，课名民间艺术。学生业余有剧组及Distel小组，又有剧评科学及史。

此系1923年建立。

有戏剧月刊，有戏剧新闻周刊。戏剧家只有工会，艺术工会中的一部分。也有小的娱乐部。刊物是个人名义向出版社负

---

① 莱比锡高等戏剧学校——编者注

责的。

四日至六日 星期二至星期四 柏林—莫斯科 下午四时五十五分，自柏林东站乘火车起身。过德波边境时为柏林时间下午六时，验护照后，别无手续。入波兰后已是夜晚。第二日清早，阳光很好。窗外农舍多草顶，外表也多败旧，与德国农村已大不同了。德人生活水平高，有希特勒侵略战争时，掠夺别国财物以供国人，收买人心为其作战，故一般生活较优。现在我们看来，德国生活水平已经很高，而德还很不满足。政府在这方面也是有困难的。人民（特别是小资）很难了解他们过去的生活水平是建在沙上的，而现在则是靠得住的。现在各兄弟国家在生活用品上尽量帮助德国，如波兰的食品等。我国的用品，锦缎、香烟、百货，市场上看见很多。

下午到波苏边境。在布列斯特停约三小时（波境检查站停半小时，边境走半小时，共四小时），将小轨车轮换成大轨轮。此时，旅客可下车吃饭。

六日下午莫斯科时间七点到莫雅鲁斯拉夫车站（途径斯莫棱斯克、包罗丁诺等二次世界战争时之大战场），使馆容直同志来接。仍住 National。

七日 星期五 莫斯科 遇吴平同志，她代表工会出席罗马尼亚世界女工会议，在此等机回国。下午与她们一道去参观农业展览会。庄严华丽，如一大公园，又如一小花园城市。据说入夜灯火通明，五光十色，蔚为奇观，惜未得见。各共和国、大州均有馆，又有各专馆，如机械、电气化馆，水利馆等。有国营农场馆,实为一规模巨大之实验农场,惜时间太促,未能去看。各馆内部布置美丽,形象而生动,故易于看懂,又有电影,说明某些先进经验。

晚在北京饭店吃饭,饱餐一顿。

七时半在 MXAT 分院看《万尼亚舅舅》。是达拉索娃演教授妻子,演得虽好,惜体胖年纪大了些,欠美丽了。演医生的也是一人民演员,很好。女儿的演员比杨露茜好。万尼亚演得比金山更使人同情,那种满腹牢骚令人不耐的外表也极力冲淡了,另外都强调了他的热情、心地善良的一面。他好几处表演使人深为感动。如第二幕之求爱失败后一段。医生在第二幕的表演酒后的狂情,想放纵又为具体环境所约制的狂情,都很深刻动人。

八日　星期六　上午在旅馆休息,并拟回国后向文化部的报告提纲。下午三时,与吴平同志等去北京饭店吃中饭。然后去看宽银幕电影。此种电影是新的试验,银幕宽约平常的二倍。其好处就是能在较近距离摄群众场面,也能在近距离拍大建筑物、广阔的风景等。我们看了几个纪录片:《1955 莫斯科的五一》《运动会》《农展会》《黑海岸风景》等。又是五彩的,十分美丽。

1956

一九五六年

十月至十一月

十月三十日至十一月二日 十月卅日，乘飞机从北京动身，经太原、西安、重庆至昆明，一路上天气渐热。到昆明已下午六时，当晚看了一场歌舞演出。许多地方多模仿北京舞蹈学校的作风，将少数民族的东西加以洋化。此风不正，对艺术的创作是有害的。卅一早晨，再起飞已经到曼德勒，于下午二时半至仰光。到曼德勒时已天气大热。仰光更是热不可当。机上俯视缅甸，平原沃野，遍地青绿。下机后，机场只见各种各样的人，使我刚从国内单纯环境来的颇有乱糟糟之感。住在柬埔寨宫旅店，店在市外。又闻飞机票无着，心正烦恼。后经大使馆努力，得次日飞机票三张。于次晨九时乘B.O.A.C航机起行。B.O.A.C乃美国海外航空公司。该机服务态度甚周至，机上也较舒适，飞行平稳。同行者颇有感慨，认为资本主义一切为了几个钱是很不好的，但也非一点可取之处也没有，服务之周到即其一点。而这一点恰恰是我们社会主义目前的缺点，虽有了许多改正，但从西方资产阶级处可学的东西仍然很多。飞机过了孟加拉湾到达巴基斯坦的达卡，过境手续甚为麻烦。下午二时到加尔各答。城市甚大，也甚枯燥，貌略如上海，有广东街，样子完全像是到了中国。住大旅舍。晚看马戏，有很好的技巧，但多故作惊险，如飞刀掷人等。一日去机场。人多疲劳。又场内不整洁，这都是政府不管，必然如此。晚十时，夜航二日早六时，到孟买。

二日 我和吴雪,我们到孟买是来参加由印度戏剧中心所邀请的国际戏剧协会的会议的。这个国际戏剧协会是由联合国所津贴的,与之有咨询关系的一个民间团体。这次开会的问题是讨论戏剧与人民、戏剧与青年等题目。我们到此,已是闭幕式了。据了解,在这个会议上表明戏剧家们对于国际的戏剧交流有很大的兴趣,要在印度建立一个东方戏剧的研究中心。我们争取在会上讲了五分钟的话。在会后尽量接触各国戏剧家。其目的多沟通、多了解,在这方面,效果很好。

晚,看了加尔各答一个剧团演的泰戈尔剧作《红夹竹桃》。故事大致是一个大君开了金矿,但他自己闭门不问事,其下面人上下其手,工人不能生活,有一工人的爱人名"红夹竹桃"坚持要大君出来解决问题。直至矿上出了事故,工人武装暴动之时,大君才出来,并发现下面想谋害他,就大为忏悔,领导工人暴动。演员表演很好,灯光也很不错。

三日 上午游象岛。岛在孟买海外坐汽船约一小时可到。上有石窟,其中石像都是 Siva[①] 神的故事。可惜有所破坏,一共有四个窟,除第一窟(大)外,其余均被破坏。

下午往访戏剧中心的秘书,送了点礼,回来又与世界剧协副主席及其妹,梵文博士谈。她送了我们印度戏剧史的书目。

晚领馆设茶会,为我们与戏剧会议代表及孟买戏剧界接触。作了许多约会。会后在领馆订了在孟买的日程。

---

① 湿婆——编者注

四日 上午在 Opera House[①] 看 Kapoor 剧团演剧，剧名《农民》，也是关于土地问题的。共三幕，故事大致如下：地主在乡下想并吞农民土地，并用拖拉机耕种，使农民不能生活。有一家农民，老兄弟俩，弟弟爱赌博，欠高利贷钱，地主乃通过其狗腿子，引诱弟弟与其兄弟不和，并让狗腿子偷其家中之牛。兄的妻子也为拖拉机吓疯了。一家人，哥哥还有儿子、女儿、儿媳等，日子很难过。想逃荒又舍不得离开家，后来农民与地主在村议会里进行了斗争（或独立后，这点没有看清），农民掌握了政权，揭发了地主的罪恶，地主上吊死了，狗腿子坏人被逮捕了。Kapoor 演男主角——老农民，表演深刻纯熟，演到想离家又不舍的时候，十分动人。Kapoor 是演《两亩地》父亲的演员，有"印度梅兰芳"之称，是个国会议员。演毕，中国代表送了一个花篮。

戏完了已是一点半，到领事馆去吃了一顿饭，即去拜访印度戏剧中心主席 Kamaladevi Chattopadhyay。她热情地邀请我们到戏剧中心办的学校去参观讲话。谈话约一小时，即去人民剧协孟买分会参观排演。所排的都是自写的，反映孟买生活的戏。剧的思想偏于暴露，但不深刻，其中演员都有很好的。这是一个职员们的业余剧团，是很左倾的。

六点半，与国际戏剧组织（ITI）的秘书长 Andié josset 谈话，了解 ITI 的情况。

---

① 位于孟买，全名 ROYAL OPERA HOUSE——编者注

五日 早六时出发,乘一出租汽车赴 Ajanta[①] 及 Ellora[②] 参观石窟艺术。两地无旅馆,故必须住 Aurangabad[③],此地距 Bombay[④] 260 公里,因为是坐汽车在地上跑,也就多看了一点印度的景物和生活。这些经过的地区多是山区,也有平原,看起来略如中国北方的景色,但多榕树及大叶树,草也长大。现已到冬天,草也黄了。但树仍是绿的。公路很发达,但不很好。铁路发达,有电气火车。但人民生活是苦的,衣服很脏,头顶重物,辛苦劳动。迷信很深,老百姓拜神很诚。印度教庙及婆罗门还是到处都是,神牛满处跑。

三点,先到了 Ellora,时间匆促,只看了一个 16 号洞。此洞即等于一个大庙。中有两层的殿堂,围绕殿堂又有一道走廊,后廊是一层,左右廊都是两层,这全部都是就整个岩石雕成,所有各廊、壁,都刻了石像,艺术生动,正殿外墙除刻诸神外,还有罗摩衍及马哈巴拉故事。因时间关系,惜不能细看。

Aurangabad 原属海得拉巴省,现新划归孟买省。此地 16 世纪时,为莫卧儿帝国所统治,有较高的回教文化。未及细看。

晚住铁路饭店,并游城市。

六日 参观 Bibi-Ka-Maqbara[⑤] 及 Ajanta。B 陵[⑥] 是回教风格的仿泰姬陵而较简陋。Ajanta 在 Aurangabad 的 70 英里之外,一美丽

---

① 阿旃陀,下同——编者注
② 埃罗拉,下同——编者注
③ 奥朗哥巴德,下同——编者注
④ 孟买——编者注
⑤ 比比卡陵——编者注
⑥ 比比卡陵——编者注

山沟中，有洞30，自公元前2世纪到后7世纪，主要是壁画，但亦多残破，所余无多。然其仅存者在艺术上、历史上的价值已不可估量。此处石刻不多，亦不甚精采。有一佛像，自其右以光照之则颇庄严，下照则沉静，左照则微笑。

七日 游Ellora，离Aurangabad十余里，此地以雕刻著称。有印度、佛、兼（印度教一支）等教洞窟。亦30余。其中以15、16（印），1、2（佛），32、33、34（兼）等窟为好。石窟艺术以印度教者最佳。其中神的精神是非常人性的、活动的。男女爱情、战争与舞蹈，栩栩如生，尤以15窟楼上最精采。如黑天舞蹈像即是其一。16窟为一大殿，周以回廊，廊二层或三层，均刻像，殿外周壁均有雕刻，上为神，下为象群。并刻罗摩衍及马哈巴拉故事。内作"T"形，分上下二层。此全部建筑均就整个山石凿成，诚伟观也。佛教艺术多表现静坐默想，故神像除稳定求庄外，少有动态，其中亦有轮廓匀称，或觉圆润者，但不及印度教之生动。兼教为印度教之一支，雕刻多静态。

当日返孟买与印度中心之执委副主席共晚餐，该人对中国的了解：只看过林语堂、赛珍珠的书。

八日 在孟买，上午检讨了一下孟买阶段的工作，即出外买唱片。中午约Joae吃中国饭，谈I.T.I有旧中国发起人的问题，他说已经被驱逐了。下午和中心的业余学校座谈及去婆罗门协会与《沙恭达罗》导演等会见。晚在沙尼家晚餐。十一时乘飞机去德里。

婆罗门协会是一个古家纳蒂①语的社会团体，其中有演剧部分。他们是专演古典梵剧的，已经演了两个，而《沙恭达罗》是相当成功的。我们看了他们一些剧照及幻灯片，从中看出表演是不错的。

沙尼是《二亩地》的男主角，到过中国，很是热情。我们本来约好七点钟去，结果到了九点才去。他们本来准备搞个排演（他们自己剧团的）给我们看，来不及了。吃饭时，他谈了许多印度电影界的问题，十分之八九大都是为了谋利，不讲究艺术，片子——都学美国，很是不满。他有许多理想，总在努力想实现它，但无钱、困难也仍多，他的太太译了周扬同志的《中国的新文艺》这本书。直谈至十点三十分，他们才送我们上飞机场去。

九日 晨八时才到德里，因飞机误点，使馆于德圣同志来接我们，德里的旅馆满了，我们就住在使馆的文化处。林林同志告诉我们，国内来电报让不必去参加联合国文教委员会的活动，所以我们看戏的事也只好作罢了。上午去拜会了几个人，其中有一人对于中国、苏联与印度之间的文化交流表示不满，以为只是旅行参观而已，说尼赫鲁并不重视这些代表团，说应当互派学者讲学。这一点是很值得注意的。

下午去看一位国会议员，是个老头子，很热情，并且爱好戏剧，对中国的态度很友好，很佩服中国。

又去看了安拉德，他是一个进步作家，尼赫鲁也很器重他。

---

① 现译古吉拉特，下同——编者注

他对中国也是很友好的。这人很爱说话,对艺术问题谈了许多,不满意印度电影,说只想赚钱。说,因为成本贵,器材要向英美买,如果苏联也帮助印度建立一个电影器材厂,就好了。还说,英美法的代表们也谈人民戏剧,实则他们不懂,只有中国和苏联才有真正的人民戏剧云。

会见一位年轻作家,也写剧本的。对话剧电影有许多批评。批评也非不对,但就是不够结合实际情况。他还谈了许多印度作家、戏剧家的情况。他们生活是很苦的,也有自己的理想,但无法实现,许多人羡慕中国和苏联。年轻人尤其不满于现状,对现状(如艺术)的要求过高,有些脱离群众。

十日 从德里到 Agra① 参观有名的 Taj Mahal②。十一时半到,二时往观。陵为全部用大理石制成,为莫卧儿皇帝沙加汗为其爱姬所建。以一万工人日夜工作,费时22年始成,据说,帝国即由此灭亡,此17世纪事也。

又参观沙加汗皇宫的城堡,堡用红沙石砌成。内部房间用大理石,亦有精细镂雕,风格略如"陵"。在城堡上远望陵寝,国王特筑有台,台亦大理石柱,镂空镂刻,形状亦绝美。

夜有半月,再游"陵"。的确在月光之中,朦胧柔美,另是一种千娇万媚之想。建筑而具柔美风格,亦世界罕见者也。

十一日 在 Agra③,上午游胜利堡。这是沙加汗以前的皇帝的王

---

① 阿格拉——编者注
② 泰姬陵——编者注
③ 阿格拉——编者注

宫。全部用红砂石做成。比沙加汗的王宫朴实尚无大理石镶宝石的装饰，只有在壁上画图案而已。与宫室相连，又有墓地一处，各贵族之坟墓。在此，只有一坟为全部大理石造，即开国皇帝所十分信任的"圣人"之墓，但亦矮小，且无灵堂的外殿，然灵堂内部亦以珍珠螺钿镶之，觉宝光耀目而已。

下午看开国皇帝之陵寝，全部为一个陵园，规模大致与泰姬陵相仿，但正殿乃红石筑成而非大理石，为朴素尔。其旁列诸王之陵，如耳房然。有墓道甚长，直达灵堂，其棺不过为素大理石所成，无何镶镂，亦无镂空之屏风，故墓道及灵堂似甚黑暗。

六时，回 Delhi①。看了一个美国电影，是一种下等的闹剧，别无何种内容，连歌舞也不及以前的美国电影。

十二日 在 Delhi 上午游览胡马雍墓。这个皇帝是开国第二代皇帝，比建胜利堡的皇帝早一代。可以看出他们的墓更简朴些，外面全部红石，墓内大理石上亦无镶饰，墓前无水池喷泉。

十一时，往访全印度广播戏剧处长 Gupta②，他问了我们许多关于中国戏剧的问题。主要是中国作家、戏剧家为什么能热情为"五年计划"做宣传，而印度似乎不能（大意）的问题。看起来，印度政府是为此事苦恼的。作家写的东西多为农民穷困破产，而不为政府的建设鼓吹。而且农民也不愿看政府的宣传戏。

我觉得这里的原因有两个：

---

① 德里，下同——编者注
② 古普塔，下同——编者注

一是土地问题没有解决：印度农村与城市的资本主义正在发展，这从他们的文艺中是可以看出来的。印度政府在第一个五年计划中在发展农业也在做许多事情，比方水利，为农民修便宜房子等，但是这些事实上只对富农和资本家有利，贫农是享受不到的。因此农民对政府有距离，作家们所见的现实也仍是不能令人满意的，当然也写不出可以歌功颂德的东西来。

在作家一方面，他们本身对政府并不是很满意的，他们的稿费低，生活不好，没有艺术创造的条件，像安纳德及电影、戏剧界的诸多人对于艺术创作上的现状是不满意的，虽然说法不同，但基本上是对于艺术的商品化不满意，政府对艺术上的支持是很少的，艺术家们有许多理想都无法实现，所以他们也无对政府歌功颂德。

以上是说的作家们、艺术家们为什么对于建设没有热情问题。此外，在我访问的过程中看见许多的现象，也有值得一记的。

一是贫富生活的悬殊：曾在 TAJ MAHAL HOTEL（孟买）里看见一家举行结婚，豪华之至，来客如云。但是走到各处，要饭的、要小费的都又多得惊人。闲人（失业者）到处皆是。我们游古迹，开车门的要小费，跟你说两句话敬个礼的也要小费，拍个照也要小费。他们国家建设很紧张，但另外又有许多人没有事做，在建设之外，这就可以证明有很多人是不关心建设的，或者说建设对于他是没有直接好处的。

印度有许多人，对于中国建设中间举国热情高涨的事发生了很大的兴趣，研究中国，想从中国取得经验的人是不少的。这样的人是中国的朋友，也是真正想为印度做事的人，我们应当热情地对待他们。

另一是艺术界的情形。艺术界可以说是一盘散沙,各搞各的,小团体很多,各不服气,形成小宗派,人民剧协方面也有些左的情绪,不能团结广泛的人。当然,客观上语言的纷繁,也是造成困难之一,各语言不同的作家互相不了解,甚至连名字也不知道。在作家、戏剧家等人中间,没有全国性的组织。

艺术家也有在艺术上脱离群众的毛病。强调反对低级的艺术趣味,反对商品化。安诺德说:印度电影是噱头、漂亮女人。商品化当然不好,但注意观众的喜闻乐见,一步步提高他们是很重要的。

十三日 上午游红堡,下午游高塔,三时,与巴哈提亚女士谈印度戏剧。四时,出外购物,七时半给使馆人员讲国内文艺动态。九时半看印影《Choti, Choti》。

红堡是莫卧儿皇室最后的一个王宫,在城内。比以前几个宫都漂亮,也比较现代化,镶的花饰也更为素雅。高塔全部用石垒成,内可盘梯而上,离地可百米(估计),塔外雕的文字花纹(回教风的)。登临以后出大汗一身。

巴哈提亚谈印度戏剧大致是:印度传统戏剧在200年前几乎死亡,莫卧儿皇朝不喜戏剧,只爱乐舞。故戏剧渐渐只在偏僻农村演出,久而乃绝。农民演剧不如宫廷梵剧,并无固定形成,故梵剧之典型不存。1860年以后,拜火教人在加尔各答成立职业剧团,但20世纪以来,电影兴起,这种职业剧团也无法存在。独立前,也曾有些留欧回来的人搞些戏,但影响不大,真正的剧运还是在独立以后。政府对好的剧作、演出也有所奖励，半职业的剧团（如 KAPOOR），也到处跑，以致也能被全国观众所知。所演者少数历史剧，多数社会剧。遇节日或大事，全国剧团集中演出，此独立前所无也。

《Choti, Choti》是一个噱头很多的戏，叙一资本家的女儿逃婚的故事。是《流浪者》那一对演员演的。

十四日 上午游贝勒庙，购物，下午往访全印广播电台音乐戏剧处长 Gupta，谈印度戏剧发展史，晚访潘大使汇报工作，夜十二时飞 Calcutta[①]。

贝勒庙是印度财阀之一贝勒所建。是以印度教为主，将佛、回等教"综合"在一个"宗教"里面，这是体现尼赫鲁"印度所有宗教都是印度的"这种观点。庙修得很好，全用了许多大理石、人造石，墙上也雕了许多像、故事。但应该说，除了看出花了许多力之外，别无其他，尤其无艺术，完全不能与古代建筑相比。

Gupta 的谈话如下：

古代除梵剧外，当有地方戏。中一时期戏剧不发达，莫卧儿朝从不支持戏剧，那时有一先知说：戏剧是在人生的限制之上再加限制。英人统治时期有了戏。1853 年一俄人在加尔各答搞戏，是近代印度戏剧的开始，其时各地渐渐有民族戏剧出现，还有莎士比亚的演出。梵剧上演也要用民族语言。这一时期中不能忽视祆教戏剧演出公司。这是由祆教资本家出钱办的，故名，实则下面的演员印度教、回教的都有，这样的剧团有三四

---

① 加尔各答，下同——编者注

个，以演印度、波斯、希腊的神话为主，但故事性也不强，多注重服装、布景、化装及表演方面。也反映了一定的人民要求。这种剧团是职业的、旅行的。在19—20世纪初交递年代中，他们游走各处，演出的戏分场不分幕，用画的软景吊上吊下来开着幕换景。他们给各地很大影响，像孟加拉、孟买、古家纳蒂、安德纳等地，剧的演出更多，如孟买就有100—200剧团。这些剧团在各地游行，并到各土邦去，往往得到土邦大君的支持。这个时期约30年，直到电影发达以前一直如此。

这种剧团是很赚钱的。有一个演员名叫使乐天，是演生的，当时非常红。他在台上的服装当时成了时装的标志，这人游行到一个城市就有人连订一季的票子。即令剧目相重也爱看。他的扮相、歌唱均好。

这时在戏中间唱歌是很流行的，歌曲都是古曲，一个小戏有60—70个歌，观众还不满足，那时乐队没有乐池，只坐在第一排，演员要唱歌就要走到台前最近乐队处。

从使乐天开始有了现实的服装布景。这时剧团的经济情况较好，一个团有150—200人，除了吃住外，还可以拿工资，戏的服装制作也费很多钱，有时使乐天一个人在一个戏里就要花当时3000卢比（合现在15000卢比）做衣服。

因为观众对歌唱感兴趣，造成一种畸形的观象，来剧场是光听歌的，到了对话时，即出外休息。这对剧运是很不利的。当Kadio、电影等发展起了以后，戏剧就渐形凋谢了。对于戏剧艺术本身来说，由于太注重唱歌，表演艺术也就不被注意、不能发展。因此电影一出来，布景又比舞台的好，戏就非没落不可了。同时剧团的经济这时也渐渐走入困境。名演员花钱多，而观众的爱好又在变,他们都不注意,有教育的人渐渐就不看戏了。佛教曾经教导人说做演员的不是好人,现在这种思想又影响了人们。当然,当时也有很好的剧团如 ①,但观众很少。此后剧的主题渐变,有了社会剧,并表达一定政治思想,如反对婚姻不自由等。孟加拉曾有两个作者,在剧中表现了一定的政治思想,作品就被禁止了。这时期被禁的戏差不多有150,许多作者不得不用神话题材来影射政治。印地语剧是一直不发达的(受莫卧儿的影响),这时才有人写剧本,并翻译梵剧和地方剧。也是在这时候,职业剧团开始局限于城市中,电影发达后,公私戏院都改营电影,戏剧不易找到演出场所。这些是1930—1940年间的事。在这些以前,也还没有女演员。

这时期,泰戈尔写了一些剧本,但多半由他自己的学校剧团上演。他的戏有自己的形式,很是唯心的,一般人民不易懂。职业剧团演他的戏,最近上演的《红夹竹桃》是第一次。从前有职业剧团想演他的戏,泰氏不同意。

现代剧运主要是靠业余活动,这是在第二次世界大战以后开始,在大战中萌芽的。所谓职业剧团也是从电影赚来钱,到舞台上去赔本,如KAPOOR就是。这样的剧团,大的孟加拉有四五个,马哈拉斯特拉一个,古家纳蒂一个,可能其他还有一两个。民间的小剧团是纯职业的,有些传统的演出形式,他们只在乡下,不进城。

他还提出了两个问题:1.戏剧如何属于全人民,不光属于城市;2.如何减低演出成本。

---

① 原文此处没有记下——编者注

十五日　在加尔各答。

上午往访 S. Kupta。十一时去领馆，下三时，看宽银幕电影，晚买东西。

Kupta 是人民剧协的司库，六十七岁了。到过中国，是很热情的人，我们在孟买时曾见过。找了很久才在一个小弄堂里找着了他的家，但他不在，开全印和平大会去了。他家很清苦，住在一个小房子里，他的书斋仿佛上海的厨房间，不过更小更暗而已。

宽银幕电影是一个美国片，叫《我是国王》，是写一个英国女人安娜，在泰国皇宫当女教师的故事。除大批噱头外，显然有丑化泰国人，美化英国女人的地方。但除此之外，彩色的美丽，其中一段舞蹈编得很好，演出形式搞得很好。宽银幕的长处之一就是看起来几乎真实舞台演出，这种形式如果用来作舞台纪录片是很好的。

十六日　上午上动物园，下午访《祝福》导演及其学校——舞蹈、音乐、戏剧学院。晚参加全印和平大会的舞蹈音乐晚会。

Calcutta 的动物园据说是世界有名的，动物很多，但管理设备不尽善美。环境也不很优美。其中蛇是很多的，还有猿，也是我初次见到的。

《祝福》的导演 CHOUDHURI 在他的学校里接待我们。学校在泰戈尔府（或其附近）。乔德里是其中的戏剧系主任。此系有两班，一个班 20 人，一班 18 人，三年毕业。第一年时，各课均学；第二年时分剧作、表导、美术等组。有三个教室：理论课堂、美工室、放映（幻灯等）室。未见排演室，但可能有。

全印和平大会的晚会在一个露天临时的广场里举行的,这也是他们的大会会场,会场的布置很别致,用蓝白二色布缝一顶篷。舞台的幕也基本是蓝色,在台前及两旁饰以彩绘大小陶罐、陶盘,并用白色布条在台框上作简单花纹。晚会的节目甚长。如唱歌即可唱一小时,奏西达琴①也可随意延长,不肯结束,因此,晚会从七点开始至十一点半还不结束。我们只得中途退席。

印度的音乐表演者特别是演奏者,都是即兴的,并且是自我陶醉的,博得观众掌声后更不肯罢休,即令观众走得不剩几人也不在乎。

我们在这大会上,以三人名义捐了200卢比援助埃及。

十七日 上午游植物园,中午曾经访问过中国的 Bose 医生来,下午看电影《新德里》,晚上 Kupta 邀我们去看话剧《神圣的最后一刻》。

植物园在城郊很远,但风景优美,植物品种甚多,可惜我们不认识,只拍了一些照片。

电影《新德里》是个歌舞片。反映了印度各省人之间语言、风俗、文学等的差异,所造成的地方宗派主义(片子本身倒没有多大艺术价值)。在印度,这个问题的确是一个很严重的问题,这是英帝国主义分而治之的恶果之一,这种情形到处可见。比方在戏剧界,就有许多由语言文字区分的小集团,如孟加拉、

---

① sitar 又译西塔琴,印度一种大型弹拨乐器——编者注

印地、古家纳蒂等地的剧运、剧团、演员、剧作家,而且各不相知。文学界也是如此。

《神圣的最后一刻》故事大致是:一个农民准备把自己的女儿出嫁,以便得到一些钱。相亲的来了,嫌姑娘不美,不要她。这时他的朋友却宣布愿意娶这位姑娘。这引起了原相亲者的恼[①]

[①] 旅印笔记仅记至此——编者注

1958

一九五八年

十月

一日（莫斯科）为参加亚非作家会议，于10月1日自北京飞莫斯科，数日后即去塔什干开会。

晨8时，自东郊机场起飞，经六小时到伊尔库斯克，天气很好，顺利地在休息一小时后即转乘图104于北京时间12点到莫斯科。

除休息外，坐了整12小时飞机，人极疲倦但身体胃口很好。有三年没有到苏联了，重来的印象是繁荣、富强。飞机场所停的客机如Bmsk总有千架左右。莫斯科郊外新建房屋已成街市，高楼林立，万家灯火，车辆很多，已不亚于市中心了。

图104机甚平稳，高飞5至6千公尺，空气有时感到稀薄些，但无大碍，机内容70人，并在上面开饭二顿。从伊至莫飞六个钟头。

二日（MOW）阴 上午和曲波、玛拉沁夫逛街。下午继续逛街，巴金、季羡林、杨沫都去了。看了马雅可夫斯基、普希金等广场和红场、大戏院等地。五时三刻回来。

刘白羽今日去塔什干。

三日（MOW）晴 上午游地下铁道、农展会，下午看全景电影。全景电影由三个放映机同时放出，有普通电影六部大，由一百多个扩大机立体发声。电影描写苏联的山河、工业等。汽车、火车、船的高速行进，看了使人头晕。但如果除了这些动的镜头，平静的也就很平常。

大队今日到。

四日 十二时，自 MOW 乘图 104 飞塔什干。三小时，即达。但塔地时间较 MOW 早三小时，到时，已万家灯火，到了六点钟了。飞机飞万公尺以上，所见唯一片云海而已。

机场有盛大欢迎，照了许多相。随即乘车赴住所。路上但见城市盛装迎客，满街红绿电灯，各种文字标语，都是为了亚非作家会议的。

塔市很大，据说面积仅次于 MOW。车行半小时以上，才到住所，是一个郊外别墅。

随即由主人设宴招待，由 Rashidov（苏代表团团长，乌兹别克作协主席，他又是乌团主席）作陪。此人温文尔雅，很有东方风。在座尚有波列伏依，谈笑风生，是个很幽默的人。

五日（晴）塔什干 代表团分两处，一住城内旅馆，一住别墅我们即住城外，很幽静，睡得很好。

晨起在园内略事散步，十时去城市游览。逛了旧城菜市，见烤羊肉铺当街烤肉，多人坐吃。又见老太婆蒙上面纱在街上走，这都带有很浓的本地风味。

旅馆那边很乱，各国各族人都坐在一起，出出进进，互不相识，互打招呼，门口也围了不少人看热闹。

下午代表团开了一个会，研究情况。

晚参加晚会。是歌舞节目，有本国的，有东方各族的。本国部分，打鼓、舞蹈，技术都很高。东方各族舞亦很热闹。

六日 （晴） 塔什干 （发信二封）

上午为报纸写了一篇文章，谈剧作者和劳动结合的问题。

下午去旅馆，准备和各国代表进行接触，回来和袁水拍一道改了致大会的贺电。

晚，参加塔什干艺术家们组织的欢迎晚会。我在会上讲了话。又看了昨晚看过的、重复的晚会。其中有一个小女演员，演唱两个歌，一个是扮作土耳其男孩骑驴唱歌，一个扮作乔治亚女孩唱歌，表演很好。

这两天来，斗争很紧张，印度代表团中，主要是安诺德，反对提殖民主义一项。其所以如此，乃是由于尼赫鲁的指示，而尼之如此，又是顾全英联邦。我们努力说服，要他不要怕帝国主义。现尚无结果。苏联方面主要是同意我们的意见，但也有些怕印度闹僵了。

七日 塔（晴） 今天是会议开幕的日子，但上午无事，给国内写了两封信。下午三时进城，先参加书籍展览会开幕，六时半，大会正式开幕。

书展和会议都在 Navoi 国家大戏院举行。Navoi 是乌国文学的奠基人。戏院很漂亮，是回教建筑风的，有印度莫卧儿陵墓的雕石装饰。

书展主要是展览各国互相翻译的作品，也有代表展出自己作品的。苏联介绍各国作品的数量很大，中国的《三国》《水浒》《红楼》都翻译了。

大会第一天是开幕。有拉希多夫的开幕辞，有伏罗希洛夫的致辞，有周总理、尼赫鲁、吴努的电报，有吉洪诺夫代表苏联作协讲话,有塔什干市长讲话等。

八点半开始晚会。哈侬、拉塞洛娃的唱歌,乌族一位最好的舞蹈家的跳舞(她是很有名的,曾经拍成了电影),还有一位哈族舞蹈家的舞,都很好。从她们的舞里面,看出来节奏是特别重复的因素,每一个动作都有它的重点(着力点),这样就从女性的娇美中间看出了刚健,和芭蕾的一味柔美抒情是完全不同的。乌兹别克有西洋歌剧,完全学俄罗斯,但有很好的演员,唱得非常好。男中音、女花腔都很不错,但看不出民族的创造性。也有人唱了民族歌剧的片段,但还听不出特色来。芭蕾舞也很不错,有一个肖邦夜曲的小品。回家时,已整十二点。

今天的大会迟开了半小时,因为印度对于日程问题的争论还未解决。在筹委会上,全体一致反对它,在团长会议上,也是如此,会未开出结果就先开大会了。大会完后,团长会议续开到两点钟,除柬埔寨弃权外,全体否定了印度的意见。

八日 (阴) 塔 今日大会发言第一天。上下午都是,有锡兰、喀麦隆、缅甸、加纳、朝鲜、印尼、柬埔寨、菲律宾、蒙古、印度、中国、泰国、阿联、苏联东方民族作家和日本的发言。在发言中苏联东方作家的代表谈到关于文化的旧传统和新发展的问题,这是一个值得注意的问题,在我国也提出了这个问题,既要继承、也要发展。苏联东方各团在继承与发展上有它们的经验,虽然这些国家的客观情况和做法与我们的不同,但值得借鉴。

在昨天的发言中,有许多民族的代表谈到他们的民族文化发展还在一种不发达的状态中间,没有自己的文字,没有出版工业,他们仅有的少数作家是用外国文字写作的。但他们也不是没有自己的民间传统、故事和口头的诗歌,如何从这些中间继承民族的风格,又如何接受他国进步的文化来丰富自己,确实是一个新问题,也是一个非常现实的问题。

九日 (阴)塔　上午仍是大会,发言的有塞浦路斯、约旦、尼日利亚、希克梅特、苏丹、印尼、尼泊尔、巴基斯坦、乌干达。

希克梅特提出了学习和接受先进文化的问题,强调否定保守的民族文化。

下午参加戏剧小组开会。会相当乱,没有事先的准备,主持的人,也没有组织能力。为了议事日程的题目争了半天,把一下午的时间弄去了一大半。结果推出主席四人:巴巴也夫(土库曼)、赵树理、加纳女人、印度。

会上黑非洲的代表一致提出要学习先进国家经验的问题。有人提出苏联东方各国过去没有戏剧,是如何建立起自己民族的戏剧来的这个问题,并认为非洲的情况与此相同,可以学习。撒马利兰的代表说,过去西方人认为非洲人是只会跳民族舞的,但现在他们在巴黎组织了一个剧团,演《奥赛罗》,演得也不比白人差,这件事情的意义很大,可以让西方人看看黑人到底如何。加纳女人反驳他说,演《奥赛罗》不见得就是最高,跳民族舞不见得就是最低。这个争论很有意思,加纳这位女人是很有见地的。

〔补10.8〕夜有苏联最高苏维埃和乌兹别克最高苏维埃合设宴会请全体代表,很盛大;地点在部长会议大厦也在城外。

人太多，乱哄哄的，还有哈侬、拉赛洛娃等的歌舞表演。

十日 （晴）塔　上下午都是小组会，有印尼、哈萨克、格鲁吉亚、东德、印度、卡尔玛茨（苏）、阿联（叙）、乌兹别克、柬埔寨、缅甸、塔吉克、朝鲜、安哥拉、亚美尼亚、土库曼和我们的发言。日本的发言没有完。会上非洲的代表谈了许多非洲的文化传统问题。我觉得非洲许多地方虽然还没有文字，但是的确有自己的文化传统：首先有自己的语言，然后又有自己的口头文学，舞蹈，等等，据说有的地方也有了文字。我对非洲的文化太没有研究，也许估计得过低，也许在宗教上、社会政治组织上还有比较发达的文化。但总之，应当说已有文化。如何从这个基础出发，实际上也就是一个如何从群众出发的问题。要从群众出发，又不能抱着保守的、落后的民族主义观点，这恐怕就是非洲文化上，或者整个革命运动上的问题。

　　晚上看音乐喜剧于 Mukimy 戏院，戏名叫《拉乌山和祖斌慕尔》，是一个有人民性的恋爱故事。人民英雄的孩子拉乌山爱了某暴君的女儿，冒险入其宫中与之会见，被皇帝抓入狱中，后来他祖父带着人打来，救出了孙子，使两人得以成亲。戏在音乐、演唱、舞蹈、布景方面都是有乌兹别克的浓厚色彩的。但剧的结构，却是西洋音乐喜剧的架子。

十一日 （晴）塔　整天开大会。有日本、中国、阿联、阿富汗、巴基斯坦、塞内加尔、Du Boio、朝鲜、阿尔及利亚、越南、阿塞拜疆、意大利、柬埔寨、马达加斯加、印度、达格吉米亚（非）的发言。Du Boio 的发言相当不错，他年已九十了，但却仍是坚强的反帝战士。据说黑人对他是崇拜之至的。柬埔寨的那个"小宝贝"在每个小组都发言,在大会的第二个议题上又是他发言,非常坏,声明他不主张讲政治,也不准备在有政治性的文件上签字。此人是何身份,有些可疑。

今天黑非洲继续来了代表,马达加斯加的、象牙海岸的等。

晚在 Navoi 戏院看歌舞晚会,精采的节目有格鲁吉亚的花腔女演员唱的维也纳森林的传说,哈萨克女独舞,土库曼男群舞,贝布托克独唱,格鲁吉亚男高音,塔吉克两父子唱民歌,阿塞拜疆歌剧女高音,土库曼的独角戏等。其中阿塞拜疆女高音在歌唱技巧和风格上都具民族风。阿团的歌剧从前我是看过的,是从民族音乐基础上发展起来的,这回再听唱,印象更深,觉得和别的共和国歌剧比起来,民族气派更浓。节目中还有两个群舞,都是十分年轻漂亮的女孩子表演的,其中的骑马舞很吸引人。

只是晚会太长,到一点多才散,后面的好节目如纳基洛娃的歌等都未能仔细欣赏。

十二日(晴)塔 星期日 今日休会,访问塔什干附近的斯大林集体农庄,参观了托儿所、牛棚、果园等。天气很好,主人很殷勤,瓜果鲜美,午餐时还有人奏乐、跳舞。参加这次访问的除中国外,苏联好几个民族的作家都参加了。酒酣耳热之后,大家都很兴奋,许多人说了许多动情的话。有一位苏联的少数民族巴什基尔的作家说:从前他的母亲恐吓他的时候,总是说"俄罗斯人来了,中国人来了,还不去睡吗?"但现在他们的母亲们都对不肯起床的孩子们说:"俄罗斯人来了,中国人来了,快起来欢迎去。"大家的确深切地感到在中苏两大国之间的人民真正像一家人一样的亲密。而且大家也愿望这样的人与人之间的关系能够扩大到全世界去。四点钟的时候，我们告别了主人回城，临行之前，主人送了我们每人一顶帽子，大家都说，我们都成了乌兹别克人了。走的时候，大家有些依依不舍，觉得还没有待够似的。

十三日 （晴） 塔　星期一　今日为闭会式，通过了大会宣言，充分反映了观众要求反殖民主义的情绪，宣读宣言后，全场作长久热烈鼓掌。主席团都将手拉起来。这可以说是一个胜利的会议。

会后回到别墅，午餐，大家都很兴奋，都喝了酒，我也喝了三杯白葡萄，因为高血压，久不喝酒了，这回是情不自禁，经过许多曲折斗争，达到如此成功，叫人不能不兴奋。深感党的政策方针之正确，只要好好体会，按着它的精神去办，没有不成功的。

但是这回宣言的通过，也经过了十分复杂的过程。茅盾同志在吃饭时告诉我们，原来由喀麦隆和印度两家代表先起草两个宣言，选择其中一个，写出之后，喀麦隆的又精简又有力；印度是由安纳德起草的，又臭又长，废话连篇，虽然也有几句反殖民主义的词句，但基本上是空洞的词句，如人类爱之类。筹委会一致否决了后者，通过了前者。但安纳德坚决不干，后来由印度代表团中的一位共产党员查希儿，基本根据前稿，并加以修改，作为印度新提案提出来。这稿很好，但是黑非洲也不满意（也有面子问题）。在团长会议上讨论了一整天，逐段通过，作为大家的集体创作，这才算大功告成，然而已经使团长们疲惫不堪了。

夜看乌兹别克歌剧 DILARAM。这是 NAVOI 长诗《七星图》中的一段故事。（故事以后补写）很有人民性，但是民族风格较少，基本上还是西洋大歌剧的形式，唱而不表演。当然民舞和独唱部分中的民族音乐旋律还是很丰富的。我总怀疑这种东西到底能否普及到群众中去，到底有几个人能看。

下午在体育场举行群众大会，庆祝亚非作家会议的成功，有各国代表讲话，并有体操表演，男女运动员不下千人，所表演的是器械操，用高的金属架，人在上面叠成花开形状，所穿衣服亦变换颜色，也很壮丽。会后燃放花炮，极是热闹。

十五日 Samankhamt（晴） 星期三　坐小飞机往撒乌尔汗参观，航行约五十五分钟即达。撒城是有名的历史古城，纪元前 4 世纪始建此城，13 世纪遭蒙古兵破坏，但又经重建。现在有古城、旧城、新城之别。古城为蒙古来以前之城，已无复馀烬。旧城在古城南，为蒙古以来所建，多 13—14 世纪时，铁木儿王朝古建筑。新城是 19 世纪所建，又在旧城之南。

据导游者说："纪元前 519 年，波斯国成立，并入了若干波斯部落，但那时还没有撒马尔汗的名称。到纪前 329 年，亚历山大入撒。古希腊文献中称撒为 Malakende，是一个十平方公里的堡垒。到 11 世纪止，居民都住在古城。13 世纪，成吉思汗将它彻底破坏，种了大麦。1370 年，帖木儿在此建都，兴建甚多。帖木儿死后，国分为二，帖木儿的孙子乌鲁格别克都于此，建立了一个天文台。"

天文台的遗迹已泯灭，最近发掘得到一些地下的遗迹，有一弧形道沟，据说是仪器即安在此沟上，可以上下移动。当时，在这里用六分仪从星的方位所推定的年月节气，和现在测定的所差不过每年三分钟而已。

ШАХ-И-ЗИНЯЯ 传说此处有一个皇帝，Kycaiu Kam 是 7 世纪时人，因愤于居民不信回教，就割下自己的头挟在臂膀下跳入井中。后来就在此建立了他的墓并建立了一个教堂。后来历代皇族在此建坟，形成一建筑整体。

Reyistan（沙地）市场中心的回教大学。有三座，是陆续建成。

铁木儿墓。铁原是土耳其人，他的部落为蒙古所同化，他也就自称土耳其人，并娶了蒙古人为妻，做了皇帝。他的陵和其孙乌鲁格列克的陵都在此。

Bibi Halem 大清真寺，是铁木儿为他的妃子所修，意即：比比美人清真寺。比比，妃子之名。已残毁，仅存部分。

这些建筑和印度莫卧儿帝国的建筑如泰姬陵等风格相似，只是较后者稍逊华丽，并在取材上不同而已。印度此类建筑多用大理石做成镂雕的，窗楞等也全用整块大理石，墙上花纹装饰多系宝石镶成，而此处之材料，全用砖筑，开窗及穹窿部分支以木梁，表面的装饰是用石膏砖雕刻，或石膏砖着色镶成，绝少用大理石，也绝无宝石。

莫卧儿帝国是铁木儿的后代在中亚细亚被乌兹别克游牧部落打败以后，由阿富汗转到北印度建成的。它的时代是 16—17 世纪。

今日还参观了茶叶包装工厂。此处包装的格鲁及亚绿茶很好。

当日乘飞机返塔什干。

十六日 ФЕРГАНА（费尔干纳）星期四 自塔城飞五十分钟，九时到费，费古大宛国。以产马名于中国。但这次并不见有马，也没有参观古迹（也许古迹已湮灭了）。只参观了一个纺织厂，及其附属的托儿所、学校，一所孤儿院。小孩们非常热情懂事，有一个十一岁的女孩衣布列娃·丽达一直陪着我。继参观教育学院，和一位乌兹别克文学教授谈了许多关于戏剧中民族传统的问题。教授名伊希莫夫。又往织绸厂，缫丝这是我第一次见到的。这里送了每人一件礼物，我得的是一个沙发垫套。

继在斯大林集体农庄吃饭。一位费州的女副主席做主人，此人看来有些专制，但很能干，她把宴会弄得很热闹，许多人都讲了话。有一位主方的人说亚非作家比太阳的热力还大。我也发言说，主人这个比拟是对我们的鼓励，但还不是事实，我们人类现在还不可能创造比太阳更大的热能，但人曾经梦想飞行，终于飞行了。人是什么都能办到的，只要他是真正解放的人民。苏联放卫星，中国番薯亩产50万斤就是明证。当不是部分地区的人民得到解放，而是全世界人民得到解放的时候，人类一定能创造比太阳还大的热能。在座用笔写的、种地的、做组织工作的都有一个共同的解放全世界人民的目的，为了我们共同的事业，创造比太阳还大的热能的成功而干杯。这段话，激起了宴会上更高的情绪。

夜住费城。

（补）10.14 星期二 塔城

今天搬家,从别墅搬到旅馆。

十七日 (晴)安积延(АНДИЖАН) 晨九时,从费城坐大汽车行二小时许,到安城。安古城也,公元前2世纪中国文献中即有此名,为安度国之都城。9世纪又为费尔干王国首都。

在此参观了石油工厂。此厂有工人204人,工程队95人,而日产油500吨。盖使用自动化远距离控制装置也。我们参观了此种装置,有一中央控制室,室内设操纵台,由一人控制,全部油井之转运悉可操在掌握。欲开欲停,即在数十里外,顷刻即可办到。故井上无人工作,万一发生故障某井停止转运,操纵台上立刻得知,即可用电话通知修理工人,前往修理。

继往一农庄吃饭,庄人十分好客,饭后给客人多人赠乌兹别克棉袍、小帽各一,并按其地风俗之当场穿戴。我曾有诗一首论及此事:

> 茫茫大漠引乡愁,贤主殷勤客暂留。
> 瓜果香甜棉絮暖,始信人间有绿洲。

饭后,天已黄昏,赶往参观大水坝,到时已是夜色如墨,虽觉工程伟大,而不能得其全貌,深感遗憾。

十八日 (晴)安积延—塔什干 晨七时,乘车准备赴机场,因气候关系,飞机无法起飞,乃再赴水坝参观。坝建在两河汇流处,为苏联中亚第一大水利工程,开运河长**公里[①],灌地**

---

① 原文如此——编者注

公顷[1]，造福乌人极大。修时，因动员群众，费时只45天，可谓多快好省。

苏联在建设之初，干劲也很大，如此水坝之建设即其一例。多年以来，国基巩固，国力日强，科学发达，物资丰富。战后人民安居乐业十余年，渐有享乐懈怠之势。有工作不负责者，有爱钱者，政治热情似不如以前。学术界有严重教条主义风气，对世界局势只是单纯厌战争，怕和平被扰乱，形成一种守成思想。我觉得这一点当作我国之深戒。现在我国劲头甚大，人人苦干，的确是朝气蓬勃，但应防他日有成，习于怠惰也。孟子云："生于忧患，死于安乐。"不可不警惕，毛主席提出不断革命，我们应深体此旨。

十一时许，回塔。

另一批去塔吉克的同志，也于本日回塔什干。

数日来，与几位研究乌兹别克文学和艺术的学者、作家谈及乌兹别克戏剧的历史。所接谈者有费城师范学院乌文学教授依布拉吉木夫和安积延作协主席、剧作家马希拉比，综合他们的谈话如下：

乌兹别克传统文化中没有戏剧，因为回教是禁止演戏的。1905年开始出现戏，当时，还是男扮女的。这时的戏多半受鞑靼、阿塞拜疆，特别是俄罗斯古典戏剧的影响，而且大部分是独幕剧。十月革命后，才可以说有戏剧。有一位作者Hanga很有名，他是剧作者兼诗人。

谈及现代乌兹别克戏剧和民族传统的关系时，他们说：乌

---

[1] 原文如此——编者注

兹别克的主要文体是诗，Navoi 是其最著名的。他的诗多改编为戏，Dilaram 即其一例。这些戏中间许多地方利用他的原诗句，但不一定是本故事的原诗句。因为原诗为叙事的，而歌剧中的诗是需要抒情的，所以多从其抒情短诗借用过来。

歌剧中的曲调多采用民歌中的一种 makam 的形式。makam 是一种需要很高演唱技巧才能唱的民歌，一般人不会唱，只有职业歌唱家才会唱。纳赛洛娃就是会唱的。makam 有其固定的形式，每唱必有六段，每段一曲，如第一曲是爱情，第二曲是分别，第三曲是怀念，第四曲是歌颂英雄，第五曲是对未来的憧憬等（我记得不真，可能有错）。这种次序固定不移，但曲与曲之间并不一定有故事上的联系，但有时也可以有联系。这种曲子越唱越好听，最后的最好听。都是悲调，其全长不过二十分钟。

makam 之所以被引用到歌剧中来，主要是因为，它的演唱者多半成了歌剧演员。歌剧中的 makam 完全按原来的曲调唱，并没有加以改编。但只用于独唱部分。

从这些谈话以及我所看到的戏来印证，乌兹别克、阿塞拜疆、吉尔吉兹等东方国家，过去没有戏剧，现在的戏剧形式基本上是从俄罗斯学来的，它们的歌剧完全采用了 opera 形式，另外也学了 Ballet 形式。在这整个借用西洋形式的大前提下，尽量运用自己民族的传统故事、文学语言、民歌、民舞等等，使它的风格民族化。这种做法是适合他们的情况的，有的做得很好，如 Dilaram，在唱的方面就很有民族气派，风俗习惯，舞台美术风格也好些。特别是音乐喜剧《拉乌山和祖斌慕尔》民族气派更浓。不过我想这些戏可能群众看得机会很少，至少目前如此。

十九日 塔什干—莫斯科 今日回莫斯科，因天气不好，起飞很迟，并且转道梯比利西，到莫时，云层很厚，降落十分艰难，然而安全着陆了。

住乌克兰旅馆，这是莫斯科的高层建筑之一，有楼三十层，全部是旅馆。有客房千间，可容千五六百人。上楼全不用楼梯，只走电梯，一至九楼和九楼以上的电梯分用，上下甚感不便。饭菜口味也特别不好，还特别贵。

今日全体休息。

二十日 （雨）莫斯科 白天休息。晚在柴可夫斯基音乐厅与观众见面。观众并不多，也不甚热烈。音乐会的节目第一部分是儿童的表演，有合唱、民族乐器演奏和民间舞。小孩们的训练很好，合唱整齐，音色也和谐，演奏也还有鲜明的节奏，协作也很不错，跳舞也很整齐活泼，很有些意思。苏联的儿童艺术教育水平是不低的。

其余的节目没有特殊精采的地方。

二十一日 （雨）莫斯科 上午休息。下午与苏中友协的朋友会见，艺术界与会的有电影导演格拉西莫夫等人。他很注意我国对于《雁南飞》的批评，好像我们的意见，苏联已有所传闻。会后放映纪录片《从阿拉木图到兰州》。导演在场招待我们。片子拍得很活泼。

晚在大戏院分院看吉尔吉斯歌剧《托克托古儿》。故事大要是：一个吉尔吉斯的民间歌手为群众所爱戴，但不为地主所喜。地主勾结沙皇的军官将他流放到西伯利亚。在那里，他认识了革命者，受了他们的影响，后来逃回故乡，参加革命，一直到解放。这个戏的民族色彩极少，可以说百分之八九十模仿俄罗斯歌剧。但也有些许创造性，有一幕描写歌者被流放到西伯利亚，完全运用布景来表现。整个布景分为三层，后面的远景是不动的，中前两层景一向后移，一向前移。表示流放者在前进。景从草原地带逐渐变成森林，并逐渐变成大雪的森林，最后，演员慢慢走出来，中景移至流放目的地的大门口，演员入门而去，这一场戏即结束。全场配以合唱，表现流放者们唱歌前进，气氛很好。另，此剧间奏甚长，也是一个特点。

二十二日 （雨）莫斯科 上午与季羡林、叶君健同往东方研究所访问，认识一位研究印度戏剧的年轻研究者，答应与之交换资料。

下午一时在斯坦尼歌剧院看歌剧《杜布洛夫斯基》。此剧演得纯熟，演员也很不错。但运用十分写实的手法，全无华丽热闹场面，甚至歌剧中照例有的舞蹈，也代之以歌唱演员即剧中人物参加婚礼的交际舞，因此，整个剧平淡无奇，不能引人入胜。

夜六时，参加苏联领导人的招待酒会。招待会在克里姆林宫的部长会议大厦中举行。会前在大厦中略事参观，厦有三厅，最古老的为多棱宫，是16世纪所建，内部拱形而有棱，壁、柱之上均有绘画，都是古代的原画，可能重加髹漆。第二厅未细加参观。第三厅名圣乔治亚厅，全为白大理石所建成，壁上刻了全部拿破仑莫斯科战役俄国战死将官的名字。戈梯式的建筑，十分壮丽。酒会即在此厅举行。赫鲁晓夫、米高扬、福尔采娃等均出席。索伏罗诺夫主持，茅盾首先讲话，最后由赫鲁晓夫讲话。会后有晚会。

二十三日 （阴） 晨乘图104A飞三小时，至Omsk，因伊尔库兹克天气不好，宿此。

二十四日 （阴） 晨，自Omek飞Erkutsk。北京飞机未到，宿此。

下午参观城市，由当地作协主席陪同。伊市有人口四十万，也是一有历史的名城。建筑有浓厚旧俄风，多为木屋。新建筑亦不少。继至城外二十公里处参观安卡拉水电站，此站（19）51年动工兴建，现已基本落成发电，只余表面装修工程了。该站有发电机组八座，每座发电9万启罗瓦特，共能发电72万启罗，能供电600公里以外。此站水坝高38公尺，全部自动化，由中央控制室操纵，我们去参观时，只有二人在工作。为建此站，另建一人工湖水面260平方公里。我们到内部去参观发电机时下梯十八层，此机身可谓相当高大。但据云，此站只有古比雪夫站的四分之一大。

二十五日 （晴）Erkutsk 机位不够，今晨只走了14人，尚有十一人留下，我亦在其列。据云明早一定飞北京。

一九六一年

一月至二月

二十七日　到沛县。

沛县县委王书记：

农村人250万，城5万。地135万亩，人社①100万—90万亩，国营②40万亩；土质，沙地和湿地；小麦70万—80万亩，大豆、高粱、谷、红芋、花生。

水利尚未全解决，多涝，旱只三年，1957年、1958年大水，微山湖有大堤。堤内外人打群仗，不通婚。

文化，上学9万人，县中学1500，师范……公社有中学、农中（下放前6000多人）。有一豫剧团50多人。

有14—15工厂，油、酒、面等，纺纱、造纸、机械、化肥，工人3000多。有煤十几亿，开了三对井，埋藏深，必须机械化。

干部多山东人，地原属藤县，民性情强悍，生活水平不太低。湖沿鱼、藕等多，今年缺点。郝宅是1927年就有党，抗日时期我撤出，这是沛北。

沛南，铜山划过去两区。

大队162，小队2400，自然村1100多，人口53万，户近11000，土地1370000亩，耕畜近25000，猪50000，羊6万—7万。

历史特点：多涝，几乎年年有灾，先旱后涝，也有先涝

---

① 指人民公社——编者注
② 指国营农场——编者注

后旱。10—15年一次洪水。1957年大水后，1958特大内涝，1959平收秋旱，1960涝。

土地肥沃，枣、豆、高粱、水稻可种，技术条件差。大豆出油率高。水产较富，鱼、藕。

当前工作，整风为纲，积肥为中心，全力备耕。整风，有些公社问题严重，主要是命令风，其次蜕化，其他也有。共产风、瞎指挥在公社县二级。严重社——张庄：九大队，三支部烂；安国：基干①命令风的72.6%，六单位，两个要烂，观音寺可能敌我矛盾；有个别单位盖子未揭开，有麻痹，如岐山。现在运动普遍到大队。整风，政策兑现，组织建设。现报账有虚报（重报、多报）。大队问题严重者不下30单位（20%），但其中地富反尚未发现，而是蜕化变质分子，这些人有些流氓习气，会说会道。准备春节前搞完100大队，特别三类队。整风的路子还不太明确，分三步：一、宣传十二条，建组织，报账核账。主要宣传十二条，检查工作，表示整改决心。二、近一步，发动群众，兑现政策，落实扎根十二条（1.兑现，经济与作风；2.三包四固定，分配1961年的；3.三反）。三、组织思想建设，将贫下中农选出，建制度，搞几爱几好运动。

冬季生产动静不大，但自留肥料多了，也送，并送远地。并利用春节搞卫生，修小农具，牲畜、种子、麦田。

生活，比往年落实。抓得早、广，群众情绪稳定（过去这时外流多，现在内流多）。最大问题是缺物资，一是煤；二是粮，代食品越来越少，二、三、四月问题会更大；三是缺乏计划性。

---

① 指基层干部——编者注

治安情况最近不那么好，偷盗情况有增加，郝宅有五个小集团，也难说是反革命，有落后有不满。

×

宣传部的汇报：（文化局长）

文教系统上的平调问题，整风问题，劳逸结合问题。

1. 国际形势主要根据：胜利的旗帜、团结的旗帜，（人民日报社论）及红旗社论宣传。口头宣传，但要注意：关于社会主义阵营，不必提以苏联为领导中心、为首等，提与伟大苏联一起构成社会主义阵营和其他社会主义国家一道前进。具体谈四点：一反帝，二反修，三支援民族独立运动，四国际共产主义运动加强团结。可以讲四种力量：1. 社会主义，2. ……

国内形势：

一，三篇文章——1.《人民日报》元旦社论，2. 富春[①]关于工业执行情况（1960.12.29），3. 我国农业完成情况（1961.1.5）等。

二，劳逸结合问题：主要指学校。

三，八字方针：调整、巩固、充实、提高。教育方面主要是战线长，占了劳力。本身又需要提高。还有一些"五风"问题，专区占整半劳力 4%，沛县 3%，定的不能超 2.5%。对中初技校有两个意见：二县合并或可以拿掉。初技校县可撤销，办农技校。

农中不是撤，是办好。要在坚决处理平调前提下，办好农中。可以办：1. 实行半耕半读，2. 半年学习、半年劳动或学习还少一月，3. 冬闲多学、农忙少学，4. 集中学习，分散回队生

---

① 指李富春——编者注

产。要据不同情况逐校过堂：1.有条件能自给的即自给，在处理平调后无条件者，要进行具体研究。2.谁读书，谁拿钱。3.教学经费能自给者。4.农中原则一社一个，没有的也可搞；县有一处农高中即可，目的培养农技，不是为了升学。5.压缩今年招生人数（农中），坚决不收16岁以上的毕业生，烈属子女可照顾，数量不能压缩过多。6.三年级学生要提前毕业。7.今后几种形式：能自给或不能自给，地少地区可留点试验田、菜地，地多地区的可留生产田，也可开荒。

普中、小学，校多之县要求合并，以提高质量；也可以合入农中；社办也并入农中；普中、小绝不收16岁学生；小一学生5—6岁上学。

四，整党，建党：小学要有党员，包括完小。教师不纯的处理、下放。

五，文化上，一县一剧团，县报要停。

×

书记讲：学校"五风"是共产风、强迫命令和特殊化（比人高一头，没有平等的思想）。

王书记对整风指示：

1.风要整彻底，大忙前。2.干部排队：一立场观点方向明确，二基本好，三死官僚主义。

二十九至三十日 随李德伦书记下公社，经张庄、敬安、栖山三社。大体情形如下：

敬安公社是一个大社，社部在一市镇上，有集，有戏园。社书记郭东和同志，贫雇出身老干部，又是县书记处书记。这一带地很薄,沙土、碱地多,过去韩庄小队,是一个最穷的队,郭下来后,帮助改造碱地,现在成了富队。该队有劳动力三百多人,有地　亩[①],今年卖给国家棉花四万斤。我们在这里吃晚饭,有兔子肉和鱼。社为了春节,打了兔子、鱼,准备每人有肉四斤。这里的食堂,群众拥护。

敬安有个陈庄大队,支书、副支书都是兵痞和地主,支部两年不开会了,这是一个蜕化支部,领导权被地主阶级篡夺了。公社派了党委在这里坐镇,但他们还有点麻痹,没有把问题看这样严重,李书记在这里召集了贫雇农会点了火,揭发了支书斫桃树破坏生产的行为,准备先开支部会揭发。

栖山公社的雁湾小队是个穷队,落后队。这里原来靠大路,村民卖饭卖茶来钱易,因此生产不好好搞,穷得很,浮肿的也较多。有一家四口,父子一起,媳妇和祖父单独过,那个媳妇有浮肿病,才三十来岁,单住在一间土房里,既无床也无褥,看起来像四十多了,十分狼狈。

从韩庄和雁湾两队来看,阶级成分对于一个队的决定因素多么大,前者是贫农,后者阶级成分差,做小买卖,一步跟不上,步步都跟不上,政治差,生产也差,生活也就差了。

一月三十日至二月五日　再到敬安公社,任务有二:一是参加陈庄整社,二是摸粮食问题。

陈庄问题是很严重的,第一支书姓韩,是兵痞;第二支书姓孙,是地主;二人各培植自己的势力,姓孙的尤为恶劣,二

[①] 原文缺——编者注

人各有自己的派系。孙的地盘是大韩口，这个大庄有五个生产队，其中三个队长搞男女关系，其中有一个女队长，打人骂人，匿产私分十分严重。在这些小队里，队长、会计、食堂管理员都沆瀣一气，有的都还是亲戚家属，这些人不是地主阶级就是被拉下水的。孙为人阴毒，韩则是军阀作风，在支部大会上斗过之后，跑了一个韩口的小队长。三号开了管理区的社员代表大会，会上形成控诉，有的妇女泣不成声。

可以看出来，在农村里还存在着民主与封建势力残余的斗争。几年来，民主力量是大大成长壮大了，这首先表现在绝大多数的小队作风基本上还是民主的；其次表现在大会上社员们敢说敢道，而且很多人说得有条有理，这样的大会和土改时期是大不相同的。但另一面封建残余势力还是存在，想复辟，而农民也有封建思想的束缚，不大胆、不敢说，干部也易被拉下水。这是属于意识形态的斗争，有赖于思想教育。

顺便说一下农村的文艺活动，县专剧团是农村长年文艺活动的中心，在公社所在地，很多都有剧场，长年不断地演出，平日总有五成座，星期六满座。场内可容近千人。

县专剧团的情况，一般说，剧目中间的遗毒是消除了，严重宣传封建、黄色内容、迷信神鬼等是看不见了。有许多剧目是历年来经过整理的较好剧目，一般在大城市不常见的剧目，也消了毒，但目前存在的问题是如何提高一步。提高有两方面，一是内容上如何针对农村现实进行思想教育，一是艺术上的提高。

前几年看了一个戏，是县剧团演的叫《 》[①]，针对农中学

---

① 原文缺——编者注

生不愿留在农村的现象。这戏虽然概念干巴一些，还是有教育意义的，但这种戏不多，多的还是传统剧目。目前县专剧团中的中年一辈艺人还不大会演现代戏，只有青年演。编剧的人也少，或者没有。新历史剧也很难编，如何在思想上内容上结合革命的实际，不是一个简单的问题；在艺术上的提高也很重要。昨天看了一个戏，叫《千秋灯》，是邠县豫剧团演的，一直到看完还不知道它说些什么内容。这当然是个老剧目，原来可能很长，内容也可能有些毒素，他们自己动手整理不好，就成了这个样子，这种剧目，可能还占一定数量。

×

关于粮食问题是：过去各大队虚报了产粮数字，公粮征购拿多了，现在按规定每人半斤口粮没有着落。地县在调查，核实这种情况，可按实情予以补足。

下面工作情况之复杂实是非同一般，原因在于一直要具体管到农户每人。管理不到即出毛病，如一户无粮即有死人的危险，而有些人就是不会计划用粮，当然归根结底还是粮少。

有些现象初看是不合理的，如雁湾有一户，祖孙父子共四人，但分三个火，看来奇怪实则无非粮少，怕劳动力少得工分少或无劳力的人沾光而已。农村许多年老力衰的人、病人，虽亲如父子、夫妇亦不照顾（这是少数）。

大队、小队干部为了争名而虚夸，多报产量，结果就不得不克扣社员口粮。但这种人现在是少数，多数还是属于瞒产私分，特别小队一级如此。

"经济工作必须越做越细致"，这在下面工作看来，尤其是至理名言。

×

几个干部的印象：

李德伦书记，矮小微胖，细致周到，对农业生产知识是内行。领导工作经验丰富，说话不太多，但也不是沉默寡言。是一个诚恳踏实的党员。很会照顾人。四十多岁。

敬安公社党委书记郭东和，贫农（或长工）出身。对党忠诚，对工作和同志很热情。不分白天黑夜地工作，有风湿性关节炎，但咬牙工作，做事有点不太细致，但有魄力，是个闯将。做错了事心里难受，感到对党不起，很难看到为个人想的地方。他又是县委书记处书记。

乔闻远县长，也是书记处书记，三十六岁，能干，做事有精力，能说会道，爱说话。

七日　王书记传达中央九中全会

全会开了一月（连工作会议）讨论四个问题

整风整社，这次工作会议是十二条的补充：1. 分析农村阶级斗争；2. 退赔；3. 整顿三类社，大忙以前搞完；4. 市场；5. 农村学校。

省委开八天，传达与讨论。省委发言与小结。

粮食包干徐州　①，沛县包产 2.5 亿，入库 2. 亿②。公粮 45000 万斤③。

代食品徐州垫 5000 万斤，给粮食 2000 万。二、三、四月

---

① 原文缺——编者注
② 原文缺——编者注
③ 原文如此——编者注

是英雄关。

国民经济计划

三个方针：1.农基①，2.八字②，3.缩短战线，集中力量歼灭战，加快农、轻③速度，放慢重④。

几年来证明，农业是高快按比例发展社会主义建设的基础。

1. 农工业发展问题：全国

2. 轻工与市场：

3. 重工运输：

4. 基建：

5. 文教科研：

6. 劳动工资：

整社：（主要是毛⑤讲）（略）

王书记总结。

一、整风整社要继续揭盖，不深不透是没有分析"五风"之害根源及其危害。有的地方未揭，要揭。五方面：1.粮食生产增减征购，2.生产资料增减，3.现在病员及人口生死情况，4.人民生活升降，5.人口增减。揭出危害以教育干部，证明群众对我批评完全正确。

要集中力量打歼灭战，消灭20%—28%，这是症结所在。要经常排队：1.单位，2.干部，3.问题（何者为敌我、内矛、一般）。既要反对盲目积极性，也要保护积极性。

---

① 指农业基本建设——编者注
② 指"调整、充实、巩固、提高"八字方针——编者注
③ 指农业、轻工业——编者注
④ 指重工业——编者注
⑤ 指毛泽东——编者注

材料要跟上，算出人、物，核实清楚，年关后要做及时处理。地区排队要搞清。

二、要经常注意三权、三兑现。人权（选举）、吃饭、物资供应，退赔、作风、坏人坏事处理三兑现。

三、生活：自留田落实一下子。

四、退赔：我决心不强，认识不足，就事论事。a.无房住的，立即解决；b.普遍清查生活生产用具（公社起），可修理的、过多的，先搞一批下去；c.组织公社农具厂修坏的，制一批小农具搞下去；d.一定要走群众路线，与群众商议，以求彻底。

五、a.整风整社要加强领导。贯彻十二条是严重斗争，通过它教育干部。每一工作组要有一立场论点明确，贯彻政策坚决的人当头；也可以培养大队干部，挑选要结合群众意见。b.整顿队伍，纯洁队伍很重要。c.教育群众遵守政策，不要在运动中打人。干部选举要及早和群众商议，根本制度建立起来。d.年前抓三条：一退赔，二整社揭盖的稍停一下，三排排队干部。

×

生活问题：基本是昨天六个问题，抓年关也是调动积极性，加强党群联系的具体措施。

1.抓生活安排：衣食住行，28就绪。大队以上干部最少检查一食堂，特别落后队、困难户、服务性行业。2.狠抓一下治病的问题。3.防止大吃大喝，不顾今后。4.放假初五前，一定做好节后生活安排工作，使群众情绪步步上升。（食堂）

生产：1.少数牲畜采取断然处置，以保证不死，个别可以包到户。2.结合年关清洁搞积肥。3.仓库等要提出人在物在，物在人在。4.所有大队春节前准备，一种菜，二绿化，三自留田落实。

政治思想工作：1.加强政治思想宣传，春节文娱。2.三大纪律八项注意，及禁赌通知，以免干部杀生、赌博带头。3.开座谈会：a.军烈属，b.回家学生、工人，c.原来公社下放学生、工人。十二条宣传需要家喻户晓。

十一日 要估计到，不论是您的谎言和真理，将有成千上万的新人要读的。是的，新的和非常宝贵的人要读的，因为他们是一些渴望创造新世界的人。——高尔基

（给阿·阿·吉米多夫的信，载1961年2月8日《人民日报》）

十八日 地委电话会议

梁书记：生活、生产

生产：1.季节早，明日雨水，比往年早10—15日。2.群众迫切要求搞好生产。3.从领导方面看，不少地方未及时把群众积极性引到生产方面，作物布局，三包一奖尚未落实，劳力安排也不好。据此，等中央、省委的精神，各级党委必须把领导重心转到春耕生产，一切工作紧密围绕生产进行。

1.一手抓麦田管理，一手抓春耕备种，开展追肥保墒，春耕备种运动。三麦田管水、追肥为重心，肥、水、保、防（防虫），三麦很大程度决定于返青关。措施是放手发动群众，180万—200万亩三类苗，在二十天内追一遍人粪尿、细肥，肥多之地一二类苗也要追。此外，组织群众镇压、保墒，有水之地要灌溉。

2.春耕生产方面要抓，一、保墒为中心的耕地扒地运动。

耕过去要扒，未耕者也可先扒，不要等待拖拉机。要快将耕牛复膘。二、快将作物布局，三包一奖四固定和劳力安排落实，首先是作物布局，这一定要发动群众讨论（去年不托底，减产二亿斤）。中秋务要扩种、间种（高粱、玉米、谷），要八成左右，面积要特别注意。三包一奖要群众开代表会来公议（《新疆日报》9号），不会搞的，县要开短训班，落实后不要再变动。劳力安排，要分片统一。强调：a.大队确定。b.领导不要规定得太死。c.农具修配、制造、管理，种子调、运、选。d.春耕生产关键在领导，"地在人种，人在领导"。有的地方领导抓得不具体。一是要充分发动群众，组织群众；二是要千方百计不失时机；三是建议各县常委，一或半月开一次农民座谈会，进行研究工作。

生活：春节前抓得紧实，群众说过年心情、肚子舒畅，但有的困难户已吃过数量，故不可麻痹。食堂恢复，要狠抓种菜，搞代食品，要开展种菜突击运动（半劳力可利用）。

整风整社，要搞深、透、全，当前要与生产紧密结合，整过之社兑现要积极进行，抓紧排队，以确定重点及步骤，全的问题县、社、企业要补课。第一点要把队搞好。第二点，要调整力量打歼灭战，搞三类社队，地县委工作应适当集中一下。第三点，政策兑现及退赔实物，有些地方舍钱不舍物，退赔要结合宣传十二条。第四点，三反问题，有的地方界限不清，面广量大，其实多吃多占是错误，应检讨，不是贪污。三改三反应结合反五风解决。凡三类队，一时弄不清的可以另拿一段时间来解决，社也要另拿一段时间。第五点，要加强对受批判干部的教育工作，召开些座谈会。

×

刘书记：春季生产

1. 吃饭第一，就是农业第一，就是将农业丰收放在第一。首先争取夏收第一，首先要抓时机。我地情况，开春至麦收前都是春季生产时期，但春节后廿一廿五日，中春耕保墒，麦子返青期。翻浆期是保墒大好时期，返青追肥也重要，故时机并不太长，要注意。

2. 领导问题：当前群众要求领导，领导跟不上。部分干部不敢领导，部分干部不愿领导（被批评了），又有部分干部不能领导。群众迫切要求布局、三包快落实，比去年晚了一个多月，群众尚不知种什么，种多少，群众要求迅速合理安排劳动力。上面光划杠子，但下面却要按人安排。三包一奖多劳多得等，群众要求及早执行。但领导心中无数，因此群众心中无底。这就会对全年生产带来被动。

3. 以整风为纲，安排生活为重心，搞好生产，如何领导？整风一定要搞透，但为纲不是为重心，整风是为了搞好生产。整风必须密切结合生产，一步也不能脱离，风整了的，要迅速转入生产，搞起高潮，未整完的，要抓紧时间告一段落，转入生产中，结合生产收尾。凡三类的，一边生产，一边整风，工作队接管下来。有些力量不及的，先搞生产，然后整风。

4. 如何贯彻省委扩大会，不要全部往下搬，尤其不能倾盆大雨，要分层分段传达。重点地贯彻政策部分，干部懂了就不违反，群众懂了就有积极性，重点是鼓干劲把生产搞好。要看到有利因素，积极一面。开会时不要都弄上来，下面还得要有人抓，第一书记抓生产，三条线办法分工，又结合。

退赔：公社还没有下决心。

三基本：有人说不好，有的人口粮不足。但目前不立不能破，这还是对80%的肯劳动的人无关，只有少数不好好劳动的人有关。

十九日　徐州　中央财经新决定

1.计划工作，过去没有农业计划，现在要计划到公社，要有一书记兼管，就是国民经济计划的基础，农业计划与财贸收购计划相结合。

徐州

每人粮一万斤，全区产粮入库25亿（可能27亿），口粮困难东海，好的邳县。每人每日2斤地瓜，浮肿25万（全人口60万）。

过去麦多、红芋少，现后者多，因此，饲料、烧的少，几年来减产，牲畜死者30%—50%，工具20%—50%，甚至更多。

工作：普遍召开公社三干会[①]。遂宁最快，丰沛正开。四干会[②]中心解决县委问题，三干是公社。公社一般解决得还好。情况：一、领导强，自己去开；二、县委召集数社报告，自己分头去开；三、开到大队，开四五天。公社问题解决好了，重点解决大队问题。开会约三百左右。具体强调：一、揭盖子，如产量、人口增减、牲畜增减、农具增减。二、坚决彻底贯彻十二条，彻底兑现（经济作风），三干会还要安排一下生产。以搞深、透为前提，抓紧春节前运动告段落，有的项目节后拖

---

① 指公社、大队、小队三级干部会议——编者注
② 指县、公社、大队、小队四级干部会——编者注

一点，节前政策搞清。

整风整社是一线，还有抓生活，还要解决政治落后的（三类）队、社、县，这比整社还要长点。生产上三麦加强管理，一是追肥（现只20%，落后的80%），二是防止糟蹋（小麦产10亿左右）。生活：食堂，一部分人自炊，一部分人不愿自炊。整顿纯洁组织。烧的草，（现烧煤，但煤是外调的）再是增加营养，比较来得及的是狩猎，打兔子。还有反浪费，搞副业。

整社后，还有未清残反①，自由市场管理。

二十三日　李书记生产动员要点

春季生产任务：1.春耕春种，2.三麦管理，3.副业生产。

1.麦子："争取今年总产超去年"。去年麦子面积81万亩，今年77万亩，三麦丰收是第一张王牌。全县三类苗24万亩，3月5号前要追一遍肥，1000—1500斤。保墒保苗，灌溉，保证十万，争取十五万亩，争取三月上旬灌一次，20—30担，清明前一次30担。

2.抓好春耕春种，是抓好秋丰收的头。季节抓早，技术措施布局抓死。沛县特点，冬春气候稳定，秋季多旱涝，尤其涝；故小麦保险，早秋可靠，晚秋没把握。故要扩大早秋播种面积，还要照顾人畜猪羊，以及烧草的需要。要保证春种55万亩，中秋作物面积不低于40万亩，保证收粮7500万—8000万斤。

二十五日②　沛县梆子剧团

---

① 指残余反革命——编者注
② 见第172页注①，日记原文如此——编者注

张锡珠,72,十三唱戏,郓城坐科。父母双亡,大吕班第一个搭山东黄河两岸。先后入孔圣府(民五①),亚圣府(民七、八)又入孔班,年后又入温城县大曹班(四年),又入张军门班(兖州府)(一年),时奉军入关,又回曹班。直奉战时,当了兵,到过北京南口,到大名府,南京被蒋打败,落户在蚌埠,自己做班主唱戏,住了二十五年。日本来了,没有唱戏,当了先生治病。解放②后又唱戏,到过济宁、徐州,班子散了,被叫到沛县来,在这里十一年了。

韩大德,60,沛县栖山人。十二学戏,在南郝寨学戏六年,搭了朱姓的班三年,又在刘班搭了五年。唱武小生。回到郝寨小班住二三年,上山东,在天师府待了六七年,亚圣府二年。当了八年兵,民廿二年回家唱戏。卢沟桥事变,住在家里。解放后入剧团。

这个剧团原是从徐州约来的,后来成了本县的剧团,艺人多半都是从小学戏的。小孩是本地人,现在已学了八年,有的学了六年了。剧团北到河北边,南到蚌埠,东到东海,西到商丘。有戏约二三百出。

过去,旧班子也有二三百出戏。场面五人,三把弦、一鼓、一锣(兼杂箱),打镲的(盔头),打梆(脚箱),三把弦(月琴,哄哄,二弦)。

过去箱得二成,有硬二八、让二八(即在伙食钱以前提成或以后提成)。那时一班人数在三四十口左右,其中闲人八、

---

① 指民国五年,下同——编者注
② "解放"指"新中国成立",但为保留日记原貌,未依新要求做更改,下同——编者注

九个。是角儿带来的。角色：五生、五旦、五花脸。五生——三大两小，五花——大花（包公）、二花（武花）、三花（付净），二丑——（文武），五旦——青衣、老旦、小旦（三个兼武旦）。

二十五日[①] 王书记对这次生产动员会的总结

一、当前形势的思想认识

有利条件：1.干群对争取丰收信心很大，对逐步建立公社的主动自觉性，大大提高，因此出勤率高。自动出钱买工具，小队买肥料、副业原料。2.有五多：实际参加农业生产第一线的多，增加了四万多劳力；牲畜多，保复膘工作好，下放了2000多头；肥料多，抓了粗细，拾粪大增，比去年多一日一二日的肥料，很可能消灭白地下种；工具多，修早、保管有改善，双犁6000增至7200多，平车；种子多。3.政策比较实在。三包群众满意，对吃超产奖粮食有信心，分配95%兑现了。春种物资供应落实了。4.工作作风比较细致了。三包固定已有110大队落实了，三基本有的队已到了户，群众过日子有底了，生活也抓得细了。现在政治兑现，并对今后有了规定，大队据12条定了措施。5.干部作风大有转变，干群关系大有转变。①公买公卖；②关心群众，平等待人；③有事和群众商量。6.以农业为基础思想，在多部门中逐步地扎根。其所以有了这些有利条件，①认真地执行了十二条，使群众相信了党的政策。②发扬了群众作风，整风后重大问题都经过支部大会，社员代表大会，领导意图和广大群众的觉悟水平相结合，一般同志都学会摸底排队，从实际出发。③巩固了三级所有队为基础。这些要发扬。

[①] 见第170页注②，日记原文如此——编者注

不利方面：有同志对生产乐观，对生活畏难情绪。依靠思想，粮食以少报多。有些问题没有解决：1.对农业生产的特点认识不足。农业是经常预防灾害，与之做斗争，不能靠天吃饭来取丰收，认识不足。2.对工作发展不平衡性认识不足，措施也跟不上。3.对三麦认识，坏条件看得多，好条件看得少，如墒情好、豌豆麦多、较好的麦子占多数。牛草、代食品、烧草尚未落实。4.反对了瞎指挥，有的同志不敢领导了，这是一个很大的困难。5.大多数满足于已有的、暂时的成绩，忽视了党与群众的更高的希望。党希望我们今年搞丰收，群众要求1961年日子比1960年好。

据此：1.调动干部积极性（包袱的35%、尾巴主义的……）是今后重要的政治任务。2.一切要坚持总路线。3.一切走群众路线。4.加强三大纪律八项注意，经常学习。5.加强集体领导分工负责的制度。6.按规定执行劳逸结合。

二、政策问题

1. 退赔：4 400 000，还了2 200 000。杠子：实物60%—80%，钱20%—40%，春种前要开两次退赔大会，检讨，群众提意见，今后不再犯。

2. 几个有关具体政策：①自留田、菜地7%。不足4%者，补时在原基础上增，使在一块，不能者少动多不动（换田）；自开房前屋后小块荒，不作自留田，特多者与群众商量解决；大专学生不分；五保户无耕种能力者不分；无业者要分。②植树造林。③养猪。④五匠归队。

3. 收购政策：①棉，种植面积不能减少；②油料，社员自种不统购；③烟叶；④猪；⑤鸡鸭。

三、安排

春耕生产保面积,保及时,保质量。一麦田管理;二防旱保墒;三积肥;四种菜,每人二分菜,可种南瓜;五牲畜,牛年终3万、羊7万;六牛草、烧草。

四、领导注意贯彻者

春耕生产与整社都要抓好,整风要整顿民兵和团。

	作物布局面积															(单位:万亩)	
	三麦	水稻	玉米	高粱	谷稷	杂粮	山芋	大豆	棉花	花生	芝麻	烟叶	苎麻	胡萝卜	蔬菜	其他	合计
春播	77.7	0.5	2.3	19.0	10.0	1.6	2.0		10.0	1.0		0.2	1.0		4.0	2.8	132.1
夏播		1.1		1.0	2.0	2.8	20.0	35.0	4.0	4.0	1.0	1.3		5.5			77.7
全年	77.7	1.6	2.3	20.0	12.0	4.4	22.0	35.0	14.0	5.0	1.0	1.5	1.0	5.5	4.0	2.8	209.8

产量   单位:万斤

	粮食	棉花	花生	芝麻	烟叶	苎麻	胡萝卜
三包产量	26000	399	650	60	192	50	10987
入库产量	27543	425	692	65	207	55	13734
生产产量	28561	453	730	70	222	66	16480

鹿楼

总耕地面积(集体)	80625亩
播种面积	122505亩
粮食作物面积	93665亩

1961 年

总面积：11490 亩

	单产量（单位：斤）	总产量（单位：万斤）
三包产量	141	13186
入库产量	145	13653
生产产量	149	13903

三麦　　　　　　　总面积：41880 亩

	单产量（单位：斤）	总产量（单位：万斤）
三包产量	77	348
入库产量	85	356
生产产量	95	398

春玉米　　　　　　总面积：1100 亩

	单产量（单位：斤）	总产量（单位：万斤）
三包产量	170	18
入库产量	180	20
生产产量	190	21

· 张庚日记(一)

春高粱　　　　　　　　　　　总面积：14000亩

	单产量（单位：斤）	总产量（单位：万斤）
三包产量	160	224
入库产量	170	238
生产产量	175	245

谷　稷　　　　　　　　　　　总面积：7700亩

	单产量（单位：斤）	总产量（单位：万斤）
三包产量	172	139.7
入库产量	194	150
生产产量	202	155.8

春　谷　　　　　　　　　　　总面积：6600亩

	单产量（单位：斤）	总产量（单位：万斤）
三包产量	180	119
入库产量	207	128
生产产量	215	133

夏 谷 　　　　　　　　总面积：1500亩

	单产量（单位：斤）	总产量（单位：万斤）
三包产量	135	20.3
入库产量	139	20.9
生产产量	144	21.6

杂粮合计 　　　　　　　　总面积：4581亩

	单产量（单位：斤）	总产量（单位：万斤）
三包产量	124	56.8
入库产量	136	62.4
生产产量	139	63.7

春什粮 　　　　　　　　总面积：2400亩

	单产量（单位：斤）	总产量（单位：万斤）
三包产量	145	51
入库产量	155	52
生产产量	160	53

· 张庚日记(一)

夏什粮　　　　　　　　　　总面积：1181亩

	单产量（单位：斤）	总产量（单位：万斤）
三包产量	83	9.8
入库产量	88	10.4
生产产量	91	10.6

山芋合计　　　　　　　　　　总面积：13649亩

	单产量（单位：斤）	总产量（单位：万斤）
三包产量	309	422.4
入库产量	319	435
生产产量	329	448

春山芋　　　　　　　　　　总面积：1000亩

	单产量（单位：斤）	总产量（单位：万斤）
三包产量	455	45.5
入库产量	490	49
生产产量	510	51

夏山芋　　　　　　　总面积：12649 亩

	单产量（单位：斤）	总产量（单位：万斤）
三包产量	298	376.9
入库产量	305	386
生产产量	315	398

夏大豆　　　　　　　总面积：10355 亩

	单产量（单位：斤）	总产量（单位：万斤）
三包产量	87	90.1
入库产量	95	98
生产产量	100	104

经济作物播种面积：28840 亩。

棉花合计　　　　　　总面积：7700 亩

	单产量（单位：斤）	总产量（单位：万斤）
三包产量	27	20.5
入库产量	28.6	22
生产产量	30.5	23.5

春　棉　　　　　　　　　总面积：5500亩

	单产量（单位：斤）	总产量（单位：万斤）
三包产量	29	16.5
入库产量	31	17.7
生产产量	33	18.8

夏　棉　　　　　　　　　总面积：2000亩

	单产量（单位：斤）	总产量（单位：万斤）
三包产量	20	4
入库产量	21.5	4.3
生产产量	23.5	4.7

花生合计　　　　　　　　总面积：12809亩

	单产量（单位：斤）	总产量（单位：万斤）
三包产量	130	168.7
入库产量	140	175.1
生产产量	148	189.4

春花生　　　　　　　　　总面积：3000亩

	单产量（单位：斤）	总产量（单位：万斤）
三包产量	170	51
入库产量	180	54
生产产量	190	55

夏花生　　　　　　　　　总面积：9805亩

	单产量（单位：斤）	总产量（单位：万斤）
三包产量	120	117.3
入库产量	128	125.6
生产产量	135	132.4

芝　麻　　　　　　　　　总面积：300亩

	单产量（单位：斤）	总产量（单位：万斤）
三包产量	60	1.8
入库产量	65	1.95
生产产量	70	2.1

· 张庚日记（一）

夏烟叶　　　　　　　　　　总面积：500亩

	单产量（单位：斤）	总产量（单位：万斤）
三包产量	120	6
入库产量	130	6.5
生产产量	140	7

苎　麻　　　　　　　　　　总面积：500亩

	单产量（单位：斤）	总产量（单位：万斤）
三包产量	50	2.5
入库产量	55	2.75
生产产量	60	3

胡萝卜　　　　　　　　　　总面积：3586亩

	单产量（单位：斤）	总产量（单位：万斤）
三包产量	2000	717
入库产量	2500	896
生产产量	3000	1076

蔬菜：2000亩。

其他：1945亩。

×

鹿楼三反情况

工业好，财贸差，机关也差，节前紧，节后松。开会无准备，开了二斗争会，吕书记抓，材料压力大。

落后队，陈新庄、刘饭铺，后者问题大。领导人没去，材料摸底都没抓。陈新庄较好。这里有大问题，其余的队都没有搞，没有人。

机关三反问题：领导决心不大。原因：1.怕无人工作。2.心中无底，排队摸底被有问题人知道了。

牲口：一千三百三十五死一百五十多，生九十多。过年以来死了二十三头，最后两月死97，三月死2头，五成膘以下三百多，还可能死。

原因：一管理——领导未认真抓；二饲养员也克扣牲口；三吃红芋干多，牛不能反刍，又缺草。施楼、冯集、鹿楼、中平楼。

烧草：有茅草根，但牲口不能专吃它。烧完了，煤也不能代，因无运输力。

三反：五风差不多了，三反盖揭开了，大队干部力量不够。

护青：不够，猪祸害地。

麦田：麦田追肥8634/6000，匀平2000+，镇压（主要东半部）10000基本做完。

春耕耙地保墒：耙地19000=1/2，范庄完了。耕地4200，追肥到田10500。

・张庚日记(一)

　　种子：问题不大，红芋15000左右，还好。14000无问题。花生：25万—26万（每亩20斤）不够一点。菜种1800斤够了。

　　农具：双铧犁，有坏的，不能自修。缺送肥到田的工具（筐、小车、扁担）。

　　肥料：22191车，细肥7900、粗14281、大粪300万斤。早秋每人平均9分，可保证每亩一车（好肥），大粪100斤。晚秋另送，可消灭白茬下种。

　　总的热潮已起，出工率70%以上。

　　干部作风改变，带头参加劳动，社员争工分，肥多，退赔有了决心。

　　三包等：包产县社差距增大，完成1149万[(60)972①]，县的1300万，要上交300万。人口29000，人300斤，只能多100万，如人260斤，可多200万，打算1149不动了。另搞一生产计划（三包＋超产）。

　　生活：过冬菜509亩，冻坏一部分。春菜计划4443亩中——施肥1325、已种441亩。茅草根395000多斤。拾柴125000斤，库存烧草625500斤（可以烧一个月多，缺两个月）。

　　代食品：总167750斤（其中：花生皮12500斤，红芋把30000斤，茅根120000斤，其他5000斤）。

　　口粮品种太单一，红芋干加胡萝卜，干菜多的万斤，少的几千，浮肿未发展，也不下降。

　　退赔：平调228936元（公社以下）。退——实物209884元，现金14552元，公社超过1000多，小队欠得多。欠：

---

① 似指上一年度三包指标——编者注

公社194102元，已超1000多元（195000）。

大队50469元。

小队

回来后下了决心。公社有几笔账，1958年冬—1959年春，年初死的牲口（非正常死亡）1000多头，肉在公社菜馆卖了，这笔钱下面要算，没有账，下面在报，还未上来。

现社农机厂30来人，油厂40来人，菜园30多亩，6—7工人。马车、文工团、油厂下放了。农中未定，有一百多学生，县要搞业余，社也主张业余。县文教部门主张半日制，它的各种条件较好，可以搞全日制，留给它20—30亩土地，县如给一部分钱，即可卖农机厂、商店的小农具，退下去（县应给社的：县认为7万—8万元，社认为不够，并希望快点退下来。社认为退赔不积极。）。

管理区：退房112，猪394，羊103，粪筐1654，抬筐200，平车50，门、八合、抓钩258，铁锁56，高粱秸5500斤，箔200领，木棒732，砖5000，床24，柏9，草帽500，锄410，镰300，镰把400，缝机5，牲口6，笼10付，面盆7，筛1000。

中平楼：调王李庄一整庄120间房做副业，全退了，社员回去过春节。中平楼的实物占60%—70%，

命令风方面检查了，揭发了，未处理。

整风问题，现在已达敌我，三个队。10个队揭发了。三反未动，冯集、陈新庄、刘饭铺是第三类队。陈新庄、冯集是敌我矛盾。刘饭铺是三类之一类，领导糊涂，接受新事物慢。陈新庄是三类之三类，主要干部大队的坏分子占优势，正书记嫌

疑，两副书记有大问题，会计……群众说，俺队不用好人（黄金祥、郑元培二副书记），现社集中抓这三队。陈新庄在总结上段工作时，开大会（社员代表）发动鸣放，冯集也这样搞。崔以厚在陈新庄。

机关三反，重新排队，缩小面。学习110人，下楼57人。200—300：6人，200以下25人，300—500：11人，500—800：7人，800—1000：4人，1000以上4人。粮票200：35人，200—500：9人，500—1000：9人，1000以上4人。共粮票18441.5斤，钱21016元，布票1293尺。

刘饭铺

大队支书四人：张守云、张云田、石长安、朱本清。

张守云，贫农。公私问题，好吃，老好好，不严格，下面对他的话敢变。是荣军，解放后即在地方担任工作。社会关系不复杂。

张云田：北撤前是民兵，北撤未随去，自首了，没有发现问题。我回后（两年后），我们又恢复了他关系（1948年）。工作上心中无数，瞎说，朱建标与之拉得近，吃喝次数多，花过十元，对朱有些包庇，吃上没有界限。家庭是革命的。

朱本清：贫农（中农？）。强迫命令，在河工上一次绑九人，打十五人，"不管你是龙子龙孙"，骂人二十二，斗争二十五，外号"活阎王"。贪污200元。作风：两个，有一个生了孩子。

石长安：贫。兄做顽军班长，其时顽区长杀人多，兄有血债三人（在朱砦）。他未表示过态度，还想叫兄当积极分子。本人可能土改右（包庇地主）。

宋光照（主任）：富中。队很落后（五队），不暴露队里的问题。群众说他包庇（宋云厚），有检举信四封。

李传远（总会计）：1958年贪污400元未还，中农，共有700元。有男女关系。

石有新（粮站长）：富中。很精，与朱建标有吃喝关系。贪污100元，粮食不具体。

孙化坤（主任）：家庭阔，有怀疑，老好好。

200元以上4人。

小队干部，13小队正16，副21，合计13。正成分：上中2、中1、下中1、无12，好7、基好3、不成3、严死官2、蜕1。副：好12、（2）4、（3）2、（4）2、（5）1。会计:（1）5、（2）3、（3）2、（4）3。

张庄（6队）：张富荣，党员（56），贫。兄土匪被枪毙。卖过一次征兵（47），一月逃回，土改时即参加工作。39岁才娶。问题：命令和敲诈，不合法吊打11，有妇女跳井未死，骂人，翻东西，贪污，占人被子、花生、粮食、猪，1200多元（粮1127斤，花生1000斤，猪31头买400元）。敲诈，砍林卖树，砍40，共诈4户。王桂侠：买树、筐（栖山记买）。

三月

五日至六日 刘饭铺大队 大队在沙河以西（沙河是黄河故道），土地多沙。产荆条、花生，这里人用荆条编各种筐。这里地薄，但地多人少。荒地茅草很多，居民以茅根磨粉作代食品，茅草亦可烧，故这里不缺烧草、牛草，牲口死的也少。在目前备荒条件下，这里的客观条件是较好的。

但领导比较差，主要是水平低，办法少：特别有些小队更是抓得极松。生产情绪一般并不十分饱满，出勤率60%，许多人现在还在外面走亲戚。一切工作都在做，就是步调慢吞吞的。粮食仓库管理好，仓内清洁、严实，看来制度较好。

这里敌我矛盾不是主要的，主要是干部作风问题，特别强迫命令，还有贪污。另外就是松劲作风和威信不高。对于干部的教育、培养、提拔没有做。大队干部没有大问题，也较团结，也是能力差、松，工作抓不到要点。

这里土地虽薄，但从少数自留田的情形看来，如果能多施肥，加强管理，增产的可能性是大的，当然自留地是小块，与大面积有所不同，但挖掘潜力，发挥积极性，还可以有一定的增产。现在大麦田管得不好，猪都给拱了。

劳动不够积极的原因，可能是多方面的，但领导抓得不紧，政策贯彻不彻底（如退赔迟迟未兑现；如民主作风发扬不够，杨明集五日晚上开会选出一个既无能力、又公私不分的老好好来做食堂管理员，由会计一提，就通过了，等等）是其中主要的。

七日　冯集　冯集离鹿楼九里，位西南。这里虽在沙河旁边，但其西南一片土地较好，过去地主较多，是个产粮食的地方。东北部近沙荒，较穷，然贫富小队牵扯在一起，稍可补偿。

这里的干部较强，支书是转业军人石××，陪着我们各个村子去看，对于各村的情况说得很清楚。这里工作队负责人是一个公社党委一级的干部，头脑也较清楚，谈到整风情况，了如指掌。

群众生产情绪还高，地里送粪平均三亩两车，但因为烧草问题未完全解决，社员劳动之后还要做饭，很浪费时间。女社员的小孩也无人管理，出工时哭哭闹闹的影响生产情绪，支书说明天三八要动员办托儿站了。

关于棉花，干部思想（起码小队）有些重视不够，群众更不必说，表现在送粪上，现在棉花地的粪准备是不足的。三类麦的追肥问题也是思想不通，说是没有这种习惯。

冯集前庙寺村过去是个地主窝。土改后都打倒了、镇压了几个，也有跑了的（跑到东北去了）。这个大队地多而且好，远的地一直到丰县边上，紧靠着丰县的村庄。耕地面积9031亩，600户，6500人，牲口169头。

九日 鹿楼的几个问题：

一、浮肿病，二、食堂（烧草），三、三类苗施肥，四、棉田施肥。

1. 浮肿病集中治。

2. 食堂15号恢复一半，原因烧的，社员吃不计数。

3. 种菜二分已经完成（包括私人）。

4. 三包十五号落实到户。

5. 牲口：一定草（牲口分等，草一立方25公斤），奖罚30%；二定肥（300斤草每月一箱肥）；三定繁殖；四定膘，最低七成膘；五定工分，比同等劳力多20%。

十日 王书记 生产

一、春耕备种为中心

搞超包产运动：

1. 五知道：每个社员知道——一包多少，二每块地种什么，三增产措施及种植方法，四浇肥数，五出工数。

2. 搞个五落实：一布局。二肥料。三种子。四工具（修造，有计划的要求，目前犁、耕套、车辆、耩子、铡刀、杈子、镰刀），大队完全修旧，公社修旧配合。五农忙下去，次次有人抓，有完成任务时间，有检查时间。三算：一季节，二农活，三耕畜劳力。

3. 进行备耕检查：一作物面积。二政策：①自留田调整分配，不足50%要补，房前屋后地算不算？②四固定；③评工记分，按劳取酬的制度；④分配工分。

二、抓落后方面、地区、单位。

三、20号左右，组织检查（普遍）。

四、县委继续抓调研。①全年大局的方案。②牲畜肥料要狠抓。③特殊问题要调研。④粮棉及粮食品种的比例。

麦子防虫，三苗追肥尽量做一些。

整社

一、退赔：1.①20号左右再搞一次，结合收购鱼、鸡等。②退得全、彻底。③一定有上一级的代表验收、检查。④原来大队生产基金、大型农具不能分配给群众，顶扣要经上一级党委批准。⑤所有社员应得的退赔必须全部兑现，可以退点支票、储蓄。⑥重新算账，注意超支户、分红户。2.搞一次退赔复查：①查各级退得是否全面、彻底；②遗漏及不应得而得的；③差错舞弊；④作价是否公平合理，是否按上级标准，查查小队；⑤以后建立档案。

二、落后队的改造：1.有些问题要重申整风的精神。2.目的（一平二调解决，作风转变，纯洁队伍，群众干劲足，农业生产现新面貌。）3.作法：首先划清两类矛盾性质。①领导下决心发动群众，内外结合，大鸣放，揭五风之害；②大会小会批判，斗倒坏人，搞臭坏事；③坚决追赃认真定案，抱老根，选出好干部；④建立制度，改进作风，全力转向生产；⑤落后队，是阶级斗争，两条道路、两条路线斗争，要依靠贫下中，领导小组、贫下中委会认真选代表，历史清楚、劳动积极、与坏人无关、群众拥护，五户左右选一个。

三、摸清干部出身，成分，社会关系，思想作风，性质。

四、掌握重点：地区问题人物（人物的重点问题）教育批评，停职检查，调离检查，撤职。

五、顽抗者要斗争。

六、领导问题：1.生产为中心，与生产结合抓政策。2.每一步工作要有目的性、重点，时间不能占劳动、休息（未揭盖者可以干一两天）。落后大队县里要抓，落后小队公社直接抓。已经确定下放的干部，要赶快明确工作职务。工作队干部要学习。小队十天半月内搞起来。没有落后队的公社，也要搞一个（贪污之类），清明左右全套地搞起来。

乔书记传达地委生活会议

食堂：1.健全组织，双挂牌，守则；2.代食品。

十二日 读《论演员的矛盾》（《人民日报》1961年3月8日）

司徒冰作。是批评朱光潜介绍狄德罗"演员的矛盾"一文的。

狄德罗是错误的，是机械论。司徒冰对他的批评基本是对的。

司徒冰对于斯坦尼也有所批判，即"进入角色后，直到演完才出来"说，他认为不可能。他试用辩证法解释表演矛盾的统一，这些都是很好的。

但他也有不具体、不深入的毛病。他一般地解释了表演的特点（不完全），但对于中国表演艺术中的程式避而不谈。因此，他不能彻底驳倒朱光潜，即就表演一般问题而论，他对于反派角色的体验问题也一字未谈，这也是使朱光潜的理论不能彻底驳倒的弱点之一。

中国必须在马列基础上根据自己的实践经验（包括现代的、历史上的），建立自己的表演理论。狄德罗的理论支配了十八、十九世纪的欧洲表演艺术，成了他们的指导理论。斯坦尼的理论，从十九世纪末以来，支配了欧美的表演艺术，成为他们的指导理论，而且在近二三十年中，给予巨大影响于我国和日本的表演艺术。但他们的不能包括尽我们的实践经验，而且也由于思想和历史的局限，存在着片面性和错误，因此更不能代替我们的。我们必须研究自己的实际，来解决前人在理论上所未能解决，也未遇到的新问题，使表演艺术理论前进一步。

十四日 陈新庄（鹿楼） 全大队27个干部，有90%—80%的民痞、流氓、地主，八个支委，三个人无政治历史问题。

第一支书张世英：三青团嫌疑分子，在江宁干过顽警，又可能参加青年军。1948年徐州顽陆军学校当勤务兵。

副业队长刘灿明：流氓、聚赌、土匪，勾结黑杀队来要粮款，顽保乡丁，审过我们的人，放走顽保长。（张世英找来的）

副业会计朱件安：（张世英找来的）富农，父顽保长，丈人地主。

陈本建：地主，三省联密处区站副站长。张世英提当水利上事务长，又住石孟庄联队。

司传侠：伪乡长卫士，张世英的二世老表。据说有人命，可能张提其拉马车。

张世标：黑杀队长，远房哥。杀过我农会长。张世英队打机井。

刘传忠：警察，富农，现平车带队。

五类分子十四人。

副支书黄金祥：政治历史问题，当顽兵9月。

副支书郑元培：当顽保丁、乡丁，1959年饿死过人。

十五日　鸳鸯楼　1078户，3665人。

张桥，49户，164口，土地418亩，菜地8亩，牲口9个，只一个五成膘、其余7—6成，羊4，豕11，食堂豕1。麦242亩（包产66斤），高粱86亩（127斤），谷20亩，玉米5亩，杂粮5亩（71斤），春红芋15亩（370斤），春棉25亩，蒜5亩，瓜5亩，芋5亩，花生5亩。夏红芋80亩，豆12亩，杂粮10亩，花生11亩，胡萝卜30亩，牲口3犋。

远地半车细肥25亩，近地一车多杂肥。

菜园有井，水不好，种的人有技术，菜去年菜园一人一分，收得不错。过冬菜5亩，葱蒜2亩，麦地带苔菜未出。有一大水坑，有解放式水车。

自留田点数22.2亩，十边地9亩，多的户得2—3分。社员一般有羊，多的有4—5个（羔子），豕不多，只有5户（死了一些），有十来户愿喂，买不着。

小组包工：劳动力74个（整半）。菜园3，喂、使牲口5个，伙房7人。另分三组，每组16人，老小11人一组做零活。昨日开始包工，4天每组4亩地1600斤茅根，这样包积极得多。组有正副组长、记工员、评工员，由一干部领着。刨草推磨论斤（定额40斤），过去评分不细致。

定额：磨半天4人40斤14分（人3.5分），茅根8斤一分，地一亩35分，茅根超产7斤一分。

五天一星期，群众认为合理、明确、自由、主动，工效高、质量好，现已无不出勤之人。完不成定额假日补，实际都能完成。

耕地一镢一亩半，得工分3.5分。喂一头1.1分，小牛8厘，喂猪一天5分。两人一铡，牛草40斤、湿茅根100斤一分（每天700—800斤），一牲口一月一箱，小的8盒。

包产麦总产15972，单66。高粱总11430，单127。谷总2900，单145。玉米单155（间大豆）775（总）。杂粮单71，总355。春山芋单357，总5355。春棉单21，总525。麻43（单）215（总）。西瓜60园，300园。毛芋单300，总1500。花生单165（带皮），总825。夏山芋单255，总20400。大豆71，8520。杂粮71，710。夏花生155，17250。胡萝卜1550，46500。总产粮食：58749斤，人产量360斤。

干部：队长陈金林，副陈世荣，会计阎宪章，事务长陈永立，伙食主任陈玉喜。炊事员4人，班长龚德可。这些人是年后新选（连任的）。

食堂是1960年一日办起的，没有停。1958年就办，停过。

十七日 关于沙荒的杈子、条子

鸳楼、中平楼、冯集是沙荒，大片土地不能种庄稼，靠种杈子、条子过活。杈子是桑树，用树枝来编筐，在这几年来，减产情况如下表：

	1956年	1957年	1958年	1959年	1960年
鸳　楼	2000				1000
中平楼					1300
冯　集	2900	1700	1400	1200	400

减产原因：一，养蚕吃桑叶，与条子生长矛盾。二，1958年砍多了一些。三，管理的原因。私有时，谁破坏，条主联合与之打官司；高级社时，小队得10%、杈主10%、社80%，由社卖给国家，80%包括开支，个人10%定三年为期。现在是专业队管理，中平楼的是包产给小队，冯集也是包产到小队，1960年也是专业队，搞得不好。

二十一日 全年大三包 粮食

· 张庚日记(一)

总产 253 000 000 斤   单位:万斤

城关	650	朱王庄	340	唐楼	400
郝寨	320	安国	180	孟庄	220
大屯	330	胡砦	430	栖山	350
杨官	400	佳庙	440	城南	10
龙固	426	王店	460	张砦	400
朱砦	350	张庄	400		
鹿楼	200	敬安	360		

口粮   单位:万斤

城关	60	朱王庄	25	敬安	60
郝寨	25	安国	30	孟庄	30
大屯	35	胡砦	25	唐楼	40
杨官	20	佳庙	46	栖山	45
龙固	30	王店	15	张砦	25
朱砦	20	张庄	50	城南	2
鹿楼	30				

王书记结语

1.……2.……3. 健全了组织,纠正了瞎指挥;4. 生产资料增加；5.气候有利，基建逐步配全；6.生活安排较落实。但，1.干部思想认识还赶不上形势；2.发展不平衡，如不解决，大面积生产有影响；3.有的具体困难尚未解决好，如牛草、作物布局。

1.开展超包产运动，保证春补。开展一超三包四固定五指导落实。一，千方百计扩大耕地面积，粮、棉、油菜、烧草。①适时补种，全苗保苗，打下丰收基础。②保证计划面积完成，千方百计扩大面积。二，十边地种好。三，沟渠路。

2.大抓肥料，谷雨前搞一回合，棉一车。强调运肥、挖肥，牛棚猪圈，要抓得全（A.运、积、挖、沤、全、养、建，B.组织劳力，C.政策、价格等）。

3.五查：立即全面加强补种。一种子，选种豆、棉、花生；二种子要发芽试验（以后粮菜种小队保存）；三饲料：棉籽或籽饼、玉米芯……

4.工具，修旧为主。（公社）大队完全修旧，先春后夏，集体的、个人的都修。锄、镢等为先，耙、铡。副业工人政策问题：口粮要调查。还有除工分外必须有奖励。牲畜：耕牛复膘。查技术。

5.种菜，地（谷地、高粱地可种）种子，要分次种，分次吃。

一、三包三定

1.政策指标，较去年增15%左右。

2.政策宣传：定额、定产、定购，超产奖励，要砍掉层层超产数字。

3.经济作物及副业规划，与社队挂勾规划，三包订合同。

4.经营管理要训练万把人。

5. 四固定，一般要不动了。定出工具保管责任制，牲畜繁殖奖励。劳力下放、搭配，财尽使、物尽用。

6. 多劳多得，评工记分。一，队队制定定额，人人明白，小队定耕作组，固定耕作区。二，达到之法，大队以下要建评委，设评工员，记账与发工票结合，天一记、月一布。活由小队计划，放假、定期分组轮休假，与集结合，与下雨天结合。干部四同，无事不请假（教育社员）。

二、自留田

有少数未落到户的，原来没有的要补，菜地有的超2%不收回。1.自留地，2.生熟荒，3.麦田管理（沿湖重点沙地）（松土、除草、巧施肥、防虫、防病、防牲口），4.瓜菜（南、冬、胡萝卜）。

整风整社

三类社队。一，明确性质，划清界限。二，好干部、基本好干部等，界限通过实例划清。

做法：大部队抓核实定案、追赃。个别未揭盖的，五风之害一起搞。

领导：力量集中搭配一下，加强到三类队，由县直接领导。清明前后整顿一下工作队，严格批准手续。一、二类队补种前摸底排队。

退赔：要搞检查组，查退得如何？合理否，是否用于生产，作价是否合理。

二十三日　王书记在三干会上报告

整风整社

三类社队减少,先进的增多,敬安原有三个先进的,现在多了(8个?)。

好的	生产一般	生产差
	800	220

肥料 500—1000—18,1000—1500—34,
　　　1000—2000,2000以上。

二十五日　三干会总结(乔)

一、春耕中各方面都比往年做得扎实,雨水也较均匀。形势大好,干群关系也很好。但也还有问题,不能麻痹,也不能有畏难情绪,有同志怕整风,小队干部有的不敢领导生产。

实际问题:1.春耕生产措施进度不平衡,公社必须加强领导落后队。2.饲料未加工出来,春种赶不上怎么办?3.选种。

二、具体工作:以春耕种为中心,适时播种为重点,在生产上要求抓全。生活、整风集中打歼灭战(时间)固地制空。抓全:种棉不积极是干部意见。粮棉、大田、十边、小杂粮。三包四固定,作物布局搞好,群众安心,然后搞超产运动。原则:多产、多购、多吃,少产、少购、少吃,灾区更少产、不购、更少吃。1000斤,购400,吃400,饲料200,可研究。超产能有多少?大队储备粮多少?大包干三级要对头,不要层层加码。

棉花问题,不间种粮食作物。肥料,现金收买,但是何种肥料?收买不违反三基本(定额、定任务……)。牲口,一般一斤可以,但草缺,应解决。保膘,配种。

可以组织流查①，种子、肥料，大田不少于2000斤。工具、技术措施（可开老农座谈会），查三包四固定。

十边要求种好，麦子增产大有可为（虫、追肥……）。农中停课参加劳动，中学可研究，小学不必。落后队要坐镇，重视老农意见很好，但也不能否认各方面的特长（青年、妇女）。

生活问题：粮食，统一管理有了成绩和经验，但有七百多万斤的悬案，经清查，没有这样多。口粮能不能到六月底，要有安排。要进一步盘查清点，以便兑现口粮证。食堂，积极领导，自愿参加。全县2500，办起1500，办起的要求认真办好，两干两稀，花样多，吃饱。未办起的，通过群众讨论，积极筹备，有多少人办多少人。抓三条：1. 民主选举，纯洁组织。2. 建立家底：一菜、代食品；二饲养；三燃料，全县草需五亿斤（包括饲草）能产4亿斤，要运煤，四家什，种葫芦（开瓢做刷把）。3. 管理：双挂牌、守则等。

王书记补充

一、生产

一要加强宣教，讲大好形势，布局原则，以粮为纲，棉油菜麻统一安排，多种多收，与精神……二要抓全，粮棉……麦田杂粮，大田，十边，措施，种、肥、虫……三超产：目的是调动积极性，不要单纯派任务（现在群众不相信，怕会变，要经过一年兑现）。先要搞指标，即包产，订购三对头，未订合同的要订。四布局要落实，全年不变。县、社先搞一个大队，然后普遍部署，搞超产一二三，成本、肥料一定给钱。劳动力

---

① 指流动检查——编者注

作业组要小,以巧带拙,以老带新,拜老农为师。治虫子,有的地方蝼蛄已吃大麦、小麦,草也要定。

二、贯彻整风精神做好工作

1.联系群众,实事求是,执行政策,转变作风。以调动大小队、社员积极性。2.要100%贯彻十二条,和创造条件结合起来。要执行小队小部分所有制,超产量、种子归小队保管,耕牛繁殖了由小队管。副业大队不一定搞专业队,可包与小队。3.不要乱生主张,不要乱废主张。对困难要采取积极的态度。

三、整风

1.退赔:先社员后集体,先实物,分配部分要退现金,县社清理适于农业用具,不作退赔指标,下放与退赔分开,价格要合理,要走群众路线。

2.落后队改造:有利当前生产,解决关键问题,使生产跟上出发。划清界限:骨干或一般,有无罪恶,历史、政治、组织分开,交代未交代,直接或间接责任,贪污非贪污。

3.在生产中做好准备,以后补课。

二十六日 星期日 1961年生产指标

项目	指标		与1960年比较		所占百分比(%)	
粮食	播种面积	产量	面积	产量	面积	产量
总数	175万亩	28561万斤	22.9万亩	增6096万斤	11.5	12.7

(续表)

夏熟	77.6	9012		1148	11.4	11.6
秋熟	97.4	19549	13.5	1148	11.6	13.3
棉花	14.0	453	少3.0	增19	18	1
油料（花生、芝麻）	6.0	300	增3.5	增645	240	520
烟、麻	2.5	282	增1.5	增114	260	68
造林	3.0		1.53		210	
猪	年终圈存10万头		增5.7万头		330	
羊	年终圈存93000头		增3.1万头		150	
大牲畜	年终圈存30000头		增10.51万头		12	
水产	6000吨		增3000吨		200	
养殖	3000吨				1200	
捕捞	3000吨		增25吨		110	

定产指标	留种	饲料	口粮	征购
26000万斤	3000万斤	1000万斤	14890万斤（每人平均287.3斤）	7110万斤

二十七日　星期一　关于农中

参加宣传会议，关于解决农中问题。全县七个农中要压缩成四个（或多一点）。在农中负责人的小组会上，看出来有三个问题：1.干部中有少数思想不通，有畏难情绪；2.学生可能思想不通；3.主要是教员思想不通（干部反映）。

过去农中办的方针不明，有赶普中的口号，课程也不够实事求是。农业知识不是主课，理化纸上谈兵无实验，无珠算等课。教员并无农业知识，也不了解农村。学校也未和公社大队等挂钩，形成理论与实际脱节。这次改制，干部从消极方面去理解的多，未能从积极方面去看，认识这次是一次教学大改革，而主要一环或关键一环是在于打通教员的思想，使得农中的工作真正能符合整顿，巩固，充实，提高。

县委认识到这件事情在对待知识分子政策方面的重大意义，但只是主张慎重、少变革，而对于积极改造知识分子方面，似乎想得很少。可能也是因为无人做这种工作的缘故。

二十八日 星期二 到敬安。

二十九日 星期三 社楼小队50户，149人，全民食堂。私人有粮：够吃到麦口的18户，够吃到四月份的20户，够吃15天的8户。无粮的4户（一不会过日子的，二湖里亲戚多的，三工业下放的——无自留田）。全队无浮肿病。队有干菜3000斤，胡萝卜20000斤。春菜种10亩，菠菜2亩。去年自留田多种粮食。自留地好，十边好，收红芋时小自由。

徐庄第一小队47户，181人，全民食堂。经济情况较富，500元以上的5户，300—400元15户，100—200元13户，50以上的8户，只有6户钱少些（病、孩子多、劳力少）。队长存150元，手存30元（徐建随，5口人，二劳力、二小、一老),决分①兑现,分胡萝卜(分1200,收1500)、红芋干150斤、豆子15斤。徐广才,6口,二劳力,500元以上,9羊卖4得360元,收胡萝卜500,分1000,粮食够吃至4月份。小队共有羊60,不包括集体的5只。集体有一母猪,10小猪,私人有21猪。胡萝卜7000,干菜1600,韭菜三亩,苔蒜8亩。

全大队社员储蓄最高24000元,现有定期13000,活期11000。

麻疹多,11小孩,麻疹正蔓延。杜楼、徐庄浮肿112(实际多报,只有23人)。高粱、玉米、红芋出芽结束了,棉花地送肥几天能结束。春耕不行。主要问题是粮食问题。

韩庄大队食堂共27,开17,未开者无柴,全大队需柴30万,现有13万(人口2671)。

联民:各种病1002,全队27.9%。肿123(官报)125(实),重14、中等61、轻200,占病人中26.4%;妇病140,占病13.7%;消瘦6人,占0.05%;小儿营养不良0.06%;慢性331,占31.7%;传染244,占23.4%;外肿潜症78,病重危2人,体弱9人,70老人151。1960年发病2934人,占总人口46.2%。

问题:1.工作不深不细,划片包干未落实。故照顾不周,有的病未查出。梁集群众反映,过去未见过医生。2.病人营养掌握,过严过死,病才好即停。3.对消瘦病等未引起足够重视。

要求:进一步落实三包。

食堂6个未开火,要炭22万,现在11万。红芋芽需42000斤。

---

① 指决算分配——编者注

肿42人,重2人,一般轻的未算。

老农座谈——张书平:8亩麦780,草800,糠250;高粱每亩200,柴410,叶(干)60;谷子20。赵存理:柴瘤根,亩300谷,草500,糠18斤;稷,1斤半粮1斤草;玉米……大理仁:亩200斤粮,100柴,粒与芯8∶2,豆,亩100斤,秸120,角皮40(有争论,有说20,有说10),豆叶(?);花生,亩250斤(40斤一口袋),秧180斤,皮100(籽∶皮=6∶4);春红芋,亩440(干),秧125(干),叶35—40(干);棉,亩籽棉60斤,柴60(斤棉斤草)。(以上比例毛数)

三十日 星期四 参观许庄大队,杜楼食堂,好食堂。

敬安农中,原三班130人,处理后留88人。民中,原四班180人,三年级41人提前毕业,一年级超龄40人,二年级47,处理后余52人。二校合并成为农中三班,140人。

教师:农中连校长共7人,3人去小学。民中共9人,2人去农中,1人去师训班。其余4人,动员回家,2人上小学。

民办小学:老师7人去管理区、小队工作,公立小学处理4人。

三十一日 参观敬安农中、敬安农场,在场吃饭,下午经张庄回县。收张玮二十五日信。

四月

一日 休息。与戈岩、廉局长谈农中问题。

孙建寅来汇报煤炭问题。

发张玮一信。

二日　县委会

李：当前春种已展开，今年任务重。但整风后领导可能有尾巴主义。一，县委要组织工作组下去检查。二，如何检查内容春播（高粱三几天之内）面积：1.作物布局落实，经济作物种够数，棉花、花生种子。2.种多，十边扩大面积，一地，二大田种到头，三间作、合理密植。

全苗旺苗——1.治虫：饲料够，问题是运、加工，要快。（1）思想；（2）饲料还要抓一抓；（3）技术。2.肥料：现金收购、政策。

任务多，落后的地区是重点。适时在三百小队，二十五至二十六大队。

菜：已种四万亩，近来松，南瓜要紧（每人十棵）。

生活：落后队与困难户，病亡多之地，有病人7.9%（医疗部门统计20%）。运煤问题党委要讨论。

整风整社：三类队，政策兑现、退赔（上报数字已达75%）。

肖：麦子放牧要管。红芋大田下种种子如何，尿肥收集三包否？

刘：重点——1.适时播种。2.质量：饲料、肥料、种子。3.政策：三包四固定、退赔、困难户、食堂。

李：生产——1.作物布局，主要棉、油料。2.面积，多种问题，十边（集体不搞不放，社员不敢伸手，要组织小组分别何归队、何归户）。3. 适时早播，力争苗全苗壮，争取小麦丰收，治虫、底肥、除草、保墒、护青、抗旱。4. 畜牧配种。5. 政策执行情况：粮食包干；肥料现金收购；牲畜繁殖政策——畜归小队，如分成70%—80%归小队，如畜力不足，首先由该小队使用。

生活：1. 口粮标准。2. 代食品，吃的、种的（南瓜）。3. 疾病：发展否？原因，措施。4. 困难户，钱到户。

整风：1. 政策兑现。2. 三类队改造（是否？深透，能否在大忙前解决）。3. 组织思想建设。4. 干部作风转变，访贫问苦，通过基层解决问题。

下去注意：1. 统一力量；2. 方法点面结合，重点深入（解决问题，其余观察情况）；3. 搞些调研。

三日　郝砦农中座谈会

金校长：省里提，农中是四化、文革的据点。我们作了许多经验、科研，但未能总结，未推广。农中也应普及扫盲等教育。关于农中也有思想斗争，有人曾对农中要改制有不同看法，以为可以解散了。这不对，这思想问题解决了。我校所学非所用的情况也有，如语文应用文差，珠算没有，农知不合本地情况等。农知课这学期自己找了材料，既要有书本知识，还要有老农的经验，要发挥大家的力量来搞科研，如改良土壤、搞高产等。

农中要成为文革、先进技术阵地还有机会。语文应用文选得少，教的人也差，未看作重点。数学要突出会计、统计、简易测量、珠算。农知：应放在第一位。如何使所学与实际结合是个问题。单是劳动与所学的还不能结合，且劳动中所学不是有序知识。语、数等都无教学大纲。高中班是各农中来的，一是程度不齐，二是比普中水平低，但有劳动习惯。

要提高教师质量。

教材要联系到培养的目标。理化比普中深，又不切实，又无实验，可减少一些教学与劳动时间的安排。不必机械搞六六制，要分大小忙。

四日 公社梁书记谈学校：初级市场开放后，教师不愿教书，因工薪少。又教改后也有力所不及。下放宜快，面小。过去下放未有外流现象。农中现有学生、规模，土地可以自给，暑假扩班后，地就有了问题。农中拿钱，不能太多。房子也将不够。学校收入，国家补贴，种菜、副业。

学校教师要动一二十人，因而缺人。

下放的学生，大队来接。预先安排工作。

×

作物布局，麦 32000 亩（估计），秋田 15000 亩（棉 2000，高粱 5000，谷 2000，玉米 5000—6000，瓜 500，菜园 1020，麻 300）。棉未减，粮棉并举思想差。十边，大面积的，小队用低包产的办法。十边都种起来了。

治虫：毒饵已下。肥料：现金收购只一部分。

食堂：还有三五个未开，开的大队是劳力。煤运 370 多万斤。口粮普遍 10 两（劳力 12 两），口粮多一些的，五—六个 12 两（劳力 1 斤）。干菜接不上青菜。浮肿病平衡 107（年老体弱其他病多），麻疹 25，妇女病一半约 500 人。外流回来的

300多人（共800多人）。困难户百十户。

五日 清明 郝砦的主要问题：一麦子松土保墒，二积肥运肥，三治虫。春种问题不大，高粱已完，玉米还早，棉花也是。

六日 星期四 回县委。因为徐州市来电话叫我去为剧团讲课。

补记郝砦：这里是一个淤、沙、土兼有之地，所以麦子长得特别好。有几处特别好的地区，可打粮食二百斤。红芋育苗各大队搞得不错，大队集中管理，小队自行派人负责，又能得到指导，又能发挥积极性。他们每队的育苗数有的多，还可以向外出卖，是一笔收入。这里生产上还有一些其他特点，如：西瓜很好（三白的），蔬菜种植也较有经验，还有人专门经营养小鸡的副业（孵）。

农中是较有成绩的。校长是一个25岁的女青年，原是南京的高中毕业生，很埋头，很老实，也很能干。

在这里十三年了，因为把学校办好了，出席过全国群英会。她团结了一群教师，其中有教书近二十年的老教师，也有二十几岁青年，其中有一个中学毕业生，自己埋头钻园艺，搞温室育苗很成功。这个学校还和农业技术员、老农都有联系。地委、县委对这个学校很注意，给予的帮助、支持、领导是很多的。毕业的学生在农村工作很安心，大受公社，大、小队的称赞。整个看来，学校的政治气氛很好。

公社比较小，只有六个大队。公社第一书记姓梁，不到三十岁，过去是在部队搞后勤工作的，转业后当了十年政法干部。对农业不大熟悉。为人很热情，有朝气。第二书记姓袁，年纪更轻,据说提拔很快,这个社整个有青年气。

七日 午后二时半到徐州,住市招待所。

夜看五音戏《胭脂》。故事取材聊斋,是个很好的主题,反对主观主义。其中知府写得很好,但有几个人物就显得不够,甚至写得不合理:(1)县官,在后来还是神气十足。(其实他断错了案,是应受处分的)(2)王嫂的矛盾没有充分写出来,她的决心也就表现得无力。(3)城隍庙一场,事先布置不够,对于犯人的神经战做得不够(也就是对于观众的气氛造得不够)。

八日 星期六 夜看山东柳子戏《孙安动本》。这是重看,在它拍过电影之后,看来比从前更精炼。孙安写状一场戏很动人。人物方面,除孙安外,张从也演得不坏。戏的后半部徐千岁上朝,似过于夸张,这也是民间戏曲的共通特点。在其为民间戏的时候是很好的,如要提高一步,则对于如何解决矛盾,如何塑造人物,似尚可更现实主义一些。

发张玮信。

九日 星期日 上午,游云龙山,见有苏轼书《前后赤壁赋》,岳飞书《出师表》,及米芾、黄山谷等石刻,可称海内孤石,刻工亦好。继参观七里沟果园,原系黄河故道,沙荒已久,现有地六千亩,果树七千五百株,苹果花开,烂漫如锦。

晚,看锡剧《宝莲灯》,此剧据说由旧京剧本改编。"放子"一场,王兰英自动义舍己子,甚好,但刘彦昌执意要让沉香去却不妥了。圣母见子,沉香与之隔一纱幕相呼应亦好,圣母知子罪由秋兄顶替,执意叫沉香回去亦好。缺点:"放子"一场仍太多,女主角演得不高,剧情庸俗了,且在二郎神来抓她之时,她闻讯甚恐,未表现出坚强斗志,这破坏了人物。

十日 上午,谈了工作计划。大约要二十号以后才能回沛县。

下午,看京剧团(市)的四个小戏:《秋江》《武家坡》《乾元山》《二进宫》。《武家坡》由许翰英、李慧春二人演出,他们是本团的正、副团长。许据说是过去四大名旦之一,荀的传人。戏演得不错,很有感情,很打动人。此剧本是好的,对话有独到之处,细节有的选择得典型:如平贵长了胡子,宝钏不认他。平贵说,十八年了,你也不像彩楼上的王宝钏了,不信你照照镜子。宝钏说,寒窑哪来的镜子?平贵说,你照照水缸吧。宝钏一照就唱"十八年老了王宝钏"。很是动人。但到后来,宝钏跪下请封时,戏就没有意思了。《乾元山》一剧,郑永春演的技术熟练。其余,《秋江》《二进宫》平平。《二进宫》演龙国太的何岫云,唱做都极平常,但养成了一种角儿味道。这种京剧界的恶习,必须彻底革除,演员必须真才实学而谦虚,能大能小。

十一日 晚,来湖南木偶戏:《断桥》《三打白骨精》。

下午,会见地委宣传部燕部长。

理发。

发张玮信。

十二日 上午，看柳琴戏《喝面叶》《灵堂花烛》。这两个戏都很好，是经过多次整理的戏。《喝面叶》比从前看的精炼多了，女角是年青演员演的，很不错。《灵堂花烛》这戏我过去没看过，也是很好的剧目，写嫌贫爱富，但比《珍珠塔》好。没有《珍》剧那种个人英雄主义和狭隘报复的低级趣味。演员也很好，无论男女主要角色，嗓子都特别好。戏整理得也很干净。这两个戏还看不出很大的毛病和缺点来。

下午，参加座谈会，是主要演员和业务干部一道座谈的。谈得很热闹，提出了两个问题：1. 流派与发展，模仿与创造；2. 地方戏用韵白与方言。还没有展开大的讨论。

晚，与柳琴剧团的负责干部谈话。这个剧团前两年还很不正规（艺术上），党组织也还不健全，现在已经逐渐走上轨道，但领导人还没有经验，对于剧目等办法还不多。

十三日 星期四 上午，参加座谈会。下午，听汇报。今天座谈会上没有很多新的发展，只提出了程式与现实主义表演的问题，也提出了话剧民族化的问题。

从汇报来看，柳琴团学习得较好，京剧团很差，一般说来，学习不深入，似乎也较难深入。应提前作报告。

十四日 星期五 参加编导座谈会，这里编导工作的经验不多，提不出多少问题，只是述说了一些条件不足，水平低，因而遇到的许多困难。这里一般对于剧目没有多的设想和计划。

下午，看柳琴戏的现代剧《花香万家》是写食堂的，水平一般。写法上平铺直叙，引不起更多的兴趣。在政策上看出有些平调的残余。在演出上比较好,戏里的演员是优秀的,女主角、女积极分子在气质上都很好,支书也不错,反面人物也演得好,不过火。

晚,准备讲话的提纲。

十五日 星期六 上午,给剧团作报告,谈三个问题:一,流派、继承与革新;二,话剧向戏曲遗产学习的问题;三,建设剧目。总的意思是:现在戏曲中所存在的问题,主要是发展前进中所产生的,如何解决,要从创造新艺术,适应新时代着眼。而创造新艺术却必须搞出新剧目来。现代戏、新编、改编历史戏都是。

晚,看匈牙利电影《圣彼得的伞》,是一个喜剧,可能是舞台上的传统节目,滑稽的地方很勉强,并不很"喜"。

十六日 星期日 与各剧团同志游云龙湖。

晚,看电影《圣彼得的伞》,喜剧有些做作。[①]

十七日 星期一 上午,听各团讨论汇报。

下午,看话剧《全家福》。演员除个别外,都很年轻,也不了解北京生活,没有演出老舍的风格。

市委梁书记请吃晚饭,谈到前两天的霜冻使徐州地区的麦子损失很大,沛县更重。心中很不安,急于回去看看。

饭后到文工团与演员谈《全家福》。

---

① 与十五日重复,原文如此——编者注

日程：十八日开编导、团长座谈会。

十九日，补充报告。

二十日回沛县。

十八日 收到张玮信。

十九日 晚，看木偶戏（湖南）《八百里洞庭》。从剧目上看，有些一般化，发挥故事的特点不够。

本日因新海建的剧团未能赶到听报告，故报告延至二十日上午。寄出味精。

二十日 上午，再作一次报告，谈继承革新，戏曲特点和剧本创作和剧目上的几个问题。下午，回到沛县。

二十一日 初读60条及毛主席关于调查研究的文章。发张玮信。

二十二日 星期六 城关公社李集大队的麦子受灾情况。共种6430，今年比去年少4000亩，高粱多1393亩。

	百分比（单位：%）	面积（单位：亩）	估计亩产量（单位：斤）
受灾	80以上	2000	60—70
原产200斤	50	1100	90—100
包产144斤	30	700	160
超产165斤	20以上	1800	180

余下是豌豆、扁豆、麦。800亩产110—120斤,豌豆麦2168亩。

原包产总数	925400	
受灾后	670500	
减产	254900	27⁺%
原超产指标	1060950	
按超产指标计减	390450	37⁻%

本队人口:3306人,现:3502人。

麦	共245000(人均:70斤)
种子	130000
饲料	30000
合计	405000
征购可达	270000—300000斤左右
(征购)计划全年	900000(耕地7320亩)
麦季	600000
赤字(麦季)	300000

赵楼大队

麦面积：2509亩，人口：1980人。

	160	80%	103
	340	62%	83
受灾面积	390	50%	119
	900	24%	73
大麦扁豆间作	719	无灾	

包产	133	总330000
超	180	450000
灾后其中500亩	85斤	42500
1290亩	120斤	154800
179	130	93400
合计	117	290700
与包产比		−40000（13%）
与超产比		−160000

人口	1980 人
任务	270000 斤（全年）
口粮	138000 斤（人均：70 斤）
种子	60000 斤
饲料	10000 斤
共计	208000 斤
余征购	80000 斤

高粱	1500 亩
稻子	700 亩
豆子	1400 亩
秋征任务	190000 斤

收割：5月20日前后有西南风，一吹麦即干，要在风前割。但今年受灾，麦子会晚熟，这是一个问题。

避免霜冻经验：1.麦子豌豆间作，2.底肥施足，3.品种碧玛一号最不抗旱、冻。

补救：灌水。

二十三日 在湖西农场。

二十四日　到胡砦。

二十五日　胡砦　前吴淹：定产142斤（麦）312亩，总产45240斤，受冻80亩，雨后撒化肥。

高粱不缺苗。玉米缺苗，雨后可早出两天，天晴后要查苗补苗。雨后棉苗特好。红芋地芽子雨后也出了，稷子也好。

二十六日　魏庙　看了麦子、高粱等受冻、虫灾的情况，到了梅村，并到了湖边。

二十七日　上午，在魏庙中学参观，与教导主任谈话。了解到他们那里语文、数学教得好，理化教得不好，并缺实验仪器。

下午，经张砦回沛城。

收到寄裤子的包裹。

二十八日　王书记传达六十条（省委常委扩大会议的精神）

六十条如何得来？是人民公社化一系列问题的总结，是十二条的发展，进一步具体化。与十二条精神完全一致，是在执行十二条中更完善更具体化。是人民公社史上的大事，是人社宪法。

要两提高一发展，一提高政策思想水平，二提高全农民生产积极性，三发展社会主义的积极性。

要贯彻六十条，要彻底执行十二条，特别是破产退赔。

供给工资	比例（省的杠子）
80元的	3:7
70元的	2:8
60—55元的	1:9
50元以下的	不分，五保、困难户包下。

孕妇给150工分。

二十九日　星期六　生产电话会议（李）

雨后，抢种了冬种作物，加强了田间管理。但缺苗尚多（不止三万亩）。

问题在三个方面：1. 旱的威胁仍在发展，作物长得并不好，如小麦。产量有问题，夏荒已成定局，但加强管可以多收。麦病虫交加，秆锈病已发生，可能有大量发生的危险。2. 作物缺苗断垄现象严重。各级有点放任自流。高粱苗一方好苗4棵，干种五棵，是跑了墒，但翻掉是不行的。3. 各级领导的增产观点不明确。故关键性的时刻与措施抓得不紧，未趁雨播种，能间作的未充分间作。

当前紧急任务：抗旱抢种，保苗，防病虫。

具体意见：1. 多浇多种，多一亩是一亩。瓜4斤，油料50斤。一，一面行动，一面规划。二，四落实，队、组、人、田。三，政策：谁种谁收，还可以奖励，多种早秋，减少夏荒。2. 田间工作，高粱间定苗，大力防虫病，特别土蚕；查苗补苗。3. 认真做好夏收种准备。一检修增添工具。二选种育苗，苗等地，不地等苗。特别红芋地芽子。抓牲畜增膘配种。

最后意见：一，加强政治工作。1.丰收不靠天，只靠人。2.领导上要善于利用天时。二，政策。三，调集各种人力物力投入抗旱保苗。四，要加强落后队及薄弱环节的领导。

发张玮信。

三十日　给农中教师讲话提纲

一、大好形势，八字方针。

几年来发展很大，成绩很大（以乒乓球为例），农村的中学也是如此。（与佳庙中学一教师的谈话。）但是只发展下去而不进行整顿，巩固，充实，提高是不行的。三年来农中办起来了，成绩很大（自给自足），但是不是存在什么问题呢？

问题就是如何更进一步与农村的实际相结合的问题。更为农业服务得好的问题。

二、对问题的分析

1. 办农中的方式：前提是如何更适合当前农村需要，粮食过关，缺劳力的问题。那么是不是不办？不是。现在必须打下基础，否则来不及，将来还是快。问题是只有一种课堂教学的方法吗？当然不是，可以有新办法，应当有新办法，不能只有一种。而且我们现在关门办学的办法很危险，脱离实际，学生学的非所用。

2. 这就联系到教什么的问题：教材，如语文（应用文）、数学（珠算）、理化、农业知识等。这方面，如不大大打开门，紧密结合生产，农村的实际是无法解决的。

3. 教师必须好好向实际学习：这里就来了问题，我们的教师有不少人是出了学堂，又进入教室的。对于实践的知识很少，特别对于农村中的实际知识尤其少。学校中所学的与实际联系不起来。这就必须补课。（毛的话）一定要承认实践中有学问，而且一切学问都是来源于实践知识。这次改制对我们是个很好的机会，是把我们的不完全的知识变成完全知识的机会。我们教师不经过这个改造，农中要实现八字方针，跃进一步是不可能的。

三、今后如何做（个人的意见）

1. 要办好农中，必须搞出一套崭新的学制、课程和教材。你们必须在工作中好好去摸，随时总结，逐渐形成系统的东西，文教局今后来做这方面的经常工作（建议）。

2. 要搞好这个工作，必须深入到农村中、生产中去，最好参加一定的劳动，最好直接参加生产队的劳动。

3. 同志们都迫切要求提高，这是很好的愿望。如何提，向什么方面提，提高的目的何在？这些问题不弄明白，是不会有结果的。我以为，提高就是提高工作能力，就是对于本身所从事的工作有更多、更切实、更系统的加工和提高经验；就是把自己改造得更适合于工作的需要。你们今天在这改变中，就有了提高的机会，过去有个学校框框，现在打破了，可以更深入群众、生产中去。将来逐渐搞出一整套农中的东西来，岂不是一大创造？岂不是这方面的专家？

4. 瞻望前途，我们有无限光明，农村的将来是美丽的，农中将来是大有发展的。关键在于我们今天的工作，是认真执行八字方针，认真积累经验，为将来打下坚实的基础呢？还是认为前途不大，最好就此罢手呢？如果坚决执行前者，就给农中创造了将来大发展的有利条件，如果执行后者，就带来了损失，如同麦子遇了霜冻一样。

最关键的一环，在于我们的思想，必须改造思想以迎接新的革命。不要落后。

五月

二日 看完《创业史》第一部。几个人物写得不错，故事的结构似乎松散。作者是比较喜欢描写心理的，很细致，有时不免于沉闷。

三日 收到张玮四月二十八日信，晏甬四月二十九日信，黎舟四月二十八日信及马绩四月二十九日信。

发马绩、晏甬信。五四青年节大会讲话提纲。

四日 下午，在五四青年大会上讲话。收张玮五月一日信。

五日 上午，与剧团干部座谈，并对全体讲话。

六日 星期六 收到毛衣、药、包裹。

七日 星期日 发张玮安、谷信，参观城南农场。

八日 收到安谷信、晏甬信及编剧导演系教学计划。
讨论六十条三干会总结（王）

注意的问题：

1. 怕六十条和群众见面会影响生产，搞出乱拿、乱偷等，不对。群众说，十二条带来干劲，六十条下来后得光着膀子干。六十条不是个人主观思想出来的，我们要相信群众。

2. 领会六十条还有些不完整、不全面。如规模，说，要变动早变动，否则即不变。但六十条说，这要由社员民主决定，又说，领导今后只是建设，怕下面不听话。这要注意，六十条叫我们是加强领导，不是放弃领导。现在还有管得偏死的，如大队连小组工作也管。又如讨论反对两个平均主义中，不理解是穷富两头都照顾。又说六十条是否纠偏，不知经验有成功的有不成功的，都要总结。说允许养大牲畜是否右？从前对副业又限制得那样死，是否左？不对，任何事都要经过实践才能总结出来。六十条就是三年来工作的总结，对六十条的宣传与实行有些急躁情绪，这对分期分批进行的精神不了解。有人主张闪击战，这一定会出娄子。

3. 从个人工作出发来考虑，六十条下达以后的变动。考虑工作调动等，不是从群众利益出发。

宣传六十条时：1. 要以生产为中心，小麦多收，全年多收，即贯彻超包产运动。2. 彻底贯彻十二条，清平调账目。3. 安排好群众生活问题，保护劳动力。要四结合：1. 当前生产，2. 十二条的贯彻与夏季配合，3. 夏季生活，4. 改进干部作风。

方法、步骤、时间：

1. 由党内到党外，由重点到一般。大队先开支部大会。搞试点的两套班子，一管生产，一管学习。一般地方集中宣读，分散讨论，群众开代表会。2. 根据文件多少，开社员大会（大村)。3.根据生产队讨论。4.教育面要广要深,四员、工副业等都要参加。

步骤:①宣传讨论提意见。领导边学习,边讨论,边收集各级群众的意见。②根据群众意见研究如何执行的方案,何者要办,何者要请示(规模体制、三包一奖、四固定、定户定购、食堂问题等要请示)。要抓重点,发动群众讨论执行,中心是夏季分配。规模问题,一般麦前不要动,每社只能搞一大队试点。③学习,普讲一遍,重点讨论;分章分节讲,重点讨论结合解决实际问题。试点讨论重点:规模,食堂……

讨论的四条纪律:

1.各级干部,保证正确全面宣传六十条,一字不漏,党群问题,反复解释,不准各取所需,添枝加叶,偷梁换柱。宣读后组织讨论,广泛征求意见。

2.实行的及一般的大队,宣布四不动,一体制,二三包一奖方案,三四固定,四征购实行的大队一彻底(退赔政策)三不动。即除体制外,①三包,②超产定购,③铁匠炉。

3.保证集体财产,公共财物完整。活财物不受虐,死物不准少。(乱统乱动的并不是群众,而是干部)

学了六十条,要狠抓当前

当前工作积极做好夏收夏种准备。以田间管理为中心。学好六十条,抓好夏分为动力。六月份全力以赴搞好夏收夏种。

1.田间管理:①治虫保苗,全苗壮苗为突出重点。要查苗补种。②迅速检查结束春种。③增种扩种瓜菜豆。壮苗要积肥经常化,制度化。

2.三麦管到底:①抓好防病防虫,防人畜糟蹋。②队队人人搞公约。③管好收好,颗粒还家,寸草归垛。

3. 夏收夏种的准备,现在是物质准备。领导准备。①夏活提前干。②耕牛养膘,使用合一,奖励兑现,母畜不空怀。③工具修理增添。④茬口安排。⑤认真选种。

4. 生活问题:①有些麻痹,检查不经常,疟疾上升。②防病治病。③夏收后生活安排仍是前紧后松,精打细算,细水长流。④少数地区要防止夏荒。

几项政策:

1. 退赔:①麦收以前彻底完成。②积压在大队的物质一定要下放。③虚报冒领一定要处理。④平调款,先还社员。⑤这条线要负责到底。

2. 三包一奖,原来方案一般不动。好队:①亩包(耕)产定工(收时)。②全年总收中,或大队10%奖富队,或多搞副业。

3. 分配要搞好基础,产量要实事求是,工分要清理好。核产办法,分茬口排队。核实后,种子及任务,要定死,再超多收多吃。全年任务不变。受灾按政策办事。

4. 工资与供给

50	1∶9
50 以下	不分人供给

夏季

20 以上	25∶75
15 以上	2.8
15 以下	不搞供给

5.经济作物奖粮问题：卖了棉、烟的粮食，谁卖的归谁。不顶口粮。

措施：

1.合理使用劳力，有农技的搞田间管理。能用半力的不用全力，能用一般劳的不用技力。

2.普遍建立劳作组，划定地区，实行季节性包工。

3.定额管理，评工记分。(《新华日报》五月四日)

应当注意贯彻的问题：

①代表大会，管委会的问题。②开会要由内到外，贯彻教育，因人制宜。③抓重点，主要环节，薄弱环节。④抓细，抓具体，抓实，抓迫切要求，由近到远。⑤对生产落后单位，要排队，具体分析，定出办法，定期转变。情况：一退赔不彻底，二劳力调得过多，三干群之间不团结，四干部作风问题。

十日 星期三 调查研究的十个问题

办法要具体，一个问题几个方案。

1.关于供给制，平均主义表现，多少人吃亏，多少亏，哪些人吃亏，补贴。

2.食堂：一办得不好的大体情况，平均主义，劳力、烧草、干部精力。二好不好的各多少，原因：群众意见，常年，农忙；解散的问题，菜地，房屋炊具。

3.三包一奖：每一包中有几种做法，比较奖赔：全奖全赔，全奖少赔，多奖少赔。如何？

4.四固定：牛羊归大队，抑小队？土地如何固定？

5.粮食分配：定产定购如何定死？

6. 养猪。

7. 调整社队规模。

8. 恢复手工业社、供销社问题。

9. 继续整风整社：一三类队，退赔。

10. 讨论六十条：全面宣传重点讨论，讨论与解决问题相结合。

收到张玮七日信。

十一日 到安国。

在安国发张玮信。

十二日 到吴庙大队。许李庄食堂215人，57人全民做饭4人（连事务长）、5人推磨，做饭全年共1800，推磨2140，共18900。食堂去年二月办到现在，事务长名陈宝林。

菜园十二亩，4人种，二老二劳力，二老工分120，劳力180（月），蒸菜窝窝平均吃，菜票按工分发。

每年烧煤120斤，买煤钱从副业出。运过2万多斤煤，工分大队开，共用992，平车一人18分，马车一车54分（平车二分共108、马车162共270分，来往三日共810）。

灯油、油盐、麻等都是队出钱，每月一百元。

晚上，参加听吴庙小队的社员大会传达麦收预分的杠子，这本来是一件很好的事，社会都高兴的事。今年麦子产量不高，但保证口粮45斤，公粮共收3万斤。可惜小队干部说了许多废话，把社员有兴趣听的话未能突出地说出来。讲话的精神仿佛是"现在给你们好处了，你们应当好好干"，而不是作为政策来加以说明。会又开得长，社员们都睡着了。

十三日 徐李庄社员座谈会：共八人，说食堂问题。开始我们即宣布了六十条中关于食堂的政策，话一完，社员们即争先恐后地发言起来，一致说大家都不愿意办食堂，愿意分散吃。理由是：1.粮食标准低，两个馍不够吃，不如在家里治糊涂；2.事务长多吃多占。至于农忙食堂也不必办，因为并不省时间，现在家里也开火。十分坚决。

关于目前的食堂看来：一，粮食少，谁也不愿少吃一点点。事务长等人不免多吃。二，公正无私的事务长不易找到。三，食堂办的饭菜多样化不容易，吃饱要想多种办法，因此，不是两头冒烟，反而不经济。四，算算劳力账，为食堂忙的要占劳力的一日。五，工分也要占一日，因而影响工分值的提高。所以，这一带的食堂多取消了。

食堂的解散，在群众看来，必须彻底。如果留下少数几个人，仍有食堂名义，即不免借故继续多吃多占群众的东西。这里的食堂，财产不多，许多东西是借群众的，解散容易。煤可以按工分多少分配，菜在每人分一份之外，再按工分多少分配。

十四日 上午，在徐李庄参加社员大会，社员们坚决彻底地散了食堂，他们对于那位事务长非常不感兴趣。

下午，参加了党员团干部们的六十条学习小组讨论会。我对这些天来六十条的讨论一个强烈印象，是他们十分兴奋，有信心，认为过去不懂政策，搞得不好，农民没有积极性，但今后政策明确了，两三年内就要像五六年那样繁荣起来。事实也如此。今年的麦子是六十条下来以前种的，肥、苗都不太好，因此经不起今年轻微的霜冻。但六十条下来以后，整社以后的春苗（高粱、玉米等）就大不相同，肥、苗都好了。

十五日 到刘河沿、施庄、窦新庄、孙井等处走了一遭，归途遇雨。

施庄和刘河沿，原是一个小队，现在打算分成两个小队，他们的干部都很高兴。施庄有一妇女干部，能说会道的，她的丈夫是个好猎手，骑着车子到处打兔子。据说每月向队里交50元任务。

窦新庄有人告小队长和会计的状，共两起。在农村里这类问题很多（据调查，问题不大，干部之间有矛盾）。

十六日 经马庙（龙固社）大队、两王庄果林场到朱王庄公社，在朱王庄吃午饭。他们都在学习六十条，有热烈的讨论。马庙在孵鸡。果林场是在沙河边，现在种的果树不少，苹果尤多，还有梨、核桃、葡萄等。这里将来会很富。各沙地区域，沿沙河的，都可以这样做，但需要投资，应种经济作物，特别果树、条子等，当年，甚至二三年内是不收的。

下午，从朱王庄经三河尖（龙固），到龙固。夜住龙固。

十七日 上午，参观龙固中学、菜园、集市。中学的化学还是没有实验，生物学由一个不大懂生物学的教员在教。龙固的集市很大，什么都有，也有一些套购了国家的东西在此高价出卖，也有出卖盗窃了国家物资的，应加以控制。菜园原是公社的，有 150 亩，经营得很好，现在下放给大队了，菜园可以吸收半劳力，如老弱，但产生的价值却是很大的。市镇居民不习于庄稼活，可以吸收其参加菜园劳作，如敬安等都可以大种蔬菜，以销到徐州等地。

下一点前，回到吴庙大队。

十八日 上午，在施楼、张庄一带看看。生产情绪很高，春苗出得不错。

下午，离吴庙经杨官屯到大屯公社，到时已晚，人亦疲倦，饭后即大睡。

十九日 由大屯出发到湖边参观拦湖坝。工程相当巨大，在湖岸峡处筑坝将微山湖拦腰截断，坝长十余里，西岸为船闸，东岸为发电所，工程已基本完毕，但尚未发电。全部工程为山东所建，我们也从坝上过湖看了一下。

微山湖边我也走过若干次，始终未见湖的水面，这次是见到了，水亦甚大，帆樯亦不少，颇具野莽气概。

下午 4 时，回县，骑车逆风而行，人甚疲倦。

收到马绩、晏勇、郭汉城、董润生信，及《马恩》(VIII)，又收到徐州华原信及照片 6 张。

二十日 县委讨论十个问题的调查研究。

一、分配问题：

"产量"按比例普遍降成，轻重民主评定。

"扣留比"种子，饲料留足。

三包以内口粮，以大队为单位，超产部分，多劳多得。

基本口粮和多劳多吃，40—35斤以下，不搞多劳多吃，40斤以上差别5—7斤。具体办法：基粮按人口平均，多劳多吃按三包工分。小队按时干工分。基本工分的口粮，也死也活，口粮按口，钱、柴草按工分，基粮要分等定量，分等下面讨论，按工分的话，懒汉本人扣，小孩不能扣。

奖赔：一刀两断。4、1.5、粮①，金额全奖。小队，赔一般的地区是钱，50斤以上口粮的，可赔一定粮，奖中赔，赔上奖，先执行后者。小队负责奖，奖劳技好，劳态好，对小队生产有一定贡献。奖上有赔，一是一贯懒，二是不负责受了损失，三屡教不改的惯偷（要慎重）。

分配一定要和生产联系起来，要与夏季生活安排联系。

45斤以上的，要照顾单身汉、双身汉。

柴草分配：1.大队留15%，顶多20%（有收购任务时）。2.夏季多少要分足给群众。3.社员缮屋草，可以青草换。4.……

二、粮食管理问题：

计划用粮群众已熟悉，但以人定量群众都不懂。

一，一次到户。二，一月一发。三，五日一发（计划者）。要换的问题②：

1.半劳力，老小人数。2.50斤以下——40斤以上的，分配问题，应拖一尾巴，全年结算。

2.供给制与工资制。一，供给制吃亏的人大约40%。二，劳动好的人吃亏。

---

① 原文如此——编者注
② 原文如此——编者注

今后，要注意弄清：一，在什么基础上供给制是进步的，有利的。二，让群众认识高收入情况下供给制有利。

一，调查要分几种类型：队、户、劳力。二，要发现矛盾研究一些具体办法。（社会救济国家减免不打入供给制中，看看结果如何？）三，占便宜的（80%）经过教育之后，收入是否也能增加，及与实行供给制的比较。四，非生产性工分减少后，提高工分值，能提高多少？

今夏一般不实行。

三、三包问题：

分作物，包产量，包产值。分季奖赔兑现，年终结算，按总产量总产值分别奖赔。

二十一日　刘书记传达省委座谈会

一、三定。

二、储备。

（一）①

（二）口粮分配，指标到户，分期拨粮不要太短。

（三）分配，口粮太低不搞工分粮，高的也不超过10%（不是杠子），普地粮按等级差否可试验。

（四）超产粮分配：按实干工分分配较合理（另一是按超过基本工分），肥料工分，家庭积肥分粮。

三、三包一奖。

（一）范围：意见，个人10%，小队25%—40%，大队

---

① 原文缺——编者注

50%，公社10%（这是国民收入的比例，不是政策，是方向，大队为重点）。

（二）包产：指标，余地，5%—10%左右。包产最好订单产包总产（其他是包总产，包单产），农副产品归大队抑小队，研究一下。包产注意贫富队。

（三）包工，按亩按产相结合。

（四）包本，饲料问题，包本即能够允许分配。

（五）奖赔：产量不稳定时，可重奖少赔，稳定时可重奖重赔。

四、供给制。

四个实行的杠子：1.保证90%社员比合作社以来最高一年增加收入。2.劳力多强之户，比分配最高一年不减少收入。3.稻区100元以上，杂谷地区80元（纯收入）以上实行，其余不实行。

供给制是否平均主义？要区别条件，不看条件而过多或不适当地提出供给制即"平均主义"。不行供给制的地方：1.对五保户供，2.困难户补或供，3.临时困难户、城市临时下放户补。如行供给制，以何负担之，一按基本工分，二按全部工分。

×

王书记：

调研的问题：一，贫雇中有信心，认为困难到了头，同意农业为基。工人要回家。二，社员要求是提高工分。反面：1.贯彻政策与社会主义教育要并重（群众以为我们近来的政策是表示以前错了）。2.发扬正确领导，纠正瞎指挥。3.劳动力的下放要注意教育管理，抓思想情况，使之安心工作。4.农业与商业、文教的关系。前者是商品不多,如何分配问题。

×

五、评工记分提高工分值,通过试点去解剖麻雀,田间管理包到户(或包工到组,责任到户)利多弊少。发生的新问题要去研究,如劳动态度、技术水准等。提高工分值有材料。

六、食堂,揭开盖子,多数不愿吃。散:要把粮草三至五天发到户才能解散。县委要在麦收前取得经验。散后:一账目、柴草。二房屋家具。三劳动工分。四菜地:1. 补自留地不足者,2. 母猪下放社员后补其饲料地,3. 其余大队收回作为三包。社员是否缺炊具餐具。(点大搞,面不)

大忙食堂怎样办,多样化,不是人人户户都参加,个别好食堂坚持下来,如何坚持。

七、耕牛农具:(四固定)未搞好要分析,是所有权,抑固定权,管理权问题。何者是主要的?不是所有权,是管理权。

八、家庭副业:(养猪)重点的是肥料。公社大队的母猪要下放社员。(种猪不放)如何下放:1. 所有权在大队,小猪再处理;2. 猪归社员,以肥料还价,小猪分配权归大队,也定繁殖额。目前主要是饲料问题。

九、家前屋后的界限问题:试点要具体化,要考虑到历史上习惯,又要考虑当前实际问题。

自留田:一切政策要从现有产品增加着眼,与家前屋后的分野。

十、开荒问题。

十一、十边地界限搞清。

十二、水面。

十三、林牧——农业所意见：山林管理包到户，公路边树归谁？

十四、社队规模：

考虑三关系：1.照顾穷富队。2.要考虑分不分的利弊。3.历史关系，要分析主要矛盾何在，如何解决？小队规模要考虑茬口，大队规模要考虑 。要防止一阵风，小的好。过去规模常变，今天不能用过去方法，一定要调研。

十五、供销社，座谈说要恢复，原来的要调研。

十六、手工业社，有人主张以社为核算单位自负盈亏。

十七、散布在大小队的手工业，生产管理和分配问题。

十八、信用部如何办？

十九、价格问题：农副收购价格供销差问题（这个问题和平均主义有关）。

二十、社办短途运输问题。

此外：有领导问题、公社职能问题、党政分工问题等。

×

县委讨论（续）

食堂问题：群众都愿意解散的是多数，但也有愿办下去的，还应办下去。1.已散的，要予以结束。2.遗留问题，炊具、房屋借的归还，集体的群众愿保留的保留，不愿保留的，作价变卖分钱。结余的吃食堂的分。属集体的如咸菜等全民分。猪、羊属食堂的作价归队，分钱或变卖。菜地，暂留作小队的机动面积。3.社员生活要具体安排，如烧柴。

---

① 原文缺——编者注

下午，四时去胡砦，乘"安二"治虫飞机，鸟瞰沛县，北至杨官屯而回，远望微山湖，虽未见全貌，已略窥其气概。

二十二日　星期一　县委继续讨论：夏收夏种。

一、田间管理必须加强。三麦秆锈病、蚜，春作物蚜、截谷虫。1.要大力扑灭病虫害。2.大力查苗补栽（红芋缺苗一成，高粱、玉米更多有缺65%）。但要注意补种的品种，不要使早茬变成晚茬。3.高粱、谷、玉米，有条件的地方要追肥。4.护青：群众护与专业队伍相结合，集体猪羊首先管好。

二、大种瓜豆菜：瓜差不多，要多种点豆，通过间作来搞。瓜地，特别是南瓜地可以种豆角（五月红）。十边、开荒也可种豆。西部荒地多。

三、认真检查夏收夏种，缺甚补甚，要求收得好。1.各种工具要齐全；2.夏种种子；3.生活：要备足15—20日的粮、菜、草、油、盐，粮食本月二十五日前发下去。劳力组织好，划分作业组包任务。

四、分配问题：1.公社党委要认真讨论分配方案，2.切实核实产量，3.分配公布到户至迟二十五日前，4.第一书记亲自抓分配。

五、六十条的学习讨论：1.以讨论政策为中心，千万不要纠缠在规模方面。2.争取麦收前，切实解决：A.按劳分配；B.食堂与粮食分配到户；C.评工计分，责任到户到人；D. 20条政策的……E.养猪，可下放给社员。

二十三日　星期二　上午，复晏甬、马绩信，并量血压，结果

160/90。

收到张玮十九日信，发晏甬信。

下午，与江苏省梆子剧团滕维等三人谈剧团领导问题，自三时至五时四十分。

二十四日　上午，发张玮、晏甬、董润生信。

二十五日　星期四　王书记传达粮食问题。

60条实质是粮食问题，现从上至下都注意此问题，但解决粮食问题不能偏到一面。办法一，当前与今后要一致，当前未过关，江苏要到280亿斤，徐州要到30亿斤，就好安排。二，局部和整体要统一，工农城乡关系要一致。三，地方和国家要统一。粮食问题要斤斤计较，也到了毫无余地，背水作战的地步。外国进口，一要黄金布匹，二要卷扬机卸货，三可能掺毒物。江苏是，一，首先解决自己的问题，二，力争上交一亿斤左右。办法：粮食问题不能大意，如收得粗，过秤不严，就会发生问题更严重，这点粮是千百万人生活问题。领导大意了，就会出大问题，要兢兢业业，提高警惕。今年会比丰收时问题更复杂。要在统一安排下多拿一点，要在劳逸结合下多收一点。

今年国家粮任务分配，基本按政策办事，不能失信于民。

丰收区任务大，口粮也要多吃一些。平收平吃，减产受灾区少吃，整个口粮无论如何不能提拉平。粮食分配一是保证生产，为了跃进；二是保生命线（15%地区）。这就是不拉平的意思。现在估产一般偏低，一部分恰当，现干部有点恐慌的情绪。徐州要保口粮60斤，但有二特殊，一丰产区多吃，二重灾及未种好的地区少吃，杠子：45、50、55、60斤。穷区要带着他过活，不要背着他过活。三是不准层层加码，社办工业可能搞手工业，要下放，不要大办，一些普通手工业要分散交群众去办。工业有出息的（名牌）由县办。社办：一耕耙，二运输，三小农具，四排灌。

为农服务，这样可少吃粮。毛说：食堂是要散伙，浪费粮、柴、工分劳力，影响积极性生产，是一平二调的积极表现。

三条：一，参加否都是好社员干部。二，参加否要一视同仁。三，粮可以一次分到户。城市人口，要压缩，1957年有8千万工人，现有1亿5千万，城市要坚决保证供应，不该供应的坚决不供应。

工业形势仍落后于农业，农业盖子揭开了，工业未揭（人心不定，生产混乱，内因为主，外因有关）。要坚持群众路线，反对强迫命令；坚持按劳分配，反对平均主义。产品宁少质量要高。要一行业一行业搞。坚持责任制，反对无人负责现象。两手抓生产，反对瞎指挥。实事求是，鼓足干劲，自上而下，留有余地，执行超过。六月调研，七月揭盖。

讨论：徐专原出粮65000万斤，现自给。方案：一，6、7、8、9四个月吃19200万（自报后成15200万）。二，安排6、7、8三月，可省4000万斤，但要保证9月吃中秋粮。夏季，安排16000万斤。全区可55斤到150斤。1960年度粮，一定要发下去，不可今年重分。分的加去年的、自留田的、十边的，群众可能不少于去年。

定案：沛，1100（900万斤）。

×

1. 体制规模：除矛盾突出的以外，一般解决政策再规模。调整要慎重，合作化以来，变动了七八次，因过去未提调研，分不清矛盾主次，大小要从实际出发。要从安排茬口、使用劳力、使用中大型农具、贯彻生产方针出发。团结是上层建筑，要先解决基础，一好团结就好了。

2. 粮食：定产定购，定到大队，落实到小队。定到小队会使大队之内粮食不平衡。任务基本上要服从政策，要算三笔账：一粮食，二现金，三工分价值。按劳分配不能过大，5%—10% 粮食基数少了，按劳分配要小心。夏口粮要搞 75—80 日，太长了，每日粮量太少。

3. 三包：主要解决队之间的平均主义，不能包得过宽过死，总的精神要放一些。小队所有制 30%，个人家庭 10%，大队 50%，公社 10%。一面顾当前，一面顾将来。包产指标现要落实又要有余地，5%—10% 余地。

4. 供给制（见前）。

5. 食堂：粮食五月前发到户。（其余见前）大忙食堂办法另议。

6. 自留田：a. 一切政策服从产品增加。b. 服从人民生活安定，心情舒畅。c. 服从收入增加。

7. 四固定：所有权、固定使用权、管理权，土地劳力不大，是耕亩农具问题，牲口、农具应由大队折价作为投资给小队固定。山林管理包到户。

收入在十元以下的，集中在县，开会集中处理。

×

夏收夏种

今年要抓细管理：一，收尽，运尽，打尽。政策要宣传、兑现好。要一次收净，要选好种子，也要逐年改成多种化。受冻害的小麦种要总结，各小队要搞四五亩种子田。二，一定做好分配工作，以夏促秋，以秋补夏。超包产中心是肥料，分配一部按工分，一部按肥交多少分。三，田间管理包工到组，责任到人。

退赔，麦收前要抓紧，麦收后未完的还搞。

规模体制，大队公社用多少人，总要能管起来。工作方法要学会讲道理，可以对上不生硬，对下不简单化。反映问题要有情况有原则，分配按三包，受灾区要保总产。

六十条，毛在南昌讲了12个问题。一，公社权要缩小，取消共产风。二，一平二调。三，随便扣口粮。四，瞎指挥。社会主义：一，按劳分配，多劳多得；二，价值法则，等价交换。

机关生产：养鸡、猪、羊，种饲料、大豆等，也可以搞超过。

二十六日　星期五

一、征购：1.定后，公社加的保险系数不能要，大队可以。高低产队，口粮，一方要防止调动面大（要适当平衡）。2.统销要以大队为单位，分不到45斤的补足。征购：超产千儿八百的不要了。三四千斤的要。3.多劳多吃，45斤以下的顶多搞5斤，50斤的顶多10斤。4.粮食保管分配先入大队仓库，条件好的一次分到户，不好的可做二次分，先分一次，场净再分一次，不含控制的人分期发给。

二、分配：可能动镰后方案还不能和群众见面，不好。

1.口粮较高的地方可以留点余地（3.5%—10%）。2.任务落实后，是否马上与群众见面。一是先把大队的初步方案宣布，再搞一两个小队试算。以后是以小队为单位按户试算。3.今夏分配要求，要每大队有粮，有草，有钱。特别沙地。省农工部通知，夏分完全按实作工分。4.生产费用要多留些。5.食堂：自愿参加积极办好，多样化；工分，全民参加的核实算；部分人参加的算部分人的；处理：一账目，二菜地，三用具，普遍宣布三条。6.不清楚要摸的问题，如超产奖励。4、1、5等。7.县科局长和公社书记，下去最少要抓一个大队过堂，总的时间要求，不要迟到三号。

三、夏收夏种：1.收前强调思想发动，内容：a.依政策教育；b.三爱：社会主义、集体、劳动；c.精收细打。2.准备工作：a.劳力组织安排、分工好；b.工具准备，特别运输工具，抢时大队的全部到小队；c.场要压好；d.队队搞劳动完成计划；e.劳逸结合，何时放假；f.商业医务要配合；g.生活安排，一是烧草，二是六月十号以后粮食不叫提前吃，三防火。总结：茬口施肥，混作单作，品种，受耙后是否加工。选种：豌豆与麦混作是三日。碧玛一号60%—70%，其他30%—40%。棵选、穗选。

四、护青公约：1.从积极出发安排每人一定的活。2.教育干部团员，积极分子家属不要拿。3.发生问题后要迅速及时处理。4.看麦不得带武器。

五、和微山问题，向干部群众解释。A.是内矛，不要受敌人挑拨。B.谁种谁收。C.坚持1953年两省协议，可以控告，不能打架。

种的问题：1.收以前种子分到生产队。2.晚秋布局，绿豆、油豆要多种，山芋面积要控制。种以前落实到生产队。3.肥料，高粱、玉米、山芋要苗苗施肥,收种前清理工分时也兑现肥料,超产地区以30%给肥料。饲料田,一般户一分,养母猪的1.5—2分。十边地,不宜管,集体管不好的地可分到户,责任制逐步实行。

工作安排:1.月底月初抓分配及征购任务落实。2.夏收夏种,田间管理。3.15前抓收,15以后入仓,分配。4.摸摸茬口,肥料,田间管理责任制。

二十七日　江苏省梆子剧团青年演员座谈会

史维义(花脸):现在演爱情戏,花脸的用处少,如何办?自己的问题,是先强调发展,继承不够,如老艺人抬不起头来。老艺人又光强调继承,什么都不能动,豫剧向京剧模仿多,观摩少。

惠岛中(武行):我们这里的梆子是不是也要创造自己的特点,山东的就有了与河南不同的唱腔,面上也是。我们的道白有河南、山东等四种口音,是否应当统一一下。武戏的提高问题:向京戏学是好,是否梆子自己也有武戏传统。青年演员提高是在下面勤学苦练,还是争取在台上多演?男的怕唱丑,女的怕唱老旦。

冯思礼(红脸):行当没有分下来,所以有人不愿唱丑和老旦。不注意演好角色,戏不能提高,反而退步了。

韩蔚霞(旦):过去只要是头牌,花旦也可以演主角老旦,有武功的演员没有武戏演,产生了苦闷。演员入团先当丫鬟,后演小花旦,所以养成了只愿演花旦,个人演戏多,可是加工磨炼少,不能提高,还不如把一出戏搞好。遗产是什么?学学唱腔，模仿老艺人的戏，难于提高。

高彩平（刀马旦）：要求分行明确。

雷小侠（小生、旦）：

朱丽华（刀马）：

张茂荣（青衣）：

谷桂红（武）：

韩凤轩（乐队）：老师有保守，团里整理传统剧目少。

晚，看该剧团《战洪州》。戏分两截，不完整。

收到张玮寄药品、糖果。

二十八日　星期日　连日来读《德意志意识形态》，已读完"费尔巴哈""圣布鲁诺"二章，正开始读"圣麦克斯"章。M.[①]，L.[②] 对于唯心主义的批判，启发人至深，系统唯心主义的产生，根源与脑力劳动与体力劳动的分离。但彻底的唯物主义世界观是不易建立，唯心主义残余或多或少占领了我们的脑子，却不能只归因于体脑劳动分离，而应归因于不调查不研究，对待事物和事情态度不严肃和不负责。这种态度，在我们搞专业工作的干部中，是易发生的毛病。由于认识不全面（政治不挂帅），不适当地强调自己这部门工作的重要性，常常易于得出不正确的结论。这种以偏概全的思想和 M., E.[③] 批判的鲍威尔、斯蒂纳等人的思想方法是有共同之处的，虽然在程度上有所不同。

晚看《取洛阳》《白莲花》。前戏纯是河南梆子传统，从剧

---

① 代指马克思，下同——编者注

② 代指列宁，下同——编者注

③ 代指恩格斯，下同——编者注

本到表演，在武戏方面，梆子有自己的一些东西，但原始而不完整，是可以注意学习和提高的。后者，也是传统剧目，看来经过较多整理了，但在最后，《白莲花》整治官僚地主的一套表演方法，也具有河南梆子特色。

二十九日　星期一　老艺人、中年艺人座谈会

李瑞祥（乐队）：1.表演，采取京剧的比较多，特别武打（打击乐本来也基本差不多）。2.唱腔：道白不统一，唱腔有二本腔，大本腔……到底何者适合？

青年人为什么不学？老艺人为什么苦闷？因为青年人看不起老东西。

吴小楼（丑）：剧目有三四百出，整理得好的不多，丑戏就不多，小丑培养也少，青年也不愿学，青年练功摔伤的也不少，老艺人教青年没有成套的，只有具体的戏。

徐艳琴：还是都唱大本嗓呢，还是也可以唱二本嗓？

化装方面好的也要学京戏，但也要糅合起来，武打也是这样，但全搬京剧也不好，硬搬也不好。

青年如何学习遗产？我们也有一套，就是没有编成套。

也可以组织一套。但青年也有骄傲，也没有固定老师教，老艺人也不主动。

排一个戏扔一个戏，行当不全，女的演男的。

李广德（丑）：青年人不肯学丑，剧目演不出。

李庆彬（鼓）：移植多，挖传统少，小折子戏挖的更少，排的新戏保留的也少。老艺人演戏规格很死，青年演两天就变了。

京戏是进步的,还是可以学,如语言就是一致的。

王广友(净):倒了仓不喊,嗓子出不来。

大家讨论:男演员唱不出来,原因何在?意见:一,男学员唱的机会少;二,变声期不唱;三,黑红脸的戏少了。(丰沛群众爱这路戏,向东向南不愿听)〈赵云庆〉

赵(又):青年人不下心演配角。

谢鸣(净):传统剧目整理太少,从领导、编导上就认为传统没有好剧目。豫剧主要是唱,青年人学唱就不够。老艺人埋怨青年不好好学,但关心他们也不够。青年人也不虚心,认为老艺人的东西旧。女演员只愿学常香玉等,男演员只愿去学京戏。老艺人也有守旧现象,过去的一切都是好的。对青年使用多培养少。

王友德(净):

秦绪荣(红脸):梆子如何发展流派,需要不需要发展?

开幕落幕不是传统,唱歌也不是。

晚,看《守湖州》,写南明事,戏甚平,不抓人。

三十日 星期二 上下午连看未整理剧目《阳河堂》,共演五小时,有些重复啰嗦,但有的戏又不突出,有些糟粕应去。此戏大部分与其他梆子戏相同,少数场子不同,不甚重要。

给省梆子剧团的讲话提纲:

梆子戏如何提高一步?

一、时代变了,任务也变了

(一)过去给小农看戏。1. 封建思想影响。2. 本乡本土。3. 有的是时间。4. 野台戏。5. 看戏机会不多,要求不高。

（二）现在呢？1.思想起了变化，社会主义（慢，但的确变了）。2.有了很大的交流，（人出去，进来）眼界宽了。3.比较从前忙的多，集体性。4.有了戏园子。

（三）过去多少年来变得十分慢的，现在就不得不起大变化了（过去也变，梅与其祖父的化妆就大不相同）。1.要表现社会主义思想生活；2.要去糟粕（如《阳河堂》中的宋廷）；3.要提高艺术（如表演要细致，要有灯光布景，要精炼，等等）。

二、如何提高（或革新）

革新是肯定的，但有各种做法，原则：百花齐放，推陈出新。大家也都承认，但做起来就有各种各样的。

一，是实际上抛开传统，或只继承一小部分传统，而不继承所有的优良传统，如行当不全，对于某些行当不重视（实则各行都有丰富的传统：如净，梆子丰富；如丑、老旦，创造了包公、唐知县等）。认为它落后，但生旦两行原来也是不好看的，是经过了改革的。净丑等如经改革也是很出色的。行不全，剧种很难全面提高。

二，实际上不大愿意改动，有点怕费劲？如嗓音问题，二本嗓不必勉强老艺人改，且更不必强改。但改还是对的，这里就有男女不同弦的问题，对于乐队来说是个麻烦，但能否在这方面改进呢？过门。

三，正确的方法：既要继承，也要革新。二者必须通过百花齐放来实现。生旦净丑都要发展，都要继承革新，剧本、表演、音乐、唱腔、化妆、布景都要发展，继承革新。不同的演员有不同的分工，老艺人多挖掘、整理剧目，在表演、嗓音等上不必多要求他们改。青年首先多向老人学习，学会了再改进，进一步,还有创新的。

1.是剧目,整理各行角色的有特点的好剧目,老艺人教,青年学。花旦太多,也要分分工,有专学青衣,有专学刀马。净丑也要专学,吴小楼的书童。

2.是要革新,如《阳河堂》:长,有些戏没有搞出来,如《法场换子》。另外,布景,等等,也可加工,如《白莲花》。青年演员在嗓音等方面可以大胆试验突破,吸取别人好的。中年、老年,只要可能自愿,也可以大胆革新,但不要勉强。

3.创造新剧目:现代的、历史的,这些所占的比例不一定很大,但要搞好。现代戏,青年人多参加,老艺人必要与可能时参加。

三、必须提高政治与文化

有种看法,认为提高政治、文化,对演好戏是无关的。这是错误的,要演好一个角色,必须分析理解他。这又要文化(没有文化不会分析),又要政治(分析要有正确立场,演现代戏还要有无级的感情)。

收到张玮二十六日信。

三十一日 上午,读《德意志意识形态》。下午,参加县委常委会。

晚,看《唐知府审诰命》。

收到安谷二十七日信,发张玮及安谷信。

六月

一日 上午,给两个梆子剧团作报告。

下午，赵呈美、杨德勋、金耀章三人来谈。

晚，看《穆桂英下山》，未毕即回。

二日　上午，与省梆子剧团党员干部谈话。下午，读《德意志意识形态》。

三日　上午，看省梆子剧团革命历史剧《小五队》。下午，到湖西农场。

四日　星期日　湖西农场地21000亩，人5250，22个队，17个村。种麦16400，单产134斤，总产2180000斤，征购100万，种子50万，饲料10万，口粮42万，机动6万。每人80斤口粮。加上自留、十边、湖地，每人吃麦约100斤以上。

五日　严楼割麦现场会议。

六日　上午，割麦。

七日　晨起将雨，抢垛场麦，冒雨完成，新换的衣服都湿了。垛完早餐。

帮助汲医生写好疾病调查报告。

八日　湖西农场疟疾，1958年没有，1959年6人，1960年大批98.3%。原因，这年蚊子多，疟蚊73%，这年夏天发疟60%（5、6月）；秋天到97.3%（8、9月）；冬季全场发疟人数最高60人，最低30人（11、12月）。1961年早春（1、2月）疟减少到10余人，小孩、老年，到春来发展到105人；（3、4月）场医采取全力治疗，十日即消灭了。用奎宁但不能制止复发，因缺扑疟母星（毒性高，数量少，但对疟原虫寄生肝脏中时，只有它有效）。

在疟原虫在人体内未消灭时，复发的导因：1.疲劳过度。2.受寒受凉。3.饮食卫生不好，影响了个人健康。4.由其他病症引起。5.主要是医务力量少，患者多，患者本人认识不足，以为不发就好了，不愿再服药，因此不能进行系统治疗。6.治本灭蚊没有进行。

下午，六时回到沛城。

智良骏同志带来磁力保健带及《现代文艺理论论丛》。

收到李大珂、王照慈、陶君起信。

九日 星期五　休息，晚，整理西红柿。

十日 星期六　读《德意志意识形态》。

十二日 县委常委会。

调查研究的十多十少：

一，一般干部挂帅的多，领导干部挂帅的少；

二，充分准备的少，漫无边际的多；

三，浮在上面的多，深入下层的少；

四，昂首望天的多，当小学生的少；

五，晃晃悠悠的多，参加劳动的少；

六，吃小食堂的多，吃大食堂的少；

七，住招待所的多，住工人宿舍的少；

八，干干净净的多，满身油腻的少；

九，带走的东西多，留下的东西少；

十，"十月怀胎"的多，"一朝分娩"的少。

讨论了粮食问题和分配问题。

十三日 县委常委会。

生活问题：四字方针，种（好），管（好），节（约），清（理）。

生产问题：争取抗旱抢种，抗旱保苗，争取秋季丰收。具体工作：

1. 抗旱抢保：栽山芋，二十五日以前种毕，最迟不能过六月底。根本问题在秧苗。大豆有墒抢种，无墒点种或先浇后种，种不了的要灭茬。抗旱保苗：以防为主，锄地、松土、保墒。

2. 田间管理：一，锄地灭草保墒；二，治虫，谷钻心虫、玉米螟、棉象虫。

3. 认真做好三防准备：一，自上而下，V.S.① 制定规划，工程排队。二，物资准备，排灌设备检修，湖堤防汛器材。三，成立指挥部，动员组织民工。

4. 发展畜牧，积肥造肥，通过试点，总结经验，准备向面推广。

措施：1. 立即开展秋熟超包产运动，2. 大力开展田间管理

---

① 原文如此——编者注

制度化（包工到组，责任到人），3.检查政策兑现政策：一，饲料地（包括十边）是否到户，地段明确；二，肥料：工分兑现；三，畜牧：奖赔兑现。

分配问题：

领导上有四个问题要注意：1.领导上重视不够，未能自动自觉的注意。2.领导对此不熟，不懂，不钻。3.抓得不全不细，特别对五保户的安排。4.新问题和不明确的东西没有请示报告。

考虑这些方面的工作：

1.打净、晒干、脱粒、过称、入仓，人口平均口粮搭配和粮食等配。一，粮、钱、草一经公布群众又无意见的不变了，有队之间的意见的可以调整。二，平均主义严重未经公布的要改。三，完全平均搭配的，有超产粮的，按超产额工分分。四，一大队原定口粮有新增加的，超的部分按多劳多得分。五，粮食管理办法：口粮，分级拨付，忙闲搭配，节约归己，计划用粮，个别社员小队代管，按旬指拨。

种子：计划面积，分别作物，一次承包，分别归队，布局变动，多退少补。

2.①

3.困难户。标准：烈军属与社员相同或稍高 3%—5%，五保户一般与群众相同；困难户补助，生活水平一般应低于社员；个别懒汉还要低些。办法：a.基本生活供给；b.粮柴供给；c.因特殊原因困难的，一次定额补贴，分季发；d.临时困难的补贴。解决方法：一，领导定方案，群众评议。二，为了全面调动积

---

① 原文缺——编者注

极性，增加社会财富，减少年终透支户。三，烈军属由劳动力补，困难户由公益金补。四，帮助他们订好生产计划。

4. 生产费用：一富的全留，二一般留一季，三困难留急需的。

5. 工分：可以合理增加三包的（由大队出）。一牲口增加了的；二肥料增加了；三红芋芽管理；四牲口草不足，小队解决了的（超过的小队负责）；五去年遗留的工分；六长年副、劳力用得多的。

干部工分。固定工分，定额要合理，可以试验基本定额加奖励。

生活用工：a.以大队为单位统一，队之间基本平均的，大队、小队、公益金三方解决。b.大队是内部统一的，由小队负责，大队酌补。c.部分人吃食堂的，个人负担，小队及公益金照顾一点。

乱记乱开工分要审查，经群众同意适当削减。

6. 生活问题：粮、柴、钱未落实，群众情绪不定，一般要精打细算，防止夏荒，少粮地区要安全渡夏荒。有利条件：一，粮已上场；二，瓜菜多；三，群众有计划用粮经验。具体抓：①粮柴草钱，落实；②抓房屋修缮；③从现在开始抓饲草，大小队饲养员过秤三见面；④队、户夏季生活计划；⑤困难户生活安排及吃粮控制。措施：①县、社、队对头；②专线领导。

7. 生产上：一，以四防为主，防旱、防涝、防虫、防汛，突击除草防旱抢种。二，注意合理安排茬口，不要将早茬口变成晚茬口。注意抓好肥料，抓劳力的合理使用搭配；抓田间管理责任制。抓劳力：a.夏季兑现月底结束；b.思想工作，通过总结，夏收夏种，评选好人好单位。三，议论一下正确领导生产和瞎指挥的界线。四，退赔还要复查。五，领导作风要抓全抓细，又要抓重点。

十四日 发郭汉城信（谈《戏曲史》的编纂）。

十五日 星期四　上午，在教师进修班讲话。

十六日 星期五　上午，开县委会。
下午，开县人代会筹备会。
晚，给张玮写信。

十七日 星期六　上午，给李大珂、陶君起等写信。下午，看26届乒乓比赛电影上集。
发张玮、李大珂等信。

十八日 星期日　收到徐州市文化馆胡冠勋信及照片。

十九日 星期一　公社党委书记会议
谈三个问题：1. 粮食入库，2. 积肥，3. 田间管理责任制。
1. 关于粮食：夏收夏种（乔）
一、夏收情况。
刘书记分析：主席指示今后五月之内将大不好形势（农村一日地区的坏人坏事）转变过来。是比较顺利地执行了主席的指示。而且还在向更好发展，小麦虽受灾，但后期发展不错，粒沉。

夏收有成绩：一，收得适时，净、快。比往年好。二，收割事故少，偷、私分少，火灾未发生。三，收种田间管理穿插好。

成绩原因：一，力量组织好，干部集中领导劳力畜力也集中。二，思想发动比较普遍深入。三，贯彻十二条，学习六十条以后。

缺点问题：一，上场后产生了麻痹情绪、满足，抓脱粒、过秤、入仓不紧，场上缺乏计划。二，基干群众都有些思想情绪，拉低产量，不顾国家一头。三，场上活下雨后缺准备。

二、抓好粮食安排生活的几点意见。

三、关于夏季生活安排。

二十日　2.生产问题（李）：超包产。

A.一生产劲头大。

二秋庄稼长得好。

三普遍建立了田间管理责任制。

B.超产多收要过五关。

干部群众有满意麻痹思想（还有水、草、虫、病、风五害），因此要超产必须一环扣一环狠抓田间管理。

C.抓肥、水、虫、草、五无。田间管理。

一、沛县特点，秋旱得收，秋涝不收。

二、四年来地薄，草多，必须中耕除草，实现五无（瘦弱苗、积水、杂草、缺苗断垄、病虫）。

五项措施：大搞积造肥，草肥家肥并举，全面贯彻肥料政策"庄稼是朵花，全靠肥当家"。1.全面规划（追肥，秋种）要30亿斤，每亩追千斤，要6亿斤。秋种麦70万亩，每亩3千万共21亿斤。2.方法：五个字：积、造、沤、种、保。3.全面贯彻肥料政策，及时兑现。按价论价，超产奖励。4.发动群众，落实规划，措施。自上而下，自下而上讨论，任务落实到户、人，定数量、质量、时间、地块，定期验收。

三、三防（洪、涝、旱）。

四、发动群众，贯彻政策：1.切实做到粮、钱、草一次兑现。2.饲料地赶快确定到户。3.肥料账，通过夏分彻底清算兑现。

五、树标兵插红旗，定期检查评比竞赛。

二十一日　星期三　收到张玮十八日信。

王书记讲话：

一、当前工作任务：夏收夏种县、社领导抓得还不紧，气候正常，工作较顺利，工作主动性较往年好，上下干群关系较洽。发展是逐渐向好与更好发展。

但三麦减产是空前的，530万，480万，减45%。1.一是天灾，相当一部分是主观努力的问题。如沙地。一是肥料减少，土地消瘦。鹿楼上肥不到一半地。2.茬口安排不合理，补种误了农时，唐楼六千多亩麦有3800亩红芋茬。3.牲畜力少，瘦弱，沿湖少数地三年未行犁。4.有人体力减弱。5.自然灾害：霜（湖地）、风（沙地），但肥多的抗了霜。好扭转。三麦逐年产量下降，首先是培养地力问题。并多搞点豆麦混作。茬口也重要。

种庄稼今年要想到明年。

粮食问题：是全党突出的中心任务，特沿湖：①要以收割劲头抓好脱粒入仓。赶时间、晴天。②各级领导要端正态度，不要使产量每一次会上都越估越降低。坚决反对虚假，有多少是多少。③征购任务按原定执行，超产部分按原规定的购。三者关系要根据今年情况摆平。入仓：A.不准在场头分；B.不准先分后算账；C.不准打折扣；D.不准增加吃饭人员，标准。④粮食管理生活安排，指标一次到户，分期拨粮。（二—三次拨，沿湖粮多可四次）第二次拨粮时，可发出超产粮。消耗要民主决定。少数用粮无计划户小队控制。

生活问题：1.要公开三者利益及大队家底，使群众去依赖；2.队、户要搞生活计划（沙地）；3.狠抓烧草饲草，结合粮食入库，草也要过秤。4.抓紧已出问题的排队，抓紧解决。

夏种，抢时、适时，种红芋为主。第二是大豆种扫尾；三是十边地种足红芋。①坚决要求亩亩施肥。超后种的越要抓紧。②沟子化。③管好并节约用苗。④烟叶坚决完成种植。

三防：越来越紧了。①在农活紧张之下合理安排，多少有点压力去办。四定：任务、时、质、报酬。一保证：不出娄子。②土方工程，先急后缓，与田间管理互相穿插，定额到大队。先急搞隐患。③走群众路线，搞什么工程，什么时候做。④器材先期集中，专人负责。

田间管理：1.全面彻底除一次草。2.防虫治虫。教训是防晚了。3.护青工作要逐步加强。搞好这些是加强责任制。一，是在干群思想成熟的基础上搞责任制。现在干部有顾虑，以为是搞单干了，群众以为党犯了错误了，故搞起来是简单插牌分地。也有分了万事大吉思想。要说明这无关乎所有制，只是田间管理的具体措施。要群众讨论：（1）如何搞定额评工记分。（2）如何据劳力技术高低搞多劳多得。（3）落实管理有什么问题，如何发生的？（等工，早收工，晚上工，等）二，内部定方案，发动群众自报自认（多少地，勤）作物排队，早晚茬口排队。①劳力排队，大小搭配。②劳力安排，A.各种类型户，B.技术高低，C.报酬奖罚。三，具体行动。①小段计划（时间，质量）定出要求。②定期进行验收评比，返工不加工分。③小队临时活，临时户，以小队解决。④不断发现新问题，研究解决，先简后繁分期分批搞。

二、肥料问题：存在问题，1.重视了社会家庭积肥，丢了集体单位的造、积肥。2.人畜粪抓了，尿肥大量流失。3.生肥抓了，相当大地区沤、保肥没有搞起来，无使熟肥习惯。4.底肥普遍使得不足。领导上临时抓的多，长任务自觉经常抓得不够，不懂培养地力。生改熟，晒改沤，追肥改底肥（三改一提高）。

机关集体积肥：也要定任务。①与邻近生产队挂勾，以肥换菜，或钱（但要低于社员报酬）。②大队副业人员也要按人畜定任务，可作为劳动，参加分配。积肥给大队菜园，禁止大队向小队调粪。③集体养猪、羊，可以定肥定工。以草定肥，分等定量，超额给奖，月月兑现。

社员家庭积肥：①定任务，按人分等定量，或与按户相结合，定期集中，超额奖励，分等定价。②小队专业队应叫收拾管理粪便组。③报酬奖励：任务内的一是计工分，二是现金收购；专业队、饲养室也要管。超额奖励，有钱奖钱，有粮奖粮，奖粮可出自超产奖励粮（大田，经作物）十边地，及真正机动粮。

用肥：①社员自留地留15%—20%。②小队菜园5%（？）③机关、学校、团体也要留一定比例自用。要千方百计提高肥效：①要三合一，人、畜、粪，土或一土一草，三水（人、畜尿、淘畜草水），绿肥、人畜粪和污水。封闭，使之进一步发酵。

领导：①层层定规划、办法、政策。②县到小队一条线，常年不变。③工具材料：制度，A.半月县委研究一次，B.工分等一月一兑现，C.专业队积造肥工序要有制度。层层规划，层层试点，六月底做好。七月搞群众性运动。

三、分配：①千方百计组织兑现方案。抓细全。②继续解决生活安排的政策问题，五保、困难户。③调整三包解决生产队间倚高倚低的收入问题。④个别大队至今尚未将分配与群众见面。要快。

六十条贯彻的检查：①退赔；②群众思想教育方面又暴露哪些问题？③干部思想作风工作方法。

领导作风：①劳力使用安排大队不过问，结果许多不在劳动第一线。②小队所有制，副业无限制。③听老农的话：合理不合理，目前与长远不分。④技术性问题有些放松（如山芋扶沟）。

×

上午，会开完。下午，参加会的人都到五段、敬安去看高粱、棉花。敬安农场的棉花种得真是好，有一片地是丰产方，准备亩产千斤皮棉。

二十二日　星期四　上午、下午，参加县常委，讨论一些具体工作问题，特别是雨天如何保护场上的麦子使不发芽霉烂的问题。

二十三日　星期五　夜，看本乡剧团演《南瓜记》，此戏内容上虽较好，可以上演，但艺术上无甚可取之处，许多情节不甚合理，且无特点。

二十四日　星期六　读民国九年沛县志，中有清郝质玗之游昭阳湖记，及明王士贞之《昭阳湖》诗等。

青州赵执信昭阳湖诗：

湖上人家无赖秋，门前水长看鱼游。

当窗莫晾西风网，时有行人来搅舟。

白波如沸浸沟塍，禾黍菰芦互作层。

棹入青苍前路夕，半规秋月起鱼罾。

屋角参差漏晚晖，黄头闲缉绿蓑衣。

倦来枕石无人唤，鹅鸭如云解自归。

微子山头隐晓霞，湿云浓压峭帆斜。

回风忽皱平湖水，雨立船舷看浪花。

王士贞《昭阳湖》诗：

满湖风皱碧琉璃，微子山前返照时。

闲挂笭箵泊沙嘴，红霞一抹晒鸬鹚。

二十五日　星期日　李传达地委刘，关于超包产运动：

一、有利形势和问题：有利，天时、地利、人和。自然条件去年6.1—22，平沛2公厘多，今年沛140公厘，种植计划好，不误农时，去年331万亩，今448万亩。今年播种提前半月至20天，夏红芋比春红芋，产量差不多。管理好，干群、党群关系好了。

但：1.肥料不足。2.不少沟渠不通（不治全区受灾200万亩，减产2亿斤），要晴天修缮。3.不少麦茬豆棉尚未锄头遍地。4.夏分绝大多数未结束，有的未落实，全区300大队可能有夏荒。5.思想有三种。a.麻痹，b.灾区失信心，c.有的小队坏人当道，或无能力，有的干部瞎指挥。

二、关键：

四抓：1.政策：①十二条退赔兑现，还不起要打报告。②夏分要兑现方案不准不落实，受灾区40斤一定要给，该要的4.5亿一定拿过来。③干部思想兑现。④口粮要兑现。2.抓思想：中心是大鼓干劲，有志气，有点成绩不要骄傲。3.抓措施：积造肥，棵种补种，搞好水利，防止草荒。安排好城乡人民生活。4.生活：①首先粮食分配；②抓瓜豆菜，强调节约用粮，养鸡鸭。

三、步骤方法：①要加强教育，②层层落实，③检查评比。下午，去徐州检查身体，六时到。当晚看梆子《春雷》。

二十六日　星期一　整日检查身体，侧重肝病，结果很健康。晚，看柳琴戏《孟丽君》下集。

二十七日　星期二　上午，7时15分乘车去东海看下放干部，十二时半到。下午，与子丰参观全市及看各干部。晚，看县京剧团演《周仁献嫂》。

东海人口53万，21个公社，245个大队，2300多小队，耕地250万亩左右。西高东低，西为丘陵，东为湖荡。东边过去只种一季小麦，秋多水。西面地多沙石，产量不大，产小麦、玉米、大豆，今年麦子产量平平。另外，矿藏很富，有石英、水晶、云母等。

参观了一个水晶厂。原来，水晶和石英本是一种矿物，水晶是纯粹的，而石英却含有杂质或密度不高。石英之中，也有含杂质少的部分，这就可以从大块中打出来，磨成各种小型的东西。如眼镜片、图章之类，其余零碎的可以熔化制成玻璃或料器。

二十八日　星期三　上午，见到了陈雨时、王实言，并和他们及王子丰一道去游了西双湖。这是一座人工水库。两湖相并，中隔一堤，在县治之西故名。和他们在此照了一些像。全县大跃进中修水库80座，能蓄水者60。

下午，和子丰一道去看了在市内的文化部下放干部。他们分散在书店、银行、学校及文化馆等处工作。

东海县治，原为牛山镇一小车站，五八年县机关迁此，平地建设起来，街道整齐方正，机关房屋亦颇整齐，市容很好。人口一万多。

晚，看建湖县杂技团表演。

二十九日　星期四　晨大雨，八时乘火车返徐州，十二时半到达。下午，候沛县车不至，甚疲倦，于九点三刻就寝。

三十日　星期五　在招待所理发,十时乘汽车返沛,十一时四十五分到达。下午,洗衣服,晚,收听北京庆祝党40周年生日现场广播,有少奇同志讲话一小时。

给张玮写信。收到张玮二十二日信,及美学书六本。收到李大珂信及《文汇报》美学讨论材料。

七月

一日　星期六　上午,看县剧团排演一个革命历史剧,很粗,还没有很好地结构起来。下午,县委开会。晚上,洗衣,给广西文艺复信不能写文章。

昨天看到人事司来信要我回去听文艺座谈会传达,因这时期要开县人代会,必须推迟到七月中回去。

发张玮信。

二日　星期日　晨,县委开会。上、下午,读新来的文件,六十条修正草稿,关于手工业的一些决定,中央关于六十条修正草案的说明等。

晚上,与乔书记、廉局长等谈剧团的问题。

发广西文艺信。

三日　星期一　去郝寨谈农中问题,与智、廉一道。下午,七时回城。天极热,室内温度达30度,室外可能37度了。

四日　星期二　参观。

胡砦十里铺：（特韩油场小队），高粱、玉米、谷子好。张砦吴阁大队，积肥好。在吴阁遇大雨，午饭后，赤脚骑车回家，疲倦之极。

五日　星期三　晨，县委，三干会预备会。讨论粮食不落底（麦子场未完）干部有顾虑，如何打消问题。上午，李书记在三干会上作报告。下午，参加郝寨组小组会。

天气闷热，整天汗流浃背，下午到晚上有几次雷阵雨，直到写日记时猛雨仍未止。

收到张玮一日信，黎舟信，院资料室寄来理论创作参考材料第6、7号，广西文艺寄来《隔河看亲》剧本。

六日　星期四　上午，开会讨论人代会报告。下午，听三级干部会的大会发言。晚上，看几天来的报纸。

上午，发张玮信。

七日　星期五　上午，开会讨论人代会日程，与文教卫生方面研究，发言内容，和郝寨公社梁书记、文教局廉局长、郝寨农中金校长讨论该农中方针及招生方案，并做出最后决定。下午，听李书记在三干会上的总结。

收金耀章寄《新建设》二本。

八日　星期六　读新建设有关美学研究对象的论文。下午，晓星自京来，传达了周扬同志在文艺座谈会上的报告。

夜不寐，想到有关美学的问题：自然美，固有其客观存在一面，如冯牧在澜沧江畔的蝴蝶会中所记的情况，但冯牧说，有如童话中的境界，盖言其神奇而为人类所未经历者也。其"意义"盖为骤一接触者所难于"立即体会"者也。这是一种内容"表现"得很模糊的美。"异国情调"的美，不是很深刻的美，然而这种美是存在的。

但大多数的所谓"自然美"却总是经过社会人赋予了它以意义，成为可"理解"的了。桂林山水如此，西湖如此。天安门如果我们不重新赋予新的意义（或批判地加以新的意义），它的美即不能作为现代美而成立。所以具体地说来纯粹的自然美是极稀罕的，多数"自然美"风景、名胜，只不过是一种园林艺术的美而已。这种美是一种意识形态范围内的东西。

九日　星期日　上午，开会讨论剧团处理人员不当问题，会是监委会召开的。会中涉及宣传部长高天一的不民主、闹独立性等问题。

剧团问题主要是领导上没有明确的方针、政策，只是要它多赚钱，而指导员的作风又不民主，不能好好帮助艺人思想上、艺术上、文化上的进步。必须明确方针、措施，并加强领导才能改变现状，取得进步。

下午，翻阅黑格尔《美学》。晚，去招待所与晓星等闲谈。谈些有关美学、电影等问题。

十日　星期一　开人代会。

十一日　星期二　续开人代会。

收到县志编委会曹建东信,即复。

十二日　星期三　续开人代会毕。晚,收到张玮八日信。

十三日　星期四　晨,开人委会。上午,开人委党组会。下午,五时去徐州,七时到,闻济南因雨北京车不通。明日清晨起程之计划作罢。

十四日　星期五　下午,二时乘22次车返京,宿车上。

十五日　星期六　晨,八时到京。中午,院请吃饭,在青海餐厅。玮下午八时自党校归,人甚黄瘦。

十六日　星期日　休息,全家在森隆午餐。晚,看张玮新排的《钟离剑》,演越王勾践一事,很好。全剧以尝胆、持吴、炉变等场为好,而以持吴最好。后面胜利有草草收兵之感。夜大雨。

十七日　星期一　上午,上部里,与王书记、干部司王司长等汇报了我的工作情况。还去学校司、艺术局,王子成、周巍峙均不在。下午,睡了一大觉。晚上,去铁狮子胡同十二号看了看写戏曲史的同志,十一时前回来。晚饭之前,听晏甬传达了陆定一同志关于大学教育,陈毅同志关于日内瓦会议的两个报告。吃晚饭时已八点多。
　　要做的事:看田老、欧阳老,去部看文件,去看周扬同志。准备向部党委和院里的汇报。

十八日　星期二　上午，上新华书店，买了《十批判书》《梦溪笔谈》。

为院干部谈下面情况（提纲）：

一、大跃进的成绩

水利工程甚大，如地下涵洞、大堤。沛县历史情况。是大事，东海八十水库，能用者60。过去是逃荒之地，配套后将基本消灭水患。公路。专机治虫，湖上大堤，水电站。

二、缺乏经验

如茬口，食堂，养蚕。

三、个人看法

大跃进是人民愿望，要搞好生活，如县的建设，如看戏，如修路。现在还在提，过了关还会跃进。

四、个人收获

去片面性，学习全面，了解农村是了解全面，了解党的政策的关键。

晚，看了陈毅、康生、林默涵关于戏曲、艺术院校的文件，及文艺座谈会的文件。

十九日　星期三　上午，大雨，暗得只能看大字木版书。下午，翻读半年来《内部参考》等文件。晚，看盖老演《一箭仇》。见到周扬同志等很多人。

二十日　星期四　晏传达中央文艺方针（在文化局宣传部长会议上）

周扬（十六日）：在相当的时候，相当的人中贯彻"二百"

方针有些问题。

一、配合：一文化与生产；二文艺与政治，一定要配合，即上建一定要与基础发展的需要，否则反规，走到资道路。有速度、规模、质量问题。即无浮夸，在当时估计的经济发展下也大了。在不增加人民负担时可以多发展。即经济发展了，文化发展大了也不行，因文化自己还有规律。L①说，文化上急躁最有害（宁少要好）。他说，新的文化在改造旧的上面产生。还必须把革命的经验概括进去。故困难，要有坚忍精神，尖端产生不一定在经济发展的基础上（如鲁迅），要下功夫在质量上走到最前面去。不要光搞事业发展，不要只伸手要条件，而要自己出力。一要社会主义的（其中也有高低）思想性。二要艺术性，要较高的作品，故要埋头、要质量。这样速度慢一点，规模小一点，质量提高快一些，这即是配合生产。

与政治配合，配合中心，"写中心"：我们反对它，不是反对配合，不一定要都配合。配合政治不一定是中心，中心也不一定都写。演戏恢复了劳动疲劳也是配合任务。政治是广泛的领域，其任务变化很大。因时因地不同，毛说"一时一地的任务，都是要文艺去配合，就损害文艺"。这证明我们只有文工团的经验，缺乏建设社会主义的远大理想。

二、艺术规律：首先要取消说凡研究规律即修正主义。但强调了特殊不承认普遍是修；而反之是教条。有的人用马列代文艺。"文艺是螺丝，但最不能抹杀个人……"不能不提文艺的特殊性。文艺规律是形象思维与逻辑思维的结合，即形象与

---

① 指刘少奇——编者注

思维的结合。主席说的鲜明性即形象。E.说深刻思想，历史的生活，沙氏的形象。赋、比、兴，比是形象，兴是思维。不注意形象，即不能引导作家深入生活，形象只能从生活中来。科学是概念思维，人各有天赋，不以个人意志为转移。逻辑思维是基础，有世界观，但必须以形象感人。将军用火力反映逻辑思想，而作家的思想是在形象内而非其外去表现。演员要掌握身体，作家是语言，艺术接近于手工业劳动。

三、批判：十一年批判做了工作，没有不行。修批遗产，1.破除18、19世纪迷信。2.批判继承对的，但批判也起了一些消极作用。如要古人，人人过关。界线要划清。修以19世纪来改造马列，我们就要以正确态度对待它（不是以ML[①]来批判遗产）。小平同志说要细水长流，我们有的同志说要搞点声势，这就出点毛病。19世纪是ML文艺以前的高峰，是人道民主主义高峰。要超过高峰，思想上超过，不但也不必都一定要超过。批判标准：政治严是严肃、严格。艺术宽是在定时、定题、定人、定质上宽，而不是粗制滥造。政治挂帅以后，艺术即是决定因素。

四、团结：党、非党要建立统战，不但政治上，而是建设社会主义的。不要以为有了新作家、党员作家即可以了。要宣传统战希望在青年，工作要做到青、老。在团结—批评—团结上，我们现在中间大，要两头大。

五、学习：政治，还要有文化修养。学习之一是总结经验，自己的、苏联的。总结好坏，工作上有高低之分。有人说普及

[①] 找指马列主义，其中"M"单代指马克思主义，下同——编者注

即提高，不对，提高要有继承，继承只有少数人办。普即提是懒，是自发论。自己不学也反对别人学。要改变文艺工作中的官兵关系。

康生：社会主义文艺内部矛盾问题。社会主义社会阶段性问题是历史阶段。

总理：（略）。

下午，看梅兰芳同志病。

二十一日　星期五　上午，往文化部看文件。

毛主席与古巴青年谈话（略）。

二十二日　星期六　参加文艺座谈会大会发言。

周扬：

有两种压力：时代的，这不会不使心情舒畅；领导上不正确的压力，这必须去掉。党的政策只有一个，不能有两个，单位领导人不能有自己的政策。党的领导是全国统一的，通过各单位的具体业务来执行。服从党的领导是服从政策路线。有的单位，似乎书记的一言一行都代表党，都必须执行，这是不对的，可以提意见。并且有上告之权。必须服从党领导，抵制瞎指挥。

二十三日　星期日　发辛原信，参加大会。

二十四日　星期一　发智良俊信。

二十五日　星期二　参加大会。

齐燕铭：粗暴，领导上，文化部的责任很大。3年来，表现在工作中为文化而文化，追求表面形式。具体有两次，1958年郑州文工会，1960年太原群众文工会。不适当，公社搞脱产文工团，妨碍生产。1958年中央纠正，为解决思想问题。1960年提"十到田"（歌、画等），"卫星指挥部"，不按文艺规律来指挥生产；专业文化则搞群众运动，把专家拉到群众的水平；开电话会议到各厂催创作；现代戏是主流，定比例；这些都影响了文艺团体。

读文件的认识，基本很好，二百得具体保证。二百是文化中正确处理内矛方法，文艺科学中的内矛只能以二百去解决。二百又是迅速发展社主文化的方针。在批判改造文化遗产上也只有用二百。对二百方针的理解，有的以为只对资产阶级或党外，而不知要发展社会主义文艺必用二百。团结自己，打击敌人，必动员一切力量（各派别、体裁、艺种……有利的），团结中也有斗争。世界观的、思想方法的，取正确办法是批评。要细心梳理，不可压服和行政命令方法。但有的提到世界观、政治的高度，尤其出之于行政命令，即成了压服。领导如此，评论界也有如此，还有些无形的条文。查无实据，但又存在。还有将创作经验过早肯定成方向。但要批评也要有接受批评的习惯。

继承遗产：丰富而整理不够。如评论中的诗论、画论等。但未经系统的科学整理，因而与外国的东西不对口径，易从外国的来理解他，故必须承认其中有共通性，也有特殊性。

是否也可以提倡一下韵文。

最后：会开得好，提了很多问题，文化部的任务是服务。

二十六日　星期三　上午，带小果上街买书。下午，参加大会，有田汉代表剧协作检查发言。曹禺发言，劝干部读书，以免不学无术。有林默涵发言。

二十七日　星期四　上午，与贺敬之等对林默涵反映剧协的问题。下午，向文化部干部司汇报下放情况。

二十八日　星期五　周扬讲话。
  一、团结和批评
  是个团结、民主，有批自批，又严肃又活泼，有益的会。批评意见都是好的，团结出发的，相信还未说完，开了头。有利于团结，文艺界是个可爱的队伍，国家成立以来即团结，反右以后更团结，克服了，反对了，包涵个人野心的因素。但其中仍有不利于团结的因素：如不民主、粗暴，团结是要经常保持、巩固扩大的，团结不是天生的，是由于需要，古代即如此，许多美德由此产生。因此，团结要做许多工作，此会即工作。团结要有共同目标，我们有：是为人民利益，社会主义，建立强大祖国，文艺事业的繁荣。有此基础，意思虽不全一致，但目标一致。又，团结还要有互相了解的过程，党要了解大家，同志们也要了解党（特别非党同志）。我党光荣、正确、伟大，不是说不犯错误，是表现在能克服缺点、错误。许多党外同志，以及知识界是爱党的。在国家顺利与不顺利，个人顺利与不顺利时，都受了考验，是爱护党的。这一点，党员特别是文艺团体中做党工作的同志必须认识。这队伍是资产阶级队伍呢？还是党的核心周围的知识分子队伍。有的信仰社会主义，有的信仰共产主义。粗暴态度即由不同于此估计而来，特别对艺人（有的单位），这是地主的封建统治。你被改，我改你。以后再有艺术单位，对人民采取压服，是不能允许的、非法的，除了对付敌人。对艺人，要看政治、对党的态度、对工作的态度，不要看生活小节、看对我的态度。

　　团结要有批、自批。几年来进行了很多的批斗，是扫除团结障碍。但经常工作中的一个单位中对领导的，相互的批、自批很少。这个会是发扬这方面，毛说党的优良作风是：1.调研，2.群众路线，3.批自批。无批或只有过火批评，是不能团结的。

　　二百执行不够，不止一个单位的问题，我也有责。经常讲，许多地方未执行。在于有号召，无措施，（宣传部）搞十条就是想搞点措施，此其一。第二，文艺界进行了一些批判是对的，但有些过火，有些错了的，有不全面的。如批修、批人性论，发展到什么都是人性论。我们只应批无阶级观点，而不应以抽象的善恶作为历史动力；应批以资产阶级人性为普通人性，但不一定反对资产阶级内的人性论，而要团结他们反战。这问题当时未说清，界限划得不严密。以后公开批评人，要得中宣部批准。要斗人，要经上级批准。包括公开学术批评，对遗产批判，不应与反修联系起来。这些我们要分担责任。会议上批评的意见，不一定都正确，但只能保护鼓励。要服从党领导，抵制瞎指挥。八天的会，加强了团结，鼓舞了士气。这回是肯定了成绩的，不要怕被否定了。

二、政治与艺术

是个复杂问题。无产阶级文艺运动,毛讲就是要解决些问题。

1. 如何服务:写、演中心,对不对? 2. 内容形式如何统一。3. 世界观、立场、方法如何统一。

1. 应为政治服务是肯定的、不能动摇的、我们贯彻了,也是肯定不动摇的,我们大多数都是一致。但如何服务却有狭隘片面,即了解为配合一时一地的中心任务、个别政策;而不认识是为劳动人民、社会主义服务。其途径是多种多样的,根本要求是表现社会主义优越、新社会的理想、人民的精神面貌。这片面了解是不是由于过多强调政治教育作用?不是,而是把政治了解狭隘了,把文艺的教育作用了解狭隘了,以为政治口号即政治(为政治而牺牲一点艺术也好),是既不懂艺术特点,又不懂政治,是口头政治多。文艺服务政治,可以走阳关道,可以走独木桥。阳关道百花齐放、百家争鸣,独木桥是一花独放、一家独鸣。前者是要加强为工农兵服务,后者反之。有人认为强调二百就是削弱为工农兵。他们说:为什么未提二百却有白毛女?时代不同嘛,1956年提二百,是资产阶级知识分子面临改变之后才提,以前不可能提(我们虽未估计到资产阶级反攻,但大部资产阶级知识分子、学生是站在党的方面的)。会议目的是要将文艺与政治的关系搞清楚,来加强文艺为政治服务,加强文艺的教育作用,使之发挥更充分。自有阶级以来,文艺作家总是在作品中反映本阶级的利益、政治、哲学、思想、美学观点等。由于阶级的需要,文艺的各种不同题材发展起来了。服从政治,乃是服从阶级需要,以最后巩固其经济基础，要巩固基础就要巩固其意识形态。中国封建统治者讲礼乐刑政，很懂得巩固其基础一套。（《礼记·乐记》）"专门制造本阶级的幻想为职业。"（M.）就是阶级分化后，一部分脱离劳动来搞事的。艺术乃是结合本阶级的思想、情感、意志，并予以提高（L.)，去掉本阶级中的各种情感上的差异，使之结合起来。它在反映现实时，总是关心自己的基础，作者总是按阶级观点去描写现实。可能观点有高低、完整与否。以此去影响他人，也按此观点去接受改造生活，它并不是要文艺宣传本阶级的某一个行动。根本问题是世界观，写什么是次要问题。

为政治服务，即为劳动人民服务。现在比在延安时更广（工农商学兵），还有一个不同，现在是为社主建设服务，这建设时期与革命时期任务有相同处，有不同处。还有国外团结全世界人民反帝。时代对文艺的要求是什么？有二：①文艺要满足人民精神需要；②社会主义基础上应有强大的上层建筑，以及高的科学、文艺；即人民精神的建设及文艺本身的建设。人民精神需要，第一是提高社主觉悟；第二提高文化知识，帮助其认识生活；第三是欣赏需要、美感需要，并加以提高，三者是结合不可能分开的。必须通过美感需要的满足来提高知识与道德的需要，真善美，作家的思想生活，技巧是不能分开的。我们的文学最根本的目的是表现社会主义的时代，满足社会主义的需要，培养社会主义的新人。我们必须时时考虑此问题。不是这方面太多而是太少了，过去那些简单方法是强迫教育，要教育年青一代摆脱旧思想、感情、习惯（明明家长制，他说是党委制）。又要与旧文化接上关系，过去人民不能享受文化珍品，现在要提供机会。二者有矛盾，但必须解决，这即是人民的需要。故不但要用现代的作品,还要用古代(经过整理)的遗产来为人民服务(有时这种服务比现代戏还大,如在香港演出《杨门女将》),又不但以描写今日的作品,也以描写历史的作品来服务;不但要直接表现政治内容的,而且也需要增长智慧、满足欣赏的。故为政治服务,不但有直接政治内容的,而且也有无政治内容的。政治是决定人行动的重要东西,但不是全部。山水花鸟画中也反映了时代感情,这就是政治。社会发展到一定时代,才有一批有闲有牢骚的人,做山水诗,发现了山水,然后为我们所接受。

"写中心"等口号,本身是不对的。任务大,中心小,中心是缩小了任务。"中心任务"也复杂,如支援刚果,也不中心,只是政治事件、运动。艺术家以作品及行动反应之,如除四害也可以宣传,这种社会需要艺术家应当满足,这也不是中心。有的中心不能反映,有的正在变,有的政策还是错的,有的东西,一种艺术形式能反映,有的不能。中心是一时一地的任务,而文艺所要表现的是整个时代的任务。提中心,势必限制了题材,势必引导不从生活出发,而从政治、概念出发,妨碍二百,妨碍质量提高。因此对政治是不利的。不写……中心,并非不配合某一政治行动。社会各方面可以订货,要满足,但也要拒绝不适当的任务。不接受也不一定是不为政治服务,要各尽所能。

2. **内容与形式**:要统一,我们作品特点:政治、思想、斗争性强,这是优点,大跃进三年有不少作品表现了群众的跃进情绪,要充分肯定。如《降龙伏虎》《飞渡黄河》,作品还是好的,不是十全十美,但有生气。本来新生的东西总粗糙一些,但会逐渐成长成熟。现在的问题是有些同志片面强调这一方面，而不在艺术上去追求，把他说成是高峰，那样就反而成长慢，甚至发展到政治即艺术。"不求艺术有功，但求政治无过"是错误的。没有艺术，政治教育也完不成，怎么说无过呢？宋理学家周濂溪提出"文以载道"，朱熹说："文工则害道"，"玩物丧志"。王船山反对他们说他们"玩意丧志"。康老说：我们有些人是"玩志丧物"变成道学家了。

究竟什么是思想性？似乎是可以外加的。改一个字就有了思想，牛皮太大。思想作品的思想应是作家深入生活，反复观察研究的结果。ML只是帮助他观察研究生活的指南，而思想又必须体现在人物、情节之中而不能强迫任何人物来说，思想也是艰苦的劳动。有些作品思想是外加的，所以可以随便加一点减一点，因为不是他的血肉。故要提倡作家有自己的思想、判断，并使现在人物及其关系中、情节中。作品的教育作用和教训主义不同，因不是可以强迫人接受的。总是外加、外露的思想不行，必须是血肉的、启发的，要留余地，是世界艺术规律。严羽、司空图等的说法，"不美言荃，不涉理路，不着一字尽得风流"有些过分，但追求艺术表现是细致的，必须留余地，让观众去想象补充，不要灌。

批评中的政治与艺术的关系，向来只作政治分析，不作艺术分析，所谓庸俗社会学即此。左翼运动长期有此特点，影响到艺术的提高，而对作品的思想批评也不恰当。如随便说写劳动人民不能写他落后，不能开玩笑。

3. 作家世界观与创作方法：卢卡契说世界观不重要，等等，我们反对了他。现在又偏到另一方面，即把世界观和艺术方法等同起来，似乎有作家世界观没有解决，就一定不能写好作品，作品出了问题，一定是世界观的问题。必须将政治立场、世界观、创作方法三者分开，前二者对作品有关联，但即使无M，也可以观察表现，只要他创作方法对。还有生活经验、才能、技巧，并要提倡作家丰富经验，发挥才能，锻炼技巧。同时要承认艺术家和领导工作者和理论工作者思维方法不同，是形象思维而非逻辑思维，当然不是全无逻辑思维。"诗在妙悟，非关理也"是不对的，无理怎么悟？

三、学习和提高

要提高是人民和全体文艺者的迫切需要。人民也迫切要普及，也同样要提高。在今天条件下着重提出提普及是重要的。文化部过去注意普及是好的，问题在没有认识到什么叫普及以及提高的重要。文化行政部门一要利用各种手段把古今的文化向人普及，要多用功夫在送走，不能只是要。二是要为专家与群众的创造与提高提供条件。它错在又不送走，又不提高。

人民的政治觉悟、文化水平提高了，要与之适应，创造出高度水平的东西来。

关键在：

1. 加强学习：一是社会，一是马列，一是文艺遗产。头一个是学习社会，学习工农兵，还有各种人，圈子要打开，朋友要交，其中包括领导干部（现在领导干部写得演得僵化），落后的人也要去了解帮助。学习马列，要注意。文艺作品、历史也要读，如何读？会太多，集体太多，王国维的"三阶段"，从头读到尾，为解决问题而读书。

2. 加强艺术实践。这是中央当作方针提出来的，但我们重视不够。业务不能随时停止,如同工厂的生产一样,谁侵犯了,要……要打破闭塞,提倡交流。还要打破平均主义,写作主要是个人,个人表演、展览等也要提倡,单位中出了个突出的人,就很不自在,平均主义是被掩盖了的个人主义。学校应当培养尖子、少数的。现在有千里马,就是没有伯乐,要为国家爱惜、培养人才。

四、领导

它的责任就是要贯彻党的文艺方针,调动其单位中党内、外文艺的积极性到正确的方向去,为他们创造各种条件。如果不行,而人们的心情不舒畅,领导就是错的。现在就是要搞民主空气,压制民主是很坏的作风不是我们的是国民党的,民主空气很重要。艺术家很敏感,受了压抑,艺术就出不来。毛主席说,凡怕民主的,都是没有真本事的人。要气量大些。对于敌对阶级要敏感,但要有无产阶级的政治度量。有错误能有自我批评。

要端正对于文艺工作者、艺人的错误态度,即都看作资产阶级。鲁迅说:"我从旧营垒中来……"我们带着旧缺点,但也带着自我改造的愿望。但你不要以为"我是改造你的,你是被改造的。我是统治者,你是被统治者"。要建立同志式的关系。有些单位对于艺人的看法不可容忍,是立场问题。当然,领导也要学习,提高自己的水平,首先是政治水平,也要懂业务,即文艺的一般规律。

文件的精神一定要实行的,但要经过艰苦过程。要发动民主,鸣放一番,问题是能得到解决的。团结进一步巩固,事业进一步发展。要互勉互督。

二十九日　星期六　徐州文化处高龙亭来，带来李贯一、辛原等信，催早去，并交涉要人。

三十日　星期日　与张玮及全家人参观北京、上海两花鸟画展，并在四川食堂吃饭。

徐州来人带来晓星信，及训练班计划。夜至阜外医院探视梅兰芳同志疾病。

三十一日　星期一　陈毅讲话。（略）

会后与陈颙谈话。下午，向齐部长汇报。

晚，看《中锋在黎明前死去》。

八月

一日　星期二　上午，医院检查身体，血压 160/100。下午，休息。晚，上北海，同去的有刘汉章、胡斌及家人。

复电沛县文教局。

二日　星期三　上午，去医院复检。

回家后苏丹来谈，论及《中锋在黎明前死去》。剧本新颖，但导演缺少作者的尖锐讽刺及嬉笑怒骂的风格，过于板面孔，太矜持、庄严，因而显得说教气太重。

十时，周扬同志处谈话。谈到下面情形，关于专县以下文化工作，周扬同志要我做些调查，并说以后要作典型调查。谈到我的问题，他同意下去对于我克服片面性很好。但也补充说，多听意见，多吸收各方面的意见，也是重要的。各方面意见虽有片面性，但可以补充我的片面性。

下午，休息，购物。

三日 星期四 上午，去看赵珍。下午，上北海给安谷的团小组照相。晚，冯霞夫妇来。

四日 星期五 上午，与家人游动物园，在 m① 餐厅吃饭。傍晚，赵珍来。电话约周巍峙谈话。

五日 星期六 上午，去医院看检查结果，如下：

非蛋白氮	35.5mg%
糖	76.4mg%
胆固醇	192mg%
卵磷脂	241mg%
SGP-T（转氨酶）	146（正常为80）

主治医生名顾惜春。医生说后者的情况是肝病，但未到治疗程度。不过还不准确，还要复查。

中午，在青海餐厅请戏剧学院罗光达等吃饭，为了对他们代训美术系学生表示谢意。

四时，俞赛珍等来谈东方戏剧史的资料工作问题。五时，周巍峙来谈。

---

① 原文如此——编者注

六日 星期日 早，7:30去医院抽血复查。八时，陈执中、王敏来谈，劝我等星期三看了复查结果再走。因此决定改行期为十日。

下午，阿甲来谈。许多来，赵鼎真来。

七日 星期一

八日 星期二 晨，闻梅兰芳同志逝世，急赴医院至午始归。陈毅、习仲勋等副总理均亲临吊唁。由于十日公祭，又改期十一日赴徐州。

九日 星期三 晨，往北京医院看检查结果，转氨酶仍高为120几。医生说仍不能最后断定，要等十六日作超声波检查后才能做结论。只开了 V_B、V_C 两种补养药。

晚，找来高龙亭、金耀章、杨德勋，谈决定十一日赴徐，十五日转京事。事先，电话与陈执中同志商量取得了他的同意。

安谷去张家口。

十日 星期四 参加梅公祭，并送至八宝山墓地，并上程、洪二同志①墓扫墓。归时已下二时。李平来自津，拟去西宁探其母。

十五日以前的车票买不到，夜急电徐州李贯一，说明不能去原因。

---

① 指程砚秋、洪深——编者注

十一日 星期五 早,给李贯一写一详函,谈不能去原因及善后办法。并寄去表演问题讨论材料一本。

《人民日报》发表悼梅一文,是由林汉标代写的。

下午,参加人民日报召集的美学座谈会,到会者有宗白华、沈从文、王子野等。

晚,沛县中学教师五人来京参观,由连健生率领住张自忠路宿舍。

十二日 星期六 晨,连健生等五人来,谈片刻即去。

整日读《随园诗话》。

李平于午后去西宁。

晚,赵珍夫妇来。

十三日 星期日 上午,参观叶浅予、邵宇、陆志庠、黄胄四人素描展览。叶擅画动态,以写戏剧舞蹈人物见长;邵宇色彩构画新颖;黄胄写少数民族人物十分妙肖;只陆志庠无吸引人处。

下午,张玮念一段刘知侠的《红嫂》,平平无甚奇特处,如改编成剧,将流于一般化。

晚,从电视中看了马连良、裘盛戎、马富禄的《打严嵩》,李世济的《春闺梦》等。

收到安谷自张家口来信。

十四日 晨,复安谷信。

十六日 星期三 晨,往协和查超声波。

十七日 星期四 给沛县王书记等写信。

十八日 星期五 上午,去北京医院看病。虽未能诊断确实,但医生决定先按肝炎治疗。写了休息证明信,交院党委转部党委。已初步决定休息。

徐州辛原、长沙表姐处来信。

十九日 星期六 上午,往北京医院抽血,请中医诊断,无结果。夜,在大众剧场听天津曲艺团表演,以王毓宝的时调及快板书为最好。安谷返自张家口。

二十日 星期日 上午,听张玮传达周总理及康生同志两个在宣传会议上的报告。

读《沧浪诗话》。

下午,给丽表姐寄钱 20 元。

晚,从电视中看埃塞俄比亚歌舞。

二十一日 星期一 收到小白信,要钱,买箱子。

上午,李之华来,谈剧协整风事。

下午,读郭绍虞《沧浪诗话校释》。

二十二日 星期二 上午,去北京医院看病。检血及超声波检查结果,转氨酶已正常。

下午,临孙过庭《书谱》。梁化群来,收到《戏曲史》第一篇,《话剧史》提纲。

晚，从电视中看北昆《金不换》，此剧写败子回头。此败子归傅于其妻家（妻伪嫁），忍气吞声，毫无骨气，写得荒谬低下之至。

二十三日　星期三　上午，谈《文艺报》八期"典型形象"一文。吴间来。

下午，与赵珍、张逸生等带小孩看马戏。

安谷今日得通知，考取北京工业学院。

二十四日　星期四　看戏剧学院《话剧史》提纲。

二十五日　星期五　上午，山西晋剧团方彬来，他们青年剧团两三天即来演出。晚，在文联看天津曲艺团演出。这次是精采节目，仍以石慧儒的快书《杜十娘》为佳。

二十六日　星期六　晨，去车站接山西晋剧演出团。旋即去西山八大处、香山等处，马绩、黎舟一起。中午，回来。下午，读《沧浪诗话》，从"诗体"部分感到程式在中国文艺中是一较普遍现象，沧浪所谓诗体中的某些部分（如句法部分）即其中之一也。

二十七日　星期日　上午，与许多去找安友兰中医看病未成。晚，看山西梆子青年演出团演的《小宴》《杀宫》《算粮》。其中吕布翎子功，《杀宫》中的甩发，及苏妃的身段，以及《算粮》中王宝钏的唱都不错。

下午,小白来,拿走20元。

二十八日 上午,去北京医院中医科李辅仁大夫处看病。给药四贴。

二十九日 上午,收到丽表姐、沛县曹建东来信。

三十日 星期三 上午,徐光霄报告三年来文化部的工作。

三年来,文艺事业有很大发展,很大成绩,但缺点错误也很严重。主要表现在:1958年的郑州会议,1960年3月太原的农村文化工作会议。其性质,突出表现在:一,执行方针政策上犯了方针性错误;二,组织性错误,闹独立性。

一,方针错误:提出了一系列错误口号、做法。如:全党全民办文化,人人处处搞文化。提出第二个五年文化规划,规定普及全国社会文化网。(见文件)这样就是全党全民为文化服务,而非文化为社会建设服务了。1958年郑州会议,中央已提出批评,1960年又重复错误,指出文化十到田,这比1958年还厉害,其中强迫很多(当然不全是文化部出的花样)。错误的指导思想是:对"大跃进"的形势认识是不清楚的,以为共产主义很快到来,混淆了社、共两阶段,不了解什么是社,什么是共。钱有一段讲话不符合中央的分析,他说:要逐步增加按需分配的因素。1958年说:离社主建成只有四年零80天了。刘给新文化报写过一文,未发,说现在已是共主高潮。当时强调不断革命,不分阶段,强调城乡差别很快要消灭。《新文化报》宣传了错误的东西,影响很大。郑州会议,提出建设社、共主文化,强调按需分配,不计报酬,反对资法权,其实是平均主义。忽视了社会主义按劳分配原则,如在稿酬问题上即是,剧本上演税、演员降低薪金。为后者写了社论,是错的。总理发现,恢复了薪金。这种思想,不从发展生产来看,是平均主义思想,小生产者的思想,基础是个人主义。不是共产主义。

在普提关系上,专业、业余关系上,也有错误的了解。强调大普及,忽视提高,普及什么,向谁普及,也未弄清。只要群众办什么,而不提专业团体给群众什么(提高其文化,满足其文艺欣赏需要等),这是要群众为文化服务。我国群众有几亿,专靠专业不能满足,要有业余。但不能强迫,我们都是强迫,而且强调业余。发指示、下命令、搞定额,这是违反了群众的自愿和需要。还提出人人如何如何,这是根本不可能做到的,是错误的。群众业余文化活动,任何时候,绝不能是多数,而只能是少数,人人搞文艺,即在共主社会也不可能。另一面这也忽视了专业团体、专家的作用,实质上就是不要知识分子。这种思想并不反映群众的思想,更不是党的政策。文化部不抓专业团体,不抓创作,只要群众自己去搞,这是错误的。不考虑后果和影响。

在数量和质量上,只考虑数量,高指标,不考虑质量。追求演出场次、人次,出版工作也追求数量。这实际是取巧偷懒的官僚主义的做法。至于如何提高质量,就要调查研究,采取办法措施来提高改进工作。

这样,文化工作就不是促进了生产而是妨碍了生产。而且也决不能办好和提高文化,实际是糟蹋了文化。

一些错误的口号：一首诗——"人人如何"，其指导思想是不重视专业作家，以为共主快到来，脑体劳动的界限很快要消除。是根据恩格斯的话（是 M.，不是 E.，在"德国意识形态"），而理解错误了。这是只承认人的共性，而否定人的个性。

放卫星：……

晚，从电视中看相声晚会。

三十一日　星期四　给罗合如同志写一信。

上午，上街买物。晚，从电视中看苏联片《白痴》，这是第二次看，表演很好。李平自西宁来。

九月

一日　星期五　读郭绍虞《中国古典文学理论批评史》，并读我院写的中国戏曲史稿的第一篇。晚，看苏联片《画家苏里科夫》电视。

二日　星期六　上午，给沛县诸人写信。下午，读《批评史》，闻沙可夫在青岛死讯。晚，从电视看苏片《第十二夜》。

三日　星期日　参观牡丹江垦区版画展。感觉新鲜，其中以晁楣作品最富于诗意，但只是自然风景的诗意，而缺少人物典型，性格矛盾的戏剧性诗意，且较多模仿俄罗斯画派，然创造了美丽的境界，可以说用色彩描绘了诗意，尤似傍晚一幅最引人。

四日　星期一　去紫竹院，在活鱼食堂吃饭。

五日　星期二　往北京医院抽血。晚，看晋剧团演《含嫣》。此剧经改编，但将原剧故事所不能承受的情节强加其中，以图加强其"思想性"，结果弄成牵强，不动人。

六日　星期三　上午，往协和查超声波，及北京医院看中医。去吊沙可夫丧，并送至墓地。下午，去颐和园看房子，决定数日后到南湖饭店去住。晚，听北京曲艺团演传统剧目，以良小楼的京韵大鼓《华容道》为最好。

七日　星期四　上午，上北京医院看病，医生说确有肝炎，但已好转。与晏甬、马绩谈整风。下午，看完《戏曲史》第一编。

八日　星期五　上午，在北海与傅小航、汉城、小仓谈《戏曲史》第一编，并在北海吃饭。
　　安谷去学校报到。
　　收到新建设信，要将桂林山水收入集子。

九日　星期六　下午五时，迁颐和园南湖饭店。

十日　星期日　上午，与玮划船二小时半，疲甚。下午，玮回城。午睡片时，醒读黄老《明清戏曲史》，评《琵琶记》太刻。晚，读报及华君武等讽刺座谈会记录，座谈甚有内容。
　　《人民日报》有于敏《西湖即景》一篇，关于自然美，他认为是混合的美。他说："若论水，西湖不及太湖，不及洱海；若论山，双峰不及雁荡更不及黄山。为什么西湖的声名特高，吸引着特多的游人？……后来游灵隐，我才想通了这个问题。……人们流连不去，不只因为有这山、这树、这泉、这洞、这石刻，还因为有一座庄严的庙宇；又不只因为有这庙宇，与这庙宇相关的有一个为人民所喜爱的人物，他对权贵嬉笑怒骂，对平民扶危济困，就是在传说中被神话了的济颠僧。自然的美，人工的美，伦理的美，这一切综合为美的极致。"还说："如果西湖只有山水之秀和林壑之美，而没有岳飞、于谦、张苍水、秋瑾这班气壮山河的民族英雄，没有白居易、苏轼、林逋这些光照古今的诗人，没有传为佳话的白娘子和苏小小，那么可以设想，人们的兴味是不会这么浓厚的。"他是就具体的西湖而言，他也未曾否定纯粹的自然美，但他认为西湖的自然美也是千千万万人付出劳动，我们才能享受到西湖的美。还说："西湖的美是不朽的，因为劳动是不朽的，劳动者是不朽的。"

自然美，从来不是纯粹自然的，首先经过劳动者的改造，后来就与民族、地方的历史紧密联系起来，与文学、艺术、宗教、政治、传统等上层建筑联系起来，成为一个综合体，它的美，也就是综合的美。

十一日 星期一 上午，继续读黄老《戏曲史》。下午，爬山，甚觉累。晚，读《唐诗选》。

十二日 星期二 晚上睡得不好，两点钟就醒了，起来吃镇定药，一直未睡好。上午，回城看病。下午，作书复吴闻、新建设、王宋一（查问一鲁艺同学事）。晚，从电视中看《李慧娘》，此剧亦是不顾人物性格，外加思想，生安主题的典型之一。

十三日 星期三 晨，返西郊。上午，读报，《文汇报》上有论李玉《千忠戮》一文。下午，游后山，高秋日丽，浓荫复径，使人怡然爽然。夜，读《唐诗选》（马茂元）。

十四日 星期四 拟在院党委整风会上的发言提纲稿。

我的思想中存在的问题——不关心政治：一，如在花丛中等。工作岗位，地位。二，思想上，写文章随便，考虑不慎重；所谓学术性（如《话剧史》），这是资影响。三，学术研究，评论工作与政治的关系。对革命、社主有益，促进。至少不是无益。这不是说只能写应时文章，不能写学术著作。

A. 要无害（《话剧史》则不然），团结（不能不负责的刺激）。B. 有益，如教科书，美学，百家争鸣，总之要有目的，不是为学术而学术。C. 当然要反对对于政治性的狭隘理解，如兵车行，一切要人民性，等等。四，今后如何在反对简单化的同时，加强政治性，是努力的方向。（未完）

下午，读完《唐诗选》序。四时，往后山拍照，秋光明丽，斜阳映树，倒影澄碧，虽摄影不足以写之，恨非画家，不能将此瞬间之美留之永久。

晚，读《唐诗》，中有关商人生活者，张籍、元稹之《估客乐》，白居易之《盐商妇》。此种题材，安史之乱以前无之，商贾之盛，以大历长庆为显著。

十五日 星期五 续拟发言提纲。

引：文座会后，对文艺工作有进一步的认识，我院工作历来有不同看法，部里曾经批评过，艺术局有同志和我们有过争论，经过前一时期的整风，这问题没有解决。座谈会后，怎么看。过去说是错了，有人以为全错了，根本错了，现在是不是全对了，我们应实事求是地对待此问题。

我没有准备好。因病。

一、谈谈我的思想

院这些年工作和我分不开。来院的思想情况：1. 是在（戏校）。2. "把 ML 教给艺人"（伯达），办讲习会（乔木）。1955年调查背景：剧目贫乏。两次讲习会，第二次比第一次鲜明，第一次剧目会来了争论，关于挖掘、整理、改编、创作的重点的争论。我认为我们没有错。A. 背景，B. 如在会上将创作提在最前，仍是不能改变情况，这样我就背上一个不重视现代戏之名。3. 第二次剧目会交给艺术局办。刘提彻底开放剧目，我是不同意的。我说了现代戏问题（这里有错误，以后说）。4. 关于现代戏，我的看法是要提高才能在观众中站住脚，现代戏座谈会上的争论是：周、李认为是要发动大搞而不是提高的问题。还有一个估计不同，我们说没有扎根，他们说扎了。"政治上扎了，艺术上为什么说没有扎？"现在看来是政治代替艺术。5. 我的错误，是逐渐产生的右的情绪，反左，逐渐深入戏曲和我的思想中的小资残余。到后来，写的花丛，"纲要"。还有写文章随便，不顾忌自己的岗位、地位等。具体分析，慎重不够，这还是责任感不够，这些对于院有一定的影响；第二次调查，许多都是正确的，但态度问题如何？

二、关于对我的批判和处分

1. 帽子问题：我是不心服的，人性论，我对于这方面有糊涂观点，但并非我全无阶级性的认识。夸大传统戏的作用，这问题现在已经明确了。对社主现义不是唯一的，也明确了。戏改问题：不科学、不清楚、自己看不清；禁戏问题：说明当时情况、先后；三条罪状问题；批评领导同志问题：八大文件上的话，当时写此文的经过，周扬看过。关于禁戏及批评领导，是想把问题扯到组织错误上去。

2. 因此我也不同意处分。思想问题不能处分，没有体现批严、处宽、与人为善精神。

3. 斗争方式：一，不让人说话。二，开大会搞臭。一时期人都怕找我，以为我犯了严重错误，尤其登内部刊物以后。还要公开扣帽子，周扬制止了。实际印象已造成了，文研所编书，将我归入修类。

三、其他

1. 意见，部党委检查后提这些具体问题，我以为需要，到底做的对，还是错。干部的政治生命是不是不重要？周、李对于这个问题如何看法？

2. 我虽有意见，但自己还是认识到自己有错误，经过这次，有了提高。下放，文座会对我的帮助是大的，下放的决定是正确的。

建议同志们也要分析问题，求得教训。

反修中，对于一些同志，如汉城、达人、李刚等的批判有过火之处，我也是应当负责的。

×

下午，继续在后山拍照。沙新自城来谈《话剧史》，留晚饭，谈至八时半。续读《唐诗选》至十时。

十六日　星期六　上午，十时回城。下午，翻陈寅恪《元白诗笺证稿》，有关唐扬州盐商事（安史之乱以后）。现在要弄清安史乱前淮南一带、扬州等地商业情况。这样就能了解陆参军之所以产生于淮甸之社会经济原因。

晚，在实验剧场看《罗密欧与朱丽叶》。

收到沛县县委来信，言已收到调令。

十七日　星期日　上午，与家人同去看北京市美术展览会。人太多，没有细看，似乎佳作不多，尤以油画不出色。

下午，翻阅新旧《唐书》"地理""食货"二志。查知淮南遂地望北抵淮水，南达江边，东至于海，西及武汉。地区虽较其他遂不得多，但为当时经济发达之地。首府扬州，为漕粮集中北运之地，又为盐商集中地。人口稠密，地方富庶。安史乱后，唐室钱粮多仰赖东南供给，淮扬地区遂更形重要。商业遂日益繁盛。时九江一带商人，居浮家泛宅，来往长江南北之间，获利甚丰。遂多致富，生活亦较当时人民优裕得多。白居易《琵琶行》《盐商妇》均述商人生活，且言商人娶倡妇为外室，而此倡妇，又多在长安、洛阳等地兵马乱离之中散出者。即此事可知贵族独占之艺术享受，经中唐以来是变乱，逐渐散入民间为当时新兴之市民阶级、商人所获得。而逐渐形成市民艺术。元稹廉问浙东时，所欣赏之陆参军戏班，实一当时由扬州来之江湖班，其演出内容多迎合商人市民之所好。其《望夫歌》之歌辞即其明证也。然其时市民艺术尚属新生，基础尚不巩固，亦未形成自己的鲜明风格。刘采春之班社离扬州到浙东后,即不复能依靠商人,而必投身官僚。而其女遂不再以《望夫歌》擅场,而必以士大夫趣味之《杨柳枝》相号召矣。然市民文艺之兴起非出一途。扬州为其中一形态,而长安又为另一种形态。时长安商人亦渐露头角。如《玉泉子》一书中所载王酒胡故事。言其夸富而敢与大臣较量,上钟楼敲钟百下,舍钱十万,即其例也。故长安在安史乱后,寺观成为变相游乐之所,号称变场。虽其听众仍多士人贵族,但其文艺内容则为市民性质。可知市民观众当亦不少。从以上材料,知北宋以来之市民文艺实滥觞于中唐以后也。

晚,从电视中看歌剧院演《小二黑》,华松如演小芹。唱得很不错。

十八日 星期一 上午,去北京医院看病,人甚多,十一时,始毕,除汤药外,医生又开了人参归脾丸。

检新唐书,知崔铉为晚唐时人,官于大中、乾符之间,曾拜相,并做过淮南节度使。王国维史载《玉泉子真录》中言崔铉在淮南时,曾命乐工教其家僮为参军戏(检《玉泉子》一书有此条),则知淮南固有职业艺人也。

下午,返西郊,由一号迁至十六号房。

十九日 星期二 上午及晚上均读王国维《戏曲考原》等作。下午,在后山照相。午饭时,在听鹂馆遇田家英、高士奇。高之看护者言,有一外功拍打(按摩之类)者葛长海,自抚顺来,云能治神经衰弱、失眠等症,可找黄树则介绍去看。

二十日　星期三　几日来睡不好觉,头脑昏昏然。上午,看看报和书,头就晕了。下午,围着昆明湖走了一圈,费时二小时半,归途遇小雨。晚饭后,与来此休养的何同志聊了一会天。然后翻看《人民文学》第九期。

二十一日　星期四　上午,与何同志爬排云殿。下午,沙新、魏照风、赵铭彝等四人来此写《话剧史》,谈了一会,即进城。

韩力已从沛县回来,带来县委给的许多东西,并有办公室一信,情义拳拳可感,另有滕为等二人的信。往韩力家,未遇。晚,韩力来谈。说戈岩、杨德勋二人为我整理行李,杨并送至徐州,热情帮助。令人不能忘怀。

任敏真同志找来康熙《扬州志》,翻阅一下,材料零星,但仍有用。

二十二日　星期五　上午,继续翻阅《扬州志》。任敏真又送来嘉庆《扬州志》,比康熙志精练有用,但篇幅不及康熙志多,有材料数条,其中尤以《刘宾客嘉话录》载中唐时扬州市中有盘铃傀儡一条为重要。

下午,返西郊,甚倦。与沙新等谈对《话剧史》的意见,并一同晚餐。晚,与在此休养的青年京剧团演员赵荣深谈养病等事。八点半,将《试论戏曲的起源与形成》重读一遍。十时半就寝。

二十三日　星期六　上午,修改"起源形成"第一节。下午,爬山。晚,与魏照风等步月湖边,附近大学生来划船者甚多。九时，灯下拟封建隋唐部分修改提纲。

数日来睡眠不好，昨日铭彝为我作电疗后，睡得好些，是电疗之功欤？

二十四日　星期日　今日中秋。上午，张玮偕一家大小并评剧院张凤桐等二人来，划船，游后山。一时，在此午餐。下午，天阴，乃于四时回城。夜，马绩来谈，言明日开党委扩大会开始整风事。

二十五日　星期一　上午，去北医看病，又看中医，又看内科，花了一整上午。下午二时，在党委扩大会上发言一小时半，其他发言者尚有郭汉城等。晚，鲁迅纪念会，因疲倦未去。

二十六日　星期二　上午，赴医院抽血，即返西郊。沙新拖着参加他们的会。李伯钊、罗光达、李之华、石丁等也来了。下午，人感疲倦，看了一会稿子，研究修改之法。头晕，即出去散步。晚，续研究修改之法。

二十七日　星期三　开始动手修改，上午，进度很好。下午，疲倦，天虽雨，仍出去散步。晚，反复考虑参军戏的问题。至十时半就寝。半夜吃了两片眠尔通。

午睡后曾进行电疗。

二十八日　星期四　上午及晚上均修改文稿。参军戏部分已毕，但不满意。下午，休息。日来精神似觉较好。今日未吃汤药，睡前做了电疗。

参军戏之发展成为宋杂剧是无可置疑的,但"陆参军"似乎并非其经过形态,因宋杂剧中找不到妇女演假官戏的记载,陶宗仪、周密二目录中也无显著的痕迹可以证实此点,当然还可进一步从陶、周二目中进行探索。

二十九日　星期五　上午,给饭店服务同志及休养的何同志照相,天虽晴,风太大,走在湖边十分冷,照毕已十一时半。下午,反复考虑参军戏问题,也翻看了王国维历史,仍无所获。意者,"陆参军"当为一支流,因流传地不在京城,乃随时代而湮灭,故从宋杂剧中看不到继承的痕迹欤?子曰:"思而不学则殆。"没有新材料,这个问题是不会有进展的,只好暂时放下。总之,这一段钻研,反复证明了宋杂剧是来自参军戏,这是无可疑的,此其一;次,又证明宋以前,由于中国商品经济的逐渐发展,市民艺术已渐产生,安史乱后,江淮尤为显著。

三十日　星期六　上午,继续为何旋坤拍照。下午,等汽车至五时始回城。晚早睡。

十月

一日　星期日　上午,在电视中看天安门的游行。下午,休息。晚上,看《黑奴恨》,戏很紧张、压抑,但艺术上较洗练。

二日　星期一　上午,看《胆剑篇》彩排,戏很完整,主题鲜明,景、灯光、服装等很成功,有浓厚民族色彩,但戏不是很动人。主要原因,我以为:一,剧本作者对他的人物感情不多,但是理智上态度却是处处正确的。二,导演在大处着眼,与剧作者细腻刻画人物的风格有矛盾,因此不细腻、不感人,特别是人物不突出,演员的表演不突出。下午,逛了一下王府井,回来已是三时。午睡至五时。晚,看电视。

三日　星期二　上午,苏丹、张逸生夫妻来。下午,去王府井取照片。晚,从电视中看《海侠》。

四日　星期三　上午,看病,除汤药外,另给丸药三种:1. 人参归脾丸(早已吃二十丸),2. 香砂六君子丸,3. 杞菊地黄丸,均为滋补安神之药,丸汤二药间天一服。下午,韩力来,取走行李包皮绳子。晚,看儿童剧院《岳云》,陈颙排。

五日　星期四　早,晏甬来谈整风事。九时,返颐和园。上午及晚上均读周贻白《中国戏曲论集》,其论戏曲形成甚清楚,比较实事求是,可取之处甚多,有时甚不辩证,亦缺历史唯物主义观点,但亦不足责也。下午,往北岸散步。

六日　星期五　上午十时,苏丹来,谈整风及过去三反事,在此午餐。午后,偕游长廊、后山,五时去。晚,续读《中国戏曲论集》,至十时。三日来,感到不及前些时身体好,腰两侧体发酸痛,今日走路稍多,腿酸甚。

七日 星期六 上午,继续读《中国戏曲论集》。下午,散步。晚七时,回城。

八日 星期日 上午,带小珍上街,买了几本中国经济、社会史方面的书。下午,奇虹、乔佩娟来,谈了些最近上演的话剧和学习声乐的事。晚饭后,理发、洗澡。

九日 星期一 回颐和园。头晕痛,不能看书,练草书一下午。

十日 星期二 齐部长传达中央庐山会议。(略)
　　上午,进城,部长在四川饭店请各编讲义的同志吃饭,酒菜甚丰。下午,二时半听庐山会议传达,记录如上。

十一日 星期三 与张玮同游香山,在香山饭店食堂吃饭,贵而不好。一时,回颐和园,张玮住此。天已渐凉。

十二日 星期四 上午,与张玮往长廊及后山一带散步。下午,张玮返城。上午,吕子宾来,未住。日来练草书,有时似略有进境,有时又似乎忽然退步,夜习字,即甚感不满。

十三日 星期五 上午及晚均读贻白《论集》,他从事此多年,材料甚熟,见解亦渐清楚、鲜明,颇有许多好意见。下午,练草书,仍不满意,用笔十分难看。

十四日 星期六 上午,仍读周贻白书。下午,进城听念蒙哥马利与我国领袖的谈话记录,达三小时半。晚,看电视,独舞、双人舞。

十五日　星期日　上午,与家人游中山公园,观印尼一画家的油画展。下午,与张玮看罗本油画展,此为香港画家,在香港时,其画色彩、笔调等甚阴郁,且未脱西方窠臼,到内地后,特别是在东北旅行时的一些作品、画稿,创造性渐多,表现出对于祖国的热情。晚,从电视中看青艺演出的最后一课。

十六日　星期一　上午,看病,肝肿已消。中午,与家人在全聚德吃饭。饭后参观荣宝斋,金石书法部开幕,买草书单条一。二时,返颐和园。晚,读闻一多有关九歌论文。

　　十五日买宋徽宗《草书千字文》影印本,九元六。

十七日　星期二　续读闻一多《神话与诗》。并试临徽宗《千字文》帖。

十八日　星期三　读完闻书中《伏羲考》一篇,其中繁琐考证甚多,闻书对于古代设想多于科学证明,有参考价值,不足为进一步研究之出发点也。

　　下午,参观波兰工展,并在莫斯科餐厅晚餐。同去者赵铭彝、柏杉。晚,读完周贻白《中国戏剧与杂技》。

十九日　星期四　上午,读完周有关杂技文。写了两封信,一寄智良俊,一寄王子丰。下午,学校司刘建安来与《话剧史》的人开会，我也听了一下午。晚，文章从城里送来，又翻读了一下，作了点批注，又对修改文章做了一个计划。

二十日　星期五　奇冷。上午，无法工作。午饭后即返城。下午，补看数日来报纸。晚，看电视。

二十一日　星期六　上午，往院资料室查书，借来有关楚辞等书。李小仓来谈戏曲起源形成，有些启发。下午，天阴暗不能读书，乃出去买单鞋等。晚，读姜亮夫《屈原赋校注》中有关九歌文。

二十二日　星期日　上午，与家人同观康纳美展。下午，读周总理在苏22代上讲话。晚，从电视中看绍剧《三打白骨精》。并读完姜亮夫文。

二十三日　星期一　上午，读游国恩等有关楚辞论文。下午，上街取照片。晚，看厉慧良《艳阳楼》，厉腰腿极有功夫，也有一定创造人物的能力与认识。

二十四日　星期二　上午，金山来谈话剧界整风事，他想集合老演员另成立小剧院。下午，晏甬、马绩来谈院整风。其余时间，翻读《诗经》中有关歌舞的材料，无所获得。阅读晏甬纪念梅兰芳的文稿。

　　近日来摸索戏曲起源形成问题得到如下初步意见：

　　1. 有关楚辞时代歌舞的看法。楚为南方后进的民族，其贵族文化先是学中原，因此比较落后。在歌舞戏曲方面亦复如此，故"楚之倡优拙",盖因其学自中原,故总不及中原也。然南方民族原自有其民间文艺,江汉之间如陈如楚,皆信鬼好祠。《诗经·陈风》故常有《宛乐》《东门之枌》等足以表现之。朱熹《诗集传·陈风》云:"大姬妇人尊贵,好乐巫觋歌舞之事,其民化之。如大姬好之,乃其民好之也。"楚亦如此。但楚贵族宫廷生活初时多慕中原文化,故多用郑舞。《招魂》有:"二八齐客,起郑舞些"之文。但到战国时,楚渐注意自己民族之文艺。《吕览》所谓"楚之衰也,作为巫音"。《汉书·郊祀志下》说:"楚怀王隆祭祀,事鬼神,欲以获福助,却秦军。"这时屈原为怀王收集了民间祀神巫舞之歌,为之写定《九歌》(并加入《国殇》一节)。故《九歌》中除《国殇》外,所祀之神与所作之歌舞,均南方民间之歌舞也。

2. 中国戏曲形成过程的轮廓:中国原始时代只有全民性图腾歌舞,此种歌舞乃节日的祭典,有巫祝以司之。至奴隶社会,祭典成为奴隶贵族的,但民间仍有节日歌舞。奴隶社会晚期(春秋战国之交),出现了贵族豢养的职业演员——优。优以谐谑调笑来取乐贵人为职。但亦兼及歌舞,或旁及百戏,但以谐笑为主。优于每时代吸取民间及外国技艺、表演,而逐渐发展至唐乃成为参军戏。(此处仍有未弄清问题:如参军戏与陆参军之关系。参军戏起于开元时,陆参军初见于贞元。)至安史乱后,南方商业发达,扬州乃有职业班社出现,至北宋末而演出场所在东京乃固定化。百戏散乐集焉(唐时已有说书,北宋元祐中说三国乃盛)。参军戏发展而来之杂剧乃逐渐包容百戏而串以故事(目连),南宋时更进一步,乃有五角色,前艳、后散、中正杂剧两段之体制出现。及至宋朝,温州杂剧乃正式形成,此大略也。

  3. 民间、市民与贵族：艺术来自民间，而民间因经济水平低下，只能于节日作业余演出。不能职业化，故不能迅速发展提高，乃有停滞之情况。商品经济及商业都市发达之前，宫廷、贵族取民间文艺而养之，以为愉乐之用（如"汉采诗夜诵"，隋"总追四方散乐"），乃得在艺术上提高，（但亦易僵死）市民阶级兴，亦取民间文艺而市民化之。但往往王朝遂亡时，宫廷乐人散入地方商业都市，市民吸收而改造之，乃使其艺术得以进一步提高。其散入农村者，艺术上有一定之原始化、民间化而保存下来。降及近代，商品经济日益发达，商业、手工业市镇日多，附近农村之艺术乃受其影响而职业化，并吸收近地之戏曲而成为新的地方剧种。

二十五日 **星期三** 到图书馆借了几本关于传说时代历史及神话的书，翻读一通。下午，去北海散步。并读了李小仓送来的黄老关于戏曲起源形成的论文，材料比较丰富。

二十六日 **星期四** 上午，往北京医院看病，并在新华书店买了李剑农的《先秦两汉经济史稿》等书。遇张颖，谈及剧协工作，她表示希望我去工作，我不想去。下午，参加支部改选。晚，看苏联片《晴朗的天空》。

二十七日 **星期五** 徐光霄传达关于22大的一些情况。（略）
  以上传达是晚七时半在文化部大厅作的。今日上午，在家读李亚农的《殷代社会生活》等，此书及《西周与东周》均材料丰富，逻辑较周密，理论较谨严之作。下午，去北图善本室翻《成都府志》及《四川通志》，想找些该处唐代的经济资料，无所获。

二十八日　星期六　上午，继续《殷代社会生活》。下午，参加梅兰芳电影周开幕式，看了《游园惊梦》，真好，表情细腻，体会入微，相形之下，他的配角显得黯然无色。晚，看晋剧青年演出，有郭兰英的《金水桥》，唱得很好。

二十九日　星期日　上午，带孩子们参观自然博物馆。下午，与玮逛隆福寺，买帖一本。晚，看电视，中匈国家队排球比赛。临孙过庭《景福殿赋》一纸。

三十日　星期一　读《诗集传》。

三十一日　星期二　上午，继续看《诗集传》。午饭前，从银行取钱30元。下午，晏甬、马绩、汉城、黎舟来酝酿院的方针等。

十一月

一日　星期三　早，去医院验血。上午，在院资料室查关于《优》的材料。收到智良俊信及关于沛县剧团文件。

二日　星期四　上午，贺敬之、张颖来谈剧协整改事，并希我去剧协工作，我未答应。下午，继续谈院工作，晏、马、郭、黎同谈。晚，看厉慧良演《铁笼山》。

三日 星期五 上午，改写《起源》文中关于《优》的一节。中午，往晋阳饭店吃饭，山西晋剧演出团约。下午，去北医做超声波，医生说，肝正常了。晚，李小仓送有关古代神话书来，并谈关于戏剧史的一些问题。灯下习草书一纸。

四日 星期六 上午，读安作璋《汉史初探》。下午，与剧协来人谈伊兵材料，为吉林省委写唐川材料，并往北海散步。晚，续看《汉史初探》。

五日 星期日 上午，与家人至中山公园看菊及大理花，同为一花，菊则婀娜多姿，而大理虽色泽鲜丽，花朵硕大，而过于工整乏姿，故菊之品远高于大理也。下午，与玮散步至隆福寺。晚，看戏校实验剧团之《武则天》，此剧乃吴祖光根据郭老原本改编，演出甚干净，去武则天之曲素英，演得有身份，还不错，全体演员亦颇努力体会人物。

六日 星期一 上午，往北医看病，检查结果，肝功能已正常，唯仍要修养半日并吃药，怕病复发。近日后脑胀痛日益影响工作，李辅仁（中医）云，这是寒由脊入经络所致，要吃药。前日在北海遇熊焰，她说可以针灸，要问问她，在何处可治。

下午，读冯沅君《古优解》，材料也比较多，也有好的见解，但处处与西方之 funny 相比，并以之来证优，则迷误矣。

晚，看李和曾、袁世海等与厉慧良合演之《长坂坡》，甚好。除演员之表演功力相敌而外,有几场戏之排场(实即导演手法),颇能以简约之手段,渲染浓厚气氛,如刘备露宿一场,以赵云之动作及备与二夫人之唱,与简单之马鸣效果,即刻画出风声鹤唳,夜不安枕之气氛;如以老百姓及张飞之过场,与曹兵冲入之地位,亦立即烘托出乱军袭来之气氛。凡此皆我国戏曲手法精粹之处也。

收齐虹谈《罗密欧与朱丽叶》信。

七日 星期二 上午,读《古优解》中注解部分,其关于巫的分析觉得很有独到之处。中午,与玮在四川饭店吃饭,至两点才回。略事休息,即有乔羽、田川、任萍三人来,谈剧协筹备开创作会议事,并要我出面召集一歌剧座谈会。晚,看电视,有电影《保尔·柯察金》,虽是重看,仍觉很好。

八日 星期三 读完安作璋《汉史初探》,是一本好书。下午,张奇虹来,谈她的《罗密欧与朱丽叶》。晚,考虑修改《起源》的封建社会前期部分,读了这部分原稿,甚缺魏晋南北朝部分材料,特别是背景材料,还很难动手。发何旋坤信,寄照片。

九日 星期四 整天听总理报告关于苏22大问题。疲甚。丽表姐又来信要钱。

十日 星期五 上午,续听总理报告。下午,往松竹园洗澡,在新华书店东四门市部购得安作璋《两汉与西域关系史》,张西堂《诗经六论》,王仲荦《关于中国奴隶社会的瓦解及封建关系的形成问题》及郭老《中国古代社会研究》《中国史稿地图集》等书。又读了尚钺《中国史纲要》中关于两汉三国南北朝部分。晚,读安作璋《关系史》。

十一日 星期六 上午,续读《两汉与西域关系史》。下午,去北海看菊花,并北京两油画家,卫、李的画展,李画较有意境,卫画不行。晚,从电视中看乒乓球赛。

十二日 星期日 上午,与家人往大栅栏、王府井买物,拥挤不堪。看了福建国画家李耕、陈子奋、李硕卿的画展。李耕为一七十余老翁,画人物有独到处,风格多彩、广博,挖耳、搔背等四幅尤佳。下午,休息。晚,看电视:舞蹈、戏曲晚会,荀剧团青年演员之《泗州城》出手甚好。今日读完《两汉与西域关系史》。此书写得不错,收集材料甚丰,考证实事求是,亦能掌握历史唯物主义精神进行分析,是本有参考价值之书。

十三日 星期一 上午,读完《中国史纲要》两晋南北朝部分。下午,往院参加22大座谈会。并借来王仲荦《魏晋南北朝隋初唐史》及唐长孺《魏晋南北朝史论丛》正续二编。晚,与玮往萃华楼吃饭。晚读王仲荦《史》。

十四日 星期二 上午,读王史。下午,范溶来为《剧本》约稿。晚,在电视中看《荆钗记》。

十五日 星期三 上午,去医院看病,开始对头痛的理疗,电疗加针灸，疗后似有一定效用，汤药、丸药仍继续。下午，因头甚晕胀，没有工作，往金山处闲谈，谈及文艺界整风事。晚，续读王史。

十六日　星期四　上午，赴医院做电疗，回家读王《史》。下午，往作协参加歌剧创作的讨论。晚，从电视中看《天鹅湖》（舞蹈学校演）。

十七日　星期五　上午，续读王史。下午，理疗后，往看田老，未遇。往阜外医院看欧阳老，已大好，可起来走动，言笑甚有精神，但时间不能过长，云月底打算出院。晚，从电视中看梅影片，《别姬》《醉酒》。续读王史，人极易疲，不能多看书。

　　数日来摸索魏晋南北朝史，上接两汉。其戏曲史，大体可画轮廓如此："优"在秦末已与角抵结合，至汉因通西域而益盛，因加入了西域杂技了。两汉之世，东汉较西汉衰微，小农经济日渐破产，扬威西域之事，日益衰减。至三国时，小农破产益甚，兵战日繁，人口、生产两皆减少，割据势力始引少数民族为兵以攻其对手，少数民族入居中原者日多，导致五胡十六国及南北朝时民族大迁移局面。北方经济残破，然，入居民族带来外国歌舞，并因与汉人杂居，后来逐渐混合，其歌舞乃流传民间。故至隋统一之时，北方民间歌手，已恢复两汉时之原样，乃一种胡汉融合的新民间艺术了。而江南则保持了汉族的民间及宫廷歌舞，但北方的也加入了南方。两汉时，外来歌舞直入宫廷，而三国至隋，则先随民族的融合而在民间融合，此其不同者也。

十八日 星期六 晨,往医院理疗后,回家读完王史。翻看唐长孺《魏晋南北朝史论丛》及其续编,所论大体不出王史范围,专门之处,与《戏曲史》亦无大关涉;故不再读。下午,往王府井,买毛笔及《文物》第十一期(中有周贻白论宋墓砖雕人物文)。夜读之,并翻王国维《戏曲史》,南北朝之歌舞戏曲,南朝无所闻,北朝均仍有优及角抵,并有兰陵王等歌舞,此等事实可以证明,此等歌舞,实汉族歌舞与少数民族歌舞融合之产物,并非单纯来自西域也

又收智良俊信,催复。

十九日 星期日 上午,与家人在全聚德吃烤鸭,今日是玮卅五岁生日。下午,玮念霍查在庆祝其党庆会上的报告,事实俱在,情真辞挚,以与赫公相比,则更见赫之强词夺理,以大压小之态度,曲直如何,当自明矣。晚,与晏甬谈甄别事,希望从速进行。从电视中看铁路文工团话剧《战斗的青春》,不佳。

复智良俊信,未发。

二十日 星期一 上午,改写《起源形成》封建初期部分。下午,上医院电疗及针灸。昨日在工艺品商店订的圆桌、凳送来,与韩娘清理房子放置。晚,饭后续写文章。

打电话找徐光霄谈话,他出发了,继找夏部长,他也不在。

二十一日 星期二 上午,去医院电疗后,回家续写文章。下午,澡后午睡很香。三时,起续写。五时,与小果出外散步。晚,饭后续写至九时。

今日发出智良俊信,又约夏公无回音。

二十二日　星期三　上午,改毕《起源形成》文。下午,针灸电疗后,参加京剧界的拜师会。五时,去林默涵家谈文化部整风事,提了些关于对我的事情处理过于拖延的意见。晚,去评剧院看《七星庙》《跪门吃草》《杨二舍化缘》的彩排,是西路评戏,唱腔高昂明朗。回家已十时多。

二十三日　星期四　电疗后,将《起源形成》重看一遍,改正文字,至十二时看了三分之一,疲甚。午饭后,酣睡一小时。三时,新建设及人民文学出版社同志来约稿,谈至四时。出去散步,在北新桥书店中,买得《汉民族形成问题讨论集》及岑仲勉《府兵制度研究》二书。晚饭后,从电视中看袁世海《牛皋招亲》。

写作及投稿计划:

新建设:试论中国戏曲的特点(已写成)。《文汇报》:起源形成。人民文学出版社:左联回忆(明年写)。延河:回忆鲁艺的秧歌运动(已写成)。

二十四日　星期五　上午,将《起源形成》文字整理完毕,交人去抄,并找回《戏曲艺术特点》一文准备着手整理。下午,电疗、针灸,后往王府井买帽未得,在大棚买到。回家时翻阅新来的杂志。晚,看苏联两独舞演员演的《天鹅湖》,女演员善于表达感情,舞姿也很干净。

二十五日　星期六　上午，做平流，看中医，理疗复诊，取药。回家看《戏曲特点》稿，未毕，看来要大删改。下午，等沛县来的同志，未来。三时，出去散步，在北海吃了一盘豌豆黄，遇舒强、罗光达、祝肇年，与祝谈戏曲史方面的一些问题。回家时已五时半。晚，看电视中放苏联片《白夜》。

二十六日　星期日　上午，在家打扫及与孩子们玩。午睡后，往四川饭店，剧协和《文汇报》约谈创作问题，田老、老舍、曹禺、光年、其通、白尘等均发了言，我也谈了一点，归已十时。

二十七日　星期一　上午，初步删改了《戏曲特点》文，准备再在文字上修改一通即寄新建设。十一时，沛县王书纪爱人、李会堂、朱王庄公社书记及侯瑞霞来，谈至十二时。送来许多土产，还有王书记、李桦等人信，殷殷可感，遗憾的是连留一饭的可能也没有，只能招待看几场戏。中国青年报记者来，有些读者来信问到一些戏曲的问题，希望我来答复，我答应与之座谈，由他们执笔写。下午，针灸、平流，找内科顾大夫开证查血。买苏联新出的《马克思列宁主义美学原理》一部，该书声明为参考书，并非一致的定论。晚，边军、徐捷、胡斌来，边军谈民委在整风中为他甄别道歉事。

二十八日　星期二　上午，抽血、平流。回家后，再次删改《特点》。十二点，往曲园参加郴州湘昆向北昆老艺人拜师会，吃饭到两点，往瞻郝寿臣遗容。回家已四点，略事休息，略进晚餐。七时，往大众看《花为媒》，是一好剧目，整理也费了不少功夫，但还可进一步整理，使成一沙翁式的好喜剧，因此中人物虽未写出，但原有好基础，而其戏剧冲突也是建立在人物上的。

二十九日　星期三　早，续改《特点》。九时半，往公祭郝寿臣，十一时回。下午，火花、针灸。在稻香村排队买点心。四时回，即与青年报谈答复读者来信问题。晚，看电视，疲甚。

三十日　星期四　上午，平流。将《特点》改毕，加一附言送出。《起源形成》抄好送来，装订好，送三份与汉城请他传阅，准备座谈。下午，简慧来谈往请胡可作报告事。四时出外散步，在人民市场买墨二锭，二元。

　　晚，在文联看郴州湘昆演小节目：《挡马》《小宴》《醉打山门》《出猎·诉猎》，是青年演员演的，《挡马》中有焦光普弹琵琶，其他剧种中未见过，十时半散。疲倦已极，寝时服米尔通二片。

十二月

一日　星期五　上午，读报休息至十一时。青年报狄沙来谈答复读者来信问题到十二点。下午，做火花、针灸，看验血结果，肝功能已正常，但胆固醇略高，为136（70—100为正常）。三时，往北海散步，看周怀民国画展，此人画祁连山，笔法雄峻，但有的风景失之柔媚。有邓拓题字颇多，所书一大幅有飞舞之致，甚好。王昆仑为书一小立幅，引书有章草意，亦甚别致。

晚，电视不好，未看完。洗澡后躺下已十时半。

二日　星期六　上午，读《红旗》21—22号关锋《真理的全面性》。十时半，去医院做平流。下午，晏甬、马绩、汉城来，谈研究所规划，至六时。晚，看电视，捷克影片《更高原则》。

三日　星期日　天晴而冷未出去。上午和下午除与小孩玩之外，将《起源形成》稿念与玮听，费四小时。玮不熟悉戏曲史，听了还有兴趣。但说有的地方应多举实例，有的地方来龙去脉尚不清。晚，看《保尔》话剧（从电视中）未竟，写草书一页。十时半睡。

四日　星期一　上午，读新建设10—11号中有关戏曲美学论文。十一时，乔羽来谈剧本创作会议事，要我准备发言，十二时半始走。下午一点半，到院里与胡可见面，他是文学系请来作报告的。二时半，往医院做火花针灸。回家休息，与玮包饺子。七时煮食。晚，听收音机中音乐，看帖。

　　复沛县王书记信，并交李会堂带回去。

五日　星期二　上午，去医院看中医，取药，做平流。十时回，念《剧本》十一月号上张万一的《哑姑泉》给小果听。下午，出去散步。晚饭后，续念未毕。六时半，看电视，有京剧院的《长坂坡·汉津口》，十时方毕。

六日　星期三　念完《哑姑泉》，词很好，戏也较紧凑，只是色调单纯一点，除了英雄的和抒情的味道而外，作者尚不知道幽默、滑稽在艺术上、美学上的重大作用。读《剧本》十月号上杜锋的《决胜千里外》。下午，火花、针灸，看内科，检尿结果，没有问题。晚，从电视中看苏联早期影片《马克思青年时代》，作风雄浑强烈，看了仍是过瘾。

有几处地方约写有关周信芳演出的文章，不能不写一篇。

七日　星期四　上午，晓星、陈雨时从徐州来，谈至十时半。乃去医院做平流，打针（维生素B_{12}）。读完《决胜千里外》。下午，读有关《胆剑篇》的评论。晚，读《胆剑篇》未毕。

八日　星期五　上午，讨论《起源形成》。

黄：奴隶社会，胜利部族祭自己的图腾。"铁剑利而倡优拙"（见《左传》"泌之战"）、"夫人作享"是民族混合后，神也混合，一地人各词其神。"优"主要是娱乐，是老少言语百无禁忌。讽谏为主，歌舞随之。"角抵"是易州伐，为燕齐方士传来。"蚩尤戏"（《陈旸乐书》《古今注》）。"杂戏"即"百戏"，在唐末变了。

黎新："傩"中国材料多，应继续研究。唐代说得太少了，如《秦王破阵乐》。"官本杂剧"非宫廷本，乃通行本。"温州杂剧"与官本杂剧有关，南戏不只产生在温州。"么末"是正剧之意，与元杂剧还是两种东西。"元剧之没落"，下落：一部分入南戏，即秦腔，弦索中亦有见剧目。万历前，宫廷有元杂剧，不能设想民间一点没有，可能与地方小戏合班。

小仓：可强调图腾舞。戏曲形式形成的原因。各民族文化交流的问题。参军戏——北宋杂剧——北院南官——杂戏南戏。杂剧与平阳关系：金时，人口大减，唯河中、太原、大名三府人口增加。人口是掠夺而来，其中有杂剧艺人。山西为全真教圣地，可能全真教保护难民。

郭亮：宫廷作用贬得太低。

何为：隋唐以后，民间各种形式的发达，对戏曲的形成关系很大，应叙述。

小仓：院本杂剧应说清楚。

达人：参军到宋杂剧，宋金都要谈。

和德：正杂剧是一段，不是两段，金院本是比宋杂剧先进。南宋秧歌与温州杂剧（范成大诗）。

下午，针灸、火花、打针。三点，去作协参加《胆剑篇》座谈，到者茅盾、何其芳、张光年、黎澍、曹禺，至六时半始散。回家连忙吃饭，七时，赶到车站接周信芳，他老多了，这回来是为了舞台生活六十年的演出。疲惫，九时就寝。

九日 星期六 上午，平流。读有关《胆剑篇》的评论。下午，剧本月刊召开评点古典名剧之会，到者李健吾、王季思、吴晓铃、汉城、小仓诸人，至六时。归后，发现桌上赵鼎真留一条，说她今日结婚，饭后乃去祝贺，送《论新歌剧》一本。

十日 星期日 上午，带孩子们去故宫，看书法和钟表。书法中见孙过庭《景福殿赋》原本，笔力峻秀，风骨灵动，较之三希堂刻帖胜多多矣，诚为神品。钟表陈列，孩子们非常有兴趣，但观者奇挤，出大汗一身。下午，疲惫，在家与孩子们玩。晚，写字一张。澡后早睡。

十一日 星期一 上午,读《马克思列宁主义美学原理》中部分章节。十时半,往新侨饭店探周信芳老人,他精神甚好,谈约半小时,辞出。归继续读《美学原理》。下午,做平流、理疗、复诊。三时归,试改《文汇报》座谈发言稿,头痛而止。晚,参加周信芳舞台生活六十年开幕式。周演《打渔杀家》,童芷苓演《桂英》。刘斌昆演教师爷,周甚卖力,四十板后尚作一吊毛,许多地方演得甚为感动人,六十七岁高龄,舞台形象尚好,如此光辉,难能可贵,于此见大演员风度。伯达同志临座,他谈了对于话剧的意见。

十二日 星期二 上午,读《周信芳舞台艺术》,准备座谈会发言,写出一大纲。十时半,去医院做平流、打针。下午,继续前去。四时,出外散步,甚冷,约半小时即归。晚,去新侨周信芳老处,漫谈,在座者有金山、阿甲、紫贵、高百岁、李超等,所谈都是他的表演经验。

十三日 星期三 上午、下午均准备座谈会发言,读《舞台艺术》及《周信芳戏剧散论》。下午二时,做火花、针灸。晚,看周演出《乌龙院》人物层次分明,表现强烈,唯杀惜时尚略嫌草率,去惜姣的赵小兰也很好。

十四日 星期四 上午,写发言提纲。十一时,去医院打针做平流。十二时,往前外全聚德参加萧长华八十四岁诞筵。下午,参加周的表演艺术座谈会，约一百余人。发言者有李少春、老舍、阿甲、金山和我，至六时。晚，在电视中看贝多芬《第九交响乐》演出。

十五日　星期五　上午，往李大夫处复诊，十时，回来修改话剧语言问题发言稿，毕。十二时，晏甬请萧长华于丰泽园邀往作陪。二时，打针、火花、针灸。回时三点半，写二信，一复延河征《讲话》二十年纪念稿，一复青年来信。读龚和德送来周信芳座谈会发言整理稿。晚，看周之《义责王魁》及童芷苓《尤三姐》等。《王魁》为新戏，不如周之老节目精练。《尤三姐》较粗糙，童是学荀的，表演说白很像，唱差一些。

十六日　星期六　上午，改周信芳座谈会上发言记录。十时半，打针、平流。下午，参加院党委会，讨论计划。晚，看电视，《51号兵站》。写字数纸，一曝十寒无进境。

今日发出《文汇报》剧作语言问题座谈发言。

十七日　星期日　上午，与玮上街为小孩买鞋。饭后，午睡甚好。下午，玮来一同学，冯霞亦同来，作闲谈。晚，看周信芳《宋士杰》。此戏创造角色最鲜明，道白最好，此次演出略松，"偷信"一场动作琐碎，颇失紧张气氛，是其缺点。

十八日　星期一　上午，改完周信芳座谈会上发言，题名《用全身心演戏的艺术家》送中国新闻社。下午，火花、针灸。三时，往访童芷苓，与童及张美娟谈她们的戏——《尤三姐》及《火凤凰》的意见。五时回。七时，往大会堂浙江厅听梅唱片，至十时半回家。

十九日　星期二　上午，改文艺报《胆剑篇》座谈会稿。十时半，去医院做平流，毕，上稻香村买点心。下午二时，童芷苓、侠苓来谈《尤三姐》，陈雨时来谈徐州柳子剧团问题。晚，芷苓往青海餐厅吃饭，毕，往人民看周老新戏《海瑞上疏》，十时半始完，戏长而松，因是新戏，精采之处不多。

　　今日谢恩辉代找到苏联科学院编《世界通史》第二册。

二十日　星期三　上午，继续改文，实际等于重写了。十一时半，院里宴请周信芳在丰泽园。二时，至医院做火花、针灸，看内科，打针，看鼻科，取药，回家已五点。晚，翻阅《世界通史》。

二十一日　星期四　上午，继续改文。十一时，往医院打针，平流。下午，继续改文，半小时后因头痛停止。听收音机中音乐，有奥伊斯特拉赫及一法国提琴家演奏的贝多芬小提琴协奏曲，奥圆润宏大，不愧大师，后者比之，气象小矣。晚，往广播大楼听梅唱片，梅之早年唱片中，亦有质量较差者，念白平板，如《穆柯寨》是。归已十时半。

二十二日　星期五　上午，改文毕。十一时，念故事与小果听。二时，往医院做火花、平流、针灸、打针。往市场买点心及小果鞋，回家已四时半。《剧本》月刊王杰来，谈创作、批评，要稿子，答应写一篇关于游园惊梦的，要下半年给，六时始去。晚，念文与玮听，又听玮谈《杨二舍化缘》导演计划。十时就寝。

二十三日　星期六　上午，将改好之文章重看复改一遍。十时半，往医院做平流，打针。与小果换鞋，买台历。下午，休息。看萧晴论梅腔文。晚，与玮往民族宫看童芷苓《红娘》，此戏本子实在不好。

寄出《胆剑篇》随笔给文艺报。

二十四日　星期日　上午，玮去排戏。我乃领孩子们在家玩耍，并给罗院长写一信。下午，午睡后，与玮散步至人民市场。晚，从电视中看加纳纪录片。练字两纸。又，上午，黎新送来一些关于北曲残留在昆、弋、梆、徽诸腔中的材料，并谈了一会。

二十五日　星期一　上午，去李大夫处复诊。九时半，与玮往公园散步。十一时，去四川饭店为剧协请周信芳作陪，周明日返沪。二时，往医院做火花、针灸、打针、取中药。并往隆福寺买梅花一盆，五元。因未曾午睡，疲甚。晚上，未工作，十时以前就寝，寝前，萧晴来谈她的文章《梅兰芳演唱艺术》。

二十六日　星期二　上午，先往医院打针做平流，后往车站送周信芳同志。下午，参加院党委扩大会，这是整风中对领导提意见的一个会，至六时半方散。晚，疲甚，听梅唱片未去。读丁西林剧本《孟丽君》。

二十七日　星期三　上午，与马绩、黎舟、晏甬谈院里行政方面琐事，至十二时。下午，至医院打针，做火花、针灸。晚，看童芷苓《武则天》。童演得不错，一大段唱尤好，总之，演甚有政治人物风度，但"审子"一场亦有母子感情，在京剧演员中，此等表演是难得的。

王彤来，带来胡沙送的大曲一瓶。

二十八日　星期四　上午，上银行取钱，取出一千元及利钱一百二十余元，重存入一千元。买糖果点心等。十时半，往医院打针，平流。下午，重读《起源形成》，酝酿修改。四时，往储蓄所存入活期五百元，还院总务科二百元。遇余从，他给我转达了傅惜华对《起源形成》的意见。晚，看电视。

今日中午理发。

二十九日　星期五　上午，去图书馆借书。读刘师培《原戏》。十一时，我院在丰泽园请编讲义的人们，至下午二时始散。即去医院做火花、针灸、打针并理疗复诊。四时，到百货大楼买糖，排一长队。四时半回家，翻看图书馆送来的《两周金文辞大系》。晚，在电视中看梅之《游园惊梦》。九时，童芷苓来谈她演的《武则天》，至十时始去。

三十日　星期六　上午，读《两周金文辞大系》。十时半，去医院做最后一次理疗。十一时，往百货大楼买糖。下午，人民日报侯同志来，取去原给中国新闻社《用全身心演戏的艺术家》一稿，说要改写了发表。三时，续读《大系》。夜，参加本院除夕晚会。

三十一日 星期日　上午，八时半起，与玮一道去接小珍,并在义利买点心。午后二时半,去看六姨,回家已四时半。晚,带小果去参加北京艺术院校联欢晚会(在北京展览馆)及人艺联欢晚会。回时九点,看了一会电视。即就寝,在床上与玮谈到十一时半。

收到小白信,通讯处:宁夏石嘴山市卫生防疫站。

1962

一九六二年

一月

一日　星期一　上午，整理房间后，十时，胡沙来，刘念兹来，谈到十二时余，送胡沙《百花诗笺谱》一本。胡沙走后，包饺子，一时吃毕。略事午睡。二时，田老来，陪他在院内各家走了一遍。三时，文学班学生来拜年。四时，往人民市场（与玮一道）逛了一趟。晚，看电视中新年歌舞晚会，中央歌舞团演出。

二日　星期二　上午，读《大系》文学部分。得《师虎簋》释戏字一条，甚是宝贵。下午，往九姨家，子琴不在，坐至三时。往北海看水彩、粉彩展，有的的确很好。归时已五点。晚，为胡沙题画。

三日　星期三　上午，去还《大系》，借来《岁时广记》《乐书》《古今注》等书三套，有关涉及蚩尤戏材料，并同时翻读盛婕江西傩舞调查。午饭后，往松竹园洗澡，二时半回。四时，读毕《报告》。往中山公园散步看兰花，古巴图片木刻展。晚，看电视。十时睡。

四日　星期四　上午，翻读《乐书》。下午，王杰、范溶来，谈至五时。即出去发信，给《延河月刊》。并到田老家中闲谈。晚，往天桥剧场听苏联指挥尼·阿诺索夫指挥的德沃夏克第九交响乐，很好，很细致。前面有音乐学院中学部演奏的钢琴协奏曲等，小演员谢达群的钢琴独奏很有神气。

五日 星期五 上午，上医院看中医。九时半，回来参加院党委会，直到十二点半。下午，在院参加上海京剧二团演出座谈会。四时回来休息。晚，看电视，读盖老发表在《人民日报》上的《一元复始，万象更新》，未完。十时就寝。

收到的新年拜年帖，应回的：侯宝珊、乔佩娟、沛县剧团、沛县县志编委会（名字待查）、江苏梁冰。

六日 星期六 上午，读完盖老文，并《岁时广记》等资料。下午，北京晚报侯琪来谈，至五时始去。晚，作一关于今民间歌舞发展的卡片，未完。

七日 星期日 上午，与玮带孩子们往中山公园。下午，在家休息。晚，去广播局听京剧老艺人唱片，有陈毅副总理等参加，十时半毕，遂吃了一顿夜宵。至十二时才回家，入睡已至一时。

八日 星期一 早，玮动身去东北看戏去了。早饭后，读孙作云《蚩尤传》，至下午才读完。帮助小果温功课。晚饭后，姜应宗来，谈及西北农村及西安电影厂的一些情况，这是一个热情的好同志，晚十时半才走。

今日下雪，未能出去散步。

九日 星期二 晚上睡得不好，早起较迟，而头脑仍不清快，动手改《形成》已成之文，改起来特别吃力。下午，上街买布八尺作罩衣。四时回,头背酸痛。晚饭后,续改文章。至十时半。代玮发出给乔佩娟信。

十日　星期三　上午,翻读有关唐代音乐的书。下午,去厂甸,在荣宝斋买纸五张,在碑帖店买手临十七帖一本。夜,从电视中看《斩断魔掌》,情节简单化。毕,翻阅《全唐诗中的乐舞资料》一通。

十一日　星期四　上午,正打算改文章,吴闻来,谈至十时。大楼又来电话叫过去看童芷苓排《尤三姐》,直至十二点。正吃饭,陈执中来电话,说沛县王书记等人来了,只有一点半到两点半才能去看。吃完饭,陈和王友唐、王敏来一同去西郊友谊宾馆,见到了王建祥、李德伦、梁如仁、刘锡庚等人,谈至三时才回。疲甚,再未工作。晚饭后,看电视,报纸等。

十二日　星期五　上午,改《形成》稿。下午,往医院复诊理疗,又开始每天的治疗,这回是静电和头部按摩。三时半,往前外买金鱼,继往和平画店取裱好的字,并买沈尹默字一幅。归已四时半。晚,往文联看《大闹天宫》动画片上集,带小果去。八时半回,续改《形成》至十时。收张玮自四平来信。

十三日　星期六　上午,帮韩娘打扫房间,改《形成》稿。十一点半,去医院。下午,往外文出版社《中国建设》杂志社参加座谈,四时半回来。晚,看电视,有电视剧《莫里斯案件》很好,剧也好,演得也好,镜头也好。苏联电影《父与子》(屠格涅夫小说改编），还可以。毕，读有关话剧歌剧创作座谈的情况的汇报，至十一时一刻。

十四日 星期日 上午，和孩子们玩。下午，沛县、东海、徐州市的书记们来谈。五点，同到丰泽园吃饭，有陈执中、王友唐、王敏几位作陪。晚，看电视《甘蔗田》。

十五日 星期一 上午，与晏甬、马绩、黎舟谈院内干部调动。会前去医院复诊中医，所给仍是滋补健脾之药。下午，又去医院理疗取药。三时，参加第一次院委会，至六时，头晕痛退席。晚未工作，为小果温课。

  读了《文汇报》上张拓《论新歌剧的特性》，立论以为新歌剧的形式实是西洋歌剧而吸收若干中国戏曲者，与戏曲纯是两种类型。

十六日 星期二 因夜里睡得不好，上午没有好好做事。十时半，去医院。下午，人亦不舒服，出外散步，买了半斤点心。晚，看电视未完，九时即上床睡了。

十七日 星期三 昨夜吃了安眠药，虽未睡好，总算睡了。上午，八时一刻才起来。上午，翻《全唐诗》研究踏摇娘的时代问题。段安节、常非月确为安史之乱前后的人，段著《教坊记》在安史乱后玄宗死后。常非月，《全唐诗》称作西河尉，唐肃宗乾元时始有西河县名，则常亦乱后始作县尉也。踏摇娘之用女扮，可能自乱后始。下午，去医院，又上王府井买物，四时回，未做事。晚,去田汉同志处,遇芦肃,谈了些歌剧问题。八时回,在灯下反复研究踏摇娘问题,极可能在安史乱后有变化,但仍有疑点。收张玮长春来信。

十八日　星期四　晚上睡得不好,早晨八点半才起床。江西艺术学院的副院长陈茵素到院来访,谈至十时半。回家看看报即去医院。下午,部党委传达文件,至五时半。晚,从电视中看《基辅姑娘》下集。

十九日　星期五　上午,早餐后工作时已是九点。将几天来酝酿的有关《踏摇娘》的一段文章改定。十一时,戏剧出版社的同志来,谈关于编秧歌选的选目事。下午,去医院,治疗外,并做了理疗复诊。赵鼎真来,谈至六时。晚,从电视中看《太阳照亮了红石沟》。

二十日　星期六　晨未起,玮即回。上午,续改《形成》,研究宋金杂剧问题。上医院。下午,与玮谈别后情形。四时,同出散步至人民市场。晚,从电视中看《笑的晚会》,常宝霆的相声《听广播》和谢添的双簧、变脸都很好。徐州李慧春及老唐来。

二十一日　星期日　上午,徐步来谈到十一时半。下午,与玮及孩子们玩。晚上,冯霞等来,玮大谈东北看戏观感,很是引人入胜。与表姐寄钱20元。明日为我51岁生日,今日吃了一顿面。

二十二日 星期一 上午，续研究宋金杂剧。下午，洗澡，看病。晚，看市戏校实验剧团演出之《红羊峪》，花脸甚好，戏编得还可以，唱词也还写得好。十时一刻完。

二十三日 星期二 上午，续搞宋金杂剧。去医院。沙新十一时来，谈至二时。未能午睡，即参加戏曲概论的讨论，至五时半。晚，在电视中看河北梆子。疲极思睡，乃早寝。

二十四日 星期三 上午，九时看中医。回家翻翻书，看看报就完了。下午，做理疗后，参加党委会，至六时半。甚疲。晚，从电视中看电影《洪湖赤卫队》，就电影而论，是拍得不成功的，但作为歌剧是好的，感人，音乐好，有戏剧性，也还有人物。上午十一时，《延河月刊》路萌来。

二十五日 星期四 续研宋金杂剧，集中搞"院么"，略有眉目，"院么"是正杂剧的一个新品种，只在金院本目中有之，较其他院本更富于戏剧情节，可能是北杂剧之先行形态，北杂剧一名"么末"，此名或即从"院么"来。元曲《吕洞宾度脱蓝采和》剧中有《兄弟》一曲，有句云："旧么磨院本我须知"，"么磨"即"么末"，"么末院本"或即为"院么"之繁称。十一时，理疗，去义利买点心。

下午，讨论《戏曲概论》"形式""文学"两章。晚，带小果去看研究生班表演练习。

二十六日 星期五 上午，续改《形成》。十一时，戏剧出版社陈革彦来，谈定了《秧歌剧选》的剧目。下午，理疗后，往作协开有关亚非作家会议的问题。四时回，续改《形成》，至晚八时半完成。

二十七日　星期六　上午，开会讨论《戏曲概论》。十一时理疗。下午，陈革彦来谈《秧歌剧选》事。智良俊三时来，赵斐继来，谈至四时半。晚，看赵燕侠的《红梅阁》，其中《斩慧》一场表演很好，赵好，去贾似道的也很好。十时半毕。

二十八日　星期日　在家休息，与孩子们玩，因大风不能出门。下午，四时，与玮去荣宝斋买纸，未成，买贺年片数纸。

　　晚，部里，齐部长传达中央四级干部会：(略)

二十九日　星期一　上、下午都参加编写讲义的经验交流会。只在下午两点去做了理疗。晚上，为编秧歌选看剧本。十时上床，读了一会儿《读政治经济学笔记》。十一时睡。十二时，为小耗子闹醒，折腾了半夜。

　　收到安谷从学校来信，接着她又回来，给她二十元。

三十日　星期二　上午，参加经验交流会。十一时，做理疗。下午，上街想买镜框给再雯送婚礼，未买到，给小果、小珍各买玩具一件，花十三元多。五时回。

　　早晨，部党委派代表来慰问病人，送点心两盒。十一时，《延河》编辑来，送来《回忆》稿。午饭后改好。晚，续看剧本。

三十一日　星期三　上午,在交流会上讲话。下午,做理疗,上王府井、隆福寺找镜框未得。晚,从电视中看苏联电影《猎兽人》。读秧歌剧本。至十时半。

今日领二月份薪水。

二月

一日　星期四　上午,在剧协讨论戏剧美学问题,参加者有王朝闻、刘芝明等同志。十一时,往医院理疗。下午二时半,陈革彦来校订秧歌剧至五时。中间,戏剧报屠岸、刘乃崇来要关于文座①20年纪念的稿子,答应以秧歌选的说明给他们。《延河》编者来,取去《回忆》稿。晚,到作协参加酒会,送亚非作家会的出席者。八时回,从电视中看到半截《关汉卿》电影。

今日发沛县、广西、侯宝珊等贺年片。

二日　星期五　上午,看秧歌剧本,为再雯结婚写一幅喜联,去医院理疗。下午,参加人民文学社春节联欢,有侯喜瑞、富喜海等人的群英会。晚,与玮请胡斌、刘汉章在鸿宾楼吃饭,饭后二人来谈至十时半。

三日　星期六　上午八时,去医院理疗。九时,往文化部听少奇同志在四级干部会上的报告。报告内容,第一部分国内外形势。第二部分,我国建设社会主义的经验,总结为十七条。第三部

---

① 指延安文艺座谈会,下同——编者注

分,党的工作几个问题,主要是反对分散主义。至十二时一刻毕。回家时,镜框已做来,乃装上。下午,往再雯家贺喜,见欧阳师母,知欧阳老病已见好,现已下床了。四时半返家。六时半,正吃饭叶枫来,谈了些下放的情形。七时,往青艺剧场看东方歌舞团演出,至十时半。入睡已十二时。

四日 星期日 上午,与袁叔华同往西郊看徐步,遂与进城,到家闲谈至十一时半。下午,阿甲来,谈至五时半。小睡到六时,未成。六时四十分,袁夫妇、徐步同来吃饭,七时半去。看电视至十二时。

今日收到干仲儒信,地址上海高邮路五弄44号。又收到青年报要求写《胆剑篇》信。

五日 星期一 今日为旧历春节。上午,与晏甬同至文联团拜,又往萧长华、徐兰沅、荀慧生、程夫人及院内各家拜年。下午,休息,薛恩厚来。五时左右,发烧。九时,上床,体温38.8℃,吃APC二片,发大汗,睡去。

六日 星期二 晨,体温降至37℃,但甚疲弱。一日在家未出,来者甚多,除本院诸人外,有李元庆夫妇。赵起扬晚上来,谈话到九时。张伯中从天津来,带来诸多吃的。安谷今日才回来。

七日 星期三 上午,去厂甸荣宝斋看古名家书画展,买黄胄画舞女一幅。下午,化群、王琴舫来,谈至四时。包饺子至六时。晚,写字一纸。

八日 星期四 上午，与伯中谈。陈革彦来，带来《栽树》《全家光荣》两剧本，看过后，决定采用。十一时理疗。

下午，续与伯中谈。晚，伯中回天津。早睡，安谷带小果去她学校住几天。

九日 星期五 早，家人全走了，非常清静，看秧歌剧本已十一时。做饭吃，十二时多吃毕。下午，理疗。续看剧本至五时。往新侨鸿宾楼应文学出版社邀吃饭，为写左联回忆录事，至九时半才回。今日大雾。晚，看《秦洛正》《好军属》两剧本。

十日 星期六 早，读《一场虚惊》剧本，决定采用此剧及昨夜所读的两剧。十时，往义利买点心。十时半，至医院理疗。下午，陈革彦来，确定了全部剧目、插图。《中国建设》某同志来谈计划写戏曲常识事，约定下星期再来谈。余从来，谈他们已自昆明看少数民族戏曲会演回来。安谷、小果回来，安谷拿了十六元去买鞋。剧协毛瑞宁来电话约定五月份写一篇关于梅兰芳的纪念文章两千字。晚，读《喂鸡》《回娘家》《一朵红花》《动员起来》等剧，决定不用《喂鸡》，也不再增加剧目了，全目共22个剧本。十时半睡。

十一日 星期日 上午，阿邸、吴波来。下午，李和曾、李忆兰来，谈至三时半。即去看欧阳老，他精神虽欠佳，但还好，示我春节所作诗二首。四时半，去看六姨，谈到五时半回家。晚，看《谢瑶环》未毕。整理电话本。至十时，发干仲儒信。

· 张庚日记(一)

十二日 星期一 下午,中宣部传达纪念文座会办法。

林默涵:

一、写文章:(一)人民日报、红旗发表社论(五月二十三日,还希望大家写文章。(二)二十三日开纪念会。有中央同志讲话。(三)各协组织一些学术性的报告,可早一些开始。(四)举行一些演出,包括20年来的优秀作品。但太多,自己经常上演的,初期的可以演一演。后者是新文艺方向的开始。也可进行革命传统教育。(五)搞个展览(美协)是全国性的。演出活动集中在五月。

二、《讲话》意义重大,不仅制定了中国社主文艺道路,在此方向下二十年来成绩大,而且指出了知识分子如何与工农结合,改造自己。讲话中,具体解决了如何结合问题,结合即世界观的改造,思想感情的变化。知识分子可以改造,由一阶级变成另一个阶级是毛的思想。L. S.[①] 都出有此论,L. 谈利用(因其时情况不同)。如忽视知识分子可以改造,就容易排除或放弃对知识分子的改造。因此,人民日报社论多谈文艺问题,而红旗多谈知识分子改造。又它对外国也有很大影响。世界有三种文艺:一,社主的、民族革命的反帝文艺;二,帝的文艺;三,修的文艺,对内破坏社主,对外降帝。我们的文艺是最革命的,尽管有缺点,故有亚非拉美国家中受欢迎,符合共要求。《讲话》影响大,去年古巴作家大会,它成了学习文件。其主席说,希望共大会达到《座谈会》的高度。凡革命的地方需要《讲话》。革命文艺旗子已在我手,要举得更高。纪念

---

① "S." 代指斯大林,下同——编者注

工作要做好。

三、纪念时的情况：1.文艺界二十年来，更壮大，更进步，更团结。20年前，队伍是分割的，地区上如此，思想上也未做到真正团结。比五二年时的情况也不同，十年经过许多斗争、教育，出现了许多作品，绝大多数拥护《讲话》精神。现在是进一步发展，克服缺点。去年开了座谈会。是肯定成绩下调整克服，进步了、团结了。2.国家情况：成绩大，三面红旗是正确的。工作中间有许多困难，缺点，现在困难开始好转，但困难仍严重。好转是我们认识了缺点、错误，但工作中的困难仍多。认识了，反过来即可成为积极的东西。建设我无经验，故必须付学费。"民革"时付了学费，白区100%，苏区90%，30万人不得不走25000里，到陕北只剩3万人。但从此认识了，很快取得了胜利。现在实际工作中困难尚多，目前最需要团结，同心同德克服困难。全国如此，各级也如此。文艺必须在此发挥更大作用，以加强人民团结。3.国际上，反帝斗争之外，反修是一新问题，修的代表又有影响。修的产生不是个人问题，有根源，故不是短期的问题。他们要放弃不可能，不与之斗争也是不可能的，要坚持ML，修必来斗争。而凡M，又必反修，故反修斗争不可逃避。把自己变成修，就是变成帝的走狗。否则要斗争，直至其垮台。文艺上修反应最灵敏，对内宣传和平主义，对外反对社主，提倡人和人都是兄弟。斗争不可避免，但要讲方式，如内部座谈，正面宣传我的主张，更重要的是拿出作品。在国内修是非主要，无市场，主要是对国外。在此情况下纪念《讲话》是要更高地举起旗帜，把文艺的革命性，艺术性提高。4.写文章宣传毛思，使能被更多人理解接受。这不但对文艺,即对革命也有利。宣传毛思:一,要全面宣传,是 M 文艺道路,既反修,也反教条,否则即不是 M 的。几年来,宣传毛文思有成绩,但理解与宣传中有偏"左"的片面性。不只文艺,而是各方面。原因是:A.《讲话》产生在延安文艺界严重脱离政治的情况下,故锋芒在反小资这一面,但他也反教条。B.解放以来主要锋芒也是对着资思,故我们的理解是容易偏"左"而忽其全面。几年来,提倡为工农兵,似乎偏成只能写工农兵。如强调要政治,常常忽视艺术(毛说政治艺术要统一),要普及不要提高。毛说普及第一,这在任何时候是对的,但艺术创作上二者不是割裂的;强调世界观改造,但不以世界观代替一切;世界观是决定的,但不代替一切。歌颂劳动人民偏成劳动人民无缺点,不可批评。但毛说,可用自批方法。提倡革命浪漫主义,就否定现实出发。毛说从生活实际出发。对正确的东西只抓一面,也会变成歪曲的,对创作也有害。也有在宣传毛思时的庸俗化倾向,文艺上还似乎没有。二,要从发展上看毛文思。20 年毛文中有发展。20 年前解决为工农兵及如何为,解放后有二百。20 年前主要对敌斗争,解放后大量存在人民内部问题,故提二百。这是提倡竞赛,以为 90% 的人服务。如政治标准,也有发展。讲话只说要准备,《内矛》[①] 文中则提出了六条。三,不要停留在只解释毛思,要从创作、研究,作家与群众结合上写出些有自己心得的作品。一是只全面总结(社论);二是几方面概括地就各方创作总结几点基本变化与经验,如戏曲推陈出新的经验,创作方面的,不要罗列一

---

① 此处代指《关于正确处理人民内部矛盾的问题》一文——编者注

大堆成绩，总结点基本规律；三是个人的体会、心得，如塑造工农兵的心得、体会，如何学习群众的语言，表现其思想感情，批判继承方面的经验，推陈出新方面。

上午，看一些过去有关秧歌的文章。晚，续看。

十三日 星期二 上午，续看文章。一早至医院看内科，抽血，做理疗。九点半回。午饭后，洗澡。二时半，续看文章。五时，曾宪凯来，谈至六时。晚，赴齐燕铭处谈我的结论问题，他同意我的三点：一，修的帽子是错的。二，处分是错的。三，斗争方式是过火的。十点回来，收童芷苓信。

十四日 星期三 上午，传达中央四级干部会。（略）

下午：（略）

晚，休息，智良骏来，谈至八时。去后，翻阅《人民文学》二月号，念其中一篇寓言给小果听。

复《延河月刊》，及任县刘志忠信。

十五日 星期四 上午，往医院看中医、理疗、取药，理发。下午，往艺术局学习四干会文件（讨论）。四时，往学校司讨论院的方针等，六时回。晚，从电视中看《暴风骤雨》电影。

十六日 星期五 上午，写《秧歌剧选》后记，开了个头。去医院看内科、理疗。中午，剧协邀请古巴剧作家巴格·阿尔丰索于全聚德；餐后与之谈中国戏曲的发展，到四时。未午睡，回家休息至六时。晚，翻读刊物。

十七日　星期六　上午，开院党委会。十一时，去理疗。

下午，在紫光阁座谈话剧创作问题。（略）

陈毅发言。（略）

晚：在国务院吃饭，饭后与光年同往他的旅馆（他集中在那里写纪念文艺座谈会讲话发表廿年文章），谈至十时。

十八日　星期日　上午，老李来。十一时，往丰泽园赴萧长华老饭约。文化部齐、林、徐都到了，与林又谈到学院体制及实验剧团问题，二时毕。往天桥剧场看《春雷》歌剧，四时半毕。回家略事休息。晚饭后，从电视中看《甲午海战》话剧。

十九日　星期一　上午，写《秧歌剧选》后记。下午，理疗。三时，武汉市楚剧院两同志来谈。四时，《新建设》魏玉宪来谈。七时，往政协礼堂参加剧协元宵联欢。九时回，续写后记至十一时，未完。

张颖通知二十二日动身去广州，工作必须赶一赶。

徐迈进来信邀往政协讲京剧流派，已电话告知推迟。

二十日　星期二　上午，院党委开会，谈院的方针任务、体制等问题。

下午，周扬同志在人大会堂新疆厅为话剧创作座谈会讲话：

原建议少数老剧作家谈创作，现在有了一百多人，形式大，会不知如何开法。广东比较民主，对知识分子很注意，开过会，反映很好。管文教王匡同志，读书较多，文化方面，可以先把北京、上海、广州活跃起来。广东的话剧是否可以两条腿走路,普通话与地方话,最好是用广东话而普通人又听得懂。缺点:粤剧未搞出新的节目,文艺十条以后,专搞挖掘,新的很少。红线女有两句话,粤剧比过去有很大成绩,比其他剧种是乌龟。现在写剧本的人喜欢闭门造车,剧目组单搞一套,不与演员合作。

话剧要提倡推动一下,它有一竞赛者即戏曲,要奋斗。几年来有成就,作者作品少一些,领导注意也不够。北京轮回上演坚持了,很好,是要坚持。从创作环节来推动一下有必要。希望会议能起点促进和交流经验的作用。

默涵传达伯达意见:1. 可以采用民间题材;2. 采取民间生动语言。建议编三戏,唐太宗、康熙、郑成功。

周扬:领导干部有很大成绩,但不能只看成绩,要看缺点一面。其次要懂业务、懂特点,否则下不去。再则基层领导人对于创作的指导是否一定要那么具体,即令他修养好。一经进入生产过程,就不要干涉。既成成品之后,可作政治上鉴定。第三,创作家受社会指导,可在艺术家之间多听些意见。不应当只依靠单位的党委,而应当依靠党中央和社会舆论。但群众也有简单化的,不能光从群众中来,还要到群众中去。集中就是要去掉一些群众中错误的东西。

会议是解决对生产的束缚。对于错误的领导可以提出意见,但不往这方面引(因当事人不在),要引到本身的如何提高成长。

一、剧作的路子要开宽一些,并不是要离开时代。舞台比刊物重要,面宽量大,故不能成为宣传反动、落后、低级的东西。古代、外国都可写。还有处理一个题材也窄、单调，未能展开。主题太窄，有时看戏，觉得离开一点主题看了反而舒服些。就是论文也要丰富，不能"由此可见"，"还不是很明显的吗？"论文如此已不好，创作如此更不行。只有简单的教训，而无丰富的艺术引导。题材窄，反映了思路窄。

二、语言，作家修养：方向大体有了，问题是提高技巧、思想。艺术家除了革命修养外，还要艺修。语言，现在似乎是人人都可做作家，不会运用语言的似乎也能成作家。要承认艺术是一种才能，不能忽略，要强调修养。语言好比筹码，要有训练才可以写。语言向群众学，要不要向老作家、古典、外国作家学？读一点书，苏东坡说：有道有艺，有道而无艺，物行予心而不行于事。反对舞台腔，形成了自然形态语言上台，进而工演工，兵演兵。

三、领导：还是宽一点好，不要管得太具体。医院院长不要去代替医师开刀。领导原则点好。具体点，要朋友似的谈。究竟相信作家否？听党的话：谁是党？一千多万党员都听不得了。

会在六时半完，在那里晚餐。七时半到家。疲甚，九时半休息。

二十一日　星期三　上午，写完后记。十时半，给院党委、院委传达周、陈总理及周扬同志讲话。下午，理疗至三时半，往荣宝斋买纸及信纸。蔡若虹转来晁楣送我之版画《傍晚》。晚，将后记念给玮听，她的意见甚多。

二十二日　星期四　上午，修改后记毕，念给玮听，她很满意。下午，陈革彦来，谈选集的编辑事，最后确定一些问题，编辑任务告一段落。晚饭后，萧晴来，将沛县"牌子戏"录音交她。往看罗院长。九时，往车站，小果送我。九时卅五分后发车，前往广州，参加话剧、歌剧创作座谈会。

二十三日　星期五　整日在火车中。晚九时，过长江大桥后就寝。天气仍甚冷。因车上不便看书，五六人相聚玩扑克"捉娘娘"。

二十四日　星期六　仍在车上，下午过岭。在郴州时，天气仍有冷意，到了坪石，突然温度升到21℃，韶关升至24℃。坪石至韶关段名曰"曲水流湘"风景绝美。晚十时半，到广州，田汉、之华、赵寻几位同志来接，住军委专家招待所。澡后十二时就寝。夜，大雷雨。

二十五日　星期日　上午，写一信给玮，一信给晏、马，请转临时关系。田老等来，随游越秀山、陈家祠。下午，与老舍、凤子闲谈，谈及剧诗问题。晚，休息，与老舍、曹禺、张颖、凤子、李健吾玩扑克，至九点。看书报至十时。整日阴天，时下阵雨，有雷。

二十六日　星期一　今日天仍阴雨。上午，往越秀宾馆看赵寻等同志，继往迎宾馆看田汉、夏衍等同志，十一时回。饭后，午睡至二时。下午，陪老舍同志等打扑克。三时，齐、徐平羽、阳翰老同机从北京来，亦住此。晚，陶铸同志来看我们。他走后，夏衍同志给我们谈亚非作家会议情况。

明日决定去从化温泉。

二十七日 星期二 阴。上午，九时半乘汽车往从化，十一点十分到达。温泉休养地四山环抱，略有湖山之致。安置后，午餐，此处菜味比军委招待所好。餐后入浴，每客房均有一池，水作碧色，放满可深及膝，温度恰好，浴后可得微汗。此泉石及华阴华清池之滑，但据云其中有某种放射性元素，可治血压高及神经衰弱症。下午，与凤子散步，至孙福田处，孙住疗养所，我们住招待所，此是两个系统。回来与老舍等打扑克。饭后，继续打。八时，俞振飞、言慧珠来，谈至九时半。十时，入浴。十一时寝。

二十八日 星期三 晨，七时才醒，七时半起床。早餐毕，与曹禺、李健吾往游瀑布。平路三公里，上山不甚高。瀑亦不大，名飞虹，下泻数丈，拍照数张而返。归时，十一点半。午餐毕，入浴，午睡至三时，孙福田来叫醒，与他及曹禺同至俞振飞处，俞谈他的下海经历，及旧戏曲界如何在舞台上阴人之事。谈到五点半，孙回去，与曹禺遇肖三，至他房中谈片刻。归吃晚饭。李可染送姜一块。饭后，与曹、老舍、李、凤子玩扑克至九时半。入浴，十一点多就寝。

孙福田说，此"飞虹"瀑之上尚有一大瀑，名"万丈布"，有亭可坐观。惜未上。

三月

一日　星期四　上午，小雨不止，在房内打扑克，十时而止。与曹禺、凤子、健吾同往看陈济堂的别墅。据说陈很信风水，此屋也是有好风水的。一见之下，俗气熏人。领我们去的一女大夫姓马，她还说，陈还听了风水先生的话，在花县把洪秀全母亲的坟掘了，来埋自己的母亲，用童男童女殉葬，说是可以坐天下，残忍而愚蠢一至于此。午饭后入浴，午睡至二点。三时，乘车回广州。晚餐时，见到白尘、熊佛西、佐临等北京、上海来的许多同志，甚热闹。晚七点半，开领导小组会，又见到凌鹤、安波等多人。九时散。

二日　星期五　上午，翻读文件。虽天已大晴，但室中仍冷。十时，至老舍阳台晒太阳，与朱树星等几位记者闲谈。午睡后量血压135/85，已略降。三时，在军区礼堂听周总理报告。他是为我们和科学会作的。（略）

晚，往迎宾馆看粤剧，前面马师曾的《天问》糟极，后面红线女、罗品超的《花园对枪》，红演得真好，真迷人。十时半完。

三日　星期六　上午，座谈会开幕式，田汉、茅盾讲话。陈毅、陶铸同志来与我们一起照相。下午，看陈毅同志与白扬等同志谈话的文件。四时，与曹禺往农讲所参观，并往越秀公园散步。晚，陶涛同志请全体与会者吃饭。饭后，参加羊城音乐花会开幕式，有红线女唱《刘胡兰》曲，甚好。十一时毕，洗澡入睡，时已十二点半。

四日　星期日　今日休息。九时半，与熊佛西、曹禺、黄佐临、马彦祥、吴雪、焦菊隐、李健吾等同乘车往佛山参观。佛山之得名为东晋时，有一印度和尚前来传教，死葬于此之故。唐贞观时，已有佛山之名，故有1200—1300年历史了。素为一手工业城市，以产香云纱、陶器及铸铁著名，民间艺术也很发达，解放前人口最多时曾达20万—30万，解放前夕衰落到仅有居民8万人。现有20万人，居民户均收入1949年年入300，1959年500。过去是最脏的城市，无下水道，1958年发动群众在全市修下水道，60日完成。现街道、居室非常清洁，人民养成清洁习惯。参观一卫生模范区，可谓地无纤尘，家家窗明几净，街头原来的垃圾堆现已成了小花园。

小游市区后即往陶瓷名产地石湾参观。该地离市区十余分钟汽车。此地有陶工7000多人。我们参观了一个美术陶瓷研究所，又叫美术陶瓷厂。该厂产品分人物、动物、器皿三种。其生产过程工序有八：1.艺术创造，2.制浆，3.翻模，4.修坯，5.画，6.烧坯，7.上釉，8.重烧。其成品风格古朴浑厚耐看，注重釉彩。其色彩多鲜艳，深红、翠兰、姜黄等为其特色。其高温釉彩以窑变最为特色。人物最有名，称石湾公仔。但我特喜其器皿，其器形制稍逊，而釉彩虽然粗犷，在景德彩釉之外，别具一种风格。购其数件以归。返佛山在其招待所午餐，主任殷勤招待，吃了佛山的味道，很好。餐后，即在那里午睡。两点半，复往参观民间艺术研究室，此地制作佛山特有的"秋色",乃用废纸、朽木等做成之各种人物、瓶器等,上彩后,神似陶瓷、琉璃,几可乱真。名为——秋色,乃因其民间习俗(秋收后),将纸做成各种事物,抬而游街,谓之"出秋色"。又有剪纸、刻纸以及各种纸灯,十分美丽。继往游"祖庙"公园,此原为一道观,但亦垃圾成堆之地,现已修成很好的公园,将孔庙亦包括在内,内有盆景数十件,亦为佛山名产,有的已经二百余年,亦甚有特色。又有陶枕、便壶、石柱、石础、香案、木雕,多呈洋人出丑故事,亦见当时群众反帝情绪之高涨也。

一日之游,都由其市委宣传部长张矛同志陪同讲解,殷勤可感。返广州时已五时半。

六时,伙房为我们做西餐,甚佳,虽中餐甚饱,仍将一份完全吃光。晚,开党员大会。有齐、阳、徐平羽等讲话,谈会的开法及打消出气的顾虑等。九时毕。十一时就寝。

五日 星期一 上午开大会:陶铸报告(略)

下午,给张玮写信,发出。读周扬同志在电影故事片会议上的讲话。晚,看广州军区战士剧社演出《红缨歌》,此剧情节结构太紧张,然不尽合理,斧断痕甚显,语言亦不甚好,然为年轻作家所写,亦甚难得。演出平平,演员多青年。归时已十一点。

六日 星期二 上午,葛一虹来谈剧协研究工作事,至十一时,读报。

下午三时,陈毅报告。(略)

下午,一时,参加这次会的中央戏剧学院的同学与我和曹禺一同照了一张相。三时，集体去高要。坐车一百一十公里，六时到达。其游览地，名星湖，其地有山如桂林者七，名七星岩。小有山水之胜，如一公园。夜住其招待所。

八日　星期四　早七时，登阆风岩，此为七星之主峰。此种石山均如桂林之山，远望美丽非凡，攀登则乏佳致。山顶有一庙，为一道观，其两柱为整木雕龙为少见者。早餐后，先游水月宫，其地本为一庙宇，经重修后，实际成了一展览馆。下殿两廊陈列近代名人书画，有黄节一联云：流云在天，明月满地；青杨照水，百鸟衔花。正殿陈列铜佛三尊，高丈余，云是宋代所造，又有瓷器、端砚。瓷中有一天青起花方壶，为清代物，甚好，另有青次、瓷数件亦好。上殿有铜佛四尊，高亦五尺有奇，其中阿难一尊特好。上殿楼上陈列木雕，未细看。院中陈列盆景数十，有佳者，较之佛山祖庙似胜多多。出水月宫，往游石室岩下龙岩洞，其内略如桂林之七星岩，然小多矣。洞中有水，必以舟进。又有一处可吹作法螺声，另一处则能击之渊渊似鸣鼓。洞中一地曰璇玑台，有嘉靖时俞大猷题壁一首：胡然北斗宿，化石落人间，天不生奇石，谁擎万古天。诗亦有新意，惜太自负耳。次乘车周湖而游，遍经诸峰下。所谓七星岩者，一曰阆风，主峰也；二曰屏风；三曰石室；次天柱；最高峰蟾蜍，云顶有石如蟾状；次仙掌，顶平如掌，其大一亩；次阿坡，则不知其义矣。蟾蜍岩有一洞，相传太平天国时老百姓多人被难洞中被熏死，故名焗人洞。抗战时，国民党之某司令部曾设其中。

　　午餐后，略事休息。三时，出发城中，参观阅江楼、乌台及包公祠。阅江楼明代所建，1925年时，曾为独立团团部，此团团长叶挺，其中干部多为共产党员。后成为张发奎四军之主力团，攻衡阳、汀泗桥、武昌等均建奇功，铁军之名，实由此而得，后参加八一起义，今存者尚有周士梯同志。乌台在旧端州州治内，相传包公夜断阴之所。包公曾任端州牧，此地人民极崇拜之，包公祠至今尚有人上香礼拜。祠中有陈白沙书碑一，陈之书用硬笔，挺拔遒劲，除碑外，星湖尚有其一城隍庙碑记，保存完好。相传包公在端州州治壁上曾题一诗，诗云：清心为治本，直道是身谋。秀木终成栋，精钢不作钩。仓充燕雀喜，草尽兔狐然，古道有遗训，莫遗来者羞。

自城乘车直达鼎湖山，二十公里。山中空气蔚然，树木被天，自成幽境。舍车登山约一刻钟至飞水潭，瀑布下泻数十丈，但因春初，水尚不大。沿路润绿奇出，初似灵隐，继则独具幽趣，较之星湖，胜多多矣。七时晚饭。夜宿其地旅行社。

九日 星期五 上午，游山。十二时，返广州。

下午，大会。齐燕铭同志报告。

此会是去年中宣部文艺座谈会的一个继续。又在中央扩大工作会议之后，（此会解决领导问题）因有了全局思想指导，解决问题更具条件。又周、陈总理来广州讲了话。

话、歌、儿剧，解放以来很有成绩。文座会后，方向是明确的，人才陆续出来，是繁荣局面，缺点错误是前进中所产生，克服了，发展不可限量。创作以外，表演团体也有许多问题，与此类似，应吸取经验，改进工作。

一、形势，周、陈报告中都谈了。国际反修问题，其提出，因它在世界人民革命中起了不利影响。分歧所在：1. 我主张世革向前发展，帝有五大矛盾：帝，社；帝，民族；帝，同盟国；帝，内部人民；帝，相互。不能解决，我应促其发展，应支持反帝力量，不应不管，最后是反帝力量结合起来搞垮。而修不支持反帝，有时有相反行为。2. 和平战争。

国内成绩很大，（十二年来）大跃进更大。1. 第一五计完成超过，第二五计三年完成，证明可以快点搞社主建。2. 基本工艺、生产能力成倍增长。钢铁可产1500万吨以上，铁、机器制造等都如此。今年指标在设备之下，为了配套。此为1957年以前所无。3. 机械设备原料自给比重大增，且可与别人安装。培养了大批专家。4. 工业布局较以前大不相同。除西藏外，都能炼钢。但轻工业差。5. 农业。公社与农田水利，二者虽都存在缺点，但抗灾能力、水田增加。6. 各方面都取得了新的经验。总的证明社主建设也可以快一点，但太快了不行。

缺点：1. 工农生产指标过高，基建太长。农业征购多，工农业瞎指挥。2. 公社很多地区将社、共二者混淆。3. 产生平均主义，平调了许多，企事业下放过多，产生分散主义。4. 对农业增产速度估计过高。基建，城市人口（1949年9∶1，1960年8∶1，前八年增5%，后三年亦5%），肯定增长太快，增加农村负担。只有农村能提供多少，以养非农业人口。扩大再生产搞多了，影响简单再生产。社建的确需要快，帝又在威胁我们，我们也可能快一点。发生缺点，原因：1. 主席常说多快好省，不能偏，工作中却强调多快，不要好省。如何做到四者结合，尚待取得经验。2. 界限不清，要求过高。3. 1959年注意反右倾，各级党委搞厉害了，民主少了，助长了五风。

成绩缺点何者为主？从长远来看，成绩为主。错在于好事多搞了一点，目前不能发生作用，将来会发生作用，建社主可能更快一些。不是路线错是执行错。有缺经验，有水平低，采取不当办法，有个别是作风恶劣。几年来，力量是强了，从长远来看是如此。从工业，公社，特别多数干部在工作中得到了经验，证明了我们有可能自力更生的建设社主。困难是暂时的，但要经过相当努力才能克服。大家要思想统一。

二、文化艺术工作：是社主建设的重要一方面。情况也与经建一样，成绩缺点差不多。但困难不明显，问题可能在发挥作家积极性受影响方面看出来。文艺责任重大，问题要大家共同努力来解决。是否应当仍要肯定成绩改正缺点。文艺工作成绩：1.政治方向的一致性，即为社主建设服务。中国作品政治性相当强，作家都愿写革命的主题。2.作家联系工农群众，不断地工农化。3.文艺工作是党所领导的。也就是强调过多，仍发生了毛病，如强调政治性就不敢谈艺术性（如将艺术规律总结成政治挂帅、群众路线，就等于没有总结艺术经验）；与工农结合和群众路线也夸大了（逼上梁山有外加群众、反历史主义、强调集体创作的地方，在戏曲界造下后果，但其功在于证明戏曲是可以改革的）。党的领导如何搞，没有总结出经验，干涉过多，瞎指挥。故必须把成绩缺点区别开来，坚决反对缺点，正视肯定成绩，如讳疾忌医则是不健康的。

文化部缺错很多，对戏剧界影响很大。浮夸、瞎指挥突出，后者影响作家最大。

虽有成绩，这些缺点不能等闲视之，在一定时、地、人身上成了关键性的问题。应使作家有选题材、创作方法、批评与反批评的自由。

三、对这次会提的问题的看法：1. 从主题出发，领导出题对不对？从理论上来讲应辩证地认识。没有生活，体验政策很困难，生活越丰富越好，但不能强调有了生活即可写文章。总要对事物有看法，总要对人民有利。怎样去认识生活，这就要求助于方法、理论，但是有理论也无法创作。领导不能硬出题目，可以发动作家的热情，供给材料，动员作家去看实际，在这种情况下，也未尝不可出题目。2. 写中心，要看是什么中心，又如何写（有的根本无法写），用什么形式写（小形式可以）。写中心不是首要的、唯一的，以相当大的时间去搞都是不妥的。3. 历史剧问题：同意茅盾的意见。为什么要写历史剧？总是古为今用，不应排除。怎么写？今天有了辩物历物，以分析历史得出经验，本身即可教育人民，也只有用此方法才更能教育人民。旧历史剧有可教育人民和不可教育的部分，好的可以保存，不要简单粗暴随便取消。但它总是过去时代的东西，要以 ML 教育人民，必须写新历史剧，用辩历分析，不必外加，且实事求是。

新歌剧应允许各种各样，路子宽一点。只要群众愿意者。但除外来的形式外，为什么要有新歌剧？因为它便于表现新时代新题材。是否应以此为中心？亦非戏曲绝不能表现现代生活，而新歌剧亦可以演新历史剧。

×

鼎湖山树木参天。今日天又阴，并有微雨，上山时云气朦胧，更增幽趣。回广州后，天色已晴朗矣。十二时半，入浴。接玮电报，问何以久不得信，盖因航空寄去，反因班机停驶

（天气不好）而延误，立电复之。晚，听音乐花会于南方戏院，有广州乐团演出之贝多芬第五，比较不细致。

十日　星期六　上午，周巍峙乘飞机回京，托他带去荔枝干、鲜姜、牙膏。整日写发言提纲，题目是《关于剧诗》。晚，在老舍处玩扑克至十时。

十一日　星期日　上午，与老舍、曹禺往华嘉家看花，盆栽及仙人掌属很多，亦有很稀见的。继同往陈家祠看书画，有若干精品，如八大山人书联，"采药逢三岛，寻真遇九仙"字大径尺，十分罕见，书亦古朴。有新罗山人花鸟、山水、人物册页，其中精者，画鸟则腾跃欲出，画山水澹远有致，画人物则不在人而在意境，淡着几笔，而细雨楼酌，人迹板桥之境，灼然在眼，渗入心脾，诚不愧大家。又有岭南画派高奇峰画鹰，眼厉喙锐，毛羽奋迅，亦堪称佳作。下午，与老舍、曹禺、健吾、张颖、凤子同逛街，先至下九路，人太多，张颖要买东西，她们留下，我与老舍、曹禺去红花岗散步，五时半归。晚饭后，到越秀，与凌鹤、时晓闲谈。继看香港片：《山午娘》《一年之计》，前片无意思，后一片写家庭矛盾，但曲折反映了香港金融投机、大鱼吃小鱼的情况，亦有暴露作用，剧作、表导演均认真，亦甚感人。

十二日　星期一　上午，参加领导小组会，讨论下一阶段工作的日程问题。下午，参加北京地区小组会，我发言约十分钟，所谈为我在运动中的感受。受点冤枉不要紧，只要真正能取得经验，真正能领导好文艺工作就值得，不要只出气。被出气的人也不要以为现在暂时忍耐一下，将来再说，不搞通思想，文艺工作中的、领导工作中的歪风阴魂不散是不好的。晚，看粤剧《牡丹亭》，林小群演得不错，剧本较差，配角亦稍逊。

十三日　星期二　上午，上街想买点东西，结果什么也没有买到。下午，与曹禺往越秀公园散步，六时半回来。晚，与苏一平谈文化部对我的平反问题。复玮信，今日收到她的信，我寄去的两信全未收到，甚为着急，直到收到电报才稍安心。

十四日　星期三　上午，阳翰笙发言。一创作的成绩，二缺点，三产生缺点的原因，四作家的修养问题。

成绩：1.政治性，革命性，战斗性强。2.产生了思艺双高的许多作品。3.创作队伍成长壮大。成绩大小，要从四方面比较：1.与西方世界，他们不能与我比。2.与亚非拉民族国比，他们以我们作品为范本。3.与兄弟国家比，他们有修思影响。4.与解放前比。

缺点：很大，很严重。主要有三条：1.百花齐放不够。2.质量不高。3.顾虑多，下笔难，减产。

产生原因：1.领导创作违背了创作规律。2.文艺批评简单粗暴。3.作家的水平问题。框框：1.由反对创作的神秘化走到否定创作规律。2.否定必须有生活才能写。3.否定才能。4.人人能写。5.定时，定人，定题，定量。6.三结合。7.题材抓对了，创作就成功了一半。（重大，尖端）8.尖端题材，尖端人物。9.真人真事，新闻剧院。10.群众路线。

批评粗暴：1.时代精神，新英雄人物。2.内矛。3.……混淆了艺术、学术问题与政治问题的界限。片面性，宁左勿右。4.态度简单粗暴。这些都未执行中央的精神。

作家的修养：1.正确的思想。2.丰富的生活。3.熟练的技巧。三者是浑然一体的。思想要正确，深刻，丰富，生活……

下午，重新补充发言提纲。晚，看粤剧《三件宝》，文觉非演，是个民间传统改编的喜剧，剧本尚好，演出亦过得去。十时半毕。

十五日 星期四 上午，老舍发言：

学习不应有成见，范围要大。诗歌教人文字简练，可以用于散文。炼字，脑子里要多转圈。鼓辞要雅俗共赏，文理结合。相声语言，要极精练，要求每一句都有些风趣。这使我学会写文章处处打埋伏，力求前呼后应，血脉流通，这样就可以把文写简练。练习写喜剧，也知道怎样修改文章。所以语言练习不光仗着写话剧，还要有基本功。写喜剧也不能过度借重语言的喜剧效果。写小说，可以学习写人物。我有两条经验：一是眼睛要老盯着人（不是事）；二是适当时候一定要让人物张口说话，话是最好表现人物性格的，不要受了情节的引诱而忘了主持情节的人，应当让人物一上台开口就显出性格来。不是从人物生命中流出来的话，是借来的语言，这样的语言，作者最爱卖弄。这种剧本写出来，内容少，调料多。萧伯纳的人物都是自己的化身，其成功在他有才华，话说得俏皮。你不同意其内容，但不能不欣赏其说法。诗意的语言能给人弦外之音，它有空灵，不是风雨不透。话剧的语言中应当有亮相的句子，这就是空灵。语言还要有锋芒的一面,话剧的语言应当铿锵作金石声。语言一定要加工,喜剧语言要想得深,说得俏,避免为嘲笑而嘲笑。要创造那些不借用土话、歇后语、行话的人人都懂的普通语言,既易明白,又令人难忘。

语言的音乐性:我们白话往往不能上口(话剧的),如不能上口,就不好。必须解剖文字,学习四声,学语言要学出乐趣来,要将文字的意、形、音三者联合运用。我语言贫乏有三因,一,写作勤,读书少。二,光写剧本不写小说。三,生活知识与艺术知识太少。

×

金山发言:剧作家与剧院的关系。

取得他们的支持,如何又去支持他们。一,少请客多请教。二,不要任性增删,乱扣帽子,认真地体会,作正常的和必要的删改。三,用出色的舞台演出争取作家的信任,引起他的兴趣继续写。

×

下午,焦菊隐发言:导演与作家的关系。

演员常常爱说"演得舒服,不舒服"。演员舒服了,人物就没有了,因为都演成自己的样子了。剧本写了八九成,排着改着,这是不好的。导演、作家各执一词,最后排演时,导演仍应遵守作家意见。导演、演员在排他的戏时,一定要接受作者的看法,思想感情。导演排戏要用感情,如排田老的戏,就要有田老的激情。诗意就是有感情,而感情与形象是联系在一起的。剧本中有的意图不在台词,而在说明中,这说明有的是不为了表演的,这时就可能要改动剧本来充实舞台形象。台词表面上合乎逻辑不一定就好，也许表面不合逻辑，而内部动作的逻辑反而是联系的，高尔基即是如此。人物重要，典型环境也重要，所以情节也还是重要的，莎士比亚就是从情节出发去写人物的。

晚，看西德电影《神童》，甚好。语言俏皮，手法新颖，故事亦很感人，只是开头稍乱一些。

十六日　星期五　熊佛西作短短发言后，由黄佐临发言谈戏剧观。

对剧本十大要求：1. 主题明确。2. 人物鲜明。3. 矛盾冲突尖锐。4. 戏剧性强。5. 结构严谨。6. 语言生动。7. 潜台词丰富。8. 艺术思维完整独特。9. 哲理性深高。10. 戏剧观广阔。

2500年来，每时期都在寻求最完美的戏剧手段，以表现其戏剧观。如希腊的戏剧是人与命运斗争，其手段有降神机，等等。多年来，手段积累起来，系统化了，就成为戏剧观。观有三：1. 梅兰芳，2. 斯坦尼，3. 布莱希特。前二熟悉不多谈，后者的基本特征，是相信观众、演员、角色之间都要保持一定的距离，不要他们之间合而为一。这与斯坦尼完全不一样。他说如果要演员成为他所扮演的人物，是一秒钟也不允许的事。他认为保持距离是要防止舞台神秘化，成为催眠阵地。不应使观众着迷而进入规定情境，成为迷醉，而不能清醒冷静的头脑去批判认识剧中的现实。但他不是反对运用感情，是反对用情感迷人心窍，而是主张用理智去认识。要用理智去感受，用心去想，是要求用思想的强度去感动人。他是针对第一次大战以来资文艺逃避现实的。（资不要理智，只要感情。）

布与斯、梅也是对立，也是一致的。布、斯同反自然主义；

三人都相信形体动作表现内心感情。但斯相信第四面墙，布要推倒它，而梅的第四堵墙根本不存在。第四堵墙的作用，来历是什么？十九世纪，法国话剧公式化，左拉提出话剧科学化，来了个"把生活搬上舞台"运动。其时为巴黎公社以后17年，但那时是将生活原封不动搬上舞台，乃产生了自然主义戏剧。1887年3月30日，是自然主义戏剧正式上台之日，即安多昂自由剧院开幕之日。在尤连的宣言中说，"如果演员一定要感受观众的反应，千万不要让观众觉察，且不要去理会观众的感情。台前有第四堵墙，为观众是透明的，为演员是不透明的"。75年来，产生了许多优秀的剧本，也是在这期间，话剧来到中国，但整个话剧历史中75年是短的。然许多人以为话剧必须有第四堵墙，其实，戏剧手段是多的，如突破此框框，就可突破许多限制。

布对S①体系有一段话：蜕变（演员进入角色之布用语）是一种最麻烦的玩意，S出过很多点子，形成体系，以便演员进入角色，但在中国演员身上却没有突变的概念，自始至终只有引证。西方演员有谁能比得梅兰芳穿着日常西服，在客厅中表演。1936年，他写一文"论中国戏曲与间离效果"文中狂赞梅与中国戏曲，特别赞梅的《杀家》。

《杀家》中的桨与S《奥赛罗》中的橹一比，其优越自见。反之，戏改将戏曲改坏，也是戏曲手法优越之一反证。话剧戏曲观也束缚了戏曲改革工作的发展。

2500年来话剧出现无数手段，可归纳成三观：1. 写实的；

---

① 代指斯坦尼斯拉夫斯基，下同——编者注

2.写意的；3.也有二者混合的。我们采取什么态度，要把历史上许许多多手段都拿来运用。

我推翻第四堵墙的沉痛经验：排《大胆妈妈和她的孩子们》不卖座，这是戏剧观所限制了。

下午，李健吾发言：漫谈戏剧技巧。

晚，参加大会组织的舞会。十时半，回房入浴就寝。

十七日　星期六　上午，我发言"谈剧诗"。下午三时，与老舍等十余同志往新会游览。六时才到，因汽车要过三次轮渡也。晚饭后，由县委书记导游市区。天已黑，但仍可看出此处为一文化甚高的地方，县城有一公园，是过去的旧祠堂和文庙改造而成，改得很好，从外表看，已不易看出旧房子的痕迹。新会城以产葵扇为业，过去有人口12万，日本占领后，杀死饿死者甚多。1943年死人最多，饥民杀人而食，解放前，人口只剩2万，现城内有4万人，市区共5万人。

十八日　星期日　上午，七时半早餐后，即来车往看"小鸟天堂"，乃一大榕树，生于水中一土墩上，占地数亩，上栖无数白鹳及灰鹳。白鹳白天活动，灰鹳则夜间活动，每当将曙及黄昏之时，两种鸟群一出一归，据见者云，其多有如蝇群。我们去时，已稍迟，仍见翔集其间者不少。继参观圭峯山劳动大学，此处原为一树林密茂之地，有一大庙，但日本占领时，焚其林，拆其庙于山顶建一炮台。解放后，县里轮流下放干部于此，建屋植树，培养各种经济作物，现已树木成林，成一游览区了。次参观葵厂，新会种蒲葵，制扇，销行全国，此葵厂除制扇外，又有新制品如席、手提包、凉帽、牙签等，其中有的制作甚精。扇上以火刻花，或以三四之葵叶合结成一扇，此类品种，多做出国之用。其葵骨牙签，硬中带软，较之木制胜过多多。同行者均选购若干，我亦买一筐，四扇及牙签数包。午饭时，其地委书记党向民请客，此人为关中人，据云刮共产风时，他抵抗住了，但被撤地书而降为县书，而新会得以免于过大损失，故恢复较快云。饭后，利用时间逛街，无所获得。三时余，返车，小雨，颇有寒意，过渡时，等候甚久，至六时半始达广州。晚，玩了几牌"娘娘"，于九时上床。读凌鹤《西域行》至十时。

夜三时，地震，窗棂、家具咯咯作响，床亦摇动，若数分钟之久，至五时又微震。

十九日 星期一　上午，曹禺发言。首先，谈对领导文艺工作的感触。其次，剧作者应当知之为知之，不知为不知。不应当装懂。写作，应当真知道，真有所感才写。写不好，一是理盛于情，则易枯；情盛于理，则易泛滥；必须情理交融。而情理之本，则在于事，事知道得不结实，写不好。真知道的话，即有批评得不对，而我仍能分辨。其说对了的，我能接受，并能改得了。真知道，人物放在任何情景下我都能写出他一套故事来。我们对人物应当多情善感一些，又要能冷眼旁观一点。这是一。其次，是要有创见才写，这与真知有关。第三，要有较高的意境再写。第四，眼界不高，写不出好东西来。手高不易，眼高也不易。眼高，读者是有关系的，眼界高的标准要具体，分得清好坏，好与坏易分别，好与更好较难，更好与最好则更难。第五，为何学。好东西应该记下，反复吟味。收集材料时，"知"

时，要辛苦一点，但写时要愉快一点。"诚重劳轻，求深愿达。"（圣教序）

×

陈白尘谈喜剧：讽刺对敌人，幽默对内部。

新社会也还有对敌人的讽刺，有时，人民内部的某些现象也需要讽刺。但不应引起强烈的反抗情绪，是要笑着与旧的残余告别。而对今日的敌人也不是反抗而是鄙视的笑。以幽默为主要形式，是说，现在应是善意的幽默。《五朵金花》《今天我休息》，也还是幽默喜剧。喜剧的戏剧冲突；冲突在戏中既是形式也是内容。对于情节、结构、人物创造等它是手段，是形式。而冲突是社会矛盾的反映，故它又是内容。但它有时对于表达的思想也是手段。避免矛盾和乱找矛盾，其思想根源都是把社会矛盾等同于戏剧冲突。戏剧冲突反映了社会矛盾，但不是常常能把它直接搬进戏剧中来。反映有时是直接的，但更多的时候是间接的、典型化的。从各种角度，甚至是相反的角度来反映的。《钦差大臣》，写了市长等与假钦差的矛盾，但反映的是人民与沙皇的矛盾。《拉郎配》，是拉者与被拉者的矛盾，反映的是皇帝与人民的矛盾。戏剧冲突是作家从生活中体验、提炼、概括而得，并非把社会矛盾的概念安排出来的。喜剧不是不能反映重大选材、重大社会矛盾，但不宜于从正面来反映，而更宜于从侧面以至反面来间接反映。戏剧冲突可以完全是假定的，但所反映的现实矛盾必须是真实的。误会，偶然性可以引起冲突，但不能解决冲突，解决冲突必须是必然性的。

×

下午，贺敬之发言：时代精神问题。

· 张庚日记(一)

要有时代精神必须反映现实生活，但不能归结为这一点。还要看对现实生活中提出的问题作如何回答。有修的、有帝的，也有社主的。其次，时代精神是要回答那些决定千百万人命运，决定历史趋向的重大问题。但重大题材不能理解得狭隘，它是多方面的，所以要广阔多样。我们现在反映得不够，但表现时代精神不是要求新闻报道。历史题材也可以表现时代精神，因为历史也有规律性。其时劳动人民的事迹也可以启发我们，统治阶级中的叛逆人物也可以启发我们。历史题材有认识鼓舞的作用，也有教育作用。最后，时代精神既要写英雄，也还要写各种人物。还有，表现时代精神是不是要表现生活中的矛盾冲突。多年来多少有点不大表现矛盾冲突，有点无冲突的情况。还有，表现时代精神必须反映理想，但应有现实根据。

关于表现英雄人物：首先是个熟悉的问题。一是对英雄人物的理解还只有简单的概念，而无实感。或只是知其事迹不知其思想感情，没有进入其精神世界，或只知其成为英雄的结果而不知其成长过程。只从正面去了解，不从侧面去了解，甚至回避了解其成长的曲折过程。或者只要去学习英雄，不敢以自己的"资产阶级"感情去体验英雄，"不敢"感动。二是对英雄人物的评价不同：1.英雄与群众的关系，革命的英雄与个人的英雄如何区别？ 2.英雄人物和党的关系。听党的话，不能没有独立思考，应有自觉，应有个性。3.英雄人物的缺点、错误、失败、死等。不是不可以有，而是看他抱什么态度。4.感情、私人生活方面的表现，应当写。自我牺牲应当乐观。能不能谈个人理想。与英雄人物有关的典型人物问题：这几年来的毛病出在"一个阶级只有一个典型性格，一个时代只有一个典型环境"。一，要求典型的全面化。二，要求他标准化，而且是高标准。三，理想化，绝对理想化。四，要求抽象化，成为一个阶级的化身。典型要不要表现本质？要，不是表现本质的条文，而是通过个性来表现阶级性。还有一个思想性、教育性的问题：是不是没有写英雄人物，也还可以有教育意义，思想性。作品的思想性不在人物思想性的高低，而在作者对待其人其事的态度如何。评价人物思想的高度如何？故教育性不排斥真实性，真实性越强，教育性也越强。还有一个艺术性的问题：1.英雄群像是不恰当的，还是要写个人。2.英雄人，英雄事件，还是要写人。不要为事为理所障，要写情。要在矛盾冲突中去表现人，要有亲切感，人情味，幽默感，智慧，还有语言。

关于反映人民内部矛盾：困难，内矛是新问题，不容易把握，其中包括一些旧残余，而各阶层、阶级之间的矛盾是互相联系渗透的。而矛盾是发展的，可能转化的，是在和平生活中发生的，时隐时现的。作者主观上也还存在几个问题：1.认识问题：不敢承认内矛，或其一部分。2.生活实践问题：作者不能避免矛盾。3.艺术上的问题：冲突，悲剧。也有一个典型问题：反面典型，典型环境。（什么是主流？是否有正面无反面。少数能否成为典型，特别衰亡的事物？典型环境是否也是通过个别表现一般？）

晚，休息，看《参考消息》。取来照片。

二十日　星期二　上午，开领导小组会，讨论会议以后日程。十时毕，与曹禺、白尘同往下九路买东西，购得莲子、桂圆肉等，一时回来。下午，参加侣朋小组讨论歌剧题材问题，至六时散。

晚，与老舍、曹禺、白尘闲谈，玩扑克。九时，洗澡、洗短裤等。十时上床。

二十一日　星期三　上午大会发言。

石凌鹤发言。胡可发言，谈话剧技巧，英雄人物能不能写缺点等问题，很好。黄悌发言，谈人民内部矛盾。下午，参加歌剧海啸组，仍是讨论题材问题。晚，与白尘上街，买红枣二斤，7.78元。

二十二日　星期四　田汉发言：

1.怎样表现时代精神，怎样创造有性格的人物：今天的时代，我们应发出战斗的正义的声音。现在提倡搞传统剧、历史剧，领导上提出时代精神是很好的。但也不要因此又认为历史剧不要搞了，还是要两条腿走路，而且历史剧也可以表现时代的声音。但搞得不好的话，现代剧也不能表现时代精神。越王勾践的故事写成剧本的有上千，其中如何用历史来反映时代精神，成功失败之处，值得总结。有些剧本作了不适当的暗示，是不好的。历史题材可以取其某点以反映艰苦奋斗的时代精神，却不应全面去要求越王勾践，把他现代化。《三打白骨精》把唐僧当作一个修正主义者，郭老诗中甚至要把他千刀万剐，但玄奘是个代表民族精神的人，这样做，我觉得有些不恰当。所以这种传说故事用以影射现代是不是好呢？（田老这意见不正确——庚）夏衍同志说电影要表现时代的脉搏，当时的政治气氛。英雄群像，也可以写，但不要千人一面，也不要只写群像，似乎否则就是个人突出，那就不好。

2.生活真实与艺术真实、历史真实：不太同意吴晗把历史剧和历史故事剧分开来，这是给自己找麻烦，历史上正史的记载不能与传统历史故事分开来，民间传说反而可以印证历史，历史剧要符合历史结论（人物）。

3.戏剧冲突与生活矛盾：传统剧中有很多经验值得学习。

4.话剧、新歌剧民族化、群众化：要从人民的需要，革命的需要出发，不要从外国、从形式出发。

5.语言、结构、艺术技巧：康老说，在政治挂帅的前提之下，一定要重视技巧。结构是设计图。

二十个备忘录：

1.认清使命，做一个革命的剧作家，不做庸俗的剧作家。2.继续发扬革命传统，不放松为革命服务的尺度。3.从六亿五千万人出发，从二十亿人出发。4.教育者受教育。5.不拘一格，做各种各样的尝试。6.要喜剧，也要悲剧。7.要写英雄人物，也可以写各具特征的英雄群像。8.可以写英雄的缺点，也可以不写缺点（对历史人物褒贬要更准确些）。9.多快好省相结合，质量第一。10.读书、行路，认真调查研究、与深入生活，可以无往而不利。11.写想写的，应写的，写最熟悉的。12.写好第一幕。起如凤头的秀丽，承如鹅颈的雄奇，转如猪肚的饱满，合于豹尾的有力。13.搞好起承转合。14.结尾有余味。15.生动深刻地塑造人物，不要脸谱化。16.坚决与自然主义决裂。17.学习传统戏剧手法。有头有尾，脉络清楚，环环扣紧，字字铿锵，观听咸宜，雅俗共赏，无话即短有话即长。18.一面学习外国优良传统，一面学习新的手法与实践。19.锻炼技巧，达到得心应手，心准手准。20.注意对象，要有群众观点。

×

晚，看《洪湖赤卫队》，很好，监狱一场尤好，辞好、音乐好，导演稍差。

二十三日　星期五　上午，读了一遍自己发言的整理稿，需要修改补充之处甚多，但在此无法动笔。十一时，去荔枝湾泮溪吃点心，共十三人除老舍、白尘、曹禺外，尚有欧阳山、杜埃、华嘉等，点心十分讲究，但天气奇冷，无法游览，一时毕。回家稍事午睡。三时半，随大家往访冯乃超，他在中山大学任副校长，该校原为岭南旧址，甚大，颇有园林，读书研究正当适宜，五时半返。晚饭后，参加领导小组会，听各组汇报，直至十二时过才毕。入睡已十二时四十分。

收到安谷信。

二十四日　星期六　周桓发言：领导问题

1. 摸索规律，掌握规律：认识规律是有过程的，从不懂到懂，从实践中来。创作是个体劳动，又是高度的脑力劳动。好作品的产生不那么容易，不能主观强求。话剧有配合任务的传统。在解放以前，它就是配合任务。那时农村环境，宣传手段少，对艺术的要求也不高，所以可以那样去领导。今天情况不同了，人民的文化要求也高了，宣传手段也多了。戏剧作为一个国家的事业来说，就要好好来建设。这一点，有些同志不清楚，应当改变的领导方法没有改变，老一套，就产生了出题作文，临时配合任务等。文艺工作不能太神秘化，这样就不敢去接触，也不能太简单化，这样就形成粗暴。不能逼着人写，要写的人有兴趣，要首先打动作者的兴趣。帮助他，体验生活，不能只听报告，还要自己善于观察。生活可以有个基地，但不能老待在那个地方，有点还要有面，当然光有面没有点也是不行的。作者体验生活回来，不要看着他在街上散步，就逼着他赶快写。这是他选择、提炼、结构的时间，是最困难的时期。他人下了班，脑子没有下班。所以领导文艺的同志，要懂得规律，和作者要有点共同语言。

2. 发现人才，培养作者：领导要善于发现作者的才能，鼓励支持，还要关心日常生活、修养。还要和作者交朋友，不要有架子，对他的作品仔细看，提意见，好戏也要看，坏戏也要看，多看。在创作过程中，领导上不是不可以提意见，但是不要去强迫。要平等，要尊重创作自由。不要主观，要采取研究协商的态度。要提意见，最好自己也下去看看。

3. 搞评论的要多看几次戏，不要看一次就写文章。路子要放宽。对于戏的意见，要帮助作者分别正确与不正确。1. 正确，对戏有帮助；2. 可改可不改；3. 意见正确，我作者消化不了，或者戏中安不进去，可以放下。

扶持作品，要有胆识。但胆识来自认识，心中无数就要摇摆。

×

刘川发言：谈前线话剧团领导上的经验

1. 发现人才建立队伍，耐心等待，积极培养。2. 领导创作：一，既鼓励生活，也鼓励创作。二，既交代任务，也不交代任务。三，既出题目，也不出题目。四，以写兵为主兼及其他。

五，既参与创作过程，又不抓死。六，以个人创作为主，也搞集体创作；后者也不是大兵团，而是两三个人自由结合。3.领导与作者的关系，如何对待作者和作品。作品成功时，就警惕作者不要骄傲。批评来了，为作者担待。作者犯了错误，总是经过分析，实事求是。领导平日对作者有基本了解，则不会乱扣帽子。对待作品，除了有明显的错误，轻易不作否定。砍掉一个作品很容易，因为谁也难于预料它将来会成为好作品。而扶持一个有缺点的作品，改好却要冒很大的风险。物质条件，也要给。

×

下午，徐平羽同志发言，关于安排问题。李之华代表剧协作检查。检查刊物。一，界限不清。学术问题搞成思想问题，思想问题搞成政治问题。二，二百方针未好好执行。

晚，看电影《被开垦的处女地》，未完。与大家玩扑克，至九时。洗澡、洗衣。就寝后龚晓岚、梅少山来，约二十七日上午往他们歌剧团去。十一时半入睡。

二十五日 星期日 上午，游热带植物农场、植物园。下午，游白云山、三元里。白云山东有一明珠楼，我们因走错路，到了山顶，但可俯览全城，亦觉不虚此一行。白云山是广州之制高点，故为军事要地，我们没有到顶上去看。三元里外有一纪念碑，是解放后所建。另有一庙是当时抗英起义之总部所在地，现为一陈列馆。从陈列中，可以看出当时民气之盛，各村均有所谓"学馆"组织，实则农民武装组织也。从此才更知石湾所烧夜壶，所刻石柱础多以洋人为图案之理由了。三元里为一甚长之小镇，长约三里许，庙在镇之北头，而大路在其南头，下汽车后来回走约六里地，加上今日一天所走之路，人甚疲。晚，任何事都没有做。

今晨，发出复安谷信，寄去一照片。

二十六日　星期一　林默涵做总结发言：

我参加会，一则表示拥护。会很有意义，中央同志很关心此会，对话、歌、儿繁荣会起很大作用。二则来学习，关于戏剧创作方面的知识、规律。夏衍不看话剧，怕拉到后台去提意见。我是外行，随……

1. 估计，2. 创作问题，3. 学习，4. 领导。

1. 估计：会及时，有人说早两年开可以避免错误，我看不一定，那时没有这种条件、认识；没有中央扩大工作会议，不能如此开。这是在文艺上发扬工作会议精神的，是发扬民主，鼓舞干劲的会。同志们对于缺错、粗暴，进行了批评，是必要的。我们多少也感觉到（文座会），而这次会接触更深，有些严重问题未能及时发现，向中央反映，有失职守。有些如评论，是我们所管，如《戏剧报》，对它的文章都没有很好研究，以致伤害了同志，挫伤了积极性，助长了教条主义（它既非从生活，亦非从艺术出发）。这与官僚主义有关，我要向同志们道歉。会上的意见是从改进工作出发的，求团结的，我们在团结上有问题，领被领，党非党，作家、批评家都有问题，这些错误对团结都不利。这次不会削弱党领导，而会增进领导。意见都要反映给总理、陈总，有他们过问，是非是可以分清的，错误是会纠正的。这是一。二，老作家们交流了经验。三，讨论上、创作上的问题，有些问题比较明确了，这对顾虑、框框之打破是有好处的，会后对话剧等的历史有推进。

2. 创作问题：（不是一下子解决，要长期的讨论，要从实践中去解决）作家也不应按照理论去进行创作，理论是从实践中来的。

一，对文艺看法。作用：存在分歧，因此对一系列问题产生不同看法。它关联到艺术与政治、与群众的关系。一种意见：文艺帮人民认识生活，扩大眼界……另一意见，它是对人进行工作方法的教育，具体地做某种事，而不是从根本上来改造人。前一说，要在思想感情上来改造人、影响人，所以要写人。要告诉人怎样生活，不怎样生活。也要求题材多种多样，培养品德是多种多样。按后一说，只是解释政策，就不要去写人，人只是图解政策，说明工作方法的工具。文艺要对群众起作用，要通过艺术手段，因此，艺术首先应是艺术。诗是道德的，但道德教条不是诗。我们反对为艺术而艺术，但群众接受文艺，大多不是从受教育出发。但好艺术不知不觉地给群众以教育，故受教育是自觉自愿的。艺术是欣赏，不是苦学。周扬反对文艺作品教训人。故作品教育人不是居高临下，而是平等的。作家要和群众是知心朋友。毛说，鲁迅从来不装腔作势，却常向读者解剖自己。这些地方最感人。如他的《一件小事》。我们的文学决不能是《店房责任》式的教育。文艺与群众的关系，一是从学中来，文艺的源泉是群众，这一方面我们是注意的；二是到群众中去，这很不够。常常不注意群众接受与否，硬塞给他，强迫群众"上政治课"，这样文艺必然脱离群众。文学要从根本上培养人，这样就会使人献身于人民，而不是教他做这做那。后一看法是把政治狭隘化，简单化了。

二，如何反映时代精神。每代文艺必须反映其时代精神，柏林斯基说，时代精神是文艺灵魂。诗歌戏剧尤如此。诗是号角，戏是镜子。如不能反映时代，舞台是暗淡无光的。我们是人民的，社主的，建新生活的时代。要反映之，必对之有认识。这点我与修看法不同。修说的"现代性"，我们说的革命、建社、共主精神。一要鼓舞人民革命斗争、反帝。二要鼓舞人民建社主强大祖国。三要帮助人民摆脱旧思想、习惯，培养新共道德品质的人。修的则是和平主义，反 S. 主义，人道，一切为了个人幸福。（22 大精神）故修与我对立：一，不鼓舞而瓦解人民革命意志，战争残酷，人与人之间都是朋友，与敌妥协。和平不分阶级、经济制度。否定帝是战源，帮助压迫人民。二，在反 S. 下丑化社主制度。三，不帮人摆脱资残余，而是鼓吹、提倡个主、个人幸福。公然提倡 L. 反对的"人人为自己"。这些加上西方文化，对青年毒害很可虑。不能不使我们考虑如何来教育我青年。我们戏剧有时代精神，教人承担责任，这是在亚非拉美受欢迎的原因。但进一步要求，时代精神不强不深。要说出每个人心里的话，回答他心里的问题，我们要有《保尔》式的作品。这关联到作家社会职责，不只解释生活，要回答生活中的问题。故必须创造时代的人物、生活和斗争，故现代题材应是话、歌的主要……。但时代精神也可通过历史题材来表现。它通过作家思想感情，故可以表现。创造时代英雄，但不要和反映时代精神等同。历史剧总是为了当前人服务，故选材要合时代需要。现在需要艰难创业，民族团结的题材。伯达说，能否写唐太宗、康熙、郑成功。历史不能按今天需要来修改，但可从无数历史事件中选择题材。而作家也要用今天眼光去看历史，表现自己的思想。M.说要把最现代的思想表现在最朴素的表现中。这非反历史主义。叫古人谈今话是一回事，从作品中表现今天的思想是另一回事。历史上的生活事件，过去的人不一定能看出其意义，我们有ML应能看得更深。我不大赞成历史剧必须符合历史事实，只要表现那时可能有的事实；也不赞成历史剧必须传布历史知识，而是借历史来表现作者的思想；否则就困难了。三国演义虽不符合历史事实，但创造了典型，成为我们家喻户晓。

时代精神与题材多样，风格多样不矛盾，而且能从多方面反映时代精神。这对话、歌在争取观众上也是必要的，要演各种戏来适应各种观念。改编一些作品成为戏，改编也是创造，创作改编同时进行。历史剧又能合历实。

三，真实性问题：生真艺真关系：1.艺真来自生真。2.艺又不是照搬生活，而是生活的选择加工、提炼。而不违背生真，却更鲜明真实表现了生活。有人以为艺真可以违背生真。许多作品不注意生真，如按今天去写革命斗争，按某种结论去写今天的生活。文艺作品如果给人虚伪之感，就不能起作用。修：只讲真实性，不讲教育性；他们只讲现象的真实，不讲本质真实；只写黑暗，不写光明，光明是假的；不要有正确的世界观，以为是框子。我们反修，又走另一极端，为了教育，不要真实，仍是将二者对立起来。不是通过生活来进行教育，而是改变生活来迁就教育意义。我们又只要一般的真实，不要具体的真实。感觉是个别的，概念是一般的。我们只写光明，而掩盖生活中的阴暗面。世界观强调过分，一切归因于世界观。故反修，不要走到另一极端。

还有一因,以为主观随意性就是浪漫主义。现主是基础,浪漫主义是主导。(周)不注意真实,特别在正面人物的描写上。原因:一,只是写职业特点不写性格特点。二,不放在斗争中,而放在运动旁,没有行动,只说空话(戏剧基本特点是动作而非性格——亚里士多德)。三,只写他们做到了什么,不写他们怎么做到的(人物性格不只表现他做什么,而表现他怎样做——E.)。动人的是如何克服困难取得成功,所以要表现一个人物的成长过程。至于要不要写缺点,可由作家自己去处理。写了也不一定损害,不写也不一定不生动,所以不要做规定。把人物"拔高",怎么能拔?人物是怎样就怎样。这种说法是否也是对于现实中间的英雄人物不信任,也是把作品的思想性和其中人物思想高低混为一谈。作品思想高低是表现在作者对于人物事件的态度。毛说,艺术中表现的更高。如何理解,这是指更集中、更鲜明,而不是说可以把生活随意乱改。

四,反映人民内矛:一定要反映,因大量、长期、永久存在的,何况今日。不反映内矛,即不能反映这个世界,这是一。二,作品的深刻是看它是否深刻地揭露了矛盾。既不能揭发丑恶,也就不能鼓励与丑恶斗争,不能鼓励美好的事物。思想性在于能反映新旧事物的斗争,改变它。三,没有冲突就没有戏剧。但反映内矛困难多:一不是所有内矛都能写。二缺少民主空气,作家顾虑多。三分寸不大好掌握,不是过了,就是不足。有时把组织上处理的方法团结——批——团,应用到戏上。对人是要团结,对思想却要彻底揭露,否则就不能有力地批评。四,今天的作家都要保卫社主,而其中有缺点,或回避或适当的揭露，后者才真是保护了社主。困难是又要揭露又要保护，对内矛写不写，实是如何对待缺点的问题：1. 不要怕，只要让读者知道缺点不是主要的；2. 是可以克服的；3. 不应站在第三者的立场，而应站在光明事物的立场来反对旧的事物。

五，语言问题：

1. 克服戏剧语言的一般化。戏剧语言最有客观性，都必须是人物的语言，必须性格化。我们的缺点是作者的语言让人物说，故不仅是文学加工问题，语言的一般化，是对人物性格了解的一般化。

2. 剧中的话，是讲给观众听的，但不是直接对观众讲的，而是人物之间可能讲的。新歌剧的歌、辞，往往不够确切——切合其思想感情、时间地点。历史剧是否一定要用文言，这样减少了观众的理解，而文言并不是古人口头语言。

3. 学习问题：艺术是真善美的结合——生活的真实，高尚的思想，优美的形式。艺术的作用也是这三者。作家也要在这三方面有修养：真实的生活……

加强对于生活的了解是主要的。1958年来的做法不是加强，而是鼓励人脱离生活。熟悉生活主要的熟悉人，而不是只看生活事件。经常观察人应成为作家职业的习惯，经常描写人，要积累对于人物的素描。

提高思想修养。要发现新的东西、思想，就要提高自己的思想修养。作家对于思想读物不太注意。不光ML，还有别的前人的思想作品——历史、美学、哲学。如果思想贫乏，对于生活的理解也就浅，不能理解。

艺术技巧。黑格尔说艺术除了才能和天才之外，还有一个外部的技巧，接近于手工业，这靠勤勉的练习，有了熟练的技巧，才不会让材料不听我们的使唤。其次传统问题。话剧中国化，五十年了，已经中国化。第三也还要向外国学习。他们还在找新的方法，我们就有点老一套，他们的新探索就值得我们注意。

4.领导问题：文艺工作必须受党的领导，因它是革命事业的一部分。L.说不能和党的其他事业等同起来。要按它的规律去领导，不要怕谈文艺的规律。有共同的规律，有社主文艺规律，还有中国社主文艺的规律。文艺创作必须保证个人创作，个人的爱好，不能要求标准化，少数服从多数。因此要正确、细致地领导，不要错误、粗糙以至粗暴地领导。正确领导：一，方向；二，创作积极性充分的发挥。1.要帮助作家了解政治情况、问题。2.帮助他与群众结合，关心他，解决他的问题。3.帮助解决创作上的条件。4.也可以向他们提出些要求，但不要勉强。作家写什么，如何写完全由他自己去决定，意见也可以提，改不改，由他自己。领导要变成内行，但内行也不能事事去代替作家。

×

田老致闭幕辞。

二时，田伟、王匡请在羊城饭店午餐，同席者有默涵、吕复、姚时晓、欧阳山、杜埃。三时半，回寓所休息至四时半，读报。六时半，晚餐，在本招所做的西餐，很好。晚，剧协在流花俱乐部举行晚会答谢广东各方面的帮忙。十时半，回来休息。

二十七日　星期二　上午九时，往百花园湖北省歌剧团与团员们见面，谈话至十一时四十分。下午，随老舍、曹禺、健吾、凤子等往文化公园，参观热带鱼，中有数种五彩者甚为罕见。购得麦秆画片数张，甚精美。晚，将文件打成一包托陈颙带走。并与张玮写一信。

二十八日　星期三　上午，参加广州剧协分会召开的座谈会，谈这次所看的戏。出席者除广州方面外，有田汉、阳翰笙、老舍、曹禺、李健吾和我，十二时散。下午，给院党委写信。往越秀孙维世、金山处闲谈，遇周桓、吕复，谈苏联近来戏剧动向，倾向于形式主义，又谈布来希特的评价等。回来，将一筐及给院党委和给玮的二信托张颖带去。晚，读徐朔方《汤显祖的生活、思想和创作》至八时。金山、孙维世、姚时晓来，谈至九时。

二十九日　星期四　晨九时，与老舍、曹禺夫妇、徐平羽、周桓、李健吾、吕复、杜埃等同志乘汽车出发，经增城、博罗，下午一时到惠阳。午饭休息后，即出游。惠阳属佛山专区，但远离广州160公里，说客语，为广东一较穷县分，且为重灾区。但市容美丽甚洁，城西有西湖，苏东坡亦曾来此，其爱妾朝云死葬于此，现仍有墓，相传朝云死后，东坡每夜梦其来哺幼子，而身淋湿，怪而问之，云是泗水而来也，苏乃为修一桥，桥成后，朝云遂不再入梦，传为桥神所阻云。湖中有泗洲塔，又名雁塔，为唐时所建，历代均有重修，雁塔斜峰为佳景之一。又有一山型文物展览馆，中有廖仲恺为人书扇，词一首亦其自作，乃为题画者，调名《如此江山》。词云：

尺方矾纸丹青染，居然岭东形势，万壑龙绵，千寻练锁，壮绝山河如砺。霞开脚底，有多少庄村，晦明霾霁。野绿畦黄，个中疑是太平世。滔滔浊流，向海浪花，淘不尽旧时王气。塔影排云，榕阴夹岸，短棹前游曾记。风帆正利，看轻舟冲破几重烟水。天堑长存，问夷航埶制。

继游市区，一街甚长，店铺整洁。中间适逢西支江入东江之口，架桥通焉，临桥而返，至湖边，适逢夕晖塔影，倒映湖中，乃拍之。晚餐后，甚疲，略事休息，即入睡，时整九点。

三十日　星期五　八时，自惠阳出发。十二时，到海丰，参观了红宫、红场，拜望了彭老太太。老太太八十八了，仍精明矍铄，亲自殷勤待客，同照一相辞出。又游览文天祥被俘处，名曰方饭亭，盖其方食时被元兵包围俘获者也。下午，首途往流沙（普宁），路经帝丙出海往新会处，其地有一亭，未下看。过陆丰。五时半，到目的地，住三坑水库，离城约三里。夜，入城观潮剧，青年剧团所演，剧目为《活捉孙富》《芦林会》《闹开封》，演员均甚有才能，尤以去《芦》剧之女演员为好，剧本亦好，《闹开封》情节略似《审诰命》，与《秦香莲》之公堂。

海、陆丰地薄民贫，多以白薯为食，尤以海丰为最，常苦旱。

三十一日　星期六　上午，看三坑水库，蓄水850立方公分，四周种菠萝、潮柑。又乘车往流沙，看翰老三十五年前在此作战之遗迹，新的建设甚多，旧迹已不复存。中午，潮剧团请吃饭，于华侨饭店,此处为一大厦,由华侨捐资而建,在一县中,实为罕见。下午,与潮州市话剧团座谈,如何发展方言话剧,坐间都认为要使话剧深入农民中,必须有方言一条腿,且方言文学必须发展,为丰富祖国文学之重要一面。晚,看潮剧《思凡》《告亲夫》,《告亲夫》为一情节戏,十一时过了才散。归后十二时就寝,不寐,二时始成睡。

四月

一日 星期日 上午,经潮州宕石到汕头。在潮州外海门游览了莲花峰,此处据云为文天祥伫立望帝丙乘舟往新会之处。山头有一石,中裂如莲瓣,又有一莲峰书院,为文到过之处,后人立此书院者,此处藏名人书文诗之联甚多,有文自书一诗云:江黑云寒闭水城,饥兵守堞夜频惊。此时自在茅檐下,风雨安眠听柝声。其胸怀甚大。午,到宕石,为汕头对海一休养游览地,昔日原为英美帝国主义者所霸占,今则开放为群众假期游览之所。此处为海边,山石甚高而石崖光圆如大卵,与群树杂立山间,甚或成为崖洞,可从中而登山顶,亦一趣也,别墅即高低掩映其间,居其间,由窗可以望海。五时余,过海抵汕头。三十余年前,曾一至此,今则不复记忆。居地委招待所,背市而面海湾,小有园亭,甚幽静。晚,看潮剧折子戏,一,《闹钗》:蔡锦坤去胡琏,蔡为老艺人,功夫甚好,较川剧尤胜一筹。二,《井边会》:为戏曲学校学生所演,剧目整理比湘剧更好,二丑兵调剂其间,不但不觉多余,且增加趣味不少。三,《柴房会》:故事为货郎李三,宿店住一鬼室,女鬼夜来诉冤,三仗义允带她去报仇,三为一丑应工,其椅子、梯子工甚绝。

二日 星期一 晨,起大雾。早餐后,往参观工艺美术陈列馆,其中粤东枫溪等数窑瓷器甚好,其瓷质、釉色,有的几可超景德而上之。余如潮绣、抽纱、麦秆画等均甚可观。买瓷瓶数件。继游公园,归时十二点。下午,潮剧院林里及上海文艺出版社的同志一道谈整理潮剧表演艺术的问题。他们已整理出丑角部分,打算出版,对于整理方法,出版方面提出意见,似乎认为应整理角色创作方法,而不应只整理外形技能。我发表了一点意见,认为整理表演艺术也应百花齐放,既可从这方面整理,也可从那方面整理。中国表演艺术,大概有三部分:一基本功,二外形技术,三创作角色的方法,三者相结合才成为一套体系。其外形技能主要表现于行当的分工,行当并非类型,这样说太笼统,因为行当的意义不在人物的内心,而在外形,故行当实是为外形的类型表演技术。要创造人物,还得以行当的初步技术为基础去作内心体验,才能具有个性。

晚,看潮剧《王茂生进酒》《刺梁冀》及汉剧《辕门斩子》。前一剧讽刺甚深,而表现薛仁贵的风格甚高,丑的表演,令人发笑不止,除演员外,导演的本领是很大的。中一剧去万家春的李有存甚绝,功夫是好,可谓在全国范围内是少见的。后一剧是学生所演,本子极老,毫无整理,表演方法亦甚旧,令人不耐。归时十一点,疲极。

三日 星期二 上午九时,出发往澄海,澄海为韩江口之一县,离汕头十五公里。车至半途,县委书记、县长及姚璇秋来接,姚因有气喘病,已在此休养三月了,此处为她的家乡。首先参观三座桥,原来澄海县跨韩江口,韩江入口处支流甚多,从前行人往来过渡多感不便,如有风雨,则海口浪大来往更为困难。多年以来,因江底沙层甚厚,无法打桩,一直未能建桥。大跃进中,县委领导群众,敢想敢干,在沙上筑一公尺之三合土,以为桥基,流沙遂固,现建成三座桥,车马通行行人称便,其中东龙桥设闸发电,可得200千瓦,其余二桥亦将发电。继参观苏南公社永新大队,社有8万多人,36大队,400小队,6万亩耕地,水田、沙田、旱田各一日。大队之间有些不平衡,海边的致富,因可畜牧;缺旱田者亦因不能种经济作物而较差。海边畜牧,多于沙地养鹅,此处有一良种形特大,能重30斤,名狮头鹅,50天即可吃,其肉肥嫩,异于北方之鹅,永新大队即养鹅甚多。下午四时,参观冠山大队,队靠山。战前曾有人口近万,日本来后,死亡逃散,残存者不足4千人,此队坟多地少,1958年前须调入粮食7万担。大跃进中,迁坟、平地,三年来,用人工30余万个,得地近五百亩,现总耕地有4687亩,并改良土壤,利用地边,目前已可调出粮食7000担了。其地房屋整洁,有一业余潮剧团,乐器衣箱甚为丰富,参观时,女孩们正在集体绣花,她们只在节日才演出,在本队不卖票。继参观文化馆,亦有些书、画、瓷器,均不甚好,其中高其佩之四帧翎毛指画,宽约四尺,长达七尺,甚为生动壮观。

晚,看澄海艺香剧团演出。一为《梅英表花》,学员所演,乃李彦贵卖水事。二为《金福戏鬼》,故事为一穷人夜往偷地瓜,遇吊死鬼前往找替身,乃赶鬼而救人,老艺人演金福,功夫极好，其中上吊一段，其技巧颇似绍兴大班的《男吊》。该县有二剧团，此为其好者。

四日　星期三　游潮州。上午，游城西之西湖，为一小湖，亦有山名葫芦。潮为旧邑，文化粤东最古，故此处虽小有湖山，而古迹最多，有各题字。有寿安岩，明万历间有十二进士在石上题名，入清后，其中多人皆作清朝官，过者指石唾骂，一日大雷雨，石中裂而其有题名部分则倒卧草间，后人传说，因石不堪众骂而羞倒云。至今题名尚在，倒石上已建一亭。下午，游韩祠、湘子桥。潮人崇韩，名其江曰韩江，山曰韩山，然其祠则甚冷落，刻诗甚多而无一佳者。比之高要之崇包拯，则天渊有别矣。盖韩无群众基础，只有儒士崇之耳。然韩之于潮文化启蒙有功，亦不可没也。文人所留影响，虽本人不自觉，往往亦甚深厚，为利为弊不可不慎也。湘子桥据府志云建于宋时，甚为可信，名为湘子实属附会。然此桥建筑壮伟，在当时技术落后，能成此大桥实属不易。盖，江流湍急，而桥石及墩皆以寻丈之大石为之，其石之得以架上桥墩，思之甚不可解。据云，乃以舟载石，候潮涨于墩顶而后架之。然亦尚有可疑，如潮平墩顶，则桥当常淹，则其用鲜矣。河中流水最急处，无法架桥，旧以舟数十连系其间，为浮桥，以接两面石桥，亦一当时克服困难之法也。今则全桥重修，直通汽车，而于桥底留部分旧桥以供参观。六时，返汕。晚，休息。写一诗准备留赠潮剧院，反复推敲半夜。辞如下：逶迤五岭自西来，行向东隅一望开。已见百工多巧技，更兼曲苑擅奇才；李三遇鬼做场处，庞女逢夫彻骨哀。愿得此生潮汕老，好将良夜傍歌台。

五日　星期四　上午，出外买抽纱手帕、桌布等。十时回，在老舍房里将诗写成五尺幅送潮剧院，并为翰老写二幅。下午，参加潮剧院座谈会，并由潮剧院请晚餐。晚上，访戏曲学校，看介绍学校的电影及《芦林会》影片。十时，返。

六日　星期五　八时半，出发，经澄海、饶平，出广东，由福建入韶安、云霄、漳浦到漳州，行程270公里，因天雨兼大雾，整走了五小时。下午，一时半才到。疲饿交加，饱餐后急睡。漳州为龙溪地委所在，省文化局陈洪、宣传部副长马宁等在此接待。四时起，在城内一硫黄温泉洗澡。专署请晚餐，餐后出发走70公里，经集美海堤到厦门，到时八点五十。睡觉已十一时。

补汕潮方面负责人姓名：汕潮地委第一书记：邹瑜（广西人，到过延安）。文教书记：李雪光（本地人，打过游击）。农业书记：梁集祥。中南局副秘书长：吴南生（本地人）。

七日　星期六　上午，渡海游鼓浪屿，参观郑成功纪念馆，悉郑之为人，在明室"君非爱国之君，臣非辅君之臣"的情况下，独力支持，转战数省，震动东南，驱逐荷兰、收复台湾，实非容易。郑军事上很少败仗，收复台湾后，其政治、经济、外贸、民族团结等政策均井井有条。其对待父之劝降，复书中，既尊且导，大义凛然，其人其事，非称之为英雄不可也。十二时半，回鹭江大厦吃饭，洗澡，休息。二时半，给张玮写一信。四时，乘小艇游海，围鼓浪屿航行一周，费时四十分钟，当向东航行时，可以遥见敌人占据之大担、二担诸岛。五时，游公园，观其盆栽、花木等物，有一种插花盆，布置甚美。六时，市方面请吃饭。八时，听南词（又称南乐、南曲），其词文雅又杂以方言，盖早期南曲中散曲之遗音也，其来源不自昆，可能早于昆，亦可能受昆一些影响。九时，饭毕。

八日　星期日　上午，参观厦门大学。其党委书记陆维特介绍该校方针：面向东南亚，面向海洋。继参观大礼堂，可容五千人。参观人类研究室、鲁迅纪念馆。十一时，游南普陀。午，斋饭于此。下午一时半，参观前沿阵地观测所。四时，回旅馆休息。晚七时半，看芗剧《加令记》，加令闽南语八哥也，无甚趣味，剧种新，演员真不出色。十一时，回。

九日　星期一　上午九时，出发。先至集美参观陈嘉庚墓，此墓可以不伦不类四字评之，其壁画、石雕、陈列等可谓杂乱无章，但如从此即看出陈之为人莫名其妙则亦不当。陈思想无系统，但从穷苦出身，爱国，从自己亲身经历中尚能辨，知何人为真爱国，何人为不爱国。其能终于相信我党，盖亦独其生活经历使然也。上午十一时半，到泉州。泉州为我三十年前旧游之地，但今日已绝不能认知也。下午，游开元寺，东西宝塔，则已经整理一新，斗拱之伎乐飞天，看得甚清楚，大殿现已作为泉州对外交通史陈列馆。继参观手工艺工厂，有全部《水浒》《三国》脸谱，可以订购。继参观清净寺遗址，寺为元代建筑，现只剩一大门及部分墙壁矣。晚，看高甲戏《连升三级》，为一讽刺明代科举及官场黑暗之喜剧，剧本整理、排演及表演均甚好。十一时演毕。

十日　星期二　上午八时半，出发。经晋江、惠安、仙游、莆田、福清过乌龙江经闽侯到福州。在莆田县小憩半小时，一时四十五分到。下午，休息，与福建文教书记、宣传部长等见面。晚饭后，陈啸高、陈启肃来谈片刻。七时一刻，往剧场看莆仙戏《春草闯堂》，为一喜剧，还不错，演完已十时三刻。回家就寝已十二时。

十一日　星期三　上午，往温泉洗澡。出京以来，到过三处温泉，从化、漳州及此处，此处为石灰水，它二处为硫黄，从化水内尚有放射性同位素，但以此水为最滑。浴后参观脱胎漆厂、软木制花工厂及工艺美术研究所。漆器中有数新品种仿窑变，及漆下作花等均特好。下午，赴戏曲研究所参观，所负责人程其毅来谈，此所建立于1960年，现有三十余人，分三室，即文学、舞台艺术（包括表、音、美）、史，分由陈启肃、郑奕奏、陈啸高三人任主任，另有资料室，人员中大学毕业2/3，干部转业1/3，参观了它的戏曲史陈列很有些材料。五时返。夜七时，看闽剧《贻顺哥烛蒂》，他们说是福建悭吝人，虽为一喜剧，而手法不甚夸张，此剧有一问题，即女主人公春香对前后夫之态度，不知到底是两皆难舍，抑是心有所偏，因畏责而故不表明，这点戏未交代清楚。十一时返。

十二日　星期四　上午，游鼓山，山在城东十余里，海拔1400公尺，有刹涌泉寺，为东南名刹，虚云、园瑛皆曾在此为方丈。寺甚大，现仍有僧一百余，地百余庙，自耕自食。内藏文物甚多，见一明代青花瓷瓶，高约三尺，中细而端阔，青色蓝而亮，画作树纹样,为罕见之物。其楹联等亦多佳构,如山门布袋和尚前一联云:"日日携空布袋,少米无钱,却剩得大肚宽肠,不知众檀越信心时,用何物供养。年年坐冷山门,接张待李,总见他欢天喜地,请问这头陀得意处,有什么来由。"亦见趣味。后院有二铁树,干粗树大,云是闽王王审之与当时方丈神晏所手植,现枝叶仍极茂。又游喝水崖,此处有溪而无泉,相传神晏和尚在此打坐,泉声甚闹,喝之,乃不复流,故名喝水崖。山名鼓山者,以山顶有石如鼓,或云此石可发鼓声,皆不可晓。上山有二道,一拾级直上有数千级,筑七亭以兹小息;另一道解放后新开,盘山而上,可通汽车,登山眼界极扩。得一诗:"一派春江泛绿洲,风帆点点入江流,远山踟蹰随云去,独自回头望福州。"下午,往省话剧团座谈,谈及话剧如何学习传统问题,大家都以为所学不是皮毛、形式,而要学习戏曲艺人表演方面的本事,剧本无一字而能演出一场戏来。曹禺也主张打破四堵墙。晚,看话剧团演《郑成功》,此剧本把郑信天主教写得很多,在是否进攻教堂中的荷兵一点大做文章,真乃自找麻烦。十一时就寝。

十三日 星期五 上午,与福建戏剧界开座谈会。大致共同称赞《连升三级》;对《加令记》意见,主要在于形式太严重,失去民间故事、童话气味;《贻顺哥烛蒂》,有人以为人物的某些问题如前夫有情,后夫有义,很不明确,春香前夫只三月共同生活,而后夫有十年,对前夫有什么情?对贻顺哥是同情抑批判也不明确。我以为主要是对贻顺哥的人挖得不深,他与春香的夫妇关系根本没有写,这就是春香对他有无感情所以弄不明白的地方；对《东征》意见较多，主要郑成功信教是完全不必写的，何况事实根据不多。下午，写了几幅诗送给当地文化局、剧团等。四点三刻，到火车站。五点三十五分，乘车赴上海。是日宿车上。

十四日 星期六 车上午七时，过鹰潭；下午五时三十五分，过杭州；晚九时五十五分，到上海。孟波、瞿白音、吕复、姚时晓、吴仞之均来接，住锦江饭店七楼，十四号。得院中电报催归，十一时半去一长途电话，与晏甬商量，十八日动身回家。得张玮信。在长途电话中与玮和安谷都谈了一会儿。十二时就寝。

十五日 星期日 上午，乔佩娟来，同出散步买物，为玮买皮鞋一双，六元，便宜而好。下午，去虹桥俱乐部散步，同行者：翰老、金山夫妇、白音，并往华东医院看鲤庭、沈浮，往仁济医院看宏□①。晚，看话剧《珠穆朗玛》，台上甚多灯光布景的技术，而剧本甚糟，无人物。十一时归。

今日中午，电影局请吃饭。

十六日 星期一 上午，魏照风、铭彝、顾仲彝来，并同去豫园游览。豫园为明嘉靖万历间所建，曾作小刀会司令部，后经败毁，今修复，为一苏州式园林。顺便往古玩商店，瓷器甚多，虽真而贵，且无特佳之物，初次见日本仿我国古瓷，极似，其中有一青花大瓶，色泽尤佳。中午，上海市在国际十五楼请吃

---

① 此字无法辨认——编者注

饭，曹荻秋作主人，遇朱光潜、钱钟书等人，他们是来编教材的。下午，丹尼来，在曹禺处一直谈到五点半。饭后，乔佩娟来，送来五十元，是我向她借的，我送她潮州戏曲小瓷人二枚。晚间，听评弹，于沧州书场，有杨振雄之《絮阁》，甚好。十时半返。半夜醒不能寐，成诗一首，追记车过杭州时心情："一路山花送晚晴，临江影塔立黄昏。缘铿唯有湖山面，西子回身故避人。"题作《过杭州车上作》。

发一电报与晏甬，告知行期，并发一航信与玮。

十七日 星期二 天雨。上午，与老舍、翰老同往上海博物馆看字画、瓷器。画中以王石谷疏林归鸦横幅、沈周山水册、袁 ① 山水册为最佳；字以文徵明无款元画最佳；瓷器中有一天青泛红钧窑洗最为精品，余皆泛泛；继看青铜器陈列。下午，出外买物。买碧螺春二两，每两三元九；为张玮买一提包八元四。晚，于仲儒夫妇来，同往大世界看扬剧，节目为《放许》《阳告阴告》《真假崔三》《瞎子住店》。主要演员为青衣顾玉君、花旦丁学华、丑向南春等。

主人希望我迟走一日，与老舍同行，只得答应，由他们去一电报与北京院里。

十八日 星期三 上午，乘汽车出发，先到张庙，此地为宝山县一镇，上钢一厂所在地，为新建的一条街，马路广阔，楼房漂亮，有如郊外别墅，旧为宝山新桥镇，只有六七家。五九年三

---

① 原文如此——编者注

月新建此街，第一期工程3—10月建成52000平米，二期10月至六〇年1月建45 000米，后又续建25 000米。附近有钢铁厂5、化工厂4，五八年前有九千工人，现已达三万，工人主要来自市内各区，有码头工人、有打饼的、也有里弄青年，过去住阁楼，或道远来往不便，乃建此区，现已迁来1900多家，9000多人。房屋虽十分讲究，但造价只64元一平米。此地有图书馆、医院、商店22个，小学可容1500人，托儿所2，幼儿园2。一套房有两间、三间、四间的。两间房租金5元，只有住房算租金。

上钢解放前年产2000吨，现在一日产3000吨。过去的钢只能造农具，现在可造无缝钢管。

次游嘉定。它现在是上海的远郊区之一。离上海33公里，供上海蔬菜，菜园十万亩，占郊区蔬菜面积的1/4。人口40万，农业人口30万。公社19，大队242，小队二千多。耕地共56万亩，粮地40万亩，棉10万亩，油菜10万亩，其余有蒜、蚕豆。全年两季，亩产年均800斤。棉每亩收籽棉180斤，皮棉60—70斤。社员平均收入120元余。嘉定城亦有新街一条，如张庙。午后，游览一明代园林秋霞园，已破败，改成一中学、一小学。孔子庙，据云是全国四大孔庙之一，并不大。后闻方行同志云，此庙历史久，宋前即有，所谓孔子庙之称是宋前的，宋以来即称孔庙。归途在南翔游古漪园，亦是古园，但屡遭破坏，重建后，旧面目已不多。

晚，刘厚生、何慢来，谈至八时。去海燕厂看《上海屋檐下》，至十时半。

十九日　星期四　晨，洗澡，清理行李。翰笙同志来谈，关于戏曲创作会，仍主张先开出气会，然后再办讲习会搞业务问题，因这方面气亦不少也。下午二时半，乘十四次特快返京，与老舍偕行。吕复、白音来送行。车上遇岳野、朱光潜、钱钟书。

二十日　星期五　车上一整日，下午七时，到京，黎舟、韩力、王伯英来接，小果亦同来。张玮胃病大发，不能起床，昨日即痛了一夜。晚，晏甬来，谈讲习会筹备情形至十一时。

二十一日　星期六　上午，清理东西，收拾房子。下午，晏甬、黎舟、汉城来汇报院中情况。简慧来。　　①　来。晚，看电视，有评弹，十时未毕。乃就寝。

二十二日　星期日　上午，将翰老诗写送杜埃。方瑞来看宝晋斋帖。俞大缜来，在此午餐。下午，往银行取钱200元，寄五十元还乔佩娟，并发杜埃信。晚，从电视中看杂技。收到丽姐要钱信。

二十三日　星期一　上午，整理房间。开始写《南行诗话》。十一时半，往王府井取裱好的沈尹默字，洗照片。十二时，往四川饭店贺荀慧生收徒，所收者为湘潭京剧演员宋依雯，在店午餐。下午二时半，往文联听长征评弹团演唱，到时已迟，只听到秦纪文的《双女洞房》，评书《乾隆吃茶》，蒋云仙弹词《逼

---

① 原文如此——编者注

疯》。五时，到四川饭店参加广播局唱片艺委会，在此吃晚饭。七时，回家。因未午睡，九时即寝。收到小白要钱信。

二十四日　星期二　上午，写成《诗话》第一段。下午，开院党委会，讨论方针任务，至六时，未开完，休会。晚，从电视中看戏校实验剧团演《香罗帕》，不大好。八时半，早寝。

二十五日　星期三　上午，写成《诗话》第二段。下午，开院党委会。看《秧歌剧选》（看样）。晚，看电视至八时半。九时，入寝。

二十六日　星期四　上午，写成《诗话》，往访曹禺不遇，往汉城处谈研究工作。下午，发翰老信，到文化部开会讨论编剧讲习会问题。六时，往帅府园全聚德吃晚饭，这是文联约为《文艺座谈会讲话》廿周年作公开报告的事。饭后，往老舍处看瓷器、扇子，瓷无甚好者，只一成化青花盘虽略有缺损，尚不错。十时返。

二十七日　星期五　上午，与汉城、萧晴同往八大处看研究所的同志们，在彼吃午饭。二时返城。下午，与玮逛王府井，参观使用购货券后物品的定价等。六时半返。饭后，将张宇慈送来馆本十七帖与宝晋斋帖对看，馆帖不及远甚。十时四十分，就寝。

二十八日　星期六　上午，给俞大缜写杜诗，笔甚不顺，连写二张始成。复赵铭彝信,寄去黄老《汤显祖年谱》。下午,给院内干部传达话剧座谈会上林默涵总结。五时,参加中尼友协酒会,在国际俱乐部。晚,参加奇虹、周来婚礼。九时半回,十时入睡。

二十九日　星期日　上午,人甚不舒服。写了两信,一给小白,一给丽姐,到东四邮局发出,并寄丽姐五元。即到北海散步,至画舫斋看书法展览。下午,一虹、凤子来,谈至五时,研究话剧五十年资料集约稿问题。晚,到院部听导音系学生实习表演,九时半毕。十时,睡。

　　曹禺上午来,未值。

三十日　星期一　上午,往文化部听人大周、陈二总理讲话的传达,至十时半。下午四时半,往北京医院检查,血压 140/94。清理房间,书。晚,洗澡。

五月

一日　星期二　上午,与玮带小珍上曹禺家,并同至北海散步,人甚多,有表演,尘土甚大。下午,清理衣服,收起冬衣,取出春衣。晚,看电视,至九时半。

二日　星期三　上午,与家人在东来顺吃涮羊肉,并取照片等。下午,与玮复至王府井买东西。晚,试临王羲之《王略帖》。收陈啸高谈《泉南指谱重编》信。

· 张庚日记(一)

三日　星期四　上午，复陈啸高信，并将其信转音协孙慎。下午三时，搬往八大处，准备在此写完话剧座谈会上讲话稿。

四日　星期五　初来心尚未定，整日只是休息，看看书。九时半，即睡。

五日　星期六　白天仍未动笔。此处整天吃菠菜，腹泻三次。为振作精神，下午，爬山一小时半。晚上，开始写，不甚顺利，至十时半就寝。

六日　星期日　上午，写得很不顺利。下午，与汉城、小仓、君起爬山至六处，并在五处喝茶。五时半，回来。晚，写得很顺利，直到十一时半，已写成五千余字。

七日　星期一　晚睡未足，上午写了一点，不成。下午，与汉城、小仓同逛二处，并至一处，贺敬之、张颖等均在那里学习，谈至五时余返。晚，七时半开始写，至十一时一刻，第二段大体告成。

玮送来治肚子药，吃了已停止拉稀。

八日　星期二　上午，为第二段增补一段，并初步拟出第三段要点。下午，休息。晚，翻读《西厢记》，未写。十时睡。

九日　星期三　夜睡不好。七时起，整日写作，至夜八时半，完成初稿。城中来电话，赣剧团已到，明日演出，凌鹤亦来。打算明日进城。

政协今日又来电话，要我讲戏曲流派，前在五日已来过电话，恐怕非讲不可了。

张玮来电话说，《诗话》稿已退回，说不合用。

十日　星期四　上午，将《剧诗》稿补充了一段。午饭后，进城，一时半到。休息至二时半，读《曲艺》第二期梅论刘宝全文章，未完。清理东西。晚，看赣剧《西域行》，甚温，且长。

十一日　星期五　上午，与晏甬谈院内工作。中午，凌鹤请在江西饭店吃饭，有孟超、李超、李伦等，他送我一个辣椒红瓶子。下午，上王府井取洗好的衣并送去脏衣，取照片，到人民市场买瓶座，奇贵，一个三元或四元不等。晚，黎舟来谈明天开党委会事。续读梅文毕。

十二日　星期六　开党委会一整日。上午，讨论院方针任务。下午，讨论剧作讲习会计划，业务人员职务名称之规定等。晚，看电视，苏联影片《不速之客》。送出给老舍及曹禺照片。

十三日　星期日　上午，临池一小时，去小果学校访问他的老师。下午，题黄胄画。与玮带小果、小珍去北海划船，遇大风，七时才回。晚，念《关于歌剧》给玮听。

十四日　星期一　上午，去北京医院看理疗，又恢复了静电及按摩。韩力来，送来他与王照慈提的有关图书资料工作的建议。

李超等三人来，谈剧协开纪念文座会事。

十五日　星期二　八时，到北京医院理疗。整日改《剧诗》稿，下午毕。鲁煤来，为戏剧报要稿，未答应。四时半，散步至人民市场配瓶座。

收到李珂信，谈王大化遗稿事。

晚，到大众剧场看《杨三姐》，这次玮排得不错。

十六日　星期三　上午，补日记，新华社记者来，谈至十二时。下午，往张光年家闲谈，他对我《回忆鲁艺》一文提了些意见。晚，李超来，同往看《望夫云》歌剧，玮也同去，甚无戏剧性，曲词亦不好，音乐节奏亦无多变化。晚，发寒热，未睡好。

十七日　星期四　休息一日，未去医院，仅看看报纸，吃的也是流食。晚，陈继辉来，他是丽姐本家侄，在北京27中担任教务副主任，谈了些丽姐的情况。未至十时即睡。

十八日　星期五　昨晚未发热，睡得较好。晨，起去理疗。上午，把《回忆鲁艺》清样看了一遍，改了一处，送走。下午，又发寒热，至40℃，预定之戏曲概论汇报未能听。往医院挂急诊治病打了一针，当天吃药三次，至晚热退，但心中作逆，不思饮食，躺床不能起。

文艺报送来《剧诗》校样。

十九日　星期六　今日人好得多，早仍不想吃。中午，勉吃粥一碗，至下午四五点，才觉饿，吃了两碗粥。将校样粗看一遍交去。晚，吃粥两碗。看电视中匈乒乓赛至十一时，睡得尚好。

孩子们都回来了。

二十日　星期日　上午，玮带孩出去买衣服，我在家休息。午睡后，突然又发热，又去北京医院急诊，透视、验血，既非肺支，也未查出疟原菌，但仍做疟疾治疗，打了一针，拿了些奎宁片。至晚间，烧渐退，俞大缜来，并打电话给张①大夫，问此种症状应如何诊断，张仍以疟疾可能大相答，俞谈至九时始去。十时寝，吃安乐神二片。

二十一日　星期一　烧仍在38℃，整日人不舒服，还想吃东西，但大便不通畅。研究生、董润生、刘念兹来探病，研究生的课是推迟了。

二十二日　星期二　病况仍如昨。下午三时，去医院又验血，并准备做伤寒的试验，给了镁乳和Seronal镇定剂，夜吃了睡得很好，早起便亦通畅。

二十三日　星期三　早起，烧退，人较清爽。黎舟来谈院党委开会事，约定明日找汉城一谈。下午，看上海博物馆藏画集。晚，从电视中看纪念《讲话》的晚会，有《兄妹开荒》《十六条枪》等。

---

① 原文如此——编者注

二十四日　星期四　上午，与晏、黎、郭一起谈研究工作。十时，往北京医院看病。十一时，董润生等来。下午，看《广东名画家选集》。赵鼎真来。晚，看中苏篮球比赛。

二十五日　星期五　上午，往文化部看陈执中，问沛县来人情况。汪巩来，谈定讲演时间为三十一日晚。下午，往中山公园、文化宫散步，甚热闹。六时半，黎舟、晏甬来，谈精简事。晚，俞大缜来，谈至八时半。洗澡，睡时已十点。

收泉州高甲剧团王冬青寄来《连升三级》剧本。

二十六日　星期六　上午，董润生、古今来汇报《概论》学习情况。下午，收唐剑荪电报，丽姐今晨病故。晚，与玮在和平宾馆餐厅吃饭。回来后，玮胃大痛。至十时，老季来打针，十一时始入睡。我亦吐，泻，深夜不能入睡。

二十七日　星期日　整日生病，与玮都躺在床上。上午，起来取钱百元，以八十元电汇唐剑荪。下午，带小果、小珍散步至北新桥，发信与人民文学出版社订书。晚，从电视中看总政文工团演秧歌：《开荒》《牛永贵》及《刘顺清》，以后一出导演较好。

二十八日　星期一　上午，至北京医院看内科，换了个刘大夫，此人较细致，她说，这回是病后余波。下午，陪玮往平安医院看病，五时半返。晚，早睡。

二十九日　星期二　上午，往艺术博物馆看全国美展。下午，与玮一道读《人民日报》上王朝闻的文章《喜闻乐见》。晚，休息。

三十日　星期三　上午，给研究生班讲《戏曲的形式》未完。下午，休息。晚，从电视中看《凤凰之歌》。

三十一日　星期四　上午，上王府井买点心。黎舟来谈文学系的人事情况，徐州柳琴剧团来人谈片刻。下午，洗澡。夜七时半，在南河沿中苏文化馆为文联举办的"讲话"发表二十年报告会作报告：回忆鲁艺的戏剧活动。十时毕。

六月

一日　星期五　上午，读剧协资料室送来的1942—1948年解放区话剧目录，略加补充。下午，往北京医院看中医，取药四剂。刘念兹送来一文论中国诗词，要我看。剧协送来刘乃崇文。北京京剧团送来《王昭君》剧本，要提意见。

二日　星期六　上午，续讲《戏曲形式》毕。下午，晏、马、黎、舒来，谈干部调配问题。晚，小珍回。

三日　星期日　上午，与玮带小果、小珍看全国美展。下午，为玮念《马陵道》杂剧。晚，翻读《起源形成》稿。准备写讲义工作。

四日　星期一　上午，去北海，读《起源形成》，饮啤酒二杯。

五日　星期二　上午，至文化部听念财经会议向中央的报告，至十二时半。疲甚，下午，曾宪凯来谈《昭君》剧本，至六时。寒热又作。

六日　星期三　病中读童话《小布头奇遇记》写得不错，写出了一个健康小孩的典型。下午，晏甬来谈。今日未发热。

七日　星期四　上午，读完《小布头》。午饭前，小睡半小时，觉冷。饭后，寒热复作，烧至38.5℃，往作协找医生，未遇，烧高至39.5℃，仍往北京医院，七时诊毕，决定住院，于阜外医院，当晚迁入。玮来，九时去。

八日　星期五　上午，疲极思睡。下午，玮来，五时去。又开始发寒热，血中已查出疟原虫。

九日　星期六　整日甚好，唯肚泻二次。五时，玮来，怀平、袁凤霞继来，片刻即去，带来报纸：《文艺报》等。

十日　星期日　整日未发疟，精神甚好。上午，翻读《文艺报》5、6期。十时半，玮来，为她讲《孙子》二章。饭后，读报，午睡半小时。复翻读报纸，五时半晚饭毕。往二楼看欧阳老，他精神已较好。出来遇王彤，同在花园走一圈，看了她动心脏四联手术的孩子，已好，甚活泼。上楼后安谷来，七时半去。觉鼻窦发炎，问大夫要了些麻黄素点了。九时半，早睡。

十一日 星期一 未发疟已三日，看来已压下去了。上午，进行身体检查，心电图、透视胸腹、查眼底、查大便。下午，看报，读了林庚《魏晋六朝文学批评的发展》（《人民日报》6月5日）。三时，玮来，四时半去。晚饭后，去欧阳处坐半小时，得知田老已返京。九时半，就寝。

十二日 星期二 七时起，因夜中醒来约一小时余。洗面后未餐即做肝功能试验，至九时四十分始进食。马绩、黎舟来，谈到院精简事，十二时始去。饭后，午睡至二时。起读《文艺报》5、6期中荒煤文章。三时，理发。今日晚饭已改普通饭。晚，与玮通一电话（七时），谈出院事。继即看电视，广州杂技团演出。至九时寝。

十三日 星期三 睡眠情况大致与昨日同。上午，精神尚好，读了何慢、龚义江在《人民日报》上发表的关于整理盖老表演经验之文。收到欧阳老一信，表示对我批评粗暴了，很抱歉，还希望我再搞话剧史。下午，休息，仅看了两日来报纸的大概。晚饭后，上欧阳老处小坐。七时玮来，八时去。九时半，就寝。

十四日 星期四 六时醒，起床后，到园中散步，稍觉冷，即回。早餐后，读欧阳老《电影半路出家记》，十一时读毕。中间九时半至十时睡了一小觉。下午三时半，出院。龚和德来谈舞美座谈会，马绩、黎舟、萧晴来谈老蒋想攻大陆事。晚餐后，九时半寝。

十五日　星期五　上午，看多日报纸。晏甬来略坐即去。下午，准备舞美座谈会。读新发资料。晚，从电视中看朝鲜访华歌舞。毕，听玮念《孙膑》剧本，未完。十一时睡。给文艺报写一信，为《剧诗》更正。

十六日　星期六　上午，黎舟来谈院委会开会事。十时，苏丹来谈，十二时，同至来记吃饭，饭后去。三时，往北海庆宵楼参加新建设召集的舞美座谈会。七时半，在仿膳晚餐，八时半回。安谷、小珍都回来了。九时，入浴。十时寝。

十七日　星期日　上午，段薇杰来，邀他与全家同去北海，在茶座小坐至十时，看北京油画展。十一时回。下午，为小果、小珍念《小布头》五段。晚，看电视中《抓壮丁》，未毕。九时睡。

十八日　星期一　上午，开党委会，至十二点半。韩娘带小果出去看病，未做饭，在灶温吃中饭。至二点，始午睡，院中大打锣鼓，未睡成。三点，给张玮讲《孙子》。晚，参加作协联欢会。十时回家。

十九日　星期二　上午，与玮上王府井买东西，凉鞋未买到。下午，往艺术局谈编剧讲习会，林默涵主张今年不办，希望加强研究工作，并订两星期后讨论我们的研究计划。晚，于雁军来，同看电视中厉慧良的《钟馗嫁妹》。九时半毕，始去。十时寝。

二十日　星期三　上午，读萧晴关于戏曲音乐推陈出新文，并与她谈。下午，上王府井取衣，买得徐旭生《中国古史的传说时代》及漆侠之《王安石变法》二书，回家即翻读前者。晚，稍看电视即睡。

二十一日　星期四　上午、下午，都读《传说时代》。四时，《中国建设》来人谈要翻译我有关延安回忆之文。五时，出外散步半小时。晚，看中日乒乓球赛至十时半。

二十二日　星期五　今日为与玮结婚十周年。上午，二人在家拍照，并往公园散步。中午，到四川饭店吃饭。下午，仍读《传说时代》。赵呈美及徐州文化处一同志来，辞行。晚，看电视，至八时半。马绩来，谈至十时半，谈下放干部事。因鼠子大闹，通夜未睡好。

二十三日　星期六　上午，与导音舞同志开会谈美术班如何继续办下去事。文研所来人谈十年来话剧歌剧一稿的问题，并约日再谈。下午，续读《传说时代》。六时，与玮在灶温晚餐。夜，在电视中看中日乒乓赛至十一时半。

二十四日　星期日　上午雨。人来修沙发，屋中较乱，也不能出街。为玮讲《史记》中有关孙庞的列传、世家。毕，玮又念《文汇报》上吴富琴写的《程派唱功及其他》。下午，雨止，与玮出外取衣、修鞋、买零物。晚，从电视中看中日乒乓赛，未毕即罢。

二十五日　星期一　上午，读《传说时代》。下午，参加文化部关于蒋美将犯大陆座谈。晚，早睡。

二十六日　星期二　八时，文研所人来谈十年戏剧。九时，开党委会，决定不延长进修班学习时间。下午，到作协医务所打抗老血清针，为第三号，要打三疗程，每程十针，第一程每星期三次，以后间隔渐长。继往团城看扇展，又往北海看书画扇展。晚，在院看邯郸豫剧团演《二度梅》《花打朝》。毕，又从电视中看中日乒乓赛。

二十七日　星期三　上午，听我在五九级讲课的讨论汇报。下午，开党委会，讨论研究工作。晚，到天桥剧场看《白毛女》，此次多原班人马，王昆演喜儿，还不错，但剧本有的地方改得不太好，看毕谈意见，十一时半归。十二时寝。

二十八日　星期四　上午，讲课答复问题。下午，往作协打针，读《史》中《南戏的表演》一节，尚觉不错。晚饭后，洗澡，看电视。

二十九日　星期五　今日小果生日。上午，与玮带小果出外买玩具，未成，在和平餐厅午餐。下午，看美术班粉彩写生展览。四时，翻读《戏剧报》三月号马连良《洒火彩》甚有启发，火彩虽为一种效果，但与演员表演密切结合，为表演服务，戏曲中如用灯光，应从此剧得到启发也。晚，看本院导音系晚会，音乐方面较前大有进步，导演方面所演出之《樊江关》，尚不错。十时回,十一时寝。

三十日　星期六　上午,读《传说时代》。下午,去作协打针。往评剧院玮处取粮票,三时半,到北海庆霄堂参加新建设舞美座谈会,六时回。晚,从电视中看电影《智擒眼镜蛇》。

七月

一日　星期日　上午,带小果、小珍上王府井,十时半回。下午,为玮讲《孙子》。晚,与玮同看郭兰英《白毛女》,唱做都比王昆好。十时半回。

二日　星期一　上、下午,均读《戏曲简史稿》有关南戏北杂剧舞台艺术的各章,业已读完。晚,为玮讲《孙子》一章。天甚热。十时半,睡,不能入寐,吞眠尔通二片。

三日　星期二　上午,读梅《舞台生活四十年》。下午,作协打针。上王府井买物、洗照片。晚,听玮谈《孙庞》导演构思。电视中看《抬花轿》。收光明日报约稿信,拟不应。大公报亦来约稿,已拒。

四日　星期三　上午,读《红旗》第十三号上冯其庸的《艺术风格的独特性和多样性》及《新建设》六月号上田昌五《中国奴隶制形态之探索》,后文甚有创见。下午,续读后文毕。晚,从电视中重看《南征北战》,此片虽很好,但有的镜头如拼刺刀等似近自然主义。

五日　星期四　上午，读《舞台生活四十年》。下午，打针，顺便往王府井买饼干、洗照片、取鞋。四时回，续读《四十年》。晚八时，往祝人艺十年，顺便与罗光达谈美术系交他们办事。十时回。

六日　星期五　因头胀痛，上午去北海散步。十时半，往人民市场，为小果购得电枪。下午，续读《舞台生活》。晚，看人艺《武则天》，导演、布景、服装均很精致，演员不甚突出，尤其裴炎、太子贤不能成为武则天的对立面，是一缺点，十时半毕。归来上床已十一点半。

七日　星期六　上午，开院委会。下午，打针，为《天净沙》事复《文艺报》600字。晚，简慧来，王遐举来，郭亮来，郭谈了《武则天》意见，简谈《秦香莲》剧本。

八日　星期日　阴雨。不能带孩子们出去。上午，为玮讲《孙子》毕。下午，往王府井取照片未得，买李亚农《中国的封建领主制和地方制》《中国封建社会土地所有制形式问题讨论集》，及容肇祖《李贽年谱》归。晚，曹禺全家来，谈《武则天》《白毛女》。继看中苏排球赛至十时半。玮下午赴津。

九日　星期一　上午，读《舞台生活》。十一时，出外为玮取裤子。下午，续读《舞台生活》。晚，在政协礼堂参加历史剧座谈。

由陈伯达同志谈。郭老、周扬、曹禺、田老、吴晗、默涵、菊隐、丁西林、李健吾等参加，齐燕铭做主人。伯达同志所谈大意是：（略）。十时毕。回家后，至十一时始就寝。

十日 星期二 上午，开党委会。张玮自天津回来。下午，打针，往王府井取相片。晚，与汉城、小仓等在北海茶座谈戏剧史五编研究计划，十时毕。回家后，冯霞恰在，为他与玮传达昨日之会。至十一时始睡。

十一日 星期三 上午，黄克保来谈她的研究计划。侯星、王彤、刘开宇来汇报毕业生思想情况。李超来电话谈梅周年纪念、剧协舞美活动及征求我出国访问事。龚和德送修改好的计划来。下午，补数天日记。李超来谈。晚，从电视中看上海民乐团演出。

十二日 星期四 上午，给毕业的研究生班和理论进修班讲话。下午，毕业典礼，照相。打针。五时半，会餐。晚，与萧晴谈她的研究计划。

十三日 星期五 整天雨不停，昨夜未睡好，午睡也未成，头痛不已。看完了《舞台生活》第一集，开始看第二集，并看了些党内文件。夜，张垚来，同看电视中的捷克片《到处有生活》甚好。十一时，疲极而睡。

十四日 星期六 上午，到北京医院看病。下午，打针。到北海开《白毛女》座谈会,并在那里晚餐,九时毕。归后洗澡就寝。

十五日 星期日 上午,与晏甬谈几年来工作估计问题(他要作报告)约一小时。即与玮带果、珍上街,至人民市场,为果买鞋一双,又热又疲。下午,玮带果再出去找凉鞋,我在家休息。五时,李平来,是从天津来参观实习的。刘佩亚来。晚饭后,人民文学出版社周达宝同志来谈为我编集子事,并拿去剪存文章一部分。十时就寝。

十六日 星期一 整日,在北海庆云堂开会谈戏曲舞台美术问题,仍是《新建设》召开的,今日告一结束,我发了一次言。

十七日 星期二 上午,马绩来谈干部讨论方针任务等问题的思想情况,及干部变动问题。下午,在文联大楼参加剧协、影协召集的戏曲片座谈会,崔嵬发言甚好。晚,又去看影片《三关排宴》,不太好。

十八日 星期三 上午,打针,这是第一疗程的最后一针。并看周信芳舞台艺术电影,包括《徐策跑城》《坐楼杀惜》二剧。《跑城》用景甚多,矛盾百出。《杀惜》较好,下书仍有矛盾,而杀惜一段甚精采。下午,仍参加戏曲片座谈。晚,在家休息。

十九日 星期四 上午,在院听讨论精简等问题的各组会报。下午及晚上,均参加戏曲片座谈,直至晚十一时,会才结束。在会上发了四十分钟言,在此会中学习到许多东西,崔嵬、韩尚义等同志的发言很有内容。

二十日　星期五　上午八时，将马绩为我准备的在全院工作人员大会上的讲话提纲略作补充，十时讲话至十二时。下午，读郭老、吴晗、李希凡等关于历史剧的文章。晚，休息。郭汉城来谈。十一时半寝。

二十一日　星期六　上午，往光明日报座谈历史剧，参加者有田汉、李超、范钧宏、郭汉城，谈至下午一时始毕，并在彼午餐。下午三时半，开院党委会，讨论在党员大会上的报告，和教学部门变更组织形式事。晚刘汉章、胡斌来谈，十时半才走。

二十二日　星期日　上午，与玮共同收拾行李，准备去北戴河。下午，与玮带孩子们上街。晚，马绩来，谈至十时。上床后，又与玮谈至十二时，始入睡。

二十三日　星期一　上午，与玮上街买物，取照片。下午，送玮入医院治溃疡，收拾行李。直至夜十时，就寝。

二十四日　星期二　上午，与晏甬交代院中工作毕。九时，领安谷、小果赴车站，登车后，大雨不止，一路未停，车上遇曹禺。下车后，接车者未至，多亏派出所代打电话。直到五时，始有车来接，三人都淋湿了。住作协休养所，地点安一路11号，安置好已是六时。此地同住者有蔡若虹、郭小川、康濯、杜鹏程等。伙食尚好，小果胃口大开。饭后，在杜处玩百分。十时就寝。睡甚甜。

二十五日　星期三　整日雨。上午，九时稍停，带小果上街买救生圈，发张玮、张卉中信。十时回，读《舞台生活》第二集。下午，冒雨带小果去医院看病。晚，在蔡若虹处闲谈。九时半寝。

二十六日　星期四　上午，仍雨，读《舞台生活》。下午，天渐开，带安谷、小果往海滨散步。六时回。晚，与康濯、杜鹏程、吕剑在郭小川房中闲谈。至九时余。

二十七日　星期五　上午，阴，续读《舞台生活》。下午，带安谷、小果往海边游泳。发李超、晏甬信，要关于梅的参考书。修表。五时半回，途遇田方、于兰、赵慧深、金山。晚，看小孩们跳舞，与蔡若虹闲谈。十时寝，蚊子猖獗，未睡好。

二十八日　星期六　早，五时即醒，半小时后起床，读《舞台生活》。早餐后，续读。下午，下海。晚，熏蚊子。带安谷、小果至电影休养所看夏公、田方、于兰、赵慧深、金山等，九时半归。十时入睡，无蚊，甚好。

二十九日　星期日　晨，六时起，读《舞台生活》。早餐后，田方、于兰来，谈一小时许，即去。续读书。中午，杜鹏程送康濯，邀我同去吃饭。下午，午睡后下海，阳光甚好，五时回。晚，收《中国文学》闻时清来信，催稿。已托吕剑口复。十时就寝。

三十日　星期一　六时起，读《舞台生活》，上午读毕。下午，续读《戏剧报》上陶君起等谈梅腔及许源来谈梅留须经过等文，以致午睡未成。二时半，下海，风平浪静，阳光照耀，十分舒服，仰泳甚远，侧泳亦觉较平日容易，至五时半始归。晚，得玮信。与老蔡闲谈，十时睡。

三十一日　星期二　上午，继读《戏剧报》上梅关于学习戏曲资料的文章。下午，起关于梅一周年纪念文的提纲，天凉未下水。

八月

一日　星期三　上午，写关于戏曲舞台美术的文章，是给《新建设》的。下午，下水。晚，接晏甬自北京来长途电话，要我明日回京，文化部将于三日讨论本院计划。立即托张桂祥订票，并买桃十二斤，预备带走。

收何海生信，要文件。

二日　星期四　上午，八时二十分上火车，是大连—北京直快。车上闷热，人又多，不能多工作，只将给《新建设》之文修改一遍。同车有中医研究院沈谦医师，他是留学法国的西医，有志于研究中国医学，年已六十七，精神仍健。下午四时到，热得汗流全身，归家放下东西，即去医院看张玮，六时回。晚，与晏甬略谈开会事。洗澡后即睡。发《新建设》稿。

三日　星期五　上午，在中宣部开会，齐部长主持。我对于计划做了说明,开至一点,计划原则通过。到会的有林默涵、徐平羽、阿甲、周巍峙、任桂林、马彦祥等。下午,先到剧协与李超谈出国等事,剧协希望我九、十月往访保、捷,初步谈定九月底出发。借得梅《我的电影生活》一书。五时,到医院看玮,六时回。车票未买到,只得延一日,明日晚车达。晚,与晏甬、汉城谈研究计划的修订问题,至十一点。

林谈:教研都是第一,结果是研第一。搞史论。训练在职干部。研究推陈出新。

四日 星期六 上午,读梅《电影生活》。下午,探玮病。晚八时,张伯中来自天津,谈到十时。即上床稍睡,十一时一刻起,赴车站乘十二时十三分车往北戴河,上车即睡下。

五日 星期日 晨,七时半,在车上早餐。八时十三分,到北戴河。在车上读了秋文的《京剧流派欣赏》中有关梅派的部分,秋文是个年轻的美学研究者,尚有些见地。回到疗养所后,接北京寄来之书及李超信。乃急读《梅兰芳游美记》一日读毕,材料不多。下午四时,下海,水很温,五时回。夜九时,早睡。

六日 星期一 整日读《梅兰芳文集》《梅兰芳游美记》,并思索文章内容。夜,与蔡若虹闲谈。今日为旧历七月七日,然天阴,有小雨,无法看银河牛女。

七日 星期二 上午,仍翻读《文集》及《梅兰芳戏剧散论》。下午,游泳。晚,重新整理提纲。

八日 星期三 今日大晴。晨，开始写，到午饭前得二千字，甚感顺利。下午，游泳，四时至五时约一小时。中午，"跃进剧团"来人请看戏。晚，看《蝴蝶杯》上本，甚好，演员齐花坦去胡凤莲，嗓子特好，板头亦不错。

九日 星期四 晨，起仍写，至午仍得二千字，第一段写完，总觉感性东西太少，抄书而已，拟加附题《重读梅兰芳著作的感想》。下午，二时半下海，直到五时，学蛙泳，略有进展。晚，看《蝴蝶杯》下本，十一时散。回家与小川、贺敬之谈至十二时四十分。

十日 星期五 晨，五时起，开始写第二节，至午得二千余字。下午，下水。晚，早休。

十一日 星期六 晨，五时起写，到十二时，第二节毕，此节较满意，略有分析。下午，三时与跃进剧团来人谈《蝴蝶杯》，至四时。上街理发。晚，早睡。

十二日 星期日 晨，五时起写第三节至十二时半，尚留尾未完，自觉写得有点乱，就放下了。下午，下水。晚，于兰来，坐走廊谈闲天，风甚凉，受了点凉，九时于兰去。即寝。

十三日 星期一 晨，五时起，连改带写，完成了，得一万四千余字。即念与贺敬之、郭小川、柯岩、杜慧等同志听，念几句，李可染、李越之（唐山地书）来，一同听念。毕，大家意见认为尚好，只是第三部分较弱。下午，下水，浪甚大，吃力。四时回后，感疲而且冷，吃APC、银翘解毒、躺下。何其芳来谈，又得张卉中催稿信，哭笑不得，这几日头痛赶稿，刚毕，又催新稿，奈何……！晚，给玮写信。水华来谈至九时去，即睡。

十四日　星期二　晨，六时起，服银翘丸后早餐，立疾改完文稿。全所人去游山海关，午餐后，甚静，睡至四时，精神稍好。上街发信，买葡萄一元，归仍倦。吃葡萄微酸，未毕，游者回来，躺下读《苕溪渔隐丛话》。晚，写司空谷、闻时清二信，并将稿及借剧协书交朱青带北京。即睡下。吃银翘丸后，拉稀二次。

十五日　星期三　上午，看李可染画展。午后，二时寒热大作，医生来，开奎宁。夜，吃药昏睡。

十六日　星期四　整日无力，昏睡。但午、晚各进挂面二两。未发寒热。

十七日　星期五　晨，进牛奶。上午，不能睡，卧读《苕溪渔隐丛话》，但头晕。午，不能食，十分难受。下午，四时时去医院，一路稍觉舒服一点，验血，给奎宁。晚，进食，仍是挂面。夜，睡至十二时，即不能再睡，至二时，服眠尔通二粒，始睡去。未发寒热。

十八日　星期六　精神稍好，胃口亦较佳。中午，吃打卤面四两。中午不成寐。下午，头有点晕。读《丛话》数段。与张凤祥结账，共伙食、杂用车费等一百一十余元。晚,胃口亦好。早睡。

十九日　星期日　上午,清理行李,往电影局休养所看肖龙等,见到水华夫妇、肖龙、沙蒙、于兰、赵慧深等,十时回。十一时半,吃饭,菜特好。十二时半,赴车站,此为28次,平壤来回的国际列车,外国人较多,有亚、非、拉美各国人,车上晚餐甚丰。七时半,到北京。回家洗澡,马绩来谈至十一时。服眠尔通二片,睡得很好。

二十日　星期一　上午,读报。徐州京剧团李慧春来,打电话与李超,谈不准备出国等。司空谷来电话谈文章几处措辞。十时半,去医院,十一时回。张玮已自医院回家,稍胖了一点。下午,陪张玮出洗头。晚,许多来,王西自太原来,均在此吃饭。黎舟来谈,均九时半去。十时睡。

二十一日　星期二　昨日睡甚好。七时起,整理房子。十时,李慧春、任秀云来。旋,金一凤等四人来,其一是她同事,一是妹妹,一是戈岩内侄女,李等坐半小时即去。继叶风、赵斐来。谈片刻亦去。留金等在此午餐,二时始去。午睡至三时,往北医检体,六时余始毕。取电视归,已七时。晚,马绩、冯霞在此同看电视,是青年联欢节歌舞汇报演出。十时寝。近血压又高起来,左手150/120,右手140/100,并有耳鸣。

二十二日　星期三　上午,读任萍、田川的歌剧本《莲花湖》,孙犁小说《铁木前传》,及改《新建设》发言(戏曲舞美)的校样。下午，乔佩娟、奇虹来，谈至五时。晚，去中宣部看电影，法国宽银幕片《塔曼古》，是一黑奴反抗的故事，由梅里美小说改编者，十时回。十一点半，就寝。

二十三日　星期四　上午，去文联找李超，并送大便到北医去化验。下午，读新出《会注会评本聊斋》。晚，休息。但因等看戏的回家，至十一点才就寝。李平来。

二十四日　星期五　上午，往武英殿看梅兰芳展览，并至百货大楼买牙膏、刀片。下午，看《聊斋》。龚和德来，舞美开会事已定下星期四。汉城来，送来他为《红旗》写的文章。晚，看电视。马绩来，谈张为病。

二十五日　星期六　上午，读《聊斋》。下午，郭汉城来，讲对他的文章的意见。晚，看电视。

二十六日　星期日　上午，田川、周来夫妇及任萍来，与田、任谈《莲花湖》意见，至一时。下午，读《聊斋》。晚，从电视中看捷克片《山鹰》。

二十七日　星期一　上午，往吕骥家探其病，已渐好。往北医看田老病，继在脑系科看病，言背痛是风寒及不运动等所致。下午，读《聊斋》。五时，李超来谈剧协调查老艺人经验及评论组事。晚，去张自忠路找林路谈音乐组工作。九时归。

二十八日　星期二　上午，院开干部会，讲话二小时，谈新方针任务。下午，看病，无门诊，明日当再去。回家仍读《聊斋》。晚，电视中看《天门阵》。

二十九日　星期三　上午，往医院做理疗、拔火罐，觉甚有效，又加按摩。苏丹来谈片刻而去。下午，读《聊斋》。马绩、黎舟等来谈招研究生事。晚，去文联看梅兰芳电影，有甚名贵之镜头。

三十日　星期四　上午，理疗，读《聊斋》。承王玉清之请，为冶金部一副部长之女儿旁听事，给史若虚、刘仲秋写了一介绍信。下午，去北海悦心殿，主持戏曲舞美研究组开会，在彼吃饭。七时半归，从电视中看了一会《茶花女》。

三十一日　星期五　上午，理疗。至院部与王彤谈刘念兹工作安排事，读《哲学研究》送来秋文关于戏曲美学的文章，王彤送来刘念兹自拟计划。下午，读秋文文毕，并读《聊斋》。晚，与张玮至首都剧场看《智者千虑，必有一失》。十一时返。十二时，就寝。

九月

一日　星期六　上午，理疗、打针。开党委会。下午，龚和德来，将秋文文章给他看。五时，至越南使馆酒会，今日为其独立十七周年。晚，从电视中看越南电影，短片《纪念品》很好。

二日　星期日　上午，与玮带孩子们看梅展。下午，与玮上街买物，购梅纪念邮票一套。晚，看阿根廷歌舞，电视中转播。

三日　星期一　上午，在民族宫听陈毅报告的传达。（略）

下午，理疗，往东安市场买书：《中国奴隶及封建社会分期讨论集》《北狄与匈奴》《腊玛延那·玛哈帕腊达》。五时半，韩力来谈刘念兹研究工作，继龚和德来谈秋文文章意见。晚饭后，闲谈二小时。九时睡。

四日　星期二　上午，理疗、打针。与韩力、王彤、李小仓、刘念兹开会，谈刘去福建做戏曲史调查事。金耀章来，表示想回院，我未表示同意。下午，往广播局讨论音乐参考资料唱片。六时毕，带回梅唱片集六张（密纹），疲甚。回家晚饭后，未作任何事，九时寝。

收到《红旗》转来关于郭汉城文章意见，尚未看。

五日　星期三　上午，理疗，写信给红旗，送出郭的文章。下午，读《上海戏剧》第八期上朱家溍谈梅论舞美的文章及刘连荣的文章，并读《聊斋》。五时半，去江西饭店，与玮同吃晚饭。七时，洗澡。九时半，上床，读孙用译印度两大史诗序。十时半睡。

收到任岫云自徐州来信并一照片，《文汇报》吴闻要稿信，唱片社余叔岩密纹片三张。

六日　星期四　上午，理疗。九时，文化部夏衍同志谈国话问题。

下午，叶秀山（秋文）来，谈对其文章的意见，至五时。至银行兑公债得六十元。晚，从电视中看民族文工团表演，未竟。九时，上床，看《聊斋》至十时半寝。

七日　星期五　上午，理疗。读完《聊斋》。下午，上王府井取洗的衣服、买书，苏联出的《哲学史》第二卷等。晚，早睡。

八日　星期六　上午，上医院复诊，改做中波平流，仍按摩。下午，上作协打针，去院里送党费，读王安治《张择端清明上河图研究》，甚浅薄，无所得。祝肇年、赵斐来谈戏剧史。龚和德送来《新建设》稿。晚，从电视中看《结婚进行曲》，未完。十时睡。夜三时，为一声音吵醒，乃买来的螃蟹逃出来了，和韩娘一一捉入。四时，才又入睡。

九日　星期日　上午，玮上班，我带孩子们上文化宫、中山公园，十二时半回。买郭老主编《中国史稿》一本。中午，吃蟹。下午，休息。晚，读《史稿》至十一时，始入睡。此书较其他通史之长处在于较系统运用地下材料，并用以印证传说，而不一味将史书与地下材料机械分开解释。

十日　星期一　上午，理疗。读《史稿》。马绩、张为、王彤来，谈文学系工作。下午三时，往政协参加剧协中秋会。齐燕铭致幕前辞以后，田老亦在，拉赵寻和我谈如何组织评论及整理改编工作事。后至茶座，与多人闲谈，见周贻白等。继在楼上与赵寻、李超谈如何进行组织评论组事。六时，在彼吃饭，张执一也在。饭后,他和我与玮、吴坚一道逛屋顶,看吴昌硕画,猜灯谜。八时,看电影法国片《仅次于上帝的人》,反映希特勒排犹事,其中一船长描写得很好。回时已十点半。就寝已十一点。

十一日 星期二 上午,读《史稿》,看《红旗》送来郭稿并发出。理疗。上剧协与赵寻谈组评论组人选事。上王府井买《中国资本主义萌芽讨论集续集》,买水果。下午,约马绩来谈院的工作。曲六乙来谈出我的集子事。马彦祥来电话谈清理梅资料事。晚,恒姨来,谈至九时,送走后,至马绩处谈梅资料工作。归,读《史稿》至十一时。睡后,灶马叫不止,甚聒人,至二时尚不成寐。

十二日 星期三 上午,九时往文化部听念文件,三件。十时,至医院理疗,中波感到很烫。回家后,刘开宇来谈向学校司汇报教材事。下午,袁韵宜来,谈想来我院工作。晚,张玮的《马陵道》舞美设计在家开会,我也参加讨论。至十一时半睡。

十三日 星期四 与马绩、黎舟、舒模等讨论本院职务名称问题。十时半,理疗。十一时三刻,至文物出版社买张旭草书一帖,五元六。下午二时半,王晓燕来谈往上海看《澶渊之盟》事。三时,往文化部开会谈评论小组事,出席者有齐、林、周巍峙、阿甲、戴不凡、张岳、赵寻及中宣部的人等,要写文章。晚,看电视,今日为中秋,有节日节目。

十四日 星期五 晨八时，马绩等来我处开美学学习会。十时，去医院理疗。十一时，往颐和园，十二时，到听鹂馆北京戏曲研究所中秋聚餐。所长魏静生，到者老艺人徐兰沅、赵桐珊、侯喜瑞等。二时，回城。三时，到文化部开讨论京剧院及戏校实验剧团方针任务的会。六时，回家，疲极。晚，马绩来，谈至八时。入浴后，九时就寝。

十五日 星期六 上午，黄叶绿来谈美术班情况。十时，至医院理疗。下午，取已中的公债，得69元余，存入短期。读龚和德为《新建设》写的文章，及奇虹等写的《刘胡兰》剧本，未完。夜，从电视中看荀派演员①的红娘，虽很像荀，但甚乱，甚浅。十一时就寝。

十六日 星期日 上午，玮念《文艺报》九期上盖叫天《表演和剧本拉手》一文，此文觉其一般。下午，带小孩去北海。五时，与玮去东来顺吃涮羊肉，王文惠夫妇请客。七时，王夫妇同来家中看电视，有话剧《兵临城下》（东北的话剧，看来演员还欠经验）。九时，他们走了。电视直到十一时才完。

十七日 星期一 上午，读《戏剧报》三月号上胡锡涛《传统剧目的教育作用及其他》，并本日人民日报社论，铁托对美国记者谈话等。理疗。下午，在院部讨论美术教员的安排等。晚，休息。九时半上床，十时入睡。

---

① 原文如此——编者注

十八日 星期二 八时半，往资料室看关于最近剧目的报刊文字。十时，理疗，诊断，血压130/95。十一时半，往政协礼堂赴《剧本》创刊十年聚餐座谈，到者有老舍、丁西林、张光年、陈白尘、曹禺、周桓等。三时，开院党委会，讨论党委下半年工作计划及青年团工作报告，六时半毕。晚，休息。十时就寝。

十九日 星期三 夜睡眠不好，晨起打太极拳。九时，即去理疗、学体疗、并做其他治疗。十一时回，与林汉标谈工作。下午，翻读新购的任半塘《教坊记笺订》。晚，从电视中看《对花枪》，崔兰田演。十时就寝。

二十日 星期四 上午，八时半，往北海散步，打太极拳体操。九时半，往医院，理疗后已十一时。返家读报。十二时，午餐吃虾。下午，翻读《教坊记笺释》。晚，恒姨来晚餐，谈至九时，去。看电视。十时半睡。

二十一日 星期五 上午，与马绩、黎舟等研究职务名称问题。十时，理疗，十一时，返。下午，汉城来谈晋南情况。伯英来电话告知欧阳老于今日下午二时十二分过世，急去阜外医院悼唁，五时回。晚八时，又与玮同去欧阳家看师母，坐四十分钟。回后灯下读《史稿》至十时。

二十二日 星期六 上午，拟一"继承与发展"的提纲，即去打针、理疗、取药。北京日报、大公报来约悼念欧阳稿。中午，刘乃崇来谈悼辞。下午，往剧协讨论悼辞，并出席记者招待会。

晚，与张玮上街取衣及做皮袄。看电视中音乐会。九时就寝。

二十三日　星期日　上午，至剧协讨论修改欧阳老悼辞，至十二时。与周贻白同至新华书店，买得《中国近代史分期问题讨论集》《文则文章精义》及许广平《鲁迅回忆录》《古典文艺理论译丛 1》等书。下午，二时半，去广播局开唱片会，记错日期，徒劳往返。归时三点，读些关于剧目的材料，并起草在《人民日报》上有关戏曲的文章。五点，带果、珍上街买药，接回张玮。晚，从电视中看京剧四团的《打店》《辛安驿》。十时半睡。

二十四日　星期一　上午，九时，往公祭欧阳老于首都剧场，十一时，送至八宝山，与程太太、怀平、陈颙同车，十二时余回。下午，理疗。写一悼念欧阳老之文，晚九时，写毕。

二十五日　星期二　上午，将悼文改好送北京日报。本拟草《继承发展》文，黎舟来谈下午院委会事。九时半，至院部找马绩续谈。十时，理疗。下午，开院委会谈职务名称。六时，饭毕。晚，韩力来谈北京市创作座谈会事，明日又必须去出席，文章又写不成，心甚焦急。十时寝。

二十六日　星期三　上午，往市文联参加现代戏座谈会，发言约一小时，其他发言的有杜印、李之华，会议主持者为曾平。十二时半，休会。下午，理疗，往百货大楼看大衣呢，以便与成衣店送来之衣料估价。晚，开始写《继承发展》文，甚不顺利。成衣匠来量大衣，此衣做成约花二百余元。十时，疲甚，打太极拳并做操。

二十七日　星期四　上午，继写《继承发展》初稿毕。下午，马绩等为党委会传达一些外交报告。晚，将文念给玮听，她提了一些意见。

二十八日　星期五　上午，改文未毕。午饭后，续改一时毕。午睡后，校正错字寄给默涵。三时，理疗、复诊。晚饭后，万晶来，平安医院袁大夫亦来，张玮为他们介绍朋友。九时去，十时寝。

二十九日　星期六　上午，与玮上王府井买物，并在和平宾馆吃饭。下午，张凤桐来，吃晚饭才去。又平安医院庄大夫来，晚饭，谈至十时三刻，并同看电视中《东进序曲》电影，此片甚好。

三十日　星期日　上午，往院部与马绩谈往后海看房事。十时，往北海买面包。十二时回。下午，理疗。晚，从电视中看《笑的晚会》，谢添的表演实在好。

十月

一日　星期一　今日为国庆节，在家看电视转播之游行实况。十二时，往幼儿园接小珍（她今天参加游行了），未遇，她已由阿姨送回家了。下午，许多来，同玩扑克，她来此吃饭。晚，看电视中转播话剧《红岩》。八点半，与玮带小珍往东四去看礼花。九时一刻,回家仍看电视。十一时半就寝。

二日 星期二 上午,与玮共念《戏剧报》9号上乌强《论历史剧的创作方法》一文,未毕。带小孩上海看北京市第六届国画展。下午,袁凤霞、花砚如来玩扑克聊天,并在此晚餐,至八时半去。九时半,就寝。

三日 星期三 上午,与玮同往澡堂洗澡,并理发。中午,陈怀平在四川饭店请吃饭,同席者有袁凤霞。下午,王文惠及张凤桐来为玮送行。五时半,同赴车站,三刻开车。晚,休息,玩邮票。十时半上床,十一时入睡。

四日 星期四 上午,整理书籍。下午,往王府井为玮送裙到洗染店,并看了潘天寿画展,别具一格,可与白石老人抗衡,善指画,自刻印云"一味霸悍",盖其风格如是也。有一大横幅题"雨后",虬松、顽石在左,自有作数并行线蜿蜒而来,两侧染以泼墨,至松下顽石处,垂泻而下仿佛有声,雨后溪涨之意宛然。又有石湾陶展,新品名结晶釉,甚美。归已五时,甚疲。龚和德来谈《新建设》文章事。晚,黄克保来谈老艺人表演经验文章的读后感。李汉飞来,谈他准备离开文化部,想了解戏曲研究工作情况,是否今后从事这方面工作,至十一时去。十一时半寝。

五日 星期五 上午,开始《戏曲史》第一编的撰写工作。先读参考书,今日读的是苏联写的《世界通史》第一编,以研究戏曲最初起源的情况。下午，到文化部听齐部长传达十中全会中几个重要讲话。晚，研究文化部关于剧目问题向中央的报告。毕，仍看《世界通史》。十一时就寝。

六日 星期六 上午，续阅《世界通史》，并翻看苏联《戏剧起源》（俄文）一书的图片。一总的概念是：原始艺术与原始公社同时发生。为猎人祈祷于图腾以求保佑得丰富猎获，或作魔法以保证之意。舞蹈乃于是而起源。下午，洛阳豫剧团人来谈《翠莲出嫁》剧本，史行引婺剧团同志三人来，又北京文艺送来上次在北京文联召开现代戏座谈会上的发言稿，希望整理发表，五时均去。又收到红旗送来叶林论歌剧的文章，希望下星期二 前提些意见。得李淑华、朱淑兰来电话，约下星期来谈。晚，看电视，张君秋《望江亭》未竟。十一时半寝。

七日 星期日 晨，王文惠来接走小珍。早餐后，小果亦自己出去玩，乃独自至文学出版社内部购书处买到《现代英美资产阶级文艺理论文选》《四溟诗话》《蕙风词话》《三曹选集》《杜甫选集》《城市姑娘》等书而归，同打七折，所费不到五元。下午，读红旗送来的叶林稿。奇虹来，和她谈了《刘胡兰》剧本。四时，出去散步，买葡萄一斤。赵贞来。大公报送来萧晴一稿审阅。晚，看民主德国电影《五个空弹壳》于电视中，写西班牙国际纵队事。赵寻来电话，谈默涵认为戏曲批评方面过去所写的题目太空，要谈谈具体的剧目，故约我先一谈做法。眼不适，十时就寝。

八日　星期一　上午，续读《世界通史》并到院图书馆查书。收到英文《中国文学》十一期，此期译载了我的《一代宗匠》。发出《红旗》叶林稿。黎舟来，谈舞美班事，并谈中级干部安排。下午，理疗、打针，今日打针第二疗程已毕。得玮信并榛子一包。晚，为大公报看萧晴稿，并作复。阅民音所送来《民族音乐概论稿》一半。十一时寝。

九日　星期二　上午，到图书馆查书，借来《尚书》《周易》，翻检一通，所获不多。下午，李淑华来谈想搞戏曲创作事，已允为介绍些演员与作者认识。晚，看济南吕剧团演《闹房》《姊妹易嫁》两戏。前剧剧本甚好，演得也不错；后一剧去素花（姊）的演员演得甚好，惜原戏的结尾风格上由细腻的写实突然变成了闹剧，破坏了人物的统一。归已十时半。因耗子闹得不停，久不成寐，服眠尔通两片，才入睡。收石凌鹤信。

十日　星期三　上午，又从图书馆借来《吕氏春秋》翻检，仲夏纪《古乐》篇，颇有收获，乃作一卡片。继翻《国语》，所得不多。下午二时，理疗。三时，往部里听十中全会传达，念了商业工作决定，李先念及陈伯达发言。六时归，韩娘外出，等到七时，乃煮些挂面与小果共食，以作晚餐。七时半，韩娘始买鱼归。灯下修改在市文联现代戏座谈会上发言记录。至十一时，未毕。寝。

周立波转来湖南剧协来信，约于十一十一月去讲课事。

十一日　星期四　上午，去文化部听念十中全会文件：薄一波、李富春发言,及两个关于核扩散问题的外交文件,十一时半毕。下午,济南市吕剧团同志来,谈其演出,至五时辞去。续改发言至六时毕。饭后,匆匆去文联礼堂看婺剧,节目为《白蛇传》《昭君出塞》《对课》《米兰敲窗》表演有其长处,唱腔亦丰富,惜演员嗓子不好,这是江南剧种的通病。十一时归。十二时四十五分寝。

十二日　星期五　上午,看完《戏曲音乐》稿,并写信李元庆退还此稿。下午,理疗,时间不够,未做完即匆赴文化部听传达全系外交报告,五时半毕。会上闻金山心脏病甚危险,心中很不好受。晚,看婺剧《三请樊梨花》很好,剧本改得好。夜归,收到前民结婚请帖。

把玮给王文惠的信寄去。十一时半寝。

十三日　星期六　上午,翻读《国语》,及格罗塞《艺术之起源》等,所获不多。九时半,去文化部听念十中全会文件,约一小时。回家继续翻读。下午三时,赵寻、戴不凡、司空谷来谈戏剧批评事,至四时余去。今日大风骤冷,恐有霜冻,乃助韩娘上房收倭瓜。晚,电视中看民主德国片《献给检察官的玫瑰花》。十一时寝。

十四日　星期日　上午,往王府井,遇阿甲,同他一道再看了一次潘天寿画展,并买其《初晴》画一张。又买水果及邮票二套,十二时过始归。下午,韩娘带小孩出去玩,甚静,乃为前民结婚准备礼物。怀平回,带来张玮信及物。五时,打电话请汉城来，谈与剧协合作搞评论工作事。晚，电视中看内蒙歌舞，九时半毕。翻读中央文件及内部参考，十时四十分寝。

十五日　星期一　上午，仍翻读《史稿》。十时，黎舟来谈，半小时去。工作中打扰甚多，效力甚小。下午二时，理疗。三时，至王府井买物，四时归。给张玮写信，并给带去毛袜一双，潘天寿画一帧。晚，至广和有崔兰田《三上轿》，十时毕。十时半归。十一时寝。

十六日　星期二　上午，翻读史稿，并至图书馆借来《世说新语》《白虎通德论》《风俗通义》等书，并加翻看。下午，出外散步至北海、东四人民市场，五时归。晚，到吉祥戏院看婺剧《双阳公主》，郑兰香演双阳，周越桂演狄青，剧本改编甚好。十一时归。读十中全会农业文件，至十一时四十分就寝。给张玮带去粮票28斤。

十七日　星期三　上午，开始修改《起源形成》稿，将原始社会部分改完，并开始改奴隶社会部分。下午，理疗，此疗程已毕，将休息一时期。四时，参加院内党员讨论十中全会传达的讨论至五时半。晚，电视中看乒乓赛。九时半，翻读关于傩的材料，及国务院关于城市工作的决定等。十一时寝。今日开始用冬青油摩擦项背，尚不知效果如何。

收到南开大学及华粹深信，邀参加学术讨论。

十八日　星期四　上午，到图书馆找材料，并续改《起源形成》

稿。下午,到剧协开婺剧座谈会,并到王府井买茶叶,购得《古本竹书纪年辑校订补》(范祥庸)归。晚,黎舟、马绩、汉城来谈干部问题至十二时。

十九日 星期五 上午,中宣部召开文艺工作如何贯彻十中全会的会。周扬同志讲话至十一时半,默涵讲话至一时。下午,二时半,在剧协开婺剧座谈会。四时,到集邮公司买邮票并买水果。五时归。晚,看电视未毕,给张玮写信,并寄去三十元。十时寝。

收梁灏信,要我为他爱人找事。

二十日 星期六 上午,第一天往北海庆霄楼写文章。此地甚清静,可以避去一切电话及不速之客,集中工作至十二时。下午,往吉祥看济南吕剧团演《逼婚记》,此剧丑县官很好,但皇姨这人物似乎不合身份,所行所为均非一贵族千金所能做的事。四时毕。因未午睡甚疲。晚,整理邮票半小时,继改《起源形成》稿至十一时,寝。

今日收到张玮信。寄湖南剧协信。

二十一日 星期日 上午,给张玮写信并发出。给陈革彦信,开给《秧歌剧集》送书名单。往北新桥发信。下午,到景山看小果的小队活动,未见。晚,续改《起源形成》稿。九时半,看电视中《红缨歌》。十时寝。

二十二日 星期一 上午,到庆霄楼改稿至十一时四十五分归。

下午三时,到人民大会堂听谭震林同志传达十中全会农业工作的决定及商业决定,至七时半毕。归已八时。饭后因太疲倦,只略翻看胡忌《宋金杂剧考》及杂志等。十时寝。复南开华粹深信。

二十三日　星期二　上午,到庆宵楼,集中研究"官本杂剧"及"院本"两目。十二时归。下午,在院部与济南吕剧团座谈,至四时。往松竹园洗澡。五时,新建设魏玉宪及其党的负责人(姓名忘了)来,谈至六时半。晚,电视中看中苏篮球比赛。

二十四日　星期三　上、下午,均在庆宵楼研究两剧目,似有所得。中午,王彤来谈林汉标工作及学生思想情况。晚,从电视中看黑白电影片《房客》。
　　收到安谷信。

二十五日　星期四　上午,在庆宵楼续研两剧目。午,在仿膳用餐,甚饱。下午,一时半,院内干部在庆宵楼联欢,至五时,多人作诗作字,我亦写二纸。晚,在院为党内干部传达周扬同志讲话,至九时半。

二十六日　星期五　上午,仍在北海研究两目,并写出一初步提纲。下午,开院委会,讨论院出版物、办美术班等问题。晚,眼甚不适,休息。十时寝。

二十七日　星期六　上午,改写《宋金杂剧》一段。中午,在丰泽园请张僖,研究所感谢他帮助解决写作场所问题也,晏甬于昨日回京,亦一并欢迎。二时,返北海,休息一小时。三时,工作至四时,完成全院本部分。在北海散步半小时,五时归。安谷回。晚饭后回校。晚,眼不适,未工作,《起源形成》稿本已磨损,加以修补。十时睡,小珍为王文惠接去未归。

晚饭后,与李大珂商量十一月初赴津事。

二十八日　星期日　上午,读《人民日报》《从中印边界问题再论尼赫鲁的哲学》毕。带小果上王府井买小人书,并自购棉鞋一双。下午,至集邮公司,买邮票及匈牙利邮目,在和平宾馆餐厅吃晚饭。晚,电视中看古巴影片《革命的故事》。十时寝。

二十九日　星期一　清晨,八时,吴文来要我写文章,谈一刻钟去,没有答应她。上、下午,均在北海研究早期南戏问题。欲证实官本杂剧段数中,《相如文君》等四目是否即古南戏,以材料太少,结果仍不明,只能作罢。晚,给晏甬传达十中全会。王子成来电话催要编剧班计划及写剧目评论计划,已与晏甬、汉城商定,由他们去办。得张玮信,立复之,并将玮给王文惠一信转去。

部党委来电话通知星期三上午八时开始学习十中全会文件。

三十日　星期二　上午,八时,在院部与汉城谈剧目评论事,并从李小仓处得其谈金元社会经济综述的一文以兹参考。八时半,到北海修改《起源形成》最后部分。十二时回。下午,二时,开院党委会,讨论十中全会精神如何贯彻在我院工作计划中。五时，人民文学出版社戏剧编辑室的负责同志来谈他们的情况，六时去。饭后，卒成文章修改的未竟部分。八时许，于伶介绍一人来希帮助解决在戏曲界找一工作，为她写一信与于真，此人名苏曼意，在江西话剧团工作。

三十一日　星期三　上午，在文化部学习十中全会文件。下午，二时，在院部开教员会，讨论学生思想问题。三时，仍往文化部学习，六时返。七时，在院部与研究所戏剧评论组同志开会讨论戏曲评论工作的安排，至九时半。回家灯下读《新建设》六期上田昌五的《中国奴隶制的形态》至十时二十分，未毕寝。

十一月

一日　星期四　上、下午，均在文化部学习。晚，在学校司听王子成传达齐、林两部长关于我院工作的意见。至九时归，与晏甬、马绩研究如何改进工作，至十一时一刻。十一时半寝。今日中午读毕田昌五文。

二日　星期五　上午，开会讨论编剧讲习会问题。下午，在文化部学习。六时，《新建设》请在江西饭店晚餐，并讨论如何进行美学研究问题。九点半，回院，开会讨论研究室工作，十时半毕。收拾东西准备明日赴津。

三日　星期六　早餐后，稍事拾掇。九时，赴车站。九点三十五分开车,同房者为一空军休养人员,谈到他对戏剧的爱好,说他不喜戏曲演现代题材戏。但他又爱话剧,也爱戏曲。此人为一延安时期老干部,但年龄不过三十五六。十一时三十五分到津,有南开文学系主任李何林及教授华粹深来接,同到南开招待所住下。下午,往访李刚,谈半小时,并到市小百花及省戏研室,都未遇到人。晚上,有王玉章等人来谈。抽空读了一遍宁宗彝的论文。十时半寝。

四日 星期日 晨,七时起,天甚冷,但已晴。八时,参加论文宣读会,十二时半散。在会上作了一小时质疑。下午,天津戏曲研究室贺昭来,与华粹深等一道往参观天津美术博物馆。晤王雪波,有书法展。晚,在劝业场四楼听曲艺,有小彩舞《访晴雯》、石慧如《钗头凤》等,十时归。十时半寝。

五日 星期一 上午,南开校长吴荣来,谈至十时。由贺昭陪同再到博物馆,看了张择端《金明池争标图》原本。又参观泥人张四代泥塑,其第二代所塑"钟馗嫁妹"一组最好。三楼砚展亦极好,中国琢砚之精,这是初次见识。十二时回南开。下午,二时半,作"戏曲起源形成"学术报告。听者有南开、河北及河北师院三处师生、天津剧协及天津戏研室听众三百余人,效果甚好,直至六时半毕。晚,七时半,又至市梆子剧院与市戏研室及该院研究创作干部座谈,十时毕。十时半归寝。

六日 星期二 晨,七时余起。李何林、华粹深等来送行,李并送活鱼一尾。八时半,赴车站,九时十分,开车。此为天津至邯郸快车,十一时三十五分达北京。归家韩娘出门,乃至灶温午饭,人甚多,一时才毕。疲甚,午睡至四时。往院部听晏甬越南戏剧情况报告,七时,继听,至九时余毕。马绩拿来程砚秋碑文,读后感太长。翻看刘念兹寄来之莆仙戏调查材料。至十时半。

七日　星期三　上班往文化部听齐部长报告,乃为演员(党内)所作十中全会传达而联系文艺者,一时半始散。二时,午饭。饭后袁凤霞、花砚如来,谈至二时半。略休息至三时。汉城、小仓、俞琳来谈戏剧史工作,至四时。往院部与马绩谈剧目评论事,五时返。街上散步半小时。晚,看电视,有苏联电影《世纪之初》,演列宁办《火星报》事,十时半毕。收到侯枫寄来剧本《金田风云》。

八日　星期四　上午,在艺术局开会讨论编剧班。下午,往作协打针。二时半,湖南金汉川来谈该省戏曲情况,四时毕。取回《起源形成》打印稿。晚,校对打印稿一半。从电视中看《永不消逝的电波》电影。十时寝。

九日　星期五　上午,续将《起源形成》校毕。下午,饭后,洗澡理发,上王府井买点心。五时,大珂拿来去天津的汇报,为略改数字。晚,给张玮写信毕。从电视中看北京京剧团的《赵氏孤儿》,马连良此戏是演得好的。十时半寝。

十日 星期六 上午，为《起源形成》校一复本，并以三未校本共此送李小仓，分西山同志传阅，以备讨论。十时，阅戏剧报送来之叶林、李凌论歌剧二文并作复。下午，主持非党干部会，讨论国际时事及十中全会精神及文艺工作诸问题，五时半散。晚，安谷、小珍回，同看电视至十时。于床上翻读少年儿童出版社出版的《古代诗歌选》。十一时寝。

十一日 星期日 上午，小果往北海过队日，乃带小珍往北海，看菊花，未遇小果。下午，许多来，谈至四时余去。晚，从电视中看苏联塔吉克歌舞，因太单调而未卒看。读凌鹤《玉茗花笑》未毕。十时半寝。

十二日 星期一 上午，参加评论组讨论《八大拿》至十一时半。往四川饭店赴婺剧团约午餐。二时，返院看在院演出之吕剧《三打四劝》，四时毕。晚，与晏、马、黎、郭在家中研究明年工作安排问题至十一时，上床翻《古代诗歌选》，十一时半寝。今日收到玮自营口来信。送郭、马、黎《秧歌剧选》各一本。

十三日 星期二 上午，八时半，往八大处听取戏曲史组对《起源形成》意见。小仓、俞琳、何为等发了言，提了若干文字上的疏漏，及应论而未论及之处，甚有益处。下午，他们汇报编写情况，我也把院的计划简单谈了一下。在那里见到了马宁，他是来养病过冬的。四时余，返城。回家已五时，读读报纸，即晚餐矣。晚，看完石凌鹤之《玉茗花笑》觉得此剧不大好。寝时，十点。

十四日 星期三 上午，根据所提意见，将《起源形成》加以整理，并到图书馆找书。下午，往作协打针医生不在，回家续整理文章。四时，紫贵来，五时半，史行来，六时，阿甲来，在此晚餐，并邀晏甬参加，饭后谈至十时，所谈多为戏曲表演问题。十一时上床，十一时半寝。

十五日 星期四 上、下午，均在文化部听齐部长在京剧编剧座谈会上的讲话。晚，电视中看《椰林曲》电影。毕，为马绩写西安、重庆介绍信，并给石凌鹤写信，谈他的剧本《玉茗花笑》。收到曹禺赠《胆剑篇》。

十六日 星期五 上午，在文化部听周扬同志关于《文学概论》及《现代文学史》两书意见之传达。下午，在院向全体干部报告1963年计划。四时半，去前门外探望天津曲艺团诸同志，见到赵奎英、小彩舞、李润杰等人。五时归。晚，从电视中看苏联电影《青春的黎明》(？)[①] 十时半寝。发石凌鹤信。

十七日 星期六 上午，开始写戏曲史第一编。这是我所分担的一章，是在《起源形成》的基础上加以修增，已成第一章之一节。下午，往东安市场买点心。晚，续写不多。十时半寝。寄《秧歌剧选》与凌鹤、曹禺、肖三。

十八日 星期日 上午，续写。下午，写至四时。上街买水果。晚，

---

① 原文如此——编者注

黎舟、龚和德来,谈龚去上海联系聘请特约研究员事,七时半去。从电视中看西班牙电影《索拿大》,九时毕。续写至十一时,第二节仍未完。今日得玮自大石桥来信。

十九日 星期一 上午,写。下午,写。四时出外散步,在人民市场买得水仙十二头。晚,写,毕第二节。给玮写信,再寄去《北京文艺》上发表的发言。从今日起,早起。醒时即起,约六时。

二十日 星期二 上、下午,均写。下午,二时半,往文联打针。晚,续写,第三节成一半。十一时寝。

二十一日 星期三 上、下午,均写。下午,二时半,往北京医院看眼取药。晚,看了电视中苏联片《越过深涧》。十一时四十分寝。王彤取去送胡沙《秧歌剧选》。

二十二日 星期四 整日写。第三节,已写了一部分。下午,五时,出外散步,四十分归。张颖、凤子等来,谈剧协开会事,六时余去。夜十二时寝。

二十三日 星期五 上午,写不多。下午,上王府井买食物。晚,在人民剧场看评剧院的《烈火中的永生》,十一时回,十一时半寝。收到《辞海》信及来两条条目征意见,立改与之。

二十四日 星期六 上午,开剧协常务理事会,又决定我做《戏剧报》主编。中午,理事会在曲园吃饭。下午,在人民大会堂听总理向人大常委报告中印边界问题的录音,至五时半。晚,看电视,为零星歌舞音乐节目。安谷、小珍回来。

二十五日　星期日　早起写。餐后,与安谷抬箱取棉衣,给安谷毛裤一条。九时续写至十二时。中午,恒姨来,谈至两点。三时,领小珍出外散步,买熟肉二元,四时半归。晚饭后,续写至十一时。十一时半寝。

二十六日　星期一　上午,写至下午三时,全稿写毕。四时半,何家槐来,谈高级党校文艺班明年约我讲曹禺事,约定三月下半月讲一次,答复问题一次,五时去。即出外散步半小时。晚,休息。十时,上床,读《三曹集》。十一时入睡。南开汇来讲课费35元。

二十七日　星期二　上午,上新华书店及文学出版社买书,有汉魏六朝、陆游等诗选。下午,天津曲艺团来我院演出,并请他们在湖北饭店晚餐。七时回。晚,休息。九时,在床上读《三曹诗集》。十时睡。夜十二时,醒不寐,吃眠尔通二片。

二十八日　星期三　上午,在中宣部默涵处讨论戏曲评论组事。下午,胡沙、李肖、贺非、张垚等来谈《烈火中永生》的演出,至四时半。上王府井买点心。七时,到文联看《魂断蓝桥》等两个美国片。十时回。十一时寝。

二十九日　星期四　上午，晚上，校阅《戏曲史》文稿毕。下午，四时半至院部，与韩力谈话至六时。晚，饭后看电视，阿尔巴尼亚节目。十一时寝。二日来半夜四时或三时即醒，服眠尔通。

三十日　星期五　上午，九时，到院还书，并将《戏曲史》第一编稿交稿韩力。十一时，魏玉宪来，将《起源形成》稿交出，这一阶段工作告一段落。中午，往松竹园洗澡，至二时半。疲甚，休息读报。晚，黎新送《起源形成》，审签来。从电视中看国际歌作者纪念会。十时半寝。

十二月

一日　星期六　上午，为《起源形成》选图，仍感不满意，星期一拟再去找。下午，三时，去车站接张玮。回家帮助拾掇带回的东西，谈别后情况。晚，电视中看相声。十时寝。在床上与玮谈约一小时。

二日　星期日　上午，为玮开箱取大衣。十时，老季来，共包饺子至十二时。下午，与玮去成衣店修理皮衣。五时，张凤桐来。晚，电视中看张君秋《诗文会》。十时寝。

三日　星期一　今天开始准备写一关于时代精神的文章。上午，读李玉《清忠谱》。下午，叶群等来约稿，三时半去。续读不多，出外散步。四时半，翻读《陶庵梦忆》。晚，冯霞、袁凤霞、花砚如来，玩扑克至十点。寝。

四日 星期二 上午，续读《清忠谱》。下午，二时半，往作协打针，旋去剧协开《戏剧报》编辑部会。五时，到鸿宾楼参加萧长华八十五寿诞。晚，黎舟、韩力来，谈研究室机构事。十时寝。

五日 星期三 上午，在文化部听经济研究所邝日安讲社主经济问题。十二时半，玮请王文慧在东来顺吃饭，有马泰参加，三时毕。在稻香春买点心，王同来家中。龚和德、晏甬来，晏谈要去哈尔滨。七时，与玮在东四工人俱乐部看《李双双》，九时半毕。十时寝。

六日 星期四 上午，往北京医院检查心脏，做心电图，至十二时。午饭前，俞琳、何为来谈戏曲史审核问题。下午，三时，在文化部开剧评组成立会，并初步分了题目。晚，玮念黄宗英的《评李双双》文，甚好。七时，钟敬之夫妻来，带来延安时期剧照一册，有珍贵照片不少，谈至十时去。十时半寝。

七日 星期五 上午，参加马可自两广回来汇报会。下午，在文化部听念文件。五时，在晋阳饭店请晋南剧协同志。晚，在二七剧场看铁路文工团《红岩》话剧，十时半毕。十一时到家。十一时半寝。

八日 星期六 上午，戏曲史室开会讨论我写的第一编，及审查计划，至十二点半。下午，赵寻、张真、戴不凡来，谈《戏剧报》工作及评论组事，至七时。七时半，沙新来，同看《槐树庄》电影,毕,谈话剧史审查问题,九时去。安谷、小珍都回,小燕也来同看电视。十一时半寝。

九日 星期日 上午,领孩子们出街,安谷带果、珍看电影,我与玮往王府井买布。十二时回。下午,三时,索立波来,谈至五时。评剧院二团一乐队同志来吃晚饭。晚,电视中看总政文工团歌舞,以革命歌曲为题。十时寝。

十日 星期一 上、下午、晚,为《史》的修改作准备工作,拟一大纲并读材料。下午,五时,赵鼎真、俞赛珍来谈工作。下午,三时,去医院看结果,心电图看来很好。收到李希凡所拟关于剧目的社论。收上海新文艺出版社稿费40余元。不知是何稿费。晚,十一时半寝。

十一日 星期二 上午、晚均修改《史》。下午,二时去作协打针。三时半,郭汉城来谈《时代精神》一文的写法,至五时。出外散步至五时半。晚十一时寝。改完第三节。

十二日 星期三 今日修暖气,房中甚冷,暂搬大楼修改《剧史》。房子太热,工作时甚不舒服,效能大差。上、下午均写而写得不多。四时,往王府井买点心,五时归。晚,往音乐厅听独唱独奏音乐会,十时归。十一时过寝。

十三日 星期四 上、下午均改《史》。中午,洗澡。晚,去文化部讨论人民日报剧目社论,因齐部长病入医院,留会。八时半回,翻看新收到的《晚清文学丛钞传奇杂剧之部》《运河史料选辑》等至。收到上海文学出版社稿费41元,为收我评《胆剑篇》文入《历史剧论文集》者。甚困,九时半,上床。

十四日 星期五 上、下午、晚均写。修改已毕。晚十一时寝。

十五日 星期六 上午,在院与王彤、黄叶绿谈学生及干部思想情况。下午,写信给康生同志,送去程的碑文,并得康生同志复信。三时,将《史》稿交韩力。随即去王府井买物,买到茅盾《关于历史和历史剧》。晚,与玮同往民族宫礼堂看辽宁人艺的《第二个春天》,刘川的剧本洋溢着爱国主义情绪,甚有诗意,十时许毕。十一时寝。收到魏临风约明春讲学信。

十六日 星期日 上午,与玮出外买物。下午,在家休息。晚,去天桥剧场看舞蹈学校演《泪泉》,白淑湘演王妃很好,演公主的不大行。遇徐迈进,谈及艺术工作现状。九时半,演毕。十时,到家,开始审读《戏曲史》第二编稿。十一时,张玮归。十二时寝。

十七日 星期一 上午,阅《史》第二篇综述。下午,往广播大楼,听外文委外事会议传达。六时回,罗院长回来,去谈了谈。与玮往晋阳饭店晚餐,八时三刻返。休息,十时半睡。

十八日 星期二 上午,阅第二编剧作综述。并上王府井打针,买物。下午,到广播大厦听外事传达。晚,写给学生讲话提纲。

十时半寝。

十九日 星期三 上午,往剧协开《戏剧报》明年一月份选题会。下午,给本院学生讲话至五时。晚,看《史》元杂剧剧作节。晚十一时半睡。

二十日 星期四 上午,阅《史》稿南戏杂剧舞台艺术节。下午,往新侨饭店理发,买一月历。晚,黎舟等来谈招考研究生事。继在电视中看《飞跃天险》电影,无人物,无戏剧性,如一纪录片。九时毕,继看完上午未阅毕之稿,又校《新建设》送来《起源形成》清样,未完。十时半上床。

二十一日 星期五 上午,开院党委会谈明年计划。下午,上街买点心。高级党校来人送曹禺剧本,未遇。晚,读完于伶剧本《七月流火》,甚为激动,作者以多年亲身的体验,对于人物的爱憎十分分明强烈,也对人物十分了解,应当说是作者写到此时为止所有剧本的压卷之作。

二十二日 星期六 上午,戏剧报邀舒强、焦菊隐、丁里等座谈纪念斯坦尼及写文事。下午,在文化部听夏部长作国际问题报告。晚,看电视,有香港片《雷雨》。十时睡。

二十三日 星期日 上午,九时,索立波来,谈及总理在广州会议前曾召集一些老干部谈文艺问题,他并将他的意见谈了一下,我觉得这些意见很好,很有代表性,十二时去。下午,与玮带果、珍去看宽银幕电影,未买到票。乃往北海看画展,四时半回。晚,戈岩自沛县来,谈及沛县同志近况,七时去。校《起源形成》清样。

二十四日　星期一　上午,续校清样。下午,去院部看戏剧史组同志,谈及明日开会事。俞琳、何为、祁兆良都说,必须具体谈修改方法。晚,重读李小仓稿,未毕。十时半睡。

二十五日　星期二　上午,开会谈第二编综述,至十二时,未谈毕。参加者有小仓、俞琳、何为、兆良、达人等。下午,将综述文读毕。四时,去院部,见汉城,谈及湖南、湖北剧目情况,并谈了音乐组的计划问题。晚,往北京市工人俱乐部看京剧院彩排《论英雄》。十一时睡。

二十六日　星期三　上午,讨论《综述》毕。下午,研究所开会讨论明年工作计划,至五时。中间文学出版社陈革彦来,送来《秧歌剧选》编辑费三百三十元,并征询所选剧目稿费的意见。五时,至王府井买水果、点心,六时回。晚,重看《南戏作品概述》。十时半以后睡。

二十七日　星期四　上午,讨论《南戏作品概述》。下午,听讲习会出外调查的人汇报,今日为马绩、刘开宇。晚,重看《舞台艺术概述》等稿。十时半寝。

二十八日　星期五　上午,讨论《舞台艺术概述》。十一时,到政协礼堂参加剧协及《剧本月刊》的午餐会,有郭老、老舍等人到场,一时毕。三时半,续听讲习会汇报。五时半,往银行取款。晚,看电视。复康老及果素瑛信,十时余寝。

二十九日　星期六　上午,讨论《元杂剧作品》。下午,院召集讲习会筹备会,苏一平、任桂林、张真参加。晚,在文联礼堂看成都市川剧《燕燕》,剧辞、表演均好。十时半毕,回家甚兴奋,与玮谈到十二点始寝。

三十日　星期日　上午,讲习会开会讨论剧目单元备课工作。下午,院联欢会,并在食堂会餐,与越南留学生同桌。晚,到青艺排演场看川剧,《套子表演》《杀狗》《金山寺》《铡侄》,均青年学员表演,十时半毕。十二时寝。

三十一日　星期一　上午,上街买点心,归时因欢迎锡兰总理,交通停止,步行而归,到家已一时余。饭后,读今日人民日报社论《陶里亚蒂同志同我们的分歧》,未毕。晚,带小果到二七剧场看玮排的《孙庞斗智》,比以前排戏大有进步,风格比较鲜明了。归时已十二点,小珍尚在看电视。因疲即寝。

张 庚 日 记

（二）

1963—1967

张 庚 著

中国戏剧出版社

1963年,张庚(左二)与贺敬之、萧三、冯至、罗大纲、季羡林、朱光潜在北戴河

1964年,张庚在鸭绿江云丰发电站

张庚与夫人张玮于60年代初在北京

1964年春,张庚与(前排左起)张为、周明山(山西南柳村支部书记、全国劳模)、任桂林、马远,(后排)谭志湘、俞赛珍、邓兴器、王安奎、苏明慈合影

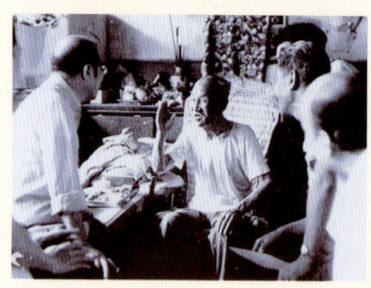

1979年8月,张庚(左一)问候侯喜瑞(左二)

1980年2月,张庚在戴不凡追悼会上致悼辞

1980年张庚（右二）和舒模（右四）等在四川都江堰二王庙

1980年，张庚（左）和寒声在绍兴

1985年,张庚(右一)和陈白尘、林元、陈颙在哈尔滨戏剧理论研讨会上

1987年4月,张庚(左一)与郭汉城(右一)、张继青(中)在中国戏曲艺术国际研讨会上

目 录

一九六三年…………1

一九六四年…………161

一九六五年…………277

一九六六年…………359

一九六七年…………439

1963

一九六三年

一月

一日　星期二　上午，九时半起床，十一时与玮到王文慧家吃饭，二时半回。马绩来，谈到三点半。略事休息。四时，与马绩、晏甬同至崇文门旅馆成都川剧院，在彼吃饭，饭后谈至八时，谈的是关于《燕燕》的修改。归后，读完《陶里亚蒂同志与我们的分歧》。总结1962年个人工作，记于是年日记本末尾，以便检查。十时寝。

二日　星期三　上午，《戏曲史稿》审查会，讨论南戏——拜月、琵琶、白兔。下午，往松竹园洗澡，二时半，往荣宝斋看明清书画展，买水印陈师曾画信笺一束，四时归。读《史》"琵琶""关汉卿"等节。晚，续读"西厢记""马致远"等节。并给安谷一信到十时半。寝。

三日　星期四　上午，阅《戏曲史》中元曲作家作品诸节毕。九时半，往文联大楼打针，顺到戏剧报，听汇报第一期组稿情况至十二时。午，与玮、安谷在青海餐厅吃饭。午睡至四时，起读报。晚，为到剧协读书会做报告做准备，翻读《陈州粜米》，又翻看《元剧掇疑》至十时半寝。

今日量血压140/100，也许是今晨早醒之故。

四日　星期五　上午，《戏曲史》审查关汉卿、西厢记二节。下午，在人大会堂云南厅听西藏军区宣传部长报告中印边境冲突情况。晚，在文联礼堂看川戏《秀才外传》，十时毕。十时半寝。

五日　星期六　上午，审查马致远等四节杂剧。下午，开党委会，讨论政治学习、干部鉴定等问题。晚，读黄老《论魏良辅和他的〈南词引正〉》，及刘念兹的《莆艺录》，十一时寝。

六日　星期日　连日睡眠不佳，天不明即醒，今日又如此。但七时半始起床。因风大，玮又整日有工作，故未出门，在家准备为剧协剧作者读书会之报告提纲。午睡约二十分钟。下午，续准备，至四时毕。带小珍上街买水果，归，读红旗社论《列宁主义和现代修正主义》，未完。晚，续读毕。给上海魏照风、南宁卫华写信。

　　今日下午忽牙痛，时强时弱。晚饭未敢多吃。十二时半才睡。

七日　星期一　早，七时半起。八时半，到崇外剧协读书会讲话，谈《剧作中的诗意》十二时回。下午，一时半，去文化部听念文件。四时，到北京医院看牙并内科，血压154/100，取通便药回。晚，张垚来谈电影《花为媒》布景问题，九时去。司空谷来电话谈《七月流火》座谈会事。十时寝。

八日　星期二　上午，讨论《戏曲史》第一编。下午，在庆乐看京戏《斩经堂》。晚，与萧晴谈声乐组的计划。十时寝。

九日　星期三　上午，开院委会，讨论总结及新年度计划报告。下午，读"南戏音乐"节，晚，读"南戏表演"节。下午，四时上王府井买点心水果，五时归。晚，因身体不适九时早寝。

十日　星期四　上午，戏曲史会审查第一编毕。中午，龚和德来谈上海情况。下午，读"南戏舞台美术"，又中央文件。六时，去江西饭店参加人民日报文艺组请客，八时回。晚，续看中央文件，至十时。今日张玮又闹胃病。

十一日　星期五　上、下午，均参加《史》的审查，南戏音乐、表演、美术。五时半，出外散步半小时。晚，晏甬来谈在部中开会夏部长谈戏曲剧目事：夏谈目前剧目不及1957年乱，传统剧目如《打金枝》教人如何解决内部矛盾，做法主要抓改编，每年有五个即可。九时半，看"杂剧音乐"节，并研究诸宫调形式结构，至十一时半。十二时寝。

十二日　星期六　上午，在文化部看文件。下午，在文化俱乐部参加戏剧报召集的《七月流火》座谈会，到者有司徒慧敏、贾霁、凤子、张颖、李健吾等。在彼晚餐后，去长安看北昆的婺剧《断桥》和侯永奎演的《艳阳楼》。十时返。睡时已十一点半。

十三日　星期日　上午，与玮及孩子们玩扑克，肖汀来，同至晏甬处看陈素贞。十一时归，打扫厕所窗台纱窗等至十二时。饭后，午睡至三时，起，读完"杂剧音乐"节。五时与玮上街，在胡同遇于雁军，同至冯霞家，六时返。晚饭后于去。读郑振铎《宋金元诸宫调考》。八时，苏丹来，谈至十时一刻去。十时半寝。

十四日　星期一　上午，开《戏曲史》会审查"杂剧音乐"节。下午，上街买点心，四时半回，读"杂剧表演"节。六时，至峨嵋酒家，唱片社请客。八时半回，读完表演节并"杂剧舞美"节一部分。十一时寝。

十五日　星期二　上午，先参加《史》的审查，谈杂剧表演、美术意见毕，即参加忠孝节义剧目讨论。十一时半，再到《史》审查会上，讨论章节名称至十二时半。下午，到作协打针，并为张玮买蛋糕。二时半回，读《洛阳伽蓝记》。晚，晏甬来谈院总结报告，八时半续读至十时半。十一时寝。血压，150/90。

十六日　星期三　上午，七时起，八时到医院洗牙，牙普遍发炎，医生说必须严重注意，洗了一半，约定下次再去。九时半，补牙两个。十时半，归后将《洛阳伽蓝记》读毕。下午，改《史》的第一编，至晚八时，未毕，疲甚。今日补牙时，紧张特甚，又早起，因肩背酸痛，头脑亦不爽。看完一篇《戏剧报》的《沁源记事》后，即就寝，时十点。但上床后未睡着。十一点，张玮回，十一点半方入睡。

十七日　星期四　上午，改《史》第一编。下午，开剧协书记处会议。在东安市场和平餐厅晚餐。七时，到吉祥看京剧院四团折子戏：《打店》《卧龙吊孝》《卖水》《除三害》《穆天王》，很不错。十时半回，十一时寝。

十八日　星期五　上、下午，均改《史》。晚，俞赛珍来汇报评论组写作情况。张修业来,此人每况愈下,思想生活均甚狼狈,要我证明其曾负伤,我从不知有此事,未答应,与之钱,不受,哭泣而去。九时,继续整理《史》的标点符号,至十时半未毕。十一时半寝。

十九日 星期六 上午,校改第一编。中午,十二时,往京剧院参加会餐,到者有徐平羽、崔嵬、苏一平、任桂林及评剧院、戏校等负责人。一时,往王府井买水果、茶叶,排队达一小时之久。回家后略事休息,有祁兆良、王伯英来谈事,又往看黎舟病。四时,复校《史》稿,至五时半。疲甚。六时晚餐。晚,秦和兴来谈张修业事,七时去。八时半,读送来的何为《舞台艺术概述》,仍感不充实,至十时未读毕。

二十日 星期日 上午,八时起床。早餐后,教孩子念《木兰辞》,做些杂事。将二十元交黎舟,让他给张修业。中饭后已一点,和韩娘一同化开暖气的出水管,使热水畅流。续读《舞台艺术概述》至三时。到四川饭店参加川剧剧本《燕燕》座谈,有张天翼、艾芜、阳翰笙、唐弢、王朝闻及作者和主人成都市文化局长参加,餐后谈至八时。归后,看完《概述》,写了意见,十一时余寝。

二十一日 星期一 上午,到院中还书交稿,到文化部看文件,小平同志在苏联的讲话。未毕,十一时四十五分回。下午,休息读报后,三时十五分,与晏甬、苏少卿、傅惜华同车至晋阳饭店,院请一些年高工作人员吃饭,到者有黄老、许姬传、程太太等,共两桌,八时归。读《中华文史论丛》中任半塘的《萧衍、李白上云乐的体和用》,读后,比不读前更感不明白。十一点半寝。

二十二日　星期二　上午,院开全体党员大会,选举参加国家机关党代表大会代表;继,黄叶绿传达关于参加意大利党代会的情况报告。会后,与何为谈他的《舞台艺术概述》节的修改意见。午餐后,午睡至二时,与汉城同往剧协开《斩经堂》讨论会,五时四十五分毕。即往西单商场峨眉酒家参加唱片社会,讨论运往拉丁美洲唱片的目录,并在彼晚餐。八时回家,看刘念兹送来他新从福建调查回来写的《南戏新证》至十一时一刻。

二十三日　星期三　上午,八时半到北京医院补牙二个,即去人民剧场看《夺印》,如此短时赶出,很不错。十二时,在东安市场和平餐厅吃饭。即回家休息,午睡至二时一刻。三时,到广播局讨论程的唱片集。六时,到峨眉酒家晚餐。七时,回院看洛阳豫剧团马金凤的《花打朝》,十时毕。

二十四日　星期四　上午,九时到戏剧报讨论第二期选题。十二时,到鸿宾楼,京剧院请吃饭,到者郭老、田老、老舍、曹禺等人,大概是想动员他们写剧本,饭后,郭老、田老等挥毫,我即与晏甬回家,已是二时半。午睡至四时,起来吃了一点晚饭,一家大小都回了,同看电视。十一时半睡。

二十五日　星期五　今日春节。上午，九时梳洗毕。来的人不断。十时，与晏甬去田老、程太太家，并同程太太一道去文联团拜。十一时，程太太同车来看罗院长。午饭自做涮羊肉，无木炭，以木柴代之，直至二时才吃毕。无法午睡。三时，与晏甬去文化部团拜，与白琳谈了张正宇将聘为我院特约研究员事，他们同意了。四时，回家，与冯霞、玮、小果玩扑克。五时，玮等去剧场，岳慎、韩塞来，谈约十分钟。晚饭后，休息半小时，为恒姨、安谷写字，书三纸。补三日来日记。至十一时半。

二十六日　星期六　上午，七时半起床。九时，与玮带孩子们往欧阳、曹禺、岳慎家。十时半到六姨家，继至九姨、恒姨家，十二时半回。午餐后，与玮、冯霞往刘芝明家，吕骥家，三时半回。索立波、王琴舫、前民夫妇及许多已在，谈至五时，玮等往剧场，余人均去。疲甚，闭目养神。六时，晚餐后休息至七时，往二七剧场参加中央歌舞团十周年晚会，十时散，十时半到家。十一时余寝。

二十七日　星期日　上午，评剧院张凤桐夫妇等来，曹禺夫妇来，张等在此午餐，曹夫妇去。继王文慧及第七医院庄大夫来，吃饭。饭毕，小睡，叶枫来。下午，张玮、冯霞去赵起扬家，凤桐、王文慧、小庄在此玩牌，晚饭后去。至首都看人艺《红色宣传员》。遇王子野、贾霁、司徒慧敏等，十时一刻毕。归家十时半，上床后，玮十一时始归。十一时半寝。

二十八日　星期一　上午，在家将《史》的第一编中个别段落中引文、出处加以对正并补充。戏校音乐班主任来。下午，与小孩们及韩娘去厂甸，买灯二盏及兰花、水仙、文竹等回来。六姨夫来，坐片刻即去。晚，与玮和孩子们玩牌。九时，重将上午修改之处加以整理，十时半毕。十一时寝。

二十九日　星期二　上午，到院里去交稿，与马绩谈目前国际形势。十一时补牙，十一时半回。老季、许多来，午餐后玩扑克至四时，与玮邀许同去厂甸看文物展览，六时归。晚，审读郭亮所写两节杂剧及南戏表演，可以了，文字上改改即能算成品了。十一时半，张玮回，睡时已十二点。甚疲，因今日未午睡也。

三十日　星期三　上午，到院交郭亮稿，并审查图片。十一时，带小果到来记午餐，因韩娘不在家。下午，开党委会，讨论编剧讲习会所重订的教学计划，并讨论了我去上海讲学事。晚，玮回家做饭，吃毕，她去剧场，一人在家看电视《货郎与小姐》，毕，给上海戏剧学院复信。十一时半张玮回，十二时寝。

　　戏剧报今日送来我在话剧作者读书会上的讲稿记录，拟改出登《戏剧报》。

三十一日　星期四　上午，开会讨论编剧讲习会的教学计划。下午，上王府井买点心，二回。午睡半小时，张垒旺、丛肃海来，三时去。与玮包馄饨至五时。吴闻来，送来秋文《论话剧艺术的哲理性》一文要求看一看，六时去。晚，电视中看电影《上海姑娘》，陈英编导，还不错，九时毕。翻读《文汇报》

上有关戏曲剧目的文章,至十时。读中央文件、内部参考等至十一时。

二月

一日　星期五　上午,改读书会上讲稿。十一时半午餐。餐毕洗澡。二时半,在文化部听林默涵访古巴报告,五时半毕。晚,到北京展览馆剧场看北京军区战士剧社歌剧,刘佳作剧,唐诃作曲的《大清河》,戏不好,音乐的民族风格还浓,但戏剧性不够,演员表演甚差,但演唱技巧还好。十时半回。十一时睡。玮十一时半才回,十二时才安寝。

二日　星期六　上午,治牙。理发未成。十一点,到院,见中华书局寄来关于《戏曲史》意见的信。与李大珂谈好讲习会历史剧一讲备课问题。下午,二时半,与音乐组谈计划,特别是关于声乐方面的计划,到会者马可、舒模、林禄、黄叶绿、何为、萧晴、叶枫、汉城、晏甬,五时半散。恒姨来,吃完饭。七时,与马绩去看曲剧《喜笑颜开》,十时毕,此剧描写女理发员故事,尚活泼、干净,演员亦称职。归已十点半,即睡。

三日　星期日　八时起,整日修改《再谈"剧诗"》讲稿。下午,三时理发,五时归。晚,工作至十一时。

四日　星期一　上午,开会讨论中华书局对《史》的意见。下午,三时,在中宣部谈创作评论的问题。

1963 年

林默涵谈创作情况：现在创作少，是在准备呢？还是没有动手？是因为提出写自己熟悉的而太松了，还是正在作生活的准备？有人说。1958—1959 年创作多，好！现在没有了。是否我们又回到了 1958—1959 年呢？那时干劲大是好的，但有些做法是否值得重复？

吕复、田老汇报情况后，默涵谈：剧运首要是创作。可以这样估计：创作不旺，不能满足客观需要，但也是在转机之中。剧协读书会的二十来人，可能是最重要的。表现现代，他们比老作家容易。创作中最欠缺的是十三年来的，社会主义建设的戏。革命历史的，话剧还较多。要提倡今天的东西，又不要绝对化。革命传统教育总比传统旧戏好得多。戏曲在农村中旧戏散布的毒素很多。拿什么戏给农民看，是一个问题。另外还是要有一个"其他"。新写一个王昭君，总比旧剧目好。有些人只能写这类东西。要积极提倡特别需要又特别薄弱的东西，但反过来不要去减少其他的东西。因为其他的也很少。（少奇说：五个戏全是外国的就不好，其中有三个中国的，而外国的两个之中，一个是战斗的就很好了。）对于作者，要提倡他写熟悉的，这一点是无法违背的道理；但也要引导他去熟悉，鼓励、帮助他们去熟悉社会主义建设。还有一个个人兴趣，没有兴趣就写不好，但也要引导。再一点是要领导，是正确的领导。从两方面来看。文艺界很脆弱：一、马列不高，资的东西还存在。要领导。二、很容易震动，顾虑很多，这方面也要看到，不能急躁。不要让人感到不写还好，一写倒动辄得咎。再则，创作方面要有多方面的帮助。主要是搞出戏剧、电影，长远与眼前都要帮助。戏曲的整理也要抓紧，也要拿出点好东西来。问题：

一、地方戏反映现代放松了一点。二、传统剧目也要认真整理出一些好东西来。队伍各省市要搞点基本队伍。评论，戏曲评论作品和问题，鼓励好的，批评坏的。文件发下后有些紧张，但不要因此而不把问题谈清楚。再则积极鼓励好的。话剧，把已经出来的好东西做些综合评论，提出些问题来。教育青年：不要让他变坏。他既有了一些看法，世界观还没有确定。（少奇说：十分之一的青年变坏，其余是好的，这很好。如多数坏，或多数糊涂，那我们的教育就失败了。）

会在七时结束。

晚饭后，因甚疲倦，没有做什么事，休息到九时。审阅了《戏剧史》第三编的稿子《金貂记》十时半寝。

五日　星期二　上午，改《再谈剧诗》。毕。下午，出外散步，并往银行存钱300元。继至院，听马绩简单传达部里布置的一系列工作。又往检查《史》的各章节修改工作。晚，与玮在田老家吃饭，祝贺其次子大畏结婚。八时回，念《再谈》文给玮及冯霞夫妇听，十时半毕。十一时寝。

六日　星期三　根据玮等提的意见，上午改《再谈》。十时，陈颙来谈她与吕复的婚姻问题，我劝她结婚，不必犹豫，午饭后始去。下午，续改，四时毕。昨日及今日送来之稿，有《史》的三篇，二编综述，及南戏、杂剧音乐二节，汉城《论侠与义》，《戏剧报》的《鬼戏评论综述》。下午，看完《鬼戏》。晚，与玮在冯霞家吃饭。七时，看郭文，毕后，写信将郭文寄赵寻，并复戴不凡《鬼戏》文的处理，十时毕。补日记至十一时半。

七日　星期四　上午，改人民日报寄来《燕燕》座谈会的发言，为大公报、文汇报看稿。下午，三时，在中宣部开会谈戏剧批评。

林谈：一、忠孝节义：1.综合谈，从问题入手，要区分剧中人与作者的思想，剧中人有封建思想不能一律否定，作者有则不行。2.评具体剧本：《斩经堂》《黄天霸》《四郎探母》。

二、鬼戏：1.先驳有鬼无害。2.从分析剧本来谈鬼戏。

三、要写一篇现代戏，鼓励为主。

晚，参加孙庆仁婚礼。回家灯下读《史》中杂剧音乐文。马少波来，谈至十时余，去。续读毕，已十一时半。张玮归。寝时十二时已过。

八日　星期五　上午，马金风等来谈《花打朝》的问题，十时去，继与何为谈杂剧音乐一节的修改至十二时。午餐后，刘雁声、俞琳带来《张义潮出行图》，看后，确定拍五彩照制板。午睡后，二时，黎新来，谈他与龚和德的矛盾，安慰了一番。四时余，至院与曲剧团吴德庆等二人会见；在座有李小仓夫妇、沈达人，谈《欢天喜地》至五时四十分。晚饭后，七时半到大会堂参加文化部春节联欢。周总理到场讲话：提出"百家争鸣，薄古厚今。百花齐放，推陈出新。各党各派，长期共存。同心同德，自力更生"八句话；并以过思想、政治、生活、家庭、社会等五关相勉。十时二十分，吃完元宵后，买了些蛋糕、苹果即回。寝时已十二点。

收到魏照风信，谈去上海讲课事。收张修业信，要找工作。

九日　星期六　上午，看《史》的第二编舞美概述毕，签意见送去。午饭毕，金耀章来，谈至一点三刻。小睡十五分钟，往院参加党支部会。三时四十分归。四时，戏剧报送来画页及下期照片，提出意见后带回。写一幅字送孙庆仁贺其新婚。晚，玮、安谷回，同看电视中放映《阿娜尔汗》，较一般。十时一刻睡。

十日　星期日　上午，十时，与玮到索立波家，在他家午餐，因等人两点才吃。吃毕方华才来，与方华谈及北京戏曲研究所的情况，四时回。午睡一小时。晚餐后，与玮同去大众再看《夺印》。毕，听北京市委农业部长提意见至十一时。归已十一点半，睡时，已十二点。

十一日　星期一　上午，读完秋文《论话剧哲理性》一文，提意见寄回吴文。午餐后十二点半，洗澡。三时，往广播大楼开唱片会，谈往巴西送展唱片，在那里，听到日本的立体声唱机，并在峨嵋酒家晚餐。七时半，到民族宫看战友剧社话剧《决胜千里外》，不佳。十一时回家，即寝。

十二日　星期二　上午，往剧协，先往四楼打针，这是抗老血清第四疗程的开始。继在剧协与赵寻及《戏剧报》编辑部一同讨论，剧目评论工作及《戏剧报》第二期文章及第三期和第二季度选题计划。十二时归。下午二时，清理杂志架。高级党校同志来谈讲课事，三时十五分去。续清书架至四时半。即去院中，俞琳将第一编《史》中的一些疑点及一些后续的人所提意见提出，一一与之商量改正，至六时毕。戏剧报送来校样，未看。

晏甬送来访越长文，交送样人带去。晚，读季羡林译的迦梨陀娑著《优哩婆湿》，读完季之后记，本文读两幕。十一时过，寝。

十三日 星期三 上午，阅《史》第二编综述第二节，杂剧。这回可以了。稍改了些字句。十一时半去院，大珂谈了准备历史剧资料情况。下午二时，往南河沿电影发行公司看曲剧影片《杨乃武与小白菜》，还不坏。四时回，续读《优哩婆湿》。晚，九时廿分，读毕。十时寝。

十四日 星期四 上午，收到《新建设》杂志五本，寄刘芝明、祝肇年各一本。祁兆良送来《史》第二章综述其余部分稿，读至十一时，因疲倦而休息。到院子里清理榆叶梅树枝。下午，续读毕，觉其立论引文均须修改。三时，刘开宇来谈他讲授《戏曲概论》形式一事的提纲，至四时。出外修理皮鞋买水果，步至朝阳市场，又步归，已五时余。杨德勋来，谈沛县剧团情况至六时半。晚，与玮同到青艺剧场看《杜鹃山》，故事甚有戏剧性，然生活味甚稀薄，导演表演均甚粗糙，十时毕。归寝已十一点。

十五日 上午，改第二编演述，下午续改。五时到院看看讲习会备课情况及《戏曲史》改稿情况。晚，于电视中看杜近芳、袁世海《桃花村》。收到李健吾译莫里哀《喜剧六种》，赠以《秧歌剧选》。

十六日 上午，参加文艺报的评剧《夺印》座谈会，至一时。即于萃华楼午餐，三时回。略读报至三时半，休息至四时。起看李大珂准备之历史剧论文拟目，（为讲习会用的）即送去。晚，与玮同至吉祥看成都川剧院《夫妻桥》，李名章编剧，杨淑英、周企何等演，舞台效果甚好。十时一刻毕，十时半归。十一时寝。

十七日　星期日　上午，与玮跟小孩一道玩扑克。十时，索立波来，谈《夺印》意见。十一时半，到国际饭店看陶铸同志，在座还有田老、翰老、老舍、曹禺、赵寻、张颖、李超，并一同往曲园午餐。三时归。午睡至四时，起读研究《综述》中南戏问题，重看刘念兹的《南戏新证》，觉问题不少。六时，去新桥饭店参加庆祝尼泊尔民主日酒会，会后演电影《漓江日半》《画中山水》《花为谁开》等短片，八时毕。归续研究南戏。十时半，张玮归，同进粥作为夜宵。十一时寝。

十八日　星期一　上午，续研究南戏起源问题，并到图书馆找材料。下午，与晏甬、马绩、黎舟、子丰等讨论最近工作的布置。晚，续研究，查书，解决了赵闳夫为光宗朝人的问题，并查出有关温州的书数种，明日当到图书馆去查看。阅《南戏舞美》节，毕，大体可以。至十时半。甚疲。

十九日　星期二　上午，到院交舞美节稿，与俞琳、兆良、小仓、和德、何为等讨论该稿，并研究南戏起源问题。陕西黄俊耀来，与汉城、韩力等与之共谈片刻。继往图书馆查书，于《浙江通志》查到温州材料数则，但用处不多。下午，二时半往作协打针，血压 150/100。三时，到晋阳饭店开美术研究组会。到有张正宇、苏丹等人，并在此晚餐。六时半，往青艺看《李秀成》，为阳翰老旧作，马彦祥排，剧本多叙述，没有戏，以舞台效果补足，甚刺激而不感人。十时半毕，归寝十一时。

二十日　星期三　上午，往北京图书馆查书，于《万历温州府志》查出数则，用处亦不大，而《康熙志》则一无材料，费去时间一上午，然无此一查亦不放心。下午，与玮同读赫鲁晓夫在苏共中央会上讲话，强词夺理，巧言多辩，不诚之处，恰如一资产阶级政客，此人越是如此，将越易为世人看透。五时半，带小果上灶温吃饭。晚，马绩来谈党委会一年工作报告。八时，改第二编综述，至十一时完成第一节。寝已十二时。

二十一日　星期四　上午，往图书馆翻《宋会要》无所获。下午，参加党员大会改选党委，马绩做报告，我也讲了二十分钟的话。晚，陪马健翎、黄俊耀在丰泽园吃饭，晏甬、马绩、黎舟、汉城、韩力、李小仓同席。七时回家，在电视中看苏联片《仇恨的旋风》。十时寝。

二十二日　星期五　上午，改第二编综述第三节。十时四十五分，到文化部与徐平羽同志谈讲习会事。十一时半回，即与晏甬同往林默涵同志家，仍谈讲习会工作，至一时，归。午餐后，午睡至三时，起来读毕上午送来赵寻驳有鬼无害论稿，即送默涵。继改综述至六时半完成。晚餐后，七时到院开会谈讲习会的具体日程，及重新配备人力等，八时半回。疲甚，休息，未做任何工作。十时半寝。

二十三日 星期六 上午，到院里校对综述稿中的引文。回来读今日报上刊载《真理报》编辑部文章。下午，校对《再谈剧诗》。并看了林汉标和侯星送来的信，并将它们转给晏甬。即上王府井买水果，六时归。晚餐后，与孩子们同看电视，有《北大荒人》，此片甚平常。十一时半寝。

二十四日 星期日 上午，带孩子逛西郊公园，并在莫斯科餐厅吃午饭。回家已三时，午睡至四时半，起看报。晚，电视中看《七十二家房客》，十时半寝。在床上读《陆游诗选》至十一时半。

二十五日 星期一 上午，读第三编综述。午睡起后续读至四时，去院《戏曲史》组了解发稿情况，并审查图片。五时，上街为玮买擦手油。晚，读九个国际共产反修的文件，读了法、意等三个，十一时睡。

收到熊佛西信，欢迎我去之意。

二十六日 星期二 上午，开党委会，讨论上半年工作计划及新党委分工。下午，开院委会报告讲习会筹备情况等。五点，带小果上街买雪花膏及香蕉等。晚，与玮共读赫在德共会发言，及阿尔巴尼亚社论，至十一点睡。

二十七日 星期三 上午，往剧协开《戏剧报》第三期选题会。

至一时,到李超家吃午饭,同坐有厉慧良、冯牧、赵寻、何海生。三时,返家,午睡至四时半。起看今日人民日报社论《分歧从何而来》。晚,萧晴来谈声乐问题。九时晚餐。餐后,李小仓、俞琳、祁兆良来,谈《剧史》第一册完成情况,准备明天交稿。十时半去。十一时半寝。

二十八日　星期四　上午,看完大公报交来"论鬼戏"一文,并转默涵同志。到院与晏甬谈明日讲习会开学事。下午,三时,到院里听小仓谈去中华书局交移情况,即与广播局同志谈最近戏曲广播问题。四时,回家等张玮,直到五点半,才来电话,即去王府井,甚生气,与她口角起来,旋即去雷蒙看料子。六时,到和平餐厅吃饭。晚,在电视中看《相亲》。十一时寝。

三月

一日　星期五　上午,讲习会开学。中午,在文化俱乐部请刘成基等五川剧同志吃饭。下午三时半,在文化部听徐平羽传达最近中央同志对文艺工作一些意见,(略)。

　　四时,会毕回家,读《再论陶里亚蒂同志和我们的分歧》六时半未完。晚,川戏在我院演出,有《阳河堂》《杀惜娇》《投庄遇美》《醉隶》《金山寺》等剧目。《杀惜娇》:杨淑英、司徒慧聪演,"找信"一场,共回忆过程情感充沛,似较周信芳尤好。《投庄遇美》:周企何演老媪甚佳。刘成基之《醉隶》,已是第二次看,其醉态确胜华传浩,而洗练漂亮不及。十一时毕。十二时十五分,张玮才回。乃入睡。

二日 星期六 上午，续读《再论陶里亚蒂……》仍未毕。下午，去作协打针，回来在院部开会讨论提级增资问题，至六时。晚，到北京剧场看川剧《红岩》，不错，刘成基、司徒慧聪，前者演毛人凤，后者演许云峰，甚好，亦有沉闷处。十时半回。十一时寝。

三日 星期日 上午，九时起。十时，与玮往雷蒙做夹制服一套，钱百元。下午，一点半，带小果往总政排演场看《霓虹灯下的哨兵》至五时毕。此剧剧本活泼，人物鲜明，表导演亦活泼、鲜明，人物演得较准确，布景简单有气氛，只是不够深刻，情节亦有不甚合理、严密处。晚，续读《再论陶里亚蒂……》毕第四段。十时半寝。

四日 星期一 上午，读《再论……》的第五部分至十一点。十一点半，到院里找李大珂谈"历史剧问题"的备课情况。下午，一时五十分续读《再论……》第六部分毕，已二时半。二时四十五分，到文化部听周扬同志向农村文化工作队训练班作的报告。

    1.反修（国际），加强社会主义教育（国内），社论全世界注意。反修历史很长，二十大以来已八年了，此次是更有系统的全面的回答，因他全面修正主义改了马克思主义，问题关系到世界人民的命运。真理显明在我方，连资级也做如此说。这是世界人民反帝斗争的前奏，这次将要取得更大的胜利。那么多党反对我们，但那只是代表上层而非群众，可以肯定世界的党会要重新改组，现在许多党的下层都不满其上层。这

1963年

次论争是保卫马列、社会主义、革命。形势很好,反应很强烈。有人担心分裂,这种心情很自然。因此我们方针力争不分裂,但要坚持原则,反对修正主义,则坚持团结反对分裂,坚持斗争反对投降,坚持反帝反对侵略。团结是要在马列基础上,但不要害怕分裂。团结重要,原则更重要,马列主义与修正主义不能调和,革命不革命不能调和。现在在原则立场上已经分裂(组织上尚未)。有些党已经分裂,故不要怕分裂。这是小分裂,中苏分裂是大分裂,但也不要怕,一下子不至于。修正主义也要保持团结,以于他有利。即使分裂了也不要怕,我们吃自己的饭,援助早已没有,还可以投身搞世界革命。一反修正主义,世界人民的革命的盖子揭开了。也可能修正主义与我有一时期和缓,但缓和也不见得修正主义就好了。故要不怕分裂,又不要存幻想。修正主义是全面修正,文艺上尤烈。斗争结果,左派将形成战线,迅速壮大。不把修正主义反掉,反帝是反不好的。

国内如何防修正主义?修正主义就是不要阶级分析。国际反修正主义要锻炼国内干部,要防止南斯拉夫那样变质、复辟,防儿孙成修正主义,这就要加强社会主义教育。农村小生产者如不搞集体,资就自发。经济是一面,十中全会解决了,但单干思想的人仍不少。政治上,党已注意,农村要树立阶级队伍,依靠贫下中农。现乡下表面看:地富老实,中农能干,贫下窝囊,但仍要依靠他们。反修教育就是阶级教育,要重新武装起来。主席的思想是依靠大多数,相信大多数。贫下组织起来,中农就团结过来了;贫下一涣散,中就跟地富走。在知识分子中,也要组织马列队伍,或核心。另一即党的队伍要真正成先锋队。现在有些支部涣散形成优越特殊，必须有阶级觉悟的群众来监督，清除少数，要搞民主集中。思想上要搞社会主义教育，文艺上尤要注意。有些方面不是无领导，而是资领导，资是占优。农村中投机倒把之类、迷信、族长、《三字经》等又出来了。故必须巩固社会主义阵地。

2. 面向农村，为五亿多人民服务，是文化工作的方向问题：我们的方向是正确的，主要是好的。但特别在为农民服务上思想不坚定，措施不明确。是否如十全决议所说，以面向农村为第一位？还有主席说过：现阶段农村是文化工作主要对象（论联合政府）。又说，严重的问题是教育农民（论人专）。特别是青年农民。服务就是首先教育，其次给予些文化享受。现在真正适合农民的东西太少，我们想这方面的问题也太少。文化部又要组织生产，又要考虑拿什么东西给农民。如果我们不把东西给农民，就放弃了文化工作的基础，长远的前途。

城市要在文化上支援农村。文化泉源来自农村，而成品出自城市。城乡应有文化联系，以好文化供给农村，否则城乡差别消灭不了。应把社会主义新文化输入农村，扩大社会主义文化阵地。要给农村文化，向它要文化不能妨碍其生产。此事解决了，普提[①]结合问题就解决。这就可以防止向资提高，而可向民族的提高、群众的提高。民族化、革命化是统一的。

3. 工作队怎么工作：这是一个试验。一，和生产的矛盾。要参加点劳动和工作，要从实际出发，从群众的需要出发，从生产出发，才能得到你们所要的东西。二，注意与农民打成一

---

① 指普及与提高——编者注

片。只从文化工作想文化工作,十有九是错的,必须多了解一点各方面的工作,反而能把文化摆到适当的地位上去。多通点消息。

晚,到人民剧场看中国京剧院的《战渭南》,李少春演韩遂,袁世海演曹操,钱浩良演马超,演技虽好,但剧本问题甚大,作者想反投降主义,结果反而同情了韩遂。戏毕,又谈到十二时才回。十二时半寝。

五日 星期二 上午,往北京医院检查血压,甚正常 120/80,并洗牙上药,护士说牙已消肿了。取药后,十时往大楼医务所打针,再量血压,是 135/88,可见我的血压从早到晚逐渐上升,最近打算检查一次胆固醇看看。十时半,到戏剧报讨论用评论员名义写的一篇《霓虹灯下的哨兵》的文章,十二时半回。下午,读《再论……》四时半毕。即上王府井买水果点心等,五时半回。晚,到评剧院参加"新文艺工作者参加评剧工作十年"的座谈会,十时半毕。十一时回家,十一时半寝。

六日 星期三 上、下午,均审阅《剧史》第三编昆曲作品概述。并将文艺报《夺印》座谈会发言改了送出。为萧晴审阅纪念程的文章。五点,出外散步,六点归。晚,听玮念《李双双》剧本,十一时毕。十一时半寝。

今日开始,午睡后打太极拳一次。

七日 星期四 上午,到院参加讲习会核心会,谈学员情况及封建思想剧目备课问题。下午,二时半往前门饭店找王子成、刘建谈美术研究班招生问题。四时，到中山公园参加《戏曲史》组会，谈第五编工作计划，五时归。晚，读《史》弋阳腔作品概述，十时毕。困甚，十时半寝。

八日　星期五　上午，往北京医院抽血、看眼。九时半回，读《昆弋等诸腔舞台艺术》未完。下午，二时半，到首都剧场看越剧五彩片《红楼梦》，很好，但甚长，五时十五分才完。晚，看电视，至八时，读李小仓谈《花打朝》文章。十时寝。

九日　星期六　上午，往八宝山公墓为程砚秋同志逝世五周年扫墓，十一时回。下午，开党员干部会，传达周扬同志关于农村文化工作的讲话及周总理关于几个戏的意见，并联系我院工作说了些个人意见，希望支部讨论，五时会毕。回家读今日人民日报社论：《修正主义者的一面镜子》。晚，到长安戏院看北昆的《百花记》，十时毕。十时半到家，十一时半寝。

十日　星期日　上午，与玮往王府井买水果等物。下午，再读第三编综述，并与黄老所提意见参照。五时，与罗老散步至人民市场，六时回。晚，看电视至八点半，再将综述某些段落翻阅批注。十时寝。

十一日　星期一　上午，参加《戏曲史》审查会，讨论第三编综述。下午，读第三编舞台艺术概述，五时毕。因明日要到文化部开会，不能参加《剧史》审查，乃即去院找何为把对于概述的意见提了。五时半，散步至东四，六时回。晚，到大会堂小礼堂看实验话剧院演出的《叶尔绍夫兄弟》,很感人,十时半完。十一时到家。十一时半寝。

十二日　星期二　到部开会。徐光霄谈"五反"。九时半,分组读文件,至十二时。下午,二时,到作协打针,量血压146/90。二时半,继续在文化部开小组会谈情况,至六时。晚七时,到青艺看《费加罗的婚姻》,十时半毕。剧本不愧名作,排演亦佳,惜演员稍差耳。十一时半寝。收到安谷信。

十三日　星期三　上午,仍到文化部学习"五反"文件。下午,二时半,到银行取《再谈"剧诗"》稿费一百三十元。到翻改门市部取衣,付手工费三十八元余,买点心。三时半,到北京医院看检查结果,胆固醇214(200是正常)、血糖正常。晚,与张玮、冯霞谈戏剧上的"诗意"问题至九时半。十时半寝。

十四日　星期四　上午,讨论昆曲作家作品章。下午,魏静生、方华来,谈北京市戏曲研究所情况,至四时半。即去雷蒙试衣服样子,五时半回。晚饭后,玮上火车站,乘车去郑州。送走后,读《戏剧报》校样,冯牧纪念程五周年文。再读弋阳腔作家与作品,至十时半。疲甚,即寝。

十五日　星期五　上午,开会谈弋阳腔作品章。下午,将萧晴的声乐班计划交还她,并提了些意见。三时半,在国务院礼堂听总理精简工作动员报告,六时毕。七时,请俞大缜到长安看俞振飞、言慧珠的《惊变》《埋玉》。十时半回家,十一时寝。

十六日 星期六 上午，阅《弋阳腔的音乐》节。下午，二时参加支部大会，因有人听报告留会。阅《弋阳腔的表演》，四时四十分理发，五时半毕。散步至人民市场，配一瓶座，归已六时半。晚，读《弋阳腔的舞台美术》至九时半。十时半寝。

十七日 星期日 上午，与晏甬同路到北海，散步后，到团城看北京特种手工艺展览，人太多，不能细看，有些新产品，看来很好。十时半，到东安市场。十一时，在和平餐厅午餐。餐毕，到人民市场买一瓶座，回家已十二时余，车上人挤，热极，通身大汗。约一时午睡，至三时方起。孩子们都去十三陵了，很静。休息、读报。四时余，他们才回。晚，马可来，谈音乐工作计划、萧晴的声乐班等问题，八时十五分去。给安谷复信至九时半。十时半上床，读《长生殿》，十一时寝。

十八日 星期一 上午，参加《戏曲史》会讨论弋阳腔音乐、表演、美术三节。下午，继续讨论，四时毕。与晏甬谈参加到艺术局汇报的人名单。五时，上人民市场换瓶座，又到北海散步，六时一刻回。晚，读昆曲音乐、舞美二节至十时四十分毕。十一时寝。

十九日 星期二 上午，参加《戏曲史》会，讨论昆山腔音乐和舞美两节。下午，到艺术局开会谈戏曲剧作者情况，为周扬同志供给材料。五时，到作协打针。血压140/90。晚，马绩来谈部里布置的工作。七时半，看电视，俞振飞演的《黄鹤楼》。八时半，读明清杂剧作品一节，此节可不开，附于昆曲作家之后即可。十时半上床,十一时寝。

二十日 星期三 上午,开党委会,传达几个会议的精神和所布置的工作。下午,开会讨论为周扬同志整理有关戏曲剧目的材料。三时,中宣传部来电话说周扬同志召集会立刻去。到后,听周扬同志谈最近要开宣传部长会议及文联全国理事会的事,要为它们做准备工作,研究几个题目,我参加研究戏曲推陈出新的问题,明天就要动起来。晚,听晏甬谈下午我走后会上的情形。八时,看电视中《停战以后》影片。毕,读《七面风》专集(电影剧本及评论)至十一时半。十一时四十五分寝。

二十一日 星期四 上午,看《戏剧史》第四编清代地方戏作品概述,未毕。萧晴来谈声乐班事。十时半,到院部开有关外事的情况汇报会。午餐后,到松竹园洗澡,二时回,续看概述至二时三刻。去文化部参加关于"推陈出新"的讨论会,到会的有徐平羽、刘芝明、周巍峙、任桂林、阿甲、晏甬等。六时毕,到西单峨嵋出席唱片社谈北京京剧团出国时,所带唱片目录的审定。七时半,到吉祥看商丘越调剧团演的《王天保吊孝》,喜剧,演员甚好,尤以演悭吝老头的和女光棍二姑的演员最精采,小地方戏的特点是有生活有人物,越调也是如此。九时半回。十时寝。

二十二日 星期五 上午,清书桌大抽屉,填干部登记表。十一点,到院部送表。下午,上王府井买单鞋一双八元一,为张玮取表,四元一。回家已三时,续读第四编地方戏作品概述。晚,续读毕,九时半。今日有风,天甚冷,早上床,枕上读闲书至十时半寝。

二十三日　星期六　上午,写关于推陈出新的发言提纲。下午,到中宣部开会,有张光年、吕骥发言,六时毕。晚,在吉祥看河南商丘调越剧团演《琴房送灯》《收姜维》二剧,主角申友梅嗓子极好,也会唱,在后剧中一气唱一百二十句,博得掌声不少。十时归。十一时半寝。

二十四日　星期日　上午,带小果、小珍到北海爬山,十二时回。安谷回。下午,带安谷上王府井,为她买皮鞋一双,裤布七尺,四时回。即读第四编综述。晚餐后续读,十时毕。十一时寝。

二十五日　星期一　上午,与晏、马、黎、舒、郭开一小会,讨论精简问题,十二时一刻毕。下午,二时半,开会讨论《戏剧史》第四编综述,六时毕。晚,读今日人民日报社论,关于文化艺术到农村去,及一篇农村文化通讯。继修改推陈出新发言提纲。至十时一刻。十一时寝。

二十六日　星期二　上午,讨论《戏剧史》第四编地方作品章。下午,二时四十分,到作协打针,血压145/90。三时,到中宣部开会,我发言讲关于戏曲推陈出新的问题,近一小时,会开到七时才完。匆匆晚餐后,与晏甬到空政礼堂看《在十月的日子里》和《列宁在十月》两部电影,题材全同,前者为最近所拍,后者为1937年所拍,相比之下,前者的歪曲事实,毫无革命激情是非常显然的。十一时归。十二时寝。

二十七日 星期三 上午，读第四编舞台艺术章。下午，在宣传部开会，蔡若虹谈美术情况，荒煤谈电影情况，夏衍发言。

默涵发言：这个会先要学形势，准备要分裂。文艺上要拿出几篇文章来，具体做法上，考虑自力更生的打算。国内形势，与资斗争的长期性、复杂性，保证新一代不成修正主义，文艺界本身形势基本好，但问题多，要及早注意，否则会成倾向性问题。在这形势下党员艺术家的责任。其次，文艺本身的问题。关键是加强与资思斗争和"二百"的关系问题。当前是有资的东西出现，但防止它不是收"二百"。"二百"可能出资，但与其说全出资，毋宁说 M① 太少（历史剧也少，但反映社的更少，就显得它多了）。M.② 没有文章，只在指摘别人文章时才写。所以还是要有理论，有作品，有队伍。这些解决了，领导问题也解决了。主要统一思想。

周扬：按默涵谈的开会。一是形势，进行社会主义教育。一是对文艺的估计，大家说，总的情况是好的，问题不少。文艺八条，是好的，有些副作用。一是文艺工作反修不是收"二百"。经验是要在反左右的斗争中贯彻。现在，批了以粗暴方法解决思想问题，出了右，也不奇怪。"二百"是伟大的试验，不易掌握。"二百"与思斗③，"二百"是根据内矛提出的。又是根据文艺科学的特点提出的，它们需要探索。不明确的观念：

---

① 指马克思主义，下同——编者注
② 指马克思，下同——编者注
③ 指思想斗争，下同——编者注

社文①与非社文的竞赛、斗争。"二百"本身就是阶斗。（无害是非社的，大量存在，也需要）M必须赛过非M，故要扶植M，不是独断的扶植，而是在斗争中扶植。百花中有资的。但也有高低、先进落后、风格不同等。"二百"中还有一个概念，社会主义文化中包括了一部分古、外，经再改造成社的。对之又必须接收，又必须批判。如不能赛过它，融化它，就会被它赛过、融化。据此，提出加强战斗性，是加强M的东西，又是加强表现时代的作品。而与时代脱节乃是资。修正主义也谈时代，但与我们的不同。如何认识，如何表现。文座讲话也是表现时代，是反对反M的结果。好作品，还是要去表现时代，反映斗争，不要怕犯错误。表现时代有一个阶级情感、社会主义情感的问题。过去民主革命，有一百多年的感受，现在短，没有感情。没有什么东西像反帝那样动感情。反资？有些人还有些好感。李准的短篇有社情感，现在的长篇都是民主革命的。戏曲可作一初步研究。一估计，二问题，三经验，四前途。

散会时七点，天小雨。晚，看吴琼的讲义《戏曲剧本的结构改编及其他》。十一时寝。

二十八日　星期四　上午，在文化部听夏衍同志作反修正主义目前形势的报告。下午，在院部看张家口京剧团演《八一风暴》，还不错。六时，陪演员们在东四饭店吃饭。晚，看赵寻驳有鬼无害论的文章。十一时半，寝。

---

① 指社会主义文艺，下同——编者注

二十九日　星期五　上午，准备推陈出新的发言提纲，看三年来，中央批发的指示周总理、陈毅、康生同志的发言，还有毛主席的著作。下午，续读，至四时。上王府井买点心，并买一蛋黄釉堆花花瓶，价十三元。晚，续读，至十时，张玮归。十一时寝。

三十日　星期六　上午，到江西餐厅参加《戏剧报》的编委会，即在彼午餐，二时回。午睡至三时。到院部找剧目的统计材料，回来后构思提纲。晚，开始写，得千字。至十一时睡。

三十一日　星期日　上午，写至十时半，到院部会晋南地委宣传部长，他带来了蒲剧青年剧团，打算在京演出。十一时回续写至十二点。下午，三时写至五时，合上午共得二千字。即休息与张玮、小果、小珍玩。晚饭后，七时写至十时完成，共得六千字。随而与赵寻在电话中约时间讨论，暂定明日下午。十一时十五分寝。

四月

一日　星期一　上午，上北海散步至十时，回家把发言稿重看一遍，作了修正。下午，原定的会未开成，读了宣传部送来的文艺工作会议的一部分文件。五时，到院部与汉城、小仓谈《戏曲史》第五编的工作计划至六时。晚七时，编剧讲习会广西学员胡仲实来谈学习情况，并送来他所写的《楚汉之争》剧本，八时去。与张玮、冯霞谈《李双双》的排演，并听张玮谈下乡见闻至十时，十时半寝。

二日 星期二 上午，与音乐方面的同志开会讨论举办戏曲声乐班的问题，并谈了音乐系毕业后音乐干部的研究工作安排。下午三时，在剧协讨论我的发言稿，参加会的有刘芝明、徐平羽、赵寻、任桂林、晏甬、郭汉城、张真、贾霁，至五时毕。晚，改发言稿未毕，至十一时寝。

三日 星期三 上午，改发言稿至十二时半，未毕。下午，文艺工作会议开始。三时，陆定一同志讲话，主要谈修正主义的形成原因，及我们如何防修。至六时毕。晚，续改发言稿毕，十一时寝。

（此处数页，原为定一同志报告记录，因记录交回，连带撕去数日日记，乃补抄数日日记在此。）

四日 星期四 上、下午，均参加小组会。上午，我发了言。晚，在宣传部看苏电影《人与兽》上下集，格拉西莫夫导演，思想反动而平庸，艺术杂乱无章，毫无动人之处，十一点毕。归寝已十一点半。

五日 星期五 今日清明。上午，到八宝山、百花山为程、欧阳、梅几位同志扫墓。十时半，到颐和园，榆叶梅已盛开，小学生逛园者甚多。十一时半回城。下午，仍到新侨开小组会，至六时一刻。晚，在海运仓军区礼堂看蒲剧青年团演《挂画》《两姐妹》，后者是现代戏，以批判农村青年妇女在婚姻问题上不正确的观点为题材，故事现实，但演出粗糙，语言亦干瘪。戏后谈至十一时半。回寝已十二时。

六日 星期六 上午，在文化部听念关于反修正主义文件。下午，在新侨开小组会。田老传达定一同志的一些意见。1. 中国"蜕变"问题，不是悲观的，是乐观的，但不是廉价的乐观。反修正主义是长期反复的斗争。2. 遗产，不要因这样谈，而对遗产又粗暴。如《红楼梦》《梁祝》，在国外仍是起了作用的。3. "五反"，科学文艺不必大张旗鼓搞运动。周扬：1. 反修乐观，有主席。马列主义终必胜，但个别领域上可能出修正主义。政治上，很少可能，但不排除此可能。2. 遗产：文学之外是戏曲。如何对待是重要问题。外国文学、电影，特别19世纪是高峰，不能都翻过来。越精华越要批判（有些地方总是"超额完成任务"），批判就是继承。精华中也有糟粕，应分析。列宁说一切有价值的东西，都要经过吸收和改造。对一切文化、科学上的遗产，必须用马列态度。小平同志说，对于过去的遗产，必须采取细水长流的办法去批判、吸收。现在是方生未死之秋，旧的东西很多，新的很少；必须仔细批判、改造。将来新财富多了，对遗产的要求就少了（但资料仍要保存以供研究）。3. "二百"在八条中，没有突出主体不够。强调互相竞赛，没有强调发展M。突出主体不是别的都不要，有提倡、有允许，不要因为提倡而取消允许。又要着重思想斗争，又不要否定其余允许其存在的东西。4. 如何树立反修旗帜：政治上，党有八篇文章。文艺上也要树立。过去苏旗鲜明，现在烂了，旗倒了。中国文艺家应树立，我们要有作品。5. 创作问题：要动员文艺者表现社会主义社会阶斗，内矛。作者不要回避这些问题。不如此，文艺不会发展。这种作品很少，《创业史》《李双双》，还不够写强烈的社会主义中阶斗，这是缺乏与党员干部、工农群众的紧密联系。毛近对一拉美代表团说：知识分子最大弱点是不了解农村。如何克服此弱点，才能产生好作品。6.遗产继承，建立民族形式问题。7.文艺评论：队伍弱。但它是党实现对文艺领导的最重要的环节，要大大推动。但要注意，如现代题材、历史题材，又要强调现代，又不要绝对化。又要保留很多节目，又要妥善安排适当时候演出。批评要善于掌握分寸。鬼戏暂不演，好的内部演。也要写点文章，但不要造作些理论。8.要重新教育文艺队伍，巩固提高。要学习苏联这支文艺队伍是怎么烂掉的？高尔基说，1907年—1917年的俄文艺界是无耻的十年。现在又来了一个无耻的十年，是修正主义统治危机的信号。现在文艺反到赫头上来了，赫的文艺讲话，应结合着大问题来看，在国内外碰了钉子，现在要来缓和一下，但难扭转，群众已对赫不满。我想研究一下他们搞到这个地步的过程。

田老传达后，电影与戏剧组分开，翰老点名叫我发言谈戏曲问题，后阿甲发言，五点三刻休会。晚，蒲剧青年剧团在我院演《杀家》《出棠邑》《骂殿》。十时半散。十二时寝。

七日 星期日 上午，李准、康濯、胡清波、铁可、胡代炜、方克等同志来，谈湖南需要戏剧干部，并约我下半年去。即在此午餐，一点才走。三时，与玮带孩子们上街散步，甚冷，即回。与孩子们玩牌。晏甬来，陈怀平、罗合如来，我为他们传达昨日定一、周扬同志的一些意见。收到田老送来对我发言的意见。晚，再改发言，十一时寝。

八日 星期一 上午，小组会谈专县剧团的问题。十二时，因韩娘出城扫墓,没有做中饭,带小果到文联小吃部午餐。下午,三时,续开小组会,谈新歌剧儿童剧等。六时,剧协在全聚德请广东及中南部分同志王阑西、欧阳山、杜埃、胡清波、骆文、黑丁、华嘉、关山月、新波、侯甸等。有田老、翰老、曹禺等在座,九时毕。归甚倦,十时过即寝。玮十一时半才回。

九日 星期二 上午,休会,看郭汉城《论侠与义》稿。下午,开大会,周扬讲话(略)。至五时四十分,才讲完第一部分。晚,七时,散步到郭汉城家,谈对他《论侠与义》的意见,并谈及下半年的工作计划问题。八时回。看报、刊至十时半,十一时一刻寝。

十日 星期三 上午,周扬继续报告第二部分。
二、"二百"
它是我与修正主义的一个分歧(分歧有三:1.国际共主[①]路线;2.兄弟党之间关系;3.社会主义如何建设,"二百"问题即在后者中)。庐山会议时,毛说:人民公社、"二百"都要写出文章来。"二百"是文化上的伟大试验。在无专政巩固条件下,"二百"是有利于文化、科学的。如不巩固,则不行。其提出是经济上社会主义改造已完成的条件下提出的(戏曲上较早)。"二百"可能是个普遍的经验,即在党领导下,社会主义范围内实行。其提出根据有三:1.社会主义仍有阶斗内矛,必然在意识形态下表现出来。修正主义不承认内矛。2.是相信群

---

① 指共产主义,下同——编者注

众，依靠群众路线来解决思想问题。阶级矛盾在思想上表现的问题。修正主义不相信这点，因他不相信群众。3.科学艺术的发展是通过竞赛快，还是不通过竞赛快？现在要国家不变质，是要在国富、文化科学水平高的情况下不变质。要把全世界文化接收而发展，但不变质。各方面创造性发展了M，只有通过竞赛，不竞赛，M也会停止发展，苏联即是一例。他们M在各方面没有创造，文学也如此，戏剧上他们不是曾搞无冲突论吗？所以要不要二百，是科学文化要不要发展、迅速发展，要不要防止修正主义，克服教条主义的问题。

经验还不多，只有七年半。戏剧方面的成绩较明显，因提得早，要坚持。提出了二百二为的关系，有时有了二百即没有二为，有了多样性即没有战斗性。也有人说不为工农兵是错误，不搞二百只是缺点。不对，也是错误。有人说，过去不搞二百出了《白毛女》，是否一定要二百。二百是促进好作品更多，不是说无二百前即不能有好作品，且，延安的条件尚无许多"花"。反修正主义能不能影响二百，以及以上问题，处理不好，就会互相排斥，结合好了就会搞出许多成绩。

关键问题在领导。文艺是和各方面有关系的。坏戏与农村几年情况有关。还有领导上强调反左易出右，反右易出左。如何掌握？领导上简单化和自由化，是很容易的，但高的领导不容易。二百既不要简单化，它是资不欢迎的，但对无也不利；自由化资喜，无亦不利。

二百的前提在为工农兵。目标：在斗争中发展社会主义文化，发展M。所以执行二百的过程是各种各样文艺态度的政治

1963年

竞赛。"推出"① 是新代旧的过程,是新旧斗争过程,又是民主、广泛的,又是激烈的斗争。M 与反 M,推也不易,传统是力量,有压力,新出来要斗争。有资、无斗争,有先进、落后斗争,还有风格不同,有各种政治态度。大前提为社、工农兵服务。但有坚决的,有承认好、但不够积极的,有冷淡的,有反社的。我们鼓励第一种。但也有艺术形式,如风景画,可能本人在政治上热情,但是画风景画的,你不能把他归入不积极中去,不分别对待不好。风格高低让它,我们要抓政治,要保证革命文艺和 M 思想的主导地位,此即主体问题。毛诗是二革② 典范,但是旧体,他说新诗是主体。因新诗更易表现革命,更易为群众了解。新诗如何吸收传统,是更民族化、群众化问题。文艺是要教育人民,而修正主义改了它的教育人民的一点。社会主义现在虽有缺点,还要教育,但教育也有理解不正确处。文艺要迅速反映,但不能理解狭隘。如《三女抢板》《杨家将》《阿Q》也有教育意义。阿Q写了辛亥时农民弱点一面,但是有教育意义的。文学的教育意义是把生活的真实与理想教给人民,不是教训。还有不能排斥文艺中的一部分娱乐的意义,无害是指政治上,在生活上还是有益的。我们要保证主体——花,但不能排斥次要——叶。如无主体花,只有叶,甚至其中还有败叶,那是不好的,但有花也仍应有叶。无害的太多,喧宾夺主,是不对的。文艺中应有一些娱乐的东西,一张一弛,文武之道。只有一个不搞低级,一个不搞多了。多样性是保证战斗性。战士的休息是为了战斗。如只搞战斗性,一旦香港片来了就会成

---

① 指推陈出新——编者注
② 指革命现实主义与革命浪漫主义——编者注

群的去看。保证主导,以反映今天为主。在社会主义文化市场上除现代外,还有古典和外国古典,要保持现代的优势。现在古代、外国还多,现代还少。要巩固、扩大社会主义文艺的优势。从苏文坛看来,优势是可以丢失的。一定要保持优势,直到挤掉、比过古典资文化。这就要领导来领导这个过程,让文化按无级①与人民的需要和文化的特点来发展。作家、艺术家有无写作自由?反革命、右派没有,如发表,要反驳。除此之外,不违六条者,要有自由,但要有教育、有提倡。作家要写熟悉的东西,也要熟悉他应写的东西。有时不违反六条,但形成了对社会主义不利,也要反对。提倡革命的、风格高的,反对坏的,容许无害的,容许的东西不要去提倡,也不要去反对。要树立旗帜(作品,但不要说)。办法是用思想的方法,批评和鼓励的方法,舆论的方法,辅以必要的行政手段。禁鬼戏,暂停不要紧,还可以研究改。把旧的限制一下,可以帮助新的产生。文艺八条这方面讲得不够,可以在这方面修改一下。

三、创作

1958年大跃进之初,文艺界的好气象是表现新时代,不要因为有了共产风等即与以否定。但那时短,缺点是反映不深(思想不清楚)、不实。根本问题是生活中无根。批判了简单化之后,创作还是在向前发展。话剧、长篇,也出现了不好的东西,封建、小市民;(戏)斗争性不够;总的是健康的、有成绩的。问题现在要有更多好的作品,要在群众中比过修正主义。电影两大倾销,资2000多,修正主义200多,我30多,所以

---

① 指无产阶级,下同——编者注

1963年

量也要多搞点。什么叫好作品,革命、优美、能打动大多数人。不一定在国际比赛中争第一,首先是大多数批准(干部、群众),然后是专家批准,而不是国际比赛,那里不是资就是修。好作品,要表现时代,革命的,世界人民革命的时代(而不是修正主义所说的人道主义的时代)。要认清时代,还要表现。社会主义已十三年了,而表现此阶段的作品少得多,力量也差得多。原因一,对社会主义社会缺乏精神准备,也缺乏这种情感。民主革命时期,我们对帝、封、蒋有愤怒之情,而反资情则不够,甚至在作者脑中还有资,缺乏内心强烈的要求。原因二,还需要一个认识过程。如社会主义社会中有阶斗,就不认识(不要领导一提倡就写,作家要写他知道的,深信不疑的。这又和修正主义的无条件要讲真话不同,是要看对无级有利,真话也有不可讲的)。原因三,缺乏亲身体验。

表现什么东西?人民伟大的精神面貌(修正主义认为揭露黑暗)要不要表现内矛。现在有阶级斗争,主要是表现阶斗。从此观点,从广大人民的观点去表现,而不是从少数人的观点,去反映领导与被领导的矛盾。现在表现的是内矛,实则是阶斗。有些领导确实不好,这中间也有阶斗问题,先进落后也可以写。官僚主义必须是群众去反。少数人,尤其小资去反,片面性很大,无政府主义情绪、平均主义的情绪。回避斗争就会成为无冲突论,最后会走向抹黑派。关键问题是和人民群众相结合,深入工农兵。知识分子最大的弱点是不熟悉农村(主席),如削弱了此联系就会犯错误。写了作品还要拿到工农兵中间去,他们不懂,不欢迎还不行,还是没有精神联系。还要学习社会,学习马列。

下午三时,继续报告。

四、遗产

"越是精华,越要批判"如何理解。历代遗产中作为糟粕的大都抛弃了,留下的大都是优秀的,但还继承都必须批判。列宁说:马克思对人类文化遗产中,一切有价值的东西都加以吸收和改造,如英之经济学,德的古典哲学,法空想社会主义等。马克思如无此三者,马克思主义也来不了。19世纪文化,一是近,一也是人类文化发展最高,是精华的东西。社会主义文化遗产目前少,世界文化以欧洲为代表,而其中又以法国为代表,法是资革命最彻底的,文化最高。故批判不是打倒,是要吸收。以马克思历史唯物方法、阶级分析方法去批判。必须批判。批判精神就是科学的分析,有如吃东西,去其糟粕,取其精华。根据今天人民斗争的需要和利益去批判。

中国的遗产主要是封建遗产。对这几千年的文化:一,它不等于都是封建的文化;二,封建的东西也有发生、发展和灭亡时期的不同;三,民间的文化也不都是好的,其中也有封建思想的影响。我们看遗产不独要看它在历史上起过什么作用,还要看它对今天革命起什么作用,这就是对遗产的分析态度。对作品的批判也是要作历史的估价。毛说《红楼梦》这书是写四大家族兴亡的历史。在书中死的人无非一奴隶,二比较不得势的,三劳动人民;四大家族中没有被害的。木石姻缘抵不过金玉姻缘,贾母虽爱林黛玉,却不能不最后走阶级的选择。贾宝玉是新人的萌芽的论断是有道理的,这些思想是资产阶级思想的萌芽。(列宁说但丁是中世纪最末一个诗人,近代的第一个诗人,他是14世纪的人,离17世纪英资产阶级革命还有

200年）总之，对遗产要作阶级分析。

注意有两种遗产：一是中国戏曲。百花齐放的成绩这方面最大，是很大的遗产，也是很大的包袱。要进一步改造，使之比较适合广大人民社会主义教育的需要。欧洲歌剧团很少，但中国戏曲团有两千多。要继续改，一二年来，又出现了封建的、小市民的东西，要压一压。总理最近多次提这问题，主张要革新。革新首在内容、剧本，其次才是形式。建议好好总结一下整改剧本及写现代生活的经验。这是一。第二，组织力量来整理、审定一下剧本，分别容许、反对的。组织力量写新的，包括改编小说，新历史剧。一年如能写出五十个，其中能保留十个，一个省搞两个。一是关于传统的整理，京剧1200，现代的30，新历史 ①。可否作点努力，与演员一起，分期分批的整理。如搞出一百出就不错。中国政治戏多，改造了，很能鼓舞人。这样，在剧目上就有点领导了。现在强调搞点现代戏，凡能演的鼓励它演，不能演的不勉强。新编历史戏要给它一定地位。毛说，把颠倒了的历史颠倒了过来。这种历史教育是人民群众中、社会主义教育中不可缺少的。才子佳人少搞点，政治戏多搞点（急公好义，爱国爱民）。古代爱国又和少数民族斗争，不要到少数民族地区去演，也不能丑化，不要去写汉族征服少数民族。文学可以写序，戏曲如何？改编了就是批判，何况还可以写剧评，出版还可以写序，可以从各方面来批判。希望在较快时间对戏曲剧目作较大的改善，因它联系几亿人。

二是19世纪欧洲文艺，要批判，要细水长流。要在研究

---

① 此处空白，未记——编者注

基础上来批判。但翻译的人无批判能力，有马列主义理论者对专业无研究。要组织力量，不要批判搞出笑话。19世纪对我危害大，它以揭露为主，也有点正面的理想，再则以为个人与社会永远是对立的，再次就是人性论观点。苏修文艺继承了这些，这些对我们比较直接，很能诱惑人。

重点是这两者。总之是不要被遗产溶化了。如不批判，就会受其影响。传统是好的，但不批判，也是压迫人。

五、民族形式

作品总要有民族形式。也可以介绍外国形式，只是介绍，因人民生活需要外国的东西，而且有的东西在全世界流行了，但他们只能在我们艺术生活中占一个小的地位。也要借鉴外来形式，可能有一个民族化的过程。外来形式根据表现中国人民生活的需要来改造，这就成了民族形式，如话剧、电影。

最大的问题在音乐。群众歌曲，已经是民族形式了。洋的东西是唱法、交响乐之类，变成民族的还要有个时间，如交响乐即使变成民族的，可能圈子仍不大。

外来形式，需要的介绍，不需要的不介绍。其中，可以表现中国人民生活的，应按需要加以改造，使成民族的。中国民族大，能积极消化外来的。历史上大量吸收有两次，一是唐代，一是我们。思想上的吸收，历史上是佛教，也经过了改造（消极作用大）。现在是马列主义，经毛与中国特点相结合。如不结合，则亡党、亡国、亡族。结合好了是大解放。文艺上，不结合则是亡艺，亡民族自尊心。总是要结合。

唐代吸收外来和我们情况不一样，唐代歌乐队三万，唐明皇比三万人还多。十部乐中九部是外来的。其中一部分是西域的，一部分是东来，一部分南来的。他情况是居高临下，化人家。我们音乐工作者是崇拜西洋。总之，搞多了文艺，迷恋其中，是要亡国的。

五四伟大，但崇拜外国太厉害，毫无批判。对五四我们也要批判。

可以归纳两条：1.要坚决批判崇拜西洋的倾向。要在群众歌咏中搞民族化（不能在古琴中）。交响乐可以少数人搞，要打破欧洲中心。音乐文化发展得很高，我们不一定学。时代变了，旧的形式不要去学、比，要在别的方面超过。学得与外国19世纪一样，没有什么必要，这是殖民地资级心理。2.反对硬搬。这是艺术的教条主义。一定要与民族的特点、思想情感、生活方式相结合。3.艺术教育单位要注意民间的艺术；加以整理、发展，要有西洋音乐教养的人去发展丰富它。要批判崇外的心理。

六、评论

不够有力，但也做了许多工作，要加强。一个问题，评论为什么斗争？为争取社会主义新文艺的发展，为马克思主义，为反修而斗争。主席说，文艺讲话是和反马克思主义的一场斗争的结果。座谈会当时，有内矛有敌我矛。要以反修来做批评工作的练兵。三严：严格、严肃、严厉。对新的东西要在热情的鼓励下，对之作严格的要求。

七、队伍

1.党与非党：对己严格，对朋友团结。文艺八条要加上党员一条。党员加强政治责任心，去掉政治优越感。优越感很危险，尤其执政党。向非党员可以学许多知识，政治上的是起模范作用。

2. 后代。新文艺有了三代或四代，第一代没有几个人了。抗战时期一代现在是骨干，斗争经验丰富。要加强主要依靠他们（三八式），严格要求，爱护他们，提高他们。

3. 小队伍、大队伍：需要，特别剧作者。但专业队伍不要求太大，业余的大。二者要很好地结合。文化队伍不要做无兵司令，新生力量绝不能单靠学校培养，可以培养，但创作者的主要学校则在社会上。更大文艺队伍永远在业余，共产主义时代还是如此。

文艺的发展是在路线，战斗化、群众化旗帜就可以树立起来。

报告在五点完毕。晚，看蒲剧《港口驿》演海瑞知淳安事，剧本是新写的，很不错，演员唱得也很好。十时毕。归寝十一时。

十一日 星期四　上午，到北京医院量血压，左手138/98，右手138/94，并取药。读《列宁在第二国际反对机会主义的斗争》。下午，续开小组会，到作协读资料《赫鲁晓夫在苏党政领导人同文艺界人士会见上的讲话》，毕。并续读《列宁在第二国际……》至十时半，未毕。十一时半寝。

十二日 星期五　上午，改发言毕。午饭后，到松竹园洗澡。二时半，到王府井取洗好的衣。三时，往新侨开小组会，作了一个关于艺术教育方面的短发言。六时会毕，甚疲，晚，散步至东四。十时，萧晴来念她关于声乐问题的文章，十时半毕。因疲倦早寝。

十三日 星期六 上午，上院里找李大珂，未见。十时，大珂来谈讲习会关于历史剧备课情况，至十时半。十二时半，戏剧报徐青送来第五期封面及彩色插页材料，封面尚不妥，要换。下午，修改《戏曲史》第一编中华书局审稿后所提的几处意见。四时，送交兆良。并去反修大讨论会看了看。四时半，与罗合如出街散步至人民市场，五时半回。晚，看报，九时半早寝。

十四日 星期日 上午，带小果、小珍上北海散步，十一时半归。下午，四时与玮上街至中山公园散步，到王府井买物，在东安市场和平餐厅吃饭，七时回。读报，十时寝。

十五日 星期一 上午，大会发言，我讲了两个钟头。下午，仍是大会发言，未毕会。五时回。晚，仍在宣传部看两个电影：一名《青春之恋》英国片，写苏美两使馆职员恋爱被干涉了，是反共片；一为宽银幕片《钥匙》美国片，暴露美国生活方式。十一时毕，十二时归寝。

　　中午二时，吴晗来我院报告忠孝节义问题，在院招待至三时。

十六日 星期二 上午，听李大珂、黄菊盛汇报历史剧备课情况，并改《戏剧史》第一编上的几处疑点。下午，开党委会未成，与马绩研究整风五反等工作。五时半，去文联等玮，六时在那里晚餐。晚，电视中看27届乒乓比赛后，整理书桌文件信函，准备研究历史剧问题，至十时，十一时寝。

复上海文艺出版社信。

十七日　星期三　上午，大会发言，听默涵讲话。

一、会议的收获

收获很大，主要是：1.更明确了当前文艺工作的任务，任务是根据形势决定的。现在与修正主义的分裂可能，国内新资抬头。如何防修、资复辟，这是新问题，没想到过。不久前，少奇说，要保证，后代不出修正主义。现在青年喜资电影，不看自己电影，某点上也和苏青年崇西方相同。故要把青年教育成真正接班人，有毛思①，不背叛毛思。应保证青年大多是好的，少数变坏不可避免，不要紧。大多数糊涂也不行，会跟人走，苏可能大多也是糊涂。今天中国反帝反修有决定性影响。如中国革命未胜利，或胜利后无毛领导，世界革命形势恐不堪设想。中国之能否坚持革命，不仅有关今日世界革命，而且关系共产主义和将来民族关系。今天看，将来的大民族是否不欺侮小民族呢？但如中国强盛，反大民族主义、大国沙文主义，情况就会不同。即令发生，也易于克服，故毛教我们反大国沙文。世界革命前有许多想不到的事，世界革命后也会有许多问题，只要中国坚持马列，事情好解决。因此中国坚持马列关系重大。它关系到能否实现真正共产主义世界大同。

当然，这些不能单靠文艺，要靠报纸、学校，甚至流血斗争，但文艺重要。文艺任务：1.加强文艺教育，克服资、封思想，解决意识形态上谁战胜谁的问题。2.坚决反国际、国内修正主

---

① 指毛泽东思想，下同——编者注

义，举马列旗，扩马列影响。3.促进世界革命是当前及今后长时任务。

受到很好阶级斗争教育。形势，文艺方针政策。

加强了责任感。会是战斗的动员会。总之对会后影响会很大。

二、苏文艺蜕变过程

政治蜕变对我是教训，文艺亦然。

同意周扬意见，文艺修正主义是政治修正主义产物，又是其社会基础及温床。无政治修正主义，文艺修正主义会产生，不能占优势。斯大林时，即不能占优势。斯大林死，情况即变了。爱伦堡《解冻》《作家的工作》是斯大林死后发表。青年修正主义文学家，也是斯大林死后出来。但文艺修正主义分子，是政治修正主义基础，是修正主义保护、传播者。

苏文发展演变过程，可分五段。

1. 十月至1932年拉普解散：是革命及经济恢复时期。阶级斗争尖锐，文艺上亦然，资作家投反革命、外国。留国内者也仇视苏政权。时文艺流派多。无产阶级文化协会，开始起过积极作用，向工人传播过文化，但成分复杂。提出了错口号：一要脱离苏政权，独立自治。说苏政权是（统战的），而文协是工人的。二要否定遗产，脱离群众来搞无产阶级文化。1921年新经济政策，城乡资本发展，资无斗争尖锐。1925年成立无产阶级作家联盟，团结支持了革命作家与资斗争，有大成绩。时有三派，除此派外、有同路人、有托派文艺团体。革命文艺创作出了有世界影响的作品。但它后来犯了宗派错误，拒绝与转变的同路人合作。创作上提出了辩证唯物方法等，说必先学马列然后才能创作。1932年,联共中央解散它,而成立全苏作家团体,1934年作家大会。

2. 1932年—1941年(战前)是五年计划时期。团结了可团结的作家。但强调了团体而没有提出作家与人民结合,改造思想。同路人未改造,革命作家也未。在苏从未提出过改造思想。列宁时,知识分子反苏,谈不到改造,只有打击、利用和培养自己的知。但知识分子有了转变后,斯大林只团结,1931年斯大林报告《新环境、新建设任务》只说对知识分子要吸收、关怀。另外,在创作上提出只要写真实,作家自然能走向社会主义,他是要反对教条理论家,而强调了这一面。要作家到生活中去,这一面虽对,但有片面性,似乎作家无须学马列。如潘菲德夫回忆说,斯大林说:只要作家深入生活即可走向马列主义。故苏出现了世界观不重要的理论(卢卡契),对中国很有影响。1934年确定社会主义现实主义方法。斯大林宪法报告中认为剥削阶级已消灭。这样知识分子更不用改造了,但一面又肃反扩大化,并影响到文艺,杀了一些作家。这时也出了一些好作品——保尔等。

3. 1941年—1945年战争时期。文艺状况较好。产生了保卫祖国作品,但内容都是爱国主义,无阶级观点。政治上也不讲阶级斗争。

4. 战后至斯大林死:资产阶级思想滋长。世界主义、形式主义,歪曲苏生活。批了左琴科等,作了文艺决定,是对的,但态度粗暴、撤职、开除等。但思想上未解决问题。

5. 赫鲁晓夫时代:文艺上修正主义逐渐占优势,烂掉了。修正主义首先表现于文艺。1959年就看到了苏联文艺的修正主义倾向。

政治修正主义不改,文艺修正主义不能改。赫鲁晓夫的政治修正主义是改不了的,故文艺修正主义只能增,不能减。赫鲁晓夫最近的讲话主要有:一是反斯大林反到己头上,不只爱伦堡的"沉默论",而且反斯大林作品最后也会接到赫鲁晓夫头上去。二是苏人民对文艺不满。三是文艺界对太坏的不满。不满有两种人,①是好的,如柯切托夫。②如留里科夫,是因为这些修正主义分子自命为二十大精神的代表。二十大以前的时代是黑暗的,作家是混蛋,否定了这一班人,所以这些人要出来保卫自己。赫鲁晓夫和一些作家很不赞成"父与子"的说法,是怕被他们否定掉。

苏文艺堕落成修正主义,除政治外,也有其本身的历史根源。前四时期都犯了右或左的错误。1时有左。2时起,斯大林对阶级斗争估计不正确,以后基本是右,一些左的方法也不能解决思想问题。斯大林时代文艺思想:①对知识分子不思想改造,要既整,要既只团结(30年代提出对同路人要容忍),无长期思考。②对文艺一面太宽,一面又管得太死,对世界观不重视。斯大林回答对世界观问题的看法,说:诗人搞了辩证唯物就不写诗了。这招致左右两种情形。虽很左地批资产阶级思想,但不解决世界观,故不解决问题,一到变动,即烂了。又把世界观问题当作反革命对待、政治问题对待。另外,对于艺术性质问题管得太死。如社会主义现实主义方法是唯一的,这实际办不到,其根据恐还是苏人民政治上一致了。还有认为创作方法与世界观无关,作家思想不同可有同一创作方法。这些左的方面,仍是从右的估计中产生的。又对艺术流派是禁止的，如梅耶荷德，对许多事采取行政命令办法，不是由文艺界讨论。结果题材、风格很单调，引起文艺界不满，故一接触到西方的东西立刻热狂。斯大林把艺术弄成单调狭窄造成了恶果。③对文艺家采取物质刺激和过分捧场，使作家在生活和精神上越来越脱离人民，成了上层贵族。④对遗产只讲继承，不讲批判。这不是列宁的思想。他要继承，还要批判。他说，保存遗产不只是要保存，还要批判地吸取。对托尔斯泰，一面肯定其同情农民，一面反对其不抵抗。

所有这些的根源就是斯大林看不到社会主义社会中有人民内部矛盾。赫鲁晓夫利用了斯大林文艺上左右错误来巩固其修正主义统治，发展其右，利用其左，来拉拢了一批人。

三、解放以来的经验

文艺界情况与十月革命后有一大不同，它们的文是仇视苏的，我有一支强大队伍经过锻炼。鲁迅说，中国的文艺只有无产阶级的。毛也说，有两支队伍，文武。革命后，在反帝、反封、反官口号下，革命外的文艺者也团结起来了，与我合作，文艺界统战更扩大，除帝，国外爱国的都来了，其中相当一部分是资产阶级文艺家。党一面团结（反帝……），一面在思想上不是和平共处，是进行了一系列的斗争。13年来，毛领导下，文艺界反资思想的斗争一次次深入。1951年《武训传》是彻底完成民主革命时进行的，《武》则宣传改良与封妥协。1953年，社会主义改造，第二次文代会，批判红楼梦是反资学术观点、反唯心、实用主义，反胡适，继之以反胡风，是资文路线还是社文路线的斗争。组织上粉碎了暗藏反革命。1957年反右，粉碎了党内反党丁陈，从党外到党内，越来越深入。反右时，资右分开，其资、中、左仍在，今日仍是以无产阶级为骨干的统战队伍。与资斗争效果大，影响了整个知识界。如无此斗争，文艺界今是不同的样子。修正主义猖狂，胡、丁、陈等仍在，形势很难设想。今天队伍好，与斗争分不开。但也有简单、扩大化，把非修正主义说成修正主义，思想问题当作政治问题。但中央及时纠正、掌握。纠正以断章取义反胡风等（内部），1956年—1957年，中央据情况及经验提出"二百"政策。毛说：思想斗争与其他斗争不同，不能粗、强，只能细、讲理。对内部思想，简单方法无效、有害。党中央、毛主席始终掌握了两条战线斗争。问题我们未体会中央精神，有时右有时左。

最近几年来（1958年）以来，中宣部开了三个文艺会，都是按当时政治形势及需要。1959年—1960年，当时是反右倾，苏修正抬头。国内也出现了巴人的论点，此会提出对于修正主义的警惕，会后批了修正主义，为三文代作了准备。三会上周扬报告是批苏修（纪念列宁之文之后），提出了批19世纪，效果很大，缺点是会后批国内修正主义有扩大过分。对遗产批判与反修并提也会产生过左毛病。1961年3月，文工会议。是克服"五风"，纠缺点时，在文艺上也出现了简单粗暴，文化工作者与领导上关系紧张，会议为调整关系而召开，发扬民主。不能说文艺上即无此缺点。文艺上十条、八条。此会是重要的，可能有缺点，但目的与科学、高教的条是同样的，是调整关系，发挥积极性。会后领导方法、作风有改进，文艺家积极性提高。缺点是提倡了"二百"，而重要的东西讲得不够。后果是战斗性削弱，资产阶级思想有滋长。这一次，国内外形势，修正主义滋长，内有弱点，必须加强战斗性，明确方计，提高责任。故文艺工作不是忽此忽彼,而是按形势提出。近年来,我们工作是一面与资不断斗争并深入中发展的,也是不断纠正,克服自己缺点错误中,有时右了,有时左了,是不奇怪的。反左易出右,反右易出左,特别在群众中更易发生。周扬同志说关键在于领导,要清醒,反右防左,反左防右。定一说:遗产学时要注意右,批判时要注意左。这样才能避免发生比较大的偏差。上面偏一点,下面偏就更利害。领导上不能有左比右好的思想。林总说:有人总喜把主席意见往左拉。定一说:右要亡国,左也要亡国,因孤立了自己,把可团结的变成了消极的,甚至敌对的了。这次要克服一些右的缺点,故提起注意防左,在领导上。

党中央、毛主席为我们制定了一条马列文艺路线,反修正主义,反教条主义。1. 为工农兵。2. "二百"、推陈出新(二者结合不对立)。3. 文艺工作者与工农兵结合是制度,要传之子孙,改造思想。4. "二革方法"。前三者缺一不可,后者是最好的,非唯一的,不强迫作家接受,而是帮助作家掌握。

四、①

必须有艰苦具体的工作,任务巨大。国内防修,国际树革命旗帜。首先要有志气、决心,但一定要做长期具体的工作。现已有了旗帜,即毛文艺路线,但要有许多实际成果来证明它、充实它。1. 要有更高的马克思、列宁、毛泽东文艺理论。以它来研究说明文艺上的许多问题,以驳倒修正主义。这种文章在国际上有影响的很少,定一的"二百",周扬的"文艺大辩论"

---

① 原文如此——编者注

等。2. 要有很多好作品，电影在亚非拉有影响，在欧则很少，不能满足。现在还是资文化影响在世界上超过我们。3. 很多优秀人才（各种的），没有这些旗帜就不能树得很高。为了实现党交给的任务，一定要有具体措施。首先加强创作的领导，具体措施。创作：1. 必须有领导，完全听社会产生不行。作家无政治上帮助是困难的，要引导他去熟悉其应熟悉的东西，这是方向上的引导，正确的领导。2. 创作不应限制题材，但不等于不提倡写应写的题材。①着重写十三年是对的。这不是时间问题，而是社会主义革命、社会主义建设。社会主义文学，不一定等于反映社会主义生活，但既有了社会主义生活，为何不应特别去反映？社会主义文艺不反映社会主义生活至少是很大缺点。何况我们反映得少，而且提倡反映可以加强作家与人民的联系。苏联最好的文学是反映当时斗争的。我们即使今天不能写，还可以为将来写作准备。今天不去参加，将来也就不会有作品。社会主义革命是有时限的，过了不会再来，所以提倡有好处。②今天写革命历史题材的作家不要强迫其放下，但这些作家还应适应接触今天的生活，否则成了和尚，脱离今天，那怎么行？③对于作家要有具体的帮助，政治上、创作条件上。作家最近有怕犯错误的心理，领导人要帮助他们解除顾虑。领导要善于区别错误的性质，是立场、是不知道，还是艺术上的表现问题。许多作家并不愿对党不利，不要把什么都提到政治原则上去，结果会把政治庸俗化。不要让作家以为创作是冒风险，最好不创作。当然有些作者在政治上弱，神经也脆弱，这不好，但要注意到这点。④有所提倡，同时也要坚持多样化，否则结果就是脱离群众。应提倡有益，反对有害，允许无害。

有害有益，不能从选材来看，而要从政治来看，思想来看。不能说写现代生活的是有益作家，否则是无害、有害。形式也不能说有益有害，只能说，某种形式反映某种题材合适，如油画反映阶级斗争，而山水花鸟则困难。⑤政治和艺术创作上总要力求统一。政治标准、艺术标准这是从批评上说，而作家总是要力求统一。当然，事实上常不统一，故批评时只能政治第一。我们反对艺术第一，但服从于政治的艺术性是越高越好。艺术是群众要自愿接受的。

评论：1.首先要执行评论工作的计划。准备反修文章，要在热情肯定之下，帮助探讨缺点。2.各地都要有几个评论工作的同志，物色一些人来培养，放在宣传部领导下，但不要有优越感。3.要制订一个全国整理遗产的计划。各地是戏曲遗产的整理改编，编剧小组负责。4.培训干部的计划。①文化部办短训班，局长来学等等。②各协办创作人员训练。③各地也办这两种。还有加强与人民的联系，作家要订一个自己学马列的计划，《马克思选》（两本）、《列宁选》（四本）、《毛选》（四本），演员还不能要求这样高。

有两点：1.文化为农村，在局长会上讨论。2.刊物讨论。建议：全国54种（地方34种），但仍有质量不高，是否少办一点。地方刊物平均1.2万。建议检查内容与工作，加强战斗性。地方刊物要面向本省，主要面向农村，与全省联系，反映全省要更多。内容要多样，群众化，培养青年作者，整顿编辑部。必要的可以调整一下刊物，大区所在地的省照顾一下整个大区，党委要加强领导。

周扬：会在思想上有收获。讨论了文艺上的一些根本问题。

1963年

对会后工作是关键性的。当然不是一次全搞清楚了,但每次都有提高。一条经验:要注意文艺中的思想问题,经常研究它,不只是在斗争激烈之时。宁可在具体工作上有差错,而不要在思想问题上不敏锐,这是一。第二,大家这回对反修有进一步认识,但要严肃对待,因这是涉及苏联,要把苏与H.[①]集团区别开,要谨慎,文件要收回。反修也要有纪律。对外宣传的八篇为主,党内干部一定范围可谈,艺术上的问题当然可以谈。文章中央要组织写,要研究,少数人写,发表要看时机。刊物上不要影射。第三,会后,无论如何要把工作做好。有成绩,但缺点错误不少。有些是我们要负责的,如看到未及时提出,管得不紧。有错就要改。只要经常总结经验,可以做好。努力做出文艺上的突出的成绩。不是一两天,是埋头苦干,团结一致,要有所建树。有独立民族风格。

会至一时半散。回家午餐后,因感冒,三时半吃药睡下,至五时半起。六时半吃晚餐。七时,到中宣部看电影,是美国动员参军片,思想性不用说,即艺术性亦很差。十时回。补日记,十二时寝。

十八日 星期四 感冒了,身感不适。上午,仅休息读报。下午,黄克保来谈表演组工作规划,刘雁声来谈《戏剧史》第一编查书事。三时半,到作协看病并打针。四时,到王府井取衣未得,买镜子一面。四时三刻,到民族饭店开文联扩大理事会的召集人会,谈日程等到七时,即在那里吃饭。八时归。找晏甬了解

---

① 代指赫鲁晓夫,下同——编者注

下午文化局长会议情况,找马绩布置明日开党委会事。九时,读《北京文艺》第四期上戴不凡论《桃花扇》文,十一时寝。今天吃了药,身体稍舒。

中华书局送来《中国古代音乐史料辑要》第一辑,价22元,为影印原书者,多罕见书,甚珍贵。

十九日　星期五　上午,院党委开会,讨论"五反"工作。

下午,恩来同志在怀仁堂做报告:(略)。

二十日　星期六　上午,在家休息。

下午,到民族饭店参加小组会(文联扩大理事会)至六时,在那里吃饭,六时半向领导小组汇报小组讨论情况。八时归。读报,十时寝。

二十一日　星期日　上午,八时起。读报后,李碧岩、阿甲来,谈至十二时。下午三时,与玮上街购物、取衣。晚六时半,向院内十七级干部传达文艺工作会议的几个报告,未毕。(至九时半)归读大会文件,十一时寝。

二十二日　星期一　上午,在政协礼堂听周扬同志在大会做报告,报告前郭老讲话。

1. 文艺要更多的面向农村。

2. 关于厚今薄古的了解:这是历史唯物主义的一个概括。要以更多的力量研究近代和现代。搞历史的人,尤其应厚今薄古。批判大量糟粕,汲取少量精华,厚今薄古不是不要古,是要以今天的方法，采取批判的观点来对待古代的事物。戏曲要以今天的方法来改传统剧本，创造新的剧目。

3. 严格执行自我批评。

4. 向雷锋同志学习。战略上有远大理想，在战术上有革命的牺牲精神。

5. 熟读毛主席的诗词。

周扬同志报告：加强文艺战线，反对修正主义

反对现代修正主义的斗争

八篇文章取得了大胜利，更加揭露了修正主义，重新集结了革命力量。我党与毛，已成世界旗手、革命中心，资也如此看。国内好转甚快，同时也在加强社会主义思教①。二者同时进行，使得我国较快地富强，又富强，又是马克思思想指导的，不是修正主义，能顺利进入共产主义。

现在谁胜谁负问题未解决。毛说有阶级斗争，S.未看到这点，H.更说，苏是社会主义最后完全的胜利。文艺可起建设作用，也能起破坏作用，要注意，所以文艺家要革命到底。我党担负了国际上革命先锋队责任，文艺上也负了革命文艺先锋队之责。要有高度革命精神、理想，高度描绘现实的技巧和鲜明民族特点的作品。

（内容与文艺工作会议同，故不记）

下午，到院取书，并与大珂、小仓谈谈他们的工作情况。四时理发，至五时。晚，与玮往吉祥看蒲剧《白沟河》。十时半回，十一时寝。

---

① 指思想教育——编者注

二十三日　星期二　上午，将发言稿看一遍，作了些修改，准备在文联会上讲。翻读《中国古代音乐史料选辑》，得《列女传》关于夏桀用俳优一条，以备进一步查书。下午，开讲习会领导小组会，谈历史剧单元备课问题。晚七时，在党组扩大会继续传达文艺工作会议的报告，至九时五十分。甚疲劳，归家冲刷澡盆，洗了一个澡。十一时寝。

二十四日　星期三　文化局长会，徐平羽发言：

1. 戏曲创作，这次大力提倡现代戏。包括：（1）民主革命。（2）解放战争。（3）社会主义革命，而后者特别重要。总理说：主席讲，现在东西少，要大力提倡现代的东西，要把队伍整顿一下，写现代的东西不能光写古人。又说（总理），新的思想作用力量还不大，但基础已奠定了。上层建筑应来巩固它，搞好现代戏关键在于深入生活。

新编历史剧要为当前需要服务，选题材要据此，以现代眼光看历史。忠孝节要看主题如何来评断。历史剧与历史，可以有两种：一是真人真事；一是历史背景，概括的人和事。

2. 传统剧目的整理改编，应与创作同等重视。因其量大，要分成三类：（1）是好的。（2）容许改的。（3）坏的。要民主讨论，不以个人好恶来决定。总理对传统剧目方针有四点指示：①修改（小修、移植）。去糟、留精。②移植（保存传统艺术的精华）。好的表演、音乐可以保留到其他剧目中去，如《四郎探母》的唱腔等。③翻案。与历史人物评价和主题有关，要把有害变成无害。④创作。历史剧、现代剧。京剧要首先解决历史题材，现代生活、工农兵也要大力试验。①易，②③④难，可以循序渐进。

3. 加强剧目管理的要求和措施。各省搞创作室和传统剧目编审机构。其中包括：老艺人、青年戏曲工作者、文史馆。专职创作机构人严，编审机构人可广泛。十年内将所有传统剧目整理完成。剧团上演比重不作硬性规定，但应保证新东西占主导地位和优势精神。合作剧团剧目要加强管理。剧场多演好剧目，不演坏剧目。各省要向文化部推荐优秀剧作，每年十月以前，文化部举办剧本、下乡剧团的评奖，好的导演、演员评奖。发挥评论，注意逐渐形成专业评论队伍。

民族艺术的发展与外来形式的民族化

要求逐步建立民族音乐、舞蹈的体系。从专题到教材。五年内提出初步东西，十年内逐步完善成为雏形。有条件省市立即动手。以交响乐、芭蕾舞为标准是错误的。芭不是纯古的。总理说：1. 学西洋要学到家，让人一看就是高水平的；2. 音乐学院学西洋乐器的学生太多，要调整；3. 要把西洋音乐大师的要求和中国广大人民群众的要求区别开来，要把自己民族的基础搞得很巩固，然后才来吸收。

戏曲乐队：1. 京剧不超过十个人，地方戏不超过十二个人。2. 都要搬到台上去（总理）。总理说：话剧中间的音乐和灯光都不群众化。为什么现在的话剧都必须有音乐？是否从苏联学的。灯光也较暗。《杜鹃山》灯光是配合戏的，不能自搞一套。专家的意见要与之结合，而以群众的意见为基础。

音乐，舞蹈等问题，要在五年十年中求其实现。

重视为农业服务的工作

意义：1.建立社会主义思想。2.艺术工作者自己的思想改造。3.促使艺术形式的民族化、群众化。

主要是内容，其次是语言形式技巧。主要要反映现代生活和农村阶级斗争。方言话剧有提倡必要。要有长远安排，也有目前的安排，这是全面安排。不要一下去，统统下去，下去也仍旧可以演些传统戏。剧团下乡，一是省级团体的巡回演出到小县城；二是组织小型演出队到公社、队；专县团主要在农村。曲艺团体专区要，剧团方向是向下，然后才做全面安排。

队　伍

一定不能盲目发展，尤其是戏曲。改制要贯彻执行。但要加强领导，管政治思想，管剧团，防止封建把头把持。

流散艺人是经过登记的，合法的。通过协会等对他们加强领导，不能自行组织黑剧团，跳团的演员，多半是变相的挖角。被精简的和不够格的，应予转业，不应作为流动艺人看。合法的演员不得自行组织黑剧团，只能按流散艺人接活动，黑剧团必须解散。

工资问题：不能以物质鼓励为第一。

领　导

主要是加强政治领导。政治思想，方针政策。部队抓四个第一：人的因素，政治，思想工作，活的思想。要善于总结经验，这是政治责任感的表现。充分估计成绩，严肃对待缺点。民主的统一思想，集中地统一行动。经常与文化部通气。

夏衍同志讲话：

队伍大，艺术团体306（话、音、舞70），戏曲2400。百花齐放好，推陈出新最近几年不行。戏曲也是两头小，中间大。好、坏的少，精糟杂，而要改者多。

中国戏，剧种多，世界上最丰富。遗产：1.要分析。2.要选择。3.要慎重。

传统道德：1.爱国。2.反对嫌贫爱富。3.原则性。在传统剧目中很多，还有教广大人民群众更聪明、懂事。（包括政治、军事、人的关系）

关于剧目（中间部分）可以进行四方面的工作：1.创造新剧目。2.整理（如《将相和》《除三害》《十五贯》）并不是很难。3.移植。4.恢复。

×

下午，一时半，高级党校派车来接，二时半，为其文艺理论专业讲戏曲推陈出新问题，至五时四十分。并在党校晚餐，七时回。晚，从电视中看第廿七届乒乓球赛情况。十一时寝。

二十五日 星期四 上午，在院开音乐干部会，讨论今后院内音乐研究及教学工作如何开展，计划如何制订的问题。参加者马可、舒模、萧晴、叶枫、黄叶绿、林路，我与晏甬仍参加。决定此会由音乐组续开数次，以决定具体计划。下午，到作协打针，血压：右手130/80，左手135/88。三时，到王府井买水果，及有关北京历史的书二本。四时半回，到院查《列女传》有关夏桀时即有俳优事，此出刘向书，尚未查出更早根据，恐不可据。晚，看电视，翻读新买来书，至十一时。十一时半寝。

二十六日　星期五　上午，开始作历史剧问题的备课工作，读了茅盾的《关于历史和历史剧的问题》中的片段。下午，续读，并从事清扫房屋的工作。晚，电视中看刘主席访问印尼新闻，及故事片《虎穴追踪》。十时一刻，给安谷写信。十二时过，寝。

二十七日　星期六　上午，看《史》的昆弋舞台艺术章。下午，在文联会上听周扬同志讲话：

1. 会议的中心主题：做一个革命的文艺工作者。定一同志说，要树立革命文艺的旗帜，要举得更高，苏放下了，只有这样，因为今天形势如此要求。要做一特殊的革命文艺工作者。在毛泽东文艺思想下更好地前进、战斗、团结。会上摆出了许多问题，不可能一一解决，只能解决方向问题。

2. 我们面前摆着许多具体工作，要号召，也还要有所行动。1961年有文艺八条，二年考验基本正确，起了调动文艺界积极性的作用，但还不够，要做些补充。如"二百"强调多样性，现在仍要，不可因提战斗性而不提多样性，但战斗性是要提的，还有对于党员应有要求。

有十二项工作要做：①立刻组织反修文章。在文艺上起它的作用。如人道主义、现实主义、革新等。希望各地有同志来参加，文章何时发表？总有一天要发表的。这是为真理而战。②加强文化为农民服务的工作。文化部起草了一个东西，文化不能脱离5亿多农民，否则是空的。民族化、群众化，不能离开农民。报上以后要多介绍为农村的团体。③创作：力量不小，但也不多。要一个一个安排作家、艺术家深入工农兵和进行写作。这是"重点生产安排"，主要作家就是鞍钢、武钢。剧院应让剧作家下去。④特别加强电影和舞台剧本的创作（200电影剧作家不算多）。⑤对传统剧目的整理、审定、改编，应当建立机构，整理出来发给全国剧团表演，各地不能禁止。审定应走群众路线，还可以送给康老、总理看。要从文学加工到表演艺术加工、提高，使之成为稳定的遗产。戏研院①要以此为中心工作。⑥加强剧目和剧团的管理，要有一套办法。现在剧目完全是自由市场，我们应搞成计划市场。文化部、剧协每季度向全国推荐，计划与自由相结合，保证方向靠思想与管理。全国100剧目，定期推荐好剧目（《芙奴传》是好剧目）。剧团不管国营、民营，应以思想教育第一，能不要补贴就好，应当不上交，不能追求利润。⑦开展群众歌咏运动，发展民族民间音乐。不适合群众的音乐形式太多，显得突出。交响乐、芭蕾舞、油画要搞，不能搞成唯一。⑧艺术教育要改进，有成绩，在民族化方面也有，但它原是学外国的。要建立与民族传统相衔接的教学体系。要把发展民族的艺术（如画、声乐等）摆在重要的地位。⑨中外古典出版继续整理，作序、评注，先搞重点。⑩文艺刊物的改进，要发现新的作家。表演方面较认真，但作家、剧作家少，刊物要发现新家。发现了要加以介绍。⑪文艺评论队伍，每省要搞，专业评论家太少，能不能在写反修文章中发现一点，研究所、创作所、编辑部，要有几个专门搞评论的。⑫文艺干部培训，包括领导干部、作家、编辑。

3. 几点意见：要树革命文艺旗帜。①要继续发扬革命文学的传统，即战斗作风，这是十三年取得成绩特色之一。此传统

---

① 指中国戏曲研究院——编者注

从五四，延安文艺座谈会，到解放后。传统是两点：一，从来和资产阶级思想做斗争，各时期斗争的方式、内容、深度不同。二，总是要和群众相结合。毛说，延安文艺座谈会是一场与反马克思主义斗争的产物。其时，关门提高的、脱离人民的，打不倒反人民的。现在，凡继续与资斗争，加强与人民联系的，文艺即发展，反之即衰落、停滞。文艺座谈会传统不要与五四传统对立，五四缺点一是局限于知识分子，二是有片面性；但它是伟大的、生动活泼的、前进的。洋教条是五四的一个反动。五四对民间民族注意不够，但它公开肯定了《红楼》《水浒》，它提倡了民间文学，过去文人都只能偷偷地提倡。五四的科学、民主，我们继承了又加以改造。它的民主、科学，意义狭窄得多。文艺座谈会发扬了五四的积极方面。②如何更多方面，更有力地表现我们的革命的、社会主义的、人民的新时代。苏的时代精神是二十大、二十二大，S.时代是黑暗。我们与之不同。苏的"第四代"把资的没落、颓废的东西当作新东西（那是旧时代的东西），而只能说是历史的曲折。我是新时代新人物的精神面貌，这即时代精神。新时代由谁来定？有先进、有落后，生机勃勃为社会主义是进步；为名为利，为己为私，暮气沉沉，得志时野心勃勃的是落后。前者才代表时代。表现历史上的人物，也要写其先进的。时代的渣滓必须抛弃。是前者，即画山水、写历史人物、神话题材，也能表现时代精神（《水浒》有朴素的社会主义理想）。文艺的价值、政治作用，决定于它反映和影响时代精神面貌的深度。修正主义说，文艺的作用主要是批判。写先进就是对落后的批判，先进人物就是对旧时代最勇敢的批判家。《红楼》《水浒》是对旧最大的批判,《金瓶梅》没有正面的东西,虽批判也无力,因它的作者无理想。要从多方面反映时代的变化,商业店员的新精神,也可以反映。主导不主导不在题材、文艺形式,主要是表现了时代精神。不表现时代的东西,看不出阶级的、民族的特点的,也可以允许。③团结一切可以团结的作家,发挥一切可以发挥的力量,从不反对革命到彻底的革命,发挥其长处,为世界革命事业服务。尊重每个艺术家的劳动,这才可以体现"二百"。帮助其克服消极的、错误的,互帮互学。

会完已七时,即在民族饭店吃饭,遇见多年不见的老友董启翔,她现在广西文联工作,邀她到家,谈至九时余。十一时寝。

二十八日　星期日　天阴冷。上午,在家看送来的稿件,赵树理的《戏外话》,清理书桌。下午,四时,到院传达周扬同志在文联扩大理事会上的总结,并谈自己参加会的感想至六时。晚,到民族饭店参加联欢会,并请郭老写了一幅毛主席的诗。十时半归。十一时上床,与玮谈至十二时寝。

最近要做的工作:一、看李希凡、伊兵文章。二、改发言为可发表的文章形式。三、看刘保绵文章。

二十九日　星期一　上午,到院里与《戏剧史》、历史剧备课组及王彤谈话。下午,周巍峙、任桂林来院,与晏甬一道谈剧目审改组织及推荐工作的具体措施,和他们谈想调马可到歌剧院工作事,到六时。晚,到大众剧场看评剧院的《李双双》,戏还不坏,玮的导演工作有进步,比较细致,富于生活气息。再雯久不演戏，甚紧张、忘词、不敢大声唱，以致她的戏缺乏应有的效果。十时半归，十一时寝。

三十日　星期二　上午，读完伊兵的稿子，到院里《戏剧史》组，将最近发现《列女传》上夏桀末喜一条有关优的材料补入第一章中。十一时半，到东四旅馆与讲习会同志会餐，应视五一。十二时，田老来电话，约去曲园赴海南琼剧院的饭局，乃其演员来京学习，谢师宴也，至二时半始散。继至剧协开《戏剧报》编辑部会，至七时。疲甚，晚，电视中看朝鲜《红色宣传员》未终。十时半寝，因今日未睡午觉也。

五月

一日　星期三　八时起，因系节日，十时，全家赴中山公园、劳动文化宫游园，一时返。只有安谷未回家。午饭吃得很多。午睡至三时才起。下午，只读读报。七时半，看电视，歌舞。九时，带小孩去天安门看焰火，十时二十分回。读丹纳《艺术哲学》至十二时半，一时寝。

二日　星期四　八时起。上午，在家休息，安谷回，与谈她学习情况。午饭前小仓来，谈杜颖陶昨日死去，及华粹深来北京，拟明日请他吃饭事。下午，与玮带孩子们上王府井买东西，给安谷买鞋一双，另，买点心等。晚，从电视中看电影《燎原》，写安源矿工运动，张俊祥导演，甚好。十时半毕，为小果检查功课，清理书桌。十一时半寝。

三日　星期五　上午，开院党委会，讨论下半年工作计划的落实问题。十一点半，到江西饭店请华粹深吃饭，同席有黄老、郭汉城、韩力、李小仓，一时半毕。回家午睡至三时半未成寐，电话频来。起约戏剧出版社吴启文来谈《戏剧引论》修改出版问题，至六时去。接前读李希凡《四郎探母》文及一半。晚，向张玮、冯霞传达文艺工作会议林默涵的讲话及周扬同志在文联常理会扩大会最后的发言，至十时。十时半寝。

四日　星期六　上午，历史剧教研组开会，我提出了引言的大要，会上做了讨论，十时散会。与马绩研究"五反"与反修学习的进程，酝酿出一个日程来。十二点回家。下午，三时，到作协打针，要了些治感冒的药。四时回，看完李希凡文，并看完《文学遗产》增刊第十二辑上程毅中《再论古代历史剧》一文，颇有可取之处。晚，看电视至八时半，读方平《亨利第五》的序言，十时毕。十时半寝。

五日　星期日　上午，玮去参加小果学校的家长会去了。晏老头来诉苦说，老婆病了无人看顾，我将此事告知了马绩，将设法与晏甬一谈。下午，与玮往王府井购物，五时归。晚，电视中看青艺的话剧《雷锋》，此故事上舞台非常不易，搞成现在这样已很难得，十时半完。十一时寝。

六日　星期一　上午，到院。九时，与晏甬同去剧协讨论现代戏座谈会并入讲习会事，十一时毕，同在文联楼下午餐，并和他谈及人们对他与晏老头两口关系的舆论。12时半回。下午，到院送文件，交党费及看新文件，并看装好的显微读书机。四时回家，读有关历史剧的材料。四时半，张玮回，闲谈至五时半。晚餐后，与黎舟同到总政排演场看总政歌剧团的《夺印》，剧本较好，导演也还有可取处，只是音乐是失败的，十时半过了才完。到家十点三刻，读历史剧材料。十一时半寝。

七日　星期二　上午，到文化部党委开"五反"动员会。下午，三时，读有关历史剧《林则徐》的文章。晚，七时半，开院党委扩大会动员"五反"，九时半散。继续有关《林则徐》文，十一时未毕。十一时一刻寝。

八日　星期三　上午，读有关历史剧参考文章，《林则徐》文已读毕，甚好，都是经验之谈，有立场、有方法。继读叶元评《甲午海战》一文，也还不坏，下午读毕。四时，出外散步，五时半归。晚，读胡野桧关于《金山战鼓》一文，是重读，也很好。读郭老《郑成功》电影文学剧本，觉较啰嗦。十时半寝。

九日　星期四　上午，将"关于历史剧引言"的提纲拟好。下午，休息。晚，读《艺术哲学》至十时。

十日　星期五　上午，因头痛不适，将俞琳《戏剧史》中"传奇作家"一章读后，即去北海散步。十二时归。下午，开党委会，进行五反检查。晚，续开，为扩大党委会，所提意见多为干部培养方面，九时五十分毕。归洗澡，上床十点半。张玮十一时归。入睡又到十二点。

1963 年

十一日 星期六 上午,至院找汉城,听讲习会汇报。周扬同志来电话,要我写关于《四郎探母》文章。我告他李希凡已经写了,他让我帮李改一改。说,评论要有战斗性,又要有说服力。无战斗力光搞学术性就没有方向,失去目的;光搞战斗性而无说服力也不行,所以要有学术内容。还说,现在报上评论文章太少,要组织一些好文章。一人写,大家帮忙提意见等等。继与汉城谈如何修改俞琳文章,还谈到研究推陈出新、评论工作计划等。十时半,与林路谈音乐组以及他个人工作学习等问题。十一时半回家,读《"有鬼无害"论》至十二时半,未毕。下午,续读,此文甚好,有稍过火处,问题不大。三时,北大来人请十七日去讲《历史剧问题》。四时,去王府井买物。晚,电视看《刘主席在柬埔寨》及故事片《万木春》,后者写兴安岭林场管理工作的民主改革,故事简单,人物也不深刻,矛盾斗争未充分展开,至十时毕。读《艺术哲学》至十一时半。玮仍未归,上床不成寐,十二时玮回,一时,始入睡。

十二日 星期日 上午,带小孩们到北海散步,在茶座玩扑克,十二时回。下午,四时,胡仲实来谈讲习会学习情况至四时半。五时,与玮上王府井做裙子,七时半回。八时半,看电视中阿尔巴尼亚小合唱表演实况录音,九时半毕。补日记至十一时。

十三日 星期一 上午,读《艺术哲学》,毕第一编。下午,闫金锷来,谈至四时半。五时,往东安市场买面包,五时半归。秦和兴来,送红鲤鱼十余条,陈半丁画一幅,鱼未受,留画,与钱不受而去。晚,读《新旧唐书·魏徵传》,及《隋唐嘉话》

《大唐新语》中有关魏徵诤谏,太宗欲杀之,为长孙皇后劝阻事等条,至十时半。十一时寝。

十四日　星期二　上午,刘开宇来,为取录研究生名单作最后确定,十一时去。即读李小仓送来的,《戏曲史》昆弋诸腔的综述。下午,开扩大党委会讨论五反,我发了言。六时半,与玮请许多、凤桐在文联楼下吃饭。七时半步归,续读小仓文十一时毕。十一时一刻寝。

十五日　星期三　上午,与教学干部谈关于教学的一些想法。下午,到中宣部开会,讨论剧协的工作计划。林默涵主持,田汉、赵寻、张颖、任桂林、苏一平参加。晚,疲甚,略翻翻文件,十时半寝。

十六日　星期四　上午,给研究所讲我在文艺工作会议上的发言。下午,开扩大党委会做"五反"检查。从电视中看中苏女子篮球比赛。十一时一刻寝。

十七日　星期五　上午,重新看了一遍历史剧讲稿的提纲;读了李小仓《戏曲史》第三编综述的第一节。下午,到北大文学系讲"历史剧",六时,在其校内"勺园"吃饭,与其系副主任张仲纯和冯至同餐,同去的有李大珂,七时回。晚,从电视中看苏联影片《带阁楼的房子》。开时片头已过,疑是契诃夫的小说改编的。毕,甚疲,打太极拳十五分钟,擦澡后,读报至十时五十分。十一时寝。

十八日　星期六　上午，八时半，晏甬来谈教学部门的问题。九时半，到戏剧报讨论选题（第六期）至十二时半。下午，三时在剧协开评论组会，到场有赵寻、戴不凡、张真、刘乃崇、刘珂理、王子野、冯牧、李希凡、郭汉城，拟定了部分题目，并由部分人认定去写，至五时半散。晚，疲甚，整日闷热，至九时忽大雨，热闷稍减，略翻读文件。于十一时寝。

十九日　星期日　整日阴雨。上午，与罗合如、徐特玩扑克。下午，睡至四时起，天已放晴，与玮在街道上稍事散步。五时许，沙新来谈话剧史事，希望我看一看，以后再谈一次。七时，到院看戏曲学校实验剧团演的《三疑计》《行路训子》《恶虎村》三剧，这些戏都有一些问题，不改不能演，十时半毕。寝时已十一点半。

二十日　星期一　上午，在家改李小仓《综述》。十一时，到院部最后确定研究生名单。下午，党委开"五反"会至六时一刻。晚，在文联看泉州高甲戏青年演员演《许仙谢医》《昭君出塞》《桃花搭渡》《荀江波》四折子戏，甚有特点。《荀江波》之丑、旦动作，完全舞蹈化，且甚新颖。《昭君出塞》路子亦与一般不同，出四胡人舞蹈，二男二女以迎接昭君，欢乐与忧闷对比，但胡人甚热情而昭君等反以冷淡待之，为不妥处。《许仙谢医》亦别致，中出一丑徐乾，领许仙至白素贞处谢医，他剧种中未见。十时半返。十一时寝。

二十一日　星期二　上午，茅盾来院为讲习会讲历史剧问题，陪听至十一时半毕。下午，至作协打针，到王府井买物、取照片，在鼎新理发。四时，任桂林来谈戏曲编审委员会事至六时。疲甚，晚饭后，往取衬衫仍未得。归洗澡，闲读至十二时寝。

二十二日　星期三　上午，改小仓《综述》。下午，开党委会，谈"五反"。晚，在吉祥看高甲戏《连升三级》十时半返。十一时半睡。

二十三日　星期四　上午，在文化部听夏、齐部长作"五反"检查，很有启发。下午，与汉城等讨论几个具体剧目，为他给封建道德一单元的结束备课。晚，续改《综述》第二节毕。十一时寝。

二十四日　星期五　上午，为讲习会讲剧目问题。下午，细读李小仓《综述》第三节。五点，到丽影照相（为贴证件），到北京医院取药，到东四取衣服，七时回。晚，与马绩、晏甬谈"五反"检查问题至十一点。睡时十二点。

二十五日　星期六　上午，最后改完小仓文，送去，并检查《戏曲史》修改进度，约将推迟半月。下午，头疼，将李希凡文《四郎探母》看后发出，即将一些待看稿件带到北海，在茶座上独坐看了一个下午，六时归。晚，电视中看朝鲜片《分界线上的乡村》，编剧的艺术不错，但也和《红色宣传员》一样，觉作者的阶级观点似不明确，也许对于朝鲜的现实我们不甚了了，难作评论。十时半疲甚睡去。十一时张玮回，又醒，十二时复又入睡。

二十六日 星期日　上午，与玮领小珍去北海（小果过队日去了），看了扇面展览，其中有黄胄的一幅蒙古骑马图甚好。十二时归。下午，与玮上街试衣，即在东华门鑫记吃饭。晚，读有关历史剧材料。十一时寝。

二十七日 星期一　上午，在讲习会作历史剧引言，从九时到十一时半。下午，听讲习会关于鬼戏和我关于剧目问题报告的讨论情况汇报，到五时。晚，马绩、晏甬、黎舟来谈"五反"日程、声乐班的问题。八时半，改李小仓送来《戏曲史》前言，毕，读了张梦庚《谈京剧的丑角戏与丑角》一文未毕。十一时寝。

　　收到俞大缜自西郊来信，说中风入院后，现已出院到北大宿舍休养。

二十八日 星期二　上午，读颜长珂、沈达人、龚和德三人所写驳秋文谈戏剧哲理性一文。十时，长珂、达人来谈，我提出了一些意见请他们修改。下午，开编剧讲习会领导小组会，周巍峙、任桂林来参加。晚，翟强来谈在南京看到的戏，九时半去。马绩来谈"五反"检查提纲，至十一时。洗澡后，十一时半寝。

二十九日 星期三　上午，开扩大党委会，听取"五反"意见。下午，上王府井买物、洗衣，买《西洋美学史论丛》一册。晚，读曹其敏《神话与迷信浅探》至十一时。十一时半寝。

今日收到安谷信,收到《话剧五十年史料集》稿费百四十元。

三十日　星期四　上午,听讲习会小组长关于历史剧讨论的汇报。下午,读曹其敏关于鬼戏的文章,并与她谈意见。五点,与晏甬、马绩谈向部党组提意见的问题。晚,在院看北昆演《夜探武家园》《芦林》《草诏》等三折子戏,九时三刻毕。归洗澡,躺在床上读文件至十二时寝。

三十一日　星期五　上午,到文化部开"五反"会给部长提意见。十时回。下午二时,到电影资料馆看《万世流芳》与《林则徐》二片,六时半毕。晚,七时到民族宫看上海滑稽剧团演出《笑着和昨天告别》,十时半毕。十一时回。十一时半寝。

六月

一日　星期六　上午,曹禺来谈他的病和《王昭君》的写作情况,并到院图书馆善本室参观。十时半,与晏甬、马绩谈"五反"问题至十二时半。下午,读完七个中央文件,并将讲习会简报阅毕交晏甬。书毛主席诗二纸,一送董天庆结婚,一寄广州华嘉。晚,七时与张玮上街散步一小时,往贺董天庆。十一时寝。今日牙痛。

二日　星期日　上午,带小果、小珍逛北海,并上王府井,在文联吃午饭,二时归。午睡至四时,起后看报、休息。晚,看京剧院《彝陵之战》演伐东吴事，李和曾演刘备，唱得不坏，戏编得尚有思想性，惜前面太松，戏太长，尚可压缩。十一时毕，共三小时半。归十一时半寝。牙仍痛。

三日 星期一 上午，参加文化部在太阳宫体育馆七千人的全部"五反"动员大会，至十二时半。下午，四时半到北京医院治眼、拔牙，六时归，因拔牙后牙痛，精神不好，也没有好好吃晚饭。九时，再准备了一下"五反"检查提纲。十一时半寝。

缺四日日记

五日 星期三 上午，到文化部艺术局与晋南宣传部研究在那里办县专剧团训练班的事，十一时半归。下午，三时，开扩大党委会对"五反"检查提意见。晚，与晏甬、马绩、黎舟研究"五反"日程，向群众做报告事至十一时。十一时半寝。

六日 星期四 上午，向全院干部做"五反"检查，至十二时半。下午，翻书，考虑历史剧小结问题，特别时代精神问题。晚，听历史剧小组讨论汇报，至十时一刻。十一时寝。

七日 星期五 上午，八时，黎舟、马绩、晏甬来谈"五反"日程。九时一刻，到院与讲习会全体谈历史剧学习的日程、做法。九时半，到北京医院配眼镜，十二时毕。下午，看完贾霁谈《雷锋》剧本的文章，提了意见，寄送戏剧报，并到王府井大明配眼镜。晚餐六时半，拙成来自天津，是为治病的。七时半，在空政礼堂看《甲午海战》电影,虽然有些地方,语言、生活习惯不合乎历史情况,但甚有激情,是个好片子,九时半归。十时一刻寝。

八日 星期六 上午,焦菊隐在讲习会讲话,在场主持。下午,看《戏剧报》稿件。四时,马绩来谈"五反"情况,至六时。晚,从电视中看朝鲜片《要爱未来》十一时寝。安谷今晚回来,病已好。

九日 星期日 上午,收拾屋子,与玮、安谷上街买东西。下午,一时,到民族宫看上海滑稽剧团演独角戏:《拉黄包车》《满面春风》《上海广东话》等。因未午睡,特别疲乏而且头痛,晚餐后,即困顿不堪,八时,和衣睡到十时,即脱衣就寝。

下午,拙成带来她姐姐大女儿,在师大外语系学习的李文绮,在此晚餐。

十日 星期一 上午,六时起,七时,读布莱希特的文章(载《戏剧理论译文集》第九集)完两短篇。下午,续读至五时,又完一短篇,一长篇未完。五时,到院,与大珂商量历史剧大讨论会程序。五时半,听研究所关于讨论剧目问题的汇报,至六时。遂与汉城、俞琳谈研究所思想工作及会后计划等,至六时半。晚,七时,马绩来谈"五反"日程。七时半,到院开党委会,听"五反"汇报至十时。十时半寝。

收到冰心信。张绳武的状居然告到她那里去了。即转教学部门,并拟复一信。

十一日 星期二 上、下午，均主持讲习会历史剧的大会发言。晚，看京剧院四团《满江红》，整个戏尚好，只是尾上加一牛皋扯旨，似觉多余。十时半回，十一时洗澡，十一时半寝。三时后，为灶马叫醒，以后睡得不好。

十二日 星期三 上午，主持历史剧讨论会。下午，休息。五时半，黎舟、晏甬来谈研究生班等问题。晚，七时半，在院讨论讲习会、进修班结业等问题至十时半。回家洗澡，又翻读《杨家将演义》至十二时半寝。

十三日 星期四 上午，主持历史剧讨论会。下午，开会讨论研究生班教育计划。晚，从电视中看 27 届乒乓球影片。十时寝。

下午会前，还参加了一个《戏曲史》室召开的各省有关《戏曲史》协作的座谈会，谈了我院《戏曲史》工作的情况。

晚饭前，石来鸿来谈他的剧本。

十四日 星期五 上午，准备历史剧小结。下午，作小结。晚，开党小组会至九时半。十时半，晏甬、马绩、黎舟来谈至十二时，所谈为"五反"日程等。

十五日 星期六 上午，看"五反"中所提意见，十时，开党委会谈"五反"日程等。张玮的胃病复发，于上午九时送平安医院。下午，写给熊佛西、吕复、周信芳、袁雪芬等信五封，交王彤带上海，交涉选拔美术干部及召开舞美学术讨论会事。五时，前往平安医院探视张玮，她病尚不太重。七时，归。晚饭后洗澡,与马绩谈星期一做"五反"讲话事。乘凉至十一时寝。

十六日 星期日 上午,作草书数纸。十时,领小果、小珍、黎舟儿子宁宁去看海防前线展及香港画家武步云油画展。海防画展使人想起北大荒木刻展,但比起来却大大缺乏生活情味,也缺诗意,因这只是专业画家短期旅行之作,非寝食其中之具有深刻感情也。武之油画甚有工夫,作者作画三十年长期锻炼而得,所画风景注重阳光季候感,是追随印象派及后期印象派者,所作人像则甚工细有实感,有的描绘神态甚工肖。

下午,四时,去医院看玮,五点三刻回。晚,马绩来谈"五反"中"自我教育"阶段的动员讲话内容,晏甬继来参加谈至十时寝。收到苏堃信。

十七日 星期一 上午,从广播中听中央对苏共中央复信,继从报纸补读毕。戏剧报送封面稿来审查。十一时,前往理发,十一时半毕。下午,二时半,对全院工作人员作"自我教育"动员一小时,继与晏甬、马绩谈整改工作步骤至六时。晚,管纵来谈回去办讲习会等事至十时去。十一时寝。

十八日 星期二 上午,到剧协与智利专家鲁宾夫妇见面,他们是《人民中国》西班牙文版的编辑,在智利是共产党员,智利大学的戏剧系教员。谈了我国的戏剧情况,至十二时。会见前与戏剧报小田谈如何组织有关话剧导演的文章。下午,读"内部参考"等文件。六时,到来记吃饭。毕,到本院后台去看广西京剧团的同志。晚,看他们演《跑城》《三堂会审》《雁荡山》三戏,至十一时。回家洗澡毕,在灯下读"内部参考"至十二时寝。

十九日 星期三 上午,开党委会,谈整改。下午,与晏甬、汉城到部向齐、徐平羽两部长汇报讲习会情况。晚,开党小组会讨论"五反"中自我教育的问题。九时回,读《戏曲史》第四篇中《白蛇传》一节,发现其中有硬套历史唯物主义的地方。十一时寝。

二十日 星期四 上午,开党委会讨论整改。下午,临池,写五六纸,无甚进步。晚,唯乘凉洗澡,未作何事。近日天热,除开会外,不能作何工作。十时半即睡。

二十一日 星期五 晨,七时,正打拳,辛原来,谈到八时半。即去开党委会讨论整改,至一时毕。下午,三时到王府井取眼镜、买物。四时,去平安医院看张玮,气色已好多了,脸也圆了,五时半归。辛原来,七时去。晚饭后,与考研究生的南开学生吴乾浩谈话,印象尚好,九时回。休息,看电视,十一时寝。

二十二日 星期六 上午,在剧协为戏剧评论组召开记者招待会。下午,仍在剧协开《戏剧报》选题会,至六时半。到王府井买水果,七时回。晚,浴后,电视中看《夏伯阳》,十时半毕。读沈达人等三人所写驳秋文关于戏剧哲理性之文,十二时毕。

即寝。

二十三日　星期日　上午，与沈达人、龚和德、颜长珂谈他们的文章。十时，听萧晴在河南所作筹办声乐班调查的汇报。下午，三时，到医院看玮，遇许多带来《夺印》舞台设计稿，谈了许久，六时回。晚，洗澡，乘凉，未做别事。至十时半。

二十四日　星期一　上午，八时半，到部学习，这次要学习一星期。先在礼堂听齐部长动员。十时，分组阅读文件。我院这次晏甬、马绩、舒模、马可一同参加，并与大楼黄洛峰等编为一组，共十人。十二时，回家午餐、休息。二时半，复至大楼学习，仍阅读，至六时，读76页。晚，在文联大楼看宜昌京剧团演现代戏《茶山七仙女》此戏剧本不好，故事、语言、人物均不高明，内容仍留有浮夸遗迹，但音乐甚有创造性，表演尚好，道白有人念韵白，不调和。十时半归，十一时寝。

二十五日　星期二　上午，八时半到部学习，先开小组长会，决延长学习期两天，到下星期二　。继读文件，至十一时半。回家午餐后，读报，俞赛珍来，谈评论组事。一时午睡。下午，二时半仍在部学习，至六时，读完全部付件，并将决定重读一半。晚，浴后七时半开党委会，讨论自我学习至十一时半，寝。

二十六日　星期三　上午，在文化部听传达《胡耀邦同志传达主席在杭州会议的讲话》及其他两个小文件。下午，精读《中共中央关于目前农村工作中若干问题的决定草案》六时毕。晚，与曹其敏谈她的文章的意见。接待广西京剧团王珏几位同志等。与汉城谈如何参加《茶山七仙女》座谈会的问题。八时半，看宜昌京剧团在我院所演小戏《祭塔》《闹学》，十时半毕。天热不能寐，在床上看报至十一时半。

学习中，曾与王子成谈我院方针等问题。

二十七日　星期四　上、下午，均讨论文件。晚，大热，不能工作，澡毕，乘凉。十时一刻睡。

二十八日　星期五　上午，在部学习。下午，三时，做"五反"自我教育小结和整改的动员。四时，到周扬同志家汇报讲习会情况，准备他来讲话。晚，八时，周扬同志来做报告。他说：

创作要通过形象，没有形象，虽有好的思想，也出不了好的作品。作家不要纠缠在概念中。我从事创作，不管它是历史剧、非历史剧，合乎二革，不合乎二革。

编剧队伍成绩很大。地方戏在推陈出新上成绩最大。但编剧力量薄弱，需要一个很高水平的编剧队伍，我们时代应有沙翁和关汉卿。整理了民间的东西。剧作家有相当大一部分是民间传说的再加工，因传说有了初步的经验，有丰富的情节。没有沙翁，可以来一个集体的沙翁，即把编剧的力量组织起来，看书、生活、搞选题计划，做十年二十年计划，也许从中会出来个别的沙翁。现在的剧目是比较自流的手工业的方式，被动的状况，缺少长远、主动、积极的方针。戏曲是强大的工具，又是遗产，我们采取什么方针？戏曲和话剧不同，有改有编。两方面：1.它是旧时代的产物，尽管包括不少人民性的东西。

人民性的概念，各时代不一样。人民是一个时代的被压迫阶级。封建时代，资产阶级和市民包括在人民之中，当然劳动人民还是为主的。封建统治者中也可以有人民性。马克思说，凡各时代的杰出人物总是通过有形无形的线与人民相通。历史上的大作家也都如此。故人民性也还要作阶级的分析。但戏曲还是反映了旧时代的东西，对旧时代辩护或批判，但总不能反映社会主义。它每天在人民中起作用，也就起了巩固封建的作用，所以必须对之采严肃的态度。2.它有遗产、传统、丰富知识，对于优秀人物的记忆、智慧，表演的高度技巧等等。不搞这些东西也不行。如何消除有害的方面，保留发扬其优秀的方面，是我们的任务。必须有一强大队伍，有计划地去做。手工业的方式是不行的。分散之外，还必须有集中去搞才行。延安时提出了推陈出新，解放后又提出了百花齐放。现在必须进一步革新，第二次革命。全国三千剧团搞极少数来进行一点新的尝试。内容方面，把颠倒了的历史颠倒过来。颠倒不是简单的上来一群群众，而是将唯心的历史变成唯物的。作点试验革新，搞专家、群众、领导三结合。戏曲要有更多的革新精神和勇气。经过试点来革新。

时代精神，这话很抽象，各有各的看法，你有你的看法，我有我的看法。所谓时代，是三分之一的无产阶级尚未取得政权，尚未解放。要不要革命？三分之一解放了的社会主义国家，要不要继续革命？亚非拉美要不要反帝，反帝之后要不要搞社会主义革命？我们的文艺应当不是去巩固旧的习惯、思想、制度，而是去巩固新的。这就是时代精神，即无产阶级的革命精神。意识形态是一条重要的战线，搞得不好，它会反过来起瓦解基础的作用。另一面又要继承民族的传统，爱国主义的精神。封建道德肯定不要继承。不要抽象地讲，不能继承忠孝节义、忠君等。要观察历史人物在他的时代起的什么作用。继承岳飞，不是他的忠君，而是他抵抗外来的侵略。人类历史，有个共同背景，要劳动，联合起来的劳动，在阶级社会有阶级斗争的背景。不管在生产斗争、阶级斗争、科学试验中，给社会的前进起了推进的作用。在这些斗争中养成了好的品质，值得我们学习。这不是什么封建道德。还有一类只属于经验的东西，如《将相和》之类，是处理其内部关系。时代精神的表现是用马克思的历史唯物主义的观点。因为只有今天才有历史唯物主义。还有时代精神是表现先进阶级的精神，要适合他们的心理。我们不要反历史主义，但写戏的和看戏的都是今人。作者必须用今人的观点、方法去看历史，并考虑到今天观众的需要，不是从古人的观点去看。当然不要用今人的条件去要求古人，是用今人的观点按古人的条件去要求古人。

"二革"，是现实主义与理想主义的结合。要写历史的现实，但要写出理想。是可以在历史剧中体现二者的结合的。

对每个编剧工作者不要以为只读点书就行了，要看中国的，也要看些外国的。有两点：一，马列的学习（甚至还要多一些，因为要对付历史），批修的文章。二，一定要参加生活、劳动。还要有做基层工作的经验。

还要写些近百年史，新民主主义革命时代的历史。

十时半毕。周扬同志又继续与周巍峙、王子成、赵寻、戴不凡及晏甬和我们谈到十一点才回去。

十一时半寝。

二十九日　星期六　上午，在文化部学习，先听了几个文件传达，然后集体准备发言。下午，二时半，在院里继续给干部作整改动员。三时半，去部里学习，参加讨论会。晚，七时半在院给广西京剧团讲话，九时一刻毕。回家从电视中看电影《怒潮》是描写秋收暴动事，尚好，张平主演，还不错，有的人物感觉性格不鲜明。十一时寝。

三十日　星期日　上午，李萍来，他在这里工地上实习，与他谈及这几年大学课程方针的变动等事。现在是注重基础课了，同时也注重实习，这样可以解决学校教育与实际的脱离，这个问题值得我们整改工作的参考，当然也有所不同。作字数张，觉略有进境。下午，三时，带小果、小珍和萍一道去看张玮，谈及小果、小珍考学校的问题，张玮同意小果到外语学校去一试。晚，到长安戏院看四团演《挑滑车》《三击掌》《强项令》。前二戏功夫不错，亦尚能注意演人物。后一戏是近来新编的好戏之一，惜结尾处尚稍草率，长公主之转变态度感到突然一些，这一点是可以改的。十时半到家。又与韩娘谈小果入学事，她疑虑甚多，说服了半天，说服落后，是一件难事。十一时寝。

七月

一日　星期一　上午，到文化部学习，听读了几个文件之后，即开讨论会。下午，续开。晚，休息，乘凉至十时半寝。中午，找小果的级任老师谈他的学习问题。

二日 星期二 上、下午，均在文化部学习。上午，开讨论会，下午，总结。晚，在艺术局开会，讨论如何执行周扬同志的指示，到者有徐平羽、周巍峙、任桂林、马彦祥、张东川、赵寻、晏甬等。最后徐发言，说周扬同志的意思是要我们搞剧目，办实验剧团和戏曲批评，到底如何搞，以后再讨论。十时半散。回家后，又与晏甬谈了半天。十一时半才上床。

三日 星期三 上午，与马绩、黎舟、黄叶绿、郭汉城开会，传达昨晚在艺术局开会情况，并讨论办法。十一时，徐平羽来电话，即与晏甬同去汇报讲习会情况，并谈了我院干部对办剧团等初步反映。下午，休息，书杜甫《秋兴八首》四纸。晚，浴后看电视。十时半寝。

四日 星期四 上午，开党委会。下午，开扩大党委会，传达了周扬同志对于我院工作的意见，和戏曲革命的意见，到会同志均表示了决心，要坚持戏曲革命，完成上级所给的任务。晚，看毕业生的展览和表演，有几个小品和片段，都还不错。十一时余才散，十二时睡。黎、马拟出组织系统。

五日 星期五 上午，参加讲习会结业、专修科毕业典礼，作主席致辞。十二时，照了相。下午，参加讲习会的联欢会，与人作字十余幅。四时半，往医院看玮，六时过回家。晚，七时半，在政协礼堂看北京戏曲学校实验剧团演出张梦庚、王雁新编剧

《于谦》，还不错，演员嗓子很好，唯不善演戏耳。十一时归。洗澡后十二时寝。

六日　星期六　上午，看完曹其敏论鬼戏的文章，并寄给陈笑雨。下午，与马可、舒模、李紫贵研究拟订实验剧团方案。晚，九时半早睡。

今日玮自医院回来。

七日　星期日　上午，与玮同到美术馆看江苏水印木刻和朵云轩印品，见有张旭草书等。午，在东安市场吉士林吃饭。下午，老季来为张玮打针，谈到张玮的养病问题。为林汉标书扇。晚，从电视中重看《黄河大合唱》影片。十时寝。

八日　星期一　上午，九时，去北京医院看病，因满身起了一些疙瘩，奇痒，并请眼科大夫检验新配的眼镜，十时归。读曹昌五写的湖南、湖北、河南三省戏曲舞台美术工作情况的调查报告，未毕。下午，看马绩所拟实验剧团方案。晚，马绩来谈剧团方案至十时。洗澡后寝。

九日　星期二　晨，七时半与玮到公园，八时半回。上午，开党委会讨论院的新方案。下午，开院委会，讨论放假等问题。晚，萧晴来谈，表示不愿参加音乐院校的课改调查。晚饭后，与玮散步至八时。浴后乘凉至十时寝。

十日　星期三　晨，七时到公园，八时半归。最后看了沈达人等三人驳秋文文,并送还。读完曹昌五报告。下午,将上海戏曲班一文寄戏剧报。三时,贺敬之来,谈戏改、新歌剧等问题,并给乔羽一电报促回京一谈。五时半,到院与叶枫谈萧晴参加学校司调查工作事,并取回院的新方案草案。晚,电视中看西班牙片《马歇尔,欢迎你》为一讽刺片,甚好。十时半寝。

十一日 星期四 上午,到文化部听齐燕铭同志作领导补充检查。下午,到院,修改院的改进计划,交付打印。和杨培林谈他调工作的问题,和曹其敏谈她的文章和红专道路问题,批了几个文件。晚,许多来,饭后,与玮、许多同出散步,八时半回。洗澡。近日皮上生风疹,奇痒,医生给的药擦了也不见好,但仍不得不擦。十时寝。

十二日 星期五 上午,到医院看病,医生断定是荨麻疹。到王府井理发。下午,到院办公,与马绩、黎舟研究新机构人选。晚,到人民剧场看京剧四团演《春草闯堂》,向莆仙戏学了一些表演,这样就有了一些新鲜感,京剧演员只要虚心向地方戏学习,它还是最优秀的剧种,前途是远大的。十时半毕。归十一点,洗澡后睡已十一点半。

十三日 星期六 上午,在院办公。看《戏剧报》稿。下午,在人大会堂听周总理七月八日在人大常委会报告的国际问题部分。晚,看电视《昆仑山上一棵草》故事太简单,不能吸引人。

十四日 星期日 大热。上午,老季来,共包饺子。下午,三时,周扬同志在宣传部教育楼召开小会。参加者徐平羽、赵鼎新、吕骥、赵寻、周巍峙、林默涵等。周说：

文化如何反修，现在正在谈判。结果无非拖和分裂，我不主动搞分裂，但要坚持原则。文艺上要组织一些文章。全世界冲击帝国主义的力量何在？我们说是亚非拉美的民族革命运动，他们说这是非阶级观点，应是西欧工人阶级。是否世界革命也是"乡村包围城市"。因为西欧工人阶级不觉悟，不起来。实际上他们是地区、民族原则，只有白种人高。如以政治来看，是东方先进。故必须突破西方先进的观点，从思想上要从西方观点解放出来，国内又必须从封建观点解放出来，使得以中国为中心的社会主义文学艺术有一个新的高涨，来与西方资产阶级文化斗争。要有雄心壮志，战斗目标。这是形势问题。

戏剧成绩很大，但从领导、从个别剧种如京剧来说，"二百"方针做得不够，甚至有违反"二百"的地方。应检查一下政策到底执行得如何？禁禁鬼戏，是头痛医头之类，不解决根本问题。（百、推，是经过百而出新，落在出新）。

建议：一、先摸摸材料、问题，准备在八、九月进行讨论。检查一下《戏剧报》《文艺报》的文章，看看是否违反推陈出新（鬼戏总不能说推陈出新）。是检查，不是检讨，解决思想问题。可以有批评，也可以有自我批评，也可以先写点文章，要批评与自我批评。（推陈出新：是新思想，新艺术风格）1. 检查方针。2. 总结经验。3. 准备讨论。4. 发表文章，以推陈出新为主题。

二、组织以戏曲学院为基地的戏曲编剧基干队伍。不完全是旧人，要有旧的修改，新的思想。演员不是问题，问题是领导、编剧。北京也可以组织一个分工合作。眼光不只看到京戏，也不只是整理改编，不是全国的都从这里出，而是有联系，可以将全国的人请来。开始少一点也不要紧。

三、选定十三年来的剧目。先不要改，只作文学的加工。明年一年印出来。在《戏曲选》基础上重选。（陶君起的《京剧剧目初探》序上说：除极少数外，都是好的。这是不好的，这书只能内部出版。《彝陵之战》也不好，失败主义，《三喜图》）五十种提出剧目来以后，可以发给专家、领导。

四、推荐剧目，由文化部来做。两种，一内部交流，二定期推荐。

五、奖励：（定一意见：京戏演现代剧不容易。《七仙女》要奖励。）包括会演、奖状。（评剧院写篇文章介绍。）对旧艺人要教育。（少奇说，要允许人犯错误，还是要进行教育。）有些名演员、名教授，不到入党的水平，不要入党。

鬼戏，在党员中欣赏它，有一种颓废的情绪，不健康的情绪。

戏曲改革还要不要改，似乎不要改了，在一个时间，在某些单位中间，似乎把推陈出新丢在一边了。

主席说，"批判要讲理。"不斗争是错误，但要讲理、批判。新观点、新人物、新风格，有了这些才能推陈出新。

主席还说，"不要一个腔调，苏联就是一个腔调。"将来的讨论，关于鬼戏、封建道德，应当有多种意见，这样比较自然。

主席提倡读书：读马恩列斯，说"不要先读我的书。"

少奇说："一定要下去，与其做地委书记，不如做县委书记；与其做县委书记，不如做公社书记。下去年把。"

一个读书,一个下去劳动。

主席说:"书要写序、写注,要比原文多几倍,我也愿意参加这个工作。"又说:"修正主义搞马克思的早期著作,是很自然的。萧军搞鲁迅的早期。我的思想经过封、资、共。"

主席强调学历史,一个哲学,一个历史。

剧目的技术是否可以移植。

从几张桌子上翻下来,是杂技,可以放到杂技中间去。戏迷要照顾,但究竟是少数。

默涵:首先要统一干部和评论工作者的思想,否则工作推不动。改革实验,剧目讲了多年,也是如此。评论界有所改变,但还有距离,如鬼戏。"封建主义"开始在变,但也还不完全明确,因此要认真谈一下。问题:封建道德,鬼戏,人民性,推陈出新,艺术改革。可以先写几篇文章。但真正的好文章还是在会后。

剧目工作:1.创作;2.改编;3.选编;4.推荐。

反修文章,不要各方面都写,主要还是文学方面。

周扬:推荐剧目要有点思想。

×

晚,从电视中看福建前线部队业余文工团的晚会。七时寝。八时余,大雨至深夜,炎气稍杀。

十五日 星期一 上午,到院向晏、马、黎传达周扬同志讲话,并研究下午在部开会的办法。下午,在部开会,由徐平羽召集,参加者有我院党委部分同志，艺术局有关同志，决定调戏校剧团来交我们做试验，并由我们代部向中宣部写一此事的报告。晚，在院与晏、马、黎一同研究如何安排我院工作，至十一时回，玮告我今天带小果上街买物，丢失钱物三十余元。十二时寝。

十六日　星期二　上午，给徐平羽写了一信，谈谈昨晚我们所谈的工作安排，请他在部长会议上提出研究，即至院交晏、马、黎看过发出。十时半，带玮到文联大楼打针，未成。下午，三时，再去作协给玮打针。自己附带检查血压，左手130/96，右手135/96，仍稍高。继至王府井买汗衫等物。晚，看电视，十一时半寝。

十七日　星期三　上午，为毕业班同学题字两张。九时，听讲习会结束的汇报。下午，与马、晏、黎研究整改问题，并决定明日下午开一扩大党委会向党员干部谈谈情况。晚，再看张家口京剧团的《八一风暴》（吉祥），经过紫贵整理，比前更好，有了人物，但仍是没有好看。十一时回。十一时半寝。

十八日　星期四　早，晏来，谈整改方案。九时，徐平羽来电话，谈齐部长昨已与周扬同志谈话，我院方案不变。已组一小组筹备戏曲方面工作，人选：徐组长、我与赵寻副，有任桂林、周巍峙、晏甬等。任务为：一，准备戏曲问题讨论会；二，筹备院的调整工作等。九时半，至院部将此消息告知晏、马、黎等。十时半，侯星来，言今晚赴沈阳，希望临别赠言，谈至十一时半。下午，开扩大党委会，谈了情况，并做出了这一阶段工作的安排。五时，专修科毕业同学会餐。六时半，入浴。七时半，到礼堂参加专修科毕业的联欢晚会，八时四十分归。十时寝。

十九日 星期五 上午，看紫贵、刘保绵评《八一风暴》文，并与他们谈了意见。继看何为改出的《昆山腔的表演》一文未完。下午，三时半，到文化部开徐平羽召集的"关于院及戏曲工作的方案"。六时回院，布置李大珂等四人搞戏曲问题资料。继与马绩、晏甬谈工作安排。晚，开党小组会。十一时半寝。

二十日 星期六 上午，为《戏剧报》写一短文谈《八一风暴》二千字。读完《昆山腔的表演》，并送出。下午，读戴不凡谈现代戏一文，提了意见后亦送出。晚，休息。十一时寝。

二十一日 星期日 上午，韩娘带小珍考学校去了，乃与玮出去吃饭。九时，至西郊公园。十一时，到莫斯科餐厅吃饭，十二时一刻毕。返家十二时三刻，小果尚未回，乃入浴，休息。下午，与玮共读《苏共中央告党员书》，殊不可耐，未毕，老季来。晚，再入浴。十时半，从电视中看中共代表团自莫斯科归来新闻片。十一时寝。

二十二日 星期一 上午，与晏、马、黎谈人员安排。下午，接待巴西记者谈京剧。四时，看《戏剧报》稿子。五时，读《人民文学》第七期。晚，八时，在人大会堂听总理对应届毕业生的报告。（略）

讲话十二时半毕。归一时半寝。

二十三日 星期二 上午，与马可、舒模、汉城、黄叶绿谈院的机构、人事，和晏甬一道谈。至十一时半，并将情况告知马绩。下午，三时，与俞琳、达人谈理论室的人事工作。四时，与叶枫谈他的工作。五时，与马绩谈今后干部学习计划。晚，过去华大舞蹈团的张维来看玮，他现已改行学中医。八时半，三人和陈怀平一道到东四工人俱乐部去看英国电影《罪恶之家》，此剧似"愤怒的青年"的作品，编剧、表演均有独到之处，十时半散。十一时寝。

二十四日 星期三 上午，和晏甬与任桂林谈剧团工作，人员、方针等问题。下午，大雨，与玮共念《苏共中央告党员书》，这回算念完了。五时，校对戏剧报送来的短稿。晚，与郭亮谈工作，八时毕。

今日得陈启来信，谈祝肇年《中国戏曲》书中有关闽剧的问题，已转祝。

九时半，看电视。十一时寝。

二十五日 星期四 上午，与李小仓谈院的工作变动。九时回家，为安谷、玮传达周总理对应届毕业大学生的讲话。下午，与晏、马、黎谈明日如何开扩大党委会。晚，到黄芝岗家与之谈院的变动情况并征询意见。十一时寝。

李萍今日来。

二十六日　星期五　上午，八时半．与晏甬、马、黎研究名单。九时，开党委扩大会，传达讨论院的方针、任务、组织、人员名单等，并进行了讨论。下午，四时，徐平羽召集会，汇报戏曲工作及我院情况。晚，开支部会，谈院调整工作中的思想问题，九时半毕。十一时寝。

二十七日　星期六　上午，开院委会，讨论新机构及负责人名单，并讨论了新机构的工作任务等。下午，开党委会，任桂林也来参加，着重讨论了各室和团的任务，及其互关系问题，还讨论了对群众的思想工作，及韩力的工作，作了决定。晚，乔羽来，交换了对于革新剧团的看法，并答应供给我们剧本，十时去。十时半寝。昨晚吃泻药，今日泻四次。

二十八日　星期日　上午，偕家人逛动物园，并在莫斯科餐厅午餐，一因孩子们都回家了，二因小珍考上了育群小学，又是七岁生日，一时半回。下午，休息。晚，老季来，张玮、陈怀平为她介绍王伯英。俞赛珍来，继找来孙庆仁，交代他向中宣部写汇报。八时半，马绩来谈星期二向全院补充检查即作整改报告的内容问题，十时去。十时半寝。

　　泻已停止，又回复到便秘状态。

二十九日　星期一　上午，准备补充检查提纲。十时，到文化部向徐平羽汇报整顿组织及重新配备负责干部情况。十时半回，与晏、马商量安排马可工作事，至十二时。下午，二时，马可来谈，即去。二时半，贺敬之、乔羽来，同至院内，参加实验剧团工作的座谈，此外尚有晏、马可、舒模、紫贵、任桂林、刘木铎、汉城等，谈至六时余。晚，八时五十分，至周扬同志家汇报，并研究戏曲座谈会开法，徐平羽亦在，另有苏一平，十时半归。十一时寝。

三十日 星期二 晨，六时，准备补充检查及整改报告。九时半，徐平羽来院宣布院的新方针及任务。十时半，赵寻来，与徐、晏、任、我们一起研究了戏曲问题座谈会的开法。最后周扬同志来电话决定先只集中少数人进行讨论并写文章，人在本星期内就要集中。下午，二时半，向全院干部作补充检查及整改报告，约二小时，并由黎舟宣布名单，马、晏均讲了话。六时，与俞琳、沈达人谈理论室的工作、人事安排与党的工作。晚，休息。十一时寝。

三十一日 星期三 上午，修改代部起草的给周扬同志信。苏一平来，传达周扬同志对筹备戏曲座谈会的意见。下午，三时半，在文化部开戏曲工作领导小组会，参加者又增加了史若虚、马彦祥。晚，参加理论室新成立的支部会，至九时四十五分。十一时寝。

八月

一日 星期四 上午，上院里起草信，未成，与许多人谈了话。与马绩、晏甬谈到今后工作困难及如何提醒干部注意克服困难等。中午，十二时三刻，往车站送田老等赴朝鲜，迟了，未送上。下午，大热，午睡至四时。到院听马绩、黎舟谈干部讨论院变动的反应。王文慧来，与张玮照了一些相。晚，电视中看总政文工团话剧《井冈山》。十时半寝。

二日　星期五　上午，与沈达人、李大珂搬到翠明庄集中写戏剧评论的文章，住204号，十时半，郭汉城搬来，这次准备集中的尚有李希凡、冯其庸、戴不凡、刘有宽。十一时，写完给周扬同志信。下午，开始读材料，《七侠五义》连台戏剧本。晚，七时，与汉城、达人、大珂到北海茶座与原剧目室同志共聚。九时半，与大珂转翠明庄，灯下读完《七侠五义》。十一时寝，窗外车声人声不断，终夜未安眠。

三日　星期六　上午，看坏剧目《桃花女》等数本，并最后审定付印资料数种。下午，继续审定资料。五时，出外散步至王府井。六时一刻，回旅馆晚餐。七时，回家。与玮到长安看北昆新戏《晴雯》，王昆仑编剧，阿甲导演，戏无甚动人之处，唯演晴雯、袭人二演员甚有前途，闻是上海戏校毕业的，戏甚长，十一时始毕。归寝已十二点。

四日　星期日　上午，卸煤、读报等。下午，大雨，原拟往美术馆看展览未成。在家与玮念了《人民日报》三日社论及本期《红旗》上舒强文章《演员的矛盾》。上午，索立波来，十一时去。晚饭后，与玮散步半小时。八时，看电视中西藏文工团歌手演出，未毕。九时半寝。

五日 星期一 早餐后，八时，回到翠明庄。上午，读了《戏剧史》第四编地方戏、音乐的两篇，并打电话给何为提了意见。下午，读了关于有关少数民族剧目的材料，又读了《史》第四编关于舞台美术的章节。四时半，出外理发。《戏剧报》送来第七期印样和第八期封面。晚餐后，与戴不凡、李大珂往天安门人民英雄纪念碑前散步，在东安市场冷饮，归九点。翻看历史剧材料，读了《红旗》1962年6期上戴不凡的《历史剧三题》。寝时十一点一刻。

六日 星期二 上午，往故宫文华殿参观曹雪芹展览，同行有汉城、戴不凡、达人、大珂，此展分六部：一、生平，二、时代，三、版本，四、其时服装器物园林等，五、电影戏剧中所表现出的《红楼梦》，六、工艺美术中的《红楼梦》。一、二等部分甚好，惜二部尚不全。这次主其事者为阿英，协助有丁聪、黄苗子等，看完大雨不止，电话叫院中车来接，始回，到招待所已十二时半。下午，三时，到美术馆参观中央美术学院研究生班油画雕塑展，甚好，有几幅如《延河边上》《在激流中》《三千里江山》《东方红》等在近年油画中均属上乘。内蒙画家妥木斯之《矿工》一幅，也很好，雕塑也有好的，如瑞雪、小胖等，但较油画稍逊。归四时半，看完戏曲中资产阶级感伤主义资料一件，并发出。又读完《戏曲史》汤显祖一节。晚，与汉城、达人、大珂玩扑克。八时，小仓、俞琳、长珂来，谈《戏曲史》有关章节，至十一时去后。寝。

七日 星期三 整日仍雨。上午，读关于鬼戏的原始材料。中午，曹其敏送关于"舞台艺术革新"的整理资料来，有一万五千多字。下午，看此资料，太啰嗦。五时，与戴不凡谈《戏剧报》编辑的工作。五时半，与汉城、达人、大珂玩扑克至六时半。晚餐后，七时，与汉城等散步至王府井，遇刘乃崇等。八时半归，澡后，读《路易·波拿巴政变记》至十一时半寝。

八日　星期四　上午，《戏剧报》编辑部贾霁、刘乃崇、司空谷来，谈今年以后各期的选题，十二时毕。下午，大雨。到宣传部开会，周扬同志召集讨论戏曲革新问题，到会者有林默涵、赵寻、晏甬、戴不凡、郭汉城、李希凡、冯其庸、任桂林、张东川、胡沙、史若虚、徐平羽、周巍峙、薛恩厚等。

周扬同志意思：应当有争论，有马克思主义。戏曲中马克思太少，几乎没有。列宁说，因袭力量是大的，但没有力量，因它是要死亡的。粗暴也要反对，但要分析。对于保守的人，要动它，它都感到粗暴。戏要为多数群众，也要照顾少数专家戏迷，但主要不是他们。青年戏曲演员保守，比老艺人还难改。因他们不像老艺人受过压迫。老艺人要尊重，不要伤害他们的感情，可以让他们演，但他们不能代替党的政策。

考虑几个问题：

1.方针问题。"二百"贯彻得怎么样？从领导上看，有方针不明的情况。开始三改，以改戏为中心对的。中间五七年右派进攻时开放剧目，什么戏都能演，是错误的。大跃进后提倡社主新戏曲，现代剧，方向是对的，有缺点，太急，要求100%，造成困难。纠正之后，文工会议批粗暴提倡艺术民主，必要，但滋长了保守倾向。要研究一下材料，取得经验。戏曲是群众性很大的,要考虑推陈出新,执行得如何?讨论的出发点:戏曲传统长,群众性大的民间职业艺术,如何能与今天新群众的新需要?最庞大的群众的需要?(包括学生)不只是欣赏的,还有教育的需要?至少,今天有相当的部分不适应。我们的时代要求多种艺术手段去表现,戏曲虽有困难但能表现,但它不去表现。其中矛盾,1.社主思想与封资思想;2.表现现代生活的矛盾。不能说无害就可以了,这样它会灭亡。一定要适应,不管多少年的努力,一定要有一个革新方针。妨碍革新的主要是保守思想,保守不克服粗暴克服不了。保守者,是在必须增加新的力量才能推行下去的情况下产生的。几年来有些议论是助长保守的,张庚《戏剧报》发表了许多意见,应当检查一下,以新的意见代替旧的。比方以为戏剧遗产绝大部分是精华,是不对的。五万中,精华只是少量的精华。如说,对于遗产主要是整理发展,而不是判罪的问题。戏曲指导理论中有许多错误的东西,一定要改变过来。戏改是否要有段落?是不是要说革新,要更进一步。坚持革新的方针,就是要推陈出新。一定要反对那种说法,"一阵,又是一阵"。不改,不符合国家人民的需要,也不合戏曲的需要。

2.剧目问题。方针归结到剧目,它是基础,没有新剧本,也就没有新的舞台艺术。我们舞台比起解放以前是根本不同的新面貌。但比起人民的新面貌,我们保留了过多的旧东西。人民的新面貌远没有充分反映在戏曲舞台上。一批是禁戏,一批是推荐的,一批是允许演的,三级火箭,形成了剧目的计划市场。

3.剧评。也有某种程度的混乱,提倡什么,反对什么不清楚。也可以说提倡了鬼戏，封建。要重新写文章，鬼戏采取讨论的方法。说"鬼的观念是客观存在"，难道客观存在的都要吗？"厚神薄鬼""好鬼坏鬼""写被压迫的鬼不是迷信""鬼戏有很好的表演"，要提到无神论，还是艺术服从政治，或政治服从艺术？还有从作家来看问题，过去作家不能正面写，今人为什么还要写鬼？这是作家的精神状态问题。（可以联系苏联写鬼）封建性、人民性，说忠孝节义有人民性，要继承是不对的，封建性、人民性是对立的。评论人物，是人物做了什么事，如岳飞是抗金。凡"忠"等，必须与具体内容时代结合起来。有人先把它抽象起来，然后偷运进来，加上劳动人民的内容。修正主义也是把"自由平等博爱"偷运过来。我们对人物评价，是赞赏他的行动。戏曲家还是要读马克思、列宁，戏曲不同马克思、列宁结合起来，改造不了，推不出新来。要有马克思、列宁，要有革新之志，要对人民有热烈的关怀，才能做好工作。领导思想首先要翻身。

会八时散。大雨中，回招待所晚餐，餐后返家。安谷已入天坛医院开鼻窦炎。看电视中京剧院演出的《白毛女》。十一时半寝。

今日李希凡、冯其庸已来招待所。

九日 星期五 昨夜大雨不止，至晨未停。八时半，乘车送玮至评剧院后，即赴招待所。因房漏雨，迁至210居住。召集大家开会讨论工作日程。刘有宽于九时来集中，至是人到齐了。九时半，徐平羽来参加会，十一时开毕。决定我分工搞"推陈出新"一题。下午,安排了一些小组的生活,与汉城谈了谈封建道德方面文章如何立提纲的问题。六时,与汉城、达人、大珂玩扑克。晚餐后,上街逛商店,买香果一斤,八时半归。晚,读《路易·波拿巴政变记》至十一时。

十日 星期六 上午,读过去自己有关戏改的文章,检查论点,读了两篇。下午,读《路易·波拿巴政变记》,北京市派来杨毓珉参加小组,谈了一会儿去。戴不凡来谈我的历史剧稿,继郭汉城来谈此稿。五时,与汉城、大珂玩扑克。七时,回家,与玮上王府井定做裤子一条。九时半回家,从电视中看了半场《首战平型关》。入浴后十一时寝。

十一日 星期日 上午,与玮带孩子们看中央美术学院的两个画展,帅府园的一个我是初次看,比起来差多了,美术博物馆的一个重看之下,也觉得这些画的确气势壮伟,但人物的描写是很不细致的。下午,带小果去天坛医院看安谷,她的一个鼻子已经开刀了,五时回。六时,到家。晚,张垚来,谈他在长影搞《花为媒》电影装置工作中的一些创造性尝试,十时去。十一时半寝。

十二日 星期一 早餐后到翠明庄。上午,九时开始讨论"封建道德",郭汉城发言,十二时毕。决定明日讨论剧目《珍珠衫》。下午,三时,戏剧报刘乃崇、刘珂理来,乃崇谈对鬼戏的种种反映,小组全体参加,大家认为要谈的问题一个是所谓"好鬼"的剧目和"好神"的剧目;二是神鬼戏的区别。晚餐后与汉城、达人、大珂散步至筒子河一带。七时半归,入浴后,即与汉城、达人念中苏会谈文件,至十一时。打太极拳,十一时半睡。

十三日　星期二　上午,讨论《珍珠衫》《一捧雪》及否定剧目对待于艺人的思想工作,对于技巧的保留等问题,十一时散。继续读《路易·波拿巴》下午四时读毕。与汉城、达人、大珂玩扑克。徐青送图片来审查。晚餐后与三人在工人文化宫茶座纳凉,九时半返。念中苏会谈文件至十时半。十一时睡。

十四日　星期三　上午,开讨论会。九时,苏一平、赵寻来,谈戏曲座谈会的筹备工作,至十一时。到北京医院看病,血压,左手135/90,右手130/86,有感冒,取药归。下午,三时,徐平羽、苏一平来,再谈筹备工作至五时。五时半,与汉城、达人、大珂打扑克至六时半。晚餐后,出外散步,八时归。大雨。浴后读《马列主义经典作家论历史人物评价》至十一时半寝。

十五日　星期四　微觉感冒,仍未痊。又吃二丸"灵翘"。上午,读文件第二本完一篇。下午,二点至三点再完一篇。三时,开讨论会,由我谈"推陈出新",徐平羽来参加。晚,回家,玮不在,翻读陈残云《香飘四季》,无大意思。十一时,张玮归。十一时半寝。

十六日　星期五　晨,八时,返翠明庄。上午,读文件完第三本。下午,讨论鬼戏,由李希凡讲,莫欣来参加,六时半毕。晚,与汉城、达人、大珂出外散步,八时归。读文件第四本,完半本。十一时半寝。

十七日 星期六 上午,戏剧报送来刘乃崇"鬼戏"文章,读后交戴不凡。苏戈来,一定叫我给中国新闻社写国庆戏曲文章,谈至十一时。读《光明日报》魏登贤《评吴晗论道德》文。下午,三时往中宣部参加周扬同志召集的会,谈戏曲座谈会的筹备工作,五时半散。车中途抛锚,六时半才回家。晚,看戏校剧团《火判》,群声河北梆子剧团《芦花记》十时半散。十一时睡。

十八日 星期日 上午,与玮带小珍赴朝外芳草地小学报到。下午,与玮带小果去看安谷。一天忙忙碌碌过去了。晚,玮去评剧院,独自看电视,林路来,谈至九时。入浴后,躺床上看《漱玉集注》,十一时半玮回。十二时入睡。

将中国新闻社稿托林汉标执笔。

十九日 星期一 上午,徐平羽、赵寻、张梦庚、张东川来共谈座谈会筹备工作至十一时;继赵寻又约戴不凡、刘乃崇、刘河理来研究对评论工作的发言,至十一时余。下午,苏一平来谈筹备工作,四时半去。翻看邓广铭《岳飞传》,头甚痛,乃出外散步至百货大楼,买橡胶拖鞋一双。五时半归,续读《岳飞传》。六时,与汉城、达人、大珂玩扑克。晚餐后,有雨,不能散步,仍玩扑克至八时。灯下读1956年《戏剧报》上批评我的文章,朱卓群的思想甚糊涂,唯李寅一文较清楚,至十一时半,尚只读了一部分。吃安乐神二片,入睡已十二时。

二十日　星期二　上午，小组开会谈莫欣送来的"编者按"稿，及研究了汉城发言的内容，十时毕。读《光明日报》上吴晗的《三谈道德》及宁可的《历史主义与阶级观点》。下午，到剧协为《戏剧报》主持介绍评剧院经验的座谈会，到者有胡沙、贺飞、薛恩厚、张梦庚、舒模、苏一平及《戏剧报》编辑部的人，六时一刻散。晚，雨。七时半，与小组同赴中宣部听默涵谈对于整理材料的意见，直到十一时才散。回翠明庄十一时半上床，十二时入睡。

×

默涵谈到解放以来戏曲工作说：

应当总结一下推陈出新的经验，现在存在的问题，将来如何发展。回溯起来，解放后戏曲工作可分三阶段：

1. 解放到1956年，执行政策较好，有很大成绩。"推""百"执行得很全面。

无"推"即无"百"可言。毛先提"推"，这是意义重大的，延安剧种少，不存在"百"，但对于旧戏哪怕只有一种也存在"推"的问题。解放后剧种很多，有的濒于死亡，有的被看不起，乃提出"百"，故"百"是对数量而言的。后来意义也扩大，渐及于流派、行当、风格和剧目的多样性。"推"则是对性质而言，即对戏曲这类传统文化而言。

要反映新时代，适应其需要，这个方针基本上是贯彻了。但有人反对。右的赞成"百"，不赞成"推"；左的赞成"推"，不赞成"百"。我们主观上执行此方针，但有时实际上背离它；再则方针的执行必须随不同的时间条件而有新的内容，但我们有时却是固定不变，停止无发展。

这阶段中央直接抓了，所以是正确的。文件有"五五指示"，它指出要重视遗产，又要革新。举行了全国会演，起了很大的推动作用；周扬同志的报告，《人民日报》的讨论，充分强调了重视遗产、又强调了革新，是正确的。禁了二十几出戏，是经过慎重考虑的，没有禁错了的。东北曾经要禁200多出戏，中央很慎重，制止了。评论方面，批了《麻风女》、赵艳侠等右的和反历史主义等左的。剧目方面，出来了一批新剧目和一批经过整理的传统剧目。

2. 1956年—1959年，这阶段，文化部摇摆不定，忽左忽右。第一次剧目会议是其开端。发掘传统剧目是对的，但把传统作了不适当的估计，强调了精华，不强调改造传统剧目和创造新剧目。在挖掘传统上夸大了成绩，夸大了挖掘和上演的数字，传统剧目中只有1%是不好的（应当说大多数是不好的），有些同志就相信这个，拿来写文章。1957年右派进攻，要求自由化，文化部就把禁戏全部解禁，提出"一切交给艺人"。这时有两个标志：一，《文汇报》为解禁大叫好，发社论《为解禁而欢呼》。二，陈梦家写一文在《北京日报》上，说"马思远应当解禁"，这都是资的叫好。下面是为鬼戏叫好的许多文章，只有少数反鬼戏的文章。是放弃革新，放弃领导。

后面是"大跃进"，现代戏热潮，因此文化部又左到片面强调现代剧，规定比例，追求数量（中央不赞成）。在剧团里，领导简单粗暴，评论上亦然。到1959年，随着文化部的检查得到了纠正。

这个时期是违背了"百""推"方针。

3. 1960年到现在：现代题材会演。政策上稳，现、传、史三者并重。但工作中存在缺点，主要是没有认真总结几年来的经验，解决思想问题，特别是右的思想没有解决问题（它只是在反右"大跃进"中间冲垮了而已），又没有拿出"推"的方针来，这就成了没有方针。结果由于纠左，右的东西又出来了。表现在对新的东西提倡不够，旧的东西又来了，新的东西停下来了。评论上出现了混乱思想，该反对的东西也没有反对。右的东西出来也还有社会上的单干风等。保守倾向在戏曲界占优势。

二十一日　星期三　上午，读有关推陈出新的材料。下午，到中宣部开会谈《光明日报》的编者按和七十个剧目定本的问题，周扬同志主持，六时散。回家晚餐。浴后，与玮谈现代题材戏曲剧目编导工作中的一些经验问题，他们准备要写文章，并把默涵对于解放后戏改工作分期和估价问题的意见传达给玮。十一时寝。

二十二日　星期四　昨夜睡得很不好，晨起精神不佳，背作酸病。八时半，到翠明庄，穆欣送来编者按，看后，又翻读了一些马恩列斯关于批判地继承遗产的问题的意见。下午，继续读了一些，人甚不适。四时，出外散步，到王府井取裤未得，买《张彦远历代名画记》一册，六时归。晚餐后，与汉城、达人等散步，甚疲，八时半归。读1960年《戏剧报》推陈出新讨论的文章至十一时。寝甚熟，近二时又醒，服安乐神二片，复睡。

二十三日　星期五　昨晚睡甚好。晨，七时起精神甚好。上午，读有关人民性的文章。下午，讨论李希凡关于鬼戏的发言至五时。与汉城同散步至中山公园，六时半回。晚饭后，与汉城等玩扑克，吴天来，同玩。八时入浴，浴后，仍读人民性材料至十一时，上床翻《历代名画记》。十一时半寝。

二十四日　星期六　上午，读经典作家有关人民性等材料。因昨夜早醒，未睡好，精神甚不佳。下午，三时，到文化部开会，讨论推荐剧目及禁演剧目。五时，因精神不好，早回家。（午睡亦未睡好。）玮未归，翻看送来的书报。晚，从电视中看相声至十时半。入浴后，十一时寝。

二十五日　星期日　上午，带小珍、小果到芳草地小学，为小珍送医生检查书，并参观了宿舍。下午，与玮上王府井买物。四时半，到天坛医院看安谷，她两个鼻孔的手术都动完了，据说下星期一　就要出院。四时四十分，出来复到王府井，买物，都是为小珍上学住宿用的。归已六时四十分，疲热交加。晚，休息，入浴后，十一时寝。

二十六日　星期一　上午，八时半，到翠明庄，翻读《柏林斯基论文学》及张光年的两篇戏曲论文。下午，三时，开始写提纲，写成了一半。六时十分，晚餐后，即回家看戏，为北京京剧团演出的《一捧雪》和《虹霓关》十一时毕。回家后入浴，十二时寝。

二十七日　星期二　上午，召集达人、王兴志、林路、曹其敏谈整理舞台艺术革新材料问题，十一时毕。续写提纲，初步完成。下午,《戏剧报》开第九期选题会,赵寻、司空、乃崇、贾霁来,谈至六时半。晚,与汉城、大珂、林路、书玲在文化宫茶座坐至九时。回家看昨日晏甬送来的剧目单。十时半寝。

二十八日　星期三　上午,在中宣部开会谈座谈会的筹备工作。下午,大闷热。看了关于封建道德的材料整理,和汉城关于几个有关封建道德剧目的发言稿。晚饭后与汉城、达人、大珂等出外散步,恐下雨,八时回。又看了关于推陈出新材料的重新整理,继与汉城等玩扑克至十一时,擦身后,寝。十二时后始入睡。

二十九日　星期四　上午,戏曲工作座谈会,九时,在中宣部教育楼开会,由周扬同志做报告。他说:

一、推陈出新。

座谈会的中心题目是戏曲如何更好地执行推陈出新的方针。经过讨论,方针性的问题可以求得一致,其中学术性、艺术性的问题也可以不一致,戏曲中推陈出新的经验最多,有巨大成就。广大戏曲工作者在整理遗产、创造新艺术,有大成绩。许多演员,老的和年青的,在表演艺术上在国际上都达到了很高的水平。

最近文化部选了七十多种优秀剧目,当然远不止此数。这些戏都是适合新时代人民的。当然,也有些坏戏,不适合人民的。我们成绩很大,但是也有不少问题,如演坏戏,这是巨大成绩中的阴暗方面。所以我们提出必须适合人民群众的利益和需要。我们戏曲剧团如此之多,不能不考虑这个问题。我们的舞台必须成为宣传社会主义思想的阵地,而不是封建思想。我们的戏,必须帮助群众正确地认识和欣赏高尚健康的趣味,去领会遗产中的这些东西,而不是封建发霉的东西。戏曲中还有不适合新时代的东西,必须革新后之适合,因为如适合就会有大的发展,如不适合就不会有大的发展。要做到这些,要经过一番斗争,因为它究竟是旧时代的产物。所以解放以来,演坏戏和反对演坏戏有经常的斗争。这是一个重大的问题。因此这不只是对待遗产的问题,而且是对千千万万的人民的问题。所以对待旧时代的遗产是重大的政策问题。可以有三种态度:抛弃、保留和改造,我们采取了改造的方针,这是完全正确的。对于坏戏,只禁一部分最坏的,大部分改,而以新剧目挤旧的。坏戏演出的斗争,有三次。一次是初解放的时候,有的地方禁得多一点,中央纠正了,只禁了26出。第二次是1956年—1957年右派进攻时,要求开放剧目,解禁26出戏,现在看来是不妥当的。第三次是1961年—1962年上半年,坏戏又出来。文化部又提出反坏戏。这个斗争是无级的方针,"推出"与资级方针的斗争,是唯心、唯物的斗争。主要表现在领导方面或评论界,当然也有演员。资提百花齐放。但"百"是党的方针,资是借此来演坏戏,并借口维护演员利益,实则是败坏演员赢得的名誉。这归结到对"推"的态度问题,实际上还是口头上拥"推",还是一贯地拥"推",还是有动摇。这对于大多数人来说是一个认识问题,包括领导。他们不认识封建东西的危害性,估计不足,对艺术爱好超过了对政治的注意。只有右派,他们是少数,是有意维护封建。

"推"是长期根本的方针,对所有的艺术,包括新艺术。

这里发生一个问题，三改是否完成了？有一部分完成了，即最低的完成了，制、把头、人，艺人成了新文艺工作者；戏，去掉丑恶形象，是完成了。但剧团体制的变更，思想改造，并改造社主戏曲，则未完成。根本目标是要在继承传统的基础上改造社主民族的新艺术，则未完成。所谓新，是社主新思想，新内容，而不是资思。或者说是无思，而非资思、封思。这是一切文艺，包括戏曲的指导思想。民主、爱国主义也包括在内，因它在社主思想指导下。"鸳鸯蝴蝶"是资"新"。苏联新浪潮派也是资"新"，《武训传》也是资"新"，这不是我们的新。

新是讲形式，还是讲内容。是内容，内容决定形式。"移步不换形"，移了步，自然换形。离开了时代需要、内容，单讲形式，是会变成形式主义。

怎么"出"？新的东西一定从旧东西里出来。推不是推开不要。不能割断传统，要从传统开步走。不能从空中，或西洋开步。但目的地是要创造新的东西。任何大艺术家一定要突破前人，突破之前先要学。

出新要从不大适合新时代需要到完全适合，这是内容；形式从不大能表现到能表现。这需要有一个过程，这过程也许相当长，十年、二十年，但只要你努力。既要有坚定的方向，又要有一个过程。

"推"的主要障碍是保守还是粗暴。保守把糟粕当精华，粗暴把精华当糟粕。但今天主要障碍是保守。固"推"是要改革，而保守不要改。我们是在改革的前提下反粗暴而不是不改。粗暴是因为我们不改，下面才乱改乱禁。观众要看新戏，演员也要演，所以保守不行，必须克服。借口害怕粗暴拒绝革新，粗暴反而会来。有坚定明确的方向，有稳妥的办法。

二、精华与糟粕

必须有一个衡量的尺度，是 M 立美学标准，不是资、封的。

糟粕，是封建性的，封建奴才道德。精华是民主性的。不能说，封建性中有人民性，只能说一个剧目中有封建性又有民主性。

我们许多剧目中，表现封建时代人们浸透了封建道德、思想、感情是一回事，宣传这些思想又是一回事。表现是可以，宣传则不行。问题在于作家的思想立场，表现了封建，不等于赞扬了封建。

表现历史人物，是根据行动的效果，还是根据他的道德来判断？是根据一个人物在集团中的地位，即环境来说明其行为的动机，还是根据他的道德来判断？这里有一个唯物与唯心的区别。秦香莲有封建思想，其所以非斗争不可是她走投无路的结果。她说忠孝，是揭露了封建道德。而秦香莲是为了求生的欲望。这种说法是想给人民性多搞一点。《打金枝》也不是"忠孝"的问题，也不是家庭问题，这是一个政治问题。思想不是第一，后面还有个物质的原因（阶级的客观原因）。

封建道德是统治的道德，它要使被统治者也接受其道德。但统治的道德不是唯一的道德，虽能影响被统治者，但被统治者的道德还是由其地位来决定的。突破时，利用旧名词或否，看情形而定。封德之被破坏，一面是其本身腐烂，一面是反抗。人民对封德，一、是反封的英雄，这是我们要赞扬的。二、同情封建压迫下的牺牲者，怜其尚未摆脱封德。三、坚决反对安于奴隶地位的。在任何情况下，鼓吹封建道德，鼓吹奴隶道德是退回到"五四"以前去了。封建的糟粕一定要抛弃，即民主性的精华也要批判，即是人民领袖也不可美化它。

这是对传统剧目的取舍问题。这是从人民的利益出发。至于作为研究整理的对象，精华糟粕都要研究。有时一个糟粕也能变成精华，要研究和吸取一切有用的经验和技巧。研究整理时要掌握全面的材料。

三、鬼和神

鬼戏有害还是无害，主张演或反对演。理论上说是有神与无神的斗争，实际还是对人民有利还是有害？是群众相信鬼的问题，因此是有害的。反对有必要，并可在报上争论一下。一、不应低估封建迷信思想在农村中的影响。二，文艺界1954年以来写了一百多篇文章为鬼戏张目，证明不健康。

1. 遗产中描写鬼的作品不都是坏作品，但大量是不好的。但写鬼的作品显然不是精华的作品。歌德说，鬼魂不是莎翁的主要的东西。文学作品中的鬼，是不是一定都要搬到舞台上来。——话说得含糊①

有人说，鬼是客观存在。不是，是鬼的观念是客观存在的错误反映。鬼戏是客观存在，是否凡客观存在都要接受。"群众觉悟提高了"，群众是提高了，但仍有许多落后的，是不是要把这些宣传鬼的东西交给他，还是把作为反面教材的交给他？"有绝技"，但要权衡一下对群众的利害。时代进步了，

---

① 此处为记录者批注——编者注

好东西也要抛弃一些。古人写鬼戏和今人写鬼戏应当有所区别,今人为什么要写鬼戏?多少反映一些不健康情绪,感伤的情绪。

为什么"厚神薄鬼"?"神是鬼的干部"。我们不信鬼也不信神,但要对神话与迷信作区别,神话并不提倡人信神。M.,E.是无神论者,但爱神话,神话表现了超自然力量的想象和幻想,是自发的宗教。到了人为的宗教,就成了愚弄人民的工具。故神话中的神灵,是人类童年时期的想象,与人的关系是平等的。而宗教中的神是主宰人的命运的。故神话与童话更接近,且常反对至高无上的神。《大闹天宫》是反对一切神。我们反对冥冥中有所主宰、因果报应的观念,戏中即使不出神鬼,有这种观念的,我们也反对。我们反对鬼戏,是反对人死为鬼(灵魂不灭)的观念,是因果报应的观念(有恩、仇未报,有情未了);又在舞台上出现了阴森可怕的形象。

四、古和今、历史题材与现代题材

现代、历史和传统剧目,不提什么为主,不要偏废,要提倡一下写现代题材的剧目。

关于历史剧的讨论,有点抠什么是历史剧。主要历史事实有根据。

古为今用,反历史主义还是要不得的。它和用今天的观点去观察过去的人物、评价他,不是一回事。说历史剧只反映那个时代的精神,那是不对的。我们看封建时代的人物,比当时看得更清楚。

要提倡一下反映近代的历史。

第一个问题是观点问题。其次是取材问题,是否可以写点建设祖国的题材。再次是表现的手法。最后是表现人民群众的领袖,杰出的人物,包括统治阶级中的人物。M.说,历史上的优秀人物总是经过无形的线和人民群众联系起来。

现代戏,要提倡,要搞好。戏曲如不能表现社主时代,是有限制的,也是与今天不相称的。

戏曲的编剧也要有生活,学习政治。所有的编剧一定要到生活中去。

五、舞台艺术

必须革新,但必须从有了新的剧本着手,不能孤立地搞革新。京戏有程式问题,但看了最近的戏,觉得也可以演。程式是艺术达到成熟的程度,是前人艺术经验的结晶。虚拟手法是一个落后舞台条件下的产物,但又是艺术的结晶。不要一概抛弃,也不能一概保存,要突破。

音乐,新音乐工作者应当参加。

美术,实在是不能令人满意。美术专家实在不热心。

一切通过竞赛、一切经过探讨、一切经过试验,领导、专家(戏剧工作者)、群众(观众)三结合,来搞推陈出新。

×

报告在下午一时完毕。会后,又开了一个召集人会,谈明天小组会的一些问题。

回家吃午饭。三时,在院里开核心会,谈提工资等问题,至六时半。继又听刘开宇谈研究生学习计划,七时毕。晚,七时半,开党支部会,选举新支委,八时完。回家休息,翻看新来的书籍、晚报等。十一时半寝。

三十日 星期五 上午,在文联大楼开座谈会的小组会,并主持会。会后,徐平羽又召集小组主持人的会,下午一时毕。即与晏甬一家在文艺俱乐部吃饭,饭后回翠明庄。下午,三时,开始复核发言提纲,准备写出来。六时,吴天来,给他传达了周扬同志的报告。晚,回院看北京实验评剧团邢韶瑛演《珍珠衫》长达三小时半,此戏既无保留可能,也无此必要,十一时毕,十一时半寝。

三十一日 星期六 上午,开始动笔写发言。下午,继续,得二千五百字。晚饭后回家。七时,与玮散步至东四,买西瓜等归。与玮讲发言提纲,十一时寝。

九月

一日 星期日 上午,八时回翠明庄继续写发言,至十二时,共前得三千字。玮带安谷、小珍来,同车回家。午饭有螃蟹。下午,三时,与玮送小珍到芳草地小学上学,小珍即寄宿于此,五时归。晚,翻查材料至十一时半寝。

二日 星期一 上午,八时半到翠明庄,一气写成发言第一节,得五千字。下午,二时半,睡起微觉感冒,吃羚翘解毒一丸。三时,到中宣部开座谈会领导小组,五时毕。身上酸痛不适,到王府井买羚翘解毒五丸回翠明庄。晚饭吃清汤面一碗,回房休息,读冯其庸《彻底批判封建道德》文章。八时,李寅来谈广西情况,八时半去。继续读冯文至九时三刻,服药二丸睡下。十时半,张玮来电话,问身体情况。十一时入睡。

三日 星期二 上、下午,均写发言稿成第二节,得二千五百字。晚,与汉城等共七人至中山公园茶座坐至八时半,步月归翠明庄,月正圆好,盖旧历七月十六日也。到寓归已九时半,卒成第二节,并看晚报。寝时已十一时半。今日晨仍服羚翘解毒二丸,整日觉感冒已失,睡前又服一丸。

四日 星期三 整日写发言稿,晚餐后出外略事散步,八时半又续写,九时半完成,共得一万二千余字。题名曰《扫清戏曲革新的道路》。写毕,看看报纸,十时寝。

五日 星期四 上午,到文联参加座谈会大会发言,发言者有郭汉城、袁世海、李淑君,十二时二十分完。下午,在翠明庄开始修改关于历史剧的讲稿。五时,与汉城到王府井,买到有关经济史的书三本,六时回家。晚,王子丰来,研究提薪第一榜名单,九时去。读傅衣凌《明代江南市民经济试探》,至十时半,寝。十一时,张玮回,又谈了半小时,才入睡。

六日 星期五 上午,仍是大会发言,发言者为李希凡、魏荣元,十一点半毕,会议召集人开一会,研究以后日程。下午,仍回翠明庄,读《明代江南市民经济》。五时,找李寅谈我的发言稿。晚,至长安看北京京剧院谭元寿、马长礼演的《草原烽火》,十时十分毕。回翠明庄已十时四十分。仍读《市民经济》至十一时半。

七日　星期六　上午,收集了各方意见后,将发言稿改了一遍,穆欣来,即交他带走。午饭后回院。三时,听王负图谈几内亚情况,王在几任文化参赞二年余,回家休假,复来我院报告。五时,回家休息,读《北京工作》上有关朝阳区《夺印》的一个报道。并看了龚和德为舞台美术论文集写的序文和舞美干部班的学习计划。带小珍上街买水果。晚,看了一会电视。九时半上床,十时入睡。

八日　星期日　上午,带小果、小珍去北海,九时去,十时半回。续读《明代江南市民经济》。下午,续读。五时,与玮上人民市场买汗衫二件,及水果等物,七时归。晚,仍读《市民经济》至十时半。入浴后寝。

九日　星期一　上午,读完《市民经济》一书。并看了廖震龙整理的历史剧材料,提了意见还去。下午,读马少波《正义歌》剧本,比较概念化,没有人物,而且从头起即骂贼,至尾仍如是,很是单调。四时半,出外买水果,理发,并买《宋元方志传记索引》一本,六时归。晚,在民族宫看新疆京剧团演一维族故事《西琳与帕尔阿特》,剧本为刘肖英原编,文字很好,人物亦尚有个性,演员尚有生活,舞台美术亦不错。此团原系北京之彩头班新兴京剧团,能演得这样是不容易的。十时半,回寓所,翻看书、报至十一时半寝。

十日 星期二 整日修改在讲习会上关于历史剧的发言。改动虽不甚大，但甚费心思。至晚十时半改毕，尚有一二处引文待查。晚餐后略事散步，疲劳稍减。改毕即睡。

十一日 星期三 上午，开大会，冯其庸、赵燕侠发言。下午，在翠明庄看汉城戏剧报社论稿，并查马恩给拉萨尔信材料。晏甬、任桂林、马绩、黎舟来谈剧团工作等，知道会演消息及大珂大会消息。六时，回家。晚，查《通鉴》上几条有关唐太宗材料。十一时半，入睡。

十二日 星期四 上午，续开大会，马彦祥、徐兰沅发言。会后开召集人会，徐平羽批评剧目文件。下午，仍回翠明庄，改正历史剧一文上的引文后，五时，上街买桃未得，回家晚餐。晚，查高尔基关于文学主题的材料。晏甬来谈今午开会事。打电话与任桂林谈剧团的剧目。十一时，张玮回，与玮谈今日开会事。十一时三刻，打电话与苏一平谈今日开会事，一时寝。

十三日 星期五 八时半，与晏甬谈昨日打电话给苏一平事。九时，到院，与马绩谈昨日开会等事。即与林汉标同来翠明庄，看了他代写的文章，提出意见，留他在此修改。读艺术革新材料删改稿。未毕，周扬同志电话叫去谈发言事，并问及昨日会后召集人会的情形。十二时，回翠明庄。饭后，陈述来谈让房给音乐舞蹈小组事。下午，看汉标重写稿，略作修改。晏甬来，谈他找徐平羽谈话之事。晚，构思并写发言稿，与默涵通电话问他对我第一次发言稿意见。张玮十一时来电话问写稿情况。

续写稿至十二时寝。

十四日 星期六 上午,续写发言稿得两千字。下午,到文化部听有关外事的传达。五时,到院找王子丰未见。回翠明庄,晚餐后与大珂稍事散步。七时余,龚和德陪苏石风来谈至九时。续写发言稿,十一时半寝。因稿未写就,老睡不安稳。

十五日 星期日 上午,续写发言稿,十时毕。与大珂算账,收拾行李午饭后回家。下午,疲甚,午睡至三时,起来后收拾书籍用品等。四时半,与玮谈她的戏的构思。晚餐后,安谷回校,与玮送她并散步。七时,给玮念发言稿并听她的意见。十一时寝。

十六日 星期一 上午,开始修改发言稿。十时,苏一平、赵寻、刘有宽来,谈大会日程及给周扬同志整理稿件事,十一时去。续改稿至十一时半。下午,二时,续改,至四时。到院与晏、马、黎研究调薪名单。五时,接见研究生、进修生等至六时。续谈名单至六时半。晚饭后,散步至七时。续改稿至九时。张玮回,十时半寝。

十七日 星期二 上午,续改发言稿。下午,继续,四时未毕。稍事休息,刘乃崇、胡今兆来,送评剧院报道稿,谈至五时半去。晚,续成发言稿。十一时,寝。

十八日 星期三 上午,在大会发言,发言者尚有姜妙香、胡沙、于真,十二时半毕。下午,四时,任桂林、晏甬来谈剧团剧目问题至七时去。晚,与玮谈她的新戏的导演构思,至十时寝。

十九日　星期四　上午,大会发言,有马连良、张云溪、白云生、裘盛戎及徐平羽。会后又在《戏剧报》研究司徒慧敏的稿子中一段,打电话商同凤子协助解决。一点二十分才回,与小果出外在江西餐厅午餐,二时半吃毕。归来午睡已是三时。下午,俞琳、小仓来谈至五时。马绩六时半来谈院中学习戏曲座谈会文件,七时去。晚,读完戴不凡关于历史剧的文章。十时一刻,上街接张玮。十一时寝。

二十日　星期五　上午,九时,周扬同志在教育楼召集会,谈座谈会的结束。《戏剧报》签字稿送来,默涵又将社论改了一遍,重排。十二时会毕。下午,祁兆良送来《史》第四编"舞台艺术概述",一气看完,改了几句,送去。晚,因想写一篇文章,读了李玉《一捧雪》未毕,还想读其余几本。十时半,上街接张玮,十一时寝。

二十一日　星期六　今日欧阳逝世周年。上午,八时半,上八宝山扫墓,十一时归。下午,在文联参加欧阳纪念会,有田汉、李伯钊发言,会上,与戴不凡谈他的文章,五时毕。归至院与马绩谈。饭后从电视中看姜妙香、雷喜福、侯喜瑞演《群英会》,未毕。九时半寝。

二十二日　星期日　上午,到小果学校开家长会,十时毕。归后,摘豆芽至十一时，读报。一时，午餐，安谷、小珍均在家。下午，二时半，与玮同至北海散步，看边疆写生展览。四时，至王府井买物，六时归。晚，看电视中篮球比赛，九时半毕。

二十三日　星期一　上午，开党委扩大会，汇报学习戏曲座谈会及评薪至十二时。下午，改历史剧一稿，此次已打印出来，乃最后修改一次。晚，在民族宫看云南京剧团演出少数民族题材戏《多沙阿波》关肃霜演主角，剧本情节太简单，人物性格未展开，是其缺点，然京戏演少数民族题材亦有其方便之处，但有待提高耳。关演戏，唱、打都有天赋与功夫，惜尚不会表演。回时十一点半，灯下改历史剧。张玮十一时三刻回。十二时寝。

　　收到孙浩然来信，要我去上海时带龚和德去，此信由龚转来。

二十四日　星期二　上午，开评薪领导小组会，三榜定案。下午，为院学习戏曲座谈会讲话一小时。四时，回家改历史剧稿，毕。晚餐后，带小果散步至东四，给他讲中国历史故事。九时，改戏曲座谈会上发言，十一时毕。张玮回，十一时半寝。

二十五日　星期三　上午，八时半，到北影，为了实验剧团交接事，到者徐平羽、刘仲秋、任桂林、张冶、晏甬，徐讲了话，我、张冶、刘仲秋都说了话。会后看了《破洪州》样片。下午，四时，到徐平羽家与他谈十年来戏曲研究院工作中的一些过程，六时回。晚餐后，散步找汉城未遇。八时，读《一捧雪传奇》，十时半毕。张玮十二时始归。

二十六日　星期四　晨，五时，张玮早起下乡。醒后服眠尔通重睡至八时。九时，在中宣部听默涵同志发言。讲戏：

一、成绩

数百剧种有发展恢复。1.戏曲舞台发生了很大的变化。有了新思想内容，艺术上随之也有了很大创造，发出新的光彩。2.戏曲艺人精神面貌也有了变化。过去为谋生，今日为革命。在政治思想上有了很大进步。3.戏曲与人民的关系不同了，有了广大的工农兵、干部、学生、新观众。三者是有关的，戏曲不变得不到新观众，而新观众又促进戏曲的变化。这都是因党、毛为我们制定了"百""推"方针，它是逐渐完成的。延安时毛提出"推"，其时无"百"的问题，只有旧戏曲如何为当前革命服务的问题。解放后，地方戏很多，如何对待乃成为一个问题。旧社会轻视戏曲，尤其地方戏。党乃一视同仁，求其发展，毛乃提出"百"。这过程给我们的启示："推"是主要的，是使旧戏曲为今天革命服务。"百"是对各剧种而言的，后来又扩展到各种艺术流派。但不是为放而放，其目的，是要通过艺术上的竞赛和比较来发展社主新艺术，故"百"是为"推"的，无"推"，"百"即无意义。"放毒"，群众是有意见的，只有放香花。

戏曲是否自古以来即在革新，在某种意义上如此，因它不能不随时代而变化，特别是艺术上的革新。但今天的推不同。1.它主要是思想内容的问题，要以历史唯物主义观点看历史①是把历史看成阶斗史。②创造历史的是人民，而非帝王将相。戏曲必须把历史的颠倒颠倒过来。所以尽管过去形式上有所革新，内容上还是旧的。只有解放后，内容形式才出新面貌。2.过去改革与今日目的不同。过去改革,一是才能,一是为了生存。梅的创新是在竞争中产生。为了竞争,有才能的艺术家就建立了自己的流派(根据自己的特点,发自己之所长,避自己的弱点)。这种革新毕竟带有盲目性。有向好的方面革,有向坏的方面,如广东戏。今日之"推",是使戏曲适应今天的时代和人民的需要,是表现新生活,是使形式提高,是使之完整。要学他们的勇于革新,但又不能把今日与之混淆。凡工作遵此方针,即前进,违反此方针,即错误。三阶段:①解放到1956年,方针明确,步骤较稳,反了保守,批了坏戏、坏演出。禁戏是对的,历来统治阶级都禁戏。又反对了简单粗暴,如批反历史主义,纠正了乱禁。② 1956年—1959年,第一是剧目会,提出开放剧目,反清规,但强调了继承,不强调革新。1957年剧目会,开禁,《文汇报》叫好。陈梦家写文为坏戏辩护。这是向右摆。1958年"大跃进",出现了演现代戏高潮,很好。文化部提倡现代戏,提倡了过高的要求,现代戏比重过高,中央不赞成,又过左了,使现代戏反而不受欢迎。此时未很好的执行"推",前一段离开了"推",后一段片面搞"推"。③ 1959后至现在。鼓舞了现代戏,又注意了多样性。缺点是没有总结过去偏差的经验,从思想上讲清这些问题。1961年—1962年,单干风,文艺上纠简单化,右的倾向又抬头,出现了坏戏。文化部的两个报告,只从行政上提解决,未从方针上解决。故此时是方针不明,又缺有效措施的阶段。这次是要进一步明确方针,提高思想。

二、什么思想阻碍了"推"

目前主要是保守,为什么会产生,有各种原因。下面几点：1.对"百推"缺正确全面的认识，它应是完整、长远的方针。二者不能分割。"推"是适应于一切艺术门类。在戏曲上有两重意义：一，它是前人的遗产，必须出新，这是长期的；二，它也要不断改造、革新。有的同志认为它是短期的，革新完成了，这是不对的。2.对遗产估计不正确。历代统治者都要干预戏曲，所以糟粕多，"五四"片面，今天又认为很多精华，这也是不对的，是和毛思相违的。说精华多的，有一事实根据，说，1956—1957年中，挖5万剧目，上演了一万多，只有1%是不好的。这是不可能的，恐怕还是坏的剧目多于好的剧目，这些数字是不可靠的。在理论上是说，封建道德有人民性一面，鬼戏也有反抗性。此二问题有方针性，也有学术性。可以讨论。但看到反动势力利用旧思想来活动，戏曲是否应当反，还是助它们？"五四"反封反迷信，"五四"的文章简单一些，但其革命精神是可贵的。所以不能退回到"五四"以前，不能否定"五四"。今日学术界情况提尊孔，他们是把"五四"精神忘了。一方面农村搞封建，一方面学术界这样。封建道德个人不赞成其有人民性。"三纲"，臣是君的附属品，并从此产生忠孝节义，这是要把人民当作附属品。主张有人民性的，认为忠孝节义人民也需要，如秦香莲。反对的又说，人民有自己的道德。是的，人民有，如救贫济国。但M.说，统治阶级的思想是统治的思想，又说物质力量占优势的，精神力量也占优势。在封建时代人民中，也接受封建思想。在封建统治者中，并无忠孝节义，反而劳动人民中倒实行之。但人民实行封德①，不改变其封建阶

---

① 指封建主义道德，下同——编者注

级性。因为统治者总要以其道德影响全民，它又是落后的家庭为经济单位的反映，所以广大人民会受到封建道德影响。因封德能影响人民，所以才要反旧道德。故封德无人民性，但人民亦能接受之。另一理由说道德有继承性，今天也还有用，此说相当流行。道德有继承性，共主继承了人民的美德，但不是所有道德都可继承，封德即如此。至于说"忠"于人民，这只是名词的继承，封德的忠是忠于压迫者。"不偷"也不是共同的道德，但今天是保护公共财产，而过去是保护私产，将来还会消灭。E.说善恶的概念，随时代变化，可以变成相反的含义。主张封德可继的，是看不见其对今天人民的毒害性，甚至还想把它和共产主义道德沟通起来。有封德的人，是不会有社主觉悟的。如人都是别人附属物时，是不会相信集体力量能改造社会的，也不能反对私有财产的。目前生产尚落后，封德有滋长可能。农民单干，是不相信集体而相信家属，而"地富"乃利用它来修家谱，故散布封德，是巩固了农民的家族思想。资谈天赋人权，来反封，可是反不了。在资社会中，又资长了个人主义。我们要二者都反。社德①是有觉悟的人们联合起来的集体主义。

关于鬼戏：一方面是看法问题，一方面是演鬼戏之害的问题。又是学术，又是对人民的现实问题。有害是明确的，但神话与鬼戏的分别还说不清，纠缠不清。要把神话中的神和宗教的神应加以区别，我们赞成神话的神，对于宗教的神鬼都反对。神话，是对自然的神话，其特点：1.其神不是统治者而是人的

---

① 指社会主义道德，下同——编者注

朋友，助人劳动的。2.不是引导逃避现实，是热爱现实。其神的助人，且因而受难，有的神愿到人间来，如"牛女"。宗教的神鬼，最初是二而一，后来又有了统一的神。神是人的统治者，而现实世界的统治者又把自己和神联系起来。它引人离开现实世界。后来，神话与宗教混杂。《西游记》，有鬼神的书，可出：一，其读者比较有知识；二，书可以加注；三，戏是今人（演员）的创造，不可能不表达今人的思想感情，故演戏与出书是不同的。

鬼戏少，影响小。但封德戏多，必须把作品的思想与作品中人物的思想区别，不可混同。看历史人物，要看他的行动而不是看他的道德思想，如农民反抗常借宗教旗号，我们肯定其反抗行动，而不是肯定其宗教。如不从历史人物的政治行动来看问题，是错误的。

戏曲评论工作也有缺点，一时迷失了方向，提倡了不应提倡的，没有热情肯定应肯定的。一，分不清封建性和民主性，民主的和社主的（《将相和》今天可以，但不是社主的）。二，不是鼓励新事物而是赞美旧事物，对新生事物冷。三，缺乏群众观点，只有专家，专家往往片面，一定要考虑群众的爱好。

这是产生保守倾向的原因，不是一切的，而是重要的。

三、今后

1.方针要明确。2.步骤要稳当。3.路子要宽广。4.措施要跟上。

戏曲要革新是群众的需要，而群众需要就不简单。这是长期的，提倡主要的东西，又不能忽视其他东西。推：提倡新思想，反映新生活。艺术、思想是主。剧目，传统、新历史剧、现代,提倡现代。社教,探新。但"推"不是只演现代戏。好的东西,不但今天要演,还要永久传下去。也不能丢掉戏曲善于表现历史生活的长处,还要发扬,以增人民的历史知识,但只会表现古人是不会使艺术发展的,"推"的路子要越走越宽,传统中无害的都要保留,只丢掉那些有害的。现代戏也必须注意质量,不要追求数量。不同剧种还是要有不同要求,京戏要用现代戏来争取观众还是长期的,但要坚决不歇,不要一拥而上,又一哄而散。戏要看剧场的反映,不要看买票的多少。

剧目:一由文化部直接组织创改,二各省文化局组织,三剧团自己搞。

戏曲教育也要跟着改革。

周扬:有益处,有收获,影响很大。这是最大一次戏曲讨论。

一,经过讨论,"百""推"认识提高了一步。过去的经验,就方针而言,主要是领导的责任,是过程、是难免的。要善于总结,少犯错误,政策总要经过一个实践的过程。二,打开了大家在一个方向下(这是文艺大军所必要的,不赞成可以保留,但运动不能跟他走),艺术上、理论上、学术上的问题,通过讨论、实验(允许失败)、竞赛,来发展、来澄清。讨论也不一定要做结论,谁的文章好,就是结论。

"推""百"是开广拓道路,如越走越窄,乃是错误的。可能有弯路、有崎岖,总的是越来越宽。戏曲是否适应今天需要?是适应的。现在是要更好地适应,即尚有不适应的,尚有糟粕,故要"推"。这是文艺总的,也是所有事物的规律。新事物中也有无生命力的,不好的,但总的是好的。"推"要领导、艺术家、观众三方共同合作。

×

下午,四时,到徐平羽家谈工作,并及我在文化部反右倾中的情况,六时返。晚,疲甚,九时半上床,看三线装书。十时寝。最后校好《传统剧目》交送光明日报。

二十七日　星期五　上午,给研究生等答复《戏曲史》质疑,至十时半。到图书馆看除虫情况,损失尚不大。下午,与马、晏谈上级调人等事,至六时。晚,在院看川剧学校实验剧团演《和亲记》,此剧李明璋改编,于人物塑造、于文字均大有提高,结构亦甚紧凑,李明璋才华颇高,惜早死,十一时毕。十一时半寝。

二十八日　星期六　上午,最后一次改送来的发言稿校样并送出。十时,至北京医院看病,血压,左手130/96,右手128/96,十二时回。下午,《戏剧报》开编委会。六时,萧老长华约在西单鸿宾楼吃饭,有晏甬、张梦庚、史若虚、刘仲秋、徐兰沅、姜妙香等,八时三刻毕。即至院看川剧实验剧团《金沙江畔》,只看了下半场,平平。十一时寝。

二十九日　星期日　今日不休息。上午,写信给长沙问何时去。看沈达人论鬼戏的文章,并与他谈。下午,看《电影剧作》第五期上的剧本《无产者》。五时,散步至东四,遇雨。饭后,参加董润生、常维敏婚礼,并作证婚人。八时,回家看电视,有相声、歌舞等。十时,上床,翻看李玉剧本。十时半寝。张玮十一时半回。

三十日 星期一 上午,到首都剧场看人艺演出《年青的一代》。此剧上海戏剧学院所作,写青年一代革命传统教育问题,甚好,均为年青演员所演,也很可爱。导演稍差,此剧甚动人,剧场效果极好。下午,到中宣部,与延安地委研究如何恢复鲁艺故址问题,有蔡若虹、吕骥、钟敬之、田方等参加。晚,全家吃饭至八时,电视中看电影《跟踪追击》。十时寝。

十月

一日 星期二 上午,与玮散步至东四,买了些水果。十时半,回家,在电视中看"十一"游行。午餐大家都喝了点酒,至一时吃毕。下午,送张玮上电车去剧场,独自散步至东四,在新华书店买《近代诗选》一册。晚,看电视。十一时寝。收到长沙电报,同意十一月去。

二日 星期三 上午,十时半,与全家到全聚德吃鸭子,一时吃毕。到王府井买物,归二时半。下午,休息,翻书报。晚,到陶然亭抱冰堂,参加全院欢迎实验剧团的联欢会。十时半回,洗澡。张玮十二时不到才回。

三日 星期四 上午,休息,为石来鸿写一小幅。下午,人艺夏淳、石联星来,谈《年青的一代》,至五时始去。晚,到西单剧场听苏州评弹,九时半毕。顺车到吉祥接张玮,戏十时半始散,未接着,载冯霞归。十一时,张玮才回。

四日　星期五　上午,看川剧《江姐》,此剧不甚成功,长而缺动人之处,表导演不好是一大原因,一时毕。下午,三时,在文化部后楼开会,讨论我院工作,五时毕。晚,疲甚,十时即上床就寝。今日,玮未归。

五日　星期六　上午,在院主持戏曲座谈会学习讨论会,中间湖南刘斐章来,谈半小时。下午,将上次座谈会上未用之发言中有关音乐部分略事修改,准备给《人民音乐》发表。晚,到大众看《向阳商店》,十时一刻毕,此剧剧本不好,音乐、表演有可取之处。十一时,回家。十一时半寝。

六日　星期日　上午,与晏、马谈院的重点工作,至十二时。下午,一时,看日本"蕨座"歌舞演出。此乃日共所领导的一个民族民间歌舞团,与农民同吃同住同劳动,有如我们过去搞秧歌戏一样,四时毕。五时,与评论组沈达人等谈院里讨论会如何进行,目的有二:一搞通思想,二搞出几篇文章来。马绩也参加谈话,六时毕。晚,与玮一道研究她的剧本《女会计》至十时半寝。

七日　星期一　上午,十时,到打磨厂川剧团宿舍为团员讲话,至十二时。下午,二时半,音乐组与黄叶绿、林路谈他们的计划。四时半,在我院讨论会(推陈出新)上作了半小时结束发言。晚,与晏、马到周巍峙家,汇报我院工作计划情况,申伸、任桂林也在，谈至十时。又到徐平羽家谈我去上海事，他不同意，乃作罢。十时半，归家，张玮又犯胃病。已早睡下，乃亦寝。

八日 星期二 上午，开党委会，讨论新的工作计划。十二时，为欢迎任桂林、张冶来院工作，及欢送黎舟调艺术局，在四川饭店吃饭，参与者有晏、马、舒模、汉城、黄叶绿、马少波等，二时半毕。到中宣部参加《红旗》杂志和哲学研究合召的关于道德继承性的座谈会，四时半退席回家。晚七时，戏剧报在夏淳家举行《年青的一代》座谈，除戏剧报话剧组同仁外，有夏淳、石联星及空政文工团的导演石涛参加，我于八时即归。十时半寝。张玮因胃病又犯，早睡。

写一信给苏垫，为不能去沪致歉意。读完洛汀、海默《故乡》剧本。

九日 星期三 上午，发苏垫信，与评论组谈组织文章问题。归即读李玉剧本，为了写一篇传统剧目中的封建道德问题，拟分析一些有典型性的剧本，李玉作品即其中之一，近日来已读了《一捧雪》，今日又将《人兽关》读完。下午，读了俞琳为《戏曲史》所写明清杂剧一节，不甚理想。晚，继听张玮念《女会计》下半部，毕。九时半，躺床上读《永团圆》至十一时半，完半本。

十日 星期四 上午，读《永团圆》毕，查对了一下李玉剧作目及存剧目。下午，三时，中宣部召开文艺工作者下乡的会，周扬同志讲了话，刘芝明谈了农村工作队的情况。晚，与罗合如夫妻并带小果去参观了日本工业展览会，七时去，九时回，人仍甚挤，大家最有兴趣的是半导体收音机。十时寝。

十一日　星期五　上午，上街，买点心，换鞋，修鞋。十一时回，修改马绩起草的院的方针计划。下午，三时，听汇报学习戏曲座谈会的小组讨论情况，并做了一些布置。晚，到工人俱乐部看实验话剧院演翰老的《三人行》，演员、导演还不错，剧本也有精采的地方，但通体动作性不够强，然较之翰老以前剧本则大有进步，语言、人物均较生动。十时一刻，往接张玮，十时半归。十一时寝。

十二日　星期六　上午，读《占花魁》半本。下午，到王府井理发，买水果，为张玮取衣，六时回。晚，休息，十时半寝。

十三日　星期日　上午，与玮领孩子们到中山公园看大丽花。下午，许多来，玩扑克。晚，读《占花魁》毕，并读了几折《牛头山》。脖子、背酸痛甚剧，十时到院子里打太极拳。十时半，上床继续看书，仍感不适，张玮回，弄一热水袋温背，久久不寐。一时，服眠尔通二片，乃渐入睡。

十四日　星期一　上午，到北海庆宵楼，在那里准备文章。读了《牛头山》。下午，二时半，仍去，续读《牛头山》毕，并读了半本《太平钱》。四时半，散步半小时，五时半归。晚，休息，张玮感冒。十时寝。

十五日　星期二　上午，在家看《太平钱》毕。十一时，安徽剧协左平来，邀赴合肥讲学，与谈半小时，请他往部里去请示。下午，张玮病畏冷，为买药及温度表，试温度，38.4℃，退烧时35.9℃，整下午卧床未起。晚，在床上读《眉山秀》。十时寝。

十六日　星期三　上午，读《眉山秀》上卷未毕。下午，到部听荒煤传达周总理在各专业会议上所作国际国内形势的报告，六时毕。晚，电视中听评弹，并毕《眉山秀》上卷。十时，在床上读《眉山秀》下卷。十时半寝。

　　今日张玮已起床。

　　左平来电话说，徐部长不同意我出去。

十七日　星期四　上午，在庆宵楼读完《眉山秀》下本。下午，二时半，夏部长在文化部大厅报告下乡问题，五时散。回院后，又与晏、任、马、舒、黄讨论具体安排，至六时。晚，休息，听张玮谈她对于《把关》的导演构思的片断。在床上读《两须眉》，十时寝。

十八日　星期五　上午，到北海庆宵楼读《两须眉》未毕。下午，在院开会讨论两天来所听的报告和下乡问题。晚，到长安看关肃霜的《破洪州》，关在唱做念打方面俱佳，不愧为一好演员，以靠旗打出手尤新颖，剧本亦尚完整。十时三刻归，十一时半睡。

十九日　星期六　上午，到文联听薄一波同志报告国内经济情况。

下午，到北海续读《两须眉》毕，并开始读《清忠谱》，五时余归。晚，鲁艺三期学生刘真来谈，至八时。电视中看电影《跟踪追击》。十一时寝。

二十日　星期日　上午，赵珍来，她要分配到赤峰京剧团去工作去了，大家共包饺子。下午，与玮到王府井取照片，买水果。晚，翻读文研所及北大两本《中国文学史》涉及李玉章节，续读《清忠谱》至十一时半，张玮回。十二时寝。

二十一日　星期一　上、下午，均在庆宵楼，读完《清忠谱》。五时半，到院与马绩谈院中工作。七时，达人来谈戏曲大讨论会第二轮会准备情况。晚，休息。十时寝。

二十二日　星期二　上午，在北海读《千钟禄》未毕。下午，在家续读毕，并读了傅衣凌《明清农村经济研究》中的几段。晚，到民族宫听郭兰英独唱会，她的声音似较前稍差了。续读《奴变》一章，未毕。十一时半寝。

二十三日　星期三　上午，在北海读《万里园》未毕。下午，在家续读毕。五时，上王府井买水果、饼干等，六时归。晚，在人民剧场看京剧院《梁红玉》，杜近芳去梁，唱做念打一齐来，很不容易，惜演人物稍差，剧本尚不失为近来京剧新编历史剧中之一好剧本，然亦尚有许多地方可以加工，十时散。回家路上，在灶温吃馄饨，十时半到家。在床上看《明清农村社会经济》。十一时三刻寝。

1963 年

二十四日 星期四 上午，在家读《明清农村社会经济》。下午，申伸来，陪他参观院的设施，并到十二号看房子。晚，到文联礼堂听苏州评弹团演出，节目有三：一、《明伦堂》，演《三笑》中祝枝山到杭州找唐伯虎事。二、《父女相争》，为《玉蜻蜓》中的一段。三、《苦菜花》中的一段。十时毕。归又看看书报，十一时寝。

二十五日 星期五 上午，修改院的明年计划草案，及致中宣部希望调1964年大学毕业生培养创作队伍的信。续读《明清农村经济》，任桂林来谈实验剧团工作，十二时去。下午，续读，读完《奴变》一文。五时，上街散步遇龚和德，谈了关于舞美学术讨论会的筹备工作问题。继散步至人民市场，六时归。晚，与小仓、大珂到西单剧场看曲剧团《罗汉钱》，不甚好。十时半归，十一时寝。

二十六日 星期六 上午，读元曲《疏者下船》《九世同居》。下午，读《东堂志》未完。晏甬回来，谈乡下四清情形。四时半，带小珍到东四散步，买史念海《河山集》一册，此书多考证北方经济地理。回家后，见送来订书加藤繁《中国经济史考证》第一卷。晚，到汉城家谈他们最近讨论传统剧目情况，八时半回。翻读加藤书中《宋代都市的发展》一文，甚有启发。十时半，张玮回。十一时寝。

二十七日 星期日 上午，与玮带小果、小珍到北海散步。下午，与玮到王府井买鞋、袜等，并在和风餐厅吃晚饭。晚，将加藤所论《宋代都市发展》与《东京梦华录》所记诸瓦舍所在地作一对证,欲求出瓦舍产生的大约年代,结果尚难做出明确结语。然宋时坊之破坏既在庆历、皇祐间(1041—1053),而至熙宁已无复遗存,则瓦舍之起,或在熙宁朝(1068)欤?对毕,复读完《东堂志》《赵礼让肥》二本。寝时十一点。

二十八日 星期一 上午,在文化部听夏衍同志传达周总理报告。十一时半回到院,参加剧目问题大讨论会。下午,到首都剧场看李少春、袁世海、杜近芳的《野猪林》电影,长二小时半,甚啰嗦,片子还是戏曲片中中上的,也还有些缺点,四时半回。五时,带小果到人民市场,为他买帽一顶。晚,向晏、马绩、王子丰传达周总理报告,至十时半寝。

二十九日 星期二 上午,参加大会,黄克保发言。下午,读《金貂记》。四时半,上街,买了水果、点心等,六时回。晚,读郭亮、黎新发言,还看了我院十五年研究生招生计划。十一时寝。

三十日 星期三 上午,参加大会,郭汉城发言,甚有启发。下午,读《马恩论历史人物评价》和《金貂记》。五时,出外散步。晚,读《金貂记》八时毕。继看电视,部队的民族音乐晚会,十时毕。翻读《西厢记》李卓吾评。十一时半寝。

三十一日 星期四 上午,大会,黄之岗、颜长珂发言,谈鬼戏。下午,到图书馆借得地方戏《琵琶记》及《陈世美》剧本数种,先将湘剧《琵琶》与高则诚原本对读。晚饭后在头条略事散步，归在电视中看《李国瑞》，刁光覃演李国瑞甚好，十时毕。续对读《琵琶》。十一时半寝。

十一月

一日　星期五　上午，大会，戴不凡、李小仓谈鬼戏。下午，到艺术局开会，向齐燕铭同志汇报几个京剧团体的情形，并听马彦祥传达周总理对云南京剧团的谈话，五时毕。与晏到朝阳市场买水果，五时半归。晚，在院开全体党员大会，讲国内外形势，晏讲下乡，马讲党委工作计划等，十时散。十一时半寝。

二日　星期六　上午，校读两《琵琶记》。下午，魏晨旭来谈延安文艺座谈会后情形，至四时。续校读《琵琶记》至晚十一时毕。晚餐后，曾散步半小时。十二时寝。

三日　星期日　晨，微雨，与家人到北海看菊展。十一时，到西长安街鸿宾楼吃涮羊肉，十二时半毕。与玮到王府井洗照片，买茶叶，二时半回。午睡至四时。晚，与玮同看青艺《李双双》，此剧在河南乡下排出，用河南话演，很有生活气息，而人物不甚深刻。十一时回，十一时半寝。

四日　星期一　上午，主持院委会，讨论戏曲座谈会今后如何进行及调薪补充名单问题。下午，到评论组讨论郭亮关于《一捧雪》一文的修改，及座谈会后工作的具体布置。晚，与汉城、黄老、叶枫同到通县楼辛庄，参加其大队诉苦会。庄离城四十余里，汽车约五十分钟到达，五时半出发，七时开会，十时会毕。十一时到家。十一时半寝。

五日　星期二　上午，读四川江津光绪九年坊刻本《陈世美不认前妻》，是有三官神显圣、东阁、春梅立武功，包文正审陈世美，最后王延龄求情免铡，一家团圆的本子。桂剧传统剧目丛刊中也是这个路子，可能是一老本。下午，与黄叶绿、叶枫谈艺术室的工作计划。四时，续读本子，毕。晚，翻对各种本子，莆仙戏《陈世美》完全为另一路。大抵陈世美本子有三个路子：一是《三官堂》本，即四川、桂剧一路，大概是原来皮黄老本，陈世美为湖广荆州人，可能原剧就出在这里；其次，《铡美案》本，是各种梆子所用，无三官堂情节；最后，包公铡死陈世美。第三种为莆仙戏，综合二者而成，还代用了一些《琵琶记》的情节，如吵闹、筑坟等，其结果亦为团圆。按《花部农谭》中所云《赛琵琶》情节与以上三者又均不相同，（此剧是团圆或处死不详）前三者均无"女审"而有包公，盖又有所变化矣。此剧目乾嘉以来，流变诸多，不能一一追迹矣。又《农谭》云："要生事死葬，一如《琵琶记》之赵氏。"则莆仙之袭《琵琶》，或亦有由来也。翻阅毕，读陈垣《南宋初河北新道教考》十一时寝。

六日　星期三　上午，给湖北戏工室一读者张丹复信。下午，续写成。四时半，散步，发信，到人民市场，六时回。晚，读陈垣《南宋初河北新道教考》十一时寝。

七日 星期四 大风。上午,《戏剧报》编委会开会,会原拟到香山去开,因风改在院内开。十二时,在江西餐厅午餐,二时半毕。下午,读《新道教》。晚,与玮同到电视剧场看电视剧团之《汾水长流》,剧本编得不太好,表导演亦差,十时半散。十一时余到家,十一时半寝。今日生暖气。

八日 星期五 上午,到部听徐光霄访古巴报告。疲甚,饭后,读报,午睡至三时半方起。清理文件,至五时半,将内部文件交李淑兰。从谢和处领布票五尺七寸。晚,电视中看《冰山上的来客》,九时一刻毕。补日记,读《新道教》。

九日 星期六 上午,开党委会,讨论1964年度工作计划及实验剧团的计划。下午,到翠明庄,讨论我历史剧一文,参加者,汉城、戴不凡、刘乃崇、达人、大珂、长珂、刘珂理,讨论毕,我还谈了一下对于戏曲剧目中封建道德问题的一些想法,大家也提了一些意见。五时半,到王府井取照片。晚,休息,马绩来谈,八时去。九时半寝,十时入睡。

十日 星期日 五时半,醒来,在床上翻来覆去睡不着,思考传统剧目中封建性和民主性问题。明确以下数点:

一、封建道德之深入剧目,主要是在明代。

二、剧目中的封建道德,是指程朱理学。

三、它是通过南曲,转到昆曲来传播的。

四、乱弹中的封建道德来源有二,1.人民原来就有的(生活中直接接受了统治阶级的宣传);2.从移植昆曲等剧目中来的。

五、弋阳乱弹等剧目有民主思想，但不系统，表现在人物典型的塑造上，如《打朝》人物，爱国的杨家将，包公，要求婚姻自由的女性，《送京娘》中的赵匡胤之类，赵五娘。

六、昆曲中的民主思想：1.汤显祖，这是反封建的启蒙思想家；2.作家中表扬下层人民的，如李玉在《清忠谱》《万民安》中，孔尚任在《桃花扇》中。

七、列宁说："'知识分子'出身的人的'意识'比出身于'群众'的人的意识要发达些。但是出身于群众的人的'存在'使他的行动方式比知识分子在社会地位的支配下所采取的行动方式要明确得多。"（全集38卷593—594）在戏曲中所表现的也是如此。汤显祖反礼教是很明确的，但他缺乏战斗性，有很多消极成分。在民间剧目中，思想可能是不甚清楚的，但人物的行为是鲜明的，有战斗性的。

八、列宁又说："人们的行为并不是常常取决于他们的知识，也不是仅仅取决于他们的知识，而还要——并且是有最主要地——取决于他们的地位，他们所具有的知识只是用来阐明和理解这种地位的。"（同上）这是为什么民间戏曲中的人物主要是行动的人物，而不是思想的人物。这些人物由于历史条件不具备，还没有足够的"知识""来阐明和理解"他们的地位，因此，他们是带有很大盲目性的，而且还有很多封建思想。

九、传统戏曲中的封建道德是带有弥漫性的，当然，有的地方浓，有的地方稀薄。民主思想则是还没有形成体系的，因此在人民中带有盲目性，在知识分子中则带有软弱性。这就是戏曲中间封建性糟粕和民主性精华存在的情况。封建性的糟粕固然要抛弃，民主性的精华也必须批判地吸收。

×

上午，研究生吴乾浩来，谈到十二点一刻。下午，与玮上王府井买物，五时半归。晚，电视中看篮球比赛。十时，读秦腔《女忠孝》，为《女审》的翻本，十分简单，且多不通处，乃老艺人口授者（见甘肃传统剧目汇编第五集）。十一时三刻寝。

十一日 星期一 上午，看李大珂为戏剧报写的我院剧目讨论的报道，颜长珂送来的《光明日报》上用的《驳宁宗》一文。十时，与晏到实验剧团新址去看他们，十一点半回。下午，修改《历史剧》一文。五时，到院与黄老谈他的文章，与马绩谈如何编印内部情报事。安徽剧协来电留紫贵、林路，与舒模商量复电答应了。晚，与晏同到文联看老调，有《问路》（杨宗保在山上遇穆桂英事）《打渔》《哭井》《打庙》（后二者均呼家将事），没有什么特别精采。十时回。十时三刻寝，在枕上读《摘锦奇音》中弋阳腔早期《琵琶记》剧本。十一时一刻入睡。

十二日 星期二 上午，继续修改《历史剧》文，至十一时半。因韩娘出外购物，乃带小果到灶温吃午饭。一时半，正躺在床上看报，颜长珂引张卉中来，谈要稿子的事，一直谈到两点半，耽误了午睡。乃继续改稿。五时，到院，听马绩谈剧团干部情况。晚，续改稿毕。十时半寝，服二片眠尔通。

十三日 星期三 上午，将《摘锦奇音》《大明考》中《琵琶记》

诸考与李卓吾评本对读,前二者大致相同,与后者比,则为更演出化也。十一时,到院与董润生一道清理存院的文件,并处理之。下午,四时,在怀仁堂听少奇同志对科学院社哲部扩大会的报告。

他说:(略)

晚,去田老家和他对今日的记录,并在他家晚餐。八时三刻步归。翻读报纸,十时,张玮归。将今日报告向之传达。十一时一刻寝。服二片眠尔通。

十四日 星期四 上午,将《琵琶记》对读毕。戏剧报送来《历史剧》校样,校未毕。下午,续校,四时半毕。散步至人民市场。晚餐后,到明星看河北水灾电影,灾情甚大,救灾甚力,十分感人。归途中听达人汇报小组讨论封建道德情况,剧目室意见仍甚分歧。回家批阅小果日记,文字上有明显进步,可喜。十时半寝。

十五日 星期五 上午,到文化部听文件传达,内有刘主席与越南记者谈话一件,十分重要。要点如下:(略)

下午,来了新书,无处堆放,整理了一下书柜,把有些不用的书移到安谷房中书柜里去。四时,重校《历史剧》稿,又翻看了一下元曲《赵氏孤儿》。四时半,上王府井取照片等,六时归。晚,龚和德来谈舞美研究组的工作,至七时半。即到院里看通辽二人转剧团的演出,有六个节目,其中,现代节目以《接姑娘》为好,写初中毕业青年参加农业劳动事;传统节目《小拜年》较好,写雇工娶富农女儿事。十时半回,回家躺在床上看研究生的《戏曲史》一单元学习总结，至十二时入睡。玮一时半才回。

十六日　星期六　上午，将《历史剧》一文复校一通，送出。下午，读送来之《戏曲史·昆山腔作品概述》，此章长五万余言，读完第一段作家概述，还不错，这是李小仓写的。晚，李小仓来，在此看电视篮球赛，九时去。九时半，电视毕，入浴，十时半寝。

十七日　星期日　上午，与玮带小果、小珍看四川国画展览，无甚新创造。下午，魏照风来，谈半小时，主要是上海戏剧学院要搞戏曲剧作班，求协助之意。续看《昆山腔作品概述》，毕，仅一附录未读。晚，与玮到西单看曲剧团《箭杆河边》，剧本不错，表演及演唱均甚差，只一演二赖子的演员不错，十时毕。十时半归。十一时寝。

十八日　星期一　上午，看完《戏曲史·昆腔作品概述》。十时，到院，与李小仓、俞琳谈了意见，又在马绩处与理论组同志一道研究了戏曲讨论会下一轮的进行办法，继又与马绩、舒模研究了戏曲革新委员会的名单，已十二时半。下午，二时，开党委会（扩大）由我传达了刘主席在科学院哲社部大会上的讲话，及在不扩大的党委会上传达了刘主席对越南记者的谈话，王子丰也传达了徐光霄在部计划会议上的讲话，继讨论院委、学术委和艺革委三名单，并讨论了剧团计划及最近工作。晚，小白来，这回是他从宁夏石嘴山工作地点来此出差的，谈约十五分钟。乃与晏甬、陈怀平一道去军委排演场看陈其通反映中印边境冲突和海防的四个小戏,叫《指导员》《两个俘虏》《阶级兄弟》《冬梅》,题材新鲜,但生活不多,人物不深,矛盾冲突也不多,是一种报导剧的形式,晚十时毕。回家后,略看了几页书,十一时余寝。

十九日　星期二　上午,看戴不凡关于戏曲结尾的文章,给他打电话谈了意见。又给陈颙打电话谈对《李双双》意见。继读黄老关于明代北杂剧的文章。十一点,王彤来,谈剧团思想情况。下午,续读黄老文。四时,到胡同口成衣铺取改的裤子,到院部取书。晚,读从傅惜华处借来的《七国传》至十时半。疲甚,寝不成寐。十二时张玮回。服眠尔通两片入睡。

二十日　星期三　上午,读完《七国传》,即写为剧团讲话的要点。继读《戏曲史》前第四篇中音乐一节,未毕。下午,微下雪珠。步至实验剧团,三时讲话,四时半毕,又步归。晚,到长安看老调剧团《夺印》,十时半归。十一时寝。

二十一日　星期四　上午,主持第三轮戏曲座谈会,有龚和德等人发言。下午,读完音乐的上下两节,俞赛珍来谈日程。晚,到吉祥看实验剧团演戏,节目《铡美案》《失子惊疯》《三岔口》《六离门》,演员还是好的,班子不齐,戏排得不好。归已十一时,十一时半寝。

二十二日　星期五　上午,在院主持戏曲讨论会,刘仲秋来发言。

下午，到文化部听传达周扬同志在哲社部扩大会上的报告，五时余毕。归家，小白来，五时半，与偕往江西餐厅晚饭，六时过，张玮亦来同食，六时五十毕。张玮回家，我领小白到吉祥看实验剧团戏，演《赵氏孤儿》是北京京剧团的本子，表演尚好，惜多数演员嗓音不佳，十时半毕。归寝十一时。

今日发复袁志伊信。

二十三日 星期六 上午，在家翻看李玉的剧本，摘记其中有关阶级观点的方面。下午，继续此工作。四时，出外理发，买点心，五时半归。晚，读阿甲《莫成的悲剧》。十一时半寝。

二十四日 星期日 上午，对读几本《一捧雪》，作一对照表。十一时，索立波来，谈些戏曲工作的事，十二时过始去。下午，休息。晚，出外散步半小时。马绩来谈明日党委碰头会事。八时，拟《一捧雪》发言提纲，至十一时半寝。

二十五日 星期一 上午，续拟发言提纲，未毕。下午，开党委会，任桂林传达江青对戏曲的一些意见，讨论明年思想工作计划。晚，续拟发言提纲，毕。休息，十一时半寝。

二十六日 星期二 上午，八时半，在座谈会上发言，到十一时毕。回家休息。下午，三时，与舒模、黄叶绿及理论组同志研究下一轮讨论会的安排。晚，到大众剧场看评剧院彩排《会计姑娘》，这戏剧本甚草率，唱腔安排得也没有章法，但戏的基础还好，可以继续修改，十时半毕。十一时回。十一时半寝。

二十七日 星期三 上午，与美术组及剧团一道开会，讨论今后剧团舞美工作和美术组明年计划，十二时毕。下午，薛恩厚来，传达江青两次和他及演员们谈话的内容，其中还插有毛主席的谈话，有任桂林、罗合如参加，传达后还交谈了体会。晚，到翠明庄，与《戏剧报》编辑部讨论十二期选题。十时归。入浴后，灯下读《内部参考》至十二时寝。

二十八日 星期四 上午，参加第四轮戏曲讨论会，有俞琳、龚和德、伦宝珊发言。下午，翻检有关明代经济性质的参考书。四时，冯霞、高琛来念他们的剧本《路》至六时。匆匆吃点东西，即去民族饭店看来开政协会的演员，与红线女、韩俊卿谈约一小时一刻钟。到青艺重看《李双双》，表演较前洗炼。白凌谈，此戏甚不卖座，今日只四成，究其原因，似有以下数点：一、故事性不够，二、电影本已演得太多了，三、话剧观众嫌其浅。十时毕，十一时归寝。

二十九日 星期五 上午，在家翻读有关明代资本主义萌芽的各家论文。下午，续翻。四时，上王府井买点心水果等。晚，马绩、龚和德来谈至八时。续翻读论文。十一时寝。

三十日 星期六 上午，参加院讨论会，黎新、刘念兹、黄叶绿发言。下午，续读各家论文。晚，冯霞、高琛来，谈他们剧本《路》的修改意见至九时半。十时，上床，十一时半入睡。

十二月

一日　星期日　上午，与孩子们一同游戏，因天冷，未出门。下午，三时，到中宣部开会谈"推陈出新"讨论如何继续开展，默涵召集，参加者有穆欣、周巍峙、申伸等，六时毕。晚，继读各家论文。至十时半。十一时寝。

二日　星期一　上午，重看了一遍颜长珂与吴国钦争论《一捧雪》的文章，并翻了一下李玉原本。下午，三时，到翠明庄为我院评论组和《戏剧报》两副主编传达了默涵对推陈出新讨论的意见，并讨论了一下做法。五时，到王府井买点心水果等。六时归。晚，看汉城、黄老论封建道德和神话的两篇文章，十时毕。十时半寝。

三日　星期二　上午，开始写论《一捧雪》之文，竟日得三千五百字，毕第一节李玉的时代、阶级和思想。就寝已十二时。除午睡及晚餐后上街散步，写了约八小时，但不甚倦。寝前服眠尔通二片。

四日　星期三　上午，到剧协开书记处会议，讨论开扩大常理会及明年工作计划等，至十二时半毕。下午，在院研究"推陈出新"讨论会如何继续，五时半回。晚，马绩来谈一小时。七时半，开始续写文，至十一时半，得二千字，写完《一捧雪》主题问题。十二时寝。

五日 星期四 上午，续写完一段。下午，开党委会，讨论下放名单，领导干部学习等问题。晚，七时，《花为媒》导演方荧约到西郊民巷电影发行公司看他的片子，田老亦去了，九时毕。归续写文，基本写毕，尚缺一尾巴。十一时寝。

六日 星期五 上午，参加院的讨论会，发言者，何为、李紫贵。下午，将自己文章通看一遍，题名《〈一捧雪〉到底宣扬什么思想》。四时半，出外散步，五时半回。晚，七时，为文章加一尾，共得八千余字，毕。看戏剧报送来陈颙及记者所写关于李双双文章两篇共一万八千余字，十一时毕。十一时半寝。

七日 星期六 上午，参加院的座谈会，紫贵继续发言后，由林汉标与任桂林发言，十二时毕，至此第四轮会即告结束。下午，读《人民日报》上人大公报，李少春评《八一风暴》文章等。并往东四散步。晚，在西单剧场看曲剧团《雷锋》，剧本、演员都还不错，只是唱功太差，戏如这样发展就要变成话剧了，十时毕。到大众剧场接张玮、小果，十时半归。十一时半寝。

发给湖南康濯、胡清波信，表明今年不能践约之意。

八日 星期日 上午，领孩子们看舞台美术展览会，并到曲园吃饭。一时毕，又到西单商场逛了一通，二时半回家。午睡至四时。晏甬来，谈河南情况，与桂林通电话谈他到文化部开会情况。与玮和小果一道闲谈。晚，到首都看人艺的《汾水长流》，比广播剧团的剧本，表导演均好，十时半毕。归家十一时。寝十一时半。

九日 星期一 上午,十时,到中宣部开会,默涵召集我院评论组及戏剧报戏曲组布置戏曲讨论的新题目,十二时毕。下午,戏剧报游默来,和他谈了《李双双》短论的内容。四时,到文化部向徐平羽汇报我院工作情况,五时半毕。晚,带小果上街散步,买水果。七时,读汉城等对《一捧雪》文的意见,并修改文章。读《达吉和父亲》二、三两场稿,不甚理想。十时上床,看闲书。十一时半张玮回,十二时寝。

十日 星期二 上午,最后改一通谈《一捧雪》文,并送出。看龚和德论舞台美术革新的文章。十一时,到院,与俞琳谈《戏曲史》工作的安排,与龚和德谈他的文章,十一时三刻归。中午,到松竹园洗澡。下午,参加党会听马可传达人大中的讲话及访苏、保的见闻。甚疲。晚饭后,到长安看北昆小戏《悔不该》《审椅子》《飞夺泸定桥》,很不错,小戏、舞戏表现现代生活比较容易成功,这是多次试验都证明了的,北昆年青演员的气质不坏,女演员尤其好,就是唱上尚不见功夫,戏较短,十时即毕。十时半到家,在床上读中央文件至十一时。张玮十一时半归。即寝。

十一日 星期三 上午,读罗荪关于鸳鸯蝴蝶派的批判。十一时,到文化部徐平羽处谈京剧现代戏工作如何抓的问题。下午,在翠明庄布置评论组写批判戏曲中资产阶级思想的文章,我院评论组外,参加者有戏剧报戏曲组,汉城、戴不凡、冯牧,五时半毕。晚,与玮同到西单剧场看曲剧《祝你健康》,写青年工人受资思影响的事,戏平平,完全像话剧。十时半归,十一时寝。

十二日　星期四　上午，开扩大党委会，讨论剧团的现代戏节目如何抓紧进行的问题。下午，未午睡，与玮同到王府井买收音机飞乐六灯，钱160元；上海产半导体八管，钱168元，各一个。归三时，上床休息未能睡着。晚，写业界文化名人世阿弥出生六百年纪念的开幕辞，十一时毕。十一时半寝。

十三日　星期五　上午，将纪念世阿弥文章改一通，送出。游默的《李双双》短文送来，即改。下午，续改成，三时，送出。到院与舒模、马绩、晏甬、汉城、马可谈实验剧团现代戏创作安排至五时半。与晏甬同到北京医院量血压，右158/106，左175/116，取药归，医嘱降压灵必须日三次，次二粒，当即服二粒。晚，休息，十时服轻泻剂，睡。

十四日　星期六　上午，休息，理发。午饭后，南京梁冰来坐片刻。午睡后，戏剧报徐青来，送来十二期图书版面，明年一期封面、彩图等，又与司空打电话商量版面，至四时始毕。带小珍散步至人民市场。晚，电视坏了未看成。罗合如夫妇来看新收音机。十时半寝。

十五日　星期日　昨晚服眠尔通，睡得较好。上午，索立波来，谈到戏改上的一些问题，并谈了周总理对他谈的意见。即：京剧必须首先促其演现代戏，使之逐渐变成新戏曲。也许不像原来京剧了，没有关系。新歌剧歌舞等必须接受民族传统，将来也成为群众喜爱的。二者殊途同归。旧剧目如何改，要继续讨论。名艺人要争取来演现代戏，不来且不管他。十一时半去。下午，与玮上街散步，至人民市场，买了水果。晚，与玮同看舞剧《红霞》，有朝鲜艺术家参加演出，故事甚单纯，略似《依凡苏沙宁》群舞甚多，独舞不甚情绪化，也不能表现深刻矛盾，洪贞花是一热情演员，舞艺亦甚好。十时半归寝。

十六日　星期一　上午，到剧协和《戏剧报》编辑部谈目前戏剧界形势，及明年选题等问题。下午，清理来稿，来信等。四时，到院，了解理论、剧史各组工作情况。四时半，散步半小时，回家休息。晚，到青艺看《远方青年》，是一写少数民族青年知识分子的戏，人物有深度，但最后一个落后人物的转变写得不够好，冀淑平演的女青年不错，王培的哈族老大爷也好，其余平平。十时半回家，张玮回家迟，十时半方就寝。服眠尔通二片。

十七日　星期二　上午，艺术局申伸、叶锋、黎舟来谈我院明年工作计划。晏、任、马绩参加。下午，三时，《新建筑》魏玉宪来约稿，谈一小时。四时，戏剧报田野来谈去上海参加话剧会演事，并为写介绍信数封，五时半去。晚，甚疲，读《达吉》剧本后，听听收音机。十时寝。

十八日　星期三　上午，讨论《达吉》剧本，并研究实验剧团参加会演的剧目。下午，参加世界文化名人日本能乐大师世阿弥诞生六百周年纪念会，做主席，致了开会辞。会后看日本影片

《浮草日记》，写歌舞伎流动剧团的生活，很不错，五时才散。晚，为戏剧报改陈颙《李双双》导演经验稿。因轻感冒，鼻子不通，十时即上床，十时半入睡。

十九日　星期四　上午，开党委会，讨论两天来会中对于明年工作计划及会演剧目所提意见，如何调整及重新组织执行。下午，二时半，到和平宾馆找李超，谈剧协常理会及座谈会后戏曲工作情况事，在那里洗了澡，后田老来，又与他谈了一通。五时半归。晚，休息。

二十日　星期五　上午，剧协开常务理事会扩大会，田老报告，十二时半毕。下午，出外散步，买东西、水果等。这两天来感冒，鼻窦炎，甚不适。晚，到吉祥看袁世海《西门豹》，剧本编得不错，惜西门豹性格尚有问题，强调其性急，似无有机联系，十时毕。十时半，回家，看送来的《戏剧报》清样。十一时半寝。

二十一日　星期六　上午，读《戏曲史》第四编综述，未完。十一时半，到丰泽园参加剧协请中岛健藏夫妇吃饭。一时半回，略事休息。到院，周巍峙来，谈毛主席对于上海柯庆施同志抓新评弹的一个报告的批语。大意：文艺工作赶不上社主建设的要求，虽然小说、诗歌、电影有成绩，而其他赶不上。特别是戏曲，帝主将相、才子佳人统治着舞台。而且有些共产党员还欣赏封建落后的东西，是咄咄怪事。随后又交谈了一些对戏曲工作的看法，及我院工作。谈时晏甬也在，五时去。晚，休息，看电视中新兴力量运动会的影片。十时，贾霁来电话谈田野去上海的问题中，他对剧协党组的意见，谈了半小时。上床听广播。十一时半张玮回，十二时入睡。给索立波寄书。

二十二日 星期日 上午，读完《戏曲史》第四编综述。为小珍写一信说明不能参加家长会，为小果改日记。下午，上王府井买月历、点心、药等。晚，安装电唱机插头。十时半睡。

二十三日 星期一 上午，到院部，检查理论室工作进度，找马绩谈明年计划要点写法。上医院，检查血压已平复，130/96。下午，徐平羽召集开会，传达中央同志对文艺戏剧等的一些意见，直属单位的负责人发了言，五时半散。即至新侨，招待越南戏剧工作的一个三人代表团吃饭，八时毕。回家后读报休息。十一时寝。

二十四日 星期二 上午，徐平羽召集会，研究写一剧目指示。参加者周巍峙、申伸、郭汉城、朱平康、叶锋等。下午，到院部找马绩谈写明年计划要点，找俞赛珍写一剧目讨论汇报。到银行取钱150元为玮去上海费用，并代许多存五十元。今日甚冷，风特大，走在路上，尖风如削。四时，回家，为玮写了几封介绍信。晚，休息。十时半睡。因玮明日要早起赶车也。

二十五日 星期三 晨，六时，玮起赴车站去上海。上午，招待越南同志来我院参观访问，并答复一些有关"推陈出新"的问题。中午，在前门外全聚德吃饭。下午，三时，在中宣部听周

扬同志为剧协扩大常理会做报告。关于文艺方面的问题:

方向是为工农兵,为社会主义。实践如何?承认还不等于实行。有时候一些单位实行很少。承认也不等于认识,在一定条件下实行得好,另一条件下实行得不好。始终不模糊、不摇摆,这样的标准来衡量,就有的好,有的不好。

最初提出,民族的、科学的、大众的新民主主义文化,大众的是根本,文艺座谈会更明确,提出了工农兵。故大众是根本。要为它,逐渐成为它自己的。那时为工农兵,是打倒日帝、封……今日是建社主。那时内容尚无社主,今日为社,与"文座"时不同了。故为工农兵即为社主。1.直接触动了资文化资思。2.要对全部文化实行社主改造,要能为它服务,至少不与它相抵触。3.大规模建设社主文化("文座"时只是指导因素)。这些问题还不是认得很清楚。这就发生了"上建"与"基础"适应的问题。单是因素就不够了。因素现在必须扩大,成为领导的。文艺工作有很大成绩,影响很大,不能低估。但中国如此之大,社主因素散在农村中就很少。而且还有许多反社主的东西,有时还猖獗。不适应就是社主的少,未巩固阵地,有的阵地未占领,资、封思还占统治地位。不少干部喜封、资,对社主的不热心,这就是助长了旧东西。

问题提到日程上来是国际反修,国内防修。经济上搞四清五反,是巩固社主经济基础,现在是思想的上建如何适应。故贯彻工农兵方向的过程即发展社主文艺的过程。开国以来,1949年—1957年,各种文艺思想斗争是扫清基地。开了路以后,是要盖一个社主文艺的高楼大厦。文艺工作者一定要与群众结合。1958年以后总路线公布,文艺工作者投入了群众热潮，表现了革命的精神。我们是始终肯定的。出现了一些东西，缺点是浮夸在文艺中反映了，也表现了本身的浮夸。因此走向反面，妨碍了生产，成了为文化而文化。方法上也有简单粗暴。三种粗暴：1. 方法粗，本身也错；2. 意见是对的，方式粗；3. 非粗暴，但保守主义者认为是粗暴。对于不革命，不想改变现状的人，一切改革都是粗暴（保守主义者对新东西更粗暴）。1960年—1962年克服缺点、错误，强调发扬民主，克服粗暴。八条，总的是起了积极作用的，受到了广大文艺工作者欢迎。但由此产生了右，否定了1958年—1959年的好东西。提倡"二百"，必出资、封，但不是反社，而是离开社主，而削弱了社主的东西。如鼓吹鬼戏等。这是经济、政治的反映。（单干、三多一少）是困难时期的一种动摇。文化上死人多，活人少，即反映社主少。两阶段情况大致如此。十中全会后开始转。这些年文化工作还是做了许多工作，部队做得更好。但改变地方、部队来得快，中央反而做得差。作品也是地方，部队的多。将来找个时间总结一下两个阶段的经验，总结经验，以明确方向。

问题很多，但不是坏事，前进中所必有。要通过讨论、实验来弄明确。明确不了，则看一个时期。对有方向又有"二百"，不讨论、不试验艺术问题，即正确也不会正确。

"推陈出新"，这也是方向性问题。不只是适用于戏曲，是整个文艺、文化工作都适用的，是事物发展的普遍规律。新事物出自旧事物又代替旧事物。陈就是旧事物，主要是封建时代的文化。其中有反封的东西，也有小部分资的东西。这和推封之陈，出社之新并不矛盾，因大量仍是封。当然也有表面上恢复到远古，实际是革新的（如文艺复兴）。现在的"推出"不同的在：1. 创造社主文化，与历史上所有剥削阶级的文化不同。因此革新很大。以劳动人民为主人，而非帝王将相，这是过去所没有的，是一个革命。2. 过去是自发的，我们是有意识地掌握了客观规律，有计划地来进行文艺上的革命。此改革可能是民主主义的，也可能是社主的。但"五四"没有改，都留给我们了。也引起了我们一些混淆不清。我们要出社新不是民主新。是从内容到形式都要革新。怕改形式实际是保守主义。戏曲程式也需要丰富，可以创造表现现代生活的程式，还代替部分旧的程式。移步一定会换形。戏曲是推陈出新的重点，要不要"推出"，不止关系千百万人的生活，也关系到它的生死存亡。保守主义是引导戏曲走向死亡的方针。反粗暴只是在肯定戏曲要改的前提下，而且是改好。保守是为了保护封建；崇洋，实质是崇资。区别于粗暴和保守就是批判地继承。不是大部分可继承，而是只有少部分可继承。但对大部分还是要研究，给予一定的历史地位。大部分当时起了作用，后来就没有作用了。精华总是少的。

需要一个全国性的长期规划；需要一个强大的编剧队伍；（现代剧要站住脚）（与演员合作）。

外来形式的民族化。比较突出的是音乐舞蹈。困难在……音乐舞蹈既是世界的语言又是民族的语言。只有民族语言才能有世界语言。这种"民族语言"与民族生活有密切关系，它最带群众性。从历史上看，音、舞长期以来是按西欧来培养人才的，所以有崇洋的倾向。西洋音乐可能是历史高峰，但不能当作偶像。高峰是历史的客观事实，偶像却是人为的。高峰是一个时代的，不能是永远学习的榜样，可能是惊叹的榜样。外来形式民族化，不只是个形式问题，而是个方向问题，是无级立场问题，还是爱国主义的问题。外国的东西一定要吸收。问题不在乎要不要吸收，还是如何去吸收？是独立、批判地吸收，还是奴隶式的硬搬？搬一定要同中国结合，不结合就是方向性的错误，不结合就是 M 也不行，也是害人的东西。吸收什么，怎样吸收，为什么目的去吸收，采取什么态度去吸收。吸收外国，是用来建社主，而非推广资。是发展民族的，而非推广外国的。吸收外国，不止西欧，首先应是亚非拉美。不要只看着那些已经不能前进了的，还要看到那些正在发展中的。互相吸收，互相发展。西欧的也要学，一是学，二是突破。要有意识地摆脱他们的影响。

共同原理不可打破。但是：承认共同规律，但重要的还要找我们的特殊规律。共同规律是很少的，真正发挥作用，表现特点的是特殊规律。艺术表现手法如芭蕾用脚尖；材料、工具我们都可以采用。手法多对我们是有利的，问题要用得恰当。不中不西有二：一，经验不足，学识不足，修养不足；二，思想作怪，以洋为主。要端正一个态度，以我为主。硬搬，是一个态度问题。学得多是好，但要有创造的精神，要有热情追求民族的东西。创作都要搞民族化，介绍外国比重不能大，而且认为那是了不得的。

西洋、民族两音乐学院要合作，目标都是要建立社主民族新音乐。

同工农兵结合，只要体脑分工存在，即有结合问题，就会有时结合，有时不结合，有时结合得好，有时不好的问题。因此要时时刻刻想到群众，找一切机会与群众结合。最好找一个点，建立点的联系，或蹲点，这是基本的办法。下去只是找材料，是资方法。还要给群众东西。

读书，结合反修、"四清五反"和创作活动，重新学习M、毛。

晚，在家休息，看电视，看报。

二十六日　星期四　上午，参加剧协常务理事会扩大会。有焦菊隐和夏衍同志的发言，我也作了二十分钟的发言，谈戏曲现代戏创造中间的思想问题。下午，到院部，修改了明年工作计划的要点。晚，到吉祥看河南豫剧院三团的《朝阳沟》，有常香玉参加演出，戏改得比较完整了，演员演得也很不错，唱的方面似乎还要更进一步的努力。十时半归。在床上看报，十一时半寝。

二十七日　星期五　上午，读完戏曲中资产阶级思想的材料，并到院里和评论组同志谈修改意见。下午，出外散步至东四人民市场，买水果。晚，到吉祥看豫剧《李双双》，十时一刻完。归十时半，十一时寝。

二十八日　星期六　上午，为《人民日报》写一篇短文，谈河南豫剧三团，一千字。下午，改一通发出。三时，带小果上人民市场买帽子、贺年片等，五时归。晚，从电视中看电影《兄妹探宝》。十时上床，听收音机。十一时入睡。

二十九日　星期日　上午，在家与孩子们玩。许多来吃午饭。下午,她带小果、小珍上街去了。我也到北海去转了一通,看了邵宇的古巴速写,由北海前门回家。晚,看电视,不清楚。十时睡。

三十日　星期一　上午,到《戏剧报》,与司空谈编辑方针、选题和组织人力问题。十时,到王府井转存款,买年糕等。下午,与任桂林、晏甬谈创作部署等问题,马绩谈石油工业部一个报告,研究如何学习。晚,参加院的新年联欢会,十时回。十时半寝。

三十一日　星期二　上午,到部开会,谈如何学习石油自给经验。下午,读石油经验文,四时毕。校对了"与越南戏曲代表团谈话"记录,毕。文件送晏甬,记录交俞赛珍。到《戏曲史》组与小仓、俞琳、汉城一道谈如何安排修改三四编工作。晚,带小果、小珍上圆恩寺剧场看实验剧团演出,剧目:1.《燕青卖线》;2.《海瑞背纤》。十时毕。回后,看了一回电视。安谷回。十一时上床,听收音机,一时寝。

　　今日接张玮自上海来信。

一九六四年

一月

一日 星期三 今日元旦,放假一日。上午,到文化部团拜,见到上海沪剧团、哈尔滨话剧团的同志。看了电影三个:1.科教片《带翅膀的媒人》,写蜜蜂生活;2.工业生产的成就片;3.《我们村里的年轻人》(下集)。后者拍摄很好,但故事里人物、矛盾多人为,不太成功。中午,三个孩子全在家共食。下午,安谷回学校,韩娘带小果、小珍上街。我在家给张玮写信,交陈怀平明早带上海。晚,文化部为越南戏曲代表团送行,在四川饭店便宴,作陪至九时归。电视中看歌舞至十时。上床听广播,有毛主席看常香玉《朝阳沟》消息。十一时入睡。

二日 星期四 上午,给全院传达周扬同志在剧协常务理事会上的讲话。下午,开党委会,讨论如何发动群众,向他们明确中心工作,组织大家为完成中心工作而奋斗的问题。晚,到文化部听曲艺,有李润杰快板、扬州评书、苏州评弹、四川评书、小彩舞大鼓、高元钧快书等六个节目,都是现代题材,十时毕。回家十时半上床,十一时寝。

三日 星期五 上午,在中宣部听默涵同志为音乐舞蹈工作座谈会做的总结报告:

会开得好,大家重视。感到音舞存在严重问题,必须改进,使之能跟上革命形势的客观需要。音舞工作者对于自己的共同事业有热情。所明确的问题:青年们要表现时代感情,为革命服务。

1964年

一、对过去工作估计，今后出发点

音舞解放以来有很大成绩，表现在：1. 创作了许多新作品，反映了中国人民得到胜利的情绪，新中国的诞生，配合了各种运动，支援了世界人民的革命斗争，是革命、健康、鼓舞人前进的，而非相反。创作的样式、体裁、题材也更多样，表现了人民丰富多样生活常要多种形式表现，也表示艺术工作者努力用多种样式来表现。这是好事，也不赞成盲目贪大。应采什么体裁，应由题材来决定。作品的价值不决定于长短大小，而是决定于其思想性、艺术性。创作中，群众歌曲应占主要地位，但不排斥其他样式。群众歌曲，今天数量不少，但好的不多，是提高问题。2. 对民族、传统音乐舞蹈进行了不少收集整理工作。这本是资音乐舞蹈家们的工作，但中资未担负此任务，只贩卖外国，只好由我完成。但只做了一部分，且未进行研究。3. 外来的形式、工具，在民族化方面做了有益的尝试，如芭蕾、交响乐、唱法、西乐器。4. 音舞队伍有大进步，培养了人才。大多数政治上好，经考验是跟党走的，主观上是拥无阶的；但艺术观、世界观、音舞观点是有很多资的。5. 音舞事业有大发展。有了很多歌舞、乐团，办了许多学校，在鼓舞人民生产劳动中起了推动作用，成了人民文化生活中的一部分。作品与表演在国际上得到赞扬，当然不是为了得赞而工作，但得赞不是坏事，扩大了我们的政治影响。必须充分估计成绩，才有信心把工作做得更好。

但衡量工作不能只和过去比较，还应和今天人民的需要比较。音舞还远不能适应国内外革命的需要。有许多严重的问题、缺点、错误。这次会大家都感到了，是好现象。问题到了不能不解决的时候，因客观需要和主观的矛盾尖锐表现出来，也就能会得到彻底的解决了。"文座"为何在1945年？（谈了历史情况）。现在国际国内形势要求文艺为它服务，而文艺工作跟不上去。国内社资斗争还要长期存在下去，资复辟危险存在，故加强农民、青年的阶级教育最迫切。国际"修"的泛滥，也引起我们的警惕，在我国如何防修的问题就提出来了。资复辟，在中国就是回到半封半殖，因此要求文艺发挥更大作用防修。以上两形势也是这两年来逐渐明确的。文艺不能适应的情况：1.有不少社主的东西，但它们在进行社主教育往往显得没有力量，有力量的是少数。2.有相当一部分东西是和社主相违背的，如宣传封建的、资本主义的。音舞中资的东西不少。3.这几年出了不少虽不反对却是脱离社主的东西，花鸟鱼虫、哥哥妹妹。我们不排斥这种东西，但太多了就会把人引向脱离社主，会成方向性错误。这个矛盾是客观需要和我们工作中缺员的矛盾，这是整个文教工作中的问题。去年以来一系列会，都是为了解决这个矛盾。

什么是改进、检查、考虑工作的出发点：1.上建必须为基础服务，音舞也必须如此，不应破坏，也不应脱离基础。上建有较大保守性，特别意识形态，故要作艰苦工作改造之。原来的传统（包括民间文艺）也应予以改造，人民也有封建思想。2.必须看到我国在世界上的地位和影响，应有民族自尊心。反对资民族主义，但绝不能是民族虚无主义。L.说：革命者绝不歧视自傲心，相反，是满怀民族自傲心的，因为俄罗斯出了伟大革命者。我们对中国也是如此。我文艺必须与我政治地位相称，必须创造出革命的、有鲜明民族特点的艺术，不能拜倒在别人的脚下。3.一切要为最大多数的人着想,即为广大工农群众着想。三者即革命内容、民族观点、群众观点的问题。

二、音舞的革命性、民族性、群众性

三者密切相关,好作品都应有此三特点。

革命性是内容。反映人民革命斗争生活、思想感情。但此三者都有民族特点,因此音舞就不能没有民族形式,故离开内容谈形式谈不清楚。形式的好坏是看是否表达了它的内容,二者要统一。总理说,要与内容结合起来讨论形式。有革命内容和民族形式的必然有群众性。如问群众对音乐的意见,他们回答是好歌太少。这是什么意思呢?难道说古往今来,好歌太少吗?这是群众既不满于古的,也不满于洋的,而是要表现他们新的精神面貌的东西。一切艺术如不能反映时代,终要被人民抛弃。戏曲必须反映现代生活已不是光符合革命需要的问题,而是生死存亡的问题了。音舞也是如此。贝多芬、肖邦之伟大,正是反映了他的时代。音舞在反映社主时代是很不够的,很没有力量。它应当比传统戏曲更多地反映时代,但如不急起直追,要落在戏曲后面,舞蹈反映社主更薄弱。为什么没有反映?柏林斯基说,要写出我们眼前的事物,比描写陌生的事物更困难。因像不像一见便知。如未表现大家心中的感情,时代的声音,即无法勉强接受。要写大家熟悉的事物,就必须我们比群众更熟悉,恰恰我们很不熟悉,比群众更不熟悉。为什么音乐对抗战、解放时期反映得好?因为音乐家熟悉,且是自己的情感。而社主来得快,许多人都无思想准备,且无切身的要求。社主要清资思,革命革到我们自己身上来了。故继革命的深入,知识分子分化了,有左、右、中。中虽随大流,但资思未丢,有的思想拥护，而行动上未参加，这就是文艺未能充分反映社主的原因。其次，对抗战、解放的斗争（武装斗争）比较容易表现，因鲜明、强烈。但对社主斗争，因表现得深沉一些，常常表现为内矛，不易掌握、表现。因此要求更加深入生活，才能抓到矛盾所在，弄清楚正反面。再则，群众对我们的要求也提高了。这些原因告诉我们要好好反映时代，必须更加艰苦努力，深入生活。

民族性。好的音舞总是具有民族特点的，伟大的音乐家不是无国籍的。柏[①]说，谁要不是自己祖国的一分子，也就不能是人类的一分子。为了将来消灭民族界限，先要充分发挥民族的特点。有人说，音舞语言是世界语言。我很怀疑。音舞不只是指声音、动作，而是指它们的运用，则是每个民族都不同的。有人说音、舞是没有国界的，不带护照可以走遍世界，但它总有个出生地。各艺术中，音舞是人民劳动生活的直接产物。正因如此，所以总与一民族的生活、劳动，以及民族的地位和命运有密切关系。外来的东西总会受到本民族的影响而改变。毛说，艺术是人民生活思想感情的表现，和民族的语言、习惯有密切关联的。柏说，诗与人民生活密切相连，故要有人民性，故各民族的诗都不同。音舞的民族性是要看真实体现了民族的真实的精神，人民的愿望与感情。故真表现了的，必然会有民族特色。民族特色不够，即未能深刻反映民族精神。是聂耳而不是黎锦晖更代表了民族。民族化是建立自己的民族的艺术，而不只是外来形式的民族化（包括了）。第一个方面，要根据

---

① 指柏林斯基，下同——编者注

今天中国精神面貌，思想感情来创造音舞。要达到，必与人民结合。学民族的、西洋的，这是新的东西，它即非模仿外国，也非抄古人。毛说：我们要向古、外学，为了今人、中国人。外国的好，中国的好，都要学好，要有机地结合起来。鲁迅即如此。"以我为主"是按中国人的需要来学外国，为了创造民族的新音、舞。毛说，要标新立异，标社会主义之新，立民族风格之异。必须反对民族虚无主义和国粹主义，两者都是反爱国主义的。但今天音舞界主要是盲目崇外，不重视自己民族的东西，此而不改，谈不到创造新音舞。盲目崇外，还妨碍思想改造。破了崇洋才能正确学习外国。不能崇古，但要熟悉自己民族的东西，特别是民歌。熟能生巧，创作中就会自然带有民族色彩。我们现在是对于自己的东西太不熟悉，不能从中发现、发挥其光彩的东西。有民歌风味是民族的，虽无民歌风味，但只要表现了今天人民思想感情的，也应是民族的，传统不是固定不变的。新的创造必须继承，但又必须超过传统。

民族化的第二个方面，要继承民族固有遗产，加以推陈出新。为今天人民服务（而音舞家研究的则更广泛），这是指精华，包括作品、唱法、乐器，其中有民歌、曲艺、戏曲和古典音乐。它们是民族音乐的一部分，但非社会主义的。民间歌唱最具民族特色，要发展提高，但也有局限性，抒情多、战斗少。故提倡民间歌唱不要排斥其他唱法。民族乐器要发展，建立各种乐团。

第三方面是外来东西的民族化。有人说，西洋音乐与中国音乐不能平起平坐。如说是西洋作品，说不上平起平坐，因它是外国的，我们自己应是为我独尊。如说音乐形式、乐器，即不好这样说。艺术形式可能有的群众性更大，表现力更丰富，但不能因此把它分出头等、二等。

有了革命内容、民族风格，群众性的问题也就解决了。只要广大群众爱听、爱看的，就是群众化的，不一定要群众自己能表演的。但群众自己能唱的歌太少了，应当多创作一些。

关键在于和工农兵群众结合。有人强调音舞特点，不要作者与群众结合。音舞内容不要文学那样多，但要更集中地来表现。如不深入了解人民的生活、思想、感情，一定搞不出来。我们有许多作品不是从生活出发，而是只从戏曲民歌出发。而我们应当从生活出发，去利用民族戏曲音乐。还有的互相抄袭。

三、今后工作安排

1. 方针。学术性、技术性问题，继续讨论，以便统一思想、行动。方向明确，学术问题讨论，艺术具体做法可做不同试验。我们的革新：扩大表现能力，群众越易懂。

2. 大力开展创作。第一，为了十五周年；第二，是更长远的打算。

3. 进一步明确一些音舞团体的方针。

4. 改进音舞教育。

5. 加强研究工作。收集整理遗产，研究规律，建立自己的体系。

6. 音乐出版要整顿。

7. 评论工作要改进，提倡什么，反对什么？

×

报告下午一时半完。回家吃完饭已是二时，到松竹园洗澡，四时回。到院里找俞赛珍问明日去天津事。遇杨兰春，谈看了三团戏的一些意见。晚，给彭子冈复信，说不能为他儿子解决工作问题事。十时寝。

四日　星期六　上午，九时半，乘火车往天津看河北省救济水灾展览会。同行者有汉城、长珂、王安奎及剧协李超。火车中途不停，十一点过即达。河北文化局接，住解放路市人委招待所。午餐后，稍事休息。二时半，徒步往看展览，址在唐山道体育场，共有二馆四个部分，仅看了水灾历史馆及二馆第一部分——1963年救灾抗洪情况，即已五时余，乃归宿所。展览对比新旧，十分动人。晚，李刚、李纮等来，纵谈至九时去。甚疲，九时半上床，略看数页书即睡去。

五日　星期日　上午，继续看展览会第二馆的第二、三两部分。第二部分是抗洪抢险胜利的原因和模范事迹，第三部分是生产自救。十一时半，看完回宿所。下午，一时半，乘车回京，四时十分到。回家略事清理。晚，上街买水果、点心。读《达吉》第二遍稿，仍觉不行。九时四十分上床，看报纸，十时寝。

六日　星期一　上午，在文化部听中央负责同志对文化部工作的指示。是一月三日开的，参加者文化部、文联、各协、统战部负责人。（略）

下午，开党委会谈剧团换剧目及组织创作组下去的问题。晚，读《播火记》。十时半寝。

七日　星期二　上午，全院开会动员：完成今年中心任务，京剧表现现代生活剧目的创作、演出、评论等工作。我作了动员报告。下午，就六日部里的传达进行座谈，参加者本院、京剧院、艺术局的一部分干部，由我主持。晚，在青艺剧场看上海沪剧团的《巧遇记》，是以青年工人阶级教育为主题的，编创用误会法，但还有兴趣，写了一个三轮车工人的正面人物，但不甚深刻，全剧人物有一定生活气氛，但都不深，误会法没有用于来表现人物，这是一个缺点，演员小爱琴演一青年农妇，还不错，唱带洋味，不好。

八日　星期三　上午，给张玮写信，到医院看眼。顺便到剧协找李超了解上海会演情况。中午，贾霁从上海来长途电话谈《戏剧报》版面。下午，在剧协召开现代戏的座谈会，参加者戏剧报、《剧本》月刊两编辑部及我院一部分同志。张颖将去上海，与她交换了一些关于《戏剧报》版面的意见。晚，在本院看哈哈腔，因眼不适，未毕即归。九时，上床听广播。十时入睡。

九日　星期四　上午，到部里汇报座谈情况。下午，继续座谈。晚，读《播火记》至十一时寝。
　　发张玮信。

十日　星期五　上午，与小仓、俞琳等研究《戏曲史》第三编最后修改的问题。看李超关于下乡演剧问题的文章。下午，重看《红旗谱》剧本。

十一日　星期六　上午，继续开会研究《戏曲史》三编。下午，进行第三次座谈。五时毕,继与晏甬、桂林谈剧团剧目,晏汇报他下午参加部党组会讨论我们剧团的情况,我们又作了些布置。晚,续读《播火记》至十时寝。接贾霁来信,发张玮信,寄去五十元。

十二日 星期日 上午,带小珍和罗合如同去北海散步,今日天晴,积雪未消,拍了几张照片,看了一会滑冰。十一时半,回家,包了一会饺子。下午,看《播火记》。晚,续看至十时。寝。

十三日 星期一 上午,到剧协与《戏剧报》编辑部和李超分别谈编辑部的工作。下午,开扩大党委会,确定了两个创作组的组织,并正式开始活动。晚,到民族宫看哈尔滨话剧院演出《千万不要忘记》,剧本主题、题材都好,艺术上还可加工。演出方面,演员水平不齐,演岳母的演员特别成功,而其余的却相差较远。十一时毕,上后台谈了一会。十一时,回家就寝。

十四日 星期二 上午,到文化部汇报座谈情况。下午,看《戏剧报》小样。三时半,带小果散步到人民市场,五时回。晚,看实验剧团演《陶三春》,九时半毕。连日因结膜炎,不能好好看书,除开会外,只能多休息。十时余上床。

今日得张玮信。

十五日 星期三 上午,在剧协座谈如何整理现代戏资料,为评论做准备,参加者戏剧报、《剧本》月刊、我院评论组、艺术室部分同志。下午,院党委开会讨论两个创作集体的组织工作和日程。晚，休息。

今日发玮信，并寄出50元。

十六日　星期四　上午，召集有关教学工作的同志汇报情况，并做了一些安排。十一时三刻，到北京医院看病，取眼药，量血压。下午，到剧协参加戏剧报所召集的话剧现代剧目座谈会，到会者有刘芝明、袁水拍、侯金镜等。侯就目前上演的几个剧目作了关于写内矛等的分析，有独到处。晚，看了夏衍同志送来戏曲表现现代生活的一个文件，提了些意见，拟明日送出。眼仍不适，早息。

十七日　星期五　上午，苏一平、周巍峙到院里来检查《朝阳沟》创作工作，开会谈了一上午，创作集团全体参加。中午，带小果到松竹园洗澡。下午，三时，与三个研究生谈话。五时，看研究生的作业。晚，读《播火记》至十时半。

十八日　星期六　连日来早醒，今晨又五时半醒来，太早无法起床，躺在床上考虑：近日院里各方提出要及早进行美学研究的问题，但现已无人手，拟由我先作讲座，然后再组织人进行研究。此事，必须下半年开始，目前当先抽空准备。做法结合现代戏会演，研究其剧目、舞台艺术革新等。想了一点提纲如下：

1. 美有两种，生活美与艺术美，后者来自前者。

2. 生活美的产生。由于人类改造世界、改造自然的结果产生了自然美，在改造自然和社会中，人也改造了自己，就产生了人的肉体美和精神美。生活美是一种合目的性的产物，自然经过改造而合目的了,所以有自然美。人经过改造而更加善于进行生产斗争和阶级斗争了,所以有人的美。

3. 在阶级社会中,由于各阶级有不同的甚至尖锐对立的斗争,所以他们对事物的要求即目的各有不同,因而产生了不同美的观点。但终究是推动社会前进的阶级的美的观点才是真正美的。

4. 艺术美是把生活美加以集中、提炼、典型化的产物,因此总是具有现实的基础和理想的倾向。

5. 艺术美中间不可缺少抒情性,即作者的倾向性,也就是"诗意"。在这意义上说,一切艺术都是诗。诗有两种形态:一是抒情诗,二是剧诗。抒情诗是作者在作品中出现,直抒胸臆,作品不以人物典型的塑造为主。剧诗是作者隐蔽在作品后面,只通过人物的塑造来透露作者的感情、倾向。实际的艺术作品划分往往不是如此严格,中间形态很多,叙事诗就是其中的一种。

6. 艺术作品的技术和技巧,是对于生活美集中、提炼、典型化的手段,是表达倾向性的手段。

上午,记下这个提纲之外,看了《戏剧报》的短论。下午,读了上海《解放日报》的两篇关于戏剧现代戏的社论。四时半,带小果、小珍逛了一下人民市场。晚,七时半,到宣传部听中央乐团的音乐会。十时回,读报。十二时寝。

十九日 星期日 晨,尚未起床,玮回。八时起,打电话找李超来谈。十时,索立波来,谈至十二时。下午,玮清理带回的东西,分给孩子们。二时午睡至三时半,读报。晚,读毕华琪《郑成功》剧本至十时毕。

二十日　星期一　上午,在院里检查评论组工作,并与马绩研究《朝阳沟》组的思想问题。下午,马绩为我传达周巍峙的讲话,并与马、晏共研究两个创作组下乡的动员问题。晚,二人台来我院演出,剧目有《探郎》《走西口》《娄小利》等,都还不错。十一时寝。

二十一日　星期二　上午,到院办公,刘开宇来谈研究生的假期安排,汉城来谈下乡写剧本事。下午,到京剧院参加讨论《红灯记》剧本。晚,马绩送来明天讲话提纲。灯下读《西方美学史》,十一时寝。

二十二日　星期三　上午,给下乡排戏两队讲话二小时,周巍峙来谈下乡排戏工作的安排,十二时去。下午,一时,萧晴、叶枫来谈下乡工作安排,二时去。三时,到院与任桂林、晏甬谈下乡安排,并为魏子坦写一幅。晚,在院看河南商丘专区剧团演《社长的女儿》,此剧题材好,无人物,编剧技巧及语言均不太好,十时半毕。十一时余寝。

二十三日　星期四　上午,看完《戏剧报》这期的几篇文章,读《西方美学史》。下午,为《朝阳沟》领导小组开会,周巍峙也参加。晚,疲甚,读《西方美学史》,昏昏思睡。九时半即寝。

二十四日　星期五　上午,读《西方美学史》。下午,到文化部听小平同志关于外事报告和定一同志在大区宣传部长会议上讲话的传达。疲甚，晚，休息，读《国际文化动态》今年第一、二期。十时半寝。

二十五日　星期六　上午，到中宣部开会，谈作为纪念馆如何恢复延安鲁艺事。十一时，与吕骥同到民族宫参加二人台、二人转座谈，这是民委召集的，就在那里吃饭，二时毕。到王府井买水果，三时回家。小睡至四时。晚，读《美学史》至十一时，十一时半寝。

二十六日　星期日　上午，索立波来谈至十时，与孩子们玩跳棋。下午，读《美学史》至四时，与孩子们上街买水果。回家与韩娘包馄饨。晚，读《美学史》至十时半。

二十七日　星期一　上午，读李希凡发表在《人民日报》（二十六日）上，论最近上演的话剧现代剧目的文章。下午，读最近的《内部参考》等文件。四时，马绩来谈院的长远规划等，至五时半。晚，续读《美学史》至十时余。

二十八日　星期二　整日读《美学史》。晚，续读至十时半。
　　今日给安谷写信，即发。

二十九日　星期三　上午，与桂林、马绩谈院的长远规划，继开宇参加共谈培养研究生的长远规划，至十二时三刻。下午，与美术进修干部谈学习至五时一刻。晚，读吴祖光剧本《咫尺天涯》，还不错。继续《美学史》至十一时。

三十日 星期四 上午，读《美学史》写了如下的一点感想：

什么是美——美的起源

马克思说，劳动创造了实用价值，同时也创造了美（大意）。创造实用价值是明确的，怎么就创造了美呢？劳动是有目的性的，劳动对自然的改造不仅仅产生了实用的价值，而且创造了特殊实用目的的事物的外形。自然界的石头是无目的性的，它的形态也是不表现任何意义的。但人改造它成为斧、钻等，就具有了一定有目的性的外形。这种外形越合乎目的，也就越美。新石器比旧石器美，后来的石器又比新石器美，就是因为它们越来越合乎目的的缘故，或者说，越来越称手的缘故。所以马克思说："人能够适应各种种属的尺度而生产，并且总能以适当的尺度去处理对象，因此人是依据美的法则而创造的。"《经济学哲学手稿》

未经人改造过的自然，有的是不美的，但有的也是美的。棱角多端而不规则的顽石是不美的，因为作为工具，人无法掌握它，也无法应用它；但河里的圆石子比较美，因为人能够比较舒适地掌握它，使用它。

因为人感到合手的工具具有一种美，所以在工具上雕刻了花纹，这是重事增华，这是美化，是意创造美的事物；这是艺术的起源。

×

十时，赵寻、戴不凡、贾霁、司空、乃崇等来谈《戏剧报》下期的选题，十二时去。下午，二时，到京剧院参加讨论《战洪峰》剧本提纲，五时半回。晚，续读《美学史》，十一时毕。

三十一日　星期五　上午，读《美学史》。九时，《河北文学戏剧增刊》来人索稿，谈片刻去。九时半，剧目室开会谈吴祖光剧本《咫尺天涯》至一时散。下午，张为来谈剧目室工作至五时。与马绩谈下乡工作至六时。晚，续读《美学史》毕，已十一时。

二月

一日　星期六　上午，读《西方美学史论丛》中关于康德的篇章。修改马绩所拟的院的长远规划。下午，人大送来一封请我作冯其庸升为副教授的学术鉴定人的聘书，并来一人谈如何进行鉴定的方法，附冯作《读〈精忠旗〉》的论文，六号就要写出鉴定书。人去后即读冯作，至六时半毕。晚，休息。与玮谈她的工作安排与工作方式，十一时寝。

二日　星期日　早九时，玮下乡，醒得早，玮走后，补睡至十时才起，未做什么事。下午，读报，出外散步。晚，读完冯其庸文章。又读《美学史论丛》康德部分至十时半。

三日　星期一　上、下午，读《精忠旗》剧本。上午，十一时，马绩、任桂林来谈院的五年规划，至十二时半。晚，与马绩、黎舟到政协礼堂参加剧协春节联欢，至十一时归。

四日　星期二　上午，写冯其庸学术鉴定。十一时，参加《咫尺天涯》讨论。下午，到剧协讨论话剧现代戏创作，有王朝闻发言谈典型。六时，与玮到和平餐厅吃饭，饭后买水果。八时归，安谷回来，谈了两小时话。十时寝。

五日　星期三　上午，读《西方美学史论丛》毕康德部分，读黑格尔关于悲剧部分，未完。下午，续读。晚，带安谷、小焰看实验话剧院《汾水长流》。他们作喜剧处理，把阶级斗争的尖锐性削弱了。十一时回。

六日　星期四　上午，读《美学史论丛》黑格尔论悲剧部分。下午，续读毕，又读莱辛部分未完。五时，回家，与家人共打扫房屋。晚，翻看《西方文论》及《中国文论》各书，至九时四十五分。

七日　星期五　上午，写了一个关于典型的提纲。下午，读完莱辛部分。与杨兰春谈约半小时。五时，带小果、小珍上街散步，买牙膏一瓶。晚，收拾东西准备明日去乡下。

八日　星期六　晨，六时起。六时半，与马绩到车站，七时二十分，出发去高阳。上午，十时半，到保定，汽车班次在下午，乃往河北影剧院找张经理设法买车票，承他请吃午餐，餐后在交际处小憩。二时三十分，来车赴高阳，一望积雪，公路上运输甚忙，都是多地支援灾区之物。六时，到高阳，即赴剧团住处，这是高阳京剧团的宿舍临时让给我们住的。与晏、舒、紫贵、王彤等见面后，谈了情况。晚，剧团在此演出，有《挡马》《接姑娘》《海瑞背纤》等三个戏，十时余毕。归寝十一时半。暂借住晏甬房中。

九日　星期日　上午，高阳县委书记、县长多人来，坐片刻去。听王彤谈团员思想情况。十一时，给全团讲话，至十二时。一参加过高蠡暴动的农民崔老汉来谈，并在此午饭，饭后，与之逛集。崔年七十，十分健旺，并健谈。在集上买了些花灯、年画等。二时，回来小睡至三时，与王彤、马绩到县人委拜望，又在百货公司买了些本地产的毛巾、麻糖等，四时回。晚，和马绩一道向晏甬等传达了最近听到的一些报告、文件等。疲甚，十时即上床睡觉。

十日　星期一　晨，八时，与马绩自高阳动身。九时半，到保定，找了河北影剧院，他们帮助我们买票，乘十一时半经过保定的重庆—北京快车返北京，车误点，两点才到北京。归家甚疲，清行囊后，略事休息。五时，同归玮一道去来记吃饭。晚，读几天报纸。

十一日　星期二　上午，开支部会，讨论俞琳下放后的支部工作及《戏曲史》组、评论组的工作计划。下午，学术委会开会听取去山东看京剧会演及讲习会筹备的汇报工作。晚，看福建话剧团的《龙江颂》，戏很有气派，但结尾处稍觉松散一般。

十二日　星期三　早，八时半，看上海人艺的话剧《激流勇进》，导演黄佐临,手法很好,表现了新生活的气派和新人物,而且打破了分幕方法,装置也很新颖。下午,休息。晚,与家人一道过除夕。十时寝。

十三日　星期四　今日为旧历春节,乘车去西郊北大宿舍,看了俞大缜的病,并去看了六姨和九姨家。下午,到北京饭店参加文化部、文联等单位联合举行的春节联欢会。晚,与家人一道玩,早寝。

十四日　星期五　晨,六时半起,与马绩、叶枫同乘丰沙线火车去马栏看《朝阳沟》排演组。十时,到雁翅站换公共汽车,十一时,到斋堂,步行上山,行八里,十二时半,到马栏。山路十分崎岖,走得大汗满身,筋疲力尽。休息约半小时,才吃饭。饭后,看了大家的住处,张冶谈了谈他们的情况。五时,又吃饭。晚,听演员唱了新作出来的腔调,又和创作组的同志一道谈了些意见。十一时寝。住在一个老乡的家里,他的家在城里,他是单独回乡生产的。

十五日　星期六　在马栏。晨,七时半起,就所了解到的思想情况与张冶交谈了一些意见。十时半,早餐。十二时,看剧团为老百姓演戏。晚,看演员作小品,继即对全体同志讲话,叶枫、马绩都讲了,十时毕。即回住所睡觉。

十六日　星期日　晨,八时起,与房东谈了一会。即去团部所在地找张冶,最后谈了一些工作意见。早餐后,十时半,出发步行到斋堂，这次下去，比来时省力多多。院里来车接，一时，出发，在山中公路上经南口回城，到家已四时半。疲甚，饭后即小睡至六时。晚，与孩子们玩。九时，补日记到十一时。

十七日 星期一 上午，到院检查汉城剧本，听俞琳汇报下放同志思想情况，与评论组谈工作进行办法，并与张为谈创作室日常工作。十一时，与下放干部谈话，至十二时半。下午，二时半，到艺术局听念解放军政治工作文件。晚，读《湖南文学》第二期中的小说。十一时寝。

十八日 星期二 上午，在院与《戏剧报》编辑部开会，讨论写一社论，响应毛主席文艺革命号召问题，一时结束。下午，与玮上街买物，并在外吃晚餐。晚，读《人民文学》上的小说。十一时一刻寝。

十九日 星期三 上午，在院与任桂林谈"朝阳沟组"的工作情况。收到申伸转来，保定地委宣传部贾万金的来信，抱歉招待不周之意。下午，张为、刘开宇、韩建民来汇报留学生这学期的学习计划，及苏联将派研究生来学习事。毕，小仓来送《戏曲》第三篇最后稿，并与傅惜华谈他的工作计划等事。毕，复贾万金信，六时一刻回。晚，到长安看北昆新剧《师生之间》，平平。十时半归。十一时半寝。

二十日 星期四 上午，开始通读《戏曲史》第三编稿。下午，续读。三时，新建设曾普来谈美学讨论问题。四时，黄励来征询关于《师生之间》的意见,谈至五点一刻,两人都去。续读《史》,完综述部分。晚,休息。读山西文艺刊物《火花》一月号上的短篇,十时寝。

二十一日　星期五　上午,续读《史》,作品概述部分。桂林来谈,去后续读。下午,到剧协听赵寻谈访德后观感,六时归。甚疲。晚,休息,读《火花》及《人民文学》上的短篇,有赵树理的《卖烟叶》。十时半寝。

二十二日　星期六　上午,续读《史》,完作家作品概述,并将综述昆山腔部分交李小仓修改。桂林来谈工作安排,收到王彤自高阳,马绩自延庆来信。下午,到文化部机要室看文件。五时,到王府井买水果等,六时回。晚,休息,与张玮玩牌。十时半寝。

二十三日　星期日　上午,马可来谈中国音乐学院和歌剧院的工作,论及新戏曲的与新歌剧的关系,他说他完全同意周扬同志说新歌剧即新戏曲的意见。我也同意此说。至于我院的实验剧团和歌剧院的关系,我以为前者是古代剧种的革新团,后者是年轻剧种的革新团。十时,马可去。与家人包饺子。下午,给高阳晏甬写信毕,与玮上街散步,玮去车站送行,我到东安市场,在稻香村吃了点小吃,看看书店,六时归。晚,与玮共念毛主席诗。十时半寝。

二十四日　星期一　上午,改《史》的作家作品概述。下午,读

"鸣凤记""汤显祖"两节。五时，带小果去洗澡。晚，读沈璟、李玉两节。十二时寝。

二十五日　星期二　上午，改《史》的"长生殿"节，未毕。舒模、吴宝华回，汇报高阳情况至十二时。下午，参加剧协《激流勇进》座谈会至六时，又在《戏剧报》编辑部谈至七时。晚，与玮讲毛主席诗词至九时，读《人民文学》上小说至十时寝。

二十六日　星期三　上午，读完"长生殿"节，即参加抗洪剧本讨论至十二时。下午，三时，到部听国际时事传达陈毅同志讲访非之行，六时毕。疲甚，步行回家，买水果归。晚，休息。九时，在床上翻读杂志。十时半寝。

二十七日　星期四　上午，参加剧协党组会，谈《戏剧报》的问题及剧协整个工作，二时毕。下午，与沈达人、颜长珂等共同确定往东北、天津看戏日程。与李小仓谈《史》的修审日程。读人民日报送来戏曲社论稿。给沛县智良俊复信，寄《朝阳沟》等三本剧本。晚，读报，散步至东四。看《亮眼哥》剧本至九时半。

二十八日　星期五　上午，到剧协讨论人民日报社论，参加者：人民日报陈笑雨、朱树兰，光明日报穆欣等，剧协赵寻、刘乃崇，还有郭汉城，谈至十二时过。下午，在院读完《史》的昆山腔表演。晚，看剧团《朝阳沟》试排二、三场，默涵、徐平羽、苏一平、张东川、刘仲秋都来。排完谈至十时半，基本肯定。回家十一时半寝。

二十九日　星期六　上午，院内开会对《朝阳沟》提意见，参加讲话之后，即对李小仓、郭亮谈《昆山腔表演》一文的意见。下午，到剧协开会，谈《戏剧报》二、三期选题，及关于"推陈出新"的研究。晚，在家休息。十时寝。

三月

一日　星期日　上午，与玮带孩子们看公社风光、年画、新兴力量运动会等展览。下午，与玮谈她的导演工作总结。带小果到灶温吃晚饭。晚，改《戏剧报》关于现代剧的短论。收拾行李。十时寝。

二日　星期一　上午，到院与桂林、刘开宇、舒模等同志交代一些工作。并到北京医院检查血压，右 115/80，左 120/80，取了药。下午，收拾行李，四时半到车站，五时十分乘 17 次车出发去哈尔滨。当夜宿车上。

三日　星期二　一路甚暖，车到长春雪都已化净。下午，到哈尔滨附近才有些残雪。四时二十五分到哈，黑龙江文化局裴华及省、市、佳市三京剧团的一些同志来接，住国际旅行社，市文化局白韦也来。当夜，看市京剧团的《自有后来人》，云燕铭的铁梅，赵鸣华的李奶奶，都很难得，十时毕。归住所，入浴，十时半入寝。

四日　星期三　上午，游览市容，比十余年前已大有改变，过去的空地野地都成了闹市、工厂、学校。市的面积也扩大了许多。过去八十万人口，现已有一百八十万了，过去哈尔滨是一清静的城市，现在已成一满街是人的闹市了。下午，市京剧团云燕铭等来座谈昨日的戏，五时半去。省委宣传部陈元直（葛林）来谈至五时半，白韦同来。六时半，看省戏校京剧《千万不要忘记》，此剧导演、演员均无生活，又不能脱去京戏框子，是一未成熟的节目。十时回。与林路、达人谈至十一时寝。

发任桂林、张玮信。

五日 星期四 上午，戏校京剧团干部来座谈昨天的戏，至十一时半毕。下午，一时半到道外省评剧院看《春光曲》，原作者是金鉴，主演碧燕燕，演出风格略如中国评剧院。这个团的团长张玉超，是原来东北鲁艺的学生，戏五点多才完。回家吃饭后，六点半，又到工人文化宫看佳木斯京剧团的《雪岭苍松》，剧本演出都还不错，主演尚长春的老交通也创造了一个人物形象，当然，一切都还是套旧的，但不别扭，九时半毕。回旅馆十八时寝。

六日 星期五 上午，参加会演的总结大会。有裴华的总结，有本省文教书记王一伦的讲话，我也被邀说了几句。下午，参观亚麻厂、汽轮机厂。四时半，回旅馆休息。六时，省文化局请吃晚饭，王一伦、裴华、白韦做主人，还有辽宁新评书家袁阔成等同时被请。饭后，六时半，与佳木斯京剧团谈《雪岭苍松》。八时，与省评剧团谈《春光曲》，九时半结束。入浴后，十时寝。

七日　星期六　晨，八时十分，与裴华（黑龙江省文化局长）、林路、达人乘火车赴牡丹江。出发时天气很好，入山后，渐见飞雪，至冷山、高岭子一带，雪甚大，车内渐冷。这一带森林甚密，似比1947年时为茂密。过高岭子后，雪突止，天亦放晴。至牡丹江附近，地上无雪。五时四十分，到牡丹江，地委宣传部长王同志、文化局朱局长、京剧团团长均来接。住牡丹江旅行社。文教书记、市长均来谈了片刻。饭后休息，给张玮写信。九时半寝。

八日　星期日　晨，八时半，乘车游览市容，旧日印象已无法和现在的联系起来。九时，到剧场看专区京剧团的《黑奴恨》，京戏演外国人，居然看得下去，相当不容易。此团虽无名演员，表演水平也不甚高，但演现代戏的历史较长，演的剧目亦较多，积累了一些经验，加上又没有包袱，敢想敢干，因此能突破，能试验。下午，与剧团及牡市戏剧界部分同志座谈《黑奴恨》从三点到五点。晚，地委书记王同志及文教书记李同志等来谈，九时去。《黑奴恨》编导等同志来谈剧本改编到九点半寝。

九日　星期一　七时十分，原班人马乘牡—京直快车出发，下午五时，车过哈，裴华同志下车，《戏剧报》胡今兆上来。车开后，四人与同房一乘客共玩扑克至九时半寝。

十日　星期二　六时一刻，起床，早餐后，五人共玩扑克至十一时。下午，休息。四时五十六分，抵天津。省文化局有人来接至睦南道市交际处招待所，并告我们汉城、大珂、长珂等五人已来，亦住此处。五时，汉城等看戏回来，带来李小仓谈《戏曲史》日程的信。省文化局副局长齐□①谈片刻去。六时，晚餐，毕，补三日来日记。八时，大珂汇报京剧会演工作汇报的情况。十时寝。

十一日 星期三 七时，起床。上午，与汉城谈剧目室工作安排及院内一些干部的思想问题。下午，与汉城、林路、达人、长珂、大珂等研究京剧会演准备情况，我们谈了黑龙江京剧现代戏，并对全国情况作了估计，初步安排了日程，谈了评论文章的分工、内容等问题。晚，在天津人民会堂看河北省话剧团演出《风雨同舟》，系演文安注分洪事，剧本还有些不集中，但演员的表演有的很好，十时余毕。回旅馆十一时半寝。

十二日 星期四 上午，读复刊的《收获》第一期中《创业史》第二部的片段。省文联来人坚邀去保定给他们的创作会议讲话，未允。下午，河北省话剧团鲁连及《风雨同舟》导演来座谈，李刚来，五时半谈毕。七时半，在南市黄河剧场看天津市评剧二团演《风雨长堤》，带活报性质，甚热闹，观众亦有兴趣，但人物刻画不深，十时毕。归寝十一时。

十三日 星期五 上午，座谈《风雨长堤》。下午，在天津人民大会堂看跃进一团的《子牙河战歌》，剧本是这次抗洪剧目中我所见到比较好的，但演出无经验，在表现现代生活上基本没

---

① 原文如此——编者注

有入门。晚，在新中央看邯郸专区平调落子剧团的《红桥凯歌》，剧本太粗糙，但这个剧团演现代戏有经验，有生活，十时毕。疲甚。归十一时寝。

十四日 星期六 上午，座谈昨日所看的两个戏。十一时半，与汉城到"起士林"吃饭，是华粹深请，顺便谈到我们到南开拔创作干部事，一时吃毕。一时半，到中苏友协参加河北省一部分戏剧创作干部的座谈，到了四十多人，提了一些问题，我和汉城都讲了一通，后来参加的同志起了辩论，六时才散。晚，看邯郸市评剧团的《漳河风雨》也在新中央，此剧剧本不行，思想不明，艺术也不高，十时毕。十一时，归寝。

十五日 星期日 上午，到跃进看老舍改编的《新王宝钏》。中午，市戏研听贺兆等同志来，谈片刻。即往新中央听抗洪曲艺专场，作品较粗糙，许多名演员都不在，不甚精采，四时余毕。五时，晚餐。五时五十分，乘直达车回北京。到家已九点，稍事收拾。十时半寝。

十六日 星期一 上午，到院，收看大批半月来送来的刊物、信件，听小仓谈《戏曲史》编写情况。下午，到北京医院检查血压，145/95，做心电图、检尿。继到王府井买点心、水果。六时归。晚，为玮改文章至十时半。十一时寝。

十七日 星期二 晨，到北京医院取血检查胆固醇、血糖。到院与桂林谈领导工作的日程，审查《通讯》稿，听王子丰汇报食堂工作等。下午，为玮改文章，五时毕。带小果上人民市场，给买了乒乓球和拍子。七时十五分，与玮同到首都剧场看山东话剧团演《丰收之后》，此剧甚好，但有些地方比较沉闷。十时归。十一时寝。

十八日　星期三　到文化部看文件，十一时，向徐平羽汇报京剧会演评论工作准备情况。下午，到院，看戏剧报送来戏曲现代戏社论稿，读《内部参考》。晚，看京剧院袁世海等演《社长的女儿》，表演还不生硬，音乐未过关，十时一刻毕。归寝十一时。

十九日　星期四　上午，到文化部看文件。下午，《戏剧报》戴不凡、刘乃崇、司空谷、刘珂理来讨论第三期社论及关于评剧等三个剧团的一篇短论。晚，与玮同到青艺看上海人艺二团的《一家人》，主题新鲜，人物不深刻，导演活泼，十时毕。十一时归寝。

二十日　星期五　上午，与《戏曲史》组谈第四编的修改问题，决定再派人到甘陕、晋南去找些梆子的材料。下午，听刘开宇等汇报到南开挑创作干部培养对象的情况，及李振玉汇报成都看会演的情形。晚，与玮到北京剧场看北京市农村工作队的戏，刘厚明的《山村姐妹》，胡宗温演姐姐，剧本和表演都很出色，十时余毕。十一时归寝。

二十一日　星期六　上午，在院审阅《戏曲史》昆弋舞台艺术概论。十一时,到医院看检查结果,心电图正常,胆固醇216,血糖正常,尿中蛋白质有一"+ -"号,血压145/85,并重新验尿,取镇正橡皮胶归。下午,到文化部参加讨论话剧评奖,五时半散。在朝阳市场买香蕉归。晚,到天桥剧场看汉中歌剧团演《红梅岭》,剧本不强烈,人物亦不深,主要演员女主角不坏,导演手法活泼而不深刻,十时余毕。归寝十一时。

今日发高阳晏甬一电、一函,促月底前归。

二十二日　星期日　上午,休息,与孩子们玩,与玮到成衣铺做单衣、改衣。下午,与玮参观钱松喦国画展、人像摄影展等。毕,到东安市场和平餐厅晚餐。七时,发信、取鞋。八时十分,在红星看新兴力量运动会纪录片。十时归,读完昆弋舞台艺术概述,《北京日报》上邹功甫谈京剧现代戏导演的文章。十一时半寝。

晏甬自高阳,张冶自马栏来长途电话。

二十三日　星期一　上午,在院,看各地来信,审查"通讯"稿件。与《朝阳沟》美术组同志谈话,看他们的设计图。下午,到首都剧场参加谈《山村姐妹》,除刘厚明及胡宗温、赵蕴如等演员外,还有黄佐临,五时半毕。到朝阳市场买水果。晚,在家读《剧史·弋阳腔的表演和舞美》十时毕。十一时寝。

今日又接晏甬电话,推迟回京。接高阳、马栏信,报告情况。马栏戏要推迟两天排出。

二十四日　星期二　上午,到院办公、批阅文件。张冶来谈马栏情况，简慧来谈京剧院排演情况。下午，阅昆山腔音乐章毕。晚，在家休息，读三月号各文艺刊物，读《光明日报》推陈出新讨论社论稿。十时寝。

二十五日　星期三　上午，读《戏曲史》第三编舞台艺术各章稿，刘开宇来谈苏一研究生要求辅导事。下午，文学评论来征稿。续读完三编各稿，交去。晚，看华东会演三独幕剧:《第一与第二》《母子会》《柜台》，其中《母子会》较好，演员尤好。十时毕。

二十六日　星期四　上午，到文化部开京剧会演领导小组会，十一时毕。回家传达会的内容与评论组，并布置工作。下午，到《戏剧报》看稿，戴不凡的社论写得还不错。五时半，张正宇引孙浩然、幸喜、苏石风到剧协来谈，六时归。晚，看上海儿童剧院演《小足球队》，编、导、演、舞美均很吸引人，十时毕。十一时归寝。

二十七日　星期五　上午，在院，与汉城等谈供应剧团的剧目的准备，与张为谈汉标的思想问题。下午，在剧协主持《红梅岭》的座谈会。晚，在芭蕾舞剧团排演厅看李世济演《社长的女儿》，十时半归。十一时寝。

二十八日　星期六　上午，张冶、简慧来院谈高阳《红旗谱》情况。《朝阳沟》组送来新设计的舞台面。打电报给涂沛，调她到《朝》剧演二大娘。下午，召集李小仓、刘开宇、沈达人、张为等开会,研究与苏联进修生接见事。决定由李小仓接见,成一小组共研接见谈话内容。子丰、孙庆仁来谈李英事。五时半,在院洗澡。晚,与安谷谈她的恋爱问题。十一时寝。

二十九日　星期日　晨,七时二十分,与林路乘火车往保定,十时到,高阳来人接,即换汽车,十二时半到高阳。下午,看《红旗谱》舞台设计。晚,听所创部分新腔,并与干部谈了各地京剧会演所做准备的情形。十时,上床,至一时半始入睡,梦亦多。夜起三次。

三十日　星期一　上午,与林路、吴琼绕高阳城周散步,从中街回来,读新写出的《红旗谱》二、七两场。下午,在县剧场看《红》剧一、三、四、五、六场连排。晚,向全体同志谈看连排后感想,及与各地参加会演剧目的比较。十时,服安眠药就寝。

三十一日　星期二　上午,与干部开会谈昨日连排。下午,与戏中正面人物:贾湘农、朱老忠、严致和的演员们谈对这几个人物的认识。晚,从广播中听《八评》,到十点钟上床。

四月

一日　星期三　晨,六时起,与林路一同,收拾东西。七时,赶到汽车站。八时,乘车出发。九时半,到保定,河北影剧院张经理来接,到交际处稍事休息。十时五十分,乘火车回京,车上遇河北省文化局齐平，在车上与林路一同午餐。下午，一时半到北京。休息至三时，到院与评论组计划明天日程。听小仓汇报与苏联进修生谈话情况。听王子丰汇报几天的工作，存在的问题等。六时回家，读《文化动态》第十期报道戏曲教学座谈会文章。晚餐，餐毕，散步至东四缝纫店取衣。八时，灯下读《人民日报》三月八日刘厚生谈戏曲现代戏文，《文汇报》二月廿八杨兰春谈深入生活文及《光明日报》三月六日常香玉谈演现代戏文。十时半毕。

二日 星期四 上午，在院与研究组（黄叶绿、林路、沈达人、李大珂、颜长珂、黄克保、龚和德）讨论京剧会演研究组工作计划，黎舟参加。十一时，到艺术局找肖英未遇。在朝阳市场买水果归。下午，胡金兆来给研究组讲黑龙江京剧现代戏创作中的问题。三时半，桂林来互谈情况。五时，到艺术局向周巍峙、肖英汇报我院思想工作情况，六时半毕。晚，稍事散步后，沈达人、林路、黄叶绿来，谈评论组的支部工作，长远设想，并共同修改了会演研究组工作计划。与高阳晏甬通电话，告知周巍峙将去事。十时休息。十一时寝。

三日 星期五 上午，参观新产品展览会，在北京展览馆。下午，在文化部听夏衍同志检查文化部工作及谈今后工作计划。晚，听默涵同志谈话剧创作问题。

1963年来，出了十几个作品，从《第二个春天》开始，"大跃进"带来了第一个春天，现在开始了第二个春天。第一回的好处，一是反映了冲天干劲，二是其时戏剧工作本身的干劲也很大。缺点是：一，反映了一些错误浮夸，这是实际生活中有的。二，工作本身的缺点，创作上不完全从生活来，而是看了报写的，内容单薄；还有追求数量，不顾质量。有些戏因此失败了，原因是没有生活。如真有了生活，还是能站得住，如《李双双》，情节虽修改了，人物站住了。后来克服这些缺点，但又没有继续发扬当时的优点、干劲。近年来汲取了两方面的经验，出现了繁荣。出来的作品比1958年提高，一，塑造了一批成功人物。二，反映了许多重大的问题。三，题材扩大了，工农商学兵都有。成功的原因：一，文艺八条，广州会议起了推动积极性，解除顾虑的效果，但广州会议在思想方向上还未解决问题。其次，十中全会给了我们思想武器，帮助我们认识了生活，许多人在1960年看不清，包括老作家在内。再次，是近两年来，还是有一部分作者深入了生活，比较好。又加上各地党委近年来对戏剧工作抓得很紧，更具体，给了作者很大的帮助。

成绩也可以从敌人方面反映看出来。美、波，反对我提倡现代戏。而朋友、同志，如《赤旗报》则大加称赞。苏文艺美国称赞、中国骂，恰成对比。

第二个问题，当前文艺工作的根本问题，根本任务。中央不久前曾批评我们，说社主改造收效甚微。所谓改造一是文艺的，一是队伍的。从文艺本身来说，社主文艺力量薄弱，而反社，非社阵地甚小。而社主文艺本身还有许多缺点，战斗性不强，时代精神不够。队伍的问题也很多，大、杂，政治思想问题多，几年来与群众的联系不好。改造问题如与政治经济比差得多。所谓死人统治，一是舞台上，二重要的还是思想上。话剧舞台上死人不多，但我们脑子里都还存在着封建、资级思想。因此，中央提出来上建不适应基础的问题，而文艺跟不上时代的要求。毛说，哲学的命运是看它能否满足社会阶级的需要。文艺也是如此，只有能满足的才能有前途。能不能，这是根本问题。目前还不能，主要是在一些根本性问题上认识不清。一是，时代的性质，当前革命的性质，认不清，口头知道，实质不是。特别表现在时代变了，思想跟不上，准备不足，思想停在民主革命阶段。社革来得快，无思想准备，要求不迫切。民主革命我们是有思想准备的。我们脑子里存在许多资思，要来鼓舞群众反资，没有热情。而且资思易与封建结合，因此说封建道德也有人民性。故主席说党员热心提倡封建。我们也歌颂社主，但不及歌颂抗战的强烈。说社会主义好是好的，但抽象，语言贫乏。第二，十中全会前，对于社主社会中有阶斗认识不清。各方面都有，文艺上也如此，还不如他们。或者看到了敌我矛盾，看不到内矛。看到了直接的，特务之类的，思想上看不到，或直接攻击我们的，看到了，旁敲侧击的看不到；公开的看到，隐秘的看不到（如引人脱离社主）。总之，看不到斗争的长期性、复杂性、反复性。第三，对文艺工作者要和群众结合看不清。不与群众结合，即无社主文艺，连队伍本身是否社主的也成了问题，苏联即一例。且与群结合也是长期的。

中央对我们缺点的严厉批评，又对我们做出的一点成绩也给予鼓励，这也是很大的。这是因为党充分看到文艺的作用。要把文艺工作与整个国内外形势联系起来看。在国内，无级得了政权，正在社革社建。无级对夺政权有经验，中、苏、古是靠己力得政权的，经验尤重要。苏是第一个得政权的。中国是人口最多，世界帝主都注意的，成功了，使世界力量对比起了根本变化。再是古巴，在美国门口的一块小地方，影响了拉美。这些经验是多种多样的，凡得了政权的，都未被帝所消灭。但能否巩固下去到共主，则无经验。苏提供了社主是回资主的经验，但这经验是有用的，提供了不应当做的经验。社主要巩固不变质就是要革命到底，它包括政、经、文化。我国政、经革命已经基本完成，当然不是不要不断进行，如反官僚、反自资，但社主文化革命则基本未完成。社文革，一是提高群众文化；二是改造旧思想，即资思。二者不可缺，前者使工农知识化，后者使知识分子工农化。二者都是长期的，比政、经长得多。旧思不易清除，新资思还会产生，只要三个差别未消灭，资思总会存在。三差即是不平等，是资法权，而三差消灭是长期的。故思想战线上的革命是长期、艰巨、重要的。因其对象是广大的人，特别是农民。

思想是敌对的，但又存在于人民内部，所以特别难搞。思想意识的变化特别慢。而思想问题只能说服，不能强制、压服。如思想上的社革不解决，社主制度没有最后的保障，资仍可复辟。基础决定上建的性质，但基础本身不会自己消灭和创生，要人去办，而革命人是从思想斗争开始的。革命如此，反革命也如此，完全可以从思想意识上开始，并不要从经济开始。美帝即从这里开始做，而 H. 恰恰与美相配合，他强调物质第一，经济第一，以物质腐蚀青年。破坏了集体经济，与美进行经济竞赛，比生活，不相信人，只相信原子弹。总之是只见物质，不见人，否定思想因素（实则是有思想的）。H. 把一个无级先锋队变成了一个追求经济利益高薪阶级的……这是有根源的。S. 社主革命不彻底，政治上宣布无阶级，经济上物质刺激，文化上不重思想斗争。S. 都是从左到右，农庄长期不前进（后退了），文化上对遗产不批判（以前否定遗产，L. 纠正了，后来成了毫无批判）。而无级要建立自己的文化，必须批判资的文化。对文艺家，以前也犯了左的错误（拉普），S. 取消拉普，成立统一组织，但后来只有团结，而不进行思想改造（只要写真实就自然会是向马克思主义）。S. 不大重视上建对基础的反作用，主席很重视这一点。所以文艺作用很大，文艺中，戏剧的队伍最大，包袱也最大，所以各级党委也很重视。

据以上，当前任务是发展社主文艺。一是创新，二是改旧。使之适应社主需要，这是长期的艰苦工作。资建自己的文艺经过几百年，到 19 世纪才达到高度的成就。我们可以比它短些，国有 M、毛思想做指导；又继承过去遗产，又是群众性的，但也不会太短。我们要战略藐视，相信能建设一个高度的文化，不要看不起自己。但战术上要重视，这是一个艰苦的工作，作品是一本本写出来，积累起来的。并且这中间也会有阶斗。社主文艺从什么时候算起？可以讨论，个人以为过去也有，即新民主主义时也有。新民主主义是社主领导的，其中如无社主，即不成为新民主，这是毛讲的。只是其整个的政、经、文不是社主的。新民主是半封、半殖走向社主的必经之路。二阶段既不可混同，也不可割裂。它是无[①]领导的，它是群众的，它不止于民主革命，它是世界无级革命的一部分。且资社会中也有社主文化。L. 说，其中有两种文化，其一是社主文化。M., L. 都

---

① 指无产阶级——编者注

是。M. 说他同时代的一个诗人是社主诗人。高尔基的《母亲》，L. 说是社主文学。但又要看到今天所要求的文艺不同于新民主时期，因任务不同了。从前是号召人民反帝反封建，今天是反资。其次，反映的生活内容不同了。过去无社主的现实生活，只有理想。今天有了丰富的社主生活，可以直接反映。

今天要求整个的文化是社主的。社主文艺必须以表现社主时代为主要内容（不是全部内容），要创造能够代表这时代的人物，能够提这时代人人关心的重大的问题，而且要给予回答。关键在紧紧抓住阶级斗争，文艺与阶斗是分不开的，是阶斗的反映，生产斗争中也贯串着阶斗，文艺又是阶斗的工具。办法是创造本阶级人物，宣传本阶级的思想感情，以达到团结本阶级及可团结的阶级，以消灭要消灭的阶级。故离开阶级斗争无文艺。对内要教育人民，特别是后代，对外促进鼓舞世界人民斗争。后代的重要，是因这一代有毛领导，大致无问题；后一代则说不一定。因此对他们教育、引导是很重要的，这是关系到本国和世界命运的。

因此，提倡现代戏，发展社主文艺是两个反修的一部分，这一点，敌人和朋友都看得很清楚。

第三，对话剧本身：要加强文艺武器的革命，而又取决于拿武器的人的革命化，以促进人民群众的革命化，关键在戏剧工作者的革命化。

1. 要写出更多的好作品。好是思想、生活、技巧，关键在与人民群众的结合，下去是个决心问题，作家、剧团、领导都要有决心，这点不是方式问题。学 M、L、毛也重要，但要与到群众中去结合起来，到群众中去学，带问题学。技巧，不是一个东西,技可以在学校学,但学了不一定会用好;巧是要到生活里去学,方式多样,但主要是要负担工作,只有在工作中才能认识人的好坏,才能交上工农兵的朋友。作家的材料主要是人物,参加了工作对于事情才会有正确的理解。对缺点才不会不批评,也不会旁观地冷嘲讥讽。

2. 题材问题:反映社主时代是大量的,教育群众改造自己。苏联不写工农了,不光是思想不对头。但写革命斗争历史也是很重要的,既要有前途教育也要有传统教育。世界很需要我们革命斗争的经验。其他历史题材也可以写,要从多方面来进行教育。当然,有时我们提倡一个东西,别的少一些,甚至没有也是需要的,使方向明确。但从长远看,是否可以排除历史剧呢?不可能。要有一个分工,有些作家可以写他适合写的,年青作家要写现代,写工业、农业也可以广阔一些,可以概括起来。国际题材也可以写,也还要演革命的外国戏,如果一个不演是错误的,对我们自己的群众要进行国际主义教育,防止大国主义倾向。儿童剧也太少。

3. 还是要进一步提高质量,思想的与艺术的。艺术质量也是为了发挥政治作用。批评标准是政治第一,但创作上要力求思想与艺术的统一。反对标语口号,因它不能达到政治作用。这是说的戏,群众对戏和对社论的要求是不同的。要力求这样做,但不是立刻能做到这一点。好戏还要引起人的深思,增加一点什么,不只是剧场的效果。有三种效果:一是剧场中讨好观众,二是热烈但不引起深思,三是引起深思。有人以要求质量反对我们,但我们还是要求质量。不要一概而论,要分析。不注意质量也有两种:一是认识问题,一是恶意,也要有分析。

群众对今天话剧又满意又不满意,认为也还有不够。有一个观众说,反面人物写得好,正面人物过分了。应当用更高的标准来要求自己。

讲话十二时完。回家睡觉十二时半。

四日　星期六　上午,与马绩、桂林一道谈近期工作安排,马绩谈了延庆四清干部情况。下午,一时半,与徐平羽、马彦祥、任桂林、张正宇乘小车经南口公路赴斋堂,五时半到。休息吃饭后,七时半,看实验剧团彩排《朝阳沟》,十时毕。观众多斋堂农民,反映甚强。十时半,与团员座谈,徐、马等讲了话,表示满意。一时寝。

五日　星期日　晨,六时余起床。七时半,出发遵原路回城。今日清明,细雨纷纷,山间大雾,车行时能见度甚低,山路又曲折陡峭,甚为紧张,但到了平地,行车甚速,遵昌平大道回城。十一时到家,疲甚。午饭后,午睡至三时。玮为念《火花》杂志上孙谦写的《大寨英雄谱》,五时毕。晚八时,冯霞来,为他和玮传达默涵前日的讲话。十时毕。

今日整日细雨不止,傍晚,雨中杂雪,颇感春寒。

六日　星期一　上午,与李小仓谈话,读《中国古代名画选》郑振铎序。下午,上隆福寺买树苗,未得。晚,到工人俱乐部看赵燕侠的《芦荡火种》,演得比北京一般京剧现代戏剧好,其中以马长礼的刁德一最好,戏甚长,七时开十时半完。回家睡觉已十一时半。

七日　星期二　上午，参加《朝阳沟》创作组开会，讨论下一阶段工作安排。下午，参加艺术局学习"三自一高"及对夏衍同志的文化部工作检查及计划提意见。晚，看《戏剧报》关于戏曲现代戏的社论，及关于剧团革命化的短论。

八日　星期三　上午，读文件。下午，在人大会堂听周总理访问十六国报告的录音。晚，续读文件，听张玮讲她的表演课提纲。十一时寝。

九日　星期四　上午，在艺术局开京剧会演的筹备会。十一时，到王府井买点心。下午，继续在人大会堂听周总理报告录音。晚，读《火花》上束为的报告文学《南柳春光》，未毕。

十日　星期五　上午，在北京医院作P.S.P检查，量血压135/95，医生给开了两种新药试服：一，Pot.chloridc；二，双氢克尿噻。十一时，午餐。十一时三刻，到松竹园洗澡，一时回。二时，到文化部七楼继续学习"三自一高"，五时三刻归。晚，续读《南柳春光》完。

十一日　星期六　上午，在院办公，听颜长珂谈辽宁京剧现代剧目情况。下午，参加艺术局"三自一高"学习。晚，与玮到民族文化宫看广东军区话剧团演《南海长城》，取材歼灭九股登陆蒋匪特事，题材不易编剧，写成这样甚不易，表演较差，舞美很好。十时半归。

十二日 星期日 上午,河南冯纪汉来,谈《社长的女儿》事,该剧作者未来。下午,沙新来,谈苏联留学生关于洪深的专题中的一些问题。晚,读梅兰芳有关京剧表演现代生活的一些片段。

十三日 星期一 上午,听评论组汇报到银川、辽宁看戏情形,并讨论这一阶段的日程。下午,到院办公,参加京剧《芦荡火种》的讨论。五时半,到朝阳市场买水果。六时半,出发到七一剧场看海政文工团演《海防线上》话剧,也是歼灭入侵特务的,着眼于故事性,人物不太突出,似比《南海长城》差一些。十时半归。十一时睡。

十四日 星期二 上午,到院办公。到王府井理发。北京医院看查肾功能结果,正常,吃新药后第一次量血压:左128/80,右120/80,医嘱新药少服一次。下午,参加评论组讨论现代戏问题第一次会。六时三十分,与黄菊盛同到越南大使馆参加欢迎其教育部长来华访问的酒会。归时大雨。晚,读四月号《人民文学》,十一时寝。

十五日 星期三 上午,到院办公。十二点,到新车站接高阳《红旗谱》下乡队。下午,参加评论组讨论。晚,看青艺《豹子沟战斗》,写南泥湾开荒事,剧本尚不完整,演出水平很高。十一点半回,十二点睡。

十六日 星期四 上午,与晏、任、马绩谈第二季度工作及"比学赶帮"等问题,读《收获》上姚文元论现代剧文章。下午,续读，并读近来报发表这方面的重要文章。晚，大雨，到戏校排演场看京剧《朝阳沟》彩排，整个戏已较细、较完整，但也看出了腔调方面的粗糙之处。林默涵等均到场。十一时归，一刻寝。

十七日　星期五　上午，到《戏剧报》编辑部开选题会，直至下午二点，并在大楼吃饭。归家即看《红旗谱》彩排，至五时。晚，在人民剧场看《红灯记》彩排。《红旗谱》人物较深，很感人。《红灯记》只彩排部分，艺术上很精致，生活较差。十一时归寝。

十八日　星期六　参加部分会议汇报创作情况。下午，林默涵召集研究组人员开会，汇报各地京剧现代戏情况，林最后提出任务。晚，休息。

十九日　星期日　患重感冒，整日休息。晚，默涵、徐迈进等来看《红旗谱》响排，十一时归寝。

二十日　星期一　上午，开两个戏创作组的会议，汇报反映团内思想情况，最后指出了如何认识及今后工作态度等问题。下午，上院办公，因不适，回家休息。晚，仍休息。看《辞海》送来两个条目，提意见送出。马绩来谈一小时。十一时寝。

二十一日　星期二　上午，在部开会谈京剧现代戏会演，部党组讨论，决定宣传、研究合并，我与张颖负责。下午，仍在部听默涵等同志对《朝》《红》二剧意见，阿甲也发了言。晚，萧晴来谈《朝》剧的问题。十一时寝。

二十二日　星期三　上午，开院党委会布置剧团工作。下午，到同仁医院吊马师曾逝世。三时，到文化部开《红灯记》座谈会。晚，俞赛珍来汇报找张正宇情况。继到院部陪徐平羽等看《红旗谱》，戏毕谈至十一时半。归寝十二时已过。

二十三日　星期四　上午，给剧团讲话，任、晏也讲了。中午，入浴。四时，张颖、厚生来谈京剧会演宣传。晚，休息。

二十四日　星期五　上午，召开舞美会，张正宇、苏丹等均来，谈了《红旗谱》剧的舞美工作。毕，与任、晏、舒模、叶枫、吴宝华等谈两个戏的舞美工作组织安排。下午，在宣传部开"京剧现代戏会演"宣传会，各报刊、广播、电视、通讯社均来，默涵讲了话，五时散。晚，想从欧阳老的文章中找些关于京剧演现代戏的议论，未获多大结果。十时半寝。

二十五日　星期六　上午，评论组全体开会，他们已于昨日回京，汇报天津京剧现代戏情况，及研究定专题事。下午，到文化部机要室看文件。晚，念溥仪的《我的前半生》给张玮听。十时寝。

二十六日　星期日　晨，天大晴，与家人到中山公园散步，在四川饭店午餐。毕，与张玮到王府井买物，二时半回。午睡至四时，与玮同清理衣箱，收冬装取春衣，六时毕。晚，续读《我的前半生》至十时。

二十七日　星期一　上午，到文化部续看文件。到朝阳市场买水果。下午，到戏剧报开京剧现代戏座谈会，到的有导演、工作领导人、演员等。四时半，到国际俱乐部参加中尼友协酒会，看电影《青年鲁班》，因祝酒时饮酒过猛，血压突然增高。晚，休息，读《我的前半生》至十时半寝。

二十八日　星期二　上午、下午，均与评论组同志在北海庆宵楼讨论京剧现代戏问题。中午，回家午餐，张卉中来，谈光明日报对会演的宣传计划。晚，看了第四期戏剧报社论，不甚满意，继读《我的前半生》。十二时寝。

二十九日　星期三　上、下午，仍在庆宵楼开讨论会。上午，就《朝阳沟》谈京剧的音乐改革。下午，就《红旗谱》和《红灯记》的比较谈现代生活京剧，谈表演艺术的改革。晚，读《我的前半生》至十时半。

三十日　星期四　上午，在庆宵楼继续讨论舞台美术问题。下午，给本院舞台美术人员讲话。检查评论组决定的选题。到《戏曲史》组了解最近情况。晚，王彤来谈两个戏最近排演情况。八时，续读《我的前半生》至十一时。

五月

一日　星期五　今日五一节。上午，全家到中山公园游园。中午，在萃华楼吃饭。下午，休息至四时，与玮到人民市场逛了一圈。

晚,在家休息。十一时半寝。

二日　星期六　上午,带小珍在北海散步。下午,与玮到王府井买物,购凉鞋一双及其他物品。晚,与玮谈《南海长城》,续读《我的前半生》十时半寝。

三日　星期日　今日照常上班。上午,与《戏曲史》组研究四编修改问题。下午,通知召集社论组会（五日开）。与徐平羽通电话谈社论组集中事,部里不同意,决定不集中了。晚,桂林来,谈两组戏排演情况,并同去东门仓陆军院,看礼堂,与其院长会见,准备合作用此礼堂演戏。八时回,续读《前半生》至十一时。

四日　星期一　上午,与马绩、桂林谈排演工作中的问题及干部的政治教育等。中午,小仓来谈《戏曲史》（四编）改写计划。下午,在文化部开京剧会演筹备会。晚,续读《前半生》至十一时。

五日　星期二　上午,社论组开会,研究了社论分工,短论选题及讨论日程等问题。下午,眼睛不适,人亦疲倦,到院办公,与张为、简慧等谈工作,看颜长珂评《芦荡火种》文。五时,带小果到中山公园散步,六时半归。晚,眼仍不适。听广播至九时,清洗澡池后入浴。十时,上床,读《前半生》至十一时。

六日　星期三　上午,到院办公,与桂林谈两个戏排演中的问题。

下午，续看《前半生》。晚，到政协礼堂看总政歌舞会演节目，精采者不多。十时半回，十一时寝。

七日 星期四 上午，参加研究组在庆宵楼的讨论，谈京剧语言问题。下午，二时，到剧协谈《戏剧报》五、六、七期选题。三时半，到文化部参加京剧会演记者招待会，六时散。晚，看《前半生》至十时寝。

八日 星期五 上、下午，都在庆宵楼讨论。上午，谈京剧移植改编问题。下午，谈音乐改革、舞美改革。晚，看《北京日报》《芦荡火种》讨论及有关文章，拟了一个关于京剧音乐革新的发言稿。十一时寝。

九日 星期六 上、下午，都在庆宵楼讨论。上午，续谈音乐改革。下午，谈剧本结构。晚，与玮同到北京展览馆看全军文艺会演节目，这次是最好的节目，其中《三千里江山》《死靶当活靶打》等舞蹈及马玉涛、李淑君等唱歌很不错，持续三小时余才完。十一点回家上床。

十日 星期日 上午，在院里续开研究组会，谈表演问题。下午，全家到中山公园看牡丹，继与玮带小果到王府井买字典。六时归，将《前半生》看完后吃晚饭。八时，马绩来谈到十点。十一时寝。

十一日 星期一 上午，在院听取有关留学生、研究生学习的汇报。下午，两点，到医院查血压：125/85，已趋正常。三点，到文化部开京剧现代戏观摩演出筹备会。五点，步归，顺便买了香蕉。晚，读京剧院《红灯记》台本未完。十时过即寝。

十二日　星期二　上午，到人大会堂听陈毅同志报告十三国访问情况，十二时半毕。下午，三时，开社论讨论会，谈了《人民》《光明》两社论，夏衍同志参加，六时毕。继与厚生、不凡、乃崇谈《戏剧报》第五期内容，至七时。晚，看有关戏曲革新、京剧表现现代生活的文章。十一时寝。

十三日　星期三　上午，读报刊上有关京戏推陈出新的文章。下午，开党委会讨论两个戏的提高问题，因为领导干部思想问题，会开得不很理想。这次会又给我一条教训，凡事不能急躁，干部思想也只有逐渐提高。平时工作做得不够，临事也难解决问题。晚，读《收获》第二期上的小说。至十二时寝。

十四日　星期四　上午，与桂林、晏甬、张冶讨论会演节目及剧团思想工作等问题。下午，到文化部开会演筹备会，最后肯定了上演节目。晚，在院听两剧的音乐、创腔，谈至十一点。

十五日　星期五　上午，到剧协开书记处会议，听取整风总结报告。下午，到文化部京剧现代戏筹备会，谈了一下大会的宣传工作。三时回，读报纸上有关京剧现代戏的文章。晚，看京剧院四团彩排《红色娘子军》，剧本散，无高潮，演员无生活，戏不感人。戏毕，座谈至十一点回家。十一时半过才睡。

十六日　星期六　上午，研究组开会谈《红色娘子军》。十一时，与小仓、开宇谈对苏联留学生讲近代戏曲发展课的提纲。下午，三时，上街买点心水果等。五时回。晚，与玮谈她导演《南海长城》中一场的构思。十时半寝。

十七日　星期日　上午，在家读报、休息，与马绩谈剧团《朝》剧组再次下乡的问题。下午，一时，到人民剧场看京剧院的《红灯记》。此剧剧本是有较多局限，人物不深刻，但整个排演十分统一，意图统一各方，音乐与人物动作节奏上十分和谐，节奏亦很准确，惜"监狱"一场上半不甚感人，此亦剧本不真实之过。五时毕，历四个半小时，戏长了一点。晚，读《人民文学》五月号的小说。九时半，入浴。十时，躺在床上续读。十一时一刻寝。

十八日　星期一　上午，讨论《戏曲史》第四编修改提纲。下午，上医院看结果，肝功能正常，转氨酶77（120为极限），血糖正常，胆固醇190（220极限），前验P.S.P正常，尿蛋白无＋号，血压134/84，取胀肚药归。三时，与新华社潘荻谈京剧表现各时期当代生活的历史及鲁艺情况，五时毕。晚，黎舟来谈。十时，写京剧现代戏问题文章的片段构思。十一时半寝。

十九日　星期二　上午，到文化部听组织工作会议精神的传达。下午，又去参加京剧现代戏会演筹备会，讨论扩大参加会演的节目以满足各省的要求问题。五时，归院，与马绩研究组织工作会议精神的传达贯彻，特别是培养提拔新干部问题。继到评论组了解近日提纲准备情况。晚,阅读各报刊有关京剧演现代戏问题的讨论,至十时半。

二十日　星期三　上午,安排今晚彩排《朝阳沟》的事。下午,与简慧、俞赛珍安排研究组的一些人事、事务工作。晚,彩排《朝阳沟》,江青来看戏,她认为此剧唱腔继承京剧不够,十一时余完。归寝十一时半。

二十一日　星期四　上午,在院办公。下午,三时,参加会演宣传处召集的评论员会,谈了一些这次评论工作应注意的地方。四时,回院参加《文艺》《戏剧》两报为会演拟的社论提纲的讨论,六时过毕。七时一刻,到广播剧场看市实验京剧团演的《箭杆河边》唱腔安得好,表演和腔调有些旧,剧本反面力量太大。十一时回。十一时半寝。

二十二日　星期五　上午,与任、晏、马、萧晴、黄叶绿、刘木铎、汉城研究《朝》剧在剧本、音乐上的修改问题。下午,休息,翻看有关近代史及乾嘉学派的文章。晚,到广播剧场看《洪湖赤卫队》演出(市京剧二团李慧芳等演),表演及唱腔均甚旧,十一时回。十一时半寝。

二十三日　星期六　上、下午,均在北海庆霄楼讨论京剧现代戏专题。上午,谈唱腔。下午,谈表演。晚,在家休息,看电视,入浴。十时半上床。

二十四日　星期日　上午，连健生来，他从沛县已调到北京教育部做研究工作，带来一个剧本《微山湖畔》。中午，苏丹来，在此吃饭，谈至一时去。下午，五时，与玮上街送棉衣拆洗，并买物。晚，看《红旗谱》彩排，十一时毕。十一时半睡。

二十五日　星期一　上、下午，继续讨论。上午，谈语言问题。下午，谈舞台美术。晚，到大众看评剧《南海长城》，似较话剧为强烈感人。十一点归。十一点半睡。

二十六日　星期二　上、下午讨论。上午，谈改编问题。下午，谈剧本结构。晚，陪周扬同志看《红旗谱》，看后谈至十二点，提出党的领导如何描写问题，要重新修改。十二点半归寝。

二十七日　星期三　上午，在院办公。与王子丰、俞赛珍谈话，帮助总结晚会招待工作的经验。下午，正开《红》《朝》二剧修改工作的会，周扬同志来电话讲要去汇报会演的宣传工作。汇报毕，已五时。回院续开修改会。晚，徐平羽同志来电话谈周扬同志对两剧修改意见，主线以《朝》剧为重点。疲甚。十时，上床。十时半入睡。

二十八日　星期四　上午，开全院大会，谈两戏修改问题。下午，上街改衬衫、买水果等。晚，翻读有关美学文章，酝酿专题讲话。十时半睡。

二十九日　星期五　上午，翻读《现代美学问题译丛》。下午，续读。四时，到夏衍同志处谈人民日报社论。继至王府井买水果等。晚，看电视，周总理访问亚洲三国。十时，上床，躺着读《外国文学新作提要》第六期。十一时入睡。

三十日 星期六 上午，在院办公，与马绩谈《朝》剧修改情况。下午，从夏衍同志处收到光明日报社论。晚，与汉城、达人、长珂讨论该社论的修改。回家后，看《外国文学新作提要》六号。十二时过寝。

三十一日 星期日 上午，与玮带小孩上街买六一礼物。下午，听玮念冯霞剧本。晚，再看《箭杆河边》京剧。十一时寝。

六月

一日 星期一 上午，与《红》剧组创作核心谈此剧修改上的艺术问题。下午，开一研究组的组织工作会。晚，看宁夏京剧团《蓆芨滩》。剧本散，唱腔无一贯构思，有些乱。十时半归。十一时寝。

二日 星期二 上午，到默涵处汇报并讨论大会宣传工作，至一时完。下午，五时，到徐平羽处谈研究工作计划，顺便到王府井买水果等，七时回。晚，七时半，到××处谈《朝阳沟》等戏。她所谈内容大致如下：

《朝阳沟》走了弯路，不是步子大了，而是偏了。一定要搞好，但没搞好以前不拿出来。二大娘不要唱，因京剧腔中没有合适她的。银环娘太流气,要改;第八场不要了,银环娘还得有交代才行。△京剧演现代戏,打破了行当,但唱腔上应慎重些,不能说京剧唱腔无法表现现代感情。该有慢板,只有中速是不行的,表现思考时的唱就可以用慢板,京戏的唱是戏曲中最丰富的,应当继承这个传统。△表演方面,武打可以在《地道战》等中间去运用。现在新式练兵中有许多技术,武行应当学。△舞台应当有布景,但不可太实,《红灯记》的就太实了,应当虚些。《智取威虎山》走圆场用近景就有矛盾,远一些矛盾小。景要用中国写意画的风格就好。△应当考虑今后的剧目。《丰收之后》怎样?历史剧是否可以写《陈玉成》。传统剧目可以整理《十一郎》《战宛城》,《百花记》没有看过,不知道如何,《白蛇传》还可以演,三国、水浒戏是可以演的。

十时半谈完。回家十一点。寝十一点半,久不成寐,下二点始入睡。

三日 星期三 上午,看《光明日报》上关于推陈出新讨论总结性文章。下午,和黄叶绿、简慧、俞赛珍搞研究处名单、计划等。晚上,到电视剧场看马连良、裘盛戎、赵燕侠演《杜鹃山》,精神状态太旧。

四日 星期四 上午,看《戏剧报》六月号社论稿,开党委会,讨论《红》《朝》两剧修改上演的问题。下午,文化部开大会代表团长会议。五时,到远东饭店和海运仓两处看外地来的代表,见周信芳、俞振飞、童芷苓等人。晚,改戏剧报社论至十一时。

五日　星期五　上午，与晏、任到默涵家谈《红》《朝》两剧。默涵主张积极搞，一定要争取演出。十二时半，到人大会堂开京剧现代戏观摩演出大会开幕式。二时毕，到王府井取眼镜。晚，在民族文化宫看上海的《智取威虎山》，中等，演员均不好，"少剑波"不能唱，也无热情，编剧尚顺溜，十时半毕。归寝十一时半。

六日　星期六　上午，在院办公。下午，到西郊后勤礼堂看陕西京剧团演出《延安军民》。演员气质尚好，也有两场戏尚感人，但整个戏主题散漫，艺术手法紊乱，经重大修改也许可能成为好戏。晚，上东四取衣。回来后，入浴。十一时寝。

七日　星期日　上午，九时，在院开研究处联络员汇报会。十时半，到北纬开宣传、学习、研究等工作的联席会。下午，与玮、安谷到王府井买物。晚，到人民剧场看《奇袭白虎团》（山东），是个武戏，把生活和武工技巧结合得很好，志愿军的精神面貌也很逼真，可惜人物稍差。十点半回家。十一点睡。

八日　星期一　上午，开研究组小组长会议。下午，研究表导演组的工作。晚，到二七剧场看哈尔滨京剧团的《革命自有后来人》，比起几个月前已经精致多了，但监牢一场仍不动人。十一点回家。十二点睡。

九日　星期二　上午，到北纬、远东二处看望各地来的剧团及观摩人员。见了宁夏、河南、云南、青海、江苏、安徽等地代表，及盖叫天、红线女、吴仞之、伊兵、吴白匋等同志。下午,到中宣部开大会领导小组会。晚,《朝》剧在戏校排演场彩排,江青、周扬、默涵来看,谈至十二点,问题甚多,决定暂不演出。归寝已一点。

十日 星期三 上午,研究处第一次会在院召开,到会约二百人,徐平羽讲话后,分组开会至十二点。下午,召开院党委会,讨论《朝》剧重新修改的一系列问题,至六时半。晚,到二七剧场看天津京剧团《六号门》彩排。此剧甚好,剧本还干净,表演亦有生活,唱腔安得好,"除夕卖子"一场夫妻二人隔门对唱尤妙。十一时半归。十二时寝。

十一日 星期四 上午,到中宣部开大会领导小组会。康老、江青均参加,康老对大会作了指示,主要意思:会演不是比赛,而是互相学习。一时散。下午,到院听蹲点人汇报未完。四时,即至中宣部开大会宣传工作会,六时半散。晚,在家召集研究处工作会议,九时散。入浴后,看报。十一时半上床,十二时寝。

十二日 星期五 上午,理发,买水果。下午,取修改和洗的衣服。晚,到戏校看江苏京剧《革命家谱》。故事很好,编写尚有交代不清的毛病,演出甚旧,表演基本从行当出发,演唱技术亦复如此,十时四十分完。归十一时。

十三日 星期六 上午,在院开研究部导演组会。九时,周扬、默涵来，与《朝》剧创作组谈话，即参加。十一时，再参加导演组会，会后并开了一个核心会，十二时半散。下午，三时，到北纬旅馆听各代表团支部汇报，五时回。晚，在人民剧场看上海四小戏《战海浪》《柜台》《送肥记》《审椅子》。童芷苓演《送肥记》尚好，余甚一般，十时半毕。归寝十一时。

十四日 星期日 上午，在家休息。下午，上周扬同志处谈这次演出中的思想情况、问题，等等。五时半，与玮在青海餐厅吃凉面，毕，到民族宫看内蒙京剧团演《草原英雄小姐妹》。此剧第一场与尾声不好，概念化、一般化，但中间与风雪搏斗的武打场面不错，表现了新人物的精神面貌，技术上把武打与蒙古舞揉在一起，也很协调，惜太冗长，应加压缩，九时三刻完，到工人文化宫接张玮。十时半回家。十一时上床，看晚报。十一时半入睡。

十五日 星期一 上午，参加剧目组核心会。下午，听蹲点人的汇报。晚，试写一发言提纲，未毕。

十六日 星期二 上午，听各专业组汇报活动情况及今后计划。中午，光明日报在丰泽园请吃饭，庆祝该报十五年。下午，到文化部向徐平羽汇报研究组活动情况。七时，到政协餐厅参加本院京沪两地舞美研究员聚餐，餐后到北海茶座座谈。九时三刻，回家，入浴。十一时半睡。

十七日 星期三 上午，与马绩、张为找林汉标谈话。下午，在院办公。晚，入浴后，续写发言提纲。至十一时半睡。

十八日 星期四 晨，起即阴雨，原定参观演习之行中止。乃在家续写发言提纲，整日从事，仍不理想，乃缺乏实际生活例证之故。下午，到院一走，无甚事。晚，读报纸评论，提纲未续写。十时半寝。

十九日 星期五 上午，续写提纲毕，待修改。下午，与本院同志一同乘车到北京射击场看山东、北京两军区战士表演：射击、侦察、攀登等作业，并在那里吃饭。晚，续看夜间作业。飞檐走壁，十分惊人；百步穿杨，工夫过硬。晚，十一时，回城。

二十日 星期六 上午，开研究部专业组会议，至十二时半。下午，到文化部讨论如何向总理、彭真同志汇报大会思想学习情况。晚，到后勤礼堂看《红灯记》重排，觉改后更不动人，松散无致。十一点归寝。

二十一日 星期日 上午，开专业组第三次会汇报会，并讨论工作中的一些问题。下午，在后勤学院礼堂看河北唐山京剧团的《节振国》。此戏甚壮伟，有革命气派，惜演员唱得不好，嗓子很坏。晚，在民族宫看云南的《黛诺》，戏也很好。关肃霜形象可爱，唱得也好，激情稍差，这可能是她对于女主人公内心世界的理解不够深的缘故。十一时半归寝。

二十二日 星期一 上午，人民日报陈笑雨、李希凡、朱树兰来，谈闭幕社论事，十一时去。旁听剧目研究组核心会。下午，到中宣部教育楼开会演领导小组会，周扬、江青参加。晚，到人民剧场看江西的《李双双》《强渡大渡河》京剧，甚差。十一时半归寝。

二十三日　星期二　晨，马绩来谈。早餐后，到院，与王彤谈，均为吴宝华对剧团参加总理座谈会名单事，继与张为谈林汉标。十时，《人民中国》（日文版）记者来，谈写一文反映京剧现代戏事，至十一时三刻。下午，到人大会堂河北厅参加总理召集的座谈会。康生同志先发言。（略）

江青继续发言。（略）

继各团编、导、演员谈话。有山东宋玉庆（《奇》剧排长）、上海李仲林（《智》剧杨子荣）、赵燕侠、徐南沅、李玉茹、肖甲、高玉倩等。休息，照相。茶点后，张春桥发言。最后总理讲话。（略）

七时半，散会。

晚，在家读《电影艺术》今年第三期艺军的《关于创造当代先进人物二三题》。此文就最近话剧、电影及个别戏曲剧本，总结一些创作上的经验，甚为实事求是。

二十四日　星期三　上午，给研究处同志及院内业务干部，传达昨日周总理等的讲话。下午，到文化部开会演代表团团长会议。晚，在工人俱乐部看汉口的《柯山红日》。虽甚顺，因所穿服装宽大，故袭用传统动作不困难，但解放军演起来就不调和了；解放军的唱也有些地方不适当，黄英的白仍用小嗓，也不好。

十一时半归寝。

二十五日　星期四　上午,在家读有关文章,准备写《论从生活出发》。十一时,到院,检查研究处工作进行情况。下午,在中宣部开大会领导小组会。康生同志谈了文艺作品应注意其中国际关系表现,反对大国沙文主义等事。晚,在二七剧场看吉林京剧《五把钥匙》,内容上有甚不合理处,艺术上平平。十一时,返家。十二时入睡。

二十六日　星期五　上午,到北海庆宵楼写《论从生活出发》,得五百余字。在仿膳午餐。下午,到颐和园住迎旭楼,午睡至四时半。五时,在石舫饭庄晚餐。餐后散步至七时。八时,开始续写,至十一时半得近二千字,但甚不惬意。又坚与蚊群斗争,甚躁,乃服眠尔通二片就寝。

二十七日　星期六　一宵睡甚好,晨六时起。盥洗作太极拳毕,略进早点。七时半,继续伏案,尽弃昨夜所写,一气呵成写成二千五百字,毕第一节。午餐后睡至三时。下午,进城参加默涵在教育楼召集的加强会演宣传工作的会,至六时。晚,到天桥看新疆京剧《红岩》,十一时归。

二十八日　星期日　上午,在家续写至十一时一刻,到院参加研究处工作会议。十一时三刻,偕安谷到四川饭店,玮和果、珍、韩娘已在,午餐后,即归家午睡。四时,黄克保、曹其敏来汇报并共同研究导演研究组继续工作的方针、方式等。七时,到人民剧场看宁夏京剧《杜鹃山》，甚顺，贺湘显然比赵燕侠演得好，整个也比北京的好。十时半，归入浴后，十一时寝。

二十九日　星期一　上午，在家续写，甚不顺利。下午，到戏校看《红旗谱》排第七场。晚，在工人俱乐部看江苏京剧《耕耘初记》，无矛盾，只有一些小噱头，演志耕的演员形象尚可爱。十一时归寝。

三十日　星期二　上午，在院开研究处导演组讨论会。下午，开导演组核心会。晚，在戏校看《红旗谱》彩排，周扬同志来，戏后谈至一点半，勉强允许经过再修改后上演，回家已二点。

七月

一日　星期三　上午，与剧团干部开会，谈两个戏《朝》《红》上不上演的问题。十一时，与晏、任同到默涵处谈两个戏。

下午三时，在人大会堂听彭真同志给京剧会演大会讲话。（略）

晚，在院开剧团领导会，研究两个戏的经验，十一时毕。十一时半寝。

二日　星期四　上午，李琦同志传达中央工作会议的精神。（略）

下午，听研究处各组讨论汇报。晚，看《朝阳沟》彩排，修改剧本后，较好。十一时半归寝。

1964年

三日　星期五　上午，八时半，在青艺继续听李琦同志传达。（略）九时半，到文化部开会演领导小组会。下午，在院开《戏剧报》编辑部会。晚，在工人俱乐部看唐山京剧《节振国》。

四日　星期六　上午，向研究处工作人员传达领导小组对结束研究工作的意见。十时，补抄昨日传达报告记录。下午，续抄，三时半毕。到王府井理发，买水果。晚，在二七剧场看江苏的《再接鞭》和山东的《红嫂》。前剧主要仍是旧瓶新酒的办法，没有生活。后一剧甚好，演红嫂的张春秋形象气质特别好，胡二、彭排长也都不坏，编剧排演也很细腻。十时一刻毕，十时三刻，到家，入浴，乘凉。寝时十二点一刻。

五日　星期日　上午，在家改《论从生活出发》前半稿。下午，清理衣服。晚，在民族文化宫看广西京剧《烈火里成长》，编剧甚平，表演甚差，但戏的主题甚好，惜未做出文章来。十时半回。十一时半寝。

六日　星期一　上午，在家续改《论从……》稿，至十一时，到院，看研究处汇报稿，修改发出。下午，到青艺剧场续听传达。（略）晚，在工人俱乐部看河南京剧团三个小戏：《好媳妇》《掩护》《红管家》。剧本不错，演得也很生活，就是太像话剧，其中以《好媳妇》演得较好，《掩护》最次，十时半完。十时三刻，回家。十一时寝。

七日　星期二　上午，十时，到文化部开会演秘书长会。下午，在院与任、晏研究为不能演出事向领导作检讨的问题。继听蹲点同志汇报。继与晏、马等谈剧团思想情况。晚,八时,入浴,乘凉。九时,翻读文件、记录。十一时,睡。

八日 星期三 上午,开研究处导演座谈会,《黛诺》《节振国》两戏的导演谈经验均甚精采。下午,在中宣部开会演领导小组会,宣布延长时间至七月底。晚,看《红色娘子军》,改仍甚散,无贯串故事,因之造不起高潮来。十时一刻,毕。三刻,回家。十二时寝。

九日 星期四 上午,在家看材料,约黄克保来谈如何为导演组作小结。下午,续看材料。六时,到院,最后看了院党委关于林汉标的材料向上级的汇报。晚,入浴后续看材料。十二时半寝。

十日 星期五 上午,开研究处导演组核心会,讨论小结等问题。下午,开研究处工作会,听各组汇报及讨论会后日程。晚,在工人俱乐部看北京京剧团《杜鹃山》,比前好多了,写党的领导清楚了,马连良等老演员,人物刻画虽不深,但演得认真,令人感动。十时一刻,毕。十时半,回家。十一时半上床。玮十二点三刻回,一点入睡。

十一日 星期六 上午,到院,修改《人民中国》(日文版)送来关于京剧现代戏的文稿毕,参加表演组开会听取及讨论经验介绍大会的准备工作。下午,四时,孙浩然、苏石风来家谈,苏明日回沪，孙不久亦归，写二信分别托带熊佛西、袁雪芬致谢意，五时去。晚，在民族文化宫看贵州京剧《苗岭风雷》，故事尚好，无人物，演员水平亦较差。十时二十分，毕。归寝十二时。

十二日 星期日 上午，研究处工作组开会，讨论剧目的最后发言（郭汉城）。下午，三时，讨论美术最后发言（孙浩然）。晚，在人民剧场看中国京剧院二团的《千万不要忘记》，此剧听说以前很差，这回看来似乎比所说的好一些，李和增、江新容、张春华在人物塑造上尚有一些可取之处。十时二十分，毕。十一时，归。十二时寝。

十三日 星期一 上午，院务会议，讨论上半年总结和下半年工作计划。下午，到部听党委再次动员学习，徐光霄讲话。晚，拟在导演组讲话提纲。十一时半睡。

十四日 星期二 上午，开研究处工作组会，我谈了导演组发言提纲，大家进行了讨论。下午，舒模谈音乐组发言提纲，也进行了讨论。六时，院里在四川饭店请这次为两个戏帮忙的舞美工作人员吃饭，七时半毕。回家，入浴，并将澡盆彻底清洗了一次，浴后休息。十一时寝。

十五日 星期三 上午，修改提纲。下午，到工人俱乐部参加演员经验介绍会，今天讲的是宋玉庆（《白虎团》排长）、关肃霜（黛诺）。关谈得很具体生动，宋谈得很朴素真挚，都很好。晚，在家续改提纲至十时半。

十六日 星期四 上午，续写提纲。十时二十，到院开党小组会，讨论中央工作会议的传达。下午，续写提纲毕。晚，入浴。九时，读毕姚文元等关于时代精神讨论的两篇文章，又读了一半《九评》。十一时寝。

十七日 星期五 上午，开院里学习中央工作会议文件的汇报会。下午，四时半，到人大会堂宴会厅，等着毛主席和中央的同志来和我们一道照相。京剧会演大会参加的有两千多人。六时，毛主席和周总理、彭真、贺龙、康生、陆定一等同志来。毛主席气色极好，红光满面，身体壮实，步履矫健。六时半，照相完回家。晚餐后，休息，与孩子们闲谈。九时，灯下续读《九评》，至十一时。十一时半睡。

十八日 星期六 上午，九时，与晏谈院里的整风。十时，召开一研究处工作会议，讨论如何向周扬同志汇报。下午，与晏、任谈整风工作。晚，到电视剧场看《奇袭》修改后的演出，改后，政治上的毛病去掉了，新改的地方尚不熟练，十一时毕（八时一刻开）。归寝十二时。

十九日 星期日 上午，在家休息。读有关一分为二的文章。下午，厉慧良来，谈现代戏剧目，六时去。晚，重看《智取威虎山》。十一时归寝。

1964 年

二十日 星期一 上午，在部听传达：

李琦：

一、主席关于文艺工作的批示：（过程：迎春晚会后，各协检查，做了报告，中宣部不满意，只送了一综合报告给主席）（略）

主席对提拔新生力量的批示……

中宣部各协整风，周扬同志（7月2日）讲话。主席、少奇中央对我们批评不止一次，个别谈话更多。中央在抓上建，我们认识很落后，迎春检查很不够。中宣各单位领导人失职，有负中央委托。认识逐步加深，各单位领导人是否都认识严重性。思想是资还是什么，光讲方向不明不行。文化要过社主关，反了右是一关，但仅此一关行了吗？这战线的问题难道比工农业的少？我是资方还是无方？自然不是每事都不对，十中全会后有变化，改变得够不够？是否站稳了立场？各剧团、刊物都要检查，不提到此高度不行。讲是一回事，做又是一回事。学究式的讨论，总是尽量想保留旧上建而非积极去改造。一讨论社主文艺性质，就争论过去有无社主因素，而不是谈现在社太少，要尽量去搞。讨论写十三年，就先问十三年以外能否搞。表现了倾向，两条路线斗争，不是公开反社，有些人由于自己习惯爱好。

现在军、地方比我们好些，他们热爱社主，革命的问题上我不如人家。迎春只是一暴露，难道唱革命歌曲就不能联欢么？处处抵触。有不同观点可以讨论，但领导不能有不同观点。天天反修，到了修的边沿。领导中公开反社的没有，但不热心社。1958年否定多了，该肯定的未肯定；文艺八条，听

·张庚日记(二)

(专①)一面的意见太多;这都是阶斗反映。难道只有公开反社才算吗?洋、古坐满了,社就没有地位了。这是三年来阶斗反映。问题是领导上看到要起来斗争,更不是为之辩护。各刊物要检查,登了一个也不对,何况多。中宣、文化见文章迟又无力,这些指挥员就无责?封建的处理。写十三年,柯的意见是对的。但是有些人强调宣传三十年代,为什么那么热心,正是和个人联系起来(民主革命)。人家向前看,我们的感受何在?电影尚组织观摩三十年代,指导思想是目前电影不如三十年代。……总相信自己是对的!三十年代主席已做了很高的估价,够了。难道延安文艺座谈不光辉?宣传革命是应当的,但是否宣传社主不重要。不是外国不能演、唱,是摆在什么地位?反映中间人物……不敢歌颂社主,总路线。各种人物都可以写,主要写什么?什么是英雄的正面人物?是时代……要抓深些,要真过社主关,其中有不少小关。我们究竟站在那一边?要搞清楚,首先是领导。

队伍问题:过去,现在讲,说多数人是好的,愿走社主道路的,包括党外,包括搞帝王将相的。但世界观是否只少数才是 M、L 的。工作应由左派领导,中、右(党内)不能领导,要有坚决的人来领导社主革命,现有一重新建立队伍的问题。反胡风即如此。大家要振作起来。领导核心不适合的要改组,不能摆样子。有些人辛苦,成绩少;有些人专搞自己的事情;要把辛苦而革命的人留下。过去动不得,现在要动。主席说:吃、穿是老百姓的,做的反社。文化部、各协要下去。提拔新

---
① 指专家——编者注

人，老的指挥不了的可去搞创作、研究。现在给人一印象，似乎二三十年代才行，四五十年代不行。有些人不听外界意见，只听本界老的意见。究竟是青年，外界人多还是什么人多？做错了要改，成绩否定不了，先想错误。现在形势不同了，要自我革命。主席批示是最后警钟。戏曲有问题，人注意了。但电影有三十年代，《早春二月》问题，要认识揭露、洗澡，从思想、方针路线上彻底弄清楚。另外进行组织整顿，把问题弄清楚，队伍不纯，指挥部好，还可以，反之则不行。学术上也有不少问题，一分为二，他说二合而一；"五反"，他评功摆好。当然不都是路线问题，学术问题要有锋芒。经常受批评是好事，我们工作可以在多数人面前暴露。犯错误不要时间长，立三①半年。应做的不做就犯错误，就是有几个人把好人带坏了。要下放，也要搞点先进单位。是非要明，文化部报告要重新写，文化部党组检查是否真诚值得怀疑。

现在落后了，脱离实际、群众。思想是旧民主的，或看不出危害之深，官僚主义。

默涵：（7月5日）1.认识逐步加强，说明我们思想差距与中央很远。应从思想内心深处看是否接受。说真话，要用事实说服打通思想。2.联系整个阶斗形势看，不要就事论事看。《谢瑶环》《李慧娘》《孟丽君》，联系形势看，实是阶斗反映。否则会看作个别错误，不看作阶斗。阶斗反映在意识形态上。反右后，估计不足。往往是采用影射、借古喻今的办法。不觉敌情严重。今日阶斗形势复杂，我们鼻子不灵。三十年代看作M.，

---

① 指立三路线——编者注

实是超过文座。中央看得远，要巩固社主。人家挖社墙角，我不心疼？这一代可能经战争，一旦战起，文艺界是什么样子。文艺要影响青年争下一代，是生死存亡的问题。根据中央要求，没有这些错误也跟不上，何况有？一旦有事，有些人就不跟修走？文艺界有一种捧老头子的风气，很坏。印把子虽仍在我手，但问题很严重。战争，前途，后代。3.既不原谅自己，也不对别人温情主义。拿枪的可以撤，我们就不能撤了？有些人心中无党，只有自己。主要检查路线、方向。还要揭发事实，不要空戴帽子。看重最近几年，不是每单位都到了修边沿，要从检查结果来看。搞三十年代是怀旧，今不如昔。

周扬（7月10日）是剧烈斗争，自我斗争，思想革命，首先革我们这一层。文化核心，工作未做好有责。过去斗争是检查领导集团以外的，现在是自己。是打仗，不是坐而论道。不是哪个人的问题，而是反对一种思想，是工农民路线还是其他。首先是揭发思想划清界限，自己有，别人有揭发、帮助，一般的说，不行。就是犯了错误，做对了的也不抹杀。现在有些问题查不出，有嗅不出的，要查。不能应付过关，消极、调和、温情、原谅，否则不可收拾。全方面提几个问题来讨论。三十年代对不对？这是思想、路线、方针问题。文化部有人提了不少意见，要检查。我们不搞文字狱，不检讨也可以，但要大家都认识是毒草。《宦娘曲》，讲古对今，讲鬼对人，先揪出来，不是泛泛地检查。评功摆好，是反社主在高级机关的反映。一个问题一个问题地搞清楚。

队伍，核心，腐化堕落要大张旗鼓地处理一下。文化部是非不明，无交代。重点是反资文思，资生活方式。中央敲一年多警钟,要醒。谁是革命派,中派也可以变右派。对新生力量的培养没有注意。

下去,分期分批,自己下去。毛说:文三分之一蹲点,是贫下中;走马看花,是中农;死不下,是五类分子。理论批评,错误多,更得下去。这次斗争与反右不同。后者是反个别人,这次是反领导集团的思想问题,是相当长期的。批评(主席的)要在党员干部中传达。斗争中要发现正面人物,小人物就不能起来了?谢冰心、马思聪要从偶像地位上拉下来,过去他们是右翼的,有些在民主革命时,有些是社主时。

京剧革命,是从最落后难搞的地方开刀,落后变先进。我们现在也可能如此,要五年七年。彻底揭露,搞几个典型。(文、史、哲、经、教)精神,治病救人。

齐燕铭:

部检查中央对文化工作的批评,警钟:1.十中全会,《刘志丹》。主席说:以文艺的形式反党是一大发明。小平,说文艺上无作品,三年来,气不足。2.1963年2月25日,少奇说,在一切组织中要反修。要保证这代、下代都不发生修。主席说,有些环节被坏人篡夺。3.1963年9月27日,主席在中央工作会议上说,戏剧要推封、资之陈,出社新。4.1963年11月,主席:文化部的错误如不改正,要改名。社主的东西太少,群众不是不要文化,社主的不去,封资的不走。5.1963年12月,柯庆施改革评弹的报告,主席的批示。6.1964年1月3日,少奇,专召开会谈文艺。7.1964年5月,主席、少奇在中央工作会议上提到文化工作的错误。8.这次的批示。(还有一次,去年少奇谈文艺上资占优势)

脱离政治是不讲社主、阶斗。脱离群众是脱离工农兵。不是方向不明,是资方向,是丧失阵地。"三十年代"问题,对文座以前以后分不清,今不如昔。鬼戏:批评了怕挫伤了积极性,不鲜明,不坚决。政治上不坚强,组织上听话是听不成的。五八年人人作诗,我们只检讨了领导错误,但未肯定群众社主积极性。并单纯提艺术质量,不谈深入工农兵,是资的提高,不是社主的提高。部党组能不能顶住大风大浪?现在是自己在兴风作浪。

问题:

1. 三十年代问题(包括《电影发展史》)
2.《早春二月》(夏论文集)
3. 戏曲改革
4. 出版物
5. 资作品及亚非拉人民作品的比重
6. 对有名老作家与无名青年作家如何看待

方面:一电影,二戏曲,三出版,四队伍。

×

下午,一时半毕。与马、晏、任在车上商量好整风学习,三个《智》①剧讨论等分工、日程。午餐已二时。下午,商量研究处日程。晚,看北京京剧团《智》剧,反面人物太嚣张,正面人物形象塑造不准确,但马长礼唱得很好。十一时归寝。

二十一日 星期二 整日大雨。上午,在家翻看三年多来日记、文章,做思想检查准备。下午,到北京医院检查身体,检查结

---

① 指《智取威虎山》,下同——编者注

果，血压左 120/80，右 130/80。五时，取药归。晚，看人艺话剧《智取》比起京剧来细致，人物的思想脉络清楚，"少剑波"表现得较着重，"座山雕"的渺小灵魂描写得较清楚，但威虎厅似气魄太大。十一时归寝。

二十二日　星期三　上午，看光明日报社论稿，稍改后送默涵。继读毛主席《在中国共产党全国宣传工作会议上的讲话》毕，翻读报纸有关京剧现代戏文章。午饭后一时，孙浩然来告别，他的讲话已于上午讲了，一时半去。下午，看龚和德为《光明日报》写文，未予修改。五时，到院嘱刘开宇为三个《智》剧座谈写汇报。即去王府井，买得《龚定庵全集》及提包、点心等物。七时回。晚，翻看大会文件及国外反映等。入浴后，翻看《龚集》。十一时上床。

二十三日　星期四　上午，看戏剧报送来社论提纲，尾书意见一条。重看研究处导演组讲话提纲，画出要点，准备向周扬同志汇报。下午，三时，与汉城、舒模、黄叶绿、沈达人同到中宣部教育楼向周扬同志汇报，并听取他的意见，五时毕。晚，读《龚集》至十一时。

二十四日　星期五　上、下午，均在部开会学习主席文艺批示。上午，讨论1958年来戏曲工作的曲折。下午，翻阅《戏剧报》，印证几年中的具体过程。晚，翻日记，读《龚集》至十一时。

二十五日　星期六　上午，在研究处导演组上发言三小时，十二时毕。下午，翻读报纸上有关京剧现代戏的文字。晚，散步至人民市场，九时回。入浴。翻读《龚集》至十二时寝。

二十六日　星期日　上午，听研究处蹲点同志汇报。下午，读《龚定庵年谱》。五时，到王府井，在荣宝斋看上海书法展。六时，在和平餐厅吃饭，八时回。晚，浴后与马绩谈至十时。

二十七日　星期一　上午，在文化部开整风会。下午，开研究处编辑大会文件的会。晚，与晏、任、马在家谈下半年工作安排，准备明日党委会。十一时毕。

二十八日　星期二　上午，开整风会。下午，听蹲点同志汇报对四个最后发言的意见，甚少，不肯讲也。六时，做来新杂志柜，清理杂志，换柜，忙到七点。晚，在文化部礼堂看电影《早春二月》。是柔石小说改编，思想是人道主义的，风格模仿苏联古典文学作品的电影。我们都是三十年代前后出来的人，对于这段生活和人物的精神状态特别熟悉，有一种"亲切"之感，蒙蔽了我们，如不采取批判的态度去看，很容易模糊了视线，轻轻放过了十分明显的人道主义错误思想，九时半完。归续拾掇杂志，俞赛珍来帮忙。十一时，洗澡毕，上床看《戏剧史》四编稿。十一时半睡，未尽一章。

二十九日　星期三　上午，与《中国建设》的同志谈大会的意义成就等。下午，在北京展览馆听周扬同志的大会总结：

　　三个问题：1. 成就与意义；2. 两条路线的斗争；3. 创造新戏

曲的道路。

1. 成就与意义

成就：很大，京剧革命，用会演的成果来肯定了。大家共同的努力，有些剧团多年的努力。35个节目，三个重复；共剧32个。革命史，13；开国以来，19。19个中，13个是社主题材。9个短的。比预期的丰富精采。各个战线，兄弟民族，儿童，都表现了。其共同特点是表现了我们的时代，取代了帝王将相、才子佳人，是中国《戏曲史》上从来没有的。同时也可看出，各剧目取得了不同的成就。解决了形式内容结合，社主内容与民族形式结合。革命的思想内容和尽可能完美的结合是毛的标准。这次新内容与京剧这种历史悠久的形式结合应当高度估计其成就。是用事实证明了京剧必要、能演革命现代戏，肯定了京剧应以演现代戏为主。

思想上的收获：因演革命现代戏，乃为京剧工作者开辟了一个广阔的新天地，大大促进了与工农群众结合，大大促进了京剧工作者革命化。过去京剧工作者，人在现代，演的戏都是古代，如何革命化？这不独是京剧工作者的事，也是整个文艺工作的方向。革命化，首先是革命派。这是最可宝的收获，是京剧革命的关键，是京剧的大革命、大解放。从主要帝、才，主要为封资，变为表现新时代工农兵，传播社思。内容变了，形式也新了，突破了旧技术；程式，更丰富了。为工农兵，不是为工农兵演出，而是宣传社主思想。所以是质变，飞跃。京剧演现代戏，我认识也很迟。也许有同志认识还不够，比方有人说京剧演现代戏是补充自己之不足。这就不对，是估计不足。也还有不赞成的。此命是否可以不革？不行！不是谁鼓吹提倡，而是人民需要，基础的需要，不能设想新基础不要新上建。不为工农兵、社主，京剧，所有艺术就无前途，反之即有远大光明的前途。

每一社会需要与基础相适应的上建。上建有二：一政治，二意识形态。此二上建要对政治上建加以摧毁、消灭；对意识形态，则较麻烦，必须逐步改造，消灭一部分，继承一部分好的。不经改造，则旧文化与新基础是矛盾的。过去曾有改革，不是根本的。为工农兵服务，将为无级的与为资、封的文艺划了界限。又，在民革阶段为工农兵，是反帝、反封；49年后，为工农兵，乃是反资建社。有些文艺工作者阶段变了，他还停留在民主革命阶段。那些文化只有社主因素，现在整个文化是社主的，否则它就会消亡，没有其他前途。

这次京剧革命，是改造自己适合于基础。所有艺术、人都要经此改造。不改造，即会破坏基础，就会出修。所以是很大的问题。

社主的艺术：必须表现社主。分工论是错误的，京剧不能例外，它是戏曲之首。分工论是要京剧专演帝、才，那是死亡道路。艺术是否可以分工？表现手段不同，各有特点，互相不能代替。在此意义上可以分工，但仅止于此。但现在的分工论说，京剧只能演历史不能表现现代，那就不是社主艺术了。只有如何表现的分工，没有只表现历史的分工。

这次表现现代，是抓住了京剧革命的环节，又推动了整个戏曲、文艺的革命。京剧现在站到了"文化革命"的第一线，所以才引起了帝、修的咒骂。我们不只要做继承者，要做社会主义新京剧的开垦者。这给世界提供了一个经验，用自己民族的形式来表现社主的内容。给了帝修以打击,保守主义破产,对革命派是个大大的鼓励。反复,只要京剧界同志、文化领导工作的同志不动摇,就可以顶住。有人担心一阵风,有人唯恐不一阵风。但违反历史潮流的,总要失败的。我们要看风辨向,革命的风我就要吹,反动的风我们就要顶。

2. 两条道路的斗争

十五年戏改的历史是舞台上阶斗的历史,保守与革新斗争的历史。谁统治了社会,舞台上就是什么人统治。

1940年,新民主主义论;1942年,《讲话》;1941年,毛还提出了"推陈出新";1944年,写了逼上梁山的祝贺信,说历史的颠倒要再颠倒过来。开国以后,1950年,毛提出"百花齐放,推陈出新"。这时期改革戏曲做了不少工作。大量剧团我们对之采取什么政策,涉及千千万万人民文化生活的问题。主要是整理,去糟粕,没有主要搞现代戏。说地方小戏可以搞现代戏,开始采取慎重方针是必要的。是否搞现代戏,新历史剧重视不够?我看是。舞台争夺战,是阶斗的场所,不简单是娱乐问题。那时以改革的戏去挤掉坏戏,不能以新编戏、现代戏同时去挤。1953、1954年旧东西就多起来了,如鬼戏。1954年开始强调开放剧目,多样是对的,不去创造而去强调开放旧戏,1954年评《红梅阁》不该改去鬼。以后谈封建道德有人民性,传统剧目大都是好的。1956—1957年右派进攻,攻击党对戏曲的改革,就开放所有的坏戏,《文汇报》发社论欢呼。1956、1957年以来有100多篇主张鬼戏的文章,牛鬼蛇神出来不长就打下去了。1958年出现"大跃进",举行了现代戏会演。这是一个回合。1960年后,三年灾荒,反华,工作错误。现代戏高潮很快下去了，出现了一股低潮（主观也有错）。工作中有些同志在艺术上有些错误，但方向还是对的。纠错时没有区别主流是革命的，没有加以保护提高。那时又提出发掘传统、抢救遗产，发了个指示。流派、拜师，到处演旧戏。革命的下来，封建的上来。直到十中全会后才开始改革。这次又是鬼戏（《李慧娘》），古代人写鬼，虽有进步的，那是旧时代的产物。新时代也写鬼！这回鬼戏有些不同，不是单纯写鬼，有一种反社会的情绪。三年困难的时间中，表现了对社会的动摇。党员作家不是不可以批评缺点，要看站在什么立场。党之中，还是党之上、之外去为民请命，如是后者，就是错误的。《谢瑶环》也是在三年中表现了不满情绪，还出现了《四郎探母》《杨门虎将》（八郎）歌颂叛徒，这些都是有毒的。我们常说为社会主义，要爱社会主义。这一时期很值得我们吸取经验教训。十全毛提出帝、才。少奇提出文艺上资占优，提出推陈出什么新，提出改造整撤。形势有了变化。华东搞现代戏会演，各地坏戏搞不下去，这样才像社主。十五年来路线上存在着斗争，党提出"百推"，资不提路线，也提不出来，只是把"百推"从右的观点、资封观点去歪曲。究竟"百推"重点何在？它既反对民族虚无主义，又反对保守主义。推陈不是把陈抛开（不是虚无），但重点是新，什么新？社主！这样就避免保守。十五年来主要是保守主义，用一切方法保留旧的，旧的愈多愈好，社主愈少愈好。

陈[①]，遗产。什么是精华，什么是糟粕？民主性的精华是否

---

① 指推陈出新之陈——编者注

可以不经过批判？精华是少量，大量是糟粕。不是不尊重祖先，祖先离我们太久了。因此，可继承的少，大量的要抛弃，放在图书馆、博物馆中。说大部分是好的，这是错的。发掘的大量的，但保留下来上演的有多少。主题不改变，改变即粗暴（也是错的）。因此得到一个结论，封建道德也有民主性，是十分荒谬的。封建道德是巩固封建关系的和经济基础的，都带有欺骗性。封德是"五四"时代已经批判过了的，现在去肯定它，是相当远的。秦香莲骂陈世美是揭露封建道德的虚假性，其人民性即在揭露；此戏还好，但也太美化了包公。封建统治者固有利害冲突，要争天下，忠孝节义即搞不成。反而劳动人民利害冲突少，能受欺骗。

另外对于精华也是要批判。因精要继承，即要加以改造。人民性，概念来自苏联。说遗产中有人民性的，即要继承。（还有一个现实主义）人民性如果离开了时代的阶级的概念，也就和人性一样。所谓人民性在封建社会中就是和封建地主对立的农民、市民、手工业者，其中没有无产阶级。有没有社主的因素？那种社主因素和现在的不同，是空想的，即仍是资思的。如果说人民性都是好的、苏联似的，就得出了党性即人民性，人民性即人性。这是很重要的理论问题，修就是不要阶级。所以人民性也要批判分析，它不过是民主性，这样去推陈出新就可以滑到资。我们现在要的无级[①]的党性、阶级性。

因此在出新上就发生一个出什么新的问题。按人民性出，即得资新；按我们，出社新。它如舞台形象的新、净化等，只

---

① 指无产阶级——编者注

是改良。我们与它们是两种思想体系,要决裂,不能继承。要继承的是表现方法。两条道路的斗争一要出社一要出资。因要推封陈出社新,所以要有很大的创造。在这上面,什么是粗暴?简单化,要克服。有些保守主义者认为你只要能动一下传统,他就认为是粗暴。而保守主义者对新事物倒是粗暴的,摇头不承认,这种粗暴是应当反对的。

多样化的问题:一定要搞,百花齐放吗?是社主的多样化。多样的统一,统一于社主。各种题材、流派。第一,表现社主革命,建设。第二,表现党所领导的革命斗争。这是主体,此外也可以有,传统的也可以有一点。所谓单调也是有立场的,天天帝、才不感单调,一来工农兵即感单调。

十五年来,两反,两条道路斗争。

教训:①搞了工农兵方向即前进,不搞即错误。开国初,提出工农兵方向,有少数人口头不赞成,多数人赞成,口头上。多年来,不到工农兵中去,也不表现,不是真赞成。

②任何时候,忘了阶斗,就要犯错误。要养成嗅觉辨别能力,因表现非常曲折、复杂。

③队伍的社主改造。大多数是政治上跟党走的。但思想上,世界观却差得很远。包括老解放区来的领导,要进行社主改造。还有人不是受封资艺术,而是对舞台,戏剧是社主阵地不重视。

有了这三条,加上细微的工作,可以做工作。

六时,散会。晚餐后,八时,开院党委会至十一时。十一时半上床。

三十日 星期四 上午,到北京展览馆续听周扬同志报告。

3. 创造社主新戏曲京剧的任务

一, 在舞台上塑造新英雄形象是我们的头等任务。工农兵占领舞台如何占领？占政治舞台靠武装，占艺术舞台靠笔杆子和演员的表演。这是一艰巨的历史任务，艰巨在于艺术家的修养是旧的，必须经过改造，新的工农兵的艺术家又有个成长过程。

十中全会后，舞台上有了改变，首先是从部队来。因一，他们和工农兵接近（地方也如此），而北京则严重脱离工农兵。文化、中宣部也未坚持这点。凡深入生活了的，即演好了现代戏，创造了工农兵的形象（如《奇袭白虎团》）。要占据舞台，必须创造典型形象。现代戏不是时间的概念，而是谁为主体的问题。"补充"论，实是以帝王、才子为主体，工农兵只是补充。我们是要工农兵为主体，这些人是95%以上，他们在创造物质、精神财富，保卫祖国。所以树立工农兵95%中先进人物的形象是头等重要的事。这些是前人未做过的，必须进行创造性的工作。

历史上任何阶级，当它成为统治阶级时，它们都按照自己的政治标准、需要、道德标准，来创造理想的典型、英雄人物。清朝统治者创造杨四郎、黄天霸，证明它走了下坡路。当其没落时，则创造不出来，只有颓废的人物。而被统治的人民，创造人物时，一方面受封建统治者的影响，一方面也表现了一些人民的观点。舞台上塑造的人物影响很大，有消极的，也有积极的，但它是在封建思想支配之下，又要突破封建中创造出来的。资创造得很少，成就很小。典型很重要，科学找规律，文艺主要是创造典型。典型树立之后，反映社会、阶级得到了集中表现，观众忘记不了。现在我们文艺中创造正面形象问题尚未解决。修反对正面、反面、英雄人物等说法。我看正、反并不是简单化，还是每阶级按自己的标准划的。正面也不一定无错误，但我们一定要保护它。反面是五类分子，人民内部当然也有蜕化变质的，也是反面人物。欧洲的悲剧人物——帝王将相，喜剧人物是市民、下层阶级，他们的正反分得很清楚。将来没有阶级时，正反就会按先进落后划分。在每一阶级中又有先进落后之分，先进最能代表本阶级的利益。阶级还有叛徒，叛徒也有好坏，资、封叛徒走向革命的是好的，工贼、修是坏的。封建时代有所谓忠奸界限极严。修因为要投降，所以想抹杀是非敌我的界限，才否定正、反面人物。

是否写反面人物就不重要了？正面人物是否不能写缺点？我们没有这样说过。但有些缺点是他所没有的，写了又损害他，那么你到底是歌颂他还是损害他？这是一。二，英雄人物是否一定要写缺点？可以不写。三，实际上我们所写的英雄人物，还不及实际生活中所存在的。不相信有英雄人物，实际上是不相信人有不自私。各种人物都要写，但写英雄人物是中心的，为主的。写反动人物也应当深刻真实，但要去揭露他，不能去欣赏他。作家的情感是很重要的，必须改造，情感是思想深处的东西，作家可能表面上是批判反面人物，而思想深处却是同情他，这是不能作假的。

历史人物可否写？其劳动人民要歌颂。凡促历史前进的，要肯定，要给予以历史地位，反之要否定。人民起义、杰出人物是促历史前进的。我国版图之大是封建阶级的功绩，将来写历史剧，整理传统剧要重新加以衡量。但历史上可肯定的人物不一定都要写成戏,写戏要根据当前需要。今天适应主要搞现代戏。

《智》剧的修改是正确的,演出也是好的,应大大加以肯定,艺术上的不够是次要的问题,可以改。对新戏应当热情,评《智》剧的林文是错的。不是不可谈缺点,但你所批评的,正是我所要努力树立的(正面形象)。正面人物不能失败吗?《刘胡兰》就不如此,正面力量小,在具体场合可以暂时失败,但精神上还应能压倒敌人。

二,形式与内容。这次在解决这个问题上,取得了很大的成绩。社主内容与本民族形式的结合是个重要问题。总得是民族的,完全外来的民族化过程是相当长的。内容决定形式,但内容来了之后,如何表现得好,这时形式就起了决定的作用。京剧形式,很多同志总以为它很凝固。认为表现新内容时,有两种结论:一是照搬,二是话剧加唱。二者都是错的。现在大家做的是对的,既要是革命的现代戏,又要是新的京剧。艺术形式没有不变的,不变就束缚人。所以京剧要表现现代必须有突破,事实上都突破了,不突破不可能。一部分程式不合适,不要;合适的用,又按过去京剧创作的路子重新创造新生活的程式。我们是保留京剧的风格特点,甚至发展得更高。突破多少,吸收多少,这还在摸索中,不要予以限制。吸收不要生活,由艺术家自己去创造。

话剧加唱:京剧的唱做念打要联系得更协调,话剧加唱就是去掉它的特点,去掉特点就是去掉事物的本身。总之,统一调和的创造工作应当给予时间,让艺术家去摸。欢迎新文艺工作者参加,但不要喧宾夺主。内容变化,由不完全能表现到完全能表现。容许实验,容许失败,只要方向对,既要现代戏又要是京剧。

三,京剧工作者(所有戏剧工作者,文艺工作者也一样)的革命化:首先,是革命者还是先是文艺工作者。彻底革命,是首先革命,然后才是各种职业分工。我们的语言先是革命的共同语言。"首先是革命派!"然后才是流派。流派也要发展创造。

革命不革命以什么为标准。拥护共产党好,但是否还可进一步,即同不同工农群众结合,搞不搞社会主义?光搞民主革命,就不能算在革命队伍之内,只能算在人民之内(也非反革命)。文化界划了阶级,主席说,下去蹲点落户的是贫下中农,走马看花的是富裕中农,不下去的是地富反坏。(这是比方的话)

1. 要反对个人主义的名利思想。

2. 封建、师徒、行帮等封建残余要肃清。

3. 改变脱离生活,脱离政治的情况。

4. 改变高薪状况。

以上是要破的,以下是要立的:

1. 要学政治,特别是毛主席著作。

2. 要下去。(带剧本下去,编、导、评,要深入农村。下去演戏)

3. 提高文化、艺术修养。(在政治上对人民事业忠心,在艺术上艰苦不断地努力)

4. 坚决取缔盲流演员。

最后说说领导的责任：

一、抓剧目。占领舞台，禁坏戏只是小部分，大部分靠挤，以新剧目挤掉旧的。

二、抓队伍。社会主义改造，自我革命，途径是到工农兵中间去。

这些都是细微的思想工作，还要有很多具体措施来保证，订出一系列政策来执行。剧团革命了，产生了新的生产关系，要搞出新的办法来。这些都要采取群众路线的方法。

康生同志讲话。（略）

×

下午，到教育楼开最后一次领导小组会，五时散。到北海散步至六时。晚，读报纸有关《北国江南》之文，及《戏曲史》第四编稿。十时半睡。

三十一日 星期五 上午，与马、舒、郭商谈下半年各室团工作。下午，三时，京剧观摩会在北京展览馆闭幕，有彭真讲话，六时半散。晚，看《戏曲史·地方戏音乐》节，未完。十时半睡。

八月

一日 星期六 上午，批论组开总结会。下午，在公安部礼堂听转播少奇讲社主教育问题。（略）

晚，续看《戏曲史·音乐》（上）毕，又看《音乐》（下），未完。十时半睡。

二日　星期日　昨日整日雨，今晨见阳光，带小果、小珍去北海划船。九时去，十时半归，湖中遇雨，归时已大下，衣服尽潮湿。下午，续看《音乐》(下)毕，又看《表演》(上)未完。五时，到部开会演结束会，七时完。晚，晏甬来谈院的工作，九时半去。续看《表演》(上)毕。十一时，上床。整夜大雨，有雷。

三日　星期一　上午，评论组开会讨论到西山写论文事。下午，到文化部讨论少奇同志报告。晚，与晏、任、马、郭、舒研究院的工作日程，至十一时。寝十一时半。

四日　星期二　上午，看黄克保写的《红灯记》剧评，改了一点。十一点半，开研究处总结大会。下午，听院里学习大会报告的汇报。晚，开党委会，讨论明天学习动员事，至十一时。整日在空余时间中看《表演》(下)一章，未毕。十二时寝。

五日　星期三　上午，河北文化局、天津文化局李纶等三同志来谈，十时去。看简慧评《黛诺》文。下午，向全院作学习动员报告一小时半。六时，去北海散步至八时。晚，看《戏剧报》第八期讨论稿。因明日一早听报告，十时早睡。

六日　星期四　上午，八时起，至下午六时半，均在人大会堂宴会厅听王光美"关于在河北抚宁县某大队作社会主义教育试点"的报告，很具体生动。晚，八时，刘厚生、戴不凡、刘乃崇来改戏剧报社论及七、八期选题等至九时余。十时，入浴早睡。

七日　星期五　上午，看孙浩然在大会发言的整理稿，听俞赛珍汇报我做动员报告后的反应。下午，与马绩谈院内思想情况。四时半，到文化部听齐部长谈部党组检查情况及今后讨论布置。晚，审阅《戏曲史》四编"舞台美术"节，未完。十一时半睡。

八日　星期六　上午，召集各室负责人汇报学习情况，上午听了剧目、音乐两组。下午，听《戏曲史》组，史组学习较好，决定以他们的做法推广到各室去。晚，休息，看一个美国特务写的书《秘密战》。十一时半睡。

九日　星期日　上午，与玮带小果、小珍上王府井。下午，独自上街买杂物。晚，开会学习负责人联席会，介绍史组经验，订出学习日程，十时半毕。十一时归寝。

十日　星期一　上午，到院办公，卜明来，与晏、任一起谈后备力量培养提拔问题，十一时半，卜去。继与晏、任谈剧团排一越南剧目问题。下午，四时，到王府井买毛衣、拖鞋等，六时半归。晚，看剧团响排《节振国》，看了一半，九时半回。浴后，在床上看祖保泉《司空图诗品解说》至十一时半。

十一日　星期二　上午，到文化部听传达陆定一同志在政治教育会议上的讲话。（另有记录）下午，与马绩谈院的整风工作。晚，翻看《诗品解说》至十一时半。

十二日　星期三　上午，主持舞台美术班学生毕业典礼。中午，与他们一起会餐。下午，三时，去八大处与汉城等谈"人民性"文章事，六时半返城。晚，学习组长汇报，并谈日程，至十一时。归即寝。

十三日　星期四　上午，修改京剧现代戏会演导演组上的发言稿。下午，继续改至四时。安谷回，与之散步至东四，买水果。晚，向院十七级干部传达定一同志在政治教育会议上的讲话，九时半完。归入浴后，十二时寝。

十四日　星期五　上午，到北京展览馆剧场听徐平羽整风动员，一时回。下午，三时，到文化部开戏曲整风工作组会，给齐燕铭提意见，七时毕。晚，看报纸。十二时寝。

十五日　星期六　上午，继续修改发言稿。下午，到文化部汇报讨论徐平羽动员的情况。晚，八时半，到首都剧场看电影《北国江南》。党员形象十分歪曲，不像党员，却像一个信佛或信天主教的老太太，十一时完。归寝十二时。

十六日　星期日　上午，索立波来，谈至十二时，讲了些毛主席到十三陵游泳的事。下午，与玮到王府井，想买沙发桌未成。晚，在院开党委会，研究整风日程，十时毕。归读韩国磐《隋唐的均田制度》一书。十一时半入睡。

十七日　星期一　上午，改发言稿。下午，参加支部会对部党组提意见。二时半，索立波来，送来林总、罗总谈文艺工作的文件，七时去。晚，读《踏遍青山》至十一时半。

十八日 星期二 上午，参加本院创作会议，讨论《踏遍青山》。下午，改发言稿至四时半。去西单商场买水果点心，六时半归。晚，续改发言稿至十一时。

十九日 星期三 上午，修改发言稿。下午，续改至五时半。到院与马绩、黎舟等谈整风至六时。晚饭后，散步至人民市场。归入浴。九时续改至十一时毕。

二十日 星期四 上午，开扩大党委会，向部党组提意见。下午，到部汇报开会情况，并直接向徐平羽提意见。晚，继续修改发言稿至十一时。

二十一日 星期五 上午，续开整风会。下午，参加院创作会议至五时。六时，到北京饭店参加罗马尼亚国庆酒会，此会很盛大。七时半，到民族文化宫看河南省话剧团《瘦马记》，李凖原作，此剧甚好，演员亦好，导演稍差，十时半毕。归十一时。寝十一时廿分。

二十二日 星期六 上午，续改发言稿，至下午五时毕，送戏剧报付排，即往后海散步。六时半，到市场和平餐厅吃晚饭，七时半毕。归八时，入浴后休息。

二十三日　星期日　上午，到部听齐部长检查，并提意见至一时。下午，散步至东四。晚，讨论本学期研究生课程，有马绩、汉城、达人、开宇参加十时毕。回家读汉城京剧会演上剧目发言及郭亮评阿甲"莫成"文。十一时三刻寝。

二十四日　星期一　上午，八时半，齐在北京展览馆剧场作领导戏曲工作的检查报告，十二时完。下午，到院谈整风日程（与马绩）。四时，去资料室翻整风有关资料。五时，戴不凡、王兴志来，与汉城一道谈汉城文章的修改问题，至六时半。晚，浴后看整风材料，至十一时。

二十五日　星期二　上午，到丰盛胡同中组部礼堂听夏衍同志检查。下午，到文化部听传达周扬同志等对部整风的指示。五时，继在部开艺术战线会，谈艺术方面整风布置。晚饭后，散步至北新桥。归入浴后，读韩国磐《隋唐的均田制度》至十一时。十一时半寝。

二十六日　星期三　上午，开院扩大党组会，讨论齐部长的检查。下午，翻看1961—1962年《戏剧报》。饭后散步。晚，翻看1963年《戏剧报》，毕，读《隋唐的均田制度》。十一时三刻寝。

二十七日　星期四　上午，读了《谢瑶环》《李慧娘》两个剧本。下午，到院与马绩谈院领导作检查事。晚，到人民剧场看京剧院演《谢瑶环》。大体同剧本，此剧过去未看，的确是反对"大跃进"之作，反党情绪相当激昂，看戏的还有许多人看不清，应当好好批判。

二十八日 星期五 上午，开院党委扩大会，谈《谢瑶环》及续对齐部长检查提意见。下午，看《文汇报》8月27日上金为民、李云初《关于新人、新英雄形象塑造诸问题的质疑》。五时，到红星看练兵新闻片。六时，到东安市场买水果，遇大雨，七时归。晚，续看金、李文，并翻读文中所引列宁、毛主席及高尔基的文章。金、李之文引用许多经典著作及高尔基，看来只是为了吓唬人和掩饰自己的诡辩而已。十一时，上床，看《均田制》。十一时半寝。两日玮因忙宿评剧院未归。

二十九日 星期六 上午，与评论组同志开会，研究他们的日程。下午，与晏、任、郭讨论院领导的检查提纲。晚，看实验剧团在陆军医院礼堂演出《奇袭白虎团》，十时半回。入浴后，十一时半寝。

三十日 星期日 上午，与晏、郭、张为、马绩、叶枫研究写《谢瑶环》批判的文章。下午，看完《文汇报》上连续三天的金为民、李云初的文章。四时，岳林来，谈了些鲁艺戏剧系四期同学的近况。晚饭后，一同到评剧院去看《四季长青》彩排，戏完又谈至十二时半才回。寝时一点，服眠尔通二片。

三十一日 星期一 上午，在家整理检查提纲，十时半毕。往看展览会未开馆，乃经人民市场归。下午，开党委会，讨论剧团方针、工作计划等。晚，在家读报及《均田制》，至十一时寝。

九月

一日　星期二　上午，剧目室新招的十一个大学生来了，开欢迎会，我在会上讲了话。下午，党委扩大会讨论了我拟的检查提纲。晚，在北京剧场看海政歌剧团演出的《江姐》，戏剧性较少，抒情性较多，曲调也太绵软，但还是一个水平线上的作品，十时一刻毕。归寝十一时。

二日　星期三　上午，参观日用工艺美术展览，买棕鞋一双。下午，读柯庆施同志发表在《红旗》15期上的论社会主义戏剧的文章。协助韩娘整理房子。晚，到二七剧场看总政话剧团演出的《南方来信》，剧本写得还不错，演得也还好，十时毕。归十时半。入浴后，在床上看《均田制》到十二时寝。

三日　星期四　上午，再次修改检查提纲。十一时，到院与晏、任、马讨论创作人员工作安排。下午，大雨，燃灯续改提纲毕。五时，雨稍小，到四联理发，并在稻香春买点心。六时过，归。晚，读《文汇报》8月3日张炯驳金、李文，未毕。十时半寝。

四日　星期五　上午，开院扩大党委会，讨论检查提纲。下午，到美术展览馆买展品未得，到北海看北京国画展，新人甚多，亦甚有新意。晚，读16期《红旗》。十时半睡。

五日　星期六　上午，在文化部听徐光霄同志检查。下午，院内听上午检查的党员进行讨论提意见。晚，与玮上人民市场买厚棉毛裤等物，九时半归，十时寝。

六日　星期日　上午，八时，俞琳自乡下来谈四清情况。九时，索立波来，谈至十点半。十一时，与玮、安谷上东安市场在和平餐厅吃饭，继买物，二时归。三时午睡，四时半起。拟一明日为研究生讲戏曲概论的引言、提纲。晚，六时半，任桂林来，偕玮、陈怀平、冯霞同到海运仓北京军区礼堂看军区剧团的话剧《代代红》，写英雄谢臣大水中救人事，甚动人，十时半归。十一时寝。

七日　星期一　上午，研究生今年新课开始，为作引言。下午，晏、马传达上午在部开会谈下去"四清"的各种规定。晚，开党委扩大会讨论下去事，至十一时。十二时寝。

八日　星期二　上午，听评论组谈"人民性"论文提纲。十一时，到车站送剧团去唐山。下午，与理论室研究下去"四清"前的工作，特别关于《戏曲史》的工作。晚，看张为评《谢瑶环》文及林汉标检查。十二时一刻睡。

九日　星期三　上午，开始重看《戏曲史》，完起源形成部分，需要修改者尚不多。十时，到院与张为谈评谢瑶环文及林汉标检查。与马绩谈四清名单。下午，到市场买雨鞋未得，买一人造革提包归。晚，再改党委检查发言，毕。读《史》第二编综述。十二时寝。

十日 星期四 上、下午,均由汉城在全院作批判"人民性"的报告,长达六小时半,疲甚。晚,看贾兰坡《中国猿人及其文化》。十时一刻寝。

十一日 星期五 上午,院党委开会,讨论了下半年工作。下午,在全院大会上代表院党委作了检查报告。晚,休息。看《中国猿人》。十时一刻睡。

十二日 星期六 上午,《戏曲史》组开会,讨论修改第一分册。下午,到前门外买雨鞋、水果等。晚,看批判《京剧剧目初探》文稿,续看《戏曲史》第二编。困极九时半寝。

十三日 星期日 上午,在家看史稿。十一时,包饺子,许多来。下午,带孩子们上街买学习用品。晚,看《史》稿第二编综述毕。十一时半寝。

十四日 星期一 上、下午,均听范若愚报告杨宪珍翻案问题,尚未毕。晚,疲甚,稍事散步后,看《中国猿人》数页。十时半即寝。

十五日 星期二 下午,续听范若愚报告。

十六日 星期三 上午,开会谈创作布置,兼谈了检查报告后的部分反映。下午,与《戏曲史》组开会,决定"四清"前不做修改,四清后做后彻底修改事。晚,到文化部听李琦同志讲进一步检查部党组工作问题，九时毕。到院与马绩传达，十时毕。归寝。

十七日 星期四 上、下午，均听艾思奇报告杨宪珍的错误理论："过渡时期综合经济基础论""思维与存在没有辩证法的同一性""合二而一论"等。晚，参加支部会讨论××离婚问题。

十八日 星期五 上午，开党委会，汇报讨论党委检查结果。下午，续开党委会，讨论四清及家中工作部署。晚，到人大礼堂看三千人大歌舞的排演，十时毕。归寝十一时。

十九日 星期六 上午、下午，均讨论"部党委错误综合材料"。晚，到人民剧场看人艺演出《结婚之前》，写农村两条路线斗争事，两个男女主人公写得高，但很生动活泼，十时完。十一时归。十二时寝。

二十日 星期日 今日中秋，天晴。上午，与玮上王府井购物做皮衣为去东北四清作准备。中午，安谷、小果、小珍均在家，同吃螃蟹，马泰来午餐。下午，孩子们和韩娘逛故宫。四时，与玮在东四北大街散步，买水果归，做晚饭。饭后，与小果送小珍去学校，归八时。与家人玩牌。九时半。早寝。

二十一日 星期一 上午，全院四清干部开会，分组等。十一时半，大珂向我、汉城、开宇谈留学生有关英雄人物一学习单元的书目。下午，各组汇报分组会情况。四时，与达人、汉城谈批判剧初探一文的修改等。五时，到王府井成衣店送皮大衣里布。晚，到天桥剧场看中央歌剧舞剧院彩排芭蕾《红色娘子军》，很不容易，操练一场尚能结合生活动作，很有些创造性，十时完。十时二刻回，十一时寝。

二十二日　星期二　上午，戴不凡、刘乃崇来，与汉城、达人共谈《评〈京剧剧目初探〉》一文的修改。十一时，与美术进修干部六人谈去实验剧团工作事。下午，学习王光美报告。晚，找《中国话剧运动大事编年》未得，看《风雨桐江》至十一时毕。

二十三日　星期三　上午、下午，均学习文件，读完王光美报告。五时，到东四买了一顶皮帽。晚，续看《风雨桐江》。十一时，睡。

二十四日　星期四　上、下午，学习文件。下午，五时，听有关下去的思想汇报。晚，看《风雨桐江》。

二十五日　星期五　上、下午学习文件。十一时，到医院检查鼻子。晚，看《风雨桐江》。

二十六日　星期六　上、下午，学习文件。五时，听学习汇报。晚，看《风雨桐江》。

二十七日　星期日　上午，到小果学校开家长会。九时，到武英殿看北京社会主义教育展览会，十一时半回。下午，读《风雨桐江》毕。此书写闽南城乡生活，很有特点，人物亦突出，少数写得还好，故事结构严谨，但不细致，又人物事件太多，亦欠深刻。晚，清书桌，整理文件。

二十八日　星期一　上午，看《蛟河浪》剧本。吴闻、何倩来，拉稿。十一时，去医院，决定鼻子不开刀，取药归。下午，开党内十七级以上干部会为部党组补提意见。晚，散步至灯市口，八时归。读整风材料（田汉文章）至十一时。十一时半寝。

　　近日身体感疲倦，有时头痛、背痛等，不知何故。

二十九日　星期二　上午，到美术出版社邵宇处开吉林四清队支部会。下午，讨论文件。晚，院党委开会给部党组提意见。十时回，看整风中所选各种材料，特别是田汉文章。十二时寝。

三十日　星期三　上午，听延庆工作队队长报告。下午，讨论报告。晚，送玮到前门外。前门大街节日气象十分热闹，霓虹灯照耀如白昼，游人拥挤不堪。步行经天安门广场，沿东长安街，王府大街，出金鱼胡同，始乘车归，车亦拥挤，等了三辆才上去，归时已十时半。李萍来。

十月

一日　星期四　阴，未去观礼。与玮步行到朝阳市场，菜市布置得很漂亮，买了些水果等回家，从电视中看了文艺大军的游行。

下午，天雨，在家与孩子们念人民日报社论。晚，与家人玩扑克。十一时睡。

二日　星期五　仍阴雨。上午，老季来，共包饺子。下午，到王府井买茶叶等，六时回。晚，给刘雁声书扇，与孩子们玩扑克。

三日　星期六　上午，与玮带家人逛北海，看北京版画展，遇六姨夫妇，同看全国手工艺展。下午，与玮到王府井，在荣宝斋看国画展，有傅抱石《镜泊飞泉》及关山月《早春》《深秋(？)》①等很好。中午，在烤肉宛吃饭。晚，在和平餐厅吃饭。晚，入浴。十一时半睡。

四日　星期日　今日照常上班。上午，开党委会，讨论出发四清前所必须决定的一些问题。下午，与玮、冯霞同到美术馆看全国美展华北部分，有《踏遍青山人未老》油画一幅最好，是画的主席像。晚，读《西方美学史》下册。十二时睡。

五日　星期一　今日整日参加四清的学习讨论。五时，与玮散步至东四。晚，取回改大的布裤二条。灯下读《西方美学史》至十时。

六日　星期二　上、下午，学习讨论。晚，到人民剧场看重改后的《红灯记》，仍是前面动人，后面差些，刘长瑜演铁梅气质

---

① 原文如此——编者注

上不合适。十时半归寝。

七日 星期三 上午,学习。下午,马绩从长春来长途电话,通知十五日要到县。三时,到王府井买物,五时半归。晚七时半,到部开整风会,李琦传达了中央宣传工作会议的精神,十时半归。十一时寝。

八日 星期四 上午,到邵宇处开四清工作队出发前准备工作会。十一时,回院传达研究。下午,林路打前站预备出发,交代前站工作注意事项。晚,禹县农民业余女作家小范来,张玮请她吃饭,有许多、冯霞,谈至十时半去。十一时寝。

九日 星期五 上午,到王府井买零星用品。下午,到北京医院取药,到王府井取大衣。晚,休息,与晏甬、黎舟谈闲天。十时寝。

十日 星期六 上午,与晏、任谈创作计划及剧团行止。下午,二时半,与汉城、开宇谈如何解答越南学生提出的几个问题。三时,与子丰谈四清同志的福利补助问题。四时,听下去同志思想情况汇报。晚,看民族舞剧《八女颂》。此剧编剧尚有一些问题,哑剧场面多,群舞少,独舞部分舞蹈语汇不丰富,看来,民族舞剧尚有待做进一步努力,九时半毕。归十时。安谷回,与谈一会,上床看《姜白石词编年校》至十一时寝。

十一日 星期日 上午,带安谷、小果、小珍逛中山公园。下午,整理行装。晚，取鞋，打行李。十一时睡。

昨日玮去新乡。

十二日　星期一　上午，给院四清同志讲话。下午，邵宇来给吉林队讲话。晚，与小果下棋。九时半，上床看闲书。十时半寝。

今日运走大行李。

十三日　星期二　上午，上街买物，取物。下午，到北京医院看舒模，他患了急性痢疾。中午，到松竹园洗澡。晚十一时寝。

玮十一时从新乡来长途电话，说要十九日才能回家。

十四日　星期三　上午，清理行李，给玮留一信。中午，与小果、韩娘到隆福寺白魁吃涮羊肉，买半高腰雨鞋一双。四时，赴车站，送行的有晏、任及留院的同志，部里申伸、叶枫、黎舟、卜明也来。五时，开车赴东北，同行者八十九人，除我院六十九人外，有邵宇及美术出版社、印刷技术研究所等单位的人。上车部署后，九时半寝。

十五日　星期四　一夜未睡好。晨，七时，大部人员从沈阳下车，留我与邵宇二人。送走后，回车休息。十一时，午餐。一时十分，到长春，马绩及省文化局办公室主任来接车。住吉林省宾馆，522，与邵同一室。马绩及同来打前站的另二同志谈了此地学习、分队等情况。省文化局局长来，谈片刻去。五时，晚餐。

十六日 星期五 （长春） 上、下午，都到政法干校参加通化县干部四清工作队（去柳河县搞四清的）的文件学习和讨论。晚，在宾馆看吉剧演出（欢迎解放军观礼代表团），节目有：《爬墙头》《磨面》《送鸡》《雨夜送粮》，平平，唱得也不好，八点一刻开，十点半完。

十七日 星期六 上午，去政法干校学习。下午，参观吉林省银行金库，这银行是伪满时的中央银行，它的金库是以设备现代化著名的，库在地下，库门严实，难开，整个建筑是花岗石建筑，解放长春时，郑洞国曾据此抵抗，解放后，金库门钥匙人带走，曾用黄色炸药从后墙炸开进去开了门。晚，与邵宇、马绩及美术出版社田郁文、印刷技术研究所田民散步到长春第二百货公司，八时归。回旅馆后，同玩扑克至九时半。十时半睡。

十八日 星期日 上午，与马绩逛街。从昨日起，有轻微感冒，今早稍有畏冷感觉。十时，回旅馆，全身出微汗，感觉轻松了。下午，三时，与邵宇、马绩、田郁文到"二百"。晚，七时，到政法学院开孤山子队总支会（工作队要公社成立一总支，我参加了）。八时半回，听新闻。十一时寝。

今日发张玮、任桂林信。

十九日 星期一 上午，参观第一汽车厂（集体）。下午，与邵宇、马绩、田郁文玩扑克。晚，看省京剧团演出《海防线上》，戏不错，剧本、导表演上还有些小毛病，可加工成一很好的剧目，十时毕。文化局陈小楼送我回旅馆,在路上初步谈了一些意见,拟再约谈。

二十日　星期二　上午,学习文件。下午,三时,吉林省京剧团导演朱某来,随后省戏研室陈海楼来,我谈了对《海防线上》的意见。晚,休息,与大家玩扑克,听广播等。十时睡。

二十一日　星期三　上午,集体参观长影。见到了岳林、胡苏、林白、于敏、林侬、王岚、王炎等久不见面的同志。下午,到政法干校学习。晚,读从长影取来的《连心锁》话剧剧本。戏曲学院毕业同学许杰珊、梅世祥来谈约一小时去。听广播,洗澡,洗衣服。十时半寝。

二十二日　星期四　上、下午,都参加学习。晚,看电影:一,《百日红》朝鲜片,写铁路工人模范事迹;二,《兵临城下》。十时十分寝。

二十三日　星期五　上、下午,学习。晚,洗衣。十时睡。

二十四日　星期六　上午,与马绩到"二百"买零星用品。下午,学习。晚,补衣,缝钮扣。与邵宇、马绩、田郁文玩扑克,十时睡。

　　收到玮二十一日信。

二十五日　星期日　整日学习,讨论三同。晚,与邵宇、马绩、田郁文玩扑克。十时睡。

二十六日 星期一 上、下午,学习,讨论扎根串连。晚,看省歌舞剧院演一描写共产主义风格的水灾题材的新戏,戏尚未定名,故事甚好,结构尚未搞好,唱腔音乐有可取处。戏即在礼堂演出。十时,上楼睡觉。

二十七日 星期二 上午,给张玮复信。九时,与邵宇、马绩到街上买东西,我买了二号电池十二节,以备听广播。下午,学习,讨论划阶级在当前形势下的意义。晚,休息,洗澡,玩扑克。

收到晏甬、黄叶绿信。发给张玮信。

马绩今晚回北京。

二十八日 星期三 上午,在旅馆读文件。给晏甬写信。省歌舞剧院杨少俊等三人来,与谈看戏意见至十一时半。下午,听国际形势传达报告。晚,休息,玩扑克。九时半寝。

二十九日 星期四 上、下午,学习。传达各种工作队条例和讨论先遣队入村问题。晚,吉林文联主席陶然来。七时半,玩扑克至九时半。寝。

今日收到任桂林信。

三十日 星期五 上午,听吉林军区政治部长传达全国民兵工作会议的文件。下午,听吴德书记做学习总结。晚,出外散步,玩扑克,读《参考消息》等。九时半睡。连日便结,服果导一片,又服眠尔通二片。

今日马绩来电报,说直去通化了。

三十一日　星期六　上午,到政法干校开柳河工作团全团会,由团长通化地委第一书记冯骥同志讲话,谈进村等问题。会后,孤山子队进行了讨论。下午,休息。晚,入浴,休息。

今日学习结束,大部分人分别回县。

十一月

一日　星期日　上午,陶然、马瑜来谈。下午,理发,在人民广场散步。晚,六时,乘火车出发去通化。

发张玮信。

二日　星期一　（通化）晨,六时五分到达通化,即住县党校,与相别半月之久的大队同志见面。下午,县委马、王书记一道参观葡萄酒厂,静半陵园。晚,给同志们谈国际国内时事,听各组学习汇报。六时余,马绩到,又传达了总理时事报告,及文化部整风情况。十时寝。

马绩带来玮及孩子们信,汉城信。

三日　星期二　上、下午,均开孤山子工作队党委会。晚,看专区吉剧团演出《争儿记》,演员不齐,又没有导演,戏的水平较低。十时半回寝。

1964年

四日 星期三 上午,听马晰书记讲进村第一步工作的十点意见。十时,参加西街小组讨论。十一时,与西街工作组组长黄咸平、副组长左臣良共同研究各生产队工作队员名单。下午,继续研究。二时,读中央小站夺权文件。三时半,与黄叶绿、林路、刘保绵同到通化宾馆,与专区吉剧团座谈《争儿记》,五时余回。晚,读《文艺报》编辑部《写"中间人物"是资产阶级的文学主张》的文章。十时睡。

五日 星期四 上午,听关于整党及团工作、妇女工作的传达。下午,给家人写信。晚,与邵宇到街上散步。听广播。十时睡。
今日发张玮、晏甬信。

六日 星期五 晨,起与马绩到澡堂洗澡。上午,给汉城写信,洗衣。与邵宇出街看市容,找到1947年冬天在这里的故居,已拆去盖上四层新楼了。中午,参加孤山子工作队党委会,讨论学习问题、人员配备问题。二时,参加全体工作人员会宣布组织。三时,召集西街组动员学习省委吴德书记的报告。三时一刻,参加小组讨论。晚,与西街工作组长黄咸平,及学习小组长郭亮、汪喜天谈学习及小队包队人员名单。七时,看市京剧团演《江姐与双枪老太婆》。十时睡。
今日发郭汉城信。

七日 星期六 上、下午,参加小组讨论。今日小组是按十四个生产队分成两组(七个一组)讨论的,会上各人都表示了决心。晚,听取了研究院同志的思想情况汇报。七时,召集院全体同志讲话，检查"备报"情况，打预防针，八时毕。十时寝。

八日　星期日　晨，八时，与邵宇、马绩、张勇及印刷技术研究所所长徐仲文由通化金书记陪同到英戈布水库参观，水库离市45公里，为一山沟，依沟口为堤，挫山壁薄处泄水发电，工小而利大，水库发电、灌溉、养鱼，便利七个公社，发电量560千瓦。吉普车行来回四小时，在水库招待所吃了一顿饭，回市已四时半。晚，听广播，十时睡。

九日　星期一　上午，西街队部研究进村第一步工作，听取各小组的讨论汇报。下午，队部宣布计划。三时，上街找街头缝纫机补棉毛裤。晚，听安天增（县委组织部长）传达少奇同志关于"五反"的意见（据说在四川讲）。八时，柳河打前站的李墨林（县委办公室主任）回来汇报情况。书记最后谈了进村第一步的一些意见。十时睡。

十日　星期二　今日休息。上午，八时，早餐，食堂加菜。工作队照相。地委冯书记来，简单传达了最近文件中的一些精神。九时，到通化市人委座谈市京剧团《江姐与双枪老太婆》，参加者郭亮、李小仓。下午，上街补衣。三时，晚餐，甚丰富。饭后拾掇行李，与邵宇散步，五时归。早睡。

十一日　星期三　晨，四时起，打行李。六时，吃早餐。七时半，出发赴孤山子。大雪，道滑，车行十分艰难，有部分同志坐敞篷车，浑身尽湿，我坐棚车中尚好。到时已三点，大雪中，将行李背至房东家。房东为一老贫农，姓李，已五十五，从山东来已五十年，有石匠手艺。有儿女五人，前妻死后，另娶。二子已成家，现膝下有三人，最大者小学已毕业，小者六岁。当晚宿下，同室黄咸平、左臣良。黄是县检察长，左是公社书记。黄是工作组组长，左与我是副组长。

十二日 星期四 （孤山子）上午，起扫雪。饭后全体听左臣良同志报告西大队情况。下午，听西大队支书李凤鸣汇报各队干部情况。晚，写日记，早休息。今日在贫农郭长林家吃饭，郭夫妇很热情，他是一个山东来的手艺人，糊酒篓，已住此五十年了。他家一小孩五岁，甚活泼可爱。今日仍大雪。

十三日 星期五 上午，与黄、左两组长到各组去串串，走了五六个门，有的出去串联去了。下午，各组长汇报串联情况，只汇报了六个组。晚，改变办法，不用集体汇报，而找各组共同研究问题，谈了八、九两组。今日，在王维治家吃饭，他的户口上成分是贫农，实则是个伪林场包工头。

收到通化转来玮信。

十四日 星期六 晨，扫雪。地委冯书记来。饭后继续研究五、十二、十三,三个组的工作。饭后，去看冯书记。补数日来日记。工作组开会研究今晚召集小队以上干部会的讲话内容。晚，开干部会，黄、左都讲了话，我也讲了一段。

十五日 星期日 上午，与黄、左到十一、十二组住地去，未遇人。回后,给玮写信。下午,听一、二、五、十四等组汇报。晚,参加六组贫农会,九时毕。今日天晴道滑,跌了好几跤,但无损伤。

今日发玮、安谷信。

十六日 星期一 上午,到四组谈情况。继找七组林汉标来谈他们的情况,毕,到他们的住地去看看。晚,崔秀庭传达队部开会关于四清、生产、征兵等的精神。今日甚冷,早睡。

今日在第六队贫下中农家吃饭。

十七日 星期二 上午,到六队场地打场。十时三刻,到五队住地看看。下午,开支部大会。晚,补日记。

今日在六队贫下中农老尹家吃饭。

十八日 星期三 上午,与黄、左同到澡堂去洗澡。澡堂很脏,但仍洗了一下。又回到公安分局去查西大队的四类分子的活动,他们对于工作队来后的活动知道的很少。下午,听十四队汇报,工作组领导与他们共同研究对策。四时,与黄、左共同研究向工作队部汇报的内容。晚,继续研究。

今天在六队贫农家吃饭。

十九日 星期四 晨,吃饭前,到百货商店买水瓶一个。上午,到五、六、七队联合打稻子场劳动。下午,读主席语录,看报。晚,听念工作队汇报提纲。

1964年

今天在贫农王家吃饭,他是个廿二岁的青年农民,去年才结婚,已有一个七个月的孩子,另外还有个十七岁的妹妹。

二十日　星期五　上、下午和晚上都在工作队开汇报会。冯骥书记来参加,并做了指示。晚,十时半完。十一时归寝。在七队下放工人[①]家吃饭,有五孩,已五十余岁。

二十一日　星期六　上午,工作组开会传达冯书记指示,并做了讨论,初步决定下一步工作做法。下午,到粳子场打场,不慎,柴油机引起失火,幸立即扑救未引起火灾。今日学习脱粒,干了一气,尚不大累。五时归,疲甚。饭后八时半早睡。

今日在七队贫农杨家吃饭,杨为年轻夫妇,有二子,与其老父母另居。

二十二日　星期日　上午,西街组分片开会,研究下阶段作法问题,我参加了3、4、5、6、7组。下午,参加各片同志在一起抠情况,决定晚上组织有经验少数人仔细研究。晚,与黄召集四组全体研究他们的情况,他们可能有夺权问题,必须单独安排。十时寝。

二十三日　星期一　上午,听念左臣良起草的西街组小段工作计划,并向工作队办公室做了汇报。下午,开西街工作组全体会议,传达小段计划。晚,休息。

---

① 原文如此——编者注

今天在干属吕家吃饭，吕家是《人民日报》摄影记者吕相成的亲哥哥，招待十分热情。

今日收到安谷信。

二十四日　星期二　上午，与黄、左同到工作队部请示关于1964年秋收分配小组的组成办法。继与左去场院打粳子。下午，与王殿佐研究讲"双十条"的示范。到商店买胶皮棉鞋一双，连日来，滑到数跤，加之大头鞋太重，不能再穿了。晚，在六队试讲"双十条"，各队工作组派人来听。讲后，研究方法至九时余。

二十五日　星期三　上、下午，开工作队扩大党委会，谈深入扎根和宣读"双十条"。晚，开党委会，讨论孤山子公社党委整风问题。

今日在复员军人张家吃饭，张四十多岁，有妻有女，家境似尚好。

二十六日　星期四　上午，传达扩大党委会的内容。下午，打粳子。晚，搬家，搬到一位老铁匠的家。他六十多了，姓张，儿子是复员军人，在沈阳拖拉机厂工作，和他一起同住的有他的老伴和两个女儿、一个孙女。大女儿二十一岁，初中毕业，二女儿初中一。全家对干部特别热情。我们和他住对面炕。

今日收到玮和汉城信。

二十七日　星期五　上午，帮助九队研究工作。下午，集体备课

《依靠谁，团结 95% 的群众》。给玮写信未完。晚，黄在十队试讲，我们都去听。

二十八日　星期六　上午，开支委会，谈工作队的思想工作等。下午，学习《湖南农民运动考察报告》，并备团结 95% 干部课。晚，参加六队群众会，听王殿佐讲课。

二十九日　星期日　上午，听十队、十三队汇报积极分子及干部情况。下午，听五队汇报。因早四时即醒，疲甚，未听完即睡去。晚，给全大队干部讲团结 95% 干部课。

三十日　星期一　上、下午，参加冯骥同志召集的工作团片会，传达了东北局宋任穷同志在书记处扩大会上的讲话，并看了广东省委关于蹲点四十天的文件。晚，到六队参加积极分子会。
　　今日天气骤冷。

十二月

一日　星期二　上午，与黄同到澡堂洗澡。听一队汇报积极分子情况。下午，听六队、三队汇报。晚，与黄、左研究向队部汇报领导班子及阶级斗争情况。九时半寝。
　　发玮信。

二日　星期三　上午，参加党小组会，这组是四、五、六、七队的党员，王殿佐是小组长。下午，参加工作队党委扩大会。晚，到六队听讲"双十条"。

三日　星期四　上午,参加党委扩大会。下午,听清理工分工作汇报。晚,听孙幼民同志在党委扩大会上总结。

四日　星期五　上午,开支委会讨论小整训日程。十时,听传达中央党政代表团赴苏参加十月革命节经过的文件。下午,集体备课,内容"双十条""四清"问题。晚,到四队听讲"双十条"。

五日　星期六　上午,到四队召集工作组同志开会研究工作,对苏国荣的工作方法进行了一些批评。下午,学习《实践论》《人的正确思想是从哪里来的》。晚,给全大队干部讲"双十条",干部参加集体劳动,并进行了讨论。

六日　星期日　上午,工作组开全组队员会,传达党委扩大会的讲话,参加一会,即回住处给任桂林写信,并发出。下午,读报,到工作队取文件,回住处读文件。四时,到会场,传达已完,参加了讨论。晚,苏国荣来谈情况,并与黄、左等一道研究对策。

昨晚咳嗽很厉害,到医院取了药。

发任桂林信。

七日　星期一　上午,参加六、九队整风小组会。下午,听各队整风汇报。晚,因整日咳嗽厉害,早睡。

1964年

八日 星期二 上、下午，开全体会，讨论宣读"双十条"，扎根串连，清理工分等问题。黄咸平结论。晚，参加四队积极分子会，动员明日开会批判破坏运动的分子。

九日 星期三 上午，到九队扒苞米。下午，读报洗衣。晚，参加四队批判队长的群众大会，此会因放手发动了群众，十分热烈，发言踊跃动人，有许多人流了眼泪，但发言水平很高，有政策，阶级界限分明，对党热爱。七时开，九时半毕。

今日收到玮十二月五日信。

十日 星期四 上午，召集九队、十队、四队等进行汇报并讨论分析情况及做法。下午，开各队、包队组长会议，传达并讨论上级关于今后工作步骤加紧的指示，并作了布置。晚，参加九队、十队、八队积极分子联席会，布置对九队四不清分子的斗争。

十一日 星期五 上午，看九队材料。下午，与九队研究如何进行说理斗争会。晚，进行各小队及大队性质排队。八时，参加九队大会。十时回。

十二日 星期六 上午，与九队研究他们大会以后的工作，及对会议的总结。下午，听四队同志念他们对组织斗争会的汇报。三时，到四、五、六、七队干部整风会去听会。晚，甚倦，早睡。

十三日 星期日 上午，学习毛主席著作，与各包队组长一道学习，最近各小队工作队员之间，有各种不同意见，有的组长不善于运用民主集中办法统一思想，又对于发动群众问题尚有框框，因集中学习《党委会工作方法》及《领导方法若干问题》两个文件，大家都感到有收获。下午，听四、五、六、七队及一、二、三队片会。晚，工作组领导人开会，研究最近工作。

十四日　星期一　决定到九队蹲点。上午，到九队去了解日程，准备参加。回，由黄咸平传达队部整党干部会上的精神。下午，参加西大队工作组包队组长会，讨论两级干部会。晚，参加九队社员会，讨论工分的最后决定。

十五日　星期二　上午，洗澡、理发，给玮写信。下午，到九队谈群众发动情况。回，备课，准备系统讲"双十条"。晚，到九队讲"前十条"中的一至五条，至八时。
发玮信。

十六日　星期三　上午，集体备"双十条"系统宣讲课。十时，到工作队办公室开会。下午，与黄、左就上午传达的精神研究西大队工作的部署。晚，与大队一四不清干部谈话。

十七日　星期四　上、下午、晚，均听各队汇报准备参加贫下中农座谈会的人的情况。

十八日　星期五　上午，给卜明、王敏写信。听十一队汇报贫下中农会参加人员情况。下午，续写信。晚，在文化站开贫下中农座谈会至十时。

自晨二时即腹痛,起来上厕所,拉稀,晚又拉一次。

发卜明、王敏信。

十九日 星期六 整日腹痛,拉稀。到医院取点药来吃了,稍好一点。晚,参加贫下中农座谈会,因精神不振,中途回来。早睡,夜起如厕。今日起在队部食堂吃饭。

二十日 星期日 精神甚疲,在住所帮助十队打算盘。下午,到工作队部开党委会,讨论干部调动及春节前工作。晚,参加贫下中农座谈会,中途回,早睡。夜起二次。四时即不能入睡。人疲甚。

二十一日 星期一 上午,向黄、左及王太福、高俊海传达昨日会议,并讨论了本大队工作组春节前日程。下午,向各包队组长传达上午的决定。今日服了合霉素,打了葡萄糖50CC,但不想吃东西,想吐。晚,早睡。

今日收玮信。

二十二日 星期二 早起,人甚不适。房东张大娘做了面,一定要我吃,勉强吃了一口。去医院大夫给打了葡萄糖和维生素丙①50CC。中午,不想吃饭,欲吐。大夫说,这是胃肠炎。晚,大夫来,又给打了葡萄糖,维生素丙100CC。早睡。

收到马绩转来晏甬信,收龚和德信。

---

① 即维生素C——编者注

二十三日　星期三　整日休息。上午,打葡萄糖等50CC。晚,同,另服消炎助消化等药。想吐已经停止,开始吃点稀粥、面疙瘩,证明胃炎已轻,但肠炎未减。晚,仍起一次。下午,林路来,将龚信交他,请他处理。

二十四日　星期四　整日休息。吃了一些东西,但肚下有些作痛,打了两次针,共120CC,晨起连拉稀二回。病久不好,人也无力,眼见工作不能插手,心情不好。
　　收到小果、小珍信。

二十五日　星期五　整日参加工作队队部组长会议。晚,与黄、左研究如何按照会议精神进行整训。
　　今日继续打针二次,服药。胃口已好起来,泻肚也已停止。

二十六日　星期六　上午,开包队组会。给小果写信,附给玮一条。下午,开大队工作组全体会。晚,准备与西街大队支书李凤鸣谈话未成。
　　今日饮食渐正常,但量少,每餐多则二两,少则一两。大便早晚各一次,仍是稀的。注射葡萄糖100CC。
　　发小果信。

二十七日　星期日　上、下午,工作组全体会大会发言。晚,和老左一道跟李凤鸣谈话。
　　今日饮食已照常,并停止注射。

二十八日　星期一　整日参加片会。上午,冯骥同志传达了团委会议上李名玉同志的讲话。下午,孤山子公社工作队党委开会讨论报告。晚,继续讨论。

二十九日　星期二　早饭后,找陈云琚、李振玉谈话,询问李对他们组长的意见。上、下午,继续开党委会进行讨论。晚,继续。

三十日　星期三　整日开片会。晚,休息。
今日收到安谷从山东齐河县社教工作中来信。

三十一日　星期四　整日开队党委会,研究春节前工作。晚,休息。上午,入浴。
二道梁子大队工作组本院的同志们来探望我的病。

1965

一九六五年

一月

一日　星期五　工作组整日传达队党委会议。我在家休息。因连日开会,疲累殊甚,并有感冒之意,胃口亦不好,头痛。上午,给安谷写信。

发安谷信。

二日　星期六　整日开工作组全体会,讨论按传达的精神布置工作。下午,三时,安天增传达工作组春节前工作布置。今日身体稍适。晚,与黄、左讨论本大队春节前工作布置。

收到玮信。

三日　星期日　今日天气骤冷,但身体稍适。上午,到十二队研究该队阶级斗争形势。下午,风甚大,顶风至十四队,未遇工作组,改至九队研究该队阶级斗争形势,四时归。王殿臣同志来通知要我去长春开会,今夜即走。五时,在工作队食堂吃了饭。晚,七时五十分,乘小吉普出发经两小时,到柳河县,沿途大风飘雪,但车中尚不太冷。八时五十,到县工作团部,稍事休息。九时半,复乘汽车至柳河车站,乘十时五十分车赴长春,卧软卧高铺。整夜嗽不成寐,起床小便多次。

四日　星期一　(长春)晨,七时四十五到长春,有人接站,乘车到吉林省宾馆,与财政部王同志住一室。到后略事盥洗,早餐。即听吴德同志传达中央工作会议上毛主席讲话,少奇同志等与东北同志的谈话，一整上午。下午，睡到二时半。即参加柳河组讨论，内容是对中央新发文件《农村社会主义教育运动中目前提出的一些问题》，此文件主要根据主席谈话组成，这次会主要讨论这个文件。晚，看电影《英雄儿女》，田方演抗美援朝故事，甚好，九时毕。补日记至十时。

今日仍咳嗽不止。

五日 星期二 上午，小组讨论。下午，二时，小组讨论。三时，吴德接见。四时，再参加小组讨论。晚，写信二封，一给黄咸平，一给玮。

六日 星期三 上、下午，均小组讨论。下午，四时，休会。晚，洗衣服，续完给玮信。

发黄咸平信。

七日 星期四 上午，将毛主席、陈伯达两个讲话的整理记录重抄一遍。中午，与同室财政部来搞社教的王程远同志，上书店买了两张年画、五本袖珍日历，又到百货商店买了一个眼镜盒。下午，参加小组会。晚，看电影《箭杆河边》，是曲剧，剧本较舞台剧有所改动，削弱了佟善田心情的表白，但玉柱的转变过程仍有些不顺。

发玮信。

八日 星期五 上、下午，均开小组会。晚，列席柳河工作团党委会，讨论春节前工作安排及春节期间如何放假、整训等问题。北京来的同志决定原则不回北京,集中通化过春节。九时,散会。

九日 星期六 整日抄文件。少奇、总理、彭真、小平与东北负责人谈话记录,整抄一日尚余一尾。晚,看电影朝鲜片《新生的一代》及长影反特片《前哨》,后者为一旧片。午,入浴。晚饭后洗衣。

十日 星期日 上、下午,开片会讨论春节前工作及春节工作组放假问题。晚餐后,六时半,乘车赴车站,七时二十分,开车赴通化。车上玩了一回扑克,九时睡。十二时醒,未能入睡。

十一日 星期一 (孤山子)晨,三时二十分,在柳河下车,乘接站汽车到招待所,睡到七时,起来。早餐后,八时,乘吉普出发返孤山子,同车七人。十一时,到达。饭后,参加西街包队组长会。会后又开支委会,我传达了冯骥谈的春节前工作部署。晚,到医院看黄咸平,他重感冒了。归与左臣良研究明日两级干部会上的讲话,写了一个提纲。因车上疲劳,早睡。

　　两日来为腊八以及已入三九,严寒来临,气温降至零下36度。

十二日 星期二 上午,在西大队两级干部会上讲话。十时,马绩、黄叶绿、沈达人、林路来,共商量春节期间本院同志的安排,李书芳也参加,印刷研究所张勇也参加,十二时谈完。下午,参加十二队干部坦白会。三时,到工作队给邵宇打电话,商量文化部同志春节统一行动,并在队办公室看几天来漏看的《参考消息》。晚,准备明日在贫农代表会上的讲话提纲,至十时。

十三日　星期三　在贫农代表会上讲话两小时半,太长了一些,讲到后面,有些精力分散。讲完进行了讨论。中午,与左同去看黄。一时,施为从姜家店来,谈春节安排,与她同到工作队部,与李书芳进行了商量,又从冯骥处了解了地方上的意见与措施,最后又打电话给邵宇,决定仍到通化集中。四时,到贫代会听李凤鸣检查,其时已毕,听了代表们对检查的发言批判,觉贫农代表这些日子来思想大有进展。晚,到八队参加退赔会,继又参加了积极分子们背靠背的提材料会,八时半回。收到晏甬信。

十四日　星期四　上午,开包队组长会。检查昨日退赔会及布置春节前工作。下午,到工作队办公室给马绩打电话。补数日来日记。晚,听王殿佐补报六队的根苗。

　　收到玮信。

十五日　星期五　上午,开会研究各种统计数字。读完周总理人大报告。下午,马绩来,商量春节安排及必须送回北京的人。汉标来谈七队退赔情况。晚,到三队参加贫下中农协会筹备小组成立会,会开得很热烈。

十六日　星期六　上午,到工作队部与王殿臣同志汇报北京同志过春节的部署。与戴淑娟谈她回北京事。给玮、晏甬和桂林写信。下午,李书芳来,谈回北京人名单和准备车票事。黄在敏来汇报九队工作,并和他谈了回京治病事。晚,听广播。

发玮、晏甬等信。

十七日 星期日 上午,和黄咸平一道与四队同志谈春节期间工作安排。下午,到工作队办公室看《参考消息》。晚,休息。

沈群派人送来连环画、年画等。

十八日 星期一 上午,邀马绩、黄叶绿、沈达人、林路来谈春节撤点事,因工作团又通知可以回家过节,李书芳也参加,决定全体回家。下午,读新来的文件《东北社教简讯》。晚,肚痛,休息。

十九日 星期二 上午,到澡堂洗澡、洗衣。下午,参加西大队贫下中农协会筹备会成立会,并讲了话,送了礼(小人书和年画)。晚,和黄、左研究春节后工作队包队组长和人员的调整。九时半睡。

二十日 星期三 上午,李书芳来谈回京事。找黄在敏谈工作及他回京事。找郭亮来谈回京小整训事。王殿臣书记来谈撤点及通知我明日到长春开会。给舒模、玮写信,准备交戴淑娟带回。补日记。下午,收拾行李,并到工作队看报。晚,休息。

二十一日 星期四 上午,小戴、小黄回北京。继续清行李,将要拆洗的打成一包交郭亮带京。从高汝枋处借八十元。下午，邵宇来。查血压 145/112。四时，与邵宇同乘小车赴柳河，五时半到。晚餐后，睡至九时二十分。十时一刻，到车站，乘十时五十分车赴长春。晚，睡不稳。

二十二日　星期五　（长春）晨，七时十分到长春，住宾馆。早餐后，雷鸣玉召集会谈复会目的，及春节布置等。下午，与邵宇到新华书店和"二百"买了给小果、小珍的礼物，一副军棋，一套长春风景照片。回旅馆后，发下文件，即展读。晚餐后，续读毕。与邵宇、王程远玩扑克。九时，入浴。十时入睡。

二十三日　星期六　上午，听吴德解释"二十三条"。下午，读文件，宣布学习方法、会议日程。晚，看省地方戏曲剧院一团演吉剧《江姐》，此剧较之空政文工团在编剧上有所改进，但唱腔是失败的。

二十四日　星期日　上、下午，都进行小组讨论。晚餐后，与邵宇、王程远到公园去看冰灯。回时七点，三人和银行李同志一同玩扑克至九时。

二十五日　星期一　上、下午，小组讨论。上午，谈一般感想。下午，谈柳河形势。看电影《丰收之后》。今日量血压 160/100。晚，吃安眠药就寝。

二十六日　星期二　上、下午，小组一分为二，进行了以片为单位的讨论，大家互相问答，讨论得比较深刻。晚，与邵宇遛街至"二百"。回与邵、王程远玩扑克。九时半，入浴。十时寝。服安眠药二片。

发一短信给玮，告诉回家时间。

二十七日　星期三　上、下午，仍是分片讨论，谈三结合。并听冯骥念了彭真同志在北京关于"二十三条"的一次讲话。晚，在工人文化宫看省话剧团演一个反映工厂"四清"的新话剧《问题在哪里》，此剧题材新，也写了一两个人物，但整体说来谈道理似乎多些，感人的地方少些。十时归。

二十八日　星期四　上午，听传达彭真同志在北京一次干部会上解释"二十三条"的讲话。下午，片讨论会。晚，摘抄大会简报。

二十九日　星期五　上、下午，片讨论会。晚，看电影：纪录片《三届一次人大会》、故事片《雷锋》。"雷锋"演得很不错，剧本编得也很好。

三十日　星期六　整日休息。上午，与邵上"五百"买物，配圆珠笔杆。下午，摘抄简报，与邵、王打扑克。晚，洗澡、洗衣。

发一电给王子丰告知归期。

三十一日　星期日　上午，听吴德作总结，至十二点一刻。下午，清理行囊，与邵宇、王程远玩扑克。晚，七时半上车站，乘八点二十分的18次车回北京，车上甚冷。九时半即睡。

二月

一日　星期一　（北京）上午，八时起。早点后，与邵、王、冯骥等玩扑克。在唐山、天津站下车散步。下午，一时四十分到北京，晏、舒模、王子丰、小果来接。回家后，玮在家等，吃午饭，又喝了一杯酒。饭后去看了看罗合如。晚，与玮上街送棉裤拆洗。与孩子们玩，听他们唱歌。马绩来谈同志们回家整训情形。十时睡。

二日　星期二　今日为阴历春节。上午，八时起。冯霞、黎舟、晏甬等来，黎、晏谈了部整风及我院人事，组织变动情况及领导的打算。下午，带小果、小珍去人民市场、王府井等处闲逛。晚，与玮、韩娘、小孩玩扑克，听广播中张玮讲话。十时寝。

三日　星期三　上午，段薇杰来，继索立波来，谈至十时半。玮的同学陈　①　来，在此吃午饭。下午，三时，到默涵处，谈下乡情况及院的工作变动。五时，到人民市场想买小半导体收音机，没有了。晚，在家看文化部整风材料。

主席对文艺工作最近谈话的要点：1.文艺座谈会讲话解决了认识问题，但还有方法问题需要解决。2.组织问题、培养干部问题也要解决：一是新生力量的培养；二是老干部的提高；三是旧人的改造。3.社会主义的文艺工作如何做？"二百""推

---

① 原文如此——编者注

陈出新",可以适用于各时代,它如何运用于社会主义时代?林彪同志对方法作了总结,要学习他的方法。

四日　星期四　上午,与玮上街买牡丹牌半导体收音机一个,一百五十五元。下午,李元庆、李肖来,并为代修电唱机。许多来,在此晚餐。

五日　星期五　上午,九时,到文化部参加李琪同志召集的四清干部会,他谈了国内外形势,部的整风,以及解答了四清干部提出的一些问题,十一时毕。与马绩、俞琳到人民市场,买帆布裤带,毛衣针等。下午,三时,给本院四清同志传达了吴德同志对"二十三条"的解释和会议总结。六时,与玮在和平餐厅吃饭,到丽影冲照片。回家后,将要带走的扑克牌洗干净。十一时半寝。

六日　星期六　八时,到北京医院检查,血压130/80,体重65公斤。九时半,到院开党委会,晏甬谈要调走剧团,及他和桂林事,也谈了评论工作今后的做法。下午,到人民市场买茶叶,回家读报。晚,与家人请老季在东来顺吃饭。八时,回家,司空谷来,谈《戏剧报》情况,十一时去。

七日　星期日　上午,罗合如来谈。上王府井取底片。下午,拾掇行李。四时,到火车站,乘五点十分车出发孤山子。全体五十七人,坐一节车厢,甚热闹。九时睡。

八日 星期一　晨，七时四十分到沈阳，转通化车，乘客甚拥挤。四时四十五分，到驼腰岭站，王殿臣同志来接。乘汽车到孤山子时已五时余，黄、左等人来接。晚，开一包队组长会。九时余寝。

九日 星期二　（孤山子）整日开支委会，讨论包队各组人员的调整。晚，到队部办公室看同志们。又到吕相臣及王义田家，都不在。回听广播，九时睡。

十日 星期三　上午，给玮写信。下午，到队办公室看报，重新商量包队人选，整理文件。晚，看西街贫协举办的晚会。九时寝。

十一日 星期四　上午，在队部开党委会，洗澡、洗衣，到队部看冯骥，看报。下午，读《山村姐妹》，为老乡照相。晚，开包队组长会议，最后决定队员变动。九时半睡。

十二日 星期五　上午，续看完《山村姐妹》，读文件。下午，开包队组长学习会。晚，与苏国荣谈话。

十三日 星期六　上、下午，参加包队组长的学习。晚上，参加工作队党委及各大队工作组的学习。十时毕。

十四日 星期日　上、下午，参加包队组长学习。晚，仍参加工作队党委的学习。十时毕。

十五日 星期一 上、下午，参加包队组长学习。晚，到工作队办公室听念文件。七时归，读周总理《政府工作报告》全文。九时四十五分毕。

十六日 星期二 （柳河）上午，参加包队组长会。十时半，出发赴柳河，同行者冯骥、邵宇等。十二时半到，住县人委招待所，与邵宇同室。下午，休息。晚，休息。

十七日 星期三 上午，参加柳河工作团扩大党委会。中午，与邵宇、王程远到澡堂洗澡。下午，续开会。晚，休息。九时余早睡。

十八日 星期四 上午，续开会至九时半。十时十分，参加全县贫下中农大会。下午，三时，续开党委会，讨论生产计划。晚，休息。

十九日 星期五 整日开会。上午，讨论柳河全县1965年生产计划。下午，讨论下阶段社教运动的计划。晚，看电影《红管家》。十一时睡。

二十日 星期六 上午，开会续讨论下阶段四清计划。下午，讨论几个具体政策问题。晚，八时，开会讨论重新整理的下阶段"四清"工作计划，至十时半。

二十一日 星期日 上午，看社教展览会。与邵宇同理发。给玮写信。下午，与邵宇、冯骥同车回孤山子，到时三点多。晚，向黄、左简单传达团党委会议精神。九时即睡。

在柳河发玮信。

收到玮信。

二十二日　星期一　（孤山子）上、下午，均参加三级干部会的分组会。上午，参加西街大队四、五、六、七生产队的分组。下午，参加八、九、十生产队组。此次三级干部会的参加者除大、小队干部外，尚有贫下中农代表，目的为帮助"四不清"干部洗手洗澡放包袱。晚，向孤山子工作队各大队干部传达团党委关于"大四清"的计划，并参加讨论本公社"大四清"的做法。十一时毕。

二十三日　星期二　上、下午，仍参加分组会。上午，十一、十二、十三、十四生产队。下午，一、二、三队。晚饭后，听西街各分组汇报。

收到玮寄包裹条。

二十四日　星期三　上午，公社开贫下中农职工大会，五个"四不清"干部进行坦白。下午及晚上，均参加四、五、六、七队分组会，听干部自我检查。会后研究明日做法，十一时毕。

从邮局取回包裹：雨衣一件。

二十五日　星期四　上午，开工作组支部会，研究当前工作。十一时，仍参加四、五、六、七队分组会。下午，到四个分组会上去走了一遍,与四、五、六、七队组的工作组、贫农代表、下楼干部开会研究如何继续帮助"四不清"干部检查。听左臣良传达队部关于最近工作安排,及冯骥讲话。晚,休息。睡眠不太好。

二十六日　星期五　上午,到各分组听会。下午,到队党委会参加公社范围的贫协代表座谈会,会后党委谈公社贫协委员人选,四时毕。到四、五、六、七队分组听会,已经基本上搞清了干部的经济"四不清",西街各分组情况大致相同。晚,休息。

二十七日　星期六　上午,参加小组会。今日"干部下楼"已基本差不多,最后集中帮助少数人。下午,与黄、左谈新干部班子的问题。帮石长生打算盘合账。晚,休息。九时半睡。

二十八日　星期日　上午,参加四、五、六、七组谈思想归队。下午,参加工作队召集的大会,听孤山子公社党委书记贾××的检查,三时半毕。到黄咸平处谈今后工作安排,特别是思想归队的做法。四时,到五队与左臣良、刘孝文研究五队队长黄××回队下楼的事。晚,参加五队下楼会,九时半回。十时睡。

三月

一日　星期一　上午,参加各组听会。下午,参加工作队党委会,讨论三干会总结和下阶段工作计划。晚,给舒模、刘厚生各写一信。

收到安谷自山东来信。

二日　星期二　上午，洗澡、洗衣，参加西街大队支部干部整风会。下午，继续参加。晚，休息。
发舒模一信、刘厚生一信。

三日　星期三　昨夜甚感不适，晨起仍浑身酸疼。早餐后躺炕上休息。上午未出门。午餐后，未去参加三干会总结，仍头痛不适。晚饭前，王殿臣同志领袁大夫来，在路上遇着，同至医院，打了一针。晚饭后，开三干会的人都搬回来，并在此开了一个支干会，讨论未成立贫协筹备小组各队贫协筹委名单，十时毕。

四日　星期四　夜睡不稳。晨起精神不佳。早餐后，到医院，量血压 145/120，取药回，朦胧睡了一觉。下午，参加四、五、六、七队工作组片会。晚，休息。

五日　星期五　上午，给玮写信。下午，到文化站开会，黄讲今后工作布置。晚，休息，早睡。
发玮信。

六日　星期六　上午，开包队组长会，讨论各小队及本大队新领导班子问题。下午，仍继续。上午量血压 135/95，下午量 145/108。晚，刘孝文来谈。九时，到队部看文件。十时归。

七日　星期日　上午，到公社给马绩打电话，邀他来商量韩力的问题。回来听黄咸平传达冯骥对最近工作的指示。下午，邵宇来，谈了些北京来信中所谈文化部近况。马绩来，邵走后，与马谈韩力问题，决定写信回院，调回北京，还谈了些院的发展前途问题。马走后，写信给舒模，谈韩力事。继给安谷写信。晚，王殿佐来，谈四队一些可疑分子的活动。到十队看选举新领导班子。

发舒模、安谷信。

八日　星期一　上午，到医院看病，与李淑芳谈考核我院下来搞"四清"的青年事，看西街大队支书李凤鸣的材料。下午，开各包队组长参加的核实坦白交待的材料会议。晚，细读总理的《政府工作报告》。十时睡。

九日　星期二　上午，读周总理《政府工作报告》，做摘录。下午，继续。晚，与有关包队组长研究夺权队及大队走资本主义道路当权派的材料。十时睡。

收到晏甬信。

十日　星期三　上午，续读周总理《报告》毕。下午，看关于九队材料，看《人民日报》所发表署名齐向群的批判孟超《李慧娘》的文章。晚，休息。

十一日　星期四　上午，到十二队与郭亮研究他们夺权的问题。回家与郑德民谈十三队干部班子问题。看了公社工作队写的三干会贫代会总结一、三部分草稿。下午，读报上登的《女飞行员》第一幕。安天增来,念了"三干会"总结的第二部分。晚,到队部办公室看文件。

十二日　星期五　上午,开队党委会,讨论工作及一些政策的执行。下午,继续。晚,拾掇行李,准备去柳河开会。

十三日　星期六　上午,大队工作组开支干会,讨论最近工作。洗衣。与韩力谈话,让他回北京。下午,与马绩谈韩力事,与邵宇同车出发去柳河。晚,宿柳河。

收到郭汉城信,及晏甬调韩力电报。

十四日　星期日　(柳河)上、下午,均开团党委会。上午,讨论前段工作总结。下午,讨论一些政策杠杠。晚,休息。与冯骥、李明、姜卓打扑克至九时。

十五日　星期一　上、下午,讨论。上午,讨论今后工作。下午,讨论团党委对这阶段工作的总结。晚,读并摘录宋任穷在四平汇报会上的谈话记录,十时毕。

十六日　星期二　上午、下午,均开会,讨论政策问题。中午,与邵宇、王程远同志洗澡。晚,休息。

十七日　星期三　(孤山子)上午,八时,与邵宇起程回孤山子。十时,到。大队工作组正开会,即参加了。下午,拾掇行囊。陪邵宇参观文化站、百货商店。晚,休息。

收到玮信。

十八日 星期四 上午、下午、晚上，均开工作团片会，传达并讨论团党委会议，及宋任穷同志谈话。因冯骥去省开会，由邵宇和我主持，至晚九时散会。

十九日 星期五 上、下午，西街大队工作组各小队包队人汇报摸四类分子等情况，及传达团党委会议。晚，工作队党委会开会，讨论两个"当权派"材料，十时毕。

二十日 星期六 上午，工作队党委开会。下午，给玮写信。晚，续给玮写信毕。九时，休息。

二十一日 星期日 上午，开全公社贫下中农代表大会，听公社支部书记检查。毕，参加各工作组长会。下午，西街大队工作组开包队组长会。晚，休息。

发玮信。

二十二日 星期一 上午，开全体会，东街大队支书薛××、供销社支书信××检查。下午，大会批判。晚，队党委开会，讨论工作队在大会上的报告。八时半，从广播中听人民日报和红旗社论：《评莫斯科三月分裂会议》。十时半睡。

二十三日 星期二 上午，大会，继续进行批判。下午，到西街干部组听会，继到代表小组听会。最后，到四类分子会（一、

二、三组）听会。晚，工作组开会讨论如何进行四类分子交待问题。

二十四日　星期三　上午，开四类分子会。下午，续开至四点半。参加公社贫代选举。晚，休息。

二十五日　星期四　上午，队党委开会布置下阶段工作。下午，续开。晚，休息。

二十六日　星期五　上午，工作组开会研究对四类分子的评审等工作。下午，与邵宇、孙幼民等人同赴柳河开会，两点半到。稍事休息，晚餐后，与诸人玩扑克。

二十七日　星期六　（柳河）全天开工作团组长全体会，传达省委工作团长会的文件。上午，传达彭真同志在通县工作团会上的一次讲话。下午，传达吴德同志的总结发言。晚，看通化吉剧团演的《红石钟声》，水平一般。

二十八日　星期日　全天，开孤山子、圣水两片的联合小组会，讨论两个讲话。晚，孙幼民来谈孤山子公社人员的安排。

二十九日　星期一　晨，五时起，与邵宇、王程远去澡堂洗澡。早餐后，通化地区吉剧团团长来，与谈对《红石钟声》的意见。八时，续开片会。下午，续开，讨论一些具体政策问题。晚，休息。

今日因早起，午睡又被来人打扰，精神不大好，浑身发疼，乃早睡。

三十日　星期二　上午，片会，讨论具体政策。下午，全体会，听了柳河县委今年生产备耕的报告，并做了讨论。晚，休息，玩扑克。

三十一日　星期三　晨，写给舒模、汉城各一信。上午，开全体会，听雷鸣玉同志作总结，及吉林军区副司令××关于民兵的讲话。会前，开了团党委会，讨论了总结的要点。下午，与邵宇、孙幼民等同车回孤山子。

在柳河发舒模、汉城信。

回孤山子收到舒模、韩力信及《戏剧报》。

四月

一日　星期四　（孤山子）上午，读有关"四清"核实定案，划阶级及建设阶段的各种文件。马绩来，互相交换看了北京来信，初步研究了一下向部写汇报事。下午，为党课备课。晚，上队办公室向孙幼民、王殿臣询问今后"四清"工作计划。（团党委原则上决定七月结束撤点）八时半，开大队工作组包队人会，订正各种数字，研究新领导班子名单。十时归寝。

收到玮信。

二日　星期五　上午，重读毛主席反对帝国主义殖民主义的几个声明及各地社教简报。下午，开工作队组长会议。晚，开西街工作组支干会，至十时半。

三日　星期六　整日开组长会议。上午，汇报。下午，讨论退赔、划阶级等问题。晚，孙幼民做总结，冯骥插话甚多，十时过始散。

四日　星期日　上午，续开组长会，谈对敌斗争问题。下午，西街工作组全体整训会，讨论下阶段工作。晚，给西街讲党课至八时半。

五日　星期一　上午，看文件。下午，宋凯裕、张喜俊等来谈民兵工作。晚，参加七队揭发地主分子张×的会，至十时半。

六日　星期二　上午，开批判斗争严重不守法四类分子会的准备会。下午，读各种简报等文件。晚，开会训练斗争会的积极分子，至十一时。

七日　星期三　上午，继续训练积极分子至十时。提前午餐。十二时，开地主分子张×、反革命分子岳××的斗争大会，大队全体社员参加，另有社直单位、中学及外大队的人参加，约二千余人，至五时半散。晚，休息。十时寝。

八日　星期四　上、下午，均开包队组长会，讨论干部班子问题。晚，休息。

收到晏甬、陈荣琚信。

九日　星期五　上午,给晏甬写信。下午,给玮写信。晚,到三队、五队参加改选会。十时半回,夜北风甚劲,很冷。
发晏甬、玮信。

十日　星期六　上午,与黄咸平同到十四队剥蒜,天甚冷,有北风,微雪,在露天地里冻得厉害。下午,与刘孝文谈她的入党问题。与卢希友谈五队的问题。晚,休息。

十一日　星期日　整日开包队组长会,各组汇报最近一阶段工作情况。下午,还开了支干会,讨论院参加"四清"工作中提出入党申请的人的申请。晚,休息。

十二日　星期一　上午,马绩、黄叶绿、沈达人、林路、郭亮、韩建民、李书芳、孙庆仁来,讨论各队本院人员提出的入党申请。下午,开工作队组长会,讨论布置下一阶段工作。晚,休息。

十三日　星期二　到队部开党委会,讨论关于社直的工作。下午,开组的支干会,研究"四类分子"摘戴帽子和划阶级问题。晚,西街选举大队干部,十一时毕。

十四日　星期三　上午,洗澡,洗衣,刷洗棉袄。下午,与黄、左同上腰岭子,它是西街大队新成立的一个生产队,离市镇八九里,路经草甸子,水甚深,结果鞋和裤腿都湿了,在腰岭子晚餐后回来,到市已七时。疲甚。九时半睡。

十五日 星期四 上午、下午,均看文件。晚,与俞赛珍谈她入党的事,帮助她研究她的优缺点。至晚十时。

马绩送来去留名单,及发家里一信。准备不发。

十六日 星期五 上午,帮房东苫房,遇雨。给舒模写信,谈陈云琚事。下午,刘孝文来,与谈五队工作事。晚,休息。

收到汉城信,谈周扬同志一次讲话。

发舒模信。

十七日 星期六 通夜大雪,至中午才停,天又转冷。整日坐炕头读文件。上午,与刘孝文谈青年阶级教育工作、妇女工作。

收到《戏剧报》第二期。

十八日 星期日 上午,与郭亮、林汉标、李小仓谈一青年教育剧本的提纲,交汉标先写一提纲初稿。下午,开包队组长会、学习文件。

十九日 星期一 上午,开队党委会。九点,在戏院参加春耕生产动员会。天阴雨,甚冷。下午,开西街包队组长、生产队长联席会。三时,听王殿臣传达贫代会中冯骥的讲话。晚,开西街组支干会,审议阶级评查。十时半寝。

收到舒模信。

二十日　星期二　上午，继续审议阶级评查。下午，大队工作组全体动员会，动员参加春耕生产。晚，休息。

二十一日　星期三　上午，计划掀起春耕生产高潮，天雨未果。待在屋子里，且有感冒，甚不适，打了一针安乃近。下午，仍休息。晚，睡不稳。

二十二日　星期四　昨晚失眠，从十二时直到天明。因植树，四时半起，浑身不适，疲劳，不思饮食。但今日植树是工作队和干部共植"四清林"，乃随去，上万宝山，并给照了些相，风甚大。早归，躺炕上，没有吃午饭。读了《剧本》月刊第一期上发表的《矿山兄弟》。下午，头晕，没有干活。晚，喝了一碗粥。九时早睡。

　　收到玮信。（内附程虹信）

二十三日　星期五　上午，五时起，感到比昨日稍好，喝了些高粱粥，到医院打针吃药。汪醒华病住医院，看了看她。午饭后，邀马远①、黄叶绿谈送汪醒华、桂莹回北京事。晚饭后，打针，今日已感稍适。

二十四日　星期六　今日仍休息一日，打安乃近两针。上午，修改林汉标交来剧本提纲初稿，加了一场序幕。下午，达人来，商量桂莹回北京事，向工作队党委汇报了情况，决定汪醒华、

---

① 即马绩，下同——编者注

桂莹回去。给程虹复信，谈她爸爸胡安惠的情况。晚，郭亮来，谈剧本提纲。

发程虹信。

二十五日　星期日　上午，读文件，给玮写信，要寄薄被来。下午，和林汉标、郭亮讨论剧本提纲。晚，与汪醒华谈话，劝她回去。

二十六日　星期一　上午，看文件，为汪醒华、桂莹给家写一信。下午，与黄、左上地，五时归。与李淑芳商量派小龚送汪、桂二人到沈阳，并同去医院看她们。晚，小龚来，带去胶卷让汪回北京冲洗。

二十七日　星期二　上、下午，开工作队组长会议。上午，听传达。下午，讨论。晚，休息。

二十八日　星期三　上午，洗澡、洗衣。八时，开西街工作组全体会。十时，开西街工作组支干会，讨论西街大队支书问题。下午，与左臣良到河南面十三、十、九、八、四、七等队地里看补种情况，并看了塑料薄膜育秧。晚，休息。

收到刘厚生信，并《戏剧报》第三期。

二十九日　星期四　上午，读文件、《戏剧报》第三期。下午，和一些老乡谈话。晚，休息。

三十日　星期五　上午，与李小仓谈话，他谈他下来的思想转变和入党要求。下午，和李书芳、李庆成同到平安堡看马绩病。五时回，与文化部参加复查的同志谈话。晚，休息。

收到安谷信。

五月

一日　星期六　上午，找汉标未遇。下午，与李克信谈他申请入党事，李是十二队新选的年轻队长。三时半，到汉标处取来他写好的三场戏，随即看完。晚，与王玉田谈他请求入党事，王是大队贫协主席，五十四岁。

今日是五一，房东强留吃饭，不能辞脱，吃了中、晚两餐。晚上，孤山子各单位有歌咏比赛，看了一眼，人太多，即回。

二日　星期日　上午，与小仓谈汉标的提纲，又同找汉标谈意见，并取回第四场看了。下午，与李淑芳、李庆成同去二道梁子看黄叶绿，并到双合堡看董天庆。晚，与　　①谈话，他申请入党。

三日　星期一　上午，与聂藤花谈话，她申请入党。继与王太福、石长生到大泉源去搂楂子。下午，与小仓听汉标念整个剧本提纲，并加以讨论。晚，与陈永才谈话，他申请入党。今天所谈二人都是新选的青年干部。

---

① 原文如此——编者注

1965 年

四日 星期二 上午，工作组开包队组长会，检查春耕播种及民兵工作。下午，洗澡、洗衣。晚，十队队长张福江来谈他的自留地纠纷。

收到玮寄来薄棉被、夹袄。

五日 星期三 上午，读文件。张福江又来谈自留地纠纷。宋开裕来谈民兵工作，他是工作队办公室管民兵工作的。下午，续读并抄录文件。晚，休息。

六日 星期四 今日立夏，大雪一小时。上午，在家继续抄录文件。下午，工作组开支干会，讨论西街新党员。晚，休息。连日安装高压线及变压器，已三天没电了。

收到玮信。

七日 星期五 上、下午，均在工作队部开组长会，谈小段工作安排。上午，谈运动。下午，谈生产。晚，仍在队部开党委会，审查地富分子阶级成分的清理，十时半完。

八日 星期六 上午，开队党委会，听取社直工作报告，并通过各大队提出的新党员。下午，到柳河去开会，二十余人共乘一车，同行者，本公社有孙幼民、王殿臣、臧积玉、马远、张勇。下午四时到，仍住招待所。当晚因疲甚，早休息。

九日 星期日 （柳河）上、下午均开大会。上午，传达宋任穷、吴德、彭真同志的讲话。下午，传达彭真同志时事报告。晚，看柳河县吉剧团演《江姐》，两个女演员唱得不错，其中演刘明霞的嗓子特别好。

发给玮信。

十日　星期一　上、下午，均开小组讨论会，孤山子与大通沟、时家店分为一组。讨论内容是对宋任穷同志总结发表一般的感想。晚，林汉标带来剧本提纲，念给冯骥、雷鸣玉、邵宇、孙幼民、马绩等人听，并听取了意见。十时半毕。

今日量血压 135/90。

十一日　星期二　上午，与马绩一道和林汉标讨论如何修改剧本提纲。九时，仍开小组会。下午，继续开。晚，与林汉标谈剧本提纲。

十二日　星期三　上、下午，均开小组会。晚，看吕剧团彩排《送猪记》《小保管上任》两个小戏，这剧团女演员不错，男演员甚差。十时半寝。

（补）昨日读了《内部参考》上林默涵对华北话剧歌剧会演人员的讲话，谈文艺界的社会主义教育及创造英雄人物问题。

十三日　星期四　上午，开大会，团党委、县委报告下阶段运动、生产的计划。下午，开小组会讨论。晚，柳河吕剧团负责人邹本良、文化科孙玉玺及几个剧团负责人来，谈排我们所写的戏事，八时去。读罗瑞卿《纪念反法西斯胜利20周年》文至十时半。

1965年

十四日 星期五 上、下午，开小组会，讨论政策问题。下午，收读了几个新文件，其中有省委关于下一阶段工作安排的文件。晚，再次参观柳河社教工作展览会。

十五日 星期六 上、下午，开小组会，讨论小整训等问题。抄录林默涵在华北话剧歌剧会演上的讲话。晚，到文化宫看电影《奇袭》，是个早期的抗美援朝片。九时早睡。

十六日 星期日 晨，到空军宿舍去洗澡。上、下午，大会发言，有关于青年工作、整党等专题。晚，空军请看电影《金沙江畔》，九时半毕。回宿舍，玩了一会扑克。

十七日 星期一 上午，休息，给玮写信，与马绩、邵宇逛街，并到吕剧团去参观。下午，开团党委会，讨论总结问题。晚，玩扑克。

发玮信。

十八日 星期二 上午，大会，听雷鸣玉总结。下午，与马绩谈安排进行基层文化工作调查，及到柳河话剧团来排戏的人选。马下午回孤山子。晚，休息。

十九日 星期三 上午，参观空军基地。下午，团党委开会，讨论柳河县三级人员的安排等。晚，休息，玩扑克。

二十日 星期四 上、下午，均开团党委会。上午，讨论县委机关的革命化及县委级干部的处理问题。下午,继续。晚,休息,玩扑克。

二十一日　星期五　上午,续开党委会,讨论政策问题。中午,给舒模写信。发舒模信。收林汉标信。下午,仍开,讨论总结及写文章问题至四时。晚,休息。

二十二日　星期六　(孤山子)　早餐后,与邵宇同车返孤山子,九时到。即往工作队办公室找孙幼民了解学习情况。到医院取降压灵。回住处小睡。下午,读完林汉标送来的剧本稿,到办公室向孙幼民、王殿臣传达党委会讨论的一些政策问题。三时半,参加西街工作组讨论会。晚,与林汉标、郭亮、李小仓谈剧本。九时半寝。

收到玮信,汪醒华寄来照片。

二十三日　星期日　晨,开支干会,谈西街薄弱队和模范工作队员。上午,动手改汉标剧本第一场,主要重写唱词。下午,参加工作队党委会,谈上阶段总结。四时,仍改剧本。晚,休息。

二十四日　星期一　晨,听关于西街毛著学习小组的活动汇报。上、下午,续改剧本,五时毕第一场。晚,参加孤山子工作队员联欢晚会,至九时半。

二十五日　星期二　上、下午,改剧本第二场。五时,散步至新安屯。晚,续改第二场未毕。

二十六日　星期三　上午，改第二场，开队党委会。下午，吉林师大闵宝利来谈他们参加工作队的教师学生思想情况，让我去讲一次话，四时去。与郭亮、林汉标研究剧本做再次的修改。晚饭后，刘念兹来谈入党问题，七时去。改第二场至十时三刻。

二十七日　星期四　上午，洗澡，洗衣。给玮写信。下午，写讲话提纲，洗零星物件。晚，吴乾浩等三个研究生来谈。八时，马远、李淑芳、孙庆仁、李庆成来，汇报院里同志情况。九时，开工作组支干会，谈下阶段工作安排至十一时。
　　发玮信。

二十八日　星期五　上午，给吉林师大的同志们讲话，讲题是"在改造世界中改造自己"。下午，与林汉标谈剧本，收拾应用物件。晚八时半，早睡。

二十九日　星期六　（柳河）晨，七时与郭亮、林汉标、何重礼同赴柳河。九时半到，直赴吕剧团，安置三人。然后同到招待所，休息。广播中听了彭真同志在印尼党校的演讲。下午，和郭亮、林汉标、何重礼逛街，买草帽一顶。晚，县直文化系统工作组长曹西贵及剧团工队包队组长严致兴来谈文化方面专题调查问题。晚，八时，到剧团参加谈如何排这个剧本的会，并谈了剧本梗概，十时过始散。

三十日　星期日　今日吃两顿饭。早饭前后改第三场，饭后效果不甚好，未改完。一时，略睡未着。二时，去吕剧团与汉标等续谈剧本。三时,晚餐,后又谈至四时。与郭、林、何三人散步。六时半,到后台看吕剧团化装。七时,看《江姐》,为物色《山花红似火》演员,此剧名已定如此。未看毕,九时即回。九时半睡。

三十一日　星期一　晨,五时,起改剧本,至下午四时改完第三场手头所存部分,其余尚未送来。去剧团找汉标取其余部分,尚未写出。谈了些剧团派角色等情况。晚饭后,读剧本《青松岭》十时毕。

六月

一日　星期二　上午,读大庆副指挥米振明的一个报告《以"两分法"为武器大踏步前进》未毕。剧团送来第三场下半部稿,即动手修改。中午,搬房,因不静。下午,迄未成只字。晚,广播吵得厉害,憋到十点,也没搞出名堂,乃寝。

今日天阴雨,甚冷。

二日　星期三　上午,一气改完存稿送去,并在剧团参加了念词排练。下午,读完大庆报告,并到剧团看报。晚,读《剧本》月刊二期上的滑稽戏《一千零一天》,未完。十时睡。

高汝枋来柳河,送薪水,刘念兹同来。

三日　星期四　上午,开始修改剧本第四场,其中玉兰姐弟见面一段,数次未就。下午,继续,仍未解决。到剧团参加研究角色会议。晚饭后，与汉标、郭亮讨论了这一段的写法。八时，动手重写，至十一时，写完玉兰一段长唱词，即睡。

四日 星期五 上午，继续修改第四场毕，送剧团。下午，又增写玉生唱词一段送去，参加对词排演，取回第四场后半。晚，研究并修改后半。九时，冯骥、刘彩长来，谈至九时半去。继改剧本至十时。

收到舒模信。

五日 星期六 上午，在后半场的修改中有些技术问题不能解决，到剧团找汉标、何重礼、郭亮研究，并改毕交印。回宿舍，读关于组织处理的文件。到剧团看排戏，三时半回。下午，摘要抄录文件，给玮写信。晚，摘抄《以"两分法"为武器大踏步前进》，未完，九时半睡。

下午，六时，发玮信。

六日 星期日 上午，为第二场改一段词，未毕。汉标来叫去听唱，听到十一时，唱腔还不错。下午，续改词毕，送去。并与汉标、郭亮讨论，主要是去掉富农有财与富裕中农对话一场，改成富裕中农的独唱，经研究，大家同意了。晚，与郭亮看电影《草原雄鹰》，是由《远方青年》话剧改编的，比话剧好，是由中央戏剧学院维族班毕业生演的。归九时半，睡。

七日 星期一 上午，续作《"两分法"前进》的摘要。汉标送第五场上半场来。冯骥来，谈群众文化工作等问题，十时二人去。改五场稿,添李振国唱词一段。下午,头晕,浑身疼痛,去剧团,因开会,亦未排戏,与郭亮、汉标研究如何保证排演时间问题。晚,人仍极疲,散步后,服索密痛略睡,稍适。起续改剧本,重写玉兰母唱词一段。十时半睡。

八日 星期二 上午,送改稿去剧团。回遇何重礼从孤山子回来,谈了大队的情况。得马绩来信,谈今后日程。看六月三日《人民日报》上张东川文《京剧〈红灯记〉改编和创作的初步体会》。下午,到剧团看第四场对词。晚,读《红旗》上坂田昌一——《关于新基本粒子观的对话》未毕。九时半睡。

九日 星期三 上午,读一些中央办公厅关于四清工作的文件。到剧团取回第五场下半场原稿,修改了一部分。下午,读《毛主席在中南局座谈会上的谈话》(4月21日),读了两遍。续改第五场下半场,并邀汉标来谈一关节问题,未得结果,又到剧团与郭亮一同研究,想妥,并改定。尚余唱词两段及一尾,因头晕未继续。回招待所,读完坂田昌一文。晚,看吉林师大参加工作队的学生演出歌舞,是他们要撤点了的告别晚会,十时散。

收到玮信。

十日 星期四 上午,改第五场最后部分,十时毕,送去付印。回,读全国财经会议文件,李先念同志的报告。下午,到剧团看排戏,取印好的剧本。回,续读文件。晚,校对剧本一本给冯骥。

寄卫生纸一封给玮。

十一日 星期五 （孤山子） 上午，八时四十分，出发回孤山子，十时到。休息，午餐。三时，与李庆成出发到永安堡，参加马绩召集的关于文化工作的调查会。有简慧、王霞、董润生、赵水金等，谈至七时。饭后回，到时八点半。

看到舒模来信，谈萧晴女儿事。此信早到，因才回，才看到。

十二日 星期六 上午，到工作队给孙幼民、肖承良送剧本，并汇报排剧情况，了解撤点情况。又与马绩谈我们工作部署。回住处看文件。与刘孝文谈西街工作组情况。下午，刘孝文、李振玉、俞赛珍开会，听取文化工作调查汇报。晚，看文件至十时。

十三日 星期日 早，七时，出发到德胜西岗参加关于文化工作调查的会，同行者李庆成、严汝珍，到会有林路、何为、龚和德、黄菊盛、李大珂等，谈至十一时，即在彼吃饭。下午，与李、严同至板石河子，那里是大山根的一条山沟，风景很美，至五时返。六时半到，甚疲。买枣藤手杖一根。晚，汉标自柳河来，带来说明书样及排演日程等，商量后，九时即睡。

十四日 星期一 昨晚睡得不好，疲倦未消。看艾思奇解释两论文件。准备十时去二道梁子。柳河电告文化部来人看下来的"四清"工作人员。十时，史育才来，陪谈情况至十二时。下午，与马绩陪同续谈。晚,读报纸。九时四十睡。

收到俞琳自上海来信,他在看华东京剧会演。

十五日　星期二　晨,四时起,与姜家店打电话,因正在有线广播时间,未通。七时,史育才去姜家店后,再打电话通知他们。上午,洗澡,洗衣。十时半,与李庆成同往包树背,途时走一小时,这是一个山沟口的小屯,刘念兹、周源新在那里包队。到后,稍事休息,即吃饭。饭后,午睡至一时半。黄叶绿、余从、董天庆、潘仲甫、①、傅棠活续来,并同至沟内大泉眼,汇报各队文化工作调查情况,照了相,五时返回。越万宝山回街,时六点一刻。晚,休息。

十六日　星期三　上午,七时,听史育才传达文化部整风情况,周扬同志整风总结和文化部的新施政纲领,直到下午三时毕。未能午睡,人甚疲。送走史育才后,即回住所休息。晚,仍头痛,未做事。

十七日　星期四　上、下午,都参加队党委、公社党委和有关大队党支部联席审查党员登记和处理。晚,休息。

收到林汉标自柳河来信,谈排演日程的延期。

十八日　星期五　上午,参加社直组文化工作调查的汇报会。十一时,去看李淑芳和赵宏家的稿,赵是社直的工作组长。下

---

① 原文如此——编者注

午，给王太福、石长生书联四纸。校正剧本一本寄玮。晚，看刘孝文写的一份成立少年团、儿童团的经验总结。

十九日 星期六 给玮写信。下午，召集一部分同志谈对剧本的意见，参加者：刘孝文、李振玉、苏国荣、李庆成、严汝钟、俞赛珍。晚，休息。

二十日 星期日 （柳河）上午，参加西大队工作组关于领导班子情况的汇报会，至十时半，疲甚，即休息。下午，一时半，乘小吉普赴柳河，二时到。三时，晚餐（这里星期日吃两顿）后，休息至四时，到剧团看排戏。五时，约林汉标来谈到孤山子演出事。七时半，到剧团看排第五场，十时半归。

在孤山子发玮信。

二十一日 星期一 上午，看排第二场。下午，文化馆工作组同志送来关于文化馆的调查材料，粗粗看完一遍，又读了吉林省《简报》第　期①《一个富农的坦白书》。三点，上街买了一双凉鞋。三点半，到剧团听演员个别排唱。晚，到剧场看试景、试光、试服装，及初步合成。十一时回。

二十二日 星期二 上午，看联排第四场。下午，继续。晚，看联排第五场，十时半回。

团扩大党委会明日开会，今日报到。下午，马绩、邵宇等

---

① 原文如此——编者注

都来了。

二十三日　星期三　上午，大会听传达东北局袁泊生书记三省社教工作会议上的总结和省委组织工作会议上俞平同志"党不管党"的讲话。下午，参加孤山子片小组。四时半，到剧场看排戏。晚，看彩排至一时半。

二十四日　星期四　上午，参加小组会。十时半，看排戏。下午，大会发言。晚，《山花红似火》正式彩排，请工作团及参加会的同志看戏，大家看得很认真，始终注意集中，十一时一刻散。

二十五日　星期五　上午，大会发言，会议上午结束。下午，团党委开扩大会，讨论总结问题。在会议空隙中听取各方对于戏的意见。晚，到工作团办公室去参加小座谈会，听取他们对戏的意见。综括今日听到的各方意见大致有：1.党的领导不明确，"李振国"应作为党的领导出现。2.对中农的态度太凶，是斗争，不好，中农的两面性也只表现了一面。3.诉单干之苦不好，因为这究竟是在新社会。十时过，从团部归。

二十六日　星期六　上午，到剧团与郭、林谈剧本修改及如何继续排演，并与剧团支书研究好了日程。十时，到工作团找冯骥，一面征求他的意见，一面向他汇报修改及演出计划。他同意先作初步修改演出，然后再大改。下午，读从冯骥处取来的许多先进人物材料——都是学习毛著积极分子大会的材料。晚，与郭亮散步，后至剧场看拍化妆照，并与演员合影。十时半寝。

二十七日　星期日　今日吃两顿饭。八时前，洗衣。早餐后，给玮写信，送衬衫到成衣店去修理。到剧团了解汉标改剧本的情况。十二时半，吕剧团作曲刘名高、演员赵东梅随汉标来，研究新改唱词的谱曲问题。三时，晚餐。饭后到剧团听谱出的新曲，与郭亮谈大改剧本的想法。晚，休息。

发玮信。

二十八日　星期一　上午，拟一大改剧本计划交汉标等研究。下午，读学习毛主席著作积极分子大会的材料。看排戏。晚，看排戏至十时半。

二十九日　星期二　上午，拜望乡委，请他们看今晚彩排。写大字报，表扬服务员。下午，因连日疲甚，休息。晚，陪县委常委同志看彩排，排后座谈至一时，一时半归寝。

三十日　星期三　（孤山子）早餐后，上剧团向郭亮、汉标嘱咐数句，即回招待所收拾行李，送大字报。八时，乘小吉普返孤山子，九时半到。稍事休息，整理。下午，与黄咸平、刘孝文、李淑芳谈西大队最近情况，上工作队部看老安等。晚，参加十队砖窑出窑。九时半寝。

收到晏甬、郭汉城信。

七月

一日　星期四　上午，到十一队参加苞米、黄豆的三类苗追肥，肥追的是氨水，气味重，刺激眼鼻。下午，拟就一个参加社教的思想总结提纲。晚，散步、休息。

二日　星期五　上午，洗澡，洗衣。下午，给舒模、子丰、汉城、俞琳，分写两信。给柳河林汉标打一电话问演出情况及来孤山子日期。傍晚，大雨，夜无灯。九时半寝。

三日　星期六　上午，参加工作组全体会，并听取了复查汇报。下午，参加十四队拔葱。晚，九时半休息。
　　收到玮信。汉标信。

四日　星期日　上午，看文件，填写王玉田入党谈话人意见。下午，马绩来谈总结等问题。晚，休息九时半寝。今天整日雨。

五日　星期一　上午，开工作队党委扩大会。谈复查撤点。下午，续开至三时。林汉标自柳河回，与马绩同志看他。四时，林与剧团人来谈演出事。看黄海纯剧本。晚，与×××谈话，批评他生活作风事。十时寝。

六日　星期二　上午，西街工作组开全体会及包队组长会布置复查。十时半，到西校与小仓、何为、马绩研究文化工作调查的写法。下午，清理文件。与工作队派来的西街复查人员开会谈情况。晚饭后，到医院看西街包队组长汪喜天病。与黄海纯散步谈剧本，至八时。九时半寝。
　　收到舒模信，谈下次参加社教人员名单事。

七日　星期三　上午,抄录东北局关于几个政策的文件,至午未毕。下午,续抄。三时半,柳河剧团团长来谈要留郭亮、林汉标、何重礼继续帮忙加工此戏,参加省会演事。晚,与马绩谈下次参加社教的名单。

　　发郭汗城、俞琳信。

八日　星期四　上午,参加队党委会,研究各生产队漏划、错划"四类分子"事。下午,续开,讨论各大队新党员入党申请。给默涵写信。剧团大队人马今日到达,到戏院去看他们。晚,陪孙幼民等看《山花红似火》。

　　发舒模信,谈下批进点问题。
　　发默涵信谈大学生锻炼问题。

九日　星期五　上午,北京艺术局叶枫来电话调人,并询问归期。与马绩拟定抽人计划。下午,西街工作组开会复查汇报。叶枫四时又来电话。晚,到剧场与郭亮、林汉标讨论修改剧本方案。十时归。

十日　星期六　上午,洗澡,洗衣,给黄咸平等写条幅。下午,工作队党委开会,讨论工作总结和孙幼民鉴定。晚,与郭亮、林汉标研究《山花红似火》调换演员事。修改剧本第二场,未完。

十一日　星期日　上午,七时,开支委会,谈日程。九时,开全队工作队员会,动员作总结。下午,写思想总结未成,黄咸平、左臣良来谈至六时。晚,工作队全体看戏,看至第四场。归遇雨。

十二日　星期一　上午,队党委鉴定,也给我做了。下午,西街工作组全体照相。五时,继续鉴定。晚饭后,继续。八时,收拾行李。十时睡。

十三日　星期二　(柳河)　上午,继续收拾行李,景俊海、王太福、石长生相帮。看李小仓、何为送来文化调查稿,未完。十时,房东强请吃饭,吃面片一碗,与大甸子工作队几位同志乘车赴柳河。十一时半到,即午睡。二时起,上街吃凉面一碗。看完文化调查稿,写出修改意见。晚七时半,到空军基地看《我国第一颗原子弹爆炸成功》电影。给孤山子房东张铁匠写感谢信,并给黄咸平等写信。十一时睡。

十四日　星期三　上午,给玮写信,给郭亮等三人写信。雷鸣玉、冯骥召集大家谈日程。与马绩谈回京事。下午,写思想总结,得三千字。晚,与邵宇同看旅大市盲人曲艺团表演。十时过睡。发玮信。
　　托马绩带回黄咸平、郭亮、房东三信。

十五日　星期四　上午,团党委开会,听取对于总结的意见,我也发了言。下午,继续开至四时半。五时半,与邵宇、王程远、李明、胡绍祖同赴集安参观。八时四十,到通化留宿,姜卓等来接。晚饭后,通化专区吉剧团的同志来,谈他们的新剧本。

十时睡。

十六日 星期五　早，发车去集安。上午，十一时后到。车上听通化吉剧团同志念剧本并提意见。午餐休息后，二时，乘汽车出发往云峰水库，同行者邵宇、胡绍祖、李明、王程远，山路崎岖，四时过始到。稍事休息后，即参观大坝、进水洞口、厂房及出水闸门等，七时完。晚，宿云峰。九时，早睡。

十七日 星期六　晨，五时起，出发返集安，大雨。六时到，雨亦止。早餐后稍休息。七时，参观陈列馆，有高句丽时代古物。继看第五号五盔坟，内有高句丽时代壁画（相当于南北朝时期），继看好太王碑及将军坟，后者相当于三国时代。十时，在鸭绿江游泳。午餐后，午睡至一时，即乘一时五十五分车返通化，在通化又参观了葡萄酒厂。到宾馆晚餐。七时五十分，出发车站，江卓等送站。晚十一时半，到柳河。

十八日 星期日　晨，八时，自柳河出发赴京，同行邵宇，送站冯骥、雷鸣玉、刘影长、张万峰等。在车上与我院回京大队会合。下午，四时，到沈阳，候车三小时，八时二十五分换乘21次快车赴京。上车后十时睡。从孤山子带来安谷信。

十九日 星期一　北京　晨，七时余到京，干部司、艺术局及本院人来接。安谷、小果、小珍亦来。到家洗澡，休息。张玮中午回，饭后休息。四时，艺术局叶枫、夏圭、黎舟来，谈今年京剧会演事，约一刻钟即去。五时，与玮带小果上王府井，修表，配眼镜，在和平餐厅吃晚饭。九时归，家人共吃西瓜。十时过睡。

二十日　星期二　上午，桂林、舒模、马绩来，谈家中工作情况。十时，到北京医院补牙，照X光像（胸部），及做其他检查。下午，看基层文化调查定稿。晚，郭汉城、俞琳、马绩来，谈今年下半年工作，文化部全国京剧会演等情况。十时睡。

二十一日　星期三　晨，上北京医院取血，送大便检验。上午，开院党委会，谈下次参加"四清"人选，及下半年院工作的安排。下午，读汉城等集体写的批判《谢瑶环》的文章。晚，与安谷、小果、小珍到北海划船，九时半归。

今晚觉感冒，服羚翘解毒四丸。

二十二日　星期四　上午，感冒更剧，到七条口医院看中医，取汤药二剂。九时半，谭春发来，谈他的中篇小说。十时，到图书馆取八个月来代为购置的书，回家清书架。下午，清理八个月来的信件。四时半，到明星影院看电影《第28届世界乒乓球锦标赛》下集。毕，到人民市场一转，六时半回。晚，休息。

今日服汤药二次。

收到孤山子黄咸平等五人来信。

二十三日　星期五　上午，将思想总结写完。下午，到医院补牙，上王府井买扇及草帽。感疲劳。晚，休息。夜发热至38.2℃。

今日服汤药二次。

1965 年

二十四日　星期六　晨，热未退。早点后，到北大医院看病。十时，林汉标来，谈柳河排戏情况，送来改好的剧本。下午，吃药，休息。晚，老季来，马绩来，刘厚生、郭汉城、司空谷、刘珂理来，谈评论工作，九时半去。十一时寝。

二十五日　星期日　上午，雨，给玮念我的思想总结，并听玮谈她的剧本。下午，与玮上人民市场，买一旅行袋及雨衣一件，归时略感疲倦。晚，王琴来谈，要求郭亮早回。九时，休息。十时睡。

　　服药后，今日病势已轻。

二十六日　星期一　早，七时，到北京医院镶牙。八时半，到文化部听念文件。十时，到艺术局与周巍峙谈话，询问京剧会演安排情况等。下午，孤山子工作队开支部大会，讨论转正及吸收新党员事。晚，参加院组织的欢迎晚会，至九时余。回家早睡。

二十七日　星期二　上午，最后修改思想总结。给郭亮写信，希望他早回。送总结去打印。下午，到北京医院看罗合如，取表，送玮表去修，取玮相。晚，马绩来，谈院工作，并同至汉城家续谈十时回。浴后，躺下看杂谈至十二时，久不成寐。

　　发郭亮信。
　　收张凯荣信（自通化）。

二十八日　星期三　上午，与汉城同到剧协看戏剧报的同志，并和刘厚生谈评论组问题。下午,叶枫来,谈参加会演工作的我院人名单。晚,马绩来谈。因疲倦九时半上床。

二十九日　星期四　早,给黄咸平、张凯荣写信。上午,到院办公,与马绩谈工作布置。十二时,与默涵通电话,约谈,他说,到广州再谈。下午,上医院治牙,到王府井买汗衫一件。俞琳来,谈人员情况。晚,休息。

三十日　星期五　上午,开全院大会,宣布下半年工作,并做动员。十时,听张为汇报东北京剧会演情况。打电报给广州赵寻谈赴穗日期。下午,听俞琳汇报华东会演情况。四时,与马绩、黄叶绿、马少波同去长辛店坦克学校看实验剧团演出《战斗的南方》,十一时半回城。今日大热,汗流浃背。

给黄咸平等及张凯荣发信。

三十一日　星期六　上午,俞琳、何为来,谈《戏曲史》工作。八时,校印好的思想总结。九时,参加《戏曲史》室会,作动员。十一时,到北京医院治牙。下午,休息。晚,胡斌、冯霞等来谈,十时去。

八月

一日　星期日　天雨。上午,在家清行李。十一时,与全家到四川饭店吃饭,玮与老季十二时半才来,吃至两点。回家休息。晚饭后,继续收拾行李至十时。

1965 年

二日　星期一　广州　晨，六时半与汉城同车赴飞机场，小果送行。7:20起飞。10时，到杭州。11时，续飞。下午，1:35到广州，有韦启玄、魏子坦来接，住羊城饭店429。下午，三时，前去列席中南局常委扩大会议，讨论文艺工作。见周立波，赵寻同往。晚，与汉城研究我院人员问题。洗澡，洗衣，十时半睡。

三日　星期二　上、下午，继续列席中南局会议。下午，会后，到永汉北路精益配眼镜。晚，在军区礼堂看广州部队战士歌剧团演三个小戏：《飒爽英姿》《在风浪中》《红松店》。最后一戏剧作者张永权，创造了两个平凡工作中的英雄人物，甚有新鲜感。十时半归寝。

四日　星期三　整日仍列席会。中午，到飞机场接默涵同志，贺敬之与同机来。下午，会上听陶铸同志发言。晚，与汉城、张立云同至××戏院看湖北楚剧团《海英》(由小说《军队的女儿》改编)，此剧前后两截，有些不连，全剧只写了一个海英，其余的人比较单薄。

五日　星期四　上午，到郊外一礼堂看豫剧三团演李准、杨兰春新戏《杏花营》。此剧写河南抗旱故事，前半戏新鲜感人，后半略松，总起来说是好戏。看完座谈至一时。下午，陶铸同志来看默涵，我和赵寻、贺敬之也去和他见面，后又同去参观新建的"友谊剧场"，及到"兰圃"小座，六时归。晚，随同默涵同志去看《勇往直前》，并座谈至十一时。此剧写硬骨头六连练兵故事，比较枯燥。

六日　星期五　上午，看湖北演出的话剧《春雨》、沪剧《借牛》、楚剧《双教子》。三戏都很新鲜、细致，《借牛》是李罗克等几个老演员演的，表演纯熟，尺寸准确，但题材与人物塑造均较旧。下午，湖北巴南岗、沈云阶等来，共谈《海英》的修改意见。五时半，向林路、龚和德、颜长珂、简慧、黄克保及汉城传达陶铸同志在中南局常委会上的讲话。晚，到迎宾馆看湖南工人文化团演出《一抓就灵》，这是一个争论很大的剧目，正面反映工厂四清运动。演毕座谈时，默涵意见大致如下：批评干部甚至重要干部的题材是可以写的，这戏不是毒草。但：一，对长征干部观众有爱护尊敬的感情，要照顾这种感情；二，对犯错误的干部批评太轻描淡写，要写干部犯错误，一定要有深刻严肃批评，否则不能起教育作用；三，正面人物无力量，越是要写有错误的干部，就越要有力地树立正面人物。十一时半，谈毕。

林路等五人是五日到的，带来了马绩的信。

七日　星期六　上午，与赵寻谈研究工作及评论工作问题，后来贺敬之也来参加。下午，与梁斌、颜长珂同志游泳。晚，看战士剧社话剧《红色工兵》。这是一个好戏，写出了集体的英雄形象，又突出写了几个人物，如指导员、副连长、副指导员等。十一时，座谈后，归寝。

八日　星期日　今日休息，与汉城及我院来的同志同去街上买物，未能买到，因均要布票、工业券等。下午，给玮和马绩各写一信。晚，与汉城谈院的工作至十时半。入浴后寝。

发玮及马绩信,航空。

九日　星期一　上午,看大会文件。下午,迁至七楼735,并听赵寻、沈容向默涵同志汇报大会思想情况。晚,在中山堂看《东方红》,演毕,参加陶铸同志接见港澳参观团。十一时,归寝。

十日　星期二　上午,在东乐戏院看《打牌坊》。这是一个争论很大的戏,但我看这既不是一株毒草,也并非在人物塑造上已臻成功之作。下午,河南冯纪汉及《打牌坊》作者等来,我、汉城、贺敬之和他们座谈了此剧。晚,在文化公园,看广西话剧《朝阳》,此剧写半工半读学校,题材新鲜,演出活泼。戏完,默涵发表意见至十二时。归寝十二时半。

今日取回新眼镜。

十一日　星期三　上午,在南方戏院看陈伯华的现代戏《太阳出山》,是演合作化时对新中农入社的态度问题,她演得这样很不容易。下午,读陶铸同志在这次会演中的几次讲话,重读林彪同志关于文艺问题的指示。晚,看湖南话剧团的《电闪雷鸣》。剧本很好,写工人中的资产阶级思想问题,比《千万不要忘记》写得深,导演水平较差,表演也不是上乘。十二归寝。

今日收到院里电汇来400元。

十二日　星期四　上午,在太平戏院看河南越调《扒瓜园》、曲剧《游乡》、京剧《传枪》等三个小戏,以《游乡》为最好。下午,看有关小戏座谈会的记录。晚,看红线女演《山乡风云》

（在东华戏院），传奇性很浓，红线女演得很认真，据说，这在粤剧中是空前地好。十二时归寝。

十三日 星期五 上午，在大光明戏院看琼剧《接绳上路》、广东汉剧《一袋麦种》、山歌剧（梅县）《彩虹》。三戏均平平，《一袋麦种》剧本较好。下午，林路来，汇报他们小组工作，并谈他个人思想问题。晚，在太平戏院看湖南花鼓戏《打铜锣》《补锅》，祁剧《送粮》等三个小戏。前两戏都是有争论的，实则没有什么问题。《打铜锣》一剧尤好，以喜剧手法对落后进行批评，演时，场内空气十分活跃；《送粮》一剧写第二次国内革命战争时故事，亦感动人，然艺术上较粗。十时过演毕，十时半归，十二时寝。

十四日 星期六 上午，休息，翻看会演中的小剧本。下午，在迎宾馆听默涵同志为会演部分同志新作的报告。晚，看潮剧《万山红》，在后勤礼堂，姚璇秋演主角，此剧甚平，但故事尚好，可以修改。十时半归，十一时半寝。

十五日 星期日 上午，在中山堂听陶铸同志闭幕式上做报告至一时。中午，红线女在南园请吃饭，默涵为主宾。还有赵寻、贺敬之。饭后，谈《山乡风云》至六时，又到羊城宾馆续谈。晚饭后，与赵寻同至田蔚家，谈约一小时；与田同来羊城参加谈剧本，直到十时半散。

十六日 星期一 七时，早餐。餐后，随默涵等同志出发游虎门，先到中南局与各宣部长会齐乘汽车经东莞，参观了"可园"（一处亭园），并在东莞午餐，小憩。四时许，到虎门沙角炮台，听讲林则徐抗英战争历史，参观了当时炮台、"节兵义坟"、纪念碑、销烟处，并乘船游海。归城已七时半，王匡请在迎宾馆吃饭。回宾馆已十时半，疲甚，即睡。

十七日 星期二 上午，读一些大会经验交流的资料，与汉城研究写"谈小戏"的提纲。给玮写信。下午，金汉川、闫金锷等来。六时，到杜埃家吃饭，主客默涵，在座除赵寻、贺敬之、我以外，尚有王运及广东汉剧的演员。七时半，到友谊剧场看林小群的《阿霞》，十时半毕。归寝十二时。

发玮信，航空。

十八日 星期三 上午，休息，读大字本《论艺术——没有地址的信》（三联版）。十一时，沈容来，谈小戏上北京的事，并同去泮溪，羊城晚报在那里请吃饭。二时归，稍休息即随默涵赴白云山"山庄旅舍"，陶铸同志请吃饭，豫剧三团的同志也来了，谈到六时，陶问了许多剧团的情况。饭后回城，休息。十时半早寝。

十九日 星期四 从化 上午，收拾行李预备出发从化。十时半，动身。十一时半过，到。这次同行的默涵、王匡、赵寻、郭汉城。下午，三时在流溪河中游泳。晚，随众人散步七八里，到默涵处闲谈至八时半。回来躺在床上读《没有地址的信》，至十时寝。

二十日　星期五　上午,和赵寻一道与默涵谈工作,主要谈的是剧协一些具体的工作。下午,游泳。晚,继续与默涵谈工作,谈研究院的任务、机构和领导关系问题,至十时半。回房躺床上看《没有地址的信》,到十一时寝。

二十一日　星期六　上午,到这里百货公司买蜂蜜,归续读《没有地址的信》。下午,汉城的文章已写出,动手改了一通。四时,与赵寻、汉城同游瀑布,照了几张相。晚,看电影,是几个短的科技片、动画片等。归续看《没有地址的信》,至十一时寝。

二十二日　星期日　广州　上午,九时,动身回广州。十时过,到。沈容来,谈小戏进京事。送走默涵、赵寻(回北京)。三时半,与汉城到越秀公园,和林路等一道散步,五时回。晚,太闷热,休息。十时半睡。

二十三日　星期一　长沙　上午,黄宁婴等三人来,听粤剧《阿霞》意见。十二时,与汉城同赴机场;十二时五十分,起飞赴长沙。二时十三分,到,即往文化局,随后住交际处。下午,休息。晚,胡清波、金汉川、闫金锷及副省长王同志来谈日程,九时半去。十时半寝。

二十四日　星期二　上午,立波、蒋牧良及省文联一女同志来,谈半小时。立波与我及汉城同游市区,文化局一同志带路,看了清水潭毛主席故居,第一师范毛主席纪念馆及船山学社,艺芳女校故地,还到储英园看了楚怡小学故地。下午,与汉城谈院的研究工作计划。晚,六时半,赴韶山,同行者汉城、《武汉晚报》副总编等同志,引路者文化局仇同志。八时半到,住韶山招待所。

上午,发与玮信。

二十五日 星期三 韶山 上午,参观主席故居及陈列馆,并到书店及小卖部购纪念物品,到邮局购一韶山明信片发给小果。下午,五时,到湘潭,住招待所,地委及市委宣传部长来谈剧目情况。地委书记来同吃晚饭。晚,看戏,市花鼓团的《遇亲》、专区湘剧团的《霞岭试枪》、县花鼓团的《长林哨口》、专区花鼓团的《渡口》,都是他们自己创作的,作者大都是业余作家。

长沙转告北京叶锋来电话,晚十一时回电话,未找到。

二十六日 星期四 湘潭 上午,参观湘潭电机厂。十时,与昨日几个戏的作者,导演和主要演员座谈,至一时。三时,动身赴南岳。五时,到半山亭,即往磨镜台找徐天贵、胡清波,并见了张平化同志。晚,宿半山亭招待所。

动身时发现包已遗失,内约有钱七十元及飞机票收据两张,未报失,免惊动主人。已找到,在长沙行李中未带去。

二十七日 星期五 南岳 上午,游南台寺、福严寺、磨镜台、麻姑桥等,福严寺有六朝陈时铜佛四尊,保存等完好。下午,乘车赴祝融峰。中途至藏经殿游览,此处有一原始森林,有许多十分少见的树木。五时,到顶峰,住上清寺招待所,并游了祝融庙、舍身崖、会仙桥等处。回住所已七时余。就寝已十时。

此次同游者除汉城外,有武汉晚报黎少岑,湖南文化局长胡清波。

二十八日　星期六　晨,五时起,摸黑上"观日台"看日出。六时,日始升。在一小时中,曙光变化多端,气象万千,惜山下有雾,日轮初出时,较平日为小。台上山风甚劲,人皆披棉衣。观日后,下台再睡一小时,始进早餐。餐毕,乘车下山。沿路看了狮子岩、观音岩、唐李泌故址——邺侯书院。下山至南岳市,又参观了南岳庙,建筑宏伟,一若帝王;又看了祝圣寺,云是五代时所建。在招待所吃饭休息,至二时半。乘车返长沙,途中行车二小时,抵长已五时过。仍住省人委招待所。七时半,到"红色剧院"看戏,为邵阳花鼓团所演,有《爱的不相同》《百花春》《真是对不住》等三个小喜剧,以后者为最好,第一最次,演毕后上台看了演员。归十时余,洗衣洗澡至十一时半寝。

收到玮信,是立波转来的。

二十九日　星期日　长沙　与汉城上街买物,到八角亭。十一时,回到宾馆,刘斐章来,又同至天心阁并再至八角亭买了夏布等。下午,三时,到湘剧团看彭俐宏等演《山花颂》。晚,七时半,仍至红色戏院看益阳花鼓剧团的《山乡巨变》,十时半毕。回宾馆与汉城谈连日来看的戏,准备明天座谈。十二时半寝。

三十日　星期一　上午,在宾馆与戏剧界二百余人座谈,我谈了喜剧反映内部矛盾和古老剧种演现代戏等两个问题,十一时毕。省文联和文化局请吃饭,省宣传部徐天贵同志及副省长王同志亦来，一点毕。休息半小时，即与汉城出发飞机场，立波、胡清波、金汉川送行。三时二十五分起飞，在武汉停一小时，郑州停半小时，于十时零五分抵京。李德元开车来接，十点半到家。就寝十二时。

三十一日　星期二　北京　上午，马绩、桂林来谈部召开政治工作会议及我院讨论情况，汉城亦参加。下午，马绩为我们传达周总理在电影工作会议上的讲话及肖望东同志在政工会议上的讲话等。晚，读颜金生同志在政工会议上的报告及会议简报、院讨论记录等。十二时睡。

九月

一日　星期三　上午，与俞琳谈《戏曲史》室的工作安排，读党内文件。下午，开党委会，传达了默涵对院的工作任务的指示，并结合部政治工作会议的精神进行了讨论。还讨论了郭×等人的错误如何进行批评的问题。晚，读党内文件，并重读了《改造我们的学习》一文，想从中求得如何制订我院工作计划的启发。十一时半睡。

二日　星期四　上午，与俞琳谈余从情况，准备找他谈话，支部已通过他入党了，继看余从材料。十时，到王府井修表，洗照片，买点心等。下午，开扩大常委会，讨论院加强政思想工作问题。晚，听林彪同志《人民战争胜利万岁》一文的广播至十一时十分。十一时半寝。

三日　星期五　上午，与汉城、达人谈各大区来北京汇报演出如何写文章事。读《像他那样生活》(记阮文追事)。下午，续开扩大常委会。晚，带小果与汉城同至文联看电影，一是《美国占领下的日本》，一是《人民战争胜利万岁》，九时毕。回家入浴后，继看记阮文追事。十一时半睡。

四日　星期六　上午，与俞琳、何为谈《戏曲史》室工作。十时半，与余从谈入党问题。下午，带小果、小珍到北海散步。晚，休息。

五日　星期日　上午，与玮带果、珍到人民市场买秋衣。下午，听玮念《阮文追》剧本。晚，与玮同上街，到王府井取相。七时半，到北京饭店参加欢送越南戏剧电影代表团酒会。九时回，早睡。

六日　星期一　上午，看郭亮档案材料。与安谷谈她实习的情形。下午，开扩大常委会，谈院的任务、工作安排等。晚，到二七剧场看实验剧团演出《节振国》。十时半，回家，即寝。

七日　星期二　上午，叶锋来，和马绩与他共谈院的任务与工作安排。下午，与郭亮谈话。五时半，带小果出外买物，散步。晚，读文化部整风文件，至十一时。

八日　星期三　上午，续开扩大常委会，讨论工作安排，今日开毕。下午，与俞琳谈《戏曲史》室工作。四时半，到王府井洗照片，买日用品等。七时归。晚，灯下练字。

九日 星期四 晨，雨，有寒意。上午，在家休息，读鲍山葵《美学三讲》，并作字二纸。下午，改党委扩大会讨论纪要。到北海阅古楼看三希堂碑。晚，到大众看《南方烈火》。此戏剧本前半甚抓人，后半稍差，结尾甚草草，评剧院一团演出比以前大有进步。

十日 星期五 上午，到文化部听周总理在电影工作会议上讲话的录音，这是为文化厅局长会议放的，会议组织不善，因扩大器及录音带未准备好，浪费了许多时间，结果还是念了记录。下午，三时，与汉城一道，并带小果到工人体育场去看第二届全运会开幕式的入场式及团体操预演。团体操《革命赞歌》，分七段：1.序幕；2.高举革命大旗；3.自力更生奋发图强；4.人民公社好；5.紧握手中枪；6.红色接班人；7.将革命进行到底（尾声）。演出一小时半，演时，在主席台对面看台上有人作的背景，要人手持各色硬板，时时变换，构成画幅，颇为新颖。五时毕。归甚疲倦。晚，从电视中看罗马尼亚杂技。十一时寝。

十一日 星期六 上午，到院检查评论组布置中南小戏评论工作情况，及戏曲音乐座谈会的计划，并听《戏曲史》组讨论情况。下午，到王府井买水果、点心。晚，与玮上街为自行车充气，散步至三条。十时半寝。

十二日 星期日 上午，雨，在家作字，并给通化黄威平等人写一信，寄去照片各一张。下午，带安谷、小果、小珍去参观体育运动成绩展览，人太多，进不去，乃带小珍至北海散步，四时归。晚，给胡清波写一信。

托俞赛珍发通化信。

十三日　星期一　上午，到文化部听肖望东同志为各省文化局长所做的文化工作方针任务的报告。下午，一时归。午睡后，看《十七帖》。四时，到院。五时，到默涵家谈院党委讨论他提出的三点任务的情况，并听他谈周扬同志对我院工作及领导关系的意见。七时归。镇日眼太不适。晚，从广播中听全运会消息。十一时寝。

十四日　星期二　上午，到剧协与赵寻、汉城等同志讨论写一关于小戏的研究性文章。十一时，与汉城、简慧同至大栅栏劳动部招待所看中南演出队。下午，三时，赴颐和园，与赵寻、汉城计论文章提纲，并在彼处澄怀阁住宿。

十五日　星期三　晨，自颐和园回城，到工人俱乐部看河南的《扒瓜园》《游乡》《斗书场》三个小戏。中午，赵寻请在湖北餐厅吃饭，有沈容、汉城、兰光。下午，在文化部听周扬同志给文化局长会议作的报告，至五时十五分，未完休会。晚，在青艺剧看湖南的《烘房飘香》《打铜锣》《补锅》等三个小戏。十时半归，入浴后寝。

十六日　星期四　上午，在大众剧场看湖北花鼓《双教子》、汉剧《借牛》、湖南祁剧《送粮》，三个戏均有进展，尤以前后二戏改进最显。下午，在文化部续听周扬同志报告。晚，在长安看彩调《三朵小红花》、广东汉剧《一袋麦种》、川歌剧《彩虹》。十一时归。

今日发信送出长沙胡清波、武汉黎少岑、长春胡绍祖、本京邵宇，照片。

十七日 星期五 上午，赵寻来，开会讨论在颐和园所拟文章内容，参加者汉城外，尚有林禄、龚和德、颜长珂、简慧、黄克保，谈至十二时。新华社两记者来谈中南小戏发消息问题，沈容继来，乃与赵寻和他们一道谈至一时。留赵、沈在家午饭，谈至二时去。下午，看小戏剪报材料。晚，续看，疲甚。十一时睡。

十八日 星期六 整日草拟与赵寻、汉城集体评中南小戏的文章中，关于表现形式的部分的提纲，下午，拟毕。晚餐前，俞琳来谈《戏曲史》室的研究选题。晚，带小珍散步至人民市场。归后休息。十二时寝。

十九日 星期日 整日写文章，上午，成三千字；下午，五时写毕，得四千五百字。疲甚。带小果散步至人民市场，六时半归。晚饭后休息。九时半，将文章复看一遍。

二十日 星期一 上午，与理论、史二室谈专题选题问题。文化部政治部来人谈我院党组织形式及成立政治工作组织问题。下午，向全院党员传达周扬、肖望东同志在文化局长会议上的报告。五时半，继续与理论室谈选题问题，汉城、马远亦在。晚，休息，看《十七帖》。十一时寝。

二十一日　星期二　上午，到北海散步。这些天来人挺疲乏，浑身疼痛，想来血压又在上升。十一时，回院，拟与理论室谈专题选题问题，未成。下午，小果老师来谈他的学习情况，约十五分钟。简慧来，送来中南小戏评论三篇，看后，有的略加修改送出。五时，看《十七帖》。晚，与马远到青艺看西北兰州部队演的小话剧《灵活处理》《球衣问题》《驾驶执照》《先别肯定》《刺刀见红》，十时半毕。归看电视乒乓球决赛。十一时寝，至三时尚未成眠。

二十二日　星期三　上午，到剧协主持湖南三个花鼓戏的座谈会。下午，三点半，到北京饭店，陶涛同志约谈中南小戏宣传工作，有赵寻、曹禺、李希凡及新华社的同志。晚，马绩来谈院中人事安排到十点半。

二十三日　星期四　上午，到北京展览馆听彭真同志在文化厅局长会议上的报告，谈整风、思想改造等问题。下午，开院党委扩大会，讨论并传达讨论政治工作会议的日程、院内机构、人事变动等问题。晚，休息。昨日买到《没有地址的信》大字本，继续阅读在广东未读完的部分。

　　收到黄威平自通化石湖公社来信。

二十四日 星期五 上午，写对彭真同志报告的感想，看张旭草书《古诗四帖》。下午，到王府井买物，购照相簿一本。晚，与小果一同整理照片。

二十五日 星期六 上午，读《没有地址的信》。下午，听陆定一同志在文化局长会议上的报告。晚，院党委扩大进行陆部长报告的座谈，至十一时。

二十六日 星期日 上午，带孩子们上街，买了些相角，回家后贴相。下午，带小果看运动成就展览，并到王府井买点心、水果。晚，看电视，贴相。在床上听国际时事广播至十一时半。

二十七日 星期一 昨晚五时即醒，晨起浑身发痛，乃出外散步至工人体育馆。十一时，与黄叶绿谈理论室专题。下午，参加理论室及《戏曲史》室政治工作会议精神传达的讨论。晚，读《人民日报》关于汉中歌剧团的报道及赵寻文。临《十七帖》。十一时睡。

收黎少岑、王太福信，赵寻文章。

二十八日 星期二 晨，散步至工人体育馆。上午，看汉城送来文章提纲，看龚和德短文，看《戏曲史》室送来专题拟题。下午，参加《戏曲史》室讨论政治工作。晚，沈容来电话询问对《斗书场》修改意见，读主席著作《重要的问题在善于学习》《实践论》两篇，临《十七帖》一纸。十一时半睡。

收胡绍祖信。

二十九日　星期三　上午，与马远参加艺术局召开的工作会，听戴碧湘传达默涵对工作的指示。十时归，听各组讨论政治工作的汇报。十二时，与马远、舒模研究工作部署，决定留下张为搞编辑工作。晚，写讲话提纲，准备给全院报告。

三十日　星期四　上午，参加四清工作总结会。下午，一时半，送汉城四清至东站。下午，三时开党委会，讨论我的报告，意见挺多。晚，休息。

十月

一日　星期五　上午，与家人从电视中看天安门进行。下午，贴照片。晚，与张玮步至东四看烟火。

二日　星期六　上午，老季来，在此吃饭。下午，与玮同上街，买了我的衬衫、罩衣布，路上遇陈颖。晚，独自在和平餐厅吃饭。七时半归，安谷回。八时，与马远谈总结工作问题。

三日　星期日　上午，全家上动物园，并在莫斯科餐厅吃饭。三时，回城。晚，到大众剧场看《阮文追》。十一时归寝。

四日　星期一　上午，与林绿谈做这次中南小戏评论工作总结的问题。与马远、舒模谈这段讨论的日程，及讨论中的思想问题。下午，续开党委扩大会，讨论院过去错误的性质等。晚，做饭。因韩娘摔伤了脚，不能动。饭后，看《文汇报》上海戏曲音乐座谈会记录。

五日 星期二 上午,黎舟来,与我、马远、舒模共谈我院的工作安排。十一时,《文汇报》吴闻等二人来,谈"戏曲音乐座谈会"的问题,我劝他们推迟一点。下午,开党委会,讨论今冬明春工作安排。晚,续看"上海记录"毕。

六日 星期三 上午,与俞琳谈《戏曲史》室专题。九时半,与林绿、简慧同到颐和园参加中南区小戏演员们游园,与曹禺一道和河南同志谈《斗书场》的修改。十二时半归。下午,四时陈颖来,谈她找对象的问题,同到和平餐厅晚餐。晚,七时半,马远、舒模来,谈马远关于政治工作的报告内容等,十一时去。

七日 星期四 上午,京剧院张东川等来,谈实验剧团交接问题,参加谈的有任、马及张冶、王彤等剧团负责人。下午,读报上《陈毅副总理在中外记者招待会上的谈话》。晚,写发言提纲(为在政治工作学习会全院总结会上用)。

八日 星期五 上午,与马远、舒模谈发言提纲。与三个研究生谈他们的学习。下午,参加全院大会,马远做政治工作会议学习总结及今后工作计划。晚,重写发言提纲。

九日 星期六 上午,八时,在全院会上讲话,并谈研究工作计划。十时,与张为到艺术局开编选现代革命剧的编委会,有剧协李之华、凤子及文学出版社同志参加。下午,到王府井买点心、水果等。晚，与孩子们同看电视，有阿尔巴尼亚人民军歌舞团表演。

十日 星期日 晨，马远、黎舟来，谈我院人员一日下分问题。上、下午，均研究汉城送来小戏论文提纲。晚，动手写文，得千余字。别人提纲，写来挺不得心应手。此文是应人民日报要求新写，由赵寻、汉城和我执笔，只因汉城去四清未写，赵亦去四清，交给了我。报社连日催逼，今始得工夫。晚，十一时上床。

收到武汉黎少岑寄来南岳照片七张。

十一日 星期一 整日写文，得六千余字。晚，七时，参加支部大会，选支干。八时，续写至十一时。

十二日 星期二 续写文，上午，十时毕，共八千余字。召集评论组同志念了一遍，提了些意见。下午，开党委会落实工作。晚，看林汉标、颜长珂为文学评论写的文章，并改给人民日报文。一时半寝。

十三日 星期三 上午，到二七剧场看甘肃省歌剧团演的《向阳川》，是个发扬共产主义风格支持受灾大队的戏，有些新的东西。下午，参加理论室剧目小组专题拟目讨论。晚，与玮到北京音乐厅听《沙家浜》清唱剧，很有启发，音乐气氛丰富。十时毕。

送出人民日报稿件。

十四日 星期四 上午，与理论、史两室共商落实研究专题。十时，修改李淑芳新拟今冬明春业务计划稿，并加进两室专题总成一文件，付打字。下午，二时半，到艺术局开会讨论工作计划落实问题。晚，看罗合如，谈一小时。灯下临《十七帖》二纸。复黎少岑信。

十五日 星期五 上午，开党委会听学习汇报。下午，到美术馆参观所藏彩画展览。晚，校人民日报送来文章，及看简慧为电影艺术写的文章。

十六日 星期六 整日在文化部听中央工作会议文件传达。上午，听计委所拟第三个五年计划草案，国务院关于农产品收购的文件，下午，是草案的说明，六时半散。晚，在工人俱乐部看海政文工团演的《赤道战鼓》。

十七日 星期日 上午，在家收拾衣服，做家务劳动等。下午，休息。晚，到后勤礼堂看新疆军区文工团话剧《喀剌昆仑颂》。

十八日 星期一 上午，到院督促史、论两室人员快提出专题计划的详细说明来。十时，到松竹园洗澡，理发。下午，二时，到部续听中央工作会议文件，有中组部关于提拔青年干部、妥善安排老干部，发展党员，农村整党等文件，六时毕。晚，到人民剧场看京剧院四团演《沙家浜》，演员未能摆脱行当框框，人物不生动活泼。十时一刻毕。

十九日　星期二　上午,到院与马远研究下午的党委会。修改在全院会上讲话记录并催两室专题。下午,开党委会,讨论学习全国厅局长会议文件等文。晚,看林汉标书面检查,读十四日《人民日报》转载解放军报社论《提倡唯物论,抓活思想》。

《富于时代特色的小喜剧》在《人民日报》上发表。

二十日　星期三　夜失眠。晨,起头痛。上午,到北海散步,到团城看四川手工艺展。下午,读《人民日报》关于印度尼西亚突然事变的报道。晚,到中国戏校礼堂看北京京剧团彩排《红岩》,戏有新的写法,江姐、许云峰等均不死,许云峰写得比较生动,但戏散,谭元寿演许云峰,比较好。收到长沙胡青坡、通化张凯荣信,发武汉黎少岑信。

二十一日　星期四　上午,与任桂林到市委开《红岩》座谈会,到会除京剧界外,有曹禺、李希凡等,开至十二时半。下午,理论室支部会讨论林汉表思想错误。晚,上人民市场买点心、用品等。九时半,躺在床上读《在宣传工作会议上的讲话》。十时半睡。

二十二日　星期五　上午,在余从入党志愿书上填写"谈话人意见"。越南同志武玉莲来谈半小时。整理今年第四季度及明年上半年研究专题计划草案。参加理论室会,谈专题问题。下午,二时,继续到理论室会上谈专题问题。看肖漪写的《向阳川》剧评,并与沈达人谈这篇评论的问题。四时,与玮到东安市场。五时,在五芳斋吃饭,七时回。晚,看电视中放演《椰林怒火》,

翻看杂志。十一时半上床。

二十三日　星期六　上午，上公园散步，读《在宣传工作会议上的讲话》，到王府井修表，买热水瓶。下午，到文化部听石西民同志传达中央工作会议上总结、彭真等同志讲话和主席的插话，还念了两个文件。晚，戏剧报刘厚生、刘乃崇、陈刚等同志来谈，八时去。与孩子们打扑克。电灯下读《文汇报》有关京剧音乐问题的文章。十一时睡。

二十四日　星期日　上午，与小果整理杂志。下午，带小果去王府井换热水瓶，因昨日买的漏水，五时半回。晚，补日记，念《剧本》增刊第三号。

二十五日　星期一　上午，到各室检查专题落实情况。下午，开行政办公会。晚，读《剧本》第五号。

二十六日　星期二　上午，到资料室查看资料分类情况。十时，到王府井买物，十一时回。下午，党委学习。晚，读《剧本》第五号中小戏。十一时半寝。

二十七日　星期三　上午，到资料室与李凯南谈她们的工作情况。交发工作计划草案及我在全体会上讲话稿。下午，到北海，读《人民日报》上《赤道战鼓》经验总结文。晚，到工人俱乐部看《水兵之歌》。是四个小歌剧，海政文工团演，有新鲜感，形式也新颖，音乐也还好，只是演员表演歌唱水平低，十时半回。

二十八日　星期四　上午，与理论、史两室同志谈资料工作问题；与马远商量参加文艺工作队人选及农村长期安点问题。下午，到艺术局开革命现代戏选百种编委会。晚，读西南会演中部分优秀小戏:《朋友之间》《赶队》《青春壮志》《向阳路上》《终身大事》。

二十九日　星期五　上午，到剧协主持《阮文追》座谈会。下午，改一在理论室会上谈下乡搞专题研究的讲话。晚，院欢送实验剧团并入京剧院，致欢送辞，参加晚会至十点。归打扫卫生间至十一时半。

三十日　星期六　上午，与马远研究资料室工作改进的问题。下午，听晏为做访越报告。晚，洗手绢，并继续打扫卫生间。

三十一日　星期日　上午，与玮上街买菜，做饭，安谷回，同吃午饭。下午，李萍、李儒兄弟来，与玮请他们在灶温晚餐。晚，与李萍同到二七剧场看西安话剧团演出黄悌创作的《车站新风》。写铁路运输中如何适应货运繁忙新形势的问题，题材新颖，思想、艺术都有一定水平，演出、表演也都不错。十时半归。

十一月

一日　星期一　上午，读《西南区话剧地方戏观摩演出大会会刊》中有关"误会法"争论的文章，及李大章关于这方面的结论。

下午，到院与黄叶绿谈下乡打前站事。到王府井买日用品。晚，到民族文化宫看甘肃的几个小歌剧，剧本都不很成熟。归读成都话剧团的剧本《柜台内外》。

二日　星期二　上午，开党委会，讨论各室思想情况。下午，党委会学习中央工作会议的精神。四时，民族音乐研究所李元庆、郭乃安来，交谈关于集体研究的经验至六时。晚，到人民剧场看甘肃省话剧团戏《教育新篇》，写耕读小学题材，甚好。

三日　星期三　上午，读《羊城晚报》10月29日上的文章《矛盾·前后·转变》，及成都市话剧团剧本《柜台内外》。下午，到美术展览馆看江西景德镇瓷展，及老挝、西藏图片。晚，到文化部看电影《65年国庆》《北京农业大丰收》《农业丰产》《工业生产》等片。十时归。

收到石长生、高俊海信，收羊城晚报约稿信。

四日　星期四　上午，在家读西南会演会刊中有关《柜台内外》的争论文章。与林汉表谈话。下午，续读至五时。上街做罩衫，并到王府井买水果点心等。晚，党委会开会学习中央工作会议文件，九时毕。回家读西南会演中贵州剧本《一家兵》。

五日　星期五　上午，读西南小戏《金钥匙》、部队小戏《关不住的小老虎》等。十时，收拾房间。十一时，续读。下午，到评论组小戏专题组开会，谈对下乡调查小戏反映的意见。四时，到资料室，听李凯南汇报她们讨论改进工作的情况，并提了些意见。晚，与玮到青艺看话剧《石油凯歌》。十时回。

六日　星期六　上午，看西南小戏《管得宽》，给胡绍祖及羊城晚报复信。下午，到院里还书。晚，看电视，放《夏伯阳》。读川剧剧本《激浪丹心》，未毕。发胡绍祖及羊城晚报信。

七日　星期日　上午，与玮带孩子们到中山公园看菊展。下午，到影协看戏曲电影：《金钥匙》《一颗红心》。前者是川剧弹腔；后者眉户调。晚，电视中看苏军红旗歌舞团的表演。

八日　星期一　上午，读中央文件、《激浪丹心》，到院与李文斌谈话，他要回通钢了，嘱咐几句。与史论两组约期谈提纲。下午，到部听政治工作会议总结。五时半，到王府井买物。晚，带小果散步至人民市场。灯下读文件至十一时。

九日　星期二　上午，清出一批有关人民内部矛盾的剧本预备阅读。下午，党委会学习。晚，开党、团、共产主义小组全体会。我谈了学毛著和时事问题。八时，回家读《文艺报》十月号有关小戏的文章及话剧本《比翼高飞》，后者未读完。

十日　星期三　上午，读《比翼高飞》毕。读毛主席《关于正确处理人民内部矛盾的问题》毕一节。下午，借来《文汇报》，读四版上以群评论西南会演的文章《人民内部矛盾与戏剧冲突》。其中说《比翼高飞》中的矛盾不属阶级斗争性质，这说法恐怕不准确。晚，续读《内矛》毕三节。读越剧《山花烂漫》毕二场。

十一日 星期四 上午,到理论室"内矛"专题组,听他们整理材料的汇报,并提出了一些意见。下午,看华东小剧本《两垅地》(吕剧)、《农家宝》(锡剧)。续看《山花烂漫》毕三场。晚,到影协看《两垅地》《农家宝》电影,平平,后者景较好。九时归,读今日《人民日报》上的《驳苏共新领导的所谓联合行动》。十时半寝。

十二日 星期五 上午,与玮到美术馆看藏画展及江西瓷展。在五芳斋吃饭。下午,到院与马远、晏甬谈派人去看四清同志们的问题。晚,读完《山花烂漫》,又读了《戏剧报》第二期上以群的《浅论关于戏剧冲突的规律》。十一时寝。

十三日 星期六 上午,九时,到部开会,是肖部长报告的,与各单位商量再抽几个人参加工作队,还谈了注重创作人才的培养问题。下午,院党委报告各室交流学习毛主席著作的经验。晚,看电视。

十四日 星期日 休息。上午,看张云溪为《戏剧报》写的《漫谈武戏》稿。清理未贴的相片。下午,到前门外大栅栏散步。

十五日 星期一 上午,到青艺听陈毅国际时事报告录音。下午,洗澡,理发。晚,到人民市场买墨盒、相册。七时,读《湖南文学》上的小说。收到安谷自包头来信。

十六日　星期二　上午，与达人等"内矛"组开会，听取他们汇报有关这方面的资料情况。下午，党委会学习，讨论领导工作中的一些思想方法问题，并看了下去同志的来信。晚，《文汇报》吴闻来，询问对姚文元《评新编历史剧〈海瑞罢官〉》的意见，我因未看，故未置答，吴走后找到姚文看了。十一时半寝。

十七日　星期三　上午，听李小仓等谈"批判传统剧目"的提纲，提了些意见。十一时半，找李凯南、戴淑娟了解资料室工作改进情况。下午，给黄叶绿、林绿写信。四时半，到王府井买点心等。晚，给龚和德、郭汉城写信，看文件。从电视中看中日青年大联欢电影。

十八日　星期四　上午，读《人欢马叫》（豫剧）。下午，读《平凡的岗位》（贵州花灯戏）。晚，给安谷写信，并作字数纸。

　　发衡山黄叶绿、林县林绿、芜湖龚和德、扬州郭汉城信。

十九日　星期五　上午，读锡剧《红花曲》。下午，到中宣部开会，默涵同志召集各协及有关单位汇报评论工作，最后他谈了对评论工作意见，会议后谈了我院工作，七时半散。晚，读《宝晋斋法帖》中二五书，至十时半。

　　发安谷信。

二十日　星期六　上午，内矛组讨论一些剧目中的问题。下午，内矛组拟讨论提纲，均参加。晚，带小珍到戏校看四个小戏：《追蛋》《五岔口》《就是他》《风雷渡》，以后两戏较好。

二十一日　星期日　上午,杨德勋自徐州来谈他们剧团情况。十时半,与玮带孩子们到和平餐厅午餐,为玮三十九生日纪念,二时归。下午,休息。晚,读西南会演中的《比翼高飞》等创作经验,读《雷锋》电影剧本。

二十二日　星期一　上午,读《人民日报》上的两篇文章:李希凡的《历史的要求,历史的见证》和王金凤的《红火照亮了前进的道路》。下午,向党委会传达默涵关于评论工作的讲话,并由党委会作了讨论,提出了对于我院原来工作的调整意见,并成立评论工作领导小组。晚,到人民剧场看京剧院移植中南的小戏《双教子》《补锅》《送粮》。十时寝。

二十三日　星期二　上午,参加历史室"时装戏"专题开会,听读提纲并做了讨论。下午,党委会学习。晚,仍在人民剧场看京剧院演小戏《烘房飘香》《打铜锣》《彩虹》。

二十四日　星期三　上午,参加论室"内矛"组讨论。下午,看《新建设》十月号上翁偶虹评《游乡》文,看小戏剧本《小站内外》。四时半,上王府井为小果买棉裤及水果、点心等。晚,到青艺剧院看山东吕剧院演《沂河两岸》,十时一刻毕。

二十五日　星期四　上午,开评论工作领导小组会,初步定出研究题目。下午,为《新建设》写关于中南小戏的文章一篇并提了意见。晚,电视中看转播天津曲艺及京剧《风雷渡》。

二十六日　星期五　整日参加内矛组讨论，晚九时半毕。收到汉城信。

二十七日　星期六　上午，到文改会礼堂听周巍峙报告访法见闻。下午，院党委报告学习毛著经验交流会。晚，电视中看电影《秘密图纸》。

二十八日　星期日　上午，到青艺看山东三个小戏：柳子戏《三回船》、莱芜梆子《送猪记》、吕剧《两垅地》。下午，四时，在四楼看京剧《惠嫂》一场响排、五场走场。晚，从电视中看中日男女排球赛。

二十九日　星期一　上午，到院检查各专题进行情况，读《南方日报》所刊王琢《没有矛盾冲突就没有戏》一文。十时整，到松竹园洗澡。下午，听萧晴等汇报《〈红灯记〉音乐经验总结》专题情况，谈了些意见。晚，贴剪报，读《新人新作选》。十时整寝。

三十日　星期二　上午，听内矛组谈提纲，和《电影艺术》的同志谈开戏曲电影座谈会问题。十一时，到朝阳医院查血压，取东西。下午，党委会学习。看河南、湖南两小戏组来信。晚，看《文汇报》上关于姚文元评吴晗《海瑞罢官》的意见。读《海瑞罢官》剧本，未完。

十二月

一日　星期三　上午，听内矛组谈修改后的提纲。下午，参加学习毛著经验交谈会。晚，读《时装新戏》论文，签署意见。读完《海瑞》剧本及《文汇报》上评姚文元的文章。

安谷来信。

二日　星期四　上午，参加剧协召开的各大区会演情况交流讨论会。下午，听晏甬传达周扬同志在全国青年业余作者会议上的报告。晚，与俞琳谈《戏曲史》室调整安排。到影协看戏曲电影《打铜锣》《补锅》。

三日　星期五　上午，读《传统剧目批判》论文初稿。十一时整，上街修箱子，一直跑到人民市场，出了一身大汗。下午，到影协开戏曲电影座谈会，五时半完。晚，读《新人新作选》。

四日　星期六　上午，参加史室会，谈对两个写成的专题文章的意见。下午，清行李，到人民市场取箱子。晚，继续清行李。九时整寝。

五日　星期日　晨，六时，出发赶去机场，七时十分起飞，经郑州在武汉午餐。下午，一点五十五分，于微雨中到长沙，胡青坡、颜长珂来接。住交际处，106室，入浴后，睡约一小时。

四时余，黄叶绿、林绿来谈情况及日程，五时半去。晚，七时，湖南、河南及小龚、荣淑庄均来，谈了些各组情况，我也谈了院里情况，八时整走。

六日　星期一　晨，起读《实践论》。整日到①剧院与三个下乡组开会，先听河南组汇报。下午，闫金锷来谈一刻钟走。晚，上街买水果。听广播至九时，入浴。

七日　星期二　晨，六时起，读《实践论》。整日听湖南组汇报。晚餐后，出外散步。六时半，与黄叶绿、林绿谈下段会议开法，至九时半。读《中国共产党在民族战争中的地位》至十时半。

晚，王方之等花鼓剧团同志来，因出外散步未遇。

八日　星期三　上午，听舞美组汇报。下午，向三组全体传达林默涵关于评论工作的讲话、文化部三个月工作的安排及我院关于京剧革命现代戏的创作经验专题研究计划，传达后进行了讨论，确定了三个组共同写一篇文章《革命现代戏如何上山下乡》。晚，七时，铁可、刘斐章及文化局一女同志来，谈他们创作演习会情况，九时整。读他们留下的剧本《双喜临门》。十时寝。

九日　星期四　晨起，读昨日留下的剧本《磨刀记》。上午，为创作讲习会准备一讲话提纲，主旨是写人民内部矛盾的经验。

---

① 原文如此——编者注

下午，刘斐章同至文联，为讲习会做报告，五时毕。晚，休息，听广播，读《湖南日报》上关于艮湖大队的通讯。九时，入浴。

十日　星期五　上、下午，均开会讨论上山下乡文章的提纲。三时，立波来，谈约半小时去。五时，长沙市文化局长戴伯淳，市文化馆长张诚生来，邀明日去看业余会演。晚，胡青坡、刘斐章来，邀看电影《黄沙绿浪》，还看了打沉敌船的新闻片。九时四十分回。

十一日　星期六　早餐后，出外散步。上、下午仍开会。五时半，胡青坡、刘斐章、铁可、闫金锷、蒋燕（作协秘书）邀在李合盛吃饭。饭后，到少年文化宫，看长沙市业余文艺会演节目，十时半毕。

十二日　星期日　上午，上街购物，并在奇珍阁吃饭。从黄兴路步至南门口，乘公共汽车回寓所已一点半。午睡至三时，王方之来谈五时去。龚和德送信来。清行李。晚，铁可来邀去至少年宫看业余文化会演。十时半回，继续清行李。十一时寝。

十三日　星期一　上午，八时半，出发赶往机场，胡青坡来送行。九时半，起飞。十时十分到武汉，吃中饭。二时十五分到郑州，四时十分到北京。回城五时，马远来谈片刻。晚饭后，清行李，读近日来《参考消息》至十时二十分。

十四日　星期二　上午，到院向论史两室了解这段时间中的工作大概。到会计室算了出差时的钱。十一时，到俞赛珍处取了这几天的来信、书报等。十一时，到阜外医院拔牙。下午，与马远同到革命博物馆看学习毛著经验交谈的展览准备工作。回家读新来的中央文件。晚，读文件及艾思奇《关于学习毛主席四篇哲学论文的报告》，艾文甚长，只读了一节。

十五日　星期三　上午，到院与萧晴谈京剧音乐专题的安排，与舒模谈在长沙开会的情况及京剧音乐专题问题。回家后，晏甬来，谈最近艺术局对院里工作和人员调动的意见。下午，读十二月号《人民文学》，理发。晚，南柳周明山来院，陪他谈了一个钟头。与马远谈至九时半。续读《人民文学》至十时半。

十六日　星期四　上午，读报纸上发表的有关海瑞争论的文章。十一时，到图书馆借《海瑞集》并看了入藏我院的梅兰芳藏曲。下午，与桂林谈去长沙情形。晚，周明山来我院报告，主持会至十时半。

十七日　星期五　读报纸有关海瑞及内矛文章。下午，与戏剧出版社谈我院明年出书事。到人民市场买帽子未成，买1966年日历归。晚，到民族文化宫看中央歌剧院新排《阿依古丽》。编剧不错，语言是散文形式，听来很别扭，音乐还好，新疆的同志说，哈萨克味道太少，总的来说还是好的。

十八日　星期六　上午，读《光明日报》上有关海瑞讨论文章及海瑞《治安疏》。《北京日报》徐琮来约稿。下午，广东粤剧院罗品超等来,他们是来京公演《山乡风云》的。三时半,到美术陈列馆看海军美展。晚,翻看在长沙买的《能改斋漫录》,至十一时。

十九日 星期日 上午,安谷、小珍回,老季也来,全体包饺子。下午,中国书店来人询问购买古旧书的要求,二十分钟去。到王府井买水果等,购《古史新探》(杨宽著)一册归。晚,读《内部参考》等文件至十时。

二十日 星期一 上午,读《关于学习毛主席的四篇哲学论文的报告》。十时,到院,检查各专题进行情形。下午,读《海瑞集》。三时,仍至院安排为粤剧《山乡风云》写评。散步至东四,买水果。晚,贺敬之来为《人民日报》了解我院专题。读《内部参考》等文件并《明史·海瑞本传》及李卓吾《海瑞传》等,至十一时。

二十一日 星期二 上午,读《哲学论文报告》。下午,听传达部学习毛著交谈会的报告。晚,读《内部参考》及中央文件等。

二十二日 星期三 整日修改达人送来论内矛文章,及史室论海瑞罢官文章。四时,到院,向两室同志谈文章意见。今日改文疲甚,晚休息,作字数纸。十一时余睡。

二十三日 星期四 上午,读完《哲学论文报告》。下午,开院党委会,讨论学习、讨论海瑞等。晚,与马远、晏甬、张为同至农业展览馆参观"大寨"式农业展览会。九时半回。

二十四日　星期五　上午，读几篇吴晗论历史人物评价的文章。十一时，到院，最后看了沈达人修改出来的《内矛》①论文。并与马远、俞琳、李书芳、董润生商量了讨论《海瑞罢官》的日程。下午，到剧协主持粤剧《山乡风云》座谈会。六时，到广东酒家为剧协请粤剧团同志作陪，九时毕。回家翻看今日报纸至十时。

二十五日　星期六　上午，做全院学校《海瑞罢官》问题动员报告，看蒲城姜永泰来信及谈话记录。下午，带小果到松竹园洗澡；带小珍到王府井买点心、水果等。晚，翻看有关海瑞争论文章，作字二纸。十一时寝。

二十六日　星期日　上午，九时，索立波来，谈至十时去，谈最近主席对文艺的意见说，关于集体创作或创作集体，主席不赞成这种说法，他主张：一、创作为集体，即要有为工农兵目标；二、作家要有民主作风，即能听群众意见。主席说：林彪同志"三结合"的意见即是创作上民主的意见。关于学习传统与西洋，主席说，生活是唯一源泉，古今中外都是流，为了表现生活，流可以借鉴，不是都不要，是可以批判地用。索走后，即带小果、小珍去美术展览馆看《收租院》、第九届影展等展览。下午，作字一幅。看邓兴器送来评京剧院移植的小戏。晚，黎舟来谈至十时。

---

① 此处《内矛》指代沈达人送来论内矛文章，下同——编者注

1965 年

今日略有感冒，晚服橘红丸一丸。

二十七日　星期一　上午，开党委会，讨论四清工作同志的安排。下午，感冒甚不适，休息。晚，刘厚生、刘乃崇、陈刚来，谈《戏剧报》约稿事，七时去。读《北京日报》发表的吴晗自我批评文章，未完。十时半睡。今日服朴热息痛药四片，晚服橘红丸。

人民日报送来《社会主义戏剧光荣使命》（即内矛研究稿）小样十份，已分送各党委。并给戏剧报一份。

二十八日　星期二　上午，看完剧目室写的评《山乡风云》一稿。十时，听艾小朴、宋德扬汇报到越南下部队生活的情况。下午，读《外国戏剧资料》第四期。与马远谈明年一部分人的工作安排。看乌兰牧骑彩排。晚，简慧来念她的评戏曲电影的文章。黎新送来《时装戏》论文，阅至十一时毕。

今日感冒仍未痊愈。

二十九日　星期三　上午，九时，在中宣部教育楼参加艺术局召集的关于今年总结明年计划的会议，默涵最后讲了话，直至二时才散。下午，二时半，在院开《海瑞罢官》讨论会。晚，读史室写的评《海瑞罢官》论文，十时毕。

三十日　星期四　上午，到院与马远谈培养接班人问题与史室谈海瑞论文意见。十一时，上街买水果。下午，二时，续开海瑞罢官讨论会。晚，读《人民日报》方求《〈海瑞罢官〉代表一种什么社会思潮？》文。晚，休息。翻读杜甫诗。

三十一日 星期五 上午,参加讨论晏甬《马江战斗》剧本提纲。下午,主持院新年团拜。四时,与玮到王府井存钱、买物,并在和平餐所吃饭。八时归。

1966

一九六六年

一月

一日　星期六　上午，九时，才起床，打扫房间。安谷回来。十一时半，全家共吃午饭。下午，三时，与玮步至俞大缜家，她已能起立行走，她的女婿曾宪滌也在，闲谈至五时归。全家共包馄饨。饭后，听张玮念她们院里写的四个小剧本。十一时睡。

二日　星期日　上午，与玮共念周扬同志在全国青年业余文学创作积极分子大会上的讲话，未毕。索立波来，带来他们军区写的一个歌剧剧本，叫提意见，十一时四十五分去。下午，二时，补日记。三时，与玮及老季上王府井为玮做裤，又到前门外珠市口，买茶杯。五时半回。晚，作字三纸，翻读李白及汉魏六朝诗至十时半。

三日　星期一　今日开始上班。上午，到院与马远谈下午的会议；向史、论二室询问专题征求意见情况；看河南回来的同志们。下午，开办公会。晚，看党内文件及《文史》第四期，至十一时四十五分。

四日　星期二　上午，读刘大年《中国近代史诸问题》中《回答日本历史学者的问题》《论康熙》两篇。下午，开干部学习会，讨论戏剧反映内矛。晚，读《文史》第二辑。

五日 星期三 上午,到文化部听念外事文件。十一时,到院看完史室评吴晗文,与俞赛珍谈导演讲习会计划。下午,甚疲,作字二纸,出外散步。晚,到工人俱乐部看空政文工团演《长山火海》,十一时归。

六日 星期四 上午,到部听肖望东同志为组织工作会议所做的报告。下午,到院与黄叶绿、沈达人等研究工作。晚,听学习毛主席思想交流会上发言的录音。十时半睡。

给冯骥写一信。

七日 星期五 上午,读杨宽《古史新探》。中午,带小果到松竹园洗澡。下午,开党委会讨论备战问题。晚,续读《古史新探》,至十时半。

八日 星期六 上午,听去湖南、河南蹲点的同志汇报。下午,继续至四时,带小果上街买水果。晚,继续听汇报至十时。

九日 星期日 上午,八时,索立波来谈半小时去。读《古史新探》,并打扫房间,擦玻璃。下午,读《新探》,与玮带小果上街散步。晚,到人民剧场看济南部队文工团演王杰故事《青春红似火》,为短剧,三话剧,一吕剧。十时归。

十日 星期一 上午,挖防空壕。读《新探》。任桂林、马远、晏甬来共商备战工作。下午,人民日报贺敬之、王传玮来,谈《内矛》一文修改问题。读《新探》。挖防空壕。晚,到天桥剧场重看《山乡风云》。十时归。十一时,寝服眠尔通二片。

十一日 星期二 上午,读《新探》。下午,续读,挖壕,理发。晚,在青艺剧场看川剧《急浪丹心》彩排,此剧舞蹈动作全系从川江船夫动作中来,健壮美丽,甚有创造性。

十二日 星期三 上午,读《新探》。姜永泰、林汉标来汇报蒲城亦农亦艺情况。豫剧院常香玉等来。川剧院刘成均来问《急浪丹心》意见。下午,挖壕。五时半,到车站接汉城、叶枫。随即到民族宫看贵州花灯《平凡的岗位》,写清洁工人事,有几场好戏,惜唱得太多,有些拖。十时半归。

十三日 星期四 上午,到张自忠路12号去看刘念兹,他挖壕跌伤,并无大碍。又看汉城等四清回来同志。继至院,参加战备工作的会。下午,续读《新探》。挖壕。晚,到政协礼堂看豫剧《人欢马叫》,有常香玉参加演出。

十四日 星期五 上午,与四清同志讲院的工作近况。十时,粤剧院红线女等来辞行。下午,读报纸关于封建道德继承性问题的讨论,及《新探》。晚,续读。

十五日 星期六 上午,写一年总结提纲。下午,读《新探》。三时半,上王府井买食物,即在和平餐厅晚餐。七时,到长安看西南会演三个小戏,川剧《管得宽》、话剧《好帮手》、滇剧《厨娘》。十时余归。

1966年

今日发张凯荣信,并寄毛主席语录及学习毛著经验一本。

十六日 星期日 上午,安谷回,一同去看六一幼儿园的园史展览,并带小果、小珍同去。下午,读《反杜林论》中有关道德的部分。晚,上街买面包;到马远家谈本星期工作日程;续读《反杜林》至十时半。

十七日 星期一 上午,开党委会,讨论一年工作总结提纲。下午,听姜永泰、林汉标在蒲城调查亦农亦艺工作的汇报。晚,到人大小礼堂看北京市的一组小戏:《前辈》《脸黑心红》(话剧)、《灵山钟声》(昆曲)、《雪花飘》(京剧),京剧的主演是裘盛戎,十时半毕。

十八日 星期二 上午,到文化部听李琦国际形势报告,并传达了彭真国内形势讲话。下午,主持湖南、河南蹲点向全院的汇报会,上人民市场买茶叶等。晚,到人大小礼堂看北京市小戏《前辈》《年年有余》(京戏)、《一杯茶》(评戏)、《菊花青》(话剧),《年年有余》为张君秋、马连良演。

十九日 星期三 上午,到文化部听肖望东同志一年工作总结的传达。下午,读《北京日报》所载《吴晗同志的历史观》及有关道德继承性的文章,翻读《列宁全集》中有关道德问题的段落。五时,全院会餐。晚,参加院的联欢晚会,看《霓虹灯下的哨兵》电影。

二十日　星期四　上午，继续翻读列宁全集中有关道德的段落，到院与叶风谈话，给理论室看两篇剧评稿子。下午，上人民市场买物。晚，与家人共度除夕，下棋，听广播。十一时睡。

二十一日　星期五　今日为旧历春节。晨，八时起，早餐后已九时。许多来，河南豫剧院魏云、柳兰芳及冯纪汉来。下午，与玮带小珍至六姨家。晚，陈颙结婚，往贺。家人共听广播。十时寝。

二十二日　星期六　今日是我五十六岁生日。上午，至梅、程家探望。十时，到文化部团拜，看了工业新成就新闻片及故事片《地道战》。下午，与玮带小珍看望欧阳师母，并至曹禺家，未遇。晚，小果、小珍随安谷去安谷学校。家中太静，与玮及韩娘打扑克，下跳棋至十时半。

二十三日　星期日　上午，曹禺来，老季来，共包饺子。下午，开院党委会。晚，休息。

二十四日　星期一　上午，九时，到革命博物馆听默涵做报告，至下午二时半才回。略事休息。五时，与玮共做晚饭。晚，整理工作总结启发提纲。十二时寝。

二十五日　星期二　上午，到院与俞琳、达人谈专题，与任谈提拔干部。下午，开全院总结工作动员会，做了启发报告。晚，开全院党员大会，马远传达部组织工作会议，并谈我院党工作总结问题。

二十六日 星期三 上午，到部找石西民同志谈话未见，到机要室看文件。下午，到院与马远谈总结中的安排。晚，读文件。收张凯荣信。

二十七日 星期四 上午，与曹昌五、李文斌谈孤山子情况，到《戏曲史》室听会。下午，与党委办公室同志研究召开党委会、准备总结等问题，到理论室听会。晚，休息，与小果、小珍打克郎球。

二十八日 星期五 上午，在剧目室听会。中午，带小果到松竹园洗澡。三时，到艺术局与周巍峙同志谈我院工作，马远同往，四时半回。六点，与玮到和平餐厅晚餐，并在王府井买物。八时归，梳里今年工作落实的几种办法。十一时寝。

二十九日 星期六 上午，在家准备党委会上意见。十时半到院，看李书芳综合各组的意见，准备在党委会上汇报。下午，开党委会，讨论今年中心工作。晚，带小珍到北京市工人文化宫看中国舞蹈学校毕业公演，十时回。

三十日 星期日 上午，开党委会，讨论总结问题。下午，六姨、九姨夫妇来，四时半去。与玮上街买物，五时半归。晚，拟总结提纲。

三十一日　星期一　晨，玮去长辛店。八时半，党委集体学毛著。今后每日上午8—9时为学毛著时间。九时，继续拟提纲至十一时，开党委会讨论总结工作。下午，续拟提纲。七时，出外买圆珠笔芯。晚，续拟提纲至十时。

二月

一日　星期二　晨，党委集体学毛著；九时，最后讨论总结报告半小时。给苏灵扬写信问周扬同志病。下午，给全院做总结报告。晚，理论室支部会讨论如何抓本室思想工作，至十时。十时半寝。

二日　星期三　晨，学毛著。九时，谈理论室中心专题，十时，听萧晴汇报京剧现代戏唱腔研究专题进行情况，至十二时半。下午，读《人民日报》发表的《田汉的〈谢瑶环〉是一棵大毒草》晚，读报。闻安谷毕业已分配工作，作一诗勉之。

三日　星期四　晨，学毛著。上午，继续安排各室计划落实。下午，到院与马远谈上报今年工作计划等问题。三时半，到前门珠市口买景德镇瓷器二件，茄皮紫胆瓶一、结晶釉天球瓶一。晚，看简慧写《金钥匙》批评短文，读报等。

四日　星期五　晨，学习。九时，到艺术局开会谈政治挂帅。下午，修改1965年总结1966年计划，到人民市场配一瓶座。晚，马远来谈四好政治动员问题，并送来提拔干部的鉴定，稍做了一些修改。

五日 星期六 晨,学习,读《论十大关系》。上午,到艺术局续开会。下午,到文化部听念文件。回家看理论室落实的今年计划,及县剧团革命化文章的提纲。晚,到政协礼堂看成都部队剧团演反映西藏边境事件的话剧《边哨风云》。

六日 星期日 上午,索立波来,与谈对他们歌剧的意见,十时半去。王遐举来,谈农村工作情况。下午,与玮上王府井买物,取钱存钱等。晚,十时寝。

七日 星期一 晨,学习。上午,同要去邢台的同志谈话,至九时半。与理论室支部谈他们的落实计划。下午,参加理论室讨论县剧团革命化论文的提纲。晚,准备在剧协谢瑶环座谈会上的发言提纲。

八日 星期二 晨,学习。后继开党委会,讨论委员努力完成今年计划,并念了文化部给中央的报告。下午,与"内矛"研究他们重写的提纲。晚,黄叶绿、林绿、肖漪来,谈"县剧团"提纲讨论情形。读《谢瑶环》剧本,并重新整理发言提纲,至十时半。

九日 星期三 学习后,八时半,剧协参加《谢瑶环》批判座谈,发了言。十时半回院,与马远商量动员完成今年工作计划事。下午,开全院动员会,做动员报告。晚,到芭蕾学校排演厅看

《昆仑草》（京剧）彩排。

十日　星期四　参加史室研究"清官戏"论文提纲讨论。下午，二时，到首都剧场听穆青报告焦裕禄事迹，十分感人，六时半毕。回家匆匆晚餐，即到中直礼堂看成都话剧团四川方言话剧《柜台内外》，十时毕。

十一日　星期五　晨，党委讨论学习焦裕禄。十时半，听余叔岩唱片。下午，与《京剧唱腔》专题组讨论如何进行工作。四时，听谭鑫培、言菊明、高庆奎、孟小冬等唱片。晚，作字数纸。十时半寝。

十二日　星期六　上午，听李振玉谈四川川剧界情况。与《唱腔》组同志们谈搜集情况，了解豫剧演现代戏的经验。回家听京剧老生唱片。下午，理发洗澡。县剧团调查组送来论文提纲，看后提了意见。四时半，上街买点心水果等。晚，看四川业余小话剧：《两个理发员》《方向正了》《师徒三代》《九号服务员》，在长安戏院，十时毕。十时半回。十二时寝。

十三日　星期日　上午，与孩子们共包饺子。下午，到影协看《舞台姐妹》电影。与安谷谈毕业后的生活。晚，作字数纸。

十四日　星期一　上午[①]

---

① 以下空白——编者注

下午，到中宣部参加《惠嫂》座谈会。晚，看大庆家属话剧《初升的太阳》在儿童剧院，孙维世编导，戏生动感人，十分活泼，喜剧性浓厚。

十五日 星期二　上午，与李书芳谈导演讲习会的计划。听舒模谈《惠嫂》创腔中的问题。下午，党委会学习焦裕禄同志事迹。晚，在民族宫看白族戏《红色之弦》，歌曲甚美，演员唱得也好。

十六日 星期三　上午，看李书芳所拟京剧导演讲习工作的调查提纲。复《新建设》信，寄还王一纲的稿件。与舒模、张为、王子丰谈去四清的干部的思想情况。下午，主持史、论两室学习焦裕禄的座谈会。晚，十时半，到永定门车站送去邯郸四清的同志。十二时回。

十七日 星期四　上午，读中央文件，及《马克思主义经典作家论道德》，拟召开学习焦裕禄同志讨论会的问题及通知。下午，听梅兰芳唱片。晚，到吉祥看云南花灯戏及川剧小戏《李大爹学文化》《支前》《帮亲人》《她不走了》，十时半回。

十八日 星期五　上午，听谭鑫培唱片。下午，到文化部听读中央关于学术批判的文件。晚，邓兴器来谈去邢台四清队的情形，与他谈了去兰考写剧本应注意事项。读吴晗《说道德》等文。

十九日 星期六　晨，读《在宣传工作会上讲话》。上午，到王府井买食物等。下午，院十七级以上及各部门主要负责干部党员座谈学习焦裕禄。晚,看电视,作字数纸。

二十日　星期日　整日下雪。上午,索立波来,谈至十二时。下午,看孙过庭《书谱》。晚,续看,至十时。

二十一日　星期一　上午,读中央文件,《主席在62年扩大中央工作会议上的讲话》,与马远研究党员干部继续学习焦裕禄同志的问题。下午,看××在柳河吕剧团所犯错误的一些材料。晚,到红星看奠边府大战纪录片和陈毅外长招待记者的纪录片。

二十二日　星期二　晨,二读《62年讲话》,只完一半。取来《内矛》二次稿,初读。下午,重读《内矛》稿,做文字上修改。晚,继续改,并拟出部分重写方案。九时半,到理论室开支部会。十时,与达人谈《内矛》修改意见。

二十三日　星期三　晨,二读《62年讲话》毕。开始部分重写《内矛》文。下午,主持史、论二室焦裕禄学习会。晚,继续改稿,改完对立面人物节。

二十四日　星期四　上午,在京剧唱腔专题组听汇报,讨论今后工作日程。下午,续改《内矛》。晚,到红星看防空知识影片,八时归。续改《内矛》,十一时半完。

二十五日　星期五　上午,讨论今年导演讲习会计划,艺术局黎舟来参加。下午，通阅《内矛》改稿一遍，送交达人。晚，到吉祥看京剧院二团新戏《春到喀隆湾》，演西藏平叛事。

给叶枫写一信，问病况。

二十六日　星期六　上午，十时半洗澡。下午，十七级以上党员干部开学习焦裕禄同志座谈会，至六时。晚，安谷及小珍回，同小果等一道打克郎球。临《书谱》二纸。

二十七日　星期日　上午，与玮带果、珍至北海散步。下午，冯霞来，谈他的剧本。帮助玮收拾行李。晚，七时，玮随评剧院多人去开封，准备访问兰考。读中央转发关于全军政治工作会议文件。至十时。

二十八日　星期一　上午，开党委会，谈进一步抓领导学毛著的问题。下午，石西民来院，同来者有部的政策研究室主任，了解了我院工作情况，参观了各部分，并做了一些指示，六时去。晚，到民族文化宫看文化部各直属演出单位联合举办的歌颂焦裕禄晚会，看到八时半回。读《光明日报》上尹达《必须把史学革命进行到底》。

三月

一日　星期二　上午，起草一在部党委扩大会上的发言。下午，继续，三时半写完。看达人在征求小组意见后作了修改的《内矛》稿。晚，读部党委1965年总结和1966年计划。至十时半。

收到张凯荣信。

二日 星期三 上午，修改在部党委会上的发言，看县剧团调查论文稿，修改导演讲习会计划草稿，交打字。下午，读《人民日报》上金敬迈谈《欧阳海之歌》的写作，听梅兰芳唱片。晚，重翻读县剧团稿，读毛主席"论政治工作"第一部分及林彪"论政治工作"第二部分。作字二纸。十时一刻睡。

三日 星期四 上午，到默涵处听他谈对院专题计划的意见，一时回。三时，与县剧团调查组开会，谈对写出的稿子的意见。五时，向黄叶绿、俞琳、沈达人传达默涵意见，并略述安排意见。七时，到文联看《西非三国及坦喀尼克》纪录片，至十时半。

四日 星期五 上午，看朱颖辉毕业论文提纲，并与交谈。下午，部分干部讨论突出政治、政治与业务关系。晚，翻看孙楷第《沧州集》，作字三纸。

五日 星期六 今日大雪。上午，向晏、任说明导演讲习班计划。下午，参加理论室支部会，谈重新安排工作。听马远谈林县据点情况。晚，给邯郸专区平调落子剧团写信谈剧本《金马驹》意见，并写信给凤子介绍此剧本。作字三纸。

六日 星期日 上午，带果、珍参观美术馆上海工艺美展。全家在青海餐厅午餐。下午，读朱光潜《西方美学史》下卷。晚，续读至十时，作字一纸。

七日　星期一　上午，向党委传达默涵同志关于评论工作及我院研究专题的意见。听沈达人谈三个研究生的思想近况。下午，与马远、董润生、李淑芳研究部扩大党委会上的发言。四川川剧许倩云等来，她们是来京演出的，谈片刻即去。与三研究生谈他们的毕业论文安排。晚，续读《西方美学史》，毕康德一节。收到玮自兰考托冯霞带回之信。

八日　星期二　上午，马远传达石西民对院工作意见，于党委后作了简单讨论。九时半，参加京剧音乐专题讨论提纲。下午，在本院妇女干部三八会上做短暂讲话。邯郸专区平调落子剧团团长等二人来谈《金马驹》剧本。四时半，改董润生补充修改之在部党委会上发言。晚，续改毕。作字一纸。十一时一刻寝。

九日　星期三　上午，到艺术局开五人小组学术批判文件学习会。下午，读《西方美学史》歌德节。晚，继续，毕是节。作字三纸。

十日　星期四　上午，读全军政治会议文件。下午，听俞琳汇报与人民日报谈批判文章事，继听理论室汇报京剧剧目，表导演资料整理情况。晚，读《西方美学史》席勒节未终，作字二纸。

十一日　星期五　上午，到文化部开部扩大党委会预备会，听颜金生同志谈此次会议目的精神。十时，开小组会，中国戏曲研究院与京剧院和其他戏曲团体为一组，谈对颜谈话的体会。下午，正式开会，肖望东同志在革命博物馆礼堂报告文化部1965年总结1966年计划，至六时。晚，到民族宫看重庆话剧院演出《比翼高飞》。十时半回。玮今晚自河南回京。

十二日　星期六　上午，肖望东续做报告毕。报告后放《邢台地震》、《泥石流》（山崩随山洪并发）等片。下午，学习文件小组漫谈。晚，在首都剧场看四川三个方言剧，成都市话剧团的《终身大事》《向阳路上》，温江专区农村文工队的《朋友之间》，后两戏剧本很好，三个戏的表演均不错。

十三日　星期日　上午，听京剧音乐专题报告提纲，进行了讨论。下午，全家听玮谈兰考及焦裕禄的事迹。晚，到政协礼堂看重庆川剧演《龙泉洞》，张巧凤演主角。

十四日　星期一　上午，开部党委扩大会小组会。中午，到松竹园洗澡。下午，续开小组会。夜，到部听传达总理对《长山火海》意见，默涵谈如何清理这些剧目的问题。十时半归。

十五日　星期二　上午，仍开小组会。下午，继续由二时开至四时。回院，与京剧音乐组讨论所拟提纲。晚，七时半，与晏、马重新讨论在党委扩大会上的发言提纲，至十时三刻。在电视中看了中日男女篮球赛。

十六日　星期三　上、下午，均开小组会。五时半，肖望东同志召开小组长会,指示讨论重点及大会发言的问题。晚,八时,与任、马、晏、黄叶绿再次研究发言提纲至十一时余。

十七日 星期四 整日写发言提纲,约四千五百字。五时,理发。晚,休息,读外国戏剧资料。十一时睡。

十八日 星期五 上午,听大会发言。有李凌发言甚好。下午,开小组会,对报告提意见。我发了言。晚,七时到部看科教、新闻等片,有地震灾区情况等。九时回,与晏、马再研究发言稿,并作部分修改提纲至十二时毕。

十九日 星期六 上午,八时,读县剧团上山下乡文章。九时,到文化部听大会发言。十时回,续改发言稿,至十二时。下午,二时,续看上山下乡文章毕。仍是大会发言,我作了四十五分钟发言,六时毕。七时,听何为谈京剧音乐提纲。八时,到评剧院看三头幻灯打天幕的操作,及摄影制作。九时回,电视中看庄则栋等打乒乓。十一时寝。

二十日 星期日 上午,与玮带小果、小珍上北海,继到人民市场为小果买帽,未成。下午,与安谷带小果到王府井买帽,并点心等。晚,玮给全家讲兰考大学生植泡桐事。九时,作字四纸。十一时寝。

二十一日 星期一 上午,大会发言。下午,三时,小组长会,研究大会发言问题,继小组会,五时半,又汇报小组对大会发言意见，六时半毕。晚，看龚和德送来上山下乡舞台技术革新稿，毕。读《西方美学史》，并作字四纸，至十一时。

二十二日　星期二　上午，大会发言。下午，三时，默涵同志来院听京剧音乐专题提纲，并发表意见，理论室同志均参加。晚，到后勤学院礼堂看京剧院《平原游击队》前半部彩排，看后谈意见至十二时半。

二十三日　星期三　上午，大会发言。下午，二时，听李书芳汇报到河北省摸导演习班情况，马、黄叶绿参加，并谈了意见。三时，理论室支部会，谈下去蹲点的目的、日程等。晚，听广播中共复苏共信及新闻等。十时半寝。

二十四日　星期四　上午，小组会讨论中共中央给苏共中央复信（不参加二十三大）。下午，给理论室同志谈这次到京剧团蹲点的意义及注意事项。到王府井买物。晚，到中国戏校排演场看《昆仑草》彩排，改后戏已完整，有生活气息，新鲜感，且有一些诗意，但因音乐布局凌乱，戏仍平淡无高潮。归十二时寝。

二十五日　星期五　上午，小组会，讨论大会决议。中午，达人、长珂来，谈《人民日报》对《上山下乡》《内矛》两文意见。三时，仍到文化部续开小组会讨论决议。晚，院党委开会，讨论此次部党委扩大会议的传达问题。

二十六日　星期六　上午，大会发言，有政治部主任颜金生的发言。下午，小组会，继续讨论决议。晚，到文化部看记录片电影《焦裕禄》。

今天抽工夫读了戚本禹等批判翦伯赞历史学的文章。

二十七日　星期日　上午，休息，读《欧阳海之歌》，包饺子。下午，到中宣部开《昆仑草》座谈会。六时，与玮上街买水果。晚，电视中看巴基斯坦歌舞，至十一时。十一时半寝。

二十八日　星期一　上午，与理论室京剧英雄人物专题研究小组沈达人、萧晴、黄克保研究文章内容。下午，在革命博物馆礼堂听石西民同志做党委扩大会议总结。晚，读《欧阳海之歌》，完三章。

二十九日　星期二　上午，座谈石西民同志大会总结。下午，到松竹园洗澡。三时，与李书芳谈导演讲习班的招生工作。读《欧阳海之歌》。晚，续读，至十时三刻。

三十日　星期三　上午，再与京剧表现英雄人物组谈提纲内容。下午，与颜长珂、简慧、张书苓等京剧剧作语言问题组谈提纲。晚，电视中看电影《红色背篓》。十时，读《欧阳海之歌》至十一时一刻。

二十一日　星期四　上午，看由艺术局拨过来的五名青年的档案，看理论室写的一篇记林县四股弦剧团的文章，与马远商量传达学习部党委扩大会的日程。下午，到王府井买水果、书等。看龚和德为上山下乡舞台技术革新稿写的一篇序。晚，读《欧阳海之歌》。

四月

一日 星期五 上午，到部参加部长办公会，讨论我院办京剧导演讲习班，京剧会演等问题。下午，到院，与马远谈院内传达部党委扩大会的问题，与沈达人谈默涵同志听取京剧表现英雄人物和京剧语言两专题的时间。回家读《欧阳海之歌》毕。晚，读《西方美学史》赫格尔章，至十时。

二日 星期六 上午，院党委开始传达部党委扩大会的文件，会前作了简短的说明。回家后，读《西方美学史》伯林斯基章。下午，上王府井买物，回家搭葡萄架。晚，续读《美学史》。

张玮回自琉璃河。

三日 星期日 上午，参加普选投票。与玮、韩娘共搭葡萄架，并架上葡萄藤。下午，领安谷、小果上街买物，并到中山公园看焦裕禄展览会。晚，读《美学史》。

收郭汉城自邗江来信。

四日 星期一 上午，读《美学史》车尔尼雪夫斯基章。下午，到院与马远谈传达部党委扩大会中的日程等问题。到民族事务委员会招待所看董启翔，她是从广西来为自治区成立十周年文艺演出要干部的。晚,听党委扩大会传达讨论的汇报,至十时。

五日　星期二　上午,到艺术局开京剧会演筹备会。十一时,陪同石西民同志来院,与沈达人等内矛小组及俞琳等史室部分同志见面,谈研究工作问题。下午,参加理论室学习部党委扩大会文件的讨论会。晚,读关锋、林杰《吴晗〈海瑞骂皇帝〉和〈海瑞罢官〉是两株反党反社会主义的大毒草》。

六日　星期三　上、下午,均参加理论室讨论会。五时,听各单位汇报讨论情况。晚,到吉祥看《昆仑草》彩排。

七日　星期四　上午,到文联听默涵在专业作家创作座谈会上的报告,直至下午二时。在东安市场午餐,归三点。午睡至四时半,读报后即晚餐。晚,至戏校看京剧院《山村花正红》,十时半归。十一时三刻寝。

八日　星期五　上午,参加院史、论二室联合讨论会,谈突出政治。十时,与马远到部与石西民同志谈院的工作。下午,二时,继续参加讨论会,并发了言,六时半,散会。又与沈达人、萧晴谈他们下去的工作,听俞琳谈《人民日报》对于批判工作的一些要求,七时回。晚,给玮谈默涵在作协会上最近所做的报告。十时五十分寝。

九日　星期六　上午,参加院大会,马远谈创造四好单位问题,我也谈了一些。十时,上街买铅丝、花盆等。回家,用铅丝加固葡萄架。下午,三时,默涵同志来院,听京剧表现英雄人物、京剧语言两专题提纲,并谈了意见,六时半毕。晚,七时一刻,给院部分干部传达默涵在作协专业作家创作座谈会上的报告,至八时半。

十日　星期日　上午,带小果、小珍上人民市场,买了些花种及零星杂物。下午,读《红旗》第五号上郑季翘的《文艺领域里必须坚持马克思主义的认识论》。晚,与玮带小果上街散步,买书数本。归,将郑文大意复述给玮听。十时半寝。

十一日　星期一　上午,到文化部机要室看文件。下午,到文化部参加石西民同志召集的关于抽调干部成立写批判文章小组的会。四时半回,与马远商量抽调干部事。五时,到松竹园洗澡理发,六时半毕。七时半,到院参加史室会,谈姜永泰写的批判孟超《红拂夜奔》的文章,九时半完。人甚疲,休息,十时三刻睡。

十二日　星期二　上午,到朝阳医院检体,血压140/90,取药归。下午,与马远谈突出政治讨论的总结。五时,上街买水果等。七时,到人民剧场看《平原游击队》彩排,此戏英雄人物不突出,十一时毕。

十三日　星期三　晨,到朝阳医院抽血留尿,为了做检查。回家后读何其芳《夏衍同志作品中的资产阶级思想》。下午,带小果上北海,并到人民市场买鞋。晚,电视中看人艺话剧《在街道上》。读王任重《突出政治,用毛泽东思想统帅一切》未毕。

十四日 星期四 上午,到艺术局开会,谈落实计划。下午,看姜永泰修改的批判《红拂夜奔》的文章,并和他谈意见。给黄叶绿写信。晚,冯霞来,谈他写的剧本。看俞琳送来两篇批判吴晗的杂文。看《人民日报》上史绍宾的《胡适与吴晗》,至十时。

十五日 星期五 上午,给东台黄叶绿、邗江郭汉城信。下午,看俞琳送来三篇批判吴晗杂文。晚,到文化部看电影《兵临城下》《送瘟神》。

十六日 星期六 晨,河南冯纪汉来住我院,与晏甬和他谈了一会。学习时读了《林彪同志委托江青同志召开的部队文艺座谈会纪要》。上午,读了《北京日报》发表的吴晗、邓拓、廖沫沙的材料,共三大版。下午,再读《座谈纪要》。向朝阳医院电话询问检查结果,肝病症状已消失,检大小便也正常。晚,与玮同至民族宫看青艺《春风杨柳》,平平,主要是剧本重复之处太多。

十七日 星期日 上午,带小果、小珍上北海散步。下午,看《人民日报》所载《吴晗解放前言论》。五时,到王府井买帽子、水果,在和平餐厅吃饭。晚,看马远写的院学习党委扩大会文件的总结,又重读了一遍《座谈会纪要》。

十八日　星期一　上午，看姜永泰批判《红拂夜奔》的修正稿，并与姜、俞琳、林汉标座谈修改问题。下午，读《文汇报》上康立《"论清官"质疑》，是评星宇的文章，意思不大。读河南京剧团《焦裕禄》剧本，毕一幕。到院，听冯纪汉谈河南各写"焦"剧的情况。晚，马远、俞琳来，俞谈到部参加电影评论组情况。二人去后，读俞送来黄菊盛批判吴晗杂文《所谓"杂文时代"的背后》，临《书谱》数纸。十时三刻睡。

十九日　星期二　上午，到艺术局听传达总理谈"体制下放"问题，及中宣部负责同志、文化部石西民同志等谈学习《纪要》等问题。下午，将上午会议内容向党委办公室传达，并研究日程安排。四时至六时，参加史室讨论学习《解放军报》文化革命社论及马远总结会。晚，到中直俱乐部看电影《球迷》。回家看电视：中国丹麦羽毛球赛。

二十日　星期三　上午，八时，至革命博物馆听王炳南国际形势报告录音，至二时半始毕。归，饭后已三时半。午睡至四时半起，头昏昏然，读报后，作字三纸。上街买面包等。玮回共晚餐，她在评剧院赶戏已两晚未归。作字三纸。

二十一日　星期四　上午，与姜永泰、林汉标谈，嘱咐他们下去搞半农半艺调查应注意事项。读1964年9月《戏剧报》上所载我院评论组评《京剧剧目初探》文。下午，向全院动员《纪要》《三查》等学习。继参加史室讨论。晚，上街散步后，作字数纸。至十一时。

二十二日　星期五　上午，到朝阳医院看病。下午，与十七级党员干部同学《纪要》。六时，再与林汉标谈话，告诫其不要再犯错误。七时，到中直俱乐部看《两家人》《逆风千里》两部电影。前者写中间人物，污蔑贫农，后者长敌人威风，灭我军志气，都很坏。

收到黄叶绿信。

二十三日　星期六　上午，复黄叶绿信。与马远谈批判工作安排。下午，与十七级以上党员讨论体制问题。晚，电视中看中阿公安部队篮球赛。作字五纸。

二十四日　星期日　上午，领小珍到中山公园，桃李已华，樱花杜鹃竞，春暖日丽，游人甚多，十一时回。下午，收拾火炉，浇花。与小果谈话，戒其必须遵守国家规定，诚实坦白，有错就勇敢承认、改正。晚，作字三纸。

二十五日　星期一　上午，给萧晴、叶绿写信。下午，到前门外琉璃厂看旧书碑帖等。晚，到人民市场买茶叶。临《十七帖》二纸。翻看《京剧剧目初探》。

二十六日　星期二　上午，到朝阳医院看病。下午，理发。四时，开支部会，谈学习《纪要》，开会批判几部电影及《京剧剧目初探》等问题。六时十五分，到车站接扬州四清归来同志。晚，给安谷写信，看陶君起《京剧史话》未完。

二十七日　星期三　上午，与扬州回来四清同志谈家中学习与文化大革命等情况。下午，《戏曲史》室《舞台姐妹》批判会未开成。读《正确处理人民内部矛盾问题》。临《景福殿赋》数段。晚，到天桥剧场看上海芭蕾学校舞剧《白毛女》，十时归。

发安谷信。

二十八日　星期四　上午，与汉城谈他回来后的工作。从图书馆借来《对立统一规律一百例》。与马远研究学习的长远计划。下午，参加《戏曲史》室讨论《舞台姐妹》。晚，读《人民日报》载余鲁元写芭蕾舞剧《白毛女》创作经验，及《对立统一百例》。作字三纸（临《景福》）。

二十九日　星期五　上午，找讨论《舞台姐妹》的两组负责人听汇报，并研究如何继续讨论问题。下午，党委学习《纪要》。晚，到文化部大厅看电影《桃花扇》，十时半回。

三十日　星期六　上午，到王府井买水果等物。下午，临《景福》数纸。沈达人、肖漪来汇报在高阳工作情况，并决定下步工作。晚，散步至人民市场，买尼龙袜两双。归，作字数纸。

五月

一日　星期日　晨，雨，韩娘带孩子们去游园，我与玮在家。冯霞、晏甬来共玩扑克至十一时。与玮到青海餐厅，十二时半，韩娘带孩子们来，共吃午饭。下午，与玮清理换季衣服。晚饭后,与玮带孩子到东四看天安门放礼花,九时归。早休息。

二日 星期一 今日仍放假。上午,与玮散步北海,并至王府井买物。下午,又与玮带孩子们到人民市场买物。晚,作字数纸。

三日 星期二 上午,从毛主席四个文件中摘录与《纪要》学习有关段落,准备作一发言提纲。与马远、董润生、俞赛珍共商学习日程。下午,续摘相关段落。四时半,到松竹园洗澡。晚,开党支部会,讨论学习中的思想动态。归,看《对立统一规律一百例》。

四日 星期三 上午,拟学习纪要发言提纲。下午,继续拟。五点,到东四买毛巾、牙刷。六时,与四清回来的同志一道吃饭。七时,与部分四清回来同志及新来我院的五个同志谈学习文化大革命及批判等问题。八时,从电视中看电影《青松岭》。十时,续写提纲,仍未完。十一时寝。

五日 星期四 上、下午,均开全院《舞台姐妹》座谈会。晚,与郭亮、董润生、张书岑谈如何将座谈记录整理为一篇文章。十时归。

六日 星期五 上午,党委和十七级干部学习《纪要》。下午,写学习《纪要》心得,准备明日向部党委汇报。晚,到中直礼堂看电影《阿诗玛》。

给安谷寄钱廿一元。

七日 星期六 整日,在部党委开会,各单位汇报学习《纪要》情况,最后石西民讲了话。晚,休息。

八日 星期日 早,玮去妙峰山。上午,到六条小学开家长会。下午,给安谷写信。晚,俞琳、马远来,谈俞写短文表态事(关于学《纪要》)。黄克保来,谈去江苏情形。写明日动员批判《京剧剧目初探》讲话的提纲。十一时半寝。

九日 星期一 上午,做学习动员,十时毕。与黄叶绿、沈达人、萧晴开会,听汇报下乡情况,及布置任务。下午,参加《初探》批判小组讨论提纲,改发言稿。晚,开党团员联席会。

十日 星期二 上午,与马远、汉城、黄叶绿谈文化大革命中我院思想动态。看张书玲整理的《舞台姐妹》座谈记录,看黄菊盛写的论清官戏文章。下午,续看毕。四时半,开党支部会。晚,看我院整风材料。十二时寝。

十一日 星期三 上午,十七级以上党员座谈《燕山夜话》问题。下午,与马远研究《纪要》学习日程、计划。继即召集各单位负责学习人讨论决定。晚,读《评"三家村"》。十一时睡。

十二日 星期四 上午,与党委研究调整学习日程,看材料。下午,续看材料。晚,晏甬、马远来,谈如何参加斗争的问题。

十三日 星期五 上午,讨论《评"三家村"》。下午,看材料。晚,带小果散步至东四。八时回,续看材料至十一时。

十四日 星期六 上午,到人民剧场听颜金生同志作学习《纪要》动员。下午,翻看1963年日记。晚,看近时期文章。

十五日 星期日 整日,看1961年日记并近时期文章,与玮讨论分析思想错误性质。晚,与玮到王府井买物。下午,还看了今天报纸上的批判文章。

十六日 星期一 整日,看1962年日记和这时期文章。晚饭后,散步至工人体育场。归八时,开始写检查至十时,开了一个头。

十七日 星期二 上午,续写检查,成第一节。下午,续写第二节,写了一点。继看材料,做一大事年表。晚,续成第二节。

十八日 星期三 上午,十七级干部讨论汉城写出的评《初探》初稿。下午,看1961年上半年下放时日记及戏剧界反右剪报。晚,晏甬来谈批判"三家村"事。续写第三节,开了个头。十一时半寝。

十九日 星期四 晨起,写三节至十二时,基本写成,尚余一尾。下午,草成。三时,理发。四时,清洗澡盆,洗澡。晚,将检查全文看一遍,改了几个字。

二十日 星期五 晨,八时至十二时,学习中央关于"五人小组关于学术批判"文件是错误文件的通知，十七级干部进行了讨论。下午，部党委召集会议，谈关于《通知》学习办法问题。五时毕，即回院向马远传达，并停开了明天准备召开的声讨"三家村"大会。晚，看七篇选出来的墙报稿子，准备往报纸投稿。

将自己检查交马远。

二十一日　星期六　上午，十七级干部继续讨论《通知》，我发了言。下午，与领导学习干部开会谈会后学习安排，继又与十七级干部研究继续学习《通知》计划。晚，翻看《燕山夜话》，临《景福殿赋》数纸。

二十二日　星期日　晨，听玮念她批判《北京日报》的短文。上午，带小果、小珍到中山公园看花，十一时回。下午，给安谷寄《对立统一一百例》等书。继续清洗澡盆。晚，临景福数纸。

二十三日　星期一　上午，十七级干部学"通知"。看郭亮等写的批邓拓文。翻读我写的《戏曲起源形成》。六时，到王府井和平餐厅吃饭。晚，看完《起源形成》，读《光明日报》转载《解放军报》的《突出政治是办好文化工作队的根本》。

二十四日　星期二　上午，马远、汉城、黄叶绿等党委对我的检查提意见。下午，考虑如何修改检查。晚，支部会，谈各人思想情况，十时毕。找出我的一些文章，准备重新看。十二点睡。

二十五日　星期三　上午，十七级干部讨论《通知》，谈"百花齐放"的阶级路线的理解。下午，翻读自己过去的文章，主要看了一些零散文章。五时半，到北海散步，即在那里吃晚饭。七时半归。晚，续看一些文章。给安谷寄去《欧阳海之歌》。

二十六日　星期四　晨，听念一中央文件。上午，看《清规戒律》《开放剧目与推陈出新》。下午，看《试论戏曲艺术的规律》，找书。晚，看《反对用教条主义"改革"戏曲》等，思考错误的性质。

二十七日　星期五　上午，念了《通知》的附件二，并在十七级干部中进行了讨论。下午，三时，文化部党委在人民剧场召开二十级以上干部会，念了《通知》，石西民、肖望东先后讲话动员积极参加文化大革命，六时半散。晚，到王府井买水果、面包。八时半归，读报。

二十八日　星期六　晨，念两中央文件，一是关于中宣部、北京市的人事调动，二是关于陆、杨错误事实。上午，二十级干部座谈《通知》及部的动员会。下午，党委讨论学习部署等问题。晚，带小珍散步，电视中看凉山彝族歌舞。十时三刻睡。

二十九日　星期日　上午，正修改《检查》，索立波来，谈至十一时去。韩娘带孩子们上公园去了，家中无饭，到灶温午餐。下午，看了《关于吴晗在我院放毒经过向部党委的汇报》，及《建国以来有关戏曲大事纪要》。五时，到王府井买点心，七时回。晚，续改《检查》至十一时。

三十日　星期一　上午，修改《检查》。下午，找材料。晚，看材料，继续修改一遍毕。

三十一日　星期二　晨，看中央文件，关于新的文化革命领导小组名单。上午，将修改好的《检查》稿作最后一次校改。下午，翻读周扬在第一届全国戏曲会演大会上的讲话。五时，到松竹园洗澡。晚，给下午看的周扬文章作了问题摘要。

六月

一日　星期三　上午，十七级干部讨论会，揭发一些材料。下午，到文化部听念文件，是讨论罗问题会上的发言，六时半完。晚，看何为在汉城文章基础上改的评《谢瑶环》文。

二日　星期四　上午，文化部召开党委书记会，宣布学习中可贴大字报、开声讨会等问题。下午，召开全院会，传达部党委意见。翻读周扬过去讲话记录。晚，到儿童剧院看《红日》电影。回，续翻周扬过去讲话，至十一时。

三日　星期五　上午，十七级干部座谈。下午，翻过去周扬讲话记录。晚，继续翻看，至十一时。

四日　星期六　昨夜一夜院中贴满大字报。晨，看大字报，党委研究如何引导群众。上午，召开党员、积极分子会，谈注意事项。下午，看大字报。继续准备揭发材料，修改昨日发言稿。五时，听马远传达部政治部指示群众起来后如何领导的问题。晚，学毛著，有关如何对待错误的问题。

安谷来信。

五日　星期日　上午，与玮到东四做衣服，并上人民市场买物。下午，读报。五时，送玮去排戏，并到北海散步，七时回。晚，翻日记，摘录周扬讲话中问题。至十一时半。

六日　星期一　晨，看大字报，摘录一部分要点。上午，党委部署全院学习。下午，读《解放军报》发表的《文化大革命宣传要点》，帮助韩娘拾掇煤。晚，洗澡，找出过去一些听报告记录，来帮助清理自己思想，并与晏甬交换意见，写下一些材料。十二时睡。

七日　星期二　上午，抄摘大字报。十时，翻读整理多年来听报告的记录。下午，继续。晚，带小果出去散步。继续翻读至十一时，今日为历年来记录本编了要目。

八日　星期三　上、下午，均整理记录本。晚，上王府井买物。归继续整理，并作一发言提纲，准备在十七级干部会上作检查，至十二时，未毕。

九日　星期四　上午，在十七组干部会上作检查，并听了意见，尚未完。下午，看大字报。给安谷写信。晚，翻读鲁迅三十年代的几篇文章。十二时睡。

发安谷信。

十日　星期五　学习后，九时，与马远到部找王有唐，部党委要我们暂时让出房子给来文化部搞四清的工作团总团部，迁到地安门实验话剧院旧址去。我们去看了房子并找黄叶绿、郭亮、李德元一道去了。回院找党员及团支委开了会，做了骨干中的动员布置。下午，到院去清理东西，将文件归在一个柜子里。晚，步至王府井，买了点草莓，今年水果太少，草莓少而且长得不好。回家后继续翻看过去文件、日记等，至十一时半。

十一日　星期六　今日院搬家，停止学习。上午，在家翻读1959年在香山代宣传部拟关于戏曲工作决定的会议材料。下午，续看，因头痛未继续。晚，到北海散步，七时半去，九时半归。入浴，在床上翻看闲书，十一时半寝。玮至半夜二时才回。

十二日　星期日　上午，找出61年到沛县和64年到柳河这两次给玮的信件来，加以整理编次。下午，翻看沛县信件。晚，看柳河信件，读这些信件主要是为了帮助记忆当时一些工作和思想过程。

十三日　星期一　上午，到地安门看搬家布置情形，并开了一个会布置搬家后工作学习。十时，回家，读《关于农业合作化问题》。下午，到院新址搞清洁卫生。五时，到北海散步。六时，到王府井买物，并在外吃晚饭。晚，入浴。续读《农业合作化》至十时半。

安谷中午来电话，她已于九日回家，参加学校的文化大革命运动。

十四日 星期二 上午，到地安门上班，学习时读了主席《在扩大的中央工作会议上的讲话》，未完。接到通知我院有九个人集中到社会主义学院学习，我也参加，十六日要报到。下午，继续开十七级干部会，对我的检查提意见，至六时半。即在那边新食堂吃饭。晚，七时，开支部会谈迎接工作队中的思想问题，到九十半。归洗澡，入睡十一时。

十五日 星期三 上午，清理文件及随身用物，准备带去学习用，理发及买零用物品。下午，翻读及摘抄一些文章备用。玮回，与谈学习事，她也谈了些他们院的运动情况。晚饭后，她仍回院。散步至成衣店取衣服，未得。至汉城家，通知他明日去西郊时间等。十时回，入浴，洗衣服，继续清理用品，至十一时。

十六日 星期四 上午，八时四十五分，与汉城、汉标、黄老同车到西郊紫竹院社会主义学院报到学习。九时十五分到，住五楼3—509，被编入四队九组。同组者：马远、汉城、何为、汉标，及朱平康、米谷。此次学习，文化部自部长徐光霄、徐平羽以及各司局长以下，各直属单位都有若干人参加，党内党外均有。下午，本组组长孙永田，副组长李俊元（均部队）召集开会，各人谈了自己对学习的想法。余时间看报、自学社论等。晚，看电影，有刘主席访问各国新闻及长影故事片《"特别"快车》，写军人抢救列车，列车赶点抢救军人事。十一时寝。

十七日　星期五　上午，四队做学习动员。

这是文化部"文化革命"集训班，我们是第四队。本周是建立组织，宣布制度，端正学习态度。有九十四个党员，十六个非党员。成立党委领导学习。一些规定：一，作息：6时，早餐6:50，学习8:00—11:30，午餐11:40，午睡12:30，下午学习14:30—18:00，晚饭息灯22:00。二，请假：有事外出要请假，半日队部批，一天以上办公室批；自由活动外出，要向本组组长报告，外出必须按时归队；星期日放假，晚8时回。三，会客：集训期间一律不会客，因公会客要队部批准，在会客室；学习时间一律不接电话。四，保密：有关学习内部情况，一律不得外传；党内文件、会议记录，不能私自带出院外；向外送材料文件，一律通过办公室。五，看病：出外就医，要医务室证明，办公室批准。

"文化大革命"是一件大事，和我们每人都有关系。是积极参加、漠不关心、还是反对，这是区别于革命、不革命和反革命的。要求大家自觉革命，和黑线彻底决裂。

下午，座谈至五时，吃晚餐。餐后，乘车至展览馆参加文化部欢迎工作团的大会，有石西民及工作团团长讲话共半小时，继即由文化工作队（广东队）及东方歌舞团演出，晚会至十时。归寝十一时。

十八日　星期六　上午，念《解放军报》四月十八日和五月四日

两社论，主席丢掉包袱语录和少奇同志《论共产党员修养》中的第九节。下午，座谈至四点。给玮写一信。晚，洗澡，洗衣。十时就寝。

发玮信。

十九日 星期日 上午，读人民日报社论《无产阶级文化大革命万岁》及吕玉兰《十个为什么》。下午，重读《新民主义论》。晚，洗衣，休息，翻看今日报纸。与玮打一电话。

二十日 星期一 上午，传达补充规定：医疗门诊时间，下午2:30—6:00。开饭时间，不能提早也不能推迟。严格遵守作息时间。不要到三楼去。往外写信地址。

本周主要学文件。学习目的：通过对六篇社论学习，形势、性质、特点、任务、伟大意义及党的方针政策。

目的：

要求：联系文化部及直属单位、自己，敢揭发别人，短兵相接思想交锋。提倡主动坦白，大字报、大鸣、大放、大争辩。（学文件时不搞）

文件内容：文化大革命万岁、千万不要忘记阶级斗争、横扫、灵魂大革命、无思新胜利、革命派保皇派，宣传要点。

时间：搞一周。自己看，看四天，后两天讨论。

讨论题：一，你对文化革命性质，重要意义的认识怎样？二，斗争特点的看法？三，斗争中采取什么态度，站什么立场？

传达毕，即各自读文件。下午，续读，读3次《文化大革命万岁》和《横扫》的一部分,并与何为交换了对文件的认识。晚,洗澡、洗衣。

二十一日 星期二 整日读文件。晚,看电影《球迷》。

二十二日 星期三 上午,讨论至十时。写大字报,写了一张揭发周扬在第一次全国会演总结上讲话的。下午抄成。晚,续写大字报,是表自己的决心,写成已十时。

二十三日 星期四 上午,讨论文件至十时。写大字报,写了一张周扬反对现代戏的。下午,因肚痛肚泻,到医务室看病取药。到走廊看大字报,揭发的许多材料,怵目惊心,闻所未闻,从而对运动有了深入一步的认识。晚,继续看大字报。九时,入浴,洗衣服。十时寝。

今日服了黄连素。查血压 145/105。

二十四日 星期五 上午,听广播《人民日报》今日社论。下午,讨论文件。晚,因肚泻,请假未看《青松岭》电影。

二十五日 星期六 上午,看其他队大字报。大字报的确是革命的新式武器,是各种牛鬼蛇神的照妖镜,看了真是见世面,长阅历。并写了一张大字报稿。下午,与组长孙永田谈话,谈我院来学习的人的情况,并谈自己情况及对学习的认识等。继听念一关于"国防文学"的历史资料。最后组长宣布星期天休息可以回家,并宣布了纪律:明日晚八时回班,不得向外谈学习情况等。五时二十分,出发,到家约六时。看见陈怀平和她谈了罗院长来信了。晚,带孩子们出外散步。九时玮归,甚疲倦,谈了数句,她即上床睡觉。灯下看《参考消息》至十一时。

收到安谷信。

二十六日　星期日　玮一早即去上班。上午,检点要带走的东西。上街买皮钱修理脸盆水龙头。安谷回,与谈在文化大革命中的态度和她的恋爱问题。下午,安谷去。上街取做好的衣服,并为玮买点心。给玮留一字。晚饭后,六时十分,赴集训班。七时十分到,清理带来物件。十时寝。

二十七日　星期一　今日上、下午,均学习《人民日报》二十四日社论《党的阳光照亮文化革命的道路》,明确了许多问题。晚,洗澡,洗衣服,看大字报,有周巍峙揭周扬的几大张,是被迫表态性质。

二十八日　星期二　雨。上午,听报告。全班动员学习。颜金生讲话。

"在全国大好形势下,文化部要求革命。党委在中央领导下组成了领导小组。除各单位外,又将主要领导干部及主要骨干集中在此,共469人,还有一部分人没有来,约10%。另外中央指示,要把各协会转来学习。

"为什么要集中到这里来学习?

"有四种人,好的、比较好的,问题多的、问题严重的。主要的领导干部都集中了。目的是要进行文化革命,彻底地把黑线搞掉。过去文化部黑线又黑又长又深,来源何在,是从以周扬为首的那一个黑帮。所以这一帮人虽调走了,也要搞回来。

"时间是不能太限制了,但文化革命是头等大事,是压倒一切的中心。所以不获全胜,决不收兵。预计得十个月到一年,所以大家要安心。一切工作都安排了,可停的停,可推迟的推迟。这是中央下了决心的,解放军派来的工作队有上千,有师、团干部,到连没有排的。将来地方还要支援一些工作队。

"态度:我们是要彻底搞出黑线,彻底揭露其言行、思想,批倒、批臭,不获全胜决不收兵。我们也要依靠革命派,扩大左派,争取中间派,孤立右派,只打击百分之几,对多数人是争取教育。

"参加学习的要抱什么态度:好的,应积极起来参加革命。不要以为这里有反党反社分子而认为自己不应该来。你们过去在黑线统治时不是也和坏人在一起吗。你们过去虽和他们斗争、受迫害,现在更应起来斗争。有的人说过错话,做过错事,这是因为过去长期以来黑线统治了,有一套反党,反社,你在他下面工作。你们本人家庭出身,教育也是资的。到城市后,又长期脱离群众,脱离斗争,学习毛泽东思想不够,因而犯了错误。但不是反党反社分子,你就应站起来,敢于承认错误,敢于揭发。不应对群众批评不满,直不起腰。要勇敢清理自己,虚心接受批评,在运动中改造自己。矛盾不同,党会采取不同的处理办法。不要不敢揭发,因为怕别人揭,又怕自己和反党反社分子分划不清。只要起来揭发,自己做了什么承认什么,和他划清界限就会分得清。来的人中,又有反党反社分子,也有低头认罪接受改造的。但不经过严重斗争,彻底揭发,群众口诛笔伐,他们是不会低头认罪的。这次文化革命规模之大,来势之猛,想顽抗到底是滑不过去的。我们向他们指出路,还是要改造他们。当然,也会有极少数死心塌地的。"

李毅(副政委):讲最近学习情况,及要注意事项。正确对待这次文化大革命态度。

"两千多张大字报。看出很多同志能很快投入战斗。有检查自己,有的揭发周扬黑帮。这个运动,影响到中国革命,后代,世界革命。有些同志在这方面认识有所提高。这场革命是社主大关,就是问题少的同志也不要以为自己只是来斗别人的,也要自己对自己资思进行清理。在这个星期学习中,许多同志能轻装上阵,起来斗争。但也还有一部分同志认识自己的问题比较多,虽也表示了态度,但考虑自己的问题较多,界限也不大清楚,在斗争中对周扬为首的黑线揭露顾虑很多,怕自己摆脱不了与黑帮的联系,还在看形势。还有很少一部分,是周扬亲信,知道内幕,看到这是革命、反革命的斗争,知道自己是骨干,是当权派,学习中精神紧张,压力不小。但这少数人也不是铁板一块,内心斗争很大,现在处于被夺权的地位,自己没有预料到。交待不交待,揭不揭?交待了群众和组织相信不相信?是把自己的命运和周扬他们拴到一块吗?有些人,群众贴了那么多大字报,自己连看都不去看。这是抗拒,挑战。这种态度不改,斗争是不能轻轻放过。"三家村"之流,是极凶恶仇恨的敌人。这场斗争,我们也是逐步认识的。这个复群①是有它现实的可能性和极大的危险性。北京市、中宣部,

---

① 疑是"复辟群体"之简称——编者注

许多高等学校的党委实际已经复辟了。虽然我们有了初步的认识，在运动当中还要继续学习。

"现在世界上把希望寄托在中国、毛主席、中国共产党身上……

"下面，我们要学主席关于文化工作的四卷著作。要端正态度，提高认识。前一阶段学六篇社论，忙着写大字报，没有好好展开讨论，提高认识。

"一，要敢于钻出来，摆进去。要从个人主义的小圈子里钻出来，从六亿人民、无级、党的利益来看它，才能正确对待文化大革命。对某些单位是夺权，对个人是搞掉个人名利、升官发财。有些人走到反党反社，是个人主义的恶性发展。你是资代表人物，就是要搞臭你。必须钻出来，不要资本家破产的心情。你还是多年党员，现在未开除吗！还是希望你重新走到人民这边来。罢掉了那个官，搞臭了那个名，是好事吗！你可以过了这个社会主义关。

"二，敢于亮出来、挖下去。这也要靠觉悟，特别问题严重的人。我们自己系统里有什么脏东西，要彻底打扫出来，挖下去。一是挖周扬这个根子，要适当时候集中力量彻底挖。另外，也要自己挖挖自家的根子。是写成了文章的，或者还没有拿出来的，都可以亮出来。亮过去的，说今天的想法。不要偷偷烧掉。不要怕疼、不要怕丑。

"三，相信党的领导，相信群众。要相信党的方针政策，要让党来了解你。不要对党离心离德，疑神疑鬼，自绝于党，自绝于人民，自绝于自己的子女。还要相信群众在运动中能分清真假马列，好坏干部。大字报虽有少数几张和事实有出入，但相信大多数群众是好的。如对党对群众都不相信，那就把自己摆在危险的地位了。

"对于工作队同志的意见，也欢迎坦率挂出来。"

会毕，到电影部门看大字报。下午，讨论上午报告。晚，看电影《早春二月》。

二十九日　星期三　上午，继续讨论，副队长出席本组的会，并发了言。下午，全楼整理大字报，分人分区张挂，以醒眉目。挂完，看了一阵大字报。翻看日记，准备大字报材料。晚，继续翻日记。

三十日　星期四　上午，与本组部分同志（主要研究院同志）逗十多年来情况，至九点一刻，即下楼听报告。集训班党员参加，向仲华传达中央批发文化部党委关于彻底干净搞掉反党反社会主义黑线向中央的请示报告，并做了一些解释，内容大致分：前有中央批示。正文前为文化部黑线概括。次谈运动布置，分三个阶段：一是揭发，二是批判，三是核实定案、审干。最后谈政策，将黑线人物数字控制在二、三、四、五。运动时间定半年至八个月或更长。十一时毕。

下午，讨论上午宣读的文件。我发了言，表示：文件简而扼要，情况准确，政策分明。个人估计划黑线人物是可以的，但不论如何，决心革命。对周扬过分盲目崇拜，现开始对他的反党反社会主义有了认识，还要继续深入认识。要尽自己所知揭发，也要彻底揭发自己。至于最后如何处理，自己不考虑，对此也无包袱。晚，休息，与汉城、夏青、何为闲谈。

七月

一日　星期五　今日党的四十五周年生日,《人民日报》发了社论,《红旗》揭露并批判了周扬的反党反社会主义勾当。上午,仍座谈昨日报告。十时,班召开一部分司局长及单位负责人开会,动员集中批判周扬。下午,队里又动员。写了一张大字报揭露周扬在党的文艺工作会议上讲的一些黑话。晚,看电影《东方红》。

二日　星期六　晨,电话告玮今日不回家。上午,写发言提纲。下午,听传达学习文件及讨论题目。并写一大字报,揭发周扬。最近学习计划是一周集中揭发周扬,一周集中批判。发言提纲即为此准备。晚,入浴,洗衣,抄大字报至十时一刻。

三日　星期日　整日写发言提纲及看大字报。近日大字报深入提高了,出来很多系统揭发的大型报张。晚,将写完的提纲念给小组听,征求意见。

四日　星期一　上午,队部召集会,检查发言准备情况。下午,修改提纲,并找王曼硕回忆鲁艺整风情形。抄集体大型大字报前言部分。晚,张贴大字报,读新到《红旗》。十一时睡。

五日　星期二　上午,修改发言,翻看周扬《艺术教育改造》及《推陈出新座谈会讲话》等。下午,听传达中央关于彭、罗、陆、杨的文件。晚，看电影《桃花扇》，未毕即退，回楼读《红旗》及今日人民日报社论。洗衣服。十一时睡。

六日　星期三　上、下午，都参加一百三十余人（多半司局以上）小座谈会，揭发周扬。下午，我发了言，谈周扬在鲁艺整风中的表现和关于1963年"推陈出新"座谈会事。邵宇揭发：我说，戏曲研究院领导多，江青来领导的事。晚，疲甚，看了报纸，即躺下。马少波今日来，参加本组。

七日　星期四　继续开座谈会。连日来本组贴出大字报两张：一揭周扬推陈出新会上讲话，一揭周扬在戏曲界罪行。各协会人今日起参加集训班学习。

八日　星期五　今日整日参加座谈。晚，看电影侯宝林的《游园惊梦》，另一片《舞台姐妹》未看。洗澡，看报及《参考消息》。十一时一刻睡。

九日　星期六　七时半到八时半，学主席著作一小时，所学为《文艺座谈会讲话》最后一部，《人民内部矛盾》第五节，《宣传工作讲话》二、三、四节。

九时，听肖望东报告。

怎么样搞好文化革命，集训班。

想向同志们交交心，也希望同志们交心。这是我国的大事，也是大家每个人的大事。中央批转文化部的报告也传达了。

想讲两个问题：

一、怎样理解当前文化大革命的意义

这很简单，就是要把革命进行到底。

当前我国文化大革命的性质、意义，大家学习很多了，不要多谈了。总的说这回斗争是资阴谋复辟、我反复辟的一场你死我活的斗争，是挖修根子的斗争，根子是以周扬为首的。是巩固无专的斗争，关系到我党、国家、人民的头等大事，也是关系世界革命前途头等大事。在这场革命运动中，不同阶级、不同立场的人，会有各种不同的看法、态度。总之，可以分三种类型：一、广大工农兵、革干、革知，根据毛的领导及亲身体会，完全理解斗争对革命事业的重要性，热烈响应党的号召，积极参加斗争，向一切牛鬼蛇神进攻，他们成了这场革命的主力，在座同志中有不少是这一种。二、中间状态的。他们的态度是摇摆的，有重重顾虑，有不赞成，有怀疑，有的问题还有抵触。因他们没有确立无级世界观，在政治态度上是动摇的，对党是有疑虑的，对政策有不少模糊，甚至错误认识。对党的、政府的措施有时赞成，有时怀疑，有时反对，看对自己的利益如何。他们不是一心为革命，他们说过错话，做过错事，甚至还有攻击党的言论，有的人少一点，有的人多一点。不在乎说得多少，要从本质上找他的性质。这种人数量相当大。文革以来，也在迅速分化，少数靠左，多数仍中间。有人经过党与群众教育运动的发展，已渐向左靠，他们积极行动的表示。有的人与反党反社分子有千丝万缕联系，思想、作风、老同志、老部下、老上级。因此他们一面积极参加斗争，一面又怕烧伤了自己，他们犹豫、观望、动摇。运动离他们远点，即积极一点。与他近一点，即消极一点。这在运动的早、中、末期都会有，这对他是考验。我们观察，认识他们。其中少数错误较多，初期对"文化革命"认识不清，方向模糊，与反党反社分子有所共鸣。这些同志要快快回头，否则有变成反党反社的危险。可以说：共同特点，是小我主义，不是大我主义，不以党的、人民的、国家的、阶级的利益为重，一事当前，先为自己打算。顾虑很多，有时积极，有时消极。我们党的骨干的责任是耐心地教育他们，使他们同黑帮分子划清界限，分清敌我。如敌我不分，势必走上错误的路。我们已注意到把反党反社分子和拥护党而说错话的人分清，把有资学术思想和黑帮"权威"分开。对这些人，我们要在适当的场合批判教育。因此，谁敌谁友是一个革命者首要搞清的问题。工作队也要搞清楚，分清敌我，分清两者不同性质的地。对反党反社的牛鬼蛇神，不管多老、多高，要斗争。对工作队是合作、支持、帮助，还是给他们以困难呢？他们也可能办错一点事，我们要帮助他，诚恳指出。敌我立场清楚了，就会有共同的语言，大敌当前，要抬头看看形势。以党、以革命为重。只要听党听主席话，主动清理错误，认真接受群众批评，把肮脏的东西去掉。这些同志是有前途的。如仍徘徊、观望，不利于党不利于己。三、一小撮反党反社黑帮分子。他们十分仇视此次运动，仇视工农兵、革干、革知。要采取各种手段，制造各种闲言碎语破坏行动。还说没有三不主义了，知识分子要平等自由。我们对这些谰言要严加驳斥。我们要消灭资、修的文化。这两种文化是不同的，要摧毁资复辟文化，剥削人文化。我们提倡二百方针，但要根据六条标准捣毁一切资文化。他们是阶级敌人，我们和他们有什么平等、自由。因他们也没有和工农兵讲过平等。先用棍子打我们的，为什么不许我们回敬。他们有个阴谋，是挑拨我们和知识分子的关系。他们和帝、修的声音是一样的，是污蔑我们文化大革命。"知识分子犯了什么罪？"这话是恶毒的，包涵着对人民的深仇大恨。毛主席从来讲知识分子要有好几种人的，革命知识分子是革命的主力军，反党、反社、反毛的知识分子是与以上大大不同，是两个范畴。大量放毒，有不可饶恕的罪。要彻底清毒，发动全国来消。至于有资学的学术思想的，也要批判，但是属于人民内部的问题、党的政策要争取团结教育他们，不是要把他们彻底搞臭。现在有人搞阴谋，想拉拢他们，说也是反党反社的黑帮分子，以掩护他们自己。千万不要上当，受其拉拢。要及时揭穿，不能让他们挑拨离间，要提高警惕。因此有关文革方针政策问题，要及时学，学了有好处的，真要做到读主席书，照主席指示办事，不是容易的。有人怀疑文革是否当前形势下的一种策略？不是，是阶级斗争，是一个复辟反复辟斗争。如果不搞这一场革命，牛鬼蛇神就要更加泛滥。一个党阀，一个学阀，一个军阀，一个搞通讯联络的特务。在文化部，在艺术、电影、出版等各方面做了很充分的准备工作，迫不及待地要出笼。苏修就是这样和平演变的，我们要接受这个经验教训。他们以反对毛思为核心，而毛思是反帝反修，建社的思想武器，是灵魂和统帅。没有毛思，资就要复辟。反革命不打不倒。要站在党、人民的立场来看这场革命，才能看出其很大意义。

我们主要搞党内资当权派，大权不在党外人士手，但可以在后台。林彪同志说：如果有人要搞政变，你们出来拥护还是反对？当然，辨别是非很难，但如站在劳动人民立场也不难识别。

二、集训班如何办好

为什么要办班？要搞掉黑线，清理思想，夺取资把握的领导权。文化部（文联各协也有）有又长、又粗、又深、又黑的黑线。历史长，面广，危害大。周扬为首，彭、陆后台，林、夏、齐、邵、陈、田、阳是骨干，是王明路线忠实执行者，资钻进党内的反毛思的代理人。他们的文章向毛思猖狂进攻，放毒。许多单位没有我们的领导。

出版方面不出毛著，出了大量宣传中间……十六年来，毛著出了一千一百万（今年计划出一千五百万册，毛语录一亿册）。电影是夏、陈的天下，出了大量的坏电影（上百部）。艺术方面，舞台上是帝王将相、才子佳人；漫画是如何骂社主、人民；文物收了不少的遗老遗少，是藏垢纳污的地方，还有大量枪支子弹、大炮、飞机；文艺批判已按周扬的一套办事。干部方面大量的牛鬼蛇神，拿高薪，还写了大量骂党的文章。此情况，许多单位都有，工农干部与广大职工，受到苛刻待遇。为什么牛鬼蛇神那样仁慈，对劳动人民那样残忍。现在到了彻底清算的时候了。我们把司局以上及各单位负责人集中起来搞集训班，有好、比较好、问题多、严重四类。他们中有些人不能领导文化革命，而且千方百计阻碍运动的开展，甚至企图煽风点火。所以只有现在这样才能搞好运动。搞攻守同盟。所以搞工作队全面抓，搞得很好。

怎样办好？与文化部各单位运动紧密团结起来。打击面2.3.4.5。实现关键：一正确政策，二大家有正确态度。要分左中右，要自觉革命。

左派：依靠对象，越大越好。也可能有错，但听主席话，最坚决，最勇敢。所有能当左派的人要照上述条件。一、最听党、毛话，即学文件；二、最坚决、勇敢；三、团结多数（今天是左派与右派争取中间的斗争）；四、起模范作用，大公无私。

反党黑帮是集中打击目标，是一小撮。反动思想、立场根深。账要算，债要还。他们做了大量坏事，材料都在摆着。他们前途两个：一、彻底交待、揭露，受群众批判，争取重新做人；二、坚持反动立场自绝于党，于人民，何去何从，自己选择。

表现：一、代人受过的样子，说，这些话别一某人也说过；二、毁掉证据；三、威胁利诱，企图把水搞浑；四、蒙混过关。

中间状态的人，有些人说过错话，做过错事，思想问题较多，只要不反党、反毛思，我们始终把你看作我们家里的自己人。要加强教育，团结对敌，放下包袱，轻装上阵，要割断绳索。为了他们能认识错误，要给予适当的批判。中间偏右的人是知情人，应揭发，揭破他们威胁利诱的阴谋。现在不是党信不信任你们，而是你们信不信任党的问题。矛盾是可以转化的，你不向左靠就会向右靠。

以上意见，也可以说就是党的政策。

这是要把生活搞好，身体搞好。

下午，讨论上午报告，我发了言。五时半，放假回城。六时半，到家。饭后，到人民市场买带领汗衫等物。八时回，安谷、玮陆续回来。洗澡后，闲谈到十一时。

十日 星期日 晨，七时起，大阴而闷热，未出门。在家看报，与玮闲谈。上午，安谷去。午睡至三时，与玮上街，买西瓜回。清理带走物件。晚餐后，六时半，动身回集训班。七时半，到。洗澡，记日记。

十一日 星期一 上、下午，均座谈肖望东同志报告，并在讨论中带着问题学主席语录。晚，看报，写一简历给工作队。洗澡，洗衣。十时半睡。

十二日 星期二 上、下午，继续揭发周扬的座谈会。晚，看电影：《重钢干部参加劳动》《美丽的西双版纳》《林家铺子》。《美》片是一纪录片，但亦为一毒草，该片以猎奇观点拍的，与西方资产阶级所摄殖民地纪录片无异。

十三日 星期三 上、下午，继续参加座谈会。晚，组长找我谈话，要我继续揭发周扬。写了一个剧联解散时的材料，这是办公室要的，交组长转去。十一时，上床就寝。

十四日 星期四 上午，参加本组对周扬的批判会。中午，与汉城合作写一大字报揭发"推陈出新座谈会"。下午，读报。晚，抄大字报至十二时。

十五日 星期五 上午，拟一小组发言纲要，仍是揭批周扬。继又拟一准备在全班批判会上的发言大纲，仅开一头。又补充剧联解散时材料交去。下午，小组批判会。晚，看电影《不夜城》，是一美化资产阶级的片子。

十六日 星期六 上午,小组批判会,我发了言,是关于三十年代和鲁艺时期周扬的反革命活动的。下午,党的小组会,组长对我的发言很不满意。六时半,放假回家。热甚,晚饭后,入浴休息。

十七日 星期日 上午,重写昨日发言提纲。下午,与玮共念《人民日报》批判周扬文章。六时半,返集训班,与组长汇报思想情况。洗澡,再重写发言稿,开了一个头。十一时寝。

十八日 星期一 整日参加全班的周扬批判大会,发言者八人。余时抽空继续写发言提纲。十时二十分睡。

十九日 星期二 整日参加全班批判会,并抽空写发言提纲。晚,写提纲至十时。

二十日 星期三 整日参加全班批判会。晚,写提纲至十一时半。

二十一日 星期四 上午,开小组会,谈对全班批判会的感想。下午,组长宣布了学习毛著的计划,即分头准备每人发言。晚,写发言至十一时半。

二十二日 星期五 整日开全班大会。晚,看电影《地雷战》《前进中的上海》。

二十三日　星期六　上午,大会。下午,党小组会。六时,回家。饭后洗澡,写发言稿至十一时半。

二十四日　星期日　上、下午,均写发言稿。晚,返集训班。续写发言稿至十时五十分。

二十五日　星期一　上、下午,均开大会。晚,写发言稿至一时。

二十六日　星期二　晨,四时,起写发言稿至六时稿毕。上午,大会,发言者有王冶秋、赵沨。下午,我发了言,余有张仃、吕骥。晚,看电影《一个人的遭遇》。

二十七日　星期三　上、下午,均开小组会。由我交待与周扬关系,大家提意见。晚,洗澡,洗衣,翻看过去日记。十时半睡。

二十八日　星期四　上、下午均开大会,邵荃麟、陈荒煤发言。晚,开始写自我检查材料至十一时。

二十九日　星期五　上午,大会,夏衍、阳翰笙发言,项政委讲话。下午,小组会,宣布转入第二阶段,与林、夏、齐、陈、田、阳、邵做斗争,我队分工田、阳。

三十日　星期六　整日写大字报,我写了揭阳一张、林一张。下午,五时半,回家。晚,翻材料准备续揭发。

三十一日 星期日 上、下午,各起大字报稿一张。为孩子们写主席语录,张贴居室。六时半,返班。修改两大字报稿至十二时。

八月

一日 星期一 上、下午,各抄大字报一张。下午,并新拟并抄就一张。晚,看电影《红九连》《尖刀八连》《焦裕禄》《夺印》,纪念建军三十九周年。十一时睡。

二日 星期二 上午,传达华北局李雪峰同志宣布撤销大专、中学工作组的决定,和小平、总理、少奇同志的讲话。下午,座谈。我院文化革命领导小组姜永泰来,通知我明日回院检查。夜,写检查提纲至次晨四时。

三日 星期三 上午,八时半,与我院参加集训班的同志一同回院参加对我的斗争会。今日大雨,会场在帽儿胡同一旧式大厅中,我检查刚开一个头,即停止发言,由许多同志发言进行批判。下午,二时半,继续进行,六时止。晚,领导小组找我谈话,问对今天斗争的感想。八时半,回集训班,到时已九时余。洗脸后,组长谈话问我今日感想。十时未到即睡。

四日 星期四 今日仍回院参加斗争会。上、下午均开,大会毕,仍开小会问感想,要坦白。八时半,回集训班。热极,洗澡。澡后,与张组长谈参加斗争会的活思想。希望他帮助,他劝我坦白交行。续与何为谈思想。十时半后睡。

五日　星期五　今日仍参加斗争会一整日。六时半，回集训班。此会告一段落。饭后洗澡洗衣。

六日　星期六　上午，思考自己的检讨反省。下午，写一大字报稿揭发林默涵。晚，翻看过去文章，进行检查分析。十时半睡。

七日　星期日　上午，七时半到九时，学语录并和何为漫谈。九时，全组座谈，并看现行反革命反毛主席的罪恶活动。午饭后，集体写大字报声讨反革命。下午，肖望东同志来，宣布文化部撤退工作组的决定（中央决定撤销机关的工作组），并做了讲话。五时，小组座谈。晚饭后，翻看自己的文章。十时半睡。

八日　星期一　上午，学语录后，继续全组座谈中央决定和肖部长讲话，组长最后宣布中心工作是准备斗争林默涵。下午，做斗争准备。晚，听广播中中央关于文化大革命的决定，并继续准备。十时半睡。

九日　星期二　上午，小组学习决定。下午，继续。晚，看电影毒草《万象更新》，是美化资本家的，关于社会主义高潮的纪录片。九时，上楼抓时间写揭发林默涵发言。十一时睡。

十日　星期三　上午，小组继续学习中央文件，至九时，各自准备对林默涵的批判发言。下午，继续准备。晚，准备至十一点。

十一日 星期四 上午，小组会检查发言准备情况，对我进行了批评。下午，继续准备。晚，看电影新闻片及记录嘉定锡剧团活动的《姑嫂比武》。十一时半上床，一时半始入睡。

十二日 星期五 上午，准备发言。下午，斗争林默涵大会，是四队全体参加的，林默涵作检查。晚，小组会谈对下午会的感想意见，九时毕。回房翻1964年日记，准备继续揭发材料。十一时睡。

十三日 星期六 上午，继续准备发言。下午，队长宣布集训班不适应形势，决定即日取消。下午，即有单位来接走的，但研究院要在下星期一 下午才能来接。宣布后小组进行了座谈。晚，听八届十一中全会公报。

十四日 星期日 上午，集训班组长向院通电话，希望让我们先回家，院因今日人不在，不能决定，还是要明日下午来接。读报上十一中全会公报。与家中去电话，谈今日不能回家事，知安谷已回家，叫她不要等我。下午，拟一检查提纲。晚，看电影《红色背篓》。

十五日 星期一 上午，打电话叫小果来取部分行李回家。七时半，到大门等候，至八时半才来，取走东西已九时。理发。下午，四时半，院来车接。五时，至地安门院部。戴高帽，穿纸背心，与马远、晏甬、少波、汉城、吴祖光等，在院内游走，后开会斗争，宣布六条纪律，写决心书。晚，饭后，写大字报。

九时，回家，清行李，洗澡。十一时半，张玮回。睡。

十六日 星期二 今日起，我、马远、晏甬、马少波、舒模、郭汉城、吴祖光、陶君起、何为、林汉标、黄芝岗十一人同在一室学习。上午，开会谈昨日回院感想。下午，写林默涵材料。晚，继续。九时回。十时四十睡。

十七日 星期三 上午，写材料。下午，准备写新材料。晚，开党小组会，与何为、林汉标、舒模、晏甬、马远、马少波同一组，组长指定何为。

今日除每日例行劳动外，在食堂洗碗。

十八日 星期四 上午，学毛著后，与晏甬、马远、范寂安、李英同去安定门外运煤，这是为伙房及浴室用的，至十一时余。下午，将煤归入煤堆，二时半至四时半毕。五时，革委向我们宣布四条任务：一自己交待，二揭发别人，三学习毛著，四劳动改造。晚，写材料至九时。

十九日 星期五 上午，学毛著，亮活思想，同组对我又提了许多意见，最后念十六条。下午，写材料。晚，开始写系统交待。九时半，回到家。

二十日 星期六 上午，学毛著，学十六条。下午，劳动一小时，后开党的小组会。五时半，监改小组宣布星期日 回家、劳动事项及下星期搬到院内居住。六时，回家。晚，安谷回，和我谈思想一小时。

二十一日　星期日　整日写思想汇报，至晚十二时。休息时清理行装准备住到院里去。

二十二日　星期一　晨，六时，用自行车将行李搬到院里，小果随来带回车去。上午，交出思想汇报，并被叫去与马远对证包庇黄芝岗逃过反右派斗争事。下午，大雨，写检讨。五时，革委带马少波、吴祖光、马远和我冒雨到我们住所，贴大字报进行斗争。七点回，换湿衣服，匆匆吃饭，饭后整改小组召集开会谈感想到十时半。

二十三日　星期二　上午，开毛主席著作讲用会。下午，写材料。晚，续开讲用会，讨论各人所带问题是否准确。今日革命群众贴大字报，建议我们吃粗粮咸菜，晚餐已吃咸菜。

二十四日　星期三　上午，学习。革委会宣布要交出黑物黑书，取消高工资，发给生活费，交出存款，让出多余房屋和家具，剪发。下午，写交待材料，并交出第一部分。晚，读报。

二十五日　星期四　上午，革委会通知写马远材料。因自我检查第二部分已开始，故仍继续写，准备下午动手写马远材料。下午，革命群众审问我关于我听说要取消研究院时和马远有何密谋活动及工作队进点前如何破坏文化大革命行为。我因记不清回房翻日记，先写第一个材料，至夜十一时半未完。

二十六日　星期五　今天整天写材料。上午,完成昨夜未完成的那个交待材料。下午,交待在工作队进点前我和马远如何密谋破坏文化大革命。晚,交待我和贺敬之间的关系(俞赛珍、吴文玲的大字报提出的)。

二十七日　星期六　上午,写材料。下午,开党小组会谈活思想。晚,被带领回家,在家属前斗了一通。张玮十二时回,谈了如何搬房子事(革委会通知,搬到西头房子,交黑书、稿费,退保姆等事)。至二时寝。

二十八日　星期日　晨,五时半起,扫院子,打扫厕所。张玮一早即到评剧院上班。整理书籍,写书目。安谷回,要我好好交待,相信群众。与韩娘谈她的去处。下午,续清书。晚,在中院开斗争会。有晏甬、马远、黄芝冈、范寂安、刘雁声并有黄、刘家属,约两小时,挨了打,跪了。控诉者有李德福、徐特、刘永汉等,所谈为过去处理他们退职、调动等事。斗后,即领回地安门。十时半寝。

二十九日　星期一　今日开始在伙房劳动,学习切菜、添火等,这是我重新做人的一个开始,过去毫无生产知识,一定要好好学习,认真劳动。晚,写思想汇报未完。十时半睡。

三十日　星期二　今日仍整日在伙房劳动。晚,继续写思想汇报。十时睡。

三十一日　星期三　今日仍在伙房劳动。晚，写揭发马远材料至十一时。

九月

一日　星期四　晨，续写马远材料并交出。上、下午，仍在伙房劳动。晚，写一关于稿费的汇报。

二日　星期五　上午，在伙房劳动，中间叫回来开会，告诉马远材料写得不好，要继续写。会后去伙房劳动，这几天劳动主要是洗菜、切菜，如冬瓜、茄子、小白菜、土豆等。晚，想马远材料。十时睡。

三日　星期六　上午，在伙房劳动。下午，开党的小组会，大家批评我没有亮活思想。晚，留院，准备继续揭发马远。

四日　星期日　整日写揭发马远材料，记忆不好，脑子里想很久才能写出一条来，至晚十时半多毕。

五日　星期一　上、下午，仍在伙房劳动。晚，准备继续写材料。今日发生活费，发三人，我和两个小孩，共三十六元。交党费二毛。

六日　星期二　整日仍在伙房劳动，切洋白菜、洗带鱼等，中间被叫回为斗争俞珊作证，上、下午各一次。晚，看材料，准备写交待。

今日交出交待材料第二部分。

七日 星期三 整日仍在伙房劳动。晚,开党小组会,谈读了《用文斗,不用武斗》社论及何为、林汉标调出监改小组回到室里去的感想,至十时。洗衣服。

八日 星期四 仍整日在伙房劳动。晚,读报纸。

九日 星期五 上午,切菜伤指,削去指甲,到地安门诊疗所医治,暂时中止劳动,读《反对党八股》。下午,写了笔记。晚,搬运椅子,洗澡。

十日 星期六 整日在大院开会斗争马远。晚,革委会召集监改小组开会,谈感想及马远态度,并宣布明日监改小组单独开会斗争马远。毕,准备至十二时。

十一日 星期日 晨,开党小组会,谈今日如何开会。九时,吃上午饭。饭后开会至二时半。三时半,下午饭。饭后,洗衣,到地安门门诊部换药。四时半,小睡至五时半。晚,写一马远大字报。十时睡。

十二日 星期一 今日大会,继续斗争马远。晚,人大来调查冯其庸材料。

十三日　星期二　上午，写一关于接待苏联李福亲的交待材料。下午，到伙房帮厨。晚，开生活检讨会，对我的交待及劳动态度进行了批评。

十四日　星期三　上午，写揭发马远材料。下午，完成交出。晚，翻看日记，记忆材料。

十五日　星期四　上午，革委会宣布要求为张竞、李小仓等写大字报揭发。下午，续开生活检讨会。晚，至十时半毕。

十六日　星期五　上午，写一历年外出材料及有联系的人，交革委。下午，写黄叶绿、刘念兹大字报稿各一件。晚，革委因我交待、揭发不积极，进行了斗争，规定会后要写思想日记，并积极揭发，今天就要写对斗争会的思想汇报。写至十时半毕。

十七日　星期六　上午，写揭发马远大字报稿一张。下午，开党小组会，学林彪、周总理两人在最近来京革命师生大会上讲话及《红旗》十二期社论。晚，抄大字报至九时半。步行回家，整十时半。

十八日　星期日　晨，扫院、厕所。整日帮助家务劳动及做饭。晚，读报纸、首长讲话。擦澡，十时睡。

十九日　星期一　五时半，到院。上午，开小组会，写思想汇报，写一揭发马远大字报。下午，改大字报。晚，抄至十一时。

二十日　星期二　上午，写一关于劳动态度检查的思想汇报，并抄成大字报。下午，劳动擦汽车。晚，写一揭发晏甬材料，修改上午大字报，未完。十一时半睡。

二十一日　星期三　晨，修改大字报毕。上午，再写一揭发晏甬材料，并抄成大字报。写昨日擦汽车的思想汇报。下午，擦汽车，将上午汇报抄成大字报。

二十二日　星期四　上午，写交待广州会议及到粤东、福建材料，未毕。下午，擦汽车。晚，续写至十时。仍未毕。

二十三日　星期五　晨，写一劳动思想汇报。上午，继续写交谈材料，仍未完。十时，开了一个这几天劳动的检讨会。下午，继续擦车。晚，续写材料，至十时。

二十四日　星期六　上午，写完广州会议材料交出。下午，开党的小组会，学《红旗》十二期社论，对我在研究院的干部政策进行了批评。晚，看报。

二十五日　星期日　晨，起大扫除至九时。九时半，上午饭，在伙房劳动。毕，回来继续大扫除。十二时，洗衣服。一时半午睡至二时半，起重续《红旗》十二期社论，并写笔记。下午，饭后，读材料，准备写交待。

二十六日　星期一　上午，开小组会，检讨生活，交待等。下午，写两次到湖南交待。晚，李庆成、栾冠华、朱颖辉、宋学良、戴淑娟和我谈交待中的许多问题，并谈，以后有问题找李庆成谈。

二十七日　星期二　上午，到厨房剁包子馅。十时回，随宋学良回家取几次出国日记交革委。回院续写去湖南材料毕交出。下午，剧协来人调查赵寻广州会议材料，谈约两小时。晚，将寻材料写成书面揭发交出。

今日感冒，浑身酸疼，下午服羚翘解毒及通宣理肺各一丸，晚睡前又服各一丸。

二十八日　星期三　上午，重读《内矛》《宣传讲话》中有关"二百"部分。革委通知十一不放假。写到广西交待，未毕。下午，续写，仍未毕。叶枫宣布舒模归室，薪金全发、自由交党费。晚，写一思汇报谈以上两点感想。

感冒见好，晚再服二药各一丸。

二十九日　星期四　上午，小组开会谈对昨日两点感想。下午，续写到广西交待。二时四十分，开我的小斗争会，追问到印度的事。晚，栾冠华、朱颖辉、戴淑娟、安文琳和我谈话，问下午斗争会想法，我要求书面写出。八时半，洗澡。

三十日　星期五　上午，发工资，我留下七十元，将二百二十元交党费，并写一汇报。下午，小组开会学习32111。安文琳宣布不放假，并准备迁回大楼。晚，晏甬向小组党员传达支部意见,这次党费交得很多,要酌情安排生活,保证身体。党的关怀,挺感动。收拾大字报。

十月

一日 星期六 今日国庆。上午,刷院子里墙上的大字报。至八时,帮厨。下午,仍帮厨。晚,写到印度交待。

二日 星期日 整日写到印度交待。晚,写吴雪印度材料。

三日 星期一 上午,写吴雪材料毕。中午,洗衣。下午,读其余出国日记。晚,继续。

四日 星期二 上午,清扫全院房屋,搬家具。下午,继续,并搬家装车。

五日 星期三 上午,装车,随车搬回八条大楼,卸车,清扫一楼,安排住处。下午,继续清扫。晚,打扫大礼堂。洗澡。九时半睡。

整日下雨。

六日 星期四 上午,为大楼房间搬家具,为伙房运煤。下午,开生活检讨会,讨论国庆以来劳动中的思想状况及态度等。晚,继续开会。

七日 星期五 晨，打扫后院（以后每日固定）。上午，劳动：运煤、运砖、打扫东大门内。下午，写材料，交待第一次去苏联的事。晚，继续，未写毕。

八日 星期六 上午，运煤。下午，续写材料。晚，回家取粮票等物。今日宣布不放假。

九日 星期日 早，洗衣服。九至一时，运煤。一时后，继续洗衣。二时午睡至三时。晚，疲倦特甚，读报之外，惟休息。九时半早睡。

十日 星期一 上午，运煤。十时，文联来调查阳翰笙材料。下午，写阳翰笙材料。晚，续写第一次去苏材料。

十一日 星期二 上午，到东直门外小关宿舍运家具回院。下午，学习，写学主席著作心得。晚，到四楼搬家具。八时，学习林彪同志关于学习主席著作最近指示，及《解放军报》为此所发社论。

十二日 星期三 上午，看本院浪费展览，并被革命群众质问，简谈了感想。下午，撤展品，运煤。晚，开会谈看展览感想，范寂安、马强参加，批判了范。

十三日 星期四 上午，运煤，今日运毕。下午，写学习主席著作心得，这次学的都是革委会指定让我学习的。晚，继续写完。

十四日 星期五 上午，打扫东大门场地准备堆新煤。下午，写去苏联交待材料。晚，续写。

十五日 星期六 上午，收拾煤球。下午，开党小组会，谈对"文化大革命"认识及群众自己解放自己的认识。晚，饭后打扫一楼走道。七时，回家。

十六日 星期日 六时半，打扫院子。早饭后，清理棉衣。与玮共做饭。饭后午睡至二时半。清理前院的用品。晚，写徐迈进材料。十时睡。

十七日 星期一 六时前，回院，打扫后，续写徐迈进材料毕。上午，为院门前杨树挖坑浇水，劈劈柴。下午，开生活研讨会。晚，写去苏交待。

十八日 星期二 上午，糊四楼礼堂窗缝。下午，学习《红旗》十三期社论及十六条。晚，续写第一次去苏材料。

十九日 星期三 上午，糊窗户缝。下午，写去苏交代。晚，续写毕。

二十日 星期四 上午，仍糊窗。下午，修改去苏材料毕并交出，看第二次赴苏材料。晚，继续。

二十一日 星期五 上午，在食堂糊窗。下午，擦自行车及收拾车棚。晚,准备写李刚材料。

二十二日　星期六　上午,糊一楼窗户。下午,开党小组会,谈学习老三篇心得。晚,休息。

二十三日　星期日　上午,清理后院石屋、车棚。下午,写李刚材料。晚,续写毕。九时半睡。

二十四日　星期一　上午,糊二楼窗户。下午,继续。晚,看材料。

二十五日　星期二　整日卸煤。晚,开一小会谈劳动态度、劳动组织等。九时半睡。

二十六日　星期三　整日卸煤。晚,休息。

二十七日　星期四　上午,与湖南来人谈周立波材料至十一时。糊二、三楼楼道窗户。下午,学习,读王道明材料。晚,翻看《戏曲研究》。整日大风,天骤冷。

二十八日　星期五　上午,布置三楼客房。十时,开生活研讨会,批判黄芝岗。下午,继续。晚,读报,漫谈我国带核弹头导弹发射成功。

二十九日　星期六　上午,打扫后院东头,继在大门前擦避风阁玻璃。下午,党小组会,谈学习老三篇心得。晚,打扫后院后即回家。在家晚餐。

三十日　星期日　七时，打扫宿舍前院。早餐后，与玮清理衣服未毕。院中叫来劳动，因150红卫兵来住，为他们预备地方。十二时，回家吃饭。二时，再至院劳动，四时归。五时，与小珍上街买日用物品，至人民市场，甚挤，六时回。晚，继续清理衣服。十时睡。

三十一日　星期一　上午，继续为红卫兵布置住处。下午，参加义务劳动修路。晚，洗澡休息。

十一月

一日　星期二　上午，清扫五楼。下午，运砖盖棚为存放劈柴。四时，开生活检讨会。晚，续报上纪念鲁迅文章，到四楼礼堂卸幕。

二日　星期三　上午，布置外地红卫兵住处。下午，盖棚。监改组宣布每晚可回家住宿。晚，开会谈回家住宿应注意事项。八时半，回家。

三日　星期四　上午，与晏甬、马远、郭汉城一道对有关李刚、赵斐材料。下午，修路。晚，看李刚培养戏曲二代的文章。九时，回家。十时睡。

四日　星期五　上午，在小院防空洞内抹水泥，此洞将用来窖白菜。下午，写李刚材料。晚，继续写成。九时，回家。张玮尚未归，至十时始回。十一时睡。

收到安谷给张玮信，她已由长沙到南昌。

五日　星期六　上午，抄李刚材料，劈柴。下午，开党小组会。马少波批评我劳动态度。晚，学习林彪同志第五次向红卫兵革命群众讲话。八时返家。京生来，他是来京串联的，坐一会即去。十时寝。今日领薪，交党费150元。

六日　星期日　上午，劈柴。下午，写思想汇报。晚，续写毕。读霍查在阿党五代会上报告。九时，返家。韩娘来，寒暄至十一时。

七日　星期一　上午，清除院大门前修路时积土。十一时，扫除后院东大门一带。下午，学主席著作。晚，继续。九时，回家。

八日　星期二　上午，清除院大门前西面土石，平整地面。下午，学习，读主席关于抗战初论统一战线的论著。夜，继续至九时。回家后，玮未归，等至十时半始回。

九日　星期三　整日在厨房洗碗。晨，七时至九时毕。午，十一时四十五分至二时毕。晚，五时至七时。甚疲，每洗毕回宿舍，辄睡一小时。整日未做其他工作。九时，回家。

1966年

十日 星期四 整日洗碗。

十一日 星期五 上午,为防空洞抹水泥打下手。下午,学习,读报。

十二日 星期六 上午,仍为防空洞抹水泥。十一时,卸白菜。下午,继续卸。七时,回家。袁凤霞等在,九时去。

十三日 星期日 晨,扫院。上午,做饭。十时,苏丹来找玮,十一时去。中午,午睡一小时余。下午,与玮洗衣服。

十四日 星期一 上午,翻晒白菜,清除炉灰渣。下午,读报上纪念孙中山和海上猛虎艇的文章,收白菜。晚,拟一自我检查提纲。九时,回家。

十五日 星期二 上午,翻白菜。上海戏剧学院来调查孙浩然材料,谈至十一时半。下午,开党小组会,谈马少波和我之间相互批评的事,我作了自我批评,马也作了。晚,读报。

十六日 星期三 整日在厨房洗碗。晚饭前,安文琳宣布增加劳动任务,因串联的人来院住宿者增多。晚,回家,玮告我,小果已到东单等车出外串联。

十七日 星期四 整日仍在厨房洗碗。晚,在广播中听新闻。九时,回家后,与玮共同收拾厨房,准备暂作韩娘回来住处,冯霞来帮忙。十一时睡。

十八日　星期五　上、下午，均整理白菜并入窖。四时，洗澡。晚，听广播新闻等。

十九日　星期六　上午，继续整理白菜并入窖。下午，学习《以毛主席为代表的无产阶级革命路线的胜利》和《再论提倡一个公字》两文件并漫谈。五时半，下班回家。韩娘今日回。玮今日整四十生日。

二十日　星期日　上午，看文件。下午，帮玮整行装。帮韩娘生新买的蜂窝炉。冯霞来，共同装烟筒。晚，饭后甚疲，收拾食具后，稍坐已十时，即寝。

二十一日　星期一　上午，整理白菜。下午，给厨房煤球垒砖围，给大锅炉清理煤渣。晚，甚疲，自七时半睡至八时二十分，甚熟。听广播。九时，回家，看文件。十时半睡。

二十二日　星期二　晏甬生病，今日代他在厨房洗碗一天。晚，听广播。九时，回家。玮在准备行装，太忙乱。看了会文件，十一时半睡。

二十三日　星期三　整日在厨房洗碗，今日人特多，午间洗碗约一千，费时三个钟头。玮今日与冯霞等八九人徒步出发赴延安。晚，得小果自长沙来信，心稍安。今日《光明日报》在一篇揭发周扬在戏曲研究院反动活动文中,多次点我之名,并冠以周扬党羽、反革命修正主义者之形容词。

二十四日　星期四　整日仍在厨房洗碗,人极多,洗碗千余。午、晚二食均如此。今日大风,念玮徒步途中,不知身体如何。

二十五日　星期五　上午,整理白菜,入窖。下午,读报。晚,得安谷自上海来信,云候车回京而买票不着,已有票者亦因无车而不能成行。得五一自本市发信,云来京串联。

二十六日　星期六　上午,白菜入窖毕。下午,从汽车上卸草帘,并运部分上四楼,给来京串联者做卧具。五时半归,在家晚饭,饭后翻看《鲁迅日记》等。

二十七日　星期日　整日在食堂洗碗。下午,睡两小时。晚,看鲁迅书,听广播等。

　　得小果自长沙来信,云将去上海。

　　得马小虎自广州来信,担心小果,不知其上车否。

二十八日　星期一　上午,清理暖气锅炉炉渣。下午,看鲁迅书。晚,继续。返家后甚疲,十时即寝。

二十九日　星期二　上午,倒白菜窖。下午,晚上,均看鲁迅书《且介亭杂文》。安谷回京,她的男朋友从车站接来,在此中饭。晚上,回家时,仍在。九时余,始回校。

收到玮自定兴来信。

三十日　星期三　整日在厨房洗碗。午后，小组内念了江青、恩来二同志在前日文艺界大会上的讲话。晚，座谈，因时间短未成。

十二月

一日　星期四　整日洗碗。晚，读报。

二日　星期五　上午，读报上关于秦岭汽车司机事。党委会宣布：取消监改组，从明日起迁回大楼，八时上班，五时半下班，劳动自愿。下午，小组讨论，一致同意坚持劳动。五时半归，在家晚餐。晚，读报。十时半睡。

　　自去集训班至今日，为时五个月另十七天。

三日　星期六　下午，开党小组会，讨论江青、恩来两同志对文艺界讲话，及解散监改组问题。晚，回家，安谷来，带来外间流传的毛主席三十七首以外的诗词等。

四日　星期日　整日生病，疑为重感冒。与安谷闲谈，谈及她的男朋友问题。下午，安谷回校。

五日　星期一　仍生病。下午，至中医学院附属医院看病，取汤药二剂。晚，饮药睡。

六日　星期二　晨，发现痰中带血，疑是肺炎。十时，上街准备乘车去朝阳医院，以人多上不去折返。下午，一时半，再去，步至东四候车一小时半，才上车。到送院三点半就诊已五时半，又透视、取药，六时十分始毕。抵家已七时。幸尚不是肺炎，所给药咳必清、四环素、甘草合剂，另打了一针青霉素。

　　晚，小果串联回来，他这次到了长沙、韶山、上海。人也胖了。

七日　星期三　服药甚见效，整日在家静养。中午，上人民市场想买棉大衣，未成。

八日　星期四　今日上班。看了一些大字报，是关于我院革委及文化部党委检查资产阶级路线的。下午，读数天来的《人民日报》。韩娘给买回棉大衣，价廿元一角，布票二丈一尺八寸，棉票二张。

九日　星期五　今日上班时，门口贴了一张"警告张庚"的大字报，说监改组撤销后，我又不参加劳动了，恢复了当官做老爷的生活。这对我是个警惕，监改组撤销后我生了几天病，思想上是松弛了，我应当很好地警惕自己，刻苦坚持世界观的改造，老老实实从事劳动，接受革命群众的监督。上午，我写了一张大字报表示衷心接受。今日开始劳动，扫楼前楼后一遍。

十日　星期六　上午，扫楼道、门口。学习文艺座谈会讲话，有些收获。下午，开党小组会，谈学习江青、总理讲话感受。颜长珂等一战斗组来通知将要对我总攻;要大家星期一开一会,谈读江青、总理讲话后活思想,要先写提纲。五时半,回家,收到玮自完县来信,五日发。晚,写回信。

十一日　星期日　今日帮厨。三餐,每餐约四十分钟,扫地、倒洗碗水、抹桌等,有什么做什么,事情不太固定。上午,安谷和她同学来,是送同学的弟弟回白城子,在此包饺子、吃晚饭,晚七时余去车站。志儒来看安谷,在此晚饭,饭后亦去。晚,写发言提纲至九时四十。

下午,发玮信,寄唐县。安谷、果、珍均写了信。

十二日　星期一　上午,学文艺座谈会讲话。下午,到护国寺梅家运家具什物存院。晚,疲甚,休息。

十三日　星期二　上午,到梅家运家具,修改发言提纲。下午,"坚持大方向"战斗组(黄菊盛、王兴仁、肖漪、简慧等)找去谈话,让谈国庆节以来思想情况,最后要求订出劳动计划,并让在十天内写出系统检查。继为来调查王季愚材料的谈材料,至五时。回组后,党小组开会传达革委对本组工作学习等所做的规定。晚,写一劳动和交待计划,并写王季愚材料至十时半。

十四日　星期三　今日起,每早扫门前和风阁内外,及擦大门玻璃。上午,小组开会谈对江青同志讲话感受,马少波等数人对我的发言提出批评,认为没有认真准备。下午,翻白菜,写补充提纲,准备明天再发言,并抄清王季愚材料。将劳动交待计划交肖漪,王季愚材料交王兴仁。晚,思考写交待,未动笔。至十时半。

十五日 星期四 上午,开始写交待材料。下午,到厨房运煤。晚,继续写交待材料。十时,本院专修科毕业生来家造反,贴了对联横披等,继又随到晏甬、马远家造反,至十一时半才回。
今日收到玮自唐县来信。

十六日 星期五 上午,继续座谈江青同志讲话,我做了补充发言,晏甬、郭汉城提了意见,我发言接受大家批评,决心改正。下午,继续运完煤。四时,再读《夺取新的胜利》。晚,继续写交待材料,并翻读主席有关著作,鲁迅有关文章。

十七日 星期六 日记缺。

十八日 星期日 上午,继续写交待材料。十时,安谷、小果回,潘玉山同来。下午,给玮写信。五时半,上街发信。晚,安谷、玉山去。读文件。十时半睡。
收张玮自曲阳来信。
发张玮信,寄平山滚龙沟大队。

十九日 星期一 上午,抄自我检查。十时,运炉渣。下午,继续抄写《三十年代》一节交给肖漪。并开始写在鲁艺一节。晚,续写至十一时。

二十日　星期二　上午，读文艺座谈会讲话，为了检查延安阶段。继读《红旗》十五期上王力等三人写的《无产阶级专政与文化大革命》。下午，再读，做一提纲，准备学习讨论会上发言。晚，续写交待至十一时半。

二十一日　星期三　上午，李淑芳将我的交待拿来，要我抄成大字报，即动手，未抄完。下午，专修科学生开会斗争我、晏、马等人。晚，抄大字报至八时半。回家后，读林彪同志在中央工作会议上讲话。九时半即睡。

二十二日　星期四　上、下午，继续开斗争会，开毕。晚，在家续写交待至十时。

二十三日　星期五　上午，重读陈伯达同志《两个月的总结》，并想写一张关于两天来斗争会的大字报。下午，卸从梅家运来破家具。并起大字报稿，未完。晚，卒成，已十时半。

二十四日　星期六　今日帮厨。其余时间写斗争会大字报稿。

二十五日　星期日　上午，到东四浴池洗澡理发，九时去至十二时半才回。下午，读斯诺《毛泽东自传》至晚。

二十六日　星期一　上午，抄斗争会大字报，交出。下午，到走廊看大字报，有苏国荣对我的交待的大字报的批评。继翻看主席三五到三八年间有关统一战线问题的讲话、著作，并作一按年排列的表。考虑继续写交待的问题。晚,继续写交待材料至十时。

二十七日 星期二 上午,抄交待材料。下午,到朝阳医院看病,十二时半出发,五时回,主要挤车甚费时间。经诊断是支气管感染,开青霉素二针,带回七针,准备在七条口诊疗所打,量血压 180/100,给了降压药。晚,疲甚。眯盹至八时半。修改交待材料至十一时半。

二十八日 星期三 上午,修改交待材料鲁艺部分。中午,饭后到七条口诊疗所打青霉素。下午,考虑交待材料第三页内容。看报,看大字报,翻白菜窖。五时半,再去打青霉素(以后每日打两针)。晚,翻笔记本,考虑交待。

二十九日 星期四 整日帮厨,累极。今日打针一次,是下午二时去的。

三十日 星期五 上午,打扫楼道等。抄改交待第二章,交给肖漪。下午,读文件、传单,并考虑第三章提纲。晚,继续考虑提纲,读毛主席最近一些讲话的记录。

今日收到张玮自滚龙沟来信。

三十一日 星期六 上午,清除暖气炉渣。杜清源找去问:在《红灯记》修改时,我曾打电话给阿甲,谈了些什么?我对这事全然记不起来了,答应记起来再告诉他。下午,看《井冈山报》上关于揭发刘少奇的文章。

1967

一九六七年

一月

一日　星期日　今日元旦放假。早，八时，起床。早点后，读毛主席在中央工作会议上的讲话等文件。九时，安谷、潘玉山来。中午，吃饭喝了一点酒。晚，又与潘喝了一点酒。安谷等住此。

二日　星期一　上午，给玮写信。中午，共吃饺子。下午，到东四邮局发信。晚，饭后安谷等去。灯下读《人民日报》《红旗》元旦社论《把无产阶级文化大革命进行到底》。

三日　星期二　今日上班。上午，再读《人民日报》《红旗》元旦社论。下午，读姚文元《评反革命两面派周扬》。晚，读一些零碎短文件。

四日　星期三　上午，李德元等的工人战斗队在食堂开了一个小型斗争会，我们组除黄芝岗外，全体都去了。会后，在食堂搞清洁一整天，到下午五时完。晚，写一监改组撤销后劳动生活情况的汇报，这是斗争会上要的。十时半寝。

五日　星期四　整日在食堂帮厨。上午，还清除了暖气炉渣。晚，写劳动思想汇报大字报至八时半。

今日发工资，交党费百元。

六日　星期五　整日帮厨。写交待揭发部党委资产阶级反动路线

1967 年

大字报稿,至晚十一时。

收到玮自阳泉来信。

七日　星期六　上午,继续修改誊清揭发部党委大字报稿。下午,到七条口看病,因感冒休息半天。安谷今日取去生活费 20 元。

八日　星期日　整日因感冒咳嗽而休息。

九日　星期一　将稿抄成大字报,时间花了一整天,中间因代晏甬到食堂帮厨,午、晚二顿。下午,玮归。晚,谈至十一时。

十日　星期二　十时,清炉渣。下午,仍到七条口看病。二时半回,继续写揭发材料。四时,专修班学生找去谈话,要承认是将四年学制缩短至三年,因非事实,未承认。五时,续写揭发。晚,与玮谈至九时。

十一日　星期三　整日帮厨。其余时间续写揭发。

十二日　星期四　整日帮厨。

十三日　星期五　整日到东郊十里堡煤场运煤,上午一趟,下午两趟,共运十二吨。晚,到东四浴池洗澡。

十四日　星期六　上午,仍到东郊运煤一趟,三吨。今日风甚大。下午,开党小组会,讨论人民日报社论,即反对经济主义的。

十五日　星期日　安谷、玉山来，晚去。八时半，听《人民日报》和《红旗》本年第二期社论《革命造反派大团结》。

十六日　星期一　上午，清炉渣。下午，因咳嗽感冒，到七条口诊疗所看病。写揭陶铸材料未毕。晚，感冒不适，休息，十时睡。

十七日　星期二　整日在食堂劳动，卸煤。写陶铸材料。

十八日　星期三　整日在食堂劳动，卸煤，写陶铸材料毕。今日小果与他们同学徒步出发去延安。

十九日　星期四　上午，到中医学院附属医院看病，到后，门前人甚拥挤，原来此处破获"工农红旗军"反革命组织，今日停诊，乃归。下午，到朝阳医院看病，六路电车仍挤不上，但一、九、十二等路车秩序已良好。二时到院，挂号后，等候两个半小时，才看上病。五时，回办公室。晚，因疲倦，九时半即寝。今日于本院广播中听到文化部已由革命左派夺权。

二十日　星期五　上午，扫风阁，清炉渣。下午，读今日京沪报纸社论。晚，看到一张油印传单上的毛主席四点指示，后抄录之。

二十一日　星期六　上午，扫风阁、一楼楼道楼梯等。读报，看大字报等。下午，仍读报，看大字报。晚，休息。

二十二日　星期日　上午，到隆福寺浴池洗澡。下午，看文件，与玮谈学习。晚，早休息。

今日为我五十六岁生日。

收到小果自良乡来信。

二十三日　星期一　整日在食堂劳动。修改两个揭发材料。

二十四日　星期二　修改两个揭发材料。

二十五日　星期三　上午，修改抄清两个揭发材料。下午，拟去朝阳医院，因车挤时间又稍晚，乃在东四买四环素归。到院，清理四楼东头大房子，因串联者大多已去，房已空出，清完即下班。

二十六日　星期四　看有关戏改材料，准备写第三篇检查。

二十七日　星期五　看材料，做摘记，在食堂劳动。

二十八日　星期六　仍看材料。收小果信（自易县）。

二十九日　星期日　上街看大字报，见有关文化部夺权及穆欣十大罪状等。安谷、玉山来。

晚，小果自狼牙山回来。

三十日　星期一　整日拟检查第三部分的提纲。晚，继续，初步写完。

三十一日　星期二　动手写第三部分检查。上午,因广播太响未写下去,读了《红旗》第三期社论《论无产阶级革命派的夺权斗争》。下午,续写一千五百字。晚,甚疲,未工作。

二月

一日　星期三　整日写检查第三部分,未完。劳动仍是清扫。读到周总理谈夺权的讲话,将情况分为:黑帮、资当权派、资路线、严重错误、一般错误等五类。下午,到八条口中药店大夫家看病。晚,服药一次。

二日　星期四　上午,写检查,清炉渣。下午,续写检查。

三日　星期五　上午,到东郊青年路运煤。下午,将煤卸到食堂灶火后院,未完。

四日　星期六　下午,继续卸煤。毕,洗澡。晚,在家读林彪同志在中央工作会议上的讲话。

五日　星期日　读《韩子栋谈"渣滓洞"》(韩是《红岩》中华子良的模特儿)。并到人大门口去看大字报,有主席、林彪同志谈文化大革命,有主席谈广播台夺权后左派必须团结的问题等。今日整日在食堂劳动,星期日　,吃两顿,人甚少,两顿合起来不足三十人。

六日　星期一　整日写检查第三部分,尚未毕。

七日　星期二　上午,写检查。下午,从四楼向二楼搬新椅。到食堂清扫至四时。洗澡。

八日　星期三　上午,清炉渣。写检查。下午,写检查毕初稿。今日除夕,安谷、玉山来,在此晚饭。十一时余始寝。

九日　星期四　今日春节,不放假。上午,清扫后到四楼礼堂布置会议桌椅。翻看材料,准备写检查第四段。今日晨、午雪,傍晚晴。

十日　星期五　清扫后,翻看材料。下午。继续。

十一日　星期六　整日在食堂劳动,其余时间看材料。今日头痛、咽喉痛,服清膈丸二丸。

十二日　星期日　上午,上街看大字报,买牙刷肥皂等。下午,休息。

十三日　星期一　上午,翻材料,读毛主席关于学校教育的谈话及其他文件。下午,抄录一部分。服清膈丸二丸。

十四日　星期二　上、下午，均翻读材料。

十五日　星期三　上午，到安定门外煤厂运煤二趟。下午，将食堂的煤一吨卸在食堂。

十六日　星期四　今日在食堂劳动，其余时间看材料。上午，中国音乐学院来三人调查马可材料。

十七日　星期五　整日写马可材料。下午写完。

十八日　星期六　上午，看材料。下午，抄马可材料毕。除炉渣，洗澡。

十九日　星期日　上午，到人大看大字报。理发。下午，在家休息。

二十日　星期一　上午，扫雪，读毛主席的一些文件的节录（是油印的），读材料。下午，续读材料。
　　将马可材料送交安文琳，未收。

二十一日　星期二　上午，读材料，草第四段检查提纲。下午，继续毕。

二十二日　星期三　整日读材料，并在食堂劳动。晚，在广播中听《红旗》第四期社论。

二十三日　星期四　整日将1963年日记作一大事摘要。下午，读《红旗》第四期社论《必须正确对待干部》。

二十四日　星期五　上午，打扫，摘材料。下午，继续摘材料。四时半，上街买物未成。作一六三年推陈出新座谈会时的检查提纲。

二十五日　星期六　上午，继续摘材料。下午，到安定门和东郊青年路各运煤一趟。洗澡。

二十六日　星期日　上午，上人民市场买抄本，并到人大门口看大字报。下午，休息。

二十七日　星期一　读了总理给财贸口造反群众和司局以上干部的两个讲话，是较详细的记录。十时，清运煤渣。下午，清理堆煤场，毕，洗澡。晚，整理检查提纲。

二十八日　星期二　今日在食堂劳动，其余时间整理六四年材料。晚，读《谭浩强给中央文革的信》。

三月

一日　星期三　整日整理64年材料，并重读《必须正确地对待干部》及其他文件。下班后，到裁缝店取衣服。

二日　星期四　上午，开始写检查第四段。下午，文联有人来调查刘芝明材料。晚，续写检查第四段，写得不多。

三日　星期五　上午，写刘芝明材料。下午，到东郊运煤，今日大风，煤尘漫天，扑面迷眼。晚，甚疲。

四日　星期六　仍大风，上午，到东郊运煤。下午，写刘芝明材料，仍未完。今日发工资，交党费五十元。

五日　星期日　上、下午，在家续写检查。

六日　星期一　上午，正写刘芝明材料，京剧院东方红来我院造反（无产阶级战斗队）。下午，写完刘芝明材料。

七日　星期二　今日整天在食堂劳动，又恢复了洗碗。下午，将检查第四段写成。

八日　星期三　今日整日到东郊运煤。

九日　星期四　今日开始写检查提纲第五部分。

十日　星期五　今日写完检查提纲第五部分。读完毛主席《选集》以外"京工"所收集的1960至现在的著作集。

十一日　星期六　整日读毛著。上午，洗澡。下午，读毛主席工作方法六十条。

十二日 星期日　在食堂劳动。晚，给玮念我所写的检查，听取她的意见。

十三日 星期一　上午，读毛主席五八、五九年的一些讲话。下午，写检查最后部分，未完。

十四日 星期二　上午，写检查最后的一个尾巴，毕。清炉渣。下午，补写检查下乡部分，未完。

十五日 星期三　上、下午，补写部分写完。

十六日 星期四　整日将检查抄清，边抄边改，抄成两篇，得六千字。

十七日 星期五　改第三段，未完。

十八日 星期六　上午，改、抄第三段，抄了一部分。下午，看病，血压180/120，医生批休息半日一星期。到王府井买物，买小报多种归。

十九日 星期日　清理衣服。安谷、玉山来，将羊皮大衣一件给玉山。在食堂劳动。因是星期日，只吃两餐饭，人也不多，活很轻。

二十日　星期一　上午，继续改、抄检查第三段。下午，未上班，午睡至二时，起仍抄检查至五时。晚，九时半睡。

二十一日　星期二　上、下午继续改抄第三段毕。

二十二日　星期三　上午，继续改抄第四段。下午，电影学院来调查钟敬之材料至三时半。去后，读抄改第四段，未完。

二十三日　星期四　上午，中国音乐学院有人来调查马可材料，只是与前不同的战斗队来调查的。去后，抄第四段毕。下午，抄第五段毕。将床下书取出放入书橱。

二十四日　星期五　上午，写思想汇报。下午，到朝阳医院看病，顺便到王府井买单鞋，血压170/100。

二十五日　星期六　今日在食堂劳动。其余时间，上午，又有音乐学院来人调查马可材料，抄清了思想汇报。下午，抄写马可的材料（这材料上次已写出来了）。洗澡。

二十六日　星期日　今日在家休息。晨，起扫院，择豆芽。下午，安谷、玉山来。晚，小果放幻灯，放毕，安谷等回去。

张 庚 日 记

（三）

1988—1998

张 庚 著

中国戏剧出版社

1987年5月11日，张庚（站立讲话者）在东北鲁艺3团建团40周年纪念会上

1987年12月10日，张庚在天津戏曲博物馆题字

1988年，张庚（前左）和曹禺（前右）、阿甲（后左）、刘厚生（后右）在中国剧协

1988年12月,张庚(右一)在天津观看《曹操与杨修》后同导演马科握手

1991年11月,张庚(前左一)和朱茗仙、叶露茜、凤子、董启翔、姚时晓、吕复、葛一虹、舒强、曹孟浪等在左翼剧联60周年,田汉诞生94周年纪念会上

1991年6月,张庚在南京晚晴楼

1994年,张庚(左)与葛一虹

1995年夏,张庚(前排左一)和(前排左二起)吴雪、林默涵、万国权等在全国政协京昆室

1999年3月4日,张庚(前坐者)和延安鲁艺戏剧系2期学员潘之汀、陈强、王礼易、沈定华在延大校友会上(音乐系学员林里 摄)

2000年5月19日，张庚（左）和赵毅敏（中）、吕骥（右）在人民大会堂

2002年国庆前，张庚、张玮在国家博物馆前

张庚在看展览

目 录

一九八八年…………1

一九八九年…………43

一九九〇年…………97

一九九一年…………157

一九九二年…………225

一九九三年…………285

一九九四年…………343

一九九五年…………403

一九九六年…………461

一九九七年…………509

一九九八年…………561

编后记…………573

1988

一九八八年

一月

一日　星期五　上午，看张伯中夫妇。

二日　星期六　寄沈阳音乐及江西老年文联题字（挂号）。晚，天桥中央歌剧院《蝴蝶夫人》7：00，未看。

三日　星期日　整日读《春风吹到诺敏河》，未毕。

四日　星期一　整日读《春风吹到诺敏河》。

五日　星期二　整日读《赵小兰》《妇女代表》《夫妻之间》。

六日　星期三　上午，十时，八宝山悼姜椿芳，汉城、何为、芝风同往。中午，续看《金鹰》。晚，中央歌剧院《卡门》（天桥）。

七日　星期四　上午，小庄讨论《概论》。下午，到友谊医院看马彦祥（在8日12时逝世）。

八日　星期五　上午，9时，在戏剧学院看《黎园在西方展览》并上积水潭医院看病取药。

九日　星期六　上午，9时，读刘厚生同志新写《大百科·戏剧卷》条目《戏曲》，并由小果前去交刘。下午，读《刘莲英》剧本，觉此本及《赵小兰》水平较低。

十一日 星期一 上午,看《概论》第三章。晚,7:00,看黄梅戏《银锁怨》(英山县),戏剧学院。

十二日 星期二 9:00,全国艺术科学规划领导小组会议在西直门宾馆召开(上、下午连续开)。晚,7:00,在吉祥看蔡瑶铣专场《桃花扇·寄扇》《女弹》《跪池》。

十三日 星期三 看《概论》第四章。晚,7:00,戏剧学院,看黄梅戏《于老四与张二女》。

十四日 星期四 9:00剧协黄梅戏座谈会(未去)。看《概论》第四章。

十五日 星期五 上午,8:30,在门头沟参加"戏曲现状与趋势研讨会",未去。看完《概论》第四章,第一章未毕。

十六日 星期六 上午,9:00,北京饭店中7楼会议室,黄冈招待会。下午,2:00才回家,会上作了简短发言。

十七日 星期日 理发。看门头沟会简报。

十八日 星期一 去门头沟参加戏曲讨论会,上、下午各做一发言。上午,谈理论家要联系创作实践。下午,谈表演中心的真实意义。夜,八时归家。

十九日　星期二　休息。

二十日　星期三　整日读《概论》文学章。小果去杭州。

二十一日　星期四　上午，9∶30，到政协京昆室看录像。

二十二日　星期五　上午，小庄讨论《概论》。下午，3∶00，在北京饭店与各国文化参赞春节联欢。

二十五日　星期一　上午，在小庄讨论《概论》第三章。下午，读《概论》第二章。夜，7∶00人民剧场吴汝俊个人演奏会（未去）。

二十六日　星期二　上午，在小庄讨论《概论》第三、四章，第二节。下午，到河北饭店，河北文化厅答谢会，看了刘秀荣的录像。晚，饭后8时许才回家。

二十七日　星期三　上午，在小庄讨论《概论》。下午及晚，读《概论》第五章未毕。下午，王守泰来谈昆曲谱出版请津贴事。晚，石家庄市长及评剧演员刘秀容来。

二十八日　星期四　上午，在小庄讨论《概论》（上卷毕）。广东粤剧院来信征求院庆三十周年题辞，5月底要（通讯发：广州东风东路703）。

二十九日　星期五　上午，在小庄续讨论《概论》，毕。上海约编《近代文学大系·戏剧卷》，要复。作协通知换证（通讯：沙滩北街五号作协会创联部李大军）。

三十日　星期六　上午，上医院取药。复近代文学大系范泉信。

二月

一日　星期一　上午，9:00 艺研院联欢，在文津俱乐部（未去）。

二日　星期二　读《新华文摘》1月号王和、周舵《试论历史规律》。四川退回《张庚剧论近作集》文稿。

三日　星期三　晚，7:00 首都体育馆沈阳话剧团《搭错车》。

四日　星期四　上午，8:30 政协组织参观芭蕾舞团、戏曲学院。

五日　星期五　上午，9:00 在市政协一楼会议室讨论《搭错车》。上午，9:00 在海运仓总参一所出席文化部创作会议。

六日　星期六　上午，8:30 政协组织参观故宫库房、友谊馆。

八日　星期一　上午，9:00 纪念彦祥座谈，在民族宫舞厅。下午，3:00 人大会堂宴会厅，文联作协春节联欢，两会都参加了。

九日　星期二　上午，9∶00文化部创作会议闭幕式，王蒙讲话，内容要点：艺术品一要真实，二要理想，三要美化。又说：要爱国主义、社主人道主义及追求历史的进步性，又形式上要有多样性。

十日　星期三　上午，9∶00院规划办召开重点（六五）项目座谈，我发了言。

十二日　星期五　上午，8∶30文化部二楼会议室，政协委员视察后座谈。我发言谈到，文化部要有长远想法，不应因部长换人而屡出新招。11∶00，院参加退休老干部座谈会，会餐。

十三日　星期六　上午，9∶00脸谱展览在京昆室招待记者。

十七日　星期三　上午，9∶00在人大会堂举行春节团拜。张光年来，未遇。下午，去光年家。今日旧历春节。

十八日　星期四　上午，9∶00去九姨家拜年，并去恒姨家探望。

十九日　星期五　上午，去阳翰笙老家，继去夏公家，二老精神很好，尤其夏公，现夏88岁，阳84岁。收到王守泰十八日信，谈出版《范例集》津贴事。戏剧学院院长徐晓钟等人来。

二十日　星期六　上午，欲去小庄无车。读翰老《风雨五十年》。

二十一日 星期日 下午，3:00去小庄见到达人、何为、苏国荣、黎舟、薛若邻等，与黎、薛谈王守泰《范例集》，如何协助出版，与何谈他修改《推陈出新章》问题。5:00回。晚，8:00去钟敬之家看他。

二十二日 星期一 上午，9:30中国美术馆，脸谱展览开幕式。下午，2:30剧协春节联欢在首都剧场。晚，读漆侠《宋代经济史》绪论，论中国封建经济史分期，有参考价值。

二十三日 星期二 续读阳翰笙《风雨五十年》。晚，7:00延安文研在政协联欢，8:00归。

二十四日 星期三 上午，8:50去医院取药，10:00归。

二十五日 星期四 上午，9:00院小会议室，戏曲学会开会。夜，《风雨五十年》读毕。

二十六日 星期五 上午，9:00郭汉城来谈戏曲学会事。下午，与王守泰通电话，告知已批给《范例集》5000元。晚，给王守泰一信谈批5000元事。马玉章来谈梅花奖事，马是武生。

二十八日 星期日 下午，2:00鲁艺50年纪念在朝外朝阳文化馆开筹备会。

三月

一日 星期二 上午，9：00在剧协会议室开主席、副主席88年第一次办公会，听取书记处汇报。

二日 星期三 上午，9：00在院大会议室举行戏剧家书画联谊会（元宵）。下午，3：50在市政协柳以真戏曲讲习班小结。

三日 星期四 上午，9：00文化部艺委在北京音乐厅举行元宵茶话会。

四日 星期五 上午，9：00，周恩来诞辰九十周年，中央文献研究室在人大会堂举行周的研究学术讨论会。

五日 星期六 上午，9：00参观故宫戏衣库。又，科研办元宵茶话会，于前海大会议室。13：00—18：00看电视剧《严凤英》。

六日 星期日 8：30—17：30看电视剧《严凤英》（最后二集）。

七日 星期一 9：00剧协梅花奖评选会议，投票。

八日 星期二 上午，9：00在小庄为《概论》统稿。下午，继续至四时。

九日 　星期三　　上午，9：00续统《概论》稿第三章。晚，7：00人民剧场看袁世海《连环套》。

十日 　星期四　　9：00，院大会议室《延安文艺史》论证会。14：00政协礼堂袁世海座谈会。

十一日 　星期五　　上午，9：00续统《概论》第四章。

十二日 　星期六　　上、下午，统完《概论》第五章并续统第六章。

十四日 　星期一　　上午，续统第六章。下午，5：00鸿宾楼晚餐（袁六十年纪念酬工作人员）。晚，7：00婺剧《白蛇前传》（人民）。

十五日 　星期二　　上午，统第七章。下午，续统。晚，7：00婺剧《烤火投店》《辕门斩子》《僧尼会》。

十六日 　星期三　　早，9：00文化部教育楼传达文件。晚，7：00《拷打提牢》《拾玉镯》《断桥》。

十七日 　星期四　　上午，9：00剧协婺剧座谈。

十八日 　星期五　　上午，9：00民族宫11室，小白玉霜、魏荣元纪念。

十九日　星期六　上午，9：00，继续统第八章。

二十日　星期日　上午，9：00到香山饭店政协会报到。

二十一日　星期一　上午，9：00，在小庄统第九章。下午，2：00到文化部听七届二中全会传达，主要关于中央换届人选及经济问题。

二十二日　星期二　上午，9：00在小庄统第九章，至下午，3：00。

二十三日　星期三　15：00政协预备会议（大会堂），14：30前入场。

二十四日　星期四　15：00开幕式（大会堂），14：30前入场。

二十五日　星期五　以下时间，迁住香山饭店开第七届政协全国委员会第一次会议，详细内容未记。在此期间我做过一次小组发言，谈戏曲教育。又与高占祥做过一次关于戏曲在职干部学习问题的谈话，内容是想筹办一所戏曲进修学院等。

四月

十日　星期日　以上时间，参加政协第七届全国委员会第一次全会。今日闭会。

十一日　星期一　薛若邻送来他的《尤侗评传》稿，即读。

十二日　星期二　续读《尤侗评传》，作序一千字。余从送来《戏曲志·湖南》二卷最后定稿。要求我作为主编最后审完签字，月底看完交他。

十三日　星期三　上午，为评剧院三十五年纪念写一短文。

十四日　星期四　上午，刘乃崇夫妇来，谈《新文艺大系》序言事。下午，2：30，在民族宫，文化部招待人大、政协代表。看小果戏剧商品化论文，未完。

十五日　星期五　上午，看小果关于戏剧商品化论文。9：00到八宝山与林元遗体告别。

十六日　星期六　上午，9：00在研究院参加学位评委会，讨论第六届评委工作。收到刘乃崇寄来《大系》两戏剧卷"编辑大意"。

十七日　星期日　川剧《张大千》来京，席明真来。

十八日　星期一　上午，起草《大系·话剧卷》序言提纲。

十九日　星期二　上午，续起草提纲。下午，到积水潭看病，血压170/80，约定下旬检体。

二十日　星期三　上午，读《钢铁运输兵》，极富歌颂的热情。晚，7：00川剧《张大千》在首都剧场演出。

二十一日　星期四　上午，重读《春风吹到诺敏河》，是图解政策之作，但写得完整细致，针线紧密。何为送来龚和德写的《概论》舞美章，月底要。晚，7：15山东惠民吕剧团《攀亲记》（长安）。

二十二日　星期五　为写《大系·戏剧集》，补看若干剧本。读吴晓铃关于加里达沙的文章（《剧本》月刊7、9期）。晚，7：00东单小剧场看奇虹话剧。

二十三日　星期六　读龚和德舞美章第四节。马龙文来，谈他去美国开学术讨论会事。

二十四日　星期日　与玮上天坛公园看海棠等花，甚茂。

二十五日　星期一　9：00剧协主席、副主席会。《张大千》座谈会。下午，3：00范泉来谈《近代文学大系·戏剧卷》事。晚，7：15，人民剧场看沈阳京剧院《康熙大帝》。

二十六日　星期二　写《文学大系·戏剧卷》导言得二千字。下午，读《关汉卿》《蔡文姬》参考材料。晚，读裴艳玲在天津讲课稿，甚好，此人是大演员。

二十七日　星期三　续写导言千字。晚，在长安看沈阳京剧院李静文、汪庆元戏。

二十八日　星期四　续写导言，共得五千字。

二十九日　星期五　9：00在院会议室，林元纪念座谈会。晚，7：00在首都看绍兴小百花（越剧）。

三十日　星期六　续写导言。

五月

一日　星期日　续写导言毕。

二日　星期一　上午，与玮上天坛。

三日　星期二　将导言改好送刘乃崇。晚，7：30在首都看绍兴越剧小百花《醉公主》。

四日　星期三　读二十九日《文汇报》载王元化《论样板戏及其他》，全部否定并连带否定十七年戏，均冠以"左"的帽子，似不公允。到历史博物馆看陕西扶风法门寺宝物展览。

五日　星期四　写《大系·戏曲卷》提纲。

六日　星期五　上午,去小庄最后听《概论》修改意见,毕。草《大系·戏曲卷》导言。

七日　星期六　续写《戏曲卷》导言。

八日　星期日　续写《戏曲卷》导言。

九日　星期一　续写导言。

十日　星期二　上午,到部酝酿政协文化组名单,周巍时主持。续写导言毕。张玮自沈阳归。

十一日　星期三　刘乃崇夫妇来,提出话剧导言应整理,准备明天考虑。上午,陪李一氓参观恭王府花园。

十二日　星期四　整理《话剧卷》导言。

十三日　星期五　全国文化工作会议,文化部召集。继续整理《话剧卷》导言毕。

十四日　星期六　翻看新到杂志。

十五日　星期日　与玮去天坛看花。王竹君来,坚邀去沈阳参加鲁艺五十周年,允之。为山西折子戏选题签。

十六日 星期一 刘乃崇来谈导言，提了点意见，即改毕。数日来读刘小中汉剧史研究，为学踏实。19：15，梅花奖发奖，人民剧场。

十七日 星期二 9：00梅花奖茶话会北京饭店。

十八日 星期三 9：00在国务院二招与五届梅花奖获奖者座谈。

二十日 星期五 鲁艺校友会9：00，大会堂纪念会。浏览《宋金元戏曲文物图论》，论的部分结论不甚确当，如谈宋杂剧无唱，金院本始有唱等。

二十一日 星期六 上午，龚和德、郭汉城等来谈戏曲学会事。将《大系·戏曲卷》导言交张玮带给刘乃崇。鲁艺校友会联谊会14：00影协会员之家。

二十二日 星期日 赴沈阳参加鲁艺五十周年纪念，飞往，即日至。

二十三日 星期一 开50周年纪念大会，到者很多，皆多年未见者。晚，听沈阳音乐学院音乐会，演贝多芬第九，合唱队表演很好。

二十四日 星期二 会见许多多年未见同志，有的是当年的年轻人，但今已六十开外，鲁艺四团当年有一小团员十三岁，名大宝，今已53岁，在鲁艺美术学院任副教授。去看秦友梅、韩少云、王其珩夫妻，在王家午餐。晚，省委宴请。

二十五日　星期三　上午，辽宁文联宴请。晚，在丁鸣家餐叙。夜，为王竹君夫妻、王其珩夫妻、赵左夫各书一条幅。

二十六日　星期四　乘飞机返京，本是上午9∶50起飞，误点至12∶10，到家已下午3时。

二十七日　星期五　上午，光明日报殷参来电话，约写鲁艺五十周年文章，应之。上海为石凌鹤做从事文艺60周年，去一贺电。晚，在长安看戏曲学院实验剧团演出。

二十八日　星期六　上午，写纪念鲁艺文得2500字，未毕。下午，到郭汉城家与文化出版社谈《概论》出版问题并在彼晚餐。

二十九日　星期日　续写纪念鲁艺文1000字，成，题名《我在鲁艺所学到的》。

三十日　星期一　上午，到院开戏曲学会会长会议。寄出《我在鲁艺所学到的》给光明日报殷参。

三十一日　星期二　到积水潭医院住院检体。

六月

一日　星期三　住院。草戏曲学会常务理事会开幕辞。读孙毓敏《含泪的笑》。

二日　星期四　住院。继草开幕辞。续读孙书。

三日　星期五　8:30马少谈剧作研讨会，在人民剧场。仍住院。续读孙书。

四日　星期六　仍住院。续读孙书毕。

五日　星期日　住院。杜近芳收徒陈淑芳，来院谈去参加，未能应，题字一幅致贺。

六日　星期一　住院。

七日　星期二　住院。

八日　星期三　住院。

九日　星期四　今日出院与大夫谈，发现我尿酸过多，这是致肾结石之源。

十日　星期五　理发。写发言提纲,一是戏曲学会开幕辞;二是讲座讲话。

十一日　星期六　夜乘火车去徐州开戏曲学会常务理事会。

十二日　星期日　车于上午十二时到达徐州,梁冰、杨德勋来接。住矿业学院招待所,江苏省宣传部长及徐州市市长来探望。夜,整理开幕辞提纲,至十时半。

十三日　星期一　开会长预备会,龚和德报告准备工作情况。

十四日　星期二　开幕式,做开幕辞一小时二十分钟。省宴谈与会常务理事。做家书一封。晚,看省柳子团、柳琴团及京剧团折子戏。

十五日　星期三　上午,参加讨论。沛县党政同志来访。下午,拟讲课题纲《戏曲艺术结构试探》。晚,看常州滑稽团《多情的小和尚》。

十六日　星期四　上午,参加讨论会。章然同志招待晚餐于徐州二招。

十七日　星期五　下午,闭幕式。汉城总结,赵寻、厚生发言。学会答谢宴会。晚,改定开幕辞稿,未毕。

十八日 星期六 续改开幕辞稿。参观博物馆、淮海战役纪念塔。

十九日 星期日 续改开幕辞稿毕。上午,参加徐州市剧团五个折子戏座谈会,在彼午餐。

二十日 星期一 杨德勋、陈雨时、滕为、赵呈美请吃饭,晚,在云龙湖畔之"鱼馆",作客者:汉城、马远、和德及我。

二十一日 星期二 与马远同游沛县,会见了曹建东等61年同在沛县者。县委书记请吃午饭。饭后车顺过大屯矿区参观,无论沛县或大屯面貌都大改观。书记说,老百姓已解决温饱,县的办公楼、招待所大楼均很好。

二十二日 星期三 上午,作书若干张以应求者。晚,看上海京剧院王梦云《游六殿》、李炳淑《修本金殿》二人嗓音仍很好,唱得好。

二十三日 星期四 上午,讲课,题目:戏曲的艺术结构试探。晚,南通市宴请。

二十五日 星期六 杨德勋、陈雨时陪同去连云港。慢车,到时已晚8:00,住新浦(其政府所在)。同游者汉城。

二十六日 星期日 上午,游港口、海水浴场等。午,连云港市书记午宴。下午,游孔望山,有东汉摩崖佛画。五时,返徐。夜,

12:00到,住宏达宾馆。

二十七日　星期一　上午,在徐市内游燕子楼(在云龙公园内)、戏马台,台为楚霸王遗迹。晚,11:17乘120次车回京,车自杭来,上车即寝。

二十八日　星期二　上午,11:50到京,小果来接。整日休息。

二十九日　星期三　休息。

三十日　星期四　上午,科研办包承杰来,送来给社科重点项目管理方面报告"戏曲志"完成情况,为签字后带去。继研究生部吴琼、张宏渊等来,汇报毕业、招生等情况。

七月

一日　星期五　葛一虹来,送来《话剧史》稿。

二日　星期六　读《话剧史》第一章,毕。

四日　星期一　读《话剧史》第二章,毕。

五日　星期二　晚,7:15长安看石家庄市河北梆子《范进中举》。

六日　星期三　上午,在小庄开《概论》结束会。晚,7:15长安看河北梆子折子戏。

七日 星期四 上午,10时,八宝山张名坦遗体告别。

八日 星期五 上午,9:00《中国京剧》电影讨论,院大会议室。读《话剧史》第三章毕。

九日 星期六 上午,9:00《范进中举》座谈会(剧协)。读《话剧史》第四章。

十日 星期日 读《话剧史》四章毕。晚,十二时,张玮去湖北。

十一日 星期一 上午,去医院看病取药。读《话剧史》第五章。

十二日 星期二 读《话剧史》第五章毕。晚,7:15人民剧场《天下第一楼》。

十三日 星期三 上午,到大明去为眼睛验光,结果认为旧镜可以,不必配新镜。续读《话剧史》。

十四日 星期四 到院开学位评议委员会。续读《话剧史》毕。

十五日 星期五 参加院本届学生毕业典礼,并在彼会餐。

十八日 星期一 在院与话剧所谈《话剧史》(9:00)。晚,在戏剧学院剧场看话剧《桑树坪纪事》。

十九日　星期二　上午，参加《马彦祥文集》编委会，讨论选文范围。重读自己《戏曲艺术论》。

二十日　星期三　续读《戏曲艺术论》，觉此书除第一章外，余章多未说透，《音乐章》最明显。

二十一日　星期四　找出写《戏曲美学》的参考书。读宗白华《美学散步》，宗受法国唯心主义影响较深。

二十二日　星期五　续读《美学散步》。

二十三日　星期六　续读《美学散步》。

二十四日　星期日　读伍蠡甫《中国画论研究》。

二十五日　星期一　续读《画论研究》。

二十六日　星期二　续读《画论研究》。柳以真来，邀往兴城避暑，拟去。

二十七日　星期三　老钟来电话，催着看他的稿子《舞台装置工作在延安》，乃舍《画论》读钟稿。

二十八日　星期四　晨，五时，张玮自湖北回京。读钟稿毕（有两篇未看）。

二十九日　星期五　给老钟写信谈读稿印象。续读伍《画论研究》。

三十日　星期六　续读《画论研究》。小盛及安子来。

三十一日　星期日　续读《画论研究》。小莉母及妹来。

八月

一日　星期一　偕小莉及萌萌，并与柳以真一道，乘车去辽宁兴城渡夏。早，六时半出发，下午，五时到。住石油公司宾馆，小果早在。

二日　星期二　开始读《当代中国戏曲》，毕《概况》一半，尚可。此住处非宾馆，乃一休养所，在海滨，空气甚好，亦凉爽，惜海边沙滩小，不宜休息，张继青等来。

三日　星期三　读完第三篇第一章《传统剧目》。

四日　星期四　早，小莉及萌萌回北京。梅行昨晨来。读完第三编第二章《新编古代戏》。王玉青夫妇来。

五日　星期五　读完第三编第三章《现代戏》。

六日　星期六　读完第四编第三章《戏曲音乐》。

七日　星期日　读完第四编第三章《戏曲舞美》。兴城市委请吃饭。

八日　星期一　早，小果去延吉开会。读完第五编第一章《戏曲教育事业》。

九日　星期二　读完第五编第二章《戏曲理论》。下午，五点，汽车从北京来。小唐夫妇和小孩子，安子及吴启文来。

十日　星期三　翻读叶秀山《书法美学引论》及刘熙载《艺概》，无大收获。

十一日　星期四　与安子等去逛旧兴城（号称明朝一条街），城墙保存很好（部分修过）。街上店中充满时髦衣物，殊难引起怀旧感。唯有两石牌坊，雕刻细致，保存完好，是明代原物。下午，收拾行李。收安葵电，不来了。

十二日　星期五　早，8:30乘车返京；下午，6:30到。北京已凉快，如秋日。

十三日　星期六　在家休息。决定不去绵阳开会，也不去泰山。

这段时间准备在家，审完《当代中国戏曲》稿。

十五日 星期一 王安葵来，汇报《当代中国戏曲》卷写作情况，并和我交换了写出文章的意见。

十六日 星期二 翻看新来杂志。

十七日 星期三 《当代中国戏曲》卷在总参一招开会，决定最后改稿及统稿问题。取回该卷第六编稿，预备重读一遍。

十八日 星期四 开始读第六编未毕，感此编太长，尚可压缩。小珍在医院剖腹，产一女孩，重六斤。为河南艺术节题一字，下午，来人取去。

十九日 星期五 去医院检眼，为眼底出血，要停止阅读及看电视，决定终止阅稿。

二十日 星期六 休息。

二十一日 星期日 上午，到积水潭医院看小珍，全家都去，小珍已起床行走，精神尚好，未见婴儿。

二十二日 星期一 上午，去总参二招，与《当代》统稿小组讨论各章修改具体方案。晚，赴柳以真请全国来京昆剧院团长于和平门烤鸭店。

二十三日　星期二　赵寻领日××××研究生来，要求考硕士论文，故想在院延长一年，我答应与院里说。

二十四日　星期三　到同仁医院看眼——由张晓楼大夫看视，并有陈、胡二大夫会诊，看得很仔细，断为老年性黄斑盘状变性。西药仅开 V_C、V_E 两味，由陈宗蕊大夫开一中药方，长吃。

二十五日　星期四　接小珍出院，并为自己取药。送至钟家，小珍之女甚健康。

二十六日　星期五　今日药方配齐。晚，开始服用。

二十七日　星期六　上午，许翰如来，让我为他谈田汉老的事迹，录音而去。

二十八日　星期日　读《盛明杂剧》。晚，看湘剧折子戏《断桥》《回书》《百花公主》，《回书》尚可，其余不佳。

二十九日　星期一　上医院取药。续读《盛明杂剧》《四声猿》，确有文采。晚，看湘剧新编《凤箫怨》，剧本好，表演尚可。

三十日　星期二　上午，剧协开座谈会，讨论湘剧两台戏：《凤箫怨》及折子戏。晚，十时，乘车赴淄博，同行者有赵寻等，车站太拥挤。

三十一日　星期三　早，八时到淄博，省文化厅副厅长等人赶来接站，寓淄博宾馆。此来是参加戏曲学会召开之探索剧目讨论。晚，看五音戏剧团演《春打六九头》。发信北京玮。

九月

一日　星期四　上午，座谈《春打六九头》至11：30。下午，主席团讨论此次日程等。

二日　星期五　探索讨论会今日开幕。下午，看剧目录像《少年天子》。夜，看五音戏《换魂记》，我因已看过，未去。

三日　星期六　开讨论会，先由创作者报告自己的动机经验等。今日由《少年天子》《山鬼》《邯郸梦》报告。晚，看《少年天子》录像。

四日　星期日　上、下午，作者发言（《换魂记》《风流寡妇》《白蛇前传》），导演、音乐。晚，看《山鬼》录像。

五日　星期一　上午，《田姐与庄周》徐棻、《泥马泪》作者发言，还有《四川好人》。评论家发言：梁冰、刘彦君等。下午，沈达人、王永敬。

六日　星期二　旅游：上午，齐故城博物馆、殉马坑。下午，淄博陶瓷厂，蒲松龄故居。

七日　星期三　整日，评论家发言。

八日　星期四　上午，继续发言。下午，张庚、郭汉城发言，闭幕式。晚，学会宴请当地各界。

九日　星期五　下午，2时，乘火车回北京。夜，十时四十分到。

十日　星期六　上午，9:00，研究院研究生部开学。（有几出戏要看：荆州花鼓11、12，晋剧郭彩萍13，浙江越剧三团在广和）。

十一日　星期日　张玮昨日病归，今日尚未起床。看荆州花鼓《向老三招婿》。

十二日　星期一　吴琼来谈，想组织一批退休专家办戏曲培训中心事。玮病尚未好。晚，看荆州花鼓折子戏《扇坟》《送香茶》。

十三日　星期二　晚，看晋剧郭彩萍演《小宴》《智激张仪》。

十四日　星期三　上午，到同仁陈宗蕊大夫处看眼，换一药方，自觉左眼出血已有吸收。晚，看浙江越剧三团演《柳玉娘》。

十五日　星期四　上午，去积水潭中医科换药方（收同仁方抄成积水潭方）并取药。下午，《文化史资料》报送来纪念田汉稿，改好交去。荆州花鼓剧团来征求对戏意见。

十六日　星期五　晚，在广和看浙越三团现代戏《明月何时圆》。

十七日　星期六　上午，研究所为浙江越剧三团开座谈会。下午，四时，去钟敬之家，今日为小珍女孩钟亦晴满月也，在彼晚餐，八时归。

十八日　星期日　上午，红线女来，她将在北京演出。下午，川剧新秀来，她们也将来演出。眼底出血迟迟未能吸收，虽不断吃药，效甚微，不能看书。

二十日　星期二　整日因眼疾不能工作，只从广播及电视台中看奥运比赛消遣。中国运动员有精神振奋者如游泳，亦有不佳者如体操。晚，看深圳粤剧团演《人鬼情》，是有改革的新戏。

二十一日　星期三　《人鬼情》导演来谈，此人很有思想。

二十二日　星期四　龚和德打电话来，说月底去湖南看戏，同行者汉城、达人、他和我。与玮、小果带萌萌逛中山公园。

二十三日　星期五　整日休息，仅翻翻报纸听听广播。

二十四日　星期六　与小果到厂甸逛古旧书店。

二十五日　星期日　上午，与玮到天坛散步。

二十六日　星期一　上午，到剧协参加议论中宣部拟为第五次文代会发的文件稿。

二十七日　星期二　晚，看南京京剧《打严嵩》《荒山泪》。

二十九日　星期四　上午，参加赵荣琛收徒（台湾）典礼。看红线女及广东新秀倪惠英演出。

三十日　星期五　上午，往天安门看花坛，今年匠心似不如去年。晚，去伯中家，与玮偕。

十月

一日　星期六　天气不好，未出门，但看电视转播奥运比赛而已。骤冷，加薄毛衣。

七日　星期五　早，8时，乘火车去湖南长沙。

八日　星期六　早，6时到长，住蓉园八号楼。下午，游岳麓书院。文化局请吃晚饭。晚，看湘剧新戏《山鬼》。

九日　星期日　上午，《山鬼》座谈会。下午，在省话剧看小戏《星期七》并座谈。湘剧团请客晚饭。回蓉园，为人作书数张。

十日　星期一　上午，八时，乘火车赴郴州。下午，二时到。晚，看郴州歌剧团歌剧《公寓 13 号》。住女排训练基地。

十一日　星期二　上午,座谈《公寓》。下午,游览苏仙岭。此是骑四岭中一峰,上有三绝碑,三绝者秦少游《踏莎行》词,苏东坡跋,米芾书也。

十二日　星期三　晨,四时,乘火车回京。一夜未睡。

十三日　星期四　晨,十一时,抵京。整日休息。

十四日　星期五　晚,七时,长安武汉市汉剧团邓敏演折子戏。

十五日　星期六　上午,常德武陵戏(汉剧)剧团开记者招待会,在花市醉八仙餐馆请客,即在彼午餐。

十七日　星期一　上午,8:30 在北京医院礼堂举行俞大缜遗体告别。

十八日　星期二　上午,9:30 在芳园宾馆由广州市滑稽剧团开招待会。

十九日　星期三　晚,看武陵戏折子《思凡》。

二十日　星期四　试写《戏曲美学三题》的写作大纲。

二十一日　星期五　上午,续写《美学》大纲。晚,看武陵戏《疯人的妻子》。

二十二日　星期六　上午,在剧协给武陵戏开座谈会。

二十三日　星期日　上午,9时,在人大会堂小礼堂开全国文艺集成志书工作首届表彰大会。为唐山瓷展题字一幅。

二十四日　星期一　启功博士生郭英德论文《明清文人传奇综录及研究》送来,请提意见,太长,因眼疾,今日只看了一半。为《洛阳戏曲志》题字一幅。

二十五日　星期二　下午,集成志书表彰大会闭幕。

二十六日　星期三　上午,在剧协主持广州滑稽戏剧团演出座谈会。下午,余从,天津戏剧博物馆长,柳以真前后来家。晚,收拾行李。

二十七日　星期四　早,八时赴飞机场。十时半,登机赴杭,十二时十分,到。寓西湖国宾馆。午睡后参加浙江戏曲志审稿会,讨论综述。安谷来,在此晚餐。

二十八日　星期五　听念浙江志综述,未毕。省委宣传部长及钱法成等续来。

二十九日　星期六　上午,游灵隐、黄龙洞、净慈寺,净慈正重建,尚未毕。下午,请张新建继续念综述。后与钱法成谈在浙日程。晚,为浙江的同志写字十余幅。

三十日　星期日　去安谷家,在彼一日,归下处已7时。为洪毅写字一幅。

三十一日　星期一　上午,10时赴萧山,约半小时到,住萧山宾馆。晚,看萧山绍剧团演出的《狮驼岭》录像,至十时。

十一月

一日　星期二　8时,从萧山出发。午,到达嵊县午餐。午睡半小时。2时40分,出发。4时半,到达天台山,住天台国清隋梅宾馆。甚疲,无活动。

二日　星期三　上午,游天台"石梁飞瀑",地在方广寺,乘车走山路半小时到,寺分上、中、下三处。继游园清寺,有隋梅。又有贝叶经一叶,云是沙恭达罗残页。下午,去黄岩县,住此。

三日　星期四　八时发,十时到雁荡。风景幽美,住灵峰招待所。下午,游小龙湫,惜因天旱水少,气势不显。

四日　星期五　上午,游观音洞。洞在合掌峰内,外观甚狭,内甚有层,第九层尤奇伟,有大小佛像三百余。下午,游净名寺,地甚幽静。

五日 星期六 全国文联四届三次全委会报到（未去）。

从雁荡出发十二时，达临湾，吃饭。下午，继续出发往奉化达溪口住宿。

六日 星期日 文联四届三次全委召开（未能参加）。

上午，参观妙音台（蒋曾在此指挥淮海战役）、蒋介石家、溪口博物馆等。下午，去宁波，二时到。参观了天一阁，为题字"国之瑰宝"。

七日 星期一 上午，参观天童寺及阿育王寺，两寺均甚大，文革中未受破坏。适逢两寺均做道场，因参观之，在阿育王寺素斋。下午，到上虞，参观了曹娥庙，是文革破坏后重建，其中宋曹娥碑保存完好，甚难得。又有越窑展览。宿上虞。

八日 星期二 早，餐后即出发。一小时，达绍兴，参观鲁迅故居、博物馆、秋瑾故居。中午，市文化局请饭，文化局长做主人，有文化部社文局下放的干部（一年）金同志参加。饭后乘车返杭州，二时到。住杭州电影摄影基地招待所。

九日 星期三 上午，去安谷家。十时，回住所。十一时余，文化厅宴请，除我与郭汉城外，有胡小孩、沈祖安，主人钱法成。下午，二时去飞机场。飞机预定四时起飞，误至七时始起飞。九时，降北京南苑。到家已十时。

十日　星期四　上午，参加五次文代会剧协小组会。

十一日　星期五　上午，仍参加文代会剧协小组会

十二日　星期六　下午，参加文代会闭幕式（在政协礼堂）。

十三日　星期日　上午，在国务院一招，主持田汉90生辰纪念座谈会。

十四日　星期一　上午，余从来，带来"戏曲志"总序，当即斟酌修改毕。福建文化局长来，谈南戏今后研究方向。下午，东北鲁艺潘翔珍来，求为电视剧《袁崇焕》题字。晚，看锦州京剧团《盗仙草》《曹操逼宫》《断桥》。

十五日　星期二　清理出差时积压的文件，费时半日。

十六日　星期三　上午，看启功博士研究生郭英德论文《明清文人传奇综录及研究》。晚，看市京剧院演员叶金援专场《野猪林》《战马超》等。

十七日　星期四　上午，为郭英德博士论文写评语并附启功一信，一并寄出。下午，为王观凤书郭汉城诗一幅。晚，给王附一信。

十八日　星期五　为柳以真组织的戏曲艺术讲座，整理我的讲稿《戏曲艺术的成就及其在中国文化史上的地位》，成一部分。石

小梅来。又人民政协报一记者来，索书，为写两幅。

十九日　星期六　续写讲稿。吴大维带陈书舫一学生来，云要争梅花奖。今日玮生日，晚，吃面。

二十日　星期日　续写讲稿。小珍夫妇带孩子来，准备送去托养。

二十一日　星期一　续写讲稿。小珍将娃娃送去托养。

二十二日　星期二　续写讲稿毕，得七千字。

二十三日　星期三　晚，由北京、江苏、苏州、浙江、湖南昆团合演《牡丹亭》。

二十四日　星期四　上午，剧协开理事会，汇报戏剧节情况。晚，看昆曲折子戏《琴挑》《问病》及《天罡阵》等。

二十五日　星期五　下午，五时，昆研会为昆曲去香港事，宴请港演出组织人（红云楼）。

二十六日　星期六　上午，王安葵来念《当代戏曲》上邓兴器概论章，最后一节稍弱。晚，看昆剧折子戏石小梅《寄子》、香港票友《说亲回话》。

二十八日　星期一　晚，戏剧节开幕式，我致辞三分钟，继演《白蛇传》四折：昆曲《游湖》、赣剧《盗草》、川剧《水斗》、婺剧《断桥》。

二十九日　星期二　上午，9时，侯外庐学术讨论会（未去）。9:30昆剧茶会在欧美同学会。中午，在新侨宴请史行、张继青、石小梅。在座有柳以真、郭汉城夫妻。

三十日　星期三　晚，看大庆话剧团《黑色的石头》（首都剧场），甚动人。

十二月

一日　星期四　上午，读《山鬼》剧本。下午，参加与第一轮演出剧团联欢茶会。

二日　星期五　上午，看贵州铜仁话剧团《小桥流水》三幕剧（首都）。下午，为浙江剧协三大题辞一幅，请史行带去。

三日　星期六　上午，10时，到八宝山悼塞克。写《山鬼》评，未完。

四日　星期日　上午，写评《山鬼》文，未完。中午，剧协宴请全苏剧协代表团。下午，胡芝风来谈她的自传，要我题辞。晚，看重庆川剧院及四川省川院合演折子戏《乐羊子》《怀玉惊梦》等。

五日 星期一 上午，写评《山鬼》初稿毕，二千字。晚，在人民重看《山鬼》。

六日 星期二 上午，看铁路话剧团演黄宗江创作的《寻梦》，无意思。晚，在中山公园音乐堂看戏曲学院校友京戏，无新意。

七日 星期三 上午，将评《山鬼》修改一遍。中午，黎园戏剧团请饭。在大礼堂北楼下小食堂。晚，看黎园戏《节妇吟》，因看不清字幕，未看清楚。

八日 星期四 读《新华文摘》9、10 中王若水的《现实主义和反映论问题》。

九日 星期五 上午，读《新华文摘》11 袁贵仁、韩震《论人性、人的本质和人的主体性的相互关系》。

十日 星期六 上午，10：00 八宝山王家乙追悼会。晚，看天津话剧团演出《欲望号街车》（〔美〕田纳西）。

十一日 星期日 读《节妇吟》剧本。晚，看江苏省话剧团演出《琼斯皇》（部分，〔美〕奥尼尔）。

十二日 星期一 读周传瑛《昆剧生涯六十年》。晚，看长春评剧团演《契丹魂》。

十三日 星期二 续读《昆剧生涯六十年》。

十四日 星期三 续读《六十年》。下午，参加剧协茶话会，一以送别第五轮演出，一以欢迎北京人艺自上海凯还。

十五日 星期四 续读《六十年》。

十六日 星期五 续读《六十年》。晚，在北展剧场参加戏剧节闭幕式，并致闭幕辞。

十七日 星期六 上午，为胡芝风写字一幅，题其自传出版。

十八日 星期日 早，8:00，与汉城、小果乘车赴津看文化部主办的京剧新剧目汇演。小唐开车，一时，始到住处，因找不到花了一个多小时。下午，二时，在人民剧场看上海京剧院马科导的《曹操与杨修》。晚，7:30，在八一湖剧场看江苏京剧院《红菱艳》。

十九日 星期一 上午，开《曹与杨》座谈会。下午，座谈《红菱艳》。晚，看《探母吟》。

二十日 星期二 上午，参加《探母吟》座谈会。晚，看抚顺市京剧团《抉择》，写志愿军战俘事，编导比《康熙亲政》有进步，惜演员唱工不好。

二十一日　星期三　上午，上海《曹与杨》的同志与我和汉城座谈，较细地交换了对此剧意见。五时，市文化局宴请。晚，看中国京剧院青年剧团演《香港行》，新鲜有趣。

二十二日　星期四　上午，《香港行》座谈，一致肯定，也提了意见。晚，看武汉市京剧团《洪荒大裂变》，戏下了功夫，也有一定效果，但问题不少。下午，理发。看戏之前，天津市宴请。

二十三日　星期五　下午，《洪荒大裂变》座谈会。

二十四日　星期六　晚，看天津京剧团《金翅大鹏》，西游故事，武戏，无新鲜感。看戏时已感冷颤，回家查体温39.1℃，医生治疗，吃药睡下。

二十五日　星期日　整日生病卧床，体温渐退。未出门看戏。

二十六日　星期一　上午，仍休息。晚，看上海京剧院《潘月樵传奇》，为一喜剧，构思很好。

二十七日　星期二　《潘月樵传奇》座谈会。晚，看《膏药章》湖北省京剧院演，余笑予导演，以丑为主角，朱世慧担任，甚好。

二十八日　星期三　《膏药章》座谈。晚，看宁夏京剧团《原野》，还不错,两主演唱甚好。

二十九日 星期四 《原野》座谈会。

三十日 星期五 上午,为大会作一发言,题为"京剧是尚在发展中的戏剧"。下午,在戏剧博物馆参加新剧目汇演闭幕式。毕,即驱车返京,出发时 4:25,到京家中 8:00。

三十一日 星期六 整日与家人团聚并休息。

1989

一九八九年

一月

一日 连日看戏开会，回京后，感到十分劳累，因乘节日，整天休息。下午，余笑予及湖北京剧团同志来，他们将在北京演出《膏药章》。

三日 上午，读《外国戏剧》1988年第四期上梅耶荷德《歌剧表演艺术论》（童道明译）。下午，二时半，上医院看病，因咳不止，打青霉素针（共十针，一天两针）。

四日 上午，重读梅耶荷德文，梅氏过于重视整体艺术，将演员贬至与乐队、舞美等地位，似偏颇。继续打针。

五日 何为送来《通论》校样，要求快送回，因即校对，校对了二日。昨夜开始下雪，今日整日未停。继续打针。

六日 续校《通论》第一章余稿，上午毕。雪仍未止。继续打针。下午，2时，在中央戏剧学院开欧阳老文集讨论会。因大雪，未能赴会。

七日 将《通论》第一章校样交小唐带交何为。

九日 为《戏曲美学三题》第一题《戏曲的三度创作》拟了一段提纲，是讲第一度创作（剧本文学）的。要写好这本书，除要拟好提纲外，还要选好例证，这事相当不容易。晚，将提纲念与玮及小果听。

十一日　上午，剧协讨论梅花奖名单，在北京政协。又九时，在同仁检眼，陈宗蕊大夫说，眼球血已吸收，留一疤痕障了瞳孔，故而视不见物。大概结果就是如此了，给了一包冲剂，为防眼底血管再破，早、晚各服一小包。

十二日　上午，剧协继续讨论梅花奖，会场移到首都剧场，在彼午餐，餐后续会至三时。小盛自杭来。

十三日　上午，续讨论梅花奖仍在首都。至十一时，退席与汉城，到协和医院看汪效倚病，汪得急性白血病，未告知本人。下午，四时，去小庄看薛若琳病，已排除深肿瘤之类，只需住院医治。

十四日　上午，仍在首都剧场讨论梅花奖，并最后投票。

十六日　上午，到汉城家谈《通论》插图及出版等事，龚和德谈去上海参加《曹操与杨修》座谈会及《人民日报》将出评《高杨》专版事。参加者：汉城、何为、龚和德及我。

十七日　上午，继续为《三题》第一题试写提纲，写了一段"第二度创作"关于"上演剧本"部分。

十八日　王安葵来念他为我写的传记，念到延安部分，觉其用功颇够，态度亦严肃。下午，天津戏剧博物馆黄殿祺来，取去我为他所写的《脸谱》序言。

十九日　清早起床，左手左脚行动不灵。急入积水潭医院，无床位往急诊室。

二十日　去积水潭医院急诊室，无法进入病房。

二十一日　由积水潭医院迁中日友好医院。

二十二日　今日为过生日，家人来祝贺。多日来，大便不通，今日好了。

二十三日　今日宣武医院脑神经专家赵大夫来会诊，断定未出血，做了治疗方案，认为很快会好。做了CT未找到病灶。

二十四日　今日按新方案治疗，点滴时间甚长，未能完成任务。

二十五日　今日301医院脑血管名医大夫来会诊，认为会很快康复。

二十六日　今日1，查眼，左眼黄斑出血；2，心脏拍照。宣武医院何大夫来，又给我扎了三针。今天已能独自走几步路了。胡芝风来看我，谈她已被江苏允许调来北京。

二十七日 下午，郭汉城夫妻及苏国荣来探视。今日仍打点滴三瓶。

二十八日 今日仍打点滴三瓶。下午，赵大夫来扎针，谈点滴还要打一星期。日渐康复。

二十九日 今日星期天，仍打点滴。晏甬及马海玲来探病。张玮等家人来，带来萌萌。

三十日 今日只打了一瓶点滴，走路可比较稳当了。

三十一日 今日开始做理疗，主要是体操、蹬车、划船、垫上运动等，从九点做到十一点。
下午，打点滴一瓶。看了王泰兴寄来的剧本《猫与鼠》。

二月

一日 今日上午，仍做康复体操。大便不畅，用了开塞露。晚，玮来，带来马少波写的条幅，因与之通一电话表示谢意。

二日 晨，起，大便不通。仍做体操。夜，服麻仁润肠丸，睡下。

三日 晨，四时，腹痛上厕所，久便不出，塞甘油栓，便甚干勉强拉下，时已五点，至七时大泻，八时又泻，整日感坠得厉害。十时半，理发。毕，感甚疲，睡至十二时，未去体操。晚，五时，沈达仁夫妇来探病。

五日　上午，仍做体操。十时半，小唐来接回家过春节。赵寻、涂沛来探视。晚，餐后洗澡。晚餐小萌萌去了姥姥家，只有老人和小果夫妇。看电视至九时半。十时睡。

六日　今日旧历己巳年元旦。张光年、赵寻夫妇来，张精神很好。小珍、丰丰带小晴晴来，小晴晴挺壮。章诒和夫妇、肖甲夫妇来，马克郁送一盆水仙，花甚茂。

七日　今日年轻人都出去了，只剩下了张玮、我和韩娘。中午，傅小航来，彭隆兴来。晚，朱文相来。收安谷信，她不来京了。

八日　上午，何孝充、胡斌、沈梅夫妻来。下午，中央戏剧学院徐晓钟、丁扬忠、马驰等来。许多来。

九日　张君秋、何为夫妇来。下午，花砚如来。复安谷信。

十日　下午，返回医院。午睡后张慧来，陈默夫妇来。晚，丰丰陪住。

十一日　上午，做内腹B超及心脏B超，均健康。午睡后，张伯中来。

十二日　中午，张玮来。饭后由玮陪着在过道上散步一圈。下午，王安葵、龚和德来。

十三日　上午，仍做康复操。下午，吕复来，看朱今明并看我。

十四日　上午，康复操，觉体力有新增进。下午，马少波夫妇来探视，因午睡未醒，未能晤谈甚憾。周巍峙、抵力来。去后绕病房走廊缓步一周。读高桥敷《丑陋的日本人》。

十五日　仍做体操。下午，绕病房行一周，约一百米，空手，有人在傍，体力似有增进。继读高桥书。

十六日　仍做操，渐有进境。下午，仍练步行。翻看新来杂志。晚，洗澡。夜，睡感腰痛，可能是体操所致。

十七日　上午，仍做操，岔了气，咳嗽时即腰痛难忍。下午，政协翟波及服务局长张兰诚和院里桂莹、×××、×××，还有潘文展等来，胡芝风来，带走为江苏《剧影月刊》题一幅。

十八日　上午，服新药尼莫地平，要9次，每一次一片，是治脑动脉硬化药，能增加脑血流量。陈大夫来针灸并按摩，又去烤电。晚，饭前张玮来。今日未大便。

十九日　大夫来，要求伤处重新照相，以确定是岔气还是骨折，照了。用了开塞露，大便了。有低烧37.5℃打了青霉素。大夫将我半身用胶布固，因似怀疑有骨折。读今年第一期《文艺研究》，刘纲纪《东方美学的历史背景和哲学根基》未完。

二十日　今晨大便很好，昨夜睡得很好。主任大夫来，未点滴，打一青霉素。汪洋来探视。为固定骨伤，胸部用胶布贴紧。续读《文艺研究》刘文毕。

二十一日　仍用青霉素点滴。因皮肤过敏反应，将胶布改成绷带。因护理人不能来，上午，玮来代替，念了香港杂志《镜报》的两篇文章。院王培元及吴大夫来看视。

二十二日　今天赵同志仍来护理，仍打点滴。谭志湘来谈文化大革命时期及以前对我进行批判的事。

二十三日　今日开始吃汤药，为治咳嗽。读《艺术研究》上一组美学文章，有金克木等人论东方美学文章。因数日不走，右腿又显乏力，行走不稳。

二十四日　续打点滴，仍吃汤药，咳嗽见好，打胸带后骨痛亦见好。读《文艺研究》上季羡林《关于神韵》及《艺品》1988年第二辑上任光伟《北宋目连戏辨析》，此文甚好，有论据，有分析，有说服力。今日针灸。

二十五日　继打点滴，吃汤药，感体力有所恢复，行走亦较稳。将任光伟文重读一遍，此文有很大启示，它解决了一个南戏起源的难题。南戏，特别弋阳腔来源于目连戏。弋阳无丝竹伴奏，只有锣鼓，这与任之分析目连戏只有吟而无唱有关。弋阳及南戏开始时，无严格唱腔体系，亦与此有关。

二十六日　昨夜玮在此值夜，今日整日在此相陪。上、下午，两次绕病房行走，一面总算走过来了，一面又感右腿尚乏力，走得不稳。今日停点滴。

二十七日　今日针灸、吃药等仍照常，行走运动亦照常。夜，小莉来守夜。

二十八日　今日仍照常（无针灸），行走似更稳，去了胸带，无不适感。今日由一位欧阳老太太来陪侍，她也是和平里医院退休的。读《新文学史料》今年第一期《朱生豪与莎士比亚戏剧》，甚为朱的工作精神和态度所感动。小珍来守夜。

三月

一日　今日仍照常（有针灸）。读《资料》中文《梁实秋先生传略》未完。

二日　今日仍照常医疗服药。读《梁传》毕。读莎士比亚《仲夏夜之梦》未毕。姜大夫说，下星期一　再照一片子即可出院。

三日　今日仍照常，因大夫病，未针灸。读完《仲夏夜之梦》，深感莎翁是个诗人，剧本涉笔成趣，引人入胜，笔下流露一种与众不同的喜剧境界。晚，小果念我在天津京剧新剧目汇演讨论会上的发言整理稿，还要好好修改。洗澡后，睡得很好。

四日　今日仍照常。开始读《威尼斯商人》。周传家、孟繁树来探视。小果带来我在天津京剧新剧目汇演座谈会上发言稿，说《戏曲研究》要登，当即念了一遍，决定要改。

五日　今日玮来相伴，谈了她排《桃花湾的娘儿们》的情形。郭汉城、苏国荣来探视。

　　与小果一道改发言稿，只开了一个头。

六日　今日医疗照常，有针灸，肋部又照一次片子。上午，继续与小果整理《发言》，完成近一半。下午，读完《威尼斯商人》。一星期来一直在走廊行走，渐有进步。

七日　今日医疗照常，无针灸。下午，又透视一次，几日来照片子及透视结果，无大问题，一两天内可出院。读《无事烦恼》，未毕。

八日　今日做针灸。散步上、下午各二圈。读《无事烦恼》毕。姜大夫下午来，决定明天出院。

九日　十时，出院返家。服药等照旧。晚，洗澡。十一时始睡。

十日　今日服药照常。又是夜十一时始睡，太晚，以后要十时睡。

白天在家中走来走去，似较在医院时稳健。读浙江《艺术研究》第 9 本上陆小秋《目连戏五题》，及《安徽新戏》1989 年第 1 期上朱建明《日本学者目连戏研究简介》均有些南戏起源材料。

十一日 服药照常。在家因走动多，感疲倦。今日早于九时四十分睡。写关于南戏起源与北宋勾栏目连杂剧之关系笔记一段。

十二日 服药照常。因在家活动较多，始感知体力尚未恢复正常，故必须经过一段长期锻炼，应耐心过好这一段时间。读浙江《艺术研究》第九辑胡忌《金元院本的流传》谈明代院本流变情况。下午，孙毓敏引一孔姓湖南人来，谈张家界要办一海峡两岸文艺之家事。

十三日 服药照常。走路虽较有进步，但仍乏力，不持久。龚和德、翟波来。龚谈戏曲学会事，翟言她要去澳大利亚。重读汉斯立克《论音乐的美》，毕一章半。

十四日 服药照常。闻俞琳今晨逝去，甚伤感，戏曲学院将难觅一合适院长矣。读完《论音乐的美》第二章。

十五日 服药照常。今晨远秀来做针灸。读《音……美》至四章之半。读沈祖安《周恩来与夏衍的相交与相知》(《新华文摘》〔1989.2〕) 未毕。

十六日 服药照常，仍针灸，似很有效，走路平稳得多。读《音……

美》至五章,四章以后,挺觉无味,鸡毛蒜皮,下面打算不细读了。读沈文仍未毕。小翁来,云,昨日到京,明晨即返沪。

十七日　服药照常,仍针灸,有效。读《音……美》。读沈文毕又读《一个伟大的梦——长江三峡工程问题面面观》未毕(杨良化)。

十八日　服药照常,针灸有明显效果。读杨良化文毕。《音……美》剩最后一章。下午,三时,在政协礼堂举行七届二次政协全会前党员大会,一小时毕。

十九日　服药照常,停汤药。针灸,气功。下午,三时,在人民大会堂参加七届二次政协大会开幕式。夜,住京丰宾馆(七楼7023),小果陪住。

二十日　上午,小组讨论,我在20组,此组戏曲演员多。下午,旁听人大开幕式,李鹏做政府报告。晚,回家过夜。服药照常。

二十一日　上午,旁听人大会姚依林报告1989年经济计划,王丙乾财政报告。下午,回京丰,开小组会。服药照常。

二十二日　上午,在小组发言,谈文化工作需要集中领导,分局管理的问题。下午,休息未参加会。夜,洗澡。

二十三日　上午,小组讨论。下午,大会发言。即住城里未回宾馆。服药照常。

二十四日 上午，大会发言。下午，小组讨论政协决议及名单。晚，戏曲学会宴于鸿宾楼，酬谢万泉电器经销资助。服药照常。

二十五日 上午，到八宝山与俞琳遗体告别。下午，在大会堂听大会发言，有一批评海南省向日本出租土地不当发言，很有见地，获得掌声不少。疲甚。回家，夜睡甚好。

二十六日 上午，文联开人大、政协文艺界代表座谈会，未去。因疲倦，休息一日。

二十七日 上午，政协闭幕式。毕，会餐于京丰。下午，返家。常州滑稽戏团人来，致评梅花奖谢意。

二十八日 上午，到积水潭医院看病取药。

二十九日 今日恢复针灸，针后疲甚。午，餐后睡至四时欠十分始醒。未至晚餐时饥甚，晚餐吃得多。今日开始续写《美学三题》提纲。下午，四时半，薛若琳引吉林戏研所人来，由薛写一《吉剧艺术》第二辑序，念给我听，要署我名，为修改一遍，允其发表。

三十日 针灸仍继续。续写提纲。下午，读马礼堂《养气功问答与实践》，马为一中医，在气功方面很有名。

三十一日　今日未针灸。中午，自做气功一次。续写提纲。姜永泰来，谈些养病的话。下午，读马礼堂气功书。

四月

一日　今日针灸，并做气功，很难入静。续写提纲，毕"第二度创作"。赵寻来，谈戏曲学会事。

二日　今日仍针灸，做气功。赵寻来，带来河南演员虎美玲。下午，龚和德来，要了一个签名，准备去刻印。要我写了一封信，请宋任穷同志担任戏曲学会基金会名誉顾问。

三日　上午，乘车到天坛，榆叶梅、碧桃已盛开，散步一小时，尚不觉累。十一时，针灸，气功。下午，张颖、黄克保来。张谈剧协要开一主席会，也谈了一些刊物情况。黄来探我病，并送蜂王浆两盒。

四日　上午，续写提纲三度创作，未完成。十一时，仍针灸，气功。

五日　上午，续写提纲三度创作完。宣武医院何大夫来看病，调整了药物，又发现我小腿浮肿。

六日　试写提纲第二题"美学基础"。朱颖辉夫妇、欧阳山尊、周力（富生养女）先后来探望。周力在此午餐。朱之爱人编一书，求题。琼剧院建院30年求题字。读龚和德《试论海派京剧》

（江苏《艺术百家》1989年第一期）。

七日 继续草第二题提纲。参读梅兰芳《舞台生活四十年》关于创作《天女散花》章节。

去积水潭看腿肿病，大夫说是静脉回流不畅。开始服何大夫药膏，停大活络丹。

八日 续看《舞台生活四十年》第三集。最后一次针灸。晚，白城子书记、市长、文化局长来。与玮晚饭后上街散步半小时。

九日 续读《四十年》第三集。肚微泻。下午，仍与玮出外散步。

十日 上午，酝酿提纲。十时，小唐陪去天坛散步，碧桃盛开。仍读《四十年》第三集。

十一日 酝酿提纲，读《四十年》第三集。十时，小唐陪去中山公园，海棠盛开，丁香芬芳。

十二日 续酝酿提纲。翻读钱宝森《京剧表演艺术杂谈》。十时，小唐陪去北海，今日走路较多，绕琼岛一周后，乘船过海至五龙亭，徒步由西南门出，费时一小时半。

十三日 为海南省琼剧院及白城子话剧团各题字一幅。小唐陪去天坛公园，海棠开得特别好。今日走路感乏力，连连休息。服药膏有泻肚反应。

十四日 今日服药后连泻五次,决停服。从开服至今,凡七日,完一瓶,本应分十日服,亦有服药过量之处。午睡后未连续泻。晚,喝粥早睡(9:50),精神尚未受影响,今日未出去散步。草提纲第二题毕。

十五日 上午,与玮、小唐去天坛公园看花,各种花都茂盛,惜天阴,使花为之减色不少。未续写提纲,翻读所拟,尚觉粗糙,准备从头理一遍。

十六日 今日改夏时制。与玮出外散步。看到小萌萌用水墨画虾,甚有进境,很高兴。

十七日 今日有针灸,以后隔日一次,至本星期止。上午,参加柳以真召集之戏曲知识系列录像带提纲讨论会,至十一时。与玮散步至4号楼,尚觉良好。

十八日 上午,到老舍茶馆祝王朝闻八十寿辰。翻读《文艺研究》第二期。晚,与玮上街散步。谭志湘来,送来记我之文,要我过目。

十九日 上午,去天安门[①]。针灸一次。读谭文及黎舟为当代中国所写文化科研之文。

---

① 此处删去20字——编者注

二十日　雨。读《文艺研究》第二期。写提纲第三题，未完。

二十一日　上午，到院里参加研究生招生情况会，十一时回。下午，感到冷，试表，低烧，急服板蓝根，烧最高38.7℃，晚稍退。晚，到积水潭急诊打柴胡一针。睡尚稳。

二十二日　上午，卧床静养。中午，喝牛奶一杯，饼干二片。继续睡觉。烧已退。下午，醒来量体温35.9℃，起床坐。晚，觉饥，吃挂面一碗。十时寝，温度36℃。

二十三日　烧虽退，身子仍疲乏。读《戏剧艺术》今年第一期，有丁罗男《二十世纪中国戏剧的整体观》一篇，有很好的见解，如对历史分期问题等。

二十四日　上午，读《曾宝荪回忆录》，其中写了不少关于母亲的事，许多都是我所不知道的，我离家时年尚幼，母亲未给我论及，现读此书，增加我对她的了解不少。下午，午睡起觉冷，试表35.9℃，不烧，喝板蓝根一杯，加了衣暖和了。今日气温是较冷。

二十五日　今日精神较好。八时，去中山公园，牡丹已开，香气四溢。散步一小时。读《戏剧艺术》1989年1期李肖冰《西域戏剧发生之端绪》，康保成《戏曲起源与中国文化的特质》，彭飞、朱建明《〈风月锦囊〉疏辨》等篇。前两篇甚有见地，唯康文尚不完善。

二十六日 上午，到东单大明去配眼镜，九时至十一时，来回均走路，过大街。上、下午其余时间都有看些杂书。

二十七日 上午，到景山看牡丹，此较中山公园尤佳，有一株开三色花者，在园中遇吴印咸、王子野，吴今年八十九，仍健康，并为我照一相。下午，在家读刘佑成《马克思的社会发展三形态理论》、陈剩勇《社会五阶段演进图式：向唯心史观的复归》，很有启发。我早已怀疑中国社会的奴隶制、封建制的划分了。[①]

二十八日 上午，到天坛，牡丹盛期已过，芍药尚未开。读中央戏剧院《戏剧》1959年第一期两篇论西域戏剧之文，都不及《戏剧艺术》之文。

二十九日 带萌萌上天坛。张伯中夫妇来。

五月

一日 今日五一，未出门，因人多也。

二日 今日假日，老两口、小两口带萌萌游北海，人太多。从北门走到南门，一个半小时，牡丹已谢，芍药未开，看人而已。小珍夫妇带晴晴来，晴晴已渐懂点事，非常可爱。天已热。

---

① 此处删去8字——编者注

三日 为《艺术研究》写一短文纪念林元,未完。上午,未出门。傍晚,与玮散步至6楼口。

四日 为《文艺研究》写《怀念林元同志》毕,不足二千字。又给沈阳话剧会演致一贺信。晚,与玮散步。今日"五四"[①]。

五日 写《戏曲美学三题》提纲二稿毕。下午,王安葵、金芝、栾冠华来,谈《当代中国·戏曲卷》事。晚,与小珍上街散步,约四十分钟,这些天来,走路似无进步,右腿仍乏力。

六日 开始将提纲二稿加以整理,名曰第三稿,亦即完稿,第一题第一节尚未写完。

《当代中国·戏曲卷》交稿毕,今日在中央组织部招待所聚餐,除个别人外,都到了。会上戏曲学院负责人朱××等谈及院长已内定余从,约改日来我家谈谈。

七日 写完提纲第一题第一节。宪源表妹来。戏曲学会取走《大百科·戏曲卷》二本,送宋任穷。上午,出门散步50分钟。

八日 继写提纲第一题第二度创作未毕。理发,小珍陪去理发馆。读《文艺报》上《我和毛主席、江青和李纳》,写了生活的真相,甚好。

---

① 此处删去16字——编者注

九日　上午，大碗茶欢迎日本传统艺术代表团，中有花柳千代。继，至中央戏剧学院参加欧阳予倩百岁寿诞纪念。晚，与玮出外散步。

十日　续写提纲第二度创作毕。下午，四时半，余从来，谈《戏曲志·江苏卷》审稿，当代中国戏曲卷书名及他就任戏曲学院院长事。天阴未出门散步。

十一日　续写提纲第三度创作。下午，四时，柳以真来谈至六时去，所谈是拍一部介绍戏曲文化的电视序列片，对象是高中以上文化程度观众，也可以介绍给外国知识界。晚，试着独自外出散步，拄一杖，小心行走，适可而止，尚未出问题。

十二日　写三度创作完。下午，题签二枚，一送花柳礼物盒，一为朱颖辉爱人书名。

十三日　开始写第二题，不顺利，又给第一题第二度创作补了一段。上午十一时，下午五时，两次出外散步，因风大，不久即归。

十四日　今日小珍夫妇带小晴晴来，白胖可爱。读政协学习资料1989年第2期潘培新《关于瑞典模式》。[①] 今天散步二次，上午，与玮走至正义路口，晚餐后，与小珍走至花竹餐厅处。

---

① 此处删去 11 字——编者注

1989 年

十五日 写第二题第一节人物塑造，此节憋了一天，今天通了。今天温度高，出外散步觉热。

十六日 又将人物塑造增加了一些内容，尚未写完。天气已热，减了衣服，出外散步，中午觉太热。晚饭后，步至正义路口，拄一杖，玮扶着，独自步行尚不同常人。读了荒煤回忆与吕和我共同生活之文，载《中国文化报》。

十七日 写完第一节，开始写第二节舞台空间。出外散步至正义路，走得尚稳。玮于晚8时赴沈阳，参加话剧汇演。

十八日 写第二节，进展太慢。①，赴吕骥音乐工作六十年会，车通不过。晚，在便宜坊宴赴日本传统艺术团。

十九日 考虑第二节写法，记了一页断想。②

二十日 未写提纲。③

二十一日 续写提纲第二节，仍不满意。④ 小珍做伴散步至六号楼。

---

① 此处删去6字——编者注
② 此处删去46字——编者注
③ 此处删去23字——编者注
④ 此处删去8字——编者注

二十二日　写出第二题第二节，不太满意，尚待推敲。因无人陪伴，未出散步。[①] 天已大热。

二十三日　未动手写提纲。上午，上医院取药[②]。下午，雷雨。

二十四日　未写提纲。汉城来，同去天坛散步，雨后天气晴朗，不热不冷，惜昨日雷雨，月季受损。下午，看闲书。晚饭后，与小珍出外散步。

二十五日　看闲书，未写提纲，整日。从元好问《续夷坚志》中得《戏曲史》有关材料二条。晚饭后，出外散步，几天来，觉步履较前稍稳。张玮晚自沈阳归。

二十六日　未写提纲，翻看闲书。晚，与玮出外散步，至正义路口。

二十七日　早，起与玮出外散步一小时。翻读孙玄龄《元散曲的音乐》，觉其论证谨严，公允，令人信服。晚饭后，仍与玮散步一小时。

二十八日　早、晚与玮散步。翻看闲书，无所得。

二十九日　重看提纲第二题第二节，比较两次提纲各有所偏，拟

---

① 此处删去 11 字——编者注
② 此处删去 19 字——编者注

再写一遍。收两者加以综合。读《论金瓶梅》集，吴晗考证一篇，资料丰富，考证翔实，证其非王弇洲作，令人信服，时代定为万历十年以后成书。早、晚，与玮两次出外散步。

三十日 重写第二题第二节，这回基本理顺了，未写完。读《论金瓶梅》吴文毕，否定了作者王世贞，然亦不能定究是谁作。又，其中张远芬文证为山东峄县贾三近，亦无显证，演绎而已。仍与玮外出散步两次。

三十一日 续写第二题第二节。早、晚，与玮散步各一次，来回每次四站地，最后已感疲倦，因腰腿尚力弱也。

六月

一日 写二题二节完。早、晚，散步至团中央门口。

二日 开始写第三题。早、晚，仍散步。晚，肠胃不适。

三日 肠胃不适拉稀，大概是因吃隔夜草药之故。一日未吃饭。[①] 不能成寐，又加拉稀，十分难受，写提纲停止。

四日 肠胃仍不适，吃药。未吃饭，一日两半碗白粥而已。[②] 按脉，心脏跳动有间歇，一分钟二三次，服救心丹。

---
① 此处删去 9 字——编者注
② 此处删去 14 字——编者注

五日　昨夜睡得很好，中间未醒。今早吃粥一碗、面包一块。但仍大便二次，便出者是正常大便，但稀而已。午，吃米饭半碗。晚，挂面。①

六日　昨夜睡得也好。早饭仍吃粥、面包。大便已正常。② 试图续写提纲，甚感疲劳而作罢。

七日　未写提纲。情况仍未安定，心情亦不定。读陆游《入蜀记》，是他从家乡绍兴赴蜀之官的日记。心跳间歇约二百跳有一两次。

八日　读《入蜀记》毕，陆游从家乡至夔州，舟行约半年，可见其艰难。今日已吃饭正常。

九日　除心跳有1%—2%间歇外，身体状况皆正常。收沈祖安一日信，请为史行论文集写序，并寄来一份材料，还要我为他作字一幅。

十日　身体一切皆正常。复沈祖安信，并修改序言，沈要我写的字尚未写，信未发。

十一日　开始写《三题》文章，得千字，较顺利。上积水潭医院看病取药，医云，一两分钟心跳有一两次间歇的没有什么问题。

---

① 此处删去21字——编者注
② 此处删去14字——编者注

下午，为沈祖安书"老当壮"三字。

十二日 续写《三题》得千字。

十三日 继写《三题》又得千字。下午，到文化部听小平同志对平乱部队首长的讲话传达。

十四日 继写《三题》，仍得千字。晚，出外散步，步履艰难，两腿无力。睡前热水烫脚。

十五日 继写《三题》完一题之一节，共五千字。下午，将最后一段作了修改。晚，按脉，间歇已消除。晚饭后，与玮出外散步，步履觉稳健多了。睡前烫脚。

十六日 续写第二节，得千字。晚，与玮出外散步，走得又不如昨日好。读上海《近代文学大系》总序。

十七日 续写第二节仍得千字。下午，给上海范泉写信，谈对《大》总序印象及意见。晚，仍与玮散步，步履似昨稍好。

十八日 续写第二节，未及千字。今日小珍夫妇带小晴晴来。晚，散步稍远，将及正义路口。

十九日 续写第二节千字。上午，马大夫来为我针灸，一以治腿，一以治眼，大夫针刺甚高明，一针环跳，全腿发麻，这是远秀所不及的。晚,出外散步照常,腿较有力。

二十日　续写第二节,毕五百字。晚,与玮散步至正义路,腿力较好。

二十一日　今日未写。上午,马大夫来针灸,治腿与眼。晚,散步。复曾建东信,报平安。

二十二日　写第三节,得二千字。晚,散步。今日来热水,洗澡。

二十三日　续写第二节得千字。马大夫来针灸,似有效。晚,散步至正义路,腿较有利,步未踉跄。夜大热,仍遵医嘱穿长裤,颈、胸湿透。

盛沛茹自杭来。

二十四日　续写第三节,又得千字,第一题完,共万四千五百字。晚,散步至正义路,步较稳健。

二十五日　续写第二题第一节得千字。大热,下午,不做事,翻翻杂志。晚,散步至正义路。

二十六日　续写一节,得五百字。天热,无法工作。针灸。晚,散步。九时仍甚热。

二十七日　续写第一节得千字。天热。下午,休息,什么事未干。

晚,散步。

收到范泉复信。

二十八日　续写第一节五百字。上午,针灸。天热,吃饭胃口不佳,唯思喝水。晚,散步至正义路。

盛沛茹今晚回杭。

二十九日　续写第一节得千余字。天气稍凉。今日小果生日,中午做了几个菜。今日吃饭稍好。晚,散步。

三十日　续写第一节毕,共得五千字不到。上午,针灸。晚,散步,回程时,腿感无力。

七月

一日　开始写第二节得千余字。今日稍凉,吃饭胃口稍好。晚,散步,腿力稍增。

二日　续写第二节得千字。天气稍凉。晚,散步,腿力似较昨日好。

三日　续写二节毕,得约三千字,第二题毕,共七千五百字不足。针灸。张垚来,在此午饭,谈到他将为多年舞美创作写些文章,听所读皆甚实际,鼓励其速写。下午,理发,玮陪去。有热水,洗澡。天阴雨,散步至6楼即止。

四日　开始写第三题，第一节得千字。晚饭后，散步。天阴但不凉爽，微汗。

五日　继写第三题第一节，觉其中逻辑多有不顺者，拟研究重写。针灸。晚，散步，因上午针灸，腿感疲，又天下小雨，乃还。

六日　改写第一节，成千五百字。晚，与玮散步至正义路口。小莉母亲来。

七日　续写第一节得七百字。天阴有小雨，感凉。晚，散步。洗澡。

八日　续写第一节仅数行。针灸。散步。

九日　续写第一节，得三百字。散步。

十日　续写第一节，随时翻年代表，进展太慢。针灸。散步。

十一日　续写第一节毕，得三千字，将第二节提纲重新整理。太热。晚，散步，觉平衡感特别不好。

十二日　开始写第二节。小珍夫妇带小晴晴来，活泼可爱。晚，与小果夫妇同散步，步履较健。大热。今日针灸。

十三日　戏曲学会开会会议，在中办招待所，我参加半天，在彼吃饭。晚，雷雨，未能散步。

十四日　写第二节约千字。针灸。晚，与小珍同散步。天热。

十五日　继写第二节得千二百字。午睡后，微觉浑身发酸，咳，痰多，温度37℃喝板蓝根、蛇胆液。夜，咳稍好，酸感消失。晚，散步至6号楼，走路不稳。天热。

十六日　继写第二节毕，得六百字，至是全文完，尚余一结语。晚，散步，脚力甚健，至正义路口。天甚热。

十七日　续写第二节完，至今日止，全文初稿完，得三万字。针灸。夜，散步，脚力尚可。

十八日　将第三题全文读了一遍，本以为要大改，现觉得不必要大动，继从第一题开读，读不多，因疲而辍。晚，散步，脚力不差，针灸以来，似已见效。

十九日　今日写作休息一日，读了些杂志上的文章。针灸。晚，散步，因天热，未多走。

二十日　读完第一题，改了几处，添了一段丁玲的引文。大热，午睡至四点。晚，散步。洗澡。

二十一日　读完第二题，改动很少。下午，午睡至四时。晚，散步，遇伯中夫妇，因雨乃回。

二十二日　读完第三题，在题前加了一段，谈中国美学与西方美学相异之点。午睡。散步。

汉城及赵寻去参加滑稽戏会演（常州），行前，托他们向大会致意。

二十三日　清理本论文参考书，至下午四时。午睡，读《中华戏曲》上译载苏艺术家为梅访苏之座谈会记录，是一重要文献，反映了苏革命期间风貌。散步。今日天雨。

二十四日　针灸。吴乾浩来，送我一本他的近著《戏曲美学特征凝聚变幻》。

二十五日　翻看杂志。《中华戏曲》1988年四期有梁祚腾《山阴县的"赛赛"情况》，似与高腔戏的起源有关。晚，散步。觉累，似未睡足，其实睡得不少，盖天热故。

二十六日　找出叶德均《戏曲小说丛考》，重读其中《明代南戏五大腔调及其支流》，有两点：1. 南戏声腔除昆腔外，原来均为干唱，配打击乐，此点似可信。2. 弋阳腔源自秧歌，此则尚待考。今日未针灸。晚，散步。

二十七日　翻看新来杂志，无所获。[①] 晚，散步。院研究生部来人，谈为本期结业式讲话（星期六）。仍觉累，夜及午休睡得

---

① 此处删去22字——编者注

熟，恐系针灸长了的现象。

二十八日　范寂安来。针灸。散步。读夏衍论"五四"文（《新华文摘》）。

二十九日　今日去文研院参加硕士课程进修班结业式，讲话20分钟，并在彼午餐，此班学生有藏、回、白、鲜等民族，香港，并日本学生。至下午一点始回。散步。

三十日　听玮对《美学三题》意见。散步。读李泽厚论五四70周年文（《新华文摘》）。

三十一日　读张光年《江汉日记》（《长江文艺》）。针灸。晚，散步。

八月

一日　改《三题》，为第二题第一节增五百字。晚，散步。

二日　往下读《三题》尽二题。针灸，双腿。今日散步觉较有力。

三日　第三题读完，觉通篇无可大改处，当再读一遍，细斟酌之。读马也《戏剧本体论》，无新意。翻读《黄裳论剧杂文》，此人掌故甚多。散步较稳，耐力尚差。

四日 针灸。读《黄裳杂文》。丰丰出国时间将在八月底九月初。

五日 准备去密云清理要带的书。丰丰带小晴来,活泼可爱。散步。天甚热。赵寻来,谈滑稽戏观众很欢迎,与谈《曹杨》。

七日 早,八时乘车去密云,张玮带萌萌一道。十时到,亲家母老刘及小莉妹红红先在。安置后,午餐。下午,未工作。晚,散步,此处名云水山庄,是市粮食局的招待所,地点在白河堤下,甚幽静,比城里凉爽多了。

八日 再读《三题》,思加一段导演的问题。十一时,马大夫来针灸,针后起床,腿软跌了一跤。午饭后,甚疲,睡至四时。晚饭后,到堤上散步。

九日 准备给《三题》写一段导演,提笔后又中止,想得不成熟,只继续往下读了一部分。与亲家母等人玩麻将。在堤上散步。晚,洗了一个痛快澡。

十日 写了导演一段,五百字。晨起小便,又跌一跤,主要是膝盖软,地毯走路不利落,幸好,两次都未伤着。雨,但仍燥热。晚饭后,散步至堤上。

十一日 续读《三题》,未完。针灸。张玮进城。

十二日 读《三题》完,有些小地方仔细斟酌一下即可完成了。

读《黄裳论剧杂文》《旧戏新谈》，大都写得隽永，解放后写的，如谈《杨家将》，有些左的论调，盖亦时代风气使然也。晚，散步堤上。

十三日 对《三题》中应考虑的段落重看一次，改了一些字句，文章基本完成，写一信给孟繁树，将稿投《文艺研究》。小果夫妇，在此玩了一天，晚回城。堤上散步。张玮晚 11 时回来。

十四日 读叶德均《宋元明讲唱文学》未完。小萌萌跟红红进城。散步。

十五日 续读《讲唱文学》，未完。针灸。晚，散步至大堤尽头。晨雨。

十六日 读完《讲唱文学》，这是一篇前人未曾涉猎过的，系统地研究讲唱文学的开创之作，不能要求其深入精到。晚，散步。天气已有秋意，炎热已减。

十七日 翻新到信件杂志，有民间戏剧节要求题字一信，九月中开幕，拟为题一字。天已早晚凉只中午热一阵。晚，散步。

十八日 针灸。听张玮念报。看电视中苏联连续片《战争与和平》，甚好。晚，因雨，未去堤上散步。

十九日 整日阴雨。甚无聊。天气已凉，加了衣服。

二十日　整日阴雨，且太冷。晚，雨止，到堤上散步，风劲即归。看电视，美国片，意思不大。

二十一日　星期一　天放晴，并回暖。上午，散步坝上有风。下午，仍散步。

二十二日　星期二　院里刘颖南、薛若邻及科研负责人来，在此午餐。早、晚，两次在坝上散步。读《戏文》1989年第4期王锦琦、陆小秋《戏曲现状初探》。此文是在台州、温州进行调查后写的，云，戏曲只在农村繁荣，在城市衰颓并非好现象。

二十三日　星期三　下午，三时半，自密云云水山庄返城。到家时已六点。

二十四日　星期四　收到湖南省剧协首届映山红民间戏剧节征求题辞信。

二十五日　星期五　校《三题》复印稿，未完。针灸。散步。

二十六日　星期六　校《三题》复印稿毕，即寄《文艺研究》准备发表，原稿交科研办复印存查。读夏中义《历史无可避讳》一文，该文主要批判《讲话》发表以后，四十年来文艺思想，颇有偏颇不实之词。散步。

二十七日　星期日　丰丰夫妇来，做了几个菜喝了酒，因丰丰明日赴美进修一年，为他送行。晚，散步。天阴燥热，但不雨。热水不热，不能入浴，只擦了身。

二十八日　星期一　翻读孙楷第《沧州集》下卷。理发。为阳友鹤纪念集题字，又为湖南映山红民间戏剧节题字，并将两信发出。

二十九日　星期二　续读《沧州集》，翻看赵景深《中国小说丛考》。散步。

三十日　星期三　写信给黄菊盛，谈近代文学大系导言署名事。题字：为湖南民间职业剧团会演，辰河戏目连演出及讨论，《中国戏剧·梅兰芳专集》。针灸。晚，散步。

三十一日　星期四　到安儿胡同周扬家悼念，见到周蜜及其女儿，并约定星期日　到友谊医院去看苏灵扬。下午，柳以真来，谈到昆研会录像及剧协工作事。散步。

九月

一日　星期五　翻看《敦煌变文集》上卷。萌萌今日入学，在东交民巷小学。马大夫来电话，她要外出，暂停针灸（可能至月底）。

二日　星期六　读《敦煌变文集》中有关目连的三种：《目连缘起》

《大目乾连冥间救母变文并图一卷并序》《目连变文》。王安葵来，谈他将与达人、余从、孙玫于十一月去印度访问半月。散步（此是每日事，以后不书）。

三日　星期日　郑之珍《目连救母劝善戏文》。李愚取走我为目连戏讨论会的题辞。到友谊医院探望苏灵扬，她左侧半身不遂，周扬去世她很伤心。

四日　星期一　续读《目连救母》戏文，得六分之一。

五日　星期二　续读《目连》。下午，至八宝山与周扬遗体告别。在电梯上遇同仁医院康复科石大夫，教我纠正病腿姿势的动作，尚未学会。修改我在88级硕士课程进修班结业式上的讲话，给院的内部刊物发表。

六日　星期三　读完《目连》一册，续读二册。汉城、赵寻去长春，参加新剧种讨论会，分别来告知。

七日　星期四　续读《目连》二册，读《新华文摘》7、8号金冲及《浅议历史科学的特性和作用》。开始按石大夫的方法进行康复锻炼。收到安谷来信，寄来电视提货单。

八日　星期五　读完《目连》第二册，续读第三册。

九日　星期六　续读《目连》第三册。复安谷信。

十日 星期日 今日找到周贻白《中国戏曲发展史纲要》。涂沛来，询及我与程砚秋同赴东德的情况，她要写一本程的传记。天雨未散步。

十一日 星期一 读完《目连》戏文。读了周贻白《发展史纲要》中关于弋阳腔及皮黄的章节。小果取回新电视，调试后，清晰度不理想。

十二日 星期二 写了一些关于《目连》戏文的杂记。看了看《文艺研究》本年第四期，本期是创刊十周年专号，其刊头一篇编者的话写得很好，冯牧一篇纪念文也不错。

十三日 星期三 续写《目连》戏文杂记完。达人夫妇来，谈及印度梵剧，云苏联学者说，梵剧演出已亡，其原则则存在于其地方戏中。达人今冬将赴印考察，或可能进一步了解此事。他们带来陈朗送我的诗词集《西海诗词集》，读其诗词，知其为一温柔敦厚人也。

十四日 星期四 重读叶德均《明代南戏五大腔调及其支流》此文甚有功力，当细研之。今日农历中秋。

十五日 星期五 作一南戏声腔简单年表。翻读杨荫浏《中国古代音乐史稿》无所获。

十六日 星期六 读浙江《艺术研究》总第十五辑詹慕陶《浙江

戏曲声腔的历史层次》，亦谓早期南戏无丝竹伴奏，与叶德均不谋而合，但他是从音乐研究出发，此文甚有见地，二文可以相补。

十七日　星期日　翻阅有关目连戏的零碎文章。柳以真来，将重拟的戏曲常识录像提纲拿来征求意见，说要开一会讨论一次，并带来阿甲新写文章复印稿。

十八日　星期一　读阿甲稿，未完。晚，在吉祥戏院看江苏扬剧《皮九辣子》。此剧剧本好，创造了一个人物，演员也好，唱发挥不够，戏较粗，不完整。

十九日　星期二　读完阿甲文章，此文只能算草稿，还应加工。王洪来电话，明日下午，他与陈德溥将来谈《皮九辣子》，我请作者一道来谈。赵寻自吉林回，谈新剧种讨论会情况，并惠我脑血栓药一盒。

二十日　星期三　看《皮九辣子》剧本及作者自白文章。下午，江苏王洪和陈德溥来，与谈《皮九辣子》剧本。大致是：戏好，雅俗共赏，写出了一个人物，皮九谈恋爱一场甚好，可惜火主任写得不深，她最后同意皮九上访，心态转变未写清，这是一；二扬剧音乐发挥不够；三导演水平不高。

二十一日　星期四　读《高腔学术讨论文集》中流沙《从南戏到弋阳腔》，他也说弋阳腔出自《目连》；南戏开始时亦是干唱，人声帮腔。晚，在人民剧场看上昆《长生殿》，还不错，新演员张静娴演杨贵妃也很好。

二十二日　星期五　把最近研究目连戏及弋阳腔的所得写了一篇总结。下午，戏曲学会主席们在此开会，讨论给《曹操与杨修》发奖事，决定在十月七日。到会者：郭汉城、马少波、赵寻、刘厚生、薛若邻、龚和德、李庆成、简慧及我。

二十三日　星期六　读《讨论文集》中谭伟《浙江高腔初考》，认为调腔虽干唱帮腔，却不是弋阳支派，乃余姚腔遗音，盖余姚亦干唱帮腔也；又说松阳高腔山歌味浓，帮腔有声无字，保留了里巷歌谣的特点，疑与温州腔有些渊源，松阳为瓯江上游一盆地，易保存旧物，且其剧目如《琵琶》《金印》能演整本，皆元末明初之物，故有是联想也。

二十四日　星期日　晴，秋高气爽。十时，与玮散步至正义路街心公园。晚，到人民剧场看上昆梁谷音《潘金莲》，很好，剧本亦改得干净。牙痛。

二十五日　星期一　到积水潭医院看病，内、牙、骨三科。牙医生说是急性炎症，主张暂不拔，服螺旋霉素，五日后再看。骨科看右膝盖发软，照片见有骨刺。五时，《戏剧文学辞典》主编人来，读编辑方案等，此辞典经林默涵介绍，聘我为主编，推辞不了。

二十六日　星期二　翻阅新来杂志，无所获。天津《艺术研究》将我在京剧新剧目会演会上的发言整理发表了，我事先未看过，但整理得很好。整日雨，未出门。

二十七日　星期三　读《新文学史料》1989年第三期林默涵《胡风事件的前前后后》长文，觉得胡风宗派情绪的确太浓，将他打成反革命却是错误的，对他的争论也有咄咄逼人之势。老练从扬州回来。

二十八日　星期四　读《史料》四期绿原《胡风和我》未完。下午，一人出外散步半小时，小心不敢远走。

二十九日　星期五　读绿原文毕。

三十日　星期六　与玮乘车绕天安门广场一周，观览国庆布置。傍晚，与小珍带萌萌、晴晴到东单公园散步。晚，看电视中国庆节目。

十月

一日　星期日　上午，与玮到伯中家，坐约一小时。来去走路，还不觉吃力。下午，散步。晚，从楼上看天安门放礼花。十时半睡。

二日　星期一　与小珍带晴晴至东单公园散步。近日来，散步较多，觉腿力又进了一步，上下台阶困难已少，耐力亦增强。晚，到人民剧场重看《曹操与杨修》,觉可加工之处尚多。

三日 星期二 与玮及小果到天坛散步,月季园月季尚开,但不多。阴。

四日 星期三 试写一《戏曲史》纲的提要,有的地方的轮廓尚不清楚,未写完。下午,与玮散步至前门百货商场,买棉裤未得。

五日 星期四 中午,与小果同去接萌萌。晚,与玮去看重庆川剧学校学生折子戏《放裴》《活捉》《杀狗劝妻》《滚灯》。

六日 星期五 中午,出外散步,穿小巷,自行车亦多,走路也得随时小心。看上海《戏剧艺术》及河南《地方戏艺术》,有两篇论戏曲起源之文,一陈多,一崔承梅,均不着边际。下午,曾宪源来。张慧来,谈及豫剧《司文郎》事。

七日 星期六 上午,在北京政协开《曹操与杨修》颁奖会及座谈,在此午餐。下午,在人大四川厅参加《李伯钊文集》出版座谈会,5时毕。

八日 星期日 散步二次,上午,至正义路,下午,即在附近。读李彦清《黄土地·红土地》(战斗在陕北),读了一半。

九日 星期一 上午,到文化部听动员传达江泽民国庆讲话的学习。晚,在工人文化宫剧场看上海京剧院演新编的《盘丝洞》,此剧是一个娱乐戏,用了机关布景等手法。

十日　星期二　续读《黄土地·红土地》。柳以真下午来,聊闲天,在此晚餐。

十一日　星期三　读《黄土地·红土地》完。翻看周贻白《中国戏曲发展史纲要》。下午,散步。

十二日　星期四　到剧协开柳以真召集的戏曲知识电视系列片编辑会,至十二时。下午,散步。晚,在电视中看中国与科威特赛足球,中队以二比一胜。

十三日　星期五　晚,看河南豫剧二团演《司文郎》。下午,余从来,送来硕士研究生有泽晶子论文《作为面具文化的傩与能的异同论》及河北教育出版社出的《中华文明史》第一卷。

十四日　星期六　读《中华文明史》。下午,美籍华人洪长泰由葛一虹介绍来谈延安秧歌运动,他想写一本有关延安抗战时期的文艺史,谈了两小时。

十五日　星期日　续读《中华文明史》。出外散步,风大,甚冷。

十六日　星期一　读柳子声腔讨论文集中孟繁树、任尧伟、流沙文章,有些启发。出外散步,仍大风,较昨略小。张慧领《司文郎》年轻演员王红丽来，向她谈了一些看戏的意见。

十七日　星期二　翻读柳子讨论集。下午，散步，今日风小。晚，简慧领湖北来人约我去武汉参加余笑予讨论会，因健康关系，无法去。

十八日　星期三　小珍带晴晴来，孩子甚活泼，惹人爱。整日除看报外，未工作。上午，与玮、小珍带晴晴去伯中家，伯中住医院未遇。遂与玮去接萌萌回家。下午，将山楂去籽，以备做药。

十九日　星期四　给范泉一信谈戏曲集不要署我名于序文事。给安谷一信，寄去六一幼儿园调查表。上午、下午各散步一次，上午是独自出去的。

二十日　星期五　准备作一《戏曲史》大事记，今日开始试写。晚，洗一痛快澡，出一身汗，即入睡。

二十一日　星期六　到人民文化宫逛书市，买得巴金《随想录》五集。下午，作纸二张：一应胡沙之请为其家乡一古迹题字，曰"关云长系马口"；一应李汉飞之请为其家乡文化局长何亚雯书一幅。

二十二日　星期日　与玮散步至正义路长安街口。

二十三日　星期一　胡沙领其家乡汉川的文化局长来，取去题字。上午，出席梅兰芳九十五岁寿辰纪念会，会上举行梅的雕像揭幕式，在梅兰芳纪念馆。

二十四日　星期二　独自出外散步，至农贸市场尽头。

二十五日　星期三　上午，去厂甸中国书店买旧书三本：一《敦煌语言文学论文集》，一《宋拓王右军书》，一《幽默笔记》。王右军帖甚好，为前所未见。《辽沈战役》一书稿费69元，二月已领来，今日始令小果给晏甬送去。收到范泉信，仍让我署名于戏剧集序言。

二十六日　星期四　读《敦煌语言文学论文集》，王庆菽《敦煌变文研究》，对变文的时代作了考证，大有裨益于《戏曲史》研究。新疆发现之《弥勒会见记》乃五世纪物，而中土变文乃八世纪物，则自新疆流入内地，并得以普及，费时约二百年。马大夫已回京，今日来针灸。

二十七日　星期五　为日本留学生有泽晶子书一幅，她已结业，行将回国。收到王辉讣闻，赠一花圈。

二十八日　星期六　读夏写时《论中国戏剧批评》，尚未尽一辑。下午，玮大嫂之大弟来自海南，在此晚餐。针灸。

二十九日　星期日　续读夏写时书。与玮清理衣服，取出冬衣，收起夏服。

三十日 续读夏书,夏读书颇勤,亦有思考,唯尚未得要领,因此说理不透。上午,去老钟家探望,并读读他的《延安戏剧图系》,小晴晴在此,长得非常活泼可爱。遇大雨,甚冷。

三十一日 针灸。自出散步,过街走到首都宾馆门口。左边腰痛,估计是延安时坐骨神经痛的复发,小果为推拿,稍缓解。

十一月

一日 小珍带晴晴来,整日与之玩,未工作。上、下午,各出外散步一次。

二日 要为李元庆写一逝世十周年纪念文,我对他不太熟悉,难于下笔,只好勉为其难,正在看一些他的和有关他的文章。

三日 仍看李元庆文章。盛沛茹来。

四日 来了一些人,许多、吴大维。今日小萌萌七岁,借机吃了涮羊肉。针灸。

五日 上午,与玮到北海看菊展。宪源带八姨之子(忘其名)来,他来自湖南怀化,是在那里一个国家电子工厂工作的。

六日　连日来左腰眼疼，坐起感不便，小果按摩，效果不好。得讣告，苏灵扬去世，明日遗体告别。仍坚持散步。

七日　早起，腰大痛，走路不便。马大夫来针灸并拔罐。下午，不能往八宝山悼念苏灵扬，只卧床热敷整半天。

八日　继续针灸拔罐，腰痛见好。下午，三时，戏曲学会会长在赵寻家开会，谈湖北京剧团及学术讨论会，及文化部戏曲创作座谈会，和明年纪念徽班进京二百年纪念事，决定我找贺敬之一谈。

九日　针灸拔罐。仍阅读有关李元庆文章。连日来未出门散步。盛沛茹离京去无锡开会，然后回杭州。

十日　仍针灸拔罐，腰仍有痛，但好多了。玮告我，伯中患膀胱癌。因腰痛天冷，未出外散步。

十一日　今日未针灸拔罐。为湖北北京剧团及讨论会书一幅致贺。为王蕴明论文题一签。

十二日　今日天晴。上午，出外散步。读了有关元庆的文章。晚，赵寻来谈。

十三日　写一短文《忆李元庆同志》，不足千字。下午，出外散步。

十四日　针灸拔罐。下午，散步。

十五日 读《文艺研究》本年第五期上文章《中国文艺美学沿革规律探讨》,作者吴功正,此文强调中国美学上的因袭性,无视其创造性,议论较偏。下午,万素来,送来学会申报登记的信(所有社团要重新登记)要我签字,签毕带走。

十六日 小果清理书架,房内较乱,不能伏案。读迦梨陀婆剧本《优哩婆湿》。

十七日 读完《优哩婆湿》,看《七侠五义》。大风,仍出外散步,未多走。

十八日 看《七侠五义》。看李希凡关于《曹操与杨修》及其评价(《中国文化报》11月15日)。

十九日 打电话贺敬之,约定星期二 晚来谈。决定星期三 到积水潭住院检查身体。晚,玮六十四岁生日,吴大维请至花市醉八仙吃毛肚火锅。仍看《七侠五义》。

二十日 看《七侠五义》。今日小果清书毕。晚,贺敬之来谈戏曲座谈会打算如何开,我也提供了一些建议。决定本星期三去积水潭检查身体。

二十一日 看《七侠五义》。吴乾浩来,谈他已回研究院。将辽宁京剧院送来的告状信,谈梅花奖的,送交赵寻。

二十二日　今日住积水潭医院检查身体，住西区10房一床，张水华、杨霁明亦在此住院。续看《七侠五义》。

二十三日　今日开始检大小便及验血，做心电图、脑血流图及胸部照相，还有"谱"。

二十四日　今日检耳鼻喉。

二十五日　夜半后大咳，痰多，直至天明。做超声波检心脏，做脑电图。

二十六日　下午，大风。玮来，带来换洗衣服，换了，将脏衣带回，六时回去。

二十七日　做动态心电图观测检查，挂在身上24小时，甚感不便。

二十八日　做B超。下午，在院内散步，积水潭即在院内，过去未走过。检眼。连日夜间，咳不止，痰多，服"消咳喘"无效。看完《七侠五义》，只是中等作品。

二十九日　再做心电图。

三十日　外科检查。

十二月

一日 同房病友金先生出院，另来一位刘先生。晚，小珍来。

二日 下午，五时半，回家洗澡。

三日 读刘厚生《目前更需新的戏曲政策》(载1989年11月25日《文艺报》)。这篇文章虽有些估计不准确之处，但总的说来是好的，及时提出了当前最重要的问题：制定新的戏曲政策。

四日 读《中国戏曲研究资料初辑》欧阳予倩序，及其《京剧一知谈》。

五日 读周贻白《谈汉剧》未竟。改读黄芝岗《论长沙湘剧的流变》，文章未读完。

六日 读完黄芝岗论长沙湘剧之文。小唐送来《戏曲美学三题》小样及《剧海》第6期。读《剧海》中叙梵剧历史之文。

七日 校对《三题》未毕。小唐送《三题》原稿来。早晨抽血。

八日 校对《三题》毕，交小唐带编辑部。家中来电话，得广东省党委宣传部电，田蔚去世。又小白来信谈程德一去世。此二事，今日回家要回信。

九日 下午,三时,回家。

十日 上午,给广东发一电报,悼念田蔚。写一信给小白,悼念德一,并立即发出。
张玮告我星期三 要去唐山。又星期三起,家中修厕所。

十一日 决定先出院,再到酒仙桥做CT,出院日期为本星期四。读董维贤《京剧流派》。

十二日 与臧大夫谈我的体检结果,决定本星期四 出院,大夫说,我没甚大毛病,左心室稍大,这是过去血压高的结果,脂肪肝没甚要紧,肺清晰,肾无病,血正常。

十三日 收拾物品准备出院。

十四日 早,9:00出院。回家后正修理盥洗室,未能洗澡。收英若诚秘书来电话,英将在本星期六上午来访。高占祥要我到唐山去参加剧评会演,以身体不好,辞未去。

十五日 病中史行来信,谈他出论文集要我写一序言事,此事前年已办过,这次是重写一序,他托沈祖安起一稿,但稿尚未寄来,因复一信告之。晚,陈素贞带其徒来看望,其徒来京争梅花奖。胡芝风来电话,他在戏曲学院排了《百花公主》,要我到时去看。

十六日 英若诚九时来，谈文化部最后准备召开的戏曲创作座谈会及明年九月准备召开的徽班进京 200 周年纪念事宜，约一小时余，不到两小时。下午，读杨明主编的《滇剧史》，此书下了功夫，是一本好书，未读完。

十七日 上午，《中国戏剧》编辑部霍大寿等三人来，让我谈谈当前戏曲的问题。我谈了体制、教育等几个今后的重要问题，并主张由政府发布一文件。下午，×××来谈院研究生部最近学生与领导发生纠纷事。

十八日 邓兴器派其出版社《四海》杂志一编辑来，要求为刊物题辞。上午，到酒仙桥医院照 CT，十时半回。

十九日 吴琼上午来谈，十一时去，所谈为办戏曲教育事。郭汉城来电话，不日将来聊聊天。

二十日 安志强送来我的整理好的谈话，看了一遍，还待细看。小邓夫妇来，谈文联改组事。为《四海》题："华裔心声"，为张越男编《新歌剧曲选》题："时代新声"。

二十一日 仔细看谈话稿，并与小果一道斟酌文字，至夜十时半。CT 照片由小唐取来，脑中有些问题。

二十二日 《中国戏剧》来人将《谈话》稿取去，此稿定名《戏曲界要有社会主义理想》。张玮下午自唐山回来。戏曲学院朱

××、于均华等来,谈筹备其院庆并约我题一字,我拟为题"十年树木,百年树人,不唯树艺,尤当树心"十六字,尚未写。

二十三日 以车接汉城来,读戏曲学院改造之想法,至午前十时。下午,马远、黎舟、韩力来相聚,谈至五时。

二十四日 晨,起流鼻血不止,至十时,方由本楼于大夫堵住。晚,去鼻塞,仍流,复堵之,终夜未去。决于明日上医院。本拟去看评剧《村南柳》,亦未果。

二十五日 上午,到积水潭医院。一,医治鼻血;二,请大夫讲讲CT结果。下午,三时,与玮出外散步,至首都宾馆门口。

二十六日 上午,续黎舟所写《当代中国文化·艺术研究》一编,未完。晚,看山西临汾地区眉户剧团演出《两个女人和一个男人》,饰喜凤的许爱美唱做俱佳,她的戏十分感人,剧本尚有缺点,主要是作为新人形象的赵巧英塑造未能成功。

二十七日 翻读本年第6期《文艺研究》,敏泽一篇《关于传统美学批评的两种标准问题》,未得要领,似嫌穿凿,或见小不见大。十一时,散步。看完黎舟文,无大意见。

二十八日 上午,读《文艺研究》第6期张国民《一种需要剖析的文论现象》,是评社科院文学所《文学评论》上否定典型论的一些文章的,平稳近理,但缺新意。下午,散步。

二十九日　上午，读《文研》第 6 期严昭柱《文艺中的政治与美学》，还不错，但只谈了它们之间的相互关系，未提其相互矛盾。几十年来，矛盾方面的表现是很多的，要加以研究。十时半，散步。午饭后午睡太长，直至四时，以致晚上睡眠质量不好。

三十日　上午，翻看一些戏曲音乐著作。下午，散步。晚，到物资礼堂看胡芝风主演的《百花公主》，胡已五十开外，嗓子、形象都大不如前。

三十一日　上午，翻看一些《戏曲史》参考书籍。下午，与玮散步至伯中家，他已自医院回家，尚卧床，但精神已渐恢复。刘颖南及曾支援戏曲学会的×××来，是拜年的意思。柳以真派人送来 360 元，云是劳务费，亦年底接济之意也。晚，看新年晚会电视，十时睡。

一年简要记述

本年自开年即因脑血栓卧病未出门。戏看得少，会也参加得少。

五月①

于五、六月写《戏曲美学三题》，得三万字，交《文艺研究》，发表当在明年。

十月上旬，《曹操与杨修》来北京演出（参加艺术节），戏

---

① 此处删 9 字——编者注

曲学会为之开座谈会,并颁奖。

十一月、十二月两次与文化部长谈话,第一次与贺敬之谈,第二次与英若诚谈。皆为数年戏曲的问题、估计及建议。因文化部不久要开戏剧创作座谈会了,事先交换意见。

在《戏剧报》发表一文《戏曲应当有社会主义的理想》,是我与该报编辑部谈话的整理。

今年看戏不多。可记者:江苏扬剧《皮九辣子》;山西临汾专区眉户戏《两个女人和一个男人》。

1990

一九九〇年

一月

一日 星期一 今日元旦，因假日，家人团聚。午餐做了一些菜，小珍也带小晴晴来，陈宽也带其女儿在此共餐。连日来收到梁冰、石小梅等贺年片多张。上午，赵寻夫妇来，与谈及《两个女人和一个男人》的评价。收到王乃和新赠，他的《成兆才年谱》及承德戏剧资料等书。

二日 星期二 今天，仍是假日。与小晴晴玩耍。上午，吴大维引《两个女人和一个男人》的作者小上来，我和他谈了对剧本的意见，主要是，戏写人的感情，很动人，不足之处是赵巧英塑造不完善，不引人同情，改动一下不难。下午，散步。

三日 星期三 上午，翻看叶开元编的《戏曲论丛》第二辑，其中滕永然《高腔琐谈——戏曲声腔名考释之一》认为，高腔不专指弋阳，而是指与昆腔相对的一切锣鼓伴唱有帮腔的声腔，可备参考。下午，柳以真来。晚，胡芝风夫妇来，谈她演的《百花公主》。中午，仍散步。

四日 星期四 读《论丛》中王兆乾《从贵池对昭明太子的祭祀看傩戏的形成》，此文搜集丰富资料证明自萧梁以来，傩戏发展的轨迹，证明民间长期积淀形成的文化，傩戏与目连戏的关系似亦难分清，南戏可能就是这样形成的。打电话约李庆成星期六　上午来，谈谈开会情况。下午，散步。

五日 星期五 又细看王兆乾文,傩戏"之戏"仍是来自弋阳,即来自目连。看李泽厚《美的历程》。今日未出散步。

六日 星期六 小唐带来《中国戏曲通论》样书两本。文化部送来戏剧创作讨论会日程,十日开会,我还得在会上讲话。吴琼送来研究生部讲课费950元。

七日 星期日 仍读《美的历程》。下午,出外散步。

八日 星期一 读《新华文摘》1989年第12期蒋大椿《四十年来历史理论研究述略》。晚,常静之来,送来新出戏曲音乐书数种。下午,散步。

九日 星期二 读《美的历程》仍未完。李紫贵、刘乃崇来,送来紫贵戏曲导演讲课整理稿90000字,准备稍闲来看。

十日 星期三 上午,在人大会堂开会,听李瑞环为文化部剧作讨论会做报告,讨论会全体还和江泽民一起照了相。下午,大会在总参招待所开会,英若诚发言。

十一日 星期四 上午,戏曲学院成立四十年纪念,出席参加。

十二日 星期五 上午,起草一社主建设时期戏曲工作方案,准备交高占祥转文化部党组研究。研究院要给我八十岁做纪念,阻止数次未成，今又派小果去交涉，达成三条协议：1. 不请老前辈及中央领导人；2. 不通知外地及记者；3. 不送礼。

十三日　星期六　上午，修改方案。中午，达人夫妇来，说他们几个人要在我生日时来聚一聚，并将方案带走复印，准备请几位同志提意见修改。下午，二时，到剧作座谈会听贺敬之讲话，谈近年文艺是资产阶级自由化思潮。倦甚，晚，洗澡早睡。

十四日　星期日　上午，读李紫贵稿，得二万字。晚，到工人俱乐部看戏曲学院纪念演出，老艺人演《四郎探母》。给安谷带去一包春节礼物，有吃的，也有给小安子的鱼片等托钱法成带去。

十五日　星期一　上午，读紫贵文。赛珍来，拿来各方对《纲要》的意见。下午，四时，戏剧创作座谈会闭幕，英若诚讲话。

十六日　星期二　上午，读紫贵文。下午，与玮散步。四时，湖南来三人，言省剧协办了一个刊物《戏剧春秋》，要我当顾问，允之。

十七日　星期三　陆续收到各家对《纲要》的意见，着手修改《纲要》。未完。

十八日　星期四　继续修改《纲要》，未完。

十九日 星期五 上午，戏曲学院开座谈会，谈如何改进学校教学，我发了一个言。下午，柏柳来，代表《文艺研究》编辑来看我，谈了一些刊物的情况。

二十日 星期六 上午，到恭王府花园大戏台，参加国家科研艺术规划委员会新年团拜。下午，续修改《纲要》未完。

二十一日 星期日 上午，续改《纲要》未完。下午，汉城夫妇、达人夫妇、马远、韩力、黎舟、何为、克保、萧晴、陈永康、张祖道、章诒和夫妇、石小梅夫妇等来为我祝寿，并由赛珍、玮作了各种点心以当晚餐，直至8时始散。

二十二日 星期一 院及剧协在东四八条四楼为吴雪和我开会，祝工作60年及79岁生日。上午9时至11:30，贺敬之、赵寻、李希凡、余从讲话，我致谢意，到会还有高占祥、苏一平等。

二十三日 星期二 上午，续改《纲要》未毕。河南豫剧《司文郎》剧团来求字。下午，光年来，有祝寿之意，并送咖啡一罐。吴乾浩来，约明日下午去他家一叙。

二十四日 星期三 上午，去吕骥家看他。下午，去吴乾浩夫妇家，谈石小梅演出剧本《桃花扇》，并晚餐，参加者汉城、沈达人夫妇、薛若琳、小梅夫妇等。

二十五日 星期四 上午，在汉城家聚会，到者：达人夫妇、小梅夫妇、涂沛、张宏渊、张玮、薛若琳，由张泓（小梅爱人）、赛珍做菜，两点回家。下午，研究生部负责人来，送一瓷筒。继吕瑞明、×××来，表示祝贺生日意。上午，我未在家，剧协送一毛毯为我祝寿。11时，去翰老家拜年。

二十六日　星期五　上午，汉城、达人、长珂及苏明慈、杨景海来，谈《戏曲通史》再版问题，有些章节要稍加修改，将由长珂执笔。

二十七日　星期六　上午，干学伟来电话，陈锦清癌症晚期，病危。感冒，流鼻涕。中午，睡较长，并吃药，又牙痛，醒后稍缓。

二十八日　星期日　上午，赴人大会堂参加团拜，李鹏讲话。继去老钟家接小晴晴母子。下午，到张光年、王玉清、赵寻家拜年。今日春节。

二十九日　星期一　上午，到九姨家拜年，在那里吃中饭。今日大雪。下午，薛若琳夫妇带儿子来拜年。

三十日　星期二　上午，黎舟夫妇来拜年。下午，三时，到北京医院看望曹禺，其夫人李玉茹在病房陪住。

三十一日　星期三　上午，十时，去夏公家拜年。下午，翻看胡忌《昆剧发展史》。

二月

一日　星期四　上、下午，将《纲要》改毕抄清。晚，念给玮及小果听。

二日　星期五　上午，到戏研开会，商量《通史》再版前修改问题。继与汉城、若琳、和德商量戏曲学会参加徽剧进京200年纪念事。

三日　星期六　将《大纲》最后修改一遍，并给贺敬之写一信说明产生情况及目的。下午，5时，高占祥来，将此文件交他，此外，交他一件关于《马彦祥文集》出版事的报告，他也答应文化部出一笔钱津贴出版。

四日　星期日　读《昆剧发展史》。下午，与玮出外散步，至正义路口，归时甚感疲倦。

五日　星期一　上午，读《昆剧发展史》。下午，汉城、若琳、和德来，我向他们传达与高占祥的谈话情况，并共同议论徽班进京二百年纪念会事。

六日　星期二　复边疆一信，并为写一证明：一二·九时，他曾在党的领导下在北平工作。下午，五时，至赵寻家，谈剧协、戏曲学会与文化部艺术局关系事。

七日　星期三　读胡忌《昆剧发展史》。半月来，因吃错药，长了药疹，今天好了。洗了一个澡。

八日　星期四　收安谷来信。读马少波主编《中国京剧史》绪论第一章。整日阴，有小雪。题字二纸，一为川剧演员兰光临，一为浙江戴不凡学术讨论会。

九日　星期五　整日阴，有雾。上、下午，均读《中国京剧史》，毕四章，到此为止，写的是好的，简洁明确，论断妥帖全面。张建军送来腊鱼腊肉，并一贺年信。

十日　星期六　上午，院戏研在八条四楼庆元宵。下午，小珍、小晴晴来。

十一日　星期日　晨，起感胸闷。中午，食欲不佳，量血压210/120，服降压片二片及速效救心丸五粒，稍感舒服。晚，吃粥一碗半。睡前再量血压165/90。睡眠尚稳。安谷来自杭州。

十二日　星期一　与安谷谈心，她家的生活和我们的生活。午后，安谷到她妈妈家去住，为他们料理家务，及照顾她母亲。晚，量血压，150/105。

十三日　星期二　上午，去医院，血压130/70，可见太不稳定。下午，本拟出门散步，雪太大，乃止。收边疆信，他已收我寄去之材料。

十四日 星期三 上午,读《中国京剧史》。晚,量血压 150/90。

十五日 星期四 上午,到大碗茶参加《中国京剧史》首发式,此书马少波主编,北京、上海两研究所共同编写。下午,山西临猗眉户剧团《两个女人和一个男人》的主演寡妇者许爱英来。下午,与玮出外散步。

十六日 星期五 继读《京剧史》。下午,上海艺术研究所章力挥、黄菊盛、万庆荣及新所长某(忘其姓名)来。周传家来。

十七日 星期六 继读《京剧史》。晚,黄菊盛来,谈《近代文学大系·戏剧卷》编写情况。

十八日 星期日 天仍有雪,无法出外。继看《京剧史》。晚,安谷谈她今日与其老同学聚会,各述其家事遭遇,多有不幸者。闻之慨然,她的这些同学都是家境优裕的,应多幸福,然不幸事仍难免,可见幸福生活固不在家境也。

十九日 星期一 读完《京剧史》第十章,以下为传记,打算不再读了,此书优点是材料多;缺点:因系多人所写,首先纲目紊乱,体例不统一,不完整,第一、二章写得简洁,以后则越来越啰嗦,重复处不少,传记另写不好。

二十日 星期二 上午,到文化部开徽班进京二百年纪念筹备会。讨论了组织、人选及选剧目等项。

二十一日　星期三　上午，为人作字数张，题书签一。读今日《光明报》上张岱年、丁守和、方立天等三人座谈传统文化的记录，精神是一分为二，但对何者为精华，何者为糟粕，亦未说清。

二十二日　星期四　上午，为李紫贵导演论文集作一序。下午，重看一遍，觉需要仔细修改。

二十三日　星期五　上午，修改紫贵书序毕。下午，续读《昆剧发展史》。

二十四日　星期六　上午，读《昆》。下午，小珍带晴晴来。

二十五日　星期日　与晴晴玩了一天。下午，与玮、小珍带晴晴出外散步，至正义路回来甚感疲倦，久未走路了。

二十六日　上午，陈毅敏来，谈准备开全国戏研所会议事。下午，若琳来，谈一些戏研干部工作安排及今年将在晋南召开傩戏讨论会事。中午，与安谷出外散步半小时。

二十七日　续看《昆剧发展史》。下午，与玮出外散步。

二十八日　上午，到东四市政协，参加文化部召开的《戏曲工作提纲》讨论会，英若诚主持，到会者方杰、马少波、郭汉城、刘厚生、何为、沈达人、黄克保、龚和德、余从、中国京剧院院长等人，在彼中餐。下午，休息。

三月

一日 续读《昆剧发展史》。下午，与玮一同散步。草一给政协的提案，建议在高校开京昆欣赏课，以备在政协开会时征求戏曲界及大学教授签名，由小果起草。

二日 上午，续读《昆剧史》。下午，戏曲学院朱文相、贯涌等四人来，谈学院的办学方针、课程、师资等问题，至五时余。

三日 上午，参加戏曲学院导演研究班开学式，我也说了几句鼓励的话，此班都是来自各地剧团的现职导演，有三十余人，工作年龄都在三年以上了。

四日 晨起天大晴，与玮出外步。九时半，徐城北来，送来他写的袁世海表演艺术的集子求序，并谈了他对"三并举"的怀疑。我向他说明三并举的来龙去脉，及实施的具体情况。下午，仍续读《昆剧史》。

五日 天气甚好。读徐城北论袁世海稿。下午，与玮出外散步。谈剧诗问题。

六日 读徐城北稿。下午，散步至前门，买帽未成。

七日 重读徐稿，及杂志上介绍徐的文章。下午，与玮出外散步。

柳以真来，将向政协提交的关于大学学京昆的提案交他转林默涵，请他提意见。

八日 给徐城北书写序，不到千字。下午，与玮散步。因上午在无暖气房内工作，膝关节感到僵硬，骨刺处有些痛。

九日 上午，翻看新到杂志。《中国戏曲通论》书来，开名单拟分送朋友。下午，王安葵来，送来他的新著《现代戏曲作家论》，谈了一些《当代中国戏曲》文稿后情况。安谷来信。

十日 上午，赴文化部《大纲》第二次讨论会（也是末次会），发了言。晚，给张光年、王玉清送《中国戏曲通论》。

十一日 《文艺研究》今年第一期登载了《戏曲美学三题》。下午，与玮出外散步。赵寻来，送来《徐棻戏曲选》，谈四月要开讨论会，我不能去，要我题几个字。

十二日 上午，在东四八条四楼开《通论》首发式会。下午，散步。读余从《戏曲声腔剧种研究》，余从是一个很细心，肯动脑筋的人，颇有创见。

十三日 上午，去积水潭看病取药。继至隆福大厦欲购一帽，未得。大厦自改建以来，未去过，现为五层，热闹非凡，昔日一破庙，四十年来，改为商场，今又改建，更非昔比矣。

为徐棻写一幅，交赵寻带去，赵去成都参加徐的剧作讨论会。晚，续读余从书。

十四日 上午，续读余从书，毕声腔部分，感其过于谨慎，该做结论的事仍得明确做出。下午，散步。续读胡忌《昆剧史》，后面部分琐碎太甚，资料固宝贵，过于爱惜则易失主线。

十五日 上午，续读《昆曲史》。下午，散步。晚，看实验话剧院《探长来访》。此剧英国 Priestley 作，戏演得无风格，无人物，唯剧本尚抓人。

十六日 上午，读《昆剧史》。十一时，出外散步，天气甚好。下午，与玮过街散步。

十七日 读《昆剧史》。十一时，小果、小莉陪出散步半小时。下午，与玮去伯中家，未遇。

十八日 上午，读《昆剧史》。下午，全国政协大会开幕式。

十九日 星期一 上午，到香山饭店，住 5204 室，小果陪住。下午，参加 20 组小组会，提出大学增京昆课及在恭王府后园设戏曲博物馆二提案，征各组签名，并将二案交高占祥看过。晚，住香山。

二十日 星期二 上午，到大会堂听李鹏政府工作报告，十一时毕。即去昌平回龙观饭店参加徽班进京二百周年筹备会，在彼午餐。下午，听各省京剧团汇报剧目准备情况。晚，领导小组讨论筹备事宜，至晚十一时。晚，归雪。

二十一日　星期三　上午，开大会。高占祥谈北京开徽班会将在十二月廿日至翌年一月十日，戏二十台，及其他有关问题。马少波和我都说了几句。午餐后，经家返回香山。下午，参加政协 20 小组会，讨论李鹏政府报告。晚，将《通论》送荒煤，后出席 20 组党员会，听周巍峙传达江泽民、李鹏二人关于人、政两会的讲话。

二十二日　星期四　上、下午，均参加 20 组会。晚，餐后与小果散步。这几天，左眼出血，留下的疤痕愈浓。

二十三日　星期五　上午，参加小组会，发了言，题目是：关于弘扬民族文化，着重谈了戏曲。下午，休息，看大会文件，报纸。

二十四日　星期六　上午，到大会堂参加大会，听发言。散会回家，在家午餐。

二十五日　星期日　上午，休息散步。下午，常维进、郎樱引日本吉川良和来，说要看看我。吉川为研究中国音乐（包括戏剧音乐）世家，其父亦有名，他本人将杨荫浏《中国古代音乐史》译成日文，谈至五时始去。

二十六日　星期一　上午，回到香山开小组会。下午，到大会堂听大会发言。玮为我买一帽，稍大，拟去换。

二十七日　星期二　天雨，上午，听大会发言。下午，回香山。

二十八日　星期三　上午，在大会堂听关于《香港基本法》的说明。下午，回香山。晚，左大玢来，谈湘剧院情况，照相。买《历史地名辞典》一本。

二十九日　星期四　上午，休会。看于伶，谈纪念田汉事。

三十日　星期五　上午，在大会堂参加政协七届三次会闭幕式。午，回香山。晚，回城。

三十一日　星期六　上午，到积水潭医院检查血压，心电图正常，取药归。下午，看《齐如山回忆录》。两点半，与玮散步。四时，任桂林长子来，谈为其父出文集及开座谈会，以纪念其逝世一周年及75岁生日事。晚，洗澡。

四月

一日　星期日　上午，湖北陈先祥来，为其在上海戏剧学院毕业之女儿考戏曲研究生奔跑，我为她给高占祥写了一信，并给高打了一电话。续读《齐如山回忆录》。与玮带小萌萌散步。

二日　星期一　上午，方杰、李庆成等来，谈表扬一批演现代戏有成绩的戏曲剧团事。下午，《中国戏剧》记者王育生等二人来，要我谈左翼剧联历史，谈了一小时余。由他们整理成文。

三日　星期二　上午，写党员重新登记申请。下午，黄再敏、刘沪及戏曲学院之金桐等四人来，谈为李紫贵同志七十五岁开纪念座谈会事，及现代戏写新人物尚不成熟事。最后我劝戏曲学院同志要鼓起勇气改革戏曲教育，走上一级新台阶。谈至五时始散。

四日　星期三　上午，写党员登记的个人总结，得千字。晚，与玮一道清行李。

五日　星期四　上午，誊写党员申请及个人总结，并交支部。下午，天津京剧三团来人，请为其二十周年题字。晚，重看《茶花女》歌剧电影录像，此戏导演确系大手笔，将歌剧表演之呆板运用电影手法变成气氛浓郁；镜头节奏与音乐密切结合，兼具匠心。

六日　星期五　晨，为天津剧团书一幅。午 12∶30 乘 109 次直赴济南。晚，8∶24 到。住山东剧院招待所。

七日　星期六　早餐时，遇各省文化厅长。有浙江、湖北、山西、上海等地。上午，游市区，趵突泉、大明湖、大观园（市场）至 11 时半。晚，省委宴请，正副书记、省长均出席，宴贺敬之也。七时半,回寓处,与赵起扬聊天,他谈他想写的在人艺工作时的回忆录。

八日　星期日　上午,在市区游解放阁及新修黄河公路大桥。晚,年会开幕式,在历山剧院。继由山东省吕剧团演出《山高水长》,约两小时半,此戏写沂蒙山区军民关系,时间跨度由抗日至今日,约四十年,戏散,郎咸芬表演好。

九日　星期一　上午,在南山宾馆开大会,给十五个坚持演现代戏的剧团发奖状。继由贺敬之讲话,所谈为近年来文艺界思想紊乱状况的批评。下午,写发言提纲,未完。晚,由陕西省戏剧研究院眉户剧团演《漂来的媳妇》,编剧甚成功,纯写人物感情,导演、演员稍弱。演于历山剧院。

十日　星期二　上午,在历山剧院听大会言。发言者六人,其中剧作者谈经验者五人,各有真知,听来甚有启发。下午,续写提纲。中间,哈评剧团王小楼等来,又张云风来。晚,在山东剧院看哈团演《半月沟》。此戏作为一演员,写北大荒一小村生活,剧本、表、导均佳,又系一爱情纠葛戏,四男一女。

十一日　星期三　上午,准备提纲,并为小练写一条幅。下午,休息。晚,看黄梅戏《遥指杏花村》。此剧作者缺少生活,导演则花样很多。

十二日　星期四　上午,在南郊宾馆为大会作一发言,谈现代戏新人物，时间约二小时。下午，在历山剧院参加大会闭幕式。晚，在山东剧院看烟台吕剧团演《青山梅》。此戏艺术上比较粗劣，剧本、导、表都不成功。

十三日　星期五　整日游曲阜。参观孔府、孔庙及至圣林。后者除孔子墓外，又为孔族坟也，耳闻不如眼见，皆甚平常也，孔府实故宫之简化，唯孔庙之龙柱乃罕见耳，孔子生平连环石刻，明代的因在玻璃之内，反光强看不清，另有现代一组系新刻于是大理石上者很好，孔林中有孔尚任墓。6时回济。疲甚。

十四日　星期六　游泰山。7时出发，未至9时已到。汽车登山至中天门，乘缆车7分钟达南天门，游天街、碧霞宫，又原道下山。至华侨宾馆午餐，为泰安市所宴请。小睡十分钟。继游岱庙，此庙花木茂盛，有汉柏等，有宋宣和时碑一通。归济近6时。夜，入浴。

十五日　星期日　整日在宾馆休息。翻读《古老的泰山》。10时，觉冷，策杖出门散步，宾馆大门外小河两端有桥，绕行一圈。午睡后，孙毅来聊天，为书一幅。5时，张玮访友归。晚餐后，山东文化厅副厅长来送行。8时，孙毅、小练送至车站。10时，发车，即就寝。

十六日　晨，7时10分，车抵北京，小唐、小余来接站。整日清点行李衣物，分别存放。下午，与玮出外散步。翻看各种新到杂志、文件，内有本院牵头召开的全国艺术研究单位的工作讨论会一通知,拟在本年七月召开。

十七日 上午,续读《齐如山回忆录》。十一时,散步,阳光正好。午睡至四时。晚,看电视。十一时寝。

十八日 天阴雨,不能出外散步。读《齐如山回忆录》,言梅之新剧皆由他新编,亦由其导演,云梅之歌舞古装剧实肇自彼云。按编剧或齐之力,歌舞排练恐非其一人之力也。中午,湖南湘剧院党委书记来,谈《琵琶记》已整理好,将于本年七八月间来京演出,托他带《通论》一本与范正明。

十九日 天阴雨。续读《齐回忆录》。下午,天开,与玮出外散步。看完史行文集序言,改了几个字,寄沈祖安,并给史行写一信。

二十日 续读《齐录》。下午,与玮散步至正义路。

二十一日 上午,复一信与寒声,说明不去参加《西厢》讨论会。翻看《中流》等刊物。下午,与玮散步。小珍带小晴晴来,小家伙已能说一些话了。

二十二日 续读《齐录》。与小晴晴玩。下午,散步。

二十三日 上午,翻看杂志。下午,阿姨请假,与玮同做晚餐,包馄饨。晚,洗澡。复上海范泉一函,为《近代文学大系·戏剧卷》作一签名。

二十四日 上午，看闲书。等剧协人来未至。下午，赵寻、柳以真来，谈剧协党组新班子问题。晚，到人民剧场看纪念周信芳诞生95周年演出：《追韩信》《徐策跑城》《明末遗恨》《吕后斩萧何》。前三剧不错，尤以《跑城》演得好，鼓师张鑫海，信芳旧人，打鼓很有特色。

二十五日 今日大风。下午，黄沙盖天而来，光为之暗，未出门。整日听玮谈她的导演课提纲，谈的都是实践中的经验，很实在。上午，吴书荫来，谈戏曲百科事。下午，盛沛茹来。

二十六日 今日仍有风。晨，赵寻来邀参加梅花奖讨论会，未去。上午，读《齐录》。下午，看报。晚，到青艺小剧场看王培排的《社会形象》。此剧是墨西哥贝雷斯作，杨青、张秋歌表演，时间只一小时，导演王培。

二十七日 续看《齐录》。下午，散步。晚，胡芝风夫妇来，约星期日去她们家吃饭。

二十八日 去八条参加花梅奖选举，未投票。午间，由戏曲学会及昆剧振兴会共请来京参加周信芳纪念演出之京剧演员聚餐于园芳饭店。午睡后散步。

二十九日 上午，胡芝风、陈牧邀去她们家午餐。汉城夫妇、谭志湘夫妇同席。下午，二时归。午睡至近5时。沈达人夫妇来，沈谈去印度考察梵剧事，言正统梵剧确已不存，然印克拉拉邦民间尚存宗教中用梵语之戏,为坐唱式;又有舞戏,后台帮唱者。

三十日　星期一　上午,翻看杂志。下午,看报。晚,看电视中转播《巍巍昆仑》至十二时。

五月

一日　星期二　上午,晴,风和日暖,与小珍带小晴晴去天坛,小唐开车,路人较多,数日来风雨,海棠已经过,丁香亦落,只牡丹在开,然亦不盛。下午,天转多云,未再出门。翻读《戏剧艺术》今年第一期,有王季思《悲喜相乘——中国古典悲、喜剧的艺术特征和审美意蕴力》,于中国美学有所阐发。

二日　星期三　多云,出外散步。中央电视台社交部文化生活组来人请于近日弄一个十五分钟节目,目的是弘扬中国文化。晚,金紫光来电话要我在《讲话》纪念中说十五分钟话。

三日　星期四　约来黄在敏、刘沪,研究中央电视台约讲从戏曲方面看弘扬民族文化。下午,邀电视台主持人来,共研提纲。

四日　星期五　小莉今日午后三时乘机赴澳。翻读蒋星煜《中国戏剧史探微》,蒋证实二事:一辽时已有杂剧,二吴炳死前投清。前一题,残唐时固已有杂剧之名,辽有之乃意中事,蒋考辽兴宗在后宫演杂剧,时年1031年,为宋仁宗时,其有杂剧固无足怪。后一题,谓吴炳英勇就义之说,于其作品观之,早令人生疑,今果然。王夫之《永历实录》有"炳素谐柔,好声色,荏苒无风骨"的论也。

五日　星期六　读《中华戏曲》第9期,其中一系列文章如《傩祭与傩戏》《试论戏曲产生发展的多元性》《戏曲形成规律探索》等,有新材料,亦有新意。小莉来长途电话,安全到达(下午五时)。

六日　星期日　晴。上午,与玮及小唐夫妇及小孩去天坛看牡丹,已盛开,游人太多。下午,读《中华戏曲》第9期其余文章。与玮在傍晚出外散步。

七日　上午,为《讲话》37周年发言写一提纲。散步二次:一次下午四时,一次晚八时。

八日　上午,到研究院开学位评定委员会,正式通过有泽晶子等9人硕士学位,并参加一向亚运捐献画的仪式。下午,余从与福建同志来,谈明年元宵前后将开一南戏与傩戏学术讨论会,希望我也去,原则上同意了。余时翻读杂志、散步。

九日　上午,大百科赵树楷来,送来《戏剧卷》,此书图片不精美,亦是话剧界历来不注意存留照片之故,亦是此卷美编不够认真。下午,散步。今日收到马瑜讣告(4月29日去世,今始收到)。

十日 上午,鲁艺校友会聚会于南城之大观园,见到袁文殊、赵毅敏等老同志及许多同学古元、罗工柳等。晚,到首都剧场看北京人艺演出《田野……田野……》,戏有些生活,演员亦有佳者,但导演手法倾向自然主义,剧本亦琐碎,缺乏艺术上简明的美。

十一日 上午,写字四张:为阿英纪念馆,为香港邓宛如京昆剧团成立,为沧州剧本题签二枚。下午,散步。

十二日 余从寄来《戏友·唐乐星图专号》,载文两篇:1.《唐乐星图》(校注),2.《唐乐星图散论》,均李天生作。阅后,觉此一古文献有两价值:一,为宋金杂剧找到一实物证据;二,对歌舞戏剧在农村的存在方式,特别是早期存在方式,找到一个实例。晚,饭后散步。

十三日 上午,与玮至伯中家探望。十二时归。

十四日 前数日,连得王守泰信告以他的《昆曲范例集·南套》已编完,《北套》亦正着手,并为无钱告急,欲再有六千元,今日又收到其《北套》目录,拟为其向文化部呼吁一下。上午,理发。晚,散步。

十五日 为王守泰事向文化部高占祥写了一信。重读了一遍《敦煌语言文学论文集》中王庆菽的《敦煌变文研究》。晚,散步。

十六日 读贵州民族出版社之《傩戏论文选》,甚有启发,傩而有戏,兆自明初,盖受弋阳腔影响也,当容深究之。

十七日 续翻看《傩戏论文选》,启发甚多。明初南戏衍而为四种声腔,存活者昆弋二种而已,弋之蔚为大剧种,非偶发也,至明中叶,已遍及南中国、云贵、两京,实因随军而行也(明初用兵西南),弋腔能存在于农村,实与社火、庙会结合而得以生存,随军与依附庙会二者乃其昌盛之因也,当继续研究。

十八日 整理照片,插入影集,成二册,尚未完。参加蔡若虹80岁生日祝寿。

十九日 到劳动人民文化宫逛书市,购得《中国人口史》《楚辞全译》《美学四讲》《古代中国人的美意识》等书。9时去,11:30回,甚累。

二十日 大风,白天未出门。小珍带小晴晴来,与之玩耍终日,活泼可爱。晚,饭后,出外散步,风仍大。电视中看一美国反特片,特务利用迷信,新颖别致。

二十一日 参加延安文艺研究会纪念《讲话》48年讨论会,至12:30。下午,除读报外,未做事。晚,餐后散步。

二十二日 上午,整理照片,又得两本。下午,翻读《高腔学术论文集》,所得不多。晚,仍散步。

二十三日 上午,到文联开会,纪念《讲话》48年,我发了一个言,会开到12时。下午,散步。

二十四日 上午,到天坛看芍药,已零落,至月季园,则繁花盛开,似今岁比往年更好。晚,散步,有微雨。

二十五日 上午,写一弘扬民族文艺短文,是整理我在文联座谈会上发言的,得而千字。下午,散步,有小雨。

二十六日 将昨日短文交小唐送文联组联部,并请其投《文艺报》。翻读吴光耀《西方演剧史论稿》,是一本认真之作。河南禹县(禹州市)豫剧团主演及该市市长、书记来,请去看戏。

二十七日 翻读《西方演剧史稿》。禹县同志下午又来,送票,并要求题字。

二十八日 续读《西方演剧史稿》,毕罗马演剧一章。下午,读报。晚,散步。

二十九日 为纪念毛主席题"百花齐放,推陈出新"写一提纲,预备写一文。续读《西演史》阿披亚章毕。

三十日 按昨日所拟提纲动笔写作,刚写了四百字,小唐送信及画来,就打断了。下午,齐虹来,送我白兰地一瓶作生日礼物。因雨未散步。

三十一日　继续写作，不足千字，干扰太多，不能一贯集中精神。下午，中央电视台来，敲定播放本子。晚，散步。

六月

一日　继续写作，连前所写共得 2500 字，完一节。下午，张慧、常静之等四人来，她们为电台主持一个戏曲唱腔选秀的节目，是长期续播的栏目，要我在前面谈一段开场白，今日来录音，弄了一个整下午。今日散步两次，上午 11 时，晚 8 时 30 分。

二日　继续写作第二节，不足千字。下午，黄在敏、刘沪及电视台人来，决定"名人谈戏"由黄在敏讲，我不讲了。继胡芝风领着邯郸市东风豫剧团主演胡小凤来，说小凤演戏，要我去看。小珍带小晴晴来。晚，散步。

三日　萌萌患扁桃腺炎自昨夜高烧不退。上午，与小珍、玮带小晴晴出外散步。晚，出外与玮散步。小珍带小晴晴回家。

四日　续写作，不足千字。晚，到吉祥看禹州市豫剧团谷秀容演折子戏，共四折：《穆桂英挂帅》《花木兰》《拷红》《五世请缨·出征》，谷唱得好，也会做戏。

五日　续写作，连前已达 5000 字。下午，金耀章来，要走照片二张，说是预备发表用。晚，散步。

六日 上午，为河南豫剧团演员等作字五张。下午，湖南京剧团×栋柱来，求写一信给省文化局长，支持他们办徽班入京200周年纪念。又河南××专区文化局长杜平来。今天天阴。晚，八时半出外散步，风大。

七日 上午，到东四八条剧协看邯郸东风剧团胡小凤演出，折子戏两个《大祭桩·哭楼》《穆桂英挂帅·接印》，演得有人物，唱做都有些创造，演毕座谈，都谈到演员一年演400场太累。下午，读《新华文摘》上载王曾培对《通论》的书评（转载自《人民日报》〔海外版〕）。

八日 上午，继续写作，得千五百字。下午，翻读《新文化史料》郁风《郁达夫海外文集后记》，谈了许多抗战时期郁达夫在新加坡、马来西亚的事迹，并为他最后被日本宪兵绑架下落不明事作了证实。散步，今日正凉，有风，可能甚远有雨。

九日 继续写作，得千余字，尽第三节，共成7500字。下午，续读《西方演剧史论稿》关于哥登·克雷的章节。晚，到人民剧场看上海长宁区沪剧团演《清风歌》，写反贪污事，为一通俗剧目，剧太长，唱多。

十日 将已写全文看了一遍，修改数处，第三节完，第四节写了五百字。将《论稿》中克雷章节读完。晚，散步。

十一日 继续写作，得千字。晚，为杜平题字一幅。晚，八时散步。

十二日　继续写作,累计已过万字。下午,甚累,天热故,未工作,仅读报《光明日报》上何新与法记者谈中国社会主义与民主义,甚有新意。晚,饭后散步。

十三日　本届梅花奖得奖演员聚会在纪委招待所,参加者有高占祥、赵寻等,也邀我去,并讲了话,在彼午餐。下午,看报及杂志。晚,散步。

十四日　继续写作,毕第四节,得11500字,并开始写第五节。安谷来信,云因到秦皇岛开会之便,将于15日或16日来京一叙。晚,散步。

十五日　参加院在职硕士研究生学位授予典礼,10时毕。回后续写作500字。晚,梅花奖授奖大会,会后演《坐宫》(黄孝慈、于魁智)、《梵王宫·梳妆》(豫剧,牛淑贤)、《杜十娘·归舟》(评剧,马淑华)、《战北原》(言兴朋)。

十六日　剧协梅花奖在北京饭店颁发证书,上午9:00至1:30归。近日天气太热,感头晕,查血压160/90,亦不高。晚,来散步。安谷来。小珍带小晴晴来。

十七日　整日与家人盘桓,与小晴晴玩。出外散步两次:第一次上午,与安谷一道去寄信,街上宣传"亚运",小学生鼓号队都上街了,有一队管乐齐备,能奏好几个古典乐曲;第二次与玮同去。晚餐后,街道清静了。

十八日 整理前稿，预备写一简洁结论。天仍热，下午不能做事。晚，看湖南广水市楚剧团演《虎将军》（演徐海东同志事），因事迹太多不能全表于舞台，往往只一带而过，有不尽情之感。去徐海东的演员张太平，气质很好，演得成功。

十九日 为《戏曲现代化的历程》写结论，全文完稿，得万三千字，明日再改一遍即完篇。天气仍热。下午，未工作。晚，与玮出外散步。

二十日 《戏曲的现代化的历程》今日完篇，13000字，中间时写时停，共计23天。晚，将此稿念给玮及小果听，他们很欣赏，未完。整日风甚大。晚，餐后与玮散步。

二十一日 上午，到积水潭医院检病取药。继至王府井新华书店思购敏泽《中国美学思想史》，未得。下午，三时，安谷回杭州。晚，餐后散步。将文稿其余部分给玮及小果念完，他们提了些意见。

二十二日 上午，对《历程》作最后修改又增约500字。下午，将整党自我检查抄入正式文卷中，交出。晚，散步。下午，雷阵雨。

二十三日 最后将文稿看了一遍，交小唐带交王安葵。买到胡经之编《中国古典美学丛编》一种，共三册，中华版。晚，散步后洗澡。

二十四日　早餐后，出外散步。读胡经之《丛编》。晚餐后，又散步。

二十五日　读吴光耀《西方演剧史论稿》梅耶荷德章。天热。下午，未工作，仅为《广州日报》副刊题一题头。报道方励之被免罪赴美。

二十六日　读《演剧史》莱茵哈特章，甚叹其人之才思及能力之过人，惜那时无录像，他的创作一点不能留下，忆我去东德访问时，去他家拜访，他的儿子只留下他一张照片，还是在德意志剧院废墟上拾到的。柳以真来，和他谈及《中国戏剧》称我为"大师"事，请他转告，以后千万不可如此。

二十七日　上午，在人民大会堂参加东方文化研究会成立会，此会是北大发起。下午，到戏曲学院参加任桂林同志回忆座谈会，至5∶30。晚，散步。

二十八日　上午，在本院检查身体，来的医生是陆军总医院的，心电图结果良好，其余尚未见结果。下午，读《演剧史》琼斯（美）章及李·西蒙生章，未完。晚，散步。

二十九日　上午，续读《演剧史》李·西蒙生章毕。下午，读报及刊物。《中国戏剧》上有王蕴明《时代呼唤着怎样的戏剧》一篇，为批驳刘小波者，以空对空，遂乃无力。为徽班进京200年题字一张，已取去。散步，洗澡。

三十日　上午，读到萧晴文章：《建立中国现代戏曲声乐学派的初步构想》，文载《戏曲声乐研究》第 10 期（1990.3），心中甚高兴，萧晴终于研究出成果来了。晚，餐后散步。

小珍带小晴晴来，长高了，能说许多话了。

七月

一日　整日和小晴晴玩。上午，与小珍带晴晴出外散步。

二日　上午，刘沪、李渔送来山西戏曲文物录像，当即看了。翻看杂志，读到《新华文摘》本年第 6 期上陈立人的《野人山记》（原载《昆仑》本年第二期）。晚饭后，因无人陪伴，独自出外散步。

三日　上午，翻看蔡毅编的《中国古典戏曲序跋汇编》，体例太乱，标点时有失误，错字不少。十一时，独自出外散步，约一小时。午睡起，感浑身酸痛，知是着凉，体温 37.8℃，服板蓝根，后又以感冒冲剂送螺旋霉素及 V_C 各一片，温度减至 36.1℃。晚，喝粥一碗。睡前再服螺、V_C 各一片。

四日　体温 36.4℃，三餐均正常。仍休息，随便翻翻书报，未做工作，亦未出门散步。下午，大雨。

五日　上午，8 时半，独自出外散步，10 时归。天热，未能工作，只翻翻报刊而已。晚，饭后又出外散步。回来洗澡，10 时半寝。

六日 天阴雨。随意翻看报。晚餐后,出门散步。齐致翔来,谈他已到剧协工作。

七日 上午,仍阴雨,但燥热。除看报外,未工作。晚,昆研会为张君秋在美国获博士学位宴请他,到者有林默涵、赵寻、柳以真等,在和平门烤鸭店。晚,散步。

八日 重读《董西厢》,仔细揣摩:1. 现西厢五剧,乃董作之改编,此人之共识。2. 作者定为王实甫,理由似不充分,认为关作,乃元人旧谈,何以推翻之,不明白。3. 所谓王作关续说,实关作王续说之变;而关作王续者,乃王望围棋闯局之续也。天热,晚餐后散步。

九日 早晨,八时散步。天仍热。韩娘今下午6时故去。仍读《董西厢》,此诸宫调乃说唱本,比之元曲西厢,朴实而原始,故事结构不严密,红娘未刻画出来。

十日 读完《董西厢》。晚,与玮散步。

十一日 今日送韩娘火化。翻阅报纸杂志。晚,散步。

十二日 上午,在大会堂安徽厅欢迎张君秋在美得博士,剧协与文联出名。晚,散步。

十三日 上午,本院硕士课程进修班毕业(第三届),前去参加并讲了话，十一时半回。下午，翻看书刊，读沈达人《〈弥勒会见记〉形态辨析》及欧阳友徽《目连戏中的哑剧艺术》，均有启发。

十四日 上午，散步，看杂志。下午，葛一虹来，送来《中国话剧通史》新书。湖南省京剧团阿甲侄来，带来阿甲信，介绍剧团主演。晚，大雨。

十五日 天阴雨，翻看《话剧通史》。晚，散步。夜，黄在敏来，拿来他在电台讲戏曲知识的录像带，当时放看，有的地方配的图像无说明，不满意，也有好的地方。

十六日 星期一 下午，四时，到昌平虎峪园林宾馆参加戏曲现代讨论会，题目是戏曲导演问题，即住此，这里比城里气温低二三度。

十七日 星期二 上午，大会开幕式，余从主持，到会讲话者有姚欣、李希凡、李紫贵等。下午，大会发言，有马科、余笑予、张建军等。晚，在电视中看刘晓庆影片《潜网》，刘演得不错。

十八日 星期三 上午，翻看《中国戏曲志·湖南卷》，印象中觉其体例尚有未尽善处，但未深入研究。下午，参加大会发言，上海昆剧团谈的经验很好。晚，量血压 160/100，稍高。昨夜睡不甚深，又气压低，亦有关系。夜 11 时，张玮来。与王泰来谈《猫和鼠》。

十九日　星期四　昨夜未睡好,小便较多,起来七八次。翻看报纸、杂志。量血压,已正常。晚,睡不着,吃安定二片才睡了。

二十日　星期五　上午,写字四幅:给紫贵,给马科,给湖北省京剧团,给昌平园林饭店。

下午,听大会发言。

二十一日　星期六　上午,大会闭幕式,我说了一个钟头的话,讲了:一,导演艺术与演员艺术不是矛盾的;二,艺术理论与艺术实践的关系。下午,四时,回城,并接回小珍、小晴。

二十二日　星期日　今日休息。与小晴晴玩。下午,余笑予来,为我的题字要求补一图章。继××来,送来湖南京剧团录像带一盒。继湖北襄樊地区豫剧团来,云要来京演戏,希望届时去看。

二十三日　星期一　今日天热。上午,参加李紫贵导演讨论会,在戏曲学院,在彼午餐。下午,大连市艺术研究所来二人,谈东北鲁艺四团到大连演出等,并为他们写字三张。晚,散步,洗澡。

二十四日　星期二　上午,看湖南京剧团录像。下午,因天热未工作。

二十五日　星期三　上午,理发。下午,赵寻来,谈剧协将开主席、副主席联席会议，会议将于本月廿、廿一日召开。

二十六日 星期四 早，饭前散步。翻看报纸杂志。下午，重读流沙《从南戏到弋阳腔》(文载1983年《高腔学术讨论文集》)，此文甚有参考价值，惜其有些论点未能详其根据。晚，饭后散步。

二十七日 星期五 上午，散步一小时。万素送来我在昌平会上二十一日讲话录音的整理。下午，看了一遍，修改还费大事。晚，饭后散步。洗澡。

二十八日 星期六 看了两篇文章：1.江学恭《走出死亡谷——关于改善戏曲现代戏剧目创作与当代观众审美关系的几点思考》(《剧海》1990年第2、3期合刊)，2.董晓第《当代戏曲与观众审美意识之间的剪刀差》(《戏剧新作》1990第2期)。前篇论证更充分，两篇都提出了适应观众的问题。

三十日 星期一 上午，剧协正、副主席会，赵寻、刘厚生报告一年来工作，大家也发了言，会在市政协开，并在彼吃饭。下午，甚疲倦，休息。

三十一日 星期二 上午，仍开主席会，讨论增补赵寻为常务副主席，及通过书记处人选。仍在彼吃饭。连日来天闷热。下午，仍休息。夜，下雨，亦未能散步。

八月

一日　星期三　上午，整理在导演会上的讲话，得500字，即因天热而中止。晚，下雨，亦未能出外散步。

二日　星期四　今日天凉，整理讲稿千余字。晚，出外散步。辽宁刊物《电视与戏剧》出满百期，来索题字。

三日　星期五　上午，写字两幅：一，悼汪效漪挽联；二，为辽宁《电视与戏剧》题字。下午，辽宁来人即取去。晚，散步。数日来腿无力，不知是否天热抑受凉，或二者兼有。玮夜发热，怕冷。

四日　星期六　继续整理讲稿又成千字。玮早仍上班，未喝牛奶，回家在晚6时以后，泻7次一天，未吃饭，请本楼邻居大夫看了病，发热37.8℃，表里受热，服止泻药，睡下。小珍带小晴晴来。

五日　星期日　张玮卧病一天，仍泻。小晴、小萌萌吵闹不休。一日除看报未做他事，亦未出门散步。欠账：黔剧、席明真、《蒲剧艺术》题字。

六日　星期一　整理讲稿毕，得四千字。下午，薛若琳来谈戏曲新领导班子问题，并写了一封信给部党组提出一些建议。天气闷热，未散步。

七日　星期二　将讲稿文交陈毅敏。为黔剧卅年题一幅。刘文峰以我的名义写一文悼汪效漪。

八日　星期三　十时，到八宝山与汪效漪遗体告别。托章诒和起草一篇席明真文集的序稿。晚，7∶15在人民剧场看湖南湘剧院演三个折子戏：《潘葛思妻》《何乙保写状》《古城会》。王永光在第一戏中去潘葛，第三戏中去关羽，都不错；唐伯华去何乙保，亦佳，尚不流利。

九日　星期四　上午，王正西、马克郁及赞皇县宣传部长某某来，王带该县丝弦剧团来演出。客人走后出外散步，天气很好，已有秋意。晚，看湘剧《琵琶记》上集，均由年青演员登台，戏显平、冷，或系演员水平之故。

十日　星期五　上午，翻翻书报、出处散步。下午，看报。晚，看《琵琶记》下集，中年演员演，比上集精采多了，"描容上路""担松下堂""撞廉""书馆悲逢""打三不孝"，甚连贯，亦动人。

十一日　星期六　上午，到剧协参加湘剧座谈会，11时归。下午，与玮散步。

十二日　星期日　上午,给小果看文稿一篇。下午,小翁来,他是来开会的,在此晚餐。晚,与玮散步。

十三日　星期一　上午,在大会堂安徽厅参加方荣翔、金乃千事迹报告会。下午,翻看报刊。晚,与玮散步。

十四日　星期二　上午,清理照片。中午,看报。晚,与玮散步。

十五日　星期三　上午,看金素琴自传《篱下菊》,文笔甚好,写人的精神面貌亦佳,未看完。十一时半,散步。晚,餐后又与玮散步。

十六日　星期四　上午,看《篱下菊》。十时半,散步。下午,看报。晚,与玮散步,未拿手杖,反而走得很好。

十七日　星期五　上午,续看《篱下菊》。11时,散步。下午,看报。晚,散步。玮今早去密云开会,要开两天。

十八日　星期六　上午,戏曲学会开主席团会,即在家中,参加者:汉城、赵寻、厚生、若琳、颖南、和德、简慧。下午,小珍带晴晴来。张玮来电话,今日不回。胡芝风夫妇来,送来她的书《艺海风帆》。

十九日　星期日　今日小晴晴生日。上午,与小珍带晴晴上正义路街心花园玩耍。晚,到工人俱乐部看赞皇县丝弦剧团看《闹书院》。

二十日　星期一　下午，到八条剧协参加丝弦戏《闹书院》评论座谈。下午，看报纸。红红带小萌萌从保定回来。

二十一日　星期二　戏曲学会请张绪武晚餐于丰泽园，送他《百科·戏曲卷》一本，聘他为基金会会长。

二十二日　星期三　晚，到十三陵"明苑宾馆"参加徽班进京200年纪念会，筹委选定剧目。住此，宾馆为一四合院式花园，但住起来，因房太矮，窗不能开，甚闷。

二十三日　星期四　上午，开全体会，到会有上海、天津、北京、山东等七省市，说各自准备的剧目。下午，继续。

二十四日　星期五　上午，开会仍议论各省市参加剧目，已大致有眉目，这会无各省市代表参加。下午，全体会，高占祥谈部领导的想法。晚，7∶30回北京，同回者汉城、小林、马徇明。

二十五日　星期六　挺燥热，补数日日记。读高占祥文稿：京剧创始人——程长庚，是一篇难得的京剧史论文。

二十六日　星期日　续读《篱下菊》。写字四幅，1.陈贻亮；2.陈仁镒；3.福建艺术研究所；4.安徽《戏剧新作》。早，散步。

二十七日　星期一　看《篱下菊》。十一时，出外散步，遇雨，张玮持伞来接。

二十八日　星期二　看完《篱下菊》。晚饭后，散步。

二十九日　星期三　看《新华文摘》7月号，文两篇：1.《大革命失败后中国社会性质革命性质及社会史问题论战研究》(吴泽)，2.《〈红楼梦〉作者新考》(赵国栋)，后文未看完。早、晚两次散步。

三十日　星期四　看完《〈红楼梦〉作者新考》。晚，在广和剧场看中国评剧院的四个折子戏：《金沙江畔》《野火春风斗古城》《江姐》《高山下的花环》，后一折较吸引人。

三十一日　星期五　上午，小唐陪散步。下午，觉微热，吃药后，晚渐退。下午，章诒和来，送来代我拟定席明真文集序。

九月

一日　星期六　看《唐宋词选》。十一时半，散步。下午，吴乾浩来，谈他的职位问题。

晚，看电视，女排决赛，中苏对垒，中以1∶3败于苏。前一场，苏以3∶0败于中，二队不相上下。

二日　星期日　读《新文化史料》1990年第4期《羊枣事件始末》

未完。散步。

三日 星期一 看林林回忆新四军战地服务团文章,及湖北剧协内部刊物《戏剧之家》载《简评〈中国戏曲通论〉》(郑平)。晚,散步。

四日 星期二 上午,到恭王府参观刘运辉根雕展,顺便看了京剧脸谱展。晚,散步。发信二封:一,复电视片《××》审查会,不去参加。二,复"上海近代文学大系"少数民族卷,谈该卷与戏剧卷重复内容。

五日 星期三 薛若琳来,谈吴乾浩工作问题。翻看《新文学史料》今年第三期。

六日 星期四 上午,仍翻看《新文学史料》今年第三期。下午,到八条四楼看傩戏演出。

七日 星期五 上午,散步。下午,仍看《史料》第三期。吴乾浩夫妇来,带来他二人文稿《彩云集》,叫我作序。

八日 星期六 上午,到北三环路中轴路一号中国科学技术学馆参观中国傩戏面具艺术展。发《席明真戏剧文选·序》寄四川(文章诒和代写)。晚,北大东方文化学会秘书长温玉城来电话,说学会办了一副刊在《光明日报》,要我写一关于戏曲的文章,约三千字,10月后的半年之内交稿,应之。

九日 星期日 上、下午两次散步，均与玮同去。星期日 也，除看报外，未做何事。

十日 星期一 上、下午两次散步。上午，独去，到了正义路街心花园；下午，与玮共去，到了团中央门口。吉林《戏剧文学》刊物来人求为百期纪念题字。

十一日 星期二 读吴、谭文，兼读了两篇关于傩戏的文章。上午，11时散步。下午，许倩云来，带来一演员，说川剧要来京演出。

十二日 星期三 仍读吴、谭文集。今日未散步。晚，伯中夫妻来。上午，研究生部负责人来，通知参加新班开学典礼，并约讲一次课。

十三日 星期四 今日秋高气爽，上、下午，各出外散步一次。上午，独自走到了正义路北头。下午，与玮走到前门附近，脚力挺健。仍读吴、谭文集。

十四日 星期五 上午，×××来，谈全国研究所讨论会筹备情形，出去调查了各省市研究所的状况，并谈了些会的开法问题。

十五日 星期六 上午，研究生部5期开学，出席讲话，这些都是定向培训生，三十开外的，带职学习的。下午，散步。仍看吴、谭文。

十六日 星期日 《中国戏曲志·湖南卷》已出版，昨日收到，读其综述，很有水平，实事求是，靠得住。天气好，散步时间较长。

十七日 星期一 上午，出外散步不远即归。续读《戏曲志·综述》未完。大风。下午，散步，虽有风已很小。

十八日 星期二 上午，到研究生部讲话。下午，看报，与玮散步。

十九日 星期三 为谭志湘、吴乾浩文集《彩云集》作序。胡可等同志来，谈今年剧本评奖事。下午，与玮散步。

二十日 星期四 将《序》斟酌稍改，准备送出。上、下午，各散步一次。晚，电视中看天安门亚运火炬交接仪式。

二十一日 星期五 上午，到医院检查取药。下午，到中央戏剧学院剧场看省川剧院何玲演出专场，三个戏：《打神》《六月雪》《别宫出征·箭射马踏》，演员表演细腻，但感到缺少一股劲，嗓音不好是重大原因。戏毕回家，武汉市京剧团来人谈其参加徽班进京200周年剧目问题。

二十二日 星期六 上午，出外散步，看报。下午，从电视中看亚运会开幕式。

二十三日　星期日　上午，为川剧周裕祥纪念题字两幅，为湘剧陈爱珠书一幅。下午，与玮散步。晚，电视中看亚运举重（女）比赛。

二十四日　星期一　上午，独自出外散步。下午，上街理发。晚，电视中看亚运比赛：游泳、体操。

二十五日　星期二　看郝毅《西凉乐舞史》，郝书为甘肃文化艺术研究者丛书。晚，看电视中亚运比赛。

二十六日　星期三　上午，到吉祥看北京京剧院演出《画龙点睛》。此剧用意及演出均属上乘，细微之处，尚可修饰得更好。下午，出外散步，天欲雨，稍走即归。晚，电视中看亚运会。

二十七日　星期四　看《西凉乐舞史》。出外散步至正义路口。下午，与玮至前门百货商场买便帽。看报。晚，电视中看亚运。

二十八日　星期五　因眼睛不好，不能多看书，故只看看报纸，晚上还要看电视中播放的亚运节目。趁天气好，上、下午出外散步两次。

二十九日　星期六　早，出散步，回来后看报。下午，又散步。晚，电视中看亚运。

三十日　星期日　早，出散步，回来看报。下午，继续看报。电视中看录像带《清官浊泪》京剧（哈）。晚，看电视中亚运比赛。小珍与晴晴来过节。

十月

一日　星期一　与晴晴玩。下午，看报。晚，电视中看亚运比赛。

二日　星期二　上午，小唐开车载我老两口及小珍和萌萌、晴晴观览亚运村，不能进去，从外面看看而已，一路的确觉北京很美，11时回。下午，王安葵来，谈谈戏曲所今后做法。继武汉京剧团导演来谈，并送来一录像带让看。晚，电视中看亚运比赛。

三日　星期三　未出门，亦未看书。上午，哈尔滨京剧团团长来，与谈《清官浊泪》，我认为此戏不成功。下午，放武汉市京汉两下锅剧《四男探母》，此剧由武汉五代演员同演，陈伯华亦参加，随即打电话与剧团谈了意见。

四日　星期四　上午，电视中看女子跳水比赛，并独自出外散步。下午，与小珍同散步。晚，电视中看亚运比赛。

五日　星期五　上午，北京市京剧二团团长、导演、演员等来谈对《画龙点睛》意见。中午，出外散步。下午，三时，出席文联国庆联欢会，在首都宾馆。晚，电视中看亚运，两场男、女排均中国对南朝鲜[①],中国胜。

六日　星期六　上午,看福建柯子铭两篇关于目连戏的论文,毕。即与玮出外散步。下午,看报。五时,赴贵州京剧团饭局,到者有汉城、厚生、朱文相、夏淳、曲六乙等,长达三小时。归后电视中看中菲篮球决赛。

七日　星期日　上午,仍读柯子铭关于目连戏的第三篇论文。并出外散步。下午,湖南京剧团来人,带来阿甲信,阿甲在湖南排戏,云十月中旬来京。晚,电视中看亚运闭幕式。

八日　星期一　上午,到文化部开徽班进京200年筹备会。下午,与玮出外散步。晚,看于魁志与×××演《坐宫》,年轻演员,唱好,扮相好,戏很吸引人。几日来,痰多,气喘,夜睡不好,昨夜稍轻。

九日　星期二　上午,云南文化厅长及京剧团长来,谈他们准备徽班200周年事。下午,戏曲所新班子来谈他们的工作计划。读完柯子铭目连戏论文。

十日　星期三　上午,到国务院二招参加200周年剧目小组讨论会。并到医院看咳嗽,经诊断非肺炎。下午,休息。

---

① 　现称"韩国"——编者注

十一日　星期四　整日在二招看剧目录像。回家，晚餐。吃了药，咳嗽见好。

十二日　星期五　看录像。晚，回家洗澡。

十三日　星期六　看录像，云南《南天锁钥》，较好。晚，回家。两天来，仍吃咳嗽药。

十四日　星期日　上午，董启翔来自广西，荒煤、吕骥齐来聚会，都是七十以上人了，下午，散。散步。晚，看电视新闻。

十五日　星期一　仍整日看录像。晚，甚疲。湖南京剧团长来。十时睡。咳嗽痰多，胃口不好。

十六日　星期二　上午，到万寿路总后招参加全国艺术研究工作座谈会开幕式，在此午餐。下午，到积水潭医院看病取药。后回家。

十七日　星期三　仍整日看录像。

十八日　星期四　上午，讨论录像剧目，决定其参加京剧200周年与否。下午，在家看全国艺术研究工作会议讨论汇报，准备明日讲话。襄樊市豫剧团长来，请看戏。下午，与玮散步。

十九日　星期五　上午，在艺研座谈会上发言二小时，谈艺术研究的体系，在那里吃饭，因发言时间长，消耗体力，午餐吃得较往常多。

二十日　星期六　下午，三时，到艺研座谈会上听贺敬之做报告，长达2小时，毕时已五时余，在彼晚餐。十时睡。

二十一日　星期日　上午，写字二幅：一送宋转转；另一送周永泰。周是白城子的作者，是张玮在那里排戏认识的。午餐时，饮酒一盅，后咳嗽复发，又，以后绝不能再饮。下午，散步与玮一道。

二十二日　星期一　天阴欲雨。上午，翻看《中流》杂志。下午，出外散步，因已无雨意，落叶满地，已俨然深秋矣。晚，看电视。咳嗽稍缓，又恢复吃健脑活血药。

二十三日　星期二　上午，出外散步，回家看看报。下午，本院研究生海震来，他今年毕业，想去戏剧出版社工作，要我与赵寻说说，他家在西安，这一点很难。

二十四日　星期三　上午，重翻《通史》弋阳腔概述。下午，与玮散步。晚，睡前大咳，吐痰太多，痰稍尽始安。

二十五日　星期四　上午，看《通史》清代地方戏综述。下午，散步。回后，李尤白来，谈梨园学会事。晚，将海震的履历送赵寻。

二十六日　星期五　上午,续看《通史》地方戏综述。下午,散步。晚,小萌萌生病,为之弄药试表。

二十七日　星期六　上午,到戏曲学院为导演班讲课,讲三度创作。下午,散步半小时。因余从约来,来后谈江西在弋阳开高腔讨论会事,并为我录音几句话,祝贺大会成功。晚,看电视,洗澡。

二十八日　星期日　上午,与玮到中山公园看菊花,尚未开齐,但人多。下午,于雁军来,闲谈,送我与玮《罗工柳传》一本。晚,看电视。今晚本应有小莉电话,未来,甚担心。

二十九日　上午,外出散步。下午,三时,参加本院十年院庆,在政协三楼礼堂,有小节目表演。近两日读,上海戏剧学院刊物《戏剧艺术》1990 年 3 期对《通论》的一个座谈会记录,尚未提出根本性不同意见。

三十日　上午,刘沪生来,谈戏曲博物馆事。下午,散步。晚,电视中看《庄妃轶事》,觉此片不错。读《戏曲艺术》第 3 号,有王小盾《谈中国戏剧和史前文化的关系》,主张中国早有戏剧,他有些研究是用了功的。

三十一日　上午,仍翻看杂志。下午,散步。晚,看报及电视。

十一月

一日 上午，小唐陪去北海，原意看菊花，后以体力和时间不够用，仅围湖散步一周而归。下午，看报纸、杂志，读到几篇评通论之文：《中国文化报》上王蕴明《当代中国戏曲美学的一块基石》（1990.10.24第三版）、《安徽新戏》上劲芝《前海学派的又一部集体力作》（1990.5）。

二日 上午，翻看杂志。给安谷写信，希望她全家来过春节。下午，与玮散步。晚，电视中看《庄妃逸事》。

三日 上午，校改在全国艺术研究座谈会上的发言，8页（共20页）。11时，出外散步。下午，又出外散步，因上午散步较短。湖北襄樊市豫剧团主演来，送来一盒录音带。晚，看电视剧《庄妃轶事》完，此剧写庄妃人物不错，编剧松散，似乎电视连续剧不太重视结构。

四日 上午，继续校改发言，并出外散步。下午，写字四张：为祝贺黑龙江《艺术研究》十周年，四川《剧作家》复刊，及为二导演研究班学生书幅。晚，电视无可看，只看了新闻。

五日 上午，去医院看眼病，（积水潭）确诊角膜磨损，留下斑痕，给了一点沙眼药水"利福平"。下午，散步。晚，到首都剧院看音乐剧《日出》，剧本还可以，演员水平太低，唱舞都不行，作曲尚可。

六日 上午,校改发言,未完。11时半,出外散步。下午,看报。晚,到音乐学院看戏曲学院新排《契丹英后》,此戏剧本不好,演员唱得不错。

七日 上午,发言校毕,拟再仔细看一次。天雨,散步一段即返。

八日 上午,到协和医院挂费大夫号看眼,左眼已无法复原。大雨,未散步。因散瞳,亦未看报。晚,仅看新闻,未看其他电视节目。

九日 将发言看了一遍,明日送出。下午,与玮同散步,寒风正劲看报纸。晚,看电视中联播新闻。

十日 将发言及给四川《戏剧家》的题字发出。散步。今日天气已转晴。

十一日 与玮带小珍、小晴晴去伯中家。

十二日 上午,到西交民巷记者协会,参加徽班进京200周年纪念会记者招待会,高占祥谈筹备情况。回来看报。下午,四时,与玮出外散步。晚,电视中看新闻联播。

十三日 上午,读刘纪纲《中国美学史》第二卷,读了一章概观,读第二章时，即疲倦盹去，足见年老精力衰疲也，但此书文字亦不动人，是一短处。即外出散步，一小时后归。下午，看报。晚，电视中看新闻。

十四日　上午，续读《美学史》。下午，与玮散步。晚，看电视。

十五日　上午，续看《美学史》。下午，散步。晚，到首都剧场看赣剧新演员陈俐专场演出《盗草》(青阳腔)、《书馆夜读》(文南词)、《选马出征》(青阳腔)，演员文武兼全，很不错。

十六日　上午，到本院开学位评委会，讨论三个学生的论文，一个博士，两个硕士，后者通过，前者延缓通过。晚，到首都剧场看重庆市川剧院马文锦专场《刁窗》《逼嫁》《夺戟》。第一剧马饰钱玉莲，第二剧饰继母，第三剧饰吕布，中间还有许倩云与袁玉昆的《评雪辨踪》。

十七日　上午，参加剧协召开全国分会工作讨论会，开幕式，在此吃饭。下午，休息，看报。晚，看赣剧李维德专场，演三折：《南柯梦寻》《思亲罢宴》均青阳腔，《拒诏扑火》弋阳腔。除后一戏外，前两戏均难于表现主角特长，《南柯》改编更失原意，故不引人，李为文武老生。

十八日　连日看戏甚疲，今日休息。上、下午，与玮出外散步两次。除看报外未工作，报上发表袁木答苏联记者关于中国改革开放与坚持社会主义问题，从头读了。

十九日 上午，续读《美学史》第三章：人物品藻，毕第一节。下午，参加剧协全国分会的闭幕式。晚，看电视新闻。今日玮生日。

二十日 上午，续读《美》第三章毕，续读第四章第一节。下午，赣演员陈俐来，谈她决心要争梅花奖事，此女孩22岁。晚，8：30，参加戏剧节开幕式，冠盖云集，盛况空前，由李瑞环与宋任穷剪彩。演五折：龙江戏《荒唐宝玉》、桂剧《打棍出箱》、赣剧《荆钗记·投江》、川剧《九美狐仙》、晋剧《洪湖赤卫队·见母》。

二十一日 上午，读《美》第四章二节。下午，散步，大回暖，穿一羽绒服，觉热。晚，看电视后早睡。

二十二日 上午，读完《玄学》章。下午，散步。晚，看龙江剧《荒唐宝玉》，此剧有独特风格，编剧，独辟蹊径，甚有创造性。

二十三日 上午，参加1990年剧作评奖发奖会。下午，散步。晚，看赣剧《荆钗记》。

二十四日 上午，在政协礼堂参加第一次徽班进京200周年筹委会，听取筹备情况报告。下午，散步。晚，看电视新闻联播。洗澡。

二十五日 小珍带小晴晴来。上午，散步。齐致翔来，约二十七日到剧作讲评会去讲话。二十四日晚八时许，周桓同志送来北京京剧院梨园剧场今晚票，整天到处找车无着，最后还是没去成。

二十六日　上午,续读《美学史》阮籍章,未完。下午,给湖南师范学院一教师复信。看电视新闻。《新文化史料》今年 5 期发表曾芸整理我口述的《我和戏剧》,整理得不错,文笔很好。

二十七日　上午,在戏剧创作座谈会上听贺讲话,在此午餐。下午,西藏同志来,我为他们的两本书作了题辞。晚,在工人俱乐部看宋转转专场,三个折子:《杜十娘·归舟》《陈三两爬堂》《洪湖赤卫队·牢房》。

二十八日　上午,续读《美学史》嵇康章,未完。刘颖南来,谈研究生部增加干部事。下午,天仍未晴朗,但仍出外散步。晚,看电视新闻。与安谷一信,祝其生日。

二十九日　上午,看黄龙戏《魂系黄龙府》是辽亡国的故事,戏写得有人物,有感情,排得有色彩,有境界,很能感染人,县剧团如此,难得。下午,谷秀荣来,她是河南梆子演员,争梅花奖。晚,看川剧《孔雀胆》,省川剧院演,亦有一定水平,但戏演得不甚动人,与演员有关,导演也不奔放。

三十日　上午,为《人民日报》写一文,纪念徽班进京 200 年。下午,风大不能外出散步,仅读报。晚,电视中看新闻。

十二月

一日 上午,续读《美学史》嵇康章。晚,到人民剧场看中国京剧院演《玉树后庭花》,刘长瑜主演,她本人演得不错,整个剧本亦有些问题,即杨素之妻形象不准确。下午,戏曲学院两学生来,取走我为他们写的字。

二日 上午,到民宫看粤剧《魂牵珠玑巷》,整个戏太长,唱太多,也许是我听不懂广东话之故。下午,李笑非来,谈川剧剧团被砍甚多。续兰州戏曲志同志来,言书已写成将付印,求题字,为书一纸。晚,家人不在,只剩小萌萌与我,安排他睡后方寝。

三日 上午,续读《美学史》嵇康章,仍未完。人民日报来照相,并带走徽班200年文章。下午,午睡甚浓,因昨夜未睡好,今日又早起为萌萌做早餐。晚,到人民剧场看《宝莲灯》,戏太长,《二堂舍子》与全剧矛盾仍未彻底解决,但演员唱得好,尤以李维康为优。

四日 上午,续读《美学史》毕嵇康章,已开始陆机章。下午,读报。晚,在人民剧场看李世济主演《武则天轶事》,李演得不错,有人物,对程腔有发展,戏长,要精简。

五日 上午,续读陆机章未毕。下午,与玮散步,读报。晚,在首都剧场看话剧《天边有一簇圣火》。总政话剧团演出,剧本好，导演亦可，演员欠功夫，只主角兰禾儿较好。

六日　上午，看芜湖市黄梅戏剧团演出《血狐帕》（工人俱乐部），这是一个通俗的悲剧。下午，与玮出外散步。晚，在人民剧场看《红灯记》，爆满，台上台下都情绪饱满而兴奋，每段唱均有掌声。

七日　今日休息，未干何事，只在下午出门散步一小时。晚，为小萌萌复习功课。

八日　上午，剧协在东四八条四楼礼堂召开戏剧节评论会的总结会，阿甲、汉城、胡可、我都发了言。下午，看报。晚，看湖北十堰市豫剧团演《风流女人》。

九日　上午，11时，山东潍坊演员设宴于西四烤鸭店向张君秋行拜师礼，到此有高占祥、阿甲、冯牧等，至下午2时始散。归后，又有安徽皖南花鼓戏剧团团长及宣城行署文化局长来，送我文房四宝。午睡时，已3时半。盛沛茹来，是来开会的。

十日　上午，翻看杂志。午饭后入浴。午睡至四时，读报。晚，参加第二届戏剧节闭幕式，发奖后，看梅花奖演员演折子戏：《雅观楼》（周龙）、《太君辞朝》（赵葆秀）、《秦香莲·杀庙》（刘萍）、《状元打更·责夫》（刘玉玲）、《打金砖·太庙》（于魁智）、《监酒令》（叶少兰）、《别姬》（李维康）。

十一日 上午，续读《美学史》。下午，续读，毕陆机章，并列子章部分。还翻看报纸。邹忆青来，谈她的剧本《玉树后庭花》。晚，看安徽宣城地区皖南花鼓戏《羯鼓惊天》，写五胡十六国时后赵石勒事，戏前面很好，后面故意挤感情，造悲剧，遂落不真实之忌，导演有想法，演员唱得不好。

十二日 上午，翻阅杂志、报纸。下午，湖南长沙南区文化馆映山红会演主持人持范正明介绍信来，为题字二纸。继河南杜平来。晚餐后，到青艺剧场，看福州闽剧院上演陈道贵编剧《天鹅宴》，喜剧，剧本好，导演亦佳，舞美也好，演员称职，是一完整新戏。

十三日 上午，续读《美学史》，毕列子章，还读《抱朴子》一节。江苏昆剧院来人，言十八号起，有两台昆剧要演，邀看。下午，1时30分，往人民剧场贺中国京剧院给82位从事京剧50年的老人颁奖，奖后演折子戏，有新编《目连救母》，系将《滑油山》改编。

十四日 上午，到半壁街福州会馆参加《天鹅宴》座谈会，发了一次言，大意剧本好，导演好，演员虽本分称职，但不激动人心，在彼吃饭。回后，江苏昆剧院来，是争梅花奖的。午睡至四时。起看报。晚，与小盛、小果聊天。十一时睡。

十五日 上午，9时，到民族宫参加《京剧赏鉴辞典》首发式。10时，到和平宾馆参加《中国京剧有声大考》出版座谈会，在彼吃饭。会场太热，午睡起后，微觉感冒，本拟晚出看戏遂作罢。午后，武汉龚啸岚来，谈陈伯华弟子以《二度梅》争梅花奖。

十六日 今日无事。上午，与小珍带晴晴及萌萌上东单公园。中午，吃涮羊肉。下午，与玮去花市。过天桥，亦锻炼脚力也。晚，电视中看新闻联播。10时睡。

十七日 上午，① 晚，看湖北汉剧《二度梅》，加演《南北思》，为二度梅之下半部分，演员胡和颜，唱得很好，惜表情稍差。

十八日 上午，在东四八条参加祝贺翁偶虹戏剧活动60周年。中午，江苏昆剧院在森隆请吃饭，至2时。回家午睡至4时。长沙映山红主持人来谈半小时。晚，在人民剧场看江苏昆剧《血冤》，是一新戏，林继凡主演，胡锦芳配演，亦佳。

十九日 上午，为北京市戏研所举办的戏剧理论研讨会讲课，讲题：戏剧评论。下午，到三环路外牡丹宾馆参加剧协演员讲习会筹备讨论，与会者赵寻、柳以真、曲润海等，会后在彼晚餐。返家后，看今日报纸。

二十日 上午，续读《美学史》佛教章。下午，到牡丹宾馆讨论演员讲习会计划，晚饭后回家。晚，200年开幕式，在北京展览馆剧场，冠盖云集，江泽民也到了，演《龙凤呈祥》，李瑞

---

① 原文缺——编者注

环剪彩。

二十一日　上午，在龙都宾馆参加200年理论研讨会开幕式，在彼午餐，并洗澡。午睡，因太闹未成寐。回家继续睡至5时。晚，看折子戏：《药王庙》《六号门·卖子》《白毛女·红头绳》《芦荡火种·智斗》，在首都，七成座。

二十二日　上午，在恭王府后园参加200年京剧展开幕式。下午，休息，看报。晚，在青艺剧场看徽剧折子戏:《水淹七军》、《贵妃醉酒》、《哭剑饮恨》(百花公主事)、《临江会》。最后一戏技术过硬，整个戏表演水平是好的。

二十三日　上午，因小晴晴来，未工作，但亦未出外散步。下午，午睡，准备晚上看戏。晚，工人俱乐部看天津《秦香莲》，演员唱得都很好，剧本不完整。

二十四日　上午，在中南海怀仁堂参加李瑞环召集的会，谈弘扬京剧，文教小组均参加。晚，[①]

二十五日　上午，到牡丹宾馆为演员研习会讲第一课，谈演员在学习已有基础之后，应有创作，应懂精粗美恶。晚，在梨园剧场看，大连京剧团演出《九江口》，此剧范钧宏编剧，很有戏。

---

① 原文缺——编者注

二十六日 上、下午，都在龙都宾馆参加京剧理论讨论会。晚，到工人俱乐部看昆剧《十五贯》，上海昆剧院演出，计镇华去况钟，刘异龙去娄阿鼠。

二十七日 上午，休息。看《美学史》数页。下午，李瑞环在人大会堂做徽班进京 200 年关于京剧政策的报告，至 5 时。回家晚餐后，看江苏京剧团演马少波《宝烛记》于青艺剧场。该戏题材新颖，写唐太宗长孙皇后贤德事，惜议论多而动少。

二十八日 上、下午，在家休息。晚，到民族宫看湖北京剧团《徐九经升官记》，多年前看过，已模糊，似较前演出稍有改动，较前精致。

二十九日 上午，参加江苏演出京剧《宝烛记》座谈。下午，休息。晚，在梨园剧场看浙江京剧团演出《借扇》《未央宫》及江西京剧团演出《哭祖庙》。

三十日 上午，到文化部听传达文件，是关于保密问题的。下午，等青年报记者未来。晚，到人民剧场看杨秋玲等的《杨门女将》，很卖力，很好，戏因初上，还生，有些拖。

三十一日 上午，看湖南京剧团演《跑城》《下书·杀惜》，由阿甲整理，演员不错。下午，读党的《十三届七中全会公报》，甚要，容当细读之。晚，到龙都宾馆参加新年联欢晚会。至夜二时，始就寝。

1991

一九九一年

一月

一日　星期二　早，10时，回到家中。中午，与家人一同吃火锅，饮酒小半杯，韩娘弟来同餐。下午，大睡至5时。晚，在电视中看维也纳新年音乐会。

二日　星期三　今天在家休息。小珍带小晴晴来，11时，与她们上街散步。下午，何孝充来，谈今年在南京开戏曲现代戏年会事。晚，张伯中来。10时，洗澡后就寝。

三日　星期四　上午，休息。续看《美学史》佛学部分。下午，中央电视台来录像，即录我与汉城对戏曲改革的意见。晚，帮助萌萌复习功课。

四日　星期五　上午，中国青年报记者来，与谈戏曲改革一小时半。下午，续读《美学史》，毕佛学及陶渊明两章。晚，电视中看新闻联播。

五日　星期六　上午，到戏曲学院参加导演班毕业典礼，在彼午餐。1点30分回家。下午，睡至4时，起读报。晚，到工人俱乐部看武汉市京剧院演《洪荒大裂变》。89年冬曾在天津看过，这次是重新改过的，唱腔太怪的地方已改了许多，但剧本仍是不吸引人，许多细节没有连贯性，因此影响人物塑造不能逐步深入，大概他们在革新思想上从形式着眼多，以致如此。

六日　星期日　上午，续读《美学史》书论部分。下午，未做事。3时，与玮出外散步一小时。晚，电视中看新闻联播。9时30分，上床就寝。

七日　星期一　上午，续读《美学史》书论章，毕。读报。下午，出外散步半小时。小珍为我理发。晚，电视中看新闻联播及世界游泳比赛，在澳大利亚，中国选手获50米仰泳、10米跳台跳水（女）及200米混合泳（女）金牌。

八日　星期二　上午，续读《美学史》画论章，未毕。下午，出外散步一小时。晚，电视中看新闻联播。

九日　星期三　上午，到龙都宾馆参加研讨会，在那里吃饭。下午，看报及翻看杂志。晚，电视中看新闻联播。

十日　星期四　上午，续读《美学史》绘画章完，并开始读宗炳《画山水序》章。去龙都餐厅，下午在那里开会，谈200年纪念演出剧目，并在那里晚餐，餐后回家。晚，看电视新闻联播。

十一日　星期五　上午，续读《美学史》宗炳章。下午，翻读报纸及新到杂志。晚，在吉祥看徽戏《打灶分家》《牡丹对课》《三打王英》《端午门》亦甚有特点，《三》剧在打上有特点，《端》剧在剧目上有特点。

十二日　星期六　上午，读《美学史》王微章。下午，翟波来谈。

晚，到北京展览馆剧场参加徽班200年纪念闭幕式，是清唱晚会，开始有大乐队伴奏的现代戏法唱，很有气派，后来唱者甚多，晚会太长，使人疲倦，10时方完。

十三日　星期日　上午，到龙都宾馆去参加戏曲学会工作会议，此会取消了，遂到国务院二招参加徽班进京200周年工作总结会，在那里午餐。回家时1:30。下午，看报，与玮出外散步。晚，看新闻联播。

十四日　星期一　上午，到牡丹宾馆参加演员讲习会结业式，此会剧协所办，参加演员22人，多为地方戏，借此次200年演出看戏讨论，亦请人讲课。在那里午餐。2时，回家。下午，午睡4时起，看书报。晚，看新闻联播。洗澡，11时睡。近日海湾甚紧张，明日已到限期，不知如何发展。

十五日　星期二　上午，读《美学史》王微章完，开始读齐梁章。11时，去外散步，天气异常和暖。下午，黄克保来，谈至5时别去。晚，看新闻联播。

十六日　星期三　上午，读《美学史》齐梁章。吕骥来，捎来张望的集子。继吴乾浩来，捎来华粹深逝世10周年学术讨论会请柬，日期定在本月二十二日，以与我生日相重，故辞不去。下午，2:30出外散步，太阳明丽，气温甚高，不类深冬。晚，电视中看新闻，十五日是海湾限期，但无动静，空气制造得很紧张。

十七日　星期四　上午，读《美学史》齐梁章毕，开始读刘勰。为华粹深逝世十周年写一幅。下午，出外散步，天气上午时不好，下了一点雪，地上未白，下午晴了，散步时也不冷。晚，电视中看新闻，海湾打上了。

十八日　星期五　上午，读《美学史》刘勰章。下午，到文化部听关于海湾战争的文件传达。晚，看新闻联播。与小果谈做工作的经验。

十九日　星期六　上午，读《美学史》刘勰章。购到敏泽《中国美学思想史》三大卷，约150万字，准备读完刘纲纪《美学史》后读之。下午，2：30起，出外散步。归后读报。晚，看新闻联播，后又看一电影，题材是"二战"时伦敦遭空袭事。

二十日　星期日　家人为我做80岁生日（正日为22），买一大蛋糕，中午做了几个菜，吃至下午2：00。午睡后，读报。下午，柳以真来，是来拜寿的，赵寻夫妇也来，柳在此晚餐。晚，看新闻联播。

二十一日　星期一　天阴而不雪。上午，看200周年讨论会简报，高占祥报告（未看完）。下午，出外散步一小时，至4：00。回后看报纸，天已暗，开灯读之。晚，看新闻联播，无惊人消息。

二十二日　星期二　上午，续看完高占祥报告，改了点文字，给高写一信送去。读报。今日是我生日正日。仍有韩娘之弟夫妇、外孙女来，其弟两口在此午餐。许多亦来，吴大维来，在此晚餐吃面。晚，看新闻联播。

二十三日　星期三　上午，续读《美学史》刘勰章。读报。下午，散步，天气阴沉，但不冷，路遇玮，同散步归。晚，看新闻联播。

二十四日　星期四　上午，读《美学史》刘勰章及报纸。下午，散步，天晴，有小风。回后续读刘勰章。晚，看新闻联播。与小珍、小果聊天至12时。

二十五日　星期五　上午，读《美学史》刘勰章。11时，电视台来进行《画龙点睛》评论的采访。下午，到亚运村康乐宫参加作协迎春联谊会。晚，看新闻联播。

二十六日　星期六　下午，剧协开党组扩大会讨论1990年梅花奖问题。下午，看报纸。晚，看新闻联播。近日天晴，气候转暖，不正常。

二十七日　星期日　上午，读刘勰章。11时，与玮出外散步。下午，3:00到大会堂参加东方文化学会（北大举办）春节联欢，5:00回。晚，看新闻联播。洗澡。

二十八日　星期一　上午，读刘勰章。看报纸。下午，3时，余从、王安葵来，谈《通史·近现代卷》编纂事，至5时去。晚，马柔芳来，她新从日本归国省亲。看新闻联播。

二十九日　星期二　上午，读刘勰章。午餐后看报纸。下午，散步。晚，看新闻联播。

三十日　星期三　上午，到八宝山与康濯遗体告别。发信二封：一为《唐韵笙舞台艺术》一书题字，信一封，寄沈阳剧协转唐玉薇；一为金行健，他现在甘肃，为兰州市戏曲志向我征求题字，寄与之。下午，散步。晚，看新闻联播。

三十一日　星期四　上午，戏研召开近现代《戏曲史》研究项目提出的讨论会，我和汉城讲了话。下午，续开至4：00，此会在院的印刷厂开，并吃中饭，地点在广安门外南菜园，回时已5：00。晚，来客两批：一、天津京剧院杨乃彭等；二、邯郸豫剧团×××等。看新闻联播。

二月

一日　星期五　上午，到政协看电影《焦裕禄》，甚动人，艺术性较差。下午，散步。归读《美学史》钟嵘章。晚，看新闻联播。洗澡。

二日　星期六　上午，到剧协开梅花奖会，会后到森隆午餐。1：30回家。2：00午睡至4：40。起后看报纸。晚，电视中看新闻联播及周末晚会。

三日　星期日　上午，读《美学史》钟嵘章。与小晴晴玩。下午，

2∶30，到青艺剧场参加中国老年报举办的老年业余京昆演唱联欢赛，至5∶00归，疲甚。晚，看新闻联播。

四日　星期一　上午，读钟嵘章毕。11∶30出外散步。下午，看报。3∶00章诒和、马克郁夫夫来，并在此晚餐。看新闻联播。

五日　星期二　上午，读《美学史》谢赫章。下午，读报，散步。晚，看新闻联播。

六日　星期三　上午，到剧协开梅花奖会。于均华表妹来贺我生日，送一蛋糕，盖今日为阴历十二月二十二日也，留此吃饭。下午，读谢赫章仍未毕。晚，看新闻联播。

七日　星期四　上午，文化部本院均招待老干部贺春节，先去了本院，此会在八条四楼。10∶00去文化部会，在新修的儿童剧院，文化部领导人去的很少，多是各剧院演员。11∶30回家。下午，散步。回后读谢赫章毕，又读了书法美学第一节。晚，看新闻联播后，又看了在黑龙江的全国冬运会：花样滑冰。

八日　星期五　上午，读完刘纲纪《中国美学史》中卷，此书用功甚够，仅一名词，均考其渊源，分析其含义，有俾读者，刘勰一章写得精采，唯行文啰嗦，失简洁之意为一憾事。继即读敏泽《中国美学思想史》，此书1500000字，分三卷，自原始至鲁迅，已读了第一章，原始时代。下午，赴北京市老年咨询中心举办的老干部新春联欢会，来者多延安老干部，鲁艺尤多，延安还送每人小米一包。归后看报。晚,看新闻联播。

九日 星期六 上午,读第二章商周,未完。下午,到中国饭店参加文化部、文联团拜,约千人,多数不识,青年一代已起来且做出成绩。晚,看新闻联播。山西梆子栗桂莲来。

十日 星期日 上午,读商周青铜器章完。霍大寿来汇报梅花奖情况,与赵寻共听。下午,3:00与玮出外散步。回来看报。晚,看新闻联播。

十一日 星期一 上午,到剧协开梅花奖候选人评议会。下午,出外散步。回后看报。简慧来。晚,电视中看新闻联播。

十二日 星期二 上午,续开梅花奖评议会。下午,看报。读西周、战国章。戏曲志编辑部来拜年。继,戏曲所余从、王安葵、刘沪来,劝我参加福建之南戏讨论会,此事我本拟不去,近日来,多人劝驾,终于不得不答应下来,此会灯节前后开。晚,看新闻联播。

十三日 星期三 上午,梅花奖投票。中午,请吃饭。2:00归。下午,出去理发,店里人满为患,走了近两小时,未理成,甚疲。晚,看新闻联播,还有部队新年联欢会。

十四日 星期四 上午,读完第三章人的觉醒。李希凡、刘颖南来,春节问候也。下午,去理发,仍未成。与玮去伯中家,

5∶00归。晚,全家饮酒,旧历除夕也。电视中看新闻联播及春节晚会,至12∶00。

十五日 星期五 今日为阴历新年初一日。早点吃年糕。小珍带小晴晴来。中午,吃海鲜火锅。晚,看新闻联播,及雍正电视剧,此剧编剧及表演尚属水平以上。

十六日 星期六 上午,去九姨家拜年,今年比往年来人少,就小康一家来,昭谏舅及宪源妹均未来。下午,3∶00回。午睡后达人夫妇来,谈至5∶00去。何为上午来,王琴同来,未值。晚,看电视,无甚引人节目。

十七日 星期日 小果、小珍都不在家,只剩二老。上午,中央戏剧学院徐晓钟四位来,继许多、刘保儒及其二女、薛若琳、评剧院剧作者任某来。下午,到本楼拜望夏革非、赵寻、张光年、吕骥,即到了吃饭时间。晚,看新闻联播后,又看电影明星联唱晚会、张学良接见记者谈抗日前轶事。半夜,因晚饭吃多了,胃肠不适,服胃药,起来大便后稍好。次晨7∶00又大便,水泻一通。

十八日 星期一 上午,看第四章美学思想体系的形成,完第三节。下午,小果回,张章来共玮与我玩麻将。晚,到民族宫剧场看中央歌剧院《驯悍记》,此剧苏联舍巴林作曲,由大剧院导演安西莫夫执导。观毕回家洗澡。11∶00睡。

十九日　星期二　上午，读完形成章，并开始读第五章孔子。下午，看报。吴乾浩夫妇来，谈他将去办刊物，有两刊——《剧本》及将创刊之《京剧》，还未决定去何处。晚，看新闻联播，及《张学良与赵四小姐》电视连续剧。两日来天骤冷，有五六级大风，未散步。给韩少云从艺50年题一字寄去。

二十日　星期三　上午，读孔子章及孟、荀章毕。下午，柳以真来聊闲天。晚，看新闻联播。

二十一日　星期四　上午，读第七章《易传》的美学思想未毕。下午，到剧协再一次讨论梅花奖名单。晚，看新闻联播。就寝后，于枕上吟成一诗，祝贺俞振飞老90寿辰，如下：家学深宏一脉传，歌声缭绕叩心弦，如今众口留佳话，儒雅风流一醉仙。

二十二日　星期五　上午，读《易传》章毕。下午，到章家吊唁章文晋，会见张颖，致唁语。晚，看新闻联播。

二十三日　星期六　上午，读老子章毕。下午，将所作诗写一小幅，寄上海俞老季念筹备组。收拾行李，准备后日去福建。晚，看新闻联播。

二十四日　星期日　上午，与玮出外理发并散步，至前门。下午，收拾行李。晚，看新闻后早睡，因明日要早起也。

二十五日　星期一　早，5：00起，5：30赴机场，7：15起飞去福州，9:30到。来此，乃参加南戏及目连戏讨论会，有20余外宾及港台人，余国内学者参加，同机者李希凡。住凤凰宾馆203号。中午，文化厅小宴汉城夫妇、李希凡、薛若琳。

二十六日　星期二　早，8:30乘车出发，10:30到莆田，住县委招待所。中午，县长请宴。下午，在县委礼堂看莆田县莆仙剧团演《目连救母》上本，自傅天斗演至傅相出生，敷衍故事而已，无甚精采。晚，继续傅相生傅罗卜，未去。奇冷，为防感冒，入浴早睡并吃防感冒药。

二十七日　星期三　上午，参观广化寺，此寺上次来过，有宋石塔。下午，仙游鲤声剧团演《目连》正传，较精采，去刘青提演员表演甚好。午饭后，续演至5:30，疲甚。晚餐后就寝。下午至晚小雨，甚冷。

二十八日　星期四　上午，8:30乘车上泉州。10:30参观新开馆之泉州航海博物馆。到城后住鲤城宾馆。下午，演木偶戏未去。翻看大会文件，补写数日来日记。晚，到木偶剧团看"目连"节目，及新排《火焰山》，二者对比，改革进步甚明显。入浴就寝。数日冷，近日转热。

三月

一日　星期五　上午，目连、南戏讨论会开幕式，并即宣读论文。下午，继续。今日元宵节，晚到承天寺看灯，甚挤。

二日　星期六　上、下午，大会宣读论文。晚，到梨园剧团看戏，剧目《贞女行》（琵琶）、《走鬼》《战瓜精》（白兔）、《宿店》（拜月），表演细腻，但不及昆剧。

三日　星期日　上午，大会宣读论文。下午，游天后宫、孔庙，甚疲。晚，在梨园剧场看打城戏，此剧种为道士戏。

四日　星期一　上午，盛子贻来，从8:00谈至10:00。下午，到黎明大学访问，谈及中国学制不能不走正规及短训二轨并进方式。承招待晚宴。写大会发言提纲。晚，看梨园戏刘文龙。

五日　星期二　上午，大会发言，我亦于会上谈30分钟，题为目连戏在《戏曲史》上地位。下午，闭幕式。晚餐泉州市长设宴。晚，看晚会，有南音、青少年歌舞等。为《福建艺术》题字一幅。

六日　星期三　上午，离开泉赴厦，同行者除小果外，尚有李希凡、薛若琳。8:30起身，10:30到，住厦门宾馆。午餐，厦门市文化局长请客。饭后午睡，3:00起，补日记。微感不适，疑感冒，吃药早睡。10:00前已睡着。

七日　星期四　上午，休息。下午，12:30赴机场，班机原定2:30起飞，误点一小时，航行一小时半，5:00到京。回到家中已7:00，疲极，稍进晚餐，与家人聊天后，洗澡，入睡已11:00。

八日 星期五 小雪 上午，休息，从南方初回不适应，未能大便。下午，看《戏曲研究》37号金汉川《目连戏——一个历史文化现象》。晚，看新闻联播。11:00就寝。

九日 星期六 续读《戏曲研究》37号上一组有关目连戏的论文，有收获。因昨晚咳嗽，今日请来院里医生开了药方开始吃汤药。晚上，又有一针灸医生来扎针，咳嗽较缓，喉头之痒也稍缓。

十日 星期日 阴 上午，与玮出外散步，看报。下午，与玮谈戏曲导演问题，她准备写一文在现代戏年会上宣读。晚，看新闻联播。今日肚内不适，水泻一次。

十一日 星期一 大雾 上午，看黄克保文集稿，准备写序。午餐前读报纸。下午，续看黄文。研究生部来人，送来两博士生论文调查报告，拟阅。晚，与玮同小果谈天。10:00寝。

十二日 星期二 小雪 上午，续看黄文。下午，为黄写序未毕。张大夫来针灸。针灸完，续写序毕，不足千字。晚，看电视新闻。

十三日 星期三 晴 上午，出门看病，先到院里看中医，开药四付，后去积水潭医院查血压，150/80，听肺，未透视，取药归。回家看报纸。午后，翻阅新来的刊物。午睡起床后，出外散步。晚，看电视新闻。

十四日 星期四 阴 上午,文化部在儿童剧院召集部所属人大代表及政协委员开会,报告"八五"期间文化部的计划及建筑国家剧院计划。午饭后看报。午睡,散步。王安葵来谈毛主席题"百花齐放,推……"40年。晚,看新闻联播。

十五日 星期五 多云 上午,翻读有关目连戏的文章(《福建南戏暨目连戏论文集》《目连戏论文集》)。午餐后看报。1:40午睡。4:00起来,散步。晚,看新闻联播。

十六日 星期六 上午,到剧协主持第8届梅花奖新闻发布会。下午,到人大会堂参加文联主办之业余作家代表大会闭幕式。小晴晴来,与她玩耍。晚,看新闻联播。洗澡就寝。

十七日 星期日 上午,未做什么工作,家中人多,与小晴晴玩。下午,饭后读报。午睡,睡起与玮散步,因腹痛,步履不健,终日感疲倦。晚,看新闻联播。

十八日 星期一 上午,读敏泽《中国美学思想史》庄子章。下午,听张玮念她总结评剧院经验的文章。毕,即出外散步,因腹痛,到6号楼即回。医生来,为我治腹,用了针刺、拔罐、艾灸等手段,痛见轻。晚,未干什么了。

十九日 星期二 上午,读庄子章毕,继读墨、韩非。下午,感冒发热,卧床,体温38℃,吃退烧药。晚,降至36.9℃。夜寝安稳。

二十日　星期三　早起，量温度度36℃，大便水泻。上午，仅看报刊，未做工作。中午，吃菜粥。午睡至4：00，温度36.4℃。医生来诊脉。晚，看新闻联播。9：00寝，寝前吃汤药。

二十一日　星期四　晨，量体温36.3℃服汤药。早点照常（牛奶，面包一片，鸡蛋一个）。上午，读完《美学史》先秦部分，初步印象：敏泽似缺乏深层开掘工夫，对庄子的评价即有此感觉，庄子对后世文艺影响甚大，不宜评价过低。先秦最后一章，引用钱钟书《管锥篇》，开掘深，即能给人以更多启示。下午，读报。晚，灸治。并看新闻联播。

二十二日　星期五　上午，读《美学史》第二编两汉时期，完第十二章。柏柳来，谈《文艺研究》近况。下午，到青艺看陈颙导演的《关汉卿》（田汉），运用了一些歌舞手段，效果比较强烈。晚，研究生部送来两个美术博士生论文调查结果，我签了字。看新闻联播。

二十三日　星期六　上午，为《赣州戏曲志》题签、题字。续读《美学思想史》淮南子章未完。下午，3：00政协七届四次会议开幕，钱伟长做工作报告。听张玮念贺敬之发表于《中国文化报》上之文，谈社会主义文化，文长2万余字。晚，看新闻联播。

二十四日　星期日　上、下午，均参加政协21组小组会。住京丰宾馆。晚，回家洗澡。因明日在人大会堂旁听，故不住小组。

二十五日　星期一　上午，在大会堂听李鹏作《关于国民经济和社会发展十年规划和第八个五年计划纲要的报告》，连半小时休息共三小时。甚疲又饿，回京丰午餐吃得很多。下午，3：00，21组党员听周巍峙传达江泽民、李鹏对人大、政协两会党员干部的讲话。毕，左大玢来谈湖南省湘剧团的穷困情况。晚餐后，看新闻联播。给玮打电话。

二十六日　星期二　雪　上午，到北图参加夏衍创作60年展览开幕式。下午，看报。晚，与高占祥谈戏曲问题，特别是人才培养问题。

二十七日　星期三　上午，小组会。下午，电视中看钱其琛外长记者招待会。曹其敏来，谈屠珍要请我当梅兰芳研究会会长。晚餐后，与小唐出外散步约15分钟。夜，电视中看《镇长吃的农村粮》。

二十八日　星期四　上午，小组会我发了言，谈精神文明一手虽已被重视，然仍无具体措施，一些明显应做之事也未做，如：1. 戏曲研究生仍要考外语；2. 剧场应归剧团管，而仍归剧场管理处。下午，继续小组发言。晚，看新闻联播。

二十九日　星期五　上午，仍是小组会。下午，休息。晚餐后，回城。看新闻联播后洗澡就寝。

三十日　星期六　整日休息，只看看报纸，亦无何特别引人注目消息。晚,看新闻联播。11时就寝。

三十一日　星期日　晴　上午,看报,休息。下午,与玮出外散步,有风。晚,看新闻联播。

四月

一日　星期一　晴　上午,政协全体会,大会发言。下午,散步,看报。晚,看新闻联播。

二日　星期二　晴,气温升高至14℃　上午,去京丰宾馆,带小果访于伶。即在那里午餐。下午,在大会堂听政协大会发言。晚,看新闻联播。

三日　星期三　晴,温高　上午,在大会堂听法院、检察两报告。下午,散步。看石小梅剧本《白罗衫》。晚,看新闻联播及《毛泽东少年时代》(电视剧)。

四日　星期四　上午,去京丰宾馆,与陈伯华、杨秋玲聊天。下午,出席政协本届闭幕式。晚,到北京饭店看红线女演出的《李香君》电影。此片艺术上很严肃,红线女唱得很好,舞美也很成功。

五日　星期五　晴　上午,出外散步,至东单公园,太阳温暖,坐长椅上半小时。归,小唐送工资来。读报。下午,与玮到前门商场,买拖鞋一双。《中国戏剧》今年第三期来,连载我文《戏曲现代化的历程》,上期题目掉一"化"字,已去信更正,但本期仍旧不改,愤甚,与之理论。晚,新闻联播。

六日 星期六 阴 上午,翻看杂志报纸。下午,出外散步,回家时遇张玮来接。晚,看新闻联播。

七日 星期日 阴 上午,在家看剧本,石小梅的演出本《桃花扇》。下午,出外散步。张建军来。晚,看新闻联播。

八日 星期一 晴 上午,出外散步,至正义路。回后读报。下午,读高琛改本《千忠戮》。晚,看新闻联播。洗澡。

九日 星期二 阴 上午,翻读李玉《千钟禄》原作及《明史》有关纪、传。午后,看报及散步。晚,看新闻联播及李鹏记者招待会。

十日 星期三 上午,延安文艺研究会假戏剧学院开张庚戏剧研讨会,我出席,此会参加者绝大多数是延安老同志鲁艺的教师、学生。会后,与小唐在烤肉季午餐。下午,看报,剥豆(阿姨不在,张玮做饭)。晚,看新闻联播。

十一日 星期四 上午,仍参加研讨会,会后戏剧学院赠花一束。下午,看报。出外散步,有雨,乃归。院基建处小隋以我的名义向部里要两间房给小唐,写了一信给我看了,预备送出。晚,看新闻联播。

十二日 星期五 上午,从《文艺研究》本年第二期读了傅成兰一篇关于戏曲导演的文章,毕。出外散步,有风,尚不甚冷。午后,读报。5时,与玮出外散步。晚,看新闻联播,及电视剧《焦裕禄》,此剧亦有其长处,即写实,生活中具体事迹甚感人。

十三日 星期六 晴 上午,写纪念毛主席题"百花齐放,推陈出新"四十周年大会发言提纲,毕。出外散步。午后,看报。4:00,江苏石小梅等来,他们来演出,共四台戏:昆曲、滑稽戏、江苏梆子。晚,到民族宫看北京曲剧《靠山调》,写红军西路军女兵事,剧本受"新潮"影响,与红军精神相去较远,演员唱得好。江苏戏曲学会送我《点石斋画报》一部。

十四日 星期日 上午,翻看《点石斋画报》,出去散步。下午,大雨,雨后又与玮出外散步。晚,看新闻联播。

十五日 星期一 晴 上午,将发言提纲重写一遍,毕。出外散步。下午,到人民大会堂参加"百花齐放,推陈出新"题辞纪念大会,并发了言。晚,看新闻联播。

十六日 星期二 上午,到东四八条参加"百花齐放,推陈出新"讨论会,听发言。在彼午餐。饭后回家。下午,看报。晚,到人民剧场看江苏昆剧院石小梅演《桃花扇》(张弘改编),戏演得相当好，只是结尾处尚有可议处，应讨论修改。

十七日 星期三 上午，仍到东四八条参加讨论会，讨论中，我作了约一小时发言。中午，江苏文化厅在马凯请吃饭。下午，看报，补写日记。晚，看新闻播。杨德勋来，谈此次江苏来演出及他自己这几年遭遇事。

十八日 星期四 上午，仍参加东四八条讨论会，在那里吃饭。下午，休息，看报。晚餐在纪委招待所，是与外地来与会的同志送别。晚，看新闻联播。

十九日 星期五 上午，休息。下午，看报。晚，看苏昆《白罗衫》，小梅演来又是一个人物，只是最后对两个父亲的矛盾掌握不甚准。

二十日 星期六 上午，在研究院开座谈会《桃花扇》，我发了言，谈到演员的三级：有基本功，有个人风格，演了人物。小梅三者兼有。在院食堂请江苏客人吃饭。下午，休息。晚，看江苏梆子剧团演《李瓶儿》，此戏无意义，不能引起人同情。

二十一日 星期日 晴 与玮散步至正义路，坐了一会。午餐后看报。晚，看新闻。小梅夫妻及他们团的花脸（忘名）来，谈他们的戏，约一小时始去。洗澡。入睡时 11：00。

二十二日 星期一 上午，写《桃花扇》剧评，未完。吉林文学刊物百期索题，为用硬笔书一幅。下午，看报刊。晚，到吉祥看江苏梆子张红折子戏专场，她争梅花奖，观其三折《打神告庙》《三休樊梨花》《别父》风格各大异也。

二十三日　星期二　上午，将《桃花扇》剧评写完，得1500字，即送给人民日报易凯。下午，看报，与玮出外散步。晚，杨德勋来，带来江苏梆子演员张虹，与之谈此次戏的得失，杨在此饮酒，有醉意，11：00，离去。

二十四日　星期三　上午，鲁艺四团一旧人——张明，来取历史证明，为书一证明，时她尚小，只十余岁。

下午，阅报。5：00，与玮同到郭汉城家会餐，是汉城请石小梅及江苏的同志，在那里又聚谈起《桃花扇》的改编问题。至9：00过始回。就寝已11：00。

二十五日　星期四　上午，续读敏泽《美学思想史》淮南子章，未完。为北京儿童艺术剧院题字一纸。下午，读报刊。与玮外出散步。晚，在儿童剧场看苏州滑稽剧团演《快乐的黄帽子》，10：00毕。

二十六日　星期五　上午，读《美学史》。散步。下午，读报刊。散步与玮一道。为杭州市剧联60年题字。晚，看新闻联播，并有国际体操比赛，及乒乓大赛消息。

二十七日　星期六　上午，到大会堂参加《沙可夫诗文选》首发式。下午，看报。安谷来。读敏泽《美学》"诗大序"及翻读《大百科·中国文学卷》"赋比兴"。石小梅来告辞。晚，看新闻。散步。洗澡。

二十八日　星期日　上午，续读敏泽《美学史》，毕14章，还读了《大百科·中国文学卷》敏泽所写《赋比兴》条。下午，看报。与玮出外散步。晚，在儿童剧院看江苏滑稽戏《店堂里的笑声》。

二十九日　星期一　上午，读《美学史》屈原评论节。王安葵等来，送来当代中国照片让我过目。下午，读报，与玮散步。胡芝风夫妻来，请我参加她收徒会。晚，与安谷、小果闲谈，与张玮一道，至12：00。

三十日　星期二　大风黄沙天　上午，读《美学史》汉赋评论节。读报。下午，到院里参加胡芝风收徒张虹会。5：00，参加滑稽剧团请客（在穆斯林餐厅）。6：00，又参加江苏梆子团宴会于大三元。

五月

一日　星期三　风，晴　上午，与玮和小珍带萌萌、晴晴到东单公园散步，阳光和煦，与玮坐长椅上甚适。11：30回。下午，又与玮出外散步，风甚大。晚，看报。

二日　星期四　上午，与玮带小珍、萌、晴晴再去东单公园，吃点冷饮。下午，看报。晚，到民族宫看江苏歌剧《木棉花开了》。

三日　星期五　上午，与玮散步。下午，参加《木棉花》讨论会，并在市政协晚餐。

四日　星期六　多云　上午，与安谷、小唐去天坛看花，海棠已谢，牡丹只个别开花，唯碧桃盛开，红、白齐茂。下午，收南京王守泰信转薛若琳，主张再资助其二千元，以完成其南北曲研究等著的抄录。到八面槽清华园修脚。晚，在民族宫看贵州歌剧《故乡情》，此戏为安顺地区剧团所演。

五日　星期日　上午，整理我在毛主席为戏研院题"百花齐放，推陈出新"讨论会上的发言。田洪遗孀及女儿来，其女在人民大学教文学，来请教开戏曲课事。下午，续整理发言。与玮散步。晚，看新闻及世界体育消息。并令小果将整理之文念给玮听，提了些意见。

六日　星期一　上午，续改稿毕，交《剧本》发表。赵寻领白淑贤（龙江剧）来，约去森隆吃饭。下午，补数日日记。晚，在中日青年交流中心剧场看中央歌剧舞剧院与日本歌剧演员合演《魔笛》，戏长三小时。

七日　星期二　下午，到天坛口腔医院治牙，补一洞。看报。上午，翻看《魔笛》说明书（因在剧场看不清）。晚，看新闻。

与子女聊天至 11:00。

八日　星期三　上午，为晏甬文集写序。下午，改清得千余字。晚，第8届梅花奖颁奖并演出，未看完即回。

九日　星期四　早上，丰丰从美国回来。上午，梅花奖得者联欢会，在北京饭店。11:00归。下午，与玮散步，读报。晚，看新闻，洗澡。11:00寝。

十日　星期五　上午，续读敏泽书，毕王充节。下午，读报，散步。晚，看新闻，与玮散步。今日天已热，减了身裳。

十一日　星期六　上午，10时，到大会堂参加《清蒙古车王府曲本》首发式，该书1700册装15函，石印，卖价90000美元，限印15套以示珍贵。11时，到纪委招待所，参加与梅花奖得主座谈，在彼午餐。下午，与玮散步。晚，到吉祥看滇剧王玉珍专场，三折，《钟离春》《阴送》《云妆皇后》，演得很好，惜嗓音稍尖，看了两折，身体不适，早归。

十二日　星期日　上午，与玮散步至正义路，天气甚好。中午，小珍、丰丰带晴晴来，安谷也在，吃饭甚热闹。下午，看报。晚，看新闻。从上海戏曲资料中看厉家班历史。

十三日　星期一　上午，翻看本月《新华文摘》，1、2、4月份《中流》。下午，到政协开京昆室会。晚，看新闻，与玮散步。

十四日　星期二　上午，到积水潭检查心脏，取药。并与玮到景山看牡丹，昨夜大雷雨，花已零落。下午，继看《中流》文章。晚，看新闻，与玮散步。有风。

十五日　星期三　上午，到中宣部参加文座49周年纪念座谈，发了短短的言。下午，看报，与玮散步。晚，看新闻。

十六日　星期四　上午，续读敏泽《美学史》，尽两汉书法美学章，两汉部分毕。出外散步。下午，读报。拾掇行李，预备去扬州。晚，看新闻，与玮散步。

十七日　星期五　上午，天气甚好，与玮出外散步。下午，看报纸。翻《中国戏剧》及《剧本》4月号。晚，看新闻。

十八日　星期六　上午，读美学。与玮散步。晚，参加日本花柳访华团答谢宴会。

十九日　星期日　上午，收拾行李。下午，5时，乘火车去南京，转扬州，参加戏曲现代戏年会，没有买到软卧票，改坐硬卧，虽然闹一点，尚不太乱。夜，睡得不安稳。

二十日　星期一　上午，11：45到南京，在江苏饭店午餐。稍事休息，即乘小车出发去扬州。下午，5：00到，住二招，大会活动中心在此。晚，入浴睡觉。

二十一日　星期二　上午，会演及年会开扩大组委会，会上贺敬之讲话。会毕，继开评奖委员会。中午，扬州市委在国宾馆宴客，吃自助餐。下午，3时，现代戏会演开幕，贺敬之及省市负责人讲话。遂由湖南省花鼓戏剧团演《桃花汛》，此戏很好，描写了人物，题材也新，是写反对农村中赌情及发展生产事。晚，因累，未去看戏。看电视新闻等。

二十二日　星期三　上午，参加评论组会，谈《桃花汛》，此戏普遍称好，主要是塑造了新人物桃花，演出亦有新鲜感；谈第二出戏《高高的炼塔》时，我因未看戏所以早退场，回宿舍休息。下午，3时，赴邗江影戏院看临汾眉户剧团演《帮工与主人》，此剧前半尚有条理可寻，后半则随意性太大，结尾的解决接近荒唐。晚，演《快乐的黄帽子》，因看过未去。在宿舍看电视。吴乾浩来谈他编的京剧刊物，因疲甚，未与细谈。

二十三日　星期四　上午，参加现代戏研究会成立十年纪念会，我讲了简短的话。下午，在曙光厂剧场看淮剧团演出《难咽的苦果》。虽然较浅，但反映农村赌风，甚是及时，演出亦不错，农民一定很喜欢，无怪演出了500场，因系悲剧，看后太累，晚场戏只好不看。晚，看电视，有解放西藏纪录片。

二十四日　星期五　上、下午，在宿舍拟一提纲，以应大会要求，作一次学术报告，侧重谈反映新时代新人物。看《山里人家》剧本。晚，看漳州芗剧团演《戏魂》。

二十五日　星期六　上午，读《戏魂》剧本。下午，读川剧《攀枝花传奇》，是一闹剧，但风格不低，可惜我未看演出。晚，在文化会堂看浙江姚剧《传孙楼》，这是一个以计划生育为题材的戏剧，是余姚县剧团演的，作者是一农民。姚剧与沪剧、甬剧在音乐上是一个系统，属江南小调，大概亦是由说唱发展而来。

二十六日　星期日　上午，在会议室做学术报告，约1小时半，下面由汉城讲。下午，休息。晚，由河南豫剧三团演《儿大不由爹》，是闹剧式的戏剧，讽刺落后人物十分犀利，很成功。

二十七日　星期一　上午，看河北梆子《落花情》，写丈夫生精神病，妻子与医生有了感情后，医生坚决为丈夫治好夫妻恢复关系事。下午，翻看大会文件。晚，看沪剧院《明月照母心》，写哺养孤儿的一位女教师事，戏很动人情，但较散。

二十八日　星期二　上午，新疆呼图壁县剧团来住处为我们演小戏《相亲》，演后座谈。下午，看云南曲靖县花灯戏《淡淡的茴香花》，颇具诗情画意，所塑造的人物金秀也非常高尚优美，是一个成功的剧目。晚，上海文化艺术报记者来访，问对《黑大门里的女人》的意见，谈至近8时。

二十九日　星期三　上午，看一场组台小戏，三个吉剧：《双赶集》《墙里墙外》《写情书》（吉林省公主岭市吉剧团），两个豫剧：《软枣问案》《糊涂盆砸锅》（河南许昌市豫剧团），全部喜剧。下午，看《茴香花》剧本，仔细玩味，觉其人物塑造是现实主义的，玉秀是完整的。晚，休息。

三十日　星期四　到南京　上午，闭幕式，发奖。此次会演剧目较多，题材也多样，是其成功处，证明现代戏已达成熟之境。中午，文化部设席慰劳江苏、扬州及全体工作人员。下午，3：00，乘车到南京，住"演员公寓"旅舍。晚餐由市政府招待在秦淮河畔晚晴楼小吃。归，入浴后就寝。

三十一日　星期五　早点后，出发游览城南名胜古迹，计有城堡、雨花台、媚香楼、贡院及在秦淮河舟游。甚疲，回旅舍已1：00。由市越剧团请吃饭，此次来，要看该团小水招两个戏，准备争今年梅花奖。午睡至3：30。下午，抄日记，休息。晚，看越剧《梨园天子》，小水招演得不错，舞台艺术都很过得去，但剧本不行。疲甚，回来即睡。

六月

一日　星期六　上午，游中山陵及藏经楼。中午，沈小梅在魁光楼请吃地方风味点心。下午，访问陈白尘，谈约一小时，他已三年未出门了，但身体尚健。回家后，郑山尊夫人来访，赠《纪念郑山尊》一书。钟荣请晚餐于梨园饭店，钟荣是市京剧团演员，要争梅花奖。饭后到南京市轧钢厂剧场看市越剧团《秀才遇仙记》，此戏尚可。戏毕，回下处，冲澡就寝。

二日　星期日　上午，在演员公寓座谈南京越剧团演出的两个戏《梨园天子》《秀才遇仙记》。发言者（都是北京来的）都以为前一戏尚未编圆，我意主要是缺少生活根据，编剧方法概念化，后一戏编剧尚顺，也不完善。下午，收拾行李。晚，江苏昆剧院石小梅等邀夜游秦淮，租一画舫，吹唱其中，两岸灯火掩映，亦是忙迫生活中难得之享受也，7：00上船，10：00返寓。

三日　星期一　上午，宋词约便饭于其家，参加者汉城夫妇、我父子、胡忌、董健、谭志湘、昆曲演员胡锦芬，饭毕已下午1：00。归午睡。下午，3：30，乘车赴镇江。此次本拟坐飞机返京，因办事者不善，只买了软卧火车票，且是在镇江上车。南京市越剧团团长、演员小水招殷勤相送至镇江车站，并在那里请吃晚餐。上车后已近5：00，然后再返南京，这一折腾从3：00到9：00，6小时。上车后尚好，我父子与郭夫妇一房间，总算安定了。疲甚，即睡。

四日　星期二　整日在车上，亦未吃饭，只吃点蛋糕等，车误点，5：00始达北京。晚餐吃面一碗。天甚热，入浴后即就寝。

五日　星期三　整日休息。曲润海来，谈文华奖事，此奖是文化部准备设立的戏剧奖，有综合及各分支奖。下午，刘沪带江西美术出版社社长、总编来，言准备出《脸谱集》，由戏研编。晚，小盛来，他是来此开会的。

六日　星期四　上午，到江西驻京办事处参加《脸谱集》第一次编委会,江西美术出版社社长、总编及江西出版局局长参加。在彼午餐。下午,孟繁树引辽宁社科院一同志(忘名字)来,孟将台湾出版的他的博士论文送我一本,辽宁同志写了一本《中国戏班史》求我题签,当即题与。晚,看山西晋城上党戏剧院张爱珍争梅花奖专场,演出《两地家书》及《杀妻》。

七日 星期五 上午,黄在敏来,谈编导演讲义事,他草拟了一计划,可行。下午,处理我出门时的一些信件。晚,休息,早就寝。

八日 星期六 上午,到酒仙宾馆参加文化部文华奖候选人讨论,此奖包括戏曲、话剧、歌剧等方面,有大奖及表、导、剧作、舞美等分奖。下午,继续讨论分各专业组进行。6:00返家。晚,小珍夫妻带晴晴来,安谷夫妻也在,甚热闹。

九日 星期日 安谷、小盛、小珍、丰丰、晴晴都在,热闹一天。下午,安谷夫妇回杭州。玮去看伯中,我乃清净一回。晚饭后,与玮带萌萌散步。看电视新闻联播。洗澡。

十日 星期一 大雨 早,8:30到酒仙宾馆参加戏曲评奖,在彼午餐,一整天,评出大奖五个,剧作、表演、导演、音乐、美术奖若干,晚餐后回。

十一日 星期二 上午,在家休息。11:00去酒仙饭店。中午,聚餐。下午,开会宣布评选结果,照相,毕,即回家。柳以真同来，谈东方戏剧学术讨论会事，我不打算提交论文。家中人均未回，张玮去看《黑头……》连排，小果亦未归，萌萌无人复习功课，我欲勉力为之，后亦未成。晚，看新闻联播。

十二日 星期三 上午，读沈达人《戏曲的美学品格》（发表于《文艺研究》1991年第3期），未毕。于均华来，谈想在退休前争一职称，在此午餐毕，始回。下午，续读沈文。晚，休息。

十三日 星期四 整日翻读报刊，因视力更差，时看时辍。晚，看新闻联播后出外散步。9:30入浴，10:30就寝。

十四日 星期五 整日读敏泽《中国美学思想史》，毕第17、18二章及19章第一节，多日来读此书，感敏泽在章节设置上显零碎，不甚一贯流畅，又在文字上不讲究，减少了读书的兴趣。晚，看新闻联播。散步。

十五日 星期六 上午，安葵及"当代中国"编辑老俞来，谈戏曲卷的修改问题，至10:00。继即读敏泽《美学》。下午，续读，毕十九章。晚，看新闻联播及电视剧《老人与海》上集。

十六日 星期日 上午、下午，读敏泽《美学史》，毕至二十章，二十一章未竟。晚，看天津评剧团崔连润《白云深处》，此戏无人物，不感人，剧作、导演均不佳，演出乐队声太大，唱词及对白均不甚清晰。

十七日 星期一 上午，读了一节敏泽书。即看黄在敏拟的导演讲义计划，觉空话多而文长，即动手改写一段，未完成。下午，看报纸。晚，看新闻联播。8:00出外散步一小时。灯下读《中流》本年第6期颜元叔等一组文章，至12:00。

十八日 星期二 上午，看崔莲润《回杯记》，仍在人民剧场，此戏是传统剧，演得较好，但唱走高腔太多，减少美感。12:30回家。下午，续读《中流》上颜等一组文章。晚，看新闻毕，出外散步一小时（8—9时）。回后，坐静处休息。11:00张玮回，始睡。

十九日 星期三 上午，读《中流》第6期。老季来。下午，续读。晚，看新闻与玮出外散步。10:00就寝。

二十日 星期四 早，与玮散步。上午，续看《中流》。继读敏泽书。为《中国京剧》创刊题辞。下午，3:00到音乐堂听文联纪念党70周年音乐会，至5:00。晚，与玮散步，入浴。10:00睡。

二十一日 星期五 上午，读敏泽书刘勰章未竟。魏晨旭来，谈《三打祝家庄》著作权事。下午，大热，未工作。晚，到民族文化宫看长沙歌剧团演出《马桑树》，写一革命故事，甚有感情，而缺少故事性，人物性格亦不鲜明，估计观众不会多。

二十二日 星期六 上午，读刘勰章完，并读了钟嵘节部分。写了一段关于戏曲第三度创作的断想。下午，续读钟嵘。晚，到人民剧场看云南玉溪地区花灯剧团演出《情与爱》。此戏塑造一基层共产党员不顾己家救人不图报的故事，尚可信，艺术水平稍低。归家疲甚。

二十三日　星期日　上午，10点半与玮出外散步。小珍带晴晴来。下午，与小孩玩。晚，洗澡。看电视中新闻。

二十四日　星期一　上午，续读《美学》至24章第1节。下午，休息看报。晚，到广和剧场看评剧院新剧目《黑头与四大名蛋》，工人题材。此戏整个骨架甚好，只是唱词不好，唱腔也要重写。散戏回家时下大雨。

二十五日　星期二　上午，到院参加艺术科研规划领导小组会，宣布在二十七日要召开全国艺术科研工作会议，讨论十部集成志书的编辑计划问题，周巍峙主持会，谈了情况，大家发言后11:30散会。下午，看报。晚，散步，看新闻。今日甚冷，非此时令所应有。

二十六日　星期三　上午，到文联大楼参加文艺界纪念党70周年座谈。下午，看报及续读《美学》通论节。晚，看新闻联播后，与玮出外散步。

二十七日　星期四　上午，到欧美同学会开全国剧协纪念党70周年座谈会，发了言。下午，午睡后看报及《美学》。晚，洗澡。

二十八日　星期五　上午，大雨。先到大会堂参加十部集成志书规划全国讨论会，发了言。继到八条参加剧协戏剧讨论会，戏曲组谈现代戏创作，也发了言，在那里吃饭。下午，休息，看报。晚，看新闻。

二十九日　星期六　上午，到大会堂参加延安文艺研究会纪念党70周年座谈会。下午，休息，看报。晚，看新闻，出外散步，洗澡。天甚燥热。今日小果生日，晚餐时加了菜。

三十日　星期日　上午，与玮带小萌萌去东单公园散步。下午，休息看报刊。晚，看电视新闻，与玮出外散步。

七月

一日　星期一　今日为党的70周年纪念日。上午，续读《美学史》。下午，3时，到大会堂听江泽民作庆祝党70年报告，长1小时40分钟，会场三楼全座满，说得很快，听时注意力必须高度集中，因此，听完颇感疲倦。因此，原定晚上看福建省京剧《山花》未能去，只是休息翻翻报纸。晚饭后，看新闻，休息。10时寝。

二日　星期二　上午，读完敏泽《美学思想史》第一卷，即汉魏六朝部分。下午，休息，看报。晚，与玮到民族宫剧场看安徽黄梅戏剧团的《柯老二入党》。此戏有一定的深度，表、导演也有一定水平，不足者，是尚缺一两段好唱。

三日 星期三 上午，因眼睛视力不好，未看书，只坐着休息。下午，看报。午睡后洗澡。晚，在人民剧场看福建省京剧团演出《山花》。这是一土地革命时期，一孕妇女英勇斗争牺牲的故事，写出了几个人物，甚感人，唱腔好，导演平庸。

四日 星期四 整日未做何工作。因天热，闷坐而已。翻看报纸，亦无何惊人消息。晚，看新闻。8:30出外散步。今日起，停热水一月，洗澡不方便。

五日 星期五 上午，开始读敏泽《美学史》第2卷，以眼力不好，时续时停，故进展甚慢。下午，看报。天热，人甚疲。收到蔡若虹送我自书条幅，诗亦他自己所作。晚，看新闻。出外散步，闷热，浑身是汗。归，擦澡。电视中看电视台七一节目"拥抱太阳"，内容好而形式新，亦青年人胃口。

六日 星期六 上午，老艺术家委员会邀请座谈。该会属于康世恩主办之关心下一代委员会，实际主持者为罗英、田华等，中国石化公司赞助了一笔钱，他们的工作，已经在燕山石化公司作了两场慰问演出。今日之会，到会者有康世恩及一燕山副经理，尚有林默涵、赵沨等，会的内容是报告他们这阶段工作，此外尚有一青年工作者在座，在那里午餐，至3:00才散。回家午睡至5:00。晚，看新闻。10:00睡。

七日 星期日 上午，胡芝风夫妇引张红来。下午，简慧来，聊天一小时余去。小珍、丰丰带小晴晴来，玩了一天。晚，看新闻后，与玮散步。夜，大雷雨。

八日　星期一　上午，读敏泽《美学》第28章，毕第1节一段。下午，玮念《黑头》剧本并共同研究其得失。晚，续念未毕。一同外出散步。今日天凉。

九日　星期二　上午，到戏曲学院为李超所主办之少数民族戏剧短期讲习班讲课，两小时，疲甚。下午，看报。读敏泽《美学》，两小节。晚，看电视新闻。因雨，未外出散步。

十日　星期三　上午，到儿童剧场出席文华奖记者招待会，至11：00。下午，看报。续读敏泽书毕28章。晚，与玮外出散步，至9：00。

十一日　星期四　上午，续读敏泽书及报纸。下午，仍读敏泽书。晚，看新闻，徽、苏、浙洪涝甚剧，北京雨亦连日，西北山区受灾。因雨未散步。

十二日　星期五　上午，续看敏泽书。下午，看报纸及新来杂志，黑龙江《剧作家》今年第3期有孔谨《"典库"考》一篇，可参考。晚，看新闻毕，出外散步。回洗澡。301约下星期二9：30看眼。

十三日　星期六　上午，续读敏泽，尚未完唐诗美学。读报纸、杂志。下午，休息。晚，看新闻，与玮出外散步。

十四日 星期日 上午，与玮出外散步，至正义路街心公园，11:30回。发上海范泉信（"老年"问题）。下午，看报。晚，电视中看新闻，南方各省水势稍缓。天气闷热，但未下雨。

十五日 星期一 上午，读敏泽书，仍未尽唐诗美学。下午，读报。晚，看评剧院《新娘》（天桥剧场），一般。

十六日 星期二 上午，到301医院看眼，主治蒋大夫，他说我有青光眼，此事未见确，散瞳后，知是血淤，处方要打针，每日一针。11:00，归。下午，因闷热，未工作，午睡至4:00。晚，看新闻，南方水仍上涨，雨已小。与玮出外散步，因热甚疲。

十七日 星期三 上午，到口腔医院看牙，牙根可以不拔，只在假牙上接上一半即可。11:00回，看报。午后，续看报。晚，看新闻，淮河水涨，洪泽湖满，亦在防涝。与玮散步，热稍缓。

十八日 星期四 上午，到首都宾馆参加东方学会主持之台湾知识竞赛组委会会议，在彼午餐。下午，看报。晚，与小果出外散步，并与之谈他的论文《中国戏曲演出团体的组织方式》种种。

十九日 星期五 近日眼睛不好，朦胧特甚，未能阅读，上、下午除看报外，只是休息。晚，看新闻，与玮出外散步。听玮念《中流》的文章。

二十日　星期六　眼睛不好，仅翻看《王羲之行书草书汇编》，就这样时间长了，眼即不适。下午，翻翻报纸。沈祖安女儿来为其父六十岁征题字，为书曹操"老骥伏枥"四句。晚，看新闻，徽、苏雨止，水渐退，已有补种者。

二十一日　星期日　上午，仍看王羲之帖。小珍、丰丰带晴晴来。中午，为珍、丰做生日，饮啤酒。下午，看报。晚，看新闻。天雨未散步。

二十二日　星期一　上午，天晴，7：00出外散步，已觉渐热。下午，天大热，未出门，只翻翻报纸而已。晚，与玮散步至9时余。洗澡，入睡已11时。

二十三日　星期二　上午，到口腔医院治牙。下午，看报纸。晚，与玮出外散步。

二十四日　星期三　上午，到301医院治眼疾（在两眼二侧太阳穴注射）。回家看报。下午，听玮念两篇杂志文章，并读《儿大不由爹》剧本。晚，看新闻。散步。洗澡。

二十五日　星期四　上午，河南豫剧三团许同志等来，听关于《儿大不由爹》的意见。看报纸。下午，听玮读北京市委宣传部长对《黑头与四大名蛋》的意见（剧本）。晚，与玮散步。

二十六日　星期五　上午，到301医院为眼睛打针。下午，听玮念报纸。晚,看新闻。整日闷热,又因眼睛打针,故未看晨报,亦未出外散步,通宵因热而未睡好。

二十七日　星期六　上午,到口腔医院治牙。下午,翻看杂志。与玮出外散步,因怕下雨,提早了时间。晚,看电视新闻。

二十八日　星期日　上午,雨,看报,未做别事。下午,修改我对《儿大不由爹》的谈话记录,成一篇短文,预备拿去发表。晚,看电视新闻,与玮出外散步。

二十九日　星期一　上午,到301医院打针治眼。下午,看报。晚,与玮散步。看电视新闻。听玮谈她对《黑头》一剧的导演构思。

三十日　星期二　上午,因眼疾未工作,闭目静坐。下午,看报。晚,带小萌萌去儿艺剧院看《门闩门鼻笤帚》,8:30毕,此剧作者为乔羽。

三十一日　星期三　上午,到301打针,回来看报。中午,休息,左眼微肿。老季来。晚,饮用蒸西瓜方治痰盛,此为冬病夏治之法,不知效果如何?姑治之。看新闻,与玮散步。

八月

一日　星期四　眼肿,休息。看报纸。晚,看新闻。与玮出外散步。

二日　星期五　上午，打针因眼肿暂停。回家看报。下午，休息。晚，看电视新闻后，与玮外出散步。玮去体验生活，我自回家。10：00，浴后就寝。

三日　星期六　上午，蒲剧院二人来谈题《蒲剧简史》书名，题与之。黑龙江陈巅来为一书求序，他写了一稿，念后，尚不妥，约明日再来。下午，玮念报。晚，看新闻后与玮散步，至首都宾馆。回洗澡。

四日　星期日　上午，理发，并与玮散步，看报。小珍全家来。中午，吃鱼、虾、蟹。晚，看新闻，散步。报载：美国李明洁等人又变相倡一中一台之议，台湾和之，美国总有些人亡我之心不死，台当局也总有些人愿依附美国为生，这一点大概是改不了的。

五日　星期一　上午，去301医院打针，并遵医嘱，再降眼压，医生总认为我有青光眼。下午，看报。晚，看新闻，去外散步。回家洗澡，今日热水来了，洗了一个痛快澡。

六日　星期二　上午，到纪委招待所，参加《当代中国·戏曲卷》最后一次审稿会。在彼吃饭。下午，翻看报纸，杂志，补昨日日记。晚，看新闻联播，与玮散步，入浴。

七日　星期三　上午，文艺刊物《江南》本年第4期上张盛裕文《风雨携春访夏公》谈夏衍同志集邮事，以眼不好，未读完。

下午，看报。听玮念《剧海》上高宇论焦菊隐导演理论一文，及小果念关于坦园日记中戏曲资料的文章。晚，看新闻联播。与玮出外散步。入浴。

八日　星期四　上午，读完张盛裕文，写得很有点感情。继看报纸。午后，休息，听张玮念报。晚，看新闻与玮出外散步。回来入浴。

九日　星期五　上午，到301打针，试眼压及测视野。回来看报纸。下午，吴乾浩来，谈及《京剧》刊物事。我劝他多做工作，少提要求。晚，看新闻，与玮出外散步，洗澡。

十日　星期六　上午，除读报外，只是休息。下午，听玮念《北京日报》。晚，在人民剧场参加戏剧界救灾义演，接收各界捐款。早归，去时遇雨。

十一日　星期日　上午，翻看台湾中央研究院中国文哲研究所《中国文哲研究通讯》。下午，休息。看报。晚，看新闻联播，与玮出外散步。

十二日　星期一　上午，休息，看报。下午，到301测眼压，打针。晚，与玮散步。

十三日　星期二　上午，到北京戏校为北京振兴京昆会举办之舞美班讲课，班十一人，有湖北、福建、北京的学员。下午，休息。

翻看报纸。晚,与玮散步。今日萌萌与其小姨去保定。

十四日　星期三　今日本应为眼打针,因眼肿未去,只在家休息。上午,看报,亦未细看,翻翻而已。下午,亦未工作,听玮念《北京日报》。晚,看新闻联播毕,与玮出外散步,归遭遇大雨,避一西瓜棚中,稍住速归,幸未淋雨。睡后,12:00左右,大雷雨,震天动地,睡人皆醒,约一小时余,始渐宁。

十五日　星期四　上午,去口腔医院,做完咬牙印,结果仍补牙二处,约定二十八日咬牙印。回后看报,台湾为渔船事,小题大做,令人腻烦。

十六日　星期五　上午,本拟去301打针,以脸肿未消,仍未去,看报。觉右眼视力明显减退。下午,听玮念报。晚餐后,看新闻,与玮出外散步。

十七日　星期六　眼肿渐消,但仍休息。小唐送来新报刊,翻看一过。天气尚凉,有云,独自出外散步。下午,看报,只大题目而已。晚,看电视新闻,与玮出外散步。洗澡后入睡,睡意熟。

十八日　星期日　今日小晴晴生日,玮为买蛋糕,小娃娃整天很高兴。我则除看报纸及电视新闻外,只听玮念文章。晚,仍与玮散步。半夜大雨。

十九日　星期一　上午，去301为眼打针。下午，翻看报纸杂志。李春喜念导演讲义计划。晚，看电视新闻，有戈尔巴乔夫倒台消息。出外与玮散步。今日天阴，但未下雨。

二十日　星期二　上午，去301找马大夫看眼，他诊断我确有青光眼，给了眼药水"噻吗心安"，是从左眼视野狭小断定的，对右眼眼底有长出部分，决定用激光烧去。回家后看报，有关于戈氏下台的报道及各国反应，似乎震动很大。下午，因天太热未做事。晚，电视新闻中报道了我政府对戈氏倒台的声明。与玮出外散步。气象预报连日高温，将升续四五日。

二十一日　星期三　连日大热，不能做什么工作。上午，于夫、李元华来，谈要出一套歌剧选。下午，未工作。晚，看新闻。与玮散步。

二十二日　星期四　天热，在家休息。上午，翻翻报纸。苏联政变失败，戈氏又复职。下午，未工作。晚，看新闻，天气将继续热下去若干天。与玮散步。

二十三日　星期五　上午，去301验血，做心电图，打针。回家翻报纸。下午，休息。玮念报。晚，看新闻后，王滔来，他是玮新疆时代的同志，解放后在广东工作已退休，因未见过我，特来看看。因客来，未散步。

二十四日　星期六　在家休息，听广播，这是上午的事。下午，翻报纸听张玮念报。王莉莉父母来。晚，看电视新闻，与玮出外散步。入浴。

二十五日　星期日　上午，与王莉莉父亲聊天。下午，听玮念报，苏联好几个共和国已宣布共产党为非法，戈尔巴乔夫并宣布自己不当总书记。晚，看电视新闻。与玮散步。小萌萌从保定回来。

二十六日　星期一　上午，休息，略翻报纸。下午，张玮为我念刘厚生发表于《中华戏曲》上的文章《剧种论略》，刘要我提意见。王莉莉父母下午走了。晚，与玮散步。

二十七日　星期二　上午，去301治眼，打针，马大夫看病，订在××双眼造影。下午，张玮为我念报。李春喜来，送来誊清的《导演讲义编写计划》，共3份，我和春喜各留一份，将一份送高占祥，附一信，明日送去。晚，与玮散步。洗澡。天已渐凉。

二十八日　星期三　上午，到口腔医院咬牙印。下午，听玮念报，听广播。晚，看新闻。与玮散步。

二十九日　星期四　上午，到口腔医院戴牙。下午，玮念报。晚，看新闻。与玮散步，洗澡。

三十日　星期五　上午，到革命博物馆参加"新民主主义革命时期文化史料展览"开幕式。下午,看报(玮未回)。晚,看新闻联播。与玮出外散步。洗澡。

三十一日　星期六　上午,听广播。下午,看报,听广播。晚,看新闻联播。与玮散步。洗澡。

九月

一日　星期日　小珍、丰丰带小晴晴来。下午,睡后起床头晕、恶心,吃牛黄清心吐了,静坐好一些。晚,未看电视,亦未散步。

二日　星期一　上午,到积水潭医院看病,决定住院。下午,住院,干部病房4楼409号。头已不晕,恶心亦止。9:00即睡。

三日　星期二　上午,取血、大小便,为肺照相。下午,大维来,介绍其连襟孙大夫,孙在5楼主事。何文今、高维进来,他们住3楼。晚,玮来,小珍送饭来。高维进、赵莹来,赵与高同住一房。管我治疗的是郭大夫,今日开始打点滴。

四日　星期三　上午,做B超,打点滴。于兰来要拍她的电视,要我也出一个镜头。下午,小唐来,带来山西运城信,求题字。晚,看电视新闻,大雨。给家中打电话。8:30就寝。

五日　星期四　上午,打点滴。蜜儿来。为运城剧本集题签。午后，研究生部×××、×××来，桑夫来。傍晚，大雷雨。雨后玮来，7：00去，8：00，去电话问她尚未到家。

六日　星期五　上午，打点滴，抽血。下午，读刘念兹博士研究生刘祯论文《目连戏研究》（连日读，至此已及半），用功甚勤，材料丰富，唯研究未能深入里层。晚，小珍、丰丰来，7：40去。下午，3：00，何为学生张纲来，谈为我起草一篇纪念何为文事。

七日　星期六　上午，点滴，连日来针处有瘀血，大夫说不要紧。下午，北影来放于兰录像影，费时约一小时。小唐夫妇来，带来水果。晚，看新闻联播。今日上午凉，下午热。

八日　星期日　上午，打点滴。下午，6时张玮来，7时去。晚，看新闻联播。9时寝。

九日　星期一　上午，打点滴。下午，4：30做CT，3：30即去，5：00始回。晚，看电视新闻。与玮打电话。8：30就寝。

十日　星期二　上午，做骨密度测量，结果良好，继打点滴。下午，玮来，带来吃的。晚，看电视新闻。

十一日　星期三　上午，继续打点滴。下午，换汗衫短裤。晚，下楼在花园散步，回来看电视新闻。

十二日　星期四　上午，打点滴，此是第10针，一个疗程已毕。

今日查房，说我各种检查均好。针还要打一疗程。下午，看代我写的纪念何为文章，还要再看一遍，方能定夺。晚，小唐来。玮来，带来茶。7：00去。看电视新闻，8：30分就寝。

十三日　星期五　上午，到研究院参加刘念兹博士生刘祯的答辩。下午，丰丰来，取去玮给小珍的东西（衣服、食物等）。皮下注射脑活素第一针。晚，看电视新闻。

十四日　星期六　上午，打第二针，这一疗程共14针，一天两针。做腹部B超，有慢性前列腺炎。中午，打第三针。小唐来，带来一请柬是相声比赛的，明晚举行，请了明日半天假，后日回院。晚，看电视新闻。

十五日　星期日　今日起恢复秋季时间。上午，打第四针。下午，回家洗澡。晚，到二炮礼堂看相声汇演优胜者的汇报演出，九个节目，也没有甚么好的。今日整日雨，甚冷，着毛衣。

十六日　星期一　8：00，上医院，半小时到。今日打第五针（上午）。下午，第6针。晚，看新闻。

十七日　星期二　上午，打第7针，做无伤心功能。下午，打第8针。写《悼念何为同志》，得千字。晚，看电视新闻。

十八日　星期三　早晨，打第9针。上午，改《悼》文。下午，打第10针。读萧乾自传文（《新文学史料》4期）。晚，小珍来，走后看电视新闻。

十九日　星期四　早起,打第11针。下午,打第12针。吴大维来。晚餐后,玮来。看电视新闻。

二十日　星期五　早起,打第13针。上午,从9号病房搬到10号,这是一个人的病房。下午,看《新文学史料》(本年第4期)。打第14针。晚,到花园散步。到3楼看钟敬之,他下午来住1号。看电视新闻。

二十一日　星期六　早,打第15针,抽血。上午,未做任何治疗。小唐来,带来上海演出节目单。下午,读《新文学史料》。晚,到园中散步。玮来,7:00去。看电视新闻,继听广播。

二十二日　星期日　今日中秋节。上午,读《新文学史料》卢予冬文。下午,齐致翔来,送来月饼,主要商量纪念剧联60周年事。晚,玮来,6:00,同看老钟,7:00去。看电视新闻,听广播。9:00寝。

二十三日　星期一　早点吃月饼一块,终日肚子不适。上午,未作何事。下午,下楼看老钟。晚,与林育熙园中散步。小珍来。7:00,看电视新闻。继回房听广播。近来每日自己按摩:梳头,摩脸、鼻、脚心,行了几日,夜睡甚安,今日烫脚,亦有好处。

二十四日　星期二　上午,9:00,到怀仁堂参加鲁迅110诞辰纪念会,江泽民讲话,中央同志多人出席,10:00毕,即回医院。下午,听广播,没有什么引人注意的。晚,看老钟、水华。散步。今日未看成电视,因门钥匙找不到了,只好听新闻广播。9:00寝。久未睡着,不知何故。

二十五日　星期三　上午,看报纸,是从老钟处借来的。小果来,带来一小收音机。下午,小珍来。安葵来,念一篇为社会科学院写的我的小传。晚,小珍陪我在园中散步,继看电视新闻。后听收音机至9:00。从昨日起,趁早晨热水擦身。

二十六日　星期四　上午,想听盒带,结果带夹住。下午,研究生部×××来,他们写了四篇论文想参加院里评选,要我为他们签字。继院办王××来,谈他对于院里研究工作的看法,我则谈了中国戏曲与宗教在《戏曲史》上的关系。晚,小唐来,接到大会堂参加文华奖发奖仪式。因太晚,回家睡觉。张玮导演《黑头与四大名蛋》今日连排。听反映,似乎基本过关。

二十七日　星期五　早,8时,返医院。上午,翻看《新文化史料》第2期。下午,续看。晚,丰丰来。林育熙来同散步。继看电视新闻,后听广播9时寝。

二十八日　星期六　上午,为肺部做CT。下午,睡至3时,简朴、林育熙来,简今日出院。晚,与林育熙散步。看老钟,告以明日出院。看电视联播新闻,毕。回房听广播,至9时。

二十九日　星期日　上午，出院回家。下午，翻看报。散步。晚，洗澡。9∶30睡觉。

三十日　星期一　上午，文化部召开振兴京剧指导委员会成立会，我被聘为顾问，在那里吃中饭。下午，与玮散步至伯中家。晚，看电视新闻。

十月

一日　星期二　今日国庆。与玮上街散步，人特多，女人花枝招展，为历年之冠。中午，玮做了菜，小珍夫妻带小晴晴来，甚热闹，惜我牙痛，许多菜不能吃。下午，何孝充来。晚，看电视新闻。

二日　星期三　天阴　老季来。小珍夫妇及晴晴仍在。中午，吃鱼，味好，小果做的。家中人多，不能做什么事。下午，看了电影《红楼梦》片段，总有叙事无头绪，无章法之感。出外散步。晚，看电视新闻。张玮出去看戏。我9时即上床。

三日　星期四　晴　上午，看报纸。下午，与玮带小萌萌逛北海，欲看菊花未得。晚，看电视新闻。

四日　星期五　上午，到大会堂参加《文艺理论与批评》创刊五周年座谈会，发言者有林默涵、吕骥、阮章竞、玛拉沁夫、刘绍棠等，遇黄源，他是来参加鲁迅诞辰110周年的，会开了整一上午。下午,翻看《新华文摘》8月号,及近日《北京日报》。晚,看电视新闻,与萌萌温课。洗澡。

五日 星期六 上午,到积水潭医院看检查结果,肺部无问题,可以出院。星期一 去办手续。继去中山公园,到惠芳园去看兰展,布置甚有匠心,先入一两旁密种竹之曲折甬道,始至一开阔地乃得门,入门为一大四合院,方是兰展之处,室中窗明几净,兰种甚多,有福建、云南各地之物,并有朱老总捐赠数盆。今日公园甚闹,到此乃得一清净地,烦腻浮躁之意尽消,方知偷得浮生半日闲之妙。下午,到民盟总部参加云南玉溪滇剧团进京演出新闻发布会,此次将演《朱德与唐淮源》,在彼晚餐。晚,看新闻联播。

六日 星期日 上午,与玮出外散步,在街边花园小坐。下午,看报刊。张军来,带来徐州杨德勋等问候。晚,看电视新闻。浙江新昌调腔剧团来,拜望之意也,他们来演戏,我在医院未曾见到。

七日 星期一 上午,到东单公园散步。下午,看报纸、杂志。为吉林及杂技协会各题一纸。大同京剧团团长主演数人来。晚,看电视新闻。为萌萌复习功课。洗澡。

八日 星期二 上午,再到东单公园散步。晚,看电视新闻。

九日 星期三 上午,到国家奥林匹克体育中心体育馆参加辛亥革命80周年纪念会,有杨尚昆、屈武讲话。晚,到北京工人俱乐部看四川人民艺术剧院《辛亥潮》。该剧徐棻编剧,陈坪导演,主要演员赵尔丰、端方等的扮演者:孙滨、曹立春等,均甚成功。下午,看陈白尘主编的《中国现代戏剧史稿》,用功甚勤,材料丰富,立论亦实事求是,惜以眼疾不能通读。

十日 星期四 上午,出外散步。看报。下午,休息。沈祖安之女来,约看姚剧《强盗与尼姑》,决定十二日去。晚,到警卫局礼堂看张玮排的评剧《黑头与四大名蛋》,甚好,但仍可百尺竿头,更进一步。

十一日 星期五 今日无会,预定在家休息。上午,外出散步。回家后看报。下午,张伯中来,送来几条鱼,我送他走,顺便散步。晚,洗澡。

十二日 星期六 上午,到小雅宝胡同参加《中国美术史·现代卷》讨论会开幕式。下午,读王朝闻《中国美术史·总序》。晚,到工人俱乐部看余姚姚剧《强盗与尼姑》,戏平平,演尚称职。

十三日 星期日 上午,丰丰、小珍带晴晴来。与丰丰、萌萌出外散步,马路上人多,停之观看马拉松赛,有微雨,乃归。玮自长春回。下午,翻看报纸。3时,中央电视台搞戏曲演员电视大奖赛,把我接到人民剧场,要我在赛中讲话,我未同意,改在家中说几句。晚,看电视新闻。天气已冷,换羊毛衣。

十四日 星期一 上午，与玮散步。天微雨，地尚不湿。下午，玮为我念报，有敏泽论文化传统和现代化的关系的文章。继出外散步。天仍阴。晚，看电视新闻。

十五日 星期二 阴 上午，小果回。与玮出外散步。下午，玮念报纸，梁冰在《文艺报》上论新潮戏思想一文甚好。继出外散步。翟波来，谈她准备搞一个毛主席诗词演唱会。晚，看新闻联播。入浴。

十六日 星期三 上午，10时，出外散步，11时回。读报及翻阅杂志。下午，玮为念报刊文章。《文艺报》有梁冰文章一篇，是批判新潮派的，通俗易懂，近情近理，甚好。晚，看电视新闻广播及武术比赛。比赛乃现代化了的，吸收了外国拳击的东西，参加者中外各家均有，这也是中国文化现代化的一方面也。

十七日 星期四 上午，到积水潭医院看牙并取药。下午，云燕铭及黑龙江京剧团演员来访，后者是争取梅花奖来的。李大珂来谈出版脸谱。晚，张建军带申凤梅及河南曲子戏演员来，张建军为他们排了一个新戏，到此争文华奖。

十八日 星期五 上午，黄秀珍及江西一出版社负责人来，谈戏研要出一本脸谱集事，本月二十三日要开一编委会。下午，与玮出外散步。回后，又为我念报纸。晚，与玮去看黑龙江京剧团演员演《玉堂春》，演员嗓子好，但演来甚硬，无柔媚气。

十九日　星期六　上午，独自出外散步，回时倍感吃力，其原因恐怕是天气突然冷，衣裤穿得不够之故。下午，看报，及听玮念报。晚，到儿童剧院看上海滑稽剧团演《GPT不正常》，剧本靠近话剧，对于滑稽戏的传统继承与发扬不够。

二十日　星期日　天气冷。上午，与玮出外散步。中午，吃涮羊肉。午餐后大睡至5时。起后，翻看报纸。晚，吃莲子、元宵。洗澡。11：30睡。

二十一日　星期一　上午，出外散步，翻看报纸。下午，到国际饭店赴上海市演出队告别宴会。晚，到首都剧场看上海总工会剧团演话剧《大桥》，甚动人，但人物不鲜明。

二十二日　星期二　上午，到民族宫饭店参加中国老年报的联欢会。下午，翻看报纸杂志。晚，到吉祥戏院看河南越调《吵闹亲家》，此剧由张建军导演，喜剧近乎闹剧，观众很欢迎。

二十三日　星期三　上午，在西直门总政招待所开《脸谱集》第二次编委会，在那里吃饭，2时回。下午，张建军来，谈他的《吵闹亲家》。晚，在人民剧场看武汉市京剧院《辛亥风云》。此戏剧本太次，重复叙述历史，无艺术可言。看完甚疲。

二十四日　星期四　上午，散步，太阳甚好。为四川演员马文锦题字。下午，看报刊。4时，散步。晚，看电视新闻。洗澡。

二十五日　星期五　上午,出外散步。常静之来,送来她的近著:《论梆子腔》,略微翻看,看出她用功扎实,打算读一读。继山东平度市吕剧团来,到此演出一剧目:《朱元璋招亲》。下午,翻看报刊杂志。晚,到首都剧场看吉林延边朝鲜族话剧《没毛的狗》,是喜剧,甚好。

二十六日　星期六　上午,读《论梆子腔》,的确不错,资料丰富,论证逻辑有力,为近日不可多得之书。下午,看新疆话剧团演出历史剧《无忧》,写长孙公主事。晚,看电视新闻。

二十七日　星期日　上午,续看《论梆子腔》。下午,出外散步,翻看报纸。晚,看山东平度吕剧团《朱元璋招亲》,是一喜剧,此剧农民欢迎。

二十八日　星期一　上午,到积水潭医院治牙。下午,看报,及续读《论梆子腔》。晚,看电视新闻。

二十九日　星期二　上午,到清华园治脚。继到中山公园散步。下午,独自出外散步,回后续读《论梆子腔》。晚,看电视新闻。

三十日　星期三　上午,散步。续看《论梆子腔》。下午,读报,与玮散步。晚,看电视新闻。洗澡。

三十一日　星期四　上午,复信二封:安谷、梁冰。与玮散步。下午,看报纸。3时,与玮散步。晚,看电视新闻。

十一月

一日 星期五　上午，出外散步。看报纸。下午，看报纸。3时，与玮散步。晚，到首都剧场看广东话剧院《情结》，写检察人员的生活及检察之艰苦，整个调子低沉。

二日 星期六　上午，出外散步。下午，看报。因风，未散步。小珍两口带小晴晴来。小红来，带萌萌出去玩，为他过生日。晚，看电视。

三日 星期日　今日给萌萌过生日。上午，出外散步，与玮一道。中午，吃饭迟，两点人始齐。因此，上午将报纸翻完。下午，午睡，4时起。与晴晴玩。晚，看电视新闻。本拟看承德话剧《班禅东行》，后记起在电视中看过，遂中止。

四日 星期一　上午，看报。下午，翻杂志。晚，李春喜来，谈他参加湖南傩戏讨论会事，我谈了一些我对傩、目连戏及《戏曲史》的看法。

五日 星期二　上午，到社科院研究生院为马克思主义文艺理论高级研修班讲课，讲题为戏曲改革，讲2小时。下午，舌头发炎，吃饭不方便，服牛黄解毒片。看报。晚，到吉祥看上党梆子《算粮》（薛丁山、樊梨花事）、《杀惜》，平平而已。

六日　星期三　上午，到积水潭医院看口腔。回来王安葵来，念《当代中国戏曲》序言。下午，看报纸。晚，看电视新闻，及电视剧聊斋《田七郎》，还可以，无看不下去的情况。

七日　星期四　上午，柳以真来，谈东方戏剧国际讨论会筹备情况。下午，看报纸。晚，到吉祥看嘉兴工人业余滑稽剧团演《台湾来的有情人》，此戏闹剧演法，但很动情。

八日　星期五　上午，到剧协参加东方戏剧国际讨论会筹备会。下午，看报纸。晚，看电视新闻。

九日　星期六　上午，看剧协送来纪念田汉及左翼剧联60周年代我拟的发言。益阳来人征求在益设周扬纪念展的签名，我签了。下午，出外散步，因风大，未走远，只在菜市场转了一圈。我准备将我对南戏起源的看法与戏研的同志谈一次，因此翻翻书，翻了湖南和江西两卷《戏曲志》。晚，看电视新闻。洗澡。赵寻来谈纪念田汉及剧联事。

十日　星期日　上午，改纪念发言并交赵寻打印。下午，看报。晚，看电视新闻。

十一日　星期一　上午，到纪委招待所看姚时晓，见到葛一虹，同至剧协看田汉剧联纪念展览板，复一同讨论了对剧联有关问题的一些提法，并看了我的发言打印稿，二人作了肯定。回家看报。下午，继续看报。晚，看电视新闻。

十二日 星期二 上午,到大会堂开纪念田汉及剧联60周年大会。李瑞环、王震到会,王讲话,我在会上念一篇五千字稿,内容为剧联十年情况。在那里午餐。回家休息。下午,3:30—5:30剧联老同志会见,见了许多老战友。晚,看电视新闻,因太累未去看戏。

十三日 星期三 上午,到纪委招待所参加剧联60周年纪念讨论会,发言者四人,杜宣、我、吕骥、葛一虹。在那里午餐。下午,陕西文联来二人,谈拍文艺座谈会电视系列片事。晚,看电视新闻。继最后修改发言稿毕。吴大维来,谈台湾来人拍一中国文化系列片,其中有一段讲元曲的,要我讲一段,我问清台湾来历后,答应了此事。

十四日 星期四 上午,准备向戏曲所讲一次南戏起源及梆子兴起等问题,今日翻看《戏曲史》资料。下午,看报。6时,吴大维引台湾拍电视人来,是一30多岁女子,谈了些元曲的问题,以及如何拍摄,约定十六日上午来拍。晚,到人民剧场看李维康、叶少兰演《谢瑶环》,演出相当好,唱做俱佳。

十五日 星期五 上午,翻看戏剧史资料,《东京梦华录》等书。下午,看报。晚,到首都剧场看湖南剧团戏:1.话剧《洪水》,2.话剧《颤栗》,3.湘剧《武松》,4.湘剧《新会缘桥》,都是田汉旧作。

十六日 星期六 上午,台湾录像人来录元曲常识问答。开始写一近代戏曲、目连戏、弋阳腔、梆子腔的提纲。下午,参加剧联60年纪念会的联欢会,毕,到民族饭店与外地来的老同志会餐,他们明日都走了。晚,本拟看浙江纪念田汉的话剧,因一天三班,赵寻劝我回家休息,乃回。洗澡。十时上床。

十七日　星期日　玮十九日生日,今日星期日,提前过生日,吃了一顿涮羊肉。下午,因天气尚暖,与玮出外散步。晚,看电视。今日续写《近代戏曲史》的提纲。

十八日　星期一　上午,续写提纲。下午,王安葵等来,谈当代戏曲最后整理文档及配图事。晚,到工人俱乐部看长沙湘剧院用高腔演现代戏《杨赛风》,以农村企业为题材,塑造一中年妇女形象,戏尚可。

十九日　星期二　上午,到文化部参加体制讨论会,此会为国务院体制改革小组所召集,参加者多文化部的政协委员,开了一上午,谈文化部体制问题,多人主张设文委。下午,看报刊。晚,看电视新闻。

二十日　星期三　上午,续写提纲毕。下午,看报纸。四时,荒煤、凤子引董启翔来,并邀吕骥一道闲谈至5时余,并一起照相,始分别。晚,看电视新闻。

二十一日　星期四　上午,在家拟提纲。下午,看报纸,并继拟提纲,有新收获。晚,看河南豫剧《风流才子》,写唐伯虎事,一般。

二十二日　星期五　上午，到院里为戏曲所讲目连戏等问题。下午，看报纸刊物。晚，看电视新闻。洗澡。

二十三日　星期六　上午，张建军来，谈《风流才子》。另荒煤介绍一武汉出版方面的人来，谈丽尼在武汉办《煤坑》情况。10时，到研究院，参加国务院授予特殊津贴的会，此次津贴是授予社科学者的，我院获得者有我、王朝闻、郭汉城等9人。下午，看报纸。晚，到人民剧场看淄博市京剧团演《焦裕禄》。此题材京剧演难度大，他们着重写感情，而不重大场面，是好的，但气势略逊，唱得不错。

二十四日　星期日　上午，武汉卢某又来，了解丽尼情况。下午，看报纸。晚，看电视新闻。

二十五日　星期一　上午，听涂沛《程砚秋传》录音。下午，看报。晚，看电视新闻。

二十六日　星期二　今日初雪，不大。
　　上午，看报。写一段有关南戏的笔记。下午，何孝充、李春喜来，谈亚洲传统戏曲国际会议论文情况。晚，看电视新闻。

二十七日　星期三　上午，到剧协参加亚洲传统戏剧学术讨论会论文提交情况，及会议程序安排情况的研究。下午，看报。晚，看电视新闻。将许克成电影剧本送于兰,这是作者本人要求的。

二十八日　星期四　上午,为涂沛《程砚秋传》写序,不足千字,下午再看一遍,准备送出。上午还看了报纸。晚,看电视新闻。今日整天大雾,并且冷。

二十九日　星期五　今日仍有雾。上、下午,只看报纸,未做其他事。晚,到吉祥看徐州江苏梆子剧团张虹演《樊梨花》,唱得很好,伴奏亦佳。

三十日　星期六　上午,去积水潭医院看鼻子(肿了)。还去东四三友商场买太空服夹克一件56元。下午,省川剧院小艇等来,此来为一青年女演员争梅花奖。晚,看电视新闻。洗澡。

十二月

一日　星期日　上、下午看报纸。晚,在天地大厦参加亚洲传统戏剧讨论会开幕式,看戏至10时始回,这次组织工作做得不好,时间拖拉。

二日　星期一　上午,到天地大厦参加亚洲传统戏剧国际会议第一次论文宣读大会。我发了言,另有新加坡、印尼、日本等国的发言。"新"的发言谈及在东南亚(印尼、马来西亚等),近年来,传统戏剧因外来文艺形式的输入,本身无力抗衡,有衰落之势,从事此项工作的人,因文化水平低,不能自救。这里看出亚洲文化情况有某些共同性，中国在这方面在戏曲现代化上做出了经验，对于亚洲是有借鉴作用的。印度因梵剧艺术失传，说不出什么来。下午，看报纸。晚，看电视新闻。

三日　星期二　上午，在天地大厦参加论文宣读会，王肯的文章很有独到见解，其余平平。下午，看报。晚，到国际剧院看京剧，部队剧团王桂兰演《穆桂英破天门阵》。

四日　星期三　上午，到文化部听党内传达十三届八中全会（农业问题）。下午，看报。晚，到青艺剧场看为国际讨论会演出的昆曲专场，梁谷音、刘异龙《活捉》，张继青《痴梦》，都是精品。

五日　星期四　上午，参加国际讨论大会，遇花柳千代，她来迟了。下午，看报。晚，看电视新闻。

张玮因重新装台，晚12时才回，无电梯，爬楼而上，喘息达五分钟。

六日　星期五　上午，参加论文宣读会。下午，读报。晚，到青艺剧场看花柳表演，下面节目未看，即回。洗澡。

七日　星期六　初雪　上午，最后一次宣读论文，接着就是闭幕式。整个会，自然而然地突出了亚洲传统戏曲如何推陈出新的问题。这一点，我们的确先行了一步，做出了丰富的经验。比照之下，有两点十分重要：1.要革新，2.必须由政府来支持这个工作。日本政府全力支持了,但革新注意不够。其他国家两点都未做。传统戏剧的革新,对亚洲来说,只是整个传统文化革新(现代化)的一部分。这是亚洲各国的一个重大问题,它是补救西方专注重物质文化的重点步骤,这事的路子还很长,现在只是萌芽阶段,连开始都说不上。物质文明精神文明一齐抓,这种做法是非常正确的,将来的影响不仅在中国,而且在亚洲。以上是我参加这次研讨会的感想。下午,看报。晚,到昆仑饭店参加最后的联欢会,8时即回。

八日　星期日　上午,补写日记一段。翻看报纸。来人杨德勋与张虹,谈他们的戏《樊梨花》。下午,到棉花胡同戏剧学院排演场,看成都川剧三团陈巧茹折子戏专场《调叔》《四川好人》《劈棺》,中间垫小艇《酒楼晒衣》,巧茹24岁,功夫很好。晚,本拟看评剧《山里人家》,因太累而止,在家看电视新闻。

九日　星期一　上午,看报。下午,长沙南区映山红戏剧节主持人(刘瑞其)来,谈明年四月来京汇报演出事。晚,到戏剧学院排演场看陕西秦腔剧团《西湖遗恨》,是《游西湖》改编的,由李梅、肖英演慧娘,李小锋演裴生,剧本改编多此一举,演员有功夫。

十日　星期二　上午,杨德勋来,谈及戏曲创作之困难,在此午餐。下午,看报。晚,在人民剧场看汉剧演员新秀邱玲演折子戏:《打花鼓》《宇宙锋》,基本功很好,也会演戏。

十一日 星期三 上午，吕瑞明、吴乾浩、吴大维来谈新刊《中国京剧》编辑方针，并送来一顾问聘书。继川剧陈巧茹等来辞行。下午，翻看报纸。晚，到天桥剧场看沈阳评剧院宋丽折子戏专场，演员是好的，能唱。评剧传统戏如未加整理，实无可看。《山里人家》虽未全演，但看了一折，也觉其音乐唱腔很好。

十二日 星期四 上午，读完11月号《新华文摘》上苏秉琦《重建中国古史的远古时代》一文。下午，看报纸。晚，看武汉市汉剧团演一由日本剧本改编的戏《殉情记》，男主角唱做俱佳，女主角邱玲尚可。

十三日 星期五 上午，为玮改一篇文章。继蒋健兰来，送来新文艺大系编辑费。下午，许倩云领她的学生来探望。晚，到首都剧场看人艺话剧《李白》，此戏编剧太散文化，缺戏剧性。

十四日 星期六 上午，翻看《新华文摘》11月号。下午，看报，及翻《中国戏剧》《剧本》11月号。晚，看河南豫剧团演现代戏《闯世界的恋人》，主要演员不错，剧本不行，是随意编造的。

十五日 星期日 上午，小珍、丰丰带小晴晴来。下午，看报纸。晚，看电视新闻。洗澡。

十六日 星期一 上午，看报，翻刊物。下午，到301医院为眼底造影，至4时。瞳孔放大后，久久不收，十分难受。晚，看电视新闻，因眼不适，只听未看。

十七日　星期二　上午，仍休息，翻了翻报纸。下午，也未工作。4∶30，薛若琳来，谈及这次所及院评职称。我说：这次我有些意见，评了整理古籍的，未评上研究现状的。最近社会科学方面开会，提倡研究实际，我们应纠正这种偏向。晚，到吉祥看大同晋剧团杜玉梅专场，演两个折子戏：《茶瓶记》演丫鬟、《卖妙郎》演儿媳，不错，此团配角也很好，中间垫一《徐策跑城》也好，演徐策者为李玉成。

十八日　星期三　上午，约汉城来谈，对戏研评职称偏差问题向部评委写一信。继河南豫剧团来。下午，上海京剧院有人来，为孙爱珍争梅奖也。晚，看田曼莎川剧专场，《杀嫂》《目连救母》《杨七娘射子》，演员有功夫。

十九日　星期四　上午，看报纸。下午，戏曲志来送来江苏、吉林、广东三卷终审评议书，我签了字，他还谈了一些戏曲志的情况。向延生来，谈他准备上中国近代音乐史。晚，看电视新闻。并写了花柳、冈田、小莉的贺年片，准备明日寄出。

二十日　星期五　上午，看山东《戏剧丛刊》上两篇文章：1. 王凤胜《周恩来与戏曲艺术》，2. 高义龙《"大戏曲"——戏曲发展的战略选择》，后文有启发性。下午，翻看报纸。晚，洗澡。

二十一日　星期六　上午、下午，无人来，只有小珍一家带孩子来，小晴晴一来，即热闹非凡。晚，带萌萌及小唐孩子到天地大厦剧场，看陕西小天鹅歌舞团演出。

二十二日 星期日 上午，十一时半，与玮同往汉城家吃午饭，他是为石小梅远来接风的，在座者有陈原夫妇及北京昆曲社主持人，此外尚有吴乾浩、谭志湘等。小梅唱毛主席《采桑子·重阳》，甚好。饭后，陈谈他普及昆曲之宏愿，娓娓动听，有些道理。四时回。晚，看电视新闻。灯下翻阅陈太太所赠谢锡恩著《中国戏曲的艺术形式》。

二十三日 星期一 晴 上午，读谢锡恩《中国戏曲的艺术形式》第一章。下午，看报。晚，到吉祥看唐山京剧团李海燕演专场，三个折子戏：《锁麟囊·避雨》《×××》《白娘子出塔》，后一折是马少波所写，演员是程派，为李世济创腔。

二十四日 星期二 上午，续读谢老第二章《乐律总论》。下午，玮念报。晚，到人民剧场看上海京剧演员孙爱珍专场：1.《锁麟囊·春秋亭》，2.《失子惊疯》，3.《贵妃醉酒》，4.《宇宙锋》（写本）。演员唱平平，因发胖，做工做不动，醉酒身段不灵。

二十五日 星期三 上午，续读谢锡恩书，虽不能下判断，但初步印象：音乐部分，对调的问题，似下了些工夫，但整个觉结论下得太干脆；《戏曲史》部分，并未下仔细工夫。下午，到儿童剧院参加舒强从艺60年纪念，发言者甚多，从2:30至5:30始完，多数发言有内容。晚，看电视新闻，听玮念报。

二十六日 星期四 上午，仍看谢书，越往下看，越觉其潦草，暂时撂下。中午，小莉突然回来。下午，小珍、丰丰也来，张玮也回来，热闹哄哄的。晚，到天地大厦参加毛主席诗词演唱晚会，今天是毛主席的诞辰，唱者都是名家，各显其能，都很不错，尤以湘剧王永光唱《沁园春·雪》（北国风光）为好。

二十七日　星期五　整日未做事，只下午翻看报纸。晚，到人民剧场看湖北省京剧团演《法门寺众生相》，是以丑角桂儿为主角的戏，唱俱佳。

二十八日　星期六　上午，看《文艺研究》今年第6期何为文章。下午，翻看《新文化史料》今年第6期。晚，在吉祥看泸州川剧团余开元折子戏专场，余是小生，节目：1.《三拉》，2.《杀舟》，3.《宫会》，后一戏是龙女恋爱，余功底好，表演有人物。

二十九日　星期日　上午，到王府井清华园修脚。下午，出外理发。李春喜来，与他及小果谈近来戏曲创作中的一些问题。晚，看电视新闻。

三十日　星期一　整日人来人往，晴晴等小孩也在此，与她讲故事，一天就过去了。晚，看电视新闻。

三十一日　星期二　家中人仍多，整日未工作，仅翻看报纸。晚，本拟到青艺看河北省梆子剧团戏，以小唐病未去成，只看了电视新闻，洗了澡。

1992

一九九二年

一月

一日　星期三　晚起。9时,清理书桌。中午,小珍、丰丰带小晴晴来,共吃火锅。晚,到人民剧场看京剧院新排日本历史剧《坂本龙马》,李光演龙马,以京戏表演手法演日本人,还很成功。剧本是从日本话剧改编的,日本剧本不精练,收尾无力。

二日　星期四　上午,看昨日报纸。下午,看今日报纸。翻《新华文摘》去年12期。晚,看电视新闻。

三日　星期五　上午,看报。下午,汉城、若琳来,谈戏曲学会事,准备最近开一次主席、副主席会,又谈克保最好能搬到小庄以及戏研充实力量事。晚,看电视新闻。

四日　星期六　上午,翻看报纸。下午,到院参加马彦祥文集编委会至6时。晚,看电视新闻。

五日　星期日　上午,看报。下午,大睡至5时。晚,看电视新闻,洗澡。

六日　星期一　上午,到积水潭医院看鼻炎,打两针青霉素,上午、傍晚各一针。下午,看报。晚,看电视。

七日　星期二　上午,休息。下午,看报。晚,电视中看新闻。

1992 年

八日 星期三 整日在总参招待所开艺术科研会,决定重点项目选题。上午,办公室报告情况。下午,讨论。5时散。晚,看电视新闻。

九日 星期四 上午,到医院看鼻子。下午,看报纸。晚,看电视新闻。

十日 星期五 上、下午,在华水饭店开戏曲学会部分主席会,讨论今年工作,住彼处,参加者汉城、少波、和德、赵寻等8人。

十一日 星期六 继续在华水开会一日,至下午6时晚餐后回家。

十二日 星期日 今日小珍等来,家中热闹不堪,不能干什么。午饭后看报。3时午睡至5时。晚,到工人俱乐部看河北梆子刘玉玲演新排《孙尚香》,此剧本写得不错,塑造了一个非常有政治风度的孙尚香,演员也好,看得出,此戏在各方面下了一些功夫:如唱腔、配角的表演以及打击乐的放轻等,戏长2小时毕,觉唱稍多。

十三日 星期一 上午,曹其敏来,要我在梅兰芳研究会的报批文件上签字。下午,福建宁德地区古田闽剧团来人邀我去看他们的戏,(在京演两天)打算明天去。晚,看电视新闻,洗澡。小莉送我一收音机,因我眼力日衰,可以多听。

十四日 星期二 上午,读《收获》上文章《孤岛时期的于伶》,

未完。下午,读报。晚,到吉祥看福建宁德地区古田闽剧团演出现代戏《野草情》,此戏剧本不成熟,二度创作亦不能与剧本紧密结合,尚待进一步加工。

十五日 星期三 上午,看袁鹰写于伶文。下午,续看,仍未完,又看报纸。晚,看电视新闻。

十六日 星期四 上、下午,看完袁鹰文,此文载《收获》1991年第3期,题名:舞台深处筑心防,副题:孤岛时期的于伶,写这时期上海的演剧活动,这是一个很特殊的时期,剧社的确做到了团结广大观众任务,比左联时期工作经验进步多了。晚,看电视新闻。

十七日 星期五 上、下午,看报纸。听玮念报。复西城区检察院函(关于我给邹士方题字事)。晚,看电视新闻。

十八日 星期六 上午,听广播。下午,看报纸。晚,看电视新闻,洗澡。

十九日 星期日 今日家人为我做生日,我是二十二日生日,今年近82,因今天为星期日 ,大家有空,故改在今天。中午,在萃华楼吃饭,除我与玮外,尚有小莉、小果、小珍、丰丰、萌萌、晴晴及小唐,小唐录了像,1时,回家。下午,午睡至3时。晚,吃生日蛋糕。看电视新闻。今日来了好几批人,上党梆子的、天津京剧的,还有川剧许倩云带田曼莎来,都是为了争梅花奖。

二十日　星期一　上午，听广播。下午，看报。晚，到中国剧院看总政歌剧团演《党的女儿》，彭丽媛主演。此戏我以六字评之，"风格老，水平高"，即戏的风格是老内战时期的革命风格，而艺术上各方面均有较高水平，无论音乐、唱、剧本的文学完整性、舞台美术等均如此。

二十一日　星期二　上午，看《中国戏曲发展史》电视片剧本，觉脉络不甚清晰。下午，刘祯来念，我的一次关于《戏曲史》学术报告的记录整理稿，如此稿要整理成文章，还得下大功夫。沈达人来，谈到院里论文评奖事及他的研究计划。今晚来了许多人，是给莉莉送行的，她明日将经香港返澳洲。

二十二日　星期三　小莉今日经香港去澳洲，家中人来人往。上午，翻报刊。下午，读今日报。晚，看电视新闻。

二十三日　星期四　上午，到北京饭店出席文联迎春茶会。下午，看报。晚，看电视新闻，洗澡。

二十四日　星期五　上午，到中纪委招待所参加文化部、《人民日报》召集之农村题材戏曲讨论会，我发了言。去年是戏曲创作丰收年，水平较往年高。下午，看报。晚，看电视新闻。

二十五日　星期六　上午，到剧协参加梅花奖评奖预备会。下午，看报。晚,看电视新闻。晚餐时一直牙痛至10时,吃了牛黄解毒及清心二药,并搽了牙痛水。

二十六日　星期日　上午,翻看报纸。下午,玮念报纸,有江泽民在江苏视察时的谈话,有李瑞环在全国各省市宣传部长会议上的讲话,有杨尚昆在深圳视察的讲话,一致提出"扩大开放"。晚,看电视新闻及《无极之路》。

二十七日　星期一　上午,常维进来,念序言(她给李桂云的唱腔集代我写的序)。下午,戏曲志来人拜年,马远、黎舟来,薛若琳来。晚,看电视新闻。

二十八日　星期二　上午,在剧协开梅花奖评委会。下午,看报。晚,看电视新闻及电视片,有关导弹及核弹科研者。

二十九日　星期三　上午,补日记。科研办来拜年,凤子及戏剧学院同志送欧阳老全集来。下午,看报,《文艺研究》柏柳来拜年。晚,看电视新闻及《无极之路》。赵寻来,谈梅花奖日程要稍延。

三十日　星期四　上午,到剧协参加梅花奖评委会。下午,看报。科研办来拜年。晚,看电视新闻,《无极之路》,洗澡。上午余从等来拜年,未遇。

三十一日　星期五　上午,到剧协开梅花奖评委会。下午,韩力、黎舟来。云南曲靖花灯团来。晚,看电视新闻。

二月

一日 星期六 上午,研究生部来,谈了些招生情况及学员学习情况,总的说学习者或有工作经验者学习理解快、深,大学毕业者差。下午,看报。李鹏在瑞士的经济讨论会及联合国发言均好。光年夫妇来。晚,看电视。

二日 星期日 上午,无所事事。下午,听玮念报。晚,看电视新闻、《无极之路》。

三日 星期一 今日农历除夕,整夜炮竹声不断,至午夜更热闹。家中小珍夫妻带晴晴来,在此吃年饭。全家看电视。我于12时后即寝。

四日 星期二 今日农历元旦。上午,中央团拜。下午,无事。晚,看电视新闻。

五日 星期三 上午,到里仁街表妹家看九姨、九姨父,在彼吃饭。下午,休息。晚,看电视新闻。

六日 星期四 上午,到夏公、翰老家看望。下午,休息,翻看报纸。柳以真、萧晴、薛若琳来。晚,看电视新闻。

七日 星期五 上午，发信二封：一复上海范泉，一致上海黄菊盛，都是为《近代文学大系·戏剧卷》事。在附近散步半小时，有风。下午，朱文相来，谈及戏曲学院人事变动及办学想法等，甚有见地。学院有5系：文学，以培养剧作者为主；表演，以演员回炉提高为主，主要着重创造人物的学习；导演，过去无多传统，现拟办短训班；音乐，现暂只能以培养京剧作曲为主；舞美，应以服装、灯光设计为重点；除音乐外，四系均不限京剧。晚，看电视新闻。

八日 星期六 上午，吕骥夫妇来。下午，看报。晚，看电视新闻。洗澡。

九日 星期日 上午，休息。下午，看报。晚，看电视新闻。

十日 星期一 上午，戏曲学会在研究院邀请戏研同志开会，讨论今年及五年工作计划。在烤肉季午餐。下午，看报。晚，看电视新闻。沈阳评剧院宋丽等来。

十一日 星期二 上午，休息。下午，2时，到民族宫参加戏剧界团拜。晚，看电视新闻及《杨家将》连续片，此片还不错。

十二日 星期三 上午，王抗、吕骥等四人来，谈宋侃夫同志在鲁艺的事迹。下午，听张玮念报。晚，看电视新闻及《杨家将》电视连续剧。

十三日　星期四　上午，上积水潭医院看病。下午，听玮念报。晚，看电视新闻、《杨家将》，这两集松散。

十四日　星期五　上午，研究生部来人，念一硕士论文《文艺本体论》，虽空洞少实际，但作为习作尚可通过。下午，休息，看报。晚，看电视新闻、《杨家将》。

十五日　星期六　上午，到门头沟参加曲艺讨论会，我做了一小时发言。下午，看报。晚，看电视新闻及《杨家将》《无极之路》。

十六日　星期日　整日小珍、丰丰带着小晴晴来，我就只和孩子玩，连报也没有看。晚，看电视新闻。洗澡。

十七日　星期一　上午，到大会堂安徽厅参加科学家、艺术家、企业家春节联欢，是延大、鲁艺等老人发起的。晚，看电视新闻及《杨家将》连续片，对演义有新改动，而改动不合理之处亦多，如八郎之妻番邦公主很自由地随八姐来到天波府等，虽说似是为南北和伏笔，究竟随意性太大。

十八日　星期二　上午，休息。下午，到北京饭店参加东北大学校友春节联欢会。晚，看电视新闻。

十九日　星期三　上午，到积水潭看牙及中医。下午，与玮出外散步半小时，继听玮念报。晚，看电视新闻，及《无极之路》。

二十日　星期四　上午，翻翻报纸。下午，与玮出外散步一小时，初感艰难，休息两次，回时，一气呵成，腿脚也有了劲了。晚，看电视新闻，及《杨家将连续剧》，越看越松劲。

二十一日　星期五　上午，翻看报纸。下午，到国务院二招参加陕西省电视台为《讲话》50周年所召集的《白毛女》回忆会。在彼晚餐。晚，看电视新闻。

二十二日　星期六　上午，与玮出外散步。下午，听玮念报纸。晚，看电视新闻、《杨家将》。洗澡。

二十三日　星期日　上午，出外散步。下午，听张玮念报。晚，看电视新闻。

二十四日　星期一　上午，郭汉城、马少波、刘厚生、龚和德、简慧来，开戏曲学会会长会，酝酿五年规划。下午，北京市河北梆子剧团来听关于《孙尚香》的意见，《孙》剧是他们最近演出的新剧。晚，看电视新闻及《杨家将》，《杨剧》莫名其妙。

二十五日　星期二　上午，到积水潭医院看牙，牙周已化脓，挤出后痛稍止。午饭后，午睡甚熟，4时方醒。下午，未做事。今日，本是戏研所开会谈《戏曲史》录像，亦未能去。小果晚9时，归自马尼拉。

二十六日　星期三　上午，至积水潭找牙科大夫商量住院治牙。

10时，到《戏曲史》录像开会处——干面胡同红十字总会招待所，参加会，发表了自己的意见，即回。晚，看电视。

此处缺二十七日记一天。[①]

二十八日　星期五　上午，住进积水潭医院十三病房，一为拔牙，二为打一疗程脑活素，这一次同住病房者有王朝闻、高维近。在此继续打青霉素，准备下星期拔牙。

二十九日　星期六　上午，打点滴，打青霉素。看我在曲艺所的发言记录。下午，翻看本年第一期《新文学史料》，有关沉樱的一组文章，过去对她知道很少。晚，看电视新闻。

三月

一日　星期日　上午，打第三次点滴，打青霉素。下午，打青霉素。玮来，6∶30去。晚，看电视新闻。

二日　星期一　上午，本拟拔牙，改星期三，打青霉素一针。下午，一针。日来，都是由家中送饭。晚，看电视新闻。

三日　星期二　上午，点滴，打青霉素一针。下午，胸、脑照片子，继打一针。万素来谈至6∶30。

---

① 此处为作者自注——编者注

四日 星期三 上午，拔牙两颗，打点滴，打针。下午，张玮来，小珍来。晚，看电视新闻。

五日 星期四 上午，打点滴，打针。下午，洗澡。老干处来探视。晚，看电视新闻。

六日 星期五 上午，打点滴，打针。下午，打针，因跑肚医生给吃了三片黄连素。晚，晴晴来，看电视新闻。

七日 星期六 上午，从同房李同志处得读中央〔1992〕二号文件，系小平在深圳、珠海、上海等处的谈话。打点滴，打针。下午，吃黄连素，读《新华文摘》，今年第二期上文章《关于当前社会主义文化主要矛盾》(张首映)未毕。晚，看电视新闻，听广播至9时。小珍来。

八日 星期日 上午，打点滴，此次共打脑活素10针，青霉素18针。读完张首映文。下午，小珍来，小唐来，张玮至5:30才来，决定明天出院。晚，看电视新闻。同病房李同志，50岁了，做成人教育工作，是北京市委书记李新民的侄儿。他对我说，他常常见到他叔叔，问我对北京市的工作有什么意见。我因对北京市不了解，未多谈。

九日 星期一 今日出院，小唐10时来接。回家吃午餐。翻看近日报纸。晚，看电视新闻。洗澡。11时就寝。住院共十日，拔牙两颗。

十日　星期二　上午,艺术研究院在和平宾馆为日本花柳千代及森川和代授予名誉研究员称号,我与玮参加。下午,休息。晚,看电视新闻。

十一日　星期三　上午,到实华饭店开中国戏曲学会会长扩大会预备会,开一天,讨论五年工作计划及1992年计划。晚,回家,看电视新闻。

十二日　星期四　上午,在实华饭店开正式会,我做了开幕辞发言。下午,回家休息。晚,5时,到翠华楼赴花柳千代答谢宴会。

十三日　星期五　上午,到文化部听部长及司局长向全国政协委员报告情况。10时余,回实华参加戏曲学会会长扩大会,并邀请了高占祥、曲润海参加会。下午,参加会。晚,回家休息。

十四日　星期六　上午,仍参加会。下午,高占祥来,谈了支持我们提议在第三、四季度为纪念第一届戏曲会演召开戏曲座谈会事,大家很高兴。会议今天闭幕。晚,回家休息,甚疲倦。

十五日　星期日　上午,到剧协参加梅花奖讨论名单。下午,休息、看报。晚,看电视新闻。

十六日　星期一　上午,选梅花奖候选人。下午,看报刊。晚,看电视新闻。赵寻来通报候选人结果。

十七日 星期二 上午，先到剧协为梅花奖投票，后到文化院讨论"梅兰芳金奖"。下午，到文化院艺术局讨论文华奖。晚，看电视新闻。

十八日 星期三 上午，在家休息，翻看报刊。下午，3∶30政协第七届五次会议开幕，听取常委会工作报告。晚，看电视新闻。

十九日 星期四 上午，到政协文艺21组住地京丰宾馆参加小组会。下午，2时30分，向小组党员传达江泽民、李鹏讲话，周巍峙传达。毕，即到友谊医院看望吴雪，与他讨论本次梅花奖问题，约半小时，即回家休息。晚，到人民剧场看安徽黄梅戏剧团演出《红楼梦》，马兰演宝玉，此戏编剧、导演（马科）都努力出新意，令人眼花缭乱，恐未看过《红楼梦》原作者不容易懂。

二十日 星期五 上午，到人大会堂听李鹏做政府工作报告。10∶30毕，即回家。下午，看报，休息。晚，到海淀剧场看沪剧马莉莉专场，她的拿手戏《日出》演了片段，其余也有通过录像映出的，还演了一段打虎上山的杨子荣，她嗓子好，会唱，也还能创造人物形象。

二十一日 星期六 上午，未去开会。本拟在家看电视转播，结果并未转播。下午，看报纸，谈到余秋雨介绍黄梅戏文章，此人文章近来颇露一股骄气。晚，看电视新闻，洗澡。

1992年

二十二日　星期日　上、下午，均参加小组会。下午，发了一个关于文化部应该制定新政策的发言。晚，看电视新闻。看到"澳星"发射未成功现场形象。

二十三日　星期一　上午，休息看报。下午，参加梅花奖领导小组会。晚，看电视新闻。

二十四日　星期二　上午，在家休息。下午，听广播，休息。晚，看电视新闻。

二十五日　星期三　上午，到大会堂参加政协会议，听关于提案报告及大会发言。下午，休息，看报。晚，到人民剧场看山东京剧团演《祭酒掌兵》，剧本不精，演员水平稍差。其中有一场好戏，即"见西太后"，有幽默感，写出了人物。

二十六日　星期四　上午，休息，听广播。下午，看报。接待文艺报记者，谈新时期的戏曲工作问题。3时，到人大会堂参加政协大会，听大会发言。晚，看电视新闻及人大会记者招待会。洗澡。

二十七日　星期五　上午，听广播。下午，参加政协大会，听大会发言。晚，到吉祥看山东大平调现代戏《张三李四》，写计划生育，剧本及演出均无甚新意。

二十八日　星期六　上午，在家休息，读浙江《艺术研究》13期上肇明文:《也谈新昌调腔与余姚腔》,未完。下午,参加政协七届五次闭幕式。晚,看电视新闻。

二十九日　星期日　上午,与玮出去散步,天已大暖。小珍全家来,吴大维来。下午,午睡后,与小晴晴玩。晚,看电视新闻。

三十日　星期一　上午,翻看浙江《艺术研究》文章。韩少云来,带来《传》序言,为她改了。读报。下午,休息。晚,到人民剧场看吕剧《石龙湾》,此剧制造了许多戏剧性,但不尽合理,女主演能演戏,可惜剧本限制,不能尽其才。

三十一日　星期二　上午,中央电视台来录像,是为纪念5.23五十周年要出一个五集的电视片,与我谈的是5.23之前延安戏剧界情况。下午,看报,《人民日报》登了梅花奖新闻。晚,看电视新闻。

四月

一日　星期三　上午,10时,到记者协会开九届梅花奖宣布名单记者招待会。下午,看报。晚,看电视新闻。

二日　星期四　上午,看完陆小秋、王锦琦发表于《艺术研究》13期的《论高腔源流》,言其音乐出自南戏。下午,看报。晚,到吉祥看山东聊城豫剧园演出的《路边店》,水平太低。剧场太热,感不适。

三日 星期五 上午,到老舍茶馆参加《中国京剧》新闻发布会。下午,看报。晚,看电视新闻。

四日 星期六 从今日起,到酒仙饭店参加文华奖评奖工作。上午,开评委全体会。下午,看福建京剧《山花》录像。晚,回家,看电视新闻。

五日 星期日 到酒仙饭店开会。上午,看《山里人家》录像。下午,看《高高的炼塔》录像。晚,回家,看电视新闻。洗澡。今日天阴凉有小雨。

六日 星期一 整日在酒仙饭店。上午,开学会与艺术局联席会,讨论如何起草文件。下午,讨论候选剧目。晚,回家,看电视新闻。今日气温较低。

七日 星期二 上、下午,在酒仙饭店讨论文华奖,选出新剧目及其大奖名单。晚,回家,看电视新闻。今日傍晚有小雨。

八日 星期三 上、下午,在酒仙饭店开会。上午,讨论专项奖。下午,投票。晚,回家,看电视新闻。

九日 星期四 上午,在酒仙饭店举行文华奖评奖闭幕式,此次评奖,黄梅戏《红楼梦》评上大奖,许多人认为不当,我有同感。证明评奖办法尚不完善。下午,回家休息,看报。晚,看电视新闻。

十日　星期五　上午，到八条4楼参加郭汉城学术成就讨论会。下午，休息，看报。晚，看电视新闻。

十一日　星期六　整日休息。下午，看报。晚，看电视新闻。10时，梁冰来，他是来出席汉城讨论会的。洗澡。

十二日　星期日　上午，休息。下午，看报。晚，看电视新闻。

十三日　星期一　上午，到八面槽清华园修脚。下午，看报。焦勇夫来，为一女演员要一题字。继陕西省戏曲志来求一题字。晚，看电视新闻。为演员王树芳作一题字。

十四日　星期二　上午，出外散步与玮一道。下午，听玮念报，及小说《花雕》。晚，看电视新闻。

十五日　星期三　上午，教育出版社来照相。戏研来谈要我写一戏曲名剧研究的绪论，及为《戏曲志·安徽卷》终审签字。新华社《瞭望》周刊殷金娣来访问，谈5.23讲话当时情形及戏曲现状。下午，与玮出外散步，读报。晚，看电视新闻及电视剧《北洋水师》片段。

十六日　星期四　上午，与玮出外散步。朱文相来谈学会与戏曲院合办演员讲习会事。下午，看报，听玮念报，检掇行李，准备去杭州参加现代戏年会。晚，看电视新闻。

十七日 星期五 上午，独自出外散步 45 分钟。下午，看报。长春史林来，为他题字一幅。晚，看电视新闻。

十八日 星期六 上午，8∶40 乘飞机赴杭，10 时到，住文艺大厦，此来为开戏曲现代戏第十届年会。何孝充已先到，陆续到者有简慧、王琴、郭汉城与妻、王安葵、胡沙等，上海章力挥、西安黄俊耀、四川席明真已早到。盛沛茹、安谷来，（下午）谈至 9 时去，约定明日去他们家。晚，看电视。9∶30 上床，甚疲，不久即入睡。

十九日 星期日 上午，与玮到安谷家，沛茹、小安子在，在那里午餐，午睡。下午，安谷回来，又共吃晚餐。7 时回旅馆。晚，看电视，洗澡。

二十日 星期一 上午，大会开幕式。下午，大会发言，有湖南花鼓戏《桃花汛》导演，河南豫剧《儿大不由爹》导演，攀枝花京剧《高高的炼塔》导演，及《黑头……》作者等。晚，看浙江省越剧《巧凤》（男女合演），是真人真事，有感人处，但编剧斧斤痕迹多。

二十一日 星期二 上午，游览灵隐寺，方丈招待喝茶。继去玉泉、岳坟，因雨未下车。下午，大会发言，未去听。晚，看陕西眉户戏《九岩风》，写农村搞工业，戏沉闷，演员是还可以，因剧本关系，不能动人。

二十二日　星期三　天气晴朗。上午，游湖，到三潭印月、花港观鱼等处，参观丝绸博物馆。下午，大会发言，是各地参加会的领导人发言。晚，看《吵闹亲家》，喜剧，河南曲子戏，张建军导演，申凤梅演一老太太，唱得甚好。

二十三日　星期四　上午，游览六和塔，未上云，继参观茶叶博物馆，馆长招待以特级龙井，继去龙井，我未下车。下午，未参加大会，在房内写明日讲话提纲。甚疲。晚，看黄梅戏《柯老二入党》。戏不错，此戏与昨日戏均在扬州看过，印象不深，此次重看，觉比上次好。

二十四日　星期五　上午，我在大会发言，谈戏应重视生活中新事物，第一度创作与第二度创作，应有上演本等，讲了一个半小时。午饭后，浙江电视台要制一纪念5.23的片子，名《四海共此时》，由史行导演，召集在杭的老延安摄了一些回忆旧事的镜头。晚，至杭州剧院看评剧院演出的《黑头……》，这是第三次，改过后的《黑》剧比以前强了一大块。

二十五日　星期六　早7时出发，10时到绍兴。车经新修成的钱江二桥，桥甚宽，无车行拥挤之虞。绍兴多次来过，只去参观了未去过的青藤书屋，余时在车上休息。中午，至兰亭，在彼午餐。下午，去宁波，车行4小时余，天冷有小雨，在车上小睡2小时，6时到达。晚，看甬剧《东瀛孤女》。

二十六日　星期日　大批人去溪口，我与汉城未去，随钱法成去鄞县东钱湖滨，参加沙孟海书学院成立典礼，并参加宴会。天冷，穿太空棉夹克。下午，休息。晚，看甬剧《秀才的婚事》。

二十七日 星期一 上午，去普陀，先乘车到镇海，换轮船，共4小时才到。到后住银海饭店。下午，游普济寺、梵音寺、佛顶山等三处，甚疲累。晚，休息，热水烫脚，早睡。

二十八日 星期二 上午，游法两寺，有卧佛，继到紫竹林。因累，中途回旅馆。下午，乘船回宁波，船上五小时，住财政学院招待所。晚，宁波电视台来为我照相。烫脚早睡觉。

二十九日 星期三 同行人去天一阁，未去。补多日日记。下午，乘飞机由宁波直去北京，用时1小时50分，回到家中已是5时。晚，看电视新闻，洗澡。此次出门历时十一日，到杭州、绍兴、宁波、普陀。

五月

一日 星期五 今天是假日，小珍夫妇带小晴晴回来。上午，与玮出外散步，天气极好。下午，看报。晚，看电视，除新闻外，还看了工人运动会开幕式。

二日 星期六 上午，在家休息。下午，看报刊，积累多日，翻看半日始毕。湖北歌剧院演员李祝华来访，邀看他主演的《樱花》。晚，到民族宫看《樱花》，剧写中日夫妻二人因战争分别三十年事，纪念中日建交史 20 周年也，剧无吸引人处，导演亦潦草。

三日　星期日　上午，到中央电视台参加"梅兰芳金奖"筹备会，此会由文化部（中国京剧）与电视台合办，在彼午餐。下午，听玮念报纸。晚，看电视新闻。

四日　星期一　上午，到剧协参加全国优秀剧本评委会。下午，休息读报。晚，到吉祥看江苏吴县沪剧团演《滴血桃花》，题材谋夺财产，极陈旧，演出亦无新意，演员平平。

五日　星期二　上午，为文华奖、研究生部、黄梅戏会演、高洁、贺飞各题字一幅。下午，看报。晚，看电视新闻及电视剧《大酒店》，上海摄制，虽未看完，觉很好。

六日　星期三　上午，到电影学院参加《白毛女》回忆座谈，在那里午餐。下午，看报。复沈阳教育杂志信，寄改正小传。晚，看电视新闻及《大酒店》片毕，此剧比较有水平，编剧好，有可看性，演员平平。

七日　星期四　上午，与小唐同上天坛公园，牡丹已谢，芍药未开，但天气甚好，散步甚畅。11 时归，读报。下午，独自出外散步。晚，看电视新闻。

八日　星期五　上午，朱文相等戏曲学院干部来，谈学校方针。

下午，与玮出外散步，并听玮念报。晚，看电视新闻，洗澡。

九日　星期六　上午，出外散步，回来看报。下午，贾芝、杨量材来，谈谈办民间文艺博物馆事。小珍带小晴回来。晚，看电视新闻。

十日　星期日　上午，读《中国近代大系·小说卷》导言一，端木蕻良作，未毕，晚续读完。下午，与玮出外散步，不久即回。伯中夫妇来。晚，看电视新闻。

十一日　星期一　上午，独自出外散步，回来看报纸。下午，与玮出外散步，觉腿脚轻松。玮念报，念一篇美国人权问题，谈美外交上对人权态度。晚，看电视新闻。

十二日　星期二　上午，至戏曲学院参加纪念5.23座谈会，发言1小时，到会者尚有阿甲、李紫贵，阿甲也发了言。下午，看报。晚，看电视新闻。

十三日　星期三　上午，出外散步。回家看报。下午，到政协礼堂参加《百花颂》邮票图集首发式，此集为纪念《讲话》发表50年。晚，看电视新闻。发高洁信，寄去题辞。

十四日　星期四　上午，金兰、化群来谈歌剧史编写问题。读《中国近代大系·小说篇》时萌写的导言，此导言较细致分析了此时期小说的特点，看来是读了许多作品的。下午，读完。晚，看电视新闻。

十五日　星期五　上午，参加四川出版社《解放区文学书系》首发式。继到文化部参加讨论《京剧大典》编辑问题。并到北京饭店午餐。下午，舞研所人来，送来《中国舞蹈艺术》一书。

十六日　星期六　上午，翻读《近代大系》短篇小说，继读报。江苏泰州来人，求为新作《梅兰芳年谱》题辞，书与之。下午，汉城来。晚，看电视新闻，洗澡。

十七日　星期日　上午，与玮出外散步，看报。下午，看《近代大系》中小说《贾大姑》。晚，看电视新闻。杭州来人，带来安谷为我们买的衣服鞋子等。

十八日　星期一　上午，两处开会，先到中国美术馆参加纪念5.23五十周年美展及古元、罗工柳、石鲁、彦涵画展，后到×××参加舞研《中国舞蹈艺术》首发式。下午，北京广播台来谈5.23有关事情，录音而去。晚饭后，与玮散步。

十九日　星期二　上午，先到研究部看书画展。9时，至剧协参加纪念5.23五十周年座谈，我发了言，至下午1时才散。下午，看报纸。晚，看电视新闻未成。

二十日　星期三　上午，汉城来，谈梅花奖事，并至天坛散步。下午，看报，并读了《颜长珂论折子戏》一文。晚，到民族宫舞厅参加文华奖发奖会,至9时归。

二十一日　星期四　上午,翻读近代大系短篇小说。下午,看报。晚,看电视新闻及张建军导演的"雷剧"《抓阄村长》(湛江市),戏尚完整。今日小莉父母来,下午即回。

二十二日　星期五　上午,翻看近代大系短篇小说。下午,出外散步。晚,看电视新闻及电视为5.23组织之晚会。

二十三日　星期六　上午,出外散步。下午,看报。晚,到儿童剧院看《长城的黑小子》,此戏前面孟姜女哭长城太长太阴惨,不宜于儿童,后面塑造黑小子形象很可爱。

二十四日　星期日　上午,刘长瑜收徒请客,在民族饭店。下午,看报。赵寻来谈梅花奖。晚,看电视新闻。洗澡。

二十五日　星期一　上午,读《艺术百家》,陈多文《"宋无'南戏'"说发微》。11时,出外散步。下午,3时,出席延安文艺学会联谊会,在人大会堂小礼堂,至5时。晚,看电视新闻。

二十六日　星期二　上午,出外散步。下午,读报。6时,前门头沟书记,现正大集团一经理请戏曲学会负责人吃饭。晚,休息,未看电视。

二十七日　星期三　上午,与玮出外散步,今日腰疼,散步走路不利落。下午,午睡时用热敷,起后稍好。晚,看电视新闻后,与玮出外再散步。睡觉时,热敷。

二十八日　星期四　上午,与玮散步。下午,玮念报刊。晚,看电视新闻。

二十九日　星期五　早起,与玮出外散步。上午,本约刘沪来,听他念《戏曲史》录像说明,以事未来。因早散步很累也未做其他了。下午,翻看《近代文学大系·散文卷》,读序言未终。听玮读报。翻看《中华戏曲》11辑。晚,看电视新闻。与玮散步。

三十日　星期六　上午,到剧协开梅花奖评委会,复议此届人选,至下午1时始散。下午,休息。晚,看电视新闻,洗澡。

三十一日　星期日　上午,电影学院《白毛女》记事片来录像。下午,河南三门峡豫剧团来,山西北路梆子(现又名"雁剧")剧团来。晚,看电视新闻。1点睡。因天热,未上剧场看戏。

六月

一日　星期一　上午,王希平、李大珂、刘沪来,王念《脸谱集》的总论,约二万字,用力甚够,提了些意见,并要他多找几个人听听意见。下午,休息看报。晚,戏曲学会请客于萃华楼,为答朱文相父无偿借房与学会办公,及另一人无偿为装修也。

二日 星期二 早起,与玮出外散步。上午,看报纸。下午,天阴,玮念报上文章。晚,雨,看电视新闻及中日女排赛,中国以3:1胜。

三日 星期三 早,起与玮散步。上午,读《近代大系·散文卷》导言(任访秋作),未完。继翻看报纸。下午,休息。晚,看电视新闻。

四日 星期四 晨,与玮散步。上午,读任访秋文毕。继读《近代大系·诗词集》导言,钱仲联作,未读完。继翻看报纸。下午,休息。晚,看电视新闻。

五日 星期五 早,与玮散步,遇雨归。上午,读完《近代大系·诗词集》导言,写得琐碎,但可能是难写,不易出新意。继读报。下午,读施蛰存《近代大系·翻译文学集》导言,未完。晚,看电视新闻。

六日 星期六 早,与玮散步。上午,到院参加"戏班史"座谈。下午,看报纸。晚,看电视新闻。

七日 星期日 早晨,与玮出外散步。上午,续读施蛰存导言及报纸。下午,休息,听玮念报。晚,看电视新闻,洗澡。

八日 星期一 早,与玮出外散步,有风较凉。上午,续读施蛰存导言毕,最后一节是玮念的。下午,看报纸。晚,看电视新闻。

九日 星期二 早,与玮散步。上午,翻看《近代大系·翻译卷》。下午,读报。剧协齐致翔及河南剧协人来,谈为杨兰春办学术讨论会事。晚,看电视新闻及体育消息等。

十日 星期三 上午,与小唐散步中山公园。下午,看报。晚,看电视新闻。

十一日 星期四 上午,写一祝贺于伶信。下午,看报纸。晚,看电视新闻。

十二日 星期五 早晨,与玮出外散步。上午,把写给于伶的信修改一下,预备请刘厚生带去上海。下午,王安葵和《当代中国戏曲》的责编同来,是最后为该书定稿,我签了字,后又与王谈《通史·近代卷》事,王说,他们也有意研究这一阶段。晚,到北京饭店参加北京人艺术十周年纪念,人到得很多。

十三日 星期六 早起,与玮散步。上午,听玮念报。下午,看报。晚,看电视新闻。

十四日 星期日 今日小珍全家来。早,与玮散步。中午,看报。下午,沈达仁全家来。

十五日 星期一 早,与玮出外散步。午,看报纸。晚,看电视新闻与玮散步,洗澡。

十六日　星期二　早，与玮散步。午，看报纸。晚，看电视新闻，与玮散步。

十七日　星期三　早，与玮散步。午，看报纸。晚，看电视新闻。

十八日　星期四　上午，散步。下午，看报纸。晚，看电视新闻。

十九日　星期五　上午，散步。读周俊克《一个有待肯定的古老声腔及其腔系》（湖南《戏剧春秋》1992年第1期），内容谈湘剧中纸牌子的来源，谓其非出自昆曲，而来自更早的南北曲，即直接继承北曲及早期南曲者，考证详细，论证甚多，可信性强。据《青楼集》北曲确在湖湘流行，虽扎根不一定深，幸得流传亦有可能，如留下班社，则传于湘南甚至粤北，亦非不可能。故祁剧、粤剧亦可能留下痕迹。总之，此说甚有启发性。下午，看报纸。晚，看电视新闻。

二十日　星期六　上午，散步。将周俊克文重看一遍，发现其中提出而值得进一步研究的问题不少，当细考之。下午，看报。晚，看电视新闻。今日玮身体不适。

二十一日　星期日　张玮生病，上午出外散步勉强同行，风大，未走多远即归。看报纸。午后，广西尹羲及《瑶妃传奇》作者来。晚，小林陪同去人民剧场看无锡越剧团现代戏《弥留》，写一纺织厂真人真事，女演男，戏不动人，又长，看后甚疲。傍晚雷阵雨。

二十二日　星期一　早点后与玮出外散步。上午，看广西《民族艺术》1992年2月号，内有钱茀《什么是傩》一篇，意见较系统。又翻看小唐送来报刊。易俗社来人取去题字。下午，看报。晚，雷雨，散步未成，看电视新闻。

二十三日　星期二　上午，与玮散步。下午，看报。晚，桂林市长宴请于鸿宾楼，为《瑶妃传奇》进京演出事也。

二十四日　星期三　上午，散步。下午，看报。晚，到民族宫看桂林市桂剧团演出《瑶妃传奇》，编剧写人物有不尽合情理处，导演尚可，有一两场可看的戏。

二十五日　星期四　上午，与玮散步，翻看广西《民族艺术》中周承斌关于傩文物文章。下午，看报。玮念江泽民在党校的讲话。晚，看电视新闻。

二十六日　星期五　上午，到市政协参加北昆剧院35周年纪念，座谈北昆方针，并在彼午餐。下午，看报纸。晚，与玮散步。

二十七日　星期六　上午，到八宝山与李先念同志遗体告别。下午，看报纸。晚，看电视新闻。与玮出外散步。

二十八日　星期日　上午，与玮散步。看报纸。下午，翁昌懋来，告知他要出国到匈牙利去办公司，4时去。继陈莉来，并在此晚餐。晚，看电视新闻。

二十九日　星期一　上午，到前门饭店梨园剧场出席戏曲学院排演《张协状元》记者招待会，在彼午餐。下午，看报。晚，看电视新闻。傍晚大雷雨。

三十日　星期二　上午，散步（与玮）。看报下午，看报。晚，看电视新闻。与小林出外散步。张玮到琉璃河审看《黑头》电视片小样，晚12时始回，因等她睡觉甚迟。

七月

一日　星期三　上午，看报纸。下午，玮念中央关于第三产业的决定。晚，老季来，与玮共同散步。看电视新闻，洗澡。

二日　星期四　上午，与玮及老季一起散步。下午，看报。晚，看电视新闻，与玮、季散步。

三日　星期五　上午，与玮散步。下午，看报。晚，看电视新闻，与玮散步，洗澡。

四日　星期六　上午，与玮散步。王琴与汪人元来，谈要我为何为文集写序事。下午，看报。晚，看电视新闻。洗澡。今日甚热，下午勉力将十余本研究生博、硕士论文提要看完。

五日　星期日　上午，与玮散步。11时，到台湾饭店应台大教授曾永义之约小聚，他们打算明年开一关汉卿国际讨论会，约我们去。天大热,只看报纸。晚,看电视新闻,洗澡。

六日 星期一 上午,应邀参加阿甲录像,在陈怀平家。下午,读报。晚,看电视新闻。今日大热。

七日 星期二 上午,参加研究生部研究生毕业论文审查会,通过论文九篇,其中博士论文(音乐)一篇。今天仍热,下午稍减,仍未工作。晚,看电视新闻。散步,洗澡。

八日 星期三 天仍热。上午,与玮散步。看报纸。下午,听玮念关于追踪假药的报告。晚,看电视新闻,与玮散步,洗澡。

九日 星期四 上午,与玮散步。霍大寿来谈梅花奖事。长沙市南区文化馆刘瑞其来,谈第三届映山红民间戏剧节事。下午,王鸿(江苏)等三人来,送锡剧团进京演出历史剧《南归记》。看报。晚,看电视新闻。李大珂来,借钱,因存折找不到,无钱可借。

十日 星期五 上午,与玮散步。下午,到回龙观参加文化部人事司国家专家津贴名单的讨论。晚餐后即开会。11时睡。

十一日 星期六 上、下午,均讨论名单,至下午5时毕,即返城。此次参加讨论者,戏曲组四人,郭汉城、李紫贵、袁世海和我。在家晚餐。晚,看电视新闻,洗澡。

十二日　星期日　上午，与玮散步。下午，看报。晚，看电视新闻。散步。

十三日　星期一　上午，与玮散步。10:30，到文化部讨论"梅兰芳金奖"提名等办法。下午，看报。晚，到人民剧场看江苏锡剧《南归记》，此戏取材宋南渡时故事，结构极力求出人意外，惜人物无性格。10时回，疲甚。洗澡。

十四日　星期二　早，与玮散步。上午，看报纸，为《杨兰春剧作选》题签。下午，继续看报。晚，到鸿宾楼饭店赴孙元坡宴，孙为台湾京剧花脸，系朱文相妻舅。

十五日　星期三　早，与玮散步。上午，听玮念她准备在杨兰春讨论会上的发言。下午，听玮念郭汉城、章诒和评黄梅戏《红楼梦》文及周桓、王安葵、易凯三篇评《法门众生相》剧本的文章。晚，看电视新闻，与玮散步遇雨。

十六日　星期四　到纪委招待所参加杨兰春研讨会开幕式，并发了言，在那里午餐。下午，看报纸。晚，看电视新闻，与玮散步。

十七日　星期五　上午，补日记，看报。下午，3时，到人大会堂安徽厅参加剧协主持的《千田是也传》、《现代中国戏剧考察录》（松原刚著）首发式，日本方面以尾崎宏次为首，来了五六人，说话的很多，开了三小时，至6时完。晚，看电视新闻，与玮散步，洗澡。

十八日 星期六　上午，看报。读本院研究生部学刊本年第二期上文章——孟繁树作《近代戏曲的分期与延续》，可作参考。下午，大热，午睡至5时。晚，看电视新闻，与玮散步，洗澡。

十九日 星期日　今日大热达36℃，什么事也干不了。小珍、丰丰带小晴回来，热闹非凡。中午，因清扫厨房吸油烟器，至1时才吃午餐。饭前翻看报纸。午睡觉至5时。晚饭后，与玮散步，洗澡。10时雷雨，但雷大雨小，约1小时，热渐减，始入睡。

二十日 星期一　今日温度稍降。早，与玮出外散步。上午，看报。下午，4时，剧协何孝充、柳以真二人来，告知李瑞环对此次梅花奖争议的批示，总的精神是维护梅花奖，完善之，并要赵、霍作检查。晚，看电视新闻及电视报告剧《中华圣火》，谈我自制导弹事，未看完。

二十一日 星期二　今日温度稍降，有小雨，上午未散步。上午，看报。下午，未做事。晚，看电视新闻，出外散步，洗澡。

二十二日 星期三　今日温度又升，早出外散步。中午，休息。晚，看电视新闻，与玮散步，洗澡。

二十三日 星期四　上午，到文联参加梅花奖纠纷的商讨会至12时，无进展。值大雨，归时车行水中，甚艰难。下午，看报。晚，看电视新闻。

二十四日　星期五　早餐后散步。上午，休息。下午，看报，并读《作家通讯》（1992.6.2）上一组关于老作家生活近况的文章，其中夏衍老年最长（92岁），眼睛视力极差，但仍勉力写自传下集。晚，看电视新闻，与玮出外散步，洗澡。

二十五日　星期六　上午，与玮散步，看报。读蒋士铨《香祖楼》未完。下午，听玮念文章，无动人处。晚，看电视新闻。洗澡。天阴，晚雷雨。

二十六日　星期日　上午，与玮散步，看《香祖楼》。下午，看报。晚，电视新闻、奥运节目。

二十七日　星期一　上午，到东郊六里屯芦园宾馆，参加戏曲学院及戏曲学会召集的戏曲演员研讨会章程及招生办法的讨论。下午，分组研究。晚，住该处。看电视转播奥运新闻。夜未睡好。

二十八日　星期二　上午，续开全体会。下午，休息，在那里晚餐。晚，回家，看奥运新闻。

二十九日　星期三　上午，《戏剧年鉴》编辑部人来，并有李春喜、章诒和，我谈了四十年来对于戏改成绩的看法，认为戏改任务已完成，与"五四"以来新文艺已处于同一现代化水平。现在是一个新时期，整个社会发展均如此。文艺亦是如此，要注意文艺创作的新发展，没有新创作，新人物形象，不会有新的舞台艺术。现在这时期，文艺上正是新萌芽出现的时候，要密切注意。下午，看报。晚，看电视新闻及奥运直播，至11时。

三十日　星期四　上午，看报纸。下午，江苏徐坤荣谈与苏州大学合作，训练昆剧人才事。王琴来要书名题签。晚，看电视新闻，与玮散步。

三十一日　星期五　上午，读《艺术百家》上一文《戏曲帮腔合唱的渊源与变迁》，作者黄仕忠，此文系统地研究了帮腔在戏曲形成前后的历史、形式等，说明南戏初期都是帮腔，不独弋阳如此，只是到了海盐、昆腔始不用帮腔，这一发现始于叶德钧，黄实继之，这一发现对声腔发展研究有大的推动。下午，看报休息。晚，带萌萌到工人俱乐部看评剧院谷文月新排《香妃》。

八月

一日　星期六　上午，读《戏曲艺术》1992年2期任光伟《漫议目连戏渊源及其在中国文化史中的地位》。下午，续读完，此文考证有据，结论平正，可资参考。下午，读报。看电视奥运新闻，发范泉信。晚，看电视新闻。

二日　星期日　今日阴雨未出外散步。上午，看电视奥运新闻及报纸。下午，同。晚，看电视新闻。洗澡。

三日 星期一 上午,看奥运新闻电视及报纸。下午,何孝充来谈梅花奖事。晚,看奥运女子跳板跳水决赛。孙丽英来,约看《党的女儿》。

四日 星期二 上午,看电视奥运新闻。下午,看报。梁光第、李振玉来,谈梅花奖处理事。晚,到人民剧场看北京军区京剧团演新编《刘胡兰》,艺术风格略如样板戏,无甚新意。

五日 星期三 上午,看电视奥运新闻,看报纸。下午,胡可等三人来,谈剧本奖评奖结果。晚,看电视新闻。

六日 星期四 上午,看电视奥运新闻,看报纸。下午,看报。晚,看电视新闻,与玮散步。

七日[①] 星期五 上午,与玮出外散步,看奥运新闻,读报。下午,读报。晚,到天地大厦国际剧场看总政歌剧团演出《党的女儿》,主演孙丽英,这次是重演,上次主演彭丽媛,孙唱得不错,但不及彭。

七日[②] 星期五 上午,与玮散步。北京战友京剧团《刘胡兰》的编剧张志高来谈了一上午。下午,看报纸。晚,看电视新闻,与玮散步。

---

①② 日记原文如此——编者注

八日 星期六 上午,看报纸,与玮散步。下午,休息。晚,看电视新闻、奥运新闻,与玮散步。

九日 星期日 上午,与玮散步。修改许欣寄来我在杨兰春讨论会上的发言。下午,看报,听玮念报。晚,看电视新闻,与玮散步,洗澡。

十一日 星期二 下午,刘颖南来,与谈研究院学习小平文件精神问题。

十二日 星期三 上午,到文联开梅花奖会,此会是文联党组传达对梅花奖意见,包括李瑞环和中宣部聂大江的意见。下午,读报及期刊。晚,看电视新闻,与玮散步,洗澡。

十三日 星期四 上午,与玮散步,看报。下午,休息。晚,看电视,与玮散步。

十四日 星期五 上午,读《巴蜀传统文化与四川目连戏的演变》杜建华作,载《四川戏剧》1992年第4期。从杜文看出,川目连仍自高腔系统来,但变异较其他高腔剧种大。读报纸。下午,休息。晚,到首都体育馆参加第二届国际民间艺术节,有十二国歌舞团体参加。散时已10点。

十五日 星期六 上午,看报。李超来电话,请我为他的戏剧集序。下午,看报。晚,看电视新闻。

十六日　星期日　上午，×××来谈他评职称事。研究生部邢煦寰来访，送我他的论文集一本，他是研究美学的。今天为小晴晴做四岁生日，他们全家三口都来，闹哄哄的。下午，看报纸。小珍为我理发。晚，看电视新闻。

十七日　星期一　上午，看报。下午，续看报。晚，看电视新闻，与玮散步，洗澡。

十八日　星期二　上午，与玮散步，看报。下午，李超来念他的剧作，准备要为他写序。晚，看电视新闻，与玮散步。

十九日　星期三　上午，修改刘颖南送来我和他的谈话记录，并退还给他。看报。下午，休息。晚，看电视新闻，与小盛散步。

二十日　星期四　上午，到革命博物馆参加"延安鲁艺建院史科和教学成果展览"。下午，看报。晚，看电视新闻。

二十一日　星期五　上午，到研究院，参加党委召集的学习小平南巡讲话的会，各支书均来，谈了院的困难及想法。下午，看报。晚，看电视新闻，与玮散步。

二十二日　星期六　上午，看报。为福建木偶雕刻家徐竹初题字一幅，并为安庆市黄梅戏汇演题字补一款。下午，李超来，续谈他在演剧一队写剧本情况。晚，看电视新闻。与玮散步，洗澡。

二十三日　星期日　上午,看报纸。下午,休息。晚,看电视新闻。9时,丽华来,本应下午3时到,车晚点至8时。

二十四日　星期一　上午,翻看杨世祥《中国戏曲简史》及报纸。下午,休息。晚,看电视新闻,散步,洗澡。

二十五日　星期二　上午,续看杨世祥书,看报。下午,休息。晚,看电视新闻,洗澡。

二十六日　星期三　上午,翻看台湾中央研究院今年6月份《中国文哲研究通讯》,看报纸。下午,休息。晚,看电视新闻,与玮散步,洗澡。

二十七日　星期四　上午,为《李超戏剧集》作序,不足千字。下午,看报纸,看刊物。晚,看电视新闻,与玮散步,洗澡。

二十八日　星期五　上午,将李超书序稍事修改。看报纸。下午,看报纸,休息。何孝充来,谈梅花奖问题。晚,看电视新闻,与玮散步,洗澡。收到范泉8月23日信,约11月16日去上海,审查《中国近代文学大系·戏曲卷》及导言。

二十九日　星期六　上午,看报。下午,休息。晚,看电视新闻,洗澡。今日天阴,上午小阵雨,晚雷阵雨,未出外散步。

三十日　星期日　上午,丰丰领小晴晴来,继小珍来,热热闹闹一天。中间看报纸。下午，吴大维、齐特来，谈京剧梅兰芳金奖事，至晚始去。晚，看电视新闻，与玮散步。

三十一日　星期一　上午，看报，安子自杭州来，她已考上服装学院，来京上学了。与玮、小萌萌到天坛散步。下午，续看报。晚，看电视新闻，洗澡。

九月

一日　星期二　上午，看报。下午，续看报，休息。晚，看电视，与玮散步，洗澡。

二日　星期三　上午，与安子散步，看报纸。下午，休息。晚，看电视新闻，与玮散步。

三日　星期四　上午，到清华园修脚。10时，到美术馆参加漳州徐竹初木偶艺术展。下午，3时，到政协参加京昆室工作会。晚，看电视新闻，洗澡。

四日　星期五　上午，读《新华文摘》本年第8期上唐健文章《贾湖遗址新石器时代甲骨契刻符号的重大考古理论意义》。下午，续读毕，此文叙殷商甲骨文的来源，并说文字来自契刻而非图画。下午，读报。晚，看电视新闻。引廖青伯（罗青老伴）去见吕骥，谈《黄自全集》出版事。与玮散步，洗澡。

五日 星期六 上午,看了两篇《新华文摘》上关于人类起源的文章。读报纸。下午,休息。晚,看电视新闻,与玮散步。

六日 星期日 上午,与玮散步,已有秋风瑟瑟之意。看报纸。下午,续看报纸。湛江市文化局及雷剧团团长,由张建军引来,请看他们来京演出的《抓阄村长》。晚,看电视新闻,与玮散步。

七日 星期一 上午,到医院治疖子、修牙、取药。回家后,看报及新来的期刊。因牙齿开了刀,推迟至1时30分吃饭。下午,休息。刘沪等二人来,谈研究方针并为《戏曲志》河北、辽宁两卷终审签字。晚,看电视新闻,与小果散步。

八日 星期二 上午,读报刊。下午,收到外语学院函邀我为周华斌晋级教授作鉴定,并送来论文数篇,周的文章我过去翻看过,这回要评,不得不仔细看看,看了一下午。晚,到儿童剧场看湛江市雷剧团演出现代戏《抓阄村长》。

九日 星期三 上午,给安谷、沛茹写信。下午,看报。晚,看电视新闻。

十日 星期四 上午,到人大会堂天津厅参加剧本创作奖发奖大会,发了言。下午,读报。晚,看电视新闻。发安谷信。

十一日 星期五 上午,到研究院参加研究生部开学典礼,我说了一些简短的话,讲研究当代现实问题的重要性。下午,休息,读报。晚,到儿童剧场看福建闽剧《丹青魂》,编剧吴永艺、陶闽榕,导演林明,此剧写得不错,导演亦过得去,舞美很好,演员水平太次。

十二日 星期六 上午,到医院换药,回后,为周华斌评职称写一鉴定。下午,到恭王府花园参加剧本月刊四十周年纪念会。晚,看电视新闻。

十三日 星期日 上午,到黄村文化部干校参加文化部梅兰芳金奖有关事项讨论,在那里吃午饭。下午,继续讨论,至九时才回。家中小珍一家大小和安子均在,热闹非凡。晚,看电视新闻。

十四日 星期一 上午,给安谷写信未成。下午,看报纸。晚,看电视闻。数日来,以腿上长疖未能散步,现已渐愈,准备恢复散步。

十五日 星期二 上午,到医院换药。给安谷写信,看报。下午,听玮念报。晚,看电视新闻。

十六日 星期三 上午与玮散步,这是长疖后第一次散步,回来看报。下午,续看报。晚,看电视闻,擦澡。

十七日 星期四 上午,去口腔医院咬牙印,因牙根未尽不能咬,又赶至积水潭医院拔牙根,终未能咬牙印。下午,休息,翻看报纸，与玮散步。晚，看电视新闻。

十八日 星期五 上午，与玮散步，看报。下午，续看报，休息。晚，看电视新闻。

十九日 星期六 上午，与玮散步，为金汉川书及上海电视台题字。下午，读报。晚，看电视新闻。

二十日 星期日 上午，到民族宫剧场参加北京市戏校40周年纪念会。回后，看报纸。下午，休息与玮散步。晚，看电视新闻。浙江王观凤等来，她们带小百花来演出。

二十一日 星期一 上午，到国务院二招参加戏曲学会与文化部合开的戏曲工作座谈会。在彼午餐，午睡。3时，回家，翻看报纸。4时，与玮散步。5时，江苏文化局来人，谈看即将上演话剧《甲申纪事》。6时，余从来，谈他带博士研究生及向寒声主办的戏曲音乐座谈会推荐常静之《论梆子腔》作为候选受奖作品事，由我写一推荐信。晚，看电视新闻。

二十二日 星期二 上午，到二招参加戏曲工作座谈会，饭后回家。下午，休息。晚，看电视新闻。

二十三日 星期三 上午，9时到二招参加戏剧工作座谈会。中午，在那里吃饭。下午，休息，为梁冰题一书名。晚，到政治大学礼堂看北京京剧院彩排《水龙吟》，演郑国渠事，余笑予导演，一、二度创作都还不错，是北京京剧院新戏中最好的。

二十四日 星期四 上午，参加二招会。下午，休息。晚，在二招开戏曲学会会长会，毕回家。

二十五日 星期五 上午、下午，均参加戏曲工作座谈会，今日会毕。此次讨论不错，取得共识：体制改革是关键，此其一；这次改革是转机，但应慎重从事，不可操之过急。晚，回家，洗澡。

二十六日 星期六 上午，看报。下午，休息，看《民国书法》，编选不精，着重名人。晚，到人民剧场看江苏话剧院演《甲申记事》，剧本平平，导、演均不精采，无新意。

二十七日 星期日 整日未工作，小珍一家及小安子均来，闹哄哄一天。傍晚，与玮散步。晚，看电视新闻。玮念一剧本《酸石榴与甜石榴》，她想排。11时30分上床。

二十八日 星期一 上午，独自在院中散步，看报。下午，休息，与玮谈《酸石榴》。晚，到首都剧场看浙江小百花越剧团演《西厢记》。观众很欢迎，戏很漂亮（服装、布景），整个戏太平，节奏变化少，茅威涛的张生较好，莺莺、红娘不甚称职，戏不长，但看得累人。

二十九日 星期二 上午，独自在院中散步，继看报纸。下午，休息后,与玮散步。晚,看电视新闻,洗澡。赵寻来谈梅花奖发奖事。11时睡。

三十日 星期三 上午,与玮、小萌萌散步至正义路,回后看报。下午,又与玮散步,这些天,天气好,宜多活动。晚,看电视新闻,及电影《巍巍昆仑》。

十月至十一月

一日 星期四 上午,为马可铜像揭幕(徐州)、潮剧节、国际戏曲音乐讨论会(山西)、山西艺校各题一辞。今日天晴,与玮上街,因是节日游人甚多,我因走路不便,未能去天安门。回家看报纸,只一张,节日休刊故也。下午,休息后,又与玮散步,未走远。晚,看电视新闻及一电影片,估计为《百万雄师过大江》。睡时10:30。

二日 星期五 今日阴雨,整日未出门。小珍全家来,加上安子、萌萌,吵闹一天。中午,吃火锅。报纸未细看。晚,看电视新闻。

三日 星期六 上午,老季来,与玮和季一同散步。看报。下午,听玮念《新华文摘》上转载胡乔木文《中国为什么犯20年的"左"倾错误》及郑经国文《神功元气之神》。晚,看电视新闻,洗澡。

四日 星期日 上午,参加第九届梅花奖得奖者座谈会(纪委招待所)。下午,看报。晚,参加第九届梅花奖发奖会于全国政协礼堂。

五日 星期一 上午,到颐和园参加第九届梅花奖联欢会。今日天气晴和,游了苏州街及湖上,并在那里吃饭。四十年来,此园亦有变化,有些新建树。2时,回城。下午,休息,看报,听玮念文章。晚,看电视闻。魏明伦来电话,请我看他的《夕照祁山》。

六日 星期二 今日天阴。上午,独自出门散步半小时。下午,看报休息。晚,到人民剧场看戏曲学院试验演出的《张协状元》。此戏南宋时所作,为最早剧本之一,其时演唱与滑稽表演结合不久,人们对于戏剧表演艺术经验不足,理解亦浅,故多以滑稽吸引观众,唱与表演结合,乃进一步之事,即载歌载舞,再后载歌载舞发展至极限,乃产生武戏与唱同时并举之矛盾,然后适当分开,此乃京剧兴起后之事。看毕甚疲。回家已 10:30。

七日 星期三 上午,与玮散步。下午,看报,休息。晚,到工人俱乐部看中国歌舞剧院舞剧《徐福》,戏剧性很差,音乐有些现代派味道,舞蹈平平。

八日 星期四 上午,与玮散步,看报。吴琼来,简慧来。下午,休息。晚,到首都剧场看浙江小百花演出《陆游与唐婉》,茅为涛演陆游,很好。

九日 星期五 上午,至八条四楼参加院的庆祝会,此会庆祝三事:1.给模范党员发证书;2.庆祝我院在文化部工作人员运动会上获总分第一,给得奖牌者发奖;3.庆祝本院第三产业总公司成立。会后到本院办的餐馆——"会仙居"吃饭。会中,抽空参加小百花演出座谈会,发了简短之言。下午,听玮念报,及同出散步。晚,看电视新闻,洗澡。

十日 星期六 上午,到文化部开梅兰芳金奖组委会。下午,听玮念报,休息,李学忠来。晚,看电视新闻。台湾邀参加两岸戏剧讨论会,填表一张,去不去还不一定。

十一日 星期日 上午,与玮散步,看报。下午,听玮念报。休息。晚,到人民剧场看四川自贡市川剧团演《夕照祁山》。此戏影射周总理晚年,人多不赞成,经过修改,痕迹犹在,对伟人评价,亦要有深刻修养,非草率发感慨之事也,戏在演出方面下了一些功夫,演员也还称职。

十二日 星期一 上午,郭汉城来聊天,谈些戏曲界时事。下午,独自散步至崇文门菜场。看报。晚,看电视中十四大新闻。

十三日 星期二 上午,看苏东天《诗经辨义》。此公给五四以来解释诗经做反面文章,只谈其社会作用,抹杀其文学价值及意义,殊不可取。下午,与玮散步,看报纸,休息。晚,看电视新闻,洗澡。

十四日 星期三 上午，到天桥口腔医院咬牙印，十分顺利，来回一小时半，并约定本星期五 试牙。回后散步一小时。看报。下午，休息，翻读几本有关诗经的书。晚，看电视新闻。李春喜来，与玮、小果等共谈玮打算排的戏，至 10 时。

十五日 星期四 上午，翻读诗经有关书，看报纸。下午，休息，玮念报。晚，看电视新闻。

十六日 星期五 上午，到口腔医院看牙，约二十八日再去。与玮、小唐上街散步。下午，看报，休息，与玮散步。晚，看电视新闻。

十七日 星期六 上午，汉城、若琳来，张云凤来。去后，看报。下午，小珍夫妻来，小晴晴同来。家中热闹了。休息后，与玮出外散步。晚，看电视新闻。

十八日 星期日 上午，与玮出外散步，较远。发范泉一信。今天是安子生日，午前她来，午饭很热闹，小珍一家三口均在，小果也在家，吃饭较迟。下午，休息。晚，看电视新闻。

十九日 星期一 上午，随政协京昆室组织的参观团去涿县，看中央电视台的电视剧拍摄中心，中有唐城、宋城等，唐城已建就。中午，在涿县城内桃园饭店吃饭，此处相传是桃园三结义处。下午，3 时回城休息。晚，看电视新闻。

二十日　星期二　上午，到积水潭医院打脑活素点滴，费时一上午。下午，看报。休息。晚，看电视新闻。

二十一日　星期三　上午，看报。湖南湘剧院院长来。下午，到积水潭医院打点滴。看新到杂志。晚，看电视。

二十二日　星期四　上午，到儿童剧院听文化部参加十四大的代表汇报会。下午，到医院打点滴。晚，看电视新闻，洗澡。

二十三日　星期五　上午，到院里看戏研到新疆一带所拍的电视纪录片，内有从一墓中出土的俑一组（被人认为《踏摇娘》者），取回照片两张，准备细看一下。下午，到医院打点滴，回后看报。晚，看电视新闻。

二十四日　星期六　上午，曾芸等二人来谈《白毛女》创作过程。下午，到医院打点滴，此为第5针。晚，看电视新闻。听玮念十四大报告写作经过。

二十五日　星期日　上午，与玮散步。下午，到医院打点滴。安子带她的同学来。晚，看电视新闻及一电视故事片《让我们荡起双桨》。

二十六日　星期一　上午，去葛一虹家谈田汉基金会事。下午，到医院打点滴，此为第7针。与玮散步。晚，看电视新闻及《双桨》电视剧毕。

二十七日至十一月四日　二十七日夜，突然泻肚，至二十八日晨，共泻 11 次，乃入积水潭医院住院治疗，共 8 天，逐渐痊愈。十一月四日，下午出院。

四日，晚，小萌萌生日，吃涮羊肉，在家，小珍夫妻、安子，还有萌萌的干妈章诒和来，热闹了一夜。

五日　星期四　上午，给范泉写一信，谈不能去上海事。下午，看报。晚，看电视新闻。

六日　星期五　上午，到口腔医院看牙，戴上新牙，尚有不合适处。发范泉信。

七日　星期六　早，到医院做 B 超，继去北京图书馆参加阳翰笙创作 70 周年展览开幕式。下午，休息。晚，看电视新闻。今日天阴雨，并下了今年第一场雪。

八日　星期日　今天气温仍低，但已晴。中午，小珍一家来。下午，休息。与玮讨论潘德千所提戏曲特点问题。晚，看电视新闻。

九日　星期一　上午，到口腔医院修牙。看报。下午，休息。晚，看电视新闻。

十日　星期二　上午，翻看报刊。下午，读田仲一成文《论中国戏剧从宗教祭祀中产生的过程和环境》载东京大学东洋文化研究所刊行的《东亚农村祭祀戏剧比较研究》集刊中。与玮散步。晚,看电视新闻。

十一日 星期三 上午,潘德千来,谈《新剧本》上他一篇文章的几个论点。下午,小盛来。休息,看报。晚,看电视新闻。

十二日 星期四 上午,翻读报纸及刊物。下午,休息。晚,看电视新闻。

十三日 星期五 上午,到口腔医院修牙。回后看报。下午,休息,继续看报。晚,看电视新闻。

十四日 星期六 今日天阴雨。上午,未做事。下午,看报。晚,看电视新闻,洗澡。今日用新牙吃饭,仍有痛感之处。

十五日 星期日 上午,与玮散步,天虽晴,风甚大。下午,看报纸,休息。郭汉城来探望。晚,看电视新闻。

十六日 星期一 上午,翻看《中华戏曲》(第12册)及其他期刊,并翻读施蛰存《唐诗百话》,此书甚有趣味。下午,与玮散步,并听她念报。晚,看电视新闻。

十七日 星期二 上午,读施蛰存《唐诗百话》。下午,看报,并听玮念报。晚,看电视新闻,及业余歌舞比赛,有的节目颇有新意,有的则老态依然。

十八日 星期三 上午，殷参来谈鲁艺院史事。下午，休息，看报纸。湖南湘剧院左大玢、刘春泉等三人来，湘剧将在京演出。晚，看电视新闻。

十九日 星期四 今日玮生日。上午，续读《百话》，继看报纸。今早餐的果酱不干净，中午拉稀，未吃午饭。下午，休息，起后吃了两片饼干，未再拉。晚，吃馄饨。看电视。

二十日 星期五 早餐吃玉米粥，中午吃米饭一碗多，晚吃馄饨一碗，临睡前喝牛奶。

上午，读《百话》。下午，休息后看报。为梅兰芳金奖题签。晚，小香玉来。看电视。

二十一日 星期六 上午，读《百话》，看报。下午，休息。晚，到人民剧场看湘剧《唐太宗与魏征》，此剧陈亚先作。

二十二日 星期日 上午，在人民剧场看湘剧三个折子戏：《拜月》《捉放曹》《双下山》，一般。下午，休息。晚，看电视新闻。

二十三日 星期一 上午，在雁翔饭店参加京剧振兴委员会指导委员会会议，高占祥发表了讲话。下午，在人大会堂小礼堂参加京剧振兴基金会成立会，李瑞环、宋任穷出席。晚，在人民剧场看湘剧《白兔记》，是新改编本，尚不完善。

二十四日 星期二 上午，在家休息，看昨日报纸。下午，去雁翔饭店参加京剧指导委员会大会。在那里晚餐。晚，看电视新闻，洗澡。

二十五日　星期三　上午，金耀章、俞赛珍来，谈出一本京剧脸谱的书。下午，湖南金汉川及湘剧院院长、《唐太宗与魏征》导演李学忠来，谈《唐》剧及《白兔记》整理得失问题。晚，看电视新闻。

二十六日　星期四　上午，与玮谈《杀妃剑》历史背景。下午，看报纸。晚，到民族宫看戏剧小品展览。

二十七日　星期五　上午，翻看昨日报纸。下午，休息。玮念报。晚，去儿童剧场看黑龙江省鸡西话剧团演出6场话剧《北京往北是北大荒》，写知青下乡的故事，戏动人，演员很好。

二十八日　星期六　上午，李醒来，教气功。下午，听玮念报。晚，到吉祥看黑龙江评剧《大山里》，剧本随意加上偶然事件，以影响故事进程、人物命运，痕迹明显，演员注重唱，心理表演不多，看后不动人感情。

二十九日　星期日　今日小孩们都来，家中大乱。上午，李醒来教气功。下午，玮念报。晚，寒声来谈戏曲音乐学会最近开会的情况。

三十日　星期一　今日正式开始做气功。上午，薛若琳来谈《戏曲志·上海卷》审稿事，及黄菊盛近况。下午，玮念报。晚，看电视新闻。

十二月

一日　星期二　上午，看《戏曲志·上海卷》概况，翻报纸。下午，内蒙漫翰剧团长及其文化局艺术处长来，谈看《契丹女》。晚，到警卫礼堂看黑龙江评剧院《金兀术》，此为一翻案戏，尚有漏洞。

二日　星期三　上午，读《新文学史料》第4期，有关冯雪峰的史料并报纸。下午，听玮念报。晚，到民族文化宫看内蒙漫翰剧《契丹女》，为《四郎探母》及《三关排宴》翻案，剧本及演出均好。

三日　星期四　上午，玮念《新文化史料》上《潘汉年传》。11时，汉城偕龚和德来，谈戏曲学会明年工作。下午，休息。翻看报纸。晚，参加梅兰芳金奖第一场（开幕式）演出。

四日　星期五　上午，戏研所常丹琦来，送来《戏曲名家论名剧·序》的记录稿，要我修改。下午，翻看报纸。晚，到人民剧场看京剧陈淑芳演出专场，演三个折子：《别姬》《秋江》《断桥》，演得很好，注意人物塑造，又有名家配演，效果很好。

五日　星期六　上午，李醒来，用气功为我治眼。下午，看报纸。晚，看电视新闻。

六日　星期日　上午，到儿童剧场看岳阳花鼓戏剧团演出现代戏《将军吟》，戏有动人场面，整个较松散。下午，看报纸。晚，看电视新闻，洗澡。

七日　星期一　上午，看报，学习气功。下午，休息，做气功一遍。晚，看电视新闻。从电视中看梅兰芳金奖大赛，今夜三人为刘琪、孙毓敏、杨至芳。

八日　星期二　上午，《将军吟》的作者吴傲君来谈他的戏。下午，看报。余从来谈戏研的工作。晚，看电视新闻。

九日　星期三　上午，修改《戏曲名家论名戏》序。下午，看报。晚，到儿童剧场看武汉市京剧团演的《七彩环》，是个闹剧。

十日　星期四　上午，将序修改一遍。看报纸。下午，休息后起来，感不适，试体温未发热。晚，看电视新闻后，早睡。半夜大咳，吐痰甚多，起吃螺旋霉素及消咳喘等，下半夜稍安。

十一日　星期五　上午，起床后，咳稍止，精神不佳，未能工作。下午，午睡时，喘咳仍不止，只看了看报纸。晚，到儿童剧场参加文华奖发奖会，发奖后即归。服药早睡。北京师大出版社取走序言。

十二日 星期六 上午，去积水潭医院看病，为肺部照一片，并检查白血球，均无异状，打针而归。下午，去葛一虹家参加田汉基金筹备小组，到会者有周巍峙、吕复、凤子、张颖、邓兴器等。至5时归，人仍不适。晚，服药。从电视中看金奖比赛。

十三日 星期日 上午，觅人打针不得。看报纸。下午，老季来打针，至8时打了第二针乃去。晚，看电视新闻。打针服药后，病觉稍痊。

十四日 星期一 上午、下午，老季为各打针一次。精神仍不振。仅翻看报纸大标题。晚，看电视新闻后，观电视剧《爱你没商量》，写艺术界生活，整个剧本、导、演均平常，有生活细节而无艺术。

十五日 星期二 今日仍打针二次，痰似稍少。翻看报纸，读大题目而已。晚，看电视新闻。几日来，做气功，眼睛似较前稍明，以前写日记看不清格子，现在看清了。

十六日 星期三 上午，读1992年第6期《文艺研究》上关于《诗经》研究之文。下午，翻看报纸。晚，电视中看新闻及《爱你没商量》。与小果谈我的写作计划。

十七日 星期四 上午，到积水潭医院看病。回来后，会见江西美术出版社两编辑，谈戏曲所在他们社将出版的《脸谱集》事。下午，休息。晚，看电视新闻及梅兰芳金奖演出转播。

十八日　星期五　上午，到政协参加荒煤从文、从艺60年纪念会。下午，看报纸。晚，看电视新闻。

十九日　星期六　上午，李醒来为我发功治眼。继，石亚梅引西安鲁艺校友会来谈其会的工作。下午，看报。晚，看电视新闻。

二十日　星期日　上午，休息，与小晴晴玩耍。下午，看报。晚，看电视新闻。

二十一日　星期一　张玮去通县开北京市高评委会。写给花柳千代贺年片。上午，翻读报纸，看汪人元《戏曲音乐文集》。下午，休息。晚，看电视新闻。

二十二日　星期二　上午，发花柳贺年片。上、下午，均读汪人元《戏曲音乐论探》，近年少有这种从原理进行研究的著作。读报。晚，看电视新闻。

二十三日　星期三　上午，读汪人元书及报纸。下午，休息。张玮回。晚，看电视新闻。

二十四日　星期四　上午，看汪人元《论戏曲音乐的特殊逻辑——程式性》一文，逻辑性甚强，论证丰富细腻。看报纸。下午，休息。晚，看电视新闻。

二十五日　星期五　上午，读汪书，谈唱重字的传统。下午，休息。晚,到民族文化宫看辽宁歌剧院《张骞》,剧本还不错,音乐尚可,但歌剧表演法未突破,显得僵板,只是站着唱。

二十六日　星期六　上午,看报。下午,休息。晚,看电视新闻,洗澡。

二十七日　星期日　上午,小果为理发,看报纸。下午,觅杨荫浏《中国古代音乐史稿》不见,到吕骥家借得,开始阅读。晚,看电视新闻。

二十八日　星期一　上午,读杨《音乐史》。下午,仍读,并看报。晚,看电视新闻。

二十九日　星期二　上午,续读《音乐史》,看报纸。下午,继续。晚,看电视新闻。

三十日　星期三　上午,李醒来教气功。下午,休息看报。江西美术出版社送来《脸谱》序,审阅。晚,看电视新闻。

三十一日　星期四　上午,玮念《脸谱》序。下午,继续。晚,看电视新闻。今日岁末,玮等玩牌。我因眼睛不好,未参加,做气功后早睡。

1993

一九九三年

一月

一日　星期五　今日阳历元旦，小珍一家来。晚，从电视中看维也纳新年音乐晚会。得一吴冠中作品挂历，挂客厅中。

二日　星期六　上午，到皇冠假日饭店参加鲁艺校友会为赵毅敏举办的九十寿诞，鲁艺老人到者不少。下午，听玮念报纸。晚，看电视新闻。

三日　星期日　上午，看《音乐史》相和歌等部分，又找出我的《戏曲艺术论》对照。下午，继续。晚，看电视新闻。

四日　星期一　上午，参加院研究发明糖尿病治疗仪发奖大会，在彼午餐。下午，李笑非来。晚，看电视新闻。

五日　星期二　上午，云南京剧院来人求为《关肃霜图片集》题字，寄与之。翻旧作戏曲艺术论。下午，继续。晚，看电视新闻，做气功，效果不大。

六日　星期三　上午，李醒来教气功，并治眼，看报。下午，休息。晚，看电视。10时，山东聊城豫剧团主演章兰及山东省剧协郭书伟来。近日做气功（周天），似略有门径。

七日　星期四　上午，看报。下午，听玮念文章。晚，看电视。

八日 星期五 上午，读杨《音乐史》南北朝民歌部分，这一部分特别强调与舞蹈结合方面的问题，过去注意不够，尚待深入研究。看报纸。下午，休息。玮念报刊、文章。晚，看电视，洗澡。

九日 星期六 上午，李醒来治眼，教功。下午，休息，听玮念报。晚，看电视。

十日 星期日 上午，续读杨《史》，特注意舞曲部分。看报纸。下午，休息。晚，看电视。做气功照常。

十一日 星期一 上午，续看杨《史》，内谈变文可能是民间产生，非自佛教，此意见过去未之闻耳，所举证据亦尚待商榷。下午，休息。玮念文章。章诒和、翟××来，章为四川求两幅字，翟来送张君秋纪念请柬。晚，看电视。做气功。

十二日 星期二 上午，续看杨《史》，唐燕乐部分，特大曲。下午，到东城区文化馆参加本院新年联欢会。晚，到民族宫参加张君秋艺术生涯60周年开幕式。回家从电视中看开幕演出。疲甚，做气功感累。

十三日 星期三 上午，李醒来教气功。下午，休息，看报。晚，看电视——美国职业篮球比赛，太紧张，疲甚。做气功，寝。

十四日 星期四 8时半，参加院老干部春节团拜。10时，去人民剧场参加梅兰芳金奖座谈。下午,休息,看报。晚,看电视新闻,看张宏堡的气功书。

十五日 星期五 上午,看张宏堡气功书及报纸。下午,余从谈《脸谱》序言。继戏曲志来拜年。晚,看电视。

十六日 星期六 上午,到儿童剧院参加文化部人大代表、政协委员拜年联欢。下午,汉城、薛若琳来,谈戏曲学会事。晚,看电视。做小周天气功。

十七日 星期日 整日人多小孩闹,未能做什么事。吕骥来,拿来闽西汉剧院准备来京演出一新剧《胡文虎》请剧协邀请一信,即转赵寻。晚,看电视。

十八日 星期一 上午,到政协,参加两个会,一个是文联春节联欢,一个是十部集成志书首发式。中午,政协京昆室在文化餐厅宴张君秋及自美来京参加张纪念的票友。下午,高占祥等代表文化部来拜年。晚,看电视。

十九日 星期二 早,做小周天,觉稍有进境。上午,马远、韩力、黎舟来拜年。下午,金兰来,谈歌剧史,及她们去新疆的见闻。洗澡。晚,做小周天。

二十日 星期三 早,做气功,有进境。上午,到民族饭店参加东方文化研究会理事会。在那里午餐。下午,京剧院吕瑞明来拜年，和他谈我的"还戏于民"的主张。收到石生渐、黎建明信，说他们写了一本书《目连戏与南戏的起源》，要我写序，此事是喜事，等他们把稿子寄来了再谈。晚，看电视。做气功。

二十一日　星期四　上午，安葵、刘沪来，谈戏曲所三产，及安葵代我写一短文《还戏于民》事。继，李希凡、刘颖南来，送一筐水果，拜年也。下午，看报，休息，周华斌来。晚，看电视。做气功后就寝。

二十二日　星期五　今日为旧历除夕，又是我的82岁生日，张玮做了些我爱吃的菜作为庆祝。晚，看电视新年节目，至11时半。12时，鞭炮大作至2时未息，家人打牌我则睡去。

二十三日　星期六（旧历癸酉元旦）　上午，到人大会堂参加团拜。下午，多人来拜年。晚，看电视晚会。

二十四日　星期日（初二）　早起拉稀，仍有人来拜年。11时，与玮到九姨家，九姨公跌了一跤，已不良于行，九姨精神甚好（结肠癌开过刀）。在彼午餐，我未吃东西，3时回。

二十五日　星期一　早起仍拉稀。到301医院急诊，被留下打点滴，1500CC葡萄糖历8小时，在医院过夜。

二十六日　星期二　晨，回家。拉稀已止，但吃东西仍慎重，未正式吃饭。

二十七日　星期三　仍未正式进餐。上午,到人民剧场参加延安舞剧院50周年纪念座谈会。早退回家。中午,吃米饭一碗。下午,休息。晚,看电视剧《一村之长》。

二十八日　星期四　今日,家中只剩我和张玮,十分清静。我吃饭已正常,但尚未大便。下午,玮念刊物文章。晚,看电视,洗澡。

二十九日　星期五　早起大便。今日吃饭已正常。

三十日　星期六　身体已恢复,饮食、大便均正常,气功做得好,服常药已恢复。翻读《乐府诗集》,脑子更加明确一个概念,中国戏曲音乐之源来自民歌,即诗经、汉魏六朝乐府,戏曲音乐的基本特点,在诗经、乐府中均已具备。给石生渐写信,对他的研究目连及南戏加以鼓励,因地址不知,未发。下午,看报。晚,看电视。做气功时,小周天没做好,神不专一,气不到位。

三十一日　星期日　上午,续看《乐府诗集》看报纸。发石生渐信。下午,听玮念报。晚,看电视,做气功。

二月

一日　星期一　上午,翻看《乐府诗集》,查神弦歌产生地点,疑是西曲,未能确定,祠山神女曲,则河北曲也。下午,看报。

晚,看电视新闻。做气功,有进境。

二日　星期二　今日工人来封阳台。上午,读《乐府诗集》舞曲部分,看报。下午,休息。晚,看电视。

三日　星期三　今日仍封阳台。看《乐府》舞曲,看报。下午,花砚茹、袁凤霞来聊天。晚,看电视。早晚做气功(以后不记)。

四日　星期四　上午,在家继看《乐府》,看报。下午,到政协参加剧协团拜。晚,看电视,洗澡。

五日　星期五　上午,到政协参加延大、鲁艺等八校友会,为80岁以上老校友做寿庆祝会。我亦80以上,亦与共盛,会上遇到很多老同志,聊天很热闹。11时半,归,看报纸。下午,休息。闻王玉清从医院回来,又因心脏病复发重入院,往看夏革非,夏心情不好。晚,看电视。

六日　星期六　今日为农历正月十五。上午,仍翻读《乐府诗集》。李醒来,以气功为我治病。下午,休息,听玮念文章。晚,看电视。

七日　星期日　上午,读《乐府诗集》。章诒和来,送来《脸谱集》序。下午,休息,读报。关静兰来,为争梅花奖事。晚,看电视。

八日　星期一　上午,读章诒和写的《脸谱集》序,未毕。王安葵来，为念我和汉城在梅金奖座谈会上发言整理稿。下午，高维进来，谈鲁艺历史，预备写书，共3小时。续看序仍未完。晚，看电视。

九日 星期二 上午，读完《脸谱》序，写一信给余从，将序寄他。看报纸。下午，休息，柳以真来。晚，常静之来探望，带来许多礼品（食品），送她一本《通论》。

十日 星期三 上午，李醒来教气功。下午，张玮念报。晚，柳以真请在花市东来顺分店吃涮羊肉，在座有阿甲、林默涵夫妇。

十一日 星期四 上午，翻完《乐府诗集》，读报。下午，休息，玮念文章。晚，看电视。

十二日 星期五 上午，读《教坊记》《乐府杂录》及报纸。下午，休息。晚，到人民剧场看由汉城改编、北昆演出的《琵琶记》。

十三日 星期六 上午，到前海参加新文艺大系编委会。在彼吃饭。晚，看电视。洗澡，12时睡。

十四日 星期日 上午读《乐府杂录》。下午，休息，听玮念报。晚，看电视。

十五日 星期一 上午，读《杂录》。下午，读报。郭汉城、薛若琳来，谈《西厢记》学会事。晚，看电视。这两天泥瓦工收拾屋子，甚乱，可能还得三四天才会弄好。

十六日　星期二　上午，读《碧鸡漫志》，看报。下午，休息。晚，看电视。

十七日　星期三　上午，草一《戏曲艺术发展史要》论证提纲。读报纸。下午，休息。晚，到人民剧场看中国京剧院青年京剧团演出《宋庆龄》，剧本写得不好，也难写，演员不错，唱得好，尤以陈淑芳（宋庆龄）为好，音乐下了些功夫，以剧本不好，难于发挥。

十八日　星期四　上午，看《碧鸡漫志》及报纸。下午，休息，胡芝风来。晚，看电视。

十九日　星期五　上午，到郭汉城家开戏曲学会部分会长座谈，谈换届及1993年工作等问题。下午，看报。晚，看电视，洗澡。

二十日　星期六　上午，李醒来做气功，看报。小安子自杭州来，她的学校开学了。下午，休息。晚，看电视。

二十一日　星期日　上午，写两信给刘颖南及科研办，准备发出项目申请表。校改我的讲稿《中国戏曲在农村的发展以及它与宗教的关系》。小珍一家来，共吃午餐。下午，休息。晚，安子来，在此晚餐。饭后，他们皆去。看电视。

二十二日　星期一　上午，重看讲稿未完。北昆王蕴明等来，谈他们近演的《琵琶记》。下午，听玮念报并看完讲稿。将昨日给科研办及刘颖南信和申请书发出。晚，看电视新闻。

二十三日　星期二　上午，将讲稿发王安葵，并附一信。下午，休息，读报。晚，在人民剧场看河北梆子《孙尚香》，演员很好，剧本尚有问题。

二十四日　星期三　上午，到民族宫参加《中流》创刊三周年座谈会。下午，读报，休息。晚，看电视新闻。

二十五日　星期四　上午，看报。下午，休息。翻看《延安鲁艺回忆录》。晚，到民族宫参加梅兰芳金奖发奖大会并看演出，有票友及老演员参加演出及乐师表演，组织得生动活泼。

二十六日　星期五　上午，翻看刊物、报纸。下午，休息。看葛一虹送来《田汉传记》录像。晚，继看录像。

二十七日　星期六　早，李醒来治病（8:30）。9时，上积水潭医院打脑活素点滴（1）。1时回。下午，休息。晚，看电视新闻。洗澡。

二十八日　星期日　上午，到医院打点滴（2）。下午，看报刊。晚，看电视新闻后，住医院，因明早要抽血等。

三月

一日　星期一　上午,打点滴(3)。下午,看报。晚,看电视。

二日　星期二　上午,打点滴(4)。下午,看报,休息。晚,看电视。

三日　星期三　上午,打点滴(5)。下午,看报,休息。收到科研办信,不肯买电脑。晚,看电视新闻。

四日　星期四　上午,打点滴(6)。下午,看报。柳以真来,谈南方昆曲剧院情况。晚,看电视。

五日　星期五　上午,打点滴(7)。访刘颖南谈买电脑。下午,休息,看报。晚,看电视。

六日　星期六　上午,打点滴(8)。下午,看报,休息。晚,看电视,洗澡。

七日　星期日　上午,打点滴(9)。下午,看报,休息。小果为理发。晚,看电视。

八日　星期一　上午,打点滴(10),毕一疗程。看报。下午,休息。晚,看电视。

九日 星期二 上午,翻看杂志。下午,休息。总政文工团来一人,为其爱人争梅花奖。晚,看电视。

十日 星期三 上午,乘飞机去长沙,同行者有葛一虹、邓兴器,随行小唐。误点,13时才起飞,下午2时15分到。正明来接,住燕山酒家。晚,湖南省委宣传部长及政府文化局长多人来谈,此次为田汉老做纪念、立铜像的日程。

十一日 星期四 晴 今日休息。各地陆续来人,湖北龚晓岚也来了。晚,张建军夫妇带着他们的小儿媳来了,小儿媳是唱湘剧的,今天来是到楼上卡拉OK去唱歌的,这里文艺界的风气也变了。

十二日 星期五 晴 上午,田老铜像揭幕式在湖南戏院举行,省委副书记(主管文教)以下都参加,周巍峙讲话。下午,开座谈会,分回忆组、学术组两组,我参加回忆组发了言。昭绵舅来,叙旧至5:20,在此晚饭,送我《曾国藩》一部(共三册)。晚,看纪念田汉演出,剧目有湘剧:《将相和》(刘春泉、刘武贤)、《断桥》(左大玢等)、《武松·酒楼》,演得都不错;有京剧:厉慧良《长坂坡》等。一直到11点才回到住处。

十三日 星期六 阴雨转晴 上午,休息。中午,湖南省宣传部在蓉园举行宴会,请参加田汉纪念会的人,至1时。下午,与石生渐等谈南戏起源的科研问题。3时，到楚怡学校录生活片录像。晚，长沙市请宴全体参会人员。7时回旅舍，看电视。

十四日　星期日　阴雨　上午，活动。下午，去昭绵舅家摄像，见到他一家子女、孙子等。继到湘剧院，会见九位老艺人，后请我吃饭，饭店座无虚席，足见长沙近来风气已趋奢侈矣。晚，看电视。

十五日　星期一　上午，到南区文化馆参观，南馆剧场，并在那里吃饭，摄了像。下午，张建军带过去花鼓戏演《打鸟》中毛妹子的演员来看我，现年已近六十岁。影片《周恩来》的制片人姜友石来，送我一本他所写的《拍摄内幕》。晚，文化厅长谢作孚来送行，送来腊肉等。

十六日　星期二　早，6时，到飞机场，7时30分，起飞回北京。葛一虹同机，范正明到机场送行。飞两小时，10时40分到。回家午饭。下午，休息。晚，将此次拍的摄像放给萌萌看，张玮去看戏，未能看。洗澡。

十七日　星期三　主要是休息，补日记。上午，郑州市豫剧团、延安老干校同学会吴瑛来。下午，未工作。晚，看电视。

十八日　星期四　上午，甘肃陇剧团来人，介绍《天下第一鼓》。李愚来，取走在长沙的录像。夏革非领邓素雨来，邓的老伴去世，她心情不太好。下午，玮念阿匹亚的灯光文章（载话研所刊物《中国话剧研究》),文章写于十九世纪初,已90余年,但他的理想仍未全实现,然他亦有时代局限,即主张去脚光,乃受自然主义影响也。晚,看电视。楚剧团导演、作曲来,是为文华奖送录像带的。

十九日 星期五 上午,到酒仙饭店参加文华奖评奖全体大会。下午,分组会,分五组:戏曲、话剧、歌曲、歌舞、舞剧,我参加戏曲组。晚饭后,与汉城商量去江苏事。晚,回家,看电视,疲甚。

二十日 星期六 上午,到酒仙饭店,今日看录像。上午,看陇剧《天下第一鼓》,有地方特色。下午,休息。晚,看新城戏《铁血女真》,此剧着重写了人物,是个好剧本,演员、音乐亦好。10时,回家。

二十一日 星期日 上午,在家休息。11时,去酒仙饭店。下午,参加讨论评奖剧目。晚饭后,回家,小珍一家及小安子均在,他们晚饭后亦各自回去。洗澡,12时上床。

二十二日 星期一 上、下午,均在酒仙饭店讨论得奖剧目及单项奖名单。晚,回家,疲甚,早睡。

二十三日 星期二 上午,到酒仙饭店开戏曲学会会长会,讨论换届及93年工作。下午,文华奖评奖闭会,刘忠德部长讲话。会后回家,在家晚餐。晚,看电视。

二十四日 星期三 今日在家休息。上午,翻读《十三经注疏》中毛诗正义序,诗谱序及诗大序。下午,重细品之,盖诗之兴,不自西周始也,唐、虞、夏、商已有萌焉,以前无记载,所存者只字断句而已,诗序所云,乃总结前人,参以作序时之看法,而加以理论化者。看报纸。晚,看电视。

二十五日 星期四 上午,看报。下午,章诒和来,她愿为我代笔写一篇序,这序是给湖南戏研所文忆暄编写的《湖南目连戏、傩戏研究丛刊》写的,我给章讲了大意,请她去写。晚,剧协宴请协会戏剧方面代表及委员,在前门饭店,到者皆戏曲方面人物,女演员占绝对多数。8时过始散。

二十六日 星期五 上午,科研办来录像。看报纸。下午,与玮清行李,准备到江苏去。晚,看电视。

二十七日 星期六 上午,到王府井清华池修脚。回家看报。下午,王安葵来,问我三十年代在上海活动的地点,他准备去看看。晚,看电视。

二十八日 星期日 今日小珍一家来,热闹纷乱,一天未做任何事。翻看德国卜劳恩的漫画《父与子》。晚,看电视。

二十九日 星期一 上午,看《父与子》,看报。下午,休息。晚,看电视。

三十日　星期二　上午，看报。下午，休息。晚，看电视，理发。

三十一日　星期三　晨，5时起，早餐，检查行李。6∶30，出发往南苑机场，乘飞机赴无锡。同行者除玮和小唐外，尚有汉城夫妻。8∶30起飞，10∶30到。转乘汽车到江阴，此次从北京同到江阴者20余人，是去开剧本讨论会的，到后均往太平洋娱乐城。梁斌及江苏文化局剧目室主任方同志，还有江阴市文化局长在彼招待。今日主要是休息。天气晴朗，气温与北京相差不远，故尚无不适之感。

四月

一日　星期四　上午，剧本讨论会开幕式，王鸿致辞，多人讲话，我也讲了几句，大意是戏剧的精品是改出来的，改是对故事本身认识的深化。下午，游古炮台，未上到炮台处，参观了陈列馆。晚，看电视，中央台找了半天。10时睡。

二日　星期五　上午，参加剧本讨论会，讨论《天涯情仇》，写倭寇侵江阴事，我也发了言。下午，参观三刘故居，三刘者为刘半农、天华、茂昌三兄弟也，继参观马镇农企业，湖庄徐霞客故居。晚，大家看戏，我未去。洗澡，早睡。

三日　星期六　上午，到华西村参观，此村始终是集体经济，多劳多得，浮动不大，现每家有住宅、汽车，村中有一长廊，实际是百货店，有一公园，内塑二十四孝等。支书年七十，是人大代表。继至三房村午餐，此为一乡，此处甚现代化，餐后，因疲倦，未继续参加集体活动，早到张家港宿处，一时半至4时，大睡。晚，乘车至兆丰看戏《厂长与妻子》，此戏尚完整，演员也好，唱得好。

上午，开《厂长与妻子》座谈会。中午，睡觉。下午，5时到常熟住虞山饭店。晚，在虞山大戏院看锡剧《多情的芦荡》。

五日　星期一　上午，开《多情的芦荡》座谈会。中午，午睡。2：30，参观翁同龢故居、碑刻博物馆（方培）、兴福寺、虞山艺术馆，此地佛寺多建始于齐、梁间，然建筑均非原有，多清代重建，明代的都少有。晚，休息。

六日　星期二　上午，乘汽车到常州，住亚细亚电影城，是一电影中心兼客店。下午，休息。晚，看滑稽戏《诸葛亮与小皮匠》，写脑体倒挂、教师生活，甚动人，亦较深刻，主演教师演得好。

七日　星期三　上午，开《诸葛》座谈会。下午，乘车往苏州，在车上睡了一觉，住胥城大厦。晚，看苏州滑稽戏剧团演《天堂并不遥远》，这个剧团第二度创作，水平不低，演员有梅花奖得主顾芗，编剧噱头多，不深刻。疲甚。

八日　星期四　上午，开《天堂》座谈会。下午，参观刺绣博物馆及民俗博物馆。晚，休息，洗澡。无锡宣传部长及文化局长来邀去看戏《瞎子阿丙》，两主演亦同来坚邀，似乎非去不可。

九日　星期五　游虎丘（上午）。柳以真来电话,已到苏州。下午,休息。晚,听玮念《瞎子阿丙》剧本。

十日　星期六　上午,由胥城迁北林饭店,参加昆曲讨论会,是由昆曲振兴会（柳以真）与江苏昆苏剧院合办。下午,休息。晚,与汉城、玮共讨论《阿丙》剧本。北京齐致翔来电话,催归,说梅花奖已批准召开。

十一日　星期日　上午,参加昆剧研讨会,听各院报告情况,此次上海、北昆、江苏、浙江、苏州、湖南均到会谈情况,处境艰难,然亦有信心。下午,休息。晚,在苏昆排演场看昆剧学员演两场戏,有《弹词》《思凡》《游园》《痴梦》,后一戏演员陶红珍很好,是一个角。

十二日　星期一　上午,参加会,我发了言,劝大家团结奋斗,搞好青年、名剧两会演。下午,游网师园,此园数度游,仍欣赏其结构不已。返,玮念《十月》杂志上一文《萧军》。晚,休息,看电视新闻。

十三日　星期二　上午,参加会议。今日闭会。下午,休息。晚,看戏,苏州大学艺术系演两场《狗洞》《寻梦》,昆剧团一场《醉归》（王芳）。

十四日　星期三　上午,乘车赴无锡,路上3小时,到后住湖滨饭店,此处西临太湖,风景优美。下午,休息。晚,副市长宴请。

十五日 星期四 上午,乘船游湖,登鼋头渚。下午,游蠡园遇雨。晚,看市锡剧团演《瞎子阿丙》,此剧本感情戏零碎,张洪编剧。

十六日 星期五 上午,开《阿丙》座谈会,我发言劝其不要拘泥真人真事。下午,乘小汽车赴南京,因堵车,路上走了5小时,玮坐大车,走了7小时。到后,随便吃点东西就寝,住科技宾馆。

十七日 星期六 上午,游秦淮河,并在那里午餐,由南京市请吃风味小吃。下午,午睡后,与汉城同去看陈白尘,他看来精神比上次见他时好。5时,到金陵饭店赴文化厅宴,有福建文化厅长在座。7时,宴后,回宾馆。有延安鲁艺同学三人来访,谈至10时始去。

十八日 星期日 上午,在宾馆休息。看《上海戏剧》上陈西汀与×××对话文,谈黄梅戏《红楼梦》剧作权,实是暴露余秋雨侵权。下午,到江苏昆剧院看张继青演《赵五娘》(改编《琵琶记》)。《琵》本为生旦对戏,今改成以旦为主,失去原意。晚,南京市招待参观并在彼吃饭。

十九日 星期一 上午,乘飞机起飞还北京。12时到。下午,休息。晚,洗澡。此次出行20天,在江苏经历江阴、张家港、常熟、常州、苏州、无锡、南京等七市,参观乡镇企业三处,参加江苏及《新剧本》联合召开剧本讨论会8天,昆研会讨论会三天。

二十日　星期二　在家休息。上午，总政话剧团王丽娟来，为梅花奖也，坐一小时去。继，收拾二十天带寄来书报。下午，何孝充、×××来，谈剧协开会事。读石生渐寄来《目连南戏》稿，竟一节，水平中上。晚，看电视新闻。

二十一日　星期三　上午，读石生渐稿，尽二节。下午，续读一节，看完第一章，此稿用力颇够，结论明确。晚，看电视新闻。

二十二日　星期四　上午，到纪委招待所参加剧协全国协会工作会议。下午，休息，看报。晚，看电视新闻。今晚觉感冒，流涕、咳。

二十三日　星期五　整日感冒，痰多，未做什么事，只翻看了一通报纸。晚，看电视新闻。服螺旋霉素，早睡。

二十四日　星期六　仍感冒，又看了一章石生渐的书。另外就是看报纸，未做其他事。

二十五日　星期日　上午，到剧协参加梅花奖组委会。下午，小珍一家来，与晴晴玩。看报。晚，看电视新闻。

二十六日　星期一　上午，到剧协参加梅花奖评委会讨论。下午，休息，看报。晚，看电视新闻。感冒仍未见轻。

二十七日　星期二　上午，参加梅花奖评委。下午，休息，感冒仍重。晚，看电视。

二十八日　星期三　梅花奖投票。下午，休息，感冒更重。晚，看电视，连日看《唐明皇》，平淡琐碎。

二十九日　星期四　上午，到积水潭看病，照片，说右肺有啰音。下午，吃药，休息，看报。晚，看电视。

三十日　星期五　上午，休息，吃药后，感冒见好。下午，读报。晚，看电视。

五月

一日　星期六　今日天阴有风。小果、小珍家人全来。午餐。今日报纸亦不多。晚，看电视。

二日　星期日　今天天晴，但有风，未出门，只看报纸。感冒渐好，但仍有痰。晚，看电视《唐明皇》，连续剧中杨玉环已出现，形象尚好。

三日　星期一　上午，到天坛看牡丹，近来腿劲较前稍好，天气不冷不热，回后看报。下午，胡芝风来，谈她报评职称问题。晚，看电视新闻及《唐明皇》。

四日 星期二 上午,看胡芝风《戏曲演员角色创造论》的目录。看报。下午,休息。晚,看电视新闻及《唐明皇》,此集有谋杀太子阴谋,甚紧张,武惠妃演得好。

五日 星期三 上午,到中国美术馆为施昌秀画展剪彩。回家看看报。下午,休息。晚,看电视新闻及《唐明皇》。

六日 星期四 上午,修改章诒和代拟的《湖南目连戏、傩戏研究丛刊》序。下午,看报。晚,看电视新闻及《唐明皇》。洗澡。

七日 星期五 上午,看报。下午,山东潍坊来一人持该市公函求签字。何孝充来,谈剧协事并邀明日参加梅花奖新闻发布会。晚,看电视新闻及《唐明皇》。此戏写杨贵妃,似按传闻鲁迅的思想。

八日 星期六 上午,到市政协参加剧协梅花奖及第三次戏剧节新闻发布会。下午,休息,看报。晚,看电视新闻。

九日 星期日 上午,为苏州大学出版社《昆曲丛书》题签二个。给长沙石生渐写一信。下午,延安青训班书画会来谈,要求题字。晚,看电视新闻,东亚运动会开幕式转播,至10时。

十日 星期一 上午,古堡画廊(青训班)来求字,写了一幅。胡沙来,也为他写了一幅。下午,与玮上裁缝店做绸长裤一条。晚,看电视新闻及一音乐会。音乐会求怪,无啥意思。

十一日 星期二 上午，看报。下午，余从、王安葵来，谈《当代戏曲史》的编写问题。晚，看电视新闻、东亚运动会新闻及《唐明皇》。

十二日 星期三 上午，雨，看报。下午，休息。晚，看电视新闻、东亚运及《唐明皇》。

十三日 星期四 上午，看报。下午，休息。晚，看电视新闻、东亚运动会、《唐明皇》。

十四日 星期五 上午，8:30乘车到东郊植物园游览，先到北园，牡丹已过，芍药尚未全开，温室布置甚好，但无珍奇植物。中午，自备面包等。下午，到南园（科学院植物所）园中花正开，有月季及其他花卉。热带植物花房各种植物甚多，布置不好。王莲花门未开，隔玻璃望之，零落无生气。3时，返城。到家后休息至5时。晚，看电视新闻、东亚运动会及《唐明皇》。

十五日 星期六 上午，休息，看报。下午，丰丰领小晴晴来。散步。晚，看电视新闻、《唐明皇》、东亚运中韩女篮，中胜。

十六日 星期日 上午，散步，看报。下午，休息。晚，看电视。

十七日 星期一 上午，到中纪委招待所参加戏研《当代史卷》务虚会。在彼午餐，参加者有安葵、余从、吴琼等。下午，看报及新来书刊。晚，看电视新闻、东亚运转播等。

十八日　星期二　上午，梁戈领海门书记来，海门山歌剧团来京演戏也。去后，苏丹来看望。下午，看报。晚，看电视新闻及东亚运闭幕演出。

十九日　星期三　上午，花柳千代在淮阳春宴客，我与玮均参加，其余为舞蹈界及艺研院有关人员，直至下午2.30始归。下午，休息。晚，看电视新闻。

二十日　星期四　上午，看报。下午，休息。晚，到儿童剧场看海门山歌剧《青龙角》。此戏剧本写了一个人物"老酒仙"，但剧本结构松散，第二度创作水平亦差。

二十一日　星期五　今日开始修房子，家中甚乱。上午，看报纸。下午，休息，听玮念杂志文章。晚，看电视新闻及《唐明皇》。

二十二日　星期六　今日仍修房子。上午，到中山公园，约二小时，避家中乱也。11时半，回家，看报。中午，未休息好。下午，江西美术出版社送来《脸谱》样书，求写序，拒之。带来新闻出版署副署长赠我台湾故宫博物馆画册。晚，看电视新闻，洗澡。

二十三日　星期日　上午，到全国政协，参加延安文艺座谈会51周年暨延安鲁艺55周年纪念会及戏曲振兴会（延安平剧院部分同志及各大学关心戏曲的教授合组而成），在戏曲会上作简短发言。下午，休息，看报。晚，看电视新闻。

二十四日　星期一　上午，看报，开始看昨天报。下午，休息及出外散步（玮陪）。晚，看电视新闻及《唐明皇》，费城交响乐团演出。

二十五日　星期二　上午，参加鲁艺纪念节目，登天安门城楼，远望甚畅。回家看报。下午，休息，与玮散步。晚，看电视新闻及《唐明皇》。《唐》剧已入佳境，明皇、高力士、安禄山演得好。

二十六日　星期三　这两天因粉刷房子而收拾杂物，家中甚乱。发文忆萱序文信。上午，看报。下午，休息。晚，看电视新闻及《唐明皇》。

二十七日　星期四　上午，看报。下午，收拾书及信。晚，看电视新闻及《唐明皇》。

二十八日　星期五　上午，看报，吕西凡来。下午，陆梅林来。清理衣服，换夏装。晚，看电视新闻及《唐明皇》，洗澡。

二十九日　星期六　上午，看报。与玮散步。甚疲。下午，休息。晚，看电视新闻及《唐明皇》。

三十日　星期日　上午，小珍、小晴晴来，热闹，未能做事。下午，仍如此。晚，看电视新闻及《唐明皇》最后二集。其最后结尾不甚好，太上皇虽老，仍应有一定排场，现在的描写，太过火，显得浅。

三十一日　星期一　上午，看报，近日报纸来得早了。写一幅字，集唐诗二联，送花柳千代。下午，冼星海的女儿妮娜来，谈她想写她父亲的传记，需要我提供材料，我说了些排《军民进行曲》的事。晚，看电视新闻。

六月

一日　星期二　上午，看报。到医院看脚病，因脚气引起脚肿。下午，休息。晚，看电视新闻、儿童节节目。

二日　星期三　家中收拾屋子，准备重新粉刷，很乱。上午、下午，均散步，与玮一道。上午，回后看报。晚，人很杂乱，电视新闻未看好。

三日　星期四　上午，看报。下午，休息。晚，看电视新闻，与玮出外散步。

四日　星期五　上午，院影研所×××来，谈江青在上海事，因他写《江青传》也。看报。下午，休息。晚，看电视新闻，洗澡。

五日　星期六　上午，独自出外散步半小时，聊做实验，不敢多来。看报。下午，刘颖南（另有二位同来）看望，并送饼干二盒。晚,与玮出外散步。

六日　星期日　整日修房,甚乱。上午,看报。下午,休息。晚,到人民剧场看北昆演《琵琶记》,郭汉城改编,一次演完,这回第二次看,好多了,唱好了,紧凑了。

七日　星期一　搬家具,腾空房子,乱了一天。盖叫天的孙子来,约去看他的盖派戏(八日)。晚,看电视新闻。

八日　星期二　上午,到中南海看电影《霸王别姬》,此为获国际大奖之片,然虚构故事,非中国所有。今日读到台湾报纸评论说,中国人不爱看。今日迁到北郊小果新居,暂避纷乱,不去看盖派戏。晚,看电视新闻。

九日　星期三　上午,到文化部参加京剧座谈会,丁关根到会,高占祥谈六点计划,会上让我与汉城主持选好剧本。在部吃饭。下午,小果、小珍、张章来,一同晚餐。

十日　星期四　今日未出门。下午,休息,大睡。晚,看电视新闻及电视剧《莽塬》。此戏谈农村妇女地位及如何到用法律保护自己。

十一日　星期五　上午,到阳翰笙同志家悼念阳老之死。他是七日去世的,91岁。中午,回崇文门午餐。盖叫天孙子书一幅。下午,回双旗杆暂住地,休息,看报。晚,看电视新闻及《莽塬》

毕，此戏编剧尚有漏洞，演员亦不成熟。

十二日　星期六　上午，到马少波家吊唁其老母98岁之丧。下午，休息，读报。晚，看电视新闻及中国巴基斯坦足球赛，未毕。

十三日　星期日　上午，毓钺领衡阳文化局长来。小珍、丰丰带小晴晴来。小唐来送报纸即去。下午，看报。晚饭后，小珍等去。看电视新闻、正大综艺。

十四日　星期一　上午，玮出去开会，一人在家兀坐至11∶30。午后，休息，看报。晚，看电视新闻及一电视剧，写医院护士（护士向玉兰）。

十五日　星期二　上午，无人来，无报，听玮念旧报。下午，老季来，小唐送报来，看报。小珍、丰丰来，晚餐后去。晚，看电视新闻及电视剧《护士向玉兰》毕。老季住下。

十六日　星期三　上午，玮出去开会。在家兀坐，未做什么事，翻翻杂志而已。下午，薛若琳来，谈戏曲学会及院研究工作，我也谈了一些近日感想。晚，看电视新闻，中约足球赛。

十七日　星期四　上午，读新来的《新文学史料》本年第二期，两篇文章：1. 刘雪第写的关于王实味；2. 周扬秘书写的关于周扬的入狱及出狱后生活。看报。下午，看报。晚，看电视。

十八日　星期五　上午，听玮念北京市委副书记（管精神文明的）写的谈精神文明之文，就事论事，无根本主张。读报。下午，休息，续看报。晚，看电视新闻、电视剧《中国商人》。胡芝风来，谈戏曲表演学会及她去新加坡讲学事。

十九日　星期六　上午，听玮念《萧军务农》（登《传记文学》），看报。下午，休息，看报。晚，到民族宫看安徽省徽剧团《吕布与貂蝉》，演员个个有功，唱做俱佳，但剧未编好，导演亦不好，排场大，后面拖。

二十日　星期日　上午，到马远家悼念，马远于十八日去世。下午，休息，看报。小晴晴随其父母来。晚，看电视新闻。

二十一日　星期一　上午，到八宝山与阳翰老遗体告别，悼念者甚多。中午，回崇文门午餐，洗澡。毕，即返双旗杆。午睡至四时。晚，看电视。

二十二日　星期二　上午，黎舟、韩力来，谈马远往事。下午，休息，看报。晚，看电视新闻及《中国商人》。

二十三日　星期三　上午，看新来的湖北戏曲志。中午，石油气没有了，不能做饭，玮上街买饭。下午，休息后看报。晚，看电视。

二十四日　星期四　上午，到艺研院参加戏曲学会主席、副主席会。在彼午餐。下午,回住所休息。看报。晚,看电视。

二十五日　星期五　上午,翻看《戏曲志·湖北卷》。下午,继续并看报。晚,看电视。

二十六日　星期六　上午,读《戏曲志·河南卷》概况。下午,到大会堂参加《拥有一片故土》首发式,在彼晚餐。晚,看电视。

二十七日　星期日　上午,看《新文化史料》(1993.2)上文章《越险关救精英,光辉业绩垂青——记太平洋战争中我党组织抢救香港文化人的经过》,李啟峰作。下午,续看完并看报。小珍一家来,在此一日。晚,看电视。

二十八日　星期一　雨　今日气温23度,稍冷。上午,因天阴眼力不好,不能看书。午睡后,玮出门开会,季来。晚,看电视。

二十九日　星期二　阴雨　上午,读赵起扬回忆录《四十二小时谈话》(《新文化史料》1993.2)及报纸。下午,读余叔芹《近期上海创作队伍、演出状况及艺术思想的调查报告》(《中国话剧研究5》),反映了上海话剧界的水平较低及其茫然感。晚,看电视。

三十日　星期三　上午,翻看刊物,无可读者。下午,看报纸。晚,看电视。

七月

一日 星期四 上午，到清华园修脚，即回崇文门家。看报纸，刊物。下午，午休后续看报。晚，看电视，有个纪念晚会。洗澡。崇文门家已粉刷整理好，甚整洁，小果、张章、丰丰出了大力。

二日 星期五 上午，报纸未来。参加收拾房子，做点轻微工作。下午，听玮念江泽民"七一"讲话。晚，看电视。

三日 星期六 上午，到院研究生部参加第5届毕业结业典礼，我做简短讲话，大意：20世纪是东学西方，21世纪东方文化要在世界做贡献，但为担负这历史任务，东方文化必得现代化，勉励大家努力。中午，与同学聚餐。下午，休息后看报。晚，看电视。

四日 星期日 上午，看报。下午，写一篇悼念翰老之文，由我讲，小果成文，写毕尚未看。晚，看电视。与玮同散步。

五日 星期一 上午，翻看大百科有关楚辞条目。读报。下午，续看条目。吉祥戏园经理来征求签名保园。晚，看电视新闻。

六日 星期二 上午，改悼翰老文。看报。下午，玮念文化部长刘忠德论文艺与商品问题。晚，看电视。

七日　星期三　上午，最后改完悼翰老文，寄文艺报。看报纸。下午，续看报。晚，看电视。

八日　星期四　上午，重新翻读大百科《九歌》辞条。看报。下午，看报。听玮念深圳大戏院报道，所谓提高，只是西洋艺术，缺少民族的东西。晚，看电视。三门峡豫剧团李树建来。

九日　星期五　上午，看报。为三门峡豫剧团黄团长写一幅。下午，休息。阴雨。晚，与玮散步，看电视新闻。三门峡团人来，谈剧本《反徐州》，玮谈导演设想。

十日　星期六　上午，到院开戏曲学会主席会。在彼午餐。下午，休息后看报。晚，看电视，洗澡。

十一日　星期日　上午，读洛地编《浙江戏曲音乐》中高腔部分，很有启发，尚未读完。小果来，在此午餐，并为理发。下午，看报。晚，看电视，与玮散步，洗澡。

十二日　星期一　上午，读黄寿祺、梅桐生《楚辞全译》前言，学风很实在。看报。下午，续读《浙江戏曲音乐》高腔部分，研究较深入，从我的需要看，文中未提目连戏是一遗憾。又翻杂志，无甚发现。晚，看电视新闻，与玮上街散步。

十三日　星期二　上午，读《楚辞全译》之《九歌》，读报。下午，因太热，未做事。晚，看电视，与玮散步，洗澡。

1993 年

十四日　星期三　上午，读完《九歌》，看报纸。下午，休息。晚，看电视，与玮散步。湖南石生渐等三人来。下午，王安葵来。

十五日　星期四　上午，看报。下午，休息。晚，看电视，散步。

十六日　星期五　上午，到医院看病，内科及中医。下午，看报。晚，看电视，散步。

十七日　星期六　上午，到医院做B超，肝、胰、肾、胆、脾、都无大毛病，这次感胃部痛，还是带状疱疹的遗留症。下午，看报，听玮念文章。晚，看电视，散步。下午大雨，晚较凉爽。

十八日　星期日　上午，看石生渐序，读报。中午，小珍一家来，吴大维来，谈台对我去演出反映。下午，小晴晴闹使我未睡好。晚，看电视。服中药后，肚泻，晚停服。

十九日　星期一　上午，读《渝州艺谭》（1993.2）上有关目连文章两篇。读报。下午，石生渐等来取序文（关于他们所写高腔研究的）。刘颖南来谈老干部工作。晚，看电视，散步，洗澡。

二十日　星期二　上午，到院参加老干部讨论会，专谈王贤敏之死及其善后。下午，看报及《渝州艺谭》中有关目连戏文章。晚，到人艺看过士行话剧《鸟人》，一大相声也。

二十一日　星期三　上午，看《渝州艺谭》上几篇有关目连戏的文章，读报。知俞振飞先生去世，电上海送一花圈。下午，休息。听玮念报纸有关文艺事二篇。晚，看电视，与玮散步。

二十二日　星期四　早，为振飞先生书悼辞四句，将交中国京剧杂志发表。上午，看报，仍看《渝州艺谭》上目连文。下午，休息。在室内散步。晚，看电视。

二十三日　星期五　上午，看报。下午，休息。晚，看电视，散步。

二十四日　星期六　上午，读《浙江戏曲音乐》，想给洛地写一封信。看报。下午，休息。晚，看电视。

二十五日　星期日　上午，读中央戏剧学院《戏剧》本年第二期上介绍斯沃博达文，未完。看报。下午，休息，听玮念报。晚，看电视。

二十六日　星期一　上午，复洛地信，看报。下午，休息。与玮散步。晚，看电视。

二十七日　星期二　上午，翻看杂志。看报。下午，休息。晚，看电视，与玮散步。发洛地信。

二十八日　星期三　上午，看报。下午，休息。常州滑稽剧团来人。晚，看电视新闻及中韩女子排球。

二十九日　星期四　上午，翻看《重庆戏曲志》，水平不高。看报。下午，休息。晚，看电视，散步，擦澡。

三十日　星期五　上午，看报。下午，休息。晚，看电视，散步。

三十一日　星期六　上午，看报。王安葵来，谈《当代戏曲史》的提纲，我提出《史》与《当代中国戏曲》一书不同，后者是记事，前者是史，史要与历史大背景联系，又要写出各阶段中突出事件，这些事带偶然性，又有典型性，作为史要精心选择。最后，文革后阶段，是总结以前，但文有开启后来的意义，后来是正在发展的，尚不能作结论。下午，休息。晚，看电视，散步。

八月

一日　星期日　阴雨　上午，看报。下午，休息。晚，看电视，散步。

二日　星期一　阴，热　上午，看报。下午，休息。晚，看电视。

三日　星期二　大热　上午，看报。下午，休息。晚，看电视，与玮散步。

四日　星期三　上午，到戏研参加讨论《当代戏曲史》如何编写，至1时余。在食堂吃饭。到3时才回家。遇雨，鞋尽湿。下午，休息。晚，看电视，与玮散步。

五日　星期四　上午，看报。下午，到钓鱼台参加京剧程派艺术研究会成立会，冯牧讲话，马少波、郭汉城、吴祖光都到，我也讲了几句。此会大概得了不少赞助，花费不少，会后宴会，到会名人还有王光英、赵朴初等，程派名演员都到了，八时毕。晚，洗澡。

六日　星期五　上午，看报。下午，休息。晚，看电视，与玮散步。

七日　星期六　上午，看报。下午，电视台来采访关于吉祥戏院该不该拆的意见。晚，看电视，与玮出外散步。

八日　星期日　上午，看报。下午，龚和德来，谈到杭州交涉与小百花《西厢记》发奖事。晚，看电视新闻，与玮散步。今日小果一家、小珍一家来。

九日　星期一　上午，看报。下午，休息。晚，看电视，与玮散步。今日换电话机。

十日　星期二　上午，看电视系列片《中国戏曲艺术探原》（暂名）第二章（自前日起已看了一章）。看报。下午，博士生×××来谈论文（高腔）。晚，看电视新闻，与玮散步。

十一日　星期三　上午，看报纸。看《戏曲史》录像第三章。下午，休息。安子来京。晚，看电视，与玮散步。

十二日　星期四　上午，吉祥老板来言，小平看了签名信，批给北京，似乎戏院有救。看报。下午，玮念报。晚，看电视，与玮散步。

十三日　星期五　上午，看《戏曲史》录像稿。看报。下午，休息。晚，看电视，与玮散步。

十四日　星期六　上午，看《戏曲史》录像稿。看报，翻看杂志。下午，休息。晚，看电视，与玮散步。

十五日　星期日　上午，看《史》录像稿毕。看报。小果带萌萌回，安安也来。下午，休息。晚，看电视新闻，与玮散步。

十六日　星期一　看《戏曲研究》（43）上流沙《京腔考》，看报。下午，休息。晚，看电视，与玮散步。

十七日　星期二　上午，看《戏研》（43）翁敏华《从傩祭到戏剧之一途》，看报。下午，休息。听玮念毛毛《我的父亲邓小平》。晚，看电视新闻及体育水上芭蕾。

十八日　星期三　上午，到院参加戏曲学会召开的《美与死》讨论会，发了言。下午，看报，翻杂志。晚，看电视，与安子出外散步。

十九日　星期四　上午，刘沪、李愚等来，谈《戏曲史》录像剧本。看报及杂志。下午，何孝充来谈《中国戏剧》。晚，看电视，因雷雨未散步。

二十日　星期五　上午，看《戏剧》（中央戏剧学院学报）1993年第2期孔瑾《论中国戏曲形成的新源起》，虽无新材料，但做了梳理，较以前清楚。看报。下午，休息。晚，因雨未出门。

二十一日　星期六　上午，戏曲学会开会，到者：刘厚生、郭汉城、马少波、薛若琳。下午，看报。晚，看电视，洗澡（今日热水来了）。

二十二日　星期日　上午，看报。下午，小珍一家来，太闹。休息后，未做事。晚，看电视，未散步。

二十三日　星期一　上午，翻看《戏曲研究》（44），看报。下午，休息。晚，看电视新闻及七运羽毛球。

二十四日　星期二　上午，看完傅晓航关于曲谱的文章（戏研44），看报。下午，休息。听张玮念邓小平传。晚，看电视新闻及运动会。洗澡。

二十五日　星期三　今日甚热。上午，安葵、志湘前后来，安葵谈《当代戏曲史》章节，志湘谈《琵琶记》拍电视等问题。看《戏研》（44）论节奏问题文及报纸。下午，休息。晚，看电视，洗澡。

二十六日 星期四 上午,看报。下午,送电脑来,因不适用,退还。晚,看电视。

二十七日 星期五 上午,章诒和来,谈她要在戏曲学院讲《推陈出新》的提纲。下午,休息后看报。晚,看电视,与玮散步。

二十八日 星期六 上午,到院参加戏研所会,此会:1.宣布我给所写书,2.宣布聘常静之为特约研究员及戏曲音乐集成副主编,3.宣布所论文评选结果。会毕,在马凯吃饭。下午,休息,玮念报。晚,看电视新闻,与玮散步。

二十九日 星期日 上午,与玮散步,看报。小果等来。下午,休息,为一收集照相者签名。晚,看电视。

三十日 星期一 上午,看报,翻刊物。下午,休息。晚,看电视新闻,与玮散步。

三十一日 星期二 上午,到人民剧场参加金奖生角组选举记者招待会。下午,休息,看报。晚,看电视新闻,与玮散步。

九月

一日 星期三 上午,大百科徐慰曾引大英百科霍一伯(Dale H.

Horbeig）来，此人研究中国明传奇，找我问几个有关问题，谈一小时。下午，休息，看报。晚，看电视。阮秀引其子女来，子小文从日本回，谈至10时。

二日　星期四　上午，柳以真来谈纪念穆藕初会发言事。看报。下午，休息。晚，看电视新闻，与玮散步。

三日　星期五　上午，与玮散步，看报。下午，休息。看顾铁华昆曲录像，胡芝风来。晚，到青艺剧场看陈颙排哥尔多尼《老顽固》。

四日　星期六　上午，先到政协穆藕初纪念会点卯，后去院参加《脸谱》书出版讨论会。下午，休息，看报。晚，看七运开幕式。

五日　星期日　今日小果搬家，一日甚乱。上午，给昭绵舅复信（今日收到他信）。下午，看报。小林来，谈香港的票友活动。晚，看电视新闻，与玮散步。

六日　星期一　上午，看报，《人民日报》将《中国大百科全书》完成出版消息作头条登出，丰丰念了一遍。下午，理发。晚，看电视，与玮散步。

七日　星期二　上午，翻看《中国脸谱艺术》一书，印制精美。看报。下午，休息。晚，看电视。

八日 星期三 上午，到院参加研究部开学典礼。下午，看报，休息。晚，看电视。

九日 星期四 上午，到积水潭医院看牙。回家看报。下午，休息，玮念报。晚，看电视，散步。

十日 星期五 上午，到院参加戏研近代史编撰会，决定先搞专题，在彼午餐。下午，休息，看报。晚，看电视新闻，与玮散步。

十一日 星期六 上午，看报。下午，休息。晚，看电视，散步。

十二日 星期日 上午，到新兴宾馆，参加霸县戏剧城规划讨论会，在彼吃饭。下午，休息，看报。晚，看电视与玮散步。

十三日 星期一 上午，看刊物，改纪念穆藕初文（用我名发表），看报。下午，休息。晚，看电视，散步。

十四日 星期二 上午，到文化部参加京剧振兴委员会，讨论选一批好剧本事。在彼吃饭。下午，休息，看报。晚，看电视，与玮散步。

十五日 星期三 上午，看《新文学史料》中楼适夷《我的小学》及报纸。下午，休息。晚，看七运闭幕式及新闻（电视中），与玮散步。

十六日　星期四　上午，看杜鹏程爱人写的杜鹏程传《新文化史料》，甚感人，未完。看报。下午，看报，休息。晚，看电视。

十七日　星期五　上午，到院参加《戏曲史》录像讨论。在彼吃饭。下午，休息，看报。晚，看电视，散步。

十八日　星期六　上午，读完杜鹏程夫人之文。读报。下午，休息。晚，看电视与玮散步。

十九日　星期日　上午，与小果、萌萌龙潭湖公园散步，在茶座小坐一小时。下午，看报。夜，看电视。今日为邓兴器写一幅。

二十日　星期一　上午，读上海戏剧学院学报上《王国维传》，看报。下午，休息，看报。晚，看电视，与玮散步。

二十一日　星期二　上午，翻看《圆明沧桑》，看报。下午，休息。与玮散步，晚，看电视。

二十二日　星期三　上午，看报。续读《圆明沧桑》。下午，休息，读《成都艺术》（一、二期合）上李祥林《论离形得似说对中国美学的影响》，与玮散步。晚，看电视。

二十三日　星期四　上午，看报。下午，休息，与玮散步。晚，看电视。

二十四日　星期五　上午，到清华园修脚，读《成都艺术》上于一关于川剧三庆会的文章。下午，休息。与玮散步。晚，看电视新闻。于一文名《"三庆会"，川剧发展史上的一个里程碑》（载《成都艺术》1—2期），论述了川剧昆、高、胡、弹、灯，除灯戏外，均于清初随移民入川，各自发展，清末三庆会成立，始有川剧名目。

二十五日　星期六　上午，翻杂志，看报。下午，休息，听玮念《邓小平传》，与玮散步。晚，看电视。

二十六日　星期日　上午，看报。下午，休息，与玮散步，听玮念《邓小平传》。晚，看电视。

二十七日　星期一　上午，看《成都艺术》中有关三庆会文章，看报。下午，休息，散步（与玮）。晚，看电视新闻及《北京人在纽约》。

二十八日　星期二　上午，读杨沫谈她的儿子"老鬼"文及报纸。下午，听玮念《邓小平传》。与玮散步。晚，看电视新闻及北京人在纽约。

二十九日　星期三　上午，看报。下午，休息，与玮散步。晚，看电视新闻及《北京人在纽约》。

三十日　星期四　上午，看杂志、报纸。下午，休息，与玮散步。

晚,看电视。今日中秋,明日十一,电台有晚会,然无大意思。

十月

一日　星期五　今日国庆,报纸甚少,上午一会儿就翻完了。中午,家宴。小果三口、小珍三口全到,还有我老两口,加阿姨共九人,大吃一顿。下午,休息。晚,看电视。

二日　星期六　上午,与玮带萌萌游慕田峪长城,玮带萌萌登城,我与小唐在城下茶座休息,11时返。1时,到家。下午,休息,看报。晚,看电视。

三日　星期日　上午,看《新文化史料》上《冯乃超传》《红玫瑰》等文及看报。下午,休息。梁冰来,送《诸葛亮与小皮匠》进京演出也。晚,看电视。

四日　星期一　上午,看报。下午,休息,散步。晚,看电视。

五日　星期二　上午,与玮到大栅栏买鞋,看报。下午,应常州滑稽剧团邀参加座谈会,在紫房子,并在彼晚餐。

六日　星期三　上午,看报。下午,休息。4时30分,汉城、安葵来,谈去上海、杭州事。晚,看电视。

七日　星期四　上午。看田本相主编《中国近代比较戏剧史》后记、序、绪言等，此书从一新角度看话剧史，此角度有道理，有根据，还想看看内容。看报。下午，休息，看报。晚，看常州滑稽戏《诸葛亮与小皮匠》。这是重看，觉不及上次看好，原因剧本改坏了，表演朝正剧靠。

八日　星期五　上午，去文化部参加京剧振兴指导委员会，讨论纪念梅、周100岁事。下午，到大会堂参加"大百科"出齐庆祝会，国家领导人出席照了相，江泽民作简短谈话。晚，到京广大厦参加我院办的游艺场开幕式。

九日　星期六　上午，到剧协参加《诸葛亮与小皮匠》座谈会。下午，休息，看报。晚，看电视新闻。

十日　星期日　上午，看报，章诒和来。下午，休息，郭汉城、龚和德来，谈去杭州上海事。社科院文研所×××来，谈他写《贺敬之评传》，并向我了解有关情况，如《白毛女》创作等。晚，看电视。

十一日　星期一　上午，读《古籍整理出版情况简报》269期上刊登的对新刊物《传统文化与现代化》的介绍与讨论，与我见略同。继谭志湘来，邀于明日参加《琵琶记》编电视剧问题的讨论。下午，休息，看报，与玮散步。晚，看电视。

十二日　星期二　上午，赵寻来。翻看杂志。下午，休息。三时半，与汉城、谭志湘到丰盛胡同电视剧中心讨论《琵琶记》编电视剧问题。晚，看电视。

十三日 星期三 上午，看报。下午，休息。读《近代中国比较戏剧史》绪言。晚，看电视。

十四日 星期四 上午，读《比较史》，读报。下午，休息。4:00，社科院文研所某来，要写《贺敬之传》，来谈一小时，所谈为《白毛女》创作经过。晚，看电视。

十五日 星期五 早餐后，到飞机场，准备去上海，飞机误点四小时。下午，3时，始到沪，马博敏来接。住衡山宾馆，饭后休息。

十六日 星期六 上海戏曲学会成立，继往参加并做半小时发言。中午，昆剧院请在其三产餐馆吃饭。下午，往访赵铭彝于其家，访于伶于华东医院。晚，参观文化局三产游艺厅，逛南京路夜市。

十七日 星期日 上午，会见甘肃文化厅长及李长春。10时，赴淮剧团宴。下午，游浦东，去时走地下通道，回时走杨浦大桥。晚，看淮剧《金龙与蜉蝣》，毕，开此剧座谈会。

十八日 星期一 乘沪杭游览火车班车赴杭，住花家山宾馆。下午，休息。晚，在东坡大剧场举行戏曲学会对小百花越剧团《西厢记》颁奖，我亲自授奖，毕，演《西厢记》很成功。

十九日 星期二 上午，小百花越剧团报告创作经验。下午，游西湖。晚，安谷来。

二十日 星期三 上午，参加《西厢记》讨论会。下午，休息，安谷来。晚，文化厅在日月好卡拉OK餐厅宴请，十分热闹。安谷来，与之谈了她去不去北京事，并同去赴宴。此次出来在上海看了淮剧《金龙与蜉蝣》是郭小男导演，此人毕业上海戏剧学院；另一为越剧《西厢记》，由本团人员杨小青导演。前者，导演压演员，后者无此病。

二十一日 星期四 上午，到安谷家，在此一整日，谈谈她们的生活。晚饭后，回宾馆。

二十二日 星期五 上午，在宾馆休息，小百花团长来。午餐时，文化厅陆厅长来送行。饭后赴机场，陆及团长等送至机场，茅威涛亦来。1时45分登机出发，3时35分到北京，小余来接站。回家4时半，与玮谈别后情况，盛沛茹、小安子亦在，向他们谈了他家的情况。晚，看电视。10时寝。

二十三日 星期六 上午，看来信及杂志、报纸。下午，休息。人民日报送来我对《诸葛亮与小皮匠》两次讲话整理稿，要求修改。与玮散步。晚，看电视。

二十四日 星期日 上午，改易凯送来文章，仔细一看，不是我的文章，遂中止。看报。小果来，与谈见到安谷的情况。下午，与小果散步。晚,看电视。

二十五日　星期一　上午,看报。下午,到积水潭医院住院检体,住干2病房2床,同屋为新闻电影厂王某。晚,看电视新闻。

二十六日　星期二　早起留大、小便。上午,打点滴,做心电图,验血。下午,大丰来,小唐来。读金芝评《通论》文。晚,看电视新闻。

二十七日　星期三　上午,第二次点滴及作心电图(与昨日不同)。下午,于萍来(她爱人也在此住院)。晚餐时,小唐送菜来。晚,看电视。

二十八日　星期四　昨日带上24小时查心脏器,今日上午去掉。上午,点滴。下午,照X光胸部及颈部。晚,看电视。

二十九日　星期五　上午,第四次点滴。下午,做超声波及末梢血管功能。晚,看电视。

三十日　星期六　上午,做CT、脑血流图,第五次点滴。下午,丰丰、小珍领小晴晴来。5时,张玮来,7时去。晚,看电视新闻。

三十一日　星期日　上午,打点滴(第6次)。玮来,念朱文相关于训练导演讲话提纲,我写了意见。下午,王安葵来,与玮谈在中央戏剧学院的工作与生活,毕去。玮7时去。晚,看电视新闻。

十一月

一日 星期一　上午,第七次点滴。下午,休息。晚,看电视。

二日 星期二　上午,做脑电图未成,第八次点滴。下午,姚欣来,谈梅周纪念及选剧本事。晚,看电视。

三日 星期三　上午,第九次点滴。下午,玮来。李希凡、薛若琳来,谈戏曲学会换届事。晚,看电视。

四日 星期四　上午,做脑电图,打第十次点滴,张章来帮忙。下午,休息。看艺术局送来关于梅周100周年纪念文件及薛若琳送来戏曲学会文件。晚,看电视。

五日 星期五　上午,休息。下午,院办王××来,小珍夫妇来,刘颖南来。晚,看电视。

六日 星期六　上午,做B超未成,即出院回家。下午,甚疲,休息。晚,看电视,洗澡。

七日 星期日　上午,到市政协主持剧协毛泽东100周年纪念座谈会,在彼午餐。下午,休息。小果一家、小珍一家来,为萌萌过生日。晚,看电视。

八日　星期一　上午，看黄菊盛送来《近代戏剧卷》导言，未毕。金兰、化群、向延生来谈《歌剧史》提纲，至12时。下午，休息。4时，文化部干部司司长艾青春来，谈文化部干部换届问题。晚，看电视。

九日　星期二　上午，10时，乘飞机到武汉参加现代戏讨论会，住东湖宾馆。下午，参加会的人陆续来，文化部长请晚饭。晚，看电视。

十日　星期三　上午，休息。下午，见到龚啸岚。安葵来谈我的发言，并草出发言稿。晚，龚啸岚来谈事。

十一日　星期四　上午，开幕式，省委宣传部长及省长出席，我发了言。会后演戏曲小品四个。下午，大会发言未参加，休息。晚，到武汉戏院看株洲花鼓戏剧团演《红藤草》，此戏尚粗糙，但乐队极好。

十二日　星期五　上午，游览黄鹤楼及归元寺。下午，听大会发言。晚，看商洛地区花鼓戏《泉水清清》，戏亦平平。

十三日　星期六　上午，写发言提纲，谈《导演与文学》。下午，听大会发言。晚，到武汉戏院看荆门市荆州花鼓戏剧团《百花洲头》，戏还不错，剧本还要进一步整理，导演甚好。

十四日　星期日　上午，参加讨论会，发了言。下午，3时，高占祥来,与他合影后,召开座谈会,动员武汉京剧界为明年梅周百年纪念,搞一台好京戏。6:30去火车站,与小唐于7:40上三峡游览专列赴宜昌。

十五日　星期一　7:00到宜昌。因昨日在车上未休息好,整日休息,住百花饭店(市文化局招待所)。下午,5:30上船(江渔115号)预备游三峡。夜,宿船上。

十六日　星期二　上午,抵奉节。餐后,游白帝城,城高,坐滑竿上下,城已不存,有白帝庙,白帝何人,亦仅有传说,庙塑刘备托孤像,实则托孤事在奉节。下午,休息。晚,休息。

十七日　星期三　清早,上旅游船返航,途中有陆游洞、黄帝庙,我均未上岸,沿途观两岸崖石奇伟,观神女峰,到葛洲坝,船在坝中等候3小时,10时,始返宜昌。

十八日　星期四　上午,9:30分,乘火车返武汉,名为软卧,车上奇冷,终日拥被不起。夜,10时,到汉口,乘坐面包车至武昌,住东湖宾馆。

十九日　星期五　去北京飞机预定下午6时起飞,整日休息。天雨,没有出去。4时,去飞机场,人甚多,等了半天,宣布改成明日早7:10起飞,仍还东湖就宿。

二十日　星期六　早,去飞机场,按时登机,天仍阴雨,起飞后飞机穿过厚厚云层钻上蓝天,精神当之一爽,一路上云层渐薄。至北京,天晴,然因连日大雪,仍甚冷,路也甚滑,因来接之车小而人多,故"打的"回家。午饭后,休息。醒来疲甚,并咳嗽、流清鼻涕。晚,小果来接走萌萌。看电视新闻。

二十一日 星期日 整日疲倦,休息。中午,小珍一家来,带一大蛋糕,为玮祝寿。下午,休息,看信件。晚,看电视,江泽民在西雅图与各国领导人会见。洗澡,水热,出了汗,觉身体稍适。

二十二日 星期一 今日疲劳稍减。上午,福建文化厅长来,请去看戏(明日)。读报。下午,玮念报。晚,看电视新闻、排球比赛。

二十三日 星期二 上午,看黄菊盛所写《近代戏剧》绪言,未毕。成都川剧院五六人来,此次来京演《刘氏四娘》已毕,我已错过未看上,据云此戏不错。下午,看报。晚,到儿童剧院看闽剧《御前侍医》剧本平平,二度创作甚差,此剧写三国时名医、《伤寒论》作者张仲景事。

二十四日 星期三 上午,看完黄菊盛绪言,拟作小改。下午,看报休息。晚,看电视。

二十五日 星期四 上午,小改黄菊盛文。上海演出团——文化局长孙彬、市宣传部长等来,邀看戏。下午,休息,看报。晚,看电视，洗澡。

二十六日　星期五　上午，到院里参加霸县戏剧城城徽挑选会。下午，休息。3时，去国际饭店参加上海演出团新闻发布会，在彼晚餐。晚，看电视。

二十七日　星期六　上午，未工作，看报。下午，休息。晚，到人民剧场看吉剧《一夜皇妃》。

二十八日　星期日　上午，看报。来人甚多，不安静。下午，胡芝风夫妇来。晚，看电视，洗澡。

二十九日　星期一　天阴。上午，读《中华戏曲》上周华斌关于兰陵王的面具研究之文，他以为许多假面，包括"兰"面都与傩面有关，也与傩仪有关，所论虽较粗疏，但亦有想象力。〔按：中国傩乃是民间节日仪式，一直发展成近代的社火秧歌，先有假面，近代去之。〕下午，看报。晚，到儿童剧场重看《金龙与蜉蝣》，印象与前看大不同，甚动人。

三十日　星期二　上午，继续翻看《中华戏曲》最近寄来的三本。下午，看报。晚，到帽儿胡同实验话剧院小剧场看上海话剧《美国来的妻子》。此剧纯系上海生活，演员是好的，剧本反映了一定的现实，但人物消极。

十二月

一日　星期三　上午，到评剧院参加其青年评剧团成立会，说了短短一段话，并在彼午餐。下午，翻看报纸及杂志。晚，看电视新闻。

二日　星期四　晨，与汉城、乾浩同再赴霸县，参加戏曲导演学会开幕式。该会今日成立，10时开会，我讲了话。在那里午餐，午后休息至4时，即原人原车回京，到时5时40分，天已黑，疲甚。晚，看电视新闻后，即早睡。

三日　星期五　上午，迟起，看报。下午，翻看新来的《新文化史料》。晚，到首都剧场看上海青年话剧团演出喜剧《OK股票》。此戏平平，长，乃喜剧之大忌也。

四日　星期六　今日咳嗽感冒甚重，痰极多，只稍事看报，未做别的，吃了些感冒药，至晚似稍好。看电视新闻。儿女们来甚多，亦不静。

五日　星期日　今日吃药后稍好，看《新文学史料》及报纸。下午，休息。晚，看电视新闻。

六日　星期一　昨夜一夜未睡好，浑身燥热。上午，仅看报。下午，午睡亦不好。晚，看电视。张玮下午回。听玮念《程长庚》

剧本。

七日 星期二 上午，到医院看中医。今日减棉裤，燥热稍好。下午，《金龙与蜉蝣》导演郭小男来，谈他的戏，此人甚通人情世故，甚喜人。晚，看电视新闻。服汤药，早睡。

八日 星期三 上午，到国际饭店参加上海演出综合讨论会，发了言。下午，休息。晚，马科来谈《程长庚》。

九日 星期四 今日不适稍减，但未做事。午餐稍觉有滋味。下午，午睡，亦好，未咳嗽。看报。晚，看电视新闻。

十日 星期五 今日仍痰多。上午，休息。下午，看报。晚，看电视新闻。夜里喉中痰声大作。

十一日 星期六 今日仍在家养病，但觉稍好。上午，看报。下午，休息。为章诒和、刘沪学历签证明书各一件。戏剧出版社刘××来聊天。晚，看电视新闻及足球赛。

十二日 星期日 今日五付药吃完，咳嗽已好得多。上午，小果来，为我理发。午睡甚好。下午，看报。晚，看电视。

十三日 星期一 上午，到医院看中医，又开了五付药。回家看报。下午，读本年第6期《文艺研究》上赵铭善文《评意境研究中的两种倾向》分析清楚，论断准确，即：意境者抒情诗人主观感情与客观外界之结合也,其源来自抒情文学,与叙事文学关系较少。

十四日　星期二　上午,到西四奎元饭馆,赴长沙湘剧团之邀。下午,休息。晚,到民族宫剧场参加梅兰芳金奖生角组发奖仪式并看晚会。

十五日　星期三　上午,到戏研所参加《当代戏曲史》提纲讨论。下午,玮念《文艺研究》上文章:谭德晶《意境新论》,又蔡子谔《试论毛泽东独具个性的美学追求》,后文未念完。晚,看电视新闻。

十六日　星期四　上午,在文化部参加梅兰芳金奖讨论会。下午,休息看报。晚,看广东汉剧团演出《包公与妞妞》(即《陈州粜米》),改编、导演都很差。

十七日　星期五　上午,休息,看报。下午,休息。晚,到民族文化宫看长沙市湘剧团演出《布衣毛润之》,尚可。湘剧演现代戏有如此成绩,不易。

十八日　星期六　上午,荆兰、李波、化群、方晓天、向延生来,听我谈歌剧史问题。下午,丰丰领小晴晴来,送小珍去西安。晚,看电视。今日只略翻报纸。

十九日　星期日　上午,在家看报。下午,休息。晚,到儿童剧场看新加坡敦煌剧坊粤剧团演《南唐李后主》。

二十日　星期一　上午，到积水潭看病。下午，听张玮念报，内有关于《北京人在纽约》的评论。晚，看电视新闻及陕北战役电影。

二十一日　星期二　上午，休息，为李真将军书《讲话》长卷题字。下午，2时，到国际饭店，参加北京市电视台举行的晚会。晚，看电视新闻。

二十二日　星期三　上午，段若青来，谈劳大、劳中旧事及一些人的情况。下午，休息。晚，看电视。

二十三日　星期四　上午，到艺术局开会，谈如何在明年搞出几台好京戏问题。下午，休息，盛沛茹来。晚，到人民剧场看衡阳祁剧《甲申祭》。此戏剧本不错，导演均过得去，尚可加工。

二十四日　星期五　上午，看报。下午，休息。晚，看电视新闻。

二十五日　星期六　上午，看报。下午，休息。晚，看视新闻及北京市电视台的庆祝毛泽东诞辰100年纪念晚会。

二十六日　星期日　上午，看报。下午，休息。今日星期日，小果等来。晚，看电视新闻，有毛泽东100周年纪念大会。

二十七日　星期一　上午，看报。下午，休息。晚，看电视新闻，中、古女排赛，听中央乐团音乐会。

二十八日　星期二　上午，何孝充、齐致翔来，谈开剧协主席副主席会事。下午，到文津俱乐部，参加毛泽东诞辰 100 年纪念演唱会，在彼晚餐。回家看电视。

二十九日　星期三　上午，到院参加戏曲所新年同乐会，见到许多难见的老同志。下午，余从来，讲他们写的《戏曲史》略的内容，要我写篇序，我谈了一些意见。晚，看电视。

三十日　星期四　上午，×××拿来整理的《戏曲史》略的序言，经我签字后拿去。下午，听玮念报。晚，看电视。

三十一日　星期五　上午，看报。下午，到音乐厅听中央音乐剧院音乐会。晚，看电视及中央交响乐团音乐会。前一音乐会水平较差，后一乐团是好的，可惜所演除《梁祝》外，无好曲目。

1994

一九九四年

一月

一日　星期六　今天全家团聚，只有安谷一家还在杭州未能来。中午，会餐。下午，休息。晚，看电视，有维也纳音乐晚会。

二日　星期日　今日仍是假日。上午，书二条幅，安子来。晚，到人民剧场看京剧之星推荐演出，有史敏《昭君出塞》、于魁智《空城计》，均不错，最后孟广禄《姚期》，太长，未完。

三日　星期一　上午，看报。下午，休息。晚，看电视新闻，洗澡。

四日　星期二　上午，看报。下午，胡芝风来，谈戏曲表演学会筹备情况。晚，到民族宫看江阴锡剧团演《天涯情仇》。

五日　星期三　上午，8时，到国务院二招参加文化部京剧剧本讨论会，听高占祥、陈昌本谈这个会的目的、精神等。在彼午餐。下午，各省汇报剧目计划，至5时，回家。晚，看电视。

六日　星期四　今天整日在二招参加剧本创作会，听各地汇报情况。下午，我发了一次言，谈戏曲创腔的重要，呼吁大家注意。晚，回家，看电视。夜失眠。

七日　星期五　上午，去二招参加会，因无重要发言，回房，休息。午餐后，回家。下午，午睡至4时。晚，看电视新闻。

1994 年

八日　星期六　上午，到戏曲学院为文学、导演二班讲课，题目是"导演与文学"，同讲者还有汉城。下午，在家休息。晚，看电视新闻。

九日　星期日　今日未大便，午睡起后感不适。整日看报，后，只在晚上看电视新闻。

十日　星期一　今日仍不适，早晨吃了麻仁清肺丸，下午大便了，病去了一半。晚，看电视新闻。睡后腹胀，至5时水泻一次，始安定下来。

十一日　星期二　今日正式吃饭，试体温正常。看报纸，重看将在《中国戏剧》上发表的《导演与文学》。晚，看电视新闻。

十二日　星期三　今日大便正常，但咳嗽甚烈，吃饭也胃口不好。上午，看报。下午，听张玮念文。晚，看电视新闻。

十三日　星期四　早晨，醒来觉左手小指、无名指及左脚大拇指发麻，活动搓揉后仍不愈，是末梢血流不畅也，恐是血栓又发。入夜，洗脸时，感左胳膊及左脸感觉不同，乃吃大活络丹一丸，并决定明日到医院看病。今日只看报，未做其他事。

十四日　星期五　今日一早到301医院看病，并住院。上午，办了手续，即回家。下午，去住院，立即做了CT，住南楼8层12床，做少量分子点滴（右旋），此疗程十四日，每日一针。

这里饮食还可以。晚,丰丰来陪住,看报。

十五日　星期六　早抽血,留大小便。早饭后,第二次点滴,做心电图。午饭后,小睡至2:30。4时,丰丰去,玮来,念报。晚,写日记。

十六日　星期日　昨夜未睡好,吃了一粒安定。玮在此陪一天。下午,余从、安葵、刘沪来谈约两小时,继常州文化局长来,坐半小时。晚,身体烦躁,连夜未睡。

十七日　星期一　上午,玮去,小唐来。下午,四时,丰丰来,小唐去。整日疲乏,胃口不佳,吃得少,医生说这是供血不足的后遗症,点滴5—7次后会好。晚,看电视新闻,早睡。今日第4针。

十八日　星期二　上午,照 X 光,打点滴第五针。昨晚因服安眠药,睡了一夜好觉。下午,饭后睡得也好。晚,饭口味仍未开。今日小果来,丰丰去。

十九日　星期三　晨,做 B 超,除前列腺外,内脏一切都好。早餐后,做核磁共振,打第6针。下午,做智力测验。

二十日　星期四　上午,点滴第7针。

二十一日　星期五　点滴第8针。小果去,玮来。

二十二日[①]　星期六　今日生日,玮来,带来蛋糕。第9针。

二十二日[②]　星期六　今日是我生日,儿、女、婿都在下午来看我。今天痛痛快快地大便了两次。涂沛来谈了一些京剧唱腔、音乐的问题。第10针。

二十四日　星期一　今日无事。第11针。半夜起床尿尿,跌了一跤,并无大事。今日大便通畅。

二十五日　星期二　今日身体感到好。早餐后大便通畅。第12针。玮扶我散步三次。吃饭胃口渐好。晚,从12床迁至22床,因有一脑溢血重病人来住此床,此床房子离护士办公室近也。

二十六日　星期三　今日大便通畅,吃饭胃口尚可。第13针。下午,何孝充、齐致翔来,谈剧协主席团会事。继×××[③]来,晚始去。

二十七日　星期四　今日大便较少,可能昨日少吃故,今日精神、体力较昨日不好。打第14针,一个疗程完毕。拟与主治大夫贾大夫商量出院事。

二十八日　星期五　上午,为脑照X光。今日晚小果来,玮回去。

---

①② 日记原文如此——编者注
③　原文人名处空白,以×××代之,下同——编者注

二十九日　星期六　昨晚上半夜睡得好,下半夜未睡着。今日听小果念文章,让小果猜谜语。晚,玮来,小果去。

三十日　星期日　今日下午,何孝充来,谈梅花奖领导小组及评奖委员事。

三十一日　星期一　上午,做腰部理疗,因照到骨增生,要做六次。下午,胡芝风来,今非探视时间,未能进来,玮下去与之谈了一个钟头。晚,从肛门注入,大便了,两日来的痛楚得以消除。

二月

一日　星期二　做理疗。上午,汉城来,谈剧协事。晚,洗澡。

二日　星期三　上午,做理疗。丰丰来。两天来,大便开始正常,但仍发干不畅。

三日　星期四　早大便。早餐后理疗。午餐后又大便了一点,因早上未便完也。下午,小唐、丰丰来,即去。总政拜年探试病人,也来看了我,并给年礼一份,即手杖一根。晚,听广播。

四日　星期五　早点后,理疗。早晨还取了耳血。下午,小珍、小果来。5时,玮与小珍去,小果留下。

五日 星期六 理疗。大便仍不通,用开塞露。整日无事,听小果念报。晚,看电视新闻。

六日 星期日 大便仍不通。京剧演员××玲来。

七日 星期一 今日出院。此次检查,各方面正常。在家中午餐,觉胃口特好。下午,伯中夫妇、曲润海(代表部)及导演学会黄在敏等来。今日仍未大便。

八日 星期二 用了开塞露才大便。仍休息,未做任何事。晚,看电视新闻。赵寻夫妇来。

九日 星期三 今日大便才通。夜,看除夕电视节目,不大能引人兴趣。10时睡。家人守岁打牌。

十日 星期四 (阴历甲戌元旦) 家人团聚,小果、小珍两家都来,共聚午餐。下午,章诒和来。晚,看电视新闻。拜年电话不断。晚8时,小莉自澳洲来电话,问我脑血栓病情,情谊可感。

十一日 星期五 昨夜下雪,至今早未止,这是盼了多日的。今日孩子们都走了,十分清静,除了有电话不断拜年之外,别无打扰。下午,在本楼内探望数家,王玉清又入医院了,吕骥也在医院未回,只有赵寻一家在。晚,在电视中看中央台以警察界为题演出一台晚会,觉入情入理,比近来的似乎都好。洗澡。

10时半，入睡。

十二日　星期六　今日晴。上午，王安葵、龚和德来谈戏曲学会事，继中央戏剧学院徐晓钟等5人来。1时，到夏公家看望，老人家尚健旺。下午，何孝充来，谈剧协事。晚，看电视新闻。

十三日　星期日　与玮同到小果新居，在那里午餐，吃涮羊肉。下午，回家休息。晚，看电视。

十四日　星期一　天阴。上午，于均华表妹来。吕瑞明来谈《中国京剧》。下午，到友谊医院看望高占祥。

十五日　星期二　上午，到剧协主持梅花奖评委开会。回家，荆兰来，送来《歌剧史》序文。下午，韩力、黎舟来。

十六日　星期三　上午，小果引《传记文学》编辑部数人来，谈京剧卡拉OK问题，并为题字。宪源表妹来。下午，5时，到马凯赴饭约。

十七日　星期四　上午，黄克保来，谈到生活，甚为伤感，甚至影响到工作。下午，玮看了《歌剧史》序后，谈了许多意见，我也打算修改一遍。晚，赵寻来告知十一届梅花奖选举结果。

十八日　星期五　上午，小安子从杭州来。修改歌剧史序。晚，田川、乔佩娟来，长久未见，谈至9∶30。

十九日 星期六 上午,读杂志文两篇。下午,杨乃林(中央音乐学院作曲系主任)、张延培(京剧作曲)来访,他们前些时做了一些京剧传统唱段用管弦乐配音的试验,今天来征求意见。吴大维来。洗澡。

二十日 星期日 上午,王文慧来。下午,与家人、小孩玩耍。晚,看报,看电视。

二十一日 星期一 上午,本应去文化部开文华奖会,因电梯坏,未成。常静之来,谈《近代戏曲史》音乐部分如何写。下午,小林来,谈让我为顾铁华、张继青昆曲专场题签。晚,看电视新闻。

二十二日 星期二 上午,赴延安敬老会(在××剧场)。下午,为顾铁华、张继青演出专场题一签,小林取去。晚,看电视新闻及冬奥会直接播映。

二十三日 星期三 上午,到回龙观饭店参加文华奖评奖会。下午,回家,读报。晚,看电视新闻。

二十四日 星期四 今日旧历正月十五。上午,看报。下午,沈达人夫妇带小外孙来。袁凤霞来,晚在此吃元宵。看电视新闻。

二十五日 星期五 上午,到回龙观与曲润海谈开戏曲音乐座谈会事,并读报。下午,回家。晚,看电视新闻。

二十六日　星期六　整日在回龙观参加文华奖讨论会。下午,发了言。晚,看电视新闻。

二十七日　星期日　整日在回龙观开会,会上评出文华奖名单。5时,回家。晚,看电视新闻。

二十八日　星期一　今日在家休息。上午,看闲书,翻报纸。下午,听玮念报。晚,看电视新闻。

三月

一日　星期二　上午,到剧协研究主席会议的准备工作。下午,刘忠德来,与我及胡可会见谈话。去后,胡芝风来谈戏曲表演学会工作情况。晚,看电视新闻。

二日　星期三　上午,到院开戏曲学会会长会。在彼吃午餐。下午,何孝充来,谈去看曹禺的情况,及曹禺的发言。翻看报刊。晚,看电视新闻。玮念晚报。

三日　星期四　上午,到东郊宾馆主持剧协主席会议,由文联传达宣传工作会议文件。下午,玮念报。晚,看电视新闻。

四日　星期五　上午,仍在东郊宾馆开剧协会,由何孝充报告了年来工作及1994年工作计划，毕，有李默然、刘厚生、郭汉城发言。下午，玮念报。晚，看电视新闻。

五日　星期六　上午，仍开会。刘忠德来讲话，讲后离去。有于是之、吴祖光、胡可等发言。最后书记处提出主席会议的定期召开，原则通过，散会。疲甚。下午，睡至4时。起来后听玮念报及她写的文章。晚，看电视新闻及音乐晚会。洗澡。

六日　星期日　上午，小果夫妇，小珍带小晴来。翻看《新文学史料》。与小晴晴玩。午后，听玮念报。晚，看电视新闻。

七日　星期一　上午，读《传记文学》上《才女外交家龚澎》未完。下午，到××宾馆，参加"京剧卡拉OK座谈会"。晚，看电视新闻。

八日　星期二　上午，读完龚澎传记。下午，看报纸。晚，看电视新闻。

九日　星期三　上午，读《传记文学》(2)《中苏论战中的毛泽东》。翻看报纸。下午，听玮念《杀妃剑》剧本，并与她讨论如何导演。晚，看电视新闻。

十日　星期四　上午，看报。下午，听玮念汪人元《中国戏曲音乐的表现方式》(《文艺研究》1994年第1期)。晚，看电视新闻。

十一日　星期五　上午,重读汪人元文第一部分。阅报纸。下午,为青艺写一幅,书写多张未成,乃罢。晚,看电视新闻。

十二日　星期六　上午,写简历600余字。下午,看报。晚,看电视新闻。

十三日　星期日　今日甚乱。小珍一家来,小果夫妻也来,未能做什么事。小果从我写的字中挑出一张,说还可以用,乃签名备送青艺。看报。晚,看电视新闻。上午9:00时,顾铁华来。

十四日　星期一　上午,写学术自叙,得500字。下午,看报。晚,看电视新闻。

十五日　星期二　上午,写自叙,两日共得2000字。下午,看报。晚,到中央戏剧学院剧场看顾铁华、张继青演出昆曲专场,并给顾颁了"金兰"奖状。回家甚疲。

十六日　星期三　上午,写自叙,共得2500字。下午,看报。晚,看电视新闻。

十七日　星期四　上午,自叙初稿成,共3700字,尚待删改一次。下午,看报。晚,看电视新闻。

十八日　星期五　上午,修改自叙稿。下午,看报,并重改自叙稿。晚,看电视新闻、民歌比赛,歌者多不好,嗓子差,表现力亦差。

十九日 星期六　上午，再看一遍稿子，并将小传删去几段与自叙上重复之处。读报。下午，玮念报。晚，看电视新闻。洗澡。

二十日 星期日　小果、张章来，为我抄清自叙稿。翻看报纸。晚，看电视新闻。

二十一日 星期一　上午，将自叙稿等送出。与博士研究生路应昆谈他的《京腔音乐及音乐史》论文提纲。看报。下午，翻看杂志等。晚，看电视新闻。

二十二日 星期二　上午，读《戏剧艺术》1993年第3期上阿庇亚文：《活的时间　活的空间　活的色彩》。文甚艰深，原则道理大致是对的，但因作者缺少实践经验，故全系概念之学，少具体东西，对于西方戏剧界的实践亦少总结。下午，看报。晚，看电视新闻。送出自叙及小传（给国务院学位办）。

二十三日 星期三　上午，读《戏剧艺术》1993年第4期上论韩国"唱剧"的文章，了解许多知识。何华英来，谈血栓病可治。下午，看报。晚，看电视新闻。

二十四日 星期四　上午，读《毛主席在鲁艺讲话》（第一次），这次讲话能记述的很少。读报。下午，听玮念刘忠德关于邓小平同志文艺思想的论文。小翁来，他现在办公司，国内国外两头跑。晚,未及看电视新闻。

二十五日　星期五　上午,翻看《新文学史料》今年第1期。下午,看报纸。晚,看电视新闻。

二十六日　星期六　上午,翻看艾克恩编的《延安文艺运动记盛》。看报。下午,休息,看晚报。晚,看电视新闻及音乐会。

二十七日　星期日　上午,翻看《记盛》。看报。下午,长沙映山红戏窝子来人,云文化部邀请他们来京演出。晚,上海文化局宴请于国际饭店,为邀请去沪参加天蟾舞台重新开幕(上海京剧院体制改革),4月20日至5月1日,尚未决定去否。

二十八日　星期一　上午,翻看《记盛》。读报,下午,听玮念报。晚,看电视新闻。

二十九日　星期二　上午,看《记盛》看报。下午,到×××家参加田汉基金会(财政部批给100万元),与会者有葛一虹、凤子等。4时归。晚,看电视新闻。

三十日　星期三　上午,看报。下午,仍看报,整理抽屉。晚,看电视新闻。

三十一日　星期四　上午,翻看旧日记。下午,看报。晚,看电视新闻。北昆×××来,谈昆曲振兴及基金事。

四月

一日　星期五　上午,看楼适夷《我谈我自己》,《新文学史料》今年第1期。下午,看报。晚,看电视新闻。

二日　星期六　上午,续读楼文,觉此人忠厚深情,其带小孩逃难出川一节,甚感人。下午,看报。晚,看电视新闻。

三日　星期日　上午,看报。10时,到市政协参加昆剧研究会,与会者有丛兆桓、刘厚生、林默涵、吴雪、何孝充等。在彼午餐。下午,休息。晚,看电视新闻。

四日　星期一　上午,读《四川戏剧》上关于灯戏一文,考证资料少见,有参考价值,唯云灯戏是川戏中最早者,未提出证据。看报。下午,续看报。晚,看电视新闻及《风雨下钟山》。

五日　星期二　上午,到市政协参加文华奖新闻发布会。回后阅报。下午,阅报。与玮散步。晚,看电视新闻。听玮念晚报。

六日　星期三　今天天气晴和,与玮到中山公园散步,在惠芳园看了热带兰。下午,看报。晚,看电视新闻。

七日　星期四　上午,看报。下午,休息,看报。晚,招待澳洲人,是小莉的朋友,在此吃饭,至9时30分。

八日　星期五　上午，翻看《文艺理论与批评》今年第二期。看报。下午，看报。晚，看电视新闻。

九日　星期六　上午，翻读天津《艺术研究》1993年秋冬号。看报。下午，听玮念报。晚，看电视新闻。

十日　星期日　上午，只剩我一人在家。翻看近代文学大家日记、书信。看报。下午，小珍一家来。晚，看电视新闻。

十一日　星期一　今日家中无人，十分清静。翻读近代大家书信、日记，看报。晚，玮念报。看电视。

十二日　星期二　读《越缦堂日记》，八国联军占北京一段，深感其时知识分子虽有爱国心，而不明时势，亦无斗争性，由此观之，中国革命成功，必需百年左右也。晚，看电视新闻。听玮念报。

十三日　星期三　上午，读《越缦堂日记》，此人颇自负。翻看报纸。与玮出外散步。下午，续读《日记》，看晚报。晚，看电视新闻。听玮念报。

十四日　星期四　上午，续读《越缦堂日记》。读报。下午，读《越缦堂日记》。翻晚报。晚，看电视新闻。

十五日　星期五　上午，看《越缦堂日记》《癸巳锁院旬日记》，乃记考进士阅卷事。翻看报纸。下午，3时，到北京饭店参加青艺45周年纪念茶会，见到许多老同志。晚，看电视新闻。

十六日 星期六 上午，与玮到天坛看花，走路不少，中间时有歇息，但尚不觉疲倦。下午，看报及翻新到杂志。从江苏《艺术百家》今年第一期上读到廖奔《西域乐舞与梵呗说唱对中原戏曲的影响》一文，把这方面的资料集中得较完备。晚，看电视新闻。

十七日 星期日 上午，读《艺术百家》今年第1期上侔荣本《中国古代悲剧理论与创作的美学品格》，未完。看报。下午，续读仍未完。晚，到首都剧场看北京儿艺《英雄壮志少年郎》，谭志湘编剧，陈颙导演。

十八日 星期一 上午，看报，并将侔荣本文读完，亦有新意，但有些见解仍需推敲。下午，看报。晚，看电视。睡前跌了一跤，头碰墙上很重，震动很大，立刻头晕，赶紧睡下，一夜无话。

十九日 星期二 上午，上积水潭医院看病。下午，又去照CT说左颅叶微血，要住院，但院中无空病床，只得回家，整日头疼。晚，小果夫妇、吴大维来探病。

二十日 星期三 上天坛医院门诊，认为颅内小有出血，可以吸收，无大碍。整日吊针。

二十一日　星期四　上午，在家休息。下午，到积水潭住院，打点滴减轻颅压，又打脑活素。晚，早睡。玮陪住，今日起住积水潭医院。

二十二日　星期五　上午，张玮去开会，吴大维来此陪住，打点滴。下午，丰丰来。5时，玮回，今日觉头疼较轻。

二十三日　星期六　上午，打点滴。下午，葛一虹住院检查，顺便来看我。去后，头又渐疼，直至晚上。夜里小便多次。

二十四日　星期日　上午，打点滴，今日共打葡萄糖及脑活素。下午，玮回家，小果、张章来，张章念她为我写的传记或文章，尚不成熟。晚，看电视新闻。今日大便了。

二十五日　星期一　今日打第5针脑活素。

二十六日　星期二　上午，查脑血流图及无创性功能，打第6针。近日头已不大疼。

二十七日　星期三　打2次点滴，做B超，除脂肪肝外，无他异。刘颖南来。

二十八日　星期四　打第8次点滴。小珍、丰丰来。

二十九日　星期五　上午，出院。多日未回家，甚轻松。下午，小果来，为按摩腰腿，觉酸疼稍好。晚，看电视新闻。

三十日　星期六　腰疼不减，不能干什么。上午，翻翻报纸。下午，看看晚报而已。晚，洗澡，热水中腰疼顿失。睡了一个好觉。

五月

一日　星期日　今日全家聚会，小果两口、萌萌、小珍两口、小晴晴、安子都来了。午饭后，小珍一家去。晚，看电视新闻。

二日　星期一　今日雨，难得也，细如牛毛，沁透地下，是好雨，一日未止。晚，看电视。

三日　星期二　今日阴雨，雨亦不大，但整日未止，是好雨也。天冷，在家未做事。亦无人来。

四日　星期三　因脑疼，上午，到积水潭看专家门诊，但因未透视，未得结果。下午，安葵来，谈了些戏曲所老同志近况。晚，看电视新闻。

五日　星期四　今日有风，天冷。上午，翻读《西方名导演论导演与表演》，读了阿庇亚《照明与空间》，此文虽短，却是名篇，过去未读过好的译本，这次是忠实译作，读了始窥原貌。晚，电视中看萌萌学校活动及新闻。继，玮念报纸。

六日　星期五　今日晴,已转暖。上午,读报,读前书中马克思·莱因哈特的《戏的魅力感》,也许当时有新意,现在看平淡无奇。下午,听张玮念报。晚,看电视新闻。

七日　星期六　今日天大暖。上午,玮出外。我在家看书报。下午,小果来,安子带她男朋友来,在此晚餐。晚,看电视。洗澡。今日有消息,昭棉舅、安谷最近均要来。

八日　星期日　晴,热。上午,看报。下午,收拾房子预备客人来。晚9时,昭棉舅来。

九日　星期一　上午,安谷来。昭棉舅为均华表妹接去。今日人来人往,甚为忙乱。除读报及看电视新闻外,未做他事。

十日　星期二　几日来,腰痛,热敷,未见功效,腿受影响发软。只翻翻报纸而已。晚,看电视新闻。

十一日　星期三　仍腰痛。上午,到积水潭看病,照了一个片子,结果如何尚不知。下午,翻看报纸。晚,看电视新闻。

十二日　星期四　仍腰痛,走路腿发软。晚,小果来按摩。一日之中,未做什么事,报纸也未好看。晚,看电视新闻。

十三日　星期五　上午,看报。下午,休息,出外散步40分钟。晚,看电视新闻及中俄男排比赛。小萌萌患猩红热,未上学,幸有安谷在家，今日带去打针。

十四日 星期六　上午，看报。下午，与玮上街散步半小时。晚，看电视新闻及正大综艺。睡后，半夜觉脑供血不足，起床小便不方便，玮扶始起，腰疼转剧。

十五日 星期日　今日小果、张章来。中午，小果做鱼。上午，看报。下午，未工作，腰仍痛。晚，看电视新闻。

十六日 星期一　早四时，发现腰痛稍缓，但晨起穿袜时，扭了腰，又痛起来，由此得知腰痛是软组织受伤，与骨无关。上午，看报。下午，休息。晚，看电视新闻及中国古巴女排赛，未毕，即休息。

十七日 星期二　上午，俞赛珍引中央电视台的人来拍《名家名角话京剧》，弄了半上午，还要继续弄。今日腰痛，不能干什么了，只看看报而已。晚，看电视新闻。

十八日 星期三　今日，到医院看检查结果确系骨质增生，又查出转氨酶高出 83，去看肝炎医生，说，不严重，不是肝炎，是偶然情况，嘱少吃肥肉，多吃豆制品，开了些保肝药。

十九日 星期四　今日宴请昭棉舅，在便宜坊，九姨两口、昭谏舅、宪源表妹均来，还有我家大小，共坐两桌，盛事难得，大家很高兴，至下午 3 时余，始散。昭棉舅住此。

二十日　星期五　今日风甚大。腰剧痛，盖昨日活动量过大致也。仅翻报纸及看电视新闻，未做他事。与舅舅闲谈忆旧。

二十一日　星期六　今日风停，腰痛稍缓。下午，舅舅去九姨家。晚，张建军来，带来湖南年轻演员，是这次映山红演出团来京演戏的。

二十二日　星期日　今日丰丰带小晴晴来，家里热闹了。天又热。下午，小珍来，小果来。今日未做何事，只看了报。腰痛有减缓，恐怕是每天用药揉搓的效果。

二十三日　星期一　今日甚热，仅穿一单衣还感燥热不已。仅翻看报纸，未做他事。晚，看电视新闻。

二十四日　星期二　今日雨。腰痛日渐缓解。上午，看报。下午，未做何事。只活动腰而已，服保肝药后，胃口似稍好。晚，看电视新闻。

二十五日　星期三　今日天较凉，虽晴，盖附近有雨也。上、下午，均翻看报纸。眼睛不好，找出木版线装《牡丹亭》阅读。晚，看电视新闻。

二十六日　星期四　今日昭棉舅乘飞机返长沙。下午，4时许，来电话告知已平安到达。上午，翻看报纸。下午，读《牡丹亭》。晚，看电视新闻。

二十七日　星期五　上午，看报。下午，读《牡丹亭》。晚，看电视新闻。

二十八日　星期六　上午，看报。下午，读《牡丹亭》。晚，看电视新闻。洗澡。

二十九日　星期日　上午，看报。下午，读《牡丹亭》，及安葵《戏曲"拉奥孔"》。晚，看电视新闻。

三十日　星期一　上午，读《牡丹亭》，看报。下午，续读《牡丹亭》。晚，看电视新闻。连日来睡前，一直由玮用药按摩腰部，疼痛渐好。陈白尘同志去世，致一唁电。

三十一日　星期二　上午，看《牡》剧完，此本是进呈皇帝看的，名冰丝馆本，印刷精美，有样图五十余幅，画、刻、印均为上乘，尤其其中人物，五十幅都个个有自己形象不走样，如柳梦梅、杜丽娘，殊难得。看报。下午，休息。晚，看电视新闻。

六月

一日　星期三　上午，到清华园修脚。回家看报。下午，与小果谈当代农村文化，如何批判接受传统文化问题，根本否定，并加抛弃是错误的，全盘无批判地继承同样错误。晚，看电视新闻，今日儿童节，电视中有许多儿童节目，看了令人高兴。

二日 星期四 上午，看报。下午，化群、荆兰来取去《歌剧史》序。晚，看电视新闻。

三日 星期五 上午，看报。下午，看《董西厢》。晚，看电视新闻及球赛。收到黄佐临同志的讣告。

四日 星期六 上午，读《董西厢》，读报。鲁艺文学系田×来，送来一种刮痧的药与工具，买了一份，一副 2.60 元。下午，续读《董西厢》，看晚报。晚，看电视新闻，洗澡，发悼黄佐临电，复龚和德信，为浙江越剧小百花《西厢记评论》序改了数字。

五日 星期日 上午，读《董西厢》。苏丹、杨伟来，谈到解放初在中央戏剧学院反贪污事，那时他们被错划，还进行了退赔，至今虽已摘帽，但有的退赔未还，此事我正在学院，固为写了一证明。下午，看报。晚，看电视新闻。因是假日，小珍、丰丰带晴晴来。

六日 星期一 上午，读《董西厢》及报纸。下午，剧协×××、×××来，谈开追思陈白尘、黄佐临事。晚，看电视新闻。

七日 星期二 上午，看《董西厢》，看报。下午，看《新文学史料》今年第二期上杜鹏程《战争日记》。晚，看电视新闻。

八日 星期三 上午，张东川、崔沐尘来，张请我为他的集子写序。看报。下午，读碧野《生命的花与果》(载《新文学史料》今年第二期)。晚，看电视新闻。

九日 星期四 上午，读碧野文章，又读报。下午，听玮念报上文章。晚，看电视新闻。洗澡。

十日 星期五 上午，读《新文学史料》今年第2期上谷斯范文。看报。下午，读完谷文。晚，看电视新闻。

十一日 星期六 上午，读报。下午，休息。晚，看电视新闻及京剧《程长庚》之广播，疲甚。近日体力不佳，早早躺下。

十二日 星期日 小珍一家、小果一家及安安均来，闹哄哄。上午，为遂昌汤显祖纪念馆写一招牌，字大半尺见方，小果帮忙，写了一个钟头。看报。下午，理发，休息。晚，看电视新闻。

十三日 星期一 今日大热。上午，看报。马科及安徽京剧团团长来谈《程长庚》，马是导演，我谈此戏人物理想化、概念化，这样就没有生活，不感人。下午，休息。晚，看电视新闻。夜热而无风，换用床席。

十四日 星期二 上午，看报。下午，休息。晚，看电视新闻。天气大热，晚睡不着，裸体而卧。

十五日 星期三 上午，到纪委招待所参加剧协全国工作会议。

下午，回家休息。晚，到人民剧场参加昆曲青年评比开幕式。

十六日　星期四　上午，到纪委招待所主持陈白尘、黄佐临追思会，到会百余人，陈、黄二位女公子参加。会毕，午餐。下午，休息。晚，看电视新闻。

十七日　星期五　近日来，气温高达34℃，除看报外，不能做什么事。晚，则看电视新闻。夜间热不能寐。

十八日　星期六　仍热。看报纸。收到徐朔方《晚明曲家年谱》共三卷，约百万字，读其序言未毕。晚，看电视中世界杯足球赛开幕式。

十九日　星期日　今日温度仍高，但有风。上午，读徐书序未完，读报。小果等来。下午，读晚报。晚，看电视新闻。洗澡。

二十日　星期一　今日读完徐书序，读报，均上午事。下午，休息。晚，看电视新闻。洗澡。

二十一日　星期二　上午，到戏曲学院参加论证硕士生课程。下午，夏革非来聊天。看报。晚，听玮念晚报，看电视新闻。

二十二日　星期三　上午，沈祖安领浙江京昆剧院院长及争梅花奖演员来，是昆曲小生，要演一专场。去后，看报。王安葵来，谈戏曲学会事。下午，看李泽厚《美学四讲》。晚，看电视新闻及豫剧《能人百不成》转播。此戏喜剧，平平，演员去百不成者争梅花奖，此人虽懂得抓舞台效果，但创造人物甚差。

二十三日　星期四　上午，看报。下午，读《传记文学》4期上一篇关于毛主席的文章。晚，看电视新闻，听玮念晚报。洗澡。

二十四日　星期五　上午，看报。到医院看了病。下午，看新到报刊。晚，看电视新闻，与小晴晴讲故事（她爸爸下午送她来）。今日稍凉。

二十五日　星期六　今日稍凉，来人太多。小盛从杭州来，另外小珍夫妇及晴晴，安子带来她的两个同学。太热闹，不能做事。上午，看报。下午，看晚报。晚，看电视。

二十六日　星期日　昨日与今日是国家新规定的例假日，隔一个星期就有一次这样的假日，俗成"大礼拜"。昨天很热闹，今天也一样，小果回来了。因此，今天也不能干什么事，看报而已。晚，看电视，洗澡。为浙江京昆剧院书一幅。

二十七日　星期一　上午，参加艺术局委托戏研所召开的"戏曲传统剧目改编研究会"，发了简短的言。中午，在那里吃饭。下午，休息，玮牙痛，看报。晚，看电视新闻。洗澡。

二十八日　星期二　上午，看报。下午，休息。晚，看电视新闻。今日热得不能做事，尤以下午为甚，阴而闷，但不雨。

二十九日　星期三　上午，到东四市政协，参加昆曲振兴会，招待此次昆曲青年演员评比得奖者座谈，除青年演员外，尚有剧团团长及有关省的负责人，并在彼午餐。下午，看报。晚，电视中看新闻及此次昆曲青年评比闭幕式。洗澡。

三十日　星期四　今日气温稍减，并有小雨。上午，看报。下午，休息。晚，看电视新闻。

七月

一日　星期五　今日党生日。上午，鲁艺校友会杨中海来为我录像。看报。下午，休息。晚，看电视新闻。洗澡。

二日　星期六　上午，看报。下午，休息。晚，看电视新闻。

三日　星期日　雨　较凉爽　上午，看报。下午，看晚报。晚，到首都剧场看龙江剧《木兰传奇》，此戏加入了爱情故事，较有情节，最后，以悲剧结尾亦较动人。龙江戏来自东北二人转，地方味及民间味重，但又有所提高，此戏音乐相当成功，主演白淑贤甚努力，亦获得相当成功。

四日　星期一　阴　上午，看报。下午，看晚报。晚，看电视新闻。

五日　星期二　阴热不雨　上午，看报。读《东方》上一文，谈胡适晚年生活，在美国很不得意。胡适说，因为他的国家这几年很背时,他才落得如此。所谓这几年就是五十年代,这时中华人民共和国正在兴起,胡适当然不承认她是自己的国家的,这是他的悲剧。下午,休息。晚,看电视。

六日 星期三 今日仍闷热,不能做事,只看看报纸。晚,看电视新闻。收到黎辛回忆延安《解放日报》的文章,内有我对"乌龙院"一剧的意见一文的叙述。他说,毛主席曾同意此文意见。我对此事从不知晓,今日得知,亦一可喜事也。

七日 星期四 上午,看报。下午,龙江剧白淑贤与省文化局长来,我谈了谈对《木兰传奇》的意见。晚,看电视新闻。今夜大雷雨,气温下降。

八日 星期五 上午,到院参加研究生部四年硕士生论文的讨论与通过,内有戏曲一人、美术一人、电影二人。下午,看报。晚,看电视新闻。

九日 星期六 上午,看报。下午,休息。晚,看电视新闻。

十日 星期日 上午,看报。下午,休息。晚,看电视新闻。今日有雨,仍热,无法工作,好些人要我写字、写序、写书评,均不能进行。

十一日 星期一 上午,到研究生部参加研究生毕业典礼。下午,看报。晚,看电视新闻。

十二日　星期二　上午，读《艺术研究》本年第三期邱紫华《秦俑是中国先秦审美文化的结晶》附题：兼对欧洲文化中心论的批评，此文将中国与欧洲审美观点，做了比较，以证实秦俑与欧洲审美观点无关，有理有据，是好文章。继看报。下午，看晚报。晚，看电视新闻及电视剧《包青天》，此剧虽为一通俗文艺，但有可看性。今日整日雨未停。

十三日　星期三　上午，看报。下午，看晚报。晚，看电视新闻。今日较凉爽，但仍无法工作。

十四日　星期四　上午，读《文艺研究》本年第三期上周来样《崇高、丑、荒诞》附题：西方近、现代美学和艺术发展的三部曲，未完。读报。下午，休息。晚，看电视新闻及台湾电视故事片《包青天》，此剧虽荒诞，但仍写了人物，又有曲折情节及武打，故可看性强，引人看下去。

十五日　星期五　上午，看完昨日未读竟之文，此文将文艺派别及思潮与哲学思潮挂勾，能给人以启发。读报。下午，休息，看晚报。晚，看电视新闻。

十六日　星期六　上午，看报。下午，休息，看晚报。晚，看电视新闻。

十七日　星期日　上午，看报。下午，休息，看晚报。晚，看电视新闻。天闷热，半夜下雨。

十八日　星期一　上午，看报，为张东川文集写一短序。下午，休息，看晚报。晚，看电视新闻，有彗星与木星相撞的图像。

十九日　星期二　上午，到医院看病，抽血。回家看报。下午，休息，看晚报。晚，电视新闻，中途断电，与家人闲聊。

二十日　星期三　上午，简慧来谈戏曲学会事。看报。下午，何孝充来，谈剧协工作。晚，看电视新闻。

二十一日　星期四　上午，到院，开戏曲学会会长会议，谈今明年工作，到会者有汉城、少波、赵寻、薛若琳、王安葵、龚和德等。在彼午餐。下午，休息。今日闷热。晚，看电视新闻。

二十二日　星期五　上午，陈牧来，言胡芝风从新加坡来信，要求我给那里的京剧演出题一字，即写好带去。看报纸。下午，休息。晚，看电视新闻。今日仍热，傍晚有骤雨。

二十三日　星期六　上午，看新到刊物、报纸。下午，薛若琳来，谈院领导班子事。晚，看电视新闻。

二十四日　星期日　小果来。上午，看报。下午，休息，看晚报。晚，看电视新闻。小果为理发。

二十五日　星期一　上午，草一京剧音乐革新的发言提纲。读报。下午，休息，看晚报。晚，看电视新闻及《包青天》连续剧。

关于京剧音乐的发言提纲（初稿）

1. 戏曲音乐传统的特点一：表现节奏的板式。

一、歌诗时代（诗经）的音乐特点：开始有不同节奏"师挚之始，关雎之乱"。

二、大曲的形成过程，各种不同节奏的民歌，有系统地排列，到散慢快散。

三、戏曲音乐有意识地按内容需要而排列。曲牌联套与板式音乐的原则基本是一致的，后者更注意板头的作用.

2. 传统特点二：旋律的表情作用。

一、不同民歌的不同表情：喜、怒、哀、乐。

二、这一特点在戏曲上的运用。

三、形成各种不同的曲调系列：昆曲中的南北曲运用，梆子的花音与苦音，京剧的西皮二黄……

3. 板式变化运用的充分，和曲调表情运用的比较不充分。

4. 从这个传统看出来戏曲音乐发展繁荣的可能性。

一、板式不能废，至少短期内不能废，但可以创造新板式，如《奇袭白虎团》中的三拍子等。

二、旋律的丰富大有文章可做。

三、京剧姓京的问题，是个时间问题，应顺应观众耳朵，逐渐发展，不可操之过急，但绝不能不动，否则必不能吸引新观众。

四、应大大发扬音乐，特别是唱的表现人物感情的作用。

二十六日　星期二　上午，看报。下午，休息，看晚报。晚，看电视新闻。

二十七日　星期三　上午，写一戏曲音乐补充提纲，看报。下午，休息，看晚报。晚，看电视新闻。

补充前提纲。

曲牌联套的变化发展

1. 曲牌本各有特色。

2. 为了求统一性，曲牌的联结遂以调为类聚，形成"黄钟宫""仙吕调"等"九宫十八调"，以表各种不同之情。

3. 一个戏的唱和润腔风格渐趋一致，渐渐减弱了各调特色，也就是减弱了喜、怒、哀、乐的表情强度（昆曲）。

4. 这就是板式变化体产生的艺术原因。板式变化体表情对比强烈。

5. 板式体旋律表情亦即旋律美、旋律色彩往往不够丰富，影响了每个不同剧目音乐上感情色彩的差异，或细微差异，这是戏曲，特别京戏革新所应大大下功夫做的文章。

二十八日　星期四　上午，到市政协参加剧协主席会，听剧协书记处汇报，在彼午餐。下午，2:00始回，休息，看报。晚，看电视新闻。盛沛茹回杭州。今日气温稍缓解，闷热减退。

二十九日　星期五　早，张东川来，取回其文稿及我所写的序。上午，看新来的《传记文学》第7期，读报。下午，休息，看晚报。晚，看电视新闻。

三十日　星期六　上午，看报。下午，休息，看晚报。17:00时，去飞机场，乘18:55班机去烟台。20时到，住福芝大酒店515房。

八月

一日 星期一 （在烟台） 上午，参加戏音讨论会开幕式，说了简短的致辞，有关雅农发言。下午，休息后，续参加会，刘吉典、黄钧发言。晚，在戏园看本地青年演员演折子戏（京剧）。8:30回住处，洗澡，早睡。

二日 星期二 上午，参加讨论会，有常静之及上海黄钧等发言。下午，休息。晚，休息。夜，喉肿痛，天明转好。

三日 星期三 上午，发言二小时，谈三个问题：1. 戏曲的艺术特点与西洋歌剧不同之处；2. 文学剧本与上演台本；3. 节奏与程式是戏曲的表现手法。午餐烟台艺校请客。下午，休息后感嗓子不适。晚，吃六神丸及感冒胶囊等，睡眠不太好。

四日 星期四 上午，会议组织去蓬莱，未去，仍不适。下午，休息。晚，休息。今日服药，六神丸等，下午病见好。

五日 星期五 今日离会人多，只剩我们几个，没做事，纯粹休息。晚，8时半，赴机场。航班误点至9:55时始出发，飞近天津时，报云北京机场上空天气欠佳，飞机将停天津，后又报北京天气转好，始降北京，时已10时半。到家11时。

六日 星期六 昨夜疲极，睡至今日11时才醒。稍进早点，看报。

午餐后洗澡，又睡至4时。晚餐后，看电视新闻。10时就寝。

七日 星期日 天气已稍转凉。上午，刘颖南来，谈推荐他为研究员事。下午，看报。晚，看电视。

八日 星期一 上午，为刘颖南写推荐书。下午，小果来。看报。晚，看电视新闻。

九日 星期二 上午，刘颖南来，齐致翔带苏昆剧团人来。下午，休息，看报。晚，看电视新闻。

十日 星期三 上午，看报。下午，休息，看晚报。晚，看电视新闻。今日闷热，睡前洗一次痛快的澡。张玮在外一整日，6：30回，肚痛，发烧，未吃晚饭就睡了。

十一日 星期四 上午，10时，到市政协参加剧协11届梅花奖新闻发布会。在彼午餐。下午，休息，看报，听玮谈剧本。晚，看电视新闻及焦点访谈。

十二日 星期五 日记忘记。

十三日 星期六 上午，雨，看报。下午，休息，看晚报。晚，看电视新闻、焦点访谈及足球。洗澡。

十四日 星期日 上午，看报。下午，休息，看晚报。晚，看电视。

小果一家来,小果为整理新来书籍,归架。

十五日　星期一　上午,看报。下午,休息,看晚报。晚,看电视。

十六日　星期二　天又渐热。上午,看报,看新来的《戏曲志》。下午,休息,看晚报。晚,看电视。

十七日　星期三　上午,看《戏曲志》,报纸。下午,休息,看晚报,晚,看电视新闻、焦点访谈。

十八日　星期四　上午,看《戏曲志·安徽卷》,看报。下午,休息,看晚报。晚,看电视。上午,周育德来,送来遂昌题匾润笔。

十九日　星期五　上午,看《戏曲志·安徽卷》,看报。下午,休息,看晚报,晚,看电视。

二十日　星期六　上午,看《戏曲志·河北卷》,看报。下午,休息,看晚报,看《传记文学》今年第8期上郑洞国自述《困守长春始末》。

二十一日　星期日　上午,看《戏曲志·河北卷》,看报。下午,休息,看晚报。晚,看电视。

二十二日　星期一　上午,看《戏曲志·西藏卷》,看报。李勇勤、孙李军的孙女李莉来。下午,休息,看晚报。晚,看电视。

二十三日　星期二　上午,看《西藏卷》概述未完,看报。下午,休息,续看《西藏卷》,晚报,晚,看电视。

二十四日　星期三　上午,看《西藏卷》综述仍未完,看报。下午,休息,看晚报。晚,看电视。

二十五日　星期四　上午,看《戏曲志·江苏卷》,看报。下午,休息,看晚报。晚,到中央电视台看梅兰芳金奖净、丑、老旦第一场决赛,10时回。为阎逢春逝世二十周年题字一纸。

二十六日　星期五　上午,读《湖南卷》。下午,看报。晚,看电视。

二十七日　星期六　上午,读《湖南卷》,看报。下午,休息,看晚报。晚,看电视,中有金奖第二场决赛。

二十八日　星期日　上午,续看《湖南卷》,看报,小果将去郑州与谈。下午,休息,看晚报。晚,看电视。今天星期日,大人、小孩吵闹非凡。

二十九日　星期一　上午,看《天津卷》,看报,小果来。下午,休息,看晚报。晚,看电视。

三十日 星期二 上午,看《河南卷》,看报。下午,再看《河南卷》,研究河南梆子的形成过程,"志"上无肯定结论。晚,看电视。

三十一日 星期三 上午,再看《河南卷》。安葵来,送来《当代中国戏曲》样书,真是千呼万唤始出来,太不容易,翻看之。下午,再翻看,从头至尾。休息,看晚报。晚,看电视。

九月

一日 星期四 今日是中小学开学日,萌萌上学去了,下午回来后,即做功课,与上学期不大相同,六年级了,懂事了。仍看《当代中国戏曲》,读了绪论,写得大体是好的。上午,还看了报纸。下午,休息后看晚报。晚,看电视新闻及梅花金奖比赛。

二日 星期五 上午,齐致翔来,谈梅花奖发奖日程。翻看《山西志》,看报。下午,休息,看晚报。晚,看电视。

三日 星期六 上午,看《山西卷》,看报。下午,休息。3时,到院参加书画鉴定组成立一周年座谈。看晚报。晚,看电视。

四日 星期日 上午,看报。湖南范正明等三人来。下午,休息,看晚报,为范及湖南会演题字共二幅。晚,从电视中看远东残疾人运动会开幕式。

五日 星期一 上午，乘车赴津，郭汉城同车，小唐开车。11时半到，因错路走到了塘沽，故迟了，住温泉宾馆。下午，休息。晚，李平夫妇来，谈至9：30去。洗澡睡觉，牙齿痛，久久始寝。

六日 星期二 上午，开见面会，互相介绍，我说了话，主旨：继续努力。中午，天津主人请客，吃冷餐。下午，3时，组委、评委开会，讨论修改梅花奖条例。晚，授奖大会并演出小节目。甚疲，回家即睡。

七日 星期三 上午，授奖大会，在中国大戏院。中午，宴会。下午，无事，休息至4时。晚，看天津京剧院演新排剧《曹操父子》。

八日 星期四 上午，开《曹操父子》座谈会。我最后做简短发言，肯定此戏成功，尚有缺点，剧好在有人物，人物有感情，戏前后不一贯。中午，市长宴请。餐毕，即回北京，走高速公路一小时半即到家。到家为下午3时，睡了一觉。晚，洗一澡即睡。

九日 星期五 上午，读《新文化史料》本年第四期，一组关于《甲申三百年祭》的文章，看报。到文化部参加梅、周百年纪念会筹备会。下午，休息，听玮念晚报，为雷州雷剧团题一字。晚，看电视。今日天已渐凉。

十日 星期六 上午，张章来，与出外散步约一小时，回来看报。

下午，看晚报，与玮出外散步半小时。晚，看电视。

十一日　星期日　上午，看报，独自出外散步约15分钟。为苏一平写一信介绍眼科医生吴乃川。下午，休息，看晚报。晚，看电视。

十二日　星期一　上午，看报。下午，休息，看晚报。晚，看电视。杭州小百花越剧团来一电话，邀我去看他们的新戏，我因年高体弱，未答应。

十三日　星期二　上午，看《文艺研究》本年第四期上周宪《艺术形式新论》，读报。下午，休息，看晚报，与安谷出外散步一小时，遇胡青坡。晚，看电视。

十四日　星期三　上午，读《文研》第四期上蒲震元论文学上谈"气"的文章《生气远出，妙造自然》，未完。看报。下午，休息，看晚报。晚，看电视。

十五日　星期四　（缺记）

十六日　星期五　上午，续读论"气"之文，未完。读报。下午，休息，看晚报。晚，看电视。

十七日　星期六　上午，×××、×××来，×××是我院毕业的研究生，现在云南任省京剧团团长，带来一个写关索的剧本，念给我们听。此剧根据部分云南传说写成，带有较浓少数民族风俗习惯，他们采用此题材，是为了建立一种适合云南人看的京剧。下午，湖北楚剧团（武汉）来，他们来演一戏《荷花洲头》。

十八日 星期日 上午，看《中国戏剧》8期上关于浙江越剧《西厢记》及河南豫剧《金瓶梅》之争论。看报。下午，休息，看晚报。晚，看电视。

十九日 星期一 上午，看报。湖南花鼓戏剧院荒芜、导演余谱成、演员谢晓君来，他们来演《乾隆判婚》，争文华奖及梅花奖。下午，休息，看晚报。晚，看电视。

二十日 星期二 （今日中秋节） 上午，看报。新疆陈先生及夫人来，夫人是玮同学，陈是七届政协全国委员。下午，看报，休息。晚，朱文相来，谈戏曲学院工作。

二十一日 星期三 上午，看报。下午，休息。晚，到人民剧场看湖北花鼓戏剧团演出《荷花洲头》，剧本不完整，导演、演员甚好。这几日肚子不舒服。收到梁冰信及茶叶。

二十二日 星期四 上午，看报。下午，休息，看晚报。晚，看电视。

二十三日 星期五 上午，到文联参加新文艺大系编委会，在彼午餐。下午,休息。晚,到工人俱乐部看湖南花鼓戏剧团《乾隆判婚》,此戏故事比较复杂,我又看不清字幕,有的话也听不清,但戏活泼,演员也演得好。回家甚疲倦。

二十四日　星期六　上午,与玮出外散步。下午,休息后,翻看新到杂志及报纸。晚,看电视。

二十五日　星期日　上午,与玮出外散步,看报。下午,休息,看晚报。晚,看电视。近两三天,翻看《红楼梦》。

二十六日　星期一　上午,写条幅二,为给玮送人。下午,看报。晚,看电视。朱文相来,送来了张岱年、方克立主编的《中国文化概论》。

二十七日　星期二　上午,看报,与安谷散步,看《中国文化概论》。下午,休息,看晚报。晚,看电视。

二十八日　星期三　上午,看报,与玮散步。下午,休息。晚,参加中央电视台国庆晚会。

二十九日　星期四　上午,到文化部开梅、周100周年筹备会。下午,休息,看报。晚,看晚报。

三十日　星期五　上午,看《中国文化概论》,看报。下午,与玮散步约1小时余,看晚报。晚,看电视。

十月

一日　星期六　今日国庆日，小果自郑州赶回，张玮备餐，犒劳全家，小珍一家迟到。2时，午餐始完。下午，休息。5时起，大家玩麻将，我也打了两牌。晚，看天安门放花并看电视中天安门舞会。至10时，大家兴致仍高，我先就寝。

二日　星期日　今日仍是假日，孩子们都在家，热闹而乱。中午，吃涮羊肉。下午，玩麻将。玮给我念高占祥颂梅兰芳的诗。晚，看电视中有广岛亚运会开幕式，不甚精采。

三日　星期一　上午，沈达人来，谈他打算写一篇纪念梅兰芳的文章。下午，看报。晚，看电视新闻及亚运会，中国旗开得胜，获游泳、举重、击剑等7金牌。

四日　星期二　仍是假日，家中人仍多。上午，看报，读《中国文化概论》。此书立论实事求是，一反多年来对社会发展等方面的概念化说法。下午，休息。晚，看电视新闻及广岛亚运会。痛快洗了一个澡。今晚安谷回杭州。

五日　星期三　上午，读《概论》。下午，休息，看报。晚，看电视，广岛亚运会。送小果去郑州。

六日　星期四　上午，看报。下午，为上海艺术研究所改一序，序是为该所《周信芳麒派艺术》所写。继从电视中看亚运会比赛。晚，仍看比赛及新闻。

七日　星期五　上午，读《文化概论》，看报。下午，电视中看亚运。晚，到人民剧场看四川省川剧院《峨眉山月》，写李白。此戏故事多在幕后，台上多叙述，故清冷，不知李白历史者，不甚明白。下午，川剧×××来。

八日　星期六　上午，读《文化概论》，报纸。中午，休息。下午，胡芝风夫妇来。晚，到中央戏剧学院剧场看上海儿艺的《雁奴莎莎》，这戏小孩喜爱，给大人的印象也好。

九日　星期日　上午，看报。下午，休息。广东粤剧院同志来。晚，看……①

十日　星期一　上午，王安葵来，给我念文章。下午，到海淀剧场看川剧丑角专场。晚，看电视新闻及晚报。

十一日　星期二　上午，读《概论》，看报。下午，休息。晚，到儿童剧场看粤剧《×××传奇》，此戏是一观众爱看的戏，有情节，无人物。

十二日　星期三　上午，到戏研所参加当代《戏曲史》讨论，发

---

① 原文如此——编者注

了一次言。下午，休息，看报。晚，看电视新闻及广岛亚运直播。

十三日 星期四 上午，参加戏研讨论。下午，看报。晚，看电视及晚报。

十四日 星期五 上午，读《概论》，看报。下午，休息。看电视播广岛运动会。晚，看晚报，电视新闻。洗澡。

十五日 星期六 上午，看报，研究生×××来，读他的博士论文。下午，电视中看广岛运动会。看报。晚，看电视新闻。

十六日 星期日 上午，看《概论》。小珍一家来，未能做工作。下午，休息，看电视转播广岛亚运会。晚，看电视新闻。

十七日 星期一 上午，到友谊宾馆参加北京市梅兰芳诞辰100周年纪念讨论会，在那里午餐。下午，休息，看报。晚，看电视新闻。

十八日 星期二 上午，看报，翻杂志。下午，休息。看高占祥颂梅周的诗，与玮散步，听玮念文章。晚，看电视。两天来，天气骤冷。

十九日 星期三 上午，看报，读《概论》。下午，休息，读《概论》。屋中清冷，坐太阳下读书。晚，看电视。

二十日　星期四　上午,到市政协参加市文联梅兰芳纪念讨论会,在彼午餐。将近2时始回,休息后,翻看报纸。晚,看电视新闻。

二十一日　星期五　上午,看《概论》。给高占祥写一信,谈看了他的两首诗的意见,并即送出。下午,休息,看报。晚,看电视,晚报。

二十二日　星期六　上午,读《概论》,与玮散步,报纸。下午,休息,给红线女"南国红豆"剧团题字。晚,看电视新闻。

二十三日　星期日　上午,与玮散步,看报。下午,休息,看报。晚,到工人俱乐部看评剧院演《情系万家》,是写北京环卫工人生活的,此戏剧本未写好,演员还可以。

二十四日　星期一　上午,读《概论》,报纸。黄菊盛来。下午,休息,看报。在房中散步千步,忽然想起,拟名此室为"千步斋"。晚,看电视,洗澡。数日来,玮膝痛,行走困难,今日去医院看病,是骨质增生加静脉曲张,令人担心。

二十五日　星期二　上午,到文化部参加文联会,高占祥任文联党组书记,与大家见面。下午,休息。与玮散步。晚,看电视,有郭兰英从艺60年纪念。

二十六日　星期三　上午,与玮散步,看报。下午,休息。听玮念两篇文章。1.姜静楠:《人民性:需要重建的理论标准》(《戏剧丛刊》1994第3期）；2. 王德胜、李泽厚：《关于文化现状道德重建的对话》（上）(《东方》1994年第5期）。前一文并未能否定人民性，但他说人民性不能适用于现代文学创作是对的。后一篇提出了许多新问题，但文未完，尚难评价。晚，到人民剧场看福建南安高甲戏剧团《大汉魂》，演汉高祖及萧何平冤狱事，戏尚可。

二十七日　星期四　上午，读《概论》及报。丛兆桓来，谈昆剧研究会事。午餐至1∶20始吃。下午，休息，听玮念报。晚，看电视。

二十八日　星期五　上午，看《概论》，看报。下午，休息。晚，看电视。睡后，因张玮去天津，等到12时未睡着。

二十九日　星期六　昨夜睡未稳，今早晏起。早餐时，即有客来，是江苏常州文化局长来求为洪深诞辰100周年纪念题字。之后，看《概论》，读报。丰丰带小晴晴来，安安来。下午，休息，听张玮念报。晚，看电视。洗澡。睡较好。

三十日　星期日　上午，看《概论》，报纸。江苏艺研所及南京文化局副局长来，陈晶来，他们带京剧团来，主角也来了，争文华、梅花二奖。下午，休息后，与张章散步。晚，看电视。收到文忆萱信。

三十一日　星期一　晨，小果回。上午，看《概论》，看报。下午，休息。小果为理发。晚，看电视。

十一月

一日 星期二 早8点，乘车去平谷，因当代《戏曲史》写作组在此地，假教工休养所开会，车行2小时余才到。所在金海湖附近，环境优美，空气清新，又甚清静。到时10：20，即参加会。下午，稍休至3时，继续开会。4时半即返城，路上车多，至天黑6：30始到家。人甚疲。参加讨论者：余从、安葵、吴琼、谭志湘、涂沛等。

二日 星期三 上午，读《概论》及报。下午，休息。4时半，贾克夫妇引晋中演员二人来，为演出争梅花奖也。晚，看电视。

近日酝酿戏曲音乐原理，似稍有所得，简记如下：

戏曲音乐来自民歌、说唱，而民歌说唱均与语言（语言总带地方性）关系密切。故戏曲剧种都有地方性，无一例外。

然戏曲音乐形式则是全民族共同的民族形式，是最早的形式。第二步，民歌说唱化，逐渐形成"散慢快散"的格式（此格式之形成有悠久的历史，此处不能详论）。

戏曲最初直接搬用说唱的此种格式，即元曲之"套数"。甚严，先后有序，不可紊乱，故元曲四折，为不可打破的定式。南曲初无套数，后逐渐形成。

但在发展中，渐感音乐定式与戏剧性之矛盾。在实践中，有意无意破坏套数的事时有发生（例：李渔谓戏中一套曲子太长，于唱者听者均不便，遂予以删除），李的做法在明末清初。其实，在艺人实践中，此种早已存在。从历史观点说，打破套数乃是戏曲音乐突破说唱影响，建立自己戏剧性的系统也。

曲牌联套体，对戏曲性最后的完成终是局限。板腔体的出现，是彻底打破说唱的框架的一个步骤，然而仍旧守着散慢快散的格局。这说明板腔体的出现，并非意识地进行革命。但在实践中散慢快散也被拆散，成了自由运用，这就更进一步戏剧化，即按戏剧情节的要求去安唱了。

到了这一步，也还没有走到尽头，即戏曲受地方语言、音乐的局限还没有突破。然而这是一件大事，即有关是否脱离群众的大事，这件事不是戏曲可以独立解决的，而是由社会条件决定的，各地社会经济、文化没有得到一定的平衡，是不能解决的。

三日 星期四 上午，写一戏曲音乐发展史的简单提纲（如上），读报。下午，休息。晚，到首都剧场看北京人艺演出话剧《蝴蝶梦》，此戏较之戏曲未增加什么新东西，又不如戏曲之鲜明强烈。

四日 星期五 上午，读《概论》，看报。下午，休息。玮念一篇关于梅兰芳在美国演出时名家评论的报道文章。晚，到儿童剧院看南京市京剧团演《醒醉记》，写唐太宗纳房玄龄谏事，剧本写得活泼轻松，二度创作稍差，尤以演员水平太低是遗憾。

五日 星期六 上午，与玮散步。田桂兰来，仍为其徒弟争梅花奖事。看报。下午，休息。晚，看电视，听玮念晚报。

六日　星期日　今日孩子们全来，除上午看报及读《概论》外，未做他事。午饭吃涮羊肉至2∶00时。2∶30休息。今日老李亦来，坐与聊天。晚，看电视，洗澡。

七日　星期一　上午，读《概论》，读报。下午，休息。吕西凡从武汉来，带来话剧在此演出，顺便来看我。晚，到人民剧场看晋剧史佳花演出专场《失子惊疯》《陈碧娘》。

八日脱记

九日　星期三　上午，到国务院二招，参加文华奖讨论会，做了短短发言，在彼午餐。下午，休息，看报。晚，看电视。

十日　星期四　上午，到人大会堂河南厅参加文华奖发奖，继联欢。下午，休息。改一篇纪念梅的文章，准备给《文汇报》。看报。晚，看电视，看到凌子风拍的夏衍同志传记片，甚感人。夏公一生为党工作，不拘一行，翻译、写话剧本、搞电影、办报纸、做组织工作，无不尽力，无不做出成绩，且历尽险阻，生命以之，令人敬佩。

十一日　星期五　上午，到大会堂广西厅参加曹禺剧作奖发奖大会。回家后看报。下午，休息。晚，看电视。

十二日 星期六 上午，看报。下午，休息。孩子们都来。晚，看电视。

两件事想办：

1. 想写一本戏曲音乐（主要是唱）发展史纲。我不能动笔了，想与常静之合作，不知她干不干？

2. 对戏曲学院的建设有一点较具体的想法：建立一个系，必定要有教材，主要是为主的中心教材，当然要有人教（如上述戏曲音乐），要设法帮助完成之，紧要的是音乐、导演二系。

戏曲教育：中专部分，应以地方戏及基本功学习为主。到了大专，就必须是全国性的。由中专升大专并不因以上不同特点而发生脱节问题。因无论任何剧种的演员、导演、作曲等，到了大专程度，都必须具备全国性的戏曲知识。此事容与戏曲学院讨论之。

十三日 星期日 （雪）上午，看《梅兰芳文集》，看报。下午，休息。晚，看电视新闻及《三国演义》。

十四日 星期一 上午，看报。下午，休息。读高占祥送来在梅周100年会上讲稿，未完。中午，玮去天津，要七天左右才回。晚，到人民剧场看河南小皇后豫剧团《美女涅槃》，是一闹剧，观众顶高兴，足见现在很需要开心的笑。

十五日 星期二 上午，看《梅兰芳文集》，看报。下午，特冷，暖气未来，休息。看《概论》。晚，看电视。

十六日　星期三　上午,写一纪念梅兰芳的短文,谈他的美学观点(未完)。看报。下午,休息。晚,看电视新闻及焦点访谈、《三国演义》。

十七日　星期四　上午,继续写梅文(仍未完)。下午,赴花柳千代宴于"孔府酒家",4时半去,8时半归。归即洗就寝。

十八日　星期五　整日写梅文。下午,4时半,写完初稿,得3000字。晚,看电视,洗澡。

十九日　星期六　上午,去平谷参加《戏曲志·北京卷》初审。车行3小时,11:30到。下午,小睡后,3时,参加开会至5时返城。7时,到家。此次会余从主持,北京市金和曾、卢肃出席,参审者,外地有黄菊盛、×××。

二十日　星期日　上午,改梅文初稿,并增加一段,共得3000字,篇名定为《梅兰芳的美学风格》,文预备交《人民日报》发表。下午,休息后,再看一遍。为张火丁程派专场演出题字。晚,看电视新闻、焦点访谈及电视剧《三国演义》。

二十一日　星期一　上午,看完高占祥梅周100年纪念会的报告稿。下午,休息。晚,看电视新闻、焦点访谈及《三国演义》。

二十二日　星期二　上午,赴文化部召开的梅周100年纪念筹备会。下午,休息,看报。晚,看电视。

二十三日 星期三 上午，看《概论》毕《历史》章。下午，休息，看报。晚，看牡丹江评剧《毛泽东在1960年》，剧本如散文，演员平平，导演尚可。

二十四日 星期四 上午，看《概论》数页。看报。下午，休息。晚，看沈阳评剧院演《秧歌情》，此戏剧本内容不好，真实性不够（是自话剧改编），但唱腔音乐、演员很好，导演也不错。

二十五日 星期五 上午，到院参加路应昆的博士论文答辩，论文题《论高腔》，被通过，参加者有常静之、洛地等。会后到马凯吃饭至2：00时。回家休息至4：30，看报。晚，看电视，洗澡。

二十六日 星期六 今日天晴云散。上午，看《概论》，看报。下午，休息，翻刊物，看晚报。晚，看电视新闻。张玮自天津回。

二十七日 星期日 上午，看《概论》，看报。下午，休息，张伯中来，看晚报。晚，看电视新闻、焦点访谈、《三国演义》。

二十八日 星期一 上午，看《概论》。下午，休息，看报。晚，到儿童剧院看湘潭市花鼓戏《筒车谣》，写山里妇女劳累的一生，戏写得不紧凑，事情还感人。闻丁里死，甚怅然。

二十九日 星期二 上午，读《概论·宗教》一章，看报。下午，继续看报，与玮散步。晚，看电视。

三十日　星期三　上午，看《概论》，报纸。下午，休息。再看一遍纪念梅文章，写一笺给易凯。晚，看电视。

十二月

一日　星期四　上午，看《概论》，报纸。下午，休息。晚，看电视，洗澡。

二日　星期五　上午，到文津街旧北图振兴京剧基金委员会，去参加听李瑞环关于京剧讲话的传达，并讨论如何给中央建议搞一文件以振兴戏曲，并在彼午餐，参加者尚有马少波、郭汉城、赵寻、龚和德及文化部副部长陈昌本。下午，听玮念她关于评剧音乐的论文。晚，中央电视台田路一（或夏琳）来谈"神州风采"栏目，让我为其题字。继看电视。

三日　星期六　上午，孙松林、孙毅来，前孙谈戏曲学院事，后孙领山东歌剧团来演戏。继看报。下午，休息，为玮整理文稿。晚，看电视。

四日　星期日　上午，写一挽联悼丁里，另为电视栏目神州风采题一幅。下午，看报。晚，到民族文化宫看山东歌剧《徐福》，此剧故事贫乏，没有人物，曲调洋化，唯演员声音好。看来中国歌剧刻意模仿西洋是没有出路的，现在西方人似乎也不看大歌剧了，美国音乐剧起而代之，我们还死守大歌剧，总是落后。

五日 星期一 上午，叫玮念她的文稿。看报，梁化群来取走丁里挽联。下午，看《新文学史科》1994年4期上杜鹏程《战争日记》，杜是好同志，认真深入生活的作家，文艺界中难得的人。夏琳来取走为"神州风采"的题字。晚，看电视。

六日 星期二 上午，看报。看《新文学史料》1994年4期上夏杏珍《当代中国文艺史上特殊的一页》，未完。下午，休息后续看，仍未完，由玮念完，上写的事，为我前所未闻，感慨至深。晚，到儿童剧场看内蒙二人台剧团演三个小戏：《喜上喜》《摘花椒》《卖油》，整个印象：活泼有余，稍近油滑，似更讨好观众，主要演员：武利平。

七日 星期三 梅周100年筹备会在国务院二招开会两天，上午，去参加，主要听高占祥谈他的报告。午后，回家，休息，看报。晚，看电视。

八日 星期四 上午，参加梅周筹备会，对文件的修改发了言。下午，回家，休息，看报。晚，看电视。

九日 星期五 上午，听玮念她的文章，看报。下午，刘文峰送我在《戏曲志·北京卷》审稿会上的讲话。胡芝风来，谈戏曲表演学会事。晚，看电视。

十日 星期六 上午，改讲稿，看报。下午，休息。晚，看电视。洗澡。今日小珍一家来。

十一日　星期日　上午，领安安去贵宾楼，参加红线女为她的剧团来京演出举行的宴会。下午，看报，休息。晚，看电视。

十二日　星期一　上午，重改一次讲稿，看报。下午，继续改稿。休息。晚，看电视。

十三日　星期二　上午，刘文峰派人将发言稿取去。看报。听玮讲她关于评剧发言稿。下午，休息。听玮念两篇论文。晚，看电视。

十四日　星期三　失记。

十五日　星期四　上午，黎舟、韩力来，谈些往事。下午，休息，看报。晚，到儿童剧院看粤剧红线女主演的《白雁迎春》，剧本叙一女医生的遭遇，是中上的作品。红线女年已70，登台演中年人，且是现代戏，甚为难得，然究已年老，失去青春魅力，唱做都不及盛年矣。

十六日　星期五　上午，看报。下午，休息。听玮念关于戏曲表演的文章。晚，看电视。

十七日　星期六　上午，看报。查看陈子昂生平，因欲引证其《登幽州台歌》也，后未用。下午，休息。晚，看电视。今日玮去开戏曲表演学会，住会。

十八日 星期日 上午，到国安大厦参加戏曲表演学会成立会，谈了短短几句祝辞。在彼午餐。下午，休息，看报。晚，看电视，洗澡。

十九日 星期一 今日大雪。上午，看《文艺理论与批评》今年第6期孙星群《探新的〈乐记〉研究》，是介绍吕骥新作的。下午，看报，休息。晚，看电视。送些京剧票给邓寿雨。

二十日 星期二 我一短文《周信芳与麒派艺术》在上海《解放日报》发表。上午，到大会堂参加梅周筹委会，高占祥报告筹备情况，毕，参加宴会。下午，休息。翻翻报纸。晚，参加梅周纪念开幕式，中央领导都到了，甚盛大，在中国剧院。

二十一日 星期三 上午，到大会堂，赴李瑞环宴请港台来参加梅周100年会的客人及各地来的名演员。下午，休息，看报。晚，到工人俱乐部看北京京剧团梅葆玖主演《太真外传》。戏长达三小时，节奏太慢，演员好坏不齐，舞美、特技台装置有新意。11时始毕，同往观剧者有邓寿雨。

二十二日 星期四 上午，看报。下午，休息。邓寿雨来，谈些往事。晚，与玮、夏革非、邓寿雨同去民族宫，看上海京剧院演《狸猫换太子》。此戏节奏紧凑，故事性强，演员均在戏中，只是个人技术修养差一些，戏演了两个半钟头，亦不觉其长。

二十三日　星期五　上午，看报。下午，休息。晚，到人民剧场看杨秋玲演《凤还巢》。连日看戏，颇有感想，北京的戏确有京派遗风，演员个人技术不错（大体上），但整个戏严重拖沓，不能引起观众兴趣。上海戏剧性强，但个人基本功不如北京。

二十四日　星期六　上午，到中山公园中山堂，参加梅周学术讨论会，即席发了言。下午，休息。晚，看电视。洗澡。小珍全家来。

二十五日　星期日　上午，看报。下午，休息。小果为理发。晚，看电视新闻。

二十六日　星期一　上午，到钟敬之家探望，此其新居，室内阳光充足，老钟身体、精神均如旧，可喜。在彼中餐，二时归。下午，大睡，5时始起。晚，到工人俱乐部看北京青年京剧团演现代戏《黄金树》，写乡村教师事，甚感人，唯演为京戏，尚觉不到家。

二十七日　星期二　上午，看报。下午，到怀仁堂参加江泽民主席召集的戏曲讨论会，演员发言较多，江最后讲话，有三点最重要：1. 团结；2. 需要技术（哪一行都要），但还要懂得艺术的内涵（庚按：与形式相对待而言）；3. 办事都要钱，但有钱有时也办不到，就要靠精神，我们肩上责任重。晚，看电视。

二十八日 星期三 上午，9时才起，因昨夜睡迟。看报。下午，休息。4时，与中国文化报记者通电话，谈听江泽民书记讲话的感想，有两条建议：希望中央或文化部发表一文件，谈戏曲工作；希望文化部讨论一次戏曲学院及戏曲中专的工作。晚，看电视。

二十九日 星期四 上午，看报，发了几份贺年卡。下午，休息。晚，看电视。今日《人民日报》发表了《梅兰芳的美学风格》，有删节。

三十日 星期五 上午，看报。下午，休息。山东孙毅及烟台文化局长来谈。继，何孝充、×××来。晚，看电视至11时，与高占祥通电话，谈约会。

三十一日 星期六 上午，看报。下午，休息。晚，到人民剧场看山东烟台京剧团演新编历史剧《甲午恨》。剧本好，演员卖力，所以戏好看，抓人，亦有粗糙处。看后甚疲，回家即睡。

1995

一九九五年

一月

一日　星期日　今日全家欢聚，小果、小珍两家及安安和她的朋友都来。小果请吃早茶。中午，全家吃什锦火锅，11人分坐两桌，至2时始吃毕。下午，休息。孩子们陆续散去。晚，只剩我和张玮及阿姨吃饭。饭后，电视中看维也纳新年音乐晚会。继洗澡。继续收到一些贺年卡，有人从云南打来电话贺年。

二日　星期一　今日仍休息，甚清静。今年订报少，只有《参考消息》与《文摘报》，故看报花时亦不多。天阴冷，也没有出去。送来的拜年卡较多。晚，看电视，现代戏连续剧《住别墅的女人》（名不准），较可看。

三日　星期二　今日天晴。上午，看报，翻杂志。下午，休息。晚，看电视，为看《住别墅的女人》直到11时始睡。为阿甲发一唁电，颂其一生艺术及为人。

四日　星期三　上午，看报。读《文艺研究》今年第6期上李泽厚和王德胜对话的《关于哲学、美学和审美文化研究的对话》。下午，休息。晚，看电视。

五日　星期四　上午，看报。听玮念剧评文章。下午，休息，听玮念晚报。晚，到人民剧场看江苏张家港剧团演《巧云》，此剧看过，今亦无进展。

六日 星期五 上午，看报。下午，休息。给安谷写一信，安子带走。晚，看电视，看了一集《年轮》，甚为感人，一儿童演员，表演甚好。

七日 星期六 上午，看报。下午，休息。晚，看电视，洗澡。

八日 星期日 上午，到××××参加长沙经济工作汇报会。此会所邀皆为长沙人，到者甚众，足见在京长沙人之多也，然多不认识，会未毕即回，带回一些宣传品，则知为长沙发展之蓝图也。晚，看电视。

九日 星期一 上午，看《概论》第一部完。看报。中午，饮长沙送的"酒鬼"酒，据云比茅台还贵，饮之果然不错。下午，休息。晚，看电视。

十日 星期二 早餐时薛柯兴来访，谈梅入党经过，他想写篇文章。饭后，看报。院科研办的人（三人）来访，要我谈谈《戏曲通论》，写作方面的经验教训，此书的长处短处等，又谈了些关于科研选题、组织等问题，达两小时。下午，休息。晚，看电视，看到梅周100年在上海的闭幕式，似未完即截断了，时已10点。

十一日 星期三 上午，读《概论》，看报。下午，休息，看晚报。晚，看电视。

十二日　星期四　上午，读《概论》，看报。下午，休息，看报。晚，看电视。

十三日　星期五　上午，到评剧院祝贺40周年。下午，休息。晚，到儿童剧院看山东五音戏聊斋故事《续黄粱》。此戏导演不错，剧中迷信色彩稍重，演员平平，唱腔稍贫乏。

十四日　星期六　上午，读《概论》，看报。下午，休息，读《概论》。晚，看电视，洗澡。

十五日　星期日　上午，看报。下午，休息。晚，看电视。

十六日　星期一　上午，看《概论》，看报。下午，休息。晚，看电视。上午，向延生来取走我的照片两张，预备发表在《中国文化报》上，该报有纪念《白毛女》发表50周年之文，并问了一些《白》剧排演的当时情形。

十七日　星期二　上午，看报，写信二封，都是复人家要字的，又写贺年卡数张。下午，休息。3时，何孝充、齐致翔、李振玉、郭汉城来，谈梅花奖及剧协事，至6时。晚，看电视。

十八日　星期三　上午，到八条四楼参加研究院退休老人春节联欢。下午，休息，看报。晚，看电视。

十九日　星期四　上午，看报。下午，休息。晚，看电视。

二十日　星期五　上午，看报，读《概论》。下午，休息。晚，看电视。洗澡。下午，与玮研究北京市关于文艺（主要戏曲）的文件，其中数处，问题提得不准确，不明确。

二十一日　星期六　上午，看《概论》及报。下午，小珍同学林林自澳洲来，送来莉莉信。晚，看电视。

二十二日　星期日　今日为我生日。上午，去清华池修脚未成。中午，与家人共往便宜坊吃饭。下午，休息后，得葛一虹电话，夏公病危。往北京医院探视，已不能谈话，呼吸靠器械，医生说，已是旦夕间了，并看了曹禺。晚，全家吃蛋糕，看电视。

二十三日　星期一　丛兆桓引台湾中央大学中文系教授来访问，他是研究昆曲的，主持一个戏曲研究所。沈达人夫妇也来，在此午餐，来向我拜寿的。下午，休息，晚，看电视。

二十四日　星期二　上午，9时，去文联参加茶话会，新年联欢也。10时，到院参加戏曲所会，讨论如何加强研究京戏，有设京剧组的提议。我作了一个发言，大意：1. 京戏不能孤立研究，应与各地方剧种联系起来研究。2. 开放以后，看重宣传京剧，这个机遇应当抓住，但不能违背"百花齐放"精神。3. 研究戏曲表演体系（或称梅兰芳体系）之呼声甚高，我们应承担此任务。下午，休息。5时，到羊肉胡同湖南大酒家赴刘颖南宴约（与玮一道），刘是为我过生日的，9时半毕。回家即休息。

二十五日　星期三　上午，去清华池修脚未成。看报。下午，休息，翻看余从《中国戏曲史略》。晚，看电视。

二十六日　星期四　上午，再去修脚。于均华表妹来，谈九姨父已入医院，神志不清，今年不能到她家去聚会了。下午，胡芝风来，谈她办刊物事。曲润海来，代表部里拜年，顺便与谈戏曲学院事，希望部里开会研究一下。晚，看电视。

二十七日　星期五　上午，李振玉来，代表文联拜年，捎来李越在广州去世消息。下午，伯中夫妇来，送来花生、水果等。翻看《戏曲史略》及报纸。晚，看电视。

二十八日　星期六　上午，"戏曲志"编辑部二人来，谈《志》的编辑出版情况。看报。下午，休息后，王安葵来，送来《当代中国戏曲》一书编辑费。去后，读《中国文化概论》。晚，看电视，洗澡。

二十九日　星期日　上午，马柔芳来。下午，休息。3时，参加大会堂新年团拜。晚，看电视。

三十日　星期一　上午，章诒和来，送来水仙。看《概论》。下午，休息。看报及新年刊物。收到许多拜年电话，直至深夜不断。晚，儿女陆续来，他们玩牌，我看电视，电视不吸引人。十二时，就寝。

三十一日　星期二　乙亥年正月初一　今日是旧历春节，家人团聚。上午，打牌的都睡觉，只有我和玮、小珍起来了。下午，1∶30 午餐。午休后，又吃晚餐。看电视，北京台的亦不佳。疲甚，10 时就寝。今日多人来电话拜年。

二月

一日　星期三　今日仍是假日。小果两口早餐后即去，小珍午餐后亦走。中午，远秀带儿、孙来，孙子三岁，顽皮之极。下午，宪源来，在此一日，晚餐后，才回去。晚，伯中带孙女咪咪来，咪咪是五年级学生，甚聪明。

二日　星期四　上午，中央戏剧学院的正、副院长来，去后，看报。下午，休息。晚，看电视。今日，儿女及孙子辈都走了，丽华也走了，只剩我和玮在，亦甚清静。

三日　星期五　上午，看报。下午，休息。读完《中国文化概论》，议论持平，因是集体写作，有啰唆重复处，作为教材，仍嫌太多。又读余从《史略》，内容适当，文字不好，作为读物，可读性差，似应有一本文字引人入胜，而内容繁简适中之书。又翻看杨健民《中国戏曲历史文物考》。晚，看电视。

四日　星期六　上午，与玮到奇虹家，一则以去看他们用的一种按摩器，二则他请吃饭；田川夫妇也去了。直至下午三时，才回家。下午，休息至 5 时。晚，看电视。

五日　星期日　上午，袁凤霞、花砚如来，继川剧院钱兆鸿等来，又戏剧出版社刘建芳来，均去。看报。下午，看报。晚，看电视。

六日　星期一　上午，与玮到街上散步一小时。下午，看报。晚，看电视，洗澡。

七日　星期二　上午，到八条剧协参加梅花奖组委会。下午，看报。晚，看电视。

八日　星期三　上午，看报。下午，与玮出外散步，稍稍有风。晚，看电视。浑身酸疼，感冒了，试体温37.9℃。睡后，下半夜梦寐不宁。

九日　星期四　上午，上医院看病。下午，吃药后睡了，3时起，试体温仍为37.9℃。晚，8时半早早就寝，试温，36.5℃，身上也不疼了。睡得尚好。

十日　星期五　上午，尚好，下午，温度又升至37℃，浑身酸疼，躺床休息。3时起来，听玮念金庸小说，并看《中国戏剧》达人等文章。晚，早睡。左半边身疼，一直未睡着，至午夜一时半入睡。

十一日　星期六　早起，楼上即敲敲打打修房，无处可躲，闹声中，看金庸小说一段。后周传家引《淮海文汇》编者来索题字，为书两纸。下午，休息。起来后楼上敲打不停，不能做事。玮为念金庸小说。晚，看电视新闻。服药早睡。

十二日 星期日 今日病中思静，但敲打甚利害，无法，翻翻报纸，听玮念金庸小说过一天。小果来，为我理一发，头似觉稍稍清爽。晚，看电视新闻后，稍坐即就寝。

十三日 星期一 今日仍闹。上午，只听玮念小说。下午，亦然并念报。整日吃药，感冒已转好。晚，看了电视新闻后，早睡。

十四日 星期二 上午，贯甬来，与谈戏曲学院如何进行教学问题。下午，江苏文化厅长来访。其他时间玮念《飞狐传》。晚，看电视。

十五日 星期三 仍整日敲打。听玮念《飞狐》及报纸。下午，里丁（《光明日报》退休）来访，谈些泉州旧事。晚，看电视新闻。仍咳嗽，感冒未痊愈，不敢洗澡。

十六日 星期四 上午，玮念小说。下午，给张建军一信。听玮念报。晚，看电视。

十七日 星期五 上午，看《飞狐》。下午，看报，继看《飞狐》。晚，看电视新闻。

十八日 星期六 整日看《飞狐》，听玮念报。晚，看电视新闻。晚，小林来。感冒似已好，咳嗽亦略轻。

十九日　星期日　读《飞狐》及报纸，玮念。晚，看电视。听念至10时。下午，与小果谈他何去何从。

二十日　星期一　上午，到八条参加梅花奖评委会。下午，在家看书报。晚，看电视。

二十一日　星期二　上午，因疲倦，京剧指导委员会开会未去，只在家看看书报。化群、荆兰先后来，是拜年的意思。下午，休息后看报。晚，看电视，洗澡。

二十二日　星期三　上午，到院参加评奖会，评三年来专著《中国戏剧通论》得一等奖。下午及晚，读完《飞狐》。看电视。

二十三日　星期四　上午，到剧协参加梅花奖投票（我未投）。下午，休息，看报。晚，看电视。

二十四日　星期五　上午，到东四头条参加李超追思会，发了言。下午，休息，看报。晚，看电视。

二十五日　星期六　上午，在家休息，看报。下午，到和平宾馆参加《中国魂》书签名捐献希望工程。晚，看电视。

二十六日　星期日　上午，到国防大学参加文华奖会，看了两个录像，在此午餐。下午，回家。

二十七日　星期一　上午，便秘从5时到11时才通。人甚疲。下午，休息，稍稍看了点报。午餐后又泻肚。一日未做事。晚，看电视。

二十八日　星期二　上午，到北京政协参加阿甲追思会。下午，在家休息，看报。晚，看电视。

三月

一日　星期三　上午，到国防大学（颐和园后）参加文华奖评奖会。下午，继续。晚，回家，看电视。

二日　星期四　参加文华奖讨论，一天。晚，在家看电视，洗澡。

三日　星期五　上午，到八条剧协开梅花奖组委会，通过11届得奖名单。下午，休息，听玮念报。晚，看电视。梅派青衣刘希玲来，求题字。

四日　星期六　上午，看报。下午，休息后，与玮出外散步，天气甚好。听玮念报。晚，看电视。

五日　星期日　今日全家大小聚会，热闹一天，也乱了一天，除看报外，未做何事。

六日　星期一　上午，胡青坡来，继陈永康来。周育德带周一舟

（一年轻姑娘）来，后者是谈为社科博士生论文出版谋求支援，如建基金事，谈了一上午。下午，休息后看报。晚，杨德勋领徐州新文化局长来。

七日　星期二　上午，看报。下午，休息后，何孝充来，谈剧协主席会议事。晚，看电视。

八日　星期三　上午，看报。11：30，到天坛北街某新开酒店应刘颖南邀吃饭。2时，归，休息后，看报。晚，看电视。

九日　星期四　上午，丁帆托人带来《党史纵横》及药枕头等。看报。下午，到文津街旧北图京剧基金会开"京剧双十佳工作者"会，想法尚不成熟，讨论无结果。晚，看电视，洗澡。

十日　星期五　上午，看报。下午，到凤子家参加田汉基金筹备酝酿，与会者尚有葛一虹、周巍峙、张颖。5时，回。晚，看电视。

十一日　星期六　今天天气不好，未出门。听玮念金庸小说《笑傲江湖》，没看报。晚，看电视。

十二日　星期日　上午，看《新文学史料》今年第一期，看报。下午，于均华夫妇来，谈九姨父已于一星期前故去，身后事均已办了，九姨还好。晚，到北京展览馆参加京剧卡拉OK比赛发奖会，晚会甚精练，同去者有小果两口及萌萌、安子。9时半回。

十三日 星期一　上午，续读《史料》，毕黎之《回忆与思考——整风·鸣放·反右》，忠实地记录了许多史实，揭示了事实的真相。看报。在室中散步。下午，休息。晚，到工人俱乐部看枣阳县曲剧团演出《刘秀还乡》，是个讽刺喜剧，剧本不错，演出水平差，没有演出喜剧，也没有演出人物。

十四日 星期二　今日无事，天气亦暖。上午，看报后与玮上街散步40分钟，近来腿力似较前稍强。下午，听玮念《笑傲江湖》。晚，看电视新闻。

十五日 星期三　上午，在家看报。下午，到市政协开剧协主席、副主席会。乘人大政协会开会，全国副主席都在京，开此会听协会党组汇报六年工作及今年计划。在此晚餐。晚，甚疲，未做事。

十六日 星期四　上午，看报。下午，到市政协续开剧协主席会议，在此晚餐（主席曹禺未参加，参加者：袁雪芬、李默然、郭汉城、赵寻、胡可及党组成员何孝充等四人）。7时，回。晚，未做事。

十七日 星期五　今日一日除看报外，未做别事。下午，胡芝风来，谈戏曲表演学会事。晚，看电视，洗澡。

十八日　星期六　上午，看报。下午，《中国戏剧》编辑部来人，送来我在阿甲追思会上发言稿，要我整理发表。上午，小果、张章来，小果谈他决计帮我写出一本通俗戏曲简史。晚，看电视。10时，就寝。

十九日　星期日　上午，看报。下午，因九姨父故去，到九姨家吊唁，并到小珍家看望。5时，回。晚，看电视。

二十日　星期一　上午，章诒和、余从、沈达人、颜长珂来，讨论今后戏曲研究方向、题目。下午，看报。晚，看电视。

二十一日　星期二　上午，读新来的《中华戏曲》第17辑文两篇：1.任光伟《从北宋目连戏的产生看中国大型戏曲的形成》；2.徐宏图《中国目连戏非传自印度辨》。二文引证仔细是好文章。与玮散步。下午，休息后看报。晚，看电视新闻。《中国戏曲》来人取走我在阿甲追思会上的发言改正稿。

二十二日　星期三　上午，均华表妹来，与玮谈写玮的艺术经历事。我则翻看杂志。下午，看报。晚，看电视。为《艺术百家》写一题字，并寄出。

二十三日　星期四　整日翻看刊物、报纸。细看了本院研究生部《学刊》1994年第12期上路应昆博士论文《论高腔》，是细研深思之作。读后，引发我对戏曲音乐发展历史的一些不成熟的认识：高腔继承南北曲，克服了南曲的低水平和北曲的尚未完全掌握音乐的戏剧性，即高腔逐渐懂得了音乐的戏剧性，把音乐戏剧化了。但丧失了一些音乐的长处，即音乐性不够。梆子起来克服了这一点；皮黄更进一步，使音乐发挥了长处又不损失戏剧性，二者相得益彰，初步完成了抒情性与戏剧性的结合。晚，看电视。

二十四日　星期五　上午，看报。下午，休息后，薛若琳来，与谈我想写一通俗《戏曲史》，希望立专题事。晚，看电视。在家散步千步，未出门。

二十五日　星期六　上午，翟波来探望，继李超之女布尔送来我在李超追思会上发言记录，要我改了给他拿去发表。

二十六日　星期日　上午，看报。小果、张章来，张章来为我念翟波评蒋星煜《金玉其外……》（评浙江小百花演的《西厢记》）之文。此文刊在浙江戏剧小报《大舞台》上，名字大致是《一篇错位的评论》，蒋文我读过，深不以为然，今读翟文，甚为痛快。下午，与小果谈《戏曲史》研究的方法、程序等，我意：总以先掌握材料为要，并约定每星期日程。晚，看电视，近来电视除新闻外，无引人之处。

二十七日　星期一　上午，修改李布尔送来的发言。下午，与玮及老季上街散步。回来看报。晚，看电视。李布尔下午将文取去。

二十八日　星期二　今日天凉。上午,看报。至下午,仍懔冷,未出门散步,只在家中散步。默坐无事。晚,看电视。

二十九日　星期三　上午,看报。下午,崔沐尘来,谈戏曲学院和她的遭遇,多有不平,乃慰之,在此晚餐。晚,看电视。

三十日　星期四　上午,贺小汉引有泽晶子及仲比吕志来,有泽是我们的研究生,仲比是一剧团负责人。去后,常静之来,要我为山西一本晋剧伴奏研究书的序署一名,并在此午餐。下午,看报。晚,看电视。

三十一日　星期五　上午,看报。鱼讯自西安来,送来陕西分地区戏剧志三本,装帧甚精美,云共十二本。下午,休息后,看报。晚,看电视。玮念晚报。

四月

一日　星期六　今日无事。上午,看余从《史略》。下午,休息后看报。晚,看电视。

二日　星期日　上午,到中山公园参加鲁艺老同志追思阿甲座谈会。下午,休息后看报。在家散步千步。晚,看电视。

三日　星期一　上午,看《传记文学》1995年4月号上鲁华的《中共早期的中央常委们》。下午,看报。晚,看电视。今日散步一千步，洗澡。收到积水潭医院电话，让明日去住院检查。

四日　星期二　上午，看报。下午，到积水潭住院检查身体，住三干病房1号2床，同房为化工部张姓，胃出血。晚，看电视新闻。8：40分早睡，半夜醒，对床鼾声大作。

五日　星期三　晨，6时起，抽血，留大小便，忙乱一阵，到早餐后才稍安宁。上午，打点滴。下午，看报。晚，看电视新闻。9时，就寝。三顿饭：上午，奶、面包；中午，送饭；晚，吃面片汤。

六日　星期四　早，6时半起，未能大便。早点后，打点滴一整上午，小果来，点滴毕。小唐送饭来，玮同来，至下午2：30去。休息后看报。晚，看电视。

七日至十七日　星期五至星期一　这十日未写日记。现将这期间医院生活追记如下：

先是打点滴12针，后因感冒咳嗽，又打青霉素十针。

大便通后，情况一直好，每日有便。但这一段住医院，生活习惯与家中不同，发生许多不便之事，如大小便在床上等。身体亦感虚弱，做一点活即气喘不止。幸有新来同房病人张先德尽力帮助，才渡过难关。张原北影美术师，退休后自动搞文物，甚博学。

在医院时，家中每日送午饭一餐，早晚则吃医院饭，胃口尚好。

这次住院，遇到的病人中熟人不少，有研究院干部及延安老干部，如过去七月剧社在鲁艺学习过的×××等，他夫妇二人同住院体检，送我《七月剧社回忆录》一本。

　　十七日下午出院，据检查，脑血栓迹象新增数处。此外，仍是血脂过高。其余则尚好，如内脏尚健全，气管炎仍旧。

十八日　星期二　昨夜睡得舒服，今日8时起。上午，看报。下午，休息。晚，看电视及晚报。电视中有上党梆子演齐桓公及管仲事，戏一般，演员差。今日未大便。

十九日　星期三　今日晨起仍不大便，早餐后始便出，恐昨夜吃通便药仍起作用，晚餐后又拉稀一次。此乃药起作用也。一日唯看报，未做他事。晚，看电视。

二十日　星期四　上午，看余从《史略》，看报。下午，休息后，看报。晚，看电视。今日大便通畅，但咳嗽不止。

二十一日　星期五　看报，及《史略》。下午，何孝充来，谈了些剧协情况。晚，看电视。9∶30就寝。

二十二日　星期六　今日小果来，下午与谈写《戏曲史纲》之事，我意写成一本史中带论的书，但仍以史为纲。今天仍只有看报。晚，看电视。

二十三日　星期日　失记。

1995年

二十四日　星期一　上午,看杨荫浏《中国古代音乐史稿》,看报。下午,休息,仍看《史稿》。晚,看电视。

二十五日　星期二　上午,看《史稿》,看报。下午,与老季上街散步。晚,看电视。

二十六日　星期三　上午,黎舟、韩力来,谈55年演员讲习会事。均华表妹来。下午,休息后,看报。写一简与汉城送去,沈阳卞和之文是寄给我与郭二人看的,我看此文不行。晚,看电视,洗澡。

二十七日　星期四　上午,读《音乐史稿》及看报。下午,看报。晚,看电视。伯中夫妇来。

二十八日　星期五　上午,到文化部学校司开会,讨论戏曲学院如何办,参加者曲润海、赵寻、学校司司长,还有戏曲学院的人,我参加了上午的会,发言约一小时,下午会未参加。下午,看报,在家中散步。晚,看电视。

二十九日　星期六　上午,看《音乐史稿》,看报。小珍、小果两家全来。下午,休息后,与家人闲谈,并游戏。晚,看电视。

三十日　星期日　今日天气较好,无风。与小珍接小晴晴去天坛,小唐开车,丁香、榆叶梅、海棠均开过,幸牡丹正开,游人甚多。11时半,回,看报。下午,休息后,未做什么事。晚,看电视。安子来，安谷从海盐来电话，说小盛5月份来京。

五月

一日　星期一　今日假日。家中只有我和玮、萌萌。一天未做什么事，看报之外，帮玮做饭。晚，从电视中看天津世乒赛开幕式转播，不甚精采。

二日　星期二　上午，看《史稿》（唐大曲部分）、报纸。下午，未做事。整日大风，没出门。晚，看电视，有一演京九铁路题材的。

三日　星期三　上午，到电影学院参观钟敬之参加左联60周年及85岁生日展，除钟敬之外，还见到荒煤、古元、阿邸等同志。下午，听玮念小说。晚，看电视。

四日　星期四　白天无事，看看书报。下午，休息。晚，看杭州越剧《莲花湖》，本为一悲剧，却往喜剧路子上写，最后却又生扭成悲剧，显得不顺。

五日　星期五　上午，独自出外散步，只在附近转圈子，约20分钟，不敢远走，带回报纸翻看。下午，听玮念报及金庸小说。晚，看电视，洗澡。

六日　星期六　今日天气好。上、下午与玮上街各一次。上午，看报。下午,遇胡青坡闲聊一会。晚,看电视,中有世界乒乓比赛。

七日　星期日　上午,看报。下午,散步。晚,看电视看到世乒女团决赛,中国获第一,3∶0胜韩国。

八日　星期一　上午,陈永康来,谈一些近日社会政治上发生的事,至12时。下午,看报,与玮散步至街上。晚,看电视,世乒赛男团决赛,中国对瑞典,中国以3∶2险胜。

九日　星期二　上午,王露来,带来花柳千代的礼物,并谈及在日本的感受,谈日本生活太紧张,无余暇感。下午,休息,看报。晚,看电视。

十日　星期三　上午,8时,去医院检查骨密度。回到家中已10时,孙松林来谈戏曲学院改革事。下午,休息。晚,到人民剧场看甘肃省豫剧《日月图》,此戏一般,结尾匆忙,不合理,戏长。疲甚,上床已11时。

十一日　星期四　上午,杭州小百花越剧团编剧包朝赞来,与谈看了《莲花湖》意见,主要是只要上半部,下半部变成喜剧,最后又忽然扭成悲剧,是人为的。下午,与玮散步,看报。晚,看电视。

十二日　星期五　今日天阴未出门。只在家看报。晚,看电视。

十三日 星期六 今日仍天阴未出门。上午，看报。陈永康十一时半领医生小边来，边是我院资料室工作人员，她为我按摩穴位及眼部，似有些好处。下午，4时，余从来，谈他身体不好，想辞去行政工作，我劝其暂留。5时余，瞿波来，想约我同去看戏，我辞不去。晚，看电视，有世乒赛，此次中国已得5金。洗澡。

十四日 星期日 今日天转晴，但仍时多云。上午，在家读《音乐史稿》，看报。下午，与玮散步，走得较远，但尚不感累。晚，看电视，除世乒闭幕之外，又有女排四强邀请赛（中、古、日、乌），四队连日比赛，均不及以前老队，中国虽胜，无可骄傲也。

十五日 星期一 （失记）

十六日 星期二 上午，在家读《音乐史稿》及报纸。江苏新文化厅长来。下午，到大会堂参加文华奖发奖会。晚，看电视，有写成兆才的，尚可看下去。

十七日 星期三 上午，到政协礼堂参加文华奖得奖作品讨论会，发了短短一段言。下午，在家休息，看报。晚，到人民剧场看吉林省双阳县评剧团演出得奖剧目《三醉酒》，这个戏是不错。

十八日 星期四 上午，读《音乐史稿》，看报。下午，文化报记者来访问，纪念5.23文艺座谈会讲话53周年也。晚，看电视，看完《民间戏圣成兆才》，此戏不错。今日小果来理发。

十九日 星期五 上午，读《音乐史稿》，看报。下午，休息后与玮出外散步，遇胡青坡。晚，看电视，有中巴女排赛。洗澡。

二十日 星期六 今日小果、小珍全家来。上午，读《音乐史稿》，看报。下午，陈永康领小边来按摩。晚，看电视。

二十一日 星期日 上午，看《史稿》，看报。下午，休息后看晚报。晚，看电视。小晴晴、安安和她的朋友均在，晚始去。

二十二日 星期一 上午，看《史稿》元曲部分，作者用功甚够，亦有见地，惜缺辩证观点，即太绝对，如对宫调的看法即是。宫调者，乃历史发展之事物，应从发展观点去看，始能全面。11时，与玮散步。回后，作协人来求为邮封签名，签了100枚。下午，看报。四时，再与玮出外散步，遇胡青坡。晚，看电视。

二十三日 星期二 上午，看《史稿》元曲音乐部分，看报。下午，与玮出外散步，看晚报。晚，看电视。

二十四日 星期三 上午，读《史稿》，看报纸。下午，戏曲志刘文峰来，送来甘肃、宁夏两省的审查结论让签字，并送来他的论文《山陕商人与梆子戏》让写一序。下午，与玮散步。晚，看电视。

二十五日 星期四 上午，到北图参加陈白尘工作生活展开幕式。下午，看报。晚，看电视。

二十六日　星期五　上午，看《新文艺大系》序言稿，眼睛不好字迹难认，看了很久，把眼睛看疲倦了。下午，看报纸，与玮出外散步，遇胡青坡闲聊。晚，看电视，有《围城》，有趣，演员都不错。

二十七日　星期六　上午，读《史稿》散曲部分，书中认为：散曲乃戏曲所派出。方法一错，结论就难正确。回观郑振铎俗文学史，乃见郑氏之论断精确也。看报。下午，小边来按摩。胡芝风来，谈她要去新加坡，并谈要写戏曲表演的书。晚，看电视，仍有《围城》，这段写身边琐事太多，不如上段辛辣。

二十八日　星期日　上午，与玮出外散步，看报。下午，读刘文峰《山陕商人与梆子戏》，完一节。晚，看电视，有《中国模特》，没有意思。

二十九日　星期一　上午，续读《山陕……梆子戏》，其论梆子来源综合专家成果而归纳之，甚当，梆子戏来源似可以此为结论矣。下午，看报。晚，看电视，仍看了《中国模特》，比上集稍好。

三十日　星期二　上午，与玮出外散步，送金庸小说与胡青坡。看报。下午，读《山陕……梆子戏》，看晚报。晚，看电视。

三十一日　星期三　北影来录像，是要我谈周总理。下午，看报。晚，看电视。

六月

一日　星期四　上午，荆兰来，拿来丁里作品一大包，要我看，并将上次写的序增补。小珍一家来，带小晴晴出外吃饭，过儿童节。下午，家中甚乱，除看报外，读白尘《牛棚日记》。晚，看电视，洗澡。

二日　星期五　上午，到剧协四楼参加回忆丁里座谈，到者有周巍峙、贺敬之及总政文工团的许多人，发言者多对丁里所受冤屈抱不平，死时结论仍留尾巴尤为愤慨。我也发了言，谈他三十年代事。下午，看报。晚，看电视。

三日　星期六　上午，看报。今日玮去石家庄开剧本讨论会，11时走，送之，并与老季散步。下午，读《山陕……》，小边来按摩。晚，看电视，新闻已过，其他节目亦无可看。

四日　星期日　上午，读《山陕……》剧目部分，作者读书不少，许多我未曾见，其论剧目与商人关系，有根有据。下午，看报。晚，看电视后，与小果出外散步。玮走后，小果来照顾我。

五日　星期一　上午，看《山陕……》，报纸。下午，续看报。未出门，因雷雨，只在家中散步。晚，看电视，洗澡。《山陕……》这一节，谈商人亲自参加戏曲演出，还按自己美学观点改造戏曲，惜只有中路梆子的材料。

六日　星期二　上午，黎舟、韩力来，黎念他记录并整理的演员讲习会核心小组会议记录，此件反映了当时的干部思想（参加者有我、马少波、张光年、罗合如等）。下午，读完《山陕……》，此稿资料丰富，可说是收集到了现在所可能找到的有关资料，但缺点亦从此生出，即未能有所精选，故有头绪不清之感。晚，看电视。玮自石家庄回。

七日　星期三　上午，为《山陕商人与梆子戏》写一序，800字。下午，看报，与玮散步。晚，看电视。

八日　星期四　上午，将序改一遍。下午，看报。与玮散步。晚，看电视，有足球。

九日　星期五　上午，刘忠德来，与他谈了对如何办戏曲学院的意见及对研究院意见。下午，看报。晚，看电视，洗澡。

十日　星期六　上午，与刘文峰谈他的《山陕商人与梆子戏》。下午，看报。小边为按摩。晚，到民族剧场看中国儿艺演音乐剧《皇帝的新装》，这戏是移植日本四季剧团的。

十一日　星期日　上午，与《中国文化报》记者谈，读江总书记在梅周100年座谈会上讲话后的感想。下午，看报，与小果出外散步。晚，看电视。

十二日　星期一　上午，读王依群《秦腔音乐论文选》中《戏曲音乐联曲体、板腔体各自怎样形成》《秦腔声腔渊源及板腔化过程》二篇。下午，看报，与玮出外散步，买裤子一条。晚，看电视，中有写彭老总的《巍巍昆仑》。

十三日 星期二　上午，荒煤、吕骥来，共同录像。下午，看报，并与玮出外散步。晚，看电视。

十四日 星期三　上午，中国文化报记者来，将前日访问我的记录念给我听，看报。下午，无所事事。晚，看电视，有足球比赛，国安队面对强手AC米兰队打成平手不易。章诒和送来《戏曲学科九五规划》，看了一遍，想与他们谈一次。

十五日 星期四　上午，读汪人元《综合艺术中的音乐——京剧样板戏详析之六》，有根有据，能说服人。看报。下午，休息，听玮念报。晚，看电视新闻，与玮出外散步，洗澡。

十六日 星期五　上午，看杂志、报纸。下午，听玮念报。晚，看电视新闻，与玮出外散步。

十七日 星期六　上午，看报，李刚、田川、小赵来谈《白毛女》会。下午，小边来按摩。晚，看电视。

十八日 星期日　上午，看报。下午，休息。晚，看电视，与玮散步。今日丰丰带小晴晴来，小果来，小盛来，除小盛外，至晚都去。

十九日　星期一　上午，看报。下午，翻看并听玮念丁里文章目录及他自写的跋。晚，看电视。

二十日　星期二　上午，为《丁里文集》添写一段序。看报。下午，续看报。晚，看电视，洗澡。今日换一29寸新电视。

二十一日　星期三　上午，看报。今日将旧电视，交盛沛茹带去给他家。下午，小盛去杭。晚，看电视。今日午睡稍贪凉，晚微觉浑身发酸，服藿香正气水早睡。

二十二日　星期四　上午，看报。下午，到××饭店参加《新剧本》十周年纪念。晚，看电视。与玮出外散步。小边来按摩。

二十三日　星期五　今日开始吃小边新给的"营养品"。上午，看报。许××带一人来照相，说要照一百位学者名流出一本影集。下午，休息。晚，看电视。闻梁化群死，甚惋惜。

二十四日　星期六　上午，到国史学会参加《白毛女》演出50周年纪念，在彼午餐，遇旧人甚多，有贺敬之、李焕之、刘炽、张鲁、陈紫、王维琪、罗明池、屈维等。下午，伯中夫妇来，继小边来按摩。晚，看电视。

二十五日　星期日　上午，看报。下午，与玮及老季外出散步。刘文峰来，送来他的改稿及我的"戏曲志"编辑费。晚，看电视，有刘晓庆的《武则天》。

二十六日　星期一　上午，看报。下午，休息。5时，与玮出外散步。晚，看电视，有《武则天》。

二十七日　星期二　上午，到戏曲学院参加任桂林八十岁座谈会，到者有林默涵、金紫光、王一达、赵寻、张东川等。下午，看报。与玮上街散步。晚，看电视，有《武则天》。

二十八日　星期三　上午，看报。下午，与玮出外散步。晚，看电视《武则天》，洗澡。今天大热，不能多工作。

二十九日　星期四　上午，翻看送来的《新书报》。下午，看报。晚，看电视《武则天》，洗澡。

三十日　星期五　上午，看杨荫浏《音乐史稿》元代散乐部分及报纸，《文摘报》上载郁达夫被日本人弄死的详情，还邓丽君是国民党的特务的消息。吴乾浩下午来说《中国京剧》事。晚，看电视，有《武则天》。

七月

一日　星期六　上午，看报。下午，休息。晚，看电视，有庆祝党生日晚会。

二日　星期日　上午，看报，与玮出外散步。下午，休息，看晚报。晚，看电视，有《武则天》。

三日 星期一 上午，看周育德硕士研究生杨云峰论文《论中国戏曲的怪诞美》，看报。下午，休息，与玮散步街头，遇胡青坡。晚，看电视，洗澡。

四日 星期二 上午，看报。下午，与余从、章诒和等讨论戏曲研究规划问题。晚，看北京曲剧团演出《烟壶》，表演很好，唱不动人。

五日 星期三 上午，看报。豫剧王希玲来，为其从艺40年题一字。下午，休息，看晚报。晚，看电视，洗澡。

六日 星期四 上午，到文联参加《中国新文艺大系》出刊50种的记者招待会。下午，休息，看报。晚，看电视，洗澡。

七日 星期五 上午，到研究院研究生部参加博士、硕士生论文讨论会，戏曲、音乐、美术，博士二人、硕士六人均通过。下午，因天气太热，未做事。只略翻报纸。6时，与玮带晴晴出外散步。晚，看电视，洗澡。

八日 星期六 整日天热，无法工作，只看看报，其余时间就躺在竹榻上休息。晚，看电视。小边来按摩。冲澡。

九日 星期日 仍热，整日除翻看报纸，未做何事。晚，看电视，《武则天》后劲不足。

十日 星期一 除看报之外,未做何事,亦未出外散步。晚,看电视,洗澡。

十一日 星期二 上午,将刘文峰书序稍改,即赴院参加研究生部毕业典礼。下午,看报。晚,看电视,《武则天》播完。此剧前面引人,后面平淡无奇,主要原因在编导,编导的问题在武做皇帝后,或掌权后,看不出有新作为,仍纠缠于男女感情,上官婉儿亦无作用,显然把武的人物表现歪曲了。洗澡。

十二日 星期三 上午,看报。下午,休息,翻看杂志。晚,看电视,与玮下楼散步。洗澡。

十三日 星期四 上午,看报。下午,休息。晚,看电视。与玮上街散步。洗澡。今日天阴仍热。

十四日 星期五 今日整日小雨,天稍凉。上午,开始写《戏曲表演体系提纲》,完一节,约800字。下午,休息后,看报。晚,看电视。

十五日 星期六 上午,翻新来的刊物,下午,休息。晚,看电视。与玮出外散步。洗澡。

十六日 星期日 上午,写《戏曲表演提纲》,未成。下午,看报。晚,看电视,与玮出外散步。

十七日　星期一　上午，余从、朱文相等人来，谈戏曲表演体系如何组织研究问题。继湘剧左大玢等来，送一剧本，求估量上演可能性，剧演春秋陈国夏姬事。下午，看报。晚，看电视。因天雨，未出门散步。

十八日　星期二　上午，编写《提纲》，第二节《行当》，勉强写成，待修改。下午，看报。晚，看电视。因天雨，整日未出门。

十九日　星期三　上午，将《行当》一节，作了修改，算是初步完稿。下午，张玮的老同学来了许多，见了见面。看报。晚，看电视。与玮出外散步，洗澡。

二十日　星期四　上午，考虑《提纲》下一节的写法。东北鲁艺一同学自鹤岗来。下午，休息后看报。×××来，谈昆曲的情况。晚，看电视，与玮散步洗澡。

二十一日　星期五　上午，到大会堂招待所，参加北京市文联纪念全国文艺界抗敌协会及老舍的座谈会。下午，休息，看报。晚，看电视。与玮出外散步。洗澡。

二十二日　星期六　上午，考虑《提纲》稍有进益。下午，休息后，看报。与老季出外散步。晚，看电视，有国奥队与马来西亚队比赛，中国赢，但踢得并不精采。

二十三日　星期日　上午，读《梅兰芳文集》中，我怎样排演《穆桂英挂帅》，其中有谈到他怎样突破青衣，运用武行创造人物的叙述。下午，休息，看报。晚，看电视，与玮出外散步。洗澡。

二十四日　星期一　上午，写《提纲》第三节稿刚开头。沈达人夫妇来，沈要我推荐他的文集到文联出版，从其请。下午，休息，看报。晚，看电视新闻，与玮出外散步。洗澡。

二十五日　星期二　上午，写《提纲》第三节《锣鼓点》。下午，到北京政协开中国昆研会会长会，在彼晚餐。晚，与玮出外散步。

二十六日　星期三　上午，写《提纲》第四节《唱》，此节较长，写毕甚疲，这种现象过去未曾有过，现身体一年不如一年也。下午，看报，休息。晚，与玮出外散步。

二十七日　星期四　上午，写关于念白一小段，感整篇结构应重新考虑，乃从头看一遍，暂停往下写，思考如何处理则逻辑更顺。下午，休息，看报。晚，看电视，与玮出外散步。洗澡。整日考虑结构。

二十八日　星期五　上午，暂时不再考虑。看报，《参考消息》中载，美众院议长前天要承认台湾，今天又说昨日是随便说说，而且说他对中国没有认真研究，如此不慎重，可笑之至。下午，有小雨，听玮念报。晚，看电视。因雨不能出门散步。洗澡。

二十九日　星期六　上午,重看写过的《提纲》,想定了修改方法。接着,萌萌来,小珍两口带着晴晴来,闹得就不能做事了。下午,休息,听玮念报。小边来按摩。晚,看电视。因雨不能出外散步。

三十日　星期日　今日晴。上午,重写一节"唱"。下午,《光明日报》记者来,访问抗战时期文艺运动情况。晚,看电视。沈梅(珍珍)夫妇来送药。与玮出外散步,洗澡。

三十一日　星期一　上午,继续写《提纲》卡住了,只好停止不写,重新思考。看报。下午,休息,看报。晚,看电视,与玮出外散步,洗澡。天阴不雨,闷热无风。

八月

一日　星期二　天阴不雨,闷热难当。上午,写《提纲》两小段,写不下去而中止,看报。下午,休息,未做事。安子来。看电视。与玮出外散步,遇小雨点滴,怕下大,只在院中转了几圈。

二日　星期三　天阴小雨,稍感凉快。上午,一气写完一节,多日的难点突破了。下午,休息。晚,看电视。牡丹江两评戏演员来访,谈至9时。

三日　星期四　上午,写《提纲》三小段,看报。下午,休息,听玮念报。晚,看电视,与玮出外散步。洗澡。

四日 星期五 上午,将《提纲》初稿写毕,约5000字。下午,休息,玮念晚报。晚,看电视,与玮出外散步,洗澡。

五日 星期六 上午,葛一虹、张颖、周巍峙、邓兴器、周文、陈刚来,在此开会谈田汉基金会事,葛力主小邓调到剧协,便于管基金,我写了一信交周巍峙转高占祥谈此事。下午,萌萌随安子去杭州(下午五时火车),听玮念报。晚,看电视,因雨,未出外散步。洗澡。

六日 星期日 上午,到国务院二招参加昆曲指导委员会。下午,休息,看报。6时,到市政协会见几位各地昆曲团长,晚餐。晚,吴大维来。因疲早睡。

七日 星期一 上午,参加反法西斯50周年纪念讨论会。

八日 星期二 上午,到二招参加昆指会,在会上作短短发言。下午,休息至4时,看电视。晚餐后,与玮出外散步。洗澡。

九日 星期三 连日开会甚累,今日在家休息,天气也闷热,做事也困难。下午,仍休息。晚,看电视,与玮出外散步。洗澡。

十日 星期四 今日仍热,除看报外,未做别事。晚,看电视,与玮出外散步。洗澡。

十二日 星期六 上午,8:30,共20人乘车赴北戴河,有郭汉城夫妇、马少波夫妇等。7小时达,即下午4时也。路上少进点心,亦不知饿,因天气转凉而不觉,到后大泻。因等高占祥,到9时才吃饭,吃得不多。10时睡。

十三日　星期日　晚至早,泻4次,不发烧,无肚痛。上午,京剧指导委员会开会,我与郭、马均参加,高占祥主持,林瑞康谈了些会务,关于《中国京剧》杂志人选变动,马甚激动。下午,集体去森林公园游览,园又名野生动物园,许多动物散放,游人可以与之接触。晚,看电视,洗澡。

　　补记,上午,大夫来,诊断是受凉,吃了些十滴水、藿香正气水之后,中午已能吃饭。

十四日　星期一　上午,到"万博文化城"参观。下午,休息。4时,与高占祥、郭汉城、马少波开京剧指导委员会。晚,与戏曲学院□[①]先生谈他们院事。

十五日　星期二　上午,上山海关、老龙口。下午,高占祥再召开一次京指会。晚,看电视。

十六日　星期三　早,8时,动身回京,车中20余人。下午,3时车到,遇雨,下车时淋湿一身。晚,看电视,洗澡。

---

① 此字难以辨认——编者注

十七日 星期四 上午，重看《提纲》。看报。下午，将《提纲》改了一段。接得段若青电话，谈了许多劳大旧同学情况。听玮念报。晚，看电视。

十八日 星期五 上午，修改《提纲》第6段，此次改稿是初稿的定稿。下午，看报。晚，看电视。

十九日 星期六 上午，修改《提纲》。下午，看报。晚，看电视。

二十日 星期日 上午，将《提纲》最后一页重抄一遍，改了数字。山东京剧院鞠小苏（尚派）及其院长来。宁夏张掖秦腔剧团由其地委书记带领来京，演出《西域行》，来送票及剧本。下午，看报。晚，看电视，与玮出外散步，洗澡。

二十一日 星期一 上午，看报，翻杂志。下午，休息。张玮念《西域行》剧本。晚，到人民剧场看张掖秦腔剧团演新编剧本《西域行》，张玮同看，舞台上的戏大不如剧本，主要是演员太差。

二十二日 星期二 上午，读《传记文学》最近一期上写的《随陈云同志接收沈阳记事》。下午，休息，看报。听玮念报。晚，看电视，与玮出外散步，洗澡。

二十三日 星期三 上午，翻看《文艺研究》今年第4期及《戏曲研究》第46期。下午，听玮看了我的《提纲》后的意见，意见甚多，出我意料，主要是整编结构不完整，系统不完善。细思之，我写这《提纲》，原是写一节，想一节，胸中先无整个系统，致有此结果也。当细思后再考虑修改。晚，看电视，与玮出外散步，洗澡。

二十四日　星期四　上午，看《文艺研究》去年第4期，看了两篇无新意。翻看《新文学史料》今年第3期。看报。下午，休息，看报。晚，看电视。与玮出外散步。

二十五日　星期五　上午，看本年第3期《新文学史料》上李之琏《从申冤到平反》。下午，看报。×××来，谈天津《文艺研究》有一文不赞成弘扬京剧并再造其辉煌，《中国京剧》打算为文驳之。晚，看电视。9时，与玮散步在楼下院中。萌萌与安子自杭州回来。

二十六日　星期六　上午，看《新文学史料》本期中杜鹏程《战时日记》。从杜的日记中看出他是一个久经锻炼的好党员，他的日记对青年有教育意义。下午，看报。陈永康来，闲聊甚久。晚，看电视，与玮出外散步。

二十七日　星期日　上午，为舞蹈家的回忆录写一题辞。翻看《史料》。下午，看报，与玮出外散步。晚，看电视，又与玮出外散步，两次散步均较往日短。

二十八日　星期一　半夜醒来睡不着，脚痒，起来烫，一直再睡不着。

上午，翻看刊物，看报。下午，休息，听玮念晚报。晚，看电视，与玮出外散步，洗澡。

二十九日 星期二 上午，到艺术局参加京指会，讨论今年京剧节各地报来剧目。下午，休息，看报。晚，看电视，在家中散步。

三十日 星期三 上午，题字二幅：一为南通艺研所门匾，一为昆研会刊物题头"蘭"，写完甚累，看报。下午，休息。晚，看电视，洗澡。

三十一日 星期四 上午，到人民剧场休息厅，参加《中国京剧》关于"京剧能否辉煌"的讨论会，此事起因于天津有人认为不能再辉煌，写一文发表于《艺术研究》。在彼午餐。下午，休息，看报。晚，看电视，洗澡。

九月

一日 星期五 雨 本拟出外开会，因雨未去。给梁冰写一信，寄去给南通艺研所的题字（尚未发）。上午，余时看报。下午，休息，看报。晚，看电视。雨已止，与玮出外散步，未走远。

二日 星期六 今日大礼拜，儿孙都来，甚热闹，没有做什么事。上、下午，看了会儿报。晚，孩子们都走了，看电视中有大歌舞《英雄赞》，纪念抗战胜利50年，平平而已。

三日 　星期日　 小雨　上午，看报，读《传记文学》9月号上《抗日女记者黄微》。下午，听玮念同书中《陈毅的前妻肖菊英之死》，与玮散步，在楼下与邻居闲谈。晚，看电视，洗澡。

四日 　星期一　上午，到人大会堂吉林厅，参加第四届戏剧节及第12届梅花奖颁奖大会的记者招待会。下午，休息，看报。晚，看电视。

五日 　星期二　雨　上午，到八宝山悼苏一平。看报。下午，休息。胡芝风来。晚，看电视。

六日 　星期三　雨　上午，看报。下午，休息。在家散步。晚，看电视，有为妇代会开幕之晚会，由各文艺团体的能手演出，较精采。

七日 　星期四　雨　上午，重看一遍《戏曲表演体系提纲》，考虑如何改得更系统化。下午，看报。晚，看电视。趁停雨时，与玮出外散步，因风大即归。

八日 　星期五　雨　上午，到院参加青年团组织的抗战50年座谈。下午，休息，看报。晚，看电视，擦身。

九日 　星期六　晴　今日是阴历中秋节。上午，天气很好。下午，又阴上来了。晚上，没月亮。

十日　星期日　今日天晴,除看报外,未作何事。下午,与玮出外散步。晚,看电视。张伯中夫妇来。

十一日　星期一　晴　上午,看报。下午,休息。晚,看电视,与玮出外散步。

十二日　星期二　上午,看报。下午,休息。听玮念报,并同出外散步。晚,看电视,洗澡。

十三日　星期三　上午,看报。与玮上街散步。下午,休息。王安葵来,谈《戏曲研究》改定期刊事,说一定要文化部批准,写了一封信给部长,要我签了个名。晚,看电视。

十四日　星期四　天气仍不好。上午,与玮出外散步。下午,看报,翻杂志。晚,看电视,有东江纵队故事,写得不好,演亦平常。

十五日　星期五　上午,看报。下午,休息后与玮散步。晚,看电视。收到梁冰信,他已收到我寄去的题字。

十六日　星期六　上午,读《戏曲艺术》上文章。下午,看报。小边来按摩。晚,看电视。

十七日　星期日　上午,小果来,为萌萌学军十日预备行李,带来徐城北赠书二册,徐已调到戏研。下午,看报。晚,看电视。

十八日　星期一　上午,看报。下午,休息。与玮出外散步,遇胡青坡。晚,看电视,有《西部警察》剧。送萌萌学军。

十九日　星期二　上午,读《剧影月刊》第 7 期上关于纪念阿甲之文,王永敬《缅怀阿甲先生》,并看报。下午,休息,与玮出外散步,遇胡青坡。晚,看电视,有《西部警察》。洗澡。

二十日　星期三　上午,到中央戏剧学院祝贺院庆 45 周年,办得甚热闹。下午,休息,看报。晚,看电视。

二十一日　星期四　上午,到积水潭医院打点滴治脑血栓。回时已下午一点半,饭后休息,看报。小果与×××来共午餐。晚,看电视,有《西部警察》。

二十二日　星期五　上午,到医院打点滴,饭前稍事看报。下午,休息,与玮外出散步。晚,到中山公园音乐堂听抗战 50 周年音乐会,因太倦,未毕而归。

二十三日　星期六　上午,到医院打点滴。下午,回家休息。晚,看电视。

二十四日　星期日　上午,打点滴。下午,看报,休息。晚,看电视,有《西部警察》。

二十五日　星期一　上午,打点滴。下午,休息,看报。晚,看电视，有《西部警察》。

二十六日　星期二　上午，打点滴（第6次）。下午，休息，看报。晚，看电视，有《西部警察》。

二十七日　星期三　晨，起留大小便，很顺利。上午，打点滴（第7次）。下午，看报。晚，看电视。

二十八日　星期四　上午，打点滴。下午，休息。看报，与玮散步。晚，看电视。

二十九日　星期五　上午，打点滴（第9次）。下午，休息。看报，与玮出外散步，遇胡青坡。晚，看电视。

三十日　星期六　上午，打点滴（第10次）。下午，休息，看报。与玮出外散步。晚，看电视，洗澡。

十月

一日　星期日　国庆节，但仍到医院打点滴。下午，休息，因人多不能干什么事。小林送来蛋糕一只，是听说我在医院打针，有慰病之意。晚，看电视。

二日　星期一　仍到医院打点滴，丰丰陪去。中午，吃涮羊肉。下午，看报，休息。晚，看电视。

三日　星期二　打点滴，今日毕，小果陪。下午，看报，休息。晚，看电视，洗澡。

四日　星期三　上午，到三里屯穆斯林餐厅参加荀、尚、筱95周年纪念。下午，休息，看报。晚，看电视。

五日　星期四　上午，看报。下午，休息，张玮去天津，与季大夫出外散步。晚，看电视。

六日　星期五　上午，给《表演体系提纲》前面加写一章解释"表演"与"体系"的文字，未完。与老季上街散步。中午，张玮回。下午，休息。晚，看电视。便秘，用了甘油栓。

七日　星期六　上午，续写《提纲》前言毕。与玮出外散步。下午，看报。4时，何孝充来，谈梅花奖计划等。晚，看电视，洗澡。

八日　星期日　上午，看报。与玮出外散步。下午，休息，听玮念李鹏报告。晚，看电视。

九日至十二日　星期一至星期四　九日，听玮讲《狗不理》导演设想。

十日，在我家开田汉基金会，到者邓兴器、周巍峙、张颖、葛一虹等，连我共7人。

十一日，到剧协开梅花奖组委会，讨论新一届梅花奖评委人选及章程修改。下午，向延生来谈《白毛女》创作经过。

十三日　星期五　上午，看刊物文章。下午，看报，休息。晚，看电视，近来电视剧多平庸无奇。洗澡。

十四日　星期六　今日假日，小果、小珍两家小孩都来。除看报外，不能做其他事。下午，与玮出外散步，遇雨。刘文峰来，送来内蒙等三卷编稿费1500元。晚，看电视。

十五日　星期日　上午，看报。下午，看段若青编的《劳燕集》，所记为劳动大学旧事，亦有过去所不知者，易培基等人在国民党中还是比较好的，但亦为蒋介石所不容。与玮出外散步。晚，看电视。

十六日　星期一　上午，看报。下午，休息。晚，到人民剧场看中国京剧院青年团演《红姑娘》（八女投江），演员很好，剧本尚不成熟，导演亦差。

十七日　星期二　上午，翻看期刊，散步。下午，看报，休息。晚，看电视。

十八日　星期三　上午，朱文相、孙松林、余从、周育德来，共讨论戏曲表演体系的讲义如何组织研究。下午，休息，看报。晚，看电视。

十九日　星期四　上午，看《艺术百家》上史雨泯《戏曲情节结构论》。此文提出戏曲重抒情是对的，但以抒情律与冲突律对立则过偏，前者不能代替后者，只是戏曲将笔墨用于抒情而已。下午，为徐城北和廖奔争取研究员做介绍，写了介绍书。晚，看电视。

二十日　星期五　上午，到人大会堂参加保护延安革命文物的会，至11时。然后到院参加老干部学习会。下午，休息，看报。晚，看晚报，电视。

二十一日　星期六　上午，读中央戏剧学院学报《戏剧》今年第×期上周华斌之《兰陵王假面来自中国》，考证甚详，稍嫌琐碎。此文一出，则可联类而及至日本所存"踏摇娘"中，苏中郎及拨头等假面，考其是否来自中国。看报。下午，休息，看报。晚，看电视。

二十二日　星期日　整日看报及翻杂志。下午，休息后，与玮出外散步。晚，看电视，有南京城市运动会开幕式。洗澡。

二十三日　星期一　上午，玮去天津，看报。与老季上街散步。下午，休息，看报。晚，看电视，晚报。小果来陪夜。

二十四日　星期二　上午，看《传记文学》本年第10期。下午，休息，看报。上午与老季出外散步，因风大折回，下午4时再去散步。晚，看电视，有成都梅花奖开幕式，小果仍来。

二十五日　星期三　上午，续读《传记文学》、报纸，读了江泽民在联合国50周年纪念会上的发言。与老季出外散步。下午，休息，看报，后与季出外散步。晚，看电视，有电影百花奖、金鸡奖发奖。

二十六日　星期四　上午，读《艺术百家》1995年第3期王定欧《四川目连传说与目连戏》，看报。下午，休息。晚，看电视。

二十七日　星期五　上午，到戏曲学院主持《戏曲表演体系讲义》编写讨论会第一次会议，在彼午餐。下午，休息。看报，读到《东方》1995年第3期上张光年《谈周扬》(未完)。晚。看电视，有城市运动会游泳决赛。

二十八日　星期六　上午，看报。下午，休息，看报。与老季出外散步。张玮来电话说3时乘车回京，一直等到7时，原来是4:30乘车回来。看电视，有城运会体操比赛。

二十九日　星期日　上午，读到《新文学史料》本年第3期上卢鸿基文《回忆雪峰同志》。下午，续读，读报。晚，看电视。玮回家后，感冒了，昨夜浑身疼痛，今日卧床一日，热至38℃，亦未进食，晚服APC，出了汗，热渐退。

三十日　星期一　上午，到大会堂参加京剧音配像新闻发布会。下午，休息看报。晚，看电视、晚报。

三十一日　星期二　上午，戏曲学院朱文相、孙松林来谈。下午，休息，看报。晚，到大三元赴花柳千代宴，9∶30 始回。

十一月

一日　星期三　上午，中国京剧院邹忆青、×××来，谈阿甲纪念文，由我讲他们记，毕。又谈我对《东北红姑娘》（八女投江）的意见，他们说时间匆促，不能大改，因此我也不能畅所欲言。下午，读王文彬记戴望舒的文章《云锁烟埋，这幸福是短暂的》。晚，看电视。今日玮又去津，将以十日为期，去是排《狗不理传奇》。

二日　星期四　上午，看《史料》，看报。与老季出外散步。下午，与老季散步。晚，看电视。洗澡。小果来。

三日　星期五　失记。

四日　星期六　上午，看《史料》记茅盾晚年事。看报。下午，休息，与老季出外散步；晚，看电视。江西美术出版社送来《脸谱集》纪念册。

五日　星期日　上午，看报。下午，休息。与老季出外散步。晚，看电视。因为玮不在家，这些日子小果每晚来陪我。睡前，吴乾浩夫妇来探视。

六日　星期一　上午，到人民剧场参加中国京剧院 40 周年庆祝会。下午，休息后，与老季出外散步。

七日 星期二　上午，看报，与老季上街散步。下午，休息，再与老季出外散步。晚，看电视。

八日 星期三　今日大风降温，一日未出门。上午，看《史料》中《郑伯奇二三事》，写得不好，甚至文字不通。《现代文学丛书散记》材料甚难得。葛一虹来。午睡起床时，上厕所站不稳，头晕，坐了一会方好，今后起床宜缓慢，因脑中缺血。下午，看报。晚。看电视。

九日 星期四　上午，看报，与老季散步。下午，休息，又散步。晚，看电视。

十日 星期五　上午，到戏曲学院讲戏曲表演体系第一课，讲了约一个半钟头。下午，休息，看报。晚，看电视。擦身。因在家中感燥热，浑身发痒。

十一日 星期六　上午，看报。云南京剧团两人来谈，中一人是新演员。下午，休息。小果两口来，晚，看电视，除新闻外，无太可观。

十二日 星期日　上午，看报及刊物。下午，休息。晚，看电视。洗澡。玮来电话，报平安。

十三日　星期一　上午,读新来的《传记文学》,赵青回忆她父亲一文很有感情,文章也很好。看报。下午,休息。4:30到北京政协赴昆曲剧院宴,王蕴明管该院很有成绩。晚,看电视。

十四日　星期二　上午,看书报。下午,江苏京剧团团长高舜英及文化局艺术处长来。晚,看电视。

十五日　星期三　上午,看报。下午,黄霖(延安鲁艺)老伴来访。章诒和来,送来给李铁映信。下午,休息。与老季散步。晚,看电视。

十六日　星期四　上午,收拾东西。下午,2时,启程到天津。5时到,住富兰特大酒店,为参加首届京剧节也,小唐同来,此节明日开幕。玮打来电话。她在此为天津评剧院排戏。

十七日　星期五　高占祥召开京剧节组委会,他是正主任,天津市长副主任,到会者,有郭汉城、马少波等。会毕,去天津招待所,主人宴请李瑞环,是主客。下午,休息。晚,到体育馆参加大会开幕式,华灯初上,满街灯火辉煌,悬挂脸谱,会场前彩灯扎京剧人物比真人高大。会场内座满,多为京戏迷,有港、台及东南亚华侨不少。晚会全为京剧精采片段,有唱有舞,今夜甚感京剧唱段动人,如杨派《文昭关》等。8时至11时毕,甚疲。张玮来住。

十八日　星期六　上午,休息。11:30到水晶宫饭店参加京剧基金招待会,给戏迷发奖。下午,休息。晚,洗澡。甚适。

十九日 星期日 晴有风 上午,坐车去看"沽水流露"京剧风景线,即绕大沽河转了一圈,看天津各票房唱戏活动。下午,休息。晚餐天津文化局宴请。饭后,看《高高的炼塔》,此戏编剧甚感人,但近于话剧,其唱腔本身作曲不动人,特别与幕后传统唱腔相比,更是如此。

二十日 星期一 上午,休息。下午,休息。晚,到黄河道影剧院看《石龙湾》,此戏由山东省京剧院演出,黄在敏导演,剧本不错,二度创作亦可,演员稍粗糙,特别唱腔,尚待改进。

二十一日 星期二 上午,参加评论会,讨论这几天看过的戏。大家意见比较一致:《曹操与杨修》较好,
　　经修改,去掉了若干缺点,加强了杨修的戏,可惜换了一个演员,不能唱言派,是一遗憾。另外《石龙湾》作为一个现代戏,也为大家肯定。中午,到狗不理吃饭,下午,休息。晚,洗澡。

二十二日 星期三 张玮从北京来。晚,洗澡。

二十三日 星期四 上午,休息。下午,在黄河道剧院看江苏省京剧院《西施归越》,用大管弦乐队伴奏,有气势,女演员演得很好,惜整个剧本动作性稍差。中午,富兰特酒店主人宴请。下午,天津京剧院在中国戏院演《岳云》,一般化,无新意。

戏毕，评论组进行评奖，搞了一整夜。我谈了谈意见，早睡了。

二十四日　星期五　上午，在华城宾馆开全体组委会，通过评委所议定的获奖名单：金奖《曹操与杨修》，银奖《徐九经升官记》，铜奖三个：山东京剧院的《石龙湾》（现代戏）、天津《岳云》、江苏《西施归越》。中午，大会在华城宴请全体人员。下午，休息。晚，参加闭幕式，在中国大戏院，北京京剧院演《孔繁森》。因太累未看完即回宾馆休息。张玮来住此。

二十五日　星期六　上午，返京，同车者夏革非、赵寻，9时发11时到。下午，休息。晚，看电视。早息。

二十六日　星期日　上午，到华北大酒店参加戏曲表演学会召开的戏曲表演体系全国性讨论会，说了短短一段话。下午，休息。翻看数日来报纸。晚，看电视。小果来，晚去。夜被电话吵醒，原来是台湾京剧演员魏海敏让我看她的戏。

二十七日　星期一　上午，读汪人元发表于《艺坛》上谈戏曲表演的文章，因眼力不行很费力，未读完。下午，休息，甚疲，起来与老季出外散步，因冷，即归。晚，看电视，洗澡。上午收到王昆送来评她的文章，要我看。

二十八日　星期二　上午，到积水潭医院看中医治咳嗽。下午，沈梅与戏剧出版社总编马威来，谈给我出版文集事。中午起床时，头晕跌跤。晚，看电视。

二十九日　星期三　上午，看一遍后天要讲的课，看报。下午，休息。沈梅带小孩来，小孩聪明活泼可爱。晚，看电视，除新闻外，无可看。

三十日　星期四　上午，看报。下午，休息。晚，看电视。张玮说，今日回来，等了一天，也不见人，也没有消息，叫人担心，不知出了什么事。

十二月

一日　星期五　上午，到戏曲学院讲课。下午，看报，休息。晚，看电视。陈牧来，要在《演员报》上发表我参加表演体系讨论会的消息，我同意了。张玮晚7时余回来。

二日　星期六　上午，看报。江苏文化局副局长、锡剧团团长、张洪来。下午，休息。小珍、小晴晴来。晚，看电视。

三日　星期日　上午，河北梆子剧团团长、河北文化局长等来。下午，牡丹江评剧团小刘来。看报。晚，看电视。

四日　星期一　上午，马博敏等上海京剧界同志来谈。之前，文化部社科管理同志来谈，我说了些社科研究的当务之急在帮助各艺术院校编出中国艺术方面的讲义。下午，休息，看报。晚，与张玮去看无锡市锡剧《瞎子阿炳》。

五日 星期二 上午,看报。下午,休息。张玮去天津。晚,看电视。

六日 星期三 上午,先去人民大会堂参加《京剧经典大观》出版座谈,后又到蓝岛参加李维康"世纪之星"座谈,两处都谈了话。下午,看报。晚,看电视。

七日 星期四 上午,看报。并将《体系》讲稿看了一遍。下午,休息。晚,看电视,今日有《邓颖超和她的妈妈》,还不错。

八日 星期五 上午,到戏曲学院讲课,已讲三次,自觉问题没有研究透。下午,休息,看报。晚,看电视《邓颖超和她的妈妈》有些意思。连日来半夜醒后睡不着。

九日 星期六 上午,看今年第4期《新文学史料》,看报。下午,休息。晚,看电视。洗澡。

十日 星期日 上午,翻杂志,看报。下午,休息。晚,看电视《邓与母》很不错,剧本好,演员也过得去。

十一日 星期一 上午,到葛一虹家听他谈田汉基金会筹备情况。下午,休息后,到北京人艺参加焦菊隐90诞辰纪念会。晚,看电视,有《邓与母》,此戏母亲演得好。

十三日 星期三 上午,到葛一虹家讨论田汉基金会成立事。到者有周巍峙等。下午，休息。下大雪，午睡醒时为3点，但已似黄昏了。晚，看电视。夜眠不稳。

十四日　星期四　上午，看报。下午，休息。晚，看电视，《邓与母》完。

十五日　星期五　上午，翻新来刊物。下午，休息。晚，看电视。

十六日　星期六　上午，看报。小果一家来，他给我念新出的《传记文学》。下午，休息，看报。晚，看电视。

十七日　星期日　上午，看《传记文学》，报纸。下午，休息。张玮来电话二十一日回京。晚，看电视。

十八日　星期一　上午，看报及杂志。下午，休息，修改《提纲》。晚，看电视。

十九日　星期二　上午，黄克保来，在此谈戏曲表演体系，聊了一天。中午，稍稍休息，续聊。晚，看电视。

二十日　星期三　上午，孙松林、朱文相、余从、涂沛、周育德及戏曲学院表演系主任来，开体系如何进行的讨论会，谈了一上午。下午，休息。看报。晚，看电视。

二十一日　星期四　上午，翻看《提纲》，看报。下午，休息。晚，看电视。玮从天津回。

二十二日　星期五　上午,到戏曲学院讲课。下午,休息看报。晚,小珍带孩子来,共吃蟹(玮从天津带回的)当晚餐。洗澡。

二十三日　星期六　今日全家人都回来,乱哄哄地,除看报外,未干什么事。今日两餐饭主要吃的张玮从天津带回来的,中午吃虾,晚上吃狗不理包子。为河南电视剧《炎黄二帝》题字。

二十四日　星期日　上午,请张建军、龚谷音夫妇来玩,并在此吃涮羊肉。下午,休息,看报。晚,到人民剧场看湖南花鼓戏剧院演《羊角号与 BP 机》。

二十五日　星期一　上午,看报。下午,休息。晚,看电视。

二十六日　星期二　失记。数日来贺年片来得很多,忙于回拜。

二十七日　星期三　上午,到市政协参加剧协纪念洪深 100 年诞辰,在彼午餐。下午,看报,休息。晚,看电视。

二十八日　星期四　上午,到人民剧场参加阿甲逝世周年。下午,休息,看报。晚,看电视,洗澡。

二十九日　星期五　上午,到戏曲学院讲最后一课,讲完参加讨论,并在彼午餐。下午,休息后,剧协何孝充等三位负责人来拜年,并送一花篮。晚,看电视。北京市文联×××来看望,并送鸡蛋。收到老同学唐川寄来贺年卡。

三十日 星期六 上午,10时,广西彩调剧团同志来拜年,来者有广西文化局长、艺术科长、编剧及中国文化报驻广西记者。下午,1时,迪之来谈金紫光建议鲁艺同学会在海淀建一鲁迅公园,征求签名,我签了。即休息。小果一家及安子来。晚,看电视。玮这两天胃不好,今日吐了,让她早睡。

三十一日 星期日 上午,看广西彩调剧本《哪嗬咿嗬嗨》,看报纸。今日年三十,孩子们都来了,热闹而乱,没有做什么事。晚,看电视,亦无可看者。

一九九六年

一月

一日　星期一　上午，看报。下午，休息，听玮念报。晚，到人民剧场看广西彩调剧团演《哪嗬咿嗬嗨》。是写国民党时期内战不断，民不聊生的事情，写一群彩调演员当了兵家破人亡，不能回家的故事。戏亦有感人的场面，但整个较散漫，人物也不太鲜明，是中等作品。

二日　星期二　数日来，陆续收到贺卡，其中有台湾中央大学文学系的，有湖北剧协陈先祥的，有石小梅的，等等；台湾及湖北卡均拟复一卡。前数日，收到唐川卡，与唐文伟通信，今知唐仍健康，甚喜，已去一信问候。其余时间看报。晚，看电视。

三日　星期三　上午，读《艺术百家》去年第4期上王诗昌《试论北杂剧搬演形式》。读报。下午，休息，看报。晚，看电视，近演连续剧《孔繁森》，演员很认真，但整个太自然主义了。

四日　星期四　上午，看报，翻新到刊物。下午，休息。晚，看电视。

五日　星期五　上午，到戏曲学院，想与朱文相谈谈今后课题如何进行，他们忙，没有多谈，看来，工作进行抓得不紧，且许多人对于课题设置的意义知道的不多，一定要开会细谈。下午，休息，看报。晚，吴大维来，送来挂历。看电视。

六日 星期六 阴 上午，翻看新杂志，看报。下午，休息，看报。续收到贺卡。晚，看电视。《怀想阿甲》一文发表于《人民日报》。

七日 星期日 上午，听玮念杂志文章，看报。下午，休息。听玮念文章。晚，到工人俱乐部看话剧《鸡毛蒜皮》，剧本较完整，演员熟练。

八日 星期一 上午，为扬州木偶剧团题字一幅。看报。下午，休息，听玮念报。晚，看电视，有新上的《苍天在上》，看了开头，还觉不错。

九日 星期二 上午，翻杂志，看报。中午，休息。晚，看电视，有维也纳交响乐及《苍天在上》。

十日 星期三 上午，看报。下午，休息后，于敏、于雁军来，晚饭后去。

十一日 星期四 上午，赵真、李鸣盛来，送一枕及洗脚器。下午，休息。玮读报。晚，看电视，有《苍天在上》，看后甚动情，今日起开始泡脚。

十二日 星期五 上午，看报。下午，休息，看报。清理稿件。晚，看电视。泡脚是赵真送一电震动脚桶，洗脚按摩兼用，用了多次效果还好。

十三日　星期六　小果来。清理稿件。

十四日　星期日　上午,仍清理稿件,找文化大革命后的文章稿不见。下午,休息。晚,看电视,有《苍天在上》。洗脚。

十五日　星期一　上午,参加戏曲现代戏研究会年会,说了10分钟话,大意是戏曲现代戏已成气候,出了些好戏,戏中有了有性格的人物,但比传统戏艺术性仍不及,希望努力。下午,休息。仍找稿子,未得。晚,看电视,洗脚。

十六日　星期二　上午,到煤炭部招待所参加全国艺术科学规划领导小组会,听汇报情况,作了简短发言。在彼午餐。下午,休息,看报。晚,看电视,有《苍天在上》。洗脚。

十七日　星期三　上午,看报。许×、杜平来,他们是河南的导演,前者是豫剧三团的。下午,上厕所时腰碰伤,休息醒后甚痛,贴上膏药。沈达人夫妇来。晚,看电视。洗脚。

十八日　星期四　整日无事,亦无人来。上午,因不慎闪了腰,难于行动。晚,看电视,有《苍天在上》,洗脚。

十九日　星期五　上午,到医院去照片子,结果尚未伤骨,但从照片中看出脊椎骨增生严重,亦无可如何之事,且不管它,开了点止痛药,服后痛稍好。下午,休息。晚,看电视。洗脚。

二十日　星期六　上午，家人为我提前做寿，在湖南大酒楼小宴，参加者有玮、小果夫妇、萌萌、小珍、晴晴、老季、练阿姨、小唐。下午，休息。晚，看电视，洗脚。

二十一日　星期日　上午，参加戏曲现代戏汇演闭幕式，宣布评比结果，开会时，我也说了一小段话，在彼午餐。下午，休息，看报。晚，看电视。洗脚。

二十二日　星期一　今日是我生日。上午，山西眉户剧院崔彩彩及剧作者来。下午，休息。5时，与玮赴刘颖南请，在京广大厦为我祝寿晚餐。晚，看电视。洗脚。睡后，暖气大热，咳嗽不止。

二十三日　星期二　因咳嗽不止，上午去看中医，开了五剂汤药。下午，躺床，有低烧，直至晚上，未做事。

二十四日　星期三　躺床，服药，烧未退。盛沛茹来。

二十五日　星期四　上午，开始退烧体温37.1℃。早上吃蒸鸡蛋。起坐沙发上，晒太阳半日。中午，吃小米粥一碗。晚，仍吃小米粥，仍一碗。大便不多。晚，看电视。

二十六日　星期五　今日烧已退，但并未痊愈。晨起，吃小面包一个，蒸鸡蛋一小碗。饭后即坐晒太阳。中午，吃米饭大半碗。下午，午睡后，听玮念报纸。晚，喝粥大半碗。看电视，《苍天在上》毕,结尾处甚有力。

二十七日　星期六　上午,玮念江泽民在宣传工作会议上的讲话。下午,休息。吴大维带中央民族大学中文系主任来,请我做他们戏剧研究中心的高级顾问。晚,看电视。

二十八日　星期日　上午,朱文相、孙松林、涂沛等来,谈戏曲表演体系专题进度。下午,休息后与小盛聊天。看报。晚,看电视。

二十九日　星期一　上午,看报。下午,休息,听玮念报。晚,看电视。

三十日　星期二　上午,到医院看病,先透视,未能诊断,继照相,仍因未对照片细研究,结论未出,初步断定有炎症,给了药,甚疲。下午,休息。似气喘稍好。晚,看电视。洗脚。

三十一日　星期三　上午,未做事。11时报才来。下午,休息,看报。晚,看电视。

二月

一日　星期四　上午,到戏曲学院开课题会,讨论朱文相提纲,在彼午餐。下午,休息,看报。晚,看电视,洗脚。

二日 星期五 上午,看报。下午,休息。听玮念报。晚,看电视、洗脚。

三日 星期六 上午,看《新文学史料》中的《艾芜传》。下午,休息。张玮念报。晚,看电视,洗脚。

四日 星期日 上午,看《艾芜传》。小果、小珍等来。今日为立春,吃春饼。下午,休息。玮念报。晚,看电视,有哈尔滨东亚冬运会开幕式。

五日 星期一 上午,读《艾芜传》,仍未毕。下午,休息,看报。晚,看电视,洗澡。

六日 星期二 上午,到清华园修脚。下午,休息。读完《艾芜传》,看报。晚,看电视。洗脚。

七日 星期三 上午,看《史料》。中午,休息,看报。晚,看电视。

八日 星期四 上午,到八条参加院团拜,见到王秀珍、谢和等。下午,休息。3时,到北京饭店宴会厅参加文联团拜,认识的人不多了,见到李琦,他画了一张江泽民像给大会。晚,看电视。洗脚。

九日 星期五 上午,看北京昆曲研习社《社讯》第十一期上余秋雨文《昆曲：中国传统戏剧学的最高范型》。下午，休息，看报。晚，看电视。

十日　星期六　上午，到医院看中医正骨科，诊断是肌肉受风，非骨病，给了热敷药。下午，用之，见好。看报。晚，看电视。继续热敷，毕，即就寝。

十一日　星期日　上午，腰痛敷药。下午，休息。晚，敷药。

十二日　星期一　早，敷药。起床，早餐后到大会堂参加老干部团拜。下午，休息，看报。晚，看电视。洗脚。

十三日　星期二　上午，常静之来，谈近代《戏曲史》研究，她将她的专题写出，但整个研究动静不大，很有意见。下午，休息后，王安葵来，念了给我写的传记的一段。晚，看电视。洗脚。

十四日　星期三　上午，研究生路应昆来，送来他的论文《"文人剧"再议》，主要是批评过去戏改工作中的左倾思想。下午，剧协何孝充等来，谈1995年梅花奖评奖中应注意事项。晚，余从、王安葵、刘沪、黄在敏来拜年，我即将近日对于50年戏改的评论意见告知，要他们准备参加讨论。晚，看电视。洗脚。

十五日　星期四　上午，补日记。看杂志文章。曲润海代表部来探望。下午，休息。听玮念报。评剧院人来拜年。晚，看电视。

洗脚。张伯中来,送来花生油、带鱼等。

十六日 星期五 上午,看报。下午,休息。胡芝风来。晚,看电视。小珍来。洗脚。

十七日 星期六 上午,看报。下午,休息。章诒和来,送花一束,继薛若琳来。晚,看电视。洗澡。

十八日 星期日 今日为旧历除夕。孩子们除安谷两口外,都回来了,他们把客厅装饰得有点节日气氛。现在拜年用电话,电话太多,人就不来了。下午,到吕骥家吊唁,关立人于前数日去世。合家吃年夜饭。晚,看电视。10时寝。

十九日 星期一 今日旧历新年。上午,孩子们做饭。接拜年电话。下午,休息,因午饭迟,午睡起来也晚。晚,看电视。

二十日 星期二 上午,到九姨家拜年,接宪源同往,九姨甚健旺,只是耳聋,在她家午餐,饭后聊天至2:30始归。休息至4:30。晚,看电视无意思。早睡。

二十一日 星期三 上午,到8楼去看王玉清,他的病好多了,夏革非也很好,只是耳聋无法对话。又去11楼看了赵寻。下午,休息后,李小仓之二女及陈永康来,聊天至5时。晚,看电视,有相声大会,意思不大。洗脚。

二十二日　星期四　上午，看报。下午，吴大维夫妻领着他的姨妹、连襟共八人来拜年，坐到5时始散。晚，看电视。洗脚。

二十三日　星期五　上午，翻看杂志。下午，休息后，看报。晚，看电视，洗脚。

二十四日　星期六　上午，看报。×××（《光明日报》老编辑）来，此人是泉州人旧黎明学生。下午，看闲书。晚，看电视。洗脚。

二十五日　星期日　上午，看报。下午，看杂志。省川剧院来三人看望。晚，看电视。洗澡。

二十六日　星期一　上午，看《文言小说》。下午，休息，听玮念报。达人女婿来，送鱼油（药）。晚，看电视。洗脚。

二十七日　星期二　上午，到剧协开梅花奖组委会。下午，休息。读报。晚，看电视。洗脚。

二十八日　星期三　上午，看《当代中国戏曲》，读完绪论。下午，看报。晚，看电视，洗脚。

　　近来对戏改有些不同看法，从应改不应改两方面走极端。我曾建议剧协及戏曲学院学习和讨论一次推陈出新问题，大家可读读《当代中国戏曲》，特别是绪论及第一编。尚未引起注意，当再说。

二十九日　星期四　上午，看《当代戏曲》第一编第一章。下午，休息，看报，继看《当代戏曲》。晚，看电视。洗脚。

三月

一日　星期五　上午，读《当代中国戏曲》。下午，到北京剧院参加剧协团拜会。晚，看电视，有《刘罗锅》。洗脚。

二日　星期六　上午，到葛一虹家参加田汉基金会筹备会议。中午，休息。余从、章诒和来，谈戏曲理论基金事。晚，看电视。洗脚。

三日　星期日　今日大休息。小果、小珍都全家来，安安和她的朋友，许多也来了。他们打牌。我在上午看《当代中国戏曲》。下午，休息后听张玮念报。×××来，拜年也。晚，看电视，有"刘罗锅"。洗脚。

四日　星期一　上午，看《中国当代戏曲》，看报。下午，看报。晚，看电视，有《刘罗锅》，看至晚十一时。

六日　星期三　上午，王安葵来，念他为我写的传记。读《当代戏曲》毕第一编。下午，休息，与玮共找稿子。听玮念报。晚，看电视，《刘罗锅》完，演员表演不错。洗脚。

七日　星期四　上午，看文言小说。扬州木偶戏剧团团长来。下午，休息，姚向黎来。晚，看电视。洗脚。

八日　星期五　上午，看文言小说。下午，休息，听玮念报。小赵来谈。晚，到棉花胡同看日本狂言。洗脚。

九日　星期六　上午，看报。下午，到周巍峙家开田汉基金会。晚，看电视。洗脚。

十日　星期日　上午，剧协主席团会。下午，批评小果。晚，看电视。洗脚。

十一日　星期一　上午，写一信向沙伯里说明不能去凤子追思会，又为李鸣盛收徒书一幅致贺。下午，休息，看报。晚，看电视，洗脚。

十二日　星期二　上午，到文联开田汉基金理事会，除北京理事外，尚有上海、南京等地理事，老朋友多年未见者张瑞芳等。下午，在家看报。休息。晚，看电视。洗脚。

十三日　星期三　上午，翻看新书。下午，休息，看报。××京剧团来人，吴乾浩引河北教育出版社人来。晚，看电视。洗脚。

十四日　星期四　上午，到新华社出席田汉基金会成立大会，说了短短的话。下午，休息，看报。晚，看电视。洗脚。

十五日 星期五 上午,到文化部参加文华奖第六次评奖会开幕,谈了话。下午,休息,看报。晚,看电视。戏曲学院送我讲课(戏曲体系)整理稿来。洗脚。

十六日 星期六 送出给红线女稿。上午,看报。下午,休息。晚,看电视,洗脚。

十七日 星期日 上午,看报。小果夫妇来,小果做藕夹,硬得咬不动。下午,休息。沈达人夫妇来。晚,看电视。洗脚。上床后打嗝不寐至晨3时始睡去。

十八日 星期一 晨,6时仍拉稀,且打嗝,穿着梳洗后始停止。上午,去医院看中医,一年轻医生开方。晚服后,睡下,4时大泻,连数次,乃停服。

十九日 星期二 晨,去医院改看西医,服药止泻。

二十日 星期三 连日仅吃清淡食物,亦不敢多吃。幸打嗝已停,早起大便已无不消化现象。夜眠亦稳。

二十一日 星期四 小雨 早点已正常。上午,看报。下午,休息。到党校招待所参加文华奖评奖闭幕。晚,看电视。洗脚。今日饮食已正常。大便不多,吃得少故也。

二十二日 星期五 有雨雪 上午,人民出版社王培元来访问鲁艺事，他们有一研究专题：大学与文艺，以北大、师大、清华、鲁艺四校为对象，王是写鲁艺的。泉州一地方戏研究所出一本《明刊闽南戏曲弦管选本三种》，是英人龙彼得在欧洲发现的本子，龙在书前写一序，我即看此序，这是新资料，但尚待仔细研究。下午，休息，看报。晚，看电视。洗脚。

二十三日　星期六　雨雪　上午，看杂志。《中国戏剧》本年第二期上有讨论《戏曲教育的"口传心授"》一题，是蒋锡武与钮骠的两封通信。两人都肯定口传心授，是好的。蒋文把它绝对化，以为好得无以复加，我看是错的。钮骠是科班出身，谈问题比较实在。我意，口传心授应提高，开蒙完全可以，如要创作新戏，特别戏中新人物，则嫌不够，直到现在，新创作只靠个人琢磨，还无一套教学方法，是不足的。下午，休息，听玮念报。晚，看电视。

二十四日　星期日　上午，读《中戏》上李维康《我的艺术追求》，文章工稳。下午，看报。听玮念报。晚，看电视，洗脚。

二十五日　星期一　上午，翻读新来刊物。下午，到戏曲学院参加体系讨论会，至5时。晚，看电视。

二十六日　星期二　上午，到学院讨论"体系"问题（体系小组：朱文相、院党委书记、刘沪、涂沛……），在彼午餐。下午，休息后，看报，听玮念报。晚，看电视。洗脚。

二十七日　星期三　上午，翻看《交流》，上有《宇宙的起源》一组图片，是太空望远镜所拍摄，前所未见。看报。下午，休息，看报。张玮念报。晚，看电视。

二十八日　星期四　上午，看旧稿《戏曲的表演体系问题》。眼睛不好，字迹不清，看得费力，一天未看完，此稿总结我以前的研究，比较简要，拟发表，也可能稍有增加。下午，续看，因眼疲未完。看报。晚，看电视。洗脚。

二十九日　星期五　整日重看《戏曲的表演体系问题》，看完，如要发表，还得修改和补充一些东西。下午，看了报。晚，看电视。

三十日　星期六　上午，看我在戏曲学院关于戏曲表演体系的讲稿记录，因眼力不好，连一讲也未看完。下午，休息后，看报。听玮念报。晚，看电视。洗脚。

三十一日　星期日　上午，没做事。下午，何孝充来，谈梅花奖情况。晚，看电视。洗澡。

四月

一日　星期一　上午，看报。下午，休息。听玮念报。晚，看电视。洗脚。

二日　星期二　上午,与玮到中山公园散步。下午,休息。看报。晚,看电视。洗脚。

三日　星期三　上午,到剧协参加13届梅花奖评奖会。下午,休息。看报。晚,看电视。洗脚。

四日　星期四　上午,与小唐在附近街上散步,尚不艰难。下午,休息,看报,广播中听音乐。晚,看电视。洗脚。今日得知周育德调戏曲学院任院长。

五日　星期五　上午,读《唐人传奇》数篇,看报。下午,休息。听张玮念报。晚,看电视,电视剧《乡下人、城里人、外国人》,今日演毕,此剧前面不吸引人,后渐入佳境,结尾甚动人,此剧人物性格刻画有缺点,性格表现不太深刻,生活现实性不够。

六日　星期六　上午,到剧协参加梅花奖会,看投票并开组委会。下午,休息。看报,听玮念报。晚,看电视。

七日　星期日　上午,读王元化《京剧与文化传统》未完。下午,与玮出外散步。听念报。晚,看电视。洗脚。

八日　星期一　上午,续读王元化文(载《艺坛》1995.4),全文上半较精采,下半平平,论及中国美学与我大同小异。下午,休息,看报。晚,看电视,洗脚。

九日 星期二 上午，到国务院二招，参加剧协召开的全国剧协工作会议，接受中宣部对剧协人事咨询。在彼午餐。下午，回家休息。4时，王安葵来谈戏曲所举办剧作进修班情况。听玮念报。晚，看电视。

十日 星期三 上午，到院参加戏曲所举办的剧作进修班开学式，在彼午餐。下午，休息。翻看新到刊物和报纸。晚，看电视。

十一日 星期四 上午，在家翻杂志。大百科霍宝德来，求为其集邮签一名。下午，休息后3时，赴国务院二招参加剧协工作会议闭幕式。在彼晚餐。晚，看电视。洗澡。

十二日 星期五 上午，找书，看报。下午，休息。听广播。晚，看电视，有中古女排争冠，中以3∶0胜。

十三日 星期六 上午，读完施旭升《戏曲审美意象论》(《艺术百家》1996年第1期)。作者对中国美学的发展似尚未通晓，引用古书，以意解之。继读报。下午，休息，听广播。晚，看电视。洗脚。

十四日 星期日 上午，小果一家来，他为我找出《文心雕龙》。看报。下午，休息。与小果上街散步。晚，看电视。

十五日 星期一 上午，章诒和来谈理论基金会事。读《文心雕龙·物色》及其释文。下午，续读及看报。在房中散步。吴乾浩来，送来郭汉城起草的文集序言，是由我和他二人署名的，看后无意见，仍由吴带走。晚，看电视。

十六日　星期二　上午，重读《物色》篇原文。下午，休息。看报。与玮出外散步。晚，看电视。

十七日　星期三　上午，读《文心·比兴》篇。下午，休息。翻看新到杂志。听玮念报。晚，看电视。

十八日　星期四　上午，朱文相、孙松林、周育德来谈戏曲学院讲义事，言浙江人民出版社打算出全国艺术学院讲义丛书，戏曲亦有一卷，他们做了一个计划。张颖来，谈为红线女写文事。下午，休息后，听张玮念报。晚，看电视。

十九日　星期五　上午，9：30，文化部长刘忠德来，与谈理论基金、戏曲学院及研究院事。下午，休息后，看报。江苏文化厅长、京剧团长来探望，因他们京剧团来演戏也。玮念报。晚，看电视。丰丰来（他刚从美国回来），小晴晴跟来，住此。张伯中夫妇来。洗澡。

二十日　星期六　今日未看书，只看报。下午，休息后，与玮上街散步，外面比屋内热。晚，看电视。

二十一日　星期日　小珍、丰丰、晴晴、小果、张章、萌萌均来。上午，翻看杂志，看报。下午，休息，在家散步。晚，看电视。

洗脚。

二十二日　星期一　上午，翻看《张择端清明上河图研究》（张安治著）。看报。下午，休息。看报。与玮上街散步。晚，看电视。

二十三日　星期二　上午，到市政协参加文联举办的世纪之星讨论会，这回是讨论裴艳玲。在彼午餐。下午，休息。晚，看电视。

二十四日　星期三　上午，到研究生部开会，通过新提的博士生导师名单。下午，休息，看报。5时许，与张玮上街散步。晚，看电视，洗脚。

二十五日　星期四　上午，看裴艳玲集中自述其成名经过，看报。下午，休息，看报。与玮出外散步。晚，看电视。

二十六日　星期五　上午，看裴艳玲集谈她的派别。看报。下午，休息。看报。与玮出外散步。晚，看电视，洗脚。

二十七日　星期六　（无事）

二十八日　星期日　上午，小果夫妇来，在此做鱼。午餐。看报。下午，休息，从电视中看足球。

二十九日　星期一　上午，看张安治《张择端清明上河图研究》。

看报。下午，休息。晚，看电视。洗脚。

三十日　星期二　上午，与玮、小唐到天坛看花，海棠已落，榆叶梅开过，牡丹只开了两三朵，丁香也未开。路上挤，回来已11时余。下午，休息，看报。晚，看电视，有五一晚会。

五月

一日　星期三　上午，小珍一家来，与丰丰谈做学问、写文章等。下午，休息，看报。与玮出外散步。晚，看电视，有上海纪念五一晚会，甚红火。

二日　星期四　（失记）跌了一跤。

三日　星期五　上午，到积水潭医院打点滴，10∶30起到下午2点共打了大小9瓶。中饭后困甚睡了。晚，看电视，觉冷，试体温发烧37.4℃吃感冒药，盖两床被睡下，半夜出汗。

四日至十六日　星期六至星期四　这些天，每上午到积水潭医院打点滴共13次（加上三日共十四日）。去以前身体发软，打点滴后身体较前硬朗。这次还做了体检，除有脂肪肝及前列腺肥大之外，无他病。

十七日　星期五　上午，到医院检查B超后，去国务院二招参加文化部京剧指导委员会，发了短短的言。午餐后回家。下午，休息,看报。近两天大便不畅,用了通便药。

十八日 星期六 上午,看报。下午,中国文化报记者来访问,谈"文艺座谈会讲话"前后的事。晚,看电视。洗澡。

十九日 星期日 上午,小珍一家来,和我一道上街散步约半小时。继小果夫妇来,安安和她的朋友来。看报。午饭后休息。小果为理发。电视中看足球。晚,看电视,又有足球。洗澡。

二十日 星期一 上午,看了王定欧《试析四川目连戏的形态特征》(《渝州艺谭》1996.1)。中间×××来谈今年剧协活动。下午,休息后看报。晚,看电视。

二十一日 星期二 上午,看报。下午,休息,在室内活动。晚,看电视。

二十二日 星期三 上午,王安葵来,谈在石家庄开的戏剧讨论会。翻看新来的刊物。下午,休息,看报。晚,看电视。

二十三日 星期四 上午,读《庄子·秋水》。看报。下午,休息。听广播。晚,看电视。

二十四日 星期五 上午,写一讲课提纲,谈戏曲美学。看报。下午,与家人到天坛公园看芍药,花很茂盛,但已快至谢时了。晚,看电视。

二十五日　星期六　上午，周育德、孙松林、朱文相、涂沛来谈戏曲讲义事。下午，与玮出外散步。×××来谈昆曲研究会事。晚，看电视。

二十六日　星期日　上午，与玮出外散步，看报。下午，休息，电视中看足球。胡芝风夫妇来。晚，看电视。

二十七日　星期一　上午，读汪人元关于样板戏的系列文章，读完两篇。看报。下午，休息，看报。晚，看电视。

二十八日　星期二　上午，读汪人元文一篇。看报。下午，看完《张择端清明上河图研究》（张安治）。葛一虹来。晚，看电视。

二十九日　星期三　上午，读汪人元文一篇。下午，休息。达人夫妇来，马海星来访问关于马可的事并录像。6时，赴昆研会宴。8时回家。甚疲。

三十日　星期四　上午，到研究院，为戏曲所举办的剧作班讲课，讲题：戏曲剧作与美学。下午，休息。看报。晚，看电视。洗澡。

三十一日　星期五　上午，读汪人元文两篇，共六篇，他原来写了八篇，后两篇我这里没有。他这些文章写得仔细，读了感到不满足的是，有些关键问题应提到原则上着重总结一段，就更好了。下午，看报。晚，看电视，与玮出外散步。

六月

一日 星期六 今日假日,张玮在家。上午,看报。下午,石小梅来,走后与玮出外散步。晚,看电视。

二日 星期日 今日假日,又是儿童节第二天,与玮带萌萌、晴晴到法国餐厅吃了一顿,这是早就答应他们的。下午,休息后,到和平门外正乙祠参加曲艺协会论文发奖。晚,看电视,有国安与四川队足球赛。洗澡。

三日 星期一 上午,看完王克芬《晚期敦煌壁画舞蹈形象的考察与研究》(《文艺研究》1996第2期)。下午,看报,听广播。晚,与玮出外散步,看电视。

四日 星期二 上午,读了江东的《印度舞蹈与宗教背景的文化阐释》(《文艺研究》1996.2)有些启发,该文说印度舞蹈来自宗教、印度教,源远流长,至今不绝。我因想起,梵剧为何命短,恐因来自宫廷,改朝换代,变成伊斯兰统治因而绝灭,但梵剧之源始终未清楚,看来梵剧在印度文化中远不及舞蹈根深。下午,休息后,看报。晚,看电视。

五日 星期三 上午,休息,听音乐。下午,看报,金紫光处来人谈鲁艺同学会俱乐部(大意)的一些设想。晚,与玮上街散步,看电视。

六日　星期四　上午,长沙市委宣传部长郑佳明,副部长李辉(女),市文化局长杨源明(剧作者),副局长金明辉来拜访。他们带来两台戏,话剧《布衣毛泽东》及一新编近代史剧,在北京演出。下午,休息。与玮出外散步。晚,看电视。

七日　星期五　上午,刘沪、王希平等三人来,要出一本京剧史图集。下午,休息,与玮出外散步。晚,看电视。

八日　星期六　上、下午,均看报。中午,休息。晚餐前,与玮出外散步。饭后,电视中看费城乐队演奏。

九日　星期日　今日,小果、小珍两家全来,十分热闹。整日除看报外,未做何事。天长了,晚饭前即看了电视新闻,并与玮出外散步,饭后看电视中足球。洗澡。

十日　星期一　上午,看报,听广播中音乐。下午,休息。天阴下了冰雹。看报。晚,看电视。

十一日　星期二　上午,读《中华戏曲》十七辑上,任光伟《从北宋目连戏的产生看中国大型戏曲的形成》,徐宏图《中国目连戏非传自印度辨》。下午,看报。丛兆桓来,谈昆曲学会事。晚,看电视。

十二日　星期三　天气太热。上、下午,除看报外,未做何事。今日老练阿姨退职回家,新来一山东女孩,名李燕,二十二岁。

晚饭前,与玮出外散步,燥热不堪。晚,看电视。

十三日 星期四 今日花砚如同志来帮忙,因新换小阿姨不熟悉,需要指导。上午,为鲁艺同学拟一纪念辞,辞曰:鲁艺学院,党所创设,服务抗战,解放全国,人才出众,作品出色,文艺史上,功不可没。预备写出来送去。下午,休息后,看报。与玮出外散步。晚,看电视。

十四日 星期五 今日花砚如、袁凤霞二位来帮忙。上午,与袁、花二位聊天。下午,休息。晚,到人民剧场看长沙艺术剧院湘剧高腔《铸剑志》,清末故事,戏还不错,但湘剧高腔音乐太单调,需要有所创新。

十五日 星期六 上午,小果夫妇来做饭。未做事,看了一点报纸。下午,休息后,湖南映山红刘瑞生来。看打球。晚,看电视新闻及电视剧《英雄无悔》。

十六日 星期日 今日张玮在家做饭。上午,看报。与玮出外散步。下午,休息。看报。与玮出外散步。晚,看电视。

十七日 星期一 上午,翻看新来刊物。看报。下午,休息。看报。与玮出外散步。晚,看电视。

十八日 星期二 上午,为鲁迅文化园及长沙"映山红"题字各一幅,先用毛笔,写不成,乃用硬笔。下午,休息。花淑兰与辽宁电视台来人,录像。晚,看电视。玮因探视老季病,8时始回。

十九日 星期三 上午,看刊物。下午,休息,看报。鲁艺同学会人来取走题字。看电视。晚7时,玮回同吃晚饭。饭后看电视。

二十日 星期四 上午,到医院看皮科。下午,休息,看报,看电视新闻。晚,玮回共吃晚饭。看电视,洗澡,擦皮肤药。

二十一日 星期五 上午,重读梅文《要善于辨别精粗美恶》。看报。下午,休息后,部里科研司人来,谈决定将原交研究院代管的科研工作收归部管。看报,看电视新闻。与玮出外散步。晚,看电视。

二十二日 星期六 上午,小果夫妇来。看报。下午,休息,看电视新闻。晚,看电视。与小果谈,将我的集子交王安葵编事,小果意他与王共编,他与王直接商量。用皮肤药已数日,见好。

二十三日 星期日 安子来。上午,看报。下午,休息。电视中看足球。与玮出外散步。晚,看电视剧《英雄无悔》。

二十四日 星期一 上午,到剧协开主席会议,在彼午餐。下午,休息,看报。与小李出外散步。晚,看电视,洗澡。

二十五日　星期二　上午，看报。下午，休息后，与玮出外散步，回来后，续看报，看电视新闻。晚，继看电视，洗澡。

二十六日　星期三　上午，参加周巍峙80生日庆祝。下午，休息，看报。与小李出外散步。晚，看电视。

二十七日　星期四　上午，看报。下午，休息后，看报，看电视新闻。与小李出外散步。晚，看电视剧《英雄无悔》。

二十八日　星期五　上午，看贺敬之为丁毅译书《西洋著名歌剧剧作选》写的序，内容为对新歌剧争论的意见。下午，休息后看报，看电视新闻。晚，电视中看七一纪念晚会。

二十九日　星期六　上午，看报。下午，休息，玮念报，看电视新闻。晚，与玮出外散步，看电视，洗澡。

三十日　星期日　天气太热，除看报外，未做何事。下午，小果为理发。晚，看电视七一晚会，洗澡。

七月

一日　星期一　上午，9时，到院参加七一座谈会，发了言。10时，到文萃阁参加戏曲所举办的编剧讲习班毕业式，也讲了话，并在彼午餐。下午，休息，听玮念报。晚，看电视，与玮出外散步。

二日　星期二　上午，看研究生毕业论文《黄淮花鼓秧歌与安徽花鼓灯的同源新辨》，未完。看报。下午，刘颖南等党委办9人来慰问并致送千元，此乃党为75周年所规定，谨领受（对老同志慰问）。晚，看电视。与小李出外散步，洗澡。

三日　星期三　上午，仍看舞蹈论文，仍未完。下午，休息后看报。看电视新闻。晚，与小李出外散步，继看电视。

四日　星期四　上午，读完舞蹈论文。下午，休息后，看报。晚，到工人俱乐部看评剧《金沙江畔》，是好的。归，洗澡。

五日　星期五　继续看研究生论文。上午，看了余从学生朱飞跃的《黄梅戏的承传变异》，未完。下午，看报，看电视新闻。晚，看电视剧《英雄无悔》。

六日　星期六　今日大热，未做何事，只是休息，看了《参考》，电视。晚，出外散步（与玮），洗澡。

七日　星期日　小珍带小晴晴来，在此午餐。上午，看报。下午，休息，看电视新闻。7：30与玮出外散步，洗澡。11时，看电视剧《英雄无悔》。

八日　星期一　上午，翻看《东方》1996第3期，看报。下午，休息，听玮念报，与玮出外散步。晚，看电视。

九日 星期二 今日雨,未出门。上午,看报。下午,休息。看电视。晚,看电视新闻及《英雄无悔》。

十日 星期三 上午,看报。下午,休息,与玮出外散步。晚,看电视。

十一日 星期四 上午,到研究生部开会评估研究生论文。下午,听玮念报,与玮出外散步。晚,看电视。

十二日 星期五 上午,到文化部参加昆曲指导委员会,在彼午餐。下午,休息,看报。晚,看电视。

十三日 星期六 上午,向延生、×××(后者是延安鲁艺老人)来,后者拿出恢复延安鲁艺建议书征求签名,这事实际由延安大学承办,延大原有几所艺术单位合成学院是易行的,我签了名。向延生来谈他写近代中国音乐史事。下午,休息,看报,与玮领晴晴出外散步,遇胡青坡。晚,看报。

十四日 星期日 今日小果、小珍两家全来,还有安子和她的男朋友。上午,看报。下午,休息。与玮出外散步,遇胡青坡。晚,看报。

十五日 星期一 上午,看《新文化史料》今年第3期上李刚《歌剧〈白毛女〉在延安进行创作的情况》,尚符合当时实际。与玮出外散步。下午,休息,看报。晚,看电视。

十六日 星期二 上午,看《近代文学大系·总序》。下午,休息。与玮带晴晴及小李出外散步。晚,看电视。

十七日 星期三 上午,到医院看病。下午,休息,听玮念报。因天雨,未出外散步。晚,看电视。

十八日 星期四 (失记)

十九日 星期五 上午,到医院看病。

二十日 星期六 上午,电视中看奥运会开幕式,看了一整上午。下午,休息,看报。晚,看电视新闻等。洗澡。

二十一日 星期日 上午,看报。电视中看奥运比赛。下午,休息后,仍看电视中比赛。晚,看电视新闻等。

二十二日 星期一 上午,翻看新到刊物。看报。下午,休息。万素来谈了一个多钟头。与玮出外散步。晚,看电视剧。洗澡。

二十三日 星期二 上午,看杂志,看报。下午,休息。晚,看电视。

二十四日 星期三 上午,看报。下午,休息,与玮出外散步。晚,看电视。

二十五日 星期四 上午，看报。玮念杂志文章。下午，电视中看奥运。晚，看电视。洗澡。

二十六日 星期五 上午，看报。下午，休息看电视。晚，看电视。洗澡。今日注意力集中在奥运会上。

二十七日 星期六 近日天热，有雨，北京少有。不能工作，又因奥运，老关心比赛消息，除看报及电视外，没做事。傍晚，乘雨止出外散步。

二十八日 星期日 为贺飞评剧唱腔一书，想了几句题辞。近日传有地震，小果来。仍从报纸、电视看奥运会消息。晚，在院中散步。洗澡。

二十九日 星期一 上午，看报，有奥运消息。下午，休息看电视，仍看奥运。晚，看电视。洗澡。

三十日 星期二 上午，看电视奥运消息。下午，休息，看报。晚，看电视。今日天气转凉有雨，通夜下雨。

三十一日 星期三 上午，电视中看奥运比赛，看报。下午，休息，与玮出外散步。晚，到儿艺看北昆《偶人记》。

八月

一日 星期四 今日又阴雨。上午,仍从电视中看奥运比赛。下午,休息,看报。听玮念报。晚,看电视新闻。

二日 星期五 仍阴有雨。上午,看电视中奥运比赛。下午,休息,听玮念报。晚,看电视新闻及电视剧。

三日 星期六 上午,电视中看奥运比赛。下午,休息,看报。晚,看电视新闻,洗澡。

四日 星期日 今日仍阴有雨。上午,仍看电视中奥运比赛。下午,休息,看报。晚,看电视新闻。出外散步。

五日 星期一 整日雨。不能出门。上午,看报。下午,休息,看电视。晚,看电视新闻等。

六日 星期二 上午,北昆×××来听《偶人记》意见。下午,休息,看报。晚,电视中看新闻。洗澡。

七日 星期三 闷热转湿,不能做什么事,只是休息,看看报,晚上看看电视而已。

八日 星期四 上午,看报。下午,休息,晚,看电视。洗澡。

天热，无法工作。

九日 星期五 整日除看报外，未作何事。

十日 星期六 天阴雨。上午，看报。下午，休息，看报。晚，看电视。

十一日 星期日 上午，看《大舞台》杂志第 × 期上文章《印度舞剧卡达卡利》。与玮出外散步。下午，休息，看报。又散步一次。看电视。今日天晴有秋凉意。

十二日 星期一 上午，看报。下午，休息与玮出外散步。晚，看电视。睡后忽来一电话，自称是某单位（听不清）首长，看了登在《购物导报》上《偶人记》的评论，说这戏很坏，问我的意见。我细思之，这是一个冒名电话，由此评所载报纸，文艺界从不注意，特叫我看一看，又假某首长名义以重之，无聊已极。

十三日 星期二 一早章诒和来电话，谈《偶人记》评论事。上午，看报。下午，休息，与玮出外散步。晚，看电视。

十四日 星期三 上午，与玮出外散步。下午，休息，看报。晚，看电视。又有电话，是上海《文汇报》来的，问为什么戏曲愿演莎剧，而不愿演自己名剧。

十五日　星期四　章诒和送来她评北昆《偶人记》的文章及发表在《购物导报》上的题名：《警惕〈偶人记〉》的一组文章，把这戏说成黄色、灰色，不知何故，且看下文再说。

十六日　星期五　重看了章诒和文章，提了些意见，打电话告诉她了。看报。下午，休息。与玮出外散步。晚，看电视新闻等。洗澡。

十七日　星期六　上午，因热，未做事。下午，休息，看报。晚，看电视。

十八日　星期日　上午，玮念杂志文章，二篇，无可记者。下午，休息。看报。晚，看电视。

十九日至二十一日　星期一至星期三　这几天，天气炎热，晚上都睡不好，除看报及电视外，只给黄菊盛写了一信，请他为我在上海的图书馆中复印几份材料。

二十二日　星期四　上午，到皇苑大酒店参加文化部科研司的全国文化科技管理会议。下午，休息。晚，看电视。从昨晚起，天气凉爽了，秋意正浓。也许因年老的关系，我对冷特别敏感。

二十三日　星期五　天晴，亦不热，未出门，上午，看报。下午，休息。晚，看电视。

二十四日　星期六　上午，看报。下午，休息。听玮念报。晚，看电视。

二十五日　星期日　上午，为盐城刊物《剧论》题字。下午，云南电视台来录像（为关肃霜出专集），为书一幅。与玮出外散步。晚，看电视。

二十六日　星期一　上午，选举作协代表。看报。下午，休息。与玮出外散步。晚，看电视。

二十七日　星期二　上午，翻看闲书，读报。下午，休息，与玮出外散步。晚，看电视。

二十八日　星期三　上午，为福建高甲戏演员柯贤溪从艺八十周年题字一幅。下午，休息。晚，参加剧协宴话剧座谈会宾客晚餐会。看电视。

二十九日　星期四　上午，与赵寻乘车同赴石家庄，参加戏剧梅花奖（13届）发奖会，车行4时半始到，即赴河北省宴会。下午，休息。晚，参加发奖晚会，有演出。

三十日　星期五　上午，参加与得奖者联谊会。下午，与李玉茹乘车同返北京。5时到家。疲极，睡二小时。晚，洗澡。此次去石家庄，会见了多年不见的王正熙，还与上海京剧院院长谈论了京剧前途问题，他说，上海将于九月召开京剧座谈会。

三十一日　星期六　上午,看报。下午,休息。晚,看电视。

九月

一日　星期日　小果一家、小珍一家均来,因此闹得也做不了事,只看了报。晚,他们都走了,看电视。洗澡。

二日　星期一　上午,看报。下午,休息。夏革非引邓寿雨来,找票看昆曲。晚,看电视。

三日　星期二　上午,看报。下午,休息。晚,看电视。

四日　星期三　上午,看报。下午,休息。晚,到人民剧场参加昆曲新剧目观摩演出开幕式,上海演出《司马相如》。

五日　星期四　上午,到工人俱乐部看江苏昆剧院演出《桃花扇》。石小梅演侯方域,不错,可惜服装上未能补救其个子矮之缺憾,其余演员也很好,一台戏珠联璧合,剧本也改得可以,惜稍长,唱多了点。下午,休息,看报。晚,休息。

六日　星期五　晚,在人民剧场看湖南昆剧团《雾失楼台》,演秦少游事,新编剧目,演得这样,不容易。

七日　星期六　上午,到北京医院检查身体,这是国务院为一部分老干部办的。

八日 星期日 下午，参加老干部文艺组织办的一个青少年文艺学校开学典礼。

九日 星期一 上午，参加昆曲会演所组织的座谈会，发了言。

十日 星期二 看浙江京昆剧团的《少年游》，演李师师事，剧本还不错，演出尚可。晚，到儿童剧院参加汇演闭幕式，并看北昆《西厢记》演出，演得不错。

十一日 星期三 上午，读《中国近代文学大系·史料索引集·导言》。下午，休息，看报。晚，到人民剧场看浙江昆曲演员（武生）翁国生表演专场，功夫甚好。

十二日 星期四 一日无事，只看看报，报上，亦无大事，新来的杂志也无太有意思的文字。晚，看电视。思考关于当代文艺的问题，魏照昌的观点：既无古代文学《红楼梦》这样的大作，也无现代鲁迅这样的大人物，是个平平凡凡的历史阶段。这事值得思考，为什么会这样？

十三日 星期五 今日亦无事，看看报。葛一虹来电话，谈田汉研究会近来想有些活动，要商量一下。

十四日 星期六 上、下午，都看报。晚，看电视。

十五日 星期日 上午，看报。下午，休息。晚，看电视。

十六日　星期一　上、下午,看报及《新文学史料》。晚,看电视。

十七日　星期二　上午,参观新落成的长安大戏院,当然比旧的堂皇多了,台上有转台、推台。下午,休息后看报。安子自杭州来。理发。

十八日　星期三　上、下午,均看报。晚,看电视。

十九日　星期四　上、下午,看报。晚,看电视。

二十日　星期五　上午,到北京市政协新址参加郭汉城从业50年及80大寿纪念座谈会。下午,看报。晚,看电视新闻。

二十一日　星期六　上午,翻看杂志,《甘肃艺苑》1994年2、3期合刊载曹燕柳《中国古代话剧》一文,资料仍是旧的,只是说话翻新,又与西方作了些比较研究,只看了大小题目,未细看。下午,看报。晚,看电视新闻。洗澡。

关于当代文学的平凡,我有几点看法:1.对古代文化尚无深刻的认识与批判,连"五四"时的看法也未形成。2.对西方只介绍而无认识,甚至连起码的认识也还没有。所以形成不了自己的见解,这是一个思想混乱的时代。

二十二日　星期日　上午,看报。小珍带晴晴来。下午,休息。小林带孩子来(自澳洲)。晚,看电视。

二十三日　星期一　上午，读《戏曲研究》53期上范华群文《谈中国传统喜剧、悲剧与悲喜剧的分类问题》。此文用比较研究办法来谈东西悲喜剧观，说明了一些问题，对解决这个问题开了个较好的头，此问题应当彻底研究，因为是戏剧（曲）美学上的根本问题。

其余时间看报。晚，看电视。

二十四日　星期二　上午，看报。下午，到民族大学参加其民族戏剧研究中心及民族戏剧大专班成立及开学典礼。晚，看电视。

二十五日　星期三　上、下午，看报。晚，准备去参加《中国演员报》创刊一周年纪念会时，忽然发冷身上发抖半小时，就不能去了，体温38.5℃，吃药早躺下，一整夜逐渐恢复。

二十六日　星期四　早，体温渐正常。一日除看报外，未多活动。下午，起床小便时跌了一跤，贴膏药后，止了痛。晚，看电视。

二十七日　星期五　上午、下午，都看报。晚，到新建成的长安戏院参加新院开院晚会，此会是北京市文化局主办的。

二十八日　星期六　上午，剧协何孝充、齐致翔等三人来，致节日祝贺。下午，到医院照X光，肋骨未断。晚，看电视。

二十九日　星期日　上午、下午，看报。晚，带安子、萌萌到天安门广场看灯。

三十日　星期一　上午、下午,看报。休息,晚,看电视。

十月

一日　星期二　(阴雨)上午,跌了一跤,头碰在暖气片上破了一个口子,血流不止,家人医治无效。下午,到北京医院治疗,缝了两针。小珍全家来,在此一天。晚,看电视。

二日至十九日　星期三至星期六　这些日子,因伤口不能戴眼镜,故无法写日记。头上的伤口是碰在暖气的铁角上,成了一个三角形的深口子,到医院去了两次,伤口一直没有长好,第三次是十六日才长好,但仍贴上纱布,直至十九日(星期六)才戴上眼镜。十九日,洗澡。

二十日　星期日　上午,到人大会堂参加剧本奖(曹禺命名)发奖会。盛沛如来京开会,会毕来家小住。今日是假日,小果、小珍两家均来,热闹一天。小盛为我安装了电扇、音响,暇时,可听音乐。

二十一日　星期一　晚,到首都剧场参加北京—汉城[①]—东京戏剧节第三届开幕式,看了西安的歌剧《张骞》。此剧在近来歌剧中属难得之作,剧本及演出均不错,这个题材不好写,而能于材料缺少中写出生活,写出感性,正为难得,作曲也过得去,

---

① 韩国首都首尔的旧称——编者注

演出亦有诗意，导演之功不可没。

二十二日 星期二 上、下午，除看报外，无何工作。晚，到儿童剧场看韩国舞蹈，三个小节目，技术根底都不错，因语言关系有些看不懂。看完回家，又看了一会儿电视。

二十五日至二十六日 星期五至星期六 二十五日，晚，在首都剧场看韩国话剧《春到田间》。因语言关系，未全看懂，印象中觉动作少，太沉闷，结尾处景突然下落，以此制造高潮，似较感外加。

二十六日，上午，到保利大厦参加话剧学会举办的金狮奖发奖大会，奖包括：剧作、导演、演员、舞美，还有老演员的荣誉奖。

二十七日 星期日 上午，张慧来，送来她近日编写的《马连良唱腔选集》。下午，沈达人夫妇来，给我送来鱼油，并送给我他的近作《戏曲意象论》。

二十八日 星期一 晚，5时，到王府井饭店为剧协宴请韩、日戏剧家。

二十九日 星期二 到积水潭医院报到住院，但说明迟数日去。

三十日 星期三 上午，到人大会堂参加《长征号角》一书首发式。晚，到儿童剧场参加 BESETO 闭幕式。

三十一日　星期四　今日无事。谭宁佑来。

十一月

一日　星期五　上午，到研究院为戏曲导演班上课。下午，听玮念报。晚，看电视。

二日　星期六　上午，看余从送来的《中国京剧艺术图集·前言》并作修改。小果、小珍两家来，在此吃饭。下午，均在此。晚，看电视新闻。

三日　星期日　上午，看戏曲表演讲义（戏曲学院编），完第一册，印象很好。

四日　星期一　上午，去积水潭医院打点滴，至下午2时才完。

五日　星期二　上午，到医院做CT，照X光，打点滴。晚，看电视。

六日至十八日　星期三至星期一　这期间，一直打点滴，多数是一上午，平日2瓶，有时4瓶，有4天打了6瓶，打6瓶的日子到下午3时才完。在此期间中，生活被打乱，故无法每天记日记。

　　十七日，为纪念程长庚，参加会未打针，该会下午开始，演梅兰芳5个折子戏《天女散花》《廉锦枫》《黛玉葬花》《霸王别姬》《贵妃醉酒》,前三折为青年所演,尚可观。

十八日最后打了2瓶。

十九日 星期二 整日休息。因打点滴回来,甚疲也。只听玮念报。晚,看电视,也无好的电视剧。

二十日 星期三 听玮念报。晚,看电视。

二十一日 星期四 中午,上海马博敏等三人来,谈京剧改革谈了一个钟头。下午,玮念报。晚,看电视。

二十三日 星期五 上午,看《参考消息》。下午,听玮念报。晚,看电视。玮出外看戏,萌萌来陪。洗澡。

二十四日 星期六 白天看报,及听玮念报。晚,到民族文化宫看上海京剧院演《狸猫换太子》第二本,此剧编剧有戏剧性,吸引人,但演员表演水平差,唱腔韵味差,人物性格不突出,尚待提高。

二十五日 星期一 除看报外,即听玮念报,无其他事。

二十六日 星期二 上午,未做何事。下午,马博敏领着几个演员来,谈演员的学习。晚,看电视。

二十七日 星期三 白天,看报。晚,参加程长庚诞辰185纪念闭幕式。看上海《狸猫换太子》第三本，编导均好，观众欢迎，演员功力稍差。

二十八日　星期四　中午，马博敏等人来谈《狸猫换太子》的优缺点，他们今天就回上海了。下午，玮念报。晚，看电视。

二十九日　星期五　白天，看报。晚，看电视。

三十日　星期六　白天，看报。听玮念报。晚，看电视。

十二月

一日　星期日　今日假日。小果、小珍两家均来。晚饭后始散去。除看报及电视外，未做何事。

二日　星期一　白天，看报，听玮念报。晚，看电视。洗澡。

三日　星期二　上午，有人来，为我照相。其余时间，看报。晚，看电视。

四日　星期三　今日无事。看报，听玮念报。晚，看电视。

五日　星期四　白天，看报。晚，看电视。

六日　星期五　同昨日。

七日　星期六　白天,小果一家来,小果向我谈我的集子第一本编辑情况,文章大体都有了,只有两篇尚找不到,打算写信到上海找找。看报。晚,看电视,给姚时晓去一信。

八日　星期日　上午,看报。小珍带小晴晴来。江苏京剧团团长、文化局处长来,请看该团来京演出(不是今天)。晚,看电视。

九日　星期一　除看报、看电视外,一日无他事。

十日　星期二　上午,看报。下午,葛一虹持田汉历史录像来,在此放映,同看者有吕骥、张光年、赵寻夫妇、玮和我,5时毕。晚,看电视,二十集之《裸情恨》,今看完。这个戏写人物较极端,好坏分明,行为过分,刺激性强。

十一日　星期三　上午,到王府井清华池修脚。下午,看报。晚,看电视。

十二日　星期四　上午,到剧协开会,谈梅花奖有关事。下午,山东梆子演员来谈剧团情况。晚,看电视。

十三日　星期五　无事。

十四日　星期六　文代会报到。

十五日　星期日　预备会,动员会,在五洲大酒店。

十六日　星期一　上午，开幕式，与中央同志合影，江泽民同志报告谈文艺问题，在人大会堂。下午，小组讨论，剧协组由我主持。

十七日　星期二　晚，看儿童演员演京剧，在国际会议中心大会议厅，有《击鼓骂曹》等六七个片段。

十八日　星期三　上午，在人大会堂听钱其琛做外交报告。下午，仍在人大听朱镕基作经济情况报告。

十九日　星期四　上午，休息。下午，休息，投票。

二十日　星期五　上午，闭幕式，在国际会议中心大厅。晚，联欢会。写一信给马博敏，托她找几篇我的文章。

二十一日　星期六　在家休息。补写日记。看报，晚，看电视。收到各处贺年卡若干，中有胡熊寄来的，要复。

二十二日　星期日　上午，送出贺年卡数张，回答各方。下午，看报。晚，看电视。

二十三日　星期一　上午，苏丹来，谈他去上海会见一些老朋友的情形，总的印象是好的：老有所养，老有所安。下午，听玮念报。晚，看电视。

二十四日　星期二　上午，到积水潭医院看腰痛，照了一张片子，长了骨刺。医生说，最近劳累也有关系，还加上受风，问题不大，几天就会好。下午，稍作活动，腰部感觉较好。听念报。晚，看电视。玮给我按摩。

二十五日　星期三　腰仍稍疼。上午，看报。下午，听玮念报。晚，看电视，有剧名《男人没烦恼》，尚好。

二十六日　星期四　上午，看报。下午，休息。晚，看电视。

二十七日　星期五　上午，读报。下午，休息。晚，看电视。

二十八日　星期六　上午，9时，到中国京剧院参加范钧宏80寿辰座谈会。10时，到文化部艺术局参加今年重点剧目座谈会。两处都发了言。下午，休息，看报。晚，看电视，有新年音乐会，演出的都是民族声乐和器乐。

二十九日　星期日　今日假日，小果、小珍两家全来，在此午餐。仍是看报。没有什么可记述的。晚，看电视。

三十日　缺记。

三十一日　星期二　今日年终，电视中有江泽民主席新年致辞，但民间不过这个节。
　　一年又过去了，明显感到人老了，体力很衰退，生活上很受影响。我还觉得能做一些事，虽然精力不继，但数十年的经验积累，应当趁这时候写出来传给后辈。

有些事，想在明年努力完成，或领着年轻人来完成。

1. 是戏曲表演体系的讲义，帮助戏曲学院来完成。这对提高戏曲水平，健全戏曲高等教育是带关键性的。

2. 我现在看戏比较困难，但仍想努力选择看一些，指出一些误区，端正一些观念，能做多少是多少。

3. 生活上不要为衰老所压倒，要努力与之抗争，摸索一套老年的生活方式，以保持健康。

4. 编好自己的文集。

1997

一九九七年

一月

一日 星期三 今日元旦全家齐集,计有小果、小珍二家,安子亦从天津来,只有盛沛茹虽在北京,但因开会未赶上,午、晚两餐后散去。昨晚下了雪,大家高兴,都说瑞雪兆丰年。有人打电话来贺年,计张建军自长沙,万素自本市,这也增加了节日气氛。晚,看电视,有维也纳新年音乐会,当然是好的,技巧一流,就只演斯特劳斯,一连两小时,也感单调。上床时已10点,甚倦。

二日 星期四 一天看报,晚看电视。

三日 星期五 上午,看报。下午,休息。晚,看电视。小盛、安子来。睡前洗澡。睡甚熟。

四日 星期六 上午,到长安大戏院,参加鲁艺校友会等主持的鲁迅杯中华青少年文学艺术作品大赛颁奖大会。晚,到儿童剧场,看齐齐哈尔评剧团演出的儿童剧《大森林》。

五日 星期日 上、下午,都看报。晚,看电视。

六日 星期一 白天,看报。晚,看电视。

七日 星期二 白天除看报外,读了《文艺研究》1996第4期上程麻《"大团圆"非悲喜剧论》。晚,看电视。

八日　星期三　上午,万素来,念整理好的我的一份讲稿给我听,整理得不错,她说要把这稿子送《文艺研究》发表,我留下稿子,要再细看一遍。下午,看报。晚,看电视。

九日　星期四　上午,改万素送来之稿。下午,看报。晚,看电视。

十日　星期五　上午,继续改稿毕。下午,看报。晚,看电视。

十一日　星期六　上午,参加《演员报》主持的表演座谈会。下午,丛兆桓来谈昆剧研究会事。晚,到首都剧场看厦门市歌舞剧团演出大歌剧《河天姑娘》。

十二日　星期日　小果和小珍一家来,在此一日。因此,我除看报外,未做何事。

十三日　星期一　上午,黎舟等人来,聊些研究院旧事。万素来,看了我改的稿子,带走了。下午,看报。晚,看电视,洗澡。

十四日　星期二　上、下午,看报。晚,看电视。为湖北省艺研所题字一幅。

十五日失记

十六日　星期四　上午，到东四八条，参加研究院老干部会。下午，中央电视台来为范钧宏座谈会录像，参加者除我外，还来了吴祖光、迟金声、徐城北，组织此事者为吴大维，5点始去。晚，看电视。

十七日　星期五　上午，到同仁医院配眼镜（眼镜打破了）。下午，看报，玮念上海的京剧万里行一文。晚，看电视。

十八日　星期六　上午，中央电视台来摄像（发表学习江泽民在文代、作代会上讲话的感想等）。下午，看报。晚，看电视，洗澡。

十九日　星期日　今日全家为我做生日（其实我真正的生日是1月22日）。中午，到淮阳大酒店吃饭，全家除安谷夫妇外都到了，另有小唐参加，计10人。晚，小果买一蛋糕，大家分吃。看电视。

二十日　星期一　（缺记）

二十一日　星期二　上午，到八条4楼，参加李超工作60周年纪念。下午，休息，看报。2时以后，俞赛珍、赵贞、李鸣盛、沈小梅夫妇、小方夫妇、陆地园、沈达人陆续来，济济一堂，在此晚餐，小陆拜李鸣盛为师学京剧，直至九时始散。

二十二日　星期三　上午，看报。下午，李笑非来。5时，参加刘颖南等为我祝寿的晚餐。晚，看电视。

二十三日　星期四　上午，修改十部集成志书表彰会上我的发言。下午，看报。晚，看电视《男人没烦恼》，放映毕，共30集。编剧特拖拉，许多不合理处，作者是想写人性，但写得莫名其妙，但几个演员演得都不错。

二十四日　星期五　今日白天看报。晚，看电视。

二十五日　星期六　上午，到大会堂，参加十部集成志书出满百卷奖励会，因"戏曲志"完成最快，我发了一次言。下午，看报。晚，看电视。

二十六日　星期日　上、下午，看报。晚，看电视。

二十七日　星期一　上午，给小白写信。下午，看报。晚，看电视。

二十八日　星期二　上午，十五集电视连续剧《关汉卿》作者山东省何丽来，送来剧本并邀参加讨论会。下午，看报。晚，看电视。

二十九日　星期三　上午，看报。下午，玮念《关汉卿》剧本。晚，看电视。

三十日　星期四　上午，玮续念剧本。下午，到四川驻京办事处，参加中央电视台召开的《关汉卿》讨论会并在彼晚餐。晚,看电视。

三十一日　星期五　上午,参加"老同志新年茶语会",看报。下午,看报。晚,看电视,洗澡。

二月

一日　星期六　上午,听玮念报上文章。下午,看报。晚,看电视《相逢在春天》毕。此剧写上海修地铁事,本枯燥,穿插一些恋爱故事,颇活泼。

二日　星期日　今日,小果、小珍两家全来。上海抄来我的文章6篇,写信感谢。上午,陈牧来,拜年也。常静之来谈她写的《近代戏曲音乐史》问题。下午,看报。晚,看电视。

三日　星期一　上午,到院里会餐,参加者是院前后的三届领导,潘震宙部长参加。下午,戏曲志的同志来拜年。晚,看电视。

四日　星期二　上午,戏研所的同志余从、刘沪、黄在敏,剧协何孝充来拜年。昆剧基金会邀午餐,并谈今年工作。家中,文化部谷长江同志代表部长来拜年,未遇。下午,章诒和来拜年。晚,看电视。

五日　星期三　上午,荆兰来,在此午餐。下午,王蕴明来,带来北昆新的小生，并谈他们到香港演出取得成功。看报。晚，看电视，有一台部队贺年晚会，甚活泼热闹。

六日　星期四　今日旧历除夕。上午，参加中央办公厅和国务院办公厅联合召开的团拜会。下午，看报。晚，看电视。有新年晚会节目。儿女合家都来，打牌，我则早睡。

七日　星期五　春节　上午，起迟。吃元宵。午餐是春节宴，全家吃团圆饭。下午，看报，有不少电话来拜年。晚，看电视。

八日　星期六　接九姨及两表妹来过年，还是多年来的老例，此例源自年幼时在长沙每当春节，一群孩子均聚集在外婆家，热闹非凡。在上海时，也曾聚集在九姨家。解放后，九姨一家到了北京，我在旧历年初二要去她家，今年则来我家叙旧。下午5时许，她们才回去。晚，看电视，洗澡。

九日　星期日　今日未招待来客，只有中央戏剧学院徐晓钟领着四五干部来拜年，他是每年如此。下午，休息至4时，看报亦无重要消息。晚，看电视，整个节目是唱新作曲的古诗词。

十日　星期一　今日无事，报纸亦无重要消息。晚，看电视，有中央台一台春节晚会，古诗新曲，其新曲多用各戏曲剧种调门。

十一日　星期二　上午，听玮念文章。下午，看报。陈永康来，谈至6时始去。晚，看电视。

十二日　星期三　上午，读《中国近代文学大系·史料索引集》导言（魏绍昌）。下午，玮念报。何孝充来，读梅花奖及剧协工作。晚，看电视。

十三日　星期四　上午，看报。下午，玮念报。晚，看电视。

十四日　星期五　上午，读《近代文学大系·戏曲卷》导言。下午，看报。晚，到长安大戏院看评剧院重排的《金沙江畔》，剧本没有搞好，演员嗓子不坏。

十五日　星期六　上午，续读《戏曲卷》导言，整体稳妥，但少新意。看报。下午，田汉基金会来家开会，参加者：周巍峙、张颖、邓兴器及我。讨论—写田汉之电影剧本，湖南电影厂副厂长潘一尘参加了我们的会，谈了剧本写作情况。我也发了言，谈三十年代上海左翼的一些事情。会后潘请在便宜坊吃饭。晚，看电视。

十六日　星期日　今日除看报、看电视并无他事。

十七日　星期一　今日无事。

十八日　星期二　上午，9时，在中山公园内中山堂，参加《97新春敬老联谊会》，这是鲁艺校友会等团体举办的。下午，2时，剧协在保利大厦举办话剧90周年纪念会，我作简短的主旨发言。晚，看电视。

十九日 星期三 上午，看报。下午，同。晚，看电视。

二十日 星期四 上午，到剧协开梅花奖组委会。下午、晚，看电视。今晨，传出了邓小平同志逝世消息，报纸一直未来，是电视传出的，整天电视都广播了有关邓的事。晚，看电影，也是关于淮海战役的，片长，看得较晚，10时还未完，因疲，睡了。

二十一日 星期五 上午，到文化部参加小平同志追思会，部长、局长及部属各单位负责人，还有一些老人，共30余人参加了，我也发了言。下午，休息，看报。晚，看电视。

二十二日 星期六 上午，到剧协参加梅花奖评奖会。下午，看报。晚，看电视，是邓小平的传记。

二十三日 星期日 上午，到剧协开梅花奖评奖会。下午，看报。晚，看电视。

二十四日 星期一 上午，参加剧协梅花奖评奖会。下午，休息，看报。晚，看电视。

二十五日 星期二 上午，电视中看小平同志追悼会。下午，到剧协开梅花奖评奖会，此次未能评出二度梅。晚，张玮去大连。看电视。

二十六日　星期三　上午，与小果谈纪念小平文内容，由小果去写，这是给中国文化报的。下午，看报。晚，看电视。

二十七日　星期四　今日无会，也无人来访，只看报和电视。中国文化报取去悼文。

二十八日　星期五　上午，到院出席三代领导人邓小平追思会，并谈了对院工作意见。下午，看报。晚，看电视。

三月

一日　星期六　今日未做事，翻看了一下报纸。下午，邓寿雨、夏革非来聊天。晚，看电视。

二日　星期日　玮9时回。将《谈大鼓书》的后半复印寄来。翻看小果编的我的文集第一集，打算写一篇序。翻看报纸。晚，看电视。

三日　星期一　上午，写文集总序未完。看小果拟好的文集第二卷目录。下午，看报。晚，看电视。

四日　星期二　上午，写完总序得2000字。下午，看报。晚，看电视。

五日　星期三　上午，李布尔来记录我在话剧70年纪念会上的讲话，此讲有录音，但不完全，我又补讲。下午，看报。晚，看电视。

六日 星期四 上午，翻看《戏曲拉奥孔》看了一篇《梵剧考察存疑》，看后有一强烈印象，现存梵剧剧本只是"文学的传统"，似乎从来未曾演过；则"表演的传统"是否只是现在这种唱和表演分开的戏呢？下午，看报，听玮念报。晚，看电视。

七日 星期五 上午，到湖广会馆（旧剧场），由中央电视台"东方时空"栏目拍摄一段介绍我的节目。下午，看报，听玮念报。晚，看电视。

八日 星期六 五日新来的阿姨又回家了。小珍带晴晴来。上午，看李紫贵《忆江南》，看报。下午，玮念报。晚，看电视。

九日 星期日 上午，从电视中看日全食全过程。下午，玮念报。晚，看电视。

十日 星期一 上午，到戏曲学院听李春喜讲戏曲表演体系第一课。下午，听玮念报。晚，看电视。

十一日 星期二 上午，看《忆江南》，看报，散步。下午，张虹来，我为写一信介绍给花柳千代。晚，看电视。

十二日 星期三 上午，续看《忆江南》。下午，看报。晚，看电视。

十三日　星期四　上午,续看《忆江南》。看报。下午,无事。晚,看电视。

十四日　星期五　整日看《忆江南》。下午,5时,玮念报。晚。看电视,有电视剧演巴金的《家》,唱黄梅戏,表演是话剧,唱后加上的。

十五日　星期六　续看《忆江南》。看报,晚,看电视。

十六日　星期日　整日看《忆江南》。下午,看报。晚,看电视。10时上床。身上瘙痒,整夜未睡好。

十七日　星期一　上午,给马博敏写信,说明不去上海,并将我对京剧会的发言大意写在信中准备寄去,信未写完。下午,看报。晚,看电视。

十八日　星期二　上午,写完给马博敏信。下午,看报。晚,看电视。

十九日　星期三　上午,参加《中国京剧史图录》首发式,在钓鱼台。下午,看报。晚,看电视。

二十日　星期四　上午,参加院研究生部博士生点的评估。下午,看报。晚,看电视。

二十一日 星期五 上午,翻看新来的今年第一期《新文学史料》。下午,看报,听玮念报。晚,看电视。

二十二日 星期六 上午,看《新文学史料》,小果来。下午,看报,吴大维来。晚,电视。

二十三日 星期日 上午,看《新文学史料》。下午,看报。晚,看电视。

二十四日 星期一 上午,到积水潭医院打点滴(第1次),小果为念报。下午,念报。晚,看电视。

二十五日 星期二 上午,到医院打点滴(第2次)。下午,翻看董健《田汉传》。看报。晚,看电视。

二十六日 星期三 上午,上医院打点滴(第3次)。下午,看报。晚,到××剧场看浙江话剧团演《生命禁区》。此戏剧本不完善,演员太差。

二十七日 星期四 上午,打点滴(第4次)。

二十八日 星期五 上午,打点滴(第5次)。

二十九日　星期六　上午，打点滴（第6次）。孩子们齐来，会餐太热闹，至晚始散。

三十日　星期日　上午，打点滴（第7次）。晚，看电视。

三十一日　星期一　上午，打点滴（第8次）。下午，胡青坡来，谈他家中的几件不幸事。晚，看电视。

四月

一日　星期二　上午，打点滴（第9次）。下午，看报。晚，看电视。

二日　星期三　上午，打点滴（第10次），紧接着为肺部做CT，回家时已是下午2∶00时。休息后，听张玮念报。晚，看电视。

三日　星期四　上午，打点滴（第11次）。毕，到干一病房看钟敬之。下午，听玮念报。晚，看电视。

四日　星期五　上午，打点滴（第12次）。下午，听玮念报。晚，看电视。

五日　星期六　上午，打点滴（第13次）。下午，玮念文章及报。晚，看电视。

六日　星期日　上午，打点滴（第14次）。下午，丛兆桓来，谈昆研会事。看报。晚，看电视。

七日　星期一　上午，到医院抽血。下午，看报。晚，看电视。

八日　星期二　上午，到医院做超声波心电图、B超，结果，仍是胆结石、脂肪肝。下午，陈永康来，谈话剧起源争论，他写了一篇文章，打算发表。晚，看电视。

九日　星期三　上午，在家休息，没有做什么事，看看报。下午，休息。晚，看电视。

十日　星期四　上午，到研究院参加戏曲所编剧班开学，这是三个月的短期班，学生来自各省，共二十余人，我讲了短短10分钟的话。继，由北京电视台，录我讲曹禺的戏剧地位，约5分钟。毕，又和曲润海谈研究院的问题，并在院吃饭。下午，休息。晚，看电视，洗澡。

十一日　星期五　上午，看报。玮念报。下午，翻看《赵寻戏剧文选》。晚，看电视。

十二日　星期六　上午，小果夫妇、小珍三口来，在此午餐。下午，看报。晚，看电视。

十三日　星期日　上午，看《忆江南》周信芳三进丹桂第一台部分。下午，看报。晚，看电视。

十四日　星期一　上午，到戏曲学院听贾志刚讲课，并找校长谈戏曲表演体系的讲义编写及讲授问题，谈定最近召开一个会。下午，看报。向延生来，谈音乐所研究情况。晚，看电视。

十五日　星期二　上午，写一信给薛若琳，转达两个人对研究题目的申请。看报。下午，戏剧出版社刘建芳引美国姑娘郭安瑞来，郭是到中国来学戏曲的，中国话讲极好，据说还能看古书。晚，看电视。

十六日　星期三　上午，到天坛公园看花，同行者玮、小方、小唐，天气好，海棠、丁香、碧桃等都开得茂盛。11时许回家。下午，听玮念报。晚。看电视。

十七日　星期四　上午，看《忆江南》。下午，听念一篇研究皮黄的文章，材料丰富，研究不深。晚，看电视。

十八日　星期五　上午，修改台湾洪惟助访问我的记录。下午，听张玮念报。晚，看电视。

十九日　星期六　上午，陈永康来，念他关于中国话剧起源的文章，我为他写一信给姚欣，请其考虑如何处理。孩子们来共进午餐。下午，未做事。晚，看电视。

二十日　星期日　上午，看湖北录制的电视片《汉水潮》，是个新闻纪录片，未看完。下午，休息，听玮念报。晚，看电视。

二十一日　星期一　上午，翻看《中华戏曲》（1996年第2期）上廖奔文《清前期酒馆演戏图〈月明楼〉〈庆春楼〉考》。下午，听玮念报。晚，看电视。

二十二日　星期二　上午，何孝充来谈剧协事。刘建芳来送照片，是前几天她同一美国姑娘来照的。下午，玮念报。晚，看电视。

二十三日　星期三　上午，读《中华戏曲》（1996年第2期）上，汪人元《刻画人物为本——京剧"样板戏"音乐评析之三》。此文分析细致，较深刻。看报。下午，听玮念报。晚，看电视。

二十四日　星期四　上午，电视"东方时空"为我摄像，先在家中摄我读书等，然后到中国戏曲学院摄我听学生上课。下午。看报，听玮念报。晚，看电视。

二十五日　星期五　上午，到长安戏院参加马少波从事戏剧工作65周年纪念。回家后看报。下午，听玮念报。晚，到××剧院看陕西省戏研院秦腔演新排戏《蔡伦》，整个戏平淡松散，但在表演、唱腔、音乐上时有创造性。

二十六日　星期六　上午，江苏昆剧院院长邵恺洁、周世琮（传英之子）等来访。下午，看报。晚，看电视。

二十七日　星期日　上午，看报。小果来。下午，休息。晚。看电视。

二十八日　星期一　上午，剧协主席团会在市政协新楼开会，在彼午餐。下午，看报。晚，看电视。

二十九日　星期二　上午，看《蔡伦》剧本，看报。下午，听玮念报。晚，看电视。

三十日　星期三　上午，看完《蔡伦》剧本。下午，看报听玮念报，晚，看电视。

五月

一日　星期四　上午，参加文华奖评奖会开幕式（在空军招待所），在彼午餐。下午，休息。听玮念报。晚，看电视。

二日　星期五　今日假日，全家团聚，只小安未来。下午，从电视中看《胡蝶》剧。晚，看电视。

三日　星期六　上午，韩国研究生姜春爱来，问京剧前途等问题，谈至12时以后。下午，3时，寒声来，介绍他与人合作编写了一本几年来在山西发现的《戏曲史》文物的书，此书甚有价值。晚，看电视。

四日 星期日 上午,玮念报上有关京剧文章。下午,看报。晚,看电视。

五日 星期一 上午,到文华奖开会处了解情况,因石小梅来电话问及《桃花扇》能否参加评,结果了解到此剧演出场次不够,此次不能参评。下午,看报。听玮念报。晚,看电视。

六日 星期二 今日天阴,本拟出外看花,未成。玮为念一文谈样板戏,主要是谈江青如何利用样板戏做她的政治活动。下午,无事,看报。晚,看电视。

七日 星期三 上午,重读邓小平在四届文代会上讲话。下午,听玮念报。晚,到民族宫看湖南花鼓戏《红藤草》。"东方时空"为我录的一段今天放映了。

八日 星期四 上午,到市政协新址,参加研究院召开的延安文艺座谈会55周年纪念座谈会,作了短短的发言,并在彼吃饭。下午。休息,看报。晚,看电视。

九日 星期五 上午,翻看杂志。10时,出外散步。下午,看报,听玮念报。晚,看电视。

十日 星期六 今日假日,小果、小珍两家都来,热热闹闹,不能做什么工作。下午,休息。晚,看电视。

十一日 星期日 上午，看报。下午，听玮念江泽民关于爱国主义的文章，及其他文章。晚，看电视，电视剧《东周列国·春秋篇》已经演毕，不吸引人，剧本也有原因，主要是导演、演员也不好，不知为什么这样排。

十二日 星期一 上午，玮念杂志文章。下午。玮念报。晚，株州花鼓团《红藤草》导演陶先露来听意见，我对剧本和导演都谈了优缺点。

十三日 星期二 上午、下午，均看报，听玮念报。晚，看电视。为寒声题字一纸。

十四日 星期三 上午，胡芝风来，送来她的近作论文。下午，玮念报。晚，看电视。

十五日 星期四 上午，到中医院看咳嗽病。下午，听念报。晚，看电视，有《儿女情长》，故事平淡，但真实感人。

十六日 星期五 上、下午，都是玮给念报。晚，看电视，仍有《儿女情长》，甚精采。

十七日 星期六 孩子们都来。上午，细读小平《在中国文学艺术工作者第四次代表大会上的祝词》，准备在中宣部召集的座谈会上发言。下午，听玮念报。晚，看电视。

十八日 星期日　上午，读江泽民《在中国文联六次全代会及中国作协第五次全代会上的讲话》，仍是准备发言。下午，看报，听玮念报。晚，看电视。

十九日 星期一　上午，写发言提纲。下午，翻看报纸。晚，看电视。

二十日 星期二　上午，修改发言提纲。下午，玮念报。晚，看电视。

二十一日 星期三　上午，到中宣部参加"文艺座谈会讲话"55周年讨论会，我发了言。下午，听玮念报。晚，看电视。洗澡。

二十二日 星期四　上午，出外散步，玮扶着约半小时，11时归。下午，看报，玮念报。晚，看电视。

二十三日 星期五　上午，翻看书稿。玮念报。下午，小果为念季国平的书《宋明理学与戏曲》。晚，看电视。玮出外开会三天，午饭后去。

二十四日 星期六　上午，休息，看报，出外散步（小方扶着）。下午，吴琼来电话，谈东北鲁艺三团要聚会一次，地点在王府井南口小纱帽胡同新园春写字楼。晚，看电视。

二十五日 星期日　上午，翻看杂志、报纸。下午，小方扶着到街上散步。晚，看电视。雨，张玮雨中归。

二十六日缺记

二十七日　星期二　上午，到新园春写字楼参加鲁艺三团56周年纪念会，说了几句话。下午，沈梅来，送来《中国戏曲通史》及《戏曲艺术论》两书授与台湾出版权，由我表示同意的文件，我签了字。晚，看电视。

二十八日　星期三　上午，到中医院复诊，开药10付。看报。下午，休息。晚，看电视。

二十九日　星期四　上午，打算看书，因四周噪声太大，只好由小方扶着出外散步，回后看报。下午，休息，听玮念看报。晚，看电视。

三十日　星期五　上午，许多来，和玮共同为我念报。小方扶我出外散步。下午，看报。晚，看电视。

三十一日　星期六　上午，小珍带小晴晴来，安安、萌萌来，在此午餐。我也未做事。下午，看报。晚，看电视。

六月

一日　星期日　上午，翻看新到杂志。下午，从电视中看柯受良驾汽车飞越黄河道口瀑布。晚，看电视。

二日　星期一　上午，本院白副院长来电话告，给我换了一辆新车。又出外散步（小方扶着）。下午，万素送来《文艺研究》两本，因其中有我的文章。晚，看电视。

三日　星期二　上午，看报。下午，玮念章诒和《戏剧批评论》，文章有她自己的见解。晚，看电视。

四日　星期三　上午，到空军科技交流中心，参加文化部科技司召开的全国艺术科学95规划重点课题评审工作会议。下午，听玮念报。晚，看电视。

五日　星期四　上午，到北京市政协（新址）参加《中国巫傩，面具……》首发式。下午，看报。翻看《巫傩，面具……》。晚，看电视。

六日　星期五　上午，与玮及小方出外散步。下午，听玮念报。晚，看电视。

七日　星期六　小果、小珍两家大小都来，在此午及晚餐，热而且闹。除看报外，未做他事。侯艺兵来照相，说是要编一本社科学者的影像集。晚，看电视。

八日　星期日　上午，看报。下午，读周汝昌新著《红楼梦》的真故事》,未完。晚,看电视。洗澡。

九日 星期一 上午,看报。许多来。下午,续看《真故事》。听玮及许多念报。晚,看电视。

十日 星期二 上午,续看《真故事》,看报。下午,休息。晚,看电视。

十一日 星期三 上午,与玮乘车上街,到内联升买布鞋一双。下午,听玮念报。晚,看电视。

十二日 星期四 上午,看《真故事》。下午,玮念报,晚,看电视,《车间主任》最后一集。

十三日 星期五 上午,到中医院看咳嗽。下午,玮念报及杂志。晚,看电视,《中英街》最后一集。洗澡。

十四日 星期六 上午,看《真故事》。小珍一家来。下午,看报。晚,看电视。服药。

十五日 星期日 上午,续看《真故事》,看报。下午,听玮念一文,不同意"剧诗说"。晚,看电视。上、下午,服药。天气热,不能多做事。

十六日 星期一 上午,看《真故事》,看报。下午,王安葵来,谈他去新加坡情形，及所举办的导演班情形，并要我去班上讲课。和他商议，讲题是戏曲美学，我想申论一下剧诗问题。晚，看电视。

十七日　星期二　上午，玮念报。与玮及小方出门散步。下午，看《真故事》。晚，看电视。

十八日　星期三　上午，看《真故事》，去街上散步，张玮、小方陪着。下午，听玮念报。晚，到儿童剧场看北昆演出：《打车》《金不换》《痴梦》《闹龙宫》，前二戏老生、小生较好。

十九日　星期四　上午，看《真故事》，与小方出外散步。下午，雨，听玮念报。晚，因雨，未能外出看戏。

二十日　星期五　上午，到湖广会馆参加北昆四十周年纪念会，作了短短的发言。下午，看报。晚，看电视。

二十一日　星期六　上午，看《真故事》。下午，继续到儿童剧场，看北昆折子戏：《试马》《四平山》《活捉》等，3时毕。回家休息。晚，看电视。8时，王慕云和王安葵来，为上海戏曲学校京剧展览求题字。洗澡。

二十二日　星期日　上午，写一戏曲美学的讲授提纲。看《真故事》。下午，续看《真故事》。晚，看电视。

二十三日　星期一　上午，到院里为戏曲所办的研究班讲课，题目即是《戏曲美学》，自9时到11时。下午，休息。晚，看电视。冲澡。

二十四日　星期二　上午，读黄仕忠《戏曲起源、形成若干问题再探讨》，文载《艺术百家》本年第二期。此文写得不错，作者用了心思，但处处以进化论相比，似太机械化。下午，因太热，未做事。晚，看电视。

二十五日　星期三　上午，到剧协参加香港回归书画会，写了一张字，在彼午餐。下午，休息，听玮念报。晚，看电视。

二十六日　星期四　上午，读《"中国戏曲源于印度梵剧说"考辨》(《艺术百家》1997年第2期)。下午，到院参加戏曲剧作学习班结业典礼。晚，看电视。

二十七日　星期五　上午，看洛地《理论，是真正有力量的——关于理论在中国音乐、戏剧、戏曲音乐中之散说三则》(《艺术百家》1997年第2期)，提的问题值得注意，但所说亦有过大处。下午，听玮念报。晚，看电视，洗澡。玮腿上敷药后，起泡，大痛，睡不好觉。

二十八日　星期六　上午，看杂志。听玮念报。下午，休息。晚，看电视。

二十九日 星期日 上午，远秀带其女小明来，小明新自莫斯科回，谈了些那里的情况。下午，休息。晚，到民族宫看上海话剧中心及上海人艺合演的《归来兮》。此剧为香港回归而作，参演者多老演员，效果不错。

三十日 星期一 今日是香港回归的前夜，家人全来聚会。上午，看报。下午至夜晚，从电视中看香港回归的交接仪式，心中兴奋，至晨1点始就枕。

七月

一日 星期二 今日是香港回归的日子。报纸一直没有来。下午，从电视中看了香港政府成立及招待酒会等。晚，从电视看中央酒会，北京在工体举行庆祝晚会（江泽民讲话）。王梦云来，取走我给上海戏校的题字。

二日 星期三 昨日无报，今日仍是。上午，看昨日报纸。下午，电视中看香港活动。晚，电视中看晚会（在大会堂）。

三日 星期四 上午，送来研究生论文，准备读。下午，读余从研究生论文《西皮、二黄腔形成研究》，未完。晚，看电视。

四日 星期五 上午，续读研究生论文。下午，听念报。晚，看电视。

五日 星期六 上午，续读研究生论文。小果来安空调。下午，看报。晚，看电视。冲凉。孩子们全来，在此一天。

六日 星期日 上午，看研究生论文。下午，听玮念报。晚，看电视。

七日 星期一 上午，到院开学位委员会。下午，看报。晚，看电视。

八日 星期二 上午，涂沛来谈研究生论文。下午，看报。晚，看电视。

九日 星期三 上午，到医院就诊。下午，休息。晚，看电视。今日天气太热，开了空调，结果引起咽喉炎，看病服药，医嘱不可出外活动，本打算去看戏，也取消了，连日坐卧不宁。

十日 星期四 今日天气酷热，难于工作。咽炎未痊，服药后休息。上午，涂沛来电话，要我为王绍军的学位论文写一意见，我随即写出，研究生院派人来取去。下午，未做事。晚，看电视。

十一日 星期五 今日仍热，不能做事，连报纸都没有好好看。晚，看电视。小果一家来，云他们楼停电，故在此打地铺过夜。

十二日 星期六 今日天气炎热。全家大小来。未做事。

十三日　星期日　天热，躲入空调室，未做事。

十四日　星期一　今日气温35℃，不能工作，只听玮念念报。晚，看电视。冲澡后上床。

十五日　星期二　今日仍热36℃，除看了《参考消息》外，未做事。晚，看电视。无热水，未洗身。

十六日　星期三　今日温度稍减，下了雨。上午，看了报。下午，仍热，未做事。小果来，为我理发。晚，看电视。

十七日　星期四　上午，看报。下午，休息。晚，看电视。

十八日　星期五　今日气温仍稍低。上午，看报。下午，休息。晚，到儿童剧场看中央戏剧学院音乐剧专修班毕业演出，剧目是美国的《西区故事》。音乐剧较歌剧形式上自由些，是歌舞剧相结合的剧种，此剧音乐舞蹈均是现代版的，看起来新鲜，能表现现代生活，剧情也很动人，演员表演很好，歌舞亦有基础，惜道白技术稍差。

　　在剧场见到了徐晓钟，与他谈了话剧起源的争论：到底是从春柳算起，还是从文明戏算起的问题，主张开一讨论会。

十九日　星期六　上午，看报。下午，看报。晚，看电视。

二十日　星期日　上午，看报。下午，听玮念报。晚，看电视。

为海南省剧协出版《海南戏剧家》提一纸。

二十一日 星期一 上午,看报。下午,休息。晚,看电视,《香港股市》今日演完。此剧应是电视剧中佼佼者,写香港生活较熟悉,特别商人生活,包括大、小,中、外,故看来有兴趣,也写了人物,对人也不将好、坏人绝然分开,当然,也有少数好人,和个别坏人,也宣传了党的政策,但不浅薄。

二十二日 星期二 上午,看报。下午,听玮念报。晚,看电视。内蒙古自治区成立50周年晚会。

二十三日 星期三 上午,看报。下午,休息。晚,看电视。大热,不能做事,只能躲在有空调的屋子里。

二十四日 星期四 上午,看报。下午,休息。晚,看电视。

二十五日 星期五 上午,看报。下午,听玮念报。晚,看电视。仍大热。

二十六日 星期六 上午,看报。下午,休息。晚,看电视。仍热,坐空调室中。

二十七日 星期日 上午,看报。下午,休息。晚,看电视。

二十八日 星期一 上午,看报。下午,休息。晚,看电视。

二十九日　星期二　上午，看报，听小果念电视剧本。下午，中宣部来人谈剧协人事安排。晚，看电视。

三十日　星期三　上午，到清华园修脚。下午，看报。晚，看电视。

三十一日　星期四　上午，看报。下午，看报。晚，看电视。

八月

一日　星期五　上午，看报。下午，休息。晚，看电视，有八一晚会。

二日　星期六　上午，看报。下午，休息。晚，看电视。

三日　星期日　上午，看报，翻读《唐诗三百首》。下午，休息，听玮念报。晚，看电视。

四日　星期一　上午，看报。下午，休息。晚，看电视。

五日　星期二　上午，看报。下午，休息。吴乾浩与出版社同志送来名演员传十种。晚，看电视。

六日　星期三　上午，看报。下午，听玮念报。晚，看电视。

七日　星期四　上午，听念报。下午，休息。晚，看电视。

八日　星期五　上午,丁鸣的儿子来送来他父亲的文集《千山乐话》一本。看报。下午,听玮念报。晚,看电视。

九日　星期六　上午,读《唐诗三百首》,看报。下午,休息。晚,看电视。

十日　星期日　上午,读唐诗,看报。下午,休息。何孝充来,求为《现代戏剧集》题字。晚,看电视。

十一日　星期一　上午,读唐诗,看报。下午,休息。晚,看电视。

十二日　星期二　上午,李布尔来,将所整理我对话剧史的一段发言送来求证,我改了改,并谈了增加段落的意见,交她再去整理。下午,休息。晚,看电视。

十三日　星期三　上午,到剧协参加剧评设奖的讨论,并在彼午餐。下午,休息,看报。晚,看电视。

十四日　星期四　上午,翻看新到刊物,看报。下午,休息。晚,看电视。

十五日　星期五　上午,读唐诗,看报。北京电视台来为我摄像。下午,休息。晚,看电视。

十六日　星期六　上午,读完一遍《唐诗三百首》,看报。下午,休息。晚,看电视。今日小果、小珍全家来。

十七日　星期日　上午,看报。下午,休息。晚,看电视。

十八日　星期一　上午,看报。下午,听玮念报。晚,看电视。

十九日　星期二　上午,看报。下午,休息。晚,到世纪剧院看花柳舞蹈团和北京戏曲学院合演的舞剧《大敦煌》。

二十日　星期三　上午,重庆市剧协胡度等二位来访,谈些四川戏剧界近况及袁玉昆八十纪念的事。下午,看报。晚,看电视。

二十一日　星期四　上午,到××××参加《大敦煌》座谈会,并在彼午餐,直至下午2时始回家,休息。　晚,看电视。

二十二日　星期五　上午,看报。下午,休息。晚,看电视。

二十三日　星期六　小果夫妇、安子来,因小晴晴病,小珍一家未来。上、下午均看报。晚,看电视。

二十四日　星期日　上午,看报。下午,休息。晚,看电视。

二十五日　星期一　上午,看报。下午,休息,看《紫桃轩杂缀》。晚,看电视,看完电视剧《和平年代》。其中写了几个人物,秦志雄演得不错,写和平年代当兵,坚持者不多,戏中谈坚持得不容易，但重要性未充分说出，盖有所顾忌欤？

二十六日　星期二　上午，看报。下午，休息，听玮念报。晚，到首都剧场看重庆歌剧院演出《巫山神女》。此剧是据民间传说故事编写，不是楚襄王梦神女故事。看后印象：创作不成功。1. 音乐似乎以合唱为主，这样戏剧性太不够；2. 整个音乐气氛太闹，抒情部分太少；3. 演员是好的。

二十七日　星期三　上午，看报，看《紫桃轩杂缀》。下午，休息。晚，到东四六条孔乙己酒店参加宴请，他们拟拍《牡丹亭》电视片，该片由周铭德、涂玲慧主演，傅雪漪作曲。

二十八日　星期四　上午，读《于伶读抄》，很动情。下午，看报。晚，看电视。

二十九日　星期五　上午，看来信，看江西戏曲志有关文件。下午，看报。晚，看电视。

三十日　星期六　上午，看报。下午，胡青坡来，闲聊至5时。晚，看电视。

三十一日　星期日　上午，看《紫桃轩杂缀》及新到刊物。下午，看报。晚，看电视。

九月

一日 星期一 上午,给顾也鲁复信,谢他赠书。下午,看报。晚,看电视。电视剧《党员二大妈》今日演完,演二大妈的斯琴高娃是个好演员,但整个戏断断续续,不成章法,无起伏,无高潮,不吸引人,一般观众欣赏不了。

二日 星期二 上午,看《紫》,看报。下午,看报,休息。晚,看电视。

三日 星期三 上午,看《紫》,看报。下午,看晚报。晚,看电视。

四日 星期四 上午,看《紫》,看报。下午,休息。晚,看电视。

五日 星期五 上午,看报。翻新到刊物。下午,霍大寿来,谈第5届戏剧节开记者招待会事。晚,看电视,《民办老师》今日演完,甚感人,此剧是根据一真事写的。

六日 星期六 上午,看《紫》,看报。下午,休息。晚,看电视。

七日 星期日 上午,为戏剧节题字,本打算写一大幅,写了几张,都不满意,只好用硬笔写一小张,如信笺大。下午,休息。晚,看电视。

八日　星期一　上午，广州市长请到西四阿静饭馆宴会，这是因本次戏剧节在广州举办，他们来京与剧协商量。下午，休息。晚，剧协回请在地安门满福楼吃涮锅，每人一锅，其热可知，吃得汗流浃背。回家洗澡后，就寝。

九日　星期二　上午，"戏曲志"编辑部来人，送来北京市卷、青海卷审查书，看后，签了字。看报。下午，休息。晚，看电视。

十日　星期三　上午，到红都去做衣：一套西服、一件夹大衣，花了一上午时间。下午，休息，听玮念报。晚，看电视，有教师节的晚会。

十一日　星期四　上午，看报。下午，休息。晚，看电视。张伯中来，带来葡萄。

十二日　星期五　上午，从电视中看党的十五大开幕式，听江泽民做报告。下午，看报。晚，看电视。

十三日　星期六　上午，看《新文学史料》本年第3期中《胡乔木书信选辑》。看报。下午，休息。晚，看电视。

十四日　星期日　上午，看报。下午，休息，理发。晚，看电视。今日儿孙大小七人全来，过假日，也算提前过中秋。

十五日　星期一　上午，到积水潭医院看病。下午，看报，听玮念报及汪人元文章。晚，看电视。

十六日 星期二 中秋 上午，看报。为江西滕王阁文学院题字拟一辞。下午，休息。晚，看电视。

十七日 星期三 上午，与玮出外散步，回后看报。下午，听玮念报及杂志文章。晚，看电视。

十八日 星期四 上午，与玮出外散步。看报。下午，到文化部参加党委召集的文化界人士座谈会，谈对十五大感想。晚，看电视。

十九日 星期五 上午，与玮出外散步，看报。下午，休息。晚，看电视。

二十日 星期六 上午，到协和医院体检（文化部老干部处布置）。下午，休息，看报。晚，看电视。

二十一日 星期日 上午，章诒和来，请为福建高甲戏题字，写与之。下午，看报，与玮出外散步。晚，看电视。

二十二日 星期一 上午，看《紫》，看报。下午，休息。晚，看电视。

二十三日 星期二 上午，看报。下午，玮念新党章，看报。晚，看电视，洗澡。

二十四日　星期三　上午，看《新文学史料》今年第三期。李布尔来念她为我整理的话剧90年会上发言稿。下午，看报。晚，看电视。

二十五日　星期四　上午，到院出席戏研所第四期编导讲习班开学典礼，在彼午餐。下午，2时回，休息至5时。晚，看电视。

二十六日　星期五　上午，读完《新文学史料》中一文《忆念胡乔木同志的三件事》（丁景唐）。下午，听玮念报。晚，到民族文化宫看舞剧《青春祭》。

二十七日　星期六　今日陈怀平、冯霞夫妇、花砚如、袁凤霞等来我家做客，午餐。下午，4时散去，玮念报。晚，看电视。

二十八日　星期日　上午，看报。下午，休息，看报。文化报照相师来拍照。晚，到人大会堂参加演员报"金色的十月"文艺晚会。甚疲。

二十九日　星期一　上午，读《新文学史料》中，乔木的妹妹方铭写的《回忆三十年代乔木同志在上海的日子》，知道了许多前所未知的事。下午，看报。与玮上街散步。晚，看电视。给一位学书法的残疾人熊维复一信。

三十日　星期二　上午，与玮出外散步。看报。下午，听玮念报。晚，看电视。

十月

一日　星期三　今日过节，全家都来，共9人，晚餐后始去。上午，看《新文学史料》中王作民的《怀念乔木：零星纪事》。与玮出外散步，看报。下午，休息。晚，看电视。

二日　星期四　上午，看《新文学史料》上陈祖芬文《真的就是胡乔木》。下午，看报。晚，看电视。

三日　星期五　上午，读完《田汉全集·前言》稿。写的是用了功夫的，见解独到，可用。以下几点应注意：1.不必因表扬田的长处而贬低别人，如鲁迅等。2.在批判"左"的错误时，用词不必过于尖锐。3.文字上应平易近人，不可故意创造新词，令人难解。4.标点符号应整理一下。下午，休息，看报。与玮出外散步。晚，看电视。

四日　星期六　上午，看报。下午，休息。晚，看圣彼得堡交响乐团与殷诚宗钢琴演奏会，在人民大会堂。

五日　星期日　上午，到积水潭医院去打点滴，未成。下午，郭汉城来，共谈戏曲所工作，并共同主张与戏曲学院密切合作，多到那里教课。晚，看电视。

六日　星期一　上午，到医院打点滴（第1针）。下午，休息，看报。晚，看电视。

七日　星期二　上午，到医院打点滴（第2针）。下午，休息，看报。晚，看电视。

八日　星期三　上午，打点滴（3针），休息，看报。晚，到人民剧场看山东省吕剧院演出《苦菜花》，郎咸芬主演，唱得真好。

九日　星期四　上午，打点滴（4针）。下午，休息，看报。与×××通电话，谈《田汉全集》的前言问题。晚，看电视。

十日　星期五　上午，打点滴（5针）。看报，下午，看报。晚，看电视。

十一日　星期六　上午，打点滴（6针）。下午，看报。晚，看电视。

十二日　星期日　上午，打点滴（7针）。小果一家来，盛沛茹来，聊天，看报。晚，看电视，有八运会在上海的开幕式，甚新颖，宏大。

十三日　星期一　上午，打点滴（8针）。下午，看报。晚，看电视。山东文化厅孙毅来，与谈他们的戏。

十四日　星期二　上午,打点滴(9针)。下午,曲润海来谈研究院情况,并邀我参加邓小平与文艺的座谈会。晚,看电视。

十五日　星期三　上午,到医院打点滴(10针)。下午,休息后与玮上街散步。晚,看电视。

十六日　星期四　上午,打点滴(11针)。下午,与玮出外散步,遇胡青坡闲谈。晚,看电视。

十七日　星期五　上午,打点滴(12针)。下午,休息后与玮上街散步。晚,看电视。

十八日　星期六　上午,打点滴(13针)。下午,休息,看报。晚,看电视。杨德勋等来。

十九日　星期日　上午,打点滴(14针)。下午,看报,休息。晚,看电视,《红十字方队》演完,此剧太写实,缺艺术夸张,演员表演亦平庸。

二十日　星期一　打点滴(15针),打完了这个疗程。下午,看报,休息。为讨论邓小平理论与文艺问题看材料,做准备。晚,看电视。

二十一日　星期二　上午,出席剧协召集的话剧90周年问题座谈会,在彼午餐。归时已下午2点,休息。听玮念报,晚,看电视。

二十二日　星期三　上午，读"精神文明"决议。

二十三日　星期四　上午，沈阳原鲁艺四团王竹君、侯宝山、赵左夫来，邀请明年5月去沈参加东北鲁艺纪念会。送客后看报，休息。晚，看电视。

二十四日　星期五　上午，读江泽民在党15大报告，未完，看报。下午，休息。晚，看电视。

二十五日　星期六　上午，读江报告，看报。下午，休息。小果夫妇、齐特来聊天。晚，电视中看第四届艺术节开幕式（在成都）。

二十六日　星期日　上午，读完"江报告"。陈宽母亲来，谈她在美国的观感，在此午餐。下午，休息，仍与陈母聊天。晚，看电视。

二十七日　星期一　上午，重读"江报告"中关于邓小平理论的一段。考虑院里要求写一篇论文的题目，决定写《论戏曲推陈出新》。看报。下午，休息。晚，看电视。小果、小珍全家及安子都来，在此待一天。

二十八日　星期二　上午，给鲁艺儿童文艺创作奖及沈阳音乐学院 60 周年各题字一张。听玮念报及汪人元评论样板戏音乐文章。下午，与玮出外散步。晚，看电视。

二十九日　星期三　上午，为汪人元作一序，眼睛吃力，未写完。听玮念报。下午，与玮出外散步。听玮念晚报，看电视。

三十日　星期四　上午，写完汪序，看报。下午，休息，与玮出外散步，听玮念报。晚，看电视。

三十一日　星期五　上午，为《论戏曲推陈出新》拟一提纲，未完，此文是曲润海打算以院的名义出一本文艺方面学习邓小平理论的文集而写。继看报。下午，休息。与玮出外散步。晚，看电视。

十一月

一日　星期六　上午，修改为汪人元写的绪，经小果手送出。看报。下午，休息。晚，看电视。

二日　星期日　上午，翻看杂志。章诒和来，为萌萌过生日（萌萌是她的干儿子）。下午，休息，与玮出外散步。晚，看电视。

三日　星期一　上午，续写《推陈出新》提纲。下午，休息，与玮出外散步。晚，看电视。

四日　星期二　上午，将提纲念与玮听，她提出如何紧密与邓小平理论及十五大精神结合问题，我预备考虑。下午，休息，由小李陪同出外散步。晚，看电视。

五日　星期三　上午，安葵来，念一篇与人讨论诗剧的文章，听我的意见，我谈了一点。下午，休息，看报，翻杂志。晚，到人民剧场看评剧院新剧目《二愣妈》。

六日　星期四　上午，重写《论戏曲推陈出新》提纲，未完。看报。下午，休息，听玮念报。晚，看电视。

七日　星期五　上午，与玮谈《……提纲》。下午，休息，看报。评剧院演员、导演、院团长来，征求对《二愣妈》的意见，谈了半个钟头。晚，看电视，洗澡。

八日　星期六　上午，翻看杂志。下午，仍与玮谈提纲，看报。晚，看电视，中有大江找流①的较仔细的记录。

九日　星期日　小珍一家及安安、萌萌来，在此午餐、晚餐。上午，看报。下午，休息。晚，看电视。

十日　星期一　上午，参加剧协主席团会议，在彼午餐。下午，休息后，玮念剧协在5次大会上的报告稿，念报。晚，看电视。

---

① 原文如此——编者注

十一日　星期二　上午，仍参加并主持剧协主席、副主席会，讨论报告。下午，休息、看报。晚，看电视。

十二日　星期三　上午，读胡可、胡朋抗战回忆录《敌后故事》，看报。下午，看报。与小李子出外散步，小李子是新来的阿姨。晚，看电视。

十三日　星期四　今日休息，预备明日动身去广州。上午，看报。下午，休息。晚，看电视。

十四日　星期五　早起，忙着动身去飞机场，大雾，不能起飞，直至下午1时才起飞。4时，到广州飞机场。广州街道之乱更甚北京。5时30分到住处华泰宾馆。直到晚7时才吃饭（主人请客），虽饿也未吃好。就寝已10时10分，天热，被厚，不能成寐。

十五日　星期六　上午，组委开会，讨论西藏扎西顿珠不能授予梅花奖后如何处置问题。午餐由大会请。餐后休息至4时，赴世界大观公园，参加第五届戏剧节及14届梅花奖颁奖开幕式，我为授奖人之一。酒会后即举行晚会，至10时始归。

十七日　星期一　上午，到军区礼堂看中国京剧《宝马园情》（即《火焰驹》），主角程派青衣李海燕唱得不错，剧本以为角写戏，故啰嗦不干净。下午，2:30，在本宾馆三楼礼堂开本届梅花奖授奖及讨论会，我发了言。晚，休息。

十六日　星期日　上午，市政府宴请。下午，剧协宴请新加坡、日本及台湾客人。

十八日　星期二　上午，徽剧《刘铭传》，此戏甚动人，主演董成，曾为京剧演员，在此剧中演刘铭传甚入戏，嗓子好，唱得很有感情，剧本尚好，但有许多地方存在问题，外国人上场不像，主要是对这些生活不理解。下午，以顾问资格参加评论组讨论会，发了言。晚，休息，疲甚，看电视睡着了，早寝。

十九日　星期三　上午，看滑稽剧《一二三，起步走》，苏州滑稽剧团演出，主角顾芗演得十分成功。中午，广州市宴请。下午，休息。晚，看电视。

二十日　星期四　上午，看北京军区剧团《香江泪》，演出有集体感情，而无人物。下午，休息。晚，看电视。

二十一日　星期五　上午，看西安市秦腔《市井民风》。此剧题材写打工妹生活，内容很好，演得也不错，剧本较散漫。中午，现在穗工作的老研究院人员袁清波等宴请这次来穗的老同事。下午，休息。晚，赖伯疆来访，谈了些他这几年的情况。去后，洗澡。

二十二日　星期六　上午，在住处休息。下午，4∶30文化厅宴请。

晚，看电视。

二十三日　星期日　上午，到军区礼堂，看南京军区话剧《虎踞钟山》，写刘伯承在南京办军事学院，重训将军事，戏好，演得也好，演员有发展。下午，开戏曲学会会长、副会长会。王滔来访。晚，看电视。

二十四日　星期一　上午，去看王为一，他在珠江电影制片厂工作多年，已届80，但身体很好，还打算排戏。下午，随玮去×××家，在彼午餐。3∶30始回住处，即休息。晚，看大庆市话剧团演《地质师》，剧本好，演得也不错，细腻动人。

二十五日　星期二　上午，看武汉市楚剧团《穆桂英休夫》。下午，休息。晚，看电视。

二十六日　星期三　上午，看广州话剧团《男儿有泪》。此剧写几个热衷于建设家乡的人千辛万苦盖了一座科学大厦，结果却因基础没打好而倾斜了，对这意外打击，他们没有气馁，决定炸了重来，题材甚新颖，可惜人物写得不够，演出也受了影响。下午，休息。晚，看电视。

二十七日　星期四　上午，无事。中午，省剧协宴请。下午，休息。晚，在军区礼堂看军区战士剧社话剧《宋王台》，此剧反映香港回归，无故事，像看一篇散文，观众不喜欢。

二十八日　星期五　上午，休息。11:30组委工作午餐，报告此次剧目评选结果。2时，返回住所休息。晚，看广州芭蕾团演出《茶花女》，演出前为此次演出发奖。

二十九日　星期六　上午，看杭州小百花越剧团演员折子戏专场，剧目三个，有《牡丹对课》《庵堂认母》。下午，休息。晚，看电视新闻。

三十日　星期日　上午，看粤剧团演员折子戏专场，有《武松杀嫂》等三个剧目，此演员水平不高。下午、晚，均休息。

十二月

一日　星期一　上午，10时30分赴飞机场乘机回京。下午，2时过后到达，回家休息。

二日　星期二　上午，休息。下午，泉州高甲戏剧团团长等二人来，邀看来京演出的《金魁星》。晚，看电视。

三日　星期三　上午，黄叶绿来，让为武俊达书题字。下午，休息。晚，到人民剧场看高甲戏《金魁星》，旦为主角，演得好，是柯贤溪的徒弟，喜剧比其他类的戏难演，除丑角外，其他行当都应带喜剧味，这一点，此剧尚未做到。

四日　星期四　上午，休息，黄叶绿来，为题一字。下午，漳州剧团六日晚演戏,来人邀看戏。晚,看电视。

五日 星期五 整日休息,未出门,听玮念报。晚,看电视。

六日 星期六 上午,读《田汉年表简编》稿,未完。下午,休息,看报。晚,看电视。

七日 星期日 上午,看完《田汉年表简编》。下午,休息。晚,看电视。

八日 星期一 上午,到文化部参加京剧指导委员会开会。下午,休息。晚,看电视。

九日 星期二 上午,为武俊达纪念题字一幅。发一信给重庆文化局,为袁玉昆录音事。李布尔来,念一篇她对我的访问记,是有关话剧史的。下午,休息,看报。晚,看电视。

十日 星期三 上午,邯郸东风剧团王振国来,请题辞。读《新文学史料》(1997年第4期)荣天均文《周扬的一个心愿》。下午,看报。晚,看电视。

十一日 星期四 上午,为王振国题一幅字。下午,看报。晚,看电视。洗澡。

十二日 星期五 上午,先到长安戏院参加谭鑫培150周年纪念,约半小时后,到人大会堂云南厅,参加"地方戏曲录像带"首发式。这是音乐出版社和我院合作出版发行的,我也谈了几句话。下午,看报。晚,看电视。

十三日 星期六 上午,复张鲁谈《白毛女》音乐创作一信。下午,休息。晚,看电视。

十四日 星期日 上午,翻看《新文学史料》(1997年第4期)中有关郭小川的文章。下午,到长安戏院看纪念谭鑫培诞生150年演出的老生派别专场(基本是清唱)。晚,看电视。

十五日 星期一 上午,李春喜来,求证明他参加我主持的课题《戏曲表演研究》,我同意了。下午,休息。晚,看电视。

十六日 星期二 上午,到研究院为戏曲所举办的编导研究生短训班讲课,答复他们提出的问题,主要是戏曲不景气等。下午,休息。晚,看电视。

十七日 星期三 上午,翻看王安葵《张庚评传》。下午,看报。胡小白来,谈他的近况,已有十来年没有见过他了,他已50岁,留在此晚餐,并送他一本《张庚评传》。去后,看电视剧《潘汉年》,今夜看完,没有把它当文艺作品看,而是看这一段党史,潘为党工作不畏危险,不辞劳苦,出生入死,真是个好党员。

十八日 星期四 今日未做事，就是休息，看报。晚，看电视。

十九日 星期五 上午，到积水潭医院看病。十五日半夜忽流鼻血甚多，黑夜看不见，当作鼻涕擤了，今日早上出鼻血，感到是问题，遂到医院看病，医生说，天气干燥，又加上我血管硬化，致有此事。回家后，在房内装加湿器，用棉花蘸白药塞鼻静躺床上。下午，仍未做事。晚，看电视。

二十日 星期六 早晨，仍微有鼻血，躺床医治，快到9时才起来。上午，看报。下午，休息，又在鼻子里上了些白药，一天再未流血。晚，看电视《驱逐舰舰长》，已到第三集了。

二十一日 星期日 上午，看报。下午，休息。晚，看电视。去掉塞鼻棉花，整日再未流血，好了？

二十二日 星期一 上午，看报。下午，休息。晚，看电视。收到各处送来贺年片，分别回送之。

二十三日 星期二 失记，然亦无甚事。

二十四日 星期三 上午，看报。下午，休息。晚，看电视。

二十五日 星期四 上午，看报。下午，休息后续看报。晚，看电视。

二十六日　星期五　上午，看报。下午，休息继续看报。晚，看电视。

二十七日　星期六　上午，看报。下午，到北京第三医院探视钟敬之，他躺床已久，近日时常昏迷，今去看他时，精神比较好，还说了些话。归时已近6点。晚，看电视。

二十八日　星期日　上午，看报。下午，休息。晚，看电视。

二十九日　星期一　上午，在人民大会堂三楼小礼堂参加中国话剧90年纪念会，获话剧工作50年人员奖章。下午，在国务院二招参加话剧90年纪念讨论会，我发了言，由李布尔代念稿。晚，看电视。

三十日　星期二　上午，看报。下午，休息。晚，看电视。

三十一日　星期三　上午，读《中国话剧艺术家传》（第二辑）中的《黄佐临传》，未完，看报。下午，休息，看报。晚，看电视，中有京剧新年晚会。

1998

一九九八年

一月

一日 星期四 上午，看报。下午，休息。今日全家大小都来，共吃午餐。下午，休息。晚，看电视，有维也纳音乐会，仍以斯特劳斯作品为主，此乐队节奏感极强，但听不出表情细腻的方面。

二日 星期五 上午，看《佐临传》完，又翻看了《丁西林传》，看报。下午，休息。晚，看电视，有《水浒传》的开幕式。

三日 星期六 上午，看《石联星传》。看报。下午，休息。晚，看电视《水浒传》开始。

四日 星期日 上午，看《焦菊隐传》。看报。下午，休息。晚，看电视。

五日 星期一 上午，读《于伶传》。下午，看报，董锡玖来，念一篇她编的舞蹈自传的序，要我署名，她自传是编得认真的，我答应了。晚，看电视。洗澡。

六日 星期二 上午，看《孙维世传》，看报。下午，休息。晚，看《虎踞钟山》，江泽民主席接见。

七日 星期三 上午，看报。下午，休息。晚，看电视。

八日 星期四 上午，看报。下午，到《人民日报》社参加两报（还有《光明日报》）一刊（求是杂志）召开的话剧90周年座谈会，话剧界知名人士老少三辈都有人来，大家都发了言。5时半回，疲甚。晚，看电视。今日收到中组部对老人慰问信。

九日 星期五 上午，看报。下午，休息。晚，看电视。

十日 星期六 上午，李布尔来，商量给1990年的论文加以充实，以便发表。看报。下午，王安葵来，送来《张庚评传》十本。晚，看电视。

十一日 星期日 上午，看报。下午，到××××参加演员报新年联欢会。晚，看电视。

十二日 星期一 上午，听玮念《张庚评传》。下午，看报。晚，看电视。

十三日 星期二 上午，看报。下午，休息。晚，到人民剧场看川剧《变脸》。

十四日 星期三 上午，到八条参加研究院老干部新年团拜，见到一些老同事。下午，休息，看报。晚，看电视。

十五日 星期四 上午，翻看新来的书，看报。晚，看电视。

十六日 星期五　闻钟敬之昨日故去。连日听玮念《张庚评传》，今日继续。下午，休息，看报。晚，看电视。

十七日 星期六　上午，听玮念《传》，看报。下午，四川省剧院来听《变脸》意见。晚，看电视。

十八日 星期日　上午，深圳粤剧团来访，看报。下午，休息，看报。小珍全家来。晚，看电视。

十九日 星期一　上午，余从、王安葵及戏曲志的同志来拜年。玮念《传》。下午，休息，看报。丰丰、小珍、晴晴来，在此晚餐。晚，看电视。

二十日 星期二　上午，到大会堂参加老干部春节团拜会。下午，休息，看报。晚，看电视。

二十一日 星期三　上午，昆研会开会，丛兆桓报告一年工作，及来年工作设想，到会者有郭汉城等，会场在市政协会，并在彼午餐。下午，休息，玮念报。5时，刘颖南来为我拜寿，送来蛋糕。晚，看电视。

二十二日 星期四　今日是我生日，上午，未工作。薛若琳、两副院长来拜寿。下午，韩力、沈达人夫妇、涂沛来，在此晚餐。晚，看电视。

二十三日　星期五　上午，到大会堂参加剧协曹禺戏剧评论奖发奖会并参加发奖。在松鹤饭店午餐，并午睡。下午，到大会堂参加文联春节联欢。晚，看电视。

二十四日　星期六　上午，到八宝山与钟敬之遗体告别。11时，回家，刘忠德部长来探望，与谈文艺界的事，时间匆匆未能畅谈。下午，休息。听玮念报。晚，看电视。

二十五日　星期日　上午，看报，章诒和来。下午，翻阅《顾准文集》。晚，看电视，洗澡。

二十六日　星期一　上午，玮念报及《评传》。下午，休息。晚，看电视。

二十七日　星期二　今日除夕。上午，到大会堂参加新年团拜后，到沪江香满楼（上海菜）吃饭，是小果为我祝生日，小果一家、小珍一家、我和玮，另有唐及新来的阿姨吕红霞。下午，休息后略进晚餐，即看电视中春节晚会，至11时休息。家人则打麻将至 4:30 分。

二十八日　星期三　早点后，全家团聚，不断有电话拜年。张伯中夫妇来，午餐已中午1时30分。饭后休息至5时。晚，饭后看电视，文化部新年晚会。

二十九日　星期四　上午，陈永康来，他新自美国回，谈了些见闻观感。下午，玮念报，并念完《评传》，此书虽少文采，但记事基本实在。晚，看电视。

三十日　星期五　上午，与玮去看九姨，她衰老多了，去时她躺在床上，起来坐约一小时又躺下了，年后生了瘤子，检查说是良性，医生说是恶性。耳也听不见，不能交谈。在那里午餐。2时30分回家，休息后起时已5点。稍翻了翻报纸。晚，看电视。

三十一日　星期六　上午，荆兰来，谈她编歌剧史的情况。看报。下午，休息。晚，看电视。

二月

一日　星期日　上午，与玮同到乔佩娟家，去者有奇虹，在彼午餐。下午，休息。小邓、吴大维来。晚，看电视。

二日　星期一　上午，看报，玮念报。下午，休息。莉莉妹妹小红从保定来。晚，看电视。

三日　星期二　上午，常静之来，谈近代《戏曲史》的问题，并将这方面研究的文稿一本让我提意见。下午，玮念此文稿。晚，看电视。

四日　星期三　上午，玮念静之之文。念报。下午，休息，玮仍念常文，今日毕两章。晚，看电视。

五日 星期四 上午，玮念常静之文，念报。下午，休息后，余从来，与我谈他学习、生活上的一些问题，约二小时始去。晚，看电视，洗澡。

六日 星期五 上午，玮念常文，看报。下午，玮续念常文。四川绵阳川剧团王汉来访。晚，看电视。

八日 星期日 上午，玮念常文。下午，续念、看报。晚，看电视。

九日 星期一 上午，玮念常文，及报纸。下午，于雁军来。晚，看电视。今日，电视剧《水浒传》播完。此剧未完全按原书演出，有些人物的故事未演，又有些人物表演未能按原书精神，如吴用的足智多谋未能演出，许多人物性格不突出。又，后面部分表现招安后人们的情绪寥落失望，很不错。

十日 星期二 上午，参加延安鲁艺校友春节联欢。下午，听玮念常文完。晚，参加文联企业家与文艺家春节联欢晚会。常文读后，不似史作，只能称资料。

十一日 星期三 上午，李笑非来，谈了些戏曲团体，特别是川剧团体的困难。下午，玮念报。晚，看电视。

十二日 星期四 上午，到剧协主持田汉百岁生辰座谈会，到会是老人居多，他们都与田老接触多。下午，休息，听玮念报。晚，看电视。

十三日 星期五　上午，听玮念报。下午，剧协与曲协合开新年联欢会。晚，看电视。

十四日 星期六　上午，补日记。下午，玮念报，念她纪念李宗麟的文章。晚，看电视。

十五日 星期日　上午，玮念她的文章并修改，看报。下午，玮念报。吴大维来谈出一京剧画册事。晚，看电视。

十六日 星期一　上午，为常静之书写序。下午，休息后，玮念报。晚，看电视。

十七日 星期二　上午，听玮念顾准论希腊城邦文。下午，玮念报。晚，到人民剧场看湖南湘剧院高腔《子血》，为春秋时陈国夏姬故事，此戏平平，未能演出激情，演员左大玢。

十八日 星期三　上午，玮念她的文章。下午，玮念报。晚，看电视，洗澡。

十九日 星期四　上午，到剧协开梅花奖组委会。下午，听玮念报。某气功师来为玮治腿，也给我治了一下眼睛。晚，看电视。

二十日 星期五　上午，吴大维、余从来谈出一本"京剧百老会"的照片集事，继后我又与余从谈对常静之《近代戏曲音乐》一稿的意见，请他转达与常。下午，玮念报。晚，看电视。

二十二日 星期日 小珍、小果全家均来，在此午餐。下午，玮念报。湘剧左大玢来。晚，看电视。

二十三日 星期一 上午，看报。下午，曲润海及研究生部主任来，谈余从离休，王安葵任戏曲所所长，及研究生部聘我为名誉主任。玮念报。晚，看电视。

二十四日 星期二 上午，翻杂志。下午，玮念报，晚，看电视。

二十五日 星期三 上午，到剧协参加梅花奖评奖会议。下午，玮念话研所为中央电视台所写的话剧史剧本。此搞前面写得可以，到了解放后，就不行了，人物、剧目看不出重点。晚，看电视。

二十六日 星期四 今日在家休息。上午，玮念叶朗《说意境》（《文艺研究》今年第×期），听得不够仔细，感到他对意境的解释似勉强。下午，看报。晚，看电视。

二十七日 星期五 上午，到剧协开梅花奖会。下午，玮念完《谈意境》。晚，看电视。

二十八日 星期六 上午，到剧协开梅花奖评奖会。下午，玮念报。晚，看电视。

三月

一日　星期日　上午,读《文艺研究》上有关意境的文章。下午,听玮念报。晚,看电视。

二日　星期一　上午,玮念意境论的论文。我在上厕所时跌了一跤,扭伤了脚,不能行走,玮用红花油抹擦,痛少减。下午,仍不能走。玮念报。晚,看电视。

三日　星期二　上午,玮念意境文完。下午,玮念报。晚,看电视,《周恩来》毕。这是一个记述式的文献,有许多为人所不知的历史事实,而且留下了镜头,并有活着的当事人叙述,很令人激动。

四日　星期三　上午,葛一虹来,谈田汉基金会事。下午,玮念报。晚,玮给我治脚。看电视。

五日　星期四　上午,到积水潭医院治脚照相,脚骨有一道裂纹,医嘱,伤脚不要踩地,并给戴上了石膏,坐了轮椅。下午,玮念报。晚,看电视。

六日　星期五　上午,听玮念希腊城邦文。下午,念报。晚,看电视。

七日　星期六　上、下午，均由玮念报及顾准希腊城邦文。晚，看电视，有《周恩来在上海》已演三集。腿病后，坐轮椅，每早晚上药并服药，已渐好。

八日　星期日　上、下午，玮念报。我为剧协办的戏剧与市场经济讨论会题字一幅。晚，看电视。

九日　星期一　上午，玮念顾准希腊城邦文。下午，玮念报。晚，看电视。

十日　星期二　上、下午，仍听玮念文、念报。晚，看电视。数日来，早晚为病脚上药。

十一日　星期三　上午，玮念希腊城邦文。下午，玮念报。晚，看电视。

十二日　星期四　上午，到医院复诊，打石膏。下午，玮念报。晚，看电视。

十三日　星期五　上午，董锡玖来写了一介绍她的书的文章，我签了字，又对她谈了戏剧史的问题。下午，玮念报，晚，看电视。

十四日　星期六　上午，玮念报。下午，同。晚，看电视。

十五日　星期日　孩子们来。下午，跌了一跤，未伤。晚，看电视。

十六日　星期一　上午，表妹曾宪源来，在此午餐，她的身体还可以。下午，玮念报。晚，看电视。

十七至二十八日　星期二至星期六　十七日到医院，给左腿照了相，有骨裂，打了石膏，不能走路，坐轮椅。二十六日到医院，去了石膏，照相，裂纹只剩一小点，十天不走，已不会好好走路了，只能从头练起。二十八日已渐渐能走了。

二十九至三十一日　星期日至星期二　每日练走路，进步较快。二十九日韩力来，送来过去我"关于戏曲研究的方针任务"讲稿一篇（××整理）。

编后记

父亲张庚现存的日记，最早始于1951年出访苏联的两个月，其后间断记录了1955年出访东德、1956年出访印度、1958年再度访苏的过程。这是他在任中央戏剧学院副院长、中国戏曲研究院副院长时所记，这四部分日记曾作为"出访笔记"收录在《张庚文录》（补遗卷）中，这次经重新整理同其他日记收录在一起。此后便是，自1961年下放徐州到1967年3月"文革"全面开展，共六年零三个月的记述。

记日记之于张庚，其作用莫过工作笔记，这在五六十年代的日记中尤为明显。日常如此，出访亦如此，无论政治运动、行政事务，还是业务活动，凡所做过的事，记录无不详细，即便沛县下放、柳河"四清"，仍是一丝不苟地记，直至无法再记下去。

"文革"以后的日记，开始于1988年，终止于1998年3月。这阶段张庚担任中国艺术研究院副院长及中国戏剧家协会副主席、名誉主席等社会职务。随着社会政治生活的改善，父亲日记的风格有所变化。会议记录、领导讲话不再出现，当然他所参加的戏剧活动是必记的，更多的是日常流水，读书心得、写作思考时有流露。可以在日记的字句中感受得到，这是他一生中最愉快，亦是最有成就感的时期。

整理和编辑这部日记,不是一件太容易的事情。前半部分,是新中国成立初至文革这段时间的九册,虽然年代不甚久远,但在浩劫中遭专案组抄去,归还时纸张黄脆浸渍,字迹模糊不清;后一半有六册,是1988年至1998年十年间所记,由于年龄与疾病的原因,书写困难,笔迹越来越潦草,最后近乎涂鸦了。总之,面对近百万难以辨认的文字,迟迟下不了决心整理,若不是国宾兄一再鼓励,恐怕也就放弃了。所幸经周鹏先生、赵光诚先生的不懈努力,将日记原文一一录入电脑,国宾兄又亲自充任了责编,再加上邢俊华女士细致的编辑工作,康宁女士对所涉外文做了认真核校,《张庚日记》才得以付梓。在整理编辑日记的过程之中,还得到了父亲的故旧——沈达仁、王安葵、刘沪诸先生的赐教,在这里一并衷心地向他们致谢。

张小果

2017年3月